泰顺县地名志

TAISHUN XIAN DIMING ZHI

泰顺县地名志编纂委员会

方志出版社
Publishing House of Local Records

图书在版编目（CIP）数据

泰顺县地名志/泰顺县地名志编纂委员会编. --北京：方志出版社，2018.1

ISBN 978-7-5144-2947-3

Ⅰ.①泰… Ⅱ.①泰… Ⅲ.①地名-泰顺县 Ⅳ.①K925.54

中国版本图书馆CIP数据核字（2018）第029627号

泰顺县地名志

编　　者：泰顺县地名志编纂委员会
责任编辑：罗　滔

出 版 人：冀祥德
出 版 者：方志出版社
地址　北京市朝阳区潘家园东里9号(国家方志馆4层)
邮编　100021
网址　http://www.fzph.org
发　　行：方志出版社图书经销中心
电话（010）67110500
经　　销：各地新华书店
印　　刷：杭州嘉业印务有限公司

开　　本：787×1092　　1/16
印　　张：47
字　　数：951千字
版　　次：2018年1月第1版　　2018年1月第1次印刷
印　　数：0001～1000册

ISBN 978-7-5144-2947-3　　定价：380.00元

《泰顺县地名志》编纂委员会

主　任：郭素琴

副主任：张德宇　赵海晓

委　员：王光华　王晓艳　毛文联　毛方酬　毛达健　叶细何　吴国真　吴经民

吴碧华　余序专　何爱武　沈黎军　林余进　林新谋　陈可操　陈国兴

陈学勤　陈奕为　陈道迈　洪文明　洪武平　夏海滨　翁长江　翁怀勤

龚增华　郭建鹰　章朝阳　董桂花　曾钦辉　曾家平　赖小宜　潘家敏

（以姓氏笔画为序）

办公室主任：吴碧华

办公室副主任：吴立社　吴文艳

《泰顺县地名志》编辑部

主　　编：吴雅平

副 主 编：俞海良

执行主编：叶华醒

编辑人员：宓炜峰　冯洋健　金怡成　卢　强　吴立社　吴文艳　叶青辉　李　强

李　梅

编辑指导：周秀松　郭素琴　吴曙光　赖立峰　赵海晓　林允贯　缪丽萍　张维德

吴碧华

顾　　问：陶汉心　刘志潮　陶碎勇　夏立彬　张德宇　谢开江　潘先俊

联络人员：王丽丽　方宣春　叶彬彬　苏德金　张慧璀　季丽娟　徐振波　翁志明

董步忠

地图编制单位：浙江煤炭测绘院

地图编辑：施　芹　陈　岚　陆晓庆　关永利

照片来源：泰顺县乌岩岭管理局　泰顺县交通运输局　泰顺县水利局

泰顺县石产业保护和发展局　彭溪镇人民政府　温州市北大方印务有限公司

序

地名是地理实体的重要符号，也是重要的文化符号。人们对一个地方的了解往往是从它的地名开始的。“泰顺”就是一个很好的地名。在我没到过泰顺之前，就认为泰顺是一个安定、吉祥、宜居的地方，这种判断就是来源于泰顺的县名。调任泰顺以来，通过调研深入泰顺山山水水、村庄院落，对泰顺的了解逐渐加深，一个个鲜活独特的泰顺地名，逐渐留在我的脑海中。比如氡泉，形象地揭示了她的神奇奥秘；司前，诉说着当年巡检司繁忙的情景；仙居，如桃花源般美好娴静、安宁和乐；富垟，饱含着人们对美好生活的憧憬与期盼。脚踏在这片生机盎然的土地上，一股幸福美好的自豪感油然而生。

每一个地名都是一个历史印记，能穿越时空，带领今人窥探古时的自然生态环境状况、农业生产生活内容、官衙军事设施、人口迁移等情况。一本好的地名志，则能以地名空间为线索，全面介绍逶迤磅礴的山川风貌、源远流长的河流水系、纷繁复杂的地域方言、博大精深的传统文化、新奇独特的地域名产，为制定规划、招商引资、旅游发展、民俗研究等提供重要参考。自1984年版《泰顺县地名志》出版33年以来，中国改革开放取得举世瞩目的巨大成效，泰顺经济社会面貌发生翻天覆地的变化，特别是城镇化、移民搬迁的大力推进，县内行政区划、村(居)民自治单位不断变迁，许多地域可谓是沧海桑田。为了留住人们美好的记忆，也为了后世深刻认识先民们从入山烧畲辟壤、导泉垦田，到形成百落千村，再到新时代脱贫致富的历史过程，《泰顺县地名志》的重新编修显得尤为必要。然修志不易，泰顺尤甚，山高路远，村落分散，交通不便，给调查事实、搜集资料带来诸多困难，加之修志工作涉及面广、资料繁杂、工程浩大，本就不易，个中艰辛，非亲历不能体会。所幸经过近四年的辛勤耕耘，新版《泰顺县地名志》终于编成付梓，实乃我县地名工作中的一件喜事。

披览一部内容广博的志书，令人心旷神怡、沉湎欲醉，特别是看到一个个走过生活过的地名条目时，字里行间读到的不仅仅是单纯的文字介绍，更有自己对这片山水难以割舍的深情，温暖而又亲切。想必此书定能激起泰顺人对家乡的赤子之情及在外游子的燕鸟归巢之情。感慨之余，向修志一线同志、向大力支持本志编写的各方面人士致以衷心的感谢！愿此志作为浩瀚志苑中的一颗小星星，能在历史长河中给后人留下零光片羽，成为泰顺昨天、今天以及美好明天的历史见证！

中共泰顺县委副书记：
泰顺县人民政府县长：
二〇一七年十二月

凡 例

一、《泰顺县地名志》以马克思列宁主义、毛泽东思想、邓小平理论、“三个代表”重要思想、科学发展观、习近平新时代中国特色社会主义思想为指导，运用辩证唯物主义和历史唯物主义的立场、观点、方法，立足当代、统合古今，详今明古、详近略远，实事求是地反映泰顺地名的历史与现状，为国民经济和社会事业全面发展服务。

二、全志按泰顺县2012年时行政区划记述。时间断限上不封顶，下至2012年年底，重大事项记述延至搁笔，“今”指代2012年时。

三、前设综述、大事记，其后采用编、章、节、目结构，分地名概况、自然地理、行政区域、建筑设施、专业区域与单位、纪念地与公园、与地名相关的传统文化、地名管理、历史地名共9编。以志为主，兼容述、记、图、表、录诸体裁。采用现代汉语书面语规范表述，使用规范汉字。

四、统计数据主要来自泰顺县统计部门、有关部门、乡镇街道提供的资料。计量单位中华人民共和国成立前沿用当时通例，以后一律使用法定单位。居民点人口流动较大，以2012年实际常住人口统计，其余人口数据以户籍人口统计。

五、各乡（镇）配16开4色行政区域地图，以直观展示该区域有关地理实体的平面分布，并设若干彩照，力求形象地反映主要地域特色。

六、所列地名以县人民政府、县地名委员会批准或认可为准。记述要素包含标准名称、汉语拼音、地理位置、地名由来、历史沿革及经济、社会简况。

七、民国及民国以前之纪年，使用中国历史传统纪年，同时括注公元纪年。解放后均使用公元纪年。志中所称“解放前(后)”以1949年5月3日中国人民解放军浙南游击纵队所属武装接管泰顺县城为时间界。

八、特定名称同一个节、目中首次出现用全称，以后用约定俗成的简称，如：浙江省简称“省”，农村人民公社简称“公社”，生产大队简称“大队”，行政村简称“村”。

九、地名艺文选用民国之前涉及境内地名的记述、题咏，以彰显、展示地名历史文化。

十、方位距离，以该地域上一级行政单位机构驻地为标志点，距离均为直线里程。海拔高程采用1956年黄海高程系。

十一、入志所用资料，取于陶汉心点注的古籍泰顺《分疆录》、1998年12月版《泰顺县志》、1984年版《泰顺县地名志》、有关泰顺地名的其他出版物，第二次全县地名普查资料和有关部门提供的资料，并相互引证作必要的考订。

十二、正文后附“地名索引”，索引的范围为行政区域（即社区、居民区、行政村、自然村、住宅区）。按照首字笔画多少排序。笔画相同的，按字形起笔，分一（横）丨（直）丿（撇）、（点）乛（折，包括亅乛乚〈等笔形）五类排序；首字相同的，按第二字笔画及首笔顺序排列，余类推；名称相同的按照页码先后排列。

泰顺县境之图 清康熙二十四年（公元1685年）《温州府志图》 21.21厘米×15.1厘米×2 现藏浙江图书馆

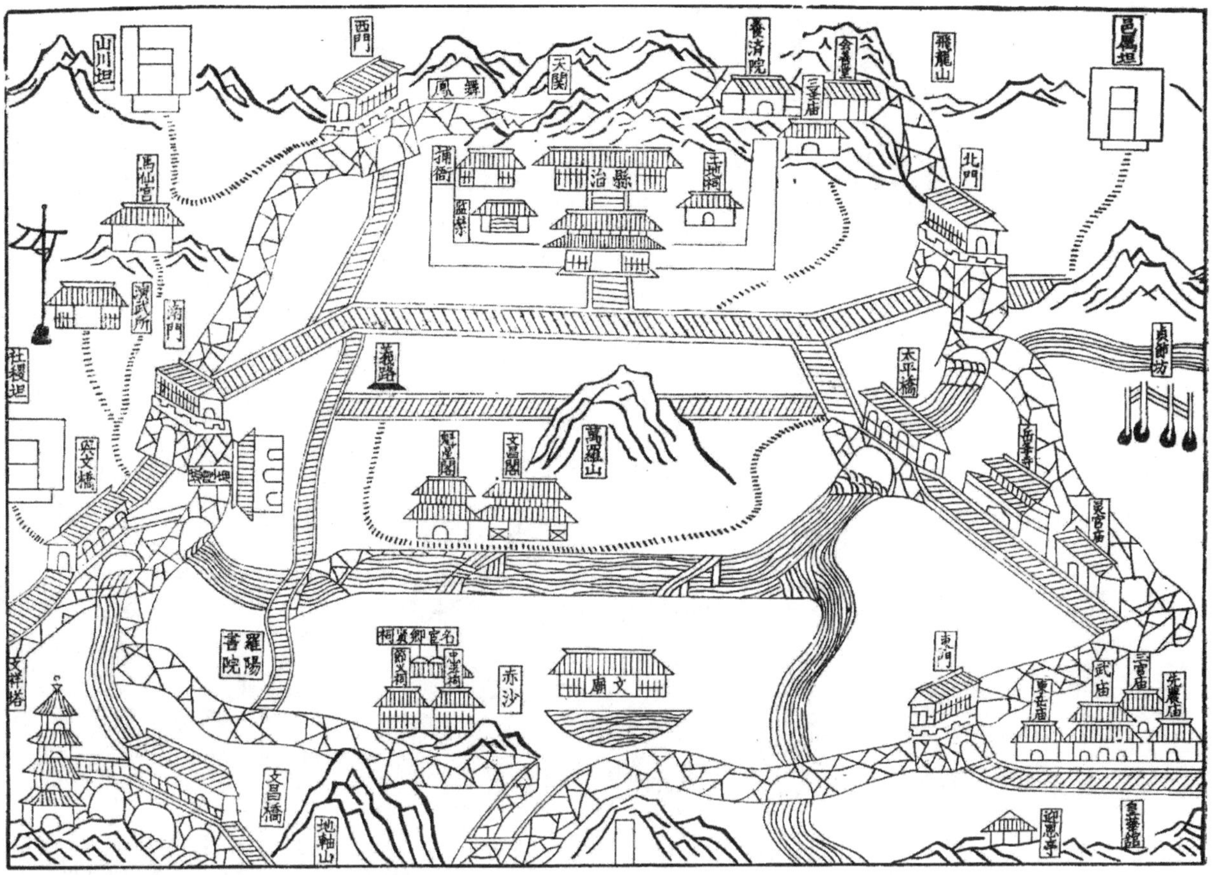

泰顺县志图　据清雍正《泰顺县志》

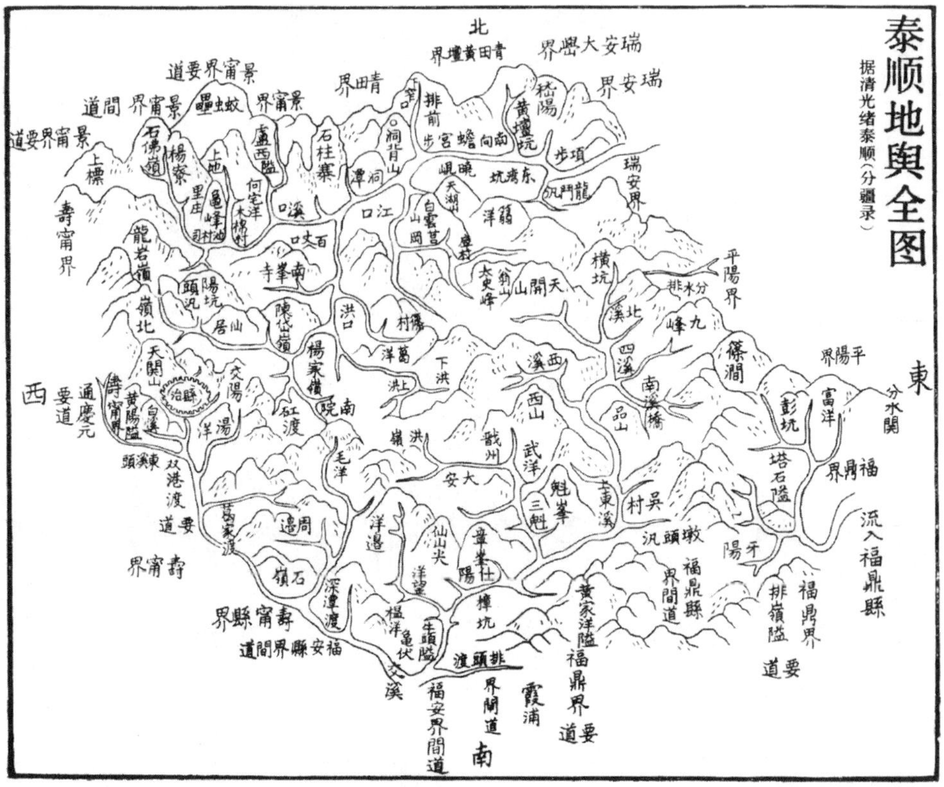

泰顺县地舆全图　据清光绪泰顺《分疆录》

建国前夕县城图

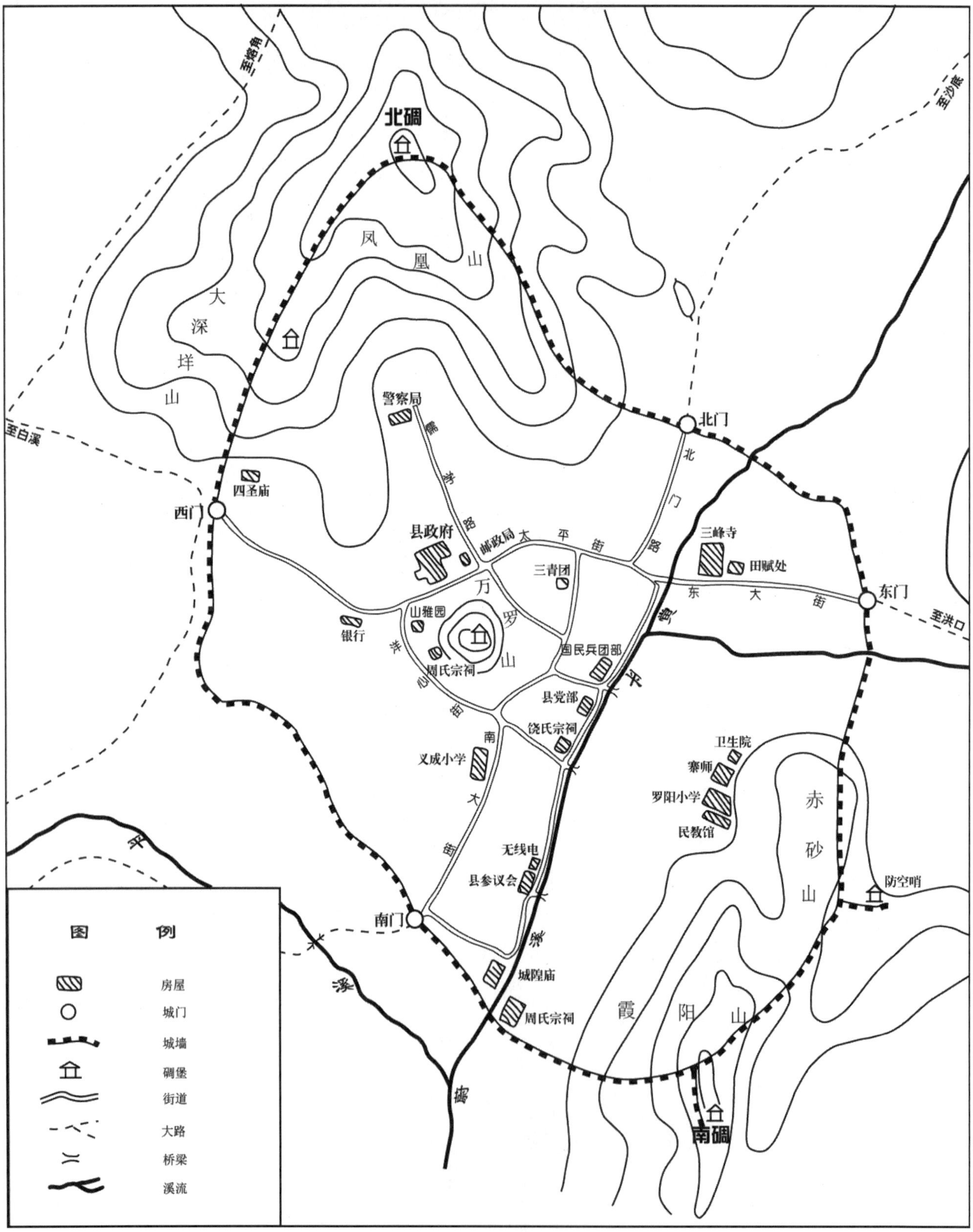

建国前夕县城图 据1984年版《泰顺县地名志》

泰顺县城图

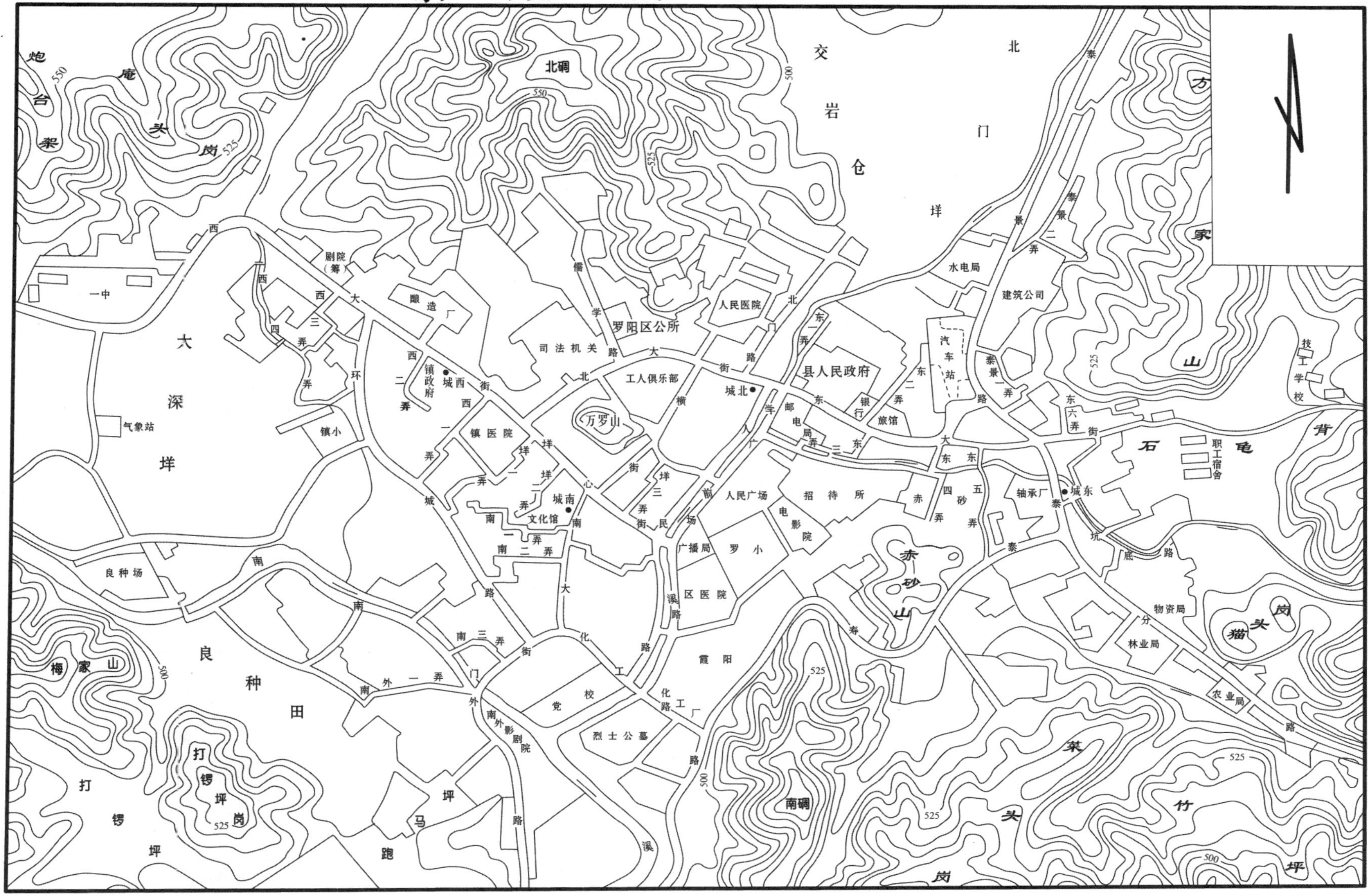

泰顺县城图 据1984年版《泰顺县地名志》

泰顺县城图 据1984年版《泰顺县地名志》

图　例

政　区　图

县(市)政府	省道
乡（镇）政府	县道
村委会、社区	乡道
自然村	村道
省界	桥梁
设区市界	隧道
县界	山峰
乡（镇）界	寺庙
铁路	名胜古迹
高速及互通	水电站
国道	河流、湖泊、水库

城　区　图

县政府	古迹、遗址、纪念馆
镇政府	汽车站
宾馆、酒店	碑
学校	体育场
医院	山峰

地图审核号：浙S【2013】332号
注：本图界线不作划界依据
本图基础地理底图由浙江省测绘与地理信息局提供

泰顺政区图

泰顺政区图
泰顺县
罗阳镇
司前畲族镇
竹里畲族乡
百丈镇
筱村镇
泗溪镇
三魁镇
仕阳镇
雅阳镇
彭溪镇
文成县
大峃镇
珊溪镇
巨屿镇
黄坦镇
峃口镇
周山畲族乡
瑞安市
高楼镇
平阳县
山门镇
南雁镇
顺溪镇
苍南县
青街畲族乡
景宁畲族自治县
大漈乡
东坑镇
景南乡
雁南乡
福建省
福鼎市
贯岭镇
叠石乡
南阳镇
犀溪乡
范坑乡
浙江省
丽水市
温州市
仙居水库
洪溪二级水库
洪溪一级水库
南山水库
双涧溪水库
桥墩水库
千坑炉
大峰山
棋盘山
牛牯坪
天顶岗
后山尖
大岗坪
尖峰顶

泰顺城区

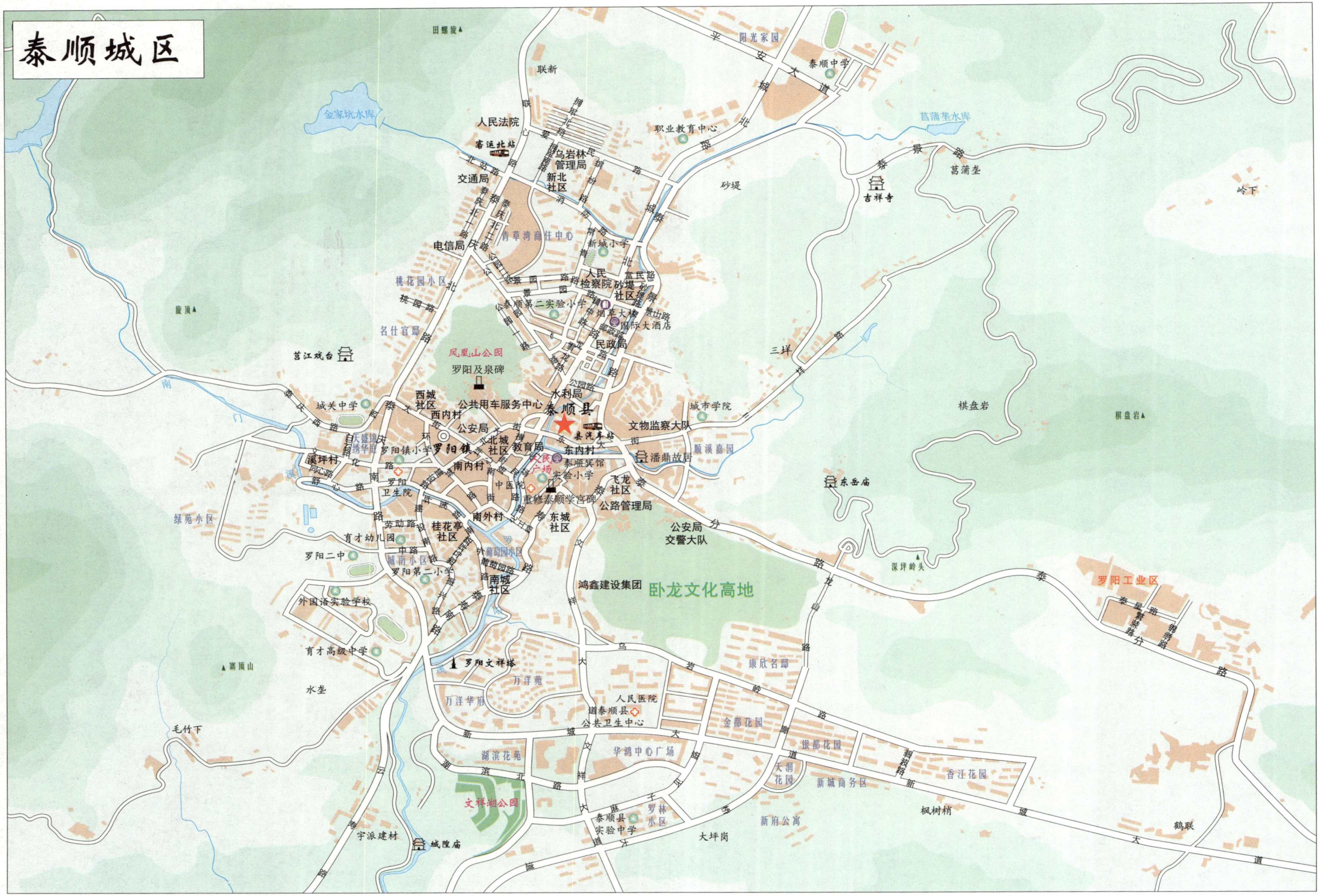

泰顺县
罗阳镇
阳光家园
泰顺中学
平安大道
职业教育中心
菖蒲垄水库
菖蒲垄
吉祥寺
岭下
金家坑水库
人民法院
客运北站
联新
田螺旋
乌岩林管理局
新北社区
交通局
电信局
青草湾商住中心
新城小学
砂堤
人民检察院
砂堤社区
桃花园小区
泰顺第二实验小学
国际大酒店
民政局
名仕官邸
旋顶
莒江戏台
凤凰山公园
罗阳及泉碑
三祥
水利局
城市学院
棋盘岩
城关中学
西城社区
公共用车服务中心
西内村
公安局
县汽车站
文物监察大队
北城社区
教育局
东内村
潘鼎故居
顺溪嘉园
东岳庙
溪坪村
罗阳镇小学
人民广场
泰顺宾馆
实验小学
罗阳卫生院
南内村
中医院
重修泰顺学宫碑
飞龙社区
公路管理局
绿苑小区
劳动路
桂花亭社区
南外村
东城社区
公安局交警大队
育才幼儿园
罗阳二中
罗阳第二小学
南城社区
鸿鑫建设集团
卧龙文化高地
溪坪岭头
罗阳工业区
外国语实验学校
育才高级中学
罗阳文祥塔
万洋苑
康欣名邸
覆顶山
水垄
万洋华府
人民医院
泰顺县公共卫生中心
金都花园
毛竹下
湖滨花苑
华鸿中心广场
银都花园
天润花园
新城商务区
香江花园
文祥湖公园
泰顺县实验中学
罗林小区
新府公寓
枫树梢
宇派建材
城隍庙
大坪岗
鹤联

罗阳镇全景 李永在

◀浙江省乌岩岭国家级自然保护区

黄腹角雉▶

◀飞云湖 周如妙

▲《氡泉峡谷云海》 黄华杨

▶天关山 卢立友

◀莒江溪筱村镇段 卢立友

岭北溪 卢立友

◀洪口溪仙居村段 卢立友

泰顺县政府大楼

罗阳镇新城夜景 卢立友

司前畲族镇俯瞰 卢立友

新城大道　卢立友

泰庆北路　卢立友

百丈镇俯瞰　卢立友

包氏宗祠　卢立友

塔头底古村落　卢立友

库村古村落　卢立友

瑞岭文昌阁

交垟土楼

前坪张厝

百福岩古村落 卢立友

雪溪胡氏大院

园洲古民居 卢立友

分泰线 胡黎明

云寿线 卢立友

红岩隧道及红岩瀑布 卢立友

◀北涧桥－李永在

刘宅桥▶

◀南溪桥

东溪大矴步 - 周如妙

文兴桥

毓文桥

三插溪水库

县体育中心

南山水电站

泰顺县育才初级中学

泰顺中学

泰顺县职业教育中心

白柯湾红军纪念馆 卢立友

崇教寺

明山寺

中共闽浙边中心县委成立旧址

泰顺县烈士公墓

双溪口红军山洞医院旧址

宝林寺

百家宴—卢立友

泰顺龙舞

竹里畲族婚嫁—卢立友

▶泰顺石　东方红

◀泰顺石　金石冻

▶香菇寮白毫

目 录

综 述

泰顺县（Tàishùn Xiàn）位于浙江省南部、温州市西南部，洞宫山南翼，南雁荡山西南翼。行政区划代码 330329，电话区号 0577。东邻苍南县，南、西南分别邻福建省福鼎市、柘荣县、福安市、寿宁县，西北连丽水市景宁县，东北与文成县相接。地跨北纬 27°17′58"～27°48′42"，东经 119°37′12"～120°14′44"。东西最大距离 60.32 千米，南北最大距离 56.83 千米。全县总面积 1761.5 平方千米，其中陆地 1674.9 平方千米，占 95.1%；水域 86.6 平方千米，占 4.9%。县人民政府驻罗阳镇东大街 6 号，距温州市区 109.5 千米。

泰顺之域上古至秦汉为瓯地，唐以后为瑞安、平阳县一部分。明景泰三年（1452 年）析瑞安县义翔乡五十六、五十七、五十八、五十九、六十都共 12 个里，平阳县归仁乡三十八、三十九、四十都共 6 个里之地置县，立治罗阳，寓“国泰民安，人心效顺”之意，钦赐县名“泰顺”。

泰顺置县虽然较晚，但境内发现的新石器时期遗址表明，四五千年前或更早，这片土地已有原始先民繁衍生息。史料及县内现存家谱表明，唐朝以降各大姓氏相继入迁，遂开发成“桃源武陵千百家”的局面。

2012 年底泰顺县辖罗阳镇、司前畲族镇、百丈镇、筱村镇、泗溪镇、彭溪镇、雅阳镇、仕阳镇、三魁镇、竹里畲族乡；下设 11 个社区、6 个居民区和 295 个行政村。全县总人口 36.67 万人，人口密度为每平方千米 208 人。人口中汉族 34.59 万人，占 94.3%；有畲族、侗族、苗族、黎族、土家族等 24 个少数民族，共 2.08 万人，畲族以外的少数民族大多数系婚嫁迁泰，部分因工作迁来。畲族同胞明末至清前期陆续从闽北福鼎、福安县，浙江省云和、景宁、平阳县以及今属苍南县之地迁入，2012 年初全县畲族人口 2.03 万人。

（一）

泰顺处于浙南山区，全县地势西北高东南低，大致由西北向东南倾斜。高山峻峰围绕，盆地、丘陵交错，有“九山半水半分田”之称。主要山脉是自西北入泰顺的洞宫山脉，东、南部为南雁荡山脉的延伸。司前镇西北部与丽水市景宁县交界处的白云尖海拔 1611.1 米，为境内最高点，也是温州市最高峰；最低点在百丈镇包垟马迹自然村西北，海拔 80.0 米（已被飞云湖淹没）。

境内溪流分属飞云江、交溪、沙埕港、鳌江四水系。飞云江水系流域面积 864.3 平方千米，交溪水系流域面积 511 平方千米，沙埕港水系流域面积 77.2 平方千米，鳌江水系流域面积 35.5 平方千米。主要河道总长度 512.8 千米，其中三级河 7 条，共长 248.5 千米；四级河 18 条，共长 264.3 千米。涧汇而坑，坑汇而溪，泰顺境内以山、峰、尖、涧、坑、溪为元素的地名不计其数，生动反映了自然环境特点。

泰顺属中亚热带海洋型季风气候，四季分明，气候温和；雨量充沛，春夏水热同步；秋冬光热互补；高山云雾弥漫，低处丘陵湿润。多年平均气温16.1℃，1月份平均气温6.0℃，极端最低气温-10.5℃，出现于1983年12月31日；7月平均气温25.8℃，极端最高气温39.2℃，出现于2003年7月15日和30日。年平均无霜期241.2天，年平均日照时数1622.6小时。年平均降水量2030.5毫米。降雨集中在每年3月至9月，6月最多。主要自然灾害有台风、暴雨、洪灾、旱灾、冰冻等。台风引发暴雨所致洪灾年均2～5次。干旱多受太平洋副热带高压影响形成。梅雨季节结束后炎热少雨，易致伏旱。泰顺不少地名中包含着历史上自然灾害（包括地质灾害）的信息。

境内山势切割剧烈，拥有丰富的水力资源。据水电部门初步勘察，全县水力发电理论蕴藏量38.8万千瓦，其中易于开发利用的有21.27万千瓦。水力发电是泰顺县能源开发强项，被列为全国100个、全省10个电气化试点县之一，赢得“中国小水电之乡”的美誉。至2012年年底，发电企业137家，2011年发电4.6亿千瓦时。其中位于司前镇境内的三插溪水电站，总装机容量4.4万千瓦，设计年发电量1.057亿千瓦时，是目前泰顺县规模最大的水电工程项目。

泰顺崇山峻岭，矿藏丰富。境内已探明有叶蜡石、辉绿岩、花岗岩、高岭土、萤石以及多金属矿等。位于仕阳镇龟湖村的龟界叶蜡石之都”。罗阳南院梨槙坪、仕阳桥底的辉绿岩；百丈洪口、司前大住湖叶蜡石矿，地质储量1亿吨，可采量5000万吨，年产量80万吨，为亚洲第一、世界第二，被誉为“世、罗阳南院、三魁峡屿、彭溪月湖等地的高岭土；罗阳、雅阳、三魁、司前、仕阳等地的花岗岩，都是泰顺的重要矿产资源。

泰顺县制瓷业盛于宋元，产品有受江西景德镇窑影响的青白瓷和福建建窑影响的黑釉瓷以及龙泉窑影响的青瓷，明清时期洪口等地的青花瓷，其烧制历史一直延续至今。泰顺地名中有不少与瓷窑相关，考古发现多处古窑址群，印证着泰顺县制瓷业历史悠久，规模较大。

明代浙江的银场主要分布温州和处州（今丽水市）。洪武末，平阳县（包括今泰顺南部区域）设立银场局。永乐年间，焦溪银矿（在今三魁刘宅水口）开始开采。景泰三年（1452年）后，析平阳归仁乡三都六里和瑞安的五都十二里置泰顺县，原平阳产银的归仁乡二十八、三十九、四十都归入泰顺版图。据史载，明朝廷在泰顺开采银矿主要矿点有龟伏矿、石闩矿（在今龟湖）、净水矿（在今后章）、焦溪矿（在今三魁刘宅水口）等，现存不少地名与采银有关，是这段历史的实证。

泰顺生态环境优良，被列为国家级生态示范区。森林覆盖率达75.6%，有林地194.6万亩，拥有原始次生林面积 2.2 万亩。被誉为“绿色生态博物馆”。已查明植物 2150 种，包括华东黄杉、香果树等 28 种为国家重点保护野生植物；已查明国家重点保护动物 50 多种，属于国家一级保护动物有黄腹角雉、云豹、金钱豹、黑麂、白颈长尾雉、金雕等 8 种，二级保护野生动物有猕猴等 42 种。国家级自然保护区乌岩岭被称为"生物种源天然基因库"，是我国特有的濒危鸟类黄腹角雉的主要栖息、繁殖地。

山清、水秀、景美、空气优良，使泰顺成为休闲旅游胜地。空气质量达到二级和好于二级的天数占全年 99.7%；城镇绿化覆盖率达 35%，全境林木绿化率为 76.7%。在全国生态环境状况评价中，泰顺连续多年保持全省第一，是名副其实的“浙江生态第一县”，被称为“中国茶叶之乡”“中国名茶之乡”“中国黄腹角雉之乡”。旅游资源单体总数 295 个、聚合区 10 处。承天氡泉水温高、矿度低，具有很好的保健功效。

（二）

“九山半水半分田”的地理环境使泰顺拥有丰富的资源，也导致旧时交通不便、环境闭塞，从而制约了泰顺发展。解放后特别是改革开放后，在党和人民政府领导下，泰顺人民扬长避短，齐心协力，以交通、水利等基础设施建设为抓手，使泰顺经济突飞猛进、面貌焕然一新，人民生活水平不断提高。

泰顺县地处浙闽要冲，古时岭道蜿蜒境内，连接浙闽、通往府城温州及周边各县，留下许多与岭和道路相关的地名。

全县目前以公路为主要交通运输方式。331 省道自县城贯穿县境中、南部，连接甬台温（宁波—台州—温州）高速公路和 104 国道，使泰顺县进入温州市两小时公路圈。228 省道自县北通往西南，境内路段长 36.2 千米，双向双车道，是北接丽水市云和县，南达福建省寿宁县的干道。全县有县乡 （镇）级公路 58 条，总长 830.6 千米，构成四通八达的陆路交通网。

明崇祯六年《泰顺县志》记载：“茶近山多有，惟六都泗溪、三都南窍独佳。”泰顺香菇寮白毫茶叶良种被载入《茶树育种学》《茶叶栽培学》。粮食作物以水稻、番薯、马铃薯为主，主要经济作物有油菜、油茶、茶叶、柑橘、猕猴桃、薏苡、黄栀子等。2011 年薏苡种植面积 533. 3 公顷，产量 1577 吨；黄栀子 120 公顷，产量 1960 吨。畜牧业以生猪、家禽、草食动物为主。

至 2011 年年末，县内累计植树造林 6. 62 万公顷，其中防护林 3. 37 万公顷、经济林 7400 公顷、竹林 1. 28 万公顷，林木覆盖率 76.7%，活立木蓄积量 319.3 万立方米。

林业特产有食用油原料油茶籽，营养丰富的果品板栗、猕猴桃等。还出产工业用油原料油桐籽、香料油原料山苍籽等，曾被列为全省 12 个发展油桐纯林基地重点县之一。

全县拥有现代林业园区5个，面积1266.7公顷。改革开放后生态农业提质增效，有机茶、高山蔬菜、食草动物、中药材等特色农业快速发展，生态工业蓬勃兴起，招商引资力度不断加大，形成竹木制品加工、矿产品加工、橡胶塑料制品业、装饰材料等工业体系。2011年，全县规模以上工业企业21家。县级工业产业园集群有泰顺（大安）生态科技创业园、泰顺石产业园、司前竹木产业园、罗阳生态工业园。

2011年，泰顺县水果种植面积3200公顷，产量1.3万吨，主要品种有杨梅、猕猴桃、柑橘、梨、枇杷、柿子等，其中猕猴桃产量居全省前茅。山珍有花香菇、笋干、野生蕈、干竹荪、山蕨菜、青刀豆、大刀豆、万年青、葫芦片、茄子干、菜花、鲜味笋心、板栗王、芥菜、玉姜、野生苦菜、荠菜、马齿苋、大青叶等等。名优特农产品有三杯香茶叶、碑排猕猴桃、南浦板栗和柑橘、山友系列山珍蔬菜、原生态贵妃鸡、天遥土鸡、利众竹筷、翁山番薯干等。

泰顺已成为全省茶叶、山珍食品重要产地。茶叶产量居全省前茅，是全国重点产茶县、浙江省级重要的茶叶生产基地。泰顺三杯香又称泰顺高绿，以香高味醇、经久耐泡得名，属炒青绿茶之列。其品质特点是外形细秀，大小均匀，汤色绿艳明亮，内质淳厚，嫩香馥郁，三杯犹存余香。先后获得浙江名牌农产品、中国驰名商标、中国地理标志证明商标、中国农产品地理标志登记产品、中国原产地保护产品等称号，获首届“国饮杯”特等奖，被列为钓鱼台国宾馆特供茶。泰顺红酒其色透红，其味香醇，营养丰富，具有健脾开胃等功效，是宴宾喜庆必备佳酿。泰顺薄饼又名婆饼，是一道民间传统风味小吃。“薄如蝉翼，洁白如玉”，馅分荤素酥脆软糯，米香馅鲜，味醇不腻，食之齿颊生香。泰顺绿豆腐又称“观音豆腐”，是一种以野生植物为原料的“山珍”小吃，爽口而且清凉解毒。

泰顺农产品丰富，知名度高。名茶中除三杯香外还有三仙、日月井、卢峰、仙瑶隐雾、高香早等等，其中“三杯香”是中国驰名商标；食品中的山友牌商标获浙江省著名商标、温州知名商标。山友牌系列产品获中国名优品牌、浙江名优农产品、浙江省绿色放心营养标志产品；山友牌青刀豆经中国绿色食品发展中心审核，许可使用绿色食品标志，并被认定为浙江名牌产品；山友牌兔肉罐头、三杯香茶认定为“温州名牌产品”，2005年山友系列产品通过中国有机产品生产、加工、销售认证，并在中国浙江农业博览会上获得金奖。

（三）

泰顺以“中国古廊桥之乡”著称，现存宋至明、清时期古廊桥有数十座，其中泗溪镇下桥村溪东桥、北涧桥，三魁薛宅桥、刘宅桥等15座古廊桥被列为全国重点文物保护单位。中国廊桥博物园落户泰顺，廊桥文化园被评为浙江省非物质文化遗产旅游经典景区。以泰顺为代表之一的中国木拱桥传统营造技艺被联合国教科文组织列入“人类急需保护的非物质文化遗产名录”。泰顺境内矴步众多，位于仕阳镇溪东村的仕阳矴步，被列为全国重点文物保护单位。

泰顺城乡保存着许多宗祠，体现着慎终追远的传统情怀，是古村落的重要文化组成。位于泗溪镇玉岩村的玉岩包氏宗祠，始建于明成化年间（1465—1487年），清道光二十七年（1847年）重建。规模宏大，建造考究，是研究浙南山区明、清时期建筑的珍贵实物，2012年被列为国家级文物保护单位。

昔时养于大自然深闺的山山水水，已成为人们心仪的名胜。百丈漈—飞云湖相当部分景区在泰顺境内，是国家级风景名胜区；泰顺县南部氡泉—九峰是省级风景名胜区；省级以下风景名胜区有南浦溪、柳峰尖。

位于司前畲族镇西北部的乌岩岭国家级自然保护区是“全国野生动物保护科普教育基地”，是全国范围内距东海最近的森林生态与野生动物类型自然保护区。这里保留着省内罕见的次原始森林，栖息的世界珍稀鸟类黄腹角雉，被列为国家一级保护动物。

位于雅阳镇承天玉龙山下会甲溪峡谷的承天氡泉风景区，以清、幽、险、奇著称，是国内罕见的高热含氡矿泉。该泉出水量大，出水温高，被誉为“浙南大温泉”，其医疗、美肤、健身功效显著，被列入国家级浴用医疗矿泉水。位于筱村镇的南浦溪风景区，青山碧水环绕，环境优雅清新，拥有各具姿态的潭石、神秘莫测的幽林、飞流直下的瀑布、显露唐宋遗风的库村古村落。位于筱村镇的三重漈景区，以飞瀑深潭称奇，瀑击潭水，声如洪钟，有金钟潭、雷鸣潭。位于三魁镇的三魁森林公园，规划面积1218公顷，森林覆盖率达86%。环境洁净，空气清新。位于罗阳镇西郊的天关山森林公园，包括龙井坑景区、天关山景区、北岭景区和白溪景区等四个景区，有景点50余处。司前镇的白鹤渡，是位居浙江八大水系之一的飞云江上游，湖光潋滟，水岛相映，铁索飞桥凌空横渡，亦属形胜之区。

九峰省级风景名胜区位于泗溪镇、彭溪镇，因九座山峰连体得名，有峡谷溪涧、革命遗址等类型景观，是集观光游览、休闲保健、爱国主义教育、科普研究等功能于一体的山岳型风景名胜。境内有浙闽边临时省委旧址、浙南特委成立旧址、红军山洞医院、重建红十九师旧址、峰文大战旧址和“红色堡垒村”等革命胜迹以及中国工农红军挺进师纪念馆等纪念设施。

泰顺传统文化内容丰富，地方特色浓郁。2011年11月，泰顺县被授予“中国民间文化艺术（木偶戏）之乡”称号。早在宋代，境内就有木偶戏表演。泰顺木偶主要有提线木偶、药发木偶与布袋戏三种。“药发木偶”，亦称“琼花木偶”“烟花木偶”，是以火药为主要燃放原料催动木偶表演，集手工、表演为一体的民间技艺。据考证，药发木偶在泰顺已有300多年历史。

源于三魁一带的泰顺元宵节百家宴又称“做福”，始于宋，盛于明、清，乡人视作“聚宗亲，商族事，祈上苍，保平安”的善事、盛事。据记载，每年农历正月十五，当地人举办“祠堂饭”，后称“春福”，意为迎春接福，祈求新的一年五谷丰登、国泰民安。2010年，仅三魁、雅阳、西旸等7个乡镇，办宴席6000桌，6万人赴宴，被载入世界基尼斯纪录。泰顺元宵节百家宴入选浙江省元宵节传统节日标志地，被列为省级民族传统节日保护基地。地方特色民间艺术还有山歌、畲族民歌、八宝灯、龙凤狮子灯等。木拱桥传统营造技艺、药发木偶戏、泰顺提线木偶戏、畲族民歌、龙舞（碇步龙）被列入国家级非物质文化遗产名录。

泰顺文化教育事业与经济发展比翼齐飞。主要学校有泰顺中学、泰顺县职教中心、泰顺育才学校、泰顺新城学校、泰顺二中、泰顺三中、泰顺四中、泰顺六中、泰顺七中、泰顺民族中学、泰顺八中、泰顺城关中学等。主要科研机构有县石雕工艺研究所、县工艺玩具研究所、县聚俄高分子材料应用研究所、县地方中草药研究所。重点医院有县人民医院和县中医院，其中县人民医院为二级甲等医院。举办省级以上体育赛事有在乌岩岭举行的“中国•乌岩岭”温州之巅山地竞速赛。

改革开放以来，泰顺县紧紧围绕加快发展这一主题，深入实施“生态立县、工业强县、旅游兴县、开放活县”战略，扎实推进“生态泰顺、小康泰顺、和谐泰顺”建设，实现经济社会持续健康发展。2010年，全县实现地区生产总值39.77亿元，财政总收入4.65亿元，城镇居民人均可支配收入16557元，农民人均纯收入6010元。

（四）

《分疆录》载：泰顺之地“唐以前僻在荒服中……至唐始有山民烧畲辟壤，渐兴赋役。及唐末之乱，赋烦役重，民不堪命，流亡入山者愈多，则百落千村，皆武陵之桃源矣。……于是闽越有志之士挈家入山，请于刺史，烈山、导泉、垦田、均赋、定界、立户，始有义翔乡五都十二里，归仁乡三都六里之目。前后入山著籍者凡十八大姓：义翔乡如莒岗夏、库村吴、包坑包阳包、箬阳毛、池村池、大住左窟方、罗峰董及宋、南阳江、仙居木棉徐、葛阳陶。归仁乡如夹屿大安龟岩张、筱村四溪林、陈阳陈、夹屿章峰蔡、东溪曾、叶屿阳叶、周边周，皆是也……子孙尚多聚族而居。自宋以后生齿日繁，文物渐盛，科甲肇兴，人才辈出。至南渡之盛，山中土著遂多瑞平世家巨族矣。”泰顺地名不少与姓氏迁徙有关，包含着族姓迁居的历史信息；不少与先民肇基相关，折射着先民筚路蓝缕垦畲为田的艰辛。

泰顺地灵人杰，文风昌盛。唐末迄清载入《分疆录》的文科进士有53名，五代后唐至清朝还有武科进士30名。南宋绍定壬辰年（1232年），泗溪林梦发、林萼父子同登进士；淳祐甲辰、丁未，库村吴湙、吴洸弟兄进士联镳，一时传为科场佳话。

吴畦（840—923年），字祯祥，晚唐时山阴（今绍兴）人，咸通元年（860年）进士。初授桂州刺史，历任招讨使、京兆尹、河南节度使。督修黄河有功，官至中书令、同平章事，拜谏议大夫，进太子太保。唐末迁居安固库村（今泰顺新山），卒葬白云山麓。其后裔分布白云山下及县内外各地，不可胜数，是泰顺以及浙南、闽东多县的吴氏始祖。

徐奭（985—1030年），字武卿，瑞安县木棉（今泰顺司前畲族镇墩头）村人，少年游学建州，寓居建州山表以闽籍考生参加科举考试，北宋大中祥符五年（1012年）进士殿试得第一名，历官与浙转运使，署开封知府等。

林杞，字茂南，北宋时泗溪人，崇宁五年（1106年）进士。刚直多惠政，爱国情怀和才能颇受李纲赏识。历官湖南提举、吏部郎、湖南转运判官、福建提点刑狱、帅府参谋等职。最后被赠予文官最高官阶"开府仪同三司加少保"。其侄林待聘，北宋政和五年（1115年）进士。建炎初年，曾扈从高宗南渡江，李纲赞之"王佐才也"，后为高宗朝名臣，以敷文阁学士致仕。

徐元德（1139—1201年），字居厚，号牧斋，南宋时瑞安仙居（今泰顺罗阳镇仙居）人。永嘉学派重要人物。与朱熹、陆游、叶适、吕祖谦、陈亮、戴岷隐等多有交往，被著名诗人杨万里赞为浙东名儒，著有《樵夫集》，又与名儒陈傅良合著《周礼制度精华》。

吴驲（1167—1247年），字由正，南宋时库村人。嘉泰二年（1202年）省试列上等，授承节郎。历官湖南安乡县令、昭州知州、藤州知州等，治军施政多佳绩，颇受百姓爱戴。

曾镛、曾璜父子，清代县城人。曾镛人称复斋先生，是清中叶温州经学家，曾在孝丰、云和、金华、嘉兴、汤溪、将乐、泰顺等地任教职，著有《五经解》《复斋诗文集》。学问品格深为浙江巡抚阮元器重。晚岁出任东安知县，被称为"曾青天"。曾镛之子曾璜与董正扬、董斿、潘鼎同学，时称四俊。后游于福建，被闽浙总督汪稼门聘为上宾。32岁时赴考卒于杭州，遗有《松亭遗草》《时艺》。

林鹗、林用霖父子。林鹗（1793—1874年）少名颉云，字太冲，号迂谷，里庄（今司前里光）人，后迁居南院为父守墓庐。清道光二十二年（1842年）选为岁贡，曾入广西学政孙锵鸣幕，任兰溪县学训导、直隶州判，著有《分疆录》《望山堂文集》《望山堂诗集》《花木栅》《借刊录》《阳符笺》《琴学全书》《葬书易悟》等，为保存泰顺历史文化作出重大贡献。

潘鸿康（1856—1922年）字弗巨，又字迪斋，罗峰（今罗阳东外村）人。毕生从事教育，四度掌教于罗阳书院，并创办罗阳高等小学，是近代泰顺县著名学者和新学先行者。

泰顺地处浙闽交界，枕山近海，地控“两省四府”要冲。元朝以后内乱外患屡遭兵燹，受害之烈往往甚于他处。明嘉靖三十八年（1559 年） 冬，3000 多名倭寇从福鼎桐山窜入，自雅阳一路劫掠至三魁凡十日，溪水为赤。继经华峰（今大安后垟）、下洪入屯莒江二十余日，各处民房多被焚毁。十二月十一日进犯县城，官军与乡兵奋起抵抗，打得倭寇仓皇退逃入海。迭次御敌事件中，泰顺涌现出许多英雄人物，其地其人堪为泰顺增辉。

蔡良臣，北宋时章峰（今雪溪）人。字唐卿。北宋末补入太学上舍生。金兵迫近京城，良臣慷慨赋诗请求从军，后死于国难。南宋时获赠徽猷阁直学士。

曾光（？—1169 年），南宋时东溪人。隆兴元年（1163 年）中武进士，授骑都尉。随大将李显忠出师北伐，率军“登城与敌战，斩首千级，生擒八百余众”。都督张浚上报朝廷，列曾光功劳为第一，升任殿前太尉、右通直郎。乾道五年（1169 年）致仕，卒葬东溪石穴。

林棨（1178 年—1217 年），南宋时泗溪人，字维翰。自少好读书、精骑射。19 岁获武科省试第一，嘉定元年（1208 年）中武科进士，任均州武当县尉，后升蕲州蕲春知县。嘉定十年（1217 年）金兵分道入侵。林棨率吏民据城固守，在巷战中殉国。士民将其遗体归葬凤岩寺东山。

林雄（？—1289 年），南宋时牙阳（今雅阳）人，字子毅，咸淳四年（1268 年）进士。益王赵昰、广王赵昺南遁，元兵穷追，林雄聚集义民协助行军司马陈自中拒元兵于分水关。宋亡后，林雄坚持抗元被执，元世祖感其忠义而放归。被释后继续抗元，直至战死。

林逢龙（？—1201 年） 字庆云，泗溪南溪人；林廷龙（？—1201 年）字雷发，林逢龙胞弟。均为太学生。南宋景定五年（1264 年），逢龙上书朝廷献抗元策未被采纳。咸淳二年（1266 年）与其弟廷龙触怒权相贾似道，被斥归乡里。林氏兄弟不畏权势，咸淳八年（1272 年）又与太学生齐应魁等联名上书，要求惩办贾似道，调兵解襄樊之围，被削籍解送回乡。回乡后逢龙筑室隐于赤岩（今秀涧上村）。德祐二年（1276 年）元兵入温，逢龙不受利诱威迫，以腹触刃而死。廷龙抗击元兵时被执，同日赴难。

蔡起辛（？—1301 年），字若金，南宋时章峰（今泗溪镇蔡宅村宫头底）人。景定三年（1262 年）武科第一，宰相叶梦鼎推荐，授督府计议，后外放知韶州军，咸淳末辞官回乡。至元二十年（1283 年）拒绝仕元，此后埋名隐姓，漫游于苏南浙北一带十七年，直至寿终。

林田（？—1559 年），明代泗溪人，字舜耕，庠生。嘉靖三十八年（1559 年）秋，倭寇从福建福鼎桐山登岸，进犯八都牙阳。林田率乡兵在排岭一带据险迎击，终因寡不敌众，力尽战死，墓葬泗溪竹溪亭下，并建忠臣庙祀之。

陶治臣，字君有，明代葛阳人，县学增广生。嘉靖三十八年（1559 年）冬，倭寇犯石门隘

（在今三魁镇刘宅稗岭头），杀掠甚惨。陶治臣散家财作军饷，集家丁、乡兵抗倭，亲斩倭寇头目屡立奇功。

泰顺多大山深谷，旧时交通闭塞，道路崎岖。修桥铺路是为人称道的善举，泰顺许多地方人士致力此类公益事业，有的家族甚至父死子继，耗尽家资，倾力为之。

陶化龙（1775—1850 年），又名朝泽，字跃云，泰顺一都（今司前村）人。毕生致力公益事业，建学堂、构试院，凡修桥铺路等义举无不尽力。陶氏四代承先继后，百折不挠，历时 20 余年、捐资数万贯，最终建成司前洄澜桥。该桥现为省级文物保护单位。

林传胜（1873—1948 年），又名鸿胜，字伯雄，泰顺章坑（今属仕阳镇）人。热心乡里公益，先后建造石桥 5 座、木桥 2 座，造渡船 6 艘，建渡亭 2 座、渡屋 2 间，筑石路 50 里。这些善举，除木桥、渡亭各 1 座外，余均独力捐资。

赖嗣燕（1890—1961 年），泰顺碑排大岗背人。嗣燕兄弟捐献财物，殚精竭虑建造三滩桥。遭遇洪水仍屡毁屡建。1953 年该桥由政府负责重建，赖嗣燕仍倾心协助。他和弟弟卖掉家中牲畜和自己的寿棺，补充建桥费用。赖嗣燕为建三滩桥苦心孤诣 20 多年，至今为人称颂。

泰顺有光荣的革命历史，泰顺人民为革命作出重大贡献和牺牲，光辉事迹彪炳史册，垂照丹青。早在 1923 年，泰顺优秀青年林秉权在上海大学读书期间即加入了中国共产党。1934 年起，闽东红军开始向泰顺县境发展革命力量，建立区、乡、村组织。1935 年 4 月刘英、粟裕率红军挺进师挺进泰顺。是年 11 月 7 日，红军挺进师与中共闽东特委在白柯垮（今属九峰）成立中共闽浙边临时省委和临时省军区。刘英、粟裕、叶飞领导红军挺进师在浙南坚持三年游击战争，泰顺是浙南革命根据地中心区域。1988 年 5 月，浙江省人民政府确定泰顺县为革命老根据地县。浙江省民政厅 1993 年重新认定革命老区乡镇，泰顺县百丈镇、彭溪镇、雅阳镇、仕阳镇、司前畲族镇、罗阳镇、泗溪镇、南院乡、岭北乡、仙稔乡、碑排乡、黄桥乡、峰门乡、联云乡、翁山乡、凤垟乡、横坑乡、峰文乡、月湖乡、万排乡、西旸镇、垟溪乡、洲岭乡、包垟乡、新浦乡、九峰乡、松垟乡、柳峰乡、龟湖镇、雪溪乡、竹里畲族乡、东溪乡被认定为革命老根据地乡镇。1992 年 10 月重新认定革命老区时，全县有 336（329）个当时的行政村及 5 个自然村被认定为革命老区村。

林秉权（1902 年—？），又名良恕，留学苏联时改名游策，百丈镇包垟林岙村人。1923 年在上海大学时，与邓中夏、瞿秋白、恽代英等关系密切，同年加入中国共产党，是泰顺第一位党员，也是温州地区早期党员之一。1927 年春，受党组织派遣到武汉领导商民协会。大革命失败后，林秉权在党组织安排下去莫斯科，先后入东方大学、中山大学学习。后受王明、米夫迫害流放西伯利亚，从此杳无音信。1989 年 12 月浙江省人民政府批准为革命烈士。

曾清连（1896—1934 年），又名曾大汉，泗溪镇洪坳村人。1930 年 1 月发动泗溪农民武装起义，在秀涧上仁垟山峰上立双凤寨安营。1931 年冬加入中国共产党，1934 年 2 月当选为闽东苏维埃政府军事委员。1934 年 11 月壮烈牺牲。

黄明星（1905—1988 年），又名黄孔仁，彭溪镇人，1936 年 4 月加入中国共产党。历任中共双溪口村支部书记、泰平区委书记。1937 年 2 月国民党进犯峰文，挺进师与游击队英勇反击后撤离，将 30 多名受重伤的红军战士交托双溪口党支部黄明星等人。黄明星带领当地党员与革命群众将伤员转至当地山洞精心护理，使之全部治愈归队。他两次被国民党逮捕，系狱三年坚贞不屈，受尽种种酷刑。粟裕大将赞扬黄明星等人“是平凡的、伟大的革命英雄”。

刘素贞（1876—1936 年），南院乡棠坪村人。1934 年年初起担任中共福寿县委、寿泰县委棠坪交通站负责人，1936 年 7 月为掩护红军伤病员在五步溪壮烈牺牲；其长子钱永流，次子钱永去、三子钱永品相继英勇牺牲。刘素贞一家四英烈的事迹传遍浙闽边区。1996 年 10 月，在罗阳镇棠坪村建立刘素贞母子四英烈纪念碑。2012 年 3 月 2 日，该碑被命名为泰顺县爱国主义教育基地。

中华人民共和国成立后，不少泰顺人士为保卫祖国、保卫人民生命财产作出重大牺牲，在社会主义建设中作出很大贡献。

林心邦（1920—1953 年），原名心亩，富垟乡双月村（今属彭溪镇）人。1948 年 10 月随部队起义，编入华东野战军第四纵队。先后参加淮海战役、渡江战役及杭州警备任务。1952 年年底参加中国人民志愿军，1953 年 4 月壮烈牺牲，被志愿军政治部追记一等功。

陈昌存（1964—1985 年），碑排乡板岱头村（今属罗阳镇）。1980 年 11 月应征入伍。1982 年考取中国人民解放军第一炮兵学校，其间加入中国共产党。1984 年 7 月在云南前线任排长，1985 年老山战斗中英勇牺牲。

叶亚头（1923—1991 年），百丈镇东岸村人。1948 年秋参加中国人民解放军，在淮海战役、渡江战役、抗美援朝战争中多次立功。1954 年春叶亚头退伍还乡务农，1990 年 8 月 20 日在抗洪中牺牲。1991 年 4 月，被省委宣传部、省公安厅授予“浙江省见义勇为勇士”称号，授其为革命烈士。

林崇迁（1925—1990 年），仕阳镇早阳村人。致力水利电力事业 30 多年，在长期实践中积累丰富经验，从初小文化成为会设计、能施工、善管理的全才型土专家，被评为温州市劳动模范，1986 年水利电力部授其“献身水利、水保事业 31 年”荣誉证书。1990 年 8 月抗台抢险中，年过花甲仍顶着狂风暴雨，奔走在抗台风斗争前列，1990年12月19日病逝。

泰顺山水哺育了一代代杰出人物，这些人物又为泰顺大地增光添辉，他们的事迹以及生活、活动的地方名称，已成为泰顺的精神财富。

（五）

泰顺有整理地方文献的优良传统。自明嘉靖至清雍正年间，泰顺县7修县志，为泰顺留下了弥足珍贵的史志文化资料。清同治、光绪年间，邑人林鹗对泰顺地理环境考察十数年，足迹遍及泰顺山山水水，取得全县地理情况的第一手资料，订前志之失，古稀之年纂辑泰顺《分疆录》。书未成林鹗赍志而殁，其子林用霖续辑，父逝子继历18个春秋终于纂成，光绪五年（1879年）付梓。

改革开放以来，泰顺地名工作进入“政府领导、规范开展”的新时期。1981年首次开展地名普查和资料整理。次年8月，以地名普查工作领导小组为基础，建立泰顺县地名委员会，地名管理工作有了专门机构。是年底，县人民政府下达使用标准地名的通知。1996年2月，泰顺县全面开展地名标志设置。2011年开展第二次全县地名普查，对地名再度调查整理，挖掘地名文化积淀。至2012年相继编撰《浙江省泰顺县地名志》《中华人民共和国政区大典•温州泰顺篇》《泰顺县地名溯源》《泰顺县地名图册》等地名专门资料。地名工作对泰顺经济建设、文化建设的重要作用日益彰显。

大事记

新石器时代中晚期

新石器时代中晚期，原始先民已生活在后之江口下湖墩、司前狮子岗，溪口宫头垟、柴林岗、金钟覆地，莒江山头垟、龙珠山，新山锦边山、牛角岙等地，普遍制造和使用各种陶器、磨制石器。新石器时代晚期，原始先民在后之百丈下革牛头岗开始使用玉器、青铜器。

商周至春秋战国

原始先民在后之司前溪口宫头垟、柴林岗烧制几何印纹陶，普遍采用轮制打坯工艺，质地坚硬，做工细腻。

原始先民在后之司前狮子岗一带烧制陶器，使用符号表意。

东汉

东汉延熹七年（164年），江西人齐景参、齐景通、齐景斌沿飞云江西上，分别在下洪、院口、大溪源择地定居。这是有记载的最早迁入泰顺的先民。

晋朝

西晋时（265—317年），佛晖和尚在百丈南峰辟建佛庵。

南朝

齐朝建武至永泰年间（494—498年），横阳县（辖境包括今泰顺县南部）贫民纷纷入山避税，与官府派来的缉捕人员发生冲突。

陈朝至德三年（585年），丰州刺史章大宝起兵造反，进军分水关（今泰顺县南部与福建交界地）。

唐　五代

唐贞观年间（627—649年），垟溪与洲岭界已有建筑，该地溪中所建“三条桥”曾发现贞观年号之瓦。

唐乾封年间（666—668年），会稽人齐富迁居古洪中村（下洪院口）。

唐永隆元年（680年），钱塘人叶兴保迁居百丈青山岭头（今百丈双岭南峰）。

唐乾元年间（758—760年），竹里头发垟村始建无相寺。

“安史之乱”后，长溪县赤岸人黄姓迁居南台岙黄垟（今百丈双岭黄垟）。

唐大历四年（769）以前，陈新携家眷定居陈阳（在今雅阳镇松垟）。

唐元和七年（812年），包全从会稽包山迁居安固卓小阳（今筱村镇后坪村）。

唐元和、长庆之际，徐相徙安固上革（今百丈镇下革上游）；宝历元年（825年）定居木棉村（今司前宫头垟）。

唐中和元年（881年），夏仁骏由祖籍会稽迁居安固白云山下岙底（今莒江下村）。

中和四年（884年），黄伯荣从南台岙迁居大溪源（今属罗阳镇）。

唐乾宁三年（896年）四月，谏议大夫、太子太保吴畦从原籍山阴和乐村迁安固县卓小阳（今筱村库村后坪村）。两年后，迁常德里库村（今筱村库村漈头村）。县境吴氏绝大多数为其后裔，以吴姓命名之地甚多。尚有不少散居于邻近各县。

唐季，周兴二迁居石邦（今罗阳镇洲边）。

唐咸通元年（860年），下革村人陶史中进士，为县境首位进士，官至国子监祭酒。

唐末，陶乔从原籍婺州（今金华市）迁入，初居百丈白鹤溪口（今司前白鹤渡），继徙仙居，再徙下革（今属百丈镇）。

唐末，董城钦从平阳麻园径口迁东溪(今属泗溪镇)。

后梁龙德年间（921—923年），薛晔仪从原籍平阳南湖徙居锦溪（今三魁镇薛宅）。

后唐同光三年（925年），林建从福建莆田北螺村迁居筱村龙须岩下。

后晋天福间（936—943年），罗阳建三峰寺，址在今罗阳县城儒学底。

宋

北宋建隆二年（961年），林建携子定居泗溪。

天圣年间（1023—1032年），杨十二郎从龙游片竹山迁郝家洋（今三魁富家垟），其后裔南宋端平元年（1234年）转迁晓阳坑（今晓旸坑）。

南宋绍兴二年（1132年），雅阳林氏先祖林惠通建宝林寺。

南宋淳熙五年（1178年），仙居村人徐元德登进士第。徐元德是永嘉学派重要人物，与叶适、吕祖谦、陈亮、戴岷等学术界人物交往密切。

南宋开禧元年（1205年），郑昌二、郑长生、郑逢险从平阳县五十八都郑家堡（今腾蛟）迁陈阳（今雅阳镇上仁村上仁垟）。

南宋景定三年（1262年），章峰蔡起辛中武状元，其兄蔡遇壬同时登进士。

南宋末，泗溪人太学生林逢龙同弟林廷龙隐居赤岩山（今雅阳镇秀涧），德祐二年（1276年）为元兵捕获，不屈而死。

明

洪武初，刘基奏设三魁巡检司。

洪武十九年（1386年），日本高僧太初驻锡莒江古海公洞，辟建沓石庵。不久转徙罗阳山交村创建

民国24年（1935年）11月7日，红军挺进师和中共闽东特委在白柯湾（今属泗溪镇）成立中共闽浙边临时省委和临时省军区，领导人有刘英、粟裕、叶飞等。

民国25年（1936年）2月，刘英、粟裕率部队到九峰乡白柯湾村，在三条岗毙敌28人、俘敌80人，缴获轻机枪1挺、长短枪80多支；同月又在冥斋岩（即名斋岩，今属雅阳镇）歼敌1个连。

民国25年（1936年）3月，中共闽浙边省委在小南山（今属彭溪镇）建立浙南特委。

民国25年（1936年）8月，浙南人民革命委员会在彭溪镇柘下村下东云自然村召开土地革命会议，并举办土地分配训练班。

民国26年（1937年）2月初，刘英、粟裕指挥红军先后在峰文后山、董家坪、寿桃尖、简洋大峡等地与国民党军作战，史称峰文大战，为中国工农红军在泰顺规模最大的战斗。

民国27年（1938年）9月，全县78乡2镇缩编为36乡2镇，辖342保、3782甲。

民国27年（1938年），福建寿宁县第一区辖地葛藤（绳）岭、张家垟、卓家坑、东溪头、双港渡等村划属泰顺，并分别在李家山上村桥头、东溪头、双港渡三地树立界碑，此后泰顺、寿宁两县以东溪（今名寿泰溪）为界。

民国35年（1946年）9月，县行政区域缩编为22乡、1镇，辖293保、2900甲。

民国37年（1948年）1月，汇溪、两岸乡和壤山、横山二乡中的原新川、荣城两小乡之地划归新设的文成县，面积170.5平方千米，人口约2万。

民国38年（1949年）2月1日，中国人民解放军浙南游击纵队首次攻克整个县城。同月22日至23日，转移至南山岭头、新浦吴山等地伏击援敌，共歼敌360余名，缴获六〇炮2门、重机枪2挺、轻机枪22挺、长短枪230余支、炮弹9枚、子弹24000余发和电台一部。泰顺攻城打援战斗的胜利，得到中共中央华东局和闽浙赣省委的嘉奖。

民国38年（1949年）5月3日，中国人民解放军浙南游击纵队进驻县城罗阳，标志着泰顺全境解放。

民国38年（1949年）6月1日，县人民政府在泗溪白粉墙成立；7月19日，县人民政府迁驻莒江。9月，全县划为罗阳、百丈、泰南、泗溪4区及27乡2镇。

中华人民共和国

1949年12月，增设瀛滨等4乡。

1950年7月23日，县人民政府从莒江迁县城罗阳。

1957年12月29日，泰顺革命烈士公墓落成。

1958年4月，建立司前畲族自治乡。

1958年7月1日，分（水关）泰（顺）公路建成通车，为县内首条公路。

1958年11月，撤销区、乡建制，全县改设相当于区规模的人民公社9个；相当于乡规模的生产大队53个。次年2月，生产大队改称管理区，并增设秀涧管理区。

1960年3月，中国人民解放军总参谋部测绘局测量大队到县进行国防测量。

1961年7月，恢复县辖区建置，全县设罗阳、百丈、筱村、大安、雅阳、仕阳6个区。

1962年1月，6个县辖区撤销，管理区改称人民公社，全县设51个人民公社。

1965年5月，百丈叶岸大桥建成，为当时全省民间桥梁中最长的空腹式拱桥。

1969年8—9月，恢复县辖区，全县仍分罗阳、百丈、筱村、大安、雅阳、仕阳6个区。

1975年春，建立乌岩岭自然保护区。

1981年1月15日，建立县地名普查工作领导小组；是年4月开展全县地名普查，至1983年，对部分乡、场、行政村分别作更名、命名、复名等标准化处理。

1982年8月2日，泰顺县地名普查工作领导小组改为泰顺县地名委员会，下设办公室，归口县人民政府办公室。

1983年3月，成立《浙江省泰顺县地名志》编辑小组，1984年12月完成编撰，收录地名3876条，1986年11月内部印行。

1984年5月，恢复司前、泗溪区建制，增设彭溪区。人民公社改为乡镇，全县设1个直属镇，59个乡。次年，泗溪、雅阳、百丈、三魁等4个乡改为建制镇。

1984年5月，全县设立第一批9个民族村，至2009年9月全县共设民族村20个。

1985年11月，竹垟乡改为竹里畲族乡。

1987年，县人民政府核定并报温州市人民政府批准，泰顺县32个乡镇被确定为革命老根据地乡镇，一批行政村被划定为革命老根据地村。

1988年5月13日，省人民政府批准泰顺县为革命老根据地县。

1988年12月1日，文（成）泰（顺）公路建成通车。

1990年7月31日，双涧溪水电站开始发电，是当时泰顺县规模最大、投资最多的一个电站。

1992年5月27日行政区划调整，实施撤区、扩镇、并乡。撤销原9个区建制，乡镇由原60个并为38个，其中镇8个，畲族镇、畲族乡各1个。

1992年10月18日，承天雪龙茶在中国首届农业博览会上获银质奖。

1994年4月5日，乌岩岭自然保护区经国务院批准，定为国家级森林生态系统和野生动植物类型自然保护区。

1994年龟湖撤乡建镇，1996年西旸撤乡建镇。

1995年5月30日，经省人民政府批准，成立乌岩岭国家级自然保护区管理局。

1996年2月28日，县人民政府发文，在全县范围内全面开展地名标志设置工作。

1996年7月16日，泰顺被命名为“中国茶叶之乡”。

2000年，撤销莒江乡、洪口乡建置，并入百丈镇。是年，全县辖11个镇、25个乡。

2011年1月，泰顺县开展第二次全县地名普查工作，2012年12月工作结束。

2011年3月9日，泰顺县地名委员会办公室发文，要求在各乡镇政府驻地切实做好街路标牌设置。

2011年，县内行政区划再度调整，调整后全县划分为罗阳、司前、百丈、筱村、泗溪、彭溪、雅阳、仕阳、三魁9镇及竹里畲族乡，共10个乡级政区；下设11个社区、6个居民区、295个行政村。

2013年3月26日，县人民政府办公室发文成立泰顺县地名志编纂委员会，下设办公室，启动新一轮《泰顺县地名志》编纂工作。

2014年12月，泰顺县开展第二次全国地名补查工作，2018年11月顺利通过民政部验收，工作结束。

2016年9月，县内行政区划调整，调整后全县划分为罗阳镇、司前畲族镇、百丈镇、筱村镇、南浦溪镇、泗溪镇、彭溪镇、雅阳镇、仕阳镇、龟湖镇、三魁镇、西旸镇及竹里畲族乡、包垟乡、凤垟乡、东溪乡、柳峰乡、雪溪乡、大安乡，共19个乡级政区；下设11个社区、3个居民区、298个行政村。

第一编 地名概况

第一章 建 制

第一节 隶 属

据清光绪版泰顺《分疆录》记载：泰顺“唐以前僻在荒服，中多老林，供郡国材用而已，实闽括间瓯脱也，至唐始有山民烧畲辟壤，渐兴赋役，及唐末之乱，赋烦役重，民不堪命，流亡入山者愈多，则百落千村皆武陵之桃源矣。”有其地，必有所属，考诸史籍，上古之时（夏、商、周）属“瓯”地之一部分。春秋时属越，战国时属楚。公元前221年秦始皇统一六国，推行郡县制，地属闽中郡。两汉时，初属东海王领地，而后次第为回浦、章安、永宁三县之地，属会稽郡，总隶扬州。

三国时，今泰顺之地属吴。吴大帝赤乌二年（239年）析永宁县南部（今之瑞安、平阳、苍南、泰顺、文成等大部分地域）置罗阳县。宝鼎三年（268年）改罗阳为安阳。晋太康元年（280年）再改名安固。今之泰顺先后属罗阳、安阳、安固县。太康四年（283年）在安固之南横屿、船屯地方置始阳县，后改称横阳。今泰顺之地则分属安固与横阳二县，相继属临海郡、永嘉郡，隶扬州。两晋迄南朝宋、齐、梁、陈，今泰顺之地属安固、横阳二县不变。

隋文帝开皇年间废郡置州，建制屡更。开皇九年（589年），废永嘉郡置处州，后改名括州，今泰顺之地先后属处州、括州管辖。唐高宗上元元年（674年）置温州，改隶温州。武后大足元年（701年）复置安固、横阳县，泰顺之地仍分属安固、横阳二县，隶于江南道，后隶江南东道；武德至天宝时（618—756年）隶温州（天宝元年改永嘉郡）。唐末改安固为瑞安，后梁易横阳为平阳，泰顺之地分属瑞安、平阳。

五代时钱镠受封为吴越王，据今浙江及苏、闽一部分，泰顺之地入吴越国版图。

宋太宗太平兴国三年（978年），吴越国钱氏纳土归宋，改置两浙路。瑞安、平阳（包括今泰顺地）属之。元代，泰顺地域属温州路，隶江浙行省。

明太祖洪武二年（1369年），改温州路为温州府，领瑞安、平阳等县，隶浙江布政使司。明正统十四年（1489年），福建沙县邓茂七农民军余部和处州矿工起义军占据瑞安县义翔乡，闽浙各处银矿和商人聚据罗阳镇，结成“十八社”。景泰元年（1450年），浙江布政使孙原贞等率兵镇压，罗阳矿工武装退居官台山。孙原贞以义翔、归仁二乡地广民稀，岭峻林密，易乱难治，经奏请朝廷，于景泰三年（1452年）瑞安县义翔乡析出5个都12个里，平阳县归仁乡析出3个都6个里置县，立治罗阳，赐名泰顺，隶属浙江布政使司温州府；清代隶属未变。民国3年（1914年）泰顺县属温州瓯海道。民国16年（1927年）实行省、县二级行政体制，泰顺县直属浙江省政府管理。1932年泰顺县隶属浙江省第十县政行政督察区（旋改称第四特别行政督察区）。1933年属第三特别行政督察区；8月属永嘉行政督察区。1934年3月改隶第八区行政督察专员公署。1947年4月泰顺县属第六行政督察区（今丽水地区）；5月复划归第五（温州）行政督察区。

1949年5月3日泰顺县全境解放，6月1日在泗溪白粉墙成立县人民政府。同年7月19日中共泰顺中心县委、泰顺县人民政府从泗溪迁莒江，1950年7月23日泰顺县委、县政府迁往罗阳镇。1955年县政府改称泰顺县人民委员会，1969年县人民委员会改为县革命委员会。1978年，温州地区革命委员会更名为温州地区行政公署，泰顺县属温州地区。1981年6月建立温州地级市，泰顺县属之。

第二节 辖 境

明、清两代，泰顺县境东至分水排（今属文成县桂山）的平阳界，距县城130里（步行里程，华里，下同）；南至樟坑的福建霞浦界，距县城100里；西至黄坭隘的福建寿宁界，距县城10里；北至上燕的景宁界，距县城100里；东北至平溪（今属文成县境）的瑞安界，距县城100里；至蟾宫埠（今属文成县汇溪，为飞云湖淹没区）的青田界，距县城100里。西南至东溪头的寿宁界，距县城10里。东南至月湖洋的平阳（今苍南县）和闽福鼎界，距县城170里。西北至寿宁、景宁县界，距县城50里。

清光绪十七年（1891年）李应珏所撰《浙志便览·泰顺县序》所载："泰顺在府西南二百九十里，东西广六十里，南北袤百八十里。西十里黄阳隘，即闽寿宁界。"

民国27年（1938年），福建寿宁县第一区所辖葛藤（绳）岭、张家洋、卓家坑、东溪头、双港渡等村庄划属泰顺，划入地域面积约9平方千米。分别在李家山上村桥头、东溪头、双港渡三地树立界碑，此后两县以东溪（今名寿泰溪）为界。

民国37年（1948年）1月，百丈区汇溪乡（包含库头、排前、雅洋、潘山、上洋、陈山、峃口、叶山、石台门、金山、蟾宫埠、马迹、湖地、小溪口、包山洋、坑底洋等村庄）、两岸乡（包含南向、湖背、稽洋、黄坛坑、稽坑、金钟、东湾坑、龙斗、林岸等村庄）及翁山（旧称荣城乡）乡的山洋、都库、平溪，白云等村庄，旧称新川乡的朱坑头、毛山、唐山、雅坪、张山、千秋坑等村庄划出，成为新置的文成县一部分。面积计180.5平方千米，今为文成县汇溪、双溪、稽垟、东龙、仰山、桂山等地。

现之县境，最东为彭溪镇西关村犁壁坑，最西为罗阳镇上垟村山头仔，东西宽60.32千米；最南为仕阳镇新湖村南岭尾，最北为司前畲族镇黄桥村双坑头，南北长56.83千米。

第三节 区 划

明代建县后，县城分承宣、太平、士林、登俊、永安、文明 6 坊，城郊分东、西 2 隅（包括筱村、仙稔、洪口部分区域），乡村分 8 都，全县计 18 图、100 保， 304 庄。东、西隅各辖图 1、保 10，一、二、三、四、五、七都各辖图 2、保 10。六都辖图 3、保 10，八都辖图 1、保 10。

清康熙四十年（1701 年）重编四隅八都，县城 6 坊承明制，城郊增南、北 2 隅，共 4 隅；乡村仍分 8 都。全县计 17 图（含四隅）、333 村庄。一都辖图 2、村 55。二都辖图 1、村 2、庄 9，三都辖图 2、村 39，四都辖图 2、村 57，五都辖图 1、村 18，六都辖图 2、村 52，七都辖图 2、村 62，八都辖图 1、村 39。

清代泰顺县都、图、村庄表

表 1-1

都名	图数	村庄数	村庄名称	备 注
一 都	2	55	池村、石柱源、员洲、潭边、里庄、上地、杨寮、五岛、叶山、榅阳、连山、碑排、阳坑泛、萧条、左溪、梨树丘、叠石、黄坑、木棉村、墩头、溪口、千秋门、大住、何宅阳、竹里、陈路坑、元桥、小岘、卢西、何宅、后坑、石余杭、黄山、钟坑、半路、南峰、南坑阳、朱岭、魏阳、陈庄、下革、叶岸、西岸、东岸、严公洋、百丈口、金坑、三尖	属旧义翔乡六十都
			岭北、陶军阳、员潭、山根、大岗背、暗坑	属旧义翔乡五十九都
			江口	属旧义翔乡五十六都
二 都	1	10	莒冈、上村、下村、岙底、叶山、坡头、湖排头、岑石、横溪、畲坑	属旧义翔乡五十六都
三 都	2	39	库村、箬阳、翁山、三阳、都铺、横坑、南峤、包坑、吴源、新畲	属旧义翔乡五十七都
			晓岘、林岙、新塘、包阳、峰门、东湾坑、龙斗、林岸、唐山、朱坑、项步、毛山、焦溪洋、涂坑、皇步山、徐坑、排前、下窄口、嵇阳、庄底、章背、叶社、胜坑、黄檀坑、金钟、雷汇、马迹、蟾宫步、南向	属旧义翔乡五十六都

续表 1-1

都名	图数	村庄数	村庄名称	备 注
四都	2	57	洪溪、葛阳、建岭、汪坑、夏家山、贝谷、上洪、下洪、南源、洪溪尾、下采、水车阳、横岗、院口、苏畲、庄前	属旧义翔乡五十八都
			洪口、燥坑、深渡、阳山、龙潭口、陶家山、小洪阳、碗窑、嶂后、七孤、山交、汤阳、川山洋、桥头、南山、交阳、下察溪、洪坑、周坑、林山、鱼巩潭、金坑口	属旧义翔乡五十九都
			筱村、东阳、凤林、长阳、徐岙、董家山、竹园、东岙、溪平、北坑、岩头、五蒲、黄监山、坳头、前山、山后、半路、梧桐洋、下村洋	属旧义翔乡五十七都、五十八都
五都	1	18	戬洲、坑口、栗子山、阳尾、龙头墈下、上岚、东阳、岚底、武阳、罗汉、李阳、池源、卢梨、彭家堡、三门阳、墘头、前山	属旧归仁乡三十九都
六都	2	52	是洋、翁地、叶瑞阳、竹底、洋边、内外西坑、平阳坑、大小阳坑、樟坑、排头、严山、阳望、猫竹园、上下排、早阳坪、坑西、苕阳、王家洋、林洋	属旧归仁乡四十都
			四溪、北溪、溪源、竹里、芗岩、花园、莘阳、上洋、半溪、东坪、岩头、南溪、竹溪、陈阳、晓阳、黄甲阳、企石、上庄、前坪、九峰、淡竹洲、桑树阳、葛岭、东安、筱涧、石门、南阳、半溪、苏家坑、斤竹坑、风门	属旧归仁乡三十九都
七都	2	67	南院、矼渡、上察溪、吴家山、彭家山、蕨坪、山头、南院底、山边、圳下、榅阳、坑边、西阳、毛阳、彭畲、新桥里	属旧义翔乡三十九都
			上下周阳、郝家洋、横溪、可溪、棠坪、余坑、周边、石岭、半路、岩坑、宅上、苏洋、长坑、黄连山、石岑、董庄	属旧归仁乡三十九都
			旧大安南、步尾、花瓶头、下塔、坑源底、杨梅坳、黄泥洞、峡屿、旧大安北、猿啸桥、窑下、后洋、大丘坪、魏坑、南山下、洪岭头	属旧义翔乡五十八都
			旧三魁司、龟岩、小溪边、西岙、锦溪、詹阳、高阳、油阳、章峰、露岭、溪坪、榅阳、洋面、龟伏、车头、龙漩、菰阳、双程、魏阳	属旧归仁乡四十都
八都	1	39	上东溪、小溪、万丈漈、畲库、墩头、山前、驼地、北斗、西阳、高场、梧村、梨阳、山茶岚、牙阳、上村、中村、下村、里阳坪、漈头、楮楼坑、孔目阳、金狮阳、浦上阳、寮边、南阳、步下、岭下、排岭、坝底、吴家墩、北溪、彭坑、隐章、章排、莲头、富洋、三坂坑、石湖阳、分水	属旧归仁乡三十八都

宣统年间（1909—1912），泰顺县根据清廷颁布的《城镇乡自治章程》，筹备乡镇自治。宣统二年（1910年）成立泰顺县自治研究所，启迪民智，培养基层自治方面的工作人才。宣统三年（1911年）废除八都、四隅、六坊建置，罗阳划设城区，乡村划定为两个镇，县域北部设义翔镇，南部设归仁镇（驻地在仕阳溪东村），成立董事会等自治机构，选举镇议员，成立镇议会。

民国18年（1929年）实行街村制，旋改街为里，10户为邻，5邻为闾，5闾为村或里，村、里之上为区。全县划为4区、135村、2里，区设区公所，置区长。区公所驻地:第一区驻罗阳，第二区驻莒江，第三区驻秀溪边，第四区驻南溪。民国20年（1931年）改村里为乡镇。民国23年（1934年）11月，撤区公所。

民国24年（1935年）6月，改闾邻制为保甲制，10户设甲，10甲设保，10保设乡或镇。全县划为4区，区设保甲巡回督导员，下辖78乡2镇、438保。民国27年（1938年）7月，调整为36乡2镇，计418保。民国29年（1940年）7月，第四区改称泗溪区，设区署，置区长，驻地白粉墙，辖泗溪、西凤翔、玉西、横山、翁山、雅洋、秀东、鹏山、月富、柳峰、三魁、东溪、仕阳、雪溪、万章15乡。民国32年（1943年）6月，原4个区改为罗阳、百丈、泗溪3区，罗阳区未设区署，未置区长，由县直辖罗阳镇和岭北、鹤巢、洪村、南院、大安、洲滨、瀛滨8乡镇组成；百丈区区署驻百丈口，辖百丈镇和仙稔、司前、里光、晓圆、燕溪、壤山、洪口、筱村、横山、翁山、汇溪、两岸、云溪、联云15乡镇；泗溪区区署驻白粉墙，辖西凤翔、玉西、泗溪、秀东、雅阳、柳峰、雪溪、东溪、万章、鹏山、月富、三魁、仕阳、章成、龟伏15乡。

民国34年（1945年）10月，百丈、泗溪两区署先后裁撤，县行政区划仍按原四区设置。民国35年（1946年）扩大乡保幅员，全县改编为3区22乡1镇，共293保。隶属如下:

县直属镇乡:罗阳镇、百丈乡。

城　区:辖南院、洪村、洲滨、三魁、大安、仕阳、龟伏乡。

百丈区:辖洪口、司前、晓溪、汇溪、两岸、白云、莒江、筱村乡。

泗溪区:辖泗溪、东溪、翁山、鹏山、尚仁、雅阳乡。

泰顺县解放后，1949年9月全县划分为百丈、罗阳、泗溪、泰南4个区，并重新划分乡镇，12月增设瀛滨等4乡，至此全县设31乡2镇。隶属如下:

罗阳区:辖罗阳镇，鹤巢、岭北、南院、仙稔、洪村乡。

百丈区:辖百丈镇，翁山、筱村、莒江、司前、洪口、燕溪、白云、晓圆乡。

泰南区:辖三魁、洲滨、龟伏、大安、仕阳、章成、雪溪、万章、瀛滨乡。

泗溪区:辖玉西、秀东、泗溪、西凤翔、鹏山、月富、雅阳、柳峰、东溪乡。

1950年7月撤销泰南区，分为大安、仕阳2区；是年9月南院、鹤巢2乡划属大安区。10月，罗阳镇由县直属；西凤翔乡改名凤洋乡，并析建西溪乡。增设里光、联云、南浦、葛洋、南坪乡。秀东乡分为松东、秀峰2乡。

1951年1月增设雪临、严山、后章、矴步、秀梧乡，万章乡分为章坑、万排2乡。是年6月撤销罗阳区，设立司前区，增设横源、战州、峡屿、牙北乡；是年12月洪村乡分设洪岗、夏炉、上洪乡，鹤巢乡被写成岳巢乡，并分设南山乡；百丈镇改为百丈乡。全县共设53乡、1直属镇。

1952年3月洪村乡改名下洪乡。4月，撤销司前区，恢复罗阳区，增设筱村区、松东区。罗阳镇、百丈乡改为区属镇；部分乡名变更，并增设一批乡。全县分为7个区、109个乡（镇），区的名称按照序数命名。调整后的区和乡镇情况如下表：

1952年4月泰顺县行政区划简表

表 1-2

名称	所属镇乡
第一区	罗阳镇，黄沙乡、竹溪乡、南院乡、双坪乡、江赤乡、毛洋乡、岭北乡、岭南乡、岳巢乡、南山乡、大岗乡、碑排乡、仙居乡、春稔乡
第二区	百丈镇，司前乡、左溪乡、里光乡、上温乡、燕石乡、黄坑乡、竹洋乡、洪口乡、峰门乡、包洋乡、何宅乡、莒江乡、阳山乡、岩上乡、南吴乡、黄洋乡、林岙乡
第三区	筱村乡、东洋乡、联云乡、翁山乡、翁东乡、葛洋乡、双坑乡、潆源乡、南浦乡、新山乡、朱岙乡、东山乡、里洋乡、夏炉乡
第四区	刘黄乡、三魁乡、武洋乡、战州乡、上洪乡、下洪乡、西洋乡、大安乡、屿洋乡、洪岗乡、大洋乡、双洋乡、州岭乡、坑石乡、路洋乡、洋溪乡
第五区	白岩乡、龟伏乡、后章乡、董陈乡、双林乡、章成乡、严山乡、双路乡、章坑乡、万排乡、仕阳乡、雪溪乡、溪坪乡、雪临乡、早阳乡、矴步乡
第六区	泗溪乡、金溪乡、玉西乡、九峰乡、卓岭乡、新墙乡、横坑乡、池源乡、石坪乡、凤洋乡、半洋乡、西溪乡、积库乡、秀溪乡、东溪乡、梧村乡
第七区	秀涧乡、东安乡、松洋乡、沐峰乡、雅阳乡、雅北乡、雅南乡、雅中乡、柳峰乡、鹏山乡、彭溪乡、富洋乡、月湖乡、峰文乡

注：第一区亦称罗阳区，第二区亦称百丈区，第三区亦称筱村区，第四区亦称大安区，第五区亦称仕阳区，第六区亦称泗溪区，第七区亦称松东区。

1956年全县行政区划作较大变动。是年3月撤销第一区（罗阳），所辖乡镇由县直属；撤销第七区（松东），所辖乡划入泗溪区；区的名称仍按区公所驻地，划分为百丈、筱村、大安、泗溪、仕阳5区。原109个乡镇合并后分5区、47乡、2镇。

1956年10月泰顺县行政区划简表

表 1-3

隶属	所辖镇乡
县直属镇乡	罗阳镇，毛洋乡、岭北乡、岳巢乡、南山乡、碑排乡、仙居乡
百丈区	百丈镇，司前乡、里光乡、黄桥乡、黄坑乡、竹洋乡、洪口乡、包洋乡、莒江乡、岩上乡
筱村区	筱村乡、联云乡、翁山乡、葛洋乡、南浦乡、新山乡、夏炉乡
大安区	三魁乡、战州乡、下洪乡、西洋乡、大安乡、洲岭乡、洋溪乡
泗溪区	金溪乡、玉西乡、横坑乡、凤洋乡、东安乡、雅阳乡、柳峰乡、彭山乡、富洋乡
仕阳区	龟伏乡、后章乡、章成乡、章坑乡、万排乡、仕阳乡、雪溪乡、雪临乡、东溪乡

1958年11月撤销乡镇，实行政社合一的人民公社体制，公社之下设生产大队，全县辖9个人民公社（史称“大公社”）、54个生产大队。翌年2月生产大队改为管理区，除秀涧外地域名称与原生产大队同。

1959年2月泰顺县人民公社、管理区表

表 1-4

人民公社名称	所辖管理区
罗阳人民公社	罗阳、仙居、岳巢、毛洋、碑牌、南山、岭北
司前人民公社	黄坑、里光、竹洋、司前、黄桥
百丈人民公社	莒江、峰门、百丈、洪口、包洋、岩上
筱村人民公社	翁山、南浦、联云、新山、筱村、葛洋
大安人民公社	战州、洲岭、大安、三魁、下洪、洋溪、西洋、夏炉
仕阳人民公社	仕阳、章成、后章、龟伏、章坑、万排、雪临、雪溪、东溪
泗溪人民公社	泗溪、金溪、凤洋、玉西、横坑
雅阳人民公社	雅阳、柳峰、秀涧、东安
彭溪人民公社	彭溪、峰文、富洋、月湖

1961年7月原9个人民公社撤销，改为6个区；次年1月调整公社规模，54个管理区经局部合并改

为51个人民公社（史称“小公社”）。1964年彭溪公社划分为彭溪、五里牌两个公社，全县为52个公社（1970年5月，罗阳人民公社改为区辖建制镇）。

1980年彭溪人民公社分为彭溪、峰文两个公社，全县计有6个区，1个镇（罗阳镇），52个公社。1983年增设九峰、秀涧、东岭、积库、白海（未实施，1989年2月撤销）、玉溪、峰门7个公社，全县为59个公社、1个镇。

1983年全县行政区划简表

表 1-5

区 名	所辖公社
罗 阳	碑排、仙稔、岭北、鹤巢、南山、南院
百 丈	百丈、黄桥、竹垟、里光、岩上、司前、包垟、莒江、黄坑、洪口、峰门
筱 村	筱村、新山、联云、南浦、翁山、葛垟、玉溪
大 安	下洪、夏卢、大安、戬洲、西旸、洲岭、垟溪
雅 阳	雅阳、东安、五里牌、彭溪、峰文、富垟、月湖、南溪、泗溪、玉西、横坑、凤垟、柳峰、东岭、九峰、秀涧
仕 阳	仕阳、东溪、雪溪、雪临、章成、后章、龟湖、万排、章坑、积库

注：另有罗阳镇属罗阳区管辖，三魁1983年6月称乡。

1984年7月，59个公社全部改为乡，恢复司前、泗溪区建制，增设彭溪区。年末辖9个区、58个乡、1个县直属镇（罗阳镇）。1985年5月三魁、百丈、雅阳、泗溪4乡改为建制镇；8月恢复松垟乡，11月改竹垟乡为竹里畲族乡。1987年5月改仕阳乡为建制镇。至此，全县辖9个区、1个县直属镇、5个区属镇、54个乡。

1984年7月全县行政区划简表

表 1-6

区划名称	所属乡名
罗阳直属镇	
罗阳区	岭北、仙稔、鹤巢、南山、南院
司前区	司前、黄桥、竹垟、里光、碑排

续表 1-6

区划名称	所属乡名
百丈区	百丈、峰门、岩上、包垟、莒江、黄坑、洪口
筱竹区	筱村、新山、联云、南浦、玉溪、翁山、葛垟
泗溪区	泗溪、横坑、凤垟、玉西、九峰、南溪
彭溪区	彭溪、峰文、富垟、月湖、五里牌
三魁区	三魁、下洪、夏卢、大安、戬洲、西旸、洲岭、垟溪
雅阳区	雅阳、秀涧、东岭、松垟、东安、柳峰
仕阳区	仕阳、积库、东溪、雪溪、雪临、章成、后章、万排、章坑、龟湖

1992 年 5 月撤区、扩镇、并乡。撤销罗阳、司前、百丈、筱村、泗溪、彭溪、雅阳、仕阳、三魁 9 个区。罗阳镇和鹤巢、南山乡合并，新设罗阳镇；里光、司前畲族乡合并，新设司前畲族镇；百丈镇、黄坑乡合并，新设百丈镇；筱村、玉溪、葛垟三乡合并，新设筱村镇；泗溪镇、南溪乡合并，新设泗溪镇；彭溪、富垟、五里牌三乡合并，新设彭溪镇；三魁镇和戬洲、夏卢乡合并，新设三魁镇；雅阳镇、东安乡合并，新设雅阳镇；仕阳镇和章成、章坑乡合并，新设仕阳镇；包垟、岩上 2 个乡合并，新设包垟乡；新山、南浦 2 乡合并，新设新浦乡；玉西、九峰 2 乡合并，新设九峰乡；柳峰、东岭 2 乡合并，新设柳峰乡；松垟、秀涧两乡合并，新设松垟乡；东溪、积库 2 个乡合并，新设东溪乡；雪溪、雪临 2 乡合并，新设雪溪乡；龟湖、后章 2 乡合并，新设龟湖乡；仙稔、岭北、南院、竹里畲族、黄桥、碑排、峰门、莒江、洪口、翁山、联云、凤垟、横坑、月湖、峰文、垟溪、洲岭、西旸、大安、下洪、万排乡不变，是年末共辖 9 个镇、29 个乡。

1994 年龟湖撤乡建镇。1996 年西旸撤乡建镇。1998 年 12 月莒江乡、洪口乡并入百丈镇，全县共辖 11 个镇、25 个乡。

2011 年岭北、仙稔、南院、碑排、下洪、洲岭乡划归罗阳镇，黄桥、峰门乡归划司前畲族镇，包垟乡划归百丈镇，凤垟、横坑、九峰，东溪乡划归泗溪镇，西旸镇、大安、垟溪划归三魁镇，龟湖镇、万排、雪溪乡划归仕阳镇，新浦、联云、翁山乡划归筱村镇，月湖、峰文乡划归彭溪镇，松垟、柳峰划归雅阳镇。

2011 年末辖罗阳、司前、百丈、筱村、泗溪、彭溪、雅阳、仕阳、三魁 9 镇及竹里畲族乡；下设 11 个社区、6 个居民区、295 个行政村。

2012年全县行政区域简表

表 1-7

乡镇名称	辖区基层自治单位
罗阳镇	东内村、东外村、西内村、西外村、南内村、南外村、北内村、北外村、三垟村、溪坪村、白溪村、毛竹下村、赤坑村、鹤联村、联新村、上交垟村、下交垟村、江渡村、横岗村、南山村、南院村、桂坪村、上察溪村、毛垟村、三坪村、棠坪村、叶盛坑村、三联村、育秀垟村、仙居村、三滩村、上稔垟村、下稔村、春阳村、村尾村、板场村、道均垟村、北峰村、上垟村、大岗背村、苏北村、恩岱垟村、碑排村、马联村、五斗村、门楼底村、门楼外村、南源村、道观后村、凤垟村、洪溪美村、上洪村、贝谷村、大溪源村、下彩村、华荣村、华庄村、龙华村、上庄村、上舟垟村、瑞岭村、半路村、洲滨村，东城社区、飞龙社区、西城社区、大深垟社区、南城社区、桂花亭社区、新北社区、北城社区、砂堤社区、鹤祥社区。
司前畲族镇	司前村、溪口村、大住村、左溪村、台边村、榅垟村、里光村、叶山村、上地村、峰门村、徐宅村、黄桥村，新北居民区。
百丈镇	朱垟村、建民村、阳山村、山后村、洪秀村、横辽村、莒云村、南坑垟村、双岭村、台石村、岩上村、涂坑村、驮坪村、卓南坑村、包垟底村、新塘垟村、包垟店村、林岙村、横溪村，飞云湖居民区。
筱村镇	枫林村、徐岙村、五蒲村、坳头村、翁家山村、北坑村、玉溪村、里垟村、坡头村、东垟村、长垟村、新楼村、章前垟村、葛垟村、库村村、新仓村、新兴村、双坑村、周新村、孙坪村、南峤村、龙前村、新厂村、箬垟村、新源村、朝头垟村、培坑村、包坑村、兴东村、永兴村、坑底村、山峡村、外垟村、梨垟村。
泗溪镇	白粉墙村、上院村、玉岩村、下桥村、半溪村、西溪村、溪源村、南溪村、�竹坑村、半地垟村、洪坑村、前坪村、秀垟村、企石村、三门垟村、洲路村、三星村、李垟村、梧桐垟村、新梨村、建新村、池源村、华垟村、坑头村、大坪村、春臼坑村、九峰村、半岗村、垮头村、前坪仔村、西地村、新和村、石门村、琴桥村、蔡宅村、上村村、秀溪村、桥头村、普城村、吾坪村、黄淡漈村，环水居民区。
彭溪镇	彭溪村、富垟村、外垟村、富山村、均山村、车头村、五里牌村、官坑村、官引村、玉塔村、月湖村、水尾村、西关村、柘下村、银洞村、峰文村、汇源村、双溪口村。

续表 1-7

乡镇名称	辖区基层自治单位
雅阳镇	新联村、和平村、中村村、沐峰村、百福岩村、东安村、红朱田村、岭垟村、莲头村、福梅村、埠下村、承天村、白巢村、吴家墩村、雅阳坪村、墩头村、上岚村、国岭村、卓宅村、东桥村、梧村村、新庄村、松垟村、上仁村、下村村、上村村、灵乾村，腾阳社区。
仕阳镇	溪东村、朝阳村、桥底村、严山村、赵垟村、翁地村、垟望村、双神村、上林垟村、林垟村、龟垟村村、裕垟村、荣西村、双路村、瑞昌村、黄碧龙村、龙头村、董源村、董陈村、龙垟村、新湖村、龟湖村、上宅垟村、郑家庄村、后章岗村、白岩居民区（驻龟湖）、章荣村、保兴村、雪临村、山前村、双溪村、双桥村、桥东村、桥西村、大龙口村、武岭村、茂竹园村、下排村、上排村，白岩居民区。
三魁镇	上武垟村、下武垟村、庵前村、张宅村、薛内村、薛外村、刘宅村、黄沙坑村、秀溪边村、西岙村、水车垟村、夏家山村、卢梨村、戬洲村、东垟底村、曲尺潭村、柳埠村、大垟村、下塔村、花坪头村、罗汉村、大丘坪村、洪岭头村、尾厝村、瑞后村、门楼坳村、面前岭村、叶瑞旸村、横川旸村、老鹰岩村、竹茂旸村、双旸村、外西坑村、后头村、坑斗村、白海村、垟边村、富家垟村、彭坑垟村、可溪村，燕水路居民区。
竹里畲族乡	竹里村、茶石村、何宅垟村。

2013 年 4 月 16 日，泰顺县人民政府办公室下发《关于公布全县社区名称的通知》，全县设 64 个社区，覆盖 312 个行政村（居民区、城镇社区）。此社区与相当于行政村的社区不同，除 4 个外，其余社区均担负若干个行政村或城镇社区工作指导。

泰顺县农村社区一览表

表 1-8

乡镇	社区名称	覆盖范围	社区管委会驻地
罗阳镇	东龙社区	东内村、东外村、三垟村、东城社区、飞龙社区	镇社区服务中心
	关山社区	西内村、西外村、白溪村、溪坪村、西城社区、大深垟社区	镇社区服务中心
	南垟社区	南内村、南外村、毛竹下村、赤坑村、南城社区、桂花亭社区	镇社区服务中心

续表 1-8

乡镇	社区名称	覆盖范围	社区管委会驻地
罗阳镇	万罗社区	北内村、北外村、新北社区、北城社区、沙堤社区	镇社区服务中心
	文祥社区	鹤祥社区、鹤联村、上交垟村、下交垟村、江渡村	鹤祥社区
	金湖社区	联新村、横岗村、南山村	联新村
	南院社区	南院村、桥下村、桂坪村、上察溪村、毛垟村、三坪村、棠坪村、三联村、育秀垟村、叶盛坑村	南院村
	仙稔社区	仙居村、三滩村、上稔垟村、下稔村、春阳村	仙居村
	岭北社区	村尾村、板场村、道均垟村、北峰村、上垟村	村尾村
	碑排社区	苏北村、恩岱垟村、大岗背村、碑排村、马联村、五斗村	碑排村
	下洪社区	门楼底村、门楼外村、南源村、道观后村、凤垟村、洪溪美村、上洪村、贝谷村、大溪源村、下彩村	门楼外村
	洲岭社区	华荣村、华庄村、龙华村、上庄村、上舟垟村、瑞岭村、半路村、洲滨村	洲滨村
司前畲族镇	司前社区	司前村、新北居民区、溪口村、大住村	司前村
	左溪社区	左溪村	左溪村
	里台社区	台边村、榅垟村、里光村、叶山村、上地村	台边村
	峰门社区	峰门村、徐宅村	峰门新村
	黄桥社区	黄桥村	黄桥村
百丈镇	百丈社区	飞云湖居民区	飞云湖
	洪口社区	阳山村、山后村、洪秀村、横辽村、莒云村	洪秀村
	黄坑社区	南坑垟村、双岭村、台石村	南坑垟村
	岩上社区	岩上村、涂坑村、驮坪村、卓南坑村	岩上村
	包垟社区	包垟底村、新塘垟村、包垟店村、林岙村、横溪村	新塘垟村

续表 1-8

乡镇	社区名称	覆盖范围	社区管委会驻地
筱村镇	枫岙社区	枫林村、徐岙村、五蒲村、坳头村、翁家山村、北坑村	徐岙村
	新东垟社区	东垟村、长垟村、新楼村	东垟村
	玉溪社区	玉溪村、里垟村、坡头村	玉溪村
	葛垟社区	章前垟村、葛垟村	章前垟村
	锦库社区	库村、新仓村、新兴村、双坑村	库村
	南浦溪社区	周新村、孙坪村、南峤村、龙前村、新厂村	周新村
	联云社区	箬垟村、新源村、朝头垟村、包坑村、培坑村	箬垟村
	翁山社区	兴东村、永兴村、坑底村、山峡村、外垟村、梨垟村	外垟村
泗溪镇	白粉墙社区	白粉墙村、上院村、玉岩村、环水居民区	白粉墙村
	下桥社区	下桥村、半溪村、溪源村、西溪村	下桥村
	南溪社区	南溪村、�竹坑村、半地垟村、洪坑村、前坪村、秀垟村、企石村	泗溪镇南溪村
	凤垟社区	三门垟村、洲路村、三星村、李垟村、梧桐垟村、梨槙垟村	泗溪镇三门垟村
	横坑社区	建新村、池源村、华垟村、坑头村、大坪村、春臼坑村	建新村
	九峰社区	九峰村、半岗村、塆头村、前坪仔村	西地村
	玉西社区	西地村、新和村、石门村	西地村
	东溪社区	琴桥村、蔡宅村、上村村、秀溪村	上村村
	积库社区	桥头村、普城村、吾坪村、黄淡漈村	普城村
彭溪镇	彭溪社区	彭溪村	彭溪村
	富垟社区	富垟村、外垟村、富山村、均山村、车头村	富垟村
	五里牌社区	五里牌村、官坑村、官引村、玉塔村	五里牌村
	月湖社区	月湖村、水尾村、西关村、柘下村、银洞村	水尾村
	峰文社区	峰文村、汇源村、双溪口村	峰文村

续表 1-8

乡镇	社区名称	覆盖范围	社区管委会驻地
雅阳镇	雅中社区	新联村、和平村、中村村、腾阳社区、沐峰村、百福岩村	和平村
	东安社区	东安村、红朱田村、岭垟村、莲头村、福梅村	东安村
	埠下社区	埠下村、承天村、白巢村、吴家墩村、雅阳坪村	埠下村
	柳峰社区	墩头村、上岚村、国岭村、卓宅村、东桥村、梧村村、新庄村	墩头村
	松垟社区	松垟村、上仁村、下村村、上村村、灵乾村	松垟村
仕阳镇	仕阳社区	溪东村、朝阳村、桥底村、严山村、赵垟村、翁地村	溪东村
	章成社区	垟望村、双神村、上林垟村、林垟村、龟垟村、裕垟村	垟望村
	章乡社区	荣西村、双路村、瑞昌村、黄碧龙村、龙头村、董源村	瑞昌村
	后章社区	董陈村、龙垟村	董陈村
	龟湖社区	新湖村、龟湖村、上宅垟村、郑家庄村、后章岗村、章荣村、白岩居民区	龟湖村
	雪临社区	保兴村、雪临村、山前村	雪临村
	雪溪社区	双溪村、双桥村、桥东村、大龙口村、桥西村、武岭村	双溪村
	万排社区	茂竹园村、下排村、上排村	上排村
三魁镇	三魁社区	上武垟村、下武垟村、庵前村、张宅村、薛内村、薛外村、刘宅村、黄沙坑村、秀溪边村、西岙村、水车垟村、夏家山村、燕水路居民区	张宅村
	戬洲社区	戬州村、东垟底村、曲尺潭村	戬洲村
	卢梨社区	卢梨村	卢梨村
	大安社区	柳埠村、大垟村、下塔村、花坪头村、罗汉村、大丘坪村、洪岭头村	柳埠村

续表 1-8

乡镇	社区名称	覆盖范围	社区管委会驻地
三魁镇	西旸社区	尾厝村、瑞后村、门楼坳村、叶瑞旸村、横川旸村、老鹰岩村、竹茂旸村、双旸村、外西坑村、面前岭居民区	门楼坳村
	垟溪社区	后头村、坑斗村、白海村、垟边村、富家垟村、彭坑垟村、可溪村	垟边村
竹里畲族乡	竹里乡	竹里村、茶石村、何宅垟村	竹里村

2016年9月泰顺县行政区划进行调整，涉及原百丈、筱村、泗溪、雅阳、仕阳、三魁6个镇。

1、原百丈镇分为百丈镇、包垟乡。

调整后，百丈镇辖飞云湖居民区及洪秀、建民、阳山、莒云、横辽、南坑垟、台石、双岭、朱垟、山后10个行政村，镇人民政府仍驻江园路92号；包垟乡辖新塘垟、包垟店、林岙、卓南坑、包垟底、横溪、岩上、涂坑、驮坪9个行政村，乡人民政府驻新塘垟路7号。

2、原筱村镇分为筱村镇、南浦溪镇。

调整后，筱村镇辖葛垟、徐岙、枫林、北坑、新楼、坡头、章前垟、东垟、长垟、坳头、玉溪、里垟、五蒲、翁家山、兴东、永兴、坑底、山峡、外垟、梨垟20个行政村，镇人民政府仍驻万楼亭1号；南浦溪镇辖库村、新仓、新兴、双坑、周新、孙坪、南峤、龙前、新厂、箬垟、新源、朝头垟、包坑、培坑14个行政村，镇人民政府驻新浦路23号。

3、原泗溪镇分为泗溪镇、东溪乡、凤垟乡。

调整后，泗溪镇辖环水居民区及上院、前坪、南溪、下桥、半溪、溪源、白粉墙、洪坑、秀垟、筠竹坑、玉岩、半地垟、企石、新和、九峰、半岗、西地、塆头、前坪仔、石门、建新、池源、华垟、坑头、大坪、春臼坑26个行政村，镇人民政府仍驻泗水中路35号；东溪乡辖琴桥、蔡宅、上村、秀溪、桥头、普城、吾坪、黄淡漈8个行政村，乡人民政府驻长东路85号；凤垟乡辖三门垟、洲路、西溪、三星、李垟、梧桐垟、新梨7个行政村，乡人民政府驻凤兴路66号。

4、原雅阳镇分为雅阳镇、柳峰乡。

调整后，雅阳镇辖腾阳社区（腾阳）及新联、雅阳坪、莲头、福梅、岭垟、和平、中村、沐峰、埠下、吴家墩、百福岩、白巢、承天、红朱田、东安、松垟、上仁、灵乾、上村、下村20个行政村，镇人民政府仍驻氡泉路79号；柳峰乡辖墩头、上岚、国岭、卓宅、东桥、梧村、新庄7个行政村，乡人民政府驻柳泰路 139 号。

5、原仕阳镇分为仕阳镇、龟湖镇、雪溪乡。

调整后，仕阳镇辖溪东、朝阳、荣西、严山、上林垟、桥底、翁地、赵垟、垟望、双神、林垟、龟垟、裕垟、董源、龙头、黄碧龙、瑞昌、双路、茂竹园、下排、上排 21 个行政村，镇人民政府仍驻仕兴路 218 号；龟湖镇辖新湖、董陈、龟湖、上宅垟、章荣、龙垟、郑家庄、后章岗、白银 9 个行政村，镇人民政府驻龟湖路 15 号；雪溪乡辖双溪、双桥、保兴、雪临、山前、桥东、大龙口、武岭、桥西 9 个行政村，乡人民政府驻雪龙路 88 号。

6、原三魁镇分为三魁镇、西旸镇、大安乡。

调整后，三魁镇辖燕水路居民区及张宅、秀溪边、刘宅、戬州、曲尺潭、东垟底、上武垟、庵前、下武垟、薛内、薛外、西岙、黄沙坑、卢梨、夏家山、水车垟 16 个行政村，镇人民政府仍驻魁中路 9 号；西旸镇辖叶瑞旸、横川旸、老鹰岩、竹茂旸、双旸、尾厝、瑞后、门楼坳、外西坑、面前岭、垟边、富家垟、白海、彭坑垟、坑斗、后头、可溪 17 个行政村，镇人民政府驻府前路 18 号；大安乡辖柳埠、大垟、下塔、花坪头、罗汉、大丘坪、洪岭头 7 个行政村，乡人民政府驻安中路 100 号。

第二章 地名来源及演化

第一节 地名来源述略

泰顺自古相沿的地名来源大体可分以下几类。

以自然环境为主体，占最大比例。如：山、岭、洞、溪、坑、漈、泉、潭、湖，加上位置、形态元素，派生出坑底、湖边岭，曲尺潭、百丈漈、驮地、白石坑、赤岩前、白岩、乌岩等等。这些名称展示着泰顺崇山峻岭、溪流湍急、瀑潭众多的地理环境特征。有些则折射着历史上重大地质灾害，如大段、崩头。还有以形态名，如岭门、五叶莲花、布袋垅、老鹰岩。

以生物为主体，反映着古时的生态环境。与野生动物相关的如老虎丘、老虎垟、老鸦尖、地鸟（山鸡）坪、野猫丘、野猪塘、猿啸桥；与植物相关的如石竹后、芭蕉垅、梅槙坑、茂竹园、梧桐湾、杨梅岰、棕槙下、淡竹垟、葛藤岭，有的至今尚保存着一方的农林产业特色和影响力。

以姓氏为主体，占有相当比例，是家族聚居的重要资料。如包宅、徐宅、吴宅、林岙、张宅、徐岙、葛垟、董庄、小垟张等等。

以空间和时间为主体，反映人口繁衍，生活空间逐渐拓展。如外厝、外寮、薛内、薛外、新厝之类；还有直接将原籍作为地名如“汀州人”，是人口迁徙的实证。

以官衙、军事设施为主体，反映地理位置重要及统治者关注。如营岗后、营盘岗、司前、太监府等等。隘门、隘头、上仁寨、乌岩寨、卢梨寨等以隘、寨为名的地名则反映着当时的社会动荡情况。

以生产设施为主体。如瓦窑坪、碗窑、窑下等等，这些地名和大量的出土文物说明，泰顺在浙南陶瓷业发展史上具有重要地位。采银洞、银坑洞、银珠坑等等地名，反映泰顺历史上对白银生产的贡献；炉坑、铁炉基、炉坪、将军炉、岗后炉等等，反映古代冶炼业分布情况。

以农业生产、生活内容为主体。底畲、高畲、叶寮、香菇厂、香菇寮，外板岱、岱头、木岱山，水碓头、水碓坑、水笕垮、水车垟、长坝头、三担秧、三箩、四斗、五贯、六贯、七担、仓楼，泰顺先民含辛茹苦从入山烧畲辟壤到导泉、垦田，形成百落千村的历史记录。

以古代交通内容为主体。如矴步头、排头、排下、半路、半岭，以及众多以桥命名的地名。

以民间传说、民间信仰为内容。如仙居、仙池。

以赞美或表达美好愿景为主体。如瑞昌、晓旸坑、造福地、富垟。

第二节 部分地名古今对照

平溪——今罗阳镇南外村一带。

交洋——又称交阳，今罗阳镇上交垟、下交垟一带。

豪洋——今罗阳镇毛垟村毛垟自然村。

罗峰——今罗阳镇东外村东外自然村。

下洋——今罗阳镇东内村东内自然村。

半阳——今罗阳镇砂堤职业高中附近。

南阳——今罗阳镇溪坪村溪坪自然村西侧。

南湖埔尾 ——今罗阳镇溪坪村南阳底自然村。

交富岭——今罗阳镇江渡村豆腐岭自然村。

叶巡坑——今罗阳镇南院叶盛坑自然村。

蕨坪——今罗阳镇南院村桂坪自然村。

五岛——今罗阳镇碑排村五斗自然村。

芎阳——今罗阳镇仙稔春阳自然村。

石邦、周边——今罗阳镇洲滨村。

苏阳——今罗阳镇洲滨村苏垟自然村。

深窟——今罗阳镇下交垟村深坪自然村。

吴屿——今罗阳镇洲滨村岭前埕自然村。

周洋——今罗阳镇上、下舟垟一带。

矼渡——今罗阳镇江渡自然村。

毛竹源——今罗阳镇毛竹下村毛竹下自然村。

对谷——清朝前期称“堆谷”，今罗阳镇贝谷村贝谷自然村。

背鸬鹚村——明代又名“仙陵” ，今罗阳镇仙居村仙居自然村。

僻家山——一度称“鹏家山”，今罗阳镇大溪源村彭家山自然村。

龙溪底——今罗阳镇龙华村横溪底自然村。

灵峰玉溪——又称散滩，今罗阳镇三滩村三滩自然村。

石岭——今罗阳镇瑞岭村瑞岭。

池峰、棣峰——今司前左溪村梨树丘。

百丈睦源——今司前镇宫头垟一带。

木棉村——即睦源，今司前镇宫头垟一带。

李庄——又称里庄，今司前镇里光村里光。

池村——今司前（包括东村、西村）。

潭边——今司前镇台边村台边。

半路洋——今司前镇峰门垟头。

洋寮——今司前镇杨寮。

鳌岭——今司前镇林山村牛牯岭自然村。

叠石——今百丈镇台石村台石。

岙底（白云山下）——即百丈镇莒云村叶山岭脚，今已为飞云湖淹没。

东坑、钟坑——今百丈镇恭坑自然村。

南台岙——今百丈镇双岭村南丰自然村。

黄坑——今百丈镇项坑自然村。

珠峰、龟岭、朱岭——今百丈镇朱垟村自然村。

桂阳——今百丈镇双岭村魏垟自然村。

叠石——今百丈镇台石村台石自然村。

紫竹坪——今百丈镇朱垟村大坪自然村。

南峰岙——今百丈镇双岭村南丰自然村。

吴宅垟——今百丈镇双岭村松树垄自然村。

白银岽——今百丈镇横辽村白岩岽自然村。

玉岩——今百丈镇岩上村岩上自然村。

七顷田——今百丈镇包垟店村七孔田自然村。

苏垟底——今百丈镇林岙村小院底自然村。

晓岘——今百丈包垟小院自然村。

小洪阳——今百丈镇秀洪垟自然村。

毛家山——原名“桂阳”。今筱村镇箬阳箬垟村委会驻地。

卓小洋、卓家庄——今筱村镇新兴村后坪自然村。

庄前洋——今筱村镇章前垟村垟头自然村及附近。

筱村东源——今筱村镇长垟龙须岩（新楼）自然村。

东岙——今筱村镇东垟自然村。

黄监山——今筱村镇王家山村王家山自然村。

岩头——今筱村镇玉溪村玉溪自然村。

茅塆——又作“蒙塆”，今筱村镇孙坪村木塆自然村。

晓阳——今泗溪镇秀垟自然村。

竹溪——今泗溪镇半地垟村半地垟自然村。

淡洲——今泗溪镇郑州村郑州自然村。

莘阳——今泗溪镇白粉墙村白粉墙自然村。

北涧村——今泗溪镇下桥村下桥自然村。

下段——又称上段竹里，今泗溪镇下桥村后池自然村。

牛羊坑——今泗溪镇洪坑村村委会驻地洪坑自然村。

下寮——今泗溪镇前坪村苏家坑自然村。

龙凤洋——又名旁垟，今泗溪镇三门垟村委会驻地凤垟自然村。

斤竹村——又作金竹坑村，今泗溪镇�竹坑村�竹坑自然村。

浦城厝——今泗溪镇普城村普城自然村。

小溪——今泗溪镇东溪秀溪自然村。

龟蛇湾——今泗溪镇建新村水蛇湾自然村。

坭垟——今泗溪镇湾头村村委会驻地湾头自然村。

朱吴洋——曾讹为“十五垟”“石湖垟”。今彭溪镇月湖村委会驻地月湖垟，1996 年新建住宅区，改称“月湖新村”。

筱涧——今雅阳镇秀涧村。

坳池——今雅阳镇下村蛟池自然村。

牙阳——今称雅阳。

桐林岚——今雅阳镇墩头村坟兰自然村。

孔目阳——今雅阳镇沐峰村沐峰自然村。

白虎岩——今雅阳镇百福岩村百福岩自然村。

岩下洋——今雅阳镇东桥村东桥自然村。

桑树洋——今雅阳镇松垟村松榠垟自然村。

葛岭——今雅阳镇国岭村国岭自然村。

陈营、陈阳——今雅阳镇上仁村上仁垟、下仁垟一带。

松垱、梧村外垟 ——今雅阳镇梧村村卓宅自然村。

是洋——今仕阳。

苕阳——今仕阳镇赵阳村。

三寮——又称“三楼”，1981 年改称“仕后”。

阳望——今仕阳镇垟望村垟望自然村。

鹅上垟——今仕阳镇林垟村林垟自然村。

净水坑——又称“人水坑”，今仕阳镇董陈村神水坑自然村。

榅垟——今仕阳镇龙垟村龙垟自然村。

霞墩——今仕阳镇新湖村下村自然村。

热岭——今仕阳镇新湖村叶岭自然村。

章峰—今仕阳镇双桥村富头底自然村。又作山名，指桥西村后山主峰。

樟大坪——今仕阳镇桥西村。

是洋�竹笼——今仕阳镇溪东村傍竹林自然村。

杏花村——今仕阳镇溪东村溪东自然村。

港底——今仕阳镇桥底村桥底自然村。

山谷垟——今仕阳镇裕垟村裕垟自然村。

雾岭——今仕阳镇武岭村武岭自然村。

华峰——又称洋洲、后垟洲，今三魁镇后垟自然村。

高阳——又称茭阳，今三魁镇刘宅村刘宅自然村。

龟岩——今三魁镇张宅村张宅自然村。

锦溪——今三魁镇薛宅村薛宅自然村。

郝家洋——又称过路坪，今三魁镇富家垟村富家垟自然村。

钱垟仔——今三魁镇坑斗村占垟仔自然村。

叶屿旸——今三魁镇叶瑞旸村叶瑞旸自然村。

壕崆——今三魁镇峡屿村峡屿。

双坝山——今三魁镇横川旸村双桂山自然村。

包家山垟——今三魁镇竹茂旸村王家山垟自然村。

坪坑垟——今三魁镇彭坑垟村彭坑垟自然村。

石盂坑——今竹里畲族乡竹里村徐坑自然村。

漈头源——古时盛产花笺纸。“纸”与“漈”谐音，今竹里畲族乡竹里村田垟自然村。

黄店坳——今竹里畲族乡竹里村五叶莲花自然村。

寨岭——今竹里畲族乡竹里村柴岭自然村。

垄头——今竹里畲族乡竹里村黄步具自然村。

黄店坳——今竹里畲族乡竹里村五叶莲花自然村。

张监山——今竹里畲族乡何宅垟村张家山自然村。

五石头——今竹里畲族乡何宅垟村乌石头自然村。

大畈洋——曾称大范阳、大畈阳，今竹里畲族乡何宅垟村大发垟自然村。

双港溪——即寿泰溪。

渔溪——即洪口溪。

澎坑——古又称鹏坑，今彭溪。

牙阳溪——即会甲溪。

渔充潭——即渔巩潭，在百丈洪口大垟村，宋时巩姓居。

第三节 泰顺方言分布地域

泰顺是浙江最南部浙闽交界的山区县，居民来源于许多地区，方言土语复杂，即使同一种话又有语言腔调等不同。据《分疆录》记载：“……近各县边界则尤异。南北语言如秦越……地方二百里，言庞语杂。”全县方言可分闽语、吴语、畲族语三大类别 。

闽语方言

一、闽江话。主要分布在泰顺县中、南和西南部，该方言分布区有溪流汇入交溪，于福安下白石注入东海，先辈们认为溪流通闽江，故称“闽江话”。“闽江”同“蛮讲”音近，又称“蛮讲”话。泰顺《分疆录》称“闽音”，其形成时间久远，属于闽东方言，接近于柘荣、福鼎、寿宁一带方言，与县内其他方言区通话反而困难。

二、彭溪话（包括垟溪话），俗称平阳话。实为平阳北港和苍南南港方言，主要分布在泰顺县东南部和南部垟溪、后章等地，属闽南话语系。迁入南部垟溪、后章等地的较早，迁入东南彭溪等地的相对较迟。据泰顺《分疆录》记载：“乾隆以后，平阳北港人入山耕种，有发族者，类皆国初由兴、泉内徙之民，故又特操泉音。”可见闽南话来源是从平阳北港和闽南兴化（今莆田）、泉州一带“输入”。

三、汀州话（包括洪口碗窑话），纯为“外来话”。据《分疆录》记载：“自康(熙)、雍(正)以后，汀州人入山种靛，遂至聚族而居，今皆操汀州音。”泰顺汀州话呈方言岛状分布，主要在西旸外西坑村（许姓）、万排上排村(许氏)、西旸底西坑(上官氏)、碑排大岗背、仕阳章成林垟村(赖氏)、大安下塔村(邓氏)、彭溪矴步脚村和香菇寮村(钟氏)等地。清代迁居泰顺的汀州移民基本上来自原汀州府的武平、上杭、永定、连城等县，由于迁出地各县方言不同，泰顺境内流传的汀州话种类繁多，基本上不能互通。目前能讲汀州话不到二千人，仅属老年和少数中年人，青少年连听也有困难。

吴语方言

包括属于丽水语系的司前话、罗阳话，属于温州瓯语语系的莒江话和下路话。

一、罗阳话和司前话，分布在县境西北部，方言近似，通话无困难。司前话是丽水方言区向南延伸进入泰顺的一部分，形成时间很早。罗阳话，又称城底话，是元末至明代处州府（相当于今丽水地区）人口大量迁居罗阳的产物。据《分疆录》记载，到泰顺刚建县时县城人口不多，首任知县郭显宗在罗阳安插处州府丽水县、松阳县、遂昌县移民。因此，罗阳话语音比较接近景宁、云和、松阳、遂昌等县方言。

二、莒江话，是温州瓯语南片方言区向飞云江中上游地区延伸的一部分，形成时间很古老，因此与温州南片瓯语差异较大，约4万人讲莒江话，主要集中在县域的东北部百丈镇、筱村镇大部分地区以及泗溪横坑等地。

三、下路话，属温州瓯语语系，语音同文成话。大约在光绪年间至民国期间，由于飞云江中下游地区人地矛盾突出，以及在近代商业兴起、飞云江中上游航运业兴盛的历史背景下，飞云江中下游地区的人口（俗称“下路人”）数以千计地迁入飞云江上游地区泰顺境内，在人口入迁相对集中的百丈口、洪口、司前台边、上地、南浦下漈源等地形成了下路话“方言岛”。

畲族话

属客家方言。人口有2.03万余。畲族话，不但泰顺，就是温州、丽水地区，以至闽粤畲族也是统一的，通常只在本民族内部交流时使用，与汉族交流则讲当地汉族方言。

泰顺县方言分布简表

表 1-9

方言名称	方言性质	方言类别	区域分布
闽江话（蛮讲话）	属闽东方言	闽方言	县域中、南、西南部
彭溪话（平阳话）	属闽南话语系		主要为县东南部及南部
汀州话	属闽西南方言		几个方言岛
罗阳话	属丽水方言	吴方言	县域西北和西部
司前话			
莒江话	属温州瓯语语系		县域东北部
下路话	属温州瓯语语系语音同文成话	吴方言	几个方言岛
畲族话	客家话	客家方言	呈点状分布全县各地

地方生僻字方言常用字注释

椇　读音 Qiù，含义树。如:梨椇垟、松椇垟

埞　读音 Dìng，含义堤。筑土遏水曰堤。如:九埞

丼　读音 Dēng，含义小水坑，也用于地名。如:乌丼垮

礤　读音 Cáo，含义石头做成的槽。如:石礤坑

垵　读音Ǎn，含义同俺。点种瓜豆时挖的小坑。如:牛塘垵

埕　读音 Chéng，含义平坦的空地。如:吴埕下

漈　读音 Jì，含义水边、瀑布。悬崖峭壁亦称为“漈”，如:干漈

坳　读音Ào，含义山间小平地。如:可溪坳

僻　读音 Pì，含义山坡。如:长僻、大龙僻

垟　读音 Yáng，含义一片田地。如:上舟垟、黄家垟

坑　读音 Kēng，含义涧、小溪流。如:坑源、黄沙坑

寮　读音 Liáo，含义茅草屋。如:田寮、香菇寮

仔　读音 Zǐ，含义方言原义为儿子应读 zǎi 但地名引申为小地方故仍注音 zǐ。如:东垟仔、山头仔

浿　读音 Bèi，含义引水渠。如:大浿、下浿头

崈　读音 Dòng，含义用石头垒的防洪堤。如:坑崈

埩　读音 Zhēng，含义《说文》同净。如:皂罗埩

硋　读音 Hái，含义陶器。如:黄硋

厝　读音 Cuò，含义房屋。如:新厝、厝基

岅　读音 Bǎn，含义同坂。山坡。如:横岅

峤　读音 Qiáo，含义尖而高的山。如:南峤

圳　读音 Zhèn，含义田野间的水沟。如:后圳

莨衣　读音 Lángyī，含义亦称“狼萁”，蕨类植物。如:莨衣山

岭　读音 Lǐng，含义上山的路。如:半岭、岭尾

岙　读音Ào，含义与山坳相近。如:西岙

旸　读音 Yáng，含义日出，引伸为朝阳吉祥之意。如:叶瑞旸

第二编 自然地理

第一章 陆地地形

泰顺地处浙南山区，有“九山半水半分田”之称。县内之山分属洞宫山脉、南雁荡山脉，洪溪为两山脉分界，溪西之山多属洞宫山系，溪东之山多属南雁荡山系。全县海拔千米以上的山峰达179座，海拔千米以下的山峰有上万座。

第一节 山 脉

洞宫山脉 Dònggōng Shānmài 泰顺县处于洞宫山脉东南翼，洞宫山脉的罗山支脉从闽东北寿宁县向泰顺西北部延伸，展布罗阳、司前、百丈片。山势险峻，县内海拔千米以上高峰有近百座属该山系。其中与景宁县交界处的白云尖海拔1611.3米，为温州市最高峰。

南雁荡山脉 Nányàndàng Shānmài 泰顺县东南部山地为南雁荡山脉延伸，是飞云江水系与鳌江水系的分水岭。南雁荡山支脉东北—西南走向入境，展布于仕阳、三魁、筱村、泗溪、雅阳、彭溪片，山势相对低缓。海拔千米以上高峰数十座，其中与苍南县交界处的九峰尖海拔1237.3米，为南雁荡山脉的主峰。

第二节 山 岭

三滩岭 Sāntān Lǐng 始于泰顺罗阳镇沙堤村上庄，止于三滩村半岭亭，与司前畲族镇筱条岭古道及百丈叶山寮古道相连。

状元岭 Zhuàngyuán Lǐng 位于泰顺古“温州大道”的首段，起于罗阳镇石龟背岭脚宫（原址），经三垟村、岭下村、水尾石板桥至仙居古村落。

筱条岭 Xiǎotiáo Lǐng 位于罗阳镇三滩村半岭亭至司前畲族镇司前村。

葛绳岭 Géshéng Lǐng 位于罗阳镇西部白溪村委会驻地西南。该石岭两侧旧时长满葛藤，俗称“藤”为“绳”，故名“葛绳岭”。罗阳通往福建寿宁县之路经过该岭。

交垟岭 Jiāoyáng Lǐng 位于罗阳镇中部，仙居村委会驻地南，上交垟村东北。因交垟村得名。

百丈岭 Bǎizhàng Lǐng 位于罗阳镇中部三滩村西南、仙居村东北，因通百丈口得名。旧时员台角一带去百丈，均从这条石岭经过。

大岗岭 Dàgāng Lǐng 位于罗阳镇中部，三滩村委会驻地东北。大山岗有石岭，罗阳经三滩通往百丈的山道过此。

豆腐岭 Dòufǔ Lǐng 位于罗阳镇中部江渡村北部，岭道通往赤坑。

三褶岭 Sānzhě Lǐng 位于罗阳镇中部。罗阳—仙居山之路经过该岭。

门枕岭 Ménzhěn Lǐng 位于罗阳镇北部，马联村委会驻地西南。山岗背似门槛（俗称“门枕”），故名。山道为龙尾坑至岭北乡必经之路。

赤岭 Chì Lǐng 位于罗阳镇东南部，下洪凤垟村东北部，凤垟至下洪山道过此。岭上岩石呈赤色，故名。山道自岭脚溪边直至岭头。

龙牙岭 Lóngyá Lǐng 位于罗阳镇西北部，上垟村西北与福建省寿宁县相邻处，又称龙岩岭。山道从板场村经此通往寿宁。咸丰八年，乡绅周树椿在此倡筑土城，以防堵太平军，俗称龙岩岭隘。

白溪岭 Báixī Lǐng 位于罗阳镇西南部，白溪村西，山道经黄泥隘通往福建寿宁。始建于唐代，全程约 6 千米，东西走向。是泰顺县城通往寿宁、庆元两县的县际大道，古道中段有半岭亭。

新岭 Xīn Lǐng 位于罗阳镇东南部洪溪美村，洪溪美去普明寺的山道经过此岭。

黄泥长岭 Huángní Chánglǐng 位于罗阳镇中部三滩村，三滩村柿树垄至道均垟村岭头仔的山道经过此岭。

宫岭 Gōng Lǐng 位于罗阳镇东北部上稔垟村，罗阳经仙居、洪口通往文成的古道经过此岭，岭上古有驿站岭头铺。

外岭 Wài Lǐng 位于罗阳镇西北部，道均垟村东北，罗阳经道均垟至马子坑山道过此。

洪口岭 Hóngkǒu Lǐng 位于罗阳镇东部与百丈镇西部相邻处。山形似拳，又名拳头岭。罗阳经洪口通往文成的山道过此。

大岭 Dà Lǐng 位于罗阳镇东部横岗村西南，因山岭高大得名。岭头通往洪溪美的山道经过此岭。

九曲岭 Jiǔqū Lǐng 位于罗阳县城北部的新北社区，县城至江家山的山道经过此岭。

七丘岭 Qīqiū Lǐng 位于罗阳镇东部南山村，南山岭头通往七丘的山道经过此岭。

南山岭 Nánshān Lǐng 位于罗阳镇东部南山村，山道从岭头通往山底。

甲家渡岭 Jiǎjiādù Lǐng 位于罗阳镇西南部上庄村，山道从甲家渡通往岭头。

新坑岭 Xīnkēng Lǐng 位于罗阳镇西南部，上庄村西北，上庄村三条华通往前垟村的山道经过此岭。

瑞岭 Ruì Lǐng 位于罗阳镇西南部瑞岭村，瑞岭村通往洲滨村的山道经过此岭。原称石岭，方言“石”“瑞”音近而雅化为“瑞岭”。

长蛇岭 Chángshé Lǐng 位于罗阳镇南部三联村，三联村彭畲通往洲岭的山道经过此岭。

长垟岭 Chángyáng Lǐng 位于罗阳镇西南部，洲岭村南。罗阳经洲边、南寮至长僻的山道过此，有村庄“长垟”。

苦岭 Kǔ Lǐng 位于罗阳镇西部，毛竹下村西邻近寿宁界。罗阳经毛竹下村通往福建寿宁的山道过此。

曲岭 Qū Lǐng 位于罗阳镇西部，近寿宁处。山道由此经寮下通往赤坑。

杨家岭 Yángjiā Lǐng 位于罗阳镇中部，下察溪东南，古时罗阳通往平阳、福鼎桐山的山道过此，有村庄“杨家岭”。

山交岭 Shānjiāo Lǐng 位于罗阳镇中部，山岩（山交）村南。下察溪经南山岭头通往章后的山道过此，有村庄“山交”。

横岭 Héng Lǐng 位于罗阳镇东南部，上洪村西北，下彩至下洪山道过此。

马迹岭 Mǎjì Lǐng 位于罗阳镇西南部，上梨坪西南邻近福建福安县处。山道北通上梨坪，东达长僻，西北往瑞岭。

牛牯岭 Niúgǔ Lǐng 位于司前畲族镇南部司前村，是旧时池村（司前村）去南坑垟、洪口、筱村的要道。山岭形似鳌鱼，古称鳌岭。传说人过岭会生病，能顺利过岭的被赞为壮如牛牯，改称“牛牯岭”。

石岭 Shí Lǐng 位于司前畲族镇峰门村西侧，山脚有石径通至山头，故名。

葛藤岭 Gěténg Lǐng 位于司前畲族镇西部，上地村西南，因山岭旧多葛藤得名。和庄至排头的山路经过该岭。

九曲岭 Jiǔqū Lǐng 位于司前畲族镇西部，榅垟村东部。恩坑至上地的山道经过该岭。

纺车岭 Fǎngchē Lǐng 位于司前畲族镇西部，镇人民政府驻地西北。垄头至上升自然村的山道经过该岭。

大岭 Dà Lǐng 位于司前畲族镇东北部，黄桥村南，因山势高大得名。竹里至黄桥山道过此。

垟岭 Yáng Lǐng 位于司前畲族镇西北部，乌岩岭自然保护区东，叶山村西北部。山道南通芳香坪，东达叶山。

徐山岭 Xúshān Lǐng 位于司前畲族镇东北部，徐宅村徐坑自然村西。徐坑至大住的山道过此。

下朱岭 Xiàzhū Lǐng 位于司前畲族镇东北部，峰门（外垟）东南近文成县处，峰门至百丈东岸的山道、赤岩至何宅坑的山道于此交叉，岭上建路亭，有村庄“下朱岭”。

石佛岭 Shífó Lǐng 位于司前畲族镇西北部，榅垟村北部近景宁县处。古有司前经里光通往景宁的山道。

叶山岭 Yèshān Lǐng 起于司前畲族镇里光村水尾亭，止于榅垟村，因古村叶山得名。途经望林亭、叶山古村落、乌岩岭自然保护区、榅垟古村落等。

板岱头岭 Bǎndàitóu Lǐng 司前畲族镇左溪村至罗阳镇里板岱头村，因板岱头村得名，旧为司前去碑排的要道。途经五里亭、外板岱头古村，岭道由司前陶化龙捐建。

大住岭 Dàzhù Lǐng 司前大住村至百丈东岸村（已被飞云湖区淹没），因大住村得名。途经大住古村落、大住亭、陈子垟亭、双坑源亭、严庄垟亭等。始建于清初，大住村张姓祖先集资建造。全程约 15 千米，宽 1.1 米。

朱岭 Zhū Lǐng 位于百丈镇北部偏西，飞云湖居委会驻地西南，朱垟村东部。山形似龟，得名“龟岭”，后以方言音改为“朱岭”。朱岭头通往百丈口古道经过该岭。

库岭 Kù Lǐng 位于百丈镇东北部，涂坑村委会驻地东南。该地形似燕窝，原称“窝岭”，后以音称之“库岭”。岭脚到岭头从海拔 170 米升至 978 米，计有山峰 19 座，一峰高于一峰，行程艰险，又称“苦岭”。旁有岭道去文成县松树根村。

求长岭 Qiúcháng Lǐng 位于百丈镇中部，横辽村东部。古为莒江至洪口的要道，得名“长岭”。因被废弃，后人称之 “旧长岭”，后以音改作“求长岭”。部分已为飞云湖所淹。

黄泥岭 Huángní Lǐng 位于百丈镇东北部，岩上村北近文成界。因多黄泥得名，也简称“黄岭”。罗阳经洪口、莒江至温州的大道过此。古为岩上村至金钟村必经之路，别名金钟岭。

金钟岭 Jīnzhōng Lǐng 百丈镇卓南坑村金钟自然村至包垟境内际坳头亭，与泰顺通温州大道相连。途经金钟岩洞、卓尾垟古村、岩上山古村等，全程约 6 千米，宽 1.2 米。古道起点金钟自然村旁已为飞云湖区。

大岭 Dà Lǐng 位于百丈镇东北部驮坪村。包垟经岩上村至东塆坑（今属文成县）的古道经此。

小岭 Xiǎo Lǐng 位于百丈镇南部，洪秀村西南碗窑自然村一带。洪口至葛垟的山道经此。

阳山岭 Yángshān Lǐng 位于百丈镇西南部阳山村南。阳山至外垅坪山道经此，沿岭原有阳山岭头、（阳山）岭脚、阳山后等村庄。

横岭 Héng Lǐng 位于百丈镇南部，阳山村东北。阳山经沙坑桥至沙坑的山道过此。

岩前岭 Yánqián Lǐng 位于百丈镇中部横辽村东。罗阳经洪口、莒江、瑞安（今文成境）至温州的古道经过此岭，相当部分已为飞云湖湖区。

秀洪岭 Xiùhóng Lǐng 位于百丈镇南部，洪秀村东部。洪口经玉溪至筱村望楼亭的山道经此。

杨梅岭 Yángméi Lǐng 位于百丈镇南部，洪秀村北部，罗阳经洪口、莒江、瑞安（今文成境）至温州的古道过此，有山峰“杨梅岭岗”。

柴岭 Chái Lǐng 位于百丈镇中部，洪秀村东北部、建民村东南部。山道西通深渡、东接罗阳至温州古道。

百丈岭 Bǎizhàng Lǐng 百丈镇飞云湖（原百丈口龙潭背）至司前畲族镇杨坑头村，清康熙以后是泰顺县城去百丈口、通温州的官马大道，途经水碓宫、朱岭头、叶山寮古村落，全程约 15 千米，宽 1.1 米。

斜坑岭 Xiékēng Lǐng 百丈镇飞云湖（原斜坑村）至赤石岭亭，明清古道，东西走向，途经飞云湖、赤石岭亭等，是旧时莒江村通百丈口的要道，全程约 2 千米，宽 1.2 米。

叶岸岭 Yè'àn Lǐng 百丈镇飞云湖（原叶岸村）至下革村。途经飞云湖、叶岸岭头古村落等。明清古道，全程约 2 千米，宽 1.3 米。

岩头岭 Yántóu Lǐng 位于筱村镇西部，葛垟村西北，该岭路段由石块铺成，故名。洪口至九架的山道经此。

翁山岭 Wēngshān Lǐng 位于筱村镇南部，新楼村东。翁山外垟经新楼、长垟的山道经此，附近有村庄“翁山岭”。

大岭（筱村）Dà Lǐng 位于筱村镇东北培坑村，因山岭长而陡峭得名。箬垟向东南至文成的山道经此。

箬垟岭 Ruòyáng Lǐng 位于筱村镇东北培坑村西，原名“单条枫树岭”，又名“小岭”。大岭头至包坑的山道经此。

枫树岭 Fēngshù Lǐng 位于筱村镇西部，坳头村委会驻地东北。坳头经茶亭下自然村至筱村的山道经此，附近有枫树岭自然村。

黄泥岭 Huángní Lǐng 位于筱村镇北部，坡头村委会驻地东南。筱村向北经下园至坡头的山道经过此岭。

林山岭 Línshān Lǐng 位于筱村镇北部，坡头村委会驻地南。山道北连黄泥岭，西南至林山自然村。

坡头岭 Pōtóu Lǐng 位于筱村镇北部，坡头村北。山道南连黄泥岭北侧，北至坡头岭头。

漈头岭 Jìtóu Lǐng 位于筱村镇东北部，永兴村新源自然村南。横坑经新源至大樟（今称“和平”）的山道经此，附近原有村庄“漈头岭”。

北岭 Běi Lǐng 位于筱村镇东南部，山峡村东，大樟（和平）至山峡山道过此。

卢坑岭 Lúkēng Lǐng 位于筱村镇西南，东垟村西南，岭脚旧建铁炉，西侧小溪得名“炉坑”，岭以坑名，后以音转成“卢坑”。筱村经东垟、夏家山至罗阳的古道经由此岭。

包坑岭 Bāokēng Lǐng 位于筱村镇东北部箬垟村包坑自然村附近，大岭头通往瑞安（今文成境）、箬垟至包宅两条山道在此岭相交。

脚桥岭 Jiǎoqiáo Lǐng 位于筱村镇东北，双坑村北部。桥头溪至蒲阳山头、库村经桥头溪通往包坑两条山道于此相交。

小岭 Xiǎo Lǐng 位于筱村镇南部，东垟村东南，筱村经东垟通往凤垟的山道过此，有村庄“小岭”“小岭头”。

小岭 Xiǎo Lǐng 位于筱村镇东北部，新源村新畲自然村西南，新畲至库村的山道过此。

大岭 Dà Lǐng 位于筱村镇东部，新厂村西北。新厂至联云山道过此，有村庄“大岭”。

大岭 Dà Lǐng 位于筱村镇中部，南峤底西南。有山道经马尾岗与木湾至翁山道路相接，有村庄“大岭”。

坳头岭Àotóu Lǐng 位于筱村镇西北部，坳头村西北。筱村至莒江山道过此，有坳头岭亭。

北山岭 Běishān Lǐng 位于筱村镇西部，五蒲村西北、翁家山村东，五蒲至葛垟下村的山道过此。

大岭 Dà Lǐng　位于 村镇西部，葛垟村北，葛垟至洪口山道过此。

光石岭 Guāngshí Lǐng 位于筱村镇西部，葛垟村北，下洪经下垟、九架至洪口的山道经过岭西。

洪溪岭 Hóngxī Lǐng 筱村镇葛垟村下垟至罗阳镇南山村。清初山道经由该岭，途经下垟、洪溪尾、南山等古村落，全程约 11 千米，宽 1.2 米。

竹下岭 Zhúxià Lǐng 位于泗溪镇西南部，秀溪村东，邻近雅阳墩头村处，因山岭多竹林得名。有山道通至秀溪，附近有村庄“竹下岭”。

榠岭 Qiù Lǐng 位于泗溪镇西南部秀溪村北，因山岭多榠树（柳杉）得名。秀溪经蔡宅底、徐家庄至三魁的山道过此。

坟岭 Fén Lǐng 位于泗溪镇北部建新村西，山道经大坪通往春臼坑。

大岭 Dà Lǐng 位于泗溪镇南部，下桥村村委会北。下桥村小坑尾通往凤垟洋头之岭较长，故称。山道为石径，岭旁有大岭自然村。

麻蛇岭 Máshé Lǐng 位于泗溪镇西部，三门垟村村委会驻地西北，邻近三魁卢梨村。石径弯曲，形似麻蛇，故名。卢梨至下村垟山道经此。

程仕岭 Chéngshì Lǐng 位于泗溪镇西北部，洲路村村委会驻地东北。自程家庵经洲路村通往仕阳的山道经此，故名“程仕岭”。

西岭 Xī Lǐng 位于泗溪镇东部，前坪仔村村委会驻地西南，因处村庄西侧得名。半岗经白柯垮北至前坪仔山道过此，岭旁有西岭自然村。因系村庄西侧之石岭，故名。

沙岭 Shā Lǐng 位于泗溪镇东北部，新和村村委会驻地西南，山岭多沙，故名。山道为石径，通至横坑。

铁炉岭 Tiělú Lǐng 位于泗溪镇北部，溪源村村委会驻地西北。岭脚古有打铁铺，故名。溪源经蒋家山至凤垟的山道过此。

黄坭岭 Huángní Lǐng 位于泗溪镇南部，秀垟村村委会南，山岭多黄泥土，故称。山道通往秀垟村大岗头。

杨梅岭 Yángméi Lǐng 位于泗溪镇西部，新梨村村委会驻地东。因处田垟尾端，原称“垟尾岭”，后以音成为“杨梅岭”。梨榠垟至凤垟垟头的山道经此，附近有杨梅岭自然村。

洪坳岭 Hóng'ào Lǐng 位于泗溪镇西南部，洪坑村西，南溪经洪坑通往戬洲、三魁的古道经过该岭。

外岭 Wài Lǐng 位于泗溪镇中部，凤垟村东，李垟至坑下的山道过此。

剑门岭 Jiànmén Lǐng 位于彭溪镇东部，月湖村委会驻地东南，山岭形似篾匠工具“剑门”，故名。山道西至坑内自然村，东转南向西可抵枫岗。

水岭 Shuǐ Lǐng 位于彭溪镇西南部五里牌村南。岭下侧旧有水碓，得名“水碓岭”，后简为“水岭”。引章通往东安、秀涧的山道经过该岭。

甘漈岭 Gānjì Lǐng 位于彭溪镇东部柘下村。岭边有瀑布，冬季无水时称干漈，后以音转成“甘漈”。岭上山道往北通往月湖、半岭直至苍南，往西通往隘门宫、富垟。

倒头岭 Dǎotóu Lǐng 位于彭溪镇东部富山村东北邻近苍南县处，有山道通往坑底自然村，继而南至富垟、北达均山。

前岭 Qián Lǐng 位于彭溪镇西南部，官引村委会驻地西南，因处九岗村前得名。有山道从九岗村前通往瓦坪宫。

十八盘岭 Shíbāpán Lǐng 位于彭溪镇北部峰文村。山道从苍南、泰顺交界处柯岭而来，经此岭通往九峰。

大岭 Dà Lǐng 位于彭溪镇东北部的均山村委会驻地东。该岭长而高峻，故名。均山沈厝至烂田湖自然村的山道经过此岭。

伙爬岭 Huǒpá Lǐng 位于彭溪西北部，汇源村西南，有山道南通彭溪，北经钓鱼坑通往九峰，西至峰坳自然村。

塘岭 Táng Lǐng 位于彭溪镇南部外垟村北，外富垟山道西向经此，转北经内富垟、越寿桃尖而至峰文。

柯岭 Kē Lǐng 位于彭溪镇北部，峰文村东与苍南县交界，彭溪经峰文、牛塘湾往平阳莒溪（今属苍南县）的山道经此，岭上设有路亭。

玉塔岭 Yùtǎ Lǐng 起于彭溪镇外垟村，止于雅阳镇大岙。途经飞虹大桥、彭溪矴步、玉塔茶场、水尾瀑布、玉塔古村落、玉塔古窑址等。

排岭 Pǎi Lǐng 位于雅阳镇南部，埠下村东南，因山岭形似竹排得名。该岭为浙闽交界处，浙江侧岭长 1 千米，岭上尚存古城墙及浙闽界碑。山道通往福建福鼎县城桐山，为明代抗倭战场。

国岭 Guó Lǐng 位于雅阳镇西北，国岭村村委会驻地附近。古时岭侧遍长葛藤，得名“葛岭”，后以音转为“国岭”。三魁经雅阳至通往福建福鼎、戬洲经积库至国岭两条古道于此岭相交。

百步岭 Bǎibù Lǐng 位于雅阳镇东部，东安村东，红朱田村西南。其中一段特别陡峻，长约百步，故名。岭上山道西通东安；另一条南至莲头村。

石龟岭 Shíguī Lǐng 位于雅阳镇北部，东安村与松垟村之间，因有石似龟得名。松垟至东安、松岭至秀涧两古道于此岭呈十字交叉。

铁炉岭 Tiělú Lǐng 位于雅阳镇东北部，秀涧下村东北，蛟池尖东南。岭旁有铁炉坑，故名。罗阳至平阳西南乡（今属苍南县）古道经过该岭。

东安岭 Dōng'ān Lǐng 位于雅阳镇中部，沐峰村北。上柘头至雅阳的山道经过该岭。

灶后岭 Zàohòu Lǐng 位于雅阳镇南部，中村西南。山道通往雅阳。原有村庄“灶后岭”。

莲头岭 Liántóu Lǐng 起于雅阳镇莲头村大岙，经晒谷坪亭、莲头古村落、莲云谷、福船村、竹楼坑、福亭基、莲花塘古村落、山茶岚村，止于雅阳镇梧村柳峰尖。清同治年间陈王庐为首事，莲头村民出钱出力建造，因有三处弯，亦称“三跳岭”。

江家岭 Jiāngjiā Lǐng 位于雅阳镇东部，莲头村东北，东安经大岙至莲头山道经过该岭。

佛堂岭 Fútáng Lǐng 位于雅阳镇西部，新庄村村委会驻地东北。旧有佛堂得名。三魁至福建福鼎县城桐山的古道经过该岭。

垟尾岭 Yángwěi Lǐng 位于雅阳镇南部，埠下村西北、中村东南。三魁至福建福鼎县城桐山的古道经过岭旁。

东岭 Dōng Lǐng 位于雅阳镇南部，新联村原漈头自然村东北。百福岩经漈头往山茶岚的山道经此，有村庄“东岭”。

秀涧岭 Xiùjiàn Lǐng 雅阳镇东北部，秀涧下村西南，自秀涧下村延至松垟村东北。秀涧至松垟的山道经此。

叶岭 Yè Lǐng 位于仕阳镇新湖村村委会驻地东南，因地势低气候炎热，得名“热岭”，后以方言音转为“叶岭”。新湖村通往龟湖古道经此。

南岭 Nán Lǐng 位于仕阳镇西南部新湖村南，邻近福建柘荣县处，因与其北山岭相对得名。龟湖通往福建柘荣县的山道经过此岭，岭脚有南岭尾自然村。

北岭 Běi Lǐng 位于仕阳镇西南部，新湖村南，因与其南的“南岭”相对得名。龟湖通往福建柘荣县的山道经过此岭。

大岭（仕阳）Dà Lǐng 位于仕阳镇西部董陈村西北，龟湖经后章岗、神水亭至六贯，茶坪坑至大岭头两条山道于此相交。

管田岭 Guǎntián Lǐng 位于仕阳镇西南部，章荣村北，田坎岭西。山道经苏罗坑通往榅垟，有村庄“管田岭”。

竹坪岭 Zhúpíng Lǐng 位于仕阳镇东南部，上排村东北邻福建福鼎县处，雪临经王家垟通往福建福鼎县的山道经过岭东，有村庄“竹坪岭”。

章坑岭 Zhāngkēng Lǐng 位于仕阳镇南部，黄碧龙村北，仕阳经章坑通往福建福鼎县的山道经此，有村庄“章坑岭头”。

万排岭 Wànpái Lǐng 起于仕阳镇溪东村，经仕水矴步、山湾亭、茶叶观光园、茂竹园古村落，止于万排茂竹园尖岭下古村落。古道起始点店坪街。

交溪岭 Jiāoxī Lǐng 起于泰顺县仕阳镇溪东村，止于仕阳镇白岩交溪自然村。

耆伯岭 Qíbó Lǐng 位于三魁镇北部大丘坪村西北。相传古有以忠厚著称的长者居此，人称“耆伯”，岭道为其所开，故名。罗阳上洪经洪岭头通往三魁的山道经此。

后垟岭 Hòuyáng Lǐng 位于三魁镇北部洪岭头村东。洪岭头通往外后垟的山道经过此岭。

底岭 Dǐ Lǐng 位于三魁镇南部黄沙坑村西南，三魁至仕阳的山道经过该岭，有村庄“底岭”。

湖边岭 Húbiān Lǐng 位于三魁镇东南部，刘宅村村委会驻地西南，其旁溪中有潭似湖，故名。秀溪边至分水关的古道经过该岭。

上墩岭 Shàngdūn Lǐng 位于三魁镇东南部，黄沙坑村西北，陈垟自然村西。横路至三魁的古道经过该岭，有村庄“上墩岭”。

王狮岭 Wángshī Lǐng 位于三魁镇西部，富家垟村东部。富家垟至垟边的山道经过该岭。

稗岭 Bài Lǐng 位于三魁镇东南部，刘宅村村委会驻地西南隘门自然村，为三魁去仕阳必经之路。岭上设隘，明嘉靖三十八年（1559 年）冬陶治臣于此大败倭寇。

庵岭Ān Lǐng 位于三魁镇薛内村村委会驻地东北，山道通向旧之尼姑庵，故名。

面前岭 Miànqián Lǐng 位于三魁镇中部面前岭村。因处村庄前得名，晓旸坑至薛宅的山道经过此岭。

白露岭 Báilù Lǐng 位于三魁镇西部竹茂旸村，岭上山道通向王家山垟。

卢梨岭 Lúlí Lǐng 位于三魁镇东北部，从卢梨村垟尾向南延至东垟底村东北。卢梨经楼梯坑至戬洲的山道经此，岭西有卢梨寺。

夏田岭 Xiàtián Lǐng 位于竹里畲族乡南部，竹里村西北。里光通往横坑山道经过该岭，有村庄“夏田岭”。

柴岭 Chái Lǐng 位于竹里畲族乡西南部，竹里村西北。六革经夏田岭至里光的山道经此，有村庄“柴岭”。另有山道经水窟自然村通往驮山。

石鼓岭 Shígǔ Lǐng 位于竹里畲族乡北部，茶石村石角坑与司前畲族镇园桥之间。山道经朝山、园桥、黄山通往文成。原有古村落“石鼓背”。

第三节 山 峰

全县海拔千米以上的山峰达 179 座，大部分分布在洞宫山脉旳罗山支脉；海拔千米以下的山峰有上万座。

白云尖 Báiyún Jiān 位于县西北部，乌岩岭自然保护区西部边陲，与景宁县上标林场交界处。因“山高耸云表，峰顶白云绕”而名。主峰海拔 1611.3 米，系温州市最高峰。东北伸向金针湖，南连南麂岗。东段较陡，西段较缓。该峰古称百丈山，今司前一带唐宋时总称“百丈”，即源于此山名。

檫树岗 Cháshù Gǎng 位于乌岩岭自然保护区西南部，司前镇叶山村西，上芳香林区机关驻地“外枫香”附近。因岗上有棵大檫树得名，海拔 1260.0 米。

天关山 Tiānguān Shān 位于罗阳镇西北约 5 千米处。以高耸临近天关而名，别名大山顶，古称“天阙山”。东北伸到岭头庵，西南伸到水井寨。东南较陡，西北稍平坦。主峰海拔 1269.5 米。泰顺《分疆录》称之“高耸入云，为邑主山，绵亘二十余里。”

南麂峰 Nánjǐ Fēng 位于县城北 16.8 千米处，乌岩岭西南部与景宁县交界处。因处榅垟村南，多悬崖峭壁，俗称“峭壁”为“岩漈”，“漈”“麂”方言近音，乃成此名。海拔 1541.6 米，为南麂岗主峰。山势北面较陡，南面较平缓。

大坪头尖 Dàpíngtóu Jiān 位于罗阳镇碑排村北 0.5 千米处，因山脚自然村大坪头得名。海拔 1010.1 米。

香火尖 Xiānghuǒ Jiān 位于罗阳镇碑排村东南，恩岱垟村板岱头自然村西南，海拔 1033.6 米。

铁冻坪 Tiědòng Píng 位于罗阳镇岭北上垟村西，以山上坪地铁冻坪得名，海拔 1274.8 米。

安基岗顶 Ānjīgǎng Dǐng 位于罗阳镇上垟村西，龙牙岭南，与福建寿宁县交界处。安基岗山体自龙牙岭西南向逶迤至风门坳，共 5 个山峰，平均高度海拔 1265.0 米，该峰最高，故名，海拔 1375.5 米。

尖下尖 Jiānxià Jiān 位于罗阳镇岭北北坑村东北，因该山峰东北侧尖下山得名，意为“尖下山”之尖。海拔 1142.0 米。

下察南岗 Xiàchánán Gǎng 位于罗阳镇山底、下彩二村之间。因处下彩村北、山底村南，古称“下彩南岗”；后以方言音转为“下察南岗”。海拔 1000.9 米。

北山岗 Běishān Gǎng 位于罗阳镇南部，育秀垟村榅田自然村西北，因处南院一带北部得名，海拔1041.7米。

山鬼岩 Shānguǐ Yán 位于罗阳镇东南部，贝谷村南与三魁镇交界处，又作“山贵岩”，海拔1004.7米。

响喊岩 Xiǎnghǎn Yán 位于罗阳镇东南部，南院村东南，南院底自然村东。《分疆录》云：“山半有石大如屋，击之声如钟”，古称“鸣石山”。主峰海拔1099.1米。

牛皮岽 Níupídōng 位于罗阳镇南部，南院村西南。海拔1061.5米。《分疆录》云：“牛皮岽，高峦联络颇平坦，然登其颠则无山与齐，经冬积雪不消，山中多岩，其最大者俗呼为乌岩，远视之俨如鸦立牛背，故名。”

金针湖 Jīnzhēnhú 位于乌岩岭林场的北部。古代山上有湖，湖边多金针（黄花菜），得名金针湖，山以湖名。海拔1254.0米。

陈尖顶 Chénjiān Dǐng 位于罗阳镇北部，五斗村朱岩自然村之北，别名陈尖。海拔1041.8米。

何四岩尖 Hésìyán Jiān 位于罗阳镇北部，碑排村西南，苏北村底北山自然村西。海拔1051.3米。

水井寨 Shuǐjǐngzhài 位于罗阳镇西部，乌岩岭自然保护区西南部，与寿宁县交界处，旧设山寨，寨有水井，故名。海拔1236.0米。

羊脑山 Yángnǎo Shān 位于罗阳镇西部与寿宁县交界处，黄泥隘南。海拔1082.0米。

大岭顶 Dàlǐng Dǐng 位于罗阳镇北部碑排村，因处大山岭上端得名，海拔1018.2米。

牛母顶 Niúmǔ Dǐng 位于罗阳镇北部，苏北村、大岗背村相邻处，海拔1024.8米。

岩尖顶 Yánjiān Dǐng 位于罗阳镇西北部，马联村白水漈自然村西北与景宁交界，海拔1496.1米。

牛牵岭岗 Niúqiānlǐng Gǎng 位于罗阳镇西北部，道均垟村西北与福建省寿宁县交界处，海拔1216.2米。

山羊寨头 Shānyángzhài Tóu 位于罗阳镇西北部，道均垟村西北，海拔1199.4米。

上湖顶 Shànghú Dǐng 位于罗阳镇西北部，道均垟村西，海拔1311.8米。

桃垮头 Táowān Tóu 位于罗阳镇西北部，上垟村西北，海拔1148.2米。

加坪 Jiāpíng 位于罗阳镇西北部，道均垟村西南，海拔1069.2米。

鼠岗尖 Shǔgǎng Jiān 位于罗阳镇南部，南院村西偏南，海拔1127.0米。

大岗尖 Dàgǎng Jiān 位于罗阳镇西北部碑排村东，海拔1024.0米。

阴坳尖 Yīn'ào Jiān 位于罗阳镇西北部，碑排村东南，海拔1064.0米。

风门坳岗头 Fēngmén'àogǎng Tóu 位于罗阳镇西北部板场村西南，海拔1307.2米。

坳门尖Àomén Jiān 位于罗阳镇北部，北峰村正北，海拔 1054.8 米。

联山尖 Liánshān Jiān 位于罗阳镇西北部，碑排联山，乌岩岭林场西部。海拔 1254.5 米。

大山 Dàshān 位于罗阳镇南部毛垟村西南。海拔 1007.2 米。

炭窑基峰 Tànyáojīfēng 位于司前畲族镇峰门村，海拔 1003.0 米。

峰门尖 Fēngménjiān 位于司前畲族镇东部，峰门村北侧。山势高峻，两峰对峙如门，故名。最高处海拔 1062.2 米。

罗山 Luóshān 位于司前畲族镇北都与景宁相邻处，三姐妹排西南。该山东麓有一石洞，深约 6 米，洞底有口深井，得名龙井，洞口无水流出，又名“干龙井”，海拔 1213.0 米。

出水岩尖 Chūshuǐyánjiān 位于司前畲族镇北都，黄桥村双坑头自然村之东，与文成县交界处。山尖周围悬崖峭壁，尖顶有泉水，故名出水岩尖。海拔 1077.0 米。

石板将 Shíbǎnjiàng 位于司前畲族镇石佛岭东北与景宁县交界处。传说有位力大鲁莽的勇将手持石板，追寻被劫小王子至此，留下石板，故称。因处洞宫山支脉罗山，又名“罗山尖”。海拔 1477.2 米。

葫芦岗 Húlú Gǎng 位于司前畲族镇西北部与景宁县交界处。该山形似葫芦，故名，别名“三姐妹排”。海拔 1278.0 米。

乌岩尖 Wūyánjiān 位于司前畲族镇西部，乌岩岭自然保护区南部，联山尖西北。山冈裸岩多呈乌色，故名。海拔 1405.7 米。

大龙尖 Dàlóngjiān 位于司前镇西北部，乌岩岭自然保护区与景宁县交界处，海拔 1483.0 米。

老虎头 Lǎohǔtóu 位于司前畲族镇西部，上地村石门自然村北部 1 千米处，山上有块形似虎头巨石，故名。海拔 1092.2 米。

白水漈头 Báishuǐjìtóu 位于司前畲族镇西北部，上地村北部，该山南麓有瀑布“白水漈”，故名。海拔 1330.9 米。

高塔尖 Gāotǎjiān 位于司前畲族镇西部，叶山村西北 0.5 千米处。山势高耸，其形似塔，故名。主峰 1057.5 米。

榅垟尖 Wēnyángjiān 位于司前畲族镇西部乌岩岭自然保护区内金针湖岗上。因邻榅垟村得名。相传旧时乌鸦成群栖息于此，又名乌鸦尖。海拔 1232.9 米。

猪母岗 Zhūmǔ Gǎng 位于司前畲族镇东北部，黄桥村小燕自然村西南。山顶有巨石，形似母猪，故名，又名“猪母岩”。海拔 1103.0 米。

来龙头岗 Láilóngtóu Gǎng 位于司前镇畲族南部与竹里畲族乡交界处。其山似神龙飞来，第一高峰为头岗，故名，海拔 1160.4 米。

五龟湖 Wǔguīhú 位于司前畲族镇北部，猪母岗西南。山顶较宽，五座山岗犹如小龟围于湖边，故名。海拔 1425.0 米。

指岗 Zhǐ Gāng 位于司前畲族镇西部榅垟村西，海拔 1109.8 米。

面前头山 Miànqiántóu Shān 位于筱村镇东部，兴东村与泗溪镇坑头村相邻处，海拔 1063.0 米。

鼓桶尖 Gǔtǒng Jiān 位于筱村镇东部，山峡村田坪自然村西，海拔 1003.5 米。

马头和岗 Mǎtóuhé Gāng 位于筱村镇东南部，翁山水库西北。海拔 1039.0 米。

四尖 Sì Jiān 位于筱村镇南部，五蒲村南，东垟村西部。四峰紧连，均在海拔 800 米以上，故名“四尖”，最高处海拔 1017.5 米。

岗头尖 Gāngtóu Jiān 位于筱村镇西南部，章前垟村东南，四尖南侧。海拔 1006.0 米。

天开尖 Tiānkāi Jiān 位于筱村镇东南部，永兴村西南与泗溪镇相邻处。高峰插云，有劈青天之势，故名。北连天开厂南，南接观音尖，主峰海拔 1191.5 米。

牛塘岗 Níutáng Gāng 位于筱村镇南部，新楼村东南与泗溪镇相邻处。主峰海拔 1043.1 米。

太史峰 Tàishǐ Fēng 位于筱村镇中部偏东，坑底村北，龙前村东南，海拔 1005.6 米。山麓有村庄“太史峰下”。

大塆斗 Dàwāndǒu 位于三魁、筱村两镇交界处，夏家山北，山有大塆如斗，故名。又称“矾岩山”，海拔 1007.1 米。

鸡冠岽 Jīguāndōng 位于筱村镇南端，东垟村南与三魁镇相邻处。海拔 1017.0 米。

马头尖 Mǎtóu Jiān 位于筱村镇中部偏西，新楼村翁山岭自然村东。海拔 1006.0 米。

白海顶 Báihǎi Dǐng 位于仕阳镇西部，龙垟村西北与三魁镇相邻处。峰顶常被白茫茫云海笼罩，故名。雾散能远眺福建省寿宁、柘荣、福安、福鼎四市。主峰海拔 1203.5 米。

西山岗 Xīshān Gǎng 位于泗溪镇西部，别名四溪山。最高处海拔 1027.7 米。《分疆录》云：“四溪山古名罗溪，在四溪之西，又名西山，壁立千仞，横亘十里……合四十二峰”。

后坑尖 Hòukēng Jiān 位于泗溪镇西部，黄淡漈村与三魁镇卢梨村相邻处。山峰挺拔高耸，处于后坑村北，故名。海拔 1014.1 米。

九峰尖 Jǐufēng Jiān 位于泗溪镇东北部，九峰村东北与苍南县天井乡交界处。九峰联亘，故名。主峰海拔 1237.3 米，是南雁荡山最高峰。

凉尖 Liáng Jiān 位于泗溪镇东部，半岗村东与雅阳镇交界处。因山高气凉得名，别名凉山。海拔 1175.4 米。

观音尖 Guānyīn Jiān 位于泗溪镇西部，三星村乾头自然村北侧，海拔 1110.0 米。

民寨岗 Mínzhài Jiān 位于泗溪镇西北角，与筱村镇相邻处。海拔 1033.0 米。

高枯尖 Gāokū Jiān 位于泗溪镇东部，上佛垟林场西北部，泰顺、苍南两县交界处，主峰海拔 1171.3 米。

二枯尖 Èrkū Ji 位于泗溪镇东溪黄淡潦村东北部。峰高寒冷，据传秋、冬二季该山树枝二次枯干，故名，又名“二姑尖”。海拔 1022.8 米。

玉骨尖 Yùgū Jiān 位于泗溪镇东北部，建新村上塘自然村东邻近苍南县处。海拔 1109.6 米。

新斋后山 Xīnzhāihòu Shān 位于泗溪镇东北部，新斋村北与上佛垟林场相邻处。因处新斋村庄之北得名。海拔 1066.4 米。

利司岗头 Lìsīgǎngtóu 又作“利市岗头”。位于泗溪镇北部，建新村西部与筱村镇相邻处。海拔 1023.0 米。

单田尖 Dāntián Jiān 位于泗溪镇北部，建新村东南，因山下村庄“单田”得名。海拔 1040.2 米。

岩塔头尖 Yántǎtóu Jiān 位于泗溪镇北部，坑头村坑头自然村南，海拔 1143.0 米。

山公尖 Shāngōng Jiān 位于泗溪镇北部，坑头村东南，海拔 1034.0 米

大坳尖 Dà'ào Jiān 位于泗溪镇北部，大坪村大坪西南，海拔 1147.5 米。

安坑尖 Ānkēng Jiān 位于泗溪镇东北部，新和村东南，海拔 1004.9 米。

金鸡尖 Jīnjī Jiān 位于泗溪镇东北部，新和村北，老鹰岩西南。海拔 1175.6 米。

人头岗 Réntóu Gǎng 位于泗溪镇东北部，湾头村西，海拔 1163.3 米。

排风尖 Páifēng Jiān 位于泗溪镇东部，湾头村东北，内垟自然村东。海拔 1000.5 米。

路口尖 Lùkǒu Jiān 位于泗溪镇东北部，湾头村东南部，路口自然村南。因山下村庄“路口” 得名。海拔 1148.0 米。

三角尖 Sānjiǎo Jiān 位于彭溪镇西北部，峰文村西北，凉尖东南，彭溪、泗溪、雅阳三镇相邻处。山峰呈三角形，故名。主峰海拔 1208.2 米。

桂花坑 Guìhuā Kēng 位于彭溪镇峰文村东北与苍南县交界处。山坑有株百年桂树，常年开花，故名。海拔 1002.7 米。

狮子岩 Shīziyán 位于雅阳镇东北部，上村西北与泗溪镇相邻处。峰顶有块巨岩，从秀涧方向观之形若狮子，故名，又称“狮峰”。海拔 1041.2 米。为与上村狮子岩相别，亦称“秀涧狮子岩”。

莲花塘 Liánhuātáng 位于雅阳镇西部，梧村东南。该峰低处有堆岩石，宛若池中莲花绽放，附近村庄得名“莲花塘”， 峰以村名。海拔 1015.3 米。

柳峰尖 Liǔfēng Jiān 位于雅阳镇西部，梧村东北。古称“梧峰”，后因柳姓居于峰下改称“柳峰”，海拔 1056.8 米。《分疆录》载云：“梧峰，在梧村后，俗名‘柳家尖’”。

柳子尖 Liǔzi Jiān 位于雅阳镇国岭、梧村、东桥之间，海拔 1045.0 米。

老虎塆岗 Lǎohǔwān Gǎng 位于雅阳镇柳峰村中部，山塆古时有虎出没，故名。海拔 1033.0 米。

笔架山 Bǐjià Shān 位于雅阳镇东部，松垟村东、岭垟村西偏北处，山体形似笔架，故名。海拔 1000.2 米。

上仁寨 Shàngrénzhài 位于雅阳镇东部，松垟村东北，上仁自然村东北。山上旧时设寨，故名。海拔 1064.9 米。

据《分疆录》记载：“昔人避乱寨址……山半有石洞，清泉出其旁。”1930 年，泗溪曾官遇率农民起义扎寨于此，称“双凤寨”。

十八鸠尖 Shíbājiū Jiān 位于雅阳镇东北部，灵乾村东北与泗溪镇湾头村相邻处，海拔 1151.0 米。

单基峰 Dānjī Fēng 位于仕阳镇西北部龙垟村，海拔 1031.1 米。

白马尖 Báimǎ Jiān 位于仕阳镇龟湖村北，岙底村西。传说大雾笼罩时犹如白马奔驰，故名。海拔 1042.2 米。

安同尖 Āntóng Jiān 位于仕阳镇西北部，龙垟村西南，相传山腰旧有庵堂，故名。方言“庵堂”与“安同”谐音，后称“安同尖”。海拔 1146.0 米。

米扇斗 Mǐshàndǒu 位于三魁镇西北部，老鹰岩村东南，海拔 1062.3 米。

尾交尖 Wěijiāo Jiān 位于三魁镇中部偏西，叶家山自然村西南。该峰与温尖南尾相接，故名，主峰海拔 1056.0 米。

温尖 Wēn Jiān 位于罗阳镇南部叶盛坑村西与三魁镇西北部交界处。山峰高尖，旧时多榅（柳杉）树，“榅”与“温”方言同音，因名。海拔 1160.5 米。

夏家山 Xiàjiāshān 位于三魁镇东北部，夏家山村，海拔 1007.5 米。

六革尖 Lìugé Jiān 位于竹里畲族乡西部，竹里村六革自然村东，因峰下村庄“六革”得名，海拔 1097.7 米。

天雷洞 Tiānléidòng 位于竹里畲族乡茶石村西北，与司前畲族镇交界处，海拔 1152.7 米。

湖头 Hútóu 位于竹里畲族乡茶石村西北，天雷洞东边几十米，与司前畲族镇交界处，海拔 1019.8 米。

石交椅 Shíjiāoyǐ 位于司前畲族镇黄桥村山头自然村南面，因山石形如坐椅得名，海拔 1068.7 米。

牛头坳山 Niútóu 'ào Shān 位于竹里畲族乡西北部，石角坑自然村西，海拔 1043.0 米。

县内部分千米以下山峰情况表

表 2-1

山峰名称	海拔高程（米）	所在位置	备 注
万罗山 Wànluó Shān	530.0	罗阳县城中心北城社区。	泰顺县城的标志。
梅山岗 Méishān Gǎng	978.0	罗阳镇东北部，恩岱垟村。	
大谷斜 Dàgǔ Xié	985.5	罗阳镇北部，碑排村西南。	
大寨岗 Dàzhài Gǎng	890.0	罗阳镇西南部，瑞岭村。	元朝立瑞岭村时，村民在该山岗顶建大寨一座，以备战时之用，故名。
炮台岗 Pàotái Gǎng	599.7	罗阳镇西南部，上庄村。	山上革命战争时期曾设炮台，故名。
罗汉山顶 Luóhànshān Dǐng	981.4	罗阳镇南部，上舟垟村。	因山下村庄“罗汉”得名。
狮子峰 Shīzǐ Fēng	731.1	罗阳镇南部，华庄村。	形如大雄狮，故名。
塔山顶 Tǎshān Dǐng	793.7	罗阳镇东部，门楼外村下洪自然村东南。	峰顶屹立如塔，故名。
明斋岗 Míngzhāi Gǎng	885.0	罗阳镇西南部，瑞岭村。	该山岗， 坐东朝西，形似明斋，故名
鬼尖峰 Guǐjiān Fēng	818.2	罗阳镇东部，南平自然村西北。	周围古时较富有，古称贵尖峰，后讹为鬼尖峰。
来龙岗 Láilóng Gǎng	787.3	罗阳镇中部偏西，江渡村东南。	山似神龙腾飞而来，故名。
老鹰岩（罗阳镇） Lǎoyīngyán	765.7	罗阳镇东部，南山村西部，南山水库东北。	峰顶有块黑色岩石，形似老鹰，故名。
石柱尖 Shízhù Jiān	755.0	罗阳镇北部，恩岱垟村北部，板岱头自村西北与司前畲族镇交界处。	该山北侧一石屹立似柱，取名石柱，山以石名，故名。
恩坑顶 Ēnkēng Dǐng	715.6	罗阳镇北部，恩岱垟村东部，恩坑自然村北侧。	因系恩坑最高处得名。
蒸笼岩 Zhēnglóngyán	695.0	罗阳镇北部，恩岱垟村桥头垟自然村西南。	该山有形似蒸笼岩壁，称之蒸笼岩，山以岩名。
马鞍山 Mǎ'ān Shān	870.0	罗阳镇西南部，洲滨村。	该山峰远望形似马鞍，故名。

续表 2-1

山峰名称	海拔高程（米）	所在位置	备 注
岩景山 Yánjǐng Shān	768.2	罗阳镇南部，龙华村。	山岩形似母猪、十八罗汉等，原称猪母岩，2003 年改为岩景山。
保锣山 Bǎoluó Shān	634.0	罗阳镇西南部，上庄村。	旧时有人于此盖草寮种玉米（方言“包罗”），故名。
大岗后尖 Dàgǎnghòu Jiān	863.5	罗阳镇东南部，贝谷村东，南源村南。	
狮子山 Shīzǐ Shān	889.0	罗阳镇西南部，上庄村梨垟自然村。	山势陡峭，形似狮子，故名。
七丘山 Qīqiū Shān	796.0	罗阳镇东部，南山村七丘自然村东南。	
大山顶 Dàshān D ǐng	812.5	罗阳镇中部偏北，仙居村书院自然村西北。	系周边众多大山最高处得名。
南山 Nán Shān	810.3	罗阳镇西南部，洲岭村与垟溪乡交界处。	
棋盘岩 Qípányán	729.8	罗阳镇东。	因有酷似棋盘的山岩得名。
大岗头 Dàgǎngtóu	754.6	罗阳镇东部，原下洪乡东北。	
林水垟山 Línshuǐyáng Shān	542.1	罗阳镇林水垟村东北侧。	
大山 Dà Shān	991.0	罗阳镇南部，三联村西北。	
龙牙山 Lóngyá Shān	920.0	罗阳镇西部，道均垟村东，与寿宁县交界处。	
笔架山 Bǐjià Shān	722.4	罗阳镇南部，南院村西。	因山体形如笔架得名。
垟坑岗头 Yángkēnggǎngtóu	924.0	罗阳镇南部，南院村西。	系垟坑流经的高山之顶得名。
山头仔 Shāntóuzǐ	763.5	罗阳镇西南部，洲岭村中部。	
上垟岗头 Shàngyánggǎngtóu	759.2	罗阳镇中部，鹤联村中部，江渡村西。	
东山林 Dōngshānlín	754.2	罗阳镇东部，门楼外村中部。	
观音岩 Guānyīnyán	867.8	罗阳镇东部，门楼外村中部，大坪岗头西。	

续表 2-1

山峰名称	海拔高程（米）	所在位置	备 注
池坪岗顶 Chípínggǎng Dǐng	964.0	罗阳镇东部,门楼外村南院村西南部。	
天龙岗 Tiānlóng Gǎng	906.7	司前畲族镇东北部，黄桥村东部苍头自然村东南与文成县相邻处。	山体弯曲直上，如龙飞天，故名，古称“天堂山”，又作“天垄岗”。
五指尖 Wǔzhǐ Jiān	818.3	司前畲族镇东部，峰门方山村附近。	山尖形似手指，故名。
西山尖 Xīshān Jiān	692.1	司前畲族镇西部，里光村北部邻近竹里畲族乡处。	系司前西部高峻之峰，故名。
高应尖 Gāoyīng Jiān	546.0	司前畲族镇中部。	该山北麓古有高应寺，以寺得名。
老人头 Lǎoréntóu	620.8	司前畲族镇东南部，峰门村呈坑自然村北面。	山顶有岩，酷似老人头，故名。
仙池山 Xiānchí Shān	592.8	司前畲族镇东部，溪口村东南，仙池自然村与百丈镇交界处。	山顶有田如池，风景美似仙境，故名。
铜石 Tóngshí	810.0	司前镇东北部，大住村百丈坑东北与文成县交界处。	古称天堂山。
乌皮山 Wūpí Shān	791.9	司前畲族镇西部，叶山村北。	该山表面多为乌沙土，故名。
天秤山 Tiānchèng Shān	963.9	司前畲族镇东北部，黄桥村占排自然村西北。	原名天平寨，后讹传为天秤山。
白云尖 Báiyún Jiān	781.6	百丈镇东部，包垟店村西南和筱村镇交界处。	山高连云，故名。
仰天湖山 Yǎngtiānhú Shān	580.9	百丈镇叶寮自然村东南。	主峰顶端有大坪，中央低洼，原有泉水，称仰天湖，故名。
仰天湖岗 Yǎngtiānhú Gǎng	617.1	百丈镇东部，包垟店村西北。	山顶宽阔平坦，形似小湖，故名。
仰天湖 Yǎngtiānhú	704.8	罗阳镇中部，上稔垟村北部，仰天湖自然村附近。	
老鸦尖 Lǎoyā Jiān	769.3	台石村南山下自然村南。	夜间常有成群乌鸦栖此过夜，俗称“乌鸦”为“老鸦”，故名。
白岩岽 Báiyándōng	895.6	罗阳镇东部，门楼外村贝谷村东，大岗后尖东北，与大安交界处。	山中有一苇状白色岩壁横似栋梁，故名。
老公尖 Lǎogōng Jiān	761.6	百丈镇东部，莒云村求具自然村东与筱村镇新浦交界处。	该山尖有石，形似老翁，故名，又称雷公尖。

续表 2-1

山峰名称	海拔高程（米）	所在位置	备 注
垟坑尖 yángkēng Jiān	726.9	百丈镇西部，台石村西与罗阳、司前相邻处，垟坑头村庄东。	峰因村庄名。
黄狗盘窠 Huánggǒupánkē	504.4	百丈镇包垟底村南 0.6 千米处。	山形如歇于窝中之犬，故名。
黄坭岗头 Huángnígǎngtóu	580.1	百丈镇包垟店村涂山头。	因处多黄泥土山岗顶头而名。
黄坛山 Huángtán Shān	502.9	百丈镇包垟村。	山多黄色土，故名。
笔架山 Bǐjià Shān	966.7	筱村镇东北部，培坑村东南部，山碓坑自然村北。	因山体形似笔架得名
纱帽岩尖 Shāmàoyán Jiān	813.5	筱村镇东北部，箬垟村东南 1 千米处。	主峰周围皆岩石，形似纱帽，故名。
傍山尖 Bàngshān Jiān	567.2	筱村镇东北部，箬垟村北侧。	因与箬垟相对，俗称“对面山”为“傍爿山”，故名。
大湖头 Dàhútóu	932.6	筱村镇东北部，培坑村小岭头自然村西侧。	相传山上原有一个较大的湖，故名。
山头顶尖 Shāntóudǐng Jiān	830.1	筱村葛垟山头顶自然村西南。	
吴源尖 Wúyuán Jiān	693.1	筱村镇东北部，新畲村西北部，吴源底自然村西。	
杨府爷岗 Yángfǔyé Gǎng	521.6	筱村镇下垟村西南 0.7 千米处。	山脚旧有杨府爷庙，故名。
牛角尖 Niújiǎo Jiān	749.8	筱村镇西部，徐岙村王家塘自然村西南。	山尖似牛角得名。
米斗山 Mǐdǒu Shān	545.5	筱村镇东北部，箬垟村东 0.5 千米处。	山形似米斗得名。
马头尖 Mǎtóu Jiān	973.1	筱村镇中部偏南，新楼村东部，翁山岭自然村东侧，与新浦交界处。	山形似马头得名。
五壳顶 Wǔké Dǐng	608.0	筱村镇西部，徐岙村徐岙底自然村西。	旧时山顶曾发现五种贝壳，故名。
蜂桶坑 Fēngtǒng Kēng	945.6	筱村镇东垟村西南，与三魁镇、泗溪镇交界处。	旧时有人置木桶养蜜蜂，旁之小溪得名蜂桶坑，山以溪名。
寨顶尖 Zhàidǐng Jiān	796.0	筱村镇南部，葛垟茶场东，章前垟村西南。	山尖古时设寨，故名。
达壁顶 Dábì Dǐng	812.5	筱村镇西南部，葛垟村西南，葛垟茶场西北。	山中有路直达山顶石壁，故名。

续表 2-1

山峰名称	海拔高程（米）	所在位置	备注
王家岩 Wángjiāyán	963.0	筱村镇南部，东垟村王家岩自然村西南，卢坑岭西南。	峰因村庄名。
北山岭 Běishānlǐng	532.2	筱村镇五蒲自然村北，与北山岭头之间。	因处五蒲村北得名。
大岭尖 Dàlǐng Jiān	544.8	筱村镇西部，葛垟村西北。	该峰高耸，东坡有条大山岭，故名。
金山寨 Jīnshānzhài	807.5	筱村镇中部前坑西南。	曾立山寨得名。
八角山 Bājiǎo Shān	965.0	筱村镇培坑村上段自然村西北。	山有八角，故名。
黄鸟山 Huángniǎo Shān	665.0	筱村镇外寮之东。	该山旧多黄鹂，故名。
金峰井山 Jīnfēngjǐng Shān	664.8	筱村镇五蒲行政村山罗丘自然村西南。	因山上泉井“金峰井”得名。
北山 Běi Shān	903.2	筱村镇北山岭头之南。	为北山岭最高峰，故名。
西垟山 Xīyáng Shān	922.3	筱村镇东北部龙前村村委会驻地附近。	
金竹墩山 Jīnzhúdūn Shān	979.5	筱村镇东南部，梨垟村西部，坑底村西部，太史峰西南。	
库岭头 Kùlǐngtóu	977.5	筱村镇筱村镇东南部，外垟村北部，太史峰西南。	系库岭最高处，故名。
风当山 Fēngdāng Shān	727.1	筱村镇东部，新厂村风当头自然村西南。	
山背湖 Shānbèihú	772.9	筱村镇东部，兴东村天丘自然村东南。	
长岗顶 Chánggǎng Dǐng	536.1	泗溪镇西部，下桥村西北，原章坑底自然村西南。	山岗南北蜿蜒，延伸甚长，峰为岗顶，故名。
长沙岗 Chángshā Gǎng	640.8	泗溪镇西部，桥头村北。	该山伸延很长，旧为疏林山，方言“疏”“沙”谐音，故名。
三将军峰 Sānjiāngjūn Fēng	848.0	泗溪镇南部，白粉墙西南，洪坑村西北。	
隘门山 Àimén Shān	513.0	泗溪镇白粉墙东。	山顶两巨石相对，形似隘门，故名。
南尖山 Nánjiān Shān	891.2	泗溪镇西北梧桐垟村委会驻地东南。	山势高峻，处梧桐垟南，故名。

续表 2-1

山峰名称	海拔高程（米）	所在位置	备 注
马家山 Mǎjiā Shān	724.6	泗溪镇西北李垟村村委会驻地西。	
雪临山 Xuělín Shān	877.9	仕阳镇东北部，雪临村东北与泗溪镇相邻处。	因山高冬天多雪得名。
风洞山尾 Fēngdòngshānwěi	665.2	彭溪镇中部，富山村基滨寮自然村东。	该山有洞，平日风大，属群山最高的山尾，故名。
顶岗头 Dǐnggǎngtóu	470.0	彭溪镇中部，富山村三百坳自然村东。	该地众山连绵，最高者习称顶岗，因处顶岗之巅得名。
寿桃尖 Shòutáo Jiān	940.0	彭溪镇南部，彭溪、富垟、峰文三行政村相邻处。	山峰形似寿桃，故名。
板山尖 Bǎnshān Jiān	750.0	彭溪镇南部，富垟村西山自然村与彭溪村板山自然村相邻处。	因系板山一带高峰得名。
花眉尖 Huāméi Jiān	900.5	彭溪镇西南部，玉塔村与雅阳镇交界处。	该山一石形似花眉鸟，故名。
柯岭头 Kēlǐngtóu	986.5	筱村镇北部，峰文村东北与苍南县交界处。	为柯岭之顶，故名。
莲花尖 Liánhuā Jiān	745.8	彭溪镇东部，富垟村东北，银洞村西南。	该地五座山丘形似莲花，此峰最高，故名。
大隔尖 Dàgé Jiān	660.5	彭溪镇东南部，富垟村东南。	该大山高尖，如墙阻隔富垟、月湖二村，故名。
大坪山 Dàpíng Shān	808.8	彭溪镇北部峰文村钓鱼坑自然村东南。	该山顶有一较大平地，故名
大岗山 Dàgǎng Shān	704.6	彭溪镇南部，彭溪村西北黄竹蓬自然村南。	因山岗高大得名。又名板寮岗。
园仔山 Yuánzǐ Shān	815.4	彭溪镇东南部，五里牌村西北。	古人垦荒留有许多小园坪遗迹，故名。
棋盘山 Qípán Shān	718.3	彭溪镇东北部，均山村牛塘自然村西南与苍南县交界处。	尖顶巨石面平似桌，传说仙翁在此下棋，故名。
板山 Bǎn Shān	904.7	彭溪镇南部，彭溪村外板山自然村东偏北。	该山扁平如板，故名。
昌基山 Chāngjī Shān	716.4	彭溪镇南部，彭溪村昌基自然村北。	传说古有昌氏居于此山，遗下屋基，故名。又作苍基山。
天顶岗 Tiāndǐng Gǎng	961.0	雅阳镇南部，雅阳坪村南，与福建交界处。	山峰高峻得名。

续表 2-1

山峰名称	海拔高程（米）	所在位置	备 注
老鹞岩 Lǎoyàoyán	990.1	雅阳镇东北部，上仁村上仁庵东北。	山壁岩洞有老鹞筑巢，故名。
蛟池尖 Jiāochí Jiān	851.2	雅阳镇东北部，秀涧上村东南。	因处蛟池村北，峰势陡峭，故名。
后山尖 Hòushān Jiān	934.2	雅阳镇南部，雅阳坪村彭坑底自然村西与福鼎县相邻处。	
垟上尖 Yángshàng Jiān	736.0	雅阳镇东部，新联村垟上自然村东南。	因垟上自然村得名。形如骏马昂首，别名马头山。
观音尖 Guānyīn Jiān	925.4	雅阳镇北部，松垟村南、东安村北，两村相邻地带。	因山脚观音古庙得名。
乌岩尖 Wūyán Jiān	905.9	雅阳镇中部偏西处，沐峰村西南，新联村漈头自然村东北	山多乌岩，峰顶高尖，故名
牛牯坪 Niúgǔpíng	712.6	雅阳镇南部，吴家墩村西南与福鼎市交界处。	山上草坪为牧牛处，故名。
老鸦尖 Lǎoyā jiān	983.0	雅阳镇西偏南部，新联村普上垟自然村北。	该山形似乌鸦，故名。
厝林岗 Cuòlín Gǎng	693.0	三魁镇西南部，垟边村西。	原为民居附近一片森林，故名。
天门山 Tiānmén Shān	952.3	雅阳镇东部，红朱田村田寮自然村西北。	山峰高如天门，故名。
大岗尖 Dàgǎng Jiān	996.4	雅阳镇北部，上仁村上仁垟自然村东南，松樸垟东北。	因山势高俊得名。
头湖 Tóuhú	915.9	雅阳镇中部偏东，百步岭村百步岭自然村西南。	
笔架山 Bǐjiàshān	998.2	雅阳镇中部，松樸垟东，坑底垟西北，秀涧岭东南。	因山形如笔架得名。
大岗尖（松垟） Dàgǎngjiān	993.5	雅阳镇北部，松樸垟东北，秀涧下村叶婆坑自然村西南。	因山势高俊得名。
底垟山 Dǐyángshān	650.8	雅阳镇东南，承天村承天氡泉西北。	因山势高俊得名。
弥陀望 Mítuówàng	846.2	仕阳镇南部，董源村董厝自然村东北。	其下旧有弥陀寺院，故称。
老鹰岩 Lǎoyīngyán	519.2	仕阳镇中部，溪东村西北，龟垟岭西偏北。	山峰形似老鹰，故名。
山官寨 Shānguānzhài	597.2	仕阳镇南部，溪东村西，黄碧龙村北。	相传说古时有人占山设寨，并统领附近2寨，故名。

续表 2-1

山峰名称	海拔高程（米）	所在位置	备 注
来龙头 Láilóngtóu	695.0	仕阳镇西南部，龟湖下村东南，垟望村西北。	山岗东延如龙奔来，此峰为起始，故名。
牛头岭 Niútóulǐng	725.1	仕阳镇西南部，龟湖村西南部与白岩相邻处。	山形似牛头得名。
石人尖 Shírénjiān	542.7	仕阳镇中部，溪东村溪东自然村北。	因有石如人得名。
老虎岩 Lǎohǔyán	631.4	仕阳镇北部，雪溪村北部堂众山自然村东北。	山有巨石，形似老虎，故名。
林垟尖 Línyángjiān	981.1	仕阳镇西北部，上林垟村东南。	山势峻陡，为林垟一带最高故名。
头梳岗 Tóushūgǎng	810.2	仕阳镇西南部，上排村西南。	山岗形似头梳，故名。
金盘岗 Jīnpán Gǎng	710.1	仕阳镇西南部，王家垟村高畲自然村西北。	该山岗旧为金姓产业，岗顶平地状似圆盘，故名。
旗峰岗 Qífēng Gǎng	743.6	仕阳镇西南部，王家垟村东北部，底金山自然村北。	古名池丰，“池丰”与“旗峰”方言谐音，后名旗峰岗。
宫塆尖 Gōngwān Jiān	705.0	仕阳镇东北部，雪临村西部，宫塆自然村东。	因宫塆自然村得名。
仰天湖 Yǎngtiānhú	782.5	仕阳镇西南部，龟湖村西。	山顶低洼处积水为湖，得名仰天湖，山以湖名。
石竹园 Shízhúyuán	663.6	仕阳镇东部，董陈村神水坑自然村西面。	因多石竹丛得名。
四斗尖 Sìdǒu Jiān	841.2	仕阳镇西北部，章荣村造福地自然村西，水垟自然村东。	山势挺拔，山腰有四处塆斗，故名。
四脚顶 Sìjiǎo Dǐng	734.5	仕阳镇西南部，龟林下村东南，龙漩村西北。	该山主峰下侧周围有四座小山，犹如四只脚，故名。
北山尖 Běishān Jiān	839.9	仕阳镇西部，龟湖村原北山头自然村西北	因处北山头得名。
大尖 Dà Jiān	871.4	仕阳镇北部，宫头村宫头自然村西北。	山峰高峻兀立，故名。
油家岗 Yóujiā Gǎng	639.2	仕阳镇中部，溪东村坑源底自然村南。	山腰多油茶树，谁家看管谁家采摘，故名。
大坪岭岗 Dàpínglǐng Gǎng	602.8	仕阳镇西北部，垟望村南。	因处大坪岭之上得名。

续表 2-1

山峰名称	海拔高程（米）	所在位置	备 注
后章岗 Hòuzhāng Gǎng	795.3	仕阳镇西部，后章岗村东偏南。	山岗下多田园，原称田庄岗，后以后章岗村名。
杨家山 Yángjiā Shān	803.0	仕阳镇东南部，上排村西。	两侧山坳有田垟，原称“垟坳山”，后因方言音转成“杨家山”。
穿山后 Chuānshānhòu	949.4	仕阳镇西北部龙垟村。	
杨家山 Yángjiā Shān	792.3	仕阳镇北部茶坪坑村庄西。	因杨姓肇基得名。
横路顶 Hénglù Dǐng	700.3	三魁镇西南部，前垟自然村西。	
洪岭头 Hónglǐngtóu	797.0	三魁镇西北部，洪岭头村。	因处洪岭之顶得名。
笔架山 Bǐjià Shān	900.2	仕阳镇西南部，龟湖村东北，后章岗村南。山架村西北。	数峰排列形似笔架，故名。
棋风岗 Qífēng Gǎng	893.9	三魁镇南部，陈垟村陈垟丫自然村东南与仕阳镇交界处。	山形如飘扬之旗，原称“旗风岗”，后称“棋风岗”。
棋峰岗 Qífēng Gǎng	843.4	三魁镇中部，罗汉村东北，曲尺潭村北坑底自然村西北。	
东山岗 Dōngshān Gǎng	945.6	三魁镇北部，底塔自然村西南与罗阳镇交界处。	
花山岗 Huāshān Gǎng	887.5	三魁镇东北部，卢梨村西南，崇教寺南。	该山岗多花草，故名。
大坪顶 Dàpíng Dǐng	914.8	三魁镇北部大丘坪村西南。	高山顶部有大坪地名。
飞天蜈蚣 Fēitiānwúgōng	941.8	三魁镇东北部，卢梨村北部。	系麻蛇岭主峰，又名“麻蛇岭”。
卢梨寨 Lúlízhài	931.2	三魁镇东北部，卢梨村东北部。	古以卢姓居此称“卢来山”。后以方言音转为“卢梨寨”。
大岗头 Dàgǎngtóu	865.0	三魁镇中部，洪岭头村林店自然村东北。	
大岗头 Dàgǎngtóu	930.6	三魁镇东北部，夏家山村东南，金狮水库西北。	
大岗尖 Dàgǎngjiān	863.9	三魁镇东北部，夏家山村西部。	因山势高峻得名。

续表 2-1

山峰名称	海拔高程（米）	所在位置	备 注
卢峰山 Lúfēng Shān	790.5	三魁镇东北部，卢梨村垟尾自然村西南。	
牛顶尖 Niúdǐng Jiān	731.2	三魁镇中部偏东，柳埠村柳厝自然村西南。	
大落坪 Dàluòpíng	785.1	三魁镇东部，秀溪边村占垟自然村东北。	
龙岗尖 Lónggǎng Jiān	989.7	三魁镇西南部，白海村石塍自然村西南。	山岗高耸，传说古有龙出现而名。
瓦坪山岗 Wǎpíngshān Gǎng	812.1	三魁镇西南部，垟溪村垟边自然村东。	山岗之坪曾建瓦窑，故名。
古岩峰 Gǔyán Fēng	798.5	三魁镇西部，可溪村可溪自然村南。	山峰有巨石似鼓，“鼓”“古”方言谐音，故名。
五岱顶 Wǔdài Dǐng	798.5	三魁镇西南部，垟溪村垟边自然村北。	山有五个岱（滑运木材形成滑痕），故名。
焦岩山 Jiāoyán Shān	872.3	三魁镇东部，庵前村东，上武垟村杉柴林自然村东南。	该山顶有片岩石风化形成光洁平面，秋天可晒番薯丝，故名。
油车岗 Yóuchē Gǎng	826.4	三魁镇中部偏西，外西坑自然村西南，底西坑自然村东北。	
石柱岩 Shízhù Yán	905.2	三魁镇西南部，宫家垟村。	
小路山 Xiǎolù Shān	951.1	三魁镇西南部，白海村黄连山自然村南南，上溪斗自然村北。	

第四节 洞 穴

蝙蝠洞 Biānfú Dòng 位于罗阳镇华荣村下舟垟自然村，距下舟垟 2 千米处。洞中有大量蝙蝠栖息，故名。该洞有两层，周围森林茂密，地势险要。

水仙洞 Shuǐxiān Dòng 位于罗阳镇上庄村大岗尖下，又称水牛洞。

下董坑洞 Xiàdǒngkēng Dòng 位于罗阳镇西南上庄村，因处董坑自然村的下侧得名。

坭路洞 Nílù Dòng 位于罗阳镇南部华庄村，因处坭路山得名。

龙井 Lóngjǐng 位于司前畲族镇西部与景宁县交界处，龙井山东面山麓。因洞底有口深井得名。该井无水，故又称“干龙井”。

朱洞 Zhū Dòng 位于司前畲族镇峰门村朱洞前自然村。相传朱姓于此岩洞前肇基，故名。洞高 5 米多，宽10余米，深20余米。

叠石洞 Diéshí Dòng 位于百丈镇叶辽自然村南面，因山岩重叠得名。日本太初和尚于此建庵。

古洞 Gǔ Dòng 位于筱村镇中部，周新村委会驻地西南0.2千米处。洞穴古时已被发现，故名；旧时猴子成群，又称“猢狲洞”。

三十六洞 Sānshíliù Dòng 位于筱村镇西部，葛垟村岩头岭东侧。相传有三十六个洞口，故名。岩陇围崖，洞中有洞，洞洞相连，深不可测，现能找到二十几个洞口。

系船岩洞 Xìchuányán Dòng 位于建新村单田自然村后山上巨岩中部，相传附近巨石为古人系船处，得名“系船岩”，洞以岩名。洞高3米，洞内常年泉水湍流。20世纪50年代洞内发现很多贝壳类化石。

三友洞 Sānyǒu Dòng 位于筱村镇北部，库村东侧约1.5千米的金谷庵山崖上。宋代进士吴驲、吴泰和、包湉在此讲学，人称“三友”，故名。该洞《分疆录》有载，古人多有题咏，附近有“锦绣谷”摩崖石刻。

石漈洞 Shíjì Dòng 史籍记载在七都，即今罗阳镇东南部及三魁镇一带。清董暲有《游石漈洞》诗。

双溪口洞 ShuāngxīkǒuDòng 位于彭溪镇双溪口村南面山腰，洞口高2米，深4米。1937年2月至10月，当地党组织在该山洞建立红军挺进师后方医院。

老虎洞 Lǎohǔ Dòng 位于彭溪镇西北部，双溪口村小南山北山腰。1937年为红军后方医院山洞之一。

猴洞 Hóu Dòng 位于彭溪镇西北部，双溪口村小南山北山腰，1937年为红军后方医院山洞之一。

石厝洞 Shícuò Dòng 位于彭溪镇西北部，双溪口村小南山北山腰，洞如石屋，故名。1937年为红军后方医院山洞之一，洞旁立有纪念碑，洞口建有纪念亭。

水边洞 Shuǐbiān Dòng 位于彭溪镇西北部，双溪口村小南山东南溪谷。1937年为红军后方医院山洞之一。洞旁立有纪念碑。

风洞 Fēng Dòng 位于彭溪镇富山村风洞山尾，基滨寮自然村东。因洞口风大得名。

大猴洞 Dàhóu Dòng 位于彭溪镇东部，内垟村后溪揽胜景区半山腰，昔因山猴所居得名。

云天洞 Yúntiān Dòng 位于彭溪镇西北部，峰文村九峰风景名胜区峰文峡谷中。

龙潭洞 Lóngtán Dòng 位于彭溪镇东北约3千米，九峰风景名胜区内。因洞旁龙潭、龙潭瀑得名，水位低时可见洞口。

赤岩石室 Chìyánshíshì 位于雅阳镇东北部秀涧上村约1千米，狮子岩下方的赤岩山中部，形成天然石室，故名；俗称“赤岩洞”、“千岩洞”，因其下另有一洞，亦称“上洞”。广约200平方米，可容数十人。洞后有一长约50米的赤岩瀑布。

南宋抗元英雄林逢龙、廷龙兄弟在此隐居四年。该石室1994年列为泰顺县第四批文物保护单位，1995

年 5 月列为县爱国主义教育基地。

北洞 Běi Dòng 位于雅阳镇东北部秀涧上村约 1 千米，赤岩石室下方 30 余米处。因在赤岩石室洞口之北得名，又称“下洞”。

灵胜洞 Língshèng Dòng 位于雅阳镇东北部，岭垟村坑底垟自然村东北 1.4 千米处天门山。容积 30 多立方米。

猴子洞 Hóuzi Dòng 位于雅阳镇西北部国岭村水尾。因旧时多猴得名。

蝙蝠洞 Biānfú Dòng 位于雅阳镇东北部下村叶浦坑自然村南小溪边石壁上，因多蝙蝠得名。

叠石洞 Diéshí Dòng 位于雅阳镇南部承天村会甲溪旁。

谷公寮洞 Gǔgōngliáo Dòng 位于雅阳镇灵乾村灵家山自然村，因所在谷公寮山得名。处于山顶峭壁旁，洞口北向，宽 3.4 米，高 2 米，洞深 8.8 米，总面积约 16 平方米。1937 年 4 月至 5 月，红军挺进师部分伤员从双溪口山洞红军后方医院秘密转移到该洞继续疗伤。

内鹿洞 Nèilù Dòng 位于雅阳镇灵乾村灵家山自然村。 1937 年 4 月至 5 月，红军挺进师部分伤员从双溪口山洞红军后方医院秘密转移到该洞继续疗伤。

金柱寺 Jīnzhùsì 位于雅阳镇雅阳镇东北部秀涧上村狮子岩巨岩下。因洞内供奉小佛像得名。

仙洞 Xiān Dòng 位于仕阳镇翁地村村委会驻地附近，仙山山巅悬崖之下。因处仙山得名。石室光洁如扫，可容十人。清同治年间仕阳林兆雷等人在石室右侧石壁下建石楼阁。

山魈洞 Shānxiāo Dòng 位于仕阳镇中部裕垟村溪兜仔自然村，仅可容纳一二人。相传洞内古有山魈（俗称野人）出没，故名。

钱洞 Qián Dòng 位于仕阳镇中部裕垟村溪兜仔自然村，容积约 4 立方米。

圆岩洞 Yuányán Dòng 位于仕阳镇溪东村，因处溪东村岩石中心，故名。

猿猴洞 Yuánhóu Dòng 位于泗溪镇建新村连岙与坟岭交界的溪流边，洞深 28 米，高 1.2 米，洞内可容纳 20 余人。旧为猿猴栖息地，故称。

黄泥洞 Huángní Dòng 位于三魁镇柳埠村塘前坳（原称“洞前坳”）自然村，因附近山上多黄泥得名。

金钟岩洞 Jīnzhōngyán Dòng 位于百丈镇卓南坑村金钟自然村，金钟岭起始处附近。

第五节 峡 谷

氡泉大峡谷 Dōngquán Dàxiágǔ 位于雅阳镇东南部，承天村东北，因谷内的氡泉得名，又称“泰顺大峡谷”。长约 10 千米，深度大多超过 300 米，最深达 500 余米。被誉为华东第一大峡谷。

莲云谷 Liányún Gǔ 位于雅阳镇莲头村东南，西北—东南走向，几与氡泉大峡谷平行。

三插溪峡谷 Sānchāxī Xiágǔ 位于司前畲族镇东北部，自黄桥东南至飞云湖边，因三插溪得名。峡谷长 5.8 千米，深度在 150~400 米，谷底宽 5~20 米，众多瀑布倾泻谷中。

白鹤峡 Báihè Xiá 位于飞云湖景区西北部，自白鹤山庄至馒头石，长约 8 千米。

峰文峡谷 Fēngwén Xiágǔ 位于彭溪镇峰文村一带，又称白柯湾大峡谷。

南浦溪峡谷 Nánpǔxī Xiágǔ 在筱村镇周新村南浦溪景区中段。

龟湖大峡谷 Guīhú Dàxiágǔ 在仕阳镇龟湖村委会西南，长约 15 千米，谷底宽 50 米至 200 米，谷深 300 米至 600 米。

鱼桐坑峡谷 Yútóngkēng Xiágǔ 在筱村镇东侧，因鱼桐坑得名。

葛溪大峡谷 Géxī Dàxiágǔ 位于筱村镇西北。因葛溪所形成，故名。海拔从章前洋 670 米，降到 150 米。

筱村溪谷 Xiǎocūn Xīgǔ 位于筱村镇东部东垟至坑边，长 3.5 千米。

九峰泗溪峡谷 Jiǔfēngsìxī Xiágǔ 位于泗溪镇东部九峰村。

秀彭峡谷 Xiùpéng Xiágǔ 位于雅阳镇东北部至彭溪镇东南部，因秀涧形成峡谷，直至彭溪境，故名。

第二章 河 流

泰顺县境大小溪流有 110 多条，其中流域面积 20 平方千米以上有 25 条，分属飞云江、交溪、沙埕港、鳌江四水系，水域总面积包括河流、溪涧、水库及山塘等在内，有 86.6 平方千米，占土地总面积的 4.9%。流域面积 1761.5 平方千米。大部分因受地形影响，河谷狭窄，支流散漫，河床峻陡，河道比降大，源短湍急，洪水涨落迅速，属山涧性溪流。

第一节 飞云江水系

罗阳镇西北部、东北部、东南部溪流均汇入飞云江水系。司前、百丈、竹里之溪基本上流入飞云江水系，筱村之溪除周新很少一段作为源头入仕阳溪，大多入飞云江水系，流域面积 864.3 平方千米。

飞云江 Fēiyún Jiāng

发源于泰顺、景宁两县交界的白云尖东坡，至杨山后村 0.6 千米处入泰顺县境。干流上、中游贯穿泰顺县北部，白鹤渡以上河段称三插溪，白鹤渡以下纳里光溪处至百丈口河段以前称司前溪，大住村西南河段现已成三插溪二级水库库区。与洪口溪在百丈口汇合后始称飞云江，在百丈镇山后自然村北进入珊溪水库泰顺县境库区，至卓南坑村银珠坑自然村东北出县境。县境河段长 36. 3 千米，自然落差 290 米，平均坡降 7. 99‰，其中百丈口至银珠坑口段 18 千米可通木帆船。

三插溪主要支流有里光溪、洪口溪、南浦溪、玉溪，直接注入飞云江的还有项坑、叶峰坑、包岩坑。

一、里光溪 Lǐguāng Xī

发源于乌岩岭自然保护区境内白云尖东南坡海拔 1200 米处 ，因所经司前镇里光村得名。在司前村回澜桥附近与左溪交汇后称司前溪，于溪口村下游高筧汇入飞云江干流。沿线流经乌岩岭自然保护区、恩坑、叶山桥、里光、台边、司前等地，全长 25. 30 千米，流域面积 154. 08 平方千米，河道自然落差 1079 米，平均坡降 41. 98‰。上游乌岩岭自然保护区和里光一带林地统冠全河道，沿线水力资源丰富，植被良好，溪水清澈。

左溪 Zuǒ Xī. 发源于罗阳镇碑排与乌岩岭林场交界的乌岩尖东北侧海拔 1000 米处山谷，距高岱村西北 2.4 千米。溪水南行，纳张山排坑、筱条坑，转北至司前村与里光溪汇合。沿途流经高岱、水蛇、朱家潭、芭蕉弯、左溪、司前等村庄，全长 14.65 千米，流域面积 41.3 平方千米，河道自然落差 986 米，平均坡降 67.3‰。上游有林地 2646.7 公顷，木材、毛竹资源丰富。

竹里溪 Zhǔlǐ Xī 又称竹垟溪，发源于司前畲族镇里光村白水漈头东北海拔 1010.9 米山地，距六革村 2.1 千米处。溪水从源头南行，流经六革、漈头源、水碓垟、竹里、大发垟、宫头垟、溪口等村庄，至溪口村汇入司前溪，全长约 13 千米，流域面积 30.1 平方千米，河道自然落差 884.5 米，平均坡降 62.92‰，上游有林地 3860 公顷，木材、毛竹资源丰富。

二、洪口溪 Hóngkǒu Xī

《分疆录》又称渔溪。发源于罗阳镇马联村西北，乌岩尖西侧，泰顺与景宁交界高山区。干流上游称翁溪，于五岱桥纳岭北溪后称仙居溪。陈家步西纳洪溪后称洪口溪，在百丈镇西南角注入飞云湖。自上游而下纳岭北溪、碑排坑、百丈坑、察溪、上稔坑、洪溪、葛溪、金坑溪。

洪口溪主流全长 47.30 千米，流经罗阳镇碑排、岭北、仙稔、百丈镇百丈、洪口等地，流域面积 358.31 平方千米，溪流自然落差 955 米，平均坡降 20.2‰。上游有林地 16350 公顷，木材、毛竹资源丰富。

洪口溪主要支流有：

洪溪 Hóng Xī 发源于南院乡响喊岩西北面海拔 950 米处的山谷，北坑村东南 0.5 千米处。溪水东行，至上洪折向东北，至下洪，转向西北，在岩头宫北 0.5 千米纳下彩坑，尔后曲折行至陈家步西 0.2 千米处纳汇入洪口溪。全程经坪坑、东洋仔、龙井坑、上洪、下洪、溪边等村庄，河长 25 千米，流域面积 58.4 平方千米，自然落差 822 米，平均坡降 32.88‰。上游及两岸有林地约 3900 公顷。

洪溪至飞云江一段溪流是洞宫山、南雁荡山山脉在泰顺县的分界，溪之西属洞宫山脉，溪之东属南雁荡山脉。

岭北溪 Língběi Xī 发源于罗阳镇西部道均垟东，与寿宁县交界的龙牙山海拔 920 米东麓，白岩自然村西北 0.7 千米处。溪水始向南流，至板场村折向东，行至五岱桥与翁溪汇合。全程流经上洋、板场、村尾、洋坑、炉坪等村庄，长 9.6 千米，流域面积 36 平方千米，河道自然落差 600 米，平均坡降 62.2‰。上游有林地 1867 公顷。

察溪 Chá Xī 源出罗阳镇南院西南牛皮岽北海拔 950 米山麓。溪水流向东南偏东，至南院折向西北，经桥下水库，行至江渡村东北 0.6 千米处，经江渡水库转向东北行至山底村北 0.7 千米折向西北，然后曲而行，汇入仙居溪。全程流经榅洋、桥下、上察溪、下察溪等村。河长 16 千米，流域面积 37.1 平方千米，自然落差 733 米，平均坡降 44.97‰。沿溪及上游有林地 1407 公顷。上游段称杨梅溪。

葛溪 Gě Xī 发源于筱村镇西部岗头尖西麓，四尖西南麓海拔 800 米处，东南距章前洋 1.44 千米。为飞云江三级支流。溪向西北而行，源头至葛洋水库为上游，纳入坑底坑、寨顶坑、葛洋坑、大岭坑。葛洋水库至碗窑为中游，注入岩头岭坑、下村溪。碗窑到洪溪为下游。至洪口村穿过长庆桥，在渡船头东面注入洪溪，现直接注入珊溪水库，沿途流经章前洋、洋尾、碗窑、洪口等村庄，全长 8.75 千米，流域面积 19.20 平方千米，自然落差 685 米，平均坡降 64.62‰。溪流两边及上游有林地 1000 公顷。

黄坑 Huáng Kēng 又名金坑。源出百丈镇西部与司前镇相邻的垟坑尖西麓，海拔 700 米处。东流经洋坑头、项坑、金坑等村庄，至陈庄西南 1 千米处汇入洪口溪。全长 10.6 千米，流域面积 27.5 平方千米，自然落差 603 米，平均坡降 56.87‰。两岸及上游有林地 1300 公顷。

三、 **南浦溪** Nánpǔ Xī

因流经南浦一带得名，源头称和平坑，经联云水库。原为莒江溪上游，今已直接注入飞云湖。发源于文成县桂山吴地村南1千米海拔800米无名高地。全长27. 6千米。泰顺县境流经筱村镇翁山、联云、南浦、莒江等地，流域面积175. 31平方千米，自然落差725米，平均坡降26. 27‰。沿溪两岸森林面积8733公顷。主要支流有朱岙溪、漈头坑、横溪等。

朱岙溪 Zhu'ào Xī 发源筱村镇东南部与泗溪镇相接地带，梨垟村东南 2 千米处，天开尖海拔 1020 米的西南坡。溪流向西而行，经翁山水库，西北行至木湾东南 0.5 千米处注入干流。流经过梨垟、外垟、周坑、朱岙等村庄，全长 11. 9 千米，流域面积 25.4 平方千米。自然落差 882 米，平均坡降 32.88‰。溪流两岸及上游森林面积 1320 公顷。

漈头坑 Jìtóu Kēng 发源于筱村镇联云西洋山东北海拔 770 米山麓，底黄山背东南 0.9 千米处。西北行至包坑折向西南，在桥头溪纳白牛坑再转回西北，至新山又折西南，在潘洋注入主流。沿途经过银坑、包坑、桥头溪、漈头等村庄。河长 6.95 千米，流域面积 20.3 平方千米，自然落差 648 米，平均坡降 92.95‰，溪流两岸有林地 1333 公顷。

横溪 Héng Xī 发源于百丈镇东部与筱村交界处，白云尖海拔 500 米东北麓，林岙村南 1.3 千米。溪水向北，然后向西曲折而行。至江口注入莒江溪，沿线经过林岙、横溪、江口等村，河长 5.35 千米，流域面积 11.4 平方千米，自然落差 413 米，平均坡降 77.2‰，沿溪有林地面积 727 公顷。

四、玉溪 Yù Xī

发源于三魁镇东部卢梨村大坪顶西北海拔 1000 米山谷，卢梨西北 1.1 千米处。玉溪的大坑、新楼坑、北坑、徐岙坑、鱼桐坑将筱村狭长腹地切割多个方块，从王家山东望，山与溪流在大地上形成“王”字，加上一点水，故称“玉溪”，又称“玉水”。

玉溪始向西北，经石柱源，至东洋纳入卢坑、林家坑，在大翁宫与新楼溪、北坑汇合。经徐岙纳入徐岙坑支流，竹园汇入五蒲坑、鱼桐坑。至筱村曲折东行，在岩头村纳入锅炉坑。沿途经过岩头、圆潭、龙潭等水电站，至莒江村头汇入飞云湖，全长 16. 40 千米，流域面积 52.40 平方千米。该溪上游建有翁山水库，翁山水库至莒江村头 18.30 千米溪流落差 723 米，平均坡降 44.48‰。下溪形成六七个深潭。沿溪有林地 2667 公顷。

五、其他支流

飞云江水系在泰顺县境内除上述一级支流外，还有叶峰坑、包岩坑、项坑直接注入飞云江。

叶峰坑 Yèfēng Kēng 亦称峰门坑，发源于司前畲族镇东部，峰门尖东麓海拔 640 米处，距峰门村东北 1.3 千米。水流向南而行，至天师坪东南 0.4 千米折向东行至木湾村东北侧汇入飞云江三插溪。河长 7.3 千米，其中汇合口以上 5.3 千米为泰顺、文成两县交界处。流域面积 12.6 平方千米，其中文成县 5.4 平方千米。自然落差 565 米，平均坡降 77.4‰。

包岩坑 Bāoyán Kēng 发源干百丈镇包垟与筱村镇联云交界处，吴源尖海拔 570 米北麓，距吴源村北 0.8 千米。水流北行，至包洋店折向东北，经包岩水电站至南坑村口注入飞云江。沿线流经毛庄、包洋店、水雄坑、少年垟等村庄。河长 6. 4 千米，流域面积 10.5 平方千米，自然落差 519 米，平均坡降 81.09‰。

项坑 Xiàng Kēng 发源干百丈镇西端与司前畲族镇交界地，东流经台石村底项坑、外项坑，在南坑垟东北注入飞云湖。支流有吴坑、恭坑等。

飞云江水系小支流简表

表 2-2

溪涧名称	源头位置	流经主要村	备 注
当岩溪 Dāngyán Xī	罗阳镇西北部，板场村长岭寮东南。	罗阳镇板场村	汇入岭北溪
乌石溪 Wūshí Xī	罗阳镇西北部，板场村长家山西北。	板场村	汇入岭北溪
大岗溪 Dàgǎng Xī	罗阳镇西北部，板场村大岗西靠近福建寿宁县处。	板场村叶厝、大岗	汇入岭北溪
北 坑 Běi Kēng	北峰村北坑自然村西北。	北峰村、村尾村	又名“后庙坑”，汇入岭北溪。
孔岩溪 Kǒngyán Xī	罗阳镇西北部，村尾村陈家垟自然村东南，天关山西。	村尾村陈家垟、水碓后、对面山	汇入岭北溪
后垟坑 Hòuyáng Kēng	罗阳镇西北部，道均垟村西南，半山自然村西北。	道均垟村半山	汇入下坪坑
下坪坑 Xiàpíng Kēng	罗阳镇西北部，道均垟村西。	道均垟村道均垟、五岱	汇入岭北溪
白岩溪 Báiyán Xī	罗阳镇西北部，道均垟村白岩西北。	道均垟村白岩、上垟	汇入岭北溪
张 坑 Zhāng Kēng	罗阳镇西北部，上垟村西、安基岗东南。	上垟村	汇入岭北溪
垟 坑 Yáng Kēng	罗阳镇西北部，道均垟村垟坑自然村西北尖下尖。	道均垟村垟坑	汇入岭北溪
半岭尾坑 Bànlǐngwěi Kēng	三魁镇夏家山村北，底塔东南。	道观后村半岭尾	汇入洪口溪
叶 坑 Yè Kēng	罗阳镇东部，上稔垟村山头仔自然村南，老鸦尖西南。	上稔垟村、春阳村	汇入洪口溪
下稔坑 Xiàrěn Kēng	罗阳镇东部，下稔村东北，老鸦尖东南。	下稔村、春阳村	汇入洪口溪
长 坑 Cháng Kēng	罗阳镇中部，下彩村西南，桂坪村东。	下彩村	汇入洪溪
陈 坑 Chén Kēng	罗阳镇东南部，豺犬岩西。	南山村	汇入长坑
坪 坑 Píng Kēng	罗阳镇西东南部，桂坪村坪坑自然村南。	桂坪、上洪村	汇入洪溪
三滩溪 Sāntān Xī	罗阳镇北部，碑排村东。	碑排、苏北、三滩村	又名“磨石坑”，汇入仙居溪。
百丈坑 Bǎizhàng Kēng	罗阳镇东北部，恩岱垟村西北，文岗自然村东北。	恩岱垟、三滩村	汇入仙居溪
横 坑 Héng Kēng	罗阳镇西北部，马头岗西南，岭头庵林区东。	联新村、三滩村	汇入仙居溪

续表 2-2

溪涧名称	源头位置	流经主要村	备 注
沙 坑 Shā Kēng	百丈镇西南部，阳山村北，陈工坑自然村南。	阳山村	注入飞云湖
三滩坑 Sāntān Kēng	大岗头，岭头铺自然村西北。	三滩村	汇入仙居溪
齐岭溪 Qílǐng Xī	罗阳镇东南部，门楼外村东北。	罗阳镇下洪	汇入洪溪
龙井坑 Lóngjǐng Kēng	罗阳镇东南部，大溪源村西南部。	大溪源	汇入洪溪
步 坑 Bù Kēng	罗阳镇东南部，下彩村。	下彩村、横岗村	原名补坑，汇入洪溪。
赤坑（仙居） Chì Kēng	罗阳镇中部，仙居村赤坑自然村西北。	仙居村	汇入仙居溪
水碓坑 Shuǐduì Kēng	罗阳镇东北部，恩岱垟西，文岗东南。	恩岱垟、三滩村	汇入仙居溪
恩 坑 Ēn Kēng	罗阳镇东北部，恩岱垟村西北，张排山西南。	恩岱垟松树岗、罗坪	汇入左溪
翁 溪 Wēng Xī	罗阳镇西北部，道均垟西北近福建处。	黄家岱、半溪、翁溪、金鸡山、半岭	汇入仙居溪
粗 坑 Cū Kēng	罗阳镇北部，马联村西。	马联村碑牌	汇入翁溪
北 坑 Běi Kēng	罗阳镇西北部，北峰村北坑自然村东北。	北峰、村尾村	汇入岭北溪
龙尾坑 Lóngwěi Kēng	罗阳镇西北部，马联村坪岗西南。	马联坪岗、龙尾坑	汇入翁溪
马子坑 Mǎzǐ Kēng	司前畲族镇西南部，马联村东北。	马联村	汇入仙居溪
大樟坑 Dàzhāng Kēng	司前畲族镇北部，徐宅村黄山底自然村。	徐宅村黄山底、严庄垟	汇入飞云湖
呈 坑 Chéng Kēng	司前畲族镇东部，峰门村北邻近文成县处。	峰门、大住村	为大住溪上游
徐 坑 Xú Kēng	司前畲族镇东南部，徐宅村西北徐头湾。	徐宅村	注入珊溪水库
峰门洋坑 Fēngményáng Kēng	司前畲族镇东部，峰门村东北，峰门尖北侧。	峰门村	注入岩峰电站水库
悟 溪 Wù Xī	司前畲族镇东北部，黄桥村园桥山头自然村西南。	黄桥村园桥	注入三插溪水库
陈吴坑 Chénwú Kēng	司前畲族镇东北近文成县处陈吴坑。	黄桥村陈吴坑	注入三插溪一级电站水库

续表 2-2

溪涧名称	源头位置	流经主要村	备 注
陈 坑 Chén Kēng	司前畲族镇北部台边村上八寮自然村西南。	台边、里光村	汇入里光溪
西 坑 Xī Kēng	司前畲族镇西部，乌岩岭自然保护区东，叶山村西坑自然村西。	叶山村南部	汇入里光溪
龙角坑 Lóngjiǎo Kēng	司前畲族镇南部，里光村窑背自然村西。	里光村	汇入里光溪
金竹坑 Jīnzhú Kēng	司前畲族镇西部近景宁县处。	榅垟村金竹坑	注入榅垟水库
恩 坑 Ēn Kēng	司前畲族镇西北五龟湖景宁县处。	上地、榅垟村	注入榅垟水库
叶超坑 Yèchāo Kēng	司前畲族镇西部，上地村石门自然村北。	上地村钟门楼、下村，竹里村	汇入罗角坑
尾前溪 Wěiqián Xī	司前畲族镇东北部，黄桥村双坑头自然村东南。	黄桥村	汇入陈吴坑
水碓坑 Shuǐduì Kēng	司前畲族镇南部，左溪村南部，石竹垅自然村西。	司前左溪	又名半岭坑，汇入司前里光溪。
罗角坑 Luójiǎo Kēng	司前畲族镇北部，上地村南部，龙山自然村北。	上地村	注入罗角坑水库
大段坑 Dàduàn Kēng	罗阳镇北部，大岗背村北，香火尖东。	司前左溪	汇入左溪
包 坑 Bāo Kēng	罗阳镇东北，板岱头南张排山西北。	罗阳镇碑排，司前左溪	汇入左溪
矴步溪 Dīngbù Xī	百丈镇西北部，朱垟村尖大垟自然村西南。	朱垟、建民村	注入珊溪水库
涂 坑 Tú Kēng	筱村镇北部新源村西北，百丈镇东北涂山头自然村西南。	筱村镇新源村、百丈镇涂坑村	注入珊溪水库
秀洪溪 Xiùhóng Xī	筱村镇南部，秀洪岭东南。	洪秀村东部	注入珊溪水库
包垟坑 Bāoyáng Kēng	百丈镇东北部，包垟底村西南。	包垟店村	注入珊溪水库
横 溪 Héng Xī	百丈镇东部，横溪村东北后坪自然村。	横溪村	注入珊溪水库
包 坑 Bāo Kēng	筱村镇东北部，包坑村打石坑自然村南。	包坑、双坑、库村	注入珊溪水库
状元坑 Zhuàngyuán Kēng	筱村镇北部，陈司垟自然村南。	包坑村桥头	汇入包坑
鬼洞坑 Guǐdòng Kēng	筱村镇北部，吴源尖西南与百丈镇相邻处。	包坑村焦山岗	汇入包坑
白牛坑 Báiniú Kēng	筱村镇北部，双坑村白牛坑自然村东南。	双坑村	汇入包坑

续表 2-2

溪涧名称	源头位置	流经主要村	备 注
墙外溪 Qiángwài Xī	筱村镇北部，新兴村后坪东北。	新兴村	汇入新浦溪
白岩坑 Báiyán Kēng	筱村镇西部，徐岙村北。	徐岙、坳头村	汇入玉溪
鱼桐坑 Yútóng Kēng	筱村镇西部，翁家山东南。	翁家山、五蒲、徐岙	汇入玉溪
梅树坑 Méishù Kēng	横路下南马头和岗西北。	周新村	汇入朱岙溪
新浦溪 Xīnpǔ Xī	百丈筱村毗邻处。	库村村	汇入南浦溪
卢 坑 Lú Kēng	筱村镇西南部，卢坑村西南，卢坑岭西。	东垟村	汇入玉溪
林家坑 Línjiā Kēng	筱村镇西南部，东垟村小岭凹自然村西北。	东垟村	汇入玉溪
新楼坑 Xīnlóu Kēng	筱村镇南部，新楼村新楼岭自然村东。	新楼、长垟村	汇入玉溪
五蒲坑 Wǔpú Kēng	筱村镇西南部，五蒲村西南，四尖东北。	五蒲村	汇入玉溪
锅炉坑 Guōlú Kēng	筱村镇中部偏西，玉溪村东部锅炉自然村东南。	玉溪村	汇入玉溪
大岭坑 Dàlǐng Kēng	筱村镇西部，章前垟村西南，岗头峰西。	章前垟、葛垟村	经葛洋水库注入飞云湖
北 坑 Běi Kēng	筱村镇中部，北坑村北，上章自然村南。	北坑村	汇入玉溪
后 坑 Hòu Kēng	竹里畲族乡中部，茶石村西北，后坑自然村北。	茶石村、何宅垟村	汇入竹里溪
横 坑 Héng Kēng	竹里畲族乡中部偏西，茶石村横坑自然村东南。	茶石村、竹里村北部	汇入石角坑
木湾坑 Mùwān Kēng	竹里畲族乡西北部，茶石村岭脚自然村西北。	横贯竹里乡北部	上游为石角坑，经茶石水库汇入三插溪。
寮 坑 Liáokēng	竹里畲族乡西部，竹里村上岱。	竹里村	汇入竹里溪
垟 坑 Yángkēng	竹里畲族乡西部，竹里村垟坑自然村北。	竹里村	汇入竹里溪

第二节 鳌江水系

县境内属鳌江水系的溪坑分布于泗溪镇东部以及彭溪镇北部至东部与苍南县毗邻地带。自西北而东南，主要有龙潭溪、富山坑、山后坑、银洞坑。上述4条溪涧总长约18千米，流域面积35.5平方千米。其中龙潭溪系鳌江最大支流莒溪的主源，其余亦为莒溪流域。

泗溪镇东部的山后坑、彭溪镇北部的后水漈，彭溪镇东部的富山坑、银洞坑等坑涧属鳌江水系。

一、龙潭溪 Lóngtán Xī

发源于泗溪镇九峰村与雅阳镇松垟村相邻处，凉尖东南无名高地东侧海拔1050米处山谷中，水尾东南0.75千米。自源头向东北而行，上游又称白水漈，至路口西南0.2千米折东，行4.75千米转北，又行0.23千米出泰顺县境，与山后坑汇合，注入莒溪。县境溪段长5.5千米，流域面积6.8平方千米。沿溪及上游森林面积293公顷。主要支流有山后坑。

山后坑 Shānhòu Kēng 发源于泗溪镇东部，塆头村东北，出山后坑水库数百米后沿泰顺与苍南交界地东行，汇入龙潭溪。

二、富山坑 Fùshān Kēng

发源于彭溪镇东部，板山东北麓海拔750米处山坳，距内富垟西1.1千米。自源头向东北而行，至大贝头东0.8千米折向北行，续流约0.9千米左岸纳入大湖方向溪坑，两水合后转向东流，约行0.5千米左岸纳入均山来水，流至坑底折向东北而行，在畲客炉东0.3千米处与银洞坑汇合入苍南县。县境内河长6.9千米，流域面积15.4平方千米。沿溪两岸及上游森林面积586公顷。主要支流有银洞坑。

银洞坑 Yíndòng kēng 发源于彭溪镇东部的马家山西南麓，北行经银洞坑村进炉坑自然村，在畲客炉自然村东与富山坑汇合出境，进入苍南县。

第三节 交溪水系

交溪水系包括县境西南部的仕阳、寿泰二条溪流，流域总面积987.2平方千米，其中县境内511平方千米，仅次于飞云江水系。仕阳、寿泰二溪合流以后出境入福建省，至三都湾入海。

罗阳镇西及西南部溪流大多汇入交溪水系的寿泰溪。仕阳、三魁之溪基本上流入交溪水系。泗溪之溪均入仕阳溪，为交溪水系。筱村之溪除周新很少一段作为源头入仕阳溪，绝大多数入飞云江水系。雅阳西部、北部松洋之溪入仕阳溪支流，属交溪水系。

一、仕阳溪 Shìyáng Xī

发源于海拔1020米处的九峰尖西南山麓，距九峰村东0.5千米。溪流曲折，大体自东北流向西南，源头至仕阳河段又称东溪。至泗溪白粉墙西 0.6 千米纳南溪；后转向北行，于下桥右岸纳入北溪，至南山西 0.3 千米右岸再纳西溪。尔后继续沿西南流，至雪溪乡溪坪纳入三魁溪。至杨梅岭东 0.6 千米折向东南，于南坑西纳雪临溪（自泗溪汇合至杨梅岭脚段亦俗称东溪）入仕阳镇境始称仕阳溪。然后向西而流，至洋西尾西北 0.4 千米右岸纳入严山坑转向西南，于双神岗东 0.7 千米处右岸纳双涧溪，后转向南行至山朝西北 0.7 千米纳后章坑，续行至泥墙厝南 0.8 千米，纳入柘荣溪，然后转向南行，至叶岭东 1.4 千米折向西弯曲而行，于交溪与寿泰溪汇合出县境，进入福建省柘荣县和福安县之间。

该溪泰顺境内长 62.5 千米，流经泗溪镇九峰、玉西、泗溪、积库、东溪，仕阳镇雪溪、仕阳、章成、后章、龟湖等地。流域面积 511 平方千米，河道自然落差 911.6 米，平均坡降 14.59‰。主要支流有南溪、北溪、西溪、三魁溪、雪临溪、严山坑、双涧溪、后章坑、柘荣溪等。

东溪 Dōng Xī 发源于泗溪镇九峰村九峰尖，经泗溪镇玉西石门村，先后汇合南、北、西溪；沿南溪、积库之间南流，经泗溪镇东溪村、仕阳镇雪溪村注入仕阳溪。

西溪 Xī Xī 源于筱村镇东部，翁山金竹墩东南海拔 880 米山谷中。溪流始向东南，至下村洋北折南，至南山西 0.3 千米处汇入干流。沿途经过后堤坑、沙洲、下村垟、上湾、南阳、半溪、溪口等村庄。全长 11.9 千米，流域面积 41.7 平方千米，自然落差 490 米，平均坡降 67.12‰。下村洋至上弯 1.6 千米溪流落差 175 米，坡降达 109.4‰。沿溪两岸及上游森林面积 1866 公顷。

北溪 Běi Xī 发源于文成、苍南两县交界的狮子岩西南海拔 975 米处山坳，泗溪镇东端黄坑头东南 1.8 千米处。溪流始向西北，至横坑头折向西南，在砂岭西南 1 千米纳横溪来水，经下桥汇入仕阳溪。沿途经过横坑头、夹边、霞庄桥、华垟、溪源、下桥等村庄，全长 14.35 千米，流域面积 56.00 平方千米，自然落差 585 米，平均坡降 40.77‰。沿溪及上游森林面积 2353 公顷。

南溪 Nā Xī 发源于雅阳镇北部与泗溪镇相邻的上仁寨西侧海拔 940 米山谷。溪流始向西南，至秀垟东南 0.6 千米处纳柘头坑折向西北，流至上庄纳苏家坑。在南溪桥纳�竹坑后西流，至郑州又纳洪坑，于泗溪白粉墙 0.7 千米处注入仕阳溪。溪流经过上仁垟、下仁垟、秀垟、企石、南溪等村庄。全长 11.95 千米，流域面积 38.6 平方千米，自然落差 540 米，平均坡降 45.19‰。沿岸及上游有森林 3173 公顷。

三魁溪 Sānkuí Xī 又名錦溪，发源于三魁镇夏家山东北 1 千米处，海拔 890 米的大弯斗东南山麓，上游溪流即林皮坑。源头始向西南，至底后垟折南，在下后洋转向东南，于曲尺潭与上溪坪之间纳金狮方向来水，至下溪坪左岸又纳联坑方向来水，后转南行至营岗店纳武洋来水，至秀溪边右岸纳入大安方向来水。续行至沙坑底纳黄沙坑来水，在岩溪东北汇入东溪。沿线经过后垟、下后垟、罗汉、曲尺潭、上溪坪、下溪坪、薛宅等村庄。溪长 18. 6 千米，流域面积 92.8 平方千米，自然落差 570 米，平均坡降 30.65‰。沿岸及上游有森林约 5000 公顷，茶园 333 公顷。

雪临溪 Xuělín Xī 发源于福鼎白坑岭头北面，海拔730米处山坳。自河源北流，至长湾向西流，于坑斗岚又转向西南，流至下堡东南0.7千米折西，至南坑东0.7千米左岸纳入万排方向来水，尔后弯曲出南坑入仕阳溪。沿线流经垟岗仔、墩头、大路边、坑斗岚等村庄。河长14.2千米，自然落差432米，平均坡降45.96‰。泰顺境内流域面积27.8平方千米，沿溪两岸及上游有森林、毛竹、茶园等，共1293公顷。

严山坑 Yánshān Kēng 发源于仕阳镇北部，赵垟自然村东0.5千米，大尖北坡海拔630米处。溪流自河源流向西南，在翁地东约0.1千米处折向东南汇入仕阳溪。河长4.7千米，流域面积8.4平方千米，自然落差340米，平均坡降72.34‰。沿溪两岸及上游森林面积420公顷。

双涧溪 Shuāngjiàn Xī 发源于仕阳镇中部，龟垟村东，老鹰岩西南1.3千米海拔940米山谷中。自河源流向东北，后折向东南，至水雄头附近纳西坑来水。至园潭东0.1千米右岸纳入彭坑垟方向来水，至将军炉东0.3千米处右岸纳入洋溪来水，在华严寺南2.1千米处注入仕阳溪。该溪流经底西坑、叶瑞肠、双神村庄，河长22千米，流域面积73平方千米，自然落差670米，平均坡降30.4‰。沿溪和上游森林面积3793公顷，毛竹、茶园共293公顷。

神水溪 Shénshuǐ Xī 龟湖镇境内的主要溪流，发源于西北部的龙垟，经水垄坑、神水坑流向东南，在交溪渡汇入仕阳溪，全长约10千米。

章坑 Zhāng Kēng 发源于三魁镇西南与仕阳镇交界的榅垟西侧1.1千米处，白海顶东南海拔1010米山谷中。自源头东流，至水洞坑转向东南，经格溪水电站上游折南，至神水坑北0.4千米处纳董庄来水后复转东南，在陈海洋南1.1千米处注入仕阳溪，沿途流经龙垟、神水坑等村庄。河长9千米，流域面积15.2平方千米，自然落差760米，平均坡降84.4‰。上游有森林93公顷。

柘荣溪 Zhèróng Xī 发源于福建省福鼎县头岗岩西，后塔南1千米海拔730米山谷，因福建柘荣县而名。溪水来自福鼎、柘荣，于福鼎县上坪西0.2千米处成为福鼎、泰顺边界。南行至下坪尾折西，在尖岭下对面进入福鼎、柘荣、泰顺三县边界。经瑞昌水电站至后山西1.5千米汇入仕阳溪。主流长40.5千米，其中泰顺县边界河长17.5千米，流域面积20.6平方千米，坡降13.58‰。泰顺段主要在仕阳镇南部茂竹园、瑞昌、双路等村。

二、寿泰溪 Shòutài Xī

义称双港溪。发源于景宁县山垟尖和寿宁县对岗头，涧流在寿宁县长岭西南汇合东流。至溪底寮之西起，向南偏东流至龟湖交溪止，为泰顺与寿宁、福安县之分界。在交溪村汇合仕阳溪，经福安县出海。原以处于福建寿宁县东而称东溪。民国27年（1938年）寿宁东乡部分地区划入浙江泰顺，成为泰顺与寿宁之界河，改名寿泰溪。

溪流自源头南流，至屋路桥折东，纳林风坑和陈家坑来水，续行至村头西南右岸纳入岭根洋亭方向来水南行，至前垟北折向东南，在垟头岗西处右岸再纳入浩溪坑底方向来水，然后再曲折流至杨梅州南转东，于溪底寮西北侧入县境折向东北，行至苦岭下西北转向东南，至东溪头南左岸纳入三漈来水，尔后向南曲行，至庵基西转向西南，至郑家坑东北纳入寿宁西浦来水，转向东南曲折而流，至马迹岭西北左岸纳横溪，至黄沙坂北转南，至交溪口与仕阳溪汇合。

该溪全长 50.5 千米，其中 27.5 千米为浙闽边界；流域总面积 678.3 平方千米，其中泰顺县境内 192.9 平方千米。河道自然落差 1075.6 米，平均坡降 21.3‰。泰顺境内纳入的主要支流有三漈、横溪。

罗阳溪 Luóyáng Xī 又称“三漈”，发源于县城西 7.6 千米天关山东北侧、樟树垟西北 0.7 千米海拔 939.5 米处，从源头东南行，至溪坪西北右岸纳白溪方向来水，续行至县委党校东汇沙底方向来水后折南，至袁家地西南左岸纳交垟方向来水，至东溪头东南 0.8 千米汇入寿泰溪。全程流经溪坪、县城南门等地，长 9.1 千米，流域面积 34.8 平方千米，自然落差 529.5 米，平均坡降 58.19‰。两岸及上游有森林 2260 公顷，茶园 120 公顷，木材、毛竹资源丰富。

横溪 Héng Xī 发源于响喊岩西侧海拔 970 米处的山谷中，距南院底东 0.9 千米。溪流自源头西流，在大垟东南转向西南，至横溪底与半路洋方向来水会合后南行，至横溪岭头东南折西，于梨坪溪亭纳黄家垟方向来水后折向西南，在马迹岭西北 0.5 千米汇入寿泰溪。沿途流经毛垟、旁山垟、龙溪、洲边电站等地。河道长 20.3 千米，流域面积 53.9 平方千米，自然落差 740 米，平均坡降 36.45‰。沿溪两岸及上游有林地 2506 公顷，木材、毛竹资源丰富。

交溪水系小支流简表

表 2-3

溪涧名称	源头位置	流经主要村	备 注
赤 坑 Chì Kēng	罗阳镇西部，南院村坑边自然村东南。	南院、育秀垟、赤坑村	汇入寿泰溪
白 溪 Bái Xī	罗阳镇西部，天关山南。	白溪、溪坪、南外，毛竹下的袁家地	汇入寿泰溪溪坪溪为其中一段
长 坑 Cháng Kēng	罗阳镇西南部，上舟垟北黄家垟。	上舟垟、华荣、瑞岭村	汇入寿泰溪横溪
岩 坑 Yán Kēng	三魁镇西部，富家垟东北。	三魁镇富家垟、白海村，罗阳镇华庄村	汇入寿泰溪
彭畲溪 Péngshē Xī	罗阳镇西南部，三联村半岭自然村东南。	三联、棠坪村	汇入寿泰溪
长岗坑 Chánggǎng Kēng	卢梨村西南。	卢梨村、曲尺潭村戬州村	汇入北坑
大安溪 Dà'ān Xī	三魁镇北部老鹰岩东南。	老鹰岩村、南山下水库、柳埠村、瑞后村、门楼坳村	汇入三魁溪

续表 2-3

溪涧名称	源头位置	流经主要村	备 注
楼梯坑 Lóutī Kēng	三魁镇东北部，花山岗北。	东阳底村、戬州村	汇入三魁溪
武水溪 Wǔshuǐ Xī	三魁镇东部，道姑庵北。	三魁镇上武垟村、庵前村、下武垟村	汇入三魁溪戬洲溪
金家坑 Jīnjiā Kēng	三魁镇东部，焦岩山西南。	张宅、刘宅村	汇入三魁溪，源头称龙井坑。
银洞坑 Yíndòng Kēng	三魁镇东南刘宅村西南。	刘宅村	汇入三魁溪黄沙坑
翻荒坑 Fānhuāng Kēng	三魁镇南部，黄沙坑村陈垟自然村西北。	三魁镇黄沙坑村	汇入三魁溪
黄沙坑 Huángshā Kēng	三魁镇南部，陈垟自然村东。	三魁镇黄沙坑村	汇入三魁溪
后 坑 Hòu Kēng	牛顶尖西南米斗坑半岭坑。	薛内村后坑	汇入戬洲溪
龟湖溪 Guīhú Xī	仕阳镇西南部，乾山尖西。	龟湖村	汇入仕阳溪
三贯流 Sānguàn Liú	仕阳镇西部，董庄西北。	董陈村	汇入神水坑
北山溪 Běishān Xī	仕阳镇西部，北山尖南，垟坪自然村东。	龟湖村、后章岗村	汇入神水坑
神水坑 Shénshuǐ Kēng	仕阳镇西部，安同尖东北。	龙垟、后章岗、董陈村	汇入双涧溪仕阳溪
铁炉坑 Tiělú Kēng	四斗尖西北。	章荣、后章岗村	汇入神水坑
后门坑 Hòumén Kēng	仕阳镇西部，白马尖西南。	白岩居民区郑家庄	汇入寿泰溪
槽底坑 Caodǐ Kēng	仕阳镇西部，四斗尖东北。	章荣村	汇入茶坪坑
茶坪坑 Chápíng Kēng	仕阳镇西部，杨家山东北。	章荣村	注入双涧溪水库
黄泥坑 Huángní Kēng	仕阳镇西北部，龙垟村东。	龙垟、双神村	汇入双涧溪水库苏罗坑
苏罗坑 Sūluó Kēng	白海顶东北，三魁、仕阳交界地。	三魁镇坑斗村，仕阳镇章荣、双神村	上游称碗窑坑，注入双涧溪水库。
苎 坑 Zhù Kēng	仕阳镇中部张家山东南。	溪东村	汇入仕阳溪
武岭溪 Wǔlǐng Xī	仕阳镇东部雪临山东南。	保兴、雪临、武岭村	汇入仕阳溪

续表 2-3

溪涧名称	源头位置	流经主要村	备 注
上排坑 Shàngpái Kēng	仕阳镇东南部，弥陀望东南。	上排村	汇入万排水库
下排坑 Xiàpái Kēng	仕阳镇东南部，排坑底自然村西南。	下排村	汇入仕阳溪武岭溪
章 坑 Zhāng Kēng	仕阳镇南部，油家岗西南。	董源、龙头、黄碧龙、瑞昌	上游又称牌坊溪，汇入柘荣溪。
�竹坑 Jūnzhú Kēng	泗溪镇东部上坑头西。	筠竹坑、半地垟、南溪村	汇入南溪
楼岗溪 Lóugǎng Xī	泗溪镇西南部大顶岗北。	吾坪村	汇入东溪
面前垟溪 Miànqiányáng Xī	泗溪镇西南部二枯尖南。	黄淡漈村	汇入东溪楼岗溪
后堤坑 Hòudī Kēng	泗溪镇西北部野猪庄山东南。	洲路村	汇入西溪
春臼坑 Chūnjiù Kēng	泗溪镇北部大岩山西南。	春臼坑村	汇入北溪
车水溪 Chēshuǐ Xī	泗溪镇东北部九峰尖西北。	前坪仔、半岗、石门村	汇入东溪
董家坑 Dǒngjiā Kēng	泗溪镇中部，西地村浮垟自然村。	西地村、石门村	汇入东溪
李家坑 Lǐjiā Kēng	泗溪镇西南部，洪坑村东。	洪坑村	又称牛羊坑、洪坑，汇入南溪。
方 坑 Fāng Kēng	泗溪镇西部下桥村杨梅岭东南。	下桥村	汇入北溪
松垟溪 Sōngyáng Xī	雅阳镇北部，松垟村西。	松垟村、秀垟村、企石村	汇入南溪

第四节 沙埕港水系

县境东南部的彭溪、会甲溪均流至福建省的沙埕港入海，境内流域面积 77.2 平方千米。

雅阳镇东北部下村村叶浦坑，汇入彭溪，南部、西南部会甲溪及其支流，均属沙埕港水系。

一、彭溪 Péng Xī

发源于雅阳镇东北灵乾村金斗山西侧，凉尖西南海拔 800 米山谷中。因水流湍急有声，原称澎坑，后以谐音称“彭溪”。自源头行向西南，至乾头仔东 0.4 千米折南，在秀涧下村纳叶婆坑。然后沿西南曲折流至蛟池东南 0.3 千米处纳古洞坑。至溪头折向东北，在板寮岗东 0.9 千米处左岸纳入钓鱼坑，尔后转向东南，至龙井岗东 0.6 千米南流，入福建省福鼎县。

彭溪泰顺境内河道长 22.2 千米，流经秀涧上村、秀涧下村、天门下、溪头、彭溪等村庄，流域面积 92.7 平方千米，溪流自然落差 550 米，平均坡降 24.7‰。沿岸及上游森林面积 6333 公顷，茶园约 800 公顷。主要支流有钓鱼坑、秀涧溪。

钓鱼坑 Diàoyú Kēng 发源于彭溪镇东北部峰文村三角尖东 1.2 千米海拔 935 米处。东南而流，至钓鱼坑村左岸，纳入新垟坑后弯曲而行，先后又纳筒阳双溪口来水，尔后转向西南，在杨梅潭东南 0.3 千米处汇入彭溪。全长 10.45 千米，流域面积 19.75 平方千米，自然落差 555 米，平均坡降 53.37‰。

秀涧 Xiù Jiàn 发源于雅阳镇东北部，狮子岩东南侧。自西流向东，经雅阳镇上村，在上村之南汇入彭溪。

二、会甲溪 Huìjiǎ Xī

发源于雅阳镇西部柳峰尖南麓海拔 770 米山中，山茶岚西南 1.3 千米处。源头峡谷深幽，崖壁峻峭。两岸众多小涧沿崖壁而下，形成“百瀑归川”之势，故名会甲溪。古时又称牙阳溪。溪水自源头流向东北，至山茶岚转向东南，至炉西坪东南右岸纳雅北溪、雅阳溪东流，约行 1.4 千米左岸入东安坑，至溪头村东南入福鼎县境，最后汇入南溪水库。流经六楼、沐峰、雅阳一、二级电站等处，县境河长 13.1 千米，流域面积 65.1 平方千米，自然落差 570 米，平均坡降 43.51%。两岸及上游森林面积近 3000 公顷。主要支流有雅北溪、雅阳溪、东安坑、长坑。

雅北溪 Yǎběi Xī 发源于雅阳镇西南部，老鸦尖西南麓。溪流自河源流向西南，至青竹洋折东南经普上洋水库，至下村折北，汇入会甲溪主流，流经青竹垟、普上垟、百福岩、下村等村。河长 3.45 千米，流域面积 14.5 平方千米。

雅阳溪 Yǎyáng Xī 发源于雅阳镇南部乌鸦窝东北 0.6 千米处。自河源向东北弯曲而行，至宝林寺西 0.2 千米处与雅北溪相会，全程流经雅阳溪埠下等村。河长 6.9 千米，流域面积 13.7 平方千米。

东安坑 Dōng'ān Kēng 发源于雅阳镇中部偏东，观音尖西，距底垟自然村西北 0.5 千米处。溪流自河源向东南而行，至底垟村折向东流，于殿山南 0.5 千米处再转向东南约行 1.5 千米与会甲溪主流汇合。河长 5.90 千米，流域面积 9.9 平方千米。

长坑 Cháng Kēng 上游因浓荫蔽日又称“暗坑”。发源于彭溪镇东部紫薇尖西约 1 千米处、水尾村龟仔墓自然村西北。自源头始流向西南，至长坑自然村转向东南，从马家山西几成直角转向西南，在下东云东南折南，入福建福鼎县贯岭镇境，汇入赛江。泰顺境内长约 5 千米。

沙埕港水系小支流简表

表 2-4

溪涧名称	源头位置	流经主要村	备 注
埠下溪 Bùxià Xī	雅阳镇南部乌鸦窝山东南。	雅阳坪、吴家墩、埠下、白巢村	汇入雅阳溪，上游称彭底坑。
寮 坑 Liáo Kēng	雅阳镇西部，莲花塘山东南。	上岚、沐峰村	汇入会甲溪
叶婆坑 Yèpó Kēng	雅阳镇东北部，大岗尖东南。	下村村	汇入彭溪
岭脚溪 Lǐngjiǎo Xī	雅阳镇东北部，金斗山东侧。	下村村	又名古铜坑，汇入彭溪。
铁炉坑（下村） Tiělú Kēng	雅阳镇东北部张家基尖。	下村村蛟池、古洞坑、天门下	汇于岭脚溪
沙垟坑 Shāyáng Kēng	雅阳镇东南部，莲头村山楼自然村东南。	莲头村桥头、下莲头	汇入会甲溪
亭仔溪 Tíngzǐ Xī	雅阳镇东南部隘门西北，花眉尖西南。	福梅村梅榠坑	汇入会甲溪
北 溪 Běi Xī	雅阳镇南部，承天村北溪自然村西。	承天村	汇入会甲溪
杨梅溪 Yángméi Xī	雅阳镇南端，天顶岗东南。	雅阳坪村南部，入福建福鼎县境。	注入福鼎县南溪水库

第三章 湖 潭 瀑 泉

第一节 湖

飞云湖 Fēiyún Hú 即珊溪水库，详见水库。

金针湖 Jīnzhēn Hú 位于乌岩岭林场的北部，海拔 1254 米处。旧时湖边盛产黄花菜（俗称“金针”），故名。

仰天湖 Yǎngtiān Hú 位于仕阳镇龟湖村西部，海拔 782.5 米处。山顶低洼处积水为湖，向天仰望，故名。

琵琶湖 Pípá Hú 位于仕阳镇垟望村石门槛以下，圆潭之北。湖形狭长，面积约 1330 平方米，有马槽坑注入。

天 池 Tiān Chí 在雅阳镇中部福梅村福船的山顶，面积约 2000 平方米。

第二节 潭

圆潭 Yuán Tán 位于罗阳镇三滩村员台角自然村，该潭面积约860平方米。

白浮潭 Báifú Tán 位于罗阳镇洲岭西南边界的寿泰溪中。

杨柳潭 Yángliǔ Tán 位于罗阳城南。

龙井潭 Lóngjǐng Tán 位于罗阳镇叶盛坑村下井。

紫花潭 Zǐhuā Tán 位于司前畲族镇台边村台边自然村。椭圆形，面积约200平方米，深约2米。

百念渡潭 Bǎiniàndù Tán 位于司前畲族镇（池村）袭庆桥旁，又名君子潭。

朱家潭 Zhūjiā Tán 位于司前畲族镇左溪村朱家潭自然村。椭圆形，面积约100平方米，深约2米。

下库潭 Xiàkù Tán 位于司前畲族镇下库村。

龙井潭 Lóngjǐng Tán 在乌岩岭白云宾馆东南1千米处白云涧旁，接连二潭。上潭又称小龙潭，面积16平方米，下潭面积约50平方米。

渔充潭 Yúchōng Tán 位于百丈镇。

龙漈潭 Lóngjì Tán 位于百丈镇双岭村委会驻地北，因入潭瀑布“龙漈”得名。

铜潭 Tóng Tán 位于百丈镇新塘垟村委会驻地西北4.2千米处飞云江中，南面山岗顶文成县境内有“铜潭背”自然村。

莒江龙潭 Jǔjiānglóng Tán 位于百丈镇东部横辽村。地处莒江（溪底上游），高达40米，瀑布如龙入潭，潭深莫测，故名莒江龙潭，《分疆录》中称“莒冈龙潭”。

圆潭 Yuán Tán 位于泗溪镇琴桥村村委会驻地西南0.6千米处，“圆潭面”自然村下方。潭呈圆形，故名。

洪坳潭 Hóng'ào Tán 位于泗溪镇积库坟坳、南溪洪坳岭相交的东溪中。上有九山，状若九龙，原名“九龙潭”，后以洪坳岭而名。面积约1000公顷，水深不可测。《分疆录》记载：“咸丰十年夏月，有巨鱼青色，大可盈丈，浮泳水上，凡三日，远近来观始逝。”此潭为全县最大的溪湾水潭。

九里潭 Jiǔlǐ Tán 位于泗溪镇石门村的石门九峰风景名胜区，牛郎瀑上游，距泗溪镇约5千米。系山体塌方挡住水流得潭，潭长九里，故名。

猢狲潭 Húsūn Tán 位于泗溪镇石门村的石门九峰风景名胜区，织女瀑下游0.2千米处，潭中有一石似猴，故名。

大圆潭 Dàyuán Tán 位于筱村镇镇周新村圆潭自然村，与南浦溪景区、飞云湖景区毗邻。170年前李氏祖先建村时命名。该潭呈圆形，分上下两潭，潭水清澈，水质极佳。上潭面积约400平方米，上有跌水；下游 100 米处又有一圆潭，面积约 300 平方米，上有跌水，石壁怀抱，深不可测。所处圆潭自然村山道曲折。

龙井潭 Lóngjǐng Tán 位于筱村镇周新村南浦溪景区的中段，新浦三重漈第二漈之下。

龙门潭 Lóngmén Tán 位于筱村镇中部，周新村西垟，潭边两山对峙，石壁峭立，如龙门开潭，故名。潭呈圆形，面积约 300 平方米。

龙潭 Lóng Tán 位于筱村镇葛垟村委会驻地西北 3.9 千米处，该地洪口溪里有潭甚深，故名"龙潭"。

师公潭 Shīgōng Tán 位于境内下游，属泗溪的北溪（今已被北溪水电站库区淹没），此潭圆形，直径约 15 米。

漈潭 Jì Tán 位于筱村镇周新村南浦溪景区二漈瀑之下，面积约 900 平方米，水色清碧。盛水时瀑击深潭声如洪钟，又称"金钟潭"，古称"雷鸣潭"。

砂潭 Shā Tán 位于彭溪镇彭溪村委会驻地西北 2.5 千米处。村边有潭，多黄砂，得名"砂潭"，旁之村庄因潭而名。

米筛潭 Mǐshāi Tán 位于彭溪镇中心约 3 千米处，九峰风景名胜区内。因形似米筛得名。龙潭瀑布之水流经此潭再入大龙潭。

大龙潭 Dàlóng Tán 位于彭溪镇九峰风景名胜区内米筛潭下方。

小龙潭 Xiǎolóng Tán 位于彭溪镇九峰风景名胜区内大龙潭下方。

圆潭 Yuán Tán 在仕阳镇洋面矴步以下，石门槛以上。

袈裟潭 Jiāshā Tán 位于雅阳镇承天会甲溪中氡泉附近。

香菇潭 Xiānggū Tán 位于雅阳镇承天会甲溪中。

无底潭 Wúdǐ Tán 位于仕阳镇曲尺潭溪尾坑下游，深可数丈。

上长潭 Shàngcháng Tán 位于仕阳镇南坑村石桥下侧，形如长刀。

下长潭 Xiàcháng Tán 位于仕阳镇南坑村上长潭一滩之下。

纬丝潭 Wěisī Tán 位于仕阳镇溪东村下长潭下方，仕水矴步上游。长如纬丝，深不见底。

龙漩潭 Lóngxuán Tán 位于仕阳镇西南部，新湖村叶岭西南与福建柘荣县交界的仕阳溪中。《分疆录》云，"有石形若龙蟠"，故名。

石龙潭 Shílóng Tán 位于仕阳镇中部石龙山下，因山而名。《分疆录》载："石龙潭在仕阳。中有石，状如龙，由石龙山下直贯对岸，头角毕肖，段落宛然。水浅时一一可睹。"

饭甑潭 Fànzhēn Tán 位于仕阳镇仕水矴步溪流下游，因形似饭甑得名。

水尾宫潭 Shuǐwěigōng Tán 位于仕阳镇早阳村饭甄潭下侧。附近旧有小庙水尾宫，故名。

山胆潭 Shāndǎn Tán 位于仕阳镇严山村山胆自然村，严山坑、水尾宫潭汇处，是为后溪。

无底潭 Wúdǐ Tán 位于仕阳镇曲尺潭下溪尾坑下游，深可数丈。

站字潭 Zhànzì Tán 位于仕阳镇曲尺潭村溪上游端。

双叠岩宫潭 Shuāngdiéyángōng Tán 位于站字潭下流约 500 米处。

流潭 Liú Tán 位于双叠岩宫潭下流 800 米，长约 150 米，宽约 22 米，深 10 米。潭尾一条矴步 57 齿。

长潭 Cháng Tán 位于三魁镇东南部刘宅村沙坑底村。

蒙滚潭 Ménggǔn Tán 位于三魁镇东南部刘宅村银洞坑村。

莫尔潭 Mò'ěr Tán 位于三魁镇东南部刘宅村傍衙的溪滩中。

湖边岭潭 Húbiānlǐng Tán 位于三魁镇东南部刘宅村湖边岭自然村。

曲尺潭 Qūchǐ Tán 位于三魁镇东部曲尺潭村旁，曲尺潭村溪由西向东流。西至罗汉下游站字，东至上溪坪溪。全长约 2200 米。石臼潭下流 400 米溪中。约长 200 米，宽约 22 米，深约 8 米。因形状如曲尺得名。

桥仔潭 Qiáozǐ Tán 位于三魁镇东部曲尺潭村矴步右边前方，水碓下下游 300 米处。

石臼潭 Shíjiù Tán 位于三魁镇东部曲尺潭村桥仔潭下流 300 米处。长约 50 米，宽约 20 米，深约 8 米。

龙井瀑潭 Lóngjǐngpù Tán 位于三魁镇南部，叶瑞旸村西旸西南 7 千米处，小龙溪龙井瀑下。潭面约 400 平方米，形状如“山羊头”，最深处约 10 米。

龙潭 Lóng Tán 位于三魁镇东南部刘宅村，百丈漈瀑布之下，面积千余平方米。

第三节 瀑

松带坑瀑布 Sōngdàikēng Pùbù 位于罗阳镇东部洪溪美村村尾松带坑，瀑以溪名。最大落差 80 米，最大宽度 10 米。

百丈漈 Bǎizhàng Jì 位于罗阳镇洲岭华庄村，瀑顶为岩坑溪头。飞流直下，其长号称百丈，故名。瀑高 138 米，晴天横 150 米，雨天横 300 米。

八十坑瀑布 Bāshíkēng Pùbù 位于罗阳镇华庄村八十坑，故名。上方为圆潭仔口，下方形成小溪入大溪。

井仔底瀑布 Jǐngzǐdǐ Pùbù 位于罗阳镇洲岭华庄村，下舟垟村东面，华荣村东北 1 千米处。源于罗汉山脚下，两边皆山，雨时山水如从天而下，故也称天水瀑布。瀑高 30 余米，宽约 6 米。

龙井潭瀑布 Lóngjǐngtán Pùbù 位于乌岩岭白云宾馆东南 1 千米处，白云涧旁，相邻二潭间。高瀑布 10 余米。

上垟瀑布 Shàngyáng Pùbù 位于罗阳镇上垟村浙福桥东南约 1 千米处。瀑布高约 30 米，宽约 3 米，折叠而下。

孔岩瀑布 Kǒngyán Pùbù 位于罗阳镇村尾村陈家垟北，三叠而下，高约 20 米，宽约 4 米。

漈下瀑布 Jìxià Pùbù 位于罗阳镇上庄村际下自然村，故名。瀑布高约 20 米，宽约 3 米。

白水漈 Báishuǐ Jì 位于罗阳镇马联村白水漈自然村。

白水漈 Báishuǐ Jì 位于司前畲族镇西北部，上地村北，白水漈头自然村南。瀑布高约 **150** 米，宽 3 米。

徐坑瀑布 Xúkēng Pùbù 位于司前畲族镇徐宅村外垟，落差约 100 米，宽约 1 米。

小龙瀑 Xiǎolóng Pù 位于乌岩岭自然保护区管理处驻地西 1 千米幽谷中。瀑布高约 6 米，冲入潭中。

三折瀑 Sānzhé Pù 位于乌岩岭自然保护区管理处驻地西 1.5 千米处，因瀑分三折得名。上、中、下三叠瀑布分别高约 4、6、20 米。

白云瀑 Báiyún Pù 位于乌岩岭自然保护区管理处西 2.5 千米的藤梨岙，系白云涧主流得名。瀑布高 30 余米。

红岩瀑布 Hóngyán Pùbù 位于司前左溪村南红岩隧道北口东侧，又称红岩双瀑。东瀑高约 70 余米，宽约 10 米；西瀑高约 80 米，宽近 20 米。两瀑相距约 10 米，水大时瀑布下半部分合二为一，猛烈冲击底下的巨石，非常壮观。

流漈 Líu Jì 位于司前畲族镇西部，叶山桥南；源出五斗村，又名“五斗瀑布”。瀑布高约 120 米。

龙漈 Lóng Jì 位于百丈镇西部，双岭村委会北 1.9 千米处。高约 10 米。瀑下之潭据称有龙，故名。

银珠瀑 Yínzhū Pù 位于百丈镇东北部，卓南坑村委会驻地西北 0.3 千米处卓南坑口。瀑布高约 50 米的瀑布，水从瀑布上方直泻而下，似银珠洒池，故名。

古坑瀑布 Gǔkēng Pùbù 位于泗溪镇坑头村 200 米处，岩漈脚自然村张翁山。山泉水汇集，沿三重石级直泻而下，构成壮观瀑布。

黄淡漈 Huángdàn Jì 位于泗溪镇黄淡漈村委会驻地。当地黄色岩漈有瀑布注入东南之龙井坑，瀑名“黄淡漈”，村以漈名。

白水漈 Báishuǐ Jì 位于泗溪镇西地村白水漈自然村，瀑布高 50 余米。

织女瀑 Zhīnǚ Pù 位于泗溪镇石门村的石门九峰风景名胜区，猢狲潭上侧。

漈头瀑 Jìtóu Pù 位于筱村镇北部，库村之北，瀑布高约 30 米，宽约 30 米。丰水期极为壮观，枯水期似飞珠泻玉。瀑下有潭，潭底岩石被水流冲蚀，深浅不等。

三重漈 Sānchóng Jì 位于筱村镇周新村南浦溪景区的中段，南浦溪峡谷中。悬瀑与潭池形成三处，分称一漈、二漈、三漈，构成整体落差巨大的瀑布群。其间集中了一系列的滩头与奇形怪状的山石，海拔与山势极其高峻。附近有仙水洞、龙井瀑、龙井潭、双熊会、石将军、狼牙峰等风景点。该处交通不便，只能沿溪徒步而上。

二漈Èr Jì 位于南浦溪景区中上部，瀑下为二漈潭。上下落差达 77 米。丰水时瀑击深潭声如洪钟，潭中有一巨石，人坐其上观瀑水汽汹涌。两旁崖壁上有一风洞，深不可测，洞口凉风习习。

外垟瀑布 Wàiyáng Pùbù 位于筱村镇外垟村外垟自然村翁山溪旁。

南垟瀑布 Nányáng Pùbù 位于筱村镇外垟村南垟自然村翁山溪旁。

重谷漈 Chónggǔ Jì 位于筱村镇东北部，新厂村委会东南重谷漈自然村旁，为多条小瀑布的统称。

三层瀑 Sāncéng Pù 位于彭溪镇东北部均山村北，富山水库里侧。瀑高 80 米，宽 15 米。大雨时形成三层倾泻而下。

龙井坑瀑布 Lóngjǐngkēng Pùbù 位于泗溪镇西南部黄淡漈村。

黄滩双瀑 Huángtān Shuāngpù 位于泗溪九峰村，为相邻二瀑合称。

水尾瀑布 Shuǐwěi Pùbù 位于彭溪镇西南部，彭溪村西南 5 千米处，瀑布高 100 余米，宽约 10 米。瀑布上侧建小水库。

龙潭瀑布 Lóngtán Pùbù 位于彭溪镇东北约 3 千米，九峰风景名胜区内。分为三潭一瀑，由上而下分别是米筛潭、大龙潭、小龙潭。面积为 70 平方米，深 15 米，潭边有一深洞，水位低时可以观测。水流通过米筛潭流入大龙潭，形成落差为 50~60 米的悬瀑。丰水时飞流直下，咆哮冲入大龙潭，激起水花高约 3 米。附近有百步矴步。

龙井瀑布 Lóngjǐng Pùbù 位于雅阳镇东南约 6.5 千米承天村。因处承天村象鼻山龙井溪而名。有左右两瀑，瀑高均约 20 米，瀑水直泻而下，形成一潭，人称龙井潭。潭深约 4 米，面积约 80 平方米。

赤岩瀑布 Chìyán Pùbù 位于雅阳镇东北部上村坑底自然村。瀑长约 50 米，宽 1 米多。

丰水时飞瀑直泻石龟岩，溅起袅袅白烟，景称“龟龙相会”。清代泰顺学者林鹗诗赞：“玉龙挟鱼飞，直下一千丈，天台胜恐难，雁山逊一档。”

白巢瀑布 Báicháo Pùbù 位于雅阳白巢村北约 3 千米处。

莲头瀑布 Liántóu Pùbù 位于雅阳莲头村西南约 2 千米处。

雅阳五级瀑 Yǎyángwǔjí Pù 位于雅阳氡泉之北约 2 千米处。

岩漈下瀑布 Yánjìxià Pùbù 位于雅阳镇中部新联村漈头自然村下侧，为小瀑布。

柘头岗瀑布 Zhètóugǎng Pùbù 位于仕阳镇西部董陈村柘头岗，瀑布落差 30—40 米，宽 4—5 米。

小龙溪龙井瀑 Xiǎolóngxīlóngjǐng Pù 位于三魁镇南部，叶瑞旸村西旸西南 7 千米处。分上、下两级，上级坡度约 45 度，落差约 30 米，长约 50 米；下级坡度约 70 度，落差约 40 米，长约 50 米。上、下两级之间又分许多小级。瀑底为潭。

刘宅百丈漈 Liúzháibǎizhàng Jì 位于三魁镇东南部刘宅村刘宅桥南，瀑高约 20 米，宽 10 多米，瀑下龙潭面积约 1000 平方米。

小漈 Xiǎo Jì 位于三魁镇东南部刘宅村村委会驻地西南沙坑底村。

大漈 Dà Jì 位于三魁镇东南部刘宅村村委会驻地西南 2 千米处银洞坑村。

将军漈 Jiāngjūn Jì 位于三魁镇东南部刘宅村百丈漈村前，瀑从高山倾泻而下，又名小险、糖岩。

漈面瀑 Jìmiàn Pù 位于三魁镇东南部秀溪边村漈面村东水尾，落差 30 米。

龙井瀑布 Lóngjǐng Pùbù 位于竹里畲族乡竹里村西北 2 千米处。相传阳光照射下，可见一龙翻腾，故名。瀑高约 9 米，宽约 2 米。

三重漈 Sānchóng Jì 位于竹里畲族乡何宅垟村，瀑布因山势形成三叠，故名。瀑布高约 23 米，宽约 5 米。

第四节 泉

泰顺崇山峻岭，有井皆泉。本节仅记述以泉著称者。

上湖泉 Shànghú Quán 位于司前畲族镇大住村上湖自然村山顶，冷泉水终年不断。

承天氡泉 Chéngtiān Dōngquán 位于雅阳镇西南 6.7 千米承天村会甲溪中，因承天村而得泉水从小石池中涌起，四时沸如汤。1997 年建立承天氡泉省级自然保护区。

仰天湖泉 Yǎngtiānhú Quán 位于百丈镇中部海拔 617.1 米处山顶，古时泉涌而湖。

蛟池 Jiāochí 位于雅阳镇松垟村蛟池自然村。

涌泉 Yǒng Quán 位于雅阳镇承天会甲溪旁。

罗阳镇
丽水市
温州市
景宁畲族自治县
浙江省
福建省
司前畲族镇
竹里畲族乡
文成县
百丈镇
筱村镇
三魁镇
仕阳镇
福建省
上地
茶石
方门
峰门
上升岭隧道
何宅垟
竹里畲族乡
叶山
里光
司前
朱垟
双岭
南坑垟
横辽
阳山
山后
坟兰
葛垟
岗头
长岭
坑兜
牛梨岗
犀溪乡
大王前
葛家坑
美窑坑
瓦窑坪
洪岭
毛家坪
下洋
满山
后章岗
上林垟
黄沙坑
双涧溪水库
白海
彭坑垟
老鹰岩
罗汉
下塔
底垟
西岙
白水漈
黄家岱
联山尖
高岱
金竹坪
夏段
水蛇
占根
岩头丘
山过
五斗
大垟
油坳
马联
半溪
坪岗
龙尾坑
门枕岭
铁炉基
粗坑
东坑
坑底湾
马子坑
榅垟
板岱头石柱群
大坪头尖
石柱后
外板岱
碑排
太阳坳
板岱头
石门洞
张排山
罗尖
翁溪
道均垟
苏山
文岗
漈大寮
梨树坪
桥头
恩坑
底北山
柿树
外北山
恩岱垟
苏北
大岗背
红岩隧道
麻风基
垟张山
五岱
半岭
小垟张
垟头
上垟
垟尾
垟坑
里小
上坟
西山
北峰
柿树垄
北坑
关漈后
牛背脊
员台角
巴蕉垄
三角丘
黄坭丘
夏家店
板场
村尾
水尾
半岭仔
罗阳林场
陈家垟
朱家山
江家山
黄湖
半岭
备万
三滩
横坑
大段
仙人坑
牛头颈
大岗岭
校书翁
麻坑
山头仔
老鸦尖
仰天湖
豆腐岗
排垄头
石竹湾
百丈坑
百丈岭
院后
大垟
陈士坑
上稔垟
后堂
下稔
大垮
大垄脚
黄沙垄
梧桐培
拳头岭头
塘底垅
春阳
底叶坑
外叶坑
石山下
八丘下
仙居
岭头垟
洋畴
沙坝地
下畲
斜垟
书院
湾斗
竹家山
赤坑
木亭后
水尾桥
葛蒲垅
岭下
交垟岭
联新
马头岗
金舂斗
樟树垟
杨家山
东源
泰顺县
北外
西内
北内
东外
三垟
棋盘岩
林水垟
溪坪
南内
罗阳镇
深窟
上交垟
下交垟
南外
鹤联
飞云龙山公园
天关古道
天关山龙井瀑布群
天关山森林公园
白溪
将家垟
山头垄
卓家坑
葛绳岭
毛竹下
半山
溪底寮
大田
东溪头
枫树梢
月山下
川山垟
芝麻坦
山岩
南山水库
仙居水库
章后
梨畲
鬼尖峰
老鹰岩
南平
南山
岭头
二龙
陈坑坳
七丘
林山宽
山头垟
岩头垟
七丘山
洪溪二级水库
岩头宫
岭口
后塔
横岗
大岭
山底
下察溪
杨家岭隧道
江渡水库
豆腐岭
赤坑
庵前岗
江渡
吴家山
毛垟仔
上察溪
上垟
察南
金瓜坑
脚尾岭
桂坪
孙家垟
彭家山
育秀垟
牛塘湾
坪坑
长坑
洪溪美
新岭
下门垄
苏家山
观音岩
宫前
下彩
龙头
桥头垟
四架
岩古龙
白石垟
凤垟
下庄
外旺坑
门楼底
赤岭头
半岭
朱岭桥
底旺坑
溪边
坟庵
洪溪一级水库
八仙垟
门楼底
道观后
门楼外
道观前
半岭尾
院口
上洪
坑口
塔山尾垟
南源
龙井坑
桥头
贝谷垟
大岗后尖
四脚尖
交塘
坑头
贝谷
洪岭头
洪岭头隧道
山茶岩
大溪源
张家山
大溪源
彭家山
山头仔
桥下水库
吴东坑
北坑
桥下
西垟
杨梅溪
圳下
龙头山
南院
南院底
店前坳
大垟
半路垟
深垟
上井
甘垟
油皂垄
坟前垟
坑边
下可垟
垟坑
大山
榅垟
管禄底
大山尾
王师宅
大丘面漈坪岗
常坪
上寨垟
下寨垟
田垄
三联
毛垟
三坪
三贯
竹垟
螺坑
南山垟
彭畲
旁山垟
水尾
竹坪下
梨垟
上坟坪
冬瓜丘
后井
三条华
上段
里湾
外湾
叶盛坑
石鼓
斗口
张狮
南坪
石柱岩
黄家垟
黄客乾
林家垟
横溪底
上庄
葛藤坪
上舟垟
乾头岗
外华
罗汉山
明斋岗
山头仔
上庄
洲滨
垟尾
垟深
苏垟
前埕
龙华
横溪
下瑞岭
瑞岭
毓文桥
华荣
月府垟
长坑
大寨岗
梨坪
半路
上半山
宅里
华庄
长僻
漈坪垟
上党
岩坑
南山

罗阳镇人民政府

第三编 行政区域

第一章 罗阳镇 Luóyáng Zhèn

第一节 概 述

罗阳镇位于泰顺县西部，镇中心区即泰顺县治；行政区划代码 330329100。镇人民政府驻关山社区西大街 55 号，海拔 492 米。地理位置北纬 27°22′41″～27°41′44″，东经 119°37′12″～119°53′31″，东西最大距离 25.9 千米，南北最大距离 34.9 千米。东北邻司前畲族镇，东接筱村镇、百丈镇，南连三魁镇，西与福建省寿宁县交界，西北与景宁畲族自治县东坑乡毗邻。面积 428.48 平方千米。辖北外、北内、西外、西内、东内、东外、南内、南外、联新、白溪、三垟、毛竹下、村尾、道均垟、上垟、北峰、板场、溪坪、仙居、三滩、上稔垟、下稔、春阳、上交垟、鹤联、下交垟、赤坑、江渡、南山、横岗、南院、上察溪、桂坪、育秀垟、桥下、叶盛坑、三联、棠坪、毛垟、三坪、碑排、五斗、马联、恩岱垟、苏北、大岗背、门楼底、门楼外、道观后、凤垟、洪溪美、下彩、南源、上洪、贝谷、大溪源、洲滨、上庄、龙华、上舟垟、华荣、瑞岭、半路、华庄等 64 个行政村和西城、北城、东城、南城、新北、大深垟、飞龙、桂花亭、砂堤、鹤祥等 10 个社区。居民 18012 户、61241 人。

明崇祯《泰顺县志》载：“按《一统志》，瑞安昔属吴，名罗阳县”。今飞云江在瑞安县入海，唐以前名罗阳江。今罗阳昔为罗阳县辖地，为大罗山之南重镇，得名“罗阳”。另有一说：今镇中心区的万罗山原名为“饭箩墩”，周围有片田垟，“箩”转成“罗”，这片地域乃的“罗洋”，后演化为“罗阳”。

今罗阳镇域建县前大部分为瑞安县义翔乡属地，分隶五十九都、六十都；西南角棠坪、洲滨一带为平阳县归仁乡三十九都；以后的县城时为义翔乡一个自然集镇。建县后县城内设太平、士林、登俊、永安、文明、承宣六坊；城外设东、西两隅。乡村洲滨、瑞岭、棠坪一带属五、六都，余分属一、四、七都。

清康熙四十年（1701 年），城内六坊如前，城外设东、南、西、北四隅。岭北、碑排一带编为一都，仙稔、南院，碑排、下洪一带编为四都，洲滨、瑞岭、棠坪一带为七都。

民国 24 年（1935 年）设罗阳镇，城外设东北郊、西南郊乡。农村设岭北、仙居、丰稔、鹤巢、洪岭、上洪、下洪、豪坪、南察等乡。民国 27 年（1938 年）东北郊、西南郊两乡并入罗阳镇，隶属第一区。仙居、丰稔二乡并为仙稔乡；豪坪、南察二乡并为南院乡；洪岭、上洪、下洪乡及洪岭乡一部分设立洪村乡，洪岭乡另一部分划入鹤巢乡。民国 35 年（1946 年）岭北乡、鹤巢乡并入罗阳镇。

泰顺解放初，今罗阳镇域设罗阳镇及鹤巢、岭北、仙稔、南院、洲滨（部分）乡，隶属罗阳区。1950

年10月罗阳镇改为县直属；1951年12月鹤巢乡析置南山乡，鹤巢被写作“岳巢”。1952年4月罗阳镇复为第一区所辖，并析置竹溪、黄沙2乡；岭北乡分为岭北、岭南2乡；仙稔乡分为仙居、春稔2乡；岳巢乡分为岳巢、江溪2乡；南院乡分为南院、双坪、毛洋3乡；另从司前、里光、仙稔乡部分地域析置碑牌、大岗2乡。罗阳镇及上述诸乡均属第一区。洲滨乡析设洲岭乡，洲滨、洲岭两乡属大安区。

1956年竹溪、黄沙2乡并入罗阳镇，复为直属镇；岭北、岭南2乡仍并为岭北乡；仙居、春稔2乡仍并为仙稔乡；南院、双坪、毛洋3乡并为毛洋乡；碑牌、大岗2乡并为碑牌乡。

1958年11月实行人民公社体制，今罗阳镇域设罗阳、岳巢、岭北、仙居、南山、毛洋、碑排生产大队，属罗阳人民公社；次年2月生产大队改为管理区。1961年9月管理区改称公社，隶属罗阳区；1970年5月罗阳公社复为建制镇，1983年岳巢正名为“鹤巢”，碑牌正名为“碑排”。1984年5月罗阳镇复为县直属；各公社改为乡，除碑排乡属百丈区外均属罗阳区。1992年，南山、鹤巢两乡并入罗阳镇；2011年，岭北、仙稔、南院、碑排、下洪、洲岭乡撤销，并入罗阳镇。

罗阳镇地处洞宫山延脉，千山蔓衍、峰峦重叠，其中天关山海拔1269.5米。全镇耕地面积343公顷，林地面积3.21万公顷。2011年农业总产值1.52亿元。粮食生产以水稻、小麦、番薯为主，油料作物和蔬菜也是重要的种植物，1990年后镇郊已为县城蔬菜基地。畜牧业主要有生猪、羊、牛、家禽饲养，2011年畜牧业总产值2128万元，占农业总产值14%。岭北一带旧时以生产花笺纸著称，碑牌以生产竹器闻名。岭北、毛垟盛产茶叶，毛垟板栗、恩坑猕猴桃是知名农产品。

罗阳镇陶瓷业发达。镇内有上交垟工业园区、生态工业园等产业集群，初步形成以竹木加工、矿产加工为主的工业体系，南院辉绿岩名闻遐迩。木制家具、儿童玩具是重要的外贸产品。2011年工业总产值9.7亿元；商品进出口总额1442.07万美元，其中出口1200万美元。

罗阳镇交通发达，331省道、228省道过境。其中，331省道镇境路段18千米，通往分水关、苍南县、温州市区；228省道镇境内路段13千米，北通景宁、云和县、南至福建省寿宁县。此外有县镇（乡）级公路7条，总长105千米。

镇域内有水力发电企业21家，幼儿园29所、小学13所、初中9所、普通高中3所、中等职业学校1所；各类医疗机构38个，包括卫生院7所。

罗阳镇被命名为“中国旅游文化名镇”“浙江省生态镇”“浙江省文明县城”。

1992年重新认定革命老区，原罗阳镇、仙稔乡、岭北乡、南院乡、碑排乡、下洪乡、洲岭乡被认定为革命老区乡镇。

第二节 群众自治组织 居民点

北外村 Běiwài Cūn

行政村。位于县城北郊，村委会驻北外，在镇人民政府驻地东北 0.8 千米处，村以村委会驻地北外命名。东南邻三垟村，南接北内村，西北连新北社区，面积 3.21 平方千米。辖 14 个村民小组，有北外、金畚斗 2 个自然村。居民 337 户、1295 人，其中畲族 200 人。以农业为主，茶叶也是重要产业

解放初为沙底村，属罗阳乡；1952 年属析建的黄沙乡；1956 年黄沙乡撤销，并入罗阳镇。1958 年建立沙底生产队，属罗阳公社罗阳生产大队；次年生产大队改称管理区，属罗阳公社罗阳管理区。1961 年 9 月管理区撤销，生产队改为生产大队，为北外生产大队，属规模调整后的罗阳公社。1970 年 5 月罗阳公社改为罗阳镇。1971 年因城镇建设与北内村连成一片，更名为北外生产大队。1984 年 5 月改为北外行政村。

北外 Běiwài 北外村村委会驻地。小溪纵贯全村，黄沙堆积两侧，有似河堤，村庄得名“沙堤”，后以音写作“沙底”。后以地处县城北门外改称“北外”。村居溪谷，房舍沿泰景公路（老 52 省道）呈块状分布，居民 308 户、1183 人。

王姓上祖王得瑜明洪武十五年（1382 年）自括苍沐鹤（今属景宁县）迁此。今多王姓。

金畚斗 Jīnběndǒu 位于北外村委会驻地西北 1.3 千米处。村前山谷形似畚斗，取吉祥意得名“金畚斗”，曾名“金北斗”。房舍沿 52 省道呈点状分布，居民 29 户、112 人。

郑姓上祖郑玲从福建福安迁此，雷姓自三滩院后分迁于此。今多蓝、雷、钟、李姓。

北内村 Běinèi Cūn

行政村。位于罗阳镇西部，村委会驻城北路 26 号，在镇人民政府驻地西北 0.1 千米处，村以村委会驻地北内命名。东至东内村，西邻西内村，南接南内村，北连北外村，面积 0.7 平方千米。辖 7 个村民小组，有北内 1 个自然村。居民 350 户、1219 人。以农业为主，茶叶也是重要产品，兼营商业。

北内村解放初至 1958 年属罗阳镇。1958 年建立北内生产队，属罗阳公社罗阳生产大队；次年起属罗阳公社罗阳管理区。1961 年 9 月起为北内生产大队，属规模调整后的罗阳公社；1970 年 5 月罗阳公社改为罗阳镇。1984 年 5 月改称北内行政村，属罗阳镇。

北内 Běinèi 北内村村委会驻地。地处县城北门内，故名。房舍沿街道呈块状分布，居民 396 户、1526 人。

今居多姓，以吴姓较多。

西外村 Xīwài Cūn

行政村。位于罗阳镇西部，村委会驻西大街 174 号，在镇人民政府驻地西南 0.3 千米处。村以村委会驻地西外命名。东至南内村，西邻大深垟社区，南接南外村，西北连西内村。面积 1.10 平方千米，居民 187 户、487 人。辖 4 个村民小组，有西外、东源、杨家山 3 个自然村。经济以农业为主，茶叶也是重要产品。

解放初至 1958 年与今西内合称西村，属罗阳镇。1958 年建立西外生产队，属罗阳公社罗阳生产大队；次年起属罗阳公社罗阳管理区。1961 年 9 月起为西外生产大队，属规模调整后的罗阳公社；1970 年 5 月罗阳公社改为罗阳镇。1984 年 5 月改为西外行政村，属罗阳镇。

西外 Xīwài 西外村村委会驻地。该地原有较大田垟，土层深厚，得名“大深垟”。 后因地处县城西门外改今名。房舍沿街道呈块状分布，居民 162 户、420 人。

高姓明万历年间迁西门外大深洋。今多高、杨姓。

东源 Dōng yuán 位于村委会驻地西北 1.7 千米处。村中溪涧源自天关山东侧，故名。房舍沿山坡呈点状分布，居民 11 户、30 人。

高姓从西门外大深垟分迁此，今多高、杨姓。

杨家山 Yángjiāshān 位于村委会驻地西北 2.0 千米处。因当地杨家山得名。房舍沿山坡呈点状分布，居民 5 户、15 人，均畲族。

杨姓较早居此。今多蓝、雷姓。

西内村 Xīnèi Cūn

行政村。位于罗阳镇西部，村委会驻西大街 66 号，在镇人民政府驻地西 0.5 千米处。村以村委会驻地西内命名。东至北内村，西邻西外村，南接南内村。面积 0.77 平方千米，居民 212 户、745 人。辖 7 个村民小组，有西内 1 个自然村。经济以农业为主，茶叶也是重要产业。

解放初至 1958 年与今西外村合称西村，属罗阳镇。1958 年建立西内生产队，属罗阳公社罗阳生产大队，次年起属罗阳公社罗阳管理区。1961 年 9 月起为西内生产大队，属规模调整后的罗阳公社。1984 年 5 月改为西内行政村，属罗阳镇。

西内 Xīnèi 西内村村委会驻地，因处县城西门内得名。房舍沿街呈块状分布，居民 212 户、745 人。

张姓清康熙年间从福建寿宁县迁此，后裔迁戬洲庵前，今居姓氏众多。

东内村 Dōngnèi Cūn

行政村。位于罗阳镇西部，县城东部边缘。村委会驻地东内，在镇人民政府驻地东南 0.1 千米处。村以村委会驻地东内命名。东至东外村，西邻北城社区，南接霞东城社区，北连北内村。面积 1.55 平方千米，居民 290 户、992 人。分 10 个村民小组，有东内 1 个自然村。以农业为主，兼营商业。

地处县城东部边缘，解放初至 1958 年与今东外村合称东村，属罗阳镇。1958 年建立东内生产队，属罗阳公社罗阳生产大队，次年起属罗阳公社罗阳管理区。1961 年 9 月起为东内生产大队，属规模调整后的罗阳公社，1970 年 5 月罗阳公社改为罗阳镇。1984 年 5 月改为东内行政村，属罗阳镇。

东内 Dōngnèi 东内村村委会驻地。地处东门内，故名。地域系县城城区，发展迅速，原来的赤沙、霞阳等自然村联为一体，称为“东内”。房舍沿街道呈块状分布，居民 290 户、992 人。

潘姓明景泰年间定居于此。嘉靖、万历时，董姓从罗阳交垟口岙底分迁霞阳。清代有王姓居此，高姓清代从大深洋分迁与此。今多潘、王、吴、高姓。

东外村 Dōngwài Cūn

行政村。位于罗阳镇西部，村委会驻东外，在镇人民政府驻地东南 0.3 千米处，村以村委会驻地东外命名。东北至三垟村，西邻东内村，南接飞龙社区。面积 1.24 平方千米，居民 210 户、730 人。有东外 1 个自然村，辖 7 个村民小组。以农业为主，茶叶也是重要产业。

解放初至 1958 年与今东内村合称东村，属罗阳镇。1958 年建立东外生产队，属罗阳公社罗阳大队；次年起属罗阳公社罗阳管理区。1961 年 9 月起为东外生产大队，属规模调整后的罗阳公社；1970 年 5 月罗阳公社改为罗阳镇。1984 年 5 月改为东外行政村，属罗阳镇。

东外 Dōngwài 东外村村委会驻地。古称“罗峰”，后因地处县城东门外得名“东外”。房舍沿街道呈块状分布，居民 210 户、730 人。

明景泰年间潘尹序平定“括寇”郑怀冒以功授湖广崎山镇巡检，定居邑之东隅。潘弥光（显庵公）后裔从道均洋迁至罗峰。今多潘姓。

南内村 Nánnèi Cūn

行政村。位于罗阳镇西部，村委会驻南内，在镇人民政府驻地西南 0.4 千米处，村以村委会驻地南内命名。东至东内村，西邻西外村，南及西南接南外村，北连北内村。面积 1.18 平方千米，居民 421 户、1348 人。辖 11 个村民小组，有南内 1 个自然村。以农业为主，茶叶也是重要产业。

解放初至 1958 年与今南外合称南村，属罗阳镇。1958 年建立南内生产队，属罗阳公社罗阳生产大队；

次年起属罗阳公社罗阳管理区。1961 年 9 月起称南内生产大队，属规模调整后的罗阳公社；1970 年 5 月罗阳公社改为罗阳镇。1984 年 5 月改为南内行政村，属罗阳镇。

南内 Nánnèi 南内村村委会驻地。因处县城南门内得名。房舍沿街道呈点状分布，地域系县城城区南片，发展迅速，原麻子见、溪尾等自然村联为一体，统称“南内”。房舍沿街道块状分布，居民 421 户、1380 人。

刘姓从洋心街分迁，高姓从西门外大深洋分迁于此，今多刘、高、王、潘姓。

南外村 Nánwài Cūn

行政村。位于罗阳镇西部，村委会驻南大街 189 号，在镇人民政府驻地西南 0.9 千米处，村以村委会驻地南外命名。东邻南城社区，西南邻毛竹下村，北邻西外村。面积 1.61 平方千米，居民 207 户、912 人，其中畲族 38 人。辖 9 个村民小组，有南外 1 个自然村。以农业为主，茶叶也是重要产业。

解放初至 1958 年与今南内合称南村，属罗阳镇。1958 年建立南外生产队，属罗阳公社罗阳生产大队；次年起属罗阳公社罗阳管理区。1961 年 9 月起称南外生产大队，属规模调整后的罗阳公社；1970 年 5 月罗阳公社改为罗阳镇。1984 年 5 月改为南外行政村，属罗阳镇。

南外 Nánwài 南外村村委会驻地。地处县城南门外，故名。房舍沿溪呈块状分布，居民 207 户、912 人，其中畲族 38 人。

董姓先祖源出宋溪（今东溪乡秀溪），后迁吴屿（今洲岭前埕），再迁章源，明代自章源迁罗阳南门外。今多董姓，畲族多蓝、雷姓。

联新村 Liánxīn Cūn

行政村。位于罗阳镇西部，村委会驻地联兴路 688 号，在镇人民政府驻地北偏西 1.7 千米处。由江家山、黄湖、马头岗三村合并为新村，命名“联新”。西邻村尾村，南接新北社区。面积 10.12 平方千米，居民 425 户、1415 人，其中畲族 628 人。辖 18 个村民小组，有马头岗、江家山、牛背脊、半岭、黄湖、朱家山、樟树垟、黄沙坑、南网、岭尾、竹坑 11 个自然村。经济以农业为主，亦产茶叶。

原马头岗、江家山、黄湖 3 村解放初属罗阳镇，1952 年属析建的黄沙乡；1956 年并入罗阳镇。1958 年分别建立江家山、黄湖、马头岗生产队，属罗阳公社罗阳生产大队；次年 2 月起均属罗阳公社罗阳管理区。1961 年 9 月起改为生产大队，均用原地名，属规模调整后的罗阳公社。1984 年 5 月分别改为江家山、黄湖、马头岗村，属罗阳镇。1992 年重新认定革命老区，原江家山、黄湖、马头岗 3 村均被认定为革命老区村。2004 年，原江家山、黄湖、马头岗 3 村合并组建联新村。

马头岗 Mătóugăng 位于村委会驻地北偏东 1.7 千米处，村前山岗形似马头，故名。房舍沿山坡呈点状分布，居民 87 户、300 人，其中畲族 200 人。

梅姓晚清从溪坪分迁于此，蓝姓从垟头分迁于此。今多梅姓，畲族蓝、雷姓。

江家山 Jiāngjiāshān 位于村委会驻地北偏西 1.9 千米处，因初居江姓得名。房舍沿山脚呈块状分布，居民 115 户、400 人左右，其中畲族 300 人。

初居江姓，魏姓清前叶从桂阳（今百丈魏垟）分迁于此；畲族蓝姓从鳌岭（今司前牛牯岭）分迁此，钟姓从百丈上林林山迁此。今多魏姓，畲族多蓝姓、钟姓。

牛背脊 Niúbèijĭ 位于村委会驻地北偏西 4.1 千米处。所处山坡陡如牛背脊，故名。房舍沿山坡呈块状分布，居民 23 户、82 人。

董姓上祖董国正清中叶从岭北陈家垟迁此。今多董姓。

半岭 Bànlĭng 位于村委会驻地北偏东 2.0 千米处，因处马口至黄湖石岭半途得名。房舍沿山坡呈块状分布，居民 29 户、96 人，其中畲族 60 人。

吴姓清中叶从筱村迁此，雷姓晚清从院后迁此。今多吴、夏姓，畲族雷姓。

黄湖 Huánghú 位于村委会驻地北偏东 2.4 千米处。据传黄姓最早居此，村旁水潭雅称为“湖”，故名。房舍沿山坡呈点状分布，居民 115 户、400 人。

初居黄姓，夏姓上祖夏伯富明代后期从仙居迁此。今多夏姓。

朱家山 Zhūjiāshān 位于村委会驻地西北 2.0 千米处，因朱姓最早居此得名。房舍沿山谷呈点状分布，居民 58 户、200 人。

初居朱姓；高姓明万历年间居此，后迁罗阳；陈姓明末从横坑乡迁此。今多陈、苏姓。

樟树垟 Zhāngshùyáng 位于村委会驻地西 2.2 千米处，因田垟边多樟树得名。房舍沿山坡呈块状分布，居民 28 户、100 人，其中畲族 40 人。

洪姓明代后期从横坑乡迁此。今多洪姓，畲族蓝、钟姓。

黄沙坑 Huángshākēng 位于村委会驻地西北 3.83 千米处，因附近小溪黄沙坑得名。房舍沿山坡呈块状呈点状分布，居民 23 户、78 人。

雷姓清中叶从景宁迁此。今多蓝、雷姓。

南网 Nánwăng 位于村委会驻地北偏西 3.1 千米。因地形有如蜘蛛织网得名。房舍沿山坡呈点状分布，居民 27 户、112 人。

董姓清中叶从罗阳南门迁此。今多董姓。

岭尾 Lĭngwĕi 位于村委会驻地西偏北 1.7 千米，因去岭北一带道路的岭尾口得名。房舍沿山坡呈点状分布，居民 10 户、30 人。

洪姓明中叶从苍南桥墩迁此。今多洪姓。

竹坑 Zhúkēng 位于村委会驻地东北 2.9 千米，因造纸毛竹下坑得名。房舍沿山坡呈块状分布，居民 21 户、86 人。

吴姓清中叶从新山迁此。今多吴姓。

白溪村 Báixī Cūn

行政村。位于罗阳镇西部，村委会驻地白溪，在镇人民政府驻地西北 3.1 千米处，以村委会驻地白溪命名。东连大深垟社区，西邻福建省寿宁县，东南接毛竹下村。面积 7.53 平方千米。居民 235 户、732 人，其中畲族 244 人。辖 10 个村民小组，有白溪、山头垄、将家垟、葛绳岭、溪底寮、窑下 6 个自然村。以农业为主。

解放初属罗阳镇，1952 年属析建的竹溪乡，1956 年竹溪乡撤销，并入罗阳镇。1958 年建立白溪生产队，属罗阳公社罗阳生产大队；次年起属罗阳公社罗阳管理区。1961 年 9 月起改为生产大队，为白溪生产大队，属规模调整后的罗阳公社。1984 年改为白溪村，属罗阳镇。1992 年重新认定革命老区，白溪村被认定为革命老区村。

白溪 Báixī 白溪村村委会驻地，因村旁小溪时有白雾迷蒙得名。房舍沿溪谷呈点状分布，居民 76 户、272 人，其中畲族 193 人。

胡姓上祖胡道阅明宣德二年（1427 年）从青田柘峰造迁此，后裔散居仕阳；蓝姓从百丈南坑垟陈宅分迁于此。今多吴、胡姓，畲族蓝姓。

山头垄 Shāntóulǒng 位于村委会驻地西南 1.1 千米处，因处山之上部得名。房舍沿山坡呈点状分布，居民 50 户、182 人。

魏姓从黄坑魏洋分迁此。今多魏姓。

将家垟 Jiāngjiāyáng 位于村委会驻地西南 1.4 千米处。房舍沿山坡呈点状分布，居民 11 户、40 人。

魏姓从黄坑魏洋分迁此。今多魏姓。

葛绳岭 Géshénglǐng 位于村委会驻地西南 2.1 千米处。村旁石岭两侧旧时长满葛藤，俗称“藤”为“绳”，故名。房舍沿山坡呈块状分布，居民 52 户、183 人。

吴姓较早居此；魏姓清中叶从山头垅分迁此。今多魏姓。

溪底寮 Xīdǐliáo 位于村委会驻地西南 3.3 千米处，早时先民建草屋于溪北山坳里侧，故名。房舍沿山坡呈块状分布，居民 23 户、90 人，其中畲族 51 人。

叶姓清中叶从福建寿宁县犀溪村迁此。今多叶姓，畲族多蓝姓。

窑下 Yáoxià 位于村委会驻地东 0.7 千米。因古时建窑得名，又称“游下”。房舍沿山脚呈点状分布，居民 15 户、68 人。今多雷、杨、缪姓。

三垟村 Sānyáng Cūn

行政村。位于罗阳镇西部，村委会驻地三垟坪，在镇人民政府驻地东北 1 千米处。村以村委会驻地三垟坪命名。西南接东内村，西北连北外村。面积 2.39 平方千米，居民 186 户、708 人，其中畲族 15 人。辖 8 个村民小组，有三垟、菖蒲垄、棋盘岩、山垟坪 4 个自然村。经济以农业为主，亦产茶叶。

解放初为三洋村，属罗阳镇；1952 年属析建的黄沙乡，1956 年黄沙乡撤销，并入罗阳镇。1958 年建立三洋生产队，属罗阳公社罗阳生产大队；次年起属罗阳公社罗阳管理区。1961 年 9 月起改为三洋生产大队，属规模调整后的罗阳公社；1970 年 5 月罗阳公社改为罗阳镇。1984 年 5 月改为三垟村。

三垟 Sānyáng 三垟村村委会驻地，该地旧有宫观“三阳宫”，遗址尚存。后以谐音简化为“三垟”。“文化大革命”时该地建“五七农场”，后改造为“三垟茶场”。房舍沿山坡呈块状分布，居民 82 户、300 人，其中畲族 8 人。

曾姓上祖曾明三元至正年间（1341—1366 年）从东溪迁于此。今多曾姓，畲族雷姓。

菖蒲垄 Chāngpúlǒng 位于村委会驻地东北 1.1 千米处。村前山垄旧多菖蒲，故名。房舍沿山坡呈块状分布，居民 46 户、152 人。

张姓清中叶从三魁迁此。今多张姓。

棋盘岩 Qípányán 位于村委会东偏南 1.0 千米处。当地一岩石酷似棋盘，故名。房舍沿山坡呈点状分布，今大多迁至三垟坪，尚居 12 户、46 人，其中畲族 7 人。

今多王、张姓，畲族蓝姓。

山垟坪 Shānyángpíng 位于村委会驻地东北 1.1 千米，因处坪地“山垟坪”得名。房舍沿山脚呈点状分布，原居民已迁往三垟村，今仅有浙江泰顺广播转播台和泰顺驾校两个单位驻此。

毛竹下村 Máozhúxià Cūn

行政村。位于罗阳镇西部，村委会驻地毛竹下，在镇人民政府驻地西南 2.2 千米处。村以村委会驻地毛竹下命名。东北接南外村，西、南邻福建省，西北连白溪村。面积 3.61 平方千米，居民 220 户、763 人，其中畲族 63 人。辖 7 个村民小组，有毛竹下、大田、东溪头、半山、卓家坑 5 个自然村。经济以农业为主，亦产茶叶。

解放初属罗阳镇，1952年属析建的竹溪乡，1956年竹溪乡撤销，并入罗阳镇。1958年建立毛竹下生产队，属罗阳公社罗阳生产大队；次年起属罗阳罗阳公社罗阳管理区。1961年9月起改为毛竹下生产大队，属规模调整后的罗阳公社。1984年5月改为毛竹下村，属罗阳镇。

毛竹下 Máozhúxià 毛竹下村村委会驻地，因四周群山盛产毛竹得名。村处山脚坡地。房舍沿山脚呈点状分布。居民58户、212多人，其中畲族13人。今多陈姓、郑姓，畲族雷姓。

大田 Dàtián 位于村委会驻地西南0.7千米处，因村旁有丘大田得名。房舍沿山脚呈点状分布，居民58户、208人。

陈姓民国时从泗溪白粉墙迁此。今多陈、魏姓。

东溪头 Dōngxītóu 位于村委会驻地西南1.7千米处，因处寿泰溪东岸得名。房舍沿寿泰溪呈块状分布，居民55户、210人。

魏姓从魏洋分迁于此。今多魏姓。

半山 Bànshān 位于村委会驻地西南0.1千米处，因处半山腰得名。房舍沿山腰呈点状分布，居民33户、115人，其中畲族16人。今多郑姓，畲族雷姓。

卓家坑 Zhuójiākēng 位于村委会驻地西北1.6千米处，因附近小溪卓家坑得名。房舍沿山谷呈块状分布，居民36户、122人，其中畲族34人。

初居卓姓，继有陈姓迁此。今多陈姓，畲族蓝姓。

村尾村 Cūnwěi Cūn

行政村。位于罗阳镇西北部，村委会驻地村尾，在镇人民政府驻地西北17.6千米处。由原村尾、陈家垟、关漈后3村合并组建，以村委会驻地命名。东至联新村，西邻板场村，北连北峰村。面积10.3平方千米，居民443户、1649人，其中畲族328人。辖16个村民小组，有村尾、水尾、关漈后、陈家垟、三角丘、芭蕉垄6个自然村。经济农林并举，亦产茶叶。

原村尾、陈家垟（原称陈家洋）、关漈后村解放初属岭北乡，1952年属岭南乡，1956年属岭北乡。1958年陈家洋、村尾两村合并建立村尾生产队，关漈后村建立关漈后生产队，均属罗阳公社岭北生产大队。1959年2月起属罗阳公社岭北管理区。1961年9月分别为村尾、陈家洋、关漈后生产大队，属析建的岭北公社。1984年5月改为村尾、陈家垟、关漈后行政村，属岭北乡。1992年重新认定革命老区，原村尾村被认定为革命老区村。

2004年原村尾、陈家垟、关漈后3村合并组建新的村尾村，属岭北乡。2011年4月岭北乡撤销，并入罗阳镇。

村尾 Cūnwěi 村尾村村委会驻地，因处上垟坑、北坑两村末端得名。房舍沿岭北溪呈块状分布，居民 161 户、593 人，其中畲族 122 人。

龚氏北宋时迁此，留有“龚家岱”地名(后讹为“封家岱”)；张姓上祖张义存北宋崇宁三年（1104 年）从平阳昆阳迁此；南宋淳熙十四年（1187 年）徐姓从三滩迁此；明宣德三年（1428 年）潘姓从洪口迁此；清末畲族雷姓从福建寿宁迁此。今多潘姓，畲族雷姓。

水尾 Shuǐwěi 位于村委会驻地东北 0.4 千米处，因处岭北溪下游得名。房舍沿岭北溪呈块状分布，居民 4 户、13 人，其中畲族 5 人。

潘大顺 1962 年从关漈后迁此。今多潘姓，畲族雷姓。

关漈后 Guānjihòu 位于村委会驻地东北 0.9 千米处。村西有一无水的岩漈，称“干漈”。村居其后，原名“干漈后”，后以音转为“关漈后”。房舍沿山坳呈点状分布，原有居民 47 户、182 人，近年多数已迁至村尾，今住 24 人。村前古道有树龄百年以上的松树。

潘姓上祖潘元康清中叶从道均垟迁此。今多潘姓。

陈家垟 Chénjiāyáng 位于村委会驻地南 1.1 千米处，天关山西，因陈姓肇基得名。房舍沿山坡呈点状分布，居民 76 户、283 人，其中畲族 3 人。

初居陈姓，董姓上祖董先推清中叶从罗阳霞阳迁此，梅姓清代从罗阳迁此。今多梅姓，畲族雷姓。

三角丘 Sānjiǎoqiū 位于村委会驻地西北 0.6 千米处，因村庄旁有丘三角形田得名。房舍沿岭北溪呈点状分布，居民 112 户、396 人，其中畲族 200 人。

雷姓源出景宁鹤溪，从梅花垟迁竹里金山垅，又外迁福建寿宁县林峰坑，晚清时回迁于此。今畲族多雷姓，汉族多潘姓。

巴蕉垄 Bājiāolǒng 位于村委会驻地西北 0.8 千米处，因村边山垄旧多野芭蕉得名。村居山坡地，房舍沿山坡呈块状分布，居民 19 户、65 人。

潘姓上祖潘证茂民国 11 年（1922 年）从关漈后迁此。今多潘姓。

道均垟村 Dàojūnyáng Cūn

行政村。位于罗阳镇西北部，村委会驻地道均垟，在镇人民政府驻地西北 19.8 千米处。由原道均洋、翁溪 2 村合并组建，以村委会驻地道均垟命名。东北至碑排村，西南邻北峰村。面积 13.52 平方千米，居民 203 户、879 人，其中畲族 22 人。辖 10 个村民小组，有道均垟、翁溪、坑底湾、五岱、垟坑 5 个自然村。经济农业、林业并举，亦产茶叶。

原道均垟（1984 年前称道均洋）、翁溪 2 村解放初属岭北乡；1958 年 2 村合并建立道均洋生产队，属罗阳公社岭北生产大队；1959 年 2 月起属罗阳公社岭北管理区。1961 年 9 月起分设为道均洋、翁溪生产大队，属新建的岭北公社。1984 年分别改为道均垟、翁溪行政村，属岭北乡。1992 年重新认定革命老区，道均垟、翁溪 2 村均被认定为革命老区村。

2004 年原道均垟、翁溪 2 村合并组建新的道均垟村，属岭北乡。2011 年 4 月岭北乡撤销，并入罗阳镇。

道均垟 Dàojūnyáng 道均垟村村委会驻地。据传古有农民军首领在此招兵买马，得名“逃军阳”，后以谐音称“道均洋”；村委会驻地聚落又名“坟林”。房舍沿山边公路两旁呈块状分布。居民 132 户、538 人，其中畲族 4 人。

宋代泗溪林姓已居此；明宣德三年（1428 年）潘姓上祖潘弥光从翁溪洪口迁此。今多潘姓，畲族蓝姓。

翁溪 Wēngxī 位于村委会驻地北偏东 1.6 千米处，曾为原翁溪村委会驻地。因处翁溪之畔，村以溪名。房舍沿翁溪两岸呈点状分布，居民 60 户、287 人。其中畲族 22 人。

潘姓上祖潘弥光明永乐二十一年（1423 年）从洪口迁此。今多傅姓，畲族蓝姓。

坑底湾 Kēngdǐwān 位于村委会驻地北偏东 2.2 千米处，因处小溪湾得名，曾作“坑底垮”。房舍沿山坡呈点状分布，居民 4 户、15 人。

潘姓清中叶从道均垟分迁于此。今多潘姓。

五岱 Wǔdài 位于村委会驻地东南 1.8 千米处。古有潘姓居此，五代同堂，人称“五代荣”，后简化为“五代”，又以谐音改作“五岱”。房舍沿山道呈块状分布，居民 10 户、41 人。

潘姓潘仲莲之子清中叶从道均垟分迁于此。今多潘姓。

垟坑 Yángkēng 位于村委会驻地东南 2.4 千米处，因村旁小溪“垟坑”得名。房舍沿山坡呈块状分布，今居 1 户、5 人。仙北公路沿溪经过村前。

明代已有人居此，潘姓清中叶从五岱分迁此。今居潘姓。

上垟村 Shàngyáng Cūn

行政村。位于罗阳镇西北部，村委会驻地上垟，在镇人民政府驻地西北 9.6 千米处。村以驻地上垟命名。东北至道均垟村，西邻福建省，东南接北峰村。面积 3.67 平方千米，居民 161 户、587 人，其中畲族 17 人，其余均汉族。辖 7 个村民小组，有上垟、垟头、垟尾 3 个自然村。经济农业、林业并举，亦产茶叶。外出务工约 200 人。

原上垟、山头仔 2 村解放初属岭北乡；1958 年合并建立上洋生产队，属罗阳公社岭北生产大队。1959

年起属罗阳公社岭北管理区。1961 年 9 月起分设为上洋、山头仔生产大队，属岭北公社；1981 年 10 月山头仔生产大队改为西山生产大队。1984 年 5 月分别改为上垟、西山行政村，属岭北乡。2004 年西山村并入板场村，2011 年 4 月岭北乡撤销，并入罗阳镇。1992 年重新认定革命老区，原上垟村被认定为革命老区村。

上垟 Shàngyáng 上垟村村委会驻地。因处于小溪上游田垟边得名，包括小聚落“垟上”。房舍沿岭北溪呈块状分布，居民 13 户、32 人。

徐姓从木棉村（今司前宫头垟一带）分迁于此。今多徐姓。

垟头 Yángtóu 位于村委会驻地东北 0.2 千米处，因处上垟村庄上段得名。房舍沿山谷呈点状分布，居民 17 户、43 人。

徐姓从木棉村分迁于此。今多徐姓。

垟尾 Yángwěi 位于村委会驻地南 0.2 千米处，房舍沿岭北溪呈块状分布，与上垟自然村已合为一块。居民 118 户、461 人，其中畲族 17 人。

徐姓从木棉村分迁于此。今多徐姓，畲族雷姓。

北峰村 Běifēng Cūn

行政村。位于罗阳镇西北部，村委会驻地北坑，在镇人民政府驻地西北 8.1 千米处。以处北山之下命名“北峰”。东北至道均垟村，西南邻板场村，南接村尾村，西北连上垟村。面积 2.80 平方千米，居民 154 户、603 人，均汉族。辖 4 个村民小组，有北坑 1 个自然村。经济农业、林业并举，亦产茶叶。该村为第二次国内革命战争时期革命老根据地村。

北峰村原称北坑村，解放初属岭北乡，1952 年属岭南乡，1956 年属岭北乡。1958 年建立北坑生产队，属罗阳公社岭北大队；1959 年 2 月起属罗阳公社岭北管理区。1961 年 9 月起为北坑生产大队，属岭北公社。1981 年 10 月因县内重名更名为北峰大队。1984 年 5 月改为北峰村，属岭北乡。2011 年 4 月岭北乡撤销，并入罗阳镇。

1987 年北峰村被认定为第二次国内革命战争时期革命老根据地村。1992 年被重新认定革命老区村。

北坑 Běikēng 北峰村委会驻地。因村边小溪 “北坑”得名。房舍沿山坡呈块状分布，居民 154 户、603 人。

潘姓上祖潘仲吴清前叶从道均垟村分迁于此。今多潘姓。

板场村 Bǎnchǎng Cūn

行政村。位于罗阳镇西北部，村委会驻地板场，在镇人民政府驻地西北 8 千米处。由板场、西山、半岭 3 行政村合并组建，以村委会驻地板场命名。东至村尾村，西邻福建省，东北连北峰村，北接上垟村。面积 8.65 平方千米，居民 342 户、1402 人，其中畲族 14 人。辖 20 个村民小组，有板场、半岭仔、夏家店、乌石、西山、黄坭丘 6 个自然村。农业、林业并举，亦产茶叶。

原板场、西山、半岭村解放初属岭北乡，1952 年属岭南乡，1956 年属岭北乡。1958 年分别建立板场、山头仔、半岭生产队，属罗阳公社岭北生产大队。1959 年 2 月起属罗阳公社岭北管理区。1961 年 9 月起分别为板场、山头仔、半岭生产大队，属岭北公社。1984 年 5 月改为板场、山头仔、半岭行政村。1992 年重新认定革命老区，板场、山头仔、半岭 3 村被认定为革命老区村。

2004 年，板场、西山、半岭 3 村合并组建新的板场村，属岭北乡。2011 年 4 月岭北乡撤销，并入罗阳镇。

板场 Bǎnchǎng 板场村村委会驻地。因居桥边，原名“桥头”；后遭山体滑坡房屋被毁，人称“崩场”，“崩”“板”方言近音，后改为“板场”。房舍沿溪谷呈点状分布，居民 150 户、524 人，其中畲族 2 户、6 人。

梅姓清前叶从景宁县黄桐迁此。今多徐、潘姓，畲族蓝、雷姓。

半岭仔 Bànlǐngzǐ 位于村委会驻地南 1.4 千米处，天关山西侧。地处大山岭中段，聚落较小，故名。房舍沿山坡呈点状分布，居民 29 户、119 人。

初有朱姓居此。后梅姓清中叶从罗阳溪坪迁此。今多梅姓。

夏家店 Xiàjiādiàn 位于村委会驻地西南 0.2 千米处。古有夏姓在此开店，故名。房舍沿山坡呈块状分布，居民 2 户、3 人。

明代即有人居此。今多潘姓。

乌石 Wūshí 位于村委会驻地西南 0.6 千米处。村旁之山多乌色岩石，故名。房舍沿山呈块状分布，居民大多已迁至交通方便的板场村，尚居 15 户、40 人。

初为福建寿宁岱岭人居此，南宋时经学家徐元吉从三滩迁此，潘姓清中叶从北坑迁此。今多徐、潘姓。

西山 Xīshān 位于村委会驻地西北 1.46 千米处。村庄处于山坡上方，聚落较小，得名“山头仔”；1985 年 10 月因县内重名更名为“西山”。房舍沿山坡呈块状分布，居民 108 户、443 人，其中畲族 2 户、8 人。

叶姓上祖叶庭和清中叶从景宁县岩溪迁此。今多叶姓，畲族雷姓。

黄坭丘 Huángníqiū 位于村委会驻地西北 0.5 千米处，因村旁多黄泥田得名。房舍沿山坡呈点状分布，居民 18 户、63 人。

潘姓清中叶从道均垟迁此。今多潘姓。

溪坪村 Xīpíng Cūn

行政村。位于罗阳镇西部，村委会驻地溪坪，在镇人民政府驻地西南 1.1 千米处。由原溪坪、袁家地、寮下 3 村合并组建，以村委会驻地溪坪命名。东至西外村，西邻大深垟社区，南接南外村。面积 4.90 平方千米，居民 342 户、945 人。辖 12 个村民小组，有溪坪、袁家地、可坑、山条岗、寮下 5 个自然村。经济以农业为主，亦产茶叶。

原溪坪村解放初属罗阳镇，1952 年属析建的竹溪乡；1956 年竹溪乡撤销，并入罗阳镇。1958 年建立溪坪生产队，属罗阳公社罗阳生产大队；次年起属罗阳公社罗阳管理区。1961 年 9 月起为溪坪生产大队，属规模调整后的罗阳公社。1984 年 5 月改为溪坪村，属罗阳镇。

原袁家地村、寮下村解放初属鹤巢乡（“鹤巢”1951 年改称"岳巢"，1983 年正名为“鹤巢”）。1958 年分别建立袁家地、寮下生产队，属罗阳公社岳巢生产大队；次年起属罗阳公社岳巢管理区。1961 年 9 月起为袁家地、寮下生产大队，属新建的岳巢公社。1984 年 5 月改为袁家地、寮下行政村，属鹤巢乡。1992 年并入罗阳镇。1992 年重新认定革命老区，原袁家地、寮下村均被认定为革命老区村。

2004 年溪坪、袁家地、寮下 3 村合并组建新的溪坪村。

溪坪 Xīpíng 溪坪村村委会驻地。地处白溪岸边坪地，故名，包括小聚落南垟底。房舍沿溪呈块状分布，居民 342 户、945 人。

江姓上祖江贵八、江贵九元泰定年间（1324—1328 年）迁此；董姓明嘉靖、万历之际自交垟口岙底分迁于此；梅姓永乐四年（1426）从景宁大漈迁此。舒姓明中叶自百丈金坑迁此。今多梅、舒、江姓。

袁家地 Yuánjiādì 位于村委会驻地南偏东 3.0 千米，因袁姓肇基得名。房舍山坡呈块状分布，居民 63 户、180 人。

初居袁姓，董姓清初从赤坑迁此。今多董姓。

可坑 Kěkēng 位于村委会驻地南偏东 2.6 千米，因当地小溪可坑得名。房舍沿山峦呈点状分布，居民 20 户、70 人。今多董姓。

山条岗 Shāntiáogǎng 位于村委会驻地南偏东 3.2 千米，因处山岗“山条岗”得名。房舍沿山坡呈点状分布，居民 18 户、30 人。今多董姓。

寮下 Liáoxià 位于村委会驻地南偏东 7.6 千米处，因先民迁居时搭草屋得名。包括岭后坑、曲岭、岭端、豆腐埕等聚落。房舍沿山湾呈带状分布，居民 80 户、301 人。

董姓上祖董孚清初从罗阳南门迁此。今多董姓。

仙居村 Xiānjū Cūn

行政村。位于罗阳镇中部，为畲族村。村委会驻地仙居，在镇人民政府驻地东北 5 千米处。由原仙居、岭下、书院、竹家山 4 村合并组建，以村委会驻地仙居命名。东至春阳村，西邻联新村，南偏西接上交垟村，西北连三滩村。面积 12.59 平方千米，居民 386 户、约 1500 人，其中畲族 400 余人。辖 17 个村民小组，有仙居、岭口、八丘下、斜垟、书院、塆斗、交垟岭、赤坑、木亭后、水尾桥、岭下、竹家山、石山下、笊篱丘 14 个自然村。经济以农业为主，兼营竹木，亦产茶叶。

原仙居、岭下、书院、竹家山村解放初均属仙稔乡，1952 年属仙居乡。1958 年分别建立仙居、岭下、书院、竹家山生产队，属罗阳公社仙居生产大队；1959 年 2 月起属罗阳公社仙居管理区。1961 年 9 月起为仙居生产大队，属新建的仙居公社（1981 年更名仙稔公社）。1984 年 5 月分别改为仙居、岭下、书院、竹家山行政村，属仙稔乡。

2004 年原仙居、岭下、书院、竹家山 4 村合并组建新的仙居村，属仙稔乡。2011 年 4 月仙稔乡撤销，并入罗阳镇。

仙居 Xiānjū 仙居村村委会驻地。唐末泰顺陶姓始祖陶乔曾隐居于此，明代人附会陶弘景隐居于此，得名“仙陵”。民国仙居《张氏宗谱》载：俗传背鸬鹚村马大仙曾避兵乱于此，故名。《徐氏宗谱》记载：“五代时马氏二女修炼于此，二女女仙也，而居马之后人，因名‘仙居’”。房舍沿溪呈块状分布。居民 134 户、570 人。

陶乔唐末自白鹤溪口迁此，后迁下革（今属百丈）；徐暹北宋雍熙四年（987 年）自宫头洋迁此；林建八世孙林恒北宋时自库村徙仙居，后迁罗阳镇北尤家池毛家洋；张姓上祖张昂张仲起明建文三年（1401 年）自岭北村尾分迁此。此外尚有项、陈、沈、金等姓入迁。今多徐、张姓。

岭口 Lǐngkǒu 位于村委会驻地北偏西 1.3 千米处。地处百丈岭路口，故名。环村皆山，今仅 1 幢民居，住 12 人，均畲族。

蓝姓晚清迁此。今多蓝姓。

八丘下 Bāqiūxià 位于村委会驻地东北 0.2 千米处。村旁旧有八丘田，故称。今仅 1 幢民居，住 13 人，畲族。

蓝姓清中叶从下稔分迁于此。今多蓝姓。

斜垟 Xiéyáng 位于村委会驻地东南 1.6 千米处。房舍沿山谷呈块状分布，居民 49 户、210 人。今多林姓。

书院 Shūyuàn 位于村委会驻地东南 2.2 千米处。清代有所仙居张姓的私塾，得名“书院”。房舍沿山坡呈点状分布，居民 52 户、210 人，畲族。

雷姓源出平阳章山（今属青街畲族乡），清中叶从司前筱条分迁于此。今多雷、蓝姓。

塆斗 Wāndǒu 位于村委会驻地东南 2.4 千米处。当地山塆呈兜形，故名。房舍沿山坡呈点状分布，居民 4 户、14 人，其中畲族 10 人。

蓝姓清中叶迁此。今多蓝姓。

交垟岭 Jiāoyánglǐng 位于村委会驻地南偏西 1.9 千米处，因附近山岭“交垟岭”得名。房舍沿山坡呈点状分布，居民 26 户、119 人。

林姓上祖林明航民国中期从岭下村迁此。今多林姓。

赤坑 Chìkēng 位于村委会驻地西南 1.1 千米处。村旁小溪砂石呈赤色，得名“赤坑”，村以坑名。房舍沿山坡呈点状分布，居民 20 户、90 人，其中畲族 20 人。

雷姓晚清迁此。今多雷姓。

木亭后 Mùtínghòu 位于村委会驻地西南 1.4 千米处。村前旧有木亭，为清代驻兵处，故名。房舍沿山坡呈点状分布，居民 23 户、103 人，其中畲族 70 人。

蓝姓清中叶从竹家山分迁此。今多蓝姓。

水尾桥 Shuǐwěiqiáo 位于村委会驻地西南 1.9 千米处，因村边的水尾桥得名。房舍沿峡谷呈点状分布，居民 21 户、94 人。

缪姓晚清从岭下村迁此。今多林姓。

岭下 Lǐngxià 位于村委会驻地西南 2.0 千米处，因处罗阳至仙居石岭下侧得名。房舍沿山谷呈块状分布，居民 51 户、210 人。据雍正《浙江通志》及《泰顺县志》记载，北宋状元徐奭葬于该村庄之下沙墩。

相传初居马姓，北宋时徐姓迁此，林姓上祖林俊明前叶从鹤巢山交村迁此。今多林姓。

竹家山 Zhújiāshān 位于村委会驻地西 1.5 千米处，据清泰顺《分疆录》记载，宋代处士徐元凤隐居于此，其诗《玉峰庐自赋》有“径深雅称竹为家”句，故名。房舍沿塆坡呈块状分布，居民 26 户、117 人，其中畲族 70 人。

徐元凤宋代从仙居迁此，蓝姓上祖蓝胜德清前叶从下稔垟头分迁于此。今多蓝姓。

石山下 Shíshānxià 位于村委会驻地西北 1.0 千米处。因齐姓于山下肇基得名“齐山下”，后以音改为“石山下”。房舍沿仙居溪谷呈点状分布，居民 2 户、33 人，均畲族。

初居齐姓；蓝姓清中叶从赤坑迁此，雷姓晚清时迁此。今多雷、蓝姓。

笊篱丘 Zhàolíqiū 位于村委会驻地西北 1.9 千米处。村南之田形似笊篱，故名。房舍沿山坡呈块状分布，居民 23 户、96 人，畲族。

蓝姓清中叶从竹家山分迁此。今多蓝姓。

三滩村 Sāntān Cūn

行政村，为民族村。位于罗阳镇中部稍北。村委会驻地三滩，在镇人民政府驻地东北 5.2 千米处。由三滩、员台角、百丈岭 3 村合并组建，以村委会驻地三滩命名。东至上稔垟村，西偏南邻联新村，南接三垟村，北连大岗背村。面积 13.95 平方千米，居民 423 户、1519 人，畲族约占四分之一。辖 23 个村民小组，有三滩、仙人坑、大岗岭、百丈坑、院后、百丈岭、下稔厂、大坪、牛牯垟、大塆、横坑、半岭、备刀、牛头颈、大段、员台角、上坟、里小、小垟张、柿树垄、垟张山 21 个自然村。经济以农业为主，亦产茶叶。

原三滩、员台角、百丈岭村解放初属仙稔乡，1952 年属仙居乡。1958 年分别建立三滩、员台角、百丈岭生产队，属罗阳公社仙居大队；1959 年 2 月起属罗阳公社仙居管理区。1961 年 9 月起改为生产大队，仍冠以原地名，属仙居公社。1984 年 5 月分别改为三滩、员台角、百丈岭行政村，属仙稔乡。

2004 年三滩、员台角、百丈岭 3 村合并组建新的三滩村，属仙稔乡。2011 年 4 月仙稔乡撤销，并入罗阳镇。

三滩 Sāntān 三滩村村委会驻地。附近百丈坑、岭北溪、横坑三条小溪汇合，水浅流急多石，得名“散滩”，后改为“三滩”。房舍沿溪谷呈点状分布，居民 70 户、263 人，其中畲族 60 人。村中有始建于唐乾符五年（878 年）的灵峰寺遗址。

徐姓上祖徐中北宋元丰八年（1085 年）从仙居村迁此。清中叶张姓清中叶从仙居迁此，并有人从平阳及今文成县境迁入。今多徐姓，畲族蓝姓。

仙人坑 Xiānrénkēng 位于村委会驻地东北 1.1 千米处。村旁小溪边有石似人，溪名“仙人坑”，村以坑名。房舍沿山坡呈带状分布，居民 18 户、81 人。

徐姓上祖徐德朝清中叶从三滩迁此。今多徐姓。

大岗岭 Dàgǎnglǐng 位于村委会驻地东北 1.6 千米处，因处通往垟坑头的石岭“大岗岭”得名。房舍沿山坡呈点状分布，居民 17 户、77 人。

王姓上祖王鸿标清中叶从平阳县卢山坳迁此。今多王、池二姓。

百丈坑 Bǎizhàngkēng 位于村委会驻地东北 2.2 千米处，因村前小溪“百丈坑”得名。房舍沿山坡呈点状分布，居民 18 户、74 人。

张姓清中叶自仙居村迁此。今多陈姓。

院后 Yuànhòu 位于村委会驻地东 0.7 千米处，古因处于寺院后方得名。房舍沿山坡呈点状分布，居民 11 户、48 人，畲族。

雷姓上祖雷克琳清前叶从福鼎县迁此。今多雷姓。

百丈岭 Bǎizhànglǐng 位于村委会驻地东 1.6 千米处，因村前石岭“百丈岭”得名。房舍沿山坡呈点状分布，居民 27 户、108 人，其中畲族 98 人。

张姓清中叶从仙居村迁此，蓝姓从百丈南坑垟分迁于此。今居畲族蓝姓，汉族多张姓。

下稔厂 Xiàrěnchǎng 位于村委会驻地东偏南 2.1 千米处，因下稔村人在此搭棚种田得名。房舍沿山坡呈块状分布，居民 17 户、80 人。

张姓清中叶从下稔迁此。今多张姓。

大坪 Dàpíng 位于村委会驻地东 2.1 千米处。村前有片较大平地，故名。房舍沿山坡呈块状分布，居民 14 户、68 人。

张姓清中叶从仙居村迁此。今多张姓。

牛牯垟 Niúgǔyáng 位于村委会驻地东南 0.8 千米处。相传古称“五谷垟”，后有人捡牛而富，遂称“牛牯垟”。房舍沿洪口溪呈块状分布，居民 13 户、61 人，畲族。

雷姓清中叶从三滩院后迁此。今多雷姓。

大塆 Dàwān 位于村委会驻地东南 2.6 千米处，因处较大山塆得名。村旁小溪西流， 2 幢房舍沿山坡呈点状分布，分布，居民 16 户、75 人，其中畲族 58 人。

蓝姓清中叶从下稔迁此。今畲族多蓝姓，汉族多张姓。

横坑 Héngkēng 位于村委会驻地西南 1.0 千米处，因村前小溪“横坑”得名。房舍沿山坡呈点状分布，居民 18 户、86 人，其中畲族 62 人。

林姓上祖林鸿标晚清从垟畴迁此。畲族蓝姓，汉族多林姓。

半岭 Bànlǐng 位于村委会驻地西北 4.1 千米处，因处柿树垄至岭头仔石岭半程得名。房舍沿山坡呈块状分布，居民 18 户、66 人，其中畲族 17 人。

蓝姓上祖蓝文元清中叶从福鼎县迁此。今汉族多赖姓，畲族钟姓。

备刀 Bèidāo 位于村委会驻地西 0.8 千米处。相传村人抵抗太平军，在此磨刀备用，故名。村前仙居溪东流，房舍沿山坡呈点状分布，居民 11 户、49 人。

陈姓清中叶从上垟村分迁此。今多陈姓。

牛头颈 Niútóujǐng 位于村委会驻地西北 0.4 千米处。当地有山形似牛颈，故名。村处仙居溪旁，房舍沿山坡呈点状分布。居民 15 户、70 人，其中畲族 18 人。

陈姓上祖陈元祥 1939 年从张三排村迁此。今多陈姓，畲族蓝姓。

大段 Dàduàn 位于村委会驻地西北 1.1 千米处。村旁岩潦形似大象，得名“大象”，后转成“大段”。村前小溪南流，注入仙居溪，房舍沿山坡呈块状分布，居民 13 户、60 人。

朱姓清中叶从南山章后村迁此。今多朱姓。

员台角 Yuántáijiǎo 位于村委会驻地西北 2.8 千米处。附近溪中有一圆形深潭，村处该潭南侧一角，得名“圆潭角”，后以音作“员台角”。村前仙居溪东流，房舍沿峡谷呈带状分布。居民 35 户、128 人。

陈姓清中叶从上垟分迁于此。今多陈姓。

上坟 Shàngfén 位于村委会驻地西北 3.0 千米处，因处古坟上方得名。房舍沿山坡呈点状分布，居民 12 户、55 人。其中畲族 16 人。

陈姓上祖陈光饶清末从碑排村迁此。今多陈姓，畲族蓝姓。

里小 Lǐxiǎo 位于村委会驻地西北 3.1 千米处。村旁两丘小田形似鲤鱼，得名“鲤小”，后以音作“里小”。房舍沿山坡呈点状分布，居民 16 户、71 人。其中畲族 10 人。

雷姓上祖雷德有晚清从北山村迁此。今多雷姓。

小垟张 Xiǎoyángzhāng 位于村委会驻地西北 3.7 千米处，因垟张山居民迁来得名。房舍沿山坡呈块状分布，居民 15 户、70 人，畲族。

蓝姓上祖蓝茂鼎清中叶从垟张山村迁此。今多蓝姓。

柿树垄 Shìshùlǒng 位于村委会驻地西北 3.7 千米处。村旁田垄边有棵大柿树，故名。房舍沿山坡呈块状分布，居民 24 户、109 人，其中畲族 97 人。

蓝姓上祖蓝茂兴晚清从垟张山村迁此。今汉族多张姓，畲族蓝姓。

垟张山 Yángzhāngshān 位于村委会驻地西北 4.5 千米处。当地山上古有宫庙，得名“垟宫山”。“宫”“张”方言音近，后作“垟张山”。房舍沿山坡呈点状分布，居民 21 户、101 人。

蓝姓上祖蓝光孙清中叶从司前鳌岭（今林山牛牯岭）迁此。今多蓝姓。

上稔垟村 Shàngrěnyáng Cūn

行政村。位于罗阳镇东北部，村委会驻地上稔，在镇人民政府驻地东北 7.4 千米处。由原上稔、垟畴 2 村合并组建，综合两村原名元素命名为“上稔垟”。东至下稔村，西邻三滩村，南接仙居水库，北连司前畲族镇。面积 8.62 平方千米，居民 372 户、1238 人，其中畲族 166 人。辖 17 个村民小组，有上稔、陈士坑、竹林头、山头长、豆腐岗、排垄头、麻坑、垟畴、沙煨地、下畲、岭头铺、岭头垟、大垄僻、校书翁、仰天湖 15 个自然村。经济以农业为主，亦产茶叶。

原上稔、垟畴 2 村解放初均属仙稔乡，1952 年属春稔乡，1956 年属仙居乡。1958 年分别建立上稔、洋畴生产队，属罗阳公社仙居生产大队；1959 年 2 月起属罗阳公社仙居管理区。1961 年 9 月起为上稔、洋畴生产大队，属新建的仙居公社。1984 年 5 月改为上稔、垟畴行政村，属仙稔乡。1992 年重新认定革命老区，原上稔、垟畴 2 村均被认定为革命老区村。

2004 年原上稔、垟畴 2 村合并组建上稔垟村，属仙稔乡。2011 年 4 月仙稔乡撤销，并入罗阳镇。

上稔 Shàngrěn 上稔垟村村委会驻地。村民切盼“大稔（大丰收）之年”，以“稔”为名，村西地势较高，故称“上稔”。房舍沿山坡呈块状分布，居民 88 户、270 人。村前溪边有树龄约 1000 年的栎树 2 棵、古松 2 棵。

吴姓上祖吴昙、吴燧南宋末由库村迁此；胡仲云明洪武初从青田四十四都迁此。今多吴姓。

陈士坑 Chénshìkēng 位于村委会驻地北 0.7 千米处，据传两小溪于此汇聚一潭而止，得名“停止坑”，后以音称为“陈士坑”。房舍沿山坡呈点状分布，居民 14 户、63 人。

吴姓从附近村庄分迁此。今多吴姓、陈姓。

竹林头 Zhúlíntóu 位于村委会驻地北 1.1 千米处，因处竹林上侧得名。2 幢房舍沿山坡呈点状分布，居民 13 户、60 人。

吴姓上祖吴天应清中叶从上稔迁此。今多吴姓。

山头长 Shāntóucháng 位于村委会驻地东北 0.6 千米处。地处山岗上坡地，旧有一条长渠，故名。房舍沿山坡呈点状分布，居民 12 户、54 人。

鲍姓上祖鲍惟庆明中叶从罗阳沙堤半垟村迁此。今多吴姓。

豆腐岗 Dòufǔgǎng 位于村委会驻地东北 0.7 千米处。古有一卖豆腐老人居此山岗，故名。房舍沿山坡呈点状分布，居民 13 户、60 人，其中畲族 36 人。

雷姓清中叶迁此。今多雷姓。

排垄头 Páilǒngtóu 位于村委会驻地东北 1.1 千米处，因处一排田垄上坡得名。房舍沿山坡呈点状分布，居民 19 户、86 人。

吴姓上祖吴天增清中叶从上稔迁此。今多吴姓。

麻坑 Mákēng 位于村委会驻地东北 1.2 千米处。村前小溪边古时养马，得名“马坑”，后以音转为“麻坑”，村以坑名。房舍沿山坡呈点状分布，居民 14 户、62 人。

吴姓上祖吴周鼎晚清从上稔迁此。今多吴姓。

垟畴 Yángchóu 位于村委会驻地东南 1.4 千米处。因田垄向阳得名“阳畴”，后以音改作“垟畴”。房舍沿山岰呈块状分布，居民 72 户、214 人。

初居林姓，徐姓上祖徐淮明永乐十年（1412 年）从仙居村迁此；畲族钟国彬、钟国庆兄弟清雍正三年（1725 年）从青田培头迁来，先暂住下稔，后定居于此。今多徐姓。

沙煨地 Shāwēidì 位于村委会驻地东南 1.5 千米处。该地土质多乌色沙，得名“沙乌地”，后以音转为“沙煨地”。房舍沿山坡呈块状分布，居民 16 户、75 人。

徐姓清中叶从垟畴迁此。今多徐姓。

下畲 Xiàshē 位于村委会驻地东南 2.2 千米处。地势较低，建房后称之“下舍”，后以方言音转为“下畲”。房舍沿峡谷呈块状分布，居民 17 户、79 人。

张姓上祖张道记清中叶从仙居村迁此。今多张姓。

岭头铺 Lǐngtóupù 位于村委会驻地南偏西 0.7 千米处。地处岭头，古有驿铺上稔铺，俗称岭头铺，村以铺名。房舍沿山坡呈块状分布，居民 23 户、75 人。

吴姓上祖吴世松清中叶从上稔迁此。今多吴姓。

岭头垟 Lǐngtóuyáng 位于村委会驻地南 0.9 千米处。因处岭头田垟旁得名。房舍沿山坡呈点状分布，居民 15 户、70 人。

吴姓上祖吴世高晚清从上稔村迁此。今多包姓。

大垄僻 Dàlǒngpì 位于村委会驻地西偏北 0.2 千米处。因处大田垄上侧坡地，得名“大垄坡”，后以音转为“大垄僻”。房舍沿山坡呈点状分布，居民 17 户、80 人。

吴姓上祖吴克笃清末从上稔迁此。今多徐姓。

校书翁 Xiàoshūwēng 位于村委会驻地北偏西 1.3 千米处，相传因北宋试太子校书徐暹葬此得名。小溪南流，房舍沿山岰呈块状分布，居民 39 户、130 人，均畲族。

黄姓晚清从福建寿宁县山后村迁此。今多蓝姓。

仰天湖 Yǎngtiānhú 位于村委会驻地西北 1.4 千米处，因附近高山顶上的仰天湖得名。 房舍沿山坡呈点状分布，居民 13 户、57 人。

吴姓明后叶从上稔迁此。今多吴姓。

下稔村 Xiàrěn Cūn

行政村。位于罗阳镇东北部，村委会驻地下稔，在镇人民政府驻地东北 8.9 千米处。以村委会驻地命名。东至百丈镇阳山村，西至上稔村，东南至春阳村，北至百丈镇台石村，西邻上稔垟村。面积 5.20 平方千米，居民 331 户、1113 人，107 畲族人。分 16 个村民小组，有下稔、石竹垮、山头仔、枯槠垴、黄沙垒、后堂 6 个自然村。经济以农业为主，亦产茶叶。下稔村解放初为下稔洋村，属仙稔乡；1952 年属春稔乡，1956 年属仙居乡。1958 年建立下稔洋生产队，属罗阳公社仙居生产大队；1959 年 2 月起属罗阳公社仙居管理区。1961 年 9 月起为下稔洋生产大队，属仙居公社。1984 年 5 月改为下稔行政村，属仙稔乡。2011 年 4 月仙稔乡撤销，并入罗阳镇。

1987 年下稔村被认定为第二次国内革命战争时期革命老根据地村。1992 年被重新认定革命老区村。

下稔 Xiàrěn 下稔村村委会驻地。这一带村庄为祈丰收以“稔”取名，该村庄在上稔村庄之下，故名。旧为去山头仔、罗阳、司前、百丈的十字路口，又称“申路头”。房舍沿山坡呈块状分布，居民 58 户、205 人，其中畲族 73 人。

徐姓上祖徐时松祖籍景宁东坑，清乾隆九年（1744 年）迁此。今多徐姓，畲族蓝、雷姓。

石竹垮 Shízhúwān 位于村委会驻地北 0.8 千米处。山垮旧多水竹，得名“水竹垮”，后以方言音转为“石竹垮”。房舍沿山坡呈块状分布，居民 23 户、常住 34 人，均畲族。

蓝姓上祖蓝廷裕晚清从下稔村垟头分迁此。今多蓝姓。

山头仔 Shāntóuzǐ 位于村委会驻地北偏西 1.3 千米处，因处小山岗之顶坡得名。房舍沿山坡呈点状分布，常住居民 30 户、76 人。

赖姓上祖赖承龙清中叶从福建省永定县迁此。今多赖姓。

枯槠垴 Gūzhūnǎo 位于村委会驻地东南 0.4 千米处。当地旧有 6 棵大苦槠树（现存 1 棵），得名“苦槠垴”，后以音转为“枯槠垴”。房舍沿山坡呈点状分布，居民 19 户、42 人。

徐姓清代自下稔分迁此。今多徐姓。

黄沙垒 Huángshālěi 位于村委会驻地西南 0.9 千米处。山岗多黄沙，古时山顶设垒，故名。房舍沿山坡呈块状分布，常住居民 40 户、60 人。

吴姓清中叶从上稔迁此。今多吴姓。

后堂 Hòutáng 位于村委会驻地西 0.6 千米处。处于初建矮屋之北，故名。房舍沿山垮呈点状分布，居民 25 户、117 人。

王姓上祖王怀瑞清中叶从福建武平县迁此。今多王姓。

春阳村 Chūnyáng Cūn

行政村。位于罗阳镇东部，村委会驻地春阳，在镇人民政府驻地东北 10 千米处。以村委会驻地春阳命名。东、北至百丈镇，西邻仙居村，南接南山村。面积 3.99 平方千米，居民 157 户、551 人，均汉族。

辖 7 个村民小组，有春阳、塘底垄、拳头岭头、外叶坑、底叶坑 5 个自然村。农业为主，亦产茶叶。

解放初属仙稔乡，1952 年属春稔乡，1956 年属仙居乡。1958 年建立春阳生产队，属罗阳公社仙居生产大队。1959 年 2 月起属罗阳公社仙居管理区。1961 年 9 月起为春阳生产大队，属仙居公社。1984 年 5 月改为春阳行政村，属仙稔乡。2011 年 4 月仙稔乡撤销，并入罗阳镇。

春阳 Chūnyáng 春阳村村委会驻地。地处山南水北，阳光充裕，地形略似弓，草木葱茏，得名“芎阳”，后人取“春日载阳”之意改名“春阳”。房舍沿山坡呈块状分布，居民 100 户、312 人。

杨姓清代迁此。今多杨姓。

塘底垄 Tángdǐlǒng 位于村委会驻地北 0.8 千米处。古时有一水塘，村居其里侧山垄，故名。房舍沿坡地呈点状分布，居民 20 户、73 人。小溪东流，风光秀丽，有树龄约 200 年的松树 3 棵；村庄下侧有座石拱桥，桥两端有树龄约 150 年的枫树各 1 棵。

陈姓清中叶从南山七丘迁此。今多陈姓。

拳头岭头 Quántóulǐngtóu 位于村委会驻地东北 1.2 千米处。该地有山形似拳，得名“拳头岭”，村处岭之上侧，故名。1968 年罗阳至司前公路修通，又称“洪口岭头”。居民 17 户、74 人。

初居陈姓，王姓上祖王溱清清中叶从外叶坑村迁此。今多王姓。

外叶坑 Wàiyèkēng 位于村委会驻地西南 0.8 千米处。古有叶姓于此肇基，宅傍小溪因名“叶坑”。后分内、外两居民点，此处居于外侧，故名。房舍沿坡地呈块状分布，居民 19 户、86 人。

初居叶姓，王姓清乾隆十年（1745 年）从福建武平县迁此。今多王姓。

底叶坑 Dǐyèkēng 位于村委会驻地西 1.2 千米处。因处外叶坑下侧而名。村民大多迁往上稔，仅 1 幢房舍，住 1 户、5 人。

初居周姓，民国 6 年（1917 年）张姓从下稔迁此。今多王姓。

上交垟村 Shàngjiāoyáng Cūn

行政村。位于罗阳镇中部，村委会驻地上交垟，在镇人民政府驻地东南 3.1 千米处。以村委会驻地上交垟命名。西北邻三垟村，南接下交垟村。面积 2.44 平方千米，居民 227 户、709 人。辖 8 个村民小组，有上交垟 1 个自然村。经济以农业为主，茶叶亦为重要产业。

解放初至 1958 年属鹤巢乡。1958 年建立上交洋生产队，属罗阳公社岳巢生产大队；次年 2 月起属罗阳公社岳巢管理区。1961 年 9 月起为上交洋生产大队，属新建的岳巢公社。1984 年 5 月改为上交垟行政村，属鹤巢乡。1992 年鹤巢乡撤销，并入罗阳镇。

上交垟 Shàngjiāoyáng 上交垟村村委会驻地。地扼南院与罗阳镇要道，田垟交错，古称“交洋”，该杖庄处于上侧，故名。房舍沿街道呈块状分布，居民 227 户、709 人。

据仙居《徐氏宗谱》记载，五代时徐暹在此建别墅。曾姓上祖曾象清嘉庆年间从福建同安分迁于此。今多曾姓。

鹤联村 Hèlián Cūn

行政村。位于罗阳镇中部，村委会驻地川山垟，在镇人民政府驻地东南 3.4 千米处。由原鹤巢乡 6 村合并而建，取鹤巢一带联合之意命名“鹤联”。西邻鹤祥社区，北连下交垟村。面积 14.96 平方千米，居民 636 户、2019 人。分 29 个 村民小组，有川山垟、林水垟、山岩、芝麻坦、下察溪、月山下、汤垟、店底、杨家岭 9 个自然村。经济以农业为主，茶叶也是重要产品。

原川山垟、月山下、下察溪、芝麻坦、林水垟、山岩村解放初至 1958 年属鹤巢乡； 1958 年分别建立生产队，使用各自原名，属罗阳公社岳巢生产大队；次年 2 月起均属罗阳公社岳巢管理区。1961 年 9 月起改为生产大队，属岳巢公社，除下察溪称“察溪”外仍用原名。1984 年 5 月分别改为川山垟、林水垟、山岩、芝麻坦、下察溪、月山下村，属鹤巢乡；1992 年鹤巢乡撤销，并入罗阳镇。1992 年重新认定革命老区，原下察溪、芝麻坦、山岩 3 村均被认定为革命老区村。

2004 年原川山垟、月山下、下察溪、芝麻坦、林水垟、山岩 6 村合并组建鹤联村。

川山垟 Chuānshānyáng 鹤联村村委会驻地。村庄背山面溪，田垟如平川，故名。房舍沿 331 省道两侧呈带状分布，居民 378 户、1200 人。

沈必清明正德年间从下交垟分迁于此；胡姓上祖胡寄光明中叶从罗阳分迁于此。今多胡姓。

林水垟 Línshuǐyáng 位于村委会驻地东北 2.3 千米处。林姓始居，乃成有水之田垟，故名。房舍沿山坳呈块状分布，居民 28 户、90 人。

初居林姓；韦姓上祖韦登十明初从景宁县道化村迁此。今多韦姓。

山岩 Shānyán 位于鹤联村委会驻地东 3 千米处。原为山交、岩下两村庄，合而为一后各取首字命名。房舍沿山坡呈块状分布，居民 43 户、297 人。该地有明清时泰顺名刹龙护寺遗址，系明初日本高僧太初驻锡所建。

林姓于元明之交自罗阳察溪迁此。今多蔡姓。

芝麻坦 Zhīmátǎn 位于村委会驻地东南 1.8 千米处。村旁山坪旧多野芝麻，故名。房舍沿 331 省道呈块状分布，居民 48 户、149 人。

胡姓从罗阳分迁于此。今多胡姓。

下察溪 Xiàcháxī 位于村委会驻地东南 3.2 千米处，因处察溪下游方得名。房舍沿 331 省道呈块状分布，居民 93 户、297 人。

林姓宋代自泗溪迁此，郑姓上祖郑西八明前叶从金北斗迁此。今多齐、郑、胡姓。

月山下 Yuèshānxià 位于村委会驻地西南 1.1 千米处。该地东、西两山形似半月，得名“月山”，村居其下，故名。房舍沿沿田垟呈块状分布，居民 46 户、146 人。

林姓清中叶从仕阳迁此，魏姓从黄坑魏洋迁此。今多魏、缪姓。

汤垟 Tāngyáng 位于村委会驻地西南 2.1 千米。村前溪流曾遭洪水，水势如汤一样满到田垟，故名。房舍沿山脚呈块状分布，居民 50 户、130 人。

清初从南门迁此。今多董、胡姓。

店底 Diàndǐ位于村委会驻地西南 2.2 千米，原名“塘底”。房舍沿山脚呈点状分布，居民 12 户、30 人。

早期村民系明末从处州庆元县官塘迁此。今多胡、孙姓。

杨家岭 Yángjiālǐng位于村委会东南 5.4 千米。初因居住黄姓得名“黄家岭”，后以杨姓居此改名“杨家岭”。房舍沿山坳呈点状分布，居民 20 户、90 人。

季姓从深坪迁此。今多季、彭姓。

下交垟村 Xiàjiāoyáng Cūn

行政村。位于罗阳镇中部，村委会驻地下交垟，在镇人民政府驻地东南 3.3 千米处。以村委会驻地下交垟命名。南接鹤联村，北连上交垟村。面积 1.62 平方千米，居民 274 户、859 人。分 8 个村民小组，有下交垟、枫树梢、深窟 3 个自然村。经济以农业为主，茶叶亦为重要产业。

下交垟村解放初属鹤巢乡。1958 年建立下交洋生产队，属罗阳公社岳巢生产大队；次年 2 月起属罗阳公社岳巢管理区。1961 年 9 月起为下交洋生产大队，属岳巢公社。1984 年 5 月改为下交垟村，属鹤巢乡。1992 年鹤巢乡撤销，并入罗阳镇。

下交垟 Xiàjiāoyáng 下交垟村村委会驻地。因处下交垟村庄南方(下方)得名。房舍沿山谷呈块状分布，居民 139 户、450 人。

北宋早期，董旺自吴屿（今罗阳镇洲岭前埕）迁居交垟口岙底；沈姓上祖沈希三原籍青田县潴溪，明永乐年间迁此。今多沈、黄姓。

枫树梢 Fēngshùshāo 位于村委会驻地西南 1.2 千米处，因处枫林边得名。房舍沿山坡呈块状分布，居民 68 户、230 人。

彭姓上祖彭琴明中叶从彭家堡（今三魁戬洲一带）迁此。今多彭姓。

深窟 Shēnkū 位于村委会驻地西北 1.1 千米处。因地势较低得名，又称“深坪”。房舍沿 331 省道呈块状分布，居民 67 户、220 人。

季姓上祖季茂广明万历年间自罗阳洋心街迁此。今多季姓。

赤坑村 Chìkēng Cūn

行政村。位于罗阳镇西部，村委会驻地赤坑，在镇人民政府驻地南 4.2 千米处，以村委会驻地赤坑命名。东邻江渡村，西邻福建省寿宁县，东南接育秀垟村，南至溪坪村，东北连北外村。面积 1.39 平方千米，居民 219 户、765 人。辖 10 个村民小组，有赤坑、金瓜坑、庵前岗 3 个自然村。经济以农业为主，林业、茶叶也是重要产业。

解放初属鹤巢乡。1958 年建立赤坑生产队，属罗阳公社岳巢生产大队；次年起属罗阳公社岳巢管理区。1961 年 9 月起为岳巢生产大队，属岳巢公社。1984 年 5 月改为赤坑行政村，属鹤巢乡。1992 年鹤巢乡撤销，并入罗阳镇。

1987 年赤坑村被认定为第二次国内革命战争时期革命老根据地村，1992 年被重新认定革命老区村。

赤坑 Chìkēng 赤坑村村委会驻地。附近小涧中多赤沙，得名“赤坑”，村以坑名。房舍沿山坡呈块状分布，居民 152 户、530 人。

初居董姓、彭姓；后张姓自洲岭上舟洋迁此，孙姓从福建省寿宁县武溪迁此。今多董姓。

金瓜坑 Jīnguākēng 位于村委会驻地东南 1.8 千米处。相传有老人于附近小溪边种得大金瓜，故名，又作“金家坑”。房舍沿山坡呈块状分布，居民 30 户、102 人。

陈姓从前埕分迁于此。今多陈姓。

庵前岗 Ānqiángǎng 位于村委会驻地东南 1.8 千米处。附近山岗旧时有庵，得名“庵前岗”，村以岗名。房舍沿山谷呈块状分布，居民 37 户、130 人。

胡姓从罗阳分迁于此。今多张姓、胡姓。

江渡村 Jiāngdù Cūn

行政村。位于罗阳镇中部，村委会驻地江渡，在镇人民政府驻地东南 5.8 千米处，以村委会驻地江渡命名。东南至上察溪村，西邻赤坑村，南接育秀垟村，北连鹤联村。面积 3.95 平方千米，居民 291 户、851 人。辖 12 个村民小组，有江渡、吴家山、豆腐岭 3 个自然村。经济以农业为主，茶叶亦为重要产业。

解放初属鹤巢乡，1952 年属析建的江溪乡；1956 年江溪乡撤销，并入岳巢乡。1958 年建立江渡生产队，属罗阳公社岳巢生产大队；次年 2 月起属罗阳公社岳巢管理区。1961 年 9 月起为江渡生产大队，属岳巢公社。1984 年 5 月改为江渡村，属鹤巢乡。1992 年鹤巢乡撤销，并入罗阳镇。

江渡 Jiāngdù 江渡村村委会驻地。矼即石桥，古时取“登村渡石矼”诗意称“矼度”，“矼”“江”方言音近，后作“江渡”。房舍沿山谷呈块状分布，居民 148 户、431 人。

董姓从罗阳吴屿迁此，魏姓从魏洋迁此。今多董、魏姓。

吴家山 Wújiāshān 位于村委会驻地西南 0.8 千米处。名称来历失考，又写作“吴交山”“五蛟山”。房舍沿山谷呈块状分布，居民 71 户、210 人。

陈姓系从南院桂坪迁此。今多叶、朱、陈姓。

豆腐岭 Dòufǔlǐng 位于村委会驻地西北 1.1 千米处。当地有豆腐岭，村以岭名，清代称“交富岭”。房舍沿山坡呈块状分布。居民 72 户、210 人。

沈姓由上交洋分迁于此。今多沈姓。

南山村 Nánshān Cūn

行政村。位于罗阳镇东部，村委会驻地岭头，在镇人民政府驻地东南 8.9 千米处。岭头、南平、七丘、章后、山底 5 村合并组建，该地古庙横匾称“南山古镇”，沿用此名。东至筱村镇，东南邻横岗村。面积 20.58 平方千米，居民 498 户、1987 人，其中畲族 17 人。辖 28 个村民小组，有岭头、梨畲、林山筧、二龙、南平、岩头垟、山头垟、七丘、下畲、山底、章后、梨坑、台下、大龙塆、上胆、半路、陈坑 17 个自然村。经济以农业为主，茶叶亦为重要产业。

原岭头、南平、七丘、章后、山底 5 村解放初均属鹤巢乡，1951 年属析建的南山乡，1958 年岭头建立南春生产队，南平建立南平生产队，七丘建立七丘生产队，章后建立南丰生产队，山底建立南联生产队，均属罗阳公社南山生产大队；次年 2 月起属罗阳公社南山管理区。1961 年 9 月起改为生产大队，分别为南春、南平、七丘、南丰、南联生产大队，均属新建的南山公社；1981 年 10 月南春、南丰、南联生产大队分别更名岭头、章后、山底生产大队。1984 年 5 月相应改为岭头、南平、七丘、章后、山底行政村，属南山乡。1992 年南山乡撤销，并入罗阳镇。1987 年原山底村被认定为第二次国内革命战争时期革命老根据地村。1992 年重新认定革命老区，岭头、南平、七丘、章后、山底村均被认定为革命老区村。

2004 年岭头、南平、七丘、章后、山底 5 村合并组建南山村，属南山乡。2011 年南山乡撤销，并入罗阳镇。

岭头 Lǐngtóu 南山村村委会驻地。因处横坑、陈坑、七丘、南山四条大岭上侧得名。房舍沿山坡呈块状分布，居民 60 户、238 人。

李姓上祖李根深（李二）元延祐年间从景宁县大均村迁此，今多李姓。

梨畲 Líshē 位于村委会驻地北 1.2 千米处。相传金姓辟畲，该地多野茉莉花，得名“莉畲”，后以音改作“梨畲”。房舍沿山坡呈带状分布，居民 15 户、65 人。

初居金姓，叶姓上祖叶四明后期从岩头垟迁此。今多张姓。

林山笕 Línshānjiǎn 位于村委会驻地东北 3.8 千米处。村南山岗多树，旧有引水设施“笕”，故称。今居蓝姓 1 户、5 人，畲族。

蓝姓清中叶从司前迁至此。

二龙 Èrlóng 位于村委会驻地东北 0.9 千米处。村后二支岗垅延伸而下，状若游龙，故名，又作“二垅”。房舍沿山坡呈块状分布，今仅居 1 人。

李姓上祖李御璁清前叶由岭头村迁此。

南平 Nánpíng 位于南山村委会驻地东北 1.0 千米处。房舍沿山脚呈块状分布，居民 45 户、182 人。

李姓明代从南山岭头迁此。今多张、李姓。

岩头垟 Yántóuyáng 位于南山村委会驻地东北 2.4 千米处，因处狮子岩旁得名。房舍沿山坡呈点状分布，居民 4 户、18 人。

陈姓清中叶从七丘迁此，今多陈姓。

山头垟 Shāntóuyáng 位于村委会驻地东北 2.7 千米处。因处山岗上侧得名。房舍沿山坡呈点状分布，居民 2 户、5 人。

陈姓晚清从七丘迁此，今多陈姓。

七丘 Qīqiū 位于村委会驻地东北 3.1 千米处。村前旧有七丘田，故名。房舍沿山坡呈块状分布，居民 59 户、235 人，其中畲族 12 人。

陈姓上祖陈贞九从桂坪徙蕉塆岱下，后再迁于此。今多陈姓，畲族蓝姓。

下畲 Xiàshē 位于村委会驻地东北 3.2 千米处。村旁山塆曲折似蛇，以“蛇”之谐音称为“下畲”。房舍沿山谷呈块状分布，居民 3 户、14 人。

张姓清中叶从仙居迁此，今多张姓。

山底 Shāndǐ 位于村委会驻地西南 1.3 千米处，因处大山山脚得名。房舍沿山麓呈块状分布，居民 52 户、207 人。

齐姓从横岗迁此，今多齐姓。

章后 Zhānghòu 位于村委会驻地西北 2.5 千米处。因村前有一大樟树得名“樟后”，后以音转为“章后”，又作“嶂后”。房舍沿山谷呈块状分布，居民 40 户、159 人。

朱姓上祖朱福一原籍河南登丰县，明初入赘于此。今多朱姓。

梨坑 Líkēng位于村委会驻地西南 0.8 千米，因附近小溪“梨坑”得名。房舍沿田垟呈点状分布，今居 1 户、8 人，齐姓。

台下 Táixià位于村委会驻地北偏东 3.7 千米，因处山坡之下得名。村处山坡，今仅居蓝姓 1 人。

大龙塆 Dàlóngwān 位于村委会驻地东北 3.1 千米。村前山塆似龙，故名。房舍沿山脚呈点状分布，居民 3 户、5 人。今多刘姓。

上胆 Shàngdǎn 位于村委会驻地北偏东 2.6 千米，因处七丘村上侧得名。房舍沿田垟呈点状分布，居民 2 户、4 人。今居陈姓。

半路 Bànlù位于村委会驻地东北 1.0 千米，因处通往七丘山路中段得名。房舍沿山腰呈块状分布，居民 15 户、50 人。

叶姓从罗阳南门迁此，今多叶姓。

陈坑 Chénkēng位于村委会驻地南 1.0 千米。因附近小涧“陈坑”得名。房舍沿山坡呈块状分布，居民 25 户、70 人。今多齐姓。

横岗村 Hénggǎng Cūn

行政村。位于罗阳镇东部，村委会驻地横岗，在镇人民政府驻地东南 11.1 千米处。由原横岗、大岭 2 村合并组建，以村委会驻地横岗命名。东至洪溪美村，西北邻南山村，南接下彩村。面积 5.33 平方千米，居民 221 户、860 人。辖 11 个村民小组，有横岗、岩头宫、岭口、后塔、大岭 5 个自然村。经济以农业为主，茶叶亦为重要产业。

原横岗、南岭村解放初属鹤巢乡，1951 年属析建的南山乡。1958 年分别建立南岗、南岭生产队，属罗阳公社南山生产大队；次年 2 月起属罗阳公社南山管理区。1961 年 9 月改为生产大队，为南岗、南岭生产大队，属南山公社，1981 年 10 月分别更名横岗、大岭生产大队。1984 年 5 月改为横岗、大岭行政村，属南山乡。1992 年南山乡撤销，并入罗阳镇。1992 年重新认定革命老区，原横岗、大岭 2 村均被认定为革命老区村。

2004 年原横岗、大岭 2 村合并，组建为新的横岗村。

横岗 Hénggǎng 横岗村村委会驻地。鸡冠山横亘其前，古人描述：“客至虽闻鸡鸣犬吠，但见横岗屹然如屏”，故名。房舍沿山坡呈块状分布。居民 87 户、340 人。

齐姓五代时从古洪中村（今罗阳镇上洪、中洪之间）迁此，今多齐姓。

岩头宫 Yántóugōng 位于村委会驻地东北 0.4 千米处，因旧有宫庙 “岩头宫”得名。房舍沿山腰呈块状分布，居民 32 户、120 人。

齐姓上祖齐曹泽清中叶从横岗分迁于此，今多齐姓。

岭口 Lǐngkǒu 位于村委会驻地东北 0.6 千米处，因处大岭两条溪坑出口处得名。房舍沿山谷呈块状分布，居民 7 户、25 人。

齐姓上祖齐正郁清前叶由横岗分迁于此，今多齐姓。

后塔 Hòutǎ 位于村委会驻地东 0.5 千米处。村后峻山梯田如塔，故名。房舍沿山坡呈块状分布，居民 46 户、 180 人。

齐姓由横岗分迁于此，今多齐姓。

大岭 Dàlǐng 位于村委会驻地东南 0.9 千米处。地处大岭上段，村以岭名。房舍沿山坡呈点状分布，居民 59 户、230 人。

齐姓从横岗分迁于此，今多齐姓。

南院村 Nányuàn Cūn

行政村。位于罗阳镇南部，村委会驻地南院，在镇人民政府驻地东南 11.4 千米处。以村委会驻地南院命名。东至大溪源村，南偏东接叶盛坑村，北偏西连桥下村。面积 4.20 平方千米，居民 213 户、705 人。辖 7 个村民小组，有南院、龙头山、店前坳、南院底、大垟、深垟、圳下、杨梅溪 8 个自然村。经济以农业为主，茶叶亦为重要产业。

南院村解放初属南院乡；1956 年属毛垟乡；1958 年建立南院生产队，属罗阳公社毛垟生产大队；1959 年 2 月起属罗阳公社毛洋管理区。1961 年 9 月起为南院生产大队，属新建的毛洋公社（1981 年更名南院公社）。1984 年 5 月改为南院村，属南院乡。2011 年 5 月南院乡撤销，并入罗阳镇。

南院 Nányuàn 南院村村委会驻地。古有寺院，明初之前因水流向北由察溪而出，得名北院；泰顺立县后将北院与水向南面毛阳流出的地带统称“南院”。房舍沿西旸至下交垟公路呈块状分布，居民 27 户、129 人。

南院南宋时已有人定居，松阳县人郑立七明初迁此，明景泰年间柳景全、柳景保迁此。今柳姓较多，但过半为多处陆续迁来。

龙头山 Lóngtóushan 位于村委会驻地东北 0.4 千米处。当地一山状若龙头，得名“龙头山”，村以山名。房舍沿田垟呈块状分布，居民 14 户、69 人。

王姓清中叶从坑底村迁此，今多王姓。

店前坳 Diànqián'ào 位于南院村委会驻地东南 0.7 千米处。该地山坳旧有店铺，故名。房舍沿西旸至下交垟公路呈块状分布，居民 22 户、98 人。

白姓清前叶从桥下村迁此，今多白姓。

南院底 Nányuàndǐ 位于村委会驻地东南1.2千米处，因处南院里侧得名。房舍沿山坳呈块状分布，居民17户、79人。

北宋初毛全由从温州鹿城迁此，后迁毛阳；王姓清中叶从坑底村迁此。今多黄姓。

大垟 Dàyáng 位于村委会驻地东南1.3千米处，因村前有较大田垟得名。房舍沿西旸至下交垟公路呈点状分布，居民28户、129人。

白姓清前叶从桥下村迁此，今多白姓。

深垟 Shēnyáng 位于村委会驻地东南2.0千米处，村庄名来历失考。房舍沿西旸至下交垟公路呈块状分布，居民19户、94人。

白姓清前叶从大垟村迁此，今多白姓。

圳下 Zhènxià 位于村委会驻地西北0.3千米处。旧有水圳，村处其下侧，故名。房舍沿西旸至下交垟公路呈块状分布，居民17户、78人。

王姓明末从罗阳镇沙底迁此，白姓清前叶从桥下村迁此。今多白、王姓。

杨梅溪 Yángméixī 位于村委会驻地西北0.4千米处。村旁小溪旧多杨梅树，得名“杨梅溪”，村以溪名。房舍沿田垟呈点状分布，居民8户、37人。

王姓清中叶从坑底村迁此，今多王姓。

上察溪村 Shàngcháxī Cūn

行政村。位于罗阳镇中部，村委会驻地察南，在镇人民政府驻地东南8.0千米处。以村委会驻地命名。东南至桂坪村，西南邻育秀垟村，西北连江渡村。面积5.16平方千米，居民214户、661人。辖13个村民小组，有上察溪、毛垟仔2个自然村。经济以农业为主，茶叶亦为重要产业。

上察溪村解放初属南院乡，1952年属毛洋乡。1958年建立察溪生产队，属罗阳公社毛洋大队。1959年2月起属罗阳公社毛洋管理区。1961年9月起为察溪生产大队，属毛洋公社；1981年10月更名上察溪大队。1984年5月改为上察溪村，属南院乡。2011年4月南院乡撤销，并入罗阳镇。

上察溪 Shàngcháxī 上察溪村村委会驻地。因多条溪流汇合得名。上察溪南又称“察南”，包括新庄仔、灯火垄、桥头、四斗等聚落。上察溪北又称“察北”。房舍沿山脚呈块状分布，居民189户、730人。

沈、吴、周、雷诸姓清代从福建迁此，今多沈、吴、周、雷姓。

毛垟仔 Máoyángzǐ 位于村委会驻地西北0.8千米处。因旧时庙前有小片田垟，得名“庙洋仔”，后以方言音转为“毛洋仔”。房舍沿山坡呈点状分布，居民 27 户、165 人。

林姓清前叶从泗溪迁此，今多林姓。

桂坪村 Guìpíng Cūn

行政村。位于罗阳镇中部，村委会驻地桂坪，在镇人民政府驻地东南 9.6 千米处。以村委会驻地桂坪命名。东偏北邻下彩村，西北邻上察溪村，南偏西邻桥下村。面积 5.58 平方千米，居民 187 户、627 人。辖 11 个村民小组，有桂坪、上坪、坪坑、脚尾岭 4 个自然村。经济以农业为主，茶叶亦为重要产业。

桂坪村解放初属南院乡，1956 年属毛洋乡。1958 年建立桂坪生产队，属罗阳公社毛洋生产大队；1959 年 2 月起属罗阳公社毛洋管理区。1961 年 9 月起为桂坪生产大队，属新建的毛洋公社。1984 年 5 月改为桂坪村，属南院乡。1992 年重新认定革命老区，桂坪村被认定为革命老区村。

2011 年 4 月南院乡撤销，并入罗阳镇。

桂坪 Guìpíng 桂坪村村委会驻地。村旁山坪旧多蕨类植物，得名“蕨坪”，后以方言音雅化为“桂坪”。房舍沿山坡呈块状分布，居民 30 户、146 人。

陈姓上祖陈正六南宋绍兴年间由福建寿宁三峰寺迁此，舒姓清中叶从罗阳镇溪坪南垟底迁此，清代又有朱姓居此。今多舒姓。

上坪 Shàngpíng 位于村委会驻地北 0.6 千米处，因处桂坪村在上侧得名。房舍沿山腰呈块状分布，居民 23 户、104 人。

朱姓清中叶从桂坪迁此，今多朱姓。

坪坑 Píngkēng 位于村委会驻地东南 1.8 千米处，因村南小溪“坪坑”得名。房舍沿山坳呈块状分布，居民 28 户、135 人。

余姓清中叶从青田县迁此，今多余姓。

脚尾岭 Jiǎowěilǐng 位于村委会驻地西 1 千米处，因村旁石岭“脚尾岭”得名。房舍沿察溪呈块状分布，居民 30 户、148 人。

舒姓清末民初从桂坪分迁于此，今多舒姓。

育秀垟村 Yùxiùyáng Cūn

行政村。位于罗阳镇中西部，村委会驻地育秀坑，在镇人民政府驻地东南 8.1 千米处。由原育秀坑、坑边、榅田 3 行政村合并组建，以村委会驻地育秀坑命名。东偏北至桂坪村，西邻福建省，南接三联村，北连江渡村。面积 8.22 平方千米，居民 303 户、1024 人。辖 15 个村民小组，有育秀坑、吴东坑、坑边、榅垟、坟前垟、彭家山、孙家垟 7 个自然村。经济以农业为主，茶叶亦为重要产业。

原育秀坑、坑边、榅田（原名榅洋）村解放初均属南院乡，1952 年起属毛洋乡。1958 年分别建立育秀坑、坑边、榅洋生产队，属罗阳公社毛洋生产大队；1959 年 2 月起属罗阳公社毛洋管理区。1961 年 9 月起为育秀坑、坑边、榅洋生产大队，均属毛垟公社。1981 年 10 月榅洋生产大队更名榅田生产大队。1984 年 5 月分别改为育秀坑、坑边、榅田村，属南院乡。

2004 年原育秀坑、坑边、榅田 3 行政村合并组建育秀垟村，属南院乡；2011 年 5 月南院乡撤销，并入罗阳镇。

育秀坑 Yùxiùkēng 育秀垟村村委会驻地。古时林木茂盛葱茏，附近小溪得名“育秀坑”，村以坑名。房舍沿山谷呈点状分布，居民 63 户、208 人。

彭姓清中叶从罗阳迁此。今多彭、陶姓。

吴东坑 Wúdōngkēng 位于村委会驻地东南 1.2 千米处，因附近小溪吴东坑得名。房舍沿溪谷呈点状分布，居民 40 户、125 人。

彭姓明清之际从三魁戬洲彭家堡分迁于此；黄姓清前叶从坑边分迁于此。今多彭、黄姓。

坑边 Kēngbiān 位于村委会驻地东南 1.2 千米处，因处小溪边得名。房舍沿溪谷呈块状分布，居民 56 户、204 人。

彭姓明清之交从罗阳迁此，黄姓上祖黄子招清康熙年间迁此。今多彭、黄姓。

榅垟 Wēnyáng 位于村委会驻地东南 2.3 千米处，因当地多榅树（柳杉）得名。房舍沿山坡呈点状分布，居民 34 户、105 人。

彭姓明清之际从附近村庄分迁于此，黄姓清前叶从坑边分迁此，林姓清中叶从泗溪镇迁此。今多彭、林、黄姓。

坟前垟 Fénqiányáng 位于村委会驻地西南 0.8 千米处，因处一座古坟前方得名。房舍沿山坡呈点状分布，居民 40 户、147 人。

彭姓清中叶从育秀坑分迁于此，今多彭姓。

彭家山 Péngjiāshān 位于村委会驻地西南 1.2 千米处。彭姓在此山坡肇基，得名“彭家山”，一度误写为“朋家山”。房舍沿山坡呈点状分布，居民 35 户、109 人。

彭姓明清之际从彭家堡分迁于此，王姓清前叶从县城罗阳迁此。今多彭姓。

孙家垟 Sūnjiāyáng 位于村委会驻地西偏北 2.2 千米处，据传因孙姓垦田肇基得名。房舍沿山谷呈点状分布，居民 34 户、104 人。

初居孙姓，魏姓清中叶从寿宁县北坑村迁此。今多魏姓。

桥下村 Qiáoxià Cūn

行政村。位于罗阳镇中南部，村委会驻地桥下，在镇人民政府驻地东南 10 千米处。以村委会驻地命名。东至大溪源村，西偏北邻育秀垟村，南偏东接南院村，北偏东连桂坪村。面积 3.76 平方千米，居民 178 户、614 人。辖 9 个村民小组，有桥下、北坑、西垟、牛塘塆、白玉寮 5 个自然村。

解放初属南院乡，1956 年属毛洋乡。1958 年建立桥下生产队，属罗阳公社毛洋大队；1959 年 2 月属罗阳公社毛洋管理区。1961 年 9 月为桥下生产大队，属毛洋公社。1984 年 5 月改为桥下村，属南院乡。2011 年 4 月南院乡被撤销，并入罗阳镇。

桥下 Qiáoxià 桥下村村委会驻地。因处南院咸丰桥（又称水尾桥）下方得名。房舍沿山塆呈点状分布，居民 27 户、127 人。该村庄是《分疆录》作者林鹗、林用霖父子的居住地之一，水尾桥崖壁林鹗手书“迂谷”刻石犹存。

该地发现宋代古窑址，说明宋时已有人居。白姓明清之际迁此，夏姓清中叶从莒江迁此，林姓清中叶从泗溪迁此。今多林姓。

北坑 Běikēng 位于村委会驻地东北 0.5 千米处，因村北小溪 “北坑”得名。房舍沿山塆呈点状分布，居民 22 户、105 人。

赖姓清中叶从原戬洲彭家堡村迁此，今多赖姓。

西垟 Xīyáng 位于村委会驻地东南 0.4 千米处，因村西田垟得名。房舍沿山塆呈点状分布，居民 23 户、108 人。

张姓明初从平阳县迁此，今多张姓。

牛塘塆 Niútángwān 位于村委会驻地西北 1.4 千米处。旧时该地山塆有一牛塘，故名。房舍沿山塆呈块状分布，居民 26 户、114 人。

林姓清中叶从泗溪迁此，今多林姓。

白玉寮 Báiyùliáo 位于村委会驻地西北 0.5 千米处，因山岩洁白似玉得名。房舍沿山脚呈点状分布，居民 4 户、12 人。

陈姓 1970 年从东溪、武坪迁此，今多陈姓。

叶盛坑村 Yèshèngkēng Cūn

行政村。位于罗阳镇东南部，村委会驻地叶盛坑，在镇人民政府驻地东南 15.4 千米处。由原叶盛坑、山头仔 2 村合并组建，以村委会驻地叶盛坑命名。东、南至三魁镇，西南邻上舟垟村，西北连南院村。

面积 10.12 平方千米，居民 270 户、965 人。辖 16 个村民小组，有叶盛坑、后垄头、上宅、圳口、上井、半路垟、甘垟、山头仔、石鼓、南坪、张狮 11 个自然村。经济以农业为主，林业、茶叶亦为重要产业。

原叶盛坑、山头仔村解放初均属南院乡，1956 年属毛洋乡。1958 年 2 月分别建立叶盛坑、山头仔生产队，属罗阳公社毛洋大队。1959 年 2 月起属罗阳公社毛洋管理区。1961 年 9 月起为叶盛坑、山头仔生产大队，属毛洋公社。1984 年 5 月改为叶盛坑、山头仔村，属南院乡。

2004 年原叶盛坑、山头仔 2 村合并组建新的叶盛坑村，属南院乡。2011 年 4 月南院乡撤销，并入罗阳镇。

叶盛坑 Yèshèngkēng 叶盛坑村村委会驻地。旁有小溪，叶姓肇基时为祈家族旺盛，取名“叶盛坑”，村以坑名。房舍沿溪谷呈点状分布，居民 36 户、130 人。

初居叶姓，后林姓从泗溪镇迁此。今多林姓。

后垄头 Hòulǒngtóu 位于村委会驻地东北 0.3 千米处，因处这一带后面田垄上端得名。房舍沿西旸至下交垟公路呈点状分布，居民 16 户、77 人。

李姓晚清从山头仔迁此，今多李姓。

上宅 Shàngzhái 位于村委会驻地东北 1.1 千米处，因居山坡上侧得名。房舍沿山坡呈点状分布，居民 17 户、74 人。

黄姓清中叶从上洪迁此，今多黄姓。

圳口 Zhènkǒu 位于村委会驻地东北 1.3 千米处。该地旧有水坝，村庄处于水流出口处，故名。房舍沿山坡呈点状分布，居民 13 户、59 人。

夏姓清前叶从莒江迁此，今多夏姓。

上井 Shàngjǐng 位于村委会驻地东北 1.8 千米处，因处村庄下井的上侧得名。房舍沿山坡呈点状分布，居民 12 户、53 人。

林姓晚清从泗溪迁此，今多林姓。

半路垟 Bànlùyáng 位于村委会驻地东北 2.1 千米处，因处垟溪通往罗阳古道的半途得名。村居西旸至下交垟公路旁，房舍沿公路呈点状分布，居民 16 户、73 人。

黄姓清中叶从下洪乡迁此。今多黄、林姓。

甘垟 Gānyáng 位于村委会驻地东北 3.1 千米处。相传该地古多甘草，后为田垟，得名“甘垟”。房舍沿山坡呈块状分布，居民 16 户、73 人。

李姓晚清从叶盛坑迁此，今多李姓。

山头仔 Shāntóuzǐ 位于村委会驻地东北 3.6 千米处，因系山头小村庄得名。房舍沿山谷呈点状分布，居民 10 户、40 人。

赖姓清前叶从戬洲彭家堡迁此。今多齐、赖、罗姓。

石鼓 Shígǔ 位于村委会驻地东 0.7 千米处。村后山岩形状似鼓，故名。今仅居林姓 1 人。

林姓清前叶从泗溪迁此。

南坪 Nánpíng 位于村委会驻地西南 0.9 千米处。村南有片较大的山坪，故名。房舍沿山谷呈点状分布，居民 21 户、94 人。

魏姓清前叶从罗阳迁此，今多魏姓。

张狮 Zhāngshī 位于村委驻地会西 1.1 千米处。村西有石，形似张口露齿之狮，故名。房舍沿山坡呈点状分布，居民 15 户、71 人。

毛姓清中叶从毛垟分迁此，今多毛姓。

三联村 Sānlián Cūn

行政村。位于罗阳镇南部，村委会驻地靠驼垟，在镇人民政府驻地东南 10 千米处。由彭畲、管禄底两村及漈坪岗村的一部分合并组建，取三村联合之意命名“三联”。东偏南至毛垟村，西邻棠坪村，南偏东接上舟垟村，北连育秀垟村。面积 6.37 平方千米，居民 250 户、842 人，其中畲族 12 人。辖 12 个村民小组，有靠陀垟、管禄底、彭畲、南山垟、大山尾 5 个自然村。经济以农业为主，亦产茶叶。

原彭畲、管禄底村解放初均属南院乡，1956 年属毛洋乡。1958 年分别建立彭畲、管禄底生产队，属罗阳公社毛洋大队；1959 年 2 月起属罗阳公社毛洋管理区。1961 年 9 月起改为彭畲、管禄底生产大队，属毛洋公社。1984 年 5 月改为彭畲、管禄底村，属南院乡。1992 年重新认定革命老区，原彭畲、管禄底村均被认定为革命老区村。

2004 年原彭畲、管禄底村与漈坪岗村的可陶垟、大山尾、田垅 3 个自然村合并组建三联村，属南院乡。2011 年 4 月南院乡撤销，并入罗阳镇。

靠陀垟 Kàotuóyáng 三联村村委会驻地。村边有片靠山岗的田垟，方言称岗为“陀”，故名，又称“可陶垟”。房舍沿乡村道路呈块状分布，居民 15 户、73 人。

杨姓清中叶从漈坪岗迁此，今多杨姓。

管禄底 Guǎnlùdǐ 位于村委会驻地东北 0.3 千米处。村旁小山状如卧鹿，村居山坳里侧，得名“睏鹿底”，后以方言音转成“管禄底”。房舍沿山坳呈点状分布，居民 20 户、96 人。

詹姓清中叶从瑞安县迁此，今多詹姓。

彭畲 Péngshē 位于村委会驻地南 1.3 千米处。据《分疆录·古今地名辩》载，该地古代曾称“平畲”。

又传因地形似盘蛇，得名“盘蛇”，后以方言音改为“彭畲”。房舍沿山谷呈块状分布，居民 16 户、74 人。

林姓南宋时从泗溪迁此。今多林、王姓。

南山垟 Nánshānyáng 位于村委会驻地西南 1.7 千米处。村居山坡南面，三面均田垟，故名。房舍沿山谷呈块状分布，居民 5 户、24 人，畲族。

蓝姓晚清时从上察溪村迁此，今居蓝姓。

大山尾 Dàshānwěi 位于村委会驻地西 0.8 千米处。村后之山名为“大山”，村处其下侧，俗以下侧为“尾”，故名。房舍沿乡村道路呈块状分布，常住仅 1 户、2 人。

彭姓晚清从坑边村迁此，今居彭姓。

棠坪村 Tángpíng Cūn

行政村。位于罗阳镇西南部，村委会驻地下棠坪，在镇人民政府驻地南 10.2 千米处。该地有村庄上、下棠坪，合称“棠坪”，村因此命名。东至三联村，西邻福建寿宁县，南偏西接三坪村，东北连育秀垟村。面积 6.81 平方千米，居民 140 户、485 人，其中畲族 20 人。辖 16 个村民小组，有下棠坪、上棠坪、油皂垄、垟坑、大丘面、下可垟、漈坪岗、田垄、外垟 9 个自然村。经济以农业、林业为主，茶叶亦为重要产业。

原棠坪村解放初属南院乡；1956 年属毛洋乡。1958 年建立棠坪生产队，属罗阳公社毛洋大队。1959 年 2 月起属罗阳公社毛洋管理区。1961 年 9 月起为棠坪生产大队，属毛洋公社。1984 年 5 月改为棠坪行政村。1992 年重新认定革命老区，棠坪村被认定为革命老区村。

2004 年，原棠坪村与原漈坪岗村的漈坪岗、油皂垄、外垟、下可垟、垟坑、田垄 6 个自然村合并组建新的棠坪村，属南院乡。2011 年 4 月南院乡撤销，并入罗阳镇。

下棠坪 Xiàtángpíng 棠坪村村委会驻地，因处上棠坪村庄下侧得名。房舍沿山坡呈点状分布，常住居民 208 人。村西北有五步溪渡，为旧时南院至福建寿宁犀溪要津。村内建有刘素贞母子四英烈纪念馆，为温州市爱国主义教育基地。

钱姓明永乐年间从青田鹤溪（今属景宁县）迁此，舒姓清末从桂坪村分迁于此。今多钱、舒姓。

上棠坪 Shàngtángpíng 位于村委会驻地东 1.0 千米处。当地小溪岸上为一长方形山坡，古称“上长坪”，闽语“长”“棠”音同，后作“上棠坪”。房舍呈块状分布，居民 28 户、105 人。

钱姓清中叶从下棠坪迁此，舒姓从桂坪村分迁于此。今多钱、舒姓。

油皂垄 Yóuzàolǒng 位于村委会驻地东北 1.9 千米处。村南山垄旧多油皂树，故名。房舍沿山谷呈块状分布，居民 8 户、38 人。

胡姓清中叶从外垟迁此，今多胡姓。

垟坑 Yángkēng 位于村委会驻地东北 2.1 千米处，因村前小溪“垟坑” 得名。房舍沿溪谷呈块状分布，居民 15 户、45 人。

吴姓清中叶从洲岭迁此，今多吴姓。

大丘面 Dàqiūmiàn 位于村委会驻地东 0.5 千米处。村前有较大田丘，故名。房舍沿山谷呈块状分布，居民 23 户、112 人。

钱姓清中叶从下棠坪分迁于此，今多钱姓。

下可垟 Xiàkěyáng 位于村委会驻地东 1.2 千米处，因处可垟山下得名。房舍沿山脚呈点状分布，居民 15 户、80 人。

胡姓清中叶从外垟分迁此，今多胡姓。

漈坪岗 Jìpínggǎng 位于村委会驻地东 1.7 千米处。村旁小溪边有岩漈，村居岩漈上坡，故名。房舍沿山坡呈点状分布，居民 48 户、196 人，其中畲族 20 人。

杨姓清中叶从平阳县迁此。今多杨姓。

田垄 Tiánlǒng 位于村委会驻地东 2.2 千米处，村东南为田垄，故称。房舍沿山脚呈块状分布，居民 11 户、52 人。

谢姓清前叶从平阳县迁此，今多谢姓。

外垟 Wàiyáng 位于村委会驻地东北 1.6 千米处，因处棠坪一带山岭外侧得名。房舍沿溪流呈块状分布，居民 35 户、140 人。

胡姓从上交垟迁此，今多胡姓。

毛垟村 Máoyáng Cūn

行政村。位于罗阳镇南部，村委会驻地毛垟，在镇人民政府驻地东南 12.5 千米处。以村委会驻地命名。东至三魁镇，西北邻三联村，南偏西接上舟垟村，北偏东连南院村。面积 8.40 平方千米，居民 256 户、1209 人。辖 12 个村民小组，有毛垟、水尾、王师宅、旁山垟等 4 个自然村。辖 12 个村民小组，有毛垟、水尾、旁山垟、王师宅 4 个自然村。经济以农业为主，亦产茶叶；改革开放后劳务输出成为重要收入，全村外出打工约 500 人，主要分布于杭州及江苏省。

毛垟村解放初为毛洋村，属南院乡；1952 年属毛洋乡。1958 年建立毛洋生产队，属罗阳公社毛洋大队。1959 年 2 月起属罗阳公社毛洋管理区。1961 年 9 月起为毛洋生产大队，属毛垟公社。1984 年 5 月改为毛垟村，属南院乡。2011 年 4 月南院乡撤销，并入罗阳镇。

毛垟 Máoyáng 毛垟村委会驻地。因毛姓肇基得名“毛洋”，明代又称“豪阳”。房舍沿山坡呈块状分布，居民 58 户、259 人。

毛姓上祖毛全，又称三九公，北宋大中祥符四年（1011 年）从南院底迁此。今多毛姓。

水尾 Shuǐwěi 位于村委会驻地东南 0.3 千米处，因处溪流下游侧得名。房舍沿溪谷呈块状分布，居民 73 户、347 人。

毛姓由毛垟分迁于此，今多毛姓。

旁山垟 Pángshānyáng 位于村委会驻地西偏南 0.2 千米处，因傍山脚得名。房舍沿山坡呈点状分布，居民 66 户、317 人。

毛姓从毛垟分迁于此，今多毛姓。

王师宅 Wángshīzhái 位于村委会驻地西北 1.6 千米处，相传因王姓法师居此得名。房舍沿山坡呈块状分布，居民 59 户、286 人。

初居王姓法师，毛姓由毛垟分迁于此，詹姓清中叶从管禄底迁此。今多毛姓。

三坪村 Sānpíng Cūn

行政村。位于罗阳镇西南部，村委会驻地竹坪，在镇人民政府驻地南 11.1 千米处。由原竹坪、三贯、岩坪合并组建，取其首尾二字命名。西邻福建省寿宁县，南接上庄村，北偏东连棠坪村。面积 5.97 平方千米，居民 237 户、741 人。辖 18 个村民小组，有竹坪、螺坑、三贯、竹坪下村、梨垟、后井、上坟坪、冬瓜丘、外湾、上段、里湾、岩头 12 个自然村。经济以农业为主，茶叶亦为重要产业。

原竹坪、三贯、岩坪村解放初属南院乡；1952 年属毛洋乡。1958 年分别建立竹坪、三贯、岩坪生产队，属罗阳公社毛洋大队。1959 年 2 月起属罗阳公社毛洋管理区。1961 年 9 月起分别为竹坪、三贯、岩坪生产大队，属新建的毛垟公社。1984 年 5 月改为竹坪、三贯、岩坪村。1992 年重新认定革命老区，原竹坪、三贯、岩坪村均被认定为革命老区村。

2004 年原竹坪、三贯、岩坪 3 村合并组建三坪村，属南院乡。2011 年 4 月南院乡被撤销，并入罗阳镇。

竹坪 Zhúpíng 三坪村村委会驻地。黄姓立村时，村前山坪翠竹葱茏，故名。房舍沿山坡呈块状分布，居民 17 户、84 人。

初居黄姓，后有陈姓从寿宁县鳌阳迁此。今多陈姓。

螺坑 Luókēng 位于村委会驻地东 1.4 千米处。该地古有洼地，多田螺，得名“螺坑”，又作“雷坑”。

房舍沿山坡呈块状分布，居民 16 户、79 人。

钱姓清中叶从棠坪村迁此，今多陈、钱姓。

三贯 Sānguàn 位于村委会驻地东偏北 1.2 千米处。相传古时当地舒家向陈家租种一丘田，年需谷种三贯（每五市斤为一贯），后来舒姓将田买下建房，以“三贯”作村庄名。房舍沿山坡呈点状分布，居民 18 户、83 人。

陈姓从竹坪分迁于此，舒姓清中叶从下棠坪分迁于此。今多陈、舒姓。

竹坪下 Zhúpíngxià 位于村委会驻地东南 0.1 千米处，因处竹坪村庄南面得名。房舍沿山坡呈点状分布，居民 10 户、48 人。

相传初居黄姓，陈姓南宋时从竹坪分迁于此。今多陈姓。

梨垟 Líyáng 位于村委会驻地东南 1.1 千米处，以旧多梨树得名。房舍沿山谷呈块状分布，居民 13 户、64 人。

吴姓清中叶从杨坑村迁此，今多吴姓。

后井 Hòujǐng 位于村委会驻地东南 1.6 千米处。陈姓屋后旧有一井，故名。房舍沿山坡呈块状分布，居民 16 户、79 人。

陈姓清中叶由平阳迁此，今多陈姓。

上坟坪 Shàngfénpíng 位于村委会驻地东偏南 1.5 千米处。附近山坪旧有坟墓，人称坟坪，村处坟坪上侧，故名。房舍沿山坡呈块状分布，居民 13 户、59。

陈姓清中叶从碑排五斗村迁此，今多陈姓。

冬瓜丘 Dōngguāqiū 位于村委会驻地东偏南 1.8 千米处，因村旁田丘形似冬瓜得名。房舍沿山坡呈点状分布，居民 20 户、96 人。

龚姓清中叶迁此，今多陈姓。

外湾 Wàiwān 位于村委会驻地东南 2.1 千米处。地处岩坪村庄前方山湾，俗以“前”为“外”，故名。房舍沿山湾呈点状分布，居民 12 户、59 人。

舒姓清中叶从下棠坪迁此，今多舒姓。

上段 Shàngduàn 位于村委会驻地东南 2.2 千米处，因处山岭上段得名。房舍沿山坡呈点状分布，居民 21 户、92 人。

董姓清中叶从罗阳分迁于此，今多董姓。

里湾 Lǐwān 位于村委会驻地东南 2.3 千米处。地处岩坪村后方山湾，俗称“后”为“里”，故名。房舍沿山湾呈块状分布，居民 17 户、88 人。

陈姓清中叶由平阳迁此，今多陈姓。

岩头 Yántóu 位于村委会东南 2.2 千米，因处“岭头岩”旁得名。房舍沿山湾呈块状呈点状分布，居民 70 户、270 人。今多陈姓。

碑排村 Bēipái Cūn

行政村。位于罗阳镇北部，村委会驻地碑排，在镇人民政府驻地北 9.6 千米处。以村委会驻地命名。东南至恩岙垟村，西南邻道均垟村，北连马联村。面积 9.79 平方千米，居民 208 户、665 人，其中畲族 100 人。辖 8 个村民小组，有碑排、石门洞 2 个自然村。经济以农业为主。

解放初为碑牌村，属里光乡；1952 年属碑牌乡。1958 年建立碑牌生产队，属罗阳公社碑牌生产大队；1959 年 2 月起属罗阳公社碑牌管理区。1961 年 9 月起为碑牌生产大队，属碑牌公社。1984 年 5 月改为碑排行政村，属碑排乡。2004 年碑排乡撤销，并入罗阳镇。1992 年重新认定为革命老区，碑排村被认定为革命老区村。

碑排 Bēipǎi 碑排村村委会驻地。碑排之名说法有二，一说“碑”是古代栓牲畜的竖石，“排”乃排列成行之意；另一说为此地牧草丰茂可供放牧，原称“碑培”，后以方言音转为“碑排”，一度曾误作“碑牌”。房舍沿山谷呈点状分布，居民 170 户、540 人。

陈姓上祖陈仲友南宋乾道三年（1167 年）从南院桂坪迁此，今多陈姓。

石门洞 Shíméndòng 位于村委会驻地东南 1.2 千米处。村旁小溪两侧两巨石竖立似门，远看如洞，故名。房舍沿山坡呈块状分布，居民 30 户、100 人，均畲族。

雷姓上祖雷进高清中叶从景宁大马庵迁此，蓝姓从司前左溪横路分迁此。今多蓝、雷姓。

五斗村 Wǔdǒu Cūn

行政村。位于罗阳镇北部，村委会驻地五斗，在人民政府驻地北 13 千米处。以村委会驻地命名。东、北至司前畲族镇，西南邻马联村。面积 6.64 平方千米，居民 181 户、545 人。辖 7 个村民小组，有五斗、垟尾、油坳、大垟、山过、占根、水蛇、岩头丘、外坳 9 个自然村。经济农林业并举，林业收入尤多。

五斗村解放初属里光乡；1952 年属碑牌乡。1958 年建立五斗生产队，属罗阳公社碑牌大队；1959 年 2 月起属罗阳公社碑牌管理区。1961 年 9 月起为五斗生产大队，属碑牌公社。1984 年 5 月改为五斗行政村，属碑排乡。2011 年 4 月碑排乡撤销，并入罗阳镇。

1987 年五斗村被认定为第二次国内革命战争时期革命老根据地村。1992 年重新认定革命老区，五斗村被认定为革命老区村。

五斗 Wǔdǒu 五斗村村委会驻地。旁有五座山墩，形似五个岛屿，得名“五岛”，“岛”“斗”方言同音，后作“五斗”。房舍沿山脚呈点状分布，居民102户、312人。

明天顺年间有林姓居此，陈姓上祖陈子文明前叶从叶山迁此。今多陈姓。

垟尾 Yángwěi 位于村委会驻地东0.5千米处，因处田垟尾部得名。房舍沿山坡呈点状分布。居民2户、7人。

陈姓从五斗分迁于此，今多陈姓。

油坳 Yóu'ào 位于村委会驻地东南0.9千米处，古因游姓居此山坳得名“游坳”。游姓无后裔，陈姓迁此后改名“油坳”。房舍沿山坳呈点状分布，居民2户、5人。

陈姓明中叶从叶山迁此，今多陈姓。

大垟 Dàyáng 位于村委会南1.1千米处。该地岗峦起伏，形似骆驼，“驼”“大”音近，得名“大垟”。房舍沿山坡呈带状分布，居民3户、10人。

陈姓上祖陈古长清中叶从五斗分迁于此，今多陈姓。

山过 Shānguò 位于村委会驻地西南0.5千米处。该村一山岗形似灯笼悬挂，以“山挂”谐音得名“山过”。房舍沿山坡呈点状分布，居民7户、20人。

陈姓上祖陈秉秀明中叶从五斗迁此，今多陈姓。

占根 Zhàngēn 位于村委会驻地西南1.5千米处。地处尖山峰脚，“尖”“占”方言同音，俗称“脚”为“根”， 故名。房舍沿山坡呈点状分布，今仅居1户、4人。

初居郑姓，后有陈姓清中叶从五斗迁此。

水蛇 Shuǐshé 位于村委会驻地西南2.3千米处。据传苏姓肇基，其墓年久沉没，流言为水蛇所噬，故名。房舍沿山坡呈点状分布，今仅居2人。

初居苏姓，今居包姓。

岩头丘 Yántóuqiū 位于村委会驻地西北0.5千米处，因村旁有两块巨岩得名。房舍沿山坡呈阶梯形分布，居民4户、10人。

吴姓上祖吴日祯晚清从叶山迁此，今多吴姓。

外坳 Wài'ào 位于村委会东南1.0千米，因处五斗村出山方向得名。房舍沿山坡呈点状分布，居民5户、22人。

李姓上祖李林奎、李林富明代从平阳迁此，今多李姓。

马联村 Mǎlián Cūn

行政村。位于罗阳镇北部，村委会驻地联山，在镇人民政府驻地北 11.6 千米处。由原马子坑、联山 2 村合并组建，取原两村之名首字命名“马联”。东、北至司前畲族镇叶山村，西邻福建省寿宁县坑底乡李家洋村，南偏东接碑排村。面积 25.68 平方千米，居民 290 户、1034 人。辖 15 个村民小组，有联山、夏段、榅垟、马子坑、粗坑、东坑、铁炉基、门枕岭、龙尾坑、坪岗、半溪、金竹坪、高岱、黄家岱、白水漈 15 个自然村。经济以农林为主，竹木出产尤多，兼产茶叶。为革命老区村。

原马子坑、联山 2 村解放初属里光乡，952 年属碑牌乡。1958 年分别建立马子坑、联山生产队，属罗阳公社碑牌生产大队；1959 年 2 月起属罗阳公社碑牌管理区。1961 年 9 月起为马子坑、联山生产大队，属碑牌公社。1984 年 5 月改为马子坑、联山行政村，属碑排乡。1992 年重新认定革命老区，原马子坑、联山 2 村均被认定为革命老区村。

2004 年原马子坑、联山 2 村合并，组建马联村，属碑排乡。2011 年 4 月碑排乡撤销，并入罗阳镇。

联山 Liánshān 马联村村委会驻地。村口数山相连，得名“连山”，后写作“联山”。房舍沿山坡呈块状分布，居民 110 户、400 人。

陶姓上祖陶得正明洪武年间自葛垟迁此，今多陶姓。

夏段 Xiàduàn 位于村委会驻地北偏东 2.1 千米处。该村庄岗尖下有个山墩，得名“下墩”，后以方言音转为“夏段”。房舍沿山坡呈块状分布，居民 24 户、90 人。

陈姓上祖陈子美清中叶从叶山迁此。今多陶姓。

榅垟 Wēnyáng 位于村委会驻地南偏东 1.3 千米处，因旧多榅树得名。房舍沿山谷呈点状分布，居民 23 户、82 人。今多何姓。该村庄包含聚落黄泥坳。

马子坑 Mǎzǐkēng 位于村委会驻地西南 1.8 千米处。村旁小溪下游有山形似马驹，得名“马子坑”，村以坑名。房舍沿山腰呈块状分布，居民 22 户、80 人。

陈姓从桂坪分迁于此，赖姓清代自板岱头分迁于此。今多陈、何、赖姓。

粗坑 Cūkēng 位于村委会驻地西南 1.9 千米处，因村旁溪涧 “粗坑” 得名。房舍今仅 1 幢，居陶姓 1 户、4 人。

陶姓清乾隆五十七年（1792 年）从联山迁此。

东坑 Dōngkēng 位于村委会驻地西南 1.8 千米处，因村旁小溪东坑得名。房舍沿山谷呈块状分布，居民 6 户、20 人。

陈姓清中叶从碑排迁此，今多陈姓。

铁炉基 Tiělújī 位于村委会驻地西南2.9千米处。清乾隆年间，洪口商人刘含斋在此设打铁作坊，后在打铁炉旧址附近形成村庄，得名“铁炉基”。房舍沿山坡呈块状分布，居民5户、20人。

富姓清中叶从龙尾坑迁此，今多富姓。

门枕岭 Ménzhěnlǐng 位于村委会驻地西3.3千米处。村东山岗上有陡岭，为龙尾坑至岭北乡必经之路。岗背形似门枕（即门槛），故名。房舍沿山岭呈块状分布，居民6户、15人。

赖姓1960年从龙尾坑迁此，今多赖姓。

龙尾坑 Lóngwěikēng 位于村委会驻地西南5.0千米处。附近山岗蜿蜒似龙，其下小溪得名“龙尾坑”，村以坑名。房舍沿山坳呈块状分布，居民12户、40人。

赖姓上祖赖成龙清中叶从大岗背迁此，今多赖姓。

坪岗 Pínggǎng 位于村委会驻地西南5.7千米处。附近山岗有块大坪，得名“坪岗”，村以岗名。房舍沿山麓呈块状分布，居民9户、30人。

赖姓上祖赖古游清中叶从龙尾坑迁此，今多赖姓。

半溪 Bànxī 位于村委会驻地西偏南3.3千米处，因处小溪中段得名。房舍沿溪谷呈块状分布，今居赖姓1户、2人。

赖姓从附近村庄分迁于此。

金竹坪 Jīnzhúpíng 位于村委会驻地西北1.6千米处。附近山坪旧多金竹，故名。房舍沿山坡呈点状分布，今居陶姓1户、4人。

陶姓从葛洋庄前分迁于此。

高岱 Gāodài 位于村委会驻地西北1.8千米处。原称“金竹坪”，祖传罗姓居此时养有一犬，主人制袋挂于狗颈传信，人称“狗袋”，后以音改为“高岱”，成为村庄名。房舍沿山坳呈点状分布，居民21户、70人。

陶姓上祖陶友龙明中叶从联山迁此，后有罗姓迁来。今多陶姓。

黄家岱 Huángjiādài 位于村委会驻地西北4.9千米处。境内山地形似口袋，黄姓肇基，“袋”与“岱”方言谐音，故名。房舍沿峡谷呈点状分布，居民28户、100人。

初居黄姓，吴姓清中叶由罗阳北门吴厝底迁此。今多吴姓。

白水漈 Báishuǐjì 位于村委会驻地西北5.2千米处。村北有瀑布从高约30米处倾泻而下，白雾纷飞，得名“白水漈”，村以瀑名。房舍沿峡谷呈点状分布，居民9户、30人。

梅姓清中叶从景宁黄冈迁此，今多梅姓。

恩岱垟村Ēndàiyáng Cūn

行政村。位于罗阳镇东北部，村委会驻地桥头垟，在镇人民政府驻地东北 8.3 千米处。由原恩坑、板岱头、桥头垟村合并组建，从三村名称各取一字，命名为“恩岱垟”。东、北邻司前畲族镇，西南接大岗背村。面积 14.17 平方千米，居民 319 户、1043 人。辖 16 个村民小组，有桥头垟、板岱头、恩坑、罗尖、外板岱、麻风基、柿树、张山排、石柱后、石坑下、张坑垟 11 个自然村。经济农林并举，茶叶也是重要产业。

原恩坑、板岱头、桥头垟（1984 年 5 月前作“桥头洋”）3 村解放初均属里光乡；1952 年起属碑牌乡。1958 年分别建立恩坑、板岱头、桥头洋生产队，属罗阳公社碑牌生产大队；1959 年 2 月起属罗阳公社碑牌管理区。1961 年 9 月起分别为恩坑、板岱头、桥头洋生产大队，属新建的碑牌公社。1984 年 5 月改为恩坑、板岱头、桥头垟行政村，属碑排乡。1992 年重新认定革命老区，原恩坑、板岱头、桥头垟 3 村均被认定为革命老区村。

2004 年原恩坑、板岱头、桥头垟 3 村合并组建恩岱垟村，属碑排乡。2011 年 4 月碑排乡撤销，并入罗阳镇。

桥头垟 Qiáotóuyáng 恩岱垟村村委会驻地，因处石板桥边得名。房舍沿山脚呈块状分布，居民 31 户、100 人。

陈姓上祖陈捷显清中叶从碑排迁此，今多陈姓。

板岱头 Bǎndàitóu 位于村委会驻地北 2 千米处。村庄三面高山，惟东面有缺，形似袋口。又因山上砍伐木材常沿坡翻滑而运，日久成沟，俗称“岱”。村居滑坡之上，方言“翻”与“板”谐音，故名。房舍沿山坡呈点状分布，居民 3 户、12 人。

赖姓上祖赖承龙清中叶从福建汀州迁此，今多赖姓。

恩坑Ēnkēng 位于村委会驻地东北 0.4 千米处。旧时树木参天蔽日，环境阴暗，村前小溪得名“暗坑”，村以坑名，后以音改称“恩坑”。房舍沿山脚呈点状分布，居民 185 户、612 人。

陶姓上祖陶陞清乾隆二年（1737 年）从连山岭头迁此，今多陶姓。

罗尖 Luójiān 位于村委会驻地东北 1.7 千米处。村庄古有棵大罗木（正名桬罗木），又处山尖，故名。房舍沿山坡呈块状分布，今居陈姓 2 户、5 人。

陈姓上祖陈士琳清中叶从桥头垟分迁于此。

外板岱 Wàibǎndài 位于村委会驻地北偏东 2.6 千米处，因处板岱村庄外侧得名。房舍沿山坡呈点状分布，居民 4 户、15 人。

徐姓上祖徐开显清中叶从仙居村迁此，今多徐姓。

麻风基 Máfēngjī 位于村委会驻地东 1.7 千米处。房舍沿山谷呈块状分布，居民大多于 4、5 年前迁至罗阳，今仅居 1 户、2 人。

赖姓 1971 年从石坑下迁此。

柿树 Shìshù 位于村委会驻地西 0.4 千米处。旧有年采柿子数百斤大柿树，故名。房舍沿山坳呈点状分布，居民 28 户、100 人。

邱姓上祖邱志和清康熙年间从汀州迁此。今多杨、邱姓。

张山排 Zhāngshānpái 位于村委会驻地西北 1.7 千米处。相传最早张姓居此，房舍沿山排列得名。房舍沿山坡呈点状分布，居民 9 户、24 人。

初居张姓，后陈姓上祖陈正友清中叶从碑排迁此。今多陈姓。

石柱后 Shízhùhòu 位于村委会驻地西北 3.6 千米处，因处山峰“石柱尖”之后得名。房舍沿山坡呈点状分布，居民 3 户、10 多人。

徐姓明中叶从木棉村分迁此，今多徐姓。

石坑下 Shíkēngxià 位于村委会东北 1.1 千米，附近小溪多石，人称“石坑”，村处溪旁，故名。房舍沿山坡呈点状分布，居民 4 户、18 人。

赖姓上祖赖承昌明代从福建迁此，今多赖姓。

张坑垟 Zhāngkēngyáng 位于村委会东北 1.2 千米，因附近小溪张坑得名。房舍沿山坡呈块状分布，居民 14 户、52 人。

赖姓渍代迁此，今多赖姓。

苏北村 Sūběi Cūn

行政村。位于罗阳镇北部，在镇人民政府驻地北 6.1 千米处，村委会驻地外北山。由原苏山、北山 2 村合并组建，从二村名称各取一字命名“苏北”。东至大岗背村，东南接三滩村。面积 3.63 平方千米，居民 140 户、476 人，其中畲族 253 人，其余均汉族。辖 10 个村民小组。有外北山、苏山、漈大寮、文岗、太阳坳、底北山、梨树坪 7 个自然村。经济农林并举，茶叶也是重要产业。

原苏山、北山 2 村解放初均属仙稔乡，1952 年属大岗乡，1956 年属碑牌乡。1958 年分别建立粗山、北山生产队，属罗阳公社碑牌生产大队；1959 年 2 月起属罗阳公社碑牌管理区。1961 年 9 月起为粗山、北山生产大队，属碑牌公社。1984 年 5 月改为粗山、北山行政村，属碑排乡。1992 年重新认定革命老区，原粗山村被认定为革命老区村。

2004 年原粗山村恢复苏山之名，与北山村合并组建为苏北村，属碑排乡。2011 年 4 月碑排乡撤销，并入罗阳镇。

外北山 Wàiběishān 苏北村村委会驻地，因处底北山外侧得名。房舍沿山谷呈点状分布，居民 36 户、119 人，其中畲族 50 人。

叶姓上祖叶振表明嘉靖三十八年（1559 年）从罗阳北门迁此。今多叶姓，畲族钟姓。

苏山 Sūshān 位于村委会驻地北 1.9 千米处。因苏姓在此肇基得名“苏山”，曾以音讹为“粗山”。房舍沿山坡呈点状分布，居民 23 户、80 人。

初居苏姓，畲族雷宗秀清乾隆二十九年（1764 年）从青田迁此，杨姓上祖杨思明清中叶从柿树迁此。今多赖、陈、杨姓。

漈大寮 Jìdàliáo 位于村委会驻地北偏东 1.4 千米处。附近有岩漈，先民塔草屋以居，故名。房舍沿山坡呈点状分布，居民 16 户、50 人，均畲族。

蓝姓从左溪横路分迁此，今多蓝姓。

文岗 Wéngǎng 位于村委会驻地东北 2.1 千米处。村旁山岗原有座古坟，“坟”“文”近音，故名。房舍沿山坡呈块状分布，居民 2 户、8 人。

杨姓上祖杨益宝清中叶从苏山分迁于此，今多杨姓。

太阳坳 Tàiyáng'ào 位于村委会驻地东北 3.2 千米处，取阳光照耀之意而名。房舍沿山坳呈块状分布，居民 17 户、53 人，畲族。

钟姓上祖钟春荣清中叶从林山迁此，今多蓝、钟姓。

底北山 Dǐběishān 位于村委会驻地西北 1.0 千米处。村居外北山里面，俗称“里”为“底”，故名。房舍沿山坡呈块状分布，居民 28 户、100 人，均畲族。

钟姓清中叶从林山迁此，今多钟、蓝姓。

梨树坪 Líshùpíng 位于村委会驻地东北 1.8 千米处。旧时山坪多梨树，故名。房舍沿山谷呈块状分布，居民 17 户、54 人。

陈姓上祖陈光顶清末从桥头垟迁此，今多彭姓。

大岗背村 Dàgǎngbèi Cūn

行政村。位于罗阳镇东北部，村委会驻大岗背，在镇人民政府驻地东北 7 千米处。以驻地大岗背命名。东北至恩岱垟村，西邻苏北村，南接三滩村。面积 4.20 平方千米，居民 141 户、475 人。辖 6 个村民小组，有大岗背、连山垟 2 个自然村。经济以农业、林业为主，茶叶亦为重要产业。

大岗背村解放初属仙稔乡；1952 年改称大岗村，属大岗乡；1956 年属碑牌乡。1958 年建立大岗背生产队，属罗阳公社碑牌生产大队；1959 年 2 月起属罗阳公社碑牌管理区。1961 年 9 月起为大岗背生产大队，属碑牌公社。1984 年 5 月改为大岗背行政村，属碑排乡。2011 年碑排乡撤销，并入罗阳镇。

大岗背 Dàgǎngbèi 大岗背村村委会驻地。村处大山岗之北，俗以“北”为“背”，故名。房舍沿山脚呈点状分布，居民 108 户、364 人。

赖姓上祖赖万顷清初从汀州迁此，今多赖姓。

连山垟 Liánshānyáng 位于村委会驻地南 0.5 千米处。村旁田垟与山岗脚相连，故名。房舍沿山脚呈点状分布，居民 33 户、101 人。

赖姓清前叶从大岗背迁此，今多赖姓。

下洪 Xiàhóng

片村，唐宋时这一带称古洪、大洪，后称洪村；因处洪溪上游的上洪之下，得名下洪。位于罗阳镇人民政府驻地东南 16 千米处。系原下洪乡人民政府驻地。现为门楼底、门楼外、道观后 3 个村村委会驻地。村处溪谷，房舍呈长条形密集分布，居民 634 户、共 2581 人。

门楼底村 Ménlóudǐ Cūn

行政村。位于罗阳镇东南角，村委会驻地下洪，为下洪片村西片，在镇人民政府驻地东南 16.7 千米处。由原门楼底、旺坑 2 村合并组建，以村委会当时的驻地门楼底命名。东为三魁镇与筱村镇交界地带，西邻凤垟村，南偏西接道观后村，北连筱村镇。面积 6.78 平方千米，居民 575 户、1852 人。辖 25 个村民小组，有门楼底、底旺坑、八仙垟、外旺坑、手印 5 个自然村。经济以农业为主，茶叶亦为重要产业。

原门楼底、旺坑 2 村解放初属洪村乡；1952 年属下洪乡。1958 年原门楼底村建立洪一生产队，旺坑村与凤垟、下庄合并建立旺坑生产队，均属大安公社下洪大队；1959 年 2 月起均属罗阳公社碑牌管理区。1961 年 9 月起分别为洪一、旺坑生产大队，属新建的下洪公社。1981 年 10 月洪一生产大队更名门楼底大队。1984 年 5 月两大队分别改为门楼底、旺坑行政村，属下洪乡。

2004 年原门楼底、旺坑 2 村合并组建新的门楼底村，属下洪乡。2011 年 4 月下洪乡撤销，并入罗阳镇。

门楼底 Ménlóudǐ 位于村委会驻地东北 2.1 千米处。古有陶氏居此，屋前设铁门楼，故名，包括聚落沙丘垟。房舍沿山脚呈块状分布，居民 305 户、1050 人。

陶姓北宋元祐八年（1086 年）迁此，今多陶姓。

底旺坑 Dǐwàngkēng 位于村委会驻地东北 2.1 千米处。该地南临小溪，泉甘地肥，吴姓为祈家族兴旺取名“旺坑”， 村庄向外扩展后，此处改为“底旺坑”。房舍沿山坡呈块状分布，居民 49 户、223 人。

吴姓上祖吴朝环清初迁此。今多陶、吴姓。

八仙垟 Bāxiānyáng 位于村委会驻地北 0.8 千米处。村庄北、西有田垟，得名“北西垟”；“北西”“八仙”方言谐音，后改“八仙垟”。房舍沿山谷呈块状分布，居民 22 户、60 人。

陶姓上祖陶福堂清末从门楼底迁此，今多陶姓。

外旺坑 Wàiwàngkēng 位于村委会驻地北偏东 2.3 千米处，因处底旺坑外侧得名。房舍沿山坡呈点状分布，居民 60 户、200 人。

陶姓明末从下洪迁此。今多陶、吴姓。

手印 Shǒuyìn 位于村委会驻地西南 1.1 千米处。该地有岩形似手印，故名。房舍沿山脚呈点状分布，居民 77 户、280 人。桥西南侧为南源村。

陶姓明末从下洪分迁于此，今多陶姓。

门楼外村 Ménlóuwài Cūn

行政村。位于罗阳镇东南部。村委会驻地门楼外，在镇人民政府驻地东南 16.6 千米处。由原门楼外、下庄、溪边 3 行政村合并组建，以村委会驻地门楼外命名。东、南至三魁镇，西南邻南源村，东北连道观后村。面积 4.91 平方千米，居民 408 户、1432 人。辖 16 个村民小组，有门楼外、坟庵、朱岭桥、溪边、下庄、旁桥头 6 个自然村。以农业为主，兼产茶叶等。

原门楼外、下庄、溪边村解放初均属洪村乡，1952 年属下洪乡。1958 年原门楼外建立洪二生产队，原下庄村建立下庄生产队，原溪边村建立溪边生产队，均属大安公社下洪生产大队；1959 年 2 月起属大安公社下洪管理区。1961 年 9 月起分别为洪二、下庄、溪边生产大队，属新建的下洪公社。1981 年 10 月洪二生产大队更名门楼外生产大队。1984 年 5 月 3 个生产大队分别改为门楼外、下庄、溪边行政村，属下洪乡。

2004 年原门楼外、下庄、溪边 3 村合并组建新的门楼外村，属下洪乡。2011 年 4 月下洪乡撤销，并入罗阳镇。

门楼外 Ménlóuwài 门楼外村村委会驻地，为下洪片村中片。因处陶氏铁门楼之外得名，包括聚落沙丘垟。房舍沿大岗至南院公路呈块状分布，居民 230 户、832 人。

陶姓从下洪分迁于此，今多陶姓。

坟庵 Fén'ān 位于村委会驻地北，1.7 千米处。古有陶姓在此建坟，盖有庵堂作祭奠用，得名“坟庵”，村以庵名。房舍沿山坡呈点状分布，居民 50 户、200 人。

陶姓清中叶从下洪迁此。今多吴、齐姓。

朱岭桥 Zhūlǐngqiáo 位于村委会驻地北偏西 2.2 千米处，因村旁的朱岭桥得名。房舍沿山坡呈点状分布，常住居民 200 人。

齐姓清中叶从洪溪美分迁于此，今多齐姓。

溪边 Xībiān 位于村委会驻地西北 2.7 千米处，因处洪溪岸边得名。房舍沿山坡呈块状分布，居民 50 户、200 人。

齐姓明末从洪溪美村分迁于此，今多齐姓。

下庄 Xiàzhuāng 位于村委会驻地西北 2.8 千米处。小溪附近古有陶姓田庄，村处其下游侧，故名。房舍沿坡地呈块状分布，居民 50 户、200 人。

吴姓明中叶从下塘坑迁此，齐姓清中叶从洪溪美分迁于此。今多吴、齐姓。

旁桥头 Pángqiáotóu 位于村委会驻地东 0.3 千米处，因处南庆桥旁得名。房舍沿溪流呈带状分布，居民 31 户、110 人。

初居陶姓，今多陶姓。

道观后村 Dàoguānhòu Cūn

行政村。位于罗阳镇东南部，村委会驻地道观后，为下洪片村东片，在镇人民政府驻地东南 16.8 千米处。以村委会驻地道观后命名。东、南至三魁镇，西邻门楼外村，北偏东连门楼底村。面积 3.25 平方千米，居民 318 户、1223 人。辖 13 个村民小组，有道观后、道观前、半岭尾 3 个自然村及开发区新村。经济以农业为主，兼产茶叶。

解放初属洪村乡，1952 年属下洪乡。1958 年建立洪西生产队，属大安公社下洪生产大队；1959 年 2 月生产大队起属大安公社下洪管理区。1961 年 9 月起为洪西生产大队，属下洪公社。1981 年 10 月更名道观后生产大队。1984 年 5 月改为道观后行政村，属下洪乡。2011 年 4 月下洪乡撤销，并入罗阳镇。

道观后 Dàoguānhòu 道观后村村委会驻地。旧有道观，村处其后，故名。房舍沿谷地呈块状分布，居民 70 户、320 人。

郑姓上祖郑信三明代从南院分迁此。今多陶姓。

道观前 Dàoguānqián 位于村委会驻地北 0.2 千米处，旧因处道观前方得名。房舍沿山坡呈块状分布，居民 79 户、379 人。

郑姓元至治二年（1322 年）由瑞安义翔乡五十九都（今泰顺司前一带）迁此。今多黄姓。

半岭尾 Bànlǐngwěi 位于村委会驻地东偏北 0.6 千米处。当地一岭斜至山岗尾部，村处岭之半途，故名。房舍沿山坡呈点状分布，居民 60 户、210 人。

钱姓上祖钱登金清中叶从金华永康县迁此，今多钱姓。

开发区新村 Kāifāqūxīncūn 位于村委会驻地东北 0.3 千米处，系 2000 年新开发的小区，故名。房舍沿山脚呈块状分布，居民 30 户、120 人。今多郑姓。

凤垟村 Fèngyáng Cūn

行政村。位于罗阳镇东南部，村委会驻地凤垟，在镇人民政府驻地东南 15 千米处。以村委会驻地凤垟命名。东至门楼底村，西邻横岗村，西南接洪溪美村，北连筱村镇。面积 3.08 平方千米，居民 166 户、563 人。辖 7 个村民小组，有凤垟、白石垟、岩古龙、半岭、赤岭头、四架 6 个自然村。经济以农业为主，兼产茶叶。

解放初为凤洋村，属洪岗乡；1956 年起属下洪乡。1958 年为旺坑生产队一部分，属大安公社下洪生产大队；1959 年 2 月起属大安公社下洪管理区。1961 年 9 月析建为凤洋生产大队，属下洪公社。1984 年 5 月改为凤垟行政村，属下洪乡。2011 年 4 月下洪乡撤销，并入罗阳镇。

凤垟 Fèngyáng 凤垟村村委会驻地。村后之山形似飞凤，故名。房舍沿山坡地呈带状分布，居民 30 户、100 多人。

齐姓上祖齐廿九清中叶从洪溪美村分迁于此，今多齐姓。

白石垟 Báishíyáng 位于村委会驻地东南 0.2 千米处。村后之山多白色岩石，故名。房舍沿山坡呈点状分布，居民 20 户、80 人。

齐姓清中叶从洪溪美村分迁于此，今多齐姓。

岩古龙 Yángǔlóng 位于村委会驻地东北 0.6 千米处。村前小溪边岩石突出似龙，故名。房舍沿山坡呈点状分布，居民 25 户、100 人。

齐姓从洪溪美分迁于此，今多齐姓。

半岭 Bànlǐng 位于村委会驻地东偏南 0.8 千米处。因处小溪至赤岭头石岭半途得名。房舍沿山坡呈点状分布，居民 21 户、60 人。

陶姓清中叶从下洪迁此，今多陶姓。

赤岭头 Chìlǐngtóu 位于村委会驻地东南 0.7 千米处，因处赤色石岭岭头得名。房舍沿山坡呈点状分布，居民 25 户、108 人。

陶姓清中叶从下洪迁此，今多陶姓。

四架 Sìjià 位于村委会驻地西北 0.8 千米处。村前田片分为四小丘，谓之“四架”，故名。房舍沿山坡呈块状分布，居民 50 户、200 人左右。

黄姓清中叶从下垟迁此，今多黄姓。

洪溪美村 Hóngxīměi Cūn

行政村。位于罗阳镇东南部，村委会驻洪溪美，又名水门岭，在镇人民政府驻地东南 13.9 千米处。以村委会驻地村洪溪美命名。东北至凤垟村，西北邻横岗村，南接上洪村，北连筱村镇葛垟村。面积 5.05 平方千米，居民 285 户、968 人。辖 11 个村民小组，有洪溪美、下门垄、新岭等 3 个自然村。经济以农业为主，兼产茶叶。

解放初属洪村乡，1952 年属洪岗乡，1956 年属下洪乡。1958 年建立洪溪美生产队，属大安公社下洪生产大队；1959 年 2 月起属大安公社下洪管理区。1961 年 9 月起为洪溪美生产大队，属下洪公社。1984 年 5 月改为洪溪美行政村，属下洪乡。2011 年 4 月下洪乡撤销，并入罗阳镇。

洪溪美 Hóngxīměi 洪溪美村村委会驻地。因处洪溪下游得名“洪溪尾”，后以音改为“洪溪美”，村委会驻地聚落又称“水门岭”。房舍沿山坡呈带状分布，居民 200 户、757 人。

齐姓从下洪迁此，又有寿宁鳌阳陈姓后裔迁来。今多齐姓。

下门垄 Xiàménlǒng 位于村委会驻地东南 1.0 千米处。因下侧田垄得名，又称“后门垄”。村处田垄顶端，房舍沿山坡呈块状分布，居民 40 户、120 人。

齐姓清中叶从洪溪美分迁于此，今多齐姓。

新岭 Xīnlǐng 位于村委会驻地西南 1.2 千米处。旁有洪溪美去普明寺之山岭“新岭”，村以岭名。房舍沿山坡呈点状分布，居民 40 户、120 人。

齐姓 1962 年从洪溪美分迁于此，今多齐姓。

下彩村 Xiàcǎi Cūn

行政村。位于罗阳镇东南部，村委会驻地下彩，在镇人民政府驻地东南 11.7 千米处。以村委会驻地下彩命名。东北至洪溪美村，西邻上察溪村，南接三魁镇，北连横岗村。面积 6.70 平方千米，居民 275 户、911 人。辖 12 个村民小组，有下彩、宫前、桥头垟、苏家山、长坑、龙头、岭尾 7 个自然村。主要从事粮食、茶叶生产，外出务工、经商较多。

解放初属洪村乡，1951 年属上洪乡，1956 年属下洪乡。1958 年建立下彩生产队，属大安公社下洪生产大队；1959 年 2 月起属大安公社下洪管理区。1961 年 9 月起为下彩生产大队，属下洪公社。1984 年 5

月改为下彩行政村，属下洪乡。2011 年 4 月下洪乡撤销，并入罗阳镇。

下彩 Xiàcǎi 下彩村村委会驻地。该村南边有暗亭，上洪朱姓首迁于此，初名“朱陵”，又作“珠陵”。后因村南暗亭下多栎树（方言称“采”）更名“下采”，雅化为“下彩”。房舍沿谷地呈块状分布，居民 110 户、400 人。

朱姓明代后期从上洪迁此，今多朱姓。

宫前 Gōngqián 位于村委会驻地北 0.2 千米处。旧有宫庙，村处其前，故名。房舍沿下彩溪呈块状分布。居民 30 户、103 人。

朱姓从朱陵迁此，今多朱姓。

桥头垟 Qiáotóuyáng 位于村委会驻地东南 0.5 千米处。因处石板桥旁得名，亦简称“桥头”村居涧谷，房舍沿涧谷呈带状分布，居民 21 户、101 人。

黄姓清中叶从寿宁迁此，今多黄姓。

苏家山 Sūjiāshān 位于村委会驻地东南 1.2 千米处，因当地的苏家山得名。房舍沿山谷呈点状分布，居民 10 户、30 人。

齐姓晚清从洪溪美迁此，今多齐姓。

长坑 Chángkēng 位于村委会驻地南偏西 1.3 千米处。附近小溪较长，得名“长坑”，村以坑名。房舍沿山坡呈阶梯状分布，居民 15 户、50 人。

徐姓明前叶从平阳迁此，今多徐姓。

龙头 Lóngtóu 位于村委会驻地西北 0.2 千米处，331 省道杨家岭隧道口。该地山湾田块一条龙分布，此为首部，故名。房舍沿谷地呈块状分布，居民 23 户、101 人。

朱姓从朱陵分迁于此，今多朱姓。

岭尾 Lǐngwěi 位于下彩村委会驻地西北 0.3 千米处，因处山岭尾部得名。房舍沿下彩溪呈点状分布。居民 13 户、41 人。

朱姓从朱陵迁此，今多朱姓。

南源村 Nányuán Cūn

行政村。位于罗阳镇东南部，村委会驻地南源，在镇人民政府驻地东南 17.7 千米处。以村委会驻地南源命名。东、南至三魁镇，西偏南邻上洪村，北偏东连门楼外村。面积 3.01 平方千米，居民 214 户、759 人，其中畲族 8 人。辖 9 个村民小组，有南源、垟心、塔山尾、院口底 4 个自然村及手印居民点。经济以农业为主，兼产茶叶。

南源村解放初属洪村乡，1952 年属下洪乡。1958 年建立洪三生产队，属大安公社下洪生产大队；1959 年 2 月起属大安公社下洪管理区。1961 年 9 月起为洪三生产大队，属下洪公社。1981 年 10 月更名南源生产大队。1984 年 5 月改为南源行政村，属下洪乡。2011 年 4 月下洪乡撤销，并入罗阳镇。

南源 Nányuán 南源村村委会驻地。地处洪溪南来支流源头，故名，又因三处聚落沿田垟一字排开得名“横垟”。房舍沿横路呈块状分布，居民 102 户、360 人，其中畲族 2 户、8 人。

陶姓上祖陶酉五代时自葛垟庄前迁此。今多陶姓，畲族雷姓。

垟心 Yángxīn 位于村委会驻地西南 0.2 千米处，因处田垟中心得名。房舍沿横路呈点状分布，居民 25 户、93 人。

陶姓明初从南源村迁此，今多陶姓。

塔山尾 Tǎshānwěi 位于村委会驻地西南 0.5 千米处。附近山上古有一塔，得名“塔山”，村处山尾，故名。房舍沿山路呈点状分布，居民 22 户、93 人。

陶姓清末分迁于此，今多陶姓。

院口底 Yuànkǒudǐ 位于村委会驻地西 1.2 千米处。原名“石克底”，后因与院口村庄相望，改为“院口底”。房舍沿山路呈块状分布，居民 25 户、180 人。

该自然村形成于 20 世纪 60 年代末，今多陶姓。

手印居民点 Shǒuyìnjūmíndiǎn 位于村委会驻地西北 3.5 千米处，与门楼底村手印自然村一桥之隔，系大厝基村民迁建而成。居民 20 户、70 人，今多齐姓。

上洪村 Shànghóng Cūn

行政村。位于罗阳镇东南部，村委会驻地中村，在镇人民政府驻地东南 15.3 千米处。以村委会驻地所在的大村庄上洪命名。东偏北至南源，西邻桂坪，南接大溪源村，北连洪溪美村。面积 4.78 平方千米，居民 383 户、1243 人。辖 14 个村民小组，有中村、院口、坑头、贝谷垟、桥头、坑口、上洪 7 个自然村。经济以农业、茶业为主。

解放初属洪村乡，1951 年属上洪乡，1956 年属下洪乡。 1958 年建立上洪生产队，属大安公社下洪生产大队；1959 年 2 月起属大安公社下洪管理区。1961 年 9 月起为上洪生产大队，属下洪公社。1984 年 5 月改为上洪行政村，属下洪乡。2011 年 4 月下洪乡撤销，并入罗阳镇。

中村 Zhōngcūn 上洪村村委会驻地。上洪之地为黄姓肇基，为“珠履三千”的春申君黄歇后裔，原称“珠(亦作“朱”)履垟”；该村庄处上洪中段，后改为“中村”。房舍沿山脚呈块状分布，居民 83 户、411 人。

黄姓北宋初自大溪源迁此，朱姓上祖朱民庵清初自金华迁此。今多黄姓。

院口 Yuànkǒu 位于村委会驻地东 0.8 千米处。该地旧有寺院“泗洲院”。村处寺院出口处，故名。房舍沿峃院公路呈带状分布，居民 48 户、237 人。

齐富唐乾封年间（666—667 年）迁安固洪中村，即此；后有陶姓明中叶从下洪迁来。今多黄姓。

坑头 Kēngtóu 位于村委会驻地东南 0.4 千米处，因处小溪源头得名。房舍沿溪呈块状分布，居民 40 户、199 人。

黄姓自上洪中村分迁于此，今多黄姓。

贝谷垟 Bèigǔyáng 位于上洪村委会驻地东南 0.9 千米处。村居贝谷村前溪流下游，田垟后面，故名。房舍沿山坡呈点状分布，居民 10 户、70 人。

陶姓上祖陶二清中叶从下洪分迁于此，今多黄姓。

桥头 Qiáotóu 位于村委会驻地西南 0.1 千米处。该地原有石桥，村居桥旁，故称。房舍沿 331 省道呈块状分布，居民 46 户、225 人。

黄姓自上洪中村分迁于此，今多黄姓。

坑口 Kēngkǒu 位于村委会驻地西北 0.1 千米处。村北为小峡谷，村处高山之间小涧出口，故名。房舍沿山坳呈点状分布，居民 63 户、312 人。

黄姓自上洪中村分迁于此，今多黄姓。

上洪 Shànghóng 位于村委会西北 0.2 千米，因处洪溪上游得名。房舍沿溪流呈带状分布，居民 390 户、1270 人。

黄姓上祖黄伯荣唐末从福建寿宁县犀溪乡西浦村迁此，今多黄姓。

贝谷村 Bèigǔ Cūn

行政村。位于罗阳镇东南部，村委会驻地贝谷，在镇人民政府驻地东南 16.8 千米处。村以村委会驻地命名。东、南邻三魁镇，东北连南源村。面积 3.46 平方千米，居民 232 户、734 人。辖 9 个村民小组，有贝谷、山贵岩、张家山 3 个自然村。经济以农业为主，亦产茶叶。

解放初属洪村乡，1951 年属上洪乡，1956 年属下洪乡。 1958 年建立贝谷生产队，属大安公社下洪生产大队；1959 年 2 月起属大安公社下洪管理区。1961 年 9 月起为贝谷生产大队，属下洪公社。1984 年 5 月改为贝谷行政村，属下洪乡。2011 年 4 月下洪乡撤销，并入罗阳镇。

贝谷 Bèigǔ 贝谷村村委会驻地。当地两山相对，古称“对谷”，清前期称“堆谷”，后以谐音改称“贝谷”。包括聚落旗杆底、后门垅。房舍沿山坡呈块状分布，居民 256 户、827 人。

徐姓清初从天关山迁此，陶氏清中叶从下洪迁此。今多徐姓。

山贵岩 Shānguìyán 位于村委会驻地东南 0.7 千米处。村后山坡有岩似龟，以“山龟”谐音得名“山贵岩”。房舍沿山坡呈点状分布，居民 90 户、270 人。

徐姓清中叶从贝谷分迁于此，今多徐姓。

张家山 Zhāngjiāshān 位于村委会驻地西南 0.9 千米处。村旁之山旧属张家，故名。房舍沿谷地呈点状分布，居民 80 户、250 人。

徐姓上祖徐承佑清早期从贝谷分迁于此，今多徐姓。

大溪源村 Dàxīyuán Cūn

行政村。位于罗阳镇东南部，村委会驻地交塘，在镇人民政府驻地东南 15.7 千米处。以村委会成立时驻地大溪源命名。东、南至三魁镇，西邻桥下村，北偏东连上洪村。面积 5.23 平方千米，居民 188 户、700 人。辖 8 个村民小组，有交塘、大溪源、彭家山、龙井坑 4 个自然村。经济以农业为主，亦产茶叶。

解放初属洪村乡，1951 年属上洪乡，1956 年属下洪乡。1958 年 11 月建立大溪源生产队，属大安公社下洪生产大队；1959 年 2 月起属大安公社下洪管理区。1961 年 9 月起为大溪源生产大队，属下洪公社。1984 年 5 月改为大溪源行政村，属下洪乡。2011 年 4 月下洪乡撤销，并入罗阳镇。

交塘 Jiāotáng 大溪源村村委会驻地。为大溪源与龙井坑两地相交处，村前有塘，故名。房舍沿山坡呈阶梯状分布，居民 30 户、108 人。

黄姓晚清从大溪源迁此，今多黄姓。

大溪源 Dàxīyuán 位于村委会驻地东南 0.7 千米处。两条小溪于村头汇合后流往贝谷，注入洪溪，被认为是洪溪的源头，故名。房舍沿山坡呈点状分布，居民 70 户、280 人。

齐姓上祖齐景斌东汉延熹七年（164 年）迁此，黄姓上祖黄伯荣唐中和四年（884 年）自百丈南台岙迁此。今多黄姓。

彭家山 Péngjiāshān 位于村委会驻地西南 1 千米处。其地偏僻，原称“僻家山”，清代一度称“鹏家山”，后以音改为“彭家山”。房舍沿山坡地呈阶梯状分布。居民 60 户、210 人。

黄姓清中叶从大溪源迁此，今多黄姓。

龙井坑 Lóngjǐngkēng 位于村委会驻地北 0.7 千米处。村前溪中有深潭“龙井”，得名“龙井坑”，村以坑名。房舍沿山坡呈点状分布，居民 80 户、300 人。

黄姓晚清从上洪迁此，今多黄姓。

洲滨 Zhōubīn

罗阳镇南部最大的村庄，2004年行政村规模调整前为片村，原洲岭乡人民政府，原周垮、垟深、垟尾村村委会均曾驻村庄内。位于罗阳镇人民政府南偏西15千米。与福建寿宁市、福安市相近。古称“石邦”，周姓迁此后改名“周边”。后因村多火灾，村人取水可灭火之意，以相近之音改名“洲滨”，后又以地处寿泰溪东边改名“洲边”，今仍称“洲滨”。居民958户、共3173人。

洲滨村 Zhōubīn Cūn

行政村。位于罗阳镇西南部，村委会驻地周垮，在镇人民政府驻地东南14.7千米处。由原葛藤坪、周垮、垟深、垟尾、梨坪5村合并组建，以村委会驻地所在的大村庄“洲滨”命名。东至上舟垟村，西北邻上庄村，南接华庄村，北连三联村。面积10.86平方千米，居民958户、3173人，其中畲族7人。辖32个村民小组，有周垮、葛藤坪、垟尾、垟深、苏垟、梨坪6个自然村。以农业为主，亦产茶叶。

解放初为周垮、葛藤坪、洋深、洋尾、梨坪等村庄，均属洲滨乡；1952年起属洲岭乡。1958年分别建立周垮、葛藤坪、洋深、洋尾、梨坪生产队，属大安公社洲岭生产大队；1959年2月起属大安公社洲岭管理区。1961年9月起为周垮、葛藤坪、洋深、洋尾、梨坪生产大队，属新建的洲岭公社。1984年5月分别改为周垮、葛藤坪、垟深、垟尾、梨坪行政村，属洲岭乡。1992年重新认定革命老区，原梨坪村被认定为革命老区村。

2004年原葛藤坪、周垮、垟深、垟尾、梨坪5村合并组建洲滨村，属洲岭乡。2011年4月洲岭乡撤销，并入罗阳镇。

周垮 Zhōuwān 洲滨村村委会驻地，系洲滨大村庄北片。地近山垮，周姓最早居此，故名。房舍沿溪谷呈块状分布，居民199户、720人。

周姓上祖周兴二原籍福建宁德县周墩，唐末迁此；魏姓自三条华分迁于此。今多吴、魏姓。

葛藤坪 Géténgpíng 位于村委会驻地北0.3千米处，因山坪旧多葛藤得名。房舍沿山坡呈带状分布，居民160户、650人。

南宋嘉定、宝庆年间汪姓居此。吴姓清初从景宁县迁此。今多吴、范姓。

垟尾 Yángwěi 位于村委会驻地南0.7千米处，为洲边大村庄南片。因处田垟尾侧得名。房舍沿溪谷呈块状分布，居民227户、750人。

周姓自周垮分迁于此。今多周、孙姓。

垟深 Yángshēn 位于洲滨村委会驻地东南0.2千米处，为洲边大村庄东北片。该地原为田垟，田土深厚，故称。房舍沿溪谷呈带状分布，居民158户、670人。

范姓从平阳县迁此。今多范、江姓。

苏垟 Sūyáng 位于村委会驻地东南 1 千米处，因苏姓垦成田垟得名。房舍沿山谷呈带状分布，居民 40 户、130 人。竹（里）洲（滨）公路经此。

初居苏姓，施姓清乾隆十六年（1752 年）从平阳县迁此。今多施姓。

梨坪 Lípíng 位于村委会驻地南 2.5 千米处。据传古因山坪多梨树得名，包括上梨坪、下梨坪两处聚落。房舍沿山坡呈点状分布，居民 12 户、40 人，其中畲族 7 人。

董姓明初从罗阳镇迁此，蓝姓从洋溪大山（今属三魁镇）分迁于此。今多黄、薛姓，畲族蓝姓。

上庄村 Shàngzhuāng Cūn

行政村。位于罗阳镇西南部，村委会驻地洲滨，在镇人民政府驻地南偏东 14.8 千米处。由原上庄、三条华 2 村合并组建，以村委会驻地上庄命名。东至上舟垟村，西邻福建省寿宁县南阳镇，南接瑞岭村，北连棠坪村。面积 7.47 平方千米，居民 176 户、576 人，其中畲族 8 人。辖 13 个村民小组，有上庄、三条华、前垟 3 个自然村。以农业为主，亦产茶叶。

原上庄村、三条华 2 村解放初属洲滨乡；1952 年属双洋乡，1956 年属洲岭乡。1958 年分别建立上庄、三条华生产队，属大安公社洲岭生产大队；1959 年 2 月起属大安公社洲岭管理区。1961 年 9 月起分别为上庄、三条华生产大队，属洲岭公社。1984 年 5 月改为上庄、三条华行政村，属洲岭乡。1992 年重新认定革命老区，原上庄、三条华 2 村均被认定为革命老区村。

2004 年，原上庄、三条华 2 村合并组建新的上庄村。2011 年 4 月洲岭乡撤销，并入罗阳镇。

上庄 Shàngzhuāng 位于村委会驻地西北 2.2 千米处。因处旧时某姓田庄上侧得名。房舍沿山谷呈点状分布，居民 80 户、270 人，其中畲族 8 人。

董姓系董龙后裔分迁。今多王、董姓，畲族雷姓。

三条华 Sāntiáohuá 位于村委会驻地西北 2.6 千米处。该地三道山梁林木茂密，山花烂熳，故名。房舍沿山呈点状分布，居民 30 户、110 人。

桂阳（今百丈双岭魏洋）魏姓后裔分迁于此，今多魏姓。

前垟 Qiányáng 位于村委会西北 3.3 千米，因前有田垟得名。房舍沿山坡呈点状分布，居民 16 户、40 人。

陈姓上祖陈正益清代从今苍南县境迁此，今多陈姓。

龙华村 Lónghuá Cūn

行政村。位于罗阳镇南部，村委会驻地横溪，在镇人民政府驻地南偏东 16.4 千米处。由原横溪底、长坑、长坑头三行政村合并组建，寓意“龙的传人前景如花”，命名“龙华”。东、南至三魁镇，西偏北邻上舟垟村。面积5.31平方千米，居民277户、931人。辖13个村民小组，有横溪、横溪底、长坑头、长坑4个自然村。以农业为主，亦产茶叶。

原横溪底、溪头、长坑3村解放初属洲滨乡；1952年属双洋乡，1956年起属洲岭乡。1958年分别建立横溪底、溪头、长坑生产队，属大安公社洲岭生产大队；1959年2月起属洲岭管理区；1961年9月起分别改为横溪底、长坑、长坑头生产大队，均属洲岭公社。1984年5月分别改建为横溪底、溪头、长坑行政村。1992年重新认定革命老区，原溪头村被认定为革命老区村。

2004年原横溪底、溪头、长坑3村合并组建为龙华村，属洲岭乡。2011年4月洲岭乡撤销，并入罗阳镇。

横溪 Héngxī　龙华村村委会驻地。因临横溪得名。村处溪谷，房舍沿横溪呈块状分布。居民33户、110人。今多王姓。

横溪底 Héngxīdǐ 位于村委会驻地北1.5千米处。当地小溪盘曲如龙，原称“龙溪”，村处龙溪里侧，得名“龙溪底”。龙溪后改“横溪”，村庄亦改名“横溪底”。村处溪谷，房舍沿峡谷呈带状分布，居民101户、330人。

毛姓宋末从毛垟转迁此。今多毛、魏姓。

长坑头 Chángkēngtóu 位于村委会驻地西南0.8千米处，因近长坑源头得名。房舍沿山坡呈块状分布，居民57户、190人。

张姓源出平阳南湖，清代分迁于此。今多张姓。

长坑 Chángkēng 位于村委会驻地西南1.8千米处。当地有条较长小溪“长坑”，村以坑名。房舍沿溪谷呈点状分布，居民87户、240人。

刘姓清中叶迁此，今多刘姓。

上舟垟村 Shàngzhōuyáng Cūn

行政村。位于罗阳镇南部，村委会驻地上舟垟，在镇人民政府驻地东南14.7千米处。以村委会驻地上舟垟得名。东至三魁镇，西偏南邻洲滨村，南接华荣村，北偏东连毛垟村。面积5.64平方千米，居民366户、1507人。辖16个村民小组，有上舟垟、黄家垟、林家垟、乾头岗、黄客乾、罗汉山、外华7个自然村。以农业、林业为主，亦产茶叶；外出打工较多。

上舟垟村解放初为上舟洋村，属洲滨乡；1952年属双洋乡，1956年属洲岭乡。1958年建立上舟洋生产队，属大安公社洲岭生产大队；1959年2月起属大安公社洲岭管理区。1961年9月起为上舟洋生产大队，属洲岭公社。1984 年改为上舟垟行政村，属洲岭乡。1987 年上舟垟村被认定为第二次国内革命战争时期革命老根据地村。1992 年重新认定革命老区，上舟垟村被认定为革命老区村。

2011 年 4 月洲岭乡撤销，并入罗阳镇。

上舟垟 Shàngzhōuyáng 上舟垟村村委会驻地。相传当地古时二村隔溪对峙，夜则相合，溪水受阻，田垟如湖可行舟；该村庄处于上游侧，故名。村北小溪南流，房舍呈块状分布，居民 60 户、 常住 114 人。

张姓从下舟垟分迁于此，今多张姓。

黄家垟 Huángjiāyáng 位于村委会驻地北 1.1 千米处，因黄姓肇基得名。房舍沿山谷呈带状分布，居民 64 户、307 人，常住 230 人。

初居黄姓，孙姓清中叶从寿宁县迁此。今多林、孙、张姓。

林家垟 Línjiāyáng 位于村委会驻地北偏东 0.4 千米处，因林姓肇基得名。房舍沿山谷呈带状分布，居民 28 户、113 人，常住 61 人。

初居林姓，后有张姓清中叶从黄客乾村分迁于此。今多张姓。

乾头岗 Qiántóugǎng 位于村委会驻地东北 0.3 千米处。八卦中乾代表天，喻为高处，故名。房舍沿山坡呈阶梯状分布，居民 23 户、99 人。

张姓清中叶从黄客乾村分迁于此，今多张姓。

黄客乾 Huángkèqián 位于村委会驻地东北 0.9 千米处。相传古有平阳县黄姓做小生意，常宿于此，人称黄客乾，村以此而名。村中两条道路呈十字交叉。房舍沿山坡呈阶梯状分布，居民 28 户、126 人，常住 61 人。

张姓清中叶从上舟垟分迁于此，今多张姓。

罗汉山 Luóhànshān 位于村委会驻地东 1.4 千米处。村庄西南一座山峰形似罗汉，称之罗汉山，村以山名。房舍沿山坡呈点状分布，居民 23 户、99 人，常住仅 12 人。

张姓清中叶从黄客乾分迁于此；毛姓清中叶从毛垟迁此。今多张姓。

外华 Wàihuá 位于村委会驻地南 0.5 千米处。古有华姓居此，又处上舟垟外围，得名“外华”。房舍沿山坡呈阶梯状分布，居民 40 户、187 人，常住 69 人。

初居华姓，董姓清中叶从罗阳南门外迁此。今多董姓。

华荣村 Huáróng Cūn

行政村。位于罗阳镇南部，村委会驻地下舟垟，在镇人民政府驻地东南 15.9 千米处。由原下舟垟和前埕两村合并组建，寓意荣华昌盛命名为“华荣村”。东偏南至龙华村，西邻洲滨村，南接半路村，北连上舟垟村。面积 4.15 平方千米，居民 176 户、630 人。辖 7 个村民小组，有下舟垟、前埕 2 个自然村。经济以农业为主，亦产茶叶。

原下舟垟、前埕 2 村解放初属洲滨乡，1952 年起属洲岭乡。1958 年建立下舟垟、生产队，属大安公社洲岭生产大队；1959 年 2 月起属洲岭管理区；1961 年 9 月改为下舟垟生产大队，属洲岭公社；1981 年从下舟垟生产大队析建前埕生产大队。1984 年改为下舟垟村、前埕行政村，属洲岭乡。

2004 年下舟垟村、前埕 2 村合并组建华荣村，属洲岭乡。2011 年 4 月洲岭乡撤销，并入罗阳镇。

下舟垟 Xiàzhōuyáng 华荣村村委会驻地。相传古时村之北有两山，南为龟山，北为蛇山，隔溪对峙。夜间两山相合溪水受阻，田垟如湖可行舟。该村庄处于上舟垟下游，故名。房舍沿溪谷呈点状分布，居民 51 户、240 人。

董姓较早居此，系从前埕分迁。今多董姓。

前埕 Qiánchéng 位于村委会驻地西北 0.2 千米。村前古有一棵大樟树，相传董姓经此时将所带一头水牛栓于樟树，此后牛不肯再走，董姓遂在此安身，称该樟树为“牛树”；“牛”“吴”方言同音，“树”“屿”方言同音，得名“吴屿”。树下大坪遂称“牛树大坪”，“坪”“埕”方言同音，又称“牛树前埕”，后简化为“前埕”。房舍沿山谷呈点状分布，常住居民 115 人。

后梁开平四年（910 年），董则元、董则利率族人由宋溪（今东溪秀溪村）迁此，后有缪姓迁来。今多董姓。

瑞岭村 Ruìlǐng Cūn

行政村。位于罗阳镇西南部，村委会驻地瑞岭，在镇人民政府驻地南 15.7 千米处。以村委会驻地瑞岭命名。东至华荣村，西、南分别与福建省寿宁县、福安市接壤，北连上庄村。面积 7.04 平方千米，居民 233 户、920 人。辖 11 个村民小组，有瑞岭、下瑞岭 2 个自然村。以农业为主，亦产茶叶；劳务输出为重要收入，外出务工约 700 人。

瑞岭村解放初属洲滨乡；1952 年属双洋乡，1956 年属洲岭乡。1958 年建立瑞岭生产队，属大安公社洲岭生产大队；1959 年 2 月起属大安公社洲岭管理区。1961 年 9 月起为瑞岭生产大队，属洲岭公社。1984 年 5 月改为瑞岭行政村，属洲岭乡。2011 年 4 月洲岭乡撤销，并入罗阳镇。

1987 年瑞岭村被认定为第二次国内革命战争时期革命老根据地村。1992 年重新认定革命老区，瑞岭村被认定为革命老区村。

瑞岭 Ruìlǐng 瑞岭村村委会驻地。初居董氏，门前用石材铺成岭道，得名“石岭”，后雅化为“瑞岭”。

房舍沿山坡呈带状分布，居民 47 户、152 人。

董姓元至大三年（1310）从附近石邦村（今称洲滨）迁此，今多董姓。

下瑞岭 Xiàruìlǐng 位于村委会驻地西北 1.3 千米处，因处瑞岭村庄下侧得名。房舍沿山坡呈点状分布，今居 1 户、2 人。

董姓从瑞岭分迁于此，今居董姓。

半路村 Bànlù Cūn

行政村。位于罗阳镇南部，村委会驻地半路，在镇人民政府驻地东南 17.9 千米处。以村委会驻地半路得名。东、南接三魁镇，北连华荣村。面积 2.56 平方千米，居民 139 户、450 人。辖 9 个村民小组，有半路、上半山 2 个自然村。以农业为主，亦产茶叶。

解放初为半路洋村，属洲滨乡；1952 年属双洋乡，1956 年起属洲岭乡。1958 年建立半路洋生产队，属大安公社洲岭生产大队；1959 年 2 月起属大安公社洲岭管理区。1961 年 9 月起为半路生产大队，属洲岭公社。1982 年更名为半路洋大队。1984 年改为半路垟行政村，属洲岭乡。1992 年重新认定革命老区，原半路垟村被认定为革命老区村。2004 年复用半路村名。2011 年 4 月洲岭乡撤销，并入罗阳镇。

半路 Bànlù 半路村村委会驻地。该村肇基者曾居三魁战州彭家堡和福建寿宁县南山下，后在上述两地半途定居，取名“半路”，又形成里垟、外垟两聚落，统称“半路垟”。房舍沿山坡呈块状分布，居民 54 户、160 人，其中畲族 24 人。

高姓清初自罗阳迁来。今多高姓，畲族蓝姓。

上半山 Shàngbànshān 位于村委会驻地东 1 千米处，因处寨顶岗南侧半山腰得名。房舍沿山坡呈点状分布，多数村民迁往罗阳，现居 1 户、2 人。

高姓清初自罗阳迁来，今居高姓。

华庄村 Huázhuāng Cūn

行政村。位于罗阳镇最南部，村委会驻地宅里，在镇人民政府驻地南 18 千米处。2004 年由长僻、宅里两村合并组建，寓意华丽端庄，取名“华庄”。东北至半路村，西邻福建省，南接三魁镇。面积 6.34 平方千米，居民 235 户、754 人。辖 12 个村民小组，有宅里、上党、际坪垟、岩坑、下半山、长僻、牛贯垄 7 个自然村。经济以农业为主，茶叶占相当比重。

原长僻、宅里 2 村解放初属洲滨乡；1952 年属双洋乡，1956 年属洲岭乡。1958 年 2 村合并建立宅里生产队，属大安公社洲岭生产大队；1959 年 2 月起属大安公社下洪管理区。1961 年 9 月析为长僻、宅里生产大队，属洲岭公社。1984 年 5 月分别建为长僻、宅里行政村，属洲岭乡。1992 年重新认定革命老区，原长僻、宅里 2 村均被认定为革命老区村。

2004 年长僻、宅里 2 村合并组建为华庄村。2011 年洲岭乡撤销，并入罗阳镇。

宅里 Zháilǐ 华庄村村委会驻地。古时民宅建于山谷里侧，故名。房舍沿山谷呈点状分布，居民 20 户、70 人。

王姓明正统三年（1438）从处州府青田黄坛（今文成黄坦）迁此。今多王姓、毛姓。

上党 Shàngdǎng 位于村委会驻地东南 0.4 千米处。地处山岗上段，以“段”之方言音得名“上党”。房舍沿山坡呈点状分布，居民 4 户、13 人。

章姓清乾隆元年（1736 年）迁此，今多章姓。

际坪垟 Jìpíngyáng 位于村委会驻地南 0.2 千米处。因处岩漈（大岩壁）下方得名“漈坪垟”，后以音写作“际坪垟”。房舍沿山谷呈块状分布，居民 30 户、100 人。

毛姓晚清从毛垟迁此，今多毛姓。

岩坑 Yánkēng 位于村委会驻地南 0.7 千米处。村旁小溪多岩石，得名“岩坑”，村以坑名。房舍沿溪谷呈点状分布，居民 30 户、104 人。

廖姓宋末元初从平阳县桥墩迁此。今多曾、廖姓。

下半山 Xiàbànshān 位于村委会驻地西南 0.2 千米处，因处半山腰下侧得名。房舍沿山坡呈点状分布，居民 6 户、20 人。

李姓清中叶从南山岭头村迁此，今多李姓。

长僻 Chángpì 位于村委会驻地西南 1.3 千米处。村落处于狮子山南长山坡上，俗称“坡”为“僻”，故名。房舍沿山坡呈块状分布，居民 7 户、22 人。

江姓元代从罗阳南阳底（今溪坪白溪上游）迁此，今多江姓。

牛贯垄 Niúguànlǒng 位于村委会驻地西北 0.03 千米。相传牛腹胀气需用当地草药煎汁灌之，故名“牛灌垄”，以音写作“牛贯垄”。房舍沿山坡呈块状分布，居民 6 户、20 人。

王宝六明正统三年（1439 年）从瑞安迁此，今多王姓。

西城社区 Xīchéng Shèqū

位于县城西部，社区居委会驻城西小区 6 号，在镇人民政府驻地西 0.6 千米处。原为城西居民区，2006 年 7 月成立社区，区域为现北内村范围，以处县城西部命名。居民 250 户、780 人。有城西小区。

北城社区 Běichéng Shèqū

位于县城中部，社区居委会驻儒学路 9 号，在罗阳镇人民政府驻地西南 0.3 千米处。原为城北居民区，2006 年 7 月成立社区，以处县城北部命名。区域为现北内村范围，居民 412 户、1300 人，其中畲族 11 人。

东城社区 Dōngchéng Shèqū

位于县城东部，社区居委会驻泰寿路 221 号，在罗阳镇人民政府驻地南 0.3 千米处。以处县城城东得名，原为城东居民区，2006 年 7 月成立社区，区域为东内村范围。居民 500 户、1600 人，其中畲族 200 人。

南城社区 Nánchéng Shèqū

位于县城南部，社区居委会驻葡萄园小区 56 号，在罗阳镇人民政府驻地西南 0.5 千米处。原为城南居民区，2006 年 7 月成立社区，区域为现南内村范围，以地处县城南部得名。有葡萄园小区。居民 600 户、1508 人，其中畲族 5 人。

新北社区 Xīnběi Shèqū

位于位于县城北部，社区居委会驻消防路 158 号，在罗阳镇人民政府驻地北 1.1 千米处。地处城关北，原称城北新村，建于 1994 年 6 月；2004 年建新北社区，寓意“城北新建城区” 命名。居民约 3000 户、11000 人。

社区管辖范围为城北路、公园路、樱花楼、泰景路、飞龙路、泰庆北路、桃园路、邮政路、雪龙路、常青路、景园路、北站路、马洋及新北住宅小区、景园小区。

大深垟社区 Dàshēnyáng Shèqū

位于县城西郊，社区居委会驻绿苑小区 15 幢 4 单元 201—202，在罗阳镇人民政府驻地西 1.3 千米处。2006 年 7 月成立，区域为现西外村范围，以当地大深垟命名。有绿苑小区、锦绣华庭小区，居民 900 户、2200 人。

飞龙社区 Fēilóng Shèqū

位于县城中部，社区居委会驻泰分路104号，在罗阳镇人民政府驻地东南0.8千米处。2006年7月成立社区，以当地的飞龙山命名，地域属东外行政村。有顺溪小区。居民600户、1720人，其中畲族30余人。

桂花亭社区 Guìhuātíng Shèqū

位于县城西南部，社区居委会驻环城路，在罗阳镇人民政府驻地西南 0.5 千米处。2006 年 7 月成立社区，区域为现南外村范围，以域内桂花亭命名。有城南小区、泓文花园、南外小区、文化路、劳动路小区。居民 800 户、2250 人。

砂堤社区 Shādī Shèqū

位于县城北部，社区居委会驻罗阳镇富民路 17 号，在罗阳镇人民政府驻地东北 0.8 千米处。2006 年 7 月成立社区，以原地名砂堤命名。管理北外村东至泰景路、西至马头岗小区、北至泰顺县第一中学的非农业户籍居民及珊溪水库移民。居民 390 户、1163 人，其中畲族 75 人，水库移民 30 户、106 人。

鹤祥社区 Hèxiáng Shèqū

位于县城东南郊，社区居委会驻银都花园，在镇人民政府驻地东南 3.2 千米处。原为鹤巢、文祥塔等地，2006 年 7 月建立社区，从中各取一字命名“鹤祥”。区域为现北外村范围，县城新城区。有金都花园、银都花园、康欣名邸、商务区、鸿发香江、天润花园、罗林小区、香洲雅苑、万洋华府小区。居民 500 户、1300 人，其中畲族 30 人。

第三节 街路弄巷

泰庆北路 Tàiqìng Běilù 位于罗阳镇县城西北部。属规划中的泰（顺）庆（元）公路一段，按方位分为南北两条，该路处北，故名。南起西大街，北至爱民路，长 1400 米，宽 25 米，混凝土路面。沿途有县人民法院，县交通局，电信大楼，桃花园住宅区等。建于 2000 年。

联心路 Liánxīn Lù 位于罗阳镇县城北部。道路处罗阳镇联新村委会大楼西侧，路以村名，“新”与“心”谐音，故名。南起泰庆北路和爱民路接口，北至联心村委会大楼，长 230 米，宽 15 米。 建于 2000 年。

北站路 Běizhàn Lù 位于罗阳镇县城北部。处泰顺县长运公司客运北站南侧，故名。东起泰庆北路，西至北站后山，长 200 米，宽 7 米，混凝土路面。建于 2005 年。

桃园路 Táoyuán Lù 位于罗阳镇县城西北部。处桃花园住宅小区南侧，故名。东起泰庆北路，西至山脚，长100米，宽9米。建于2001年。

爱民路Àimín Lù 位于罗阳镇县城北部。路旁为县人武部驻地，取“拥政爱民”之意得名。东起泰景路，西至泰庆北路，长 670 米，宽 20 米，混凝土路面。沿途有县人民武装部，县广播电视台，乌岩岭国家级自然保护区管理局等单位。建于 2001 年。

拥军北路 Yōngjūn Běilù 位于罗阳镇县城北部。处爱民路北侧，紧靠县人民武装部，取“拥军优属”之意，故名。南起爱民路，北至山脚，长 100 米，宽 9 米，混凝土路面。建于 2003 年。

拥军南路 Yōngjūn Nánlù 位于罗阳镇县城北部。处爱民路南侧，紧靠县人民武装部，取“拥军优属”之意，故名。南起缤纷路，北至爱民路。长 230 米，宽 9 米，混凝土路面。建于 2003 年。

缤纷路 Bīnfēn Lù 位于罗阳镇县城北部。寓意“五彩缤纷”得名。南起消防路，北至爱民路，长约 250 米，宽 9 米，混凝土路面。建于 2003 年。

消防路 Xiāofáng Lù 位于罗阳镇县城北部。处县消防大队北侧，故名。东起城北路，西至泰庆北路，长 640 米，宽 11 米，混凝土路面。沿途有县消防大队，县规划建设局等单位。建于 1993 年。

常青路 Chángqīng Lù 位于罗阳镇县城北部。修建前为一片山地，四季常青，故名。南起景园路，北至消防路，长 310 米，宽 11 米，混凝土路面。沿途有国土资源局等单位。建于 2003 年。

公园路 Gōngyuán Lù 位于罗阳镇县城北部。紧靠卧龙公园，故名。东南起于泰景路，西北至泰庆北路，长 1000 米，宽 11 米，混凝土路面。沿途有县信用联社，县水利局，县科技局等单位。建于 1995 年。

公园一路 Gōngyuán 1 Lù 位于罗阳镇县城北部。处公园路西南侧，系公园路支路，按方位顺序命名为“公园一路”。南起至县中心托儿所，北至育才幼儿园，长 300 米，宽 10 米，混凝土路面。沿途有县育才幼儿园，县中心托儿所，皇马风情休闲场所等。建于 1999 年。

公园二路 Gōngyuán 2 Lù 位于罗阳镇县城北部。公园路东北侧，系公园路支路，按方位顺序命名为“公园二路”。南起景园二路，北至泰庆北路。长 160 米，宽 9 米，混凝土路面。沿途有县育才幼儿园，皇马风情休闲场所等。建于 1998 年。

景园路 Jǐngyuán Lù 位于罗阳镇县城北部。道路处于泰景路与公园路之间，从中各取一字命名。东起泰景路。西至公园路，长 600 米，宽 11 米，混凝土路面。沿途有县人民检察院，县烟草大楼等。建于 1997 年。

景园二路 Jǐngyuán 2 Lù 位于罗阳镇县城北部。系景园路支路，故名。东北起自罗阳地税局旁，西至公园二路，长 290 米，宽 5 米，混凝土路面。沿途有新城幼儿园，新城学校等。建于 1999 年。

砂堤路 Shādī Lù 位于罗阳镇县城北部。处砂堤社区得名。南起景园路，北至富民路，长 130 米，宽 4 米，混凝土路面。建于 1985 年。

飞龙路 Fēilóng Lù 位于罗阳镇县城北部。临泰顺名山飞龙山，故名。东起泰景路，西至公园路，长420米，宽11米，混凝土路面。沿路有公路运输管理所等。建于1994年。

雪龙路 Xuělóng Lù 位于罗阳镇县城北部。以泰顺名茶“雪龙”命名。南起公园路，北至飞龙路，长150米，宽6米，混凝土路面。沿途有泰顺县竹炭研究院。建于2000年。

城北路 Chéngběi Lù 位于罗阳镇县城北部。为北门垟中心主干道向北延伸段，故名。南起北大街，北至爱民路，长约1320米，宽18米，混凝土路面。是县城最繁华道路之一。沿途有县建设银行，县农业银行，县财政地税局，县邮政局，县烟草专卖局，县新城学校等单位。建于1992年。

官石弄 Guānshí Lòng 位于罗阳镇县城北部。道路两边有官石岗，灯井岗两山。解放前山边用石棺造坟，名之石棺弄，解放后改称“官石弄”。东起城北路，向西延伸至山脚，长200米，宽4米，混凝土路面。建于1972年，初为宽不足两米的山路，后经改造为水泥路。

文星路 Wénxīng Lù 位于罗阳镇县城东北部。寓意文化繁荣，星光灿烂，故名。南起爱民路，北至县职业教育中心，长300米，宽18米，混凝土路面。建于2000年。

富民路 Fùmín Lù 位于罗阳镇县城东北部。寓意“富国强民”命名。东起泰景路，西至城北路，长340米，宽11米，混凝土路面。建于2005年。

邮政路 Yóuzhèng Lù 位于罗阳镇县城东北部。处于邮电大楼南侧，故名。东起泰景路，西至城北路，长130米，宽11米，混凝土路面。沿途有县邮政局，泰顺国际大酒店等。建于1995年。

镇中路 Zhenzhōng Lù 位于罗阳镇县城东北部。处原城关中学前面，该校简称“镇中”，故名。北起景园路，南转东至城北路，长230米，宽6米，混凝土路面。沿路有县实验小学城北校区。建于1994年。

泰景路 Tàijǐng Lù 位于罗阳镇县城东北部。属泰（顺）景（宁）公路县城段，故名。南起泰顺县长运公司客运站，北至泰顺中学，全长3100米，宽11米，混凝土路面。沿途有县信用联社，县民政局，温州村镇银行，邮政储蓄银行，泰顺中学等单位。建于1971年，后多次重建，并延伸至新的泰顺中学对面路段。

景山路 Jǐngshān Lù 位于罗阳镇县城东北部。因从泰景路分出，紧靠一座大山，故名。西起泰景路，东至山脚，长85米，宽11米，混凝土路面。建于2005年。

金沙弄 Jīnshā Lòng 位于罗阳镇县城东北部。该路通往山脚，小山包上有一黄沙堆，阳光照射下，似金色沙滩，故名。东起城北路三插溪套房对面，西至山脚，长150米，宽5米，混凝土路面。建于1992年。

方家垟路 Fāngjiāyáng Lù 位于罗阳镇县城东北部。以处方家垟命名。西起泰景路，向东至北延伸至泰景路。长360米，宽8米。建于1990年。

东大街 Dōngdà Jiē 位于罗阳镇县城东部。以处县城东门得名。东起泰顺县成人教育中心，西至广场路，长600米，宽11米，混凝土路面。沿途有县政府大楼，工商银行泰顺支行，新华书店，华泰大厦，县成人教育中心，东内村委会等。

康健路 Kāngjiàn Lù 位于罗阳镇县城东部。寓意健康得名。南起东大街，北至东内村栗子山，长150米长约200米，宽9米，混凝土路面。1995年建成。

三垟路 Sānyáng Lù 位于罗阳镇县城东部。以处罗阳镇三垟村命名。西南起泰顺县成人教育中心（城市学院），东北至汽车驾驶培训中心，长约1160米，宽6米，混凝土路面。沿路有顺溪家园，三垟坪茶场，广播转播台，泰顺县机动车驾驶员培训中心等。建于1986年。

泰分路 Tàifēn Lù 位于罗阳镇县城东南部。为泰顺至分水关公路县城路段，故名。东起东门加油站，西至泰顺县长途运输公司客运站，长1680米，宽15米，混凝土路面。沿途有县物资有限公司、林业局、汽车修配厂、交警大队等单位。建于1958年，1971年改造，后再经拓宽成现况。

龙山路 Lóngshān Lù 位于罗阳镇县城东南部。以通往飞龙山命名。南起泰分路，北至飞龙山脚，全长80米，宽9米，混凝土路面。建立于2000年。

泰寿路 Tàishòu Lù 位于罗阳镇县城南部。属泰（顺）寿（宁）公路县城路段，故名。南起泰寿南路与南外路接口，北至泰分路与台州银行交叉处，长1000米，宽11米，混凝土路面。沿途有县公路管理局，台州银行，县烈士陵园等。建于1971年，后多次重建。

泰寿南路 Tàishòu Nálù 位于罗阳镇县城南部。属泰（顺）寿（宁）公路县城路段，因处泰寿路南命名。南起云寿路，北至泰寿路与南外路接口，长约360米，宽11米，混凝土路面。

南塔路 Nántǎ Lù 位于罗阳镇县城南部。因处城南古塔（文祥塔）北侧命名。北接泰寿路，西南至新城大道，长640米，宽6米，混凝土路面。建于1971年。

北大街 Běidà Jiē 位于罗阳镇县城中部。因处原县署之前，得名县前街，后县府迁址，以处县城北门，改名北大街。东起人民路，西南至西大街和垟心街接口，长313米，宽13米，混凝土路面。沿路有五金公司，人民医院，工商联社，公安局，万罗山，关山信用社等。

儒学路 Rúxué Lù 位于罗阳镇县城西北部。明代于此建儒学，故名。南起北大街，北至山脚，长270米，宽4米，混凝土路面。沿路有及泉宫，罗阳镇农技站、兽医站、具医药公司仓库等。

西大街 Xīdà Jiē 位于罗阳镇县城西部，以处县城西门得名。东起北大街与建设路接口，西至城关中学，长660米，宽11米，混凝土路面。沿途有罗阳镇人民政府、西内村委会、城关中学、县影剧院等。

泰庆西路 Tàiqìng Xīlù 位于罗阳镇县城西部。因处规划中的泰（顺）庆（元）公路西侧命名。东起西大街与白云路接口，西至白溪村，长约2000米，宽6米。建于1990年。

泰庆南路 Tàiqìng Nánlù 位于罗阳镇县城西部。属规划中的泰（顺）庆（元）公路一段，按方位分为南北两条，该路处南，故名。南起云寿路，北至西大街，长 530 米，宽 25 米，沿途有县农业局、县移动公司、县工商局、罗阳二中等。建立于 2000 年。

文化路 Wénhuà Lù 位于罗阳镇县城西部，寓意弘扬文化命名。东起环城路，西至绿苑小区，长 1340 米，宽 10 米，混凝土路面。沿途有锦绣华庭小区，罗阳镇小学，罗阳镇卫生院等单位。

白云路 Báiyún Lù 位于罗阳镇县城西部。因处泰顺县白云橡胶厂附近命名。南起文化路，北至泰庆西路和西大街接口，长 140 米，宽 11 米。沿途有“锦秀华庭”住宅小区，白云橡胶厂等。建于 1992 年。

溪坪路 Xīpíng Lù 位于罗阳镇县城西部，因处溪坪村命名。南接文化路，北至罗阳镇原水厂厂址，全长 400 米，宽 6 米，混凝土路面。建于 1986 年。

同心路 Tóngxīn Lù 位于罗阳镇县城西部，寓意“与民同心”命名。东起溪坪路，西至南门溪，长 120 米，宽 6 米，混凝土路面。建于 1989 年。

中心路 Zhōngxīn Lù 位于罗阳镇县城西部，以处溪坪村中心命名。南起溪坪村村委会驻地，北至文化路，长 200 米，宽 6 米，混凝土路面。建于 2001 年。

舒心路 Shūxīn Lù 位于罗阳镇县城西部。旁有舒氏宗祠，故名。东起溪坪路舒氏宗祠，西至山脚，长 300 米，宽 6 米，混凝土路面。建于 2001 年。

垟心街 Yángxīn Jiē 位于罗阳镇县城中部。系县城历史悠久的街路，沿用旧名“洋心街”。东起人民路，西至北大街和建设路接口，长 250 米，宽 10 米。沿途有农业银行、邮政储蓄银行的营业点等。重建于 1979 年。

横街 Héng Jiē 位于罗阳镇县城中部。因横穿县城而名。南起垟心街，北至北大街，长 197 米，宽 9 米，混凝土路面。沿途有县综合农贸市场、浙江人本超市等。

人民路 Rénmín Lù 位于罗阳镇县城中部。与人民广场隔溪相望，故名。南起化工路，北至北大街，长 405 米，宽 6 米，混凝土路面。沿途有县土特产公司、县教育局、县安监局、县自来水公司、县委党校等单位。建于 1971 年。

建设路 Jiànshè Lù 位于罗阳镇县城西部，寓意建设泰顺命名。南起劳动路，北至西大街和垟心街接口，长 440 米，宽 11 米，混凝土路面。沿途有县国税局、中国联通通讯公司泰顺分公司等。建于 1993 年。

二中路Èrzhōng Lù 位于罗阳镇县城西南部，以通往罗阳第二中学命名。东起建设南路，西至罗阳第二中学，长 200 米，宽 11 米，混凝土路面。沿途有罗阳县第二中学、育才幼儿园、城南小区等。建于 1996 年。

劳动路 Láodòng Lù 位于罗阳镇县城西南部，寓意崇尚劳动命名。东起建设路，西至云寿路，长 170 米，宽 11 米，混凝土路面。沿途有城南小区等。建于 2002 年。

建设南路 Jiànshè Nánlù 位于罗阳镇县城西南部，以处建设路南侧命名。南起跑马坪路，北至劳动路，长 260 米，宽 11 米，混凝土路面。沿途有罗阳镇二小等。建于 2000 年。

振兴路 Zhènxīng Lù 位于罗阳镇县城西南部。因处原泰顺县振兴玩具厂附近命名。南起泰寿路，北至跑马坪路，长 280 米，宽 9 米，混凝土路面。沿途有罗阳镇第二小学等单位。建于 1989 年。

跑马坪路 Pǎomǎpíng Lù 位于罗阳镇县城西南部，以处跑马坪命名。东北起南外路，西南至振兴路，长 180 米，宽 6 米，混凝土路面。沿途有夕阳红老年公寓、罗阳镇第二小学等。建于 1986 年。

环城路 Huánchéng Lù 位于罗阳镇县城西部。系旧城墙基改建，环绕老县城，故名。东南起自南大街，西北至西大街，长 496 米，宽 11 米，混凝土路面。沿路有罗阳粮管所、县质量技术监督局，罗阳规划建设所、质量检测站，县国家税务局、县环境保护局等单位。

南大街 Nándà Jiē 位于罗阳镇县城中部，以处县城南门得名。南起南外路和环城路接口，北至垟心街，全长 230 米，宽 7 米，混凝土路面。为县城最早的道路之一。沿路有南内村委会、城南农贸市场、南外村委会、县图书馆等。

书山弄 Shūshān Lòng 位于罗阳镇县城中部。沿途有县图书馆，馆内藏书众多，故名。东起南大街，西至环城路，长 100 米，宽 5 米，混凝土路面。是解放后修建的街道。

化工路 Huàgōng Lù 位于罗阳镇县城中部。该路和泰寿路交接处原有县化工厂，故名。东起泰寿路，西至南大街，长 200 米，宽 9 米，混凝土路面。沿路有罗阳粮管所、县委党校、民政福利院、县烈士墓、天关山酒业有限公司等。建于 1971 年，后多次重建。

南外路 Nánwài Lù 位于罗阳镇县城南部，因县城南门外命名。南起泰寿路，北至南大街，长 400 米，宽 9 米，混凝土路面。沿路有董氏祠堂，南外村委会，水电公司等。建于 1971 年，后多次重建。

葡萄园路 Pútáoyuán Lù 位于罗阳镇县城南部，因附近葡萄园小区命名。东起泰寿路，西至南外路。长 160 米，宽 11 米，混凝土路面。建于 1990 年。

广场路 Guǎngcháng Lù 位于罗阳镇县城中部，因处人民广场西侧命名。南起化工路，北至东大街，长 444 米，宽 9 米，混凝土路面。沿途有县电信公司营业厅、县体育局、县人民广场、县中医院等单位。建于 1971 年，后多次重建。

霞阳路 Xiáyáng Lù 位于罗阳镇县城中部，因处原霞阳村命名。东起县卫生进修校，西至广场路，长 150 米，宽 6 米，混凝土路面。沿途有县卫生局，县卫生进修学校、县教师进修学校等。建于 1971 年。

云寿路 Yúnshòu Lù 位于罗阳镇县城西南部。系省道云寿线县城段，故名。南起云寿线入城处，北至劳动路，长约1790米，宽25米，混凝土路面。沿途有县气象局、罗阳第二中学、育才学校等。建于2000年。

坪溪路 Píngxī Lù 位于罗阳镇县城西南部。路西侧原为山坪，路东侧为溪，故名。西起建设南路，东至南门桥，长550米，宽3米，混凝土路面。沿路有县农业局、县良种繁育场等单位。建于1971年。

兴文路 Xīngwén Lù 位于罗阳镇县城西南部，寓意弘扬文化而名。东起溪边，西至坪溪路，长100米，宽6米，混凝土路面。建于2000年。

新城大道 Yúnshòu Lù 位于罗阳镇县城南部。系新城区主要大道，故名。东连分泰线，西北接云寿路，长约4380米，宽30米，混凝土路面。沿途有县博物馆、县人民医院等单位。2009年命名。

司前畲族镇

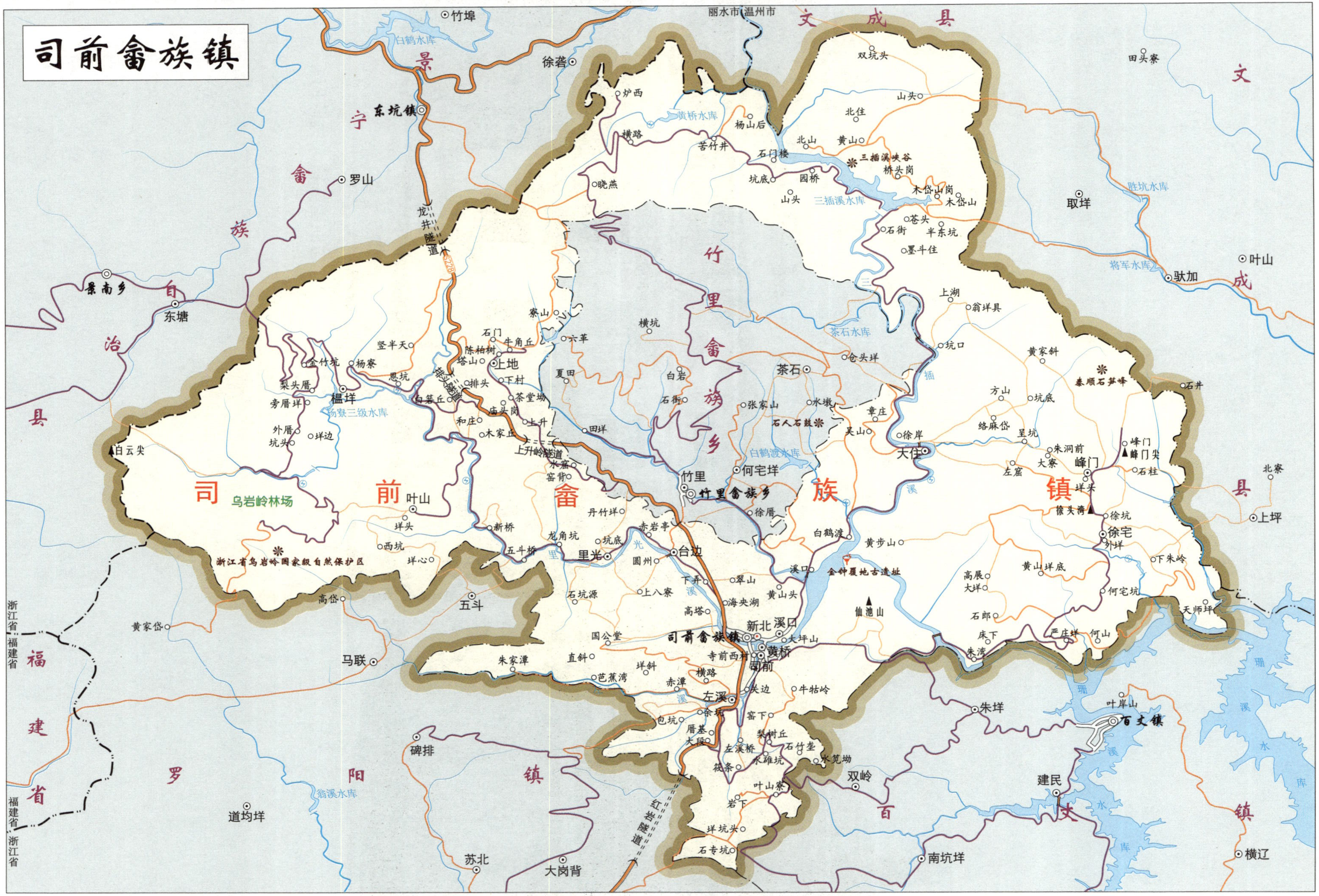

司前畲族镇
竹里畲族乡
百丈镇
东坑镇
景南乡
文成县
景宁畲族自治县
泰顺县
罗阳镇
百丈镇
丽水市
温州市
浙江省
福建省
司前畲族镇
竹里畲族乡
竹里
台边
里光
新北
溪口
黄桥
司前
左溪
峰门
大住
茶石
何宅垟
上地
榅垟
叶山
徐岙
竹埠
罗山
东塘
五斗
马联
碑排
苏北
大岗背
道均垟
双岭
建民
朱垟
南坑垟
横辽
上坪
北寮
驮加
叶山
取垟
田头寮
高岱
黄家岱
叶岸山
乌岩岭林场
浙江省乌岩岭国家级自然保护区
三插溪峡谷
泰顺石笋峰
石人石鼓
金钟夏地古遗址
仙池山
峰门尖
白云尖
黄桥水库
三插溪水库
茶石水库
白鹤渡水库
杨寮三级水库
胜坑水库
将军水库
白鹤水库
翁溪水库
龙井隧道
红岩隧道
上升岭隧道
S228
双坑头
山头
北住
黄山
北山
杨山后
炉西
横路
苦竹井
石门楼
园桥
坑底
山头
晓燕
桥头岗
木岱山岗
木岱山
苍头
石街
半东坑
墨斗住
上湖
翁垟县
坑口
仓头垟
黄家斜
方山
坑底
络麻岱
呈坑
朱洞前
大寮
左窟
石柱
徐头湾
徐坑
徐宅
外垟
下朱岭
何宅坑
天师垟
高展
大垟
黄山垟底
石郎
床下
严庄垟
何山
朱湾
黄步山
白鹤渡
徐岸
章庄
吴山
水墩
张家山
白岩
石街
横坑
六革
寮山
夏田
田垟
徐厝
丹竹垟
赤岩亭
坑底
龙角坑
五斗桥
新桥
圆州
下井
翠山
黄山头
海央湖
高塔
上八寮
石坑源
国公堂
直斜
朱家潭
芭蕉湾
垟斜
赤潭
横路
寺前西村
大坪山
矢边
牛牯岭
窑下
余坑
包坑
厝基
大段
梨树丘
左溪桥
石竹垄
水碓坑
水览坳
筱条
叶山寮
岩下
垟坑头
石专坑
石门
牛角丘
陈柏树
塔山
排头
下村
茶堂坳
庙头岗
上升
和庄
木家丘
水窟
窖背
白茅丘
竖半天
恩坑
杨寮
金竹坑
梨头厝
旁厝垟
外厝
坑头
垟边
白云尖
垟头
西坑
垟心

司前畲族镇人民政府

第二章 司前畲族镇 Sīqián Shēzúzhèn

第一节 概 述

司前畲族镇位于泰顺县北部，行政区划代码 330329101。镇人民政府驻地司前村，在县人民政府驻地罗阳镇北偏东 14.2 千米，海拔 150 米。因镇人民政府驻地司前村得名。司前古称“池村”，明正统初年池村始建巡检司，村在巡检司前，池姓式微后，改为“司前”。

该镇地处泰顺县北部，地理位置北纬 27°36′56″～27°48′42″，东经 119°38′33″～119°53′01″。东连文成县，南接罗阳镇、百丈二镇，西北界景宁县。辖区东西最大距离 22.98 千米，南北最大距离 21.76 千米，总面积 208.9 平方千米。其中陆地 204.1 平方千米，水域 4.8 平方千米，全镇面积 208.84 平方千米，总人口为 7456 户、19544 人，人口密度为每平方千米 88 人。其中畲族 2789 人。辖新北居民区及司前、大住、溪口、左溪、黄桥、里光、上地、榅垟、叶山、台边、徐宅、峰门 12 个行政村，共 13 个群众自治组织；下设 187 个村民小组、15 个居民小组。

据狮子岗、柴林岗、宫头垟、金钟覆地等古文化遗址考古发现，今司前镇域早在新石器晚期已有古人类生活。唐宋时期司前一带总称“百丈”。泰顺建县前属瑞安县义翔乡，以三插溪以西属瑞安六十都，溪之东峰门、徐宅各村及黄步山属五十六都。泰顺建县后今司前镇属一都，清代大部分属一都，峰门、徐宅及黄步山等村庄属三都。

民国 24 年（1935 年），今司前镇全境分属司前、里五、潭竹、河溪、东成、晓圆等乡，隶属第一区；民国 27 年（1938 年）里五乡与潭竹乡潭边等村庄合建为里光乡，潭竹乡其余地域与河溪、东成乡合置燕溪乡。民国 35（1946 年）里光乡并入司前乡，燕溪、晓圆 2 乡并为晓溪乡，改隶百丈区。

泰顺解放初，今司前镇境设司前、燕溪、晓圆乡，属百丈区；1950 年 10 月复置里光乡，属罗阳区；次年 1 月属司前区。1952 年 4 月司前乡析置左溪乡，黄桥乡分为黄桥、燕石 2 乡，里光乡析置上榅乡，燕溪乡析置峰门乡，改属百丈区。1956 年左溪乡并入司前乡，燕石乡并入黄桥乡，上榅乡并入里光乡，峰门乡并入百丈镇，隶属百丈区；1958 年 4 月司前乡定为畲族乡。次月峰门乡复从百丈镇析置。1958 年 11 月实行人民公社体制，今司前镇境分别改为司前公社司前、里光、黄桥生产大队，百丈公社峰门生产大队；1961 年 9 月大队改为管理区。1962 年管理区改为规模调整的公社，属百丈区。1984 年 7 月分别改为司前区司前、里光、黄桥乡，百丈区峰门乡。1992 年司前、里光二乡合并，建立司前畲族镇。2011 年 4 月，黄桥、峰门二乡并入司前畲族镇。

全镇耕地面积 414 公顷，林地面积 1.85 万公顷，林木覆盖率 83.0%，板栗是重要的林产品。粮食作物主要有水稻、小麦、番薯，蔬菜也是种植的重要内容，蔬菜种植面积 577 公顷。养殖业主要饲养生猪、羊、牛及家禽。2 011 年农业总产值 4934 万元。

该镇是泰顺县竹木加工的重要生产基地，初步形成以竹木制品为主的工业体系。大住一带高岭土资源丰富。

228 省道经过镇内，境内长 18 千米，双向 2 车道，通往景宁、云和县和福建省寿宁县。另有县级公路一条，境内路段长 3 千米。2011 年末镇区道路总长 10 千米。建有自来水厂、污水处理厂各 1 座；拥有 35 千伏及以上变电站 2 座；镇区有公园 1 处，面积 166 公顷。镇内设幼儿园、小学、医疗机构各 2 所，泰顺县民族中学设在镇内。

该镇被命名为“浙江省生态镇”、“温州市教育强镇”。

1992 年重新认定革命老区，司前畲族镇、黄桥乡、峰门乡被认定为革命老区镇乡。

第二节 群众自治组织 居民点

新北居民区 Xīnběi Jūmínqū

地处司前镇南部，镇治的左溪之北。2004 年由原上升、和庄村及新桥、新北居民区合并而建，以居委会驻地新北命名。东至溪口村，西北邻台边村，南接司前村。面积 10.25 平方千米，居民 705 户、2180 人，其中畲族 470 人。辖 38 个村民小组，有新北、水窟、五斗桥、窑背、新桥、上升、木家丘、和庄、排头、白箬丘 10 个自然村。经济以林业、商业、企业为主，农业、茶叶亦占相当比重。

原新北居民区建于 1996 年 4 月。20 世纪 90 年代初，县内及邻县人士来司前经商、办企业，在司前集镇北面建房建厂，后将户籍关系迁此定居，形成居民区。

原新桥居民区解放初为叶山桥村，属司前乡；1952 年属里光乡。1956 年建农业生产合作社，命名“新桥”。1958 年建立新桥生产队，属司前公社里光生产大队；1959 年 2 月起属司前公社里光管理区。1961 年 9 月起为新桥生产大队，属新建的里光公社。1984 年 5 月改为新桥村，属里光乡。1992 年并入司前畲族镇。

原上升、和庄村解放初分别为坟林村、刘庄村，均属里光乡。1958 年建立生产队，坟林村以“生活日日上升”之意命名“上升”生产队，刘庄村取“和睦团结”之意命名“和庄”生产队，均属司前公社里光生产大队。1959 年 2 月起属司前公社里光管理区。1961 年 9 月起为上升、和庄生产大队，属新建的里光公社。1984 年 5 月分别改为上升、和庄行政村，属里光乡。

2004 年原上升村、和庄村及新桥、新北居民区合并组建新的新北居民区。

新北 Xīnběi 新北居委会驻地，镇人民政府亦驻此。地处司前村北，又是新建立的居民点，故名。房舍沿 228 省道呈块状分布，居民 380 户、711 人。其中畲族 140 人。2004 年新北村定为畲族村。

1996 年县内和景宁、文成等地人来司前经商、办企业。建屋建厂于司前集镇北面，许多人后将户籍迁此，遂建新北居委会。

水窟 Shuǐkū 位于居委会驻地西北 6.0 千米处，因村东有水井得名。房舍沿山谷呈块状分布，居民 15 户、70 人。

夏姓上祖夏茂华清中叶从黄坑的南坑垟迁此，今多夏姓。

五斗桥 Wǔdǒuqiáo 位于居委会驻地西北 5.4 千米处，因附近的五斗桥得名。房舍沿左溪呈块状分布，居民 7 户、20 人。

董从善 1963 年从长岗尾迁此，今多董姓。

窑背 Yáobēi 位于居委会驻地西北 5.7 千米处，因处古瓦窑西侧上方得名。房舍沿山坡呈块状分布，居民 10 户、35 人。

王姓清中叶从罗阳沙底迁此，今多王姓。

新桥 Xīnqiáo 位于居委会驻地西北 6.5 千米处。当地通往叶山之路旧有木拱桥，1957 年火毁后重建石拱桥，称为“新桥”，村以桥名。房舍沿山坡呈块状分布，居民 9 户、25 人。

周姓上祖周一旦清中叶由江口迁此，今多周姓。

上升 Shàngshēng 位于居委会驻地西北 7.4 千米处。村内小山古坟前林木茂盛，旧称“坟林”。1958 年取“蒸蒸日上”之意改名“上升”。房舍沿山坡呈点状分布，居民 5 户、20 人。

何姓清中叶从景宁雁溪迁此，今多何姓。

木家丘 Mùjiāqiū 位于居委会驻地西北 8.0 千米处。因马姓肇基垦田，原称“马家丘”，后以音转为“木家丘”。房舍沿山坡呈点状分布，居民 20 户、65 人，均畲族。

马姓肇基，雷姓上祖雷学寿晚清由三滩院后迁此。今多雷姓。

和庄 Hézhuāng 位于居委会驻地西北 8.3 千米处。因刘姓肇基原称“刘庄”，后改“和庄”。房舍沿山谷呈点状分布，居民 18 户、80 人，均畲族。

初居刘姓；雷姓上祖雷起峰清康熙五十一年（1712 年）从景宁叶山头迁此。今多雷姓。

排头 Páitóu 位于居委会驻地西北 9.1 千米处。从纺车岭至九曲岭有一条山路“上地排”，村处此路尽头，故名。房舍沿山坡呈块状分布，居民 8 户、30 人。

张姓清中叶迁此，今多张姓。

白箬丘 Báiruòqiū 位于居委会驻地西北 9.1 千米处。村前共有田 120 丘，原称“百廿丘”，后以音改名“白箬丘”。村居垟边，房舍沿田丘呈块状分布，居民 10 户、45 人，均畲族。

雷姓清中叶从刘庄（今和庄）迁此，今多雷姓。

司前村 Sīqián Cūn

行政村。位于司前畲族镇南部。村委会驻地司前东村，在镇人民政府驻地东南 0.5 千米处。由原司前、顺安、林山 3 村合并组建，沿用司前之名。村域东至百丈镇朱垟村，南接左溪村，北邻新北村和溪口村。面积 10.83 平方千米，居民 970 户、3175 人，其中畲族 668 人。辖 31 个村民小组，有司前东村、下库、牛牯岭、司前西村、高塔、林山 6 个自然村。

原司前村最初因池姓所居得名“池村”，明前叶该地建巡检司，遂称“司前”；解放初原司前、林山 2 村均属司前乡。1958 年 4 月属司前畲族乡。是年 11 月分别建立司前、林山生产队，属司前公社司前生产大队；1959 年 2 月起均属司前管理区。1961 年 9 月起为司前、林山生产大队，属规模调整后的司前公社。1984 年 5 月改为司前、林山行政村，属司前畲族乡。1992 年属司前畲族镇。

原顺安村解放初属晓园乡；1952 年属黄桥乡；1958 年建立顺安生产队，属司前公社黄桥生产大队；1959 年 2 月起属司前公社黄桥管理区。1961 年 9 月起为顺安生产大队，属新建的黄桥公社。1984 年 5 月改为顺安行政村，属黄桥乡。1996 年黄桥乡建三插溪水库移民，司前西村洋头地块成为顺安村新址，2011 年 4 月黄桥乡并入司前畲族乡。

2004 年原司前、顺安、林山 3 村合并组建新的司前村。

司前东村 Sīqiándōngcūn 司前村村委会驻地。古为池村一部分。明朝前期池村设巡检司，因此称“司前”。后将左溪东侧称司前东村。房舍沿 228 省道呈块状分布，居民 568 户、1875 人。

陶姓清乾隆元年（1736 年）从棣峰（今梨树丘）迁此，今多陶姓。

下库 Xiàkù 位于村委会驻地东北 0.2 千米处。据传，村前溪滩潭中鱼多，被喻为鱼库，因处司前溪下游，得名“下库”。房舍沿溪呈块状分布，居民 31 户、104 人。

蓝姓清中叶从大坪山迁此，今多蓝姓。

牛牯岭 Niúgǔlǐng 位于村委会驻地东南 1.3 千米处。该地山岭形似鳌鱼，原名“鳌岭”。传说人过岭会生病，能顺利过岭的健壮者被喻为牛牯，改称“牛牯岭”。房舍沿山坡呈点状分布，居民 101 户、326 人。

蓝姓上祖蓝一凤清顺治十一年（1654 年）从景宁县迁司前石盂坑，其后裔转迁牛牯岭。今多蓝姓。

司前西村 Sīqiánxīcūn 司前村委会驻地西侧。古为池村一部分。清代称司前。后将左溪西侧称司前西村。房舍沿228省道呈块状分布，居民246户、789人。

陶姓清前叶从棣峰迁此，今多陶姓。

高塔 Gāotǎ 位于村委会驻地西北1.7千米处。因村旁高山似塔得名。房舍沿山坡呈点状分布，居民27户、87人。村西南有西峰寺遗址。西峰寺始建于唐咸通二年（861年），是泰顺境内最古的古寺院之一。

裴姓上祖裴章弼清前叶从平阳迁此。今多陶姓。

林山 Línshān 位于村委会东偏南1.2千米。因林姓居住得名。房舍沿山坡呈点状分布，居民5户、8人。今多林姓。

大住村 Dàzhù Cūn

行政村。位于司前畲族镇东部，村委会驻地大住，在镇人民政府驻地东北6.4千米。以村委会驻地大住命名。东至峰门村，西邻竹里畲族乡何宅垟村。南接百丈镇朱垟村，北连黄桥村。面积13.54平方千米，居民210户、700余人；其中畲族35人。辖11个村民小组，有大住、坑口、上湖、翁垟具、徐岸、章庄、吴山7个自然村。经济以农业为主，兼营林业，竹木资源丰富。

大住村解放初属燕溪乡。1952年属司前乡；1958年建立大住生产队，属司前公社司前生产大队；1959年2月起属司前公社司前管理区。1961年9月起为大住生产大队，属规模调整后的司前公社。1984年5月改为大住村，属司前畲族乡。1992年重新认定革命老区，大住村被认定为革命老区村。

大住 Dàzhù 大住村村委会驻地。该地系大水冲来的沙石堆积而成，得名“涨岸”；相传后有一支农民军路经该村，住了三天，较其他地方为久，乃改名“大住”。村处三插溪西岸，房舍沿三插溪呈点状分布，居民92户、273人。

张姓上祖张礼祖明中叶从景宁县白鹤迁此。今多张、章、高等姓。

坑口 Kēngkǒu 位于村委会驻地北偏东2.7千米处，因在百丈坑汇入三插溪处得名。房舍沿溪呈点状分布，居民47户、170人，其中畲族9户、30人。

章姓清中叶从大住迁此，今多章姓。畲族钟姓，已搬至司前居住。

上湖 Shànghú 位于大住村委会驻地北偏东3.9千米处。村居山顶，冷泉水终年不断，其形若湖，故名。现住1户、5人，畲族。

钟姓从司前迁此，今居钟姓。

翁垟具 Wēngyángjù 位于村委会驻地北偏东3.8千米处。相传古代翁姓肇基，得名“翁垟住”，后以方言音转为“翁垟具”。房舍沿山坡呈点状分布，居民 4 户、5 人。

初居翁姓，张姓上祖张韬清中叶从大住分迁此。今居张姓。

徐岸 Xú'àn 位于村委会驻地西北 0.7 千米处。一说因齐姓初居于此得名“齐岸”；另一说地处三插溪边，屋基几与岸高齐平，故称“齐岸”，后以音转为“徐岸”。村处三插溪东岸，房舍沿溪呈块状分布，居民 21 户、70 余人。

初居齐姓，张姓上祖张延裕清中叶从大住分迁此。今多张姓。

章庄 Zhāngzhuāng 位于村委会驻地西北 1.4 千米处。张姓迁此开基，原称张庄，后以音转成“章庄”。房舍沿山坡呈点状分布，居民 40 户、172 人。

张姓上祖张文省清初从大住分迁此，今多张姓。

吴山 Wúshān 位于村委会驻地西北 1.3 千米处，因吴姓肇基得名。房舍沿山坡呈点状分布，居民 5 户、18 人。

吴姓晚清从何宅垟迁此，今多吴姓。

溪口村 Xīkǒu Cūn

行政村。位于司前畲族镇南部，村委会驻地大坪山，在镇人民政府驻地东 0.8 千米处。以村委会建立时驻地溪口得名。西邻新北居委会，西南接司前村，西北连台边村。面积 12.11 平方千米，居民 149 户、550 人，其中畲族 228 人。辖 5 个村民小组，有大坪山、黄山头、白鹤渡 、溪口、黄步山、龙头寺 6 个自然村。经济以农业为主，茶叶为特产。

溪口村解放初至 1958 年属司前乡。1958 年建立溪口生产队，属司前公社司前生产大队；1959 年 2 月起属司前公社司前管理区。1961 年 9 月起为溪口生产大队，属规模调整后的司前公社。1984 年 5 月改为溪口村，属司前畲族乡。1992 年 5 月属司前畲族镇；1999 年，三插溪水库移民后，村民及村委会迁至司前大坪山移民安置点。

大坪山 Dàpíngshān 溪口村村委会驻地。该地山上有块大坪，得名“大坪山”，村以山名。房舍沿山坪呈点状分布，居民 126 户、468 人，其中畲族 150 人。

蓝姓清中叶从里光迁此；1999 年建珊溪水库，溪口村 200 人安置于此，并成为溪口村委会驻地，山坡上还居有司前村村民。今多徐姓，畲族蓝姓、钟姓。

黄山头 Huángshāntóu 位于村委会驻地北 1.3 千米处，因周围山头多黄土得名。房舍沿山坡呈块状分布，居民 20 户、78 人。均畲族。

钟姓上祖钟有灵清中叶从黄坑林山迁此，今多钟姓。

白鹤渡 Báihèdù 位于村委会驻地东北 3.0 千米，近三插溪与司前溪交汇处。旧有渡口“白鹤渡”，故名。房舍沿溪呈点状分布，居民 1 户、6 人。该地旧为罗阳、司前去文成西北部（旧属青田）通津要地。

泰顺陶姓始祖陶乔唐中和元年（881 年）自金华兰溪转括苍迁此，今多陶姓。

溪口 Xīkǒu 位于村委会驻地东北 1.8 千米。因处司前、竹垟二溪汇合之出口得名。房舍沿溪呈点状分布，1999 年建珊溪水库，居民迁往大坪山和温州各县，今仅居 2 户、5 人。村西有崇寿寺门楼，该寺建于北宋开宝元年（968 年），20 世纪 50 年代废。

徐姓上祖徐斌南宋初从睦源（今司前宫头垟）迁此，今居徐姓。

黄步山 Huángbùshān 位于村委会驻地东北 3.6 千米处，相传黄姓肇基得名。今仅居 1 人。

初居黄姓，方姓明末从峰门方山迁此。

龙头寺 Lóngtóusì 位于村委会东北 1.2 千米。因古有龙头寺得名。房舍沿山坡呈点状分布，居民 3 户、5 人。今多陈姓。

左溪村 Zuǒxī Cūn

行政村，为民族村。位于司前畲族镇南部，村委会驻地左溪，在镇人民政府驻地南 1.5 千米处。以村委会驻地左溪命名。东南至百丈镇双岭村，西邻罗阳镇碑排村，南接百丈镇台石村，北连司前村。面积 17.88 平方千米，居民 573 户、2282 人，其中畲族 963 人。辖 41 个村民小组，有左溪、关边、窑下、梨树丘、水碓坑、石竹垄、水览坳、叶山寮、左溪桥、筱条、岩下、垟坑头、石专坑、余坑、厝基、大段、赤潭、横路、垟斜、包坑、芭蕉湾、国公堂、直斜、朱家潭 24 个自然村。经济以农业、林业为主，兼产茶叶。

原左溪、筱条 2 村解放初均属司前乡，1952 年属左溪乡，1956 年属司前乡。1958 年 11 月分别建立左溪、小垟生产队，属司前公社司前生产大队；1959 年 2 月起属司前公社司前管理区。1961 年 9 月起为左溪、小垟生产大队，属规模调整后的司前公社；1981 年 10 月小垟生产大队更名筱条大队。1984 年 5 月分别改为左溪、筱条行政村，属司前畲族乡。2 村均为畲族聚居地，2003 年左溪村被定为民族村。

原叶垟村解放初属洪口乡，1952 年属黄坑乡。1958 年建立叶垟生产队，属司前公社黄坑生产大队；1959 年 2 月起属司前公社黄坑管理区。1961 年 9 月起为叶垟生产大队，属新建的黄坑公社。1984 年 5 月改为叶垟行政村，属黄坑乡。1992 年黄坑乡撤销，并入百丈镇，1998 年划入司前畲族镇。

2004 年左溪、筱条、叶垟 3 村合并为新的左溪村。

左溪 Zuǒxī 左溪村村委会驻地，古时村前之溪弯曲，后将溪道做直，得名“做溪”，村以溪名，又因方言谐音改称“左溪”。村居溪谷，房舍沿溪谷呈块状分布，居民 334 户、1333 人。其中畲族 500 人。

蓝姓从上岱分迁于此，雷姓上祖雷春茂清康熙初从景宁县殿源迁左溪直畲定居。今多雷姓。

关边 Guānbiān 位于村委会驻地东北 0.3 千米处。相传古时民间纠纷村内即可调解息事，村民敬称为“官边”，后以音转为“关边”。房舍沿童东公路东侧呈带状分布，居民 8 户、27 人，其中畲族 13 人。

陶姓从葛垟转迁于此。今多陶姓，畲族蓝姓。

窑下 Yáoxià 位于村委会驻地东南 1.1 千米处。先民垦田时发现古窑，满窑泥碗，得名“窑下”。房舍沿山坡呈点状分布，居民 4 户、11 人。

张姓上祖张礼昶清中叶从金华迁此，今多张姓。

梨树丘 Líshùqiū 位于村委会驻地东南 1.5 千米处。该地山峰是池村山峰一部分，古时称“池峰”；道光《池村陶氏谱》记载，原称“棣峰”。后陶姓迁此植梨，得名“梨树丘”。房舍沿山坳呈点状分布，居民 18 户、43 人，其中畲族 20 人。

陶姓上祖陶伯棒明景泰三年（1452 年）从联山迁此。今多陶姓，畲族蓝姓。

水碓坑 Shuǐduìkēng 位于村委会驻地东南 1.7 千米处。原称“半岭坑”，陶姓在溪涧设水碓后改名“水碓坑”。房舍沿山坡呈点状分布，居民 13 户、42 人，其中畲族 20 人。

陶姓上祖陶兴钦清中叶从梨树丘迁此。今多陶姓，畲族雷姓。

石竹垄 Shízhúlǒng 位于村委会驻地东南 2.2 千米处。村后山垄旧多石竹，故名。房舍沿山坡呈点状分布，居民 6 户、17 人，其中畲族 5 人。

陶姓上祖陶廷岩清中叶从梨树丘迁此。今多陶姓，畲族蓝姓。

水笕坳 Shuǐjiǎn'ào 位于村委会驻地东南 2.6 千米处。地处山坳，旧以水笕引水，故名。房舍沿山坡呈点状分布，居民 4 户、15 人，其中畲族 10 人。

雷姓清代从司前筱条迁此。今多陶姓，畲族雷姓。

叶山寮 Yèshān Liáo 位于村委会驻地东南 2.8 千米处，因叶姓在此山坡搭草屋肇基得名。房舍沿童东公路两侧呈带状分布，居民 10 户、35 人。

初居叶姓，夏姓上祖夏兆潘清中叶从横路村迁此。今多夏姓。

左溪桥 Zuǒxīqiáo 位于村委会驻地南 1.1 千米处。因村前石拱桥左溪桥得名。房舍沿溪谷呈点状分布，居民 5 户、15 人，畲族。

雷姓清中叶从筱条分居于此，今多雷姓。

筱条 Xiǎotiáo 位于村委会驻地南1.9千米处。初因萧氏逃难居此，得名“萧逃”，后以音转为“筱条”。房舍沿山坡呈椭圆形分布，居民62户、130人，畲族。

初居萧姓，柳姓明中叶迁此，雷姓上祖雷光久康熙十三年（1674年）从平阳五十一都章山（今属平阳县青街乡）迁此。今多雷姓。

岩下 Yánxià 位于村委会驻地南2.6千米处。村后原有巨石从岩壁外伸覆盖路面，人走其下，因名。房舍沿山坡呈带状分布，居民8户、21人。

陈姓清乾隆年间居此，陶姓上祖陶圣哲清中叶从司前迁此。今多陶姓。

垟坑头 Yángkēngtóu 位于村委会驻地南3.6处。村旁山形似羊，山边小溪得名“羊坑”，后以音转为“垟坑”，村处其上游，故称。房舍沿山坡呈点状分布，居民5户、12人。

黄姓明末从寿宁县山后村迁此，今多黄姓。

石专坑 Shízhuānkēng 位于村委会驻地南4.0千米处。附近小溪旧多石蛙(俗称“石蟾”)，得名“石蟾坑”，村以坑名，后以方言音转为“石专坑”。房舍沿山坡呈点状分布，居民13户、42人。

叶姓上祖叶鹤长晚清从罗阳迁此，今多叶姓。

余坑 Yúkēng 位于村委会驻地西南0.9千米处。因二小溪围绕得名“围坑”，后以音转为“余坑”。村居溪旁，房舍沿溪两岸呈带状分布，居民9户、28人，其中畲族12人。

陶姓上祖陶兆宣清中叶从碑排连山迁此，钟有财清代从景宁山外迁此。今多陶姓，畲族蓝、钟姓。

厝基 Cuòjī 位于村委会驻地西南1.1千米处。村有两块石头形似龟，得名“龟基”，后以音转为“厝基”。房舍沿山坡呈点状分布，居民2户、5人。旧时泰顺县城去杭州，温州的大道在此分叉，清代于此设“杨坑头汛”。

孙姓上祖孙开山明清之际从里光村迁此，今居孙姓。

大段 Dàduàn 位于村委会驻地西南1.3千米处。因处凸出的山墩得名“大凸” ，后雅化为“大段”。房舍沿山坡呈点状分布，居民21户、53人，畲族。

雷姓清中叶从景宁迁此，今多雷姓。

赤潭 Chìtán 位于村委会驻地西1.4千米处。该地左溪中有潭，多赤沙，得名“赤潭”，村因潭名。村居峡谷，房舍沿左溪北岸呈带状分布，居民12户、39人，畲族。

雷姓上祖雷可远兄弟3人清中叶从筱条迁此，今多雷姓。

横路 Hénglù 位于村委会驻地西北0.7千米处。村中横绕一条长约2里的山路，故名。房舍沿山坡呈点状分布，居民4户、15人，畲族。

蓝姓上祖蓝玉清嘉庆初从景宁驮马庵迁此，今多蓝姓。

垟斜 Yángxié 位于村委会驻地西北 2.1 千米处。因畲胞开垦田垟得名“垟畲”，后以方言音转成“垟斜”。房舍沿山坡呈点状分布，居民 23 户、58 人，畲族。

钟姓上祖钟国彬（斌）、钟国庆兄弟清雍正三年（1725 年）从青田培头（今文成富岙培头）迁仙稔村下稔暂住，后转迁于此。今多钟姓。

包坑 Bāokēng 位于村委会驻地西南 1.2 千米处，因附近小溪包坑得名。村居山坡，仅有 2 幢房屋。居民 6 户、22 人，其中畲族 10 人。

钟姓上祖钟起昌、起成、起贤兄弟从大安南田岗迁此，又有雷姓从景宁迁此。今多雷姓。

芭蕉湾 Bājiāowān 位于村委会驻地西北 3.3 千米处。因山湾旧多野芭蕉得名。房舍沿峡谷呈点状分布，居民 3 户、10 人，均畲族。

蓝姓从溪口迁此，今居蓝姓。

国公堂 Guógōngtáng 位于村委会驻地西北 3.3 千米处。旧有供奉关公的宫庙，得名“关公堂”，后以音转为“国公堂”。房舍沿溪谷呈块状分布，居民 4 户、19 人，均畲族。

雷姓上祖从景宁迁此，今居畲族雷、蓝姓。

直斜 Zhíxié 位于村委会驻地西北 3.5 千米处。村西山岗东延，形若长蛇，“蛇”与“斜”方言谐音，得名“直斜”，又作“直畲”。周围峰峦起伏，房舍沿山坡呈点状分布，居民 5 户、16 人，均畲族。

雷姓上祖雷春茂清康熙初从景宁县殿源迁此，今多雷姓。

朱家潭 Zhūjiātán 位于村委会驻地西北 5.2 千米处。古代朱姓居此，村前之潭得名朱家潭，村以潭名。房舍沿峡谷呈点状分布，居民 6 户、20 人，其中畲族 7 人。

朱姓居此年久无考，后陶姓从司前迁此。今多陶姓，畲族蓝姓。

黄桥村 Huángqiáo Cūn

行政村。位于司前畲族镇东北部，村委会驻地司前东村留田垟小区，在镇人民政府驻地东南 0.4 千米处。由园桥、新增、苍展、联盟 4 村合并组建，取黄山、园桥两个较大村庄首尾各一字命名。东、北邻文成县，西、南连竹里畲族乡。西北与景宁县。面积 40.80 平方千米。人口 779 户、2482 人，居民今多迁司前。辖 29 个村民小组，有园桥、黄山、北住、山头、桥头岗、石街、苍头、木岱山岗、墨斗住、木岱山、半东坑、山头、坑底、晓燕、北山、石门楼、杨山后、苦竹井、横路、炉西 20 个自然村。

境内溪涧纵横，竹木、水利资源极为丰富。毛竹资源占全县毛竹资源的 10%，为泰顺县重点林业区和产竹区。域内有库容 6400 万立方米的三插溪水库。

解放初为元桥、黄岗、苍头、炉西 4 村，属燕溪乡；1952 年起属黄桥乡。 1958 年分别建立园桥、新增、苍展、联盟生产队，属司前公社黄桥生产大队；1959 年 2 月属司前公社黄桥管理区。1961 年 9 月起分别为园桥、新增、苍展、联盟生产大队，属新建的黄桥公社。1984 年分别改为园桥、新增、苍展、联盟行政村，属黄桥乡。1987 年园桥、新增、苍展、联盟 4 村均被认定为第二次国内革命战争时期革命老根据地村。1992 年重新认定革命老区，园桥、新增、苍展、联盟村被认定为革命老区村。

2005 年上述 4 村合并组建黄桥村，为黄桥乡唯一行政村。2011 年 4 月黄桥乡撤销，并入司前畲族镇。

园桥 Yuánqiáo 位于村委会驻地北偏东 12.4 千米处。附近云桥山古称元桥山，村因山名，后以方言音简称“园桥”。悟溪东流经村前，注入三插溪。房舍沿山坡呈块状分布，居民 90 户、244 人。村中有树龄约 530 年的松树、桂花树各一株。《分疆录》记载：“元桥山，去城百二十里，景宁界，山产铜沙，昔有广客私开铜炉，发觉封禁。”

苏姓宋淳熙十年（1183 年）从青田迁此，畲族钟学赞 1958 年自文成培头迁此。今多苏姓。

黄山 Huángshān 位于村委会驻地北偏东 13.3 千米处。相传神话人物黄九公的香炉飞至该山头，得名黄山。先民肇基时祈求丁财两旺，又称“旺山”。房舍沿山坡呈块状分布，居民 88 户、286 人。村内古树众多，其中红豆杉 1 株，树龄约 130 年；毛栗、银杏、枫树、柚木各 1 株，树龄均约 400 年。

苏姓上祖苏林树明中叶从苍头迁此，今多苏姓。

北住 Běizhù 位于村委会驻地北偏东 13.9 千米处，因处乡境北部山头得名。三面环山，居民 1 户、5 人。

林姓上祖林大秋晚清从驮家村（今属文成县）迁此。

山头 Shāntóu 位于村委会驻地北偏东 14.8 千米处，因处山岗上端得名。房舍沿山坡呈点状分布，居民 5 户、20 人。

吴姓上祖吴遇三晚清从陈吴坑分迁此，今多吴姓。

桥头岗 Qiáotóugǎng 位于村委会驻地北偏 12.6 千米处。因处悟溪桥边山岗得名。房舍沿山坡呈点状分布，居民 38 户、118 人。村中有树龄约 430 年的松树 3 株。

林姓上祖林联富明中叶从平阳山门镇水门头迁此，今多林姓。

石街 Shíjiē 位于村委会驻地北偏东 11.2 千米处，村前悟溪北岸有天然石阶，得名“石阶”，后以音转称“石街”。悟溪流经村西南，北边为三插溪水库。房舍沿山坡呈块状分布，居民 15 户、53 人。

郑姓清中叶迁此，今多郑姓。

苍头 Cāngtóu 位于村委会驻地北偏东 11.5 千米。村居山顶，四周苍松环绕，故名。房舍沿山坡呈点状分布，居民 45 户、121 人。村中有树龄约 430 年的枫树、梅树各 1 株。

苏姓上祖苏万一南宋宝庆元年（1225 年）从青田迁此，后又有郑氏迁来。今多郑姓。

木岱山岗 Mùdàishāngǎng 位于村委会驻地北偏东 12.2 千米处。因处木岱山下得名。2 幢房舍沿山坡呈点状分布，居民 11 户、30 人。

董姓上祖董正陆清中叶从罗阳南门迁此，今多董姓。

墨斗住 Mòdǒuzhù 位于村委会驻地北偏东 10.8 千米处，因地形有似木匠用具墨斗得名。房舍沿山坡呈点状分布，居民 35 户、109 人。

陈姓上祖陈孙兵清前叶从李山（今属文成）迁此，今多陈姓。

木岱山 Mùdàishān 位于村委会驻地北偏东 12.4 千米处。古时砍伐竹木顺山滑运，形成滑痕，谓之“木岱”，得名“木岱山”，村因山名。房舍沿山坡呈点状分布，居民 26 户、72 人。村南有树龄约 230 年的枫树、枣树各 1 株。

苏姓上祖苏尚裕清乾隆五十二年（1787 年）迁此，今多苏姓。

半东坑 Bàndōngkēng 位于村委会驻地北偏东 11.6 千米处。地处东来的小溪中游，故名。房舍仅 1 幢，居民 7 户、15 人，多为畲族。

郑姓清中叶从苍头迁此。

山头 Shāntóu 位于村委会驻地北 11.8 千米处，因处高山上端得名。村居山坳，房舍沿山坡呈点状分布，居民 33 户、95 人，其中畲族 20 人。

徐姓清中叶由景宁沙塆迁此。今多徐姓，畲族蓝姓。

坑底 Kēngdǐ 位于村委会驻地北 12.2 千米处。小溪经村西北流注入悟溪，村处溪南，俗成里侧故名。房舍仅 2 幢，沿山坡呈点状分布，居民 3 户、13 人。

徐有贤 1986 年从西沙派迁此，今多徐姓。

晓燕 Xiǎoyàn 位于村委会驻地北偏西 12.6 千米处。该地地形有似小燕窝，故名。房舍沿山坡呈点状分布，居民 54 户、254 人。村中有树龄约 430 年的椤树、榅树、松树各 1 株。

叶姓上祖叶春旭清康熙年间从景宁石梯迁此，今多叶姓。

北山 Běishān 位于村委会驻地北偏东 13.0 千米处，因处原乡境北面之山得名。房舍山坡呈带状分布，居民 25 户、81 人。

林姓上祖林世木清中叶从桥头岗迁此，今多林姓。

石门楼 Shíménlóu 位于村委会驻地北 12.6 千米处。据传旧为宫庙，有石砌门楼，故名。村前小溪南流，注入三插溪。村民因三插溪水库建设移民搬迁，现居 1 户、3 人。

何姓上祖何八宋淳熙年间（1174—1190 年）从景宁雁溪迁此，今居何姓。

杨山后 Yángshānhòu 位于村委会驻地北 13.8 千米处。因处杨姓肇基之山后面得名。房舍沿山坡呈点状分布，居民 22 户、71 人。村中有树龄约 230 年的苦槠树 2 株。

初居杨姓，徐姓上祖徐深远清前叶从景宁沙塆迁此。今多徐姓。

苦竹井 Kǔzhújǐng 位于村委会驻地北偏西 13.3 千米处。旧时毛竹资源丰富，有似仓库，原称“库竹境”，后以音改为“库竹井”。房舍沿山坡呈点状分布，居民 36 户、111 人。村有树龄约 230 年的松树 1 株。

叶姓上祖叶何显从景宁雁溪石梯迁此，今多叶姓。

横路 Hénglù 位于村委会驻地北偏西 13.4 千米处，因有大路横穿村庄南北得名。房舍沿山坡呈点状分布，居民 25 户、145 人。

吴姓上祖吴稀祥清中叶从龙泉岙迁此，今多吴姓。

炉西 Lúxī 位于村委会驻地北偏西 14.7 千米处。因村东古有打铁炉得名。房舍沿山坡呈点状分布，居民 63 户、296 人。村中有树龄约 330 年的杉树、榅树、枫树各 1 株。

梅姓上祖梅正福清前叶从景宁县黄洞村迁此，今多梅姓。

里光村 Lǐguāng Cūn

行政村，为民族村。位于司前畲族镇西部，村委会驻地里光，在镇人民政府驻地西北 3.9 千米处。以村委会驻地里光命名。东至台边村，西邻叶山村，东南接新北居委会地域，北连竹里畲族乡。面积 7.34 平方千米。居民 380 户、约 1300 人，其中畲族 220 人。辖 18 个村民小组，有里光、丹竹垟、上八寮、石坑源、坑底、龙角坑、纺车岭 7 个自然村。童东线过村，交通方便。

解放初属司前乡，1950 年起属里光乡。1958 年建立里光生产队，属司前公社里光生产大队；1959 年 2 月起属司前公社里光管理区。1961 年 9 月起为里光生产大队，属新建的里光公社。1984 年 5 月改为里光行政村，为民族村，属里光乡。1992 年里光乡撤销，并入司前畲族镇。1992 年重新认定革命老区，里光村被认定为革命老区村。

里光 Lǐguāng 里光村村委会驻地。因李姓肇基得名李庄，后以音改作“里光”。村处里光溪溪谷，房舍沿童（岭头）东（溪头）南北密集分布，北侧居多。居民 240 户、805 人。

相传李姓唐末于此肇基，林建九世孙林和南宋自罗阳迁里光象庄，明清之际寿宁鳌阳陈姓后裔迁此，罗姓上祖罗元森清康熙时从福建连城角坑迁此（有说迁自福建上杭县）。今多林、陈、罗姓。

丹竹垟 Dānzhúyáng 位于村委会驻地北偏东1.2千米处。旧时村人肩担毛竹出运为生，得名“担竹垟”，后以音改为“丹竹垟”。房舍沿山谷呈块状分布，居民35户、120人，其中畲族3户、10人。

陈姓清中叶从里光迁此。今多陈姓，畲族蓝姓。

上八寮 Shàngbāliáo 位于村委会驻地东南1.2千米处。先民建草寮于小溪上边，得名“上边寮”。后因附近山丘状似卧豹，改称“上豹寮”，又以音转为“上八寮”。房舍沿山坡呈点状分布，居民45户、150人，其中畲族30户、108人。

蓝姓清同治初从林山迁此。今多蓝、雷姓。

石坑源 Shíkēngyuán 位于村委会驻地西南1.2千米处。古人于此小溪源头开采青石，得名“石坑源”。房舍沿山坳呈点状分布，居民55户、158人，其中畲族30户、102人。

雷姓清初从刘庄（今称和庄）迁此，今多雷姓。

坑底 Kēngdǐ 位于村委会驻地北偏西0.5千米处，因处小溪源头里边得名。房舍沿山坡呈块状分布，居民6户、20人。

唐末李姓肇基，陈姓源出寿宁鳌阳。今多陈姓。

龙角坑 Lóngjiǎokēng 位于村委会驻地西偏北1.2千米处。村尾山岭有似龙角，附近小溪得名“龙角坑”，村以坑名。房舍沿山坡呈块状分布，居民6户、20人。

陈姓上祖陈士真清中叶从竹战坑迁此。今多周姓。

纺车岭 Fǎngchēlǐng 位于村委会北偏西2.2千米，因村旁山岭纺车岭得名。房舍沿山坡呈点状分布，居民2户、3人。今居王姓。

上地村 Shàngdì Cūn

行政村。位于司前畲族镇西北部，村委会驻地上地，在镇人民政府驻地西北9.3千米处。以村委会驻地村得名。东至竹里畲族乡，西邻温垟村，西南接叶山村，面积10.02平方千米。居民296户、908人。辖11个村民小组，有上地、石门、陈柏树、牛角丘、寮山、茶堂坳、下村、庙头岗、塔山9个自然村。居民296户、908人。主要从事林业，兼农业。竹木为特产，亦产茶叶。

解放初属司前乡，1952年属上榅乡，1956年属里光乡。1958年建立上地生产队，属司前公社里光生产大队；1959年2月起属司前公社里光管理区。1961年9月起为上地生产大队，属里光公社。1984

年 5 月改为上地行政村，属里光乡；1992 年 5 月里光乡撤销，并入司前畲族镇。

1987 年上地村被认定为第二次国内革命战争时期革命老根据地村。1992 年重新认定革命老区，上地村被认定为革命老区村。

上地 Shàngdì 上地村村委会驻地。因处高山僻处得名，明、清时也写作“象地”，后以谐音得名上地。当地有丘烂糊田，插秧时须脚垫横木，别名“深丘”。民居沿山谷呈点状分布，居民 28 户、104 人。

相传初居洪姓，后王姓及陈姓迁此。今多王姓。

石门 Shímén 位于村委会驻地北 0.7 千米处。村西山顶岩石陡峭，形似大门，故名。房舍沿山坡呈点状分布，居民 20 户、101 人。

胡姓上祖胡沛宽清中叶从瑞安县玉壶（今属文成县）迁此，朱姓晚清从青田县南田（今属文成）迁此。今多邓姓。

陈柏树 Chénbǎishù 位于村委会驻地东北 0.2 千米处。旧有一棵古老粗壮的柏树，“古老”为“陈”，故名。房舍沿山谷呈块状分布，居民 25 户、111 人。

何姓上祖何守祯清初从景宁雁溪迁此。今多王姓。

牛角丘 Niújiǎoqiū 位于村委会驻地东北 0.5 千米处，因有田丘形似牛角得名。房舍沿山坡呈点状分布，居民 25 户、92 人。

金姓清中叶从榅垟迁此，后又有陈姓迁此。今多陈姓。

寮山 Liáoshān 位于村委会驻地东北 1.9 千米处。最初仅山中建一草寮，故名。房舍沿山坡呈块状分布，居民 15 户、35 人。

郑姓晚清从平阳水头迁此，今多郑姓。

茶堂坳 Chátáng'ào 位于村委会驻地东南 1.0 千米处。该村是旧时泰顺县城去省城必经之地，据传因有户人家常年备茶供路人饮用，被赞为茶堂，得名“茶堂坳”。房舍沿山坳呈点状分布，居民 23 户、98 人。

金姓清初从榅垟迁此，包姓清中叶从瑞安五十五都李夏底（今属文成）迁此，王、郑姓清中叶后期迁此。今多王、郑姓。

下村 Xiàcūn 位于村委驻地南偏东 0.5 千米处，因处上地村下方得名。房舍沿溪呈点状分布，居民 46 户、160 人。

徐姓清前叶迁此，后有高、张、邓姓陆续迁来。今多徐姓。

庙头岗 Miàotóugǎng 位于村委会驻地南偏东 0.9 千米处。该地旧有庙，村处庙对面山上，故名。房舍沿山坡呈块状分布，居民 17 户、85 人。

周姓、梅姓晚清从瑞安玉壶（今属文成）迁此，今多梅姓。

塔山 Tǎshān 位于村委会驻地西 0.3 千米处。村西山形似塔，得名“塔山”，村以山名。房舍沿山坡呈块状分布，居民 19 户、91 人。

陈姓较早居此，后有周姓清中叶迁来。今多周姓。

榅垟村 Wēnyáng Cūn

行政村。位于司前畲族镇西北部，村委会驻地杨寮，在镇人民政府驻地西北 11.6 千米。因村委会当时驻地榅垟得名。东北至上地村，东南接叶山村，西、北连景宁畲族自治县。面积 21.70 平方千米。居民 398 户、1470 人，其中畲族 172 人。辖 17 个村民小组，有杨寮、竖半天、恩坑、旁厝垟、外厝、坑头、垟边、梨头厝、金竹坑 9 个自然村及榅垟林场。经济以林业为主，兼农业，竹木为其特产。

解放初为榅洋村，属司前乡；1950 年属里光乡，1952 年属上榅乡，1956 年属里光乡。1958 年建立榅洋生产队，属司前公社里光生产大队；1959 年 2 月起属司前公社里光管理区。1961 年 9 月起为榅洋生产大队，属里光公社。1984 年 5 月改为榅垟行政村，属里光乡。1992 年里光乡撤销，并入司前畲族镇。1987 年榅垟村被认定为第二次国内革命战争时期革命老根据地村。1992 年重新认定革命老区，榅垟村被认定为革命老区村。

杨寮 Yángliáo 榅垟村村委会驻地，据传因杨氏在此建草寮肇基得名。房舍沿溪谷呈点状分布，居民 82 户、270 人，其中畲族 52 人。

初居杨姓，林姓上祖林散明中叶从大安迁此。今多胡、林姓，畲族雷姓。

竖半天 Shùbàntiān 位于村委会驻地东北 2.0 千米处。因徐姓肇基得名“徐半天”，后以音写作“竖半天”。房舍沿山坡呈块状分布，居民 47 户、162 人。

初居徐姓，吴姓清中叶从东坑迁此，今多吴姓。

恩坑Ēnkēng 位于村委会驻地东 1.3 千米处。古时该地森林茂盛，光线阴暗，村边小溪得名“暗坑”，村以坑名，后以音雅称“恩坑”。房舍沿山坡呈点状分布，居民 30 户、100 人，其中畲族 54 人。

陈姓明中叶从碑排迁此。今多郑姓，畲族雷、蓝姓。

旁厝垟 Pángcuòyáng 位于村委会驻地西南 0.9 千米处。因处犁头厝村庄对面田垟边得名。房舍沿山谷呈点状分布。居民 34 户、110 人，其中畲族 20 人。

郭姓上祖郭永锡晚清从瑞安秧地边（今属文成县）迁此。今多陈姓，畲族蓝姓。

外厝 Wàicuò 位于村委驻地西南 1.5 千米处，因处坑头村庄外侧得名。房舍沿山坡呈点状分布，居民 32 户、108 人。

陈姓上祖陈十二南宋中叶从垟边迁此，今多陈姓。

坑头 Kēngtóu 位于村委驻地西南 1.7 千米处。因处小坑源头得名。房舍沿金竹坑至上芳香公路呈点状分布，居民 87 户、254 人。

金氏上祖金彭成南宋末从瑞安外巷迁此，今多陈姓。

垟边 Yángbiān 位于村委驻地南偏西 1.4 千米处。因长有粗壮茂盛的榅树，原称“榅垟”，陈姓迁此建屋于田垟南、北，改称“垟边”。房舍沿田垟呈点状分布，居民 2 户、8 人。

陈姓上祖陈七南宋中叶迁此。今居郭、陈姓。

梨头厝 Lítóucuò 位于村委会驻地西 0.7 千米处。地处榅垟中心地段，是来往于多个村庄的路头，原称“路头处”，后以音改为“梨头厝”。房舍沿山坡呈点状分布，居民 71 户、218 人。

陈姓元初迁此肇基。今多陈、郑、张姓。

金竹坑 Jīnzhúkēng 位于村委会驻地西北 1.1 千米处。该地小溪边旧多金竹得名“金竹坑”，村以坑名。房舍沿山坡呈点状分布，居民 6 户、22 人。

柳姓晚清从文成珊溪迁此，今多陈姓。

榅垟林场 Wēnyánglínchǎng 位于村委会驻地西南 2.9 千米处，原系榅垟村村办林场，故名。房舍沿山坡呈块状分布，居民 10 户、50 人；其中畲族 46 人。

雷姓 20 世纪 90 年代从干漈迁此，今多雷姓。

叶山村 Yèshān Cūn

行政村。位于司前畲族镇西部，村委会驻地叶山，在镇人民政府驻地西北 8.6 千米。以村委会驻地叶山得名。东北至上地村，东南接罗阳镇五斗村，西北连榅垟村。面积 8.94 平方千米，居民 250 户、928 人。辖 9 个村民小组，有叶山、垟心、垟头、西坑 4 个自然村。经济以林业为主，兼有农业，亦产茶叶。

解放初属司前乡，1952 年属里光乡；1956 年建富强农业生产合作社。1958 年建立富强生产队，属司前公社里光生产大队；1959 年 2 月起属司前公社里光管理区。1961 年 9 月起为富强生产大队，属里光公社。1984 年 5 月改为叶山行政村，属里光乡。1992 年 5 月里光乡撤销，并入司前畲族镇。

1987 年叶山村被认定为第二次国内革命战争时期革命老根据地村。1992 年重新认定革命老区，叶山村被认定为革命老区村。

叶山 Yèshān 叶山村委会驻地，因叶姓肇基得名。房舍沿山坡呈点状分布，居民 88 户、312 人。

初居叶姓，陈姓上祖陈启一明中叶从罗阳迁此。今多陈姓。

垟心 Yángxīn 位于村委会驻地东南 1.2 千米处，因处田垟中心得名。房舍沿山脚呈点状分布，居民 48 户、172 人。

陈姓晚清从叶山分迁于此，今多陈、林、罗姓。

垟头 Yángtóu 位于村委会驻地西南 0.3 千米处，因处田垟上端得名。房舍沿山坡呈块状分布，居民 109 户、426 人。

初居叶姓，后有陈姓晚清时从罗阳迁此。今多陈姓。

西坑 Xīkēng 位于村委会驻地西南 1.2 千米处。因处叶山村西小溪“西坑”旁，村以坑名。房舍沿山谷呈块状分布，居民 5 户、18 人。

张姓光绪八年（1882 年）从大住迁此，今多张姓。

台边村 Táibiān Cūn

行政村。位于司前畲族镇中部，村委会驻地台边，在镇人民政府驻地西北 2.9 千米。以村委会驻地台边命名。东南至新北居民区，西邻里光村，北连竹里畲族乡竹里村。面积 4.35 平方千米。居民 371 户、1178 人，其中畲族 200 人。辖 20 个村民小组，有台边、下弄、翠山、坑央湖、圆州、赤岩亭 6 个自然村。经济以农业为主，兼产茶叶。该村风景秀丽，里光溪经此流往司前，进入飞云湖。

解放初属司前乡，1950 年后属里光乡。1958 年建立台边生产队，属司前公社里光生产大队；1959 年 2 月起属司前公社里光管理区。1961 年 9 月起为台边生产大队，属里光公社。1984 年 5 月改为台边行政村，属里光乡。1992 年 5 月里光乡撤销，并入司前畲族镇。

1992 年重新认定革命老区，台边村被认定为革命老区村。

台边 Táibiān 台边村委会驻地。因处紫花潭边得名“潭边”，清光绪年间已形成较大的聚落，称为“潭边街”。后为书写方便，以方言近音字写成“台边”。里光溪经村南流向司前村，房舍沿童岭头至东溪头公路呈带状分布，路北民居较多。居民 205 户、606 人，其中畲族 200 人。

蓝姓较早居此，王姓从罗阳沙底分迁于此，吴姓清中叶从圆州迁此。今多吴、夏姓，畲族蓝姓。

下弄 Xiàlòng 位于村委会驻地东南 1.1 千米处。因处溪谷狭长地带，得名“河弄”，方言音又称“何弄”“下弄”。另一说明代有何姓居此，得名“何弄”，后以音转为“下弄”。房舍沿 228 省道东北侧呈带状分布，居民 43 户、130 人。

初居何姓，李姓上祖李世禄清康熙年间由瑞安迁此。今多李姓。

翠山 Cuìshān 位于村委会驻地东南 1.4 千米处。据传该地山上古有“草寇”被杀，得名“草山”。后因种菜更名“菜山”，开荒耕作后山头青翠，改为“翠山”，村因山名。房舍沿山谷呈块状分布，居民 31 户、97 人。

黄姓上祖黄远赞清中叶从圆州迁此，今多黄姓。

坑央湖 Kēngyānghú 位于村委会驻地东南 1.6 千米处。相传该地古有湖，村以湖名，曾写作“海央湖”。房舍沿溪谷呈带状分布，居民 12 户、43 人。

李姓上祖李圣传晚清由下弄迁此，今多李姓。

圆州 Yuánzhōu 位于村委会驻地西偏南 0.4 千米处。地处溪滩，里光溪呈半圆形绕村，故名。习惯写作“圆州”，实为“圆洲”。房舍沿山麓呈带状分布，居民 57 户、172 人。村庄中古民居保存较完好。

潘姓明末清初从道均垟迁此，黄姓上祖黄博十等清初自江西丰城县迁此，吴姓上祖吴岳清康熙十九年（1680 年）率众自罗阳迁此，吴爱廷晚清由小岘迁此。今多吴、黄姓。

赤岩亭 Chìyántíng 位于村委会驻地西北 0.8 千米处。村北赤岩山上有仙岩亭，亦称“赤岩亭”，村以亭名。村南里光溪西流。房舍沿童（岭头）东（溪头）公路呈块状分布，居民 23 户、68 人。

村庄初立年代无考，《分疆录》记载：“昔人僻乱其巅，寨址尚在”。林姓晚清从里光迁此，今多林姓。

徐宅村 Xúzhái Cūn

行政村。位于司前畲族镇东部，村委会驻地外垟，在镇人民政府驻地东 8.9 千米处。由原徐坑、何宅两村合并组建，从原两村名称各取一字，命名“徐宅”。东至文成县上坪村，西北邻大住村，南接百丈镇，北连峰门村。面积 16.78 平方千米。居民 393 户、1740 人。辖 22 个村民小组，有外垟、徐坑、下朱岭、天师坪、何宅坑、何山、黄山垟底、严庄垟、高展、大垟 10 个自然村。经济以农业、林业为主，茶叶亦为重要产业。

原徐坑村解放初属燕溪乡，1952 年属峰门乡，1956 年并入百丈镇；原何宅村解放初至 1958 年均属百丈镇。1958 年建立徐坑、何宅生产队，属百丈公社峰门生产大队何宅为白丈生产大队；1959 年 2 月起属百丈公社峰门管理区。1961 年 9 月起为徐坑、何宅生产大队，属规模调整后的百丈公社，1983 年属新建的峰门公社。1984 年 5 月改为徐坑、何宅行政村，属峰门乡。1992 年重新认定革命老区，原徐坑、何宅均 2 村被认定为革命老区村。

2004年原徐坑、何宅2村合并组建徐宅村，属峰门乡。2011年4月峰门乡撤销，并入司前畲族镇。

外垟 Wàiyáng 徐宅村村委会驻地，因处徐坑村外侧得名。房舍沿山脚呈块状分布，居民94户、320人。

徐姓上祖徐承毅清中叶从下朱岭迁此，今多徐姓。

徐坑 Xúkēng 位于村委会驻地北0.5千米处。徐姓肇基，附近小溪得名"徐坑"，村以坑名。村居溪谷，房舍沿山呈块状分布，居民103户、350人。

徐姓上祖徐达元延祐七年（1320年）从仙居迁此，今多徐姓。

下朱岭 Xiàzhūlǐng 位于村委会驻地东南1.3千米处。村旁石岭有岩似龟，得名"龟岭"，"龟""朱"方言音近，村居岭之下侧，乃称"下朱岭"。房舍沿山呈块状分布，居民62户、136人。

徐姓上祖徐昌康清中叶从徐坑迁此，今多徐姓。

天师坪 Tiānshīpíng 位于村委会驻地东南2.8千米处。据传古有过路道士逝于此得名。房舍沿山坡呈块状分布，居民16户、54人。

徐姓清中叶迁此，今多徐姓。

何宅坑 Hézháikēng 位于村委会驻地南1.5千米处。该地小溪涧因何姓居此得名"何宅坑"，村以坑名。房舍沿山呈点状分布，居民51户、186人。

初居何姓，王姓上祖王世封清中叶从百丈横街迁此。今多王姓。

何山 Héshān 位于村委会驻地南2.8千米处，因何姓肇基得名。房舍沿山坡呈块状分布，居民19户、57人。

初居何姓，严姓上祖严存息清初从严庄垟村迁此。今多严姓、施姓。

黄山垟底 Huángshānyángdǐ 位于村委会驻地西南1.7千米处。地处山坡低处，黄姓肇基，故名。房舍沿山坡呈点状分布，居民49户、146人。

初居黄姓，严姓上祖严正龙清中叶从严庄垟迁此。今多严姓。

严庄垟 Yánzhuāngyáng 位于村委会驻地南偏西2.9千米处，因严氏肇基得名。房舍沿田垟呈点状分布，居民64户、372人。

严姓上祖严叔恭明前叶从百丈东岸村迁此，今多严姓。

高展 Gāozhǎn 位于徐宅村委会驻地西南2.7千米处。旧有引水溉田的水笕，得名"高笕"，后以音改称"高展"。房舍沿山坡呈点状分布，居民52户、108人。

严姓清前叶从严庄垟迁此，今多严姓。

大垟 Dàyáng 位于村委会驻地西南 2.9 千米处。村旁有大片田垟，故名。房舍沿田垟呈块状分布，居民 2 户、3 人。今居章姓。

峰门村 Fēngmén Cūn

行政村。位于司前畲族镇人民政府驻地东北 9.1 千米处。村委会驻地垟头，以当地高山内峰门尖（海拔 1062.2 米）命名。东至文成县上坪村，西邻大住村，南接徐宅村。面积 19.74 平方千米，居民 322 户、1458 人。辖 17 个村民小组，有垟头、峰门、石柱、左窟、石郎、床下、朱湾、朱洞前、呈坑、坑底、络麻岱、方山、黄家斜、大寮 14 个自然村。经济主要为农业、林业，茶叶亦为重要产业。

原峰门、朱湾 2 村解放初均属燕溪乡，1952 年属峰门乡，1956 年并入百丈镇。1958 年分别建立峰门、朱湾生产队，属百丈公社百丈生产大队；1959 年 2 月起属百丈公社百丈管理区。1961 年 9 月起为峰门、朱湾生产大队，属规模调整后的百丈公社；1983 年属峰门公社。1984 年 5 月改为峰门、朱湾行政村，属峰门乡。1992 年重新认定革命老区，原峰门、朱湾 2 村被认定为革命老区村。

2004 年原峰门、朱湾 2 村合并组建新的峰门村，属峰门乡；2011 年 4 月峰门乡撤销，并入司前畲族镇。

垟头 Yángtóu 峰门村村委会驻地。原名“半路洋”，后以地处田垟上侧改称“垟头”。房舍沿山脚呈块状分布，居民 68 户、250 人。

夏姓上祖夏衍序清中叶从峰门迁此，今多夏姓。

峰门 Fēngmén 位于村委会驻地东北 1.0 千米处。附近山峰峻秀，阙处如门，故名。房舍沿山脚呈点状分布，居民 73 户、250 人。

夏姓上祖夏二宋庆元二年（1196 年）从莒江上村迁此，今多夏姓。

石柱 Shízhù 位于村委会驻地东 0.9 千米处。村口古有巨岩，形似木船，中有石柱高竖，故名。房舍沿山脚呈点状分布，居民 61 户、280 人。

据《分疆录》记载，南明隆武朝礼部尚书林增志明亡后隐居附近香林寺，去世后葬于寺前对山。香林寺遗址和林增志墓尚在。

夏姓上祖夏一松清前叶从峰门村迁此。今多纪、潘、郑姓。

左窟 Zuǒkū 位于村委会驻地西 1.9 千米处，因村左下凹山塆“左窟”得名。房舍沿山脚呈点状分布，居民 54 户、约 240 人。

方姓上祖方辛九明洪武二十五年（1392 年）从方山分迁于此，今多方姓。

石郎 Shíláng 位于村委会驻地西南4.5千米处。旁有石山天龙岗，得名“石龙”，后以方言音转成“石郎”。房舍沿山脚呈块状分布，居民29户、81人。

严姓清中叶从黄山垟底迁此，今多严姓。

床下 Chuángxià 位于村委会驻地西南5.1千米处。原称“丛下”，后以音讹为“床下”。房舍沿山脚呈块状分布，居民5户、25人。

陈姓上祖陈步灵晚清从百丈镇西岸村迁此，今多陈姓。

朱湾 Zhūwān 位于峰门村委会驻地西南5.7千米处。当地九座山形似九条龙，龙头朝向一圆形巨石，俗谓“九龙抢珠”，村居溪湾，得名“珠湾”，后以音转成“朱湾”。房舍沿山脚呈块状分布，居民32户、120人。

陈姓上祖陈国琪清同治十二年（1873年）从百丈西安村迁此，今多陈姓。

朱洞前 Zhūdòngqián 位于村委会驻地西北1.2千米处，相传因朱姓于此岩洞前肇基得名。房舍沿山脚呈块状分布，居民19户、73人。

初居朱姓，张姓上祖张如财清中叶从今属文成县某地迁此。今多张姓。

呈坑 Chéngkēng 位于村委会驻地西北1.8千米处。因郑姓在小溪旁肇基，溪名“郑坑”，村因坑名，后以方言音转为“呈坑”。房舍沿山脚呈块状分布，居民20户、78人。

初居郑姓，方姓上祖方世章清前叶从方山村分迁于此。今多方姓。

坑底 Kēngdǐ 位于村委会驻地西北2.4千米处，因处小溪里侧得名。房舍沿山坡呈块状分布，居民9户、35人。

吴姓晚清从垟井村（今属文成县）迁此，今多吴姓。

络麻岱 Luòmádài 位于村委会驻地西北2.5千米处。该地绿木盖山，伐木沿山坡滑运，日久滑痕成袋形，得名“绿木袋”，后以方言音转为“络麻岱”。房舍沿山坡呈点状分布，居民27户、87人。

方姓上祖方世端清前叶从方山迁此，今多方姓。

方山 Fāngshān 位于村委会驻地西北2.7千米处，因方姓垦山肇基得名。房舍沿山脚呈块状分布，居民19户、76人。

方姓上祖方十五宋咸淳二年（1266年）从莒江方村迁此，今多方姓。

黄家斜 Huángjiāxié 位于村委会驻地西北2.9千米处。村旁山岗形似黄狗斜卧，得名“黄狗斜”，后以音雅化为“黄家斜”。房舍沿山脚呈块状分布，居民2户、17人。

郑姓晚清从李山村（今属文成县）迁此。今居郑、张姓。

大寮 Dàliáo 位于村委会驻地西北 2.8 千米处。先民迁来时搭建大草寮居住，故名。房舍沿山脚分布，今居谢姓 1 人。

第三节 街路弄巷

洄澜北路 Huílán Běilù 位于司前畲族镇新北居民区，以处洄澜桥北命名。东起洄澜桥，西至寿泰线。长 1000 米，宽 10 米，混凝土路面。建于 1992 年。

洄澜南路 Huílán Nánlù 位于司前畲族镇司前村。以处洄澜桥南命名。南起顺安平桥头。北至洄澜桥。长 800 米，宽 9 米。混凝土路面。2001 年命名。

新北路 Xīnběi Lù 位于司前畲族镇新北居民区，以处新北居民区得命名。南起司前广场。北至回澜北路。长 122 米，宽 7 米，混凝土路面。建于 1992 年。

人民路 Rénmín Lù 位于司前畲族镇新北居民区。因系各地村民集资建房时建路，故名。南起滨江路，北至回澜北路，长 176 米，宽 8 米，混凝土路面。建于 1992 年。

捌柒路 Bāqī Lù 位于司前畲族镇新北居民区。系 1987 年建设，故名。东起洄澜北路。西至云寿线，长 980 米，宽 12 米，混凝土路面。改建于 1993 年。

滨江路 Bīnjiāng Lù 位于司前畲族镇新北居民区，以附近滨江小区命名。东起振兴路，西至云寿线。长 630 米，宽 18 米，混凝土路面。建于 2006 年。

常青路 Chángqīng Lù 位于司前畲族镇新北居民区，以路边芳草四季常青命名。东起洄澜北路，西至滨江西路。长 80 米，宽 8 米，混凝土路面。建于 1995 年。

滨江西路 Bīnjiāng Xīlù 位于司前畲族镇司前村，以处里光溪西面命名。东起振兴路，西至云寿线。长 300 米，宽 9 米，混凝土路面。改建于 2010 年。

振兴路 Zhènxīng Lù 位于司前畲族镇新北居民区及司前村。寓意司前从此振兴发达命名。南起沿溪南路，北至洄澜北路。长 870 米，宽 12 米。建于 1993 年。

市场路 Shìcháng Lù 位于司前畲族镇司前村。因道路通往农贸市场，故名。南起民族路，北至里光溪。长 180 米，宽 10 米，混凝土路面。1993 年建成。

沿溪南路 Yánxī Nánlù 位于司前畲族镇司前村。沿左溪而建，处于溪南，故名。南起司筱线，北至民族路，长 700 米，宽 8 米，混凝土路面。改建于 2009 年。

安居路Ānjū Lù 位于司前畲族镇司前村，寓意群众安居乐业命名。南起振兴路，北至沿溪南路接口，长 170 米，宽 10 米，混凝土路面。建于 1995 年。

民族路 Mínzú Lù 位于司前畲族镇司前村。周边多为畲族同胞居住，故名。东起振兴路，西至洄澜南路。长 300 米，宽 11 米，混凝土路面。1993 年建成。

民中路 Mínzhōng Lù 位于司前畲族镇司前村。以通往泰顺民族中学（简称“民中”）命名。南起民族路，北至县民族中学，长 150 米，宽 10 米，混凝土路面。建于 2010 年。

中东路 Zhōngdōng Lù 位于司前畲族镇司前村，以处洄澜南路和民中路的中间命名。南起洄澜南路，北至泰顺县民族中学，长 320 米，宽 10 米，混凝土路面。改建于 1993 年。

电网路 Diànwǎng Lù 位于司前畲族镇司前村境内，靠近下库方向。该路通往司前畲族镇电网站，故名。东起山边，西至电网站，长 200 米，宽 6 米，混凝土路面。1987 年建电网站时建成。

电网二弄 Diànwǎng 2 Lòng 位于司前畲族镇司前村东，靠近下库方向。道路较小，系通往司前畲族镇电网站的第二条路，故名。南起山岭，北至电网路，长 100 米，宽 6 米，混凝土路面。建于 2005 年，是林山下山移民点中的新建道路。

司百路 Sībǎi Lù 位于司前畲族镇司前村东，为司前至百大公路的一段，故名。东起金鹤路，西至回澜南路，长 240 米，宽 9 米，混凝土路面。1998 年因道路两边建屋，改称司百路。

金鹤路 Jīnhè Lù 位于司前畲族镇司前村东下库，因路北金鸡赛和白鹤山庄得名。自司百路向东延伸。长 150 米，宽 9 米，混凝土路面。建于 2000 年，是下库下山移民点中的新建道路。

百丈镇
竹里畲族乡
司前畲族镇
司前
大住
峰门
徐宅
西北山
上坪
上金
塘垄
林山
新源
鳌洋
库村
新仓
双坑
培坑
箬垟
龙前
新厂
周新
坑底
外垟
里垟
筱村镇
春阳
上稔垟
百丈镇
飞云湖
百丈双革密址
百丈仓桂墩密址
建民
洪秀
阳山
南坑垟
台石
双岭
朱垟
横溪
林岙
新塘垟
包垟店
包垟底
卓南坑
岩上
涂坑
莒云
横辽
山后
黄坛山
南垄岗
天井岗
林岙世英门
林景权故居
龙南水库
官坑下水库
仙居水库
包垟水库
珊溪水库

百丈镇人民政府

第三章 百丈镇 Bǎizhàng Zhèn

第一节 概 述

百丈镇位于泰顺县东北部，行政区划代码 330329102。地理位置北纬 27°33′49″～27°42′11″ ，东经 119°46′39″～119°59′36″，辖区东西最大距离 20.59 千米，南北最大距离 15.4 千米。镇人民政府驻地飞云湖居委会江园路 92 号，在县人民政府驻地东北 19 千米处，海拔 99 米。

百丈镇东北邻文成县黄坦镇，南界筱村镇，西毗罗阳镇，西北接司前畲族镇。总面积 149.4 平方千米。其中陆地 129.4 平方千米，水域 20 平方千米。居民 7381 户、18836 人，其中畲族 720 人。

全镇辖飞云湖居民区及朱垟、岩上、卓南坑、驮坪、涂坑、包垟底、新塘垟、包垟店、林岙、横溪、莒云、横辽、南坑垟、双岭、台石、建民、洪秀、山后、阳山等 19 个行政村，共 20 个群众自治组织；下设 267 个村民小组、13 个居民小组。

唐宋时飞云江流域、百丈西岸以上区域（今司前一带）总地名称“百丈”，又称“百丈林”。司前、洪口两溪汇合出水之口，称“百丈口”。今百丈地名因“百丈口”而来。又据传说，宋初有人从飞云江下游的平阳坑上溯至百丈口要经过 99 滩（丈），所以还有一种讲法，认为“百丈”之名由于溪滩多而得名，如清代泰顺进士董正扬的《百丈谣》，就写道：“百丈百滩，一滩一丈，迢迢罗阳，如在天上。”据传，宋初有人从飞云江下游的平阳坑上溯至该地要经过 99 滩（丈），“百丈”之名由此发端。唐宋时飞云江流域、百丈西岸以上区域（今司前一带）总地名称“百丈”，又称“百丈林”。清泰顺《分疆录》记载：董正扬百丈谣有“百丈百滩，一滩一丈，迢迢罗阳，如在天上”之句。大溪流出峡谷，至司前、洪口两溪汇合出水之口，称“百丈口”。百丈的地名因“百丈口”得名。

今之镇域明代泰顺建县前属瑞安县义翔乡六十都、五十六都、五十九都，建县后属一、二、三、四都；今镇治最迟在清乾隆年间发展成为百丈口集镇。

民国 24 年（1935 年）今之镇域设百丈镇及仰云、联洋、江城、库村、天甑、洪南、壤山、新川等乡；民国 27 年（1938 年）仰云、联洋二乡并为联云乡，江城、库村、天甑乡及仰云乡的江口并为云溪乡，洪南乡改为洪口乡。民国 35 年（1946 年）百丈镇改为百丈乡，联云、壤山乡并为白云乡，云溪乡改名莒江乡。

泰顺解放初，今之镇域设百丈、白云、莒江、洪口乡，1949 年 9 月百丈乡恢复镇建制。1950 年白云乡析置联云乡，莒江乡析置南浦乡；1952 年白云乡析置包洋、岩上、林岙乡，莒江乡分为莒江、里洋 2 乡，洪口乡分为洪口、阳山、南吴、黄详 4 乡。1956 年峰门乡并入百丈镇（1958 年 5 月复析出）；林岙、岩上 2 乡并入包洋乡（同年 10 月岩上乡复析置）；南吴、黄详 2 乡并为黄坑乡；阳山乡并入洪口乡。

1958年实行人民公社体制，今之镇域设百丈、包洋、岩上、黄坑、莒江、洪口生产大队，属百丈人民公社；次年改为管理区。1962年调整公社规模，百丈管理区与峰门管理区合并组建新的百丈人民公社，属百丈区；1983年2月析建峰门公社。1984年5月政社分设，改为百丈乡，属百丈区，1986年8月复为百丈镇。1992年5月原黄坑乡并入百丈镇；2000年8月原莒江、洪口2乡并入百丈镇，2011年4月原包垟乡并入百丈镇。

全镇耕地面积368公顷，可利用草地面积0.65公顷，林地面积7867公顷。粮食作物主要有水稻、番薯。该镇是泰顺县重要的杨梅产地，2011年种植面积5056亩，产量763吨；包垟青梅是百丈名产。畜牧业主要饲养生猪、山羊、牛和家禽。山羊饲养量2135只。家禽饲养量31608羽。2011年农业总产值9043.04万元，其中畜牧业总产值1420万元。2011年工业总产值2267万元。

百丈镇治是古代著名口岸，水陆交通发达。司（前）筱（村）公路经过镇域，境内长20千米；通航河道总长20千米，其中飞云湖航道最大，可通航20吨级船舶。镇区道路总长6.1千米；桥梁2座，总长273米。镇区有自来水厂2座，铺设干线水管10千米；有35千伏变电所1座，高压输电线路10条，总长200千米。镇区有煤气供气站2个，煤气普及率86.0%。镇区公园2个，面积10公顷。镇内有幼儿园1所、小学3所、初中1所，医疗卫生机构2个。该镇具有地方特色的木帆船建造技艺，被列为温州市非物质文化遗产项目。

该镇被命名为“全国生态镇”“浙江省森林镇”。1992年重新认定革命老区，百丈镇、莒江乡、洪口乡、包垟乡被认定为革命老区镇乡。

第二节 群众自治组织 居民点

飞云湖居民区 Fēiyúnhú Jūmínqū

位于百丈镇北部偏西，飞云湖西北岸。由原百新居民区及下革村、朱岭村未被珊溪水库淹没村庄合并组建，因临飞云湖命名。为百丈镇人民政府驻地，居委会驻江园路6号。该居民区东、南、北三面皆临飞云湖，西邻朱垟村。面积13.83平方千米。居民478户、1011人。辖8个居民小组，有飞云湖、叶岸山、后坑、水圳下、青竹坪、大坑底、朱岭、外塘古、塘古、山寮、水碓宫、呈工坑12个自然村。主导产业以杨梅、茶叶为主。全村森林覆盖率达到79%，该村先后获得“市级生态村”“省级绿化示范村”“省级卫生村”。

原朱岭、下革2村及百新居民区地域解放初均属百丈镇。1958年分别建立朱岭、下革、百新生产队，属百丈公社百丈生产大队；1959年2月起属百丈公社百丈管理区。1961年9月起分别为朱岭、下革、百新生产大队，属规模调整后的百丈公社。1984 年 5 月分别改为朱岭、下革行政村，百新生产大队分建为百丈口、陈庄行政村，均属百丈镇。珊溪水库建成后大部淹没，百丈口、陈庄 2 村尚存村庄建为居民区，沿用“百新”之名。

2004 年原百新居民区、朱岭村、下革村合并组建飞云湖居民区，属百丈镇。

飞云湖 Fēiyúnhú 飞云湖居委会驻地，因处飞云湖旁得名。房舍沿道路呈带状分布，居民 64 户、256 人。今居多姓。

叶岸山 Yè'ànshān 位于居委会驻地东北 0.9 千米处，因附近的叶岸山得名。房舍沿山坡呈点状分布，居民 20 户、79 人。

严姓清中叶从东岸迁此。今多严、张、苏姓。

后坑 Hòukēng 位于居委会驻地东北 1.2 千米处。旁有小溪“后坑”，村因坑名。房舍沿飞云湖呈点状分布，居民 14 户、79 人。

吴姓上祖吴惟麒清中叶从东岸迁此。今多张姓。

水圳下 Shuǐzhènxià 位于居委会驻地东北 2 千米处，因处水坝（俗称水圳）下方得名。房舍沿山坡呈点状分布，居民 6 户、20 人。

夏姓从莒江下村分迁此，今多夏姓。

青竹坪 Qīngzhúpíng 位于居委会驻地东北 2.5 千米处。村边山坪古时青竹繁茂，故名。房舍沿山坡呈块状分布，居民 7 户、21 人。

夏姓清初从莒江迁此，今多夏姓。

大坑底 Dàkēngdǐ 位于居委会驻地东 1.3 千米处，因处大溪里侧得名。房舍沿山坡呈块状分布，居民 5 户、15 人。

夏姓上祖夏士肆清中叶从莒江迁此，今多夏姓。

朱岭 Zhūlǐng 位于居委会驻地西南 1.5 千米处。村旁山形似龟，有岭道通往百丈口，得名“龟岭”，后以音改名“朱岭”。房舍沿山坡呈点状分布，居民 88 户、237 人。

叶姓上祖叶载泽清中叶从罗阳迁此，今多蔡、叶、潘姓。

外塘古 Wàitánggǔ 位于居委会驻地西 0.8 千米处，因处塘古村庄外侧得名。房舍沿山坡呈点状分布，居民 6 户、20 人。

夏姓上祖夏兆幼晚清从莒江下村分迁于此，今多夏姓。

塘古 Tánggǔ 位于居委会驻地西 1 千米处。村旁有山形似一鼓立于塘中，以“塘鼓”谐音得名“塘古”。

房舍沿山坡呈点状分布，居民 4 户、15 人。

夏姓上祖夏兆幼晚清从莒江下村分迁此，今多夏姓。

山寮 Shānliáo 位于居委会驻地西 1.7 千米处。附近爻山形似三条龙，“三”“山”、“龙”“寮”方言音近，得名“山寮”。房舍沿山坡呈点状分布，居民 4 户、12 人。

潘连操 1949 年从朱岭迁此，今多潘姓。

水碓宫 Shuǐduìgōng 位于居委会驻地西北 1.5 千米处。旧有宫庙夏武宫，其旁小溪设有水碓，俗称“水碓宫”，村因宫名。房舍沿山坡呈带状分布，居民 10 户、25 人。

林姓上祖林英算晚清从平阳山门迁此，今多林姓。

呈工坑 Chénggōngkēng 位于居委会西南 0.7 千米，因村旁小溪“呈工坑”得名。房舍沿江滨路呈点状分布，居民 76 户、232 人。今多赖，费，严姓。

朱垟村 Zhūyáng Cūn

行政村。位于百丈镇西北部，村委会驻地盐厂，距百丈镇人民政府驻地西北 3.3 千米处。以村域内朱垟头、尖大垟两村庄各取一字命名。东至飞云湖居委会，西南邻双岭村，东南接建民村，北连司前畲族镇。面积 8.50 平方千米。居民 283 户、787 人。辖 14 个村民小组，有盐厂、梨头嘴、陈厝、南垄、山后、亭下、亭上、上岭坳、朱岭头、垟尾、半路、基建、大坪、尖大垟、山底 15 个自然村。经济以农业为主，兼产茶叶；工业有石材采掘等。

解放初为朱洋村，属洪口乡；1952 年属黄洋乡，1956 年属黄坑乡。1958 年建立朱洋生产队，属百丈公社黄坑生产大队；1959 年 2 月起属百丈公社黄坑管理区。1961 年 9 月起为朱洋生产大队，属规模调整后的百丈公社。1984 年 5 月改为朱垟行政村，属百丈乡。2004 年后属百丈镇。

1992 年重新认定革命老区，朱垟村被认定为革命老区村。

盐厂 Yánchǎng 朱垟村村委会驻地，因古时盐贩在此搭棚得名。房舍沿山坡呈点状分布，居民 15 户、58 人。

民国初盐贩常住于此，渐成村庄。今多夏姓。

梨头嘴 Lítóuzuǐ 位于村委会驻地北 0.8 千米处。有田丘形似犁头，故名。房舍沿田垟呈块状分布，居民 8 户、20 人。

夏姓清代迁于此，今多夏、陈姓。

陈厝 Chéncuò 位于村委会驻地东北 0.3 千米处，因陈姓聚居得名。房舍沿山坡呈点状分布，居民 35

户、123人。

陈姓上祖陈应遴明末从百丈西岸迁此，今多陈姓。

南垄 Nánlǒng 位于村委会驻地东北1.1千米处，因处南面田垄边得名。房舍沿山坡呈点状分布，居民9户、28人。

陈氏上祖陈绍威清中叶从百丈西岸迁此，今多陈姓。

山后 Shānhòu 位于村委会驻地东北1.5千米处，因处山岗北面得名。房舍沿山坡呈块状分布，居民13 户、49人。

梁永祥民国14年（1925年）从包垟林岙源头迁此，今多梁姓。

亭下 Tíngxià 位于村委会驻地东南0.3千米处，因处朱岭头亭下方得名。房舍沿山坡呈块状分布，居民22户、54人。

夏姓晚清迁此。今多王姓。

亭上 Tíngshàng 位于村委会驻地东南0.4千米处。当地百丈至县城古道旁有座光绪年间建的骑路亭，俗称“朱岭头亭”，村处亭之上方，故名。房舍沿山坡呈块状分布，居民8户、31人。

夏姓晚清迁此，今多夏姓。

上岭坳 Shànglǐng 'ào 位于村委会驻地南偏东1.8千米处，因处山岭上段之坳得名。房舍沿山坳呈点状分布，居民70户、243人。

夏姓上祖夏庆朗晚清从金坑迁此，今多夏姓。

朱岭头 Zhūlǐngtóu 位于村委会驻地南0.1千米处。村居龟岭上端，原称“龟岭头”，后以音改称“朱岭头”。房舍沿山坡呈点状分布，居民28户、76人。

夏姓上祖夏五明中叶迁此，今多夏姓。

垟尾 Yángwěi 位于村委会驻地西南1.0千米处，因处田水尾得名。房舍沿田垟呈块状分布，居民6户、15人。

夏姓晚清迁此，今多夏姓。

半路 Bànlù 位于村委会驻地西南1.1千米处。房舍沿山坡呈块状分布，居民28户、84人。

夏姓上祖夏兆伍明中叶从朱岭头迁此，今多夏姓。

基建 Jījiàn 位于村委会驻地西南1.2千米处。“大跃进”期间于此组基建队，故名。房舍沿山坡呈点状分布，居民5户、15人。

该居民点形成于20世纪50年代末，今多夏姓。

大坪 Dàpíng 位于村委会驻地西北 0.1 千米处。当地山坪原多紫竹，得名“紫竹坪”。建房后，改称“大坪”。房舍沿山坪呈带状分布，居民 29 户、84 人。

陈姓清前叶从陈厝迁此，今多陈姓。

尖大垟 Jiāndàyáng 位于村委会驻地西北 1.5 千米处。相传宋时有将军于此射箭，有人拾得箭头，得名“箭头垟”，后以音改为“尖大垟”。房舍沿山坡呈带状分布，居民 52 户、148 人。

夏姓上祖夏志满从半路迁此，今多夏姓。

山底 Shāndǐ 位于村委会驻地西北 1.9 千米处，因处山岗下得名。房舍沿山坡呈块状分布，居民 6 户、15 人。

夏发延 20 世纪 50 年代从尖大垟迁此，今多夏姓。

岩上村 Yánshàng Cūn

行政村。位于百丈镇东北部，村委会驻地岩上，在镇人民政府驻地东北 10.3 千米处。以村委会驻地岩上命名。东至驮坪村，西邻包垟店村，南接涂坑村，北连卓南坑村。面积 2.71 平方千米。居民 347 户、783 人。辖 12 个村民小组，有岩上、鸭卵丘 2 个自然村。经济以农业和茶叶生产为主，茶园多于耕地。

解放初属白云乡；1952 年至 1958 年属岩上乡。1958 年建立玉岩生产队，属百丈公社岩上生产大队；1959 年 2 月起属百丈公社岩上管理区；1961 年 9 月起为玉岩生产大队，属新建的岩上公社。1981 年改称岩上生产大队。1984 年 5 月改为岩上行政村，属岩上乡。1992 年 5 月岩上乡撤销，并入包垟乡。2011 年 4 月包垟乡撤销，并入百丈镇。

1992 年重新认定革命老区，岩上村被认定为革命老区村。

岩上 Yánshàng 岩上村村委会驻地。相传该地有岩石，夜发强光，得名“玉岩”。后因县内重名，以村居岩石上侧改名“岩上”。房舍沿山坡呈块状分布，常住居民 284 人。今建岩上新村，其他村人亦有迁来。

龚姓上祖龚景信明末由寿宁县南阳迁此，今多龚姓。

鸭卵丘 Yāluǎnqiū 位于村委会驻地西南 1.1 千米处。据传村前一丘大田古有涵洞，洞前有丘大田，鸭子每进涵洞宿夜。村民常可捡到鸭蛋，故名。房舍沿山坡呈块状分布，多外出温州、杭州等地打工，常住仅龚姓 1 户、3 人。

龚姓清中叶从岩上分迁于此。

卓南坑村 Zhuónánkēng Cūn

行政村。位于百丈镇东北部，村委会驻地卓尾垟，在镇人民政府驻地东北 10.2 千米处。由卓尾垟、南下、银珠坑三村合并组建，从原三村名称中各取一字，命名为“卓南坑村”。东、北至文成县，南接岩上村。面积 4.78 平方千米。居民 304 户、753 人。辖 11 个村民小组，有卓尾垟、银珠坑、岩头岗、南山头、黄岭头、上厝坳、山脚、横路下、银珠坑头 9 个自然村。经济以农业和茶叶生产为主。

原卓尾垟村解放初为卓尾洋村，原南下村解放初为南山头、横路下 2 村；不久南山头、横路下合并，分别取原名首尾字命名为“南下村”；原银珠坑村解放初即为此名；均属白云乡，1952 年至 1958 年属岩上乡。1958 年分别建立卓尾洋、南下、银珠坑生产队，属百丈公社岩上生产大队；1959 年 2 月起属百丈公社岩上管理区；1961 年 9 月起为卓尾洋、南下、银珠坑生产大队，属岩上公社。1984 年 5 月分别改为卓尾垟、南下、银珠坑行政村，属岩上乡； 1992 年岩上乡并入包垟乡。1992 年重新认定革命老区，原卓尾垟、南下、银珠坑 3 村均被认定为革命老区村。

2004 年，卓尾垟、南下、银珠坑 3 村合并组建卓南坑村，属包垟乡。2011 年 4 月，包垟乡撤销，并入百丈镇。

卓尾垟 Zhuówěiyáng 卓南坑村村委会驻地。村旁古有 3 个泥墩，形似桌状，村居田垟尾部，故称“桌尾垟”，后以音改作“卓尾垟”。房舍沿山坡呈点状分布，居民 42 户、163 人。

李姓上祖李荣一明成化年间从马迹村迁此，今多李姓。

银珠坑 Yínzhūkēng 位于村委会驻地东北 1.2 千米处，因村旁小溪“银珠坑”得名。房舍沿溪呈点状分布，居民 4 户、12 人。

刘姓从洪口迁此，今多刘姓。

岩头岗 Yántóugǎng 位于村委会驻地东偏北 0.4 千米处。因处岩岗上部，多石少树，原称“岩头光”，后改为“岩头岗”。房舍沿山坡呈块状分布，居民 3 户、15 人。

钱连魁清乾隆二十四年（1759 年）由巨屿潘岙村(今属文成县)迁此，今多翁姓。

南山头 Nánshāntóu 位于村委会驻地东北 0.9 千米处。村处南向村南面的山顶，故名。房舍沿山坡呈块状分布，居民 28 户、103 人。

孟姓上祖孟日满清中叶从南向村（今属文成县，已被水库淹没）迁此，今多翁姓。

黄岭头 Huánglǐngtóu 位于村委会驻地东北 1.0 千米处。因处黄泥山岭岭头得名，又因该岭古为岩上村至金钟村必经之路，别名“金钟岭头”。房舍沿山坡分布，今居龚姓 1 人。

龚姓上祖龚延童晚清从上厝坳迁此。

上厝坳 Shàngcuò'ào 位于村委会驻地东偏南0.7千米处，因处山坳上方得名。房舍沿山坡呈块状分布，居民43户、209人。

龚姓上祖龚正丰兄弟从基坑村（今属文成县）迁此，今多龚姓。

山脚 Shānjiǎo 位于村委会驻地东南0.3千米处，因处山岗西麓得名。房舍沿山坡呈块状分布，居民40户、145人。

李姓上祖李兴发清中叶由卓尾垟迁此，今多李姓。

横路下 Hénglùxià 位于村委会驻地东南0.8千米处。村后山上横贯一条从岩上村至上厝坳村的平坦石路，村居路下，故名。房舍沿山坡呈块状分布，居民10户、25人。

龚姓上祖龚超印清中叶由岩上村迁此，今多龚姓。

银珠坑头 Yínzhūkēngtóu 位于村委会驻地西北0.4千米处。地处小溪源头，相传当地小溪原有银砂，得名"银珠坑"，村处其源，故名。房舍沿山坡呈块状分布，居民2户、7人。

刘姓上祖刘荣琪清中叶从瑞安五十五都（今文成县境）迁此，今多翁姓。

驮坪村 Tuópíng Cūn

行政村。位于百丈镇东北部，村委会驻地双板桥，在镇人民政府驻地东北14.7千米处。以村委会当时驻地驮坪得名。东至文成县，西南接涂坑村，西北连卓南坑村。面积2.19平方千米。居民236户、473人。辖11个村民小组，有双板桥、李山寮、金坪坑、驮坪、大垄、大岭6个自然村。经济以农业和茶叶生产为主。

驮坪村解放初为双板桥、驮坪、大岭3村，属白云乡；1952年至1958年属岩上乡；1956年三村合并建农业生产合作社，从大岭、驮坪两名称中各取一字命名为"岭坪"。1958年建岭坪生产队，属百丈公社岩上生产大队；1959年2月起属百丈公社岩上管理区，1961年9月起为岭坪生产大队，属岩上公社；1981年10月改名驮坪生产大队。1984年5月改为驮坪行政村，属岩上乡。1992年5月岩上乡并入包垟乡。2011年4月包垟乡撤销，并入百丈镇。

1992年重新认定革命老区，驮坪村被认定为革命老区村。

双板桥 Shuāngbǎnqiáo 驮坪村村委会驻地。村前小溪建有2条长石板铺成的平桥，故名。房舍沿山坡呈块状分布，居民19户、56人。

苏姓上祖苏兆许清中叶从东湾坑（今属文成，已被水库淹没）村迁此，今多陈姓。

李山寮 Lǐshānliáo 位于村委会驻地北0.3千米处，因古时李姓于此建草屋居住得名。房舍沿山坡呈块状分布，居民 19 户、32 人。

初居李姓，苏姓上祖苏日粒晚清由双板桥迁此。今多李姓。

金坪坑 Jīnpíngkēng 位于村委会驻地西 0.6 千米处。村前小溪上游石洞曾发现两个骸瓶，骸瓶俗称“金瓶”，小溪以音称为“金坪坑”，村以坑名。今居周姓 1 户、3 人。

周姓晚清从今文成县境迁此。

驮坪 Tuópíng 位于村委会驻地西北 0.7 千米。该地东、西两侧各有一块大坪，得名“大坪”，后以方言音改为“驮坪”。房舍沿山坡呈块状分布，居民 3 户、4 人。

郑姓清中叶由大岭分迁于此，今多郑姓。

大岭 Dàlǐng 位于村委会驻地西北 0.9 千米处。地处东湾坑（今属文成县）至岩上的大岭南北，故名。房舍沿山坡呈点状分布，居民 49 户、143 人。

郑姓上祖郑志远清中叶由平阳县水门头村迁此，今多郑姓。

大垄 Dàlǒng 位于村委会驻地西北 1.3 千米。地处大片田垄上方，故名。房舍沿山坡呈块状分布，居民 3 户、14 人。

邓姓晚清从东湾坑迁此，今多邓姓。

涂坑村 Túkēng Cūn

行政村。位于百丈镇东北部，村委会驻地涂坑，在镇人民政府驻地东稍北 13 千米处。以村委会驻地涂坑命名。东北至驮坪村，西南邻筱村镇，东南接文成县，北连岩上村。面积 3.51 平方千米。居民 235 户、530 人。辖 11 个村民小组，有涂坑、库岭、山后垄、外垟垄、里乐坪、底处垟 6 个自然村。经济以农业和茶叶生产为主。

解放初属白云乡，1952 年至 1958 年属岩上乡。1958 年建立涂坑生产队，属百丈公社岩上生产大队；1959 年 2 月起属百丈公社岩上管理区；1961 年 9 月起为涂坑生产大队，属岩上公社。1984 年 5 月改为涂坑行政村，属岩上乡。1992 年 5 月岩上乡并入包垟乡，2011 年 4 月包垟乡撤销，并入百丈镇。

1992 年重新认定革命老区，涂坑村被认定为革命老区村。

涂坑 Túkēng 涂坑村村委会驻地。村中小溪发源于涂山头，溪名“涂坑”，村以坑名。房舍沿溪呈块状分布，常住居民 113 人。

徐姓上祖徐正先清中叶由附近库岭自然村迁此，今多徐姓。

库岭 Kùlǐng 位于村委会驻地东南 0.6 千米处。该地形似燕窝，旁有岭道去文成县松树根村，得名“窝岭”，后以音改为“库岭”。房舍沿山坡呈点状分布，居民 39 户、186 人。

徐姓明宣德年间迁此，今多徐姓。

山后垄 Shānhòulǒng 位于村委会驻地东南 0.7 千米处。地处山岗后田垄旁，故名。房舍沿山坡呈点状分布，常住居民 3 人。

徐姓上祖徐绍任清中叶由涂坑村迁此，今居徐姓。

外垟垄 Wàiyánglǒng 位于村委会驻地东南 0.7 千米处，因处里乐坪外侧田垄旁得名。房舍沿山坡呈点状分布，常住居民 7 人。

徐姓上祖徐可莊清中叶从涂坑迁此，今多徐姓。

里乐坪 Lǐlèpíng 位于村委会驻地南 0.8 千米处。村居山塆坪地，旧多树木，得名里木坪。后因居此清静安乐，雅化为“里乐坪”。房舍沿山坡呈块状分布，常住居民 8 人。

毛姓清中叶从联云箬垟村迁此，今居毛姓。

底处垟 Dǐchùyáng 位于村委会驻地西 0.3 千米。古为附近最里处田边，故称。房舍沿山坡呈点状分布，居民 9 户、23 人。

徐姓清中叶从涂坑迁此，今多徐姓。

包垟底村 Bāoyángdǐ Cūn

行政村。位于百丈镇东北部，村委会驻地包垟底，在镇人民政府驻地东 9.6 千米处。以村委会驻地包垟底命名。东北至新塘垟村，西邻林岙村，南接筱村镇，北连包垟店村。面积 2.20 平方千米。居民 331 户、764 人。辖 11 个村民小组，有包垟底、毛庄、上寮 3 个自然村。经济以农业和茶叶生产为主。

解放初为包洋村的自然村，属白云乡； 1952 年至 1958 年属包洋乡；1958 年建立包洋生产队，为其一部分，属百丈公社包洋生产大队；1959 年 2 月起属百丈公社包洋管理区。1962 年起为包洋生产大队一部分，属新析建的包洋公社。1984 年 5 月为包垟行政村的一部分，属包垟乡。1984 年下半年析建为包垟底村。2011 年 4 月包垟乡撤销，并入百丈镇。

1992 年重新认定革命老区，包垟底村被认定为革命老区村。

包垟底 Bāoyángdǐ 包垟底村村委会驻地。古有包姓于此垦荒，村处田垟里侧，故名。房舍沿山坡呈块状分布，常住居民 205 人。

初居包姓，夏姓上祖夏瑞台明末由莒江迁此。今多夏、周姓。

毛庄 Máozhuāng 位于村委会驻地东偏北 0.6 千米处，因毛姓居此得名。房舍沿山坡呈点状分布，居民 40 户、100 多人。

初居毛姓，夏姓上祖夏孟礼明中叶从莒江迁此。今多夏姓。

上寮 Shàngliáo 位于村委会驻地东南 0.2 千米处。当地古有三座草屋，其处山坡上侧，故名。房舍沿山坡呈点状分布，居民 70 户、200 多人。

夏姓上祖夏季佚明中叶由莒江下村迁此，今多夏姓。

新塘垟村 Xīntángyáng Cūn

行政村。位于百丈镇东部，村委会驻地新塘垟，在镇人民政府驻地东 10 千米。以村委会驻地新塘垟命名。东至包垟店村，西邻林岙村，南接包垟底村，北连珊溪水库。面积 7.81 平方千米。居民 653 户、1514 人，其中畲族 96 人。辖 18 个村民小组，有新塘垟、少年垟、大路边、新路、底寮、石柱垟、田寮、山头、岭脚、东山、铜潭背 11 个自然村。经济以农业为主，茶叶亦为重要产业。旧时马迹一带兼事筏运，近些年外出打工为主。

原新塘垟村解放初为新塘洋，系包洋村一部分，少年垟村为少年洋村，石柱垟村为石柱洋村，马迹村即为此名，均属白云乡；1952 年至 1958 年属包洋乡。 1958 年新塘洋为包洋生产队一部分，少年洋村建立少年洋生产队，石柱洋村建立新洋生产队，马迹村建立马迹生产队，均属百丈公社包洋生产大队；1959 年 2 月起均属百丈公社包洋管理区；1961 年 9 月起为少年洋、新洋、马迹生产大队，新塘洋则为包洋生产大队一部分，均属包洋公社；1981 年 10 月新洋恢复石柱洋之名。1984 年 5 月建少年洋、新洋、马迹行政村，新塘垟为包垟行政村一部分，均属包垟乡。1984 年下半年从包垟村析建新塘垟村。1992 年重新认定革命老区，原新塘垟、少年垟、石柱垟 3 村被认定为革命老区村。

2004 年原新塘垟、少年垟、石柱垟、马迹 4 村合并组建新的新塘垟村，属包垟乡。2011 年 4 月包垟乡撤销，并入百丈镇。

新塘垟 Xīntángyáng 新塘垟村村委会驻地。传说古代出过一位女将军，建府堂于该村田垟北侧，得名“新堂洋”，后以音改为“新塘垟”。房舍沿田垟呈块状分布，居民 80 户、213 人。

初居张姓，程姓上祖程元成清前叶从平阳水门头迁此。今多郑、程、林姓。

少年垟 Shàoniányáng 位于村委会驻地东北 2.0 千米处。据传古有富户在村口置田垟，田租供族中少年作读书费用，故名。房舍沿田垟呈块状分布，居民 12 户、59 人。

相传初居张姓，毛姓上祖毛朝祥清嘉庆二十一年（1816 年）从南向村（今属文成县）迁此。今多毛姓。

大路边 Dàlùbiān 位于村委会驻地西偏南 0.4 千米处，因处包垟乡至百丈镇、莒江必经之路旁得名。房舍沿山坡呈块状分布，居民 4 户、11 人。

林姓从林岙村小院迁此，今多林姓。

新路 Xīnlù 位于村委会驻地北 1.0 千米处，因村左修筑新石路得名。房舍沿山坡呈点状分布，居民 17 户、73 人，其中畲族 46 人。

雷姓清中叶从南峤阳山迁此，刘姓清中叶从原泰顺县东湾坑龙斗村（今属文成，已被水库淹没）迁此。今多林姓，畲族雷姓。

底寮 Dǐliáo 位于村委会驻地北偏西 1.2 千米处。先民最初搭草屋于路之里侧，故名。房舍沿山坡呈点状分布，居民 7 户、25 人。

林姓清道光元年（1821 年）从林岙村小院迁此，今多林姓。

石柱垟 Shízhùyáng 位于村委会驻地北偏西 1.6 千米处。东北山塆古墓立有石柱，故名。房舍沿田垟呈块状分布，居民 40 户、105 人，其中畲族 50 人。

林姓上祖林日轮明中叶由小院迁此，畲族雷姓清代从新路迁来。今多林姓，畲族雷姓。

田寮 Tiánliáo 位于村委会驻地北偏东 1.9 千米处。最初时仅为田垟边 1 座草屋，故名。房舍沿山坡呈点状分布，居民 3 户、10 人。

夏、林、雷三姓 1969 年由头寨、石柱垟等村迁此。今居林姓。

山头 Shāntóu 位于村委会驻地西北 2.6 千米处，因处东山上部得名。房舍沿山坡呈点状分布，居民 12 户、53 人。

据传初居雷姓，李姓上祖李盛庭清中叶从马迹迁此。今多李姓。

岭脚 Lǐngjiǎo 位于村委会驻地西北 3.0 千米处，因处东山岭下得名。房舍沿山坡呈点状分布，居民 2 户、5 人。

李姓上祖李德利晚清从东山迁此，今居李姓。

东山 Dōngshān 位于村委会驻地西北 3.2 千米处，因处马迹村东面山岗得名。房舍沿山坡呈点状分布，居民 17 户、49 人。

李姓上祖李家裕清中叶从马迹迁此，今多李姓。

铜潭背 Tóngtánbēi 位于村委会驻地西北 3.4 千米处。该地飞云江中有一潭，称为“铜潭”，村处潭南山背，故名。今居李姓 1 户、1 人。

李汝足于 1964 年从马迹迁此。

包垟店村 Bāoyángdiàn Cūn

行政村。位于百丈镇东北部，村委会驻地包垟店，在镇人民政府驻地东 9.4 千米处。由原包垟店、白云、涂山头、七孔田 4 村合并组建，以村委会驻地包垟店命名。东南至新塘垟村，西邻林岙村，南接包垟底村。面积 4.69 平方千米。居民 581 户、1341 人。辖 17 个村民小组，有包垟店、水碓坑、漈儿头、七孔田、程坑后、章坳头、涂山头、白云、大秧地 9 个自然村。经济以农业和茶叶生产为主。

原包垟店村解放初为包洋店，系包洋村一部分，与白云、涂山头、七孔田村均属白云乡；1952 至 1958 年均属包洋乡。1958 年建立白云、涂山头生产队，七孔田和程坑后（又名大田）村合并建立双田生产队，包垟店则为包洋生产队一部分，均属百丈公社包洋生产大队；1959 年 2 月起属百丈公社包洋管理区；1961 年 9 月起为白云、涂山头、双田生产大队，包垟店则为包洋生产大队一部分，均属包洋公社；1981 年 10 月双田生产大队更名七孔田生产大队。1984 年 5 月分别改为白云、涂山头、七孔田行政村，包垟店则为包垟村一部分，均属包垟乡。1984 年下半年从包垟村析建包垟店村。

1992 年重新认定革命老区，原白云、涂山头、七孔田 3 村均被认定为革命老区村。

2004 年，原包垟店、白云、涂山头、七孔田 4 村合并组建为新的包垟店村，属包垟乡。2011 年 4 月包垟乡撤销，并入百丈镇。

包垟店 Bāoyángdiàn 包垟店村村委会驻地。据传因古有包九公迁此得名。房舍沿山坡呈带状分布，居民 335 户、945 人。

初居包姓，祝姓上祖祝国友明中叶从吴源迁此。今多包姓。

水碓坑 Shuǐduìkēng 位于包垟店村委会驻地东北 0.2 千米。村口小溪西侧建有水碓，得名“水碓坑”，村以坑名。房舍沿山坡分布，居民 1 户、4 人。

陈姓上祖陈温则清宣统二年（1910 年）由包垟村迁此，今居陈姓。

漈儿头 Ji'értóu 位于村委会驻地东北 0.4 千米处。周姓肇基于此，村居山岗上部，原称“周儿头”，后以村前有小瀑布改为“漈儿头”。房舍沿山坡分布，今居周姓 1 户、1 人。

初居周姓，项姓上祖项元凤清中叶从项步（今属文成）迁此。

七孔田 Qīkǒngtián 位于村委会驻地东偏北 1.4 千米处。据传古有林姓购田七顷，在此建田庄收租，得名“七顷田”，后以音改称“七孔田”。房舍沿山坡呈块状分布，居民 65 户、195 人。

陈姓较早迁此，林姓上祖林大角清中叶从珊溪郑山坪（今属文成）迁此。今多林姓。

程坑后 Chéngkēnghòu 位于村委会驻地东北 1.3 千米处。因村前有小溪“程坑”得名，又名“大田”。房舍沿山坡呈块状分布，居民 21 户、68 人。

初居程姓，吴姓清中叶由库村漈头村迁此。今多吴姓。

章坳头 Zhāng'àotóu 位于村委会驻地东 1.4 千米处，因处章坳上方得名。今居涂姓 1 户 2 人。

涂姓上祖涂定山民国元年（1912 年）由包垟村新塘后迁此。

涂山头 Túshāntóu 位于包垟店村委会驻地东南 1.6 千米处，因处涂山上端得名。房舍沿山坡呈块状分布，居民 37 户、175 人。今多林姓。

白云 Báiyún 位于村委会驻地西南 2.2 千米处。村处白云尖山北山腰，以白云尖简化而名。房舍沿山坡呈块状分布，居民 3 户、7 人。

林姓上祖林赞余清乾隆初从平阳县小江南东山下迁此，今居林姓。

大秧地 Dàyāngdì 位于村委会驻地西南 2.3 千米处。原有面积较大秧田，故名。房舍沿山坡呈块状分布，居民 8 户、21 人。

林姓清中叶迁此，继有梁姓迁来。今多林姓。

林岙村 Lín'ào Cūn

行政村。位于百丈镇东部，村委会驻地卓垟，距百丈镇人民政府驻地东北 7.7 千米处。由原林岙、小院 2 行政村合并组建，以村委会当时驻地林岙得名。东至包垟底村，西邻横溪村，南接包垟店村。面积 5.05 平方千米。居民 473 户、1132 人。辖 14 个村民小组，有卓垟、小院底、黄坭丘、小院、林岙、底村、外村 7 个自然村。经济以农业为主，茶叶亦为重要产业。

解放初为林岙、小院村，属白云乡；1952 年属林岙乡，1956 年属包垟乡。1958 年分别建立林岙、小院生产队，属百丈公社包洋生产大队；1959 年 2 月起属百丈公社包洋管理区；1961 年 9 月起为林岙、小院生产大队，属包洋公社。1984 年 5 月改为林岙、小院行政村，属包垟乡。

1992 年重新认定革命老区，原林岙、小院 2 村均被认定为革命老区村。

2003 年 2 月，原林岙、小院 2 村合并组建新的林岙行政村，属包垟乡。2011 年 4 月包垟乡撤销，并入百丈镇。

卓垟 Zhuóyáng 林岙村委会驻地，卓姓于此垦田得名。房舍沿山坡呈块状分布，居民 25 户、94 人 300 人。

初居卓姓，林姓上祖林守万清中叶自林岙迁此。今多卓姓。

小院底 Xiǎoyuàndǐ 位于村委会驻地北 0.7 千米处。地处山塆之里，苏姓肇基，原称“苏垟底”；林姓从小院迁此改为“小院底”。房舍沿山塆呈点状分布，居民 49 户、201 人。

初居苏姓，林姓清前叶由小院迁此。今多林姓。

黄坭丘 Huángníqiū 位于村委会驻地东北1.5千米。该地古有一丘黄泥大田，故名。房舍沿山坳呈块状分布，今居林姓1户、2人。

林姓上祖林永仙清中叶从小院迁此。

小院 Xiǎoyuàn 位于村委会驻地北偏东1.6千米。据传林姓上祖游览山景于此露宿，拂晓发现岩石似龟，所对山形似蛇，是龟蛇献瑞风水宝地，取名“晓岘”，后因方言音转成“小院”。房舍沿山坳呈点状分布，居民107户、338人60人。

林姓上祖林嵛南宋绍兴年间由泗溪迁此，今多林姓。

林岙 Lín'ào 位于村委会驻地南0.3千米处。该地山岙金姓肇基得名“金岙”，林姓迁此后改名“林岙”。房舍沿山坳呈块状分布，居民57户、203人。

林姓上祖林玄明中叶由小院迁此，今多林姓。

底村 Dǐcūn 位于村委会驻地东南0.6千米处，因处林岙山坳里侧得名。房舍沿山坳呈块状分布，居民8户、35人。

林姓清中叶从小院迁此，今多林姓。

外村 Wàicūn 位于村委会驻地南0.6千米处，因处林岙山坳外侧得名。房舍沿山坳呈点状分布，居民71户、231人。

金姓上祖金郁元皇庆二年（1313年）由青田九都上金迁此，今多金姓。

横溪村 Héngxī Cūn

行政村。位于百丈镇中东部，村委会驻地横溪，在镇人民政府驻地东北6.6千米处。以村委会驻地横溪命名。东至林岙村，西邻莒云村，南接飞云湖莒江湖区。面积3.91平方千米。居民357户、786人。辖13个村民小组，有横溪、山和垟、岩塔头、后背处、莲花垟、大田坪6个自然村。经济以农业为主，茶叶亦为重要产业。近些年前往温州、杭州等地打工约600人。

解放初属白云乡，1952年属林岙乡，1956年属包洋乡。1958年建立横溪生产队，属百丈公社包洋生产大队；1959年2月起属百丈公社包洋管理区；1961年9月起为横溪生产大队，属包洋公社。1984年5月改为横溪行政村，属包垟乡。2011年4月包垟乡撤销，并入百丈镇。

1992年重新认定革命老区，横溪村被认定为革命老区村。

横溪 Héngxī 横溪村村委会驻地。两条小溪横贯村中，故名。房舍沿山坳呈带状分布，常住居民91

户、205 人。

周姓上祖周子龄清康熙年间由杭州钱塘县（今杭州市区）坝子门迁此，今多周姓。

山和垟 Shānhéyáng 位于村委会驻地北 0.5 千米。村处连接两山的平地，故名。房舍沿山坳呈点状分布，居民 2 户、5 人。

夏姓明代迁此，后有吴姓迁来。今居吴姓。

岩塔头 Yántǎtóu 位于村委会驻地东南 0.3 千米。该地山岩似塔，村处其上侧，故名。房舍沿山坡呈点状分布，常住居民 2 户、4 人。

夏姓较早迁此，今居夏姓。

后背处 Hòubèichù 位于村委会驻地西 0.5 千米处，因处山之后背得名。房舍沿山坳呈点状分布，常住居民 2 户、5 人。

夏姓清中叶迁此，今居夏姓。

莲花垟 Liánhuāyáng 位于村委会驻地北 0.3 千米，因当地有莲花塘得名。房舍沿山坳呈块状分布，常住居民 3 户、7 人。

夏姓明代迁此，今居夏姓。

大田坪 Dàtiánpíng 位于村委会驻地西北 1.2 千米。地处山坪，田垟较大，故名。房舍沿山坡呈点状分布，常住居民 2 户、4 人。

夏姓较早迁此，今居夏姓。

莒云村 Jǔyún Cūn

行政村。位于百丈镇中部，村委会驻地夏山，距百丈镇人民政府驻地东北 5.3 千米处。由原岭头垟村、东山村、求具村、夏山村合并组建，从当地莒江、飞云湖之名各取一字，命名为“莒云村”。东连横溪村，西临飞云湖。面积 14.64 平方千米。居民 307 户、735 人。辖 14 个村民小组，有夏山、五叶莲花、求具、东山坟、东山四格、岭头垟、东山、东山垄、齐垟 9 个自然村。经济以农业为主，亦产茶叶。

原岭头垟、东山、求具、夏山 4 村解放初至 1958 年均属莒江乡。1958 年分别建立岭头洋、东山、求具、夏山生产队，属百丈公社莒江生产大队；1959 年 2 月起属百丈公社莒江管理区；1961 年 9 月起为岭头洋、东山、求具、夏山生产大队，属新建的莒江公社。1984 年 5 月改为岭头垟、东山、求具、夏山行政村，属莒江乡。1998 年 12 月莒江乡撤销，并入百丈镇。1992 年原岭头垟村被认定为革命老区村。

2004 年岭头洋、东山、求具、夏山 4 村合并组建莒云村。

夏山 Xiàshān 莒云村村委会驻地。因叶姓肇基原名“叶山”，1981 年为避免同名，以夏姓族居于此改名“夏山”。房舍沿山坡呈点状分布，居民 12 户、47 人。

初居叶姓，后迁走；夏姓明代从莒江迁此，今多夏姓。

五叶莲花 Wǔyèliánhuā 位于村委会驻地北 0.8 千米处。处于五座山之中，远观形似莲花五叶，村庄正处花芯位置，故名。房舍沿山坡呈块状分布，今居夏姓 1 户 3 人。

夏姓从夏山迁此。

求具 Qíujù 位于村委会驻地南偏东 0.4 千米处。该处地偏人稀，盼求人住，原称“求住”，后以音改为“求具”。房舍沿山坡呈块状分布，2006 年大多居民迁往四格村，现住 4 户、11 人。农户种植梨树较多。

夏姓上祖夏梦基清中叶从莒江下村迁此，今多夏姓。

东山坟 Dōngshānfén 位于村委会驻地南偏西 0.5 千米处。村居莒江东面山坡上，有夏氏古坟，故称。房舍沿山坡呈块状分布，居民 19 户、50 人。

夏姓上祖夏美翁晚清由求具迁此，今多夏姓。

东山四格 Dōngshānsìgé 位于村委会驻地西南 0.9 千米处。坐落莒江东向山上，山上田地分格错落有致，此为第四格，故名。房舍沿山坡呈块状分布，居民 22 户、60 人。

夏姓上祖夏起他晚清从夏山迁此，今多夏姓。

岭头垟 Lǐngtóuyáng 位于村委会驻地西北 2.0 千米处，因处江口章岙岭岭头得名。房舍沿溪呈点状分布，居民 7 户、31 人。今多周姓。

东山 Dōngshān 位于村委会西南 0.9 千米，因处原莒江村东面山坡得名。房舍沿山坡呈块状分布，居民 30 户、60 人。今多夏姓。

东山垄 Dōngshānlǒng 位于村委会西南 1.3 千米，因在原莒江乡的东面山垄得名。房舍沿山垄呈点状分布，居民 15 户、45 人。今多夏姓。

齐垟 Qíyáng 位于村委会北偏西 3.4 千米，因齐姓居此得名。房舍沿山坡呈点状分布，现居周姓 1 人。

横辽村 Héngliáo Cūn

行政村。位于百丈镇中部，村委会驻地岭头，在百丈镇人民政府驻地东南 4.3 千米处。由原横山村、叶辽村合并，取原横山、叶辽两村名中一字，命名为横辽村。东、南至筱村镇，西邻飞云湖。面积 16.70 平方千米。居民 335 户、835 人。辖 14 个村民小组，有岭头、水井垄、岩前岭、紫竹坪、横路、上宅、坑下、下坡、扁担丘、横路下、子士垟、洪山、外坎头、山亩田、外寮、聋桐垮、白岩岽、东祠架、沙坑下、底寮、叶寮 21 个自然村。经济以农业为主，亦产茶叶。

原横山、叶寮 2 村解放初至 1958 年属莒江乡。1958 年分别建立横山、叶寮生产队，属百丈公社莒江生产大队；1959 年 2 月起属百丈公社莒江管理区；1961 年 9 月起为横山、叶寮生产大队，属莒江公社。1984 年 5 月改为横山、叶寮行政村，属莒江乡。1992 年重新认定革命老区，原横山、叶寮 2 村均被认定为革命老区村。

1998 年 12 月莒江乡撤销，并入百丈镇；叶寮后被写作"叶辽"。2004 年原横山、叶辽 2 村合并组建横辽村。

岭头 Lǐngtóu 横辽村村委会驻地，因处岩前岭上端得名。房舍沿山坳呈块状分布，居民 26 户、70 人。该村庄明代是泰顺县城通往瑞安及温州府城的驿道所经处。

夏姓先祖夏昌五清中叶从老人岗迁此，今多夏姓。

水井垄 Shuǐjǐnglǒng 位于村委会驻地东北 0.4 千米，因田垄有一泉井(该井 1957 年已改为山塘)得名。房舍沿山坡呈块状分布，居民 7 户、20 人。今多夏姓。

岩前岭 Yánqiánlǐng 位于村委会驻地东 0.4 千米。山岭陡峻多岩，得名“岩前岭”，村以岭名。房舍沿山坡呈块状分布，居民 7 户、18 人。

夏姓上祖夏发士晚清由莒江上村分迁于此，今多夏姓。

紫竹坪 Zǐzhúpíng 位于村委会驻地东南 0.6 千米处。原称“会稽竹坪”，简为“稽竹坪”，后以音转为“紫竹坪”。房舍沿山坪呈块状分布，居民 3 户、10 人。

夏姓 1944 年从附近老人岗迁此，今多夏姓。

横路 Hénglù 位于村委会驻地东南 0.6 千米处，因山道横绕村前得名。房舍沿山坡呈块状分布，居民 22 户、60 人。

夏姓上祖夏梦杨清中叶从项坑村迁此，今多夏姓。

上宅 Shàngzhái 位于村委会驻地东南 0.7 千米处。附近 3 村庄中该村庄处于上侧，故名。房舍沿山坡呈块状分布，居民 22 户、60 人。

包立本民国 5 年(1916 年)由库村迁此，今多包姓。

坑下 Kēngxià 位于村委会驻地东南 1.0 千米处，因处小山涧下侧得名。房舍沿山坡呈块状分布，居民 15 户、40 人。

夏姓晚清从莒江上村分迁于此，今多夏姓。

下坡 Xiàpō 位于村委会驻地东南 1 千米处，因处山岭下坡处得名。房舍沿山坡呈点状分布，居民 6 户、15 人。

涂定袍民国 21 年(1932 年)从林岙卓垟迁此，今多涂姓。

扁担丘 Biǎndànqiū 位于村委会驻地南 0.4 千米处。有田丘田形似扁担，故名。房舍沿山坡呈点状分布，居民 11 户、30 人。

夏姓从莒江上村分迁于此，今多夏姓。

横路下 Hénglùxià 位于村委会驻地南 0.8 千米处，因处一条横路下方得名。房舍沿山坡呈块状分布，居民 5 户、13 人。

夏姓从莒江上村分迁于此，今多夏姓。

子士垟 Zǐshìyáng 位于村委会驻地南 1.4 千米处。相传古时族姓间发生山林纠纷，县官稽勘判决，为免再起纷争，命此地为“稽自垟”，后以音转为“子士垟”，又作“基士垟”。房舍沿山坡呈点状分布，居民 22 户、60 人。

夏姓清前叶由莒江上村分迁于此，今多夏姓。

洪山 Hóngshān 位于横辽村委会驻地西南 0.4 千米处。当地有山横亘于两塘之间，得名“横山”，又名“洪山”，村以山名。房舍沿山坡呈块状分布，居民 7 户、20 人。今多夏姓。

外坎头 Wàikǎntóu 位于村委会驻地西南 0.7 千米处。地处山坎外侧，故名。房舍沿山坡呈块状分布，居民 9 户、25 人。

夏姓从莒江上村分迁于此，今多夏姓。

山亩田 Shānmǔtián 位于村委会驻地西南 0.9 千米处。原有三亩祖田，得名“三亩田”，后以音转成“山亩田”。房舍沿山坡呈块状分布，居民 7 户、20 人。今多包姓。

外寮 Wàiliáo 位于村委会驻地西南 1.0 千米处。地处白岩岽北侧山岗外，初仅一座草屋，故名。房舍沿山坡呈点状分布，居民 22 户、60 人。

夏姓上祖由莒江上村分迁于此，今多夏姓。

聋桐塆 Lóngtóngwān 位于村委会驻地西南 1.1 千米处。因山塆有株垅桐树得名“垅桐塆”，后以音讹为“聋桐塆”。房舍沿山塆呈块状分布，居民 7 户、20 人。

夏姓从莒江上村分迁于此，今多夏姓。

白岩岽 Báiyándōng 位于村委会驻地西南 1.9 千米处。山梁突出，岩壁呈银白色，得名“白岩岽”，村以岩名。房舍沿山坡呈点状分布，居民 15 户、40 人。

夏姓上祖夏盛所晚清从仁石村迁此，今多夏姓。

东祠架 Dōngcíjià 位于村委会驻地西北 0.2 千米处。原称“宋祠架”，后以音转为今名，曾写作“东师戈”。房舍沿山坡呈块状分布，居民 8 户、22 人。

夏姓从莒江上村分迁于此，今多夏姓。

沙坑下 Shākēngxià位于横辽村委会驻地西北 0.5 千米处。因处沙丘田下侧得名“沙丘下”，上报时误写成“沙坑下”。房舍沿山坡呈块状分布，居民 11 户、30 人。

夏姓从莒江上村迁此，今多夏姓。

底寮 Dǐliáo 位于村委会驻地西北 1.1 千米处，因处叶寮村庄里侧得名。房舍沿山塆呈块状分布，居民 39 户、105 人。

夏姓上祖夏庆旺清中叶从半山寮迁此，今多夏姓。

叶寮 Yèliáo 位于村委会驻地西北 1.2 千米处。相传因叶姓于此建草屋垦田得名，包含贴近聚落“堪寮”。房舍沿山坡呈点状分布，居民 111 户、300 人。村北山中有天然石室，明洪武时日僧太初携弟子大方在此建庵，称“沓石庵”，遗址尚存。

初居叶姓，夏姓明末从莒江上村分迁于此。今多夏、季姓。

南坑垟村 Nánkēngyáng Cūn

行政村。位于百丈镇西部，村委会驻地南坑垟，距百丈镇人民政府驻地西南 5.4 千米处。以村委会驻地南坑垟命名。东至建民村，西邻台石村，南接阳山村，北连双岭村。面积 4.73 平方千米。居民 315 户、851 人，其中畲族 124 人。辖 14 个村民小组，有南坑垟、坳底、山脚、寨脚、上斜、陈宅、山背、北山岗 8 个自然村。经济以农业为主，茶叶亦为重要产业。

解放初为南坑洋、吴坑 2 村，属洪口乡；1952 年并称南吴村，属南吴乡；1956 年南吴村属黄坑乡。1958 年建立南吴生产队，属司前公社黄坑生产大队；1959 年 2 月起属司前公社黄坑管理区；1961 年 9 月起为南吴生产大队，属新建的黄坑公社。1981 年 10 月更名为南坑洋生产大队。1984 年 5 月改为南坑垟行政村，属黄坑乡。1992 年 5 月黄坑乡撤销，并入百丈镇。1992 年南坑垟村被认定为革命老区村。

南坑垟 Nánkēngyáng 南坑垟村村委会驻地。村旁小溪源于村南的吴坑，故名。房舍沿山坡呈点状分布，居民 260 户、708 人。周边聚落潘宅、道垅、下弄湖、敲岗已联为一体。

包、卢两姓最早居此，后有陈玉炎清雍正元年（1723 年）从台石村迁此，清中叶又有夏姓上祖夏士顺从项坑横路迁此。今多夏姓。

坳底Àodǐ 位于村委会驻地北 1.0 千米处，因处山坳里侧得名。今居夏姓 1 户、2 人。

夏姓明代迁此。

山脚 Shānjiǎo 位于村委会驻地北 1.5 千米处，因处山麓得名。房舍沿山脚呈点状分布，居民 3 户、12 人。

吴姓民国时迁此，今多吴姓。

寨脚 Zhàijiǎo 位于村委会驻地北偏东 1.4 千米处。因处古寨址下侧得名。房舍分布于山坡，今居夏姓 1 户、5 人。

夏姓明代迁此。

上斜 Shàngxié 位于村委会驻地东北 1.5 千米处。村前山峦形似蛇盘，原名“上蛇”，后以音转成“上斜”。房舍沿山坡呈块状分布，居民 7 户、18 人。

夏姓上祖夏君大清中叶从南坑垟迁此，陶姓从司前水碓坑迁此。今多陶姓。

陈宅 Chénzhái 位于村委会驻地西偏北 1.1 千米处。郑姓于此肇基，原称“郑宅”，后以音转为“陈宅”。房舍沿山脚呈点状分布，居民 28 户、106 人，畲族。

初居郑姓，畲族蓝姓从司前溪口黄泥垄迁此。今多蓝姓。

山背 Shānbèi 位于村委会驻地北偏西 1.0 千米处，因处山岗脊背得名。房舍沿山坡呈块状分布，居民 3 户、12 人，畲族。原有古刹青竹岗寺，寺址尚存。

蓝姓上祖蓝传满晚清从坑底迁此，今多蓝姓。

北山岗 Běishāngǎng 位于村委会驻地西南 1.3 千米处。因处半山腰得名“半山岗”，以音转成“北山岗”。房舍沿山坡呈点状分布，居民 1 户、6 人。

蓝姓 1945 年从陈宅迁此，今居蓝姓。

双岭村 Shuānglǐng Cūn

行政村。位于百丈镇西部，村委会驻地双岭亭，距百丈镇人民政府驻地西南 6.2 千米处。以村委会驻地二岭相交命名。东南至南坑垟村，西邻司前畲族镇，西南接台石村，东北连朱垟村。面积 6.84 平方千米。居民 295 户、759 人，其中畲族 15 人。辖 17 个村民小组，有双岭亭、潘庄、龙漈、下宅、南丰、半山、长岗、魏垟、黄垟、松树垄、南坳、大段、黄步坟、恭坑、叶岀 15 个自然村。经济以农业为主，茶叶、板栗为重要产业。

解放初属洪口乡；1952 年属黄垟乡，1956 年属黄坑乡。1958 年寓“和平安宁”之意建立和平生产队，属司前公社黄坑生产大队；1959 年 2 月起属司前公社黄坑管理区；1961 年 9 月起为和平生产大队，属黄坑公社。1981 年因与雅阳乡和平大队同名，改名“双岭”。1984 年 5 月改为双岭行政村，属黄坑乡；1992 年 5 月黄坑乡撤销，并入百丈镇。1992 年重新认定革命老区，双岭村被认定为革命老区村。

双岭亭 Shuānglǐngtíng 双岭村村委会驻地。罗阳通往百丈口、司前通往南坑垟的大路在此交叉，古有陶姓在此建 “双岭亭”，村以亭名。房舍沿山坡呈块状分布，居民 1 户、4 人。

陶姓较早居此。清代已有该村庄，“文化大革命”时此处建有知青点用房。

潘庄 Pānzhuāng 位于村委会驻地北 1 千米处，因潘姓肇基得名。房舍沿山坡呈点状分布，居民 19 户、76 人。

初居潘姓，蓝姓上祖蓝法淮清初从鳌岭迁此。今多蓝、魏二姓。

龙漈 Lóngjì 位于村委会驻地北 1.9 千米处。附近瀑布高达十余米，其下水潭据称有龙，得名“龙漈”，村以漈名。房舍沿山坡呈块状分布，居民 10 户、34 人。

陶姓上祖陶成士清中叶从下洪迁此，今多陶姓。

下宅 Xiàzhái 位于村委会驻地东北 0.8 千米处。司前筱条村民最早在此田垟下方建草屋，得名“下宅寮”。后蓝姓迁此，改草寮为木屋，乃称“下宅”。房舍沿山坡呈点状分布，居民 9 户、35 人，其中畲族 15 人。

蓝姓清中叶从洪口沙坑村迁此，今多蓝姓。

南丰 Nánfēng 位于村委会驻地东北 1.1 千米处。村南高峰突兀，得名“南峰岙”，后以音简化成“南丰”。房舍沿山坡呈点状分布，居民 17 户、47 人。

该地旧有南台庵，为西晋佛晖和尚辟建；唐咸通九年（868 年）改为律院，元皇庆元年（1312 年）赐额“南峰”。

泰顺叶姓始祖叶兴保唐永隆元年(680 年)从钱塘(今杭州市区)经丽水碧湖迁此，南宋嘉定六年(1213)叶景宝从瑞安郭公垟（今属文成县）迁此。今居梅、陶、王、郑等姓。

半山 Bànshān 位于村委会驻地东北 1.5 千米处，因处半山腰得名。房舍沿山坡呈点状分布，居民 30 户、81 人。

夏姓上祖夏名任清中叶从莒江下村迁此，今多夏姓。

长岗 Chánggǎng 位于村委会驻地北偏东 1.5 千米处，因处长山岗得名。房舍沿山坡呈块状分布，居民 20 户、65 人。

魏姓明崇祯五年（1632 年）从魏垟迁此，今多魏姓。

魏垟 Wèiyáng 位于村委会驻地东偏北 1.6 千米处。该地原称“桂阳”，魏姓于此开垦田垟后得名“魏垟”。房舍沿田垟呈块状分布，居民 17 户、46 人。

魏姓上祖魏文虎南宋绍定四年（1231 年）迁此，叶姓上祖叶百焱清中叶从黄垟村迁此。今多叶姓。

黄垟 Huángyáng 位于村委会驻地东 0.8 千米处，因黄姓开垦田垟得名。房舍沿山坡呈点状分布，居民 36 户、123 人。

黄姓唐末从福建长溪县赤岸迁此，叶姓于清乾隆年间从南坑垟花楼迁此。今多叶姓。

松树垄 Sōngshùlǒng 位于村委会驻地东南 0.5 千米处。吴姓于此开垦田垟，得名“吴宅垟”，后以村旁山垄多松树，改称“松树垄”。房舍沿山坡呈块状分布，居民 8 户、22 人。

初居吴姓，严姓上祖严世纯清中叶从百丈东岸村迁此。今多严姓。

南坳 Nán 'ào 位于村委会驻地东偏南 0.7 千米处，因处黄垟村南山坳得名。房舍沿山坡呈块状分布，居民 7 户、28 人。

叶姓清中叶从黄垟村迁此，今多叶姓。

大段 Dàduàn 位于村委会驻地南 0.8 千米处。处于松树垅、黄步坟之间的较长路段，故名。房舍沿乡村道路呈块状分布，居民 6 户、17 人。

夏姓清中叶从莒江迁此，今多夏姓。

黄步坟 Huángbùfén 位于双岭村委会驻地西南 1.8 千米处，因村旁有黄公墓得名。房舍沿山坡呈块状分布，居民 9 户、32 人。

初居黄姓，今多黄姓。

恭坑 Gōngkēng 位于双岭村委会驻地西 0.8 千米处，因附近小溪恭坑得名。房舍沿山坡呈点状分布，居民 82 户、281 人。

赵姓明永乐年间迁此，今多赵姓。

叶岴 Yèxué 位于村委会驻地西北 1.9 千米处，因叶姓在此肇基得名。房舍沿山坡呈块状分布，居民 8 户、42 人。

初居叶姓；明代有徐姓居此，无后嗣；夏姓清中叶从莒江上村迁此。今多夏姓。

台石村 Táishí Cūn

行政村。位于百丈镇西部，村委会驻地台石，距百丈镇人民政府驻地西南 8.5 千米处。以村委会驻地台石命名。东至南坑垟村，西邻罗阳镇、司前畲族镇，南接罗阳镇，东北连双岭村。面积 6.66 平方千米。

居民375户、1062人。辖16个村民小组，有台石、底项坑、桐头岗、陈公坑、其垟、外项坑、下园、斜山、南山下、黄泥撬、岩根、岭头垟、吴坑、周山14个自然村。经济以农业为主，茶叶亦为重要产业。

解放初属洪口乡；1956年属黄坑乡。1958年建立五爱生产队，属司前公社黄坑生产大队；1959年2月起属司前公社黄坑管理区；1961年9月起为五爱生产大队，属黄坑公社。1981年10月更名为台石生产大队。1984年5月改为台石行政村，属黄坑乡。1992年5月黄坑乡撤销，并入百丈镇。1992年重新认定革命老区，台石村被认定为革命老区村。

台石 Táishí 台石村村委会驻地。以村旁山顶岩石层叠得名“叠石”，亦作“沓石”，近代以音改称“台石”。房舍沿山坡呈块状分布，居民70户、250人。该地原有古寺南隐庵，近代已废。

陈姓源出鳌阳，较早迁此，今多陈姓。

底项坑 Dǐxiàngkēng 位于村委会驻地北0.6千米处，因处外项坑里侧得名。房舍沿山坡呈块状分布，居民9户、25人。

王姓明中叶从罗阳迁此。今多蔡、夏姓。

桐头岗 Tóngtóugǎng 位于村委会驻地北1.3千米处。附近山岗旧多桐籽树，村处上端，故名。房舍沿山坡呈块状分布，常住居民5人。

王姓上祖王恩礼清中叶从底项坑迁此，今多王姓。

陈公坑 Chéngōngkēng 位于村委会驻地东北0.2千米处。原居陈姓，门前小溪得名“陈公坑”，村以坑名。房舍沿小溪呈块状分布，常住居民4人。

陈姓清前叶迁此，今多陈姓。

其垟 Qíyáng 位于村委会驻地东北0.6千米处。村旁田垟较直，原称“直垟”；后以音转为“其垟”。房舍沿田垟呈块状分布，常住居民5人。

陈姓上祖陈礼言清前叶从附近陵监坑（即林公坑，已无人居）村迁此，今居陈姓。

外项坑 Wàixiàngkēng 位于村委会驻地东北1.5千米处。当地小溪因项姓居此得名“项坑”，地以坑名。该村庄处于外侧，故名。房舍沿溪涧呈点状分布，常住居民3人。

五代时已有项姓居此，叶姓上祖叶维耀清初从罗阳迁来。今居夏姓。

下园 Xiàyuán 位于村委会驻地东北1.6千米处，因处山园脚下得名。房舍沿山脚呈点状分布，今居孙姓2人。

斜山 Xiéshān 位于村委会驻地东2千米处。原称“畬山”，后以音改为“斜山”。房舍沿山坡呈点状分布，常住居民9人。

陈姓上祖陈水奎晚清从洪口迁此。今居陈姓、吴姓。

南山下 Nánshānxià 位于村委会驻地南偏东 0.4 千米处，因处项坑南面山下得名。房舍沿山脚呈点状分布，常住居民 15 人。

陈姓上祖陈恭义清中叶从台石迁此，今多陈姓。

黄泥撬 Huángníqiào 位于村委会驻地东南 0.8 千米处。该地黄泥山上有青石岩，村民常来撬泥取石，故称。房舍沿山坡呈点状分布，常住居民 12 人。

陈姓较早迁此，清代已形成村庄，今多陈姓。

岩根 Yángēn 位于村委会驻地东南 1.4 千米处，因处陡峭山岩之下得名。房舍沿山坡呈点状分布，今居陈姓 2 人。

池姓较早从平阳县山门迁此。

岭头垟 Lǐngtóuyáng 位于村委会驻地东南 1.3 千米处，因处岭头田垟边得名。房舍沿山坡呈块状分布，常住居民 9 人。

徐姓清中叶从峰门徐坑迁此，今居苏、徐姓。

吴坑 Wúkēng 位于村委会驻地东南 2.2 千米处，因该地小溪“吴坑”得名。房舍沿溪谷呈点状分布，常住居民 21 人。

吴姓上祖吴承芳南宋时从库村迁此，今多吴、陈姓。

周山 Zhōushān 位于村委会驻地西北 1 千米处，与司前畲族镇毗邻。传说村前古为海洋，常有舟船往来；村西之山有系船岩石，得名“舟山”，后以音转为“周山”。房舍沿山坡呈点状分布，居民 31 户、104 人，均畲族。

蓝姓上祖蓝伯顺清前叶从恭坑迁此，今多蓝姓。

建民村 Jiànmín Cūn

行政村。位于百丈镇西部，村委会驻地金坑大桥头，距百丈镇人民政府驻地东南 2.2 千米处。由原沙坑行政村、上林行政村大部合并组建，以“建设新农村，保国安民”之意命名为“建民”。东连上章村，南邻珊溪水库，西接朱垟村，北临珊溪水库。面积 8.69 平方千米。居民 132 户、548 人，其中畲族 284 人。辖 6 个村民小组，有林山、大垟、坑底山、岱头、桃树塆、沙坑、杜山岗、金山、上章、大岗头 10 个自然村及建民民族小区。经济以农业为主，盛产杨梅、茶叶。

原沙坑村解放初属洪口乡；原上林村解放初为上章、林山 2 村，属黄垟乡，1956 年属黄坑乡。1958

年沙坑村建立沙坑生产队，属百丈公社洪口生产大队，上章、林山2村合建上林生产队，属司前公社黄坑生产大队。1959年2月起分别属百丈公社洪口管理区、司前公社黄坑管理区。1961年9月起为沙坑生产大队（属新建的洪口公社）、林山生产大队（属新建的黄坑公社）。1984年5月改为沙坑行政村（属洪口乡）、上林行政村（属黄坑乡）。1992年5月、1998年12月黄坑乡、洪口乡先后撤销，并入百丈镇。

2004年4月，原沙坑（除陈公坑、马鬃岗、公路边外）、上林2村合并组建为建民村，系民族村。

林山 Línshān 建民村村委会驻地，位于林山原址北偏东1.1千米处。原址相传古时村后为森林得名。房舍沿山坡呈块状分布，村委会迁往金坑大桥头，仍称林山。 林山原址已无人居住。

钟姓上祖钟春荣清顺治十七年（1660年）从宣平县十三都张家弄（今属丽水市莲都区丽新畲族乡）迁林山原址。

大垟 Dàyáng 位于村委会驻地东南2.1千米处，因处较大田垟旁得名。房舍沿田垟呈块状分布，居民10户、26人。该村旧有聚落鱼巩潭，宋代为巩姓居住地。

2001年后，洪口、百丈部分居民陆续迁此，成为村庄。今多陈姓。

坑底山 Kēngdǐshān 位于村委会驻地西南2.1千米。附近小溪里侧有大山“坑底山”，村以山名。房舍沿山坡呈块状分布，居民14户、39人，均畲族。

雷姓上祖雷道义晚清从筱村新楼朝天马迁此，今多雷姓。

岱头 Dàitóu 位于村委会驻地西南2.3千米。该村一山岗上端形似袋，“袋”“岱”音近，故名。又称台头。房舍沿山坡呈点状分布，居民15户、50人，均畲族。

钟姓上祖钟发昌清中叶从林山迁此，今多钟姓。畲族蓝姓。

桃树垮 Táoshùwān 位于村委会驻地西南3.6千米处。陶姓肇基，山垮多树，得名“陶树垮”，后以音转为“桃树垮”。房舍沿山坡呈点状分布，居民10户、25人，均畲族。

初居陶姓，雷姓上祖雷启凤清前叶从筱村北坑迁此。今多雷、蓝姓。

沙坑 Shākēng 位于村委会驻地西南3.7千米处。村旁小溪常因无雨断流，得名“燥坑”，后以音转为“沙坑”，村以坑名。房舍沿山谷呈点状分布，居民10户、25人，畲族居多。

徐姓明中叶从福建汀州迁此，蓝姓上祖蓝金发清道光七年（1827年）从南浦阳山迁此。今多蓝姓。

杜山岗 Dùshāngǎng 位于村委会驻地西南3.7千米处，因附近的杜山得名。房舍沿山坡呈点状分布，居民4户、15人，均畲族。

蓝姓清中叶从南浦阳山迁此，今居蓝姓。

金山 Jīnshān 位于村委会驻地西 1.7 千米处。房舍沿山坡呈点状分布，居民 2 户、10 人；其中畲族 1 人，蓝姓。

上章 Shàngzhāng位于村委会东南 0.8 千米。房舍沿道路呈点状分布，居民 27 户、170 人，其中畲族 20 人。今多钟、蓝姓。

大岗头 Dàgǎngtóu 位于村委会驻地西南 2.4 千米，因处大山岗上段得名。房舍沿山坡呈点状分布，今居刘姓 2 户共 11 人。

建民民族小区 Jiànmínmínzúxiǎoqū 位于江滨路段，因主要居住建民村畲胞而名。居民 48 户、130 人，均畲族。今多钟姓。

洪秀村 Hóngxiù Cūn

行政村。位于百丈镇西南部。村委会驻洪口，距百丈镇人民政府驻地西南 5.5 千米处。由原洪口、秀洪两村合并组建，取两村名首字命名。东南至山后村，西邻阳山村，南接筱村镇，北连建民村。面积 13.42 平方千米。居民 219 户、621 人，其中畲族 10 人。辖 13 个村民小组，有洪口、荒山、外垟、后斜、秀洪垟、墩头、底垟、三丘田、秀洪岭、上爿山、桃架山、渡船头、小岭、长岗、深渡 15 个自然村。经济以农业为主，茶叶亦为重要产业。

原洪口、秀洪 2 村解放初至 1958 年属洪口乡。1958 年分别建立洪口、秀洪生产队，属百丈公社洪口生产大队；1959 年 2 月起属百丈公社洪口管理区；1961 年 9 月起为洪口、秀洪（坳头自然村划属筱村公社）生产大队，属洪口公社。1984 年 5 月分别改为洪口、秀洪行政村，属洪口乡。1998 年 12 月洪口乡撤销，并入百丈镇。2004 年原洪口、秀洪 2 村合并组建洪秀村。

洪口 Hóngkǒu 洪秀村村委会驻地，因系仙居溪与洪溪汇合处得名，原村庄已淹没。洪口大桥建成后，一些农户在此建村，又称“洪口大桥头”。房舍沿飞云湖呈块状分布，居民 230 户、731 人。

原洪口村为飞云江上游水陆交通要地，唐代已有人居；明宣德年间潘世衍从处州青田县沐溪迁此。今居多个姓氏，蔡姓人数较多。

荒山 Huāngshān 位于村委会驻地东 2 千米处。该地原为荒无人烟之山，先民开垦居住，名之“荒山”。房舍沿半山腰呈点状分布，居民 42 户、112 人。

夏姓清光绪六年（1800 年）从莒江外垟迁此，今多夏姓。

外垟 Wàiyáng 位于村委会驻地东南 1.1 千米，因处田垟外侧方向得名。房舍沿山脚呈块状分布，居民 46 户、125 人。今多吴姓。

后斜 Hòuxié 位于村委会驻地东1.3千米处。该地山岗横斜，村居其后，故名。房舍沿山脚呈点状分布，居民26户、70人。

相传初居夏姓，吴姓民国19年(1920年)从库村库尾迁此，今多吴姓。

秀洪垟 Xiùhóngyáng 位于村委会驻地东南1.3千米处，因处秀洪岭下得名。房舍沿山坡呈块状分布，居民18户、51人。

泰顺徐姓始祖之一徐相，原籍婺州兰溪，唐宝历元年（825年）迁木棉村之前曾寓居于此。徐姓另一上祖徐安正明末从兰溪县迁此，后徙桃架山。今多徐姓。

墩头 Dūntóu 位于村委会驻地东南1.5千米处，因处山墩边得名。房舍沿半山腰呈点状分布，居民11户、29人。

徐姓清中叶从碗窑迁此，今多徐姓。

底垟 Dǐyáng 位于村委会驻地东南1.5千米。此处有田直连底墩，故名。房舍沿山脚呈点状分布，居民19户、50人。

包姓清中叶从三垟（今属文成售）迁此，今多包姓。

三丘田 Sānqiūtián 位于村委会驻地东南2.1千米处。因村前有三丘田块得名，又称“三格田”。房舍沿山脚呈块状分布，居民10户、27人。

陈姓清中叶由平阳县红沙岗迁此，今多陈姓。

秀洪岭 Xiùhónglǐng 位于洪秀村委会驻地东南2.3千米处，因当地秀洪岭得名。房舍沿半山腰呈块状分布，居民9户、25人，其中畲族10人。

原居蓝姓，后迁走无考；钟孟田民国34年(1945年)迁此。今多徐姓，畲族钟姓。

上爿山 Shàngpánshān 位于村委会驻地东南2.5千米，因处山腰田块上方得名。房舍沿山坡呈块状分布，居民2户、7人。

夏姓上祖夏起绵晚清由莒江求具村迁此，今多夏姓。

桃架山 Táojiàshān 位于村委会驻地南1.7千米处。其地山形似桃，得名“桃架山”，村以山名。房舍沿山坳呈块状分布，居民26户、70人。

徐姓明末从秀洪垟迁此，今多徐姓。

渡船头 Dùchuántóu 位于村委会驻地西南1.3千米处。旧时村临飞云江，设渡船，故名。房舍沿飞云湖呈点状分布，建珊溪水库后大部分村民已外迁，今居17户、47人。

相传村庄成于明末，今多蔡姓。

小岭 Xiǎolǐng 位于村委会驻地南 2.2 千米处，因附近之山“小岭”得名。房舍沿山坡呈点状分布，居民 63 户、170 人。

陶姓明中叶从葛垟迁此，今多陶姓。

长岗 Chánggǎng 位于村委会驻地西南 2.6 千米处。该地 10 多座小山绵延，称之“长岗”，村以岗名。房舍沿山坡呈块状分布，居民 12 户、42 人。

魏姓明崇祯五年（1632 年）从双岭魏垟村迁此，今多魏姓。

深渡 Shēndù 位于村委会驻地西北 1 千米处。该地以“圣渡”之音得名“深渡”，又作“深度”。房舍沿山坡呈点状分布，居民 39 户、105 人。

蔡姓上祖蔡士传清中叶从周坑底迁此，今多蔡姓。

山后村 Shānhòu Cūn

行政村。位于百丈镇南部，村委会驻地底湾，距百丈镇人民政府驻地南 7.6 千米处。因处大山“前山”之北命名。东、西、南至筱村镇，西北邻洪秀村。面积 4.51 平方千米。居民 286 户、714 人，汉族。辖 8 个村民小组，有底湾、外湾、大岗、下宅、下坡、王家坟、外窑、灰斗坪、大垅 9 个自然村。经济以农业为主，毛竹、茶叶为重要产业。

山后村解放初至 1958 年属洪口乡。1958 年建立山后生产队，属百丈公社洪口生产大队；1959 年 2 月起属百丈公社洪口管理区；1961 年 9 月起为山后生产大队，属洪口公社。1981 年 10 月改为洪山后生产大队，意为“洪口山后”。1984 年 5 月改为洪山后行政村，属洪口乡。1998 年 12 月洪口乡撤销，并入百丈镇；2004 年更名为山后村。

底湾 Dǐwān 山后村村委会驻地，因处溪湾里侧得名。房舍沿山坡呈点状分布，居民 78 户、275 人。

叶姓上祖叶显二、叶显四祖籍处州松阳，明季迁此，今多叶姓。

外湾 Wàiwān 位于村委会驻地东南 0.2 千米处，因处底湾外侧得名。房舍沿山坡呈点状分布，居民 66 户、230 人。

叶姓清初从底湾分迁于此，今多叶姓。

大岗 Dàgǎng 位于村委会驻地南 0.5 千米处，因村后大山岗“大岗”得名。房舍沿山坡呈块状分布，居民 5 户、18 人。

叶姓从底湾分迁于此，今多叶姓。

下宅 Xiàzhái 位于村委会驻地南偏东 1.3 千米处，因处山坡下方得名。房舍沿山坡呈块状分布，居民

13 户、39 人。

叶姓晚清从底湾分迁于此，今多叶姓。

下坡 Xiàpō 位于村委会驻地西南 1.1 千米处，因处葛坪之下得名。房舍沿山腰呈块状分布，居民 19 户、80 人。

叶姓晚清从底湾分迁于此，今多叶姓。

王家坟 Wángjiāfén 位于村委会驻地西 0.2 千米处，因有王姓坟茔得名。房舍沿山坡呈点状分布，居民 22 户、65 人。

初居王姓，叶姓晚清从底湾分迁于此，今多叶姓。

外窑 Wàiyáo 位于村委会驻地西北 0.9 千米处。该地有里、外两处瓦窑，村傍外窑，故名。房舍沿山坡呈块状分布，居民 11 户、30 人。

叶姓清代从底湾分迁于此，今多叶姓。

灰斗坪 Huīdòupíng 位于山后村委会驻地西北 1.0 千米处。该地山坪墒斗称“灰斗坪”，村以坪名。房舍沿山坪呈点状分布，居民 12 户、38 人，均畲族。

最初村民从景宁县迁此，今多蓝姓。

大垅 Dàlǒng 位于村委会驻地西北 1.2 千米处。因村旁水田垅得名“大垅湾”，后简化为“大垅”。房舍沿山坡呈块状分布，居民 5 户、17 人。

叶姓从底湾分迁于此，今多叶姓。

阳山村 Yángshān Cūn

行政村。位于百丈镇西南部，村委会驻阳山，距百丈镇人民政府驻地西南 6.8 千米处。由原阳山、岭脚 2 村及原沙坑村部分村庄合并组建，以村委会驻地阳山命名。东至洪秀村，西邻罗阳镇，南接筱村镇，北连南坑垟村，东北连建民村。面积 9.21 平方千米。居民 361 户、1062 人。辖 15 个村民小组，有阳山、陈公坑、阳山后、岭头、刘家、外垄坪、半岭、阴坑、李家山、张家、半岭山、马鬃岗、花坪 13 个自然村。经济以农业为主，兼产茶叶。

原阳山、岭脚 2 村解放初属洪口乡，1952 年属阳山乡，1956 年复并入洪口乡。 1958 年分别建立阳山、岭脚生产队，属百丈公社洪口生产大队；1959 年 2 月生产大队改为管理区，属百丈公社洪口管理区；1961 年 9 月管理区撤销，生产队改为生产大队，为阳山、岭脚生产大队，属洪口公社。1984 年 5 月改为阳山、岭脚 2 行政村，属洪口乡。1998 年 12 月洪口乡撤销，并入百丈镇。

2004年原阳山、岭脚2村及沙坑村的马鬃岗、陈公坑、公路边自然村合并组建新的阳山村。

阳山 Yángshān 阳山村村委会驻地，因“背山面水，地势向阳”得名。房舍沿山坡呈点状分布，居民50户、140人。

张姓康熙年间从福建连城迁此，蓝姓上祖蓝四满清乾隆二十八年（1763年）迁此。

陈公坑 Chéngōngkēng 位于村委会驻地北1.1千米处。郑姓肇基，村前小溪原称“郑公坑”，村以坑名，后以音转成“陈公坑”。房舍沿山坡呈块状分布，今居王姓1户、5人。

初居郑姓，王姓上祖王一见清前叶从平阳迁此。

阳山后 Yángshānhòu 位于村委会驻地东北0.3千米处，因处阳山北面得名。房舍沿山坡呈块状分布，居民27户、73人。

刘姓清前叶从罗阳垟心街转迁此，后又有林姓迁此。

岭头 Lǐngtóu 位于村委会驻地南偏东0.3千米处，因处阳山岭上段得名。房舍沿山坡呈块状分布，居民13户、37人。

林姓从附近村庄岭脚迁此，今多林姓。

刘家 Liújiā 位于村委会驻地南0.3千米处，因刘姓聚居得名。房舍沿山坡呈点状分布，居民47户、126人。

刘姓上祖刘开假清道光元年（1821年）从罗阳垟心街刘厝迁此，后又有林姓迁来。今多刘姓。

外垄坪 Wàilǒngpíng 位于村委会驻地西南1.1千米处。地处这一带向外方向小山坪，故名。房舍沿山坪呈点状分布，居民43户、117人。

夏姓上祖夏君锡晚清从南坑垟迁此，今多夏姓。

半岭 Bànlǐng 位于村委会驻地西偏南1.2千米处。阳山村至外垅坪半途之岭称为“半岭”，村以岭名。房舍沿山坡呈点状分布，居民67户、182人。

叶姓上祖叶丽儒清中叶从福建寿宁县迁此，今多叶姓。

阴坑 Yīnkēng 位于村委会驻地西南1.7千米处。地处山之背阳面，光线阴暗，故名。房舍沿山坡分布，今居10人。

叶姓从福建寿宁县迁此。今多叶姓。

李家山 Lǐjiāshān 位于村委会驻地西南1.9千米。因村旁之山“李家山”得名，曾作“李架山”。房舍沿山坡呈点状分布，居民24户、80人。

陈姓清中叶从福建省寿宁县仙峰迁此，今多陈姓。

张家 Zhāngjiā 位于村委会驻地西 0.2 千米处，因张姓居此得名。房舍沿山坡呈块状分布，居民 42 户、113 人。

张姓上祖张天桔清康熙年间从福建连城县迁此，今多张姓。

半岭山 Bànlǐngshān 位于村委会驻地西 1.7 千米处，因村后的“半岭山”得名。房舍沿山坡呈块状分布，居民 11 户、29 人。

程姓上祖程纪晚清从包垟迁此，今多程姓。

马鬃岗 Mǎzōnggǎng 位于村委会驻地西北 1.3 千米处。该地山岗形似马鬃，故名，又作“马宗岗”。房舍沿山坡呈点状分布，居民 52 户、141 人。

陈姓上祖陈折州清中叶从吴坑迁此，今多陈姓。

花坪 Huāpíng 位于村委会驻地西北 1.6 千米处。旧时该地山坪专种棉花，得名“棉花坪”，后简为“花坪”。房舍沿山坪呈点状分布，居民 32 户、86 人。

张姓上祖张兆宁清中叶从平阳县水头迁此。今多张姓、池姓。

第三节 街路弄巷

江园路 Jiāngyuán Lù 位于百丈镇飞云湖居民区。该路处于飞云江边，规划设计有公园，取“飞云江公园”之命名。东北起于健身公园，西南至百丈车站，长 514 米，宽 10 米，混凝土路面。建于 2000 年。

江滨路 Jiāngbīn Lù 位于百丈镇飞云湖居民区，因处飞云江（已成飞云湖）畔而名。南起百丈中心小学，北至江园路，长 2200 米，宽 6 米，混凝土路面。建于 2000 年。

江园路一弄 Jiāngyuánlù 1 Lòng 位于百丈镇飞云湖居民区江园路南侧。系江园路支路，按序列称江园路一弄。南起江滨路，北至江园路，长 140 米，宽 6 米，混凝土路面。建于 2000 年。

江园路二弄 Jiāngyuánlù 2 Lòng 位于百丈镇飞云湖居民区北侧。系江园路支路，按序列称江园路二弄。南起江园路，北至江滨路，长 460 米，宽 6 米，混凝土路面。建于 2000 年。

江滨路二弄 Jiāngbīnlù 2 Lòng 位于百丈镇飞云湖居民区百丈镇中心小学东侧。系江滨路的第二条支路，故名。南起江滨路，北至司筱线，长 400 米，宽 6 米，混凝土路面。建于 2000 年。

筱村镇

筱村镇
筱村镇
百丈镇
文成县
泗溪镇
三魁镇
罗阳镇
百丈镇
珊溪水库
联云水库
翁山水库
李垟水库
洪溪水库
齐岭溪水库
枫林
北坑
徐岙
五蒲
长垟
东垟
新楼
周新
坑底
外垟
永兴
山峡
兴东
新厂
龙前
南峤
孙坪
双坑
包坑
培坑
箬垟
朝头垟
新源
库村
新兴
新仓
坡头
里垟
玉溪
坳头
翁家山
章前垟
葛垟
梨垟
涂坑
包垟底
雅坪
西山
平溪
坑头
华垟
大坪
春臼坑
梧桐垟
李垟
西地
水车垟
道观后
洪溪美
横岗
朱垟
建民
南坑垟
洪秀
阳山
横辽
莒云
山后

筱村镇人民政府

第四章 筱村镇 Xiǎocūn Zhèn

第一节 概 述

筱村镇位于泰顺县东部，行政区划代码为330329103。镇人民政府驻枫林村万楼亭1号，在泰顺县城东21.6千米，海拔390米。

筱村镇地理位置北纬27°30′47″～27°39′26″，东经11 9°48′35″～120°02′41″； 辖区东西最大距离22.42千米，南北最大距离15.86千米。东临文成县珊溪镇，东南连泗溪镇，南接三魁镇，西界罗阳镇，北连百丈镇。总面积177.3平方千米。其中陆地175.2平方千米，水域2.1平方千米。居民11640户、37204人，其中畲族1083人。人口密度为每平方千米211人。全镇辖枫林、徐岙、北坑、新楼、长垟、东垟、库村、新仓、新兴、双坑、箬垟、新源、朝头阳、包坑、培坑、南峤、龙前、新厂、孙坪、周新、玉溪、坡头、里垟、坳头、外垟、兴东、坑底、山峡、梨垟、永兴、章前垟、葛垟、翁家山、五蒲等34个行政村，下设272个村民小组。

今筱村镇地域明代泰顺建县前大部分属瑞安县义翔乡五十七、五十八都，部分属五十六都；建县后分属泰顺二、三、四都，个别村庄属东隅。清代绝大部分属三都、四都，少数村庄属二都。民国24年（1935年）分属筱村、筱东、库村、壤山、天甑、翁山、莒江、协和、联垟、仰云等乡；民国27年（1938年）筱东、协和二乡并入筱村乡，库村、江城、天甑3乡及仰云乡江口并为云溪乡，联垟乡与仰云乡其余部分并为联云乡。民国35年（1946年）云溪乡改称莒江乡，壤山、联云2乡并为白云乡，横山乡并入翁山乡。

解放初，今筱村镇地域分属筱村、白云、莒江、翁山乡。1950年白云乡析置联云乡，莒江乡析置南浦乡，筱村乡析置葛洋乡。1952年筱村乡析置东垟、东山乡，莒江乡析置里洋乡，南浦乡析置新山、朱岙乡，翁山乡析置翁东乡，联云乡析置漈源、双坑乡，莒江乡析置里洋乡。1956年东垟、筱村、里垟3乡合并为筱村乡，漈源、朱岙2乡并入南浦乡，双坑乡并入联云乡。

1958年11月实行人民公社体制，今之镇域设筱村、南浦、翁山、新山、葛垟生产大队，属筱村人民公社，翌年2月上述5个生产大队改为管理区，隶属筱村公社。1962年公社规模调整，管理区改建为新的公社，1983年筱村公社析建玉溪公社，均属筱村区。

1984年5月上述公社均改为乡，属筱村区；1992年5月，原筱村、葛垟、玉溪3乡合并建立筱村镇。2011年4月新浦、联云、翁山3乡并入筱村镇。

境内最大溪流玉溪自东南向西北贯穿镇境，古时沿溪盛产筱竹，得名“筱村”。全镇地势东、南、西三面高，北面较低。境内山峦重叠、溪流交错，气候温和，雨量充沛，常年平均温度16.3℃，无霜期

239天。中心地带金山寨、四尖、山头顶、黄鸟山等山峰，四境马头尖、太史峰、天开尖、牛塘岗、蜂桶坑、达壁顶、杨府爷岗、白岩栋等山峰，海拔均在600—1024米之间。玉溪自东南向西北贯穿镇境，经东垟、长垟、徐岙、凤林、玉溪、里垟等村，在莒江龙潭注入飞云湖。较大溪流还有南浦溪、新山溪、葛溪，均注入飞云湖。

全镇耕地447公顷，林地 8051公顷，油茶是重要的经济林。葛垟茶叶、新浦板栗，玉溪杨梅、柑橘均为全县闻名特产。生产粮食主要有水稻、豆类、番薯。蔬菜种植面积506公顷，水果种植面积293亩；中药材种植面积8 20亩。畜牧业主要有生猪、羊、兔、牛、家禽等饲养。2011年农业总产值7 500万元，其中畜牧业总产值1150万元。

昔时农田灌溉主要靠山泉和溪水。1978年7月翁山水库建成后，相继建翁山水尾至境内有引水渠道8.5千米，受益农田70余公顷。

司筱线（司前镇至筱村镇）、垟葛线（垟尾至葛垟）、新孙线（新兴村至孙坪村）3条公路经过镇域，总长71.3千米。镇区道路总长6.5千米；桥梁7座，总长210米。镇区有自来水厂1座，铺设干线水管52千米；镇区，煤气普及率87.0%。镇区公园2个，面积15公顷。地方特色民间艺术有木偶戏、扁担戏。

该镇被命名为“浙江省历史文化名镇”“浙江省生态镇”“浙江省体育强镇”。

1992年重新认定革命老区，原筱村镇及新浦、翁山、联云乡被认定为革命老区镇。

第二节 群众自治组织 居民点

枫林村 Fēnglín Cūn

行政村。位于筱村镇中部，为筱村镇人民政府驻地，村委会驻柏树底。沿用原“枫林村”之名。东至北坑村，西南邻五蒲村，东南接长垟村，西北连玉溪村。面积3.51平方千米，居民690户、2161人。辖29个村民小组，有柏树底、林山、上文田、望楼亭、坑边、村尾、王家山7个自然村。经济以农业为主，茶叶为重要产业。

原枫林村曾称凤林村，原王家山村即为此名，原新村村曾为林山村，解放初至1958年均属筱村乡。1958年凤林、王家山、林山村分别建立坑边、王家山、林山生产队，属筱村公社筱村生产大队；1959年2月起属筱村公社筱村管理区；1961年9月起分别为横溪、王家山、林山生产大队，属规模调整后的筱村公社，不久林山生产大队因县内大队重名，取开辟茶园面貌一新之意改名“新村”大队。1981年10月横溪改为凤林大队。1983年王家山、新村生产大队划属析建的玉溪公社。

1984年5月上述生产大队分别改为凤林、王家山、新村行政村，凤林村属筱村乡，王家山、新村村属玉溪乡。1992年凤林村使用习惯名称“枫林”之名。1992年5月筱村乡改镇，玉溪乡并入。

2004年，枫林、王家山、新村3村合并组建为新的枫林村。

柏树底 Bǎishùdǐ 枫林村村委会驻地。村旁有山形似凤凰，按玉溪出水口方位村居里侧（即底侧），村前有大柏树，得名“凤林柏树底”，后简化为“柏树底”“凤林”。房舍沿山坡呈块状分布，居民109户、355人。

泰顺吴姓始祖吴畦的曾孙吴承褚，北宋初从新山吴宅迁此。今多吴姓。

林山 Línshān 位于村委会驻地北2.6千米处，古因山上森林茂盛得名。房舍沿山坡呈点状分布，居民60户、212人。今多夏、陈姓。

上文田 Shàngwéntián 位于村委会驻地南0.4千米处。房舍沿山坡呈块状分布。居民60户、148人。

吴姓清道光四年（1824年）由徐岙迁此，今多吴姓。

望楼亭 Wànglóutíng 位于村委会驻地南0.6千米处。据传，明初村人为观察溪对岸“草寇”动静建望楼，楼旁之亭得名“望楼亭”，村以亭名。房舍沿大路呈带状分布，居民12户、40人。

吴姓明中叶从徐岙迁此，今多吴姓。

坑边 Kēngbiān 位于村委会驻地西北0.6千米处，因处小溪岸边得名。房舍沿小溪呈块状分布，居民103户、362人。

吴姓清前叶从福建福安县迁此，今多吴姓。

村尾 Cūnwěi 位于村委会驻地西北1.3千米处，因处岩头村庄尾端得名。房舍沿玉溪呈点状分布，居民25户、80人。

叶姓清中叶从洪口山后迁此，今多叶、王姓。

王家山 Wángjiāshān 位于村委会驻地西北2.4千米处，因王姓垦荒肇基得名。房舍沿山坡呈点状分布，包含外岗山、大岗、茶亭头等聚落。居民165户、615人。

王姓上祖王生七原籍云和，明宣德四年（1429年）迁此，今多王姓。

徐岙村 Xú'ào Cūn

行政村。位于筱村镇西部，村委会驻地徐岙底，在镇人民政府驻地西北3.3千米处。由原徐岙、竹园、王家塘3行政村合并组建，沿用徐岙村名。东北至坳头村，西北邻百丈镇山后村，南接翁家山村、五蒲村。面积3.90平方千米。居民423户、1296人。分14个村民小组，有徐岙底、竹园、王家塘3个自然村。经济以农业为主，茶叶为重要产业。

原徐岙、竹园、王家塘村解放初至1958年均属筱村乡；1958年分别建立徐岙、竹园、王家塘生产队，属筱村公社筱村生产大队；1959 年 2 月起属筱村公社筱村管理区；1961 年 9 月起为徐岙、竹园、王家塘生产大队，属规模调整后的筱村公社。1983 年 2 月王家塘村划属新设的玉溪公社。1984 年 5 月改为徐岙、竹园、王家塘行政村。徐岙、竹园村属筱村乡，王家塘村属玉溪乡，1992 年 5 月均属筱村镇。

2004 年原徐岙、竹园、王家塘 3 村合并，组建为新的徐岙村。

徐岙底 Xú'àodǐ 徐岙村村委会驻地。该地山岙有徐忠训庙，得名“徐岙”，村处山岙里侧，故名。房舍沿山岙呈块状分布，居民 230 户、706 人。该村庄以做红曲著称，畅销县内多地及文成县。徐忠训庙，俗称徐三公庙，奉祀因抗方腊军阵亡的忠训郎徐震。

吴姓上祖吴莱南宋端平二年（1235 年）从柏树底迁此，今多吴姓。

竹园 Zhúyuán 位于村委会驻地北偏西 0.9 千米处。旧时毛竹园较多，故名。房舍山坡呈块状分布，居民 120 户、381 人。

吴姓明中叶从徐岙底分迁于此，今多吴姓。

王家塘 Wángjiātáng 位于村委会驻地西北 2.8 千米处。初有王姓迁此，村中旧有水塘，故名。房舍沿山坡呈块状分布，居民 98 户、312 人。

王姓明中叶从瑞安迁此，今多王姓。

北坑村 Běikēng Cūn

行政村，为民族村。位于筱村镇中部，村委会驻地北坑，在镇人民政府驻地东北 0.7 千米处。以村委会驻地北坑命名。东南至新楼村，西邻枫林村，南接长垟村。面积 4.41 平方千米。居民 347 户、1152 人，其中畲族 508 人。辖 21 个村民小组，有北坑、天分田、金竹湾、桥头厝、林家宅、董家宅、宫下、上章、山后、大宫后、林山斜 11 个自然村。经济以农业、林业为主，毛竹资源尤为丰富。

解放初至 1958 年属筱村乡。1958 年建立北坑生产队，属筱村公社筱村生产大队；1959 年 2 月起属筱村公社筱村管理区；1961 年 9 月起为北坑生产大队，属规模调整的筱村公社；1984 年 5 月改为北坑行政村，属筱村乡，1985 年 5 月认定为民族村，1992 年 5 月属筱村镇。2004 年原属新浦乡的山后自然村并入北坑村。

北坑 Běikēng 北坑村村委会驻地。村前小溪源出北山，得名“北坑”，村以坑名。房舍沿山坡呈块状分布，居民 240 户、800 人，其中畲族 180 人。

雷姓上祖雷茂条清顺治年间自景宁东坑竹埠头迁此。今多黄、林姓，畲族雷姓。

天分田 Tiānfēntián 位于村委会驻地北 1.4 千米处。相传村南古有一丘田，兄弟相争，该田被雷电打出一条直线，分成两份，遂名“天分田”，村以田名。房舍沿山坡呈块状分布，居民 30 户、80 人，均畲族。

雷姓系竹里梅花垟碇步头后裔，清初从金山垅分迁于此；蓝姓从司前下库分迁于此。今多雷姓。

金竹湾 Jīnzhúwān 位于村委会驻地北 2.3 千米处。村旁山塆旧多金竹（又称荆竹、京竹），故名。房舍沿山塆呈块状分布，居民 5 户、20 人。

林姓晚清从长垟村迁此，今多林姓。

桥头厝 Qiáotóucuò 位于村委会驻地东北 0.4 千米处，因处桥边得名。房舍沿溪呈点状分布，居民 13 户、60 人。

夏姓晚清从莒江迁此，今多夏姓。

林家宅 Línjiāzhái 位于村委会驻地东北 0.9 千米处，因林姓于此建宅得名。房舍沿山坡呈点状分布，居民 21 户、80 人。

初居林姓，夏姓清中叶从莒江迁此，今多夏姓。

董家宅 Dǒngjiāzhái 位于村委会驻地东北 1.1 千米处，因原居董姓得名。房舍沿山坡呈点状分布，居民 38 户、143 人，均畲族。

初居董姓，雷姓清中叶从南院迁此，今多雷姓。

宫下 Gōngxià 位于村委会驻地东北 1.2 千米处。村东旧有宫庙，村庄居其下侧，故名。房舍沿山坡呈点状分布，居民 18 户、62 人。

龚姓清中叶从包垟岩上迁此，今多龚姓。

上章 Shàngzhāng 位于村委会驻地东北 1.7 千米处。村处北坑东北山坡上，旧建田庄，“庄”与“章”方言近音，得名“上章”。房舍沿山坡呈点状分布，居民 20 户、70 人。

龚姓清中叶从包垟岩上村迁此，今多龚姓。

山后 Shānhòu 位于村委会驻地东北 1.9 千米处。当地大山之北村庄分为南山后和北山后，该村为南山后，简化为“山后”。房舍沿山坡呈块状分布，居民 50 户、 160 人。中共泰东北领导人林志东曾带兵驻此。

翁姓从翁家山迁此，龚姓从包垟岩上村迁此，今多龚、翁姓。

大宫后 Dàgōnghòu 位于村委会驻地南 0.5 千米处。当地旧有宫庙，村处其后，故名。房舍沿山坡呈块状分布，居民 40 户、105 人，均畲族。

钟、雷、蓝三姓清中叶从南浦吴山迁此，今多钟、雷姓。

林山斜 Línshānxié 位于村委会驻地北偏西 2.1 千米处，因林姓于此斜坡肇基得名。房舍沿山坡呈点状分布，居民 10 户、35 人。

林姓清中叶从东垟迁此，今多黄、林姓。

新楼村 Xīnlóu Cūn

行政村。位于筱村镇南部，村委会驻地新楼，在镇人民政府驻地东南 1.8 千米处。由原新楼村、大场村合并组建，以村委会驻地新楼得名。东至梨垟村，西邻长垟村，西南接东垟村，东北连周新村。面积 6.34 平方千米，居民 330 户、1152 人，其中畲族 128 人。辖 20 个村民小组，有新楼、大场、朝天马、长丘头、横垟、银塘坑、周家山、垟尾 8 个自然村。经济以农业、林业为主，林木、毛竹资源非常丰富，茶叶、果品亦为重要产业。

原新楼、大场 2 村解放初至 1958 年属筱村乡；1958 年分别建立新楼、大场生产队，属筱村公社筱村生产大队；1959 年 2 月起属筱村公社筱村管理区；1961 年 9 月起为新楼、大场生产大队，属规模调整后的筱村公社；1984 年 5 月改为新楼、大场行政村，属筱村乡。

2004 年原新楼、大场 2 村合并组建新的新楼村。

新楼 Xīnlóu 新楼村村委会驻地，因旧宅新建楼房得名。房舍沿山坡呈点状分布，居民 106 户、394 人。

林姓上祖林建五代后晋天福二年（937 年）从福建莆田牙后迁此龙须岩下，今多林姓。

大场 Dàchǎng 位于村委会驻地东北 2.8 千米处，因村旁有块大而平坦场地得名。房舍沿山坡呈点状分布，居民 64 户、236 人。

翁姓明末从翁山分迁于此，今多翁姓。

朝天马 Cháotiānmǎ 位于村委会驻地东 1.1 千米处。地处翁山岭，原以岭名，当地山岩似马仰天长啸，后称“朝天马”。房舍沿山坡呈点状分布，居民 35 户、128 人，均畲族。

蓝姓清前叶从仕阳桥底迁此，雷姓上祖雷玉宝清中叶从景宁县山后村迁此。今多雷、蓝姓。

长丘头 Chángqiūtóu 位于村委会驻地东 1.1 千米处，因处较长田丘之首得名。房舍沿山坡呈点状分布，居民 12 户、45 人。

潘、蔡两姓清中叶从东垟迁此，今多潘、蔡姓。

横垟 Héngyáng 位于村委会驻地东南 0.4 千米处。村前田垟横列，故名。房舍沿山谷呈点状分布，居民 53 户、163 人。

叶姓清中叶从洪口山后分迁此，今多叶姓。

银塘坑 Yíntángkēng 位于村委会驻地东南 0.9 千米处，因村南小溪“银塘坑”得名。房舍沿山坡呈点状分布，居民 9 户、29 人。

林姓清中叶从东垟迁此，今多林姓。

周家山 Zhōujiāshān 位于村委会驻地东南 1.3 千米处，因周姓垦山肇基得名。房舍沿山坡呈块状分布。居民 12 户、34 人。

初居周姓，林姓晚清时从长垟分迁于此。今多林、吴姓。

垟尾 Yángwěi 位于村委会驻地西 0.3 千米处，因处田垟尾侧得名。房舍沿山谷呈块状分布，居民 49 户、229 人。

雷姓清中叶从平阳迁此，今多雷姓。

长垟村 Chángyáng Cūn

行政村。位于筱村镇西南部，村委会驻地长垟，在镇人民政府驻地东南 1 千米处。以村委会驻地长垟得名。东至新楼村，西邻五蒲村，南接东垟村，北连北坑村。面积 2.22 平方千米，居民 291 户、1008 人。辖 13 个村民小组，有长垟、树林脚、瓦窑坪、鲁尾、杨家边、垟头 6 个自然村。经济以农业、林业为主，林木、毛竹资源非常丰富，茶叶、板栗、柑橘亦为重要农产品。

原为长洋村，解放初至 1958 年属筱村乡；1958 年建立长洋生产队，属筱村公社筱村生产大队；1959 年 2 月起属筱村公社筱村管理区；1961 年 9 月起为长洋生产大队，属规模调整后的筱村公社；1984 年 5 月改为长垟行政村，属筱村乡。

长垟 Chángyáng 长垟村村委会驻地。附近沿溪田垟长达数里，村处其旁，故名。房舍沿山谷呈块状分布，居民 39 户、178 人。

林姓上祖林英自泗溪芗岩迁此，今多林姓。

树林脚 Shùlínjiǎo 位于村委会驻地东北 0.2 千米处。古时村庄处于树林边，故名。房舍沿山脚呈块状分布，居民 32 户、108 人。

林姓元初自泗溪迁此，今多林姓。

瓦窑坪 Wǎyáopíng 位于村委会驻地东北 0.6 千米处，因山坪旧建瓦窑得名。房舍沿山坡呈块状分布，居民 22 户、55 人。

曹姓明中叶从瑞安迁此，今多曹姓。

鲁尾 Lǔwěi 位于村委会驻地西北 0.2 千米处。该地溪边多芦苇，“芦苇”与“鲁尾”音似，故名。房舍沿山坡呈块状分布，居民 32 户、102 人。

林姓从东垟迁此，今多林姓。

杨家边 Yángjiābiān 位于村委会驻地西北 0.4 千米处。因杨姓居此小溪岸边得名。房舍沿溪呈点状分布，居民 85 户、322 人。

初居杨姓，林姓北宋前期从新楼分迁于此。今多林姓。

垟头 Yángtóu 位于村委会驻地西北 0.5 千米处。该地沿溪田垟长达数里，村居上侧，故名。房舍沿山坡呈块状分布，居民 45 户、157 人。

林姓北宋前期自泗溪芗岩迁此，今多林姓。

东垟村 Dōngyáng Cūn

行政村。位于筱村镇西南部，村委会驻地东垟，在镇人民政府驻地南 2.1 千米处。以村委会驻地东垟命名。东至泗溪镇，东北至新楼村，南接三魁镇，北连长垟村。面积 12.37 平方千米，居民 739 户、2468 人，其中畲族 124 人。辖 34 个村民小组，有东垟、下村、小岭、小岭头、上村、石柱、坑底、大岗、西村 9 个自然村。经济以农业为主，茶叶为重要产业。

解放初为东洋村，属筱村乡；1952 年属东洋乡，1956 年属筱村乡。1958 年建立东洋生产队，属筱村公社筱村生产大队；1959 年 2 月起属筱村公社筱村管理区；1961 年 9 月起为东洋生产大队，属规模调整后的筱村公社；1984 年 5 月改为东垟行政村，属筱村乡。

东垟 Dōngyáng 东垟村村委会驻地。因处玉溪之东得名“东洋”，后作“东垟”。房舍沿山脚呈块状分布，居民 120 户、412 人，其中畲族 93 人。

林姓上祖林映五代时从筱村新楼分迁于此，今多林姓。

下村 Xiàcūn 位于村委会驻地北 0.2 千米处。村居东垟南面，地势比东垟低，故名。房舍沿山坡呈块状分布，居民 112 户、439 人。

林姓清前叶从东垟分迁于此，今多林姓。

小岭 Xiǎolǐng 位于村委会驻地东南 1.2 千米处。村东之岭名为“小岭”，村以岭名。房舍沿山坡呈点状分布，多数村民已迁往村中心区，今尚有 7 户、31 人，均畲族。

雷姓上祖雷日芳清前叶从仕阳镇迁此，今多雷姓。

小岭头 Xiǎolǐngtóu 位于村委会驻地东南 1.5 千米处，因处小岭上端得名。房舍沿山坡呈块状分布，大多数村民已迁往村中心区，尚有 5 户、19 人。

林姓清中叶从东垟分迁于此，今多林姓。

上村 Shàngcūn 位于村委会驻地南 0.5 千米处。村居东垟南面，地势较东垟为高，故名。房舍沿山坡呈块状分布，居民 165 户、549 人。

林姓清前叶从东垟分迁于此，今多林姓。

石柱 Shízhù 位于村委会驻地南 1.9 千米处。村西南二石屹立如柱，故名。房舍沿山坡呈点状分布，村民大多外迁，今居 13 人。该村庄 1992 年被认定为革命老区村。

林姓明前叶从东垟分迁于此，今多林姓。

坑底 Kēngdǐ 位于村委会驻地西南 0.9 千米处，因处小溪西侧山塆内得名。村民大多外迁，今仅 1 户、5 人。

林姓清中叶从东垟分迁于此，今居林姓。

大岗 Dàgǎng 位于村委会驻地南偏西 2.1 千米处。地处大岗山麓，村以山名。房舍沿山坡呈点状分布，居民 2 户、8 人。

林姓清中叶从东垟分迁于此，今居林姓。

西村 Xīcūn 位于村委会驻地西北 0.3 千米处，因处东垟西面得名。房舍沿山脚呈块状分布，居民 152 户、540 人。

林姓清前叶从东垟分迁于此，今多林姓。

漈头 Jìtóu

片村，位于筱村镇北部，镇人民政府驻地东北约 7.4 千米处。村庄处于库水流经的岩漈上方，得名"漈头"。又因四面群山环抱，11 条小溪汇于谷地，民间说法风水汇成宝库，宋代起又称库村。

该村庄为原新山乡人民政府驻地，库村、新仓 2 村村委会驻此。村处山中谷地，房舍呈长方形块状分布。居民 1166 户、共 3527 人。

库村村 Kùcūn Cūn

行政村。位于筱村镇北部，村委会驻地包宅，在镇人民政府驻地东北 7.4 千米处。由原包宅、吴宅、陈山、蒲垟、黄山 6 行政村和潘山村 3 个村民小组合并组建，以当地片村库村命名。东至双坑村、包坑村，西邻新兴村，西南接新仓村，北连百丈镇。面积 7.48 平方千米，居民 736 户、2187 人，其中畲族 105 人。辖 28 个村民小组，有包宅、吴宅、蒲垟、蒲阳山头、林小、黄山、潘山、木塆山 8 个自然村。经济以农业、林业为主，林木、毛竹资源非常丰富，茶叶、果品亦为重要农产品。

原包宅、蒲垟、黄山、陈山、吴宅村解放初均属莒江乡；1950 年属南浦乡，1952 至 1958 年属新山乡；1958 年分别建立包宅、蒲垟、黄山、陈山、吴宅生产队，属百丈公社新山生产大队；1959 年 2 月起筱村公社新山管理区；1961 年 9 月起为包宅、蒲垟、黄山、陈山、吴宅生产大队，属新建的新山公社。1984 年 5 月改为包宅、蒲垟、黄山、陈山、吴宅行政村，属新山乡。1992 年 5 月属新浦乡。1992 年重新认定革命老区，原陈山、蒲垟、黄山 3 村被认定为革命老区村。

2004年原包宅、吴宅、陈山、蒲垟、黄山6村和潘山村3个村民小组合并组建为库村村。2011年4月撤销新浦乡，并入筱村镇。

包宅 Bāozhái 库村村村委会驻地，系库村片村中片，因包姓肇基得名。房舍沿山脚呈块状分布，居民100户、342人。

包姓上祖包全唐元和七年（812年）从会稽（今绍兴）迁后坪，又转迁至此。今多包姓。

吴宅 Wúzhái 位于村委会驻地东北0.2千米处，系库村片村东片，因吴姓首居建宅得名。房舍沿山脚呈块状分布，居民126户、388人。

吴姓上祖吴畦唐乾宁三年（896年）从会稽（今绍兴）迁后坪，后转迁于此。今多吴姓。

蒲垟 Púyáng 位于村委会驻地东北1.7千米处，因蒲姓肇基得名。房舍沿山脚呈点状分布，居民148户、468人。

初居蒲姓，后有包姓从包宅迁此，今多包姓。

蒲阳山头 Púyángshāntóu 位于村委会驻地东北1.9千米处，因处蒲阳山上方得名。房舍沿山坡呈块状分布，居民31户、112人。

包姓清中叶从包宅迁此，今多包姓。

林小 Línxiǎo 位于村委会驻地东北2千米处。村旁山上有小片树林，故名。房舍沿山脚呈块状分布，居民21户、78人。

吴姓清中叶从吴宅迁此，今多吴姓。

黄山 Huángshān 位于村委会驻地东北2.6千米处，因黄姓肇基得名。房舍沿山坡呈块状分布，居民81户、296人。

初居黄姓，盛姓清中叶从平阳县迁此，畲族蓝姓上祖有蓝有顺清初从平阳闹村迁此。今多蓝姓。

潘山 Pānshān 位于村委会驻地东南1.9千米处，因潘姓肇基得名。房舍沿山坡呈块状分布，居民109户、387人，其中畲族105人。

初居潘姓，梁姓清中叶从平阳县（今文成县境）迁此，今多梁姓。

木塆山 Mùwānshān 位于村委会驻地东南2.3千米处。因傍木塆山，村以山名，又称“木头塆”。房舍沿山脚呈块状分布，居民12户、48人。

梁姓清前叶迁此，今多吴姓。

新仓村 Xīncāng Cūn

行政村。位于筱村镇北部，村委会驻地新仓，在镇人民政府驻地东北6.5千米处。2004年，原新仓行政村、潘垟新村合并组建，以村委会驻地新仓命名。东北至库村村，西南邻坡头村，东南接孙坪村，西北连新兴村。面积3.05平方千米，居民430户、1340人。辖15个村民小组，有新仓、新村2个自然村。经济以农业、林业为主，林木、毛竹资源丰富，茶叶、果品亦为重要产业。

原新仓村解放初属莒江乡，1950年属南浦乡，1952至1958年属新山乡。1958年建新仓生产队，属筱村公社新山大队；1959年2月起属筱村公社新山管理区；1961年9月起为新仓生产大队，属新山公社。1984年改为新仓行政村，属新山乡，1992年5月并入新浦乡。1992年重新认定革命老区，新仓村被认定为革命老区村。

原潘垟新村系1990年潘垟村庄遭山洪冲毁，在新仓村易地重建。

2004年原新仓行政村、潘垟新村合并组建新的新仓村，属新浦乡。2011年4月新浦乡撤销，并入筱村镇。

新仓 Xīncāng 新仓村村委会驻地，系库村片村西南片。该村西南一列小山曲折盘绕，形似谷仓，故名。房舍沿山脚呈块状分布，居民183户、756人。

包姓北宋中期从包宅分迁于此，今多包姓。

新村 Xīncūn 位于村委会驻地西南0.1千米处。1990年8月20日，潘垟村遭受特大洪灾，冲没房屋339间，部分潘垟村民在南浦溪北侧岩漈头附近建村，得名“潘垟新村”，后简化为“新村”。房舍沿山脚呈块状分布，居民89户、321人。

该新村1991年5月建成，今多夏姓。

新兴村 Xīnxīng Cūn

行政村。位于筱村镇北部，村委会驻地库尾，在镇人民政府驻地东北7.2千米处。由原后坪、乌石2行政村合并组建，寓意新村兴旺命名为“新兴”村。东至库村村，西、北邻百丈镇，东南接新仓村。面积2.68平方千米，居民254户、771人。辖11个村民小组，有库尾、乌石、外岗、后坪、岭头、坑底6个自然村。经济以农业、林业为主，林木资源丰富，茶叶、果品亦为重要产业。

原乌石、后坪2村解放初属莒江乡；1950年属南浦乡，1952至1958年属新山乡。1958年分别建立乌石、后坪生产队，属百丈公社新山生产大队；1959年2月起属筱村公社新山管理区；1961年9月起为乌石、后坪生产大队，属新山公社。1984年5月改为乌石、后坪行政村，属新山乡，1992年5月并入新浦乡。1992年重新认定革命老区，原乌石、后坪2村均被认定为革命老区村。

2004年，原乌石、后坪2村合并组建新兴村，属新浦乡。2011年4月新浦乡撤销，并入筱村镇。

库尾 Kùwěi 新兴村村委会驻地。因处库村水尾得名，另一说有涧水自周山、后坪环抱而出，人称“库水”，村居“库水”下游末端，故名。房舍沿山脚呈块状分布，居民30户、150人。

夏姓明末清初从莒江迁此，今多夏姓。

乌石 Wūshí 位于村委会驻地西北0.5千米处。村庄中建夏氏祠堂时挖出一块乌黑巨石，故名。房舍沿山坡呈点状分布，居民101户、421人。

夏姓明末从莒江分迁于此，今多夏姓。

外岗 Wàigǎng 位于村委会驻地西北1.0千米处。村处后坪村庄东面外侧岗头，故名。房舍沿山坡呈块状分布，居民30户、90人。

夏姓清前叶从莒江迁此，今多夏姓。

后坪 Hòupíng 位于村委会驻地西北1.2千米处。因处大草坪后侧得名，另有小聚落“后坪厝”。房舍沿山脚呈块状分布，居民30户、90人。

夏姓清初从莒江迁此，今多夏姓。

岭头 Lǐngtóu 位于村委会驻地西1.4千米处。村处莒江村头到库村漈头山岭（俗称漈头岭、村头岭）上端，故名。房舍沿山坡呈点状分布，居民28户、85人。

夏姓清中叶从莒江迁此，今多夏姓。

坑底 Kēngdǐ 位于村委会驻地西北1.4千米处，因处小溪西北里侧得名。房舍沿山脚呈块状分布，居民30户、95人。

夏姓清中叶从莒江迁此，今多夏姓。

双坑村 Shuāngkēng Cūn

行政村。位于筱村镇东北部，村委会驻地桥头溪，在镇人民政府驻地东北7.6千米处。由原桥头溪、白牛坑2行政村合并组建，以白牛坑、桥头溪两坑命名“双坑”。东南邻包坑村，南至南峤村，西北接库村村。面积2.94平方千米，居民278户、868人。辖14个村民小组，有桥头溪、乌尖下、白牛坑、岩门、山寮、上水蛤蟆6个自然村。经济以农业、林业为主，林木、毛竹资源丰富，茶叶、果品亦为重要产业。

原桥头溪、白牛坑2村解放初属莒江乡；1950年属南浦乡，1952年属双坑乡，1956年属新山乡。1958年建立桥头溪、白牛坑生产队，属百丈公社新山生产大队；1959年2月属筱村公社新山管理区；1961年9月起为桥头溪、白牛坑生产大队，属新山公社。1984年5月改为桥头溪、白牛坑行政村，属新山乡，1992年5月并入新浦乡。1992年重新认定革命老区，原白牛村被认定为革命老区村。

2004年原桥头溪、白牛坑2村合并组建双坑村，属新浦乡。2011年4月新浦乡撤销，并入筱村镇。

桥头溪 Qiáotóuxī 双坑村村委会驻地。村南桥下之溪名“桥头溪”，村以溪名。房舍沿溪呈点状分布，居民 70 户、320 人。

陈姓明中叶从平阳县迁此。今多陈、鲍姓。

乌尖下 Wūjiānxià 位于村委会驻地北 0.4 千米处，因处乌尖山脚得名。房舍沿山脚呈点状分布，居民 45 户、132 人。

包姓清中叶从包宅迁此，今多陈姓。

白牛坑 Báiniúkēng 位于村委会驻地南 0.6 千米处。传说吴姓肇基时养有一头白花牛，其子在小溪边放牛遇虎吓昏，牛奋力驱虎，以角负孩回家。小孩之父误为子为牛触，怒而杀牛。其子苏醒后才明原委，以礼葬牛。小溪得名“白牛坑”，村以坑名。房舍沿小溪呈点状分布，居民 120 户、354 人。

吴姓清中叶从吴宅迁此，今多吴姓。

岩门 Yánmén 位于村委会驻地东南 0.8 千米处。村前岩壁似门，故名。房舍沿山脚呈块状分布，居民 28 户、87 人。

吴姓清中叶从吴宅迁此，今多吴姓。

山寮 Shānliáo 位于村委会驻地东南 1.1 千米处。村庄初为三座草屋，“三”“山”音似，故名。房舍沿山坡呈点状分布，居民 35 户、104 人。

白姓清中叶从平阳县迁此，今多白姓。

上水蛤蟆 Shàngshuǐhámá 位于村委会驻地西 0.5 千米处。村庄东南下侧溪滩中心有一石，酷似蛤蟆上游，故名。房舍沿桥头溪呈块状分布，居民 35 户、121 人。

吴姓清中叶从吴宅迁此，今多吴、翁姓。

箬垟村 Ruòyáng Cūn

行政村。位于筱村镇东北部，村委会驻地箬垟，在镇人民政府驻地东北 10.3 千米处。由原箬垟、山后坑、银坑、黄山背、石柱 5 村合并组建，以村委会驻地箬垟命名。东至文成县松源村，西邻包坑村，南接培坑村，北连朝头垟村。面积 8.77 平方千米，居民 588 户、1802 人。辖 39 个村民小组，有箬垟、对面、垟尾、打石坑、银坑、黄山背、包塆、山后坑、西垄 9 个自然村。经济以农业为主，茶叶亦为重要产业。

原箬垟、山后坑、银坑、黄山背、石柱 5 村解放初均属白云乡，1950 至 1958 年属联云乡。1958 年分别建立箬垟、山后坑、银坑、黄山背、石柱生产队，属筱村公社联云生产大队；1959 年 2 月属筱村公社联云管理区；1961 年 9 月起为箬垟、山后坑、银坑、黄山背、石柱生产大队，属新析建的联云公社。

1984年5月分别改为箬垟、山后坑、银坑、石柱行政村，后又析建黄山背行政村，均属联云乡。

1987年原箬垟村被认定为第二次国内革命战争时期革命老根据地村。1992年重新认定革命老区，原箬垟、山后坑、银坑、黄山背、石柱5村均被认定为革命老区村。

2004年原箬垟、山后坑、银坑、黄山背、石柱5村合并，组建为新的箬垟村，属联云乡。2011年4月联云乡撤销，并入筱村镇。

箬垟 Ruòyáng 箬垟村村委会驻地。原名“桂阳”，宋代即为毛姓族居地，与相邻的毛山（今属文成县）一带泛称“毛家山”。该地之山垄多白箬，辟成田垟后得名“箬垟”。房舍沿小溪南北呈带状分布，溪南居多；居民205户、705人。

毛姓上祖毛伯孅宋代从毛山（今属文成）迁此，今多毛姓。

对面 Duìmiàn 位于村委会驻地东南1.5千米处。旧时仅一座瓦房，得名“瓦厝”。后因与石柱村庄相对，改称“对面”。房舍沿山岙呈点状分布，居民12户、49人。

毛姓清前叶从箬垟分迁于此，今多毛姓。

垟尾 Yángwěi 位于村委会驻地东南2千米处，因处陈司垟溪流下游得名。房舍沿公路两边呈带状分布，居民8户、33人。

毛姓清中叶从箬垟分迁于此，今多毛姓。

打石坑 Dǎshíkēng 位于村委会驻地西南0.7千米处。先民采石形成大坑，故名。房舍沿山坡呈带状分布，居民52户、154人。

毛姓清中叶从箬垟分迁于此，今多毛姓。

银坑 Yínkēng 位于村委会驻地西南1.1千米处。唐宋时有人在此小溪边开采银矿，小溪得名“银坑”，村以坑名，银矿遗址犹在。房舍沿山坡呈点状分布，居民100户、319人。

毛姓从箬垟分迁于此，今多毛姓。

黄山背 Huángshānbèi 位于村委会驻地西南1.6千米处，因处黄山背面得名。房舍沿山坡呈点状分布，居民56户、170人。

毛姓清中叶从箬垟分迁于此，今多毛姓。

包塆 Bāowān 位于村委会驻地西北0.4千米处。因处包坑岭山塆得名。房舍沿山塆东西两侧山脚呈点状分布，居民32户、120人。

蔡姓上祖蔡享树晚清从瑞安县五十五都李井蔡宅（今属文成县）迁此，今多蔡姓。

山后坑 Shānhòukēng 位于村委会驻地西北1.4千米处，因该地小溪“山后坑”得名。房舍沿山岙呈块状分布，居民119户、480人。

夏姓清中叶从莒江下村迁此，今多夏姓。

西垄 Xīlǒng 位于村委会驻地西北 1.6 千米处，因处小溪之西得名。房舍沿溪流呈块状分布，居民 5 户、12 人。

毛姓清中叶从箬垟分迁于此，今多毛姓。

新源村 Xīnyuán Cūn

行政村。位于筱村镇东北部，村委会驻地新畲，在镇人民政府驻地东北 10.4 千米处。由原吴源、新畲 2 行政村合并组建，取新畲、吴源首尾二字命名。东南至朝头垟村，南接包坑垟，北连百丈镇涂坑村。面积 3.37 平方千米，居民 290 户、826 人。辖 12 个村民小组，有新畲、吴源底 2 个自然村。经济以农业为主，茶叶为重要农产品。

原新畲、吴源 2 村解放初属白云乡，1950—1958 年属联云乡。1958 年分别建立新畲、吴源生产队，属筱村公社联云生产大队；1959 年 2 月属筱村公社联云管理区；1961 年 9 月起为新畲、吴源生产大队，属联云公社。1984 年 5 月改为新畲、吴源行政村，属联云乡。1992 年重新认定革命老区，原新畲、吴源 2 村均被认定为革命老区村。

2004 年新畲、吴源村合并组建为新源村，属联云乡。2011 年 4 月联云乡撤销，并入筱村镇。

新畲 Xīnshē 新源村村委会驻地。系当地较晚开垦之田，故名。房舍沿小溪两侧呈带状分布，居民 152 户、417 人。

吴姓清同治五年（1866 年）从新山吴宅迁此，今多吴姓。

吴源底 Wúyuándǐ 位于村委会驻地西北 0.8 千米处，因处吴源山塆里侧得名。房舍沿山塆呈带状分布，居民 42 户、154 人。

包姓清中叶从三阳都浦山垟（今属文成县）迁此，今多包姓。

朝头垟村 Chāotóuyáng Cūn

行政村。位于筱村镇东北部，村委会驻地朝头垟，在镇人民政府驻地东北 10.6 千米处。以村委会驻地朝头垟命名。东至文成县雅坪村，西北邻新源村，西南接包坑村，东北连百丈镇涂坑村。面积 3.40 平方千米，居民 252 户、793 人。辖 16 个村民小组，有朝头垟、墩头、厝基底、下垟、坳头、横路、地塘山 7 个自然村。经济以农业为主，茶叶、油茶籽亦为重要农产品。

朝头阳村解放初属白云乡，1950—1958 年属联云乡。1958 年建立朝头阳生产队，属筱村公社联云生产大队；1959 年 2 月属筱村公社联云管理区；1961 年 9 月起为朝头阳生产大队，属联云公社。1984 年 5

月改为朝头阳行政村，属联云乡。2011 年 4 月撤销联云乡，随乡并入筱村镇。

朝头垟 Cháotóuyáng 朝头垟村村委会驻地。因村南之山形若丹凤朝阳得名“朝头阳”，后写为“朝头垟”。房舍沿小溪两岸呈块状分布，居民 102 户、429 人。

毛姓清初从箬垟分迁此，今多毛姓。

墩头 Dūntóu 位于村委会驻地北 0.4 千米处，因处岗墩上侧得名。房舍沿山岗背呈块状分布，居民 19 户、62 人。

毛姓清中叶从箬垟分迁于此，今多毛姓。

厝基底 Cuòjīdǐ 位于朝头垟村委会驻地东北 0.9 千米处，因处祖屋地基里侧得名。房舍沿山坡呈点状分布，居民 18 户、63 人。

夏姓从莒江下村分迁于此，今多夏姓。

下垟 Xiàyáng 位于村委会驻地东北 1.2 千米处。村庄地势较低，故名。房舍沿小溪两侧呈点状分布，居民 45 户、128 人。

毛姓清初从箬垟分迁于此，今多毛姓。

坳头 Àotóu 位于村委会驻地东南 0.2 千米处。因处朝头垟东面山坳，得名“朝头垟坳”，后简化为“坳头”。房舍沿山坳呈点状分布，居民 30 户、96 人。

毛姓清中叶从箬垟分迁于此，今多毛姓。

横路 Hénglù 位于村委会驻地东南 1 千米处，因石径横穿村中得名。房舍沿山坡呈点状分布，居民 17 户、43 人。

林姓清中叶从平阳县迁此，今多林姓。

地塘山 Dìtángshān 位于村委会驻地西北 1.6 千米处，因当地的“地塘山”得名。房舍沿山坡呈点状分布，居民 19 户、76 人。

毛姓从箬垟分迁此，今多毛姓。

包坑村 Bāokēng Cūn

行政村。位于筱村镇东北部，村委会驻地包坑，在镇人民政府驻地东北 8.5 千米处。以村委会驻地包坑命名。东至箬垟村，西南邻双坑村，东北连朝头垟村。面积 1.71 平方千米，居民 193 户、607 人。辖 11 个村民小组，有包坑、焦山岗、桥头 3 个自然村。经济以农业为主，茶叶亦为重要产业。

包坑村解放初属白云乡；1950 年属联云乡；1952 年属双坑乡；1956 年属联云乡。1958 建立包坑生产队，属筱村公社联云生产大队；1959 年 2 月属筱村公社联云管理区；1961 年 9 月起为包坑生产大队，属联云公社。1984 年 5 月改为包坑行政村，属联云乡。2011 年 4 月联云乡撤销，并入筱村镇。

包坑 Bāokēng 包坑村村委会驻地。该地小溪边包姓聚居，得名“包坑”，村以坑名。房舍沿包坑北岸呈块状分布，居民 148 户、390 人。

初居包姓，系后唐包全后裔；翁信偏祖籍福建泉州，清乾隆六十年（1795 年）偕弟从平阳县西坪迁此。今多包姓。

焦山岗 Jiāoshāngǎng 位于村委会驻地北 0.7 千米处。村庄朝东，地处高岗，朝阳普照，得名“照山岗”，后以音转为“焦山岗”。房舍沿山坳呈块状分布，居民 17 户、51 人。

林姓清中叶从平阳县水头迁此，今多林姓。

桥头 Qiáotóu 位于村委会驻地西北 0.2 千米处，因处石板桥旁得名。房舍沿状元坑两侧呈块状分布，居民 37 户、104 人。

包姓从包坑村分迁于此，今多林姓。

培坑村 Péikēng Cūn

行政村。位于筱村镇东北部，村委会驻地大岭头，在镇人民政府驻地东北 10.2 千米处。由原岩培、山碓坑 2 村合并组建，从两村名中各取一字命名为培坑村。东至文成县，西南邻龙前村，南接新厂村，北连箬垟村。面积 4.55 平方千米，居民 293 户、1001 人。辖 15 个村民小组，有大岭头、后垄头、长岗、回龙塆、下段、上段、山碓坑、瓦厂、牛栏坳、长口岗、小岭头、大岗头、高山 13 个自然村。经济以农业为主，茶叶亦为重要产业。

原岩培、山碓坑村解放初属白云乡，1950 年至 1958 年属联云乡。1958 年分别建立岩培、山碓坑生产队，属筱村公社联云生产大队；1959 年 2 月起属筱村公社联云管理区；1961 年 9 月起为岩培、山碓坑生产大队，属联云公社。1984 年 5 月改为岩培、山碓坑行政村，属联云乡。1992 年重新认定革命老区，原岩培、山碓坑 2 村均被认定为革命老区村。

2004 年原岩培、山碓坑 2 村合并组建培坑村，属联云乡。2011 年 4 月联云乡撤销，并入筱村镇。

大岭头 Dàlǐngtóu 培坑村村委会驻地。从箬垟到该地有长达 2.5 千米陡峭的大岭，村居大山岭上方，故名，包括小聚落“枫树坳”。房舍沿山岙呈点状分布，居民 21 户、77 人。

毛姓清中叶从箬垟分迁于此，今多毛姓。

后垄头 Hòulǒngtóu 位于村委会驻地西 0.3 千米处。村处两座大山衔接处田垄之后，故称。房舍沿山坡呈点状分布，居民 10 户、43 人。

杨姓清中叶迁此，今多杨姓。

长岗 Chánggǎng 位于村委会驻地东北 0.5 千米处。文成千秋坑有支山岗一直延伸至该地，山名“长岗”，村以岗名。房舍沿山坡呈点状分布，居民 17 户、63 人。

毛姓清中叶从箬垟分迁于此，今多毛姓。

回龙垮 Huílóngwān 位于村委会驻地东南 1.4 千米处。该地山垮迂回曲折，形若回龙，故名。房舍沿山垮呈点状分布，居民 13 户、39 人。

毛姓清中叶从山碓坑分迁于此，今多毛姓。

下段 Xiàduàn 位于村委会驻地东南 1.6 千米处，因处“上段”村庄之下得名。房舍沿山坡呈点状分布。居民 3 户、8 人。今多毛姓。

上段 Shàngduàn 位于村委会驻地东偏南 1.4 千米处，因处高山上侧得名。房舍沿山坡呈点状分布，居民 18 户、72 人。

毛姓清中叶从山碓坑分迁于此，今多毛姓。

山碓坑 Shānduìkēng 位于村委会驻地东南 1.8 千米处。该地笔架山下小溪旧有水碓，得名“山碓坑”，山因坑名，与附近榅树底、夏龙坑自然村已联为一体。房舍沿溪呈块状分布，居民 28 户、107 人。村口小石拱桥东西横跨，村有百年古枫 3 棵。

毛姓清康熙三十年（1691 年）从箬垟分迁于此，今多毛姓。

瓦厂 Wǎchǎng 位于村委会驻地东南 2.0 千米处，因旧有制瓦场得名。房舍沿山坡呈点状分布，居民 2 户、5 人。

牛栏坳 Niúlán'ào 位于村委会驻地西南 0.4 千米处，因村东山坳建牛栏得名。房舍沿山坳呈条形分布，居民 11 户、43 人。

毛姓清中叶从箬垟分迁于此，今多毛姓。

长口岗 Chángkǒugǎng 位于村委会驻地西南 0.9 千米处。附近小溪狭长，出口处之山称“长口岗”，村以岗名。房舍沿山坳呈点状分布，居民 10 户、33 人。

毛姓清中叶从箬垟分迁于此，今多毛姓。

小岭头 Xiǎolǐngtóu 位于培坑村委会驻地西北 0.6 千米处。从大岭头到此有条小岭（单条枫树岭，又名箬垟岭），村居岭头，故名。房舍沿山坡呈点状分布，居民 8 户、27 人。

毛姓清中叶从箬垟分迁于此，今多毛姓。

大岗头 Dàgǎngtóu 位于村委会驻地西北 0.7 千米处。该地山脊甚长，得名“大岗”，又名“长岗子”。村居岗头，故名。房舍沿山坡呈点状分布，居民 23 户、96 人。

王姓清中叶从今文成县境迁此，今多王姓。

高山 Gāoshān 位于村委会驻地西北 0.9 千米处，因处高山顶部得名。房舍沿山坡呈点状分布，居民 8 户、36 人。

周姓清中叶从林岸村（今属文成县）迁此，今多周姓。

南峤村 Nánqiáo Cūn

行政村。位于筱村镇东北部，村委会驻地南峤底，在镇人民政府驻地东北 6.2 千米处。2004 年由原南峤底、南峤外 2 村和潘山村两个村民小组合并组建，以当地高峰南峤峰命名。东至龙前村，西邻孙坪村，北连双坑村。面积 4.67 平方千米，居民 348 户、1019 人，其中畲族 93 人。辖 15 个村民小组，有南峤底、南峤外、对面山、垟山 4 个自然村。经济以农业、林业为主，林木、毛竹资源丰富，木竹、茶叶、板栗为重要产业，南峤外板栗为泰顺名产。

原南峤底、南峤外 2 村解放初属莒江乡；1950 年属南浦乡；1952 年属朱岙乡，1956 年属南浦乡。1958 年合建为南峤生产队，属百丈公社南浦大队；1959 年 2 月起属筱村公社南浦管理区；1961 年 9 月分为南内、南外生产大队，属新析建的南浦公社；1981 年 10 月改称南峤底、南峤生产大队，1983 年南峤大队改名南峤外大队。1984 年 5 月分别改为南峤底、南峤外行政村，属南浦乡。1992 年 5 月并入新浦乡。

1992 年重新认定革命老区，原南峤底、南峤外 2 村均被认定为革命老区村。

2004 年原南峤底、南峤外 2 村和潘山村两个村民小组合并，组建南峤村。2011 年 4 月新浦乡撤销，并入筱村镇。

南峤底 Nánqiáodǐ 南峤村村委会驻地，因处南峤山塆里侧得名。房舍沿山塆呈块状分布，居民 153 户、487 人，其中畲族 45 人。

包姓北宋初从包宅分迁此，雷姓清道光年间从富岙乡驮岙村（今属文成县）迁此。今多包姓，畲族雷姓。

南峤外 Nánqiáowài 位于村委会驻地西 0.7 千米处，因处南峤山湾外侧得名。房舍沿南浦溪呈点状分布，居民 102 户、326 人。

吴姓南宋初从吴宅分迁此，今多包姓。

对面山 Duìmiànshān 位于村委会驻地西北 0.8 千米处，因处垟山村庄对面山坡得名。房舍沿山坡呈点状分布，居民 32 户、124 人。

雷姓清前叶从南峤底分迁于此，今多雷姓。

垟山 Yángshān 位于村委会驻地西北 1.1 千米处，因处田边山旁得名。房舍沿山脚呈点状分布，居民 54 户、189 人，其中畲族 93 人。

林姓较早居此，雷姓上祖雷成松清道光年间从驮岙村（今属文成）迁此。今多林姓，畲族雷姓。

龙前村 Lóngqián Cūn

行政村。位于筱村镇东北部，村委会驻地龙前，在镇人民政府驻地东北 7.6 千米处。由原龙前、大岗、周山 3 行政村合并组建，以村委会驻地龙前命名。东至新厂村，西邻南峤村，东南接坑底村，东北连培坑村。面积 3.81 平方千米，居民 276 户、638 人，其中畲族 123 人，余为汉族。辖 16 个村民小组，有龙前、上大、大塆、红沙岗、田寮、棉花坪、大岗、塆斗、黄坭岗、周山、大窟、马了岗 12 个自然村。经济以农业、林业为主，林木、毛竹资源丰富，亦产茶叶。

原龙前、大岗、周山 3 村解放初均属白云乡，1950 年属联云乡。1952 年属潈源乡；1956 年起属南浦乡。1958 年分别建立龙前、大岗、周山生产队，属百丈公社南浦大队；1959 年 2 月属筱村公社南浦管理区；1961 年 9 月起为龙前、大岗、周山生产大队，属南浦公社。1984 年 5 月改为龙前、大岗、周山行政村，属南浦乡。1992 年 5 月属新浦乡。

1992 年重新认定革命老区，原龙前、大岗村被认定为革命老区村。

2004 年原龙前、大岗、周山 3 村合并，组建为新的龙前村，属新浦乡。2011 年 4 月新浦乡撤销，并入筱村镇。

龙前 Lóngqián 龙前村村委会驻地。附近西垟山最高处海拔 922.3 米，如游龙起伏，村处南面山腰，故名。房舍沿山腰呈点状分布，居民 102 户、416 人，其中畲族 63 人。

陈姓清中叶从凤垟半路迁此。今多陈姓，畲族雷姓。

上大 Shàngdà 位于村委会驻地东北 0.1 千米处，因处山坡上方大坪得名。房舍沿山坳呈块状分布，居民 13 户、72 人，其中畲族 12 人。

钱姓从罗阳南院下棠坪迁此，雷姓从平阳县迁此。今多钱姓，畲族多雷姓。

大塆 Dàwān 位于龙前村委会驻地龙前东北 0.5 千米处，因处大山塆得名。房舍沿山塆呈块状分布，居民 13 户、48 人，均畲族。

雷姓清末民初从平阳县小坑村迁此，今多雷姓。

红沙岗 Hóngshāgǎng 位于村委会驻地东北 0.9 千米处。该村山岗上多红沙，得名“红沙岗”，村以岗名。房舍沿山坡呈块状分布，居民 7 户、32 人。

钱姓清中叶从罗阳南院下棠坪迁此，今多钱姓。

田寮 Tiánliáo 位于村委会驻地东 0.3 千米处，因钱姓肇基时搭草屋垦田得名。房舍沿山脚呈块状分布，居民 11 户、55 人。

钱姓清中叶从南院下棠坪迁此，今多钱姓。

棉花坪 Miánhuāpíng 位于村委会驻地东 0.8 千米处。村庄山坪旧时年年种棉花。故名房舍沿山脚呈块状分布，居民 9 户、45 人。

黄姓晚清从文成县迁此，今多黄姓。

大岗 Dàgǎng 位于村委会驻地东南 0.6 千米处，因处一座大山岗山梁得名。房舍沿山坡呈点状分布，居民 85 户、396 人。

董姓清中叶迁此，今多董姓。

塆斗 Wāndǒu 位于村委会驻地东南 1.5 千米处，因处山之塆兜得名。房舍沿山塆呈点状分布，居民 5 户、22 人。

董姓清中叶迁此，今多董姓。

黄坭岗 Huángnígǎng 位于村委会驻地东南 1.8 千米处。村旁山岗多黄坭，得名“黄坭岗”，村以岗名。房舍沿山岗呈点状分布，居民 9 户、40 人。

刘姓清中叶从瑞安县五十四都（今文成县巨屿镇一带）迁此。今多刘姓。

周山 Zhōushān 位于村委会驻地西南 1.1 千米处，因周姓垦山肇基得名。房舍沿山坡呈点状分布，居民 29 户、136 人。

初居周姓，夏姓清中叶从乌石分迁于此。今多周姓。

大窟 Dàkū 位于村委会驻地西南 0.5 千米处，因该地山岗边有一大洞得名。房舍沿山坳呈块状分布，居民 24 户、98 人。

夏姓从文成县巨屿镇秧地边附近福州岭分迁于此，今多夏姓。

马了岗 Mǎliǎogǎng 位于村委会驻地西南 0.6 千米处。因村旁山岗形似马尾得名“马尾岗”，后讹传为“马了岗”。房舍沿山坡呈点状分布，居民 14 户、52 人。

夏姓清中叶从莒江迁此，今多夏姓。

新厂村 Xīnchǎng Cūn

行政村。位于筱村镇东北部，村委会驻地新厂，在镇人民政府驻地东北 10 千米处。以村委会驻地新厂命名。东南至山峡村，西邻龙前村，西北连培坑村。面积 2.25 平方千米，居民 145 户、451 人。辖 8 个村民小组，有新厂、重谷漈、风当山、宫上、宫外 5 个自然村。经济以农业、林业为主，亦产茶叶。

新厂村解放初属白云乡，1950 年属联云乡，1952 年属漈源乡；1956 年属南浦乡。1958 年建立新厂生产队，属百丈公社南浦生产大队；1959 年 2 月属筱村公社南浦管理区；1961 年 9 月起为新厂生产大队，属南浦公社。1984 年 5 月改为新厂行政村，属南浦乡，1992 年 5 月属新浦乡。2011 年 4 月撤销新浦乡，并入筱村镇。

1992 年重新认定革命老区，新厂村被认定为革命老区村。

新厂 Xīnchǎng 新厂村村委会驻地。先民肇基时仅有长方形茅棚一座，得名“长厂”。建瓦屋后改名“新厂”。房舍沿南浦溪呈条状分布，常住居民 103 人。

钱姓清中叶迁此，今多钱姓。

重谷漈 Zhònggǔjì 位于村委会驻地东南 0.3 千米处。村处山谷，多小瀑布，故称。房舍沿山谷呈块状分布，常住居民 22 人。

钱姓清中叶从南院棠坪分迁于此，今多钱姓。

风当山 Fēngdāngshān 位于村委会驻地东南 1.1 千米处。村后山墩有棵大枫树，以“枫”、“墩”之音得名“风当山”，村以山名。房舍沿山坡呈点状分布，常住居民 114 人。村后山墩上枫树树龄约 300 年。

夏姓清中叶从文成迁此。今多夏、蔡姓。

宫上 Gōngshàng 位于村委会西北 0.4 千米处，因处黄九公宫庙上侧得名。房舍沿山坡呈块状分布，居民 2 户、10 人。

宫外 Gōngwài 位于村委会西北 0.9 千米处，因处黄九公宫庙外侧得名。房舍沿山坡呈点状分布，居民 10 户、49 人。

颜姓清中叶从平阳县迁此，今多颜姓。

孙坪村 Sūnpíng Cūn

行政村。位于筱村镇东北部，村委会驻地朱岙，在镇人民政府驻地东北 4.6 千米处。由原朱岙、茶园、吴山 3 村合并组建，从该地村庄孙山、背坪名称中各取一字命名。东至南峤村，东南接周新村，西北连坡头村。面积 4.60 平方千米，居民 278 户、873 人。辖 15 个村民小组，有朱岙、库岭脚、孙山、木垮、单田、陈家烂、茶园、吴山、背坪 9 个自然村。经济以农业、林业为主，林木、毛竹资源丰富，亦产茶叶、水果。

原朱岙、茶园、吴山 3 村解放初属莒江乡，1950 年属南浦乡，1952 年属朱岙乡；1956 年属南浦乡。1958 年分别建立孙坪、茶园、吴山生产队，属筱村公社南浦生产大队；1959 年 2 月属筱村公社南浦管理区；1961 年 9 月起生产队改生产大队，孙坪生产大队更名为朱岙生产大队，其余两大队沿用原名，均属南浦公社。1984 年 5 月改为朱岙、茶园、吴山行政村，属南浦乡。1992 年 5 月南浦乡撤销，属新浦乡。

2004年，原朱岙、茶园、吴山3村合并组建为孙坪村，属新浦乡。2011年4月新浦乡撤销，并入筱村镇。

朱岙 Zhū'ào 孙坪村村委会驻地。地处山岙，初居朱姓，故名。房舍沿山岙溪流边呈点状分布，居民31户、107人。

朱姓北宋末从珊溪坑头村（今属文成县）迁此，今多翁、吴姓。

库岭脚 Kùlǐngjiǎo 位于村委会驻地北1.2千米处。因处“苦岭”之下，原名“苦岭脚”，以音雅化为“库岭脚”。房舍沿山脚呈点状分布，居民10户、43人。

吴姓元末从吴宅分迁于此，今多林姓。

孙山 Sūnshān 位于村委会驻地北偏东0.9千米处，因古居孙姓得名。房舍沿山坡呈块状分布，居民26户、89人。

孙姓较早居此，林姓清中叶从平阳县迁此，今多林姓。

木塆 Mùwān 位于村委会驻地北偏东2.0千米处。该地山塆古时茅草丛生，得名“茅塆”，又作“蒙塆”，后以音改为“木塆”。房舍沿南浦溪谷呈带状分布，居民114户、452人。

吴姓南宋初从吴宅分迁于此，今多翁姓。

单田 Dāntián 位于村委会驻地东北0.7千米处。村前仅有一丘田，故名。房舍沿南浦呈点状分布，居民26户、88人。

翁姓清中叶从翁山分迁于此，今多翁姓。

陈家烂 Chénjiālàn 位于村委会驻地东南0.4千米处。陈姓肇基伐木，发现有谷烂于林中，得名“陈谷烂”，后以音转为“陈家烂”。房舍沿山坡呈块状分布，居民36户、153人。

陈姓清末从吴山分迁于此，今多陈姓。

茶园 Cháyuán 位于村委会驻地东南2.2千米处。昔时村东均为油茶和茶园，故名。房舍沿山坡呈点状分布，居民52户、165人。

翁姓清中叶从翁山分迁于此，今多翁姓。

吴山 Wúshān 位于村委会驻地西北0.6千米处。原名“莲花山”，又名“花山”，吴姓居此后改名“吴山”。房舍沿山坡呈点状分布，居民96户、302人。

初居吴姓，陈姓清中叶从平阳县迁此，今多陈姓。

背坪 Bèipíng 位于村委会驻地北偏西0.9千米处。该地之坪系泥沙培积，以音得名“背坪”。房舍沿南浦溪呈块状分布，居民31户、187人。

夏姓从莒江分迁于此，今多夏姓。

周新村 Zhōuxīn Cūn

行政村。位于筱村镇东部，村委会驻地圆潭，在镇人民政府驻地东北 4.3 千米处。由原周坑、新田 2 村合并组建，取两村名首字命名为“周新”。东至坑底村，西南接新楼村，西北连孙坪村 。面积 4.66 平方千米，居民 343 户、936 人，少数民族为畲族。辖 18 个村民小组，有圆潭、溪坪底、新田、山玉坡、塆丘面、香菇厂、三分田、半山寮、大半山、周坑、横路下、古洞坑、黄家垟、夏家垟、岗头、半岭、梅树坑、连山、坟脚、外岗 20 个自然村。经济以农业、林业为主，林木、毛竹资源丰富，亦产茶叶、水果。

原周坑、新田 2 村解放初属莒江乡；1950 年 7 月属南浦乡；1952 年 3 月属朱岙乡；1956 年 3 月属南浦乡。1958 年分别建立周坑、新田生产队，属筱村公社南浦大队；1959 年 2 月属筱村公社南浦管理区；1961 年 9 月改为周坑、新田生产大队，属南浦公社。1984 年 5 月改为周坑、新田行政村，属南浦乡。1992 年 5 月并为新浦乡。

1992 年重新认定革命老区，原周坑、新田 2 村均被认定为革命老区村。

2004 年原周坑、新田两村合并组建周新村。2011 年 4 月新浦乡撤销，并入筱村镇。

圆潭 Yuántán 周新村村委会驻地，因村东小溪有圆形水潭得名。房舍沿涧谷呈带状分布。居民 16 户、58 人。

李姓清中叶从今文成境迁此，今多李姓。

溪坪底 Xīpíngdǐ 位于村委会驻地东南 1.2 千米处，因处小溪里侧山坪得名。房舍沿山坡呈块状分布，居民 5 户、40 人。

翁姓从翁家山分迁于此，今多翁、苏姓。

新田 Xīntián 位于村委会驻地东南 0.9 千米处。明末清初翁姓迁此荒山新垦水田，故名。房舍沿山谷呈点状分布，居民 104 户、355 人。

翁姓明末清初从翁家山分迁于此，郑姓晚清从今文成县境迁此，今多翁姓。

山玉坡 Shānyùpō 位于村委会驻地东南 0.9 千米处。村旁山岩光洁似玉，故名。房舍沿山坡呈块状分布，居民 10 户、60 人。今多郑、王姓。

塆丘面 Wānqiūmiàn 位于村委会驻地东南 1.1 千米处，因处塆丘上侧得名。房舍沿山塆呈块状分布，居民 5 户、28 人。今多游姓。

香菇厂 Xiānggūchǎng 位于村委会驻地东南 1.3 千米处。先民在该地林中搭棚种菇，故名。房舍沿山坡呈点状分布，居民 19 户、45 人。

游姓清中叶从福建汀州迁此，今多游姓。

三分田 Sānfēntián 位于村委会驻地东南 1.4 千米处。村庄最大田丘面积三分，故称。房舍沿山坡呈块状分布，居民 10 户、34 人。今多林、游姓。

半山寮 Bànshānliáo 位于村委会驻地东南 1.8 千米处，张姓肇基时居于半山腰草屋，故名。房舍沿山坡呈点状分布，居民 14 户、45 人。

张姓清中叶从福建汀州迁此，今多张姓。

大半山 Dàbànshān 位于村委会驻地东南 1.9 千米处，因处大山的半山腰得名。房舍沿山腰呈块状分布，居民 4 户、12 人。

翁姓从翁家山分迁于此，今居翁、林、周姓。

周坑 Zhōukēng 位于村委会驻地南.0.5 千米处。当地有九条小溪涧，“九”与“周”方言音近，故名。房舍沿山坡呈阶梯状分布，居民 102 户、414 人，其中畲族 45 人。

叶姓南宋初从景宁县迁此。今多叶姓，畲族蓝姓。

横路下 Hénglùxià 位于村委会驻地南 1.1 千米处。通往筱村之路横贯村庄上侧，故名。房舍沿山坡呈阶梯状分布，居民 32 户、95 人。

包姓清中叶从南峤外迁此，今多包姓。

古洞坑 Gǔdòngkēng 位于村委会驻地西南 0.2 千米处。村旁山上有古老洞穴，洞下小溪得名“古洞坑”，村以坑名。房舍沿山坡呈块状分布，居民 3 户、15 人。

相传村庄形成于晚清，今多包姓。

黄家垟 Huángjiāyáng 位于村委会驻地西南 0.6 千米处，因黄姓肇基得名。房舍沿山坡呈点状分布，居民 10 户、39 人。

初居黄姓，彭姓明末从汀州迁此，今多彭姓。

夏家垟 Xiàjiāyáng 位于村委会驻地西南 0.6 千米处，因夏姓肇基得名。房舍沿山坡呈块状分布，居民 10 户、45 人。

夏姓清中叶迁此，今多夏姓。

岗头 Gǎngtóu 位于村委会驻地西南 0.7 千米处，因处山岗上端得名。房舍沿山坡呈点状分布，居民 13 户、45 人。

翁姓清前叶从翁家山分迁于此，今多翁姓。

半岭 Bànlǐng 位于村委会驻地西南 1.3 千米处，因处山岭之半得名。房舍沿山坡呈点状分布，居民 11 户、38 人。

夏姓清前叶从莒江分迁于此，今多夏姓。

梅树坑 Méishùkēng 位于村委会驻地西南 0.3 千米处。村西小溪边旧多梅树，得名“梅树坑”，村以坑名。房舍沿山坡呈点状分布，居民 17 户、52 人。

黄姓清中叶迁此，今多黄姓。

连山 Liánshān 位于村委会驻地西 0.8 千米处。因林姓肇基得名“林山”，后以音转为“连山”。房舍沿山坡呈阶梯状分布，居民 34 户、124 人，其中畲族 33 人。

初居林姓，翁姓清中叶从翁家山分迁于此，今多翁姓。

坟脚 Fénjiǎo 位于村委会驻地西北 0.9 千米处，因地处游氏祖坟下侧得名。房舍沿山坡呈点状分布，居民 8 户、60 人。

游姓清中叶从香菇厂分迁于此，今多夏姓。

外岗 Wàigǎng 位于村委会驻地西 1.1 千米处，因处梅树坑外侧山岗得名。房舍沿山岗呈点状分布，居民 14 户、42 人。

夏姓晚清从莒江迁此，今多夏姓。

玉溪村 Yùxī Cūn

行政村。位于筱村镇西北部，村委会驻地岩头，在镇人民政府驻地西北 2.4 千米处。以村域最大溪流玉溪命名。东南至枫林村，西邻坳头村，西南接徐岙村，北连里垟村。面积 2.50 平方千米，居民 173 户、538 人。辖 7 个村民小组，有岩头、坑下、垮底 3 个自然村。经济以农业、林业为主，茶叶亦为重要产业。

玉溪村原称岩头村，解放初至 1958 年属筱村乡。1958 年建立岩头生产队，属筱村公社筱村生产大队；1959 年 2 月属筱村公社筱村管理区；1961 年 9 月改为岩头生产大队，属规模调整的筱村公社，1983 年 2 月属新析建的玉溪公社。1984 年 5 月改为岩头行政村，属玉溪乡。1992 年 5 月玉溪乡撤销，并入筱村镇。1993 年更名为玉溪村。

岩头 Yántóu 玉溪村村委会驻地。相传古时村旁玉溪中有巨石，手推能动，名“摇动岩”，村庄乃称“岩头”。房舍沿玉溪呈点状分布，居民 35 户、125 人。

吴姓明代前叶从库村分迁于此，今多吴姓。

坑下 Kēngxià 位于村委会驻地东偏北 1.0 千米处，因处小溪下游得名。房舍沿小溪呈点状分布，居民 25 户、90 人。

吴姓清中叶从库村分迁于此，今多吴姓。

垮底 Wāndǐ 位于村委会驻地西南 0.3 千米处，因处山垮之里得名。房舍沿山垮呈点状分布，居民 15 户、60 人。

吴姓晚清从库村分迁于此，今多吴姓。

坡头村 Pōtóu Cūn

行政村。位于筱村镇北部，村委会驻底垄，在镇人民政府驻地北 4.8 千米处。2004 年由原坡头、下园 2 行政村合并组建，沿用原坡头村之名。东北至新仓村，西南邻里垟村，东南接孙坪村，西北连百丈镇。面积 4.52 平方千米，居民 359 户、1073 人，其中畲族 206 人。辖 14 个村民小组，有底垄、外垄、岭头湾、黄泥岭、陈山岗、林山岭、新厝、下园、水上章 9 个自然村。经济以农业、林业为主，林木、毛竹资源非常丰富，茶叶、水果亦为重要产业。

原坡头、下园 2 村解放初均属莒江乡，1952 年属里洋乡，1956 年属筱村乡。1958 年建立坡头、下园生产队，属筱村公社筱村大队；1959 年 2 月属筱村公社筱村管理区；1961 年 9 月改为坡头、下园生产大队，属规模调整后的筱村公社。1983 年 2 月属玉溪公社；1984 年 5 月改为坡头、下园行政村，属玉溪乡。1992 年 5 月玉溪乡撤销，并入筱村镇。

2004 年原坡头、下园 2 行政村合并组建新的坡头行政村。

底垄 Dǐlǒng 坡头村村委会驻地，因处一条长田垄里侧得名。房舍沿山坡呈点状分布，居民 70 户、230 人。

夏姓明末从莒江上村分迁于此，今多夏姓。

外垄 Wàilǒng 位于村委会驻地北 0.2 千米处，因处长田垄外侧得名。房舍沿山脚呈块状分布，居民 96 户、292 人。

夏姓明末从莒江分迁于此，今多夏姓。

岭头湾 Lǐngtóuwān 位于村委会驻地北 0.6 千米处。因处莒江至坡头的岭头山湾得名，又称“坡头岭头”。房舍沿山坡呈点状分布，居民 7 户、45 人。

夏姓晚清从莒江上村分迁此，今多夏姓。

黄泥岭 Huángnílǐng 位于村委会驻地东南 1.1 千米处。该地山岭多黄泥，得名“黄泥岭”，村以岭名，又作“黄坭岭”。房舍沿山坡呈块状分布，居民 18 户、45 人。

夏姓清中叶从莒江上村分迁于此，今多夏姓。

陈山岗 Chénshāngǎng 位于村委会驻地东南 0.9 千米处。村处山岗上侧，陈姓肇基，故名。房舍沿山坡呈点状分布，居民 35 户、120 人。

初居陈姓，夏姓清初从莒江上村分迁于此。今多夏姓。

林山岭 Línshānlǐng 位于村委会驻地南偏东 0.8 千米处。地处林山岭西侧，村以岭名。房舍沿山坡呈点状分布，居民 37 户、140 人。

齐姓清中叶从洪溪美迁此，今多齐姓。

新厝 Xīncuò 位于村委会驻地东南 1.0 千米处。早时民居皆为草房，盖新瓦房后得名“新厝”。房舍沿山谷呈点状分布，居民 13 户、36 人。

夏姓从莒江上村分迁于此，今多夏姓。

下园 Xiàyuán 位于村委会驻地东南 0.6 千米处。村居北坑岭头下侧，古有庄园，故名。房舍沿山坡呈点状分布，居民 23 户、75 人。

夏姓清前叶从莒江上村分迁于此，今多夏姓。

水上章 Shuǐshàngzhāng 位于村委会驻地南偏东 1.8 千米处，村名来源失考。房舍沿山坡呈点状分布，居民 50 户、206 人，均畲族。

雷姓源出景宁，清初从竹里分迁于此，今多雷姓。

里垟村 Lǐyáng Cūn

行政村。位于筱村镇西北部，村委会驻地大里垟，在镇人民政府驻地西北 4 千米处。以村委会驻地大里垟的略称命名。东北至坡头村，西南邻坳头村，东南接玉溪村，北连百丈镇。面积 2.98 平方千米，居民 186 户、634 人，其中畲族 64 人。辖 8 个村民小组，有大里垟、茶亭底、吴山寮、天桥 4 个自然村。经济以农、林业为主，茶叶、水果亦为重要产业。

里垟村原称里洋村，解放初属莒江乡，1952 年属里洋乡，1956 年属筱村乡。1958 年建立里洋生产队，属筱村公社筱村生产大队；1959 年 2 月属筱村公社筱村管理区；1961 年 9 月改为里洋生产大队，属规模调整后的筱村公社。1983 年 2 月属玉溪公社。1984 年 5 月改为里垟行政村，属玉溪乡。1992 年 5 月玉溪乡撤销，并入筱村镇。

大里垟 Dàlǐyáng 里垟村村委会驻地。村旁大塆内一片田垟，故名。房舍沿峃口至南院公路呈块状分布，居民 41 户、178 人。

夏姓清前叶从莒江分迁于此，今多夏姓。

茶亭底 Chátíngdǐ 位于村委会驻地东北 0.9 千米处。上水笼和胡排头二村庄 1992 年合为一个自然村，因村口旧设茶亭取名“茶亭底”。房舍沿山坡呈点状分布，居民 49 户、210 人。

夏姓清中叶从莒江上村分迁于此，今多夏姓。

吴山寮 Wúshānliáo 位于村委会驻地东北 1.5 千米处。因吴姓盖草屋垦荒得名“吴山寮”，又写为“吴山辽”。房舍沿山坡呈块状分布，居民 34 户、 152 人。

初居吴姓，夏姓清前叶从莒江上村分迁于此，今多夏、齐姓。

天桥 Tiānqiáo 位于村委会驻地南 0.5 千米处。原为两个村庄，一个因靠雨水溉田得名“天丘”；另一个因有松树小桥，日久松树腐烂，人称“烂柴桥”。1992 年天丘、烂柴桥合为一个村庄，从原名各取一字，称之“天桥”。房舍沿小溪呈点状分布，居民 38 户、170 人，其中畲族 15 户、 64 人。

夏姓清前叶从莒江上村迁天丘，雷姓清中叶从司前迁烂柴桥。今多夏姓，畲族雷姓。

坳头村Àotóu Cūn

行政村。位于筱村镇西北部，村委会原驻坳头，2005 年迁至白岩坑，在镇人民政府驻地西北 3.4 千米处。以村委会当时驻地坳头得名。东至玉溪村，西邻百丈镇山后村，南接徐岙村，西北连里垟村。面积 4.45 平方千米，居民 227 户、739 人，其中畲族 48 人。辖 12 个村民小组，有白岩坑、枫树岭、前山、坳头、维墩、梅树寮 6 个自然村，经济以农业、林业为主，茶叶亦为重要产业。

坳头村解放初至 1958 年属洪口乡；1958 年为秀洪生产队的一部分，属百丈公社洪口大队；1959 年 2 月属百丈公社洪口管理区；1961 年 9 月起为秀洪生产大队一部分，划入规模调整的筱村公社，1983 年属玉溪公社。1984 年 5 月改为坳头行政村，属玉溪乡。1992 年 5 月玉溪乡撤销，并入筱村镇。

白岩坑 Báiyánkēng 坳头村村委会驻地，以村西小溪“白岩坑”得名。房舍沿山坡呈块状分布，居民 18 户、48 人，均畲族。

蓝姓清中叶从戬洲官垟半岭仔迁此。今多蓝姓，另有钟姓 2 户、雷姓 1 户。

枫树岭 Fēngshùlǐng 位于村委会驻地东北 0.4 千米处。村南山岭旧多枫树，得名“枫树岭”，村以岭名；又称“坳头岭”。房舍沿山坡呈点状分布，居民 15 户、46 人。

林姓晚清从坳头迁此，今多林姓。

前山 Qiánshān 位于村委会驻地西 0.8 千米处，因处洪口山后村的前方（东方）得名。房舍沿山坡呈点状分布，居民 100 户、320 人。

叶姓明中叶从洪口山后迁此，今多叶姓。

坳头Àotóu 位于村委会驻地西北 0.7 千米处，因处秀洪岭山岙顶段得名。房舍沿山坡呈点状分布，居民 70 户、240 人。

林姓上祖林称、林钦南宋时从泗溪迁此，今多林姓。

维墩 Wéidūn 位于村委会驻地西北 1.6 千米处。村旁岗墩形如毛芋，“芋”“维”方言音近，得名“维墩”。房舍沿山岗呈点状分布，居民 100 户、300 多人。

陈姓清中叶从包垟迁此，今多陈姓。

梅树寮 Méishùliáo 位于村委会驻地北偏西 2.4 千米处。该地旧有野生大梅树，先民在树旁建茅屋，故名。房舍沿山脚呈块状分布，居民 20 户、67 人。

王姓清中叶从王家山分迁于此，今多王、吴姓。

外垟村 Wàiyáng Cūn

行政村。位于筱村镇东部，村委会驻地外垟，在镇人民政府驻地东 7.4 千米处。以村委会驻地外垟命名。东至永兴村，西北邻周新村，西南接梨垟村，北连坑底村。面积 6.96 平方千米，居民 424 户、1443 人。辖 21 个村民小组，有外垟、西畲、桥底、南垟、旁垟、旧厝垄、十字路、明清寮 8 个自然村。经济以农业、林业为主，亦产茶叶。

外垟村原为外洋村，解放初属翁山乡；1958 年称外洋生产队，属筱村公社翁山生产大队；1959 年 2 月属筱村公社翁山管理区；1961 年 9 月改为外洋生产大队，属翁山公社。1984 年改为外垟行政村，属翁山乡。2011 年 4 月翁山乡撤销，并入筱村镇。

1992 年重新认定革命老区，外垟村被认定为革命老区村。

外垟 Wàiyáng 外垟村村委会和原翁山乡人民政府驻地。因处坑底村外侧得名，又称“大田头”。房舍沿山谷呈带状分布，居民 81 户、273 人。

翁姓南宋末从瑞安迁此，今多翁姓。

西畲 Xīshē 位于村委会驻地北 0.4 千米处。村西之山呈斜状，以“西斜”之音得名“西畲”。房舍沿山坡呈点状分布，居民 85 户、234 人。

翁姓清中叶从外垟分迁于此，今多翁姓。

桥底 Qiáodǐ 位于村委会驻地东北 0.5 千米处，因处小桥里侧得名。房舍沿山坡呈块状分布，居民 93 户、256 人。

翁姓清中叶迁此，今多翁姓。

南垟 Nányáng 位于村委会驻地东 1.4 千米处，因系这一带南侧得名。房舍沿溪谷地呈块状分布，居民 60 户、234 人。

翁姓从外垟分迁于此，今多翁姓。

旁垟 Pángyáng 位于村委会驻地南 0.3 千米处，因处大片田垟旁得名。房舍沿山坡呈块状分布，居民 81 户、272 人。

翁姓清中叶从外垟分迁于此，今多翁姓。

旧厝垄 Jiùcuòlǒng 位于村委会驻地西南 1.4 千米处。系祖屋所在，故名。房舍沿山坡呈点状分布，居民 56 户、203 人。

翁姓清中叶从外垟分迁于此，今多翁姓。

十字路 Shízìlù 位于村委会驻地西南 2.2 千米处。两条山道于此呈“十”字交叉，故名。房舍沿山坡呈点状分布，居民 45 户、173 人。

翁姓清中叶从外垟分迁于此，今多翁姓。

明清寮 Míngqīngliáo 位于村委会驻地西南 0.7 千米。房舍沿道路呈块状分布，居民 19 户、68 人。今多颜姓。

兴东村 Xīngdōng Cūn

行政村。位于筱村镇东部，村委会驻地大樟，在镇人民政府驻地东北 12.5 千米处。由原和平、底畲二行政村合并组建，取“兴盛东方”之意命名为“兴东村”。东北至文成县珊溪镇，西南邻山峡村，南至永兴村。面积 5.07 平方千米，居民 387 户、1311 人。辖 23 个村民小组，有大樟、底畲、和平坑、油麻坪、茶园坑、天丘 6 个自然村。经济以农业为主，茶叶亦为重要产业。

原和平、底畲 2 村解放初均属翁山乡；1952 年析属翁东乡，1956 年属翁山乡。1958 年建立和平（油麻坪、大樟、茶园坑等自然村组成，取“和睦平和”之意）、底畲生产队，属筱村公社翁山生产大队；1959 年 2 月属筱村公社翁山管理区；1961 年 9 月改为和平、底畲生产大队，属翁山公社。1984 年 5 月改为和平、底畲行政村，属翁山乡。

1992 年重新认定革命老区，原和平、底畲 2 村均被认定为革命老区村。

2004 年和平、底畲 2 村合并组建兴东村，属翁山乡。2011 年 4 月翁山乡撤销，并入筱村镇。

大樟 Dàzhāng 兴东村村委会驻地，以村内有大樟树得名。房舍沿山坡呈点状分布，居民 180 户、507 人。

翁姓清中叶从坑底分迁于此，今多翁姓。

底畲 Dǐshē 位于村委会驻地东 1.7 千米处。原为山坳里侧辟畲所居草舍，故名。房舍沿山坳呈点状分布，居民 95 户、320 人。

翁姓清中叶从坑底分迁于此，今多翁姓。

和平坑 Hépíngkēng 位于村委会驻地东偏南 0.5 千米处，因附近小溪“和平坑”得名。房舍沿山坡呈块状分布，居民 68 户、230 人。

翁姓清中叶从和平村迁此，今多翁姓。

油麻坪 Yóumápíng 位于村委会驻地北 0.3 千米处。该地山坪旧种油麻，故名。房舍沿山坳呈块状分布，居民 63 户、170 人。

翁姓清初从坑底分迁于此，今多翁姓。

茶园坑 Cháyuánkēng 位于兴东村委会驻地北 1.0 千米处，因村北小溪“茶园坑”得名。房舍沿山坡呈点状分布，居民 105 户、360 人。

翁姓清初从坑底分迁于此，今多翁姓。

天丘 Tiānqiū 位于兴东村委会驻地西北 1.0 千米处。村右田丘地势较高，称为“天丘”，故名。房舍沿山坡呈点状分布，居民 48 户、130 人。

翁姓清初从坑底分迁于此，今多翁姓。

坑底村 Kēngdǐ Cūn

行政村。位于筱村镇东部，村委会驻地坑底，在镇人民政府驻地东北 8.1 千米处。以村委会驻地坑底命名。东至山峡村，西邻周新村，南接外垟村，北连龙前村。面积 5.60 平方千米，居民 251 户、885 人。辖 14 个村民小组，有坑底、牛立头、栗籽山、大头岗、垟尾、水井面 6 个自然村。经济以农业为主，亦产茶叶。

坑底村解放初至 1958 年属翁山乡。1958 年建立坑底生产队，属筱村公社翁山生产大队；1959 年 2 月属筱村公社翁山管理区，1961 年 9 月改为坑底生产大队，属翁山公社。1984 年 5 月改为坑底行政村，属翁山乡。2011 年 4 月翁山乡撤销，并入筱村镇。

1992 年重新认定革命老区，坑底村被认定为革命老区村。

坑底 Kēngdǐ 坑底村村委会驻地，因处小溪里侧得名。房舍沿山坡呈块状分布。居民 75 户、310 人。该村庄系泰顺翁姓的主要发祥地。

翁姓上祖翁神迁北宋乾德二年（964 年）从福建长溪县赤岸迁此，今多翁姓。

牛立头 Niúlìtóu 位于村委会驻地东偏北 1.6 千米处。相传该村有一山头，为牛歇之处，故名。房舍沿山坡呈块状分布，居民 30 户、106 人。

翁姓晚清从坑底分迁于此，今多翁、夏姓。

栗籽山 Lìzǐshān 位于村委会驻地东 0.3 千米处，因多板栗树得名。房舍沿山坡呈块状分布，居民 15 户、70 人。

翁姓明末从坑底老屋分迁于此，今多翁姓。

大头岗 Dàtóugǎng 位于坑底村委会驻地东南 0.2 千米处，因处山岭“大头岗”得名。房舍沿山坡呈点状分布，居民 20 户、75 人。

翁姓清初从坑底分迁于此，今多翁姓。

垟尾 Yángwěi 位于村委会驻地东南 0.3 千米处。地处大片田垟末端，故名。房舍沿山坡呈块状分布，居民 25 户、80 人。

翁姓清前叶从坑底分迁于此，今多翁姓。

水井面 Shuǐjǐngmiàn 位于村委会驻地西北 0.2 千米处，因处古井上侧得名。房舍沿山坡呈点状分布，居民 14 户、60 人。

翁姓清前叶从坑底分迁于此，今多翁姓。

山峡村 Shānxiá Cūn

行政村。位于筱村镇东部，村委会驻地山峡，在镇人民政府驻地东北 11.2 千米处。因村委会驻地山峡得名。东北至兴东村，西邻坑底村，西南接永兴村，西北连新厂村。面积 2.96 平方千米。居民 231 户、836 人。辖 13 个村民小组，有山峡、北岭、墩头、坐落岗、山峡田坪 5 个自然村。经济以农业为主，茶叶亦为重要产业。

解放初属翁山乡，1952 年属翁东乡，1956 复属翁山乡。1958 年建立山峡生产队，属筱村公社翁山生产大队；1959 年 2 月属筱村公社翁山管理区；1961 年 9 月改为山峡生产大队，属翁山公社。1984 年改为山峡行政村，属翁山乡。2011 年 4 月翁山乡撤销，并入筱村镇。

1992 年重新认定革命老区，山峡村被认定为革命老区村。

山峡 Shānxiá 山峡村村委会驻地。村处两山夹水之地，故名。房舍沿峡谷呈块状分布，居民 82 户、312 人。曾为翁东乡政府驻地。

翁姓明中叶从坑底分迁于此，今多翁姓。

北岭 Běilǐng 位于村委会驻地东南 0.6 千米处。地处通往山峡的山岭之北，故名。房舍沿山谷呈点状分布，居民 104 户、322 人。

翁姓清中叶从山峡分迁于此，今多翁姓。

墩头 Dūntóu 位于村委会驻地南 0.4 千米处。村居岗上，岗形似墩，故名。房舍沿山坡呈点状分布，居民 15 户、45 人。

翁姓清中叶从山峡分迁于此，今多翁姓。

坐落岗 Zuòluògǎng 位于村委会驻地西南 1.0 千米处。原称“松罗岗”，后以音转成“坐落岗”，包括聚落“坟下”（又称“南坑”）。房舍沿山谷呈块状分布，居民 31 户、 103 人。

翁姓清中叶从山峡分迁于此，今多翁姓。

山峡田坪 Shānxiátiánpíng 位于村委会驻地西南 1.1 千米处，因处村庄山峡附近田边山坪得名。房舍沿山坡呈点状分布，居民 44 户、120 人。

翁姓清中叶从山峡分迁于此，今多翁姓。

梨垟村 Líyáng Cūn

行政村。位于筱村镇东南部，村委会驻地梨垟，在镇人民政府驻地东南 6.7 千米处。以村委会驻地梨垟命名。东、南至泗溪镇，西北连外垟村。面积 7.29 平方千米，居民 285 户、1015 人。辖 16 个村民小组，有梨垟、石门楼、底坪、下宅、泗丘、水塘后 6 个自然村。经济以农业为主，亦产茶叶。

梨垟村原称梨洋村，解放初属翁山乡。1958 年改为梨洋生产队，属筱村公社翁山生产大队；1959 年 2 月属筱村公社翁山管理区；1961 年 9 月改为梨洋生产大队，属翁山公社。1984 年改为梨垟行政村，属翁山乡。2011 年 4 月翁山乡撤销，并入筱村镇。

梨垟 Líyáng 梨垟村村委会驻地。外垟翁姓分迁于此，又辟一爿田垟，故称“来垟”。后以有大梨树改称“梨垟”。房舍沿山脚呈块状分布，居民 82 户、311 人。

翁姓明中叶从外垟分迁于此，今多翁姓。

石门楼 Shíménlóu 位于村委会驻地东北 0.3 千米处。原有石砌门楼，故名。房舍沿山脚呈带状分布，居民 10 户、35 人。

翁姓清前叶从外垟桥底分迁于此，今多翁姓。

底坪 Dǐpíng 位于村委会驻地东北 1.1 千米处，因处山脚坪地得名。房舍沿山脚呈带状分布，居民 8 户、20 人。

翁姓清中叶从外垟分迁于此，今多翁姓。

下宅 Xiàzhái 位于梨垟村委会驻地西南 1.0 千米处，村处梨垟下侧，故名。房舍沿山坳呈块状分布，居民 39 户、105 人。

翁姓清中叶从梨垟分迁于此，今多翁姓。

泗丘 Sìqiū 位于村委会驻地西偏南 1.3 千米处。该地旧有四丘田，以“四丘”谐音得名。房舍沿山坡呈块状分布，居民 25 户、96 人。

郑姓明中叶从浦地山迁此，翁姓从外垟分迁于此，今多翁姓。

水塘后 Shuǐtánghòu 位于村委会驻地西北 0.3 千米处。村前原有大水塘，故名。房舍沿山脚呈带状分布，居民 39 户、106 人。

翁姓清末民初从梨垟分迁于此，今多翁姓。

永兴村 Yǒngxīng Cūn

行政村。位于筱村镇东部，村委会驻地华桐，在镇人民政府驻地东 10.5 千米处。由原华桐、新源、榅桥 3 行政村合并组建，取永远兴旺之意，命名为“永兴”。东北至山峡村，西邻外垟村，南接泗溪镇。面积 6.49 平方千米，居民 310 户、1080 人。辖 19 个村民小组，有华桐、坑源底、坳门底、茶坑源、高山、天开厂、榅垟 7 个自然村。经济以农业为主，茶叶亦为重要产业。

原华桐、新源(原名坑源底)、榅桥 3 村解放初属翁山乡，1952 年属翁东乡；1956 年属翁山乡。1958 建立华桐、新源、榅桥生产队，属筱村公社翁山生产大队；1959 年 2 月属筱村公社翁山管理区；1961 年 9 月改为华桐、新源、榅桥生产大队，属翁山公社。1984 年 5 月改为华桐、新源、榅桥行政村，属翁山乡。

1992 年重新认定革命老区，新源、榅桥 2 村被认定为革命老区村。

2004 年华桐、新源、榅桥 3 村合并组建永兴村，属翁山乡。2011 年 4 月翁山乡撤销，并入筱村镇。

华桐 Huátóng 永兴村村委会驻地。相传古有高大梧桐树，桐花茂密，故名。房舍沿山脚呈块状分布，居民 161 户、563 人。

翁姓清中叶从坑底分迁于此，今多翁姓。

坑源底 Kēngyuándǐ 位于村委会驻地东北 1.8 千米处，因处山涧源头里侧得名。房舍沿山坡呈点状分布，居民 160 户、580 人。(罗姓上祖罗宗琳清康熙四十四年（1705 年）从福建上杭迁此，今多罗姓。

坳门底Àoméndǐ 位于村委会驻地东北 2.0 千米处，村居岩壁如门的山坳里侧得名。房舍沿山坳呈块状分布，居民 2 户、13 人。

罗姓晚清从坑源底分迁于此，今多罗姓。

茶坑源 Chákēngyuán 位于村委会驻地东北 2.7 千米处。地近小溪“茶坑”源头，故名。房舍沿山坡呈块状分布，居民 35 户、121 人。

罗姓清中叶从坑源底分迁于此，今多罗姓。

高山 Gāoshān 位于村委会驻地东 1.6 千米处，因处高山得名。房舍沿山坡呈块状分布，居民 1 户、2 人。

罗姓清前叶从坑源底分迁于此。今居翁姓。

天开厂 Tiānkāichǎng 位于村委会驻地西南 1.1 千米处。村处天开尖山脚，先民搭厂垦烧炭，故名。房舍沿山坡呈块状分布，居民 3 户、12 人。

翁姓清中叶从坑底分迁于此，今多翁姓。

榅垟 Wēnyáng 位于村委会驻地西 1.3 千米处。因温姓肇基垦垟得名“温垟”，后苏姓迁入，以有大柳杉改称“榅垟”。房舍沿山脚呈点状分布，居民 63 户、172 人。

翁姓从坑底分迁于此，今多翁姓。

章前垟村 Zhāngqiányáng Cūn

行政村。位于筱村镇西南部，为民族村。村委会驻地垟头，在镇人民政府驻地西南 4.8 千米处。由原章前垟村、葛垟下村村合并组建，沿用原章前垟村名。东北至翁家山村，西邻葛垟村，南接罗阳镇。面积 7.26 平方千米，居民 344 户、1114 人，其中畲族 254 人。辖 15 个村民小组，有垟头、坑底、垟尾、下村 4 个自然村。经济以农业、林业为主，林木、毛竹资源丰富，茶叶、蔬菜亦为重要农产品。

原章前垟村因处旧时陶姓田庄前得名“庄前洋”，后以音转成“章前洋”；原葛垟下村原为葛洋下村，解放初均属筱村乡，1950 年 7 月至 1958 年属葛洋乡。1958 年分别建立章前洋、葛洋下村生产队，属筱村公社葛洋生产大队；1959 年 2 月起属筱村公社葛洋管理区；1961 年 9 月改为章前洋、葛洋下村生产大队，属新建的葛洋公社。1984 年 5 月改为章前垟、葛洋下村行政村，属葛垟乡。1992 年 5 月葛垟乡撤销，并入筱村镇。2004 年原章前垟村、葛垟下村合并组建新的章前垟村，属筱村镇。

1992 年重新认定革命老区，原葛垟下村被认定为革命老区村。

垟头 Yángtóu 章前垟村村委会驻地，村处田垟上恻得名。房舍沿山坡呈块状分布，居民 84 户、299 人，其中畲族 142 人。

陶姓南宋初由葛垟下村转迁于此，畲族雷姓从北坑迁此。今多陶、林姓，畲族雷姓。

坑底 Kēngdǐ 位于村委会驻地东南 1.0 千米处，因处小溪北岸里侧得名。房舍沿山坡呈点状分布，居民 73 户、248 人。

陶姓由葛垟下村迁此，后又有翁姓迁此，今多陶姓。

垟尾 Yángwěi 位于村委会驻地西北 0.4 千米处，因处田垟尾侧得名。房舍沿山坡呈点状分布，居民 44 户、138 人，其中畲族 112 人。

陶姓较早居此；雷姓源出平阳，转经西旸、大安、三魁等地，清中叶迁此。今多陶姓，畲族雷姓。

下村 Xiàcūn 位于村委会驻地西北 1.4 千米处。因葛姓居此得名“葛垟”，又因陶姓后裔分迁上村、坑下，此为上村之下，称“葛垟下村”，后简化为“下村”。房舍沿山坡呈点状分布，居民 134 户、392 人。

陶崇伯、陶永兄弟后梁龙德元年(921 年)从下革迁此；郑义十原籍云和东里，明洪武五年（1372 年）迁此。村庄原居汤、黄、章、葛四姓，今多陶、郑姓。

葛垟村 Gěyáng Cūn

行政村。位于筱村镇西南部，村委会驻地葛垟，在镇人民政府驻地西南 6 千米处。由原葛垟、下垟、小岭、下垟坪 4 行政村合并组建，以村委会驻地葛垟命名。东至章前垟村，西、南接罗阳镇，北连百丈镇山后村。面积 15.98 平方千米，居民 441 户、1501 人，其中畲族 20 人。辖 23 个村民小组，有葛垟、鱼塘面、路底、旁山、齐家山、下垟、大坪、山边、水井底、垟头岩、洪溪、佛塔仔、棺材石、岩头岭、下垟坪、岩漈头、坟兰、九架、潭头山、陈家步 20 个自然村。经济以农业、林业为主，茶叶亦占相当份额。

原葛垟、下垟、小岭、下垟坪村解放初为葛洋、下洋、小岭、下洋坪村，均属筱村乡；1950 年至 1958 年属葛洋乡。1958 年分别建立葛洋、下洋、小岭、下洋坪生产队，属筱村公社葛洋生产大队；1959 年 2 月属筱村公社葛洋管理区；1961 年 9 月改为葛洋、下洋、小岭、下洋坪生产大队，属葛洋公社。1984 年 5 月改为葛垟、下垟、小岭、下垟坪行政村，属葛垟乡。1992 年 5 月葛垟乡撤銷，并入筱村镇。1992 年重新认定革命老区，原葛垟、下垟、小岭、下垟坪 4 村均被认定为革命老区村。

2004 年原葛垟、下垟、小岭、下垟坪 4 村合并组建新的葛垟村，属筱村镇。

葛垟 Gěyáng 葛垟村村委会驻地。因葛姓聚居得名，原作“葛阳”“葛洋”，又名“葛溪”；明、清时因山多桂树也称“桂峰”。房屋沿山坡呈块状分布，居民 160 户、512 人。

陶姓从葛垟下村分迁于此，今多陶姓。

鱼塘面 Yútángmiàn 位于村委会驻地北 0.1 千米处，因处鱼塘边得名。房舍沿山谷呈块状分布，居民 30 户、134 人。

陶姓清初从庄前垟分迁于此，今多陶姓。

路底 Lùdǐ 位于村委会驻地西南 0.2 千米处，因处大路下侧得名。房舍沿路呈块状分布，居民 6 户、17 人。

陶姓清初从庄前垟分迁于此，今多陶姓。

旁山 Pángshān 位于村委会驻地西南 0.3 千米处，因处山坡旁得名。房舍沿山坡呈块状分布，居民 10 户、34 人。

陶姓清初从庄前垟分迁于此，今多陶姓。

齐家山 Qíjiāshān 位于村委会驻地西南 2.3 千米处，因齐姓肇基得名。房舍沿山坡呈点状分布，居民 5 户、18 人。

齐姓明末从平阳迁此，今多黄姓。

下垟 Xiàyáng 位于村委会驻地西南 2.6 千米处。因处大坪村庄下侧得名，清代又称“建岭”。房舍沿山坡呈块状分布，居民 27 户、134 人。

黄姓明末从上洪分迁于此，今多黄姓。

大坪 Dàpíng 位于村委会驻地西 2.4 千米处。村前原有大坪（现已成田），故名。房舍沿山坡呈块状分布，居民 9 户、40 人。

黄姓清中叶从下垟分迁于此，今多黄姓。

山边 Shānbiān 位于葛垟村委会驻地西北 0.2 千米处，因处山脚而名。房舍沿山脚呈块状分布，居民 9 户、39 人。

陶姓清初从庄前垟分迁于此，今多陶姓。

水井底 Shuǐjǐngdǐ 位于村委会驻地西北 0.2 千米处，因村口有水井得名。房舍沿山脚呈块状分布，居民 5 户、18 人。

陶姓清初从庄前垟分迁于此，今多陶姓。

垟头岩 Yángtóuyán 位于村委会驻地西北 0.4 千米处。村庄田垟上侧有巨岩，故名。房舍沿山谷呈块状分布，居民 18 户、58 人。

陶姓清初从庄前垟分迁于此，黄姓清中叶从下垟分迁于此，今多陶、黄姓。

洪溪 Hóngxī 位于村委会驻地西北 0.5 千米处，南临洪溪，村以溪名。房舍沿山坡呈块状分布，居民 9 户、38 人。

黄姓清中叶从下垟分迁于此，今多黄姓。

佛塔仔 Fótǎzǐ 位于村委会驻地西北 1.7 千米处。村旁岩石犹如小佛塔，故名。房舍沿山坡呈块状分布，居民 5 户、17 人。

黄姓清中叶从下垟分迁于此，今多黄姓。

棺材石 Guāncáishí 位于村委会驻地西北 1.8 千米处。村东北山有巨石似棺，人称“棺材石”，村以石名。房舍沿山坡呈块状分布，居民 3 户、11 人。

黄姓清中叶从下垟分迁于此，今多黄姓。

岩头岭 Yántóulǐng 位于村委会驻地西北 2.7 千米处。葛垟至该村庄之岭有石径，得名“岩头岭”，村以岭名。房舍沿山坡呈块状分布，居民 7 户、30 人，其中畲族 10 人。

雷姓清中叶从周坑迁此，今多雷姓。

下垟坪 Xiàyángpíng 位于村委会驻地西北 2.9 千米处，因处葛垟下侧坪地得名。房舍沿田垟呈点状分布，居民 62 户、205 人。

黄姓清前叶从下垟分迁于此，今多黄姓。

岩漈头 Yánjìtóu 位于村委会驻地西北 3 千米处，因处岩漈上侧得名。房舍沿山坡呈点状分布，居民 52 户、170 人。

黄姓清前叶从下垟分迁于此，今多黄姓。

坟兰 Fénlán 位于村委会驻地西北 3.1 千米处。村旁陶姓祖坟为茂林围绕，故称“坟栏”，后以音改为“坟兰”。房舍沿山坡呈块状分布，居民 9 户、34 人。

陶姓清中叶从葛垟分迁于此，今多陶姓。

九架 Jiǔjià 位于村委会驻地西北 3.2 千米处。村中一丘田约 5 亩，分为九丘，得名“九格”，后以音改为“九架”。房舍沿山坡呈点状分布，居民 12 户、35 人，其中畲族 10 人。

陈姓清中叶从下稔迁此，今多陈姓。

潭头山 Tántóushān 位于村委会驻地西北 3.9 千米处。村东北洪口溪有深潭 “龙潭”。村处潭东山头，故称。房舍沿山坡呈点状分布，居民 32 户、126 人。

陈姓清中叶从洪溪美分迁于此，今多陈姓。

陈家步 Chénjiābù 位于村委会驻地西北 5.6 千米处。村临洪口溪，因陈姓迁此溪边得名。房舍沿山坡呈块状分布，居民 10 户、39 人。

陈姓清中叶从洪溪美分迁于此，今多陈姓。

翁家山村 Wēngjiāshān Cūn

行政村。位于筱村镇西南部，村委会驻地翁家山，在镇人民政府驻地西南 3.1 千米处。以村委会驻地翁家山命名。东至五蒲村，西邻章前垟村，北连徐岙村。面积 2.42 平方千米，居民 213 户、723 人。辖 10 个村民小组，有翁家山、坟兰仔、新村、苏斜、架坪 5 个自然村。经济以农业、林业为主，林木、毛竹、茶叶、水果均为重要产业。

解放初为东家山村，属筱村乡；1950 年属葛洋乡，1952 年属东山乡，1956 年属葛洋乡。1958 年建立东家山生产队，属筱村公社葛洋生产大队；1959 年 2 月属筱村公社葛洋管理区；1961 年 9 月改为东家山生产大队，属葛洋公社；1981 年 10 月更名为翁家山大队。1984 年 5 月改为翁家山行政村，属葛垟乡。1992 年 5 月葛垟乡撤销，并入筱村镇。

翁家山 Wēngjiāshān 翁家山村村委会驻地。因处葛垟下村东面山坡上，原名“东家山”，后因翁姓蕃盛，改名“翁家山”。房舍沿山坡呈点状分布，居民 130 户、450 人。

翁姓北宋初从五蒲迁此，今多翁姓。

坟兰仔 Fénlánzǐ 位于村委会驻地北 0.2 千米处。原为毛竹林中小村庄，山岚笼罩，林内有座坟，故名。房舍沿山坡呈点状分布，居民 40 户、150 人。

翁姓清代从翁家山分迁于此，今多翁姓。

新村 Xīncūn 位于村委会驻地西偏南 1.3 千米处。旧因其上有古墓得名“坟下”，1990 年 8 月附近发生泥石流，部分村民房屋被冲毁迁此，命名为“新村”。房舍沿山坡呈块状分布，居民 8 户、20 人。

江姓等从坟下迁此，今多江姓。

苏斜 Sūxié 位于村委会驻地西 1 千米处。因苏姓迁此斜坡肇基得名，清代又称“苏畲”。房舍沿山坡呈点状分布，居民 80 户、260 人。

初居苏姓，江姓清中叶从洪口碗窑迁此。今多江姓。

架坪 Jiàpíng 位于村委会驻地西北 1.0 千米处，因山坡田格(俗称“架”)得名。房舍沿山坡呈点状分布，居民 2 户、10 人。

赖姓清代从福建汀州迁此，今居赖姓。

五蒲村 Wǔpú Cūn

行政村。位于筱村镇西南部，村委会驻地五蒲，在镇人民政府驻地西南 1.9 千米处。以村委会驻地五蒲得名。东北至徐岙村，西邻翁家山村，东南接东垟村，东北连枫林村。面积 2.5 平方千米，居民 285 户、963 人。辖 13 个村民小组，有五蒲、山罗丘 2 个自然村。经济以农业为主，林木 、茶叶、果品均为重要产业。

解放初属筱村乡，1950 至 1958 年属葛洋乡；1958 年建立五蒲生产队，属筱村公社葛洋大队；1959 年 2 月属筱村公社葛洋管理区；1961 年 9 月改为五蒲生产大队，属葛洋公社。1984 年 5 月改为五蒲行政村，属葛垟乡。1992 年 5 月葛垟乡撤销，并入筱村镇。

五蒲 Wǔpú 五蒲村村委会驻地，原有五处小沼潭，原称“五湖”，后用以种蒲瓜，改称“五蒲”。房舍沿坡地呈块状分布，居民 270 户、880 人。

五蒲为魏、翁两姓族居之地，泰顺翁姓始祖翁神安北宋初自福建福鼎县桑园经翁山定居于此。今多翁姓。

山罗丘 Shānluóqiū 位于村委会驻地西北 0.7 千米处。房舍沿山坡呈点状分布，村民陆续搬迁，仅居 3 位老人。

翁姓由五蒲分迁于此。

第三节 街路弄巷

玉凤北路 Yùfèng Běilù 位于筱村镇枫林村。因处玉溪北面，凤凰山尾段，故名。西南起玉凤桥，东北至兴凤路。长1000米，宽4.5米，混凝土路面。建于1975年。

玉凤南路 Yùfèng Nánlù 位于筱村镇徐岙村。因处玉溪南面，凤凰山尾段，故名。东起玉凤桥，西至筱村客运站，长220米，宽14米，混凝土路面。建于2000年。

月山西路 Yuèshān Xīlù 位于筱村镇徐岙村，以处月坂山下居西得名。东南起于玉凤南路，西北至变电所，长120米，宽14米，混凝土路面。2002年建成，前名为竹园底，2007年更名月山西路。

月山东路 Yuèshān Dōnglù 位于筱村镇徐岙村，以处月坂山下居东得名。东南起于坑边路，西北至玉凤南路，长100米，宽14米，混凝土路面。2002年建成，2007年更名月山东路。

垟心西路 Yángxīn Xīlù 位于筱村镇徐岙村。以处原徐岙村田地中心西侧得名。东南起于玉凤南路，西北至枫园路，长120米，宽18米，混凝土路面。前名为竹园底，2002年更名垟心西路。

垟心东路 Yángxīn Dōnglù 位于筱村镇徐岙村。以处原徐岙村田地中心东侧得名。因路宽24米，又称“二十四米大道”。东南起于坑边路，西北至玉凤南路，长280米，宽24米，混凝土路面。建于2007年。

沿溪西路 Yánxī Xīlù 位于筱村镇徐岙村。以沿玉溪，居于西侧命名。东南起于玉凤南路，西北至枫园路，长110米，宽8米，混凝土路面。建于2006年。

沿溪东路 Yánxī Dōnglù 位于筱村镇枫林村。以沿玉溪，居于东侧命名。东南起于坑边路，西北至玉凤南路，长110米，宽8米，混凝土路面。建于2006年。

玉溪西路 Yùxī Xīlù 位于筱村镇枫林村。以处玉溪旁，玉溪东路相对命名。东南起于玉凤北路，西北至兴凤路，长500米，宽4米，混凝土路面。1995年规划建设时命名，1996年建成。

玉溪东路 Yùxī Dōnglù 位于筱村镇枫林村。以处玉溪旁，与玉溪西路相对命名。东南起于柏树底，西北至玉凤北路，长500米，宽4米，混凝土路面。1993年规划建设时命名，1996年建成。

徐新路 Xúxīn Lù 位于筱村镇徐岙村。以“徐岙新路”之意命名。南起徐岙桥，北至坑边路，长120米，宽14米，混凝土路面。建于2002年。

兴园路 Xīngyuán Lù 位于筱村镇徐岙村，寓兴旺家园之意命名。南起松樟路，北至枫园路，长80米，宽18米，混凝土路面。建于2007年，前名为竹园路，2007年更名兴园路。

松樟路 Sōngzhāng Lù 位于筱村镇徐岙村。附近有棵松，樟合体之树，故名。东北起于垟心西路，西南至月山西路，长150米，宽18米，混凝土路面。建于2002年，前名竹园墩，2006年更名为松樟路。

枫园路 Fēngyuán Lù 位于筱村镇徐岙村。以枫林，竹园二村名各取一字命名。东北起于竹园桥，西南至兴园路，宽12米，长150米，宽12米，混凝土路面。始建于2002年，前名为竹园墩，2006年更名为枫园路。

兴凤路 Xīngfèng Lù 位于筱村镇枫林村。地近凤凰山，取兴旺发达含义，故名。西南起玉溪，东北至玉凤北路，长60米，宽3.5米，混凝土路面。1996规划时命名，1996年建成。

凤园路 Fèngyuán Lù 位于筱村镇枫林村。地近凤凰山，且与徐岙村竹园自然村村相连接，故名。西南起于竹园桥，东北至玉凤北路，长60米，宽4米，混凝土路面。建于1996年。

坑边路 Kēngbiān Lù 位于筱村镇徐岙村，枫林村。以道路通往坑边得名。东起玉溪东路，西至月山东路和徐新路接口，长300米，宽2.5米，混凝土路面。1995年建成。

新楼路 Xīnlóu Lù 位于筱村镇新楼村。道路通往新路村，故名。东起大场，西至垟家边，长800米，宽4米，混凝土路面。2006年建成。

长新路 Chángxīn Lù 位于筱村镇长垟村，新楼村。连接长垟、新楼2村，故名。南起长垟，北至新楼，长2000米，宽4.5米，混凝土路面。建于2010年。

杨新路 Yángxīn Lù 位于筱村镇徐岙村、长垟村。为杨家边新建道路，故名。南起杨家边，北至坑边路，全长1000米，宽6米，混凝土路面。2003年由原桥头至村尾的机耕道路改造而成。

文明西路 Wénmíng Xīlù 位于筱村镇东垟村。寓“弘扬文明精神”之意，为文明路西段，故名。东南起东垟桥，西北至长新路，全长800米，宽6米，混凝土路面。

文明东路 Wénmíng Dōnglù 位于筱村镇东垟村。寓“弘扬文明精神”之意，为文明路东段，故名。西南起东垟桥，东北至东路，长240米，宽5米，混凝土路面。

和平路 Hépíng Lù 位于筱村镇东垟村。寓意和平安定，故名。南起益民桥，北至文明西路，长100米，宽4米，混凝土路面。建于解放初。

北路 Běi Lù 位于筱村镇东垟村。系村庄通向北的道路，故名。南起东垟桥，北至新厝下，长240米，宽4米，混凝土路面。建于解放初。

南路 Nán Lù 位于筱村镇东垟村。系村庄向南的道路，故名。南起上村，北至东垟桥，长1400米，宽4米，混凝土路面。建于1949年。是东垟至石柱革命老区的必经之路。

东路 Dōng Lù 位于筱村镇东垟村。系村庄通东的道路，故名。东起文明东路，西至北路，长400米，宽5米，混凝土路面。1988年建成。

垟尾路 Yángwěi Lù 位于筱村镇章前垟村。以处垟尾命名。东南起于沿溪路，西北至垟尾，长100米，宽6米，混凝土路面。

沿溪路 Yánxī Lù 位于筱村镇章前垟村。沿葛溪而建，故名。南起民族中路，北起垟尾路，长130米，宽 6 米，混凝土路面。建于 2000 年。

民族中路 Mínzú Zhōnglù 位于筱村镇章前垟村。因处民族开发区中心而名。西南起于岊院线，东北至民族一路，长 130 米，宽 12 米，混凝土路面。建于 1994 年。

民族一路 Mínzú 1 Lù 位于筱村镇章前垟村。因处民族开发小区，自东至西命名民族一至三路，该路为第一条，故名。北起民族中路，南止民房，长 180 米，宽 12 米，混凝土路面。建于 1997 年。

民族二路 Mínzú 2 Lù 位于筱村镇章前垟村。因处民族开发小区，自东至西命名民族一至三路，该路为第二条，故名。南为民宅，北至民族中路，长 120 米，宽 12 米，混凝土路面。建于 1997 年。

民族三路 Mínzú 3 Lù 位于筱村镇章前垟村。因处民族开发小区，自东至西命名民族一至三路，该路为第三条，故名。南为民宅，北至民族中路，长 30 米，宽 12 米，混凝土路面。建于 1997 年。

兴章北路 Xīngzhāng Běilù 位于筱村镇章前垟村。因在村委会北面，寓意“兴旺章前垟村”，故名。东起民族一路，西至沿溪路，长 110 米，宽 12 米，混凝土路面。建于 1997 年。

兴章南路 Xīngzhāng Nánlù 位于筱村镇章前垟村。因在村委会南面，寓意“兴旺章前垟村”，故名。东起民族一路，西至葛垟，长 110 米，宽 12 米，混凝土路面。建于 1997 年。

龙山路 Lóngshān Lù 位于筱村镇章前垟村，路沿龙山，故名。南起垟头路，北至岊院线，长 200 米，宽 4 米，混凝土路面。建于 2008 年。

垟头路 Yángtóu Lù 位于筱村镇章前垟村，以处垟头命名。南起垟尾，北至龙山路，长 700 米，宽 4 米，混凝土路面。

坑底路 Kēngdǐ Lù 位于筱村镇章前垟村，以处坑底村命名。东起坑底，西至垟头路，长 500 米，宽 4 米。建于 2009 年。

垟心路 Yángxīn Lù 位于筱村镇五蒲村。因在五蒲垟中心，故名。南起西山路，北至岊院线，长 60 米，宽 10 米，混凝土路面。2004 年建成命名。

西山路 Xīshān Lù 位于筱村镇五蒲村，以路傍西山而名。南起桥头，北至岊院线，长 500 米，宽 4 米，混凝土路面。建于 1995 年。

东山路 Dōngshān Lù 位于筱村镇五蒲村。以路傍东山而名。南起未名小桥，北至翁氏宗祠，长 150 米，宽 4 米，混凝土路面。1995 年建成。

玉溪中心路 Yùxī Zhōngxīnlù 位于筱村镇玉溪村。因处玉溪村中心位置，故名。呈半环状。东起桥头，西至玉秀路，长 260 米，宽 4 米，混凝土路面。建于 2001 年。

玉秀路 Yùxiù Lù 位于筱村镇玉溪、枫林、坳头 3 村。以连接玉溪村与原秀洪村（今坳头村）而名。

东起玉溪中心路，西至王家山，长 50 米，宽 4.5 米，混凝土路面。1997 年建成。

新建路 Xīnjiàn Lù 位于筱村镇坡头村。因设下山移民点新建，故名。东起外垄，经坡头村委会驻地，西至下园自然村，长 700 米，宽 5 米，混凝土路面。2000 年前为村中主要小道，2006 年扩建。

泗溪镇

泗溪镇
筱村镇
东垟
周新
永兴
夏家山
卢梨
庵前
三魁镇
花坪头
翁地
双桥
雪临
卓宅
梧村
上岚
墩头
雅阳镇
莲头
松垟
上仁
下村
双溪口
峰文
灵乾
黄畲
坳下
大峨
周家
天井
顺溪镇
富溪
彭溪镇
里牌
叠石乡
库口
竹阳
富山
上佛垟林场
坑头
建新
华垟
大坪
池源
春臼坑
梧桐垟
洲路
李垟
西溪
新梨
三星
三门垟
溪源
西地
新和
前坪仔
九峰
湾头
半岗
石门
玉岩
筠竹坑
上院
下桥
白粉墙
半地垟
前坪
南溪
企石
洪坑
秀垟
半溪
黄淡潺
吾坪
桥头
普城
蔡宅
上村
琴桥
秀溪
九里潭景区
中国工农红军挺进师纪念馆
中共闽浙边中心县委成立旧址
富垟隧道
峰坳隧道
秀涧隧道
浙江省
福建省

泗溪镇人民政府

第五章 泗溪镇 Sìxī Zhèn

第一节 概 述

泗溪镇位于泰顺县东南部，政区划代码330329104。镇人民政府驻白粉墙村泗水中路35号，在泰顺县城东南33.0千米处，海拔420米。地理位置北纬27°23′23″～27°34′42″，东经119°55′41″～120°07′53″；辖区东西最大距离19.34千米，南北最大距离20.76千米。

境内东溪、南溪、西溪、北溪四条溪流汇集于下桥，古有“四水洄澜”之称，得名“四溪”，后改写“泗溪”。东邻平阳县、苍南县，南界彭溪镇、雅阳镇、仕阳镇，西接三魁镇，北连筱村镇。总面积190.06平方千米。其中陆地187.9平方千米，水域2.16平方千米。全镇辖白粉墙、溪源、上院、玉岩、半溪、下桥、建新、坑头、大坪、华垟、池源、春臼坑、三门垟、梧桐垟、洲路、三星、李垟、新梨、西溪、西地、新和、石门、九峰、前坪仔、湾头、半岗、南溪、�竹坑、半地垟、前坪、洪坑、企石、秀垟、桥头、普城、黄淡漈、吾坪、上村、蔡宅、琴桥、秀溪等41个行政村及环水居民区，共42个群众自治组织。总人口14953户、50768人。人口中汉族50409人；畲、苗、回族等5个少数民族共277人，其中苗族55人，回族44人。

泗溪镇域明代大部属平阳归仁乡三十九都，凤垟一带部分地域属瑞安义翔乡。建县后今泗溪镇域中心区域属六都，凤垟一带分属四都、五都，横坑属二、六都，东溪属八都。清代属二、三、四、五、六都。

民国24年（1935年）今泗溪镇域分设双涧、横源、西凤翔、玉西、南坪、凤山乡，民国27年（1938年）双涧、南坪乡合并，始称泗溪乡；凤山乡九峰、弯头村并入玉西乡，其余部分并为彭山乡（今彭溪镇境）；横源、荣成乡（后划文成县）并为横山乡；炉梨并入西凤翔乡。民国35年（1946年）西凤翔乡并入泗溪乡，玉西、横山乡并入尚仁乡。

泰顺解放初，今泗溪镇地域分设泗溪、玉西、西凤翔（以上属泗溪区）、东溪乡（属仕阳区），次年泗溪乡析建南坪乡，西凤翔乡分为凤洋乡、西溪2乡。1951年玉西乡析建横源乡；1952年泗溪乡析建新墙乡，凤洋乡析建半洋乡，南坪乡分为金溪、石坪2乡，玉西乡析建九峰乡，东溪乡析建积库、秀溪、矴步乡；横源乡分为横坑、池源乡。1956年泗溪、新墙、金溪、石坪、乡并为金溪乡，西溪、半洋、凤洋3乡并为凤洋乡，九峰乡复并入玉西乡，积库、秀溪、矴步乡并入东溪乡，池源乡并入横坑乡。1958年5月金溪乡析复泗溪乡。

1958年11月实行人民公社体制，今泗溪镇域分设泗溪、横坑、玉西、金溪、凤洋（以上属泗溪公社）、东溪生产大队（属仕阳公社）；次年生产大队改称管理区；1962年分建为规模调整后的泗溪公社以及横坑、玉西、金溪、凤洋、东溪公社。泗溪、横坑、玉西、金溪、凤洋公社属雅阳区，东溪公社属仕溪区。1983 年泗溪公社析建九峰公社，东溪公社析建积库公社，金溪公社改称南溪公社。

1984 年 5 月上述公社均改为乡，属泗溪区；1985 年 6 月泗溪乡置泗溪镇。1992 年撤销泗溪区，南溪乡并入泗溪镇，积库乡并入东溪乡；2011 年 4 月，横坑、九峰、凤垟、东溪 4 乡并入泗溪镇。

全镇地势四面高，仅西南部较低。与邻镇分水山岭 20 余座，群山重叠，其中西山岗海拔 1027.7 米，为泗溪最高峰。东、南、西、北四条溪流，从四个方向汇于下桥，流经东溪，下游称仕阳溪。

该地气候温和，雨量充沛，平均气温 16.5 摄氏度，无霜期 253 天，全镇耕地 414 公顷。粮食生产主要为水稻；泗溪为泰顺主要产茶区，茶园面积 446 公顷，产茶 2 01.6 吨；中药材种植面积 75 公顷，产量 483.2 吨。东溪杨梅是泰顺名品。畜牧业主要饲养生猪、牛、羊、兔、家禽。2011 年农业总产值 1.1 亿元，其中畜牧业总产值 3628 万元。2011 年工业总产值 3600 万元。

泗溪镇交通方便。331 省道过境段长 3 千米，双向二车道；县镇级公路有 4 条，总长 63.1 千米；莲泗、泗玉、泗筱三条公路交织于白粉墙。镇区道路总长 8.5 千米；桥梁 6 座，总长 0.2 千米；有自来水厂 1 座，铺设干线水管 75 千米；有 35 千伏变电所 1 座，高压输电线路 6 条，总长 170 千米。镇区有公园 3 处，面积 3.1 公顷。

泗溪镇山水相映，风景秀丽，历史底蕴深厚，名胜古迹众多。南宋时期，泗溪林姓科甲联捷，人才辈出，乾隆《温州府志》赞之“贵盛无比，几与赵氏宗室同”。泗溪是著名的革命老区，刘英、粟裕等率领的红军挺进师在泰顺奋战的主要地区之一，浙南游击根据地的重要组成部分，1992 年重新认定革命老区，原泗溪镇、东溪乡、凤垟乡、横坑乡、九峰乡被认定为革命老区镇乡。

该镇被命名为“浙江省生态镇”“浙江省旅游镇”。

第二节　群众自治组织 居民点

白粉墙村 Báifěnqiáng Cūn

行政村。位于泗溪镇中南部，村委会驻地白粉墙，亦为泗溪镇政府驻地，在罗阳镇县人民政府驻地东南 33 千米处。以村委会驻地白粉墙命名。东北至上院村，西北邻下桥村，东南接南溪村，面积 2.56 平方千米。居民 1435 户、2456 人。辖 23 个村民小组，有白粉墙、后宅、上大坑、三榠垟 4 个自然村。经济以农业、林业为主，茶叶亦为重要产业。交通方便，商业发达，每月有集市三次。

该地清代前名为莘阳（包括现上院村的上宅与书院），清初后渐称白粉墙村，解放初属泗溪乡；1952 年属新墙乡；1956 年属金溪乡，建立新湖农业生产合作社。1958 年建立新湖生产队，属泗溪公社泗溪大队；1959 年 2 月起属泗溪公社泗溪管理区。1961 年 9 月改为新湖生产大队，属规模调整后的泗溪公社，1983 年改称白粉墙大队。1984 年 5 月改为白粉墙行政村，属泗溪乡。1992 年泗溪乡撤销，属泗溪镇。

白粉墙 Báifěnqiáng 白粉墙村村委会驻地。原名莘阳，建有观音亭，清初毁于火，仅存一堵白色粉墙，故名。房舍沿东溪呈块状分布，居民 380 户、1400 人。1949 年 6 月 1 日在此宣布成立泰顺县人民政府。

林姓北宋初从泗溪下桥后堤迁此，曾琠明初从东溪迁此。今多林姓。

后宅 Hòuzhái 位于村委会驻地西南 0.8 千米处。系旧宅后侧扩建形成，故名，包括聚落“下大坑”。房舍沿山坳呈块状分布，居民 27 户、74 人。大多已迁山银头和白粉墙村。

林姓清中叶从白粉墙村双堂厝迁此，今多林姓。

上大坑 Shàngdàkēng 位于村委会驻地西南 1.1 千米处，因处下大坑上方得名。居民陆续移居白粉墙，今居林姓 2 户、10 人。

林姓清中叶从白粉墙后宅迁此。

三槐垟 Sānqiùyáng 位于村委会驻地东北 1.1 千米处。旧有南北交织三颗大树，故名。房舍沿溪谷呈块状分布，该村庄分属白粉墙、上院 2 行政村，白粉墙村村民 4 户、16 人。

曾姓明中叶从东溪秀溪分迁此，今多曾姓。

溪源村 Xīyuán Cūn

行政村。位于泗溪镇中部，村委会驻地溪源，在镇人民政府驻地北 3 千米处。以村委会驻地溪源命名。东北至西地村，西邻新犁村，南偏西接下桥村，北偏西连三星村，面积 3.80 平方千米。居民 338 户、1145 人。辖 6 个村民小组，有溪源、蒋家山、东园、马山腰、吴坑岗头 5 个自然村。经济以农业为主，茶叶、水果亦为重要产业。

解放初至 1956 年属泗溪乡，1956 年属金溪乡。1958 年建立溪源生产队，属泗溪公社泗溪大队；1959 年 2 月生产大队改为管理区，属泗溪公社凤洋管理区。1961 年 9 月管理区撤销，生产队改为生产大队，为溪源生产大队，属规模调整后的泗溪公社。1984 年 5 月改为溪源行政村，属泗溪乡。1992 年属泗溪镇。

1987 年溪源村被认定为第二次国内革命战争时期革命老根据地村。1992 年重新认定革命老区，溪源村被认定为革命老区村。

溪源 Xīyuán 溪源村村委会驻地，在镇人民政府驻地北 3 千米处。因处北溪源头得名，包括昌步下、铁炉岭、假楼尾、梨坪田、水外园 5 处聚落。房舍沿溪流呈块状分布。居民 226 户、747 人。

林姓明宣德、正统年间从下桥分迁于此，今多林姓。

蒋家山 Jiǎngjiāshān 位于村委会驻地北 0.5 千米处。村旁之山旧属蒋姓，得名“蒋家山”，村以山名。房舍沿山坳呈梯状分布，居民 54 户、179 人。

苏姓明中叶自泗溪前坪迁此，今多苏姓。

东园 Dōngyuán 位于村委会驻地东偏北 0.8 千米处。地处溪源东面山坡，多山园，故名。房舍沿山坡呈点状分布，居民 18 户、66 人。

林姓明中叶从下桥分迁于此，今多林姓。

马山腰 Mǎshānyāo 位于村委会驻地东北 1.5 千米处。该地大山岗形似马，得名“马山”，村处山腰，故名。房舍沿山坡呈点状分布，居民 5 户、16 人。

林姓清中叶从东园分迁于此，今多林姓。

吴坑岗头 Wúkēnggǎngtóu 位于村委会驻地东北 1.8 千米处。因处牛坑岗顶部，得名“牛坑岗头”，方言“牛”“吴”音同，后写成“吴坑岗头”。村南小溪西流注入北溪，名为“牛坑”。房舍沿山坡呈点状分布，居民 35 户、140 人。

林姓清中叶从泗溪下桥分迁于此。今多林姓、夏姓。

上院村 Shàngyuàn Cūn

行政村。位于泗溪镇中南部，村委会驻地书院，在镇人民政府驻地西北 1 千米处。由原上院、坑尾庵二行政村合并组建，沿用“上院”之名。东至筠竹坑村，西邻下桥村，南接南溪村，北偏西连溪源村。面积 2.16 平方千米，居民 256 户、885 人。辖 16 个村民小组，有书院、坑尾庵、上垟、前坪岗、大丘坪、三樠垟、上宅 7 个自然村。经济以农业、林业为主，茶叶亦为重要产业。东桂线贯通全村，交通便利。

原上院、坑尾庵 2 村解放初至 1956 年属泗溪乡，1956 至 1958 年属金溪乡；1956 年上院建立农业生产合作社曾名“新星”。 1958 年上院建立新星生产队，坑尾庵为下桥生产队一部分，均属泗溪公社泗溪生产大队；1959 年 2 月属泗溪公社泗溪管理区。1961 年 9 月改为新星、坑尾生产大队，属规模调整后的泗溪公社；1981 年新星大队更名上院大队，坑尾大队更名坑尾庵大队。1984 年 5 月改为上院、坑尾庵行政村，属泗溪乡。1992 年泗溪乡被撤销，属泗溪镇。1992 年重新认定革命老区，原坑尾庵村被认定为革命老区村。

2004 年原上院、坑尾庵 2 村合并组建为新的上院村。

书院 Shūyuàn 上院村村委会驻地，因古有书院得名。房舍沿东溪呈点状分布，居民 69 户、250 人。

林姓明前叶从白粉墙分迁于此，今多曾姓。

坑尾庵 Kēngwěi'ān 位于村委会驻地北 1.4 千米处。该地小溪下游古有庵堂“坑尾庵”，村以庵名。房舍沿山坪呈点状分布，居民 52 户、177 人。

王姓清中叶从上垟村分迁于此，今多王姓。

上垟 Shàngyáng 位于村委会驻地东北 0.6 千米处。旧有上下两处相邻村庄，该村居上侧，故名。房舍沿东溪呈块状分布，居民 117 户、418 人。

王姓明末从福建福鼎县城西门外迁此，今多王姓。

前坪岗 Qiánpínggǎng 位于村委会驻地东北 0.8 千米处，因处小山岗前平地得名。房舍沿山岗呈点状分布，居民 10 户、32 人。

王姓清中叶从上垟村分迁于此。今多王、包姓。

大丘坪 Dàqiūpíng 位于村委会驻地东北 0.9 千米处，因村北山上大坪地得名。房舍沿东溪呈点状分布，居民 8 户、32 人。

包姓清中叶从龙头村分迁于此，今多包姓。

三槐垟 Sānqiùyáng 位于村委会驻地东 0.3 千米处。旧有三颗大树，故名。房舍沿溪谷呈块状分布，该村庄分属白粉墙、上院 2 村，上院村村民 7 户、28 人。

曾姓明中叶从东溪秀溪分迁于此，今多曾姓。

上宅 Shàngzhái 位于村委会驻地西南 0.4 千米处。据族谱记载：清代林正绪与子林玉佐建造鱼虹桥（现名溪东桥），乾隆帝予以褒奖，成为名门，故名。房舍沿东溪呈块状分布，居民 32 户、100 人。

林姓明前叶从白粉墙分迁于此，今多林姓。

玉岩村 Yùyán Cūn

行政村。位于泗溪镇中南部，村委会驻地岩头底，在镇人民政府驻地东北 2.4 千米处。以当地玉岩山命名。东偏北至石门村，西邻上院村和下桥村，南接半地垟村和�竹坑村，东北连西地村，面积 5.14 平方千米。居民 473 户、1655 人，其中畲族 10 人。辖 16 个村民小组，有岩头底、大垟、吴坑、深渡、天竹坪、半山仔、大竹塆、氵贝底、南山下、下坪、网窟 11 个自然村及沈山茶场。经济以农业、林业为主，茶叶亦为重要产业。

玉岩村原称岩头村，解放初至 1956 年属泗溪乡；1956 年属金溪乡。1958 年建立岩头生产队，属泗溪公社泗溪生产大队；1959 年 2 月属泗溪公社泗溪管理区。1961 年 9 月改为岩头生产大队，属规模调整后的泗溪公社；1981 年更名玉岩生产大队。1984 年 5 月改为玉岩行政村，属泗溪乡，1992 年属泗溪镇。

1992 年重新认定革命老区，玉岩村被认定为革命老区村。

岩头底 Yántóudǐ 玉岩村村委会驻地。该地山上有岩如玉，得名“玉岩”，村庄处玉岩里侧，故名。房舍沿东溪溪谷呈块状分布，居民 100 户、290 人。村右有明万历三年（1575 年）包静山所书“玉岩洞天”等字样摩崖题刻。

包姓上祖包贵山宋德祐元年（1275 年）从平阳竹楼迁此，今多包姓。

大垟 Dàyáng 位于村委会驻地西南 0.1 千米处，旁有大片田垟，故名。房舍沿山坳呈带状分布，居民 47 户、230。村中包氏宗祠始建于明代，现为国家重点文保单位。

包姓明末从岩头底分迁于此，今多包姓。

吴坑 Wúkēng 位于村委会北 1.7 千米处，因村旁小溪“吴坑”（又称“牛坑”）得名。房舍沿山坳呈点状分布，居民 12 户、46 人。

吴姓清中叶从玉岩分迁于此，今多包姓。

深渡 Shēndù 位于村委会东北 1.1 千米处。村西东溪宽而深，设有渡口，故称。村居溪谷，房舍沿溪谷呈点状分布，居民 29 户、119 人。

包姓清中叶从岩头底分迁于此，今多包姓。

天竹坪 Tiānzhúpíng 位于村委会东北 1.3 千米处。村前平地旧多箭竹，得名“箭竹坪”，后称“金竹坪”，清嘉庆年间改为“天竹坪”。房舍沿山坳呈点状分布，居民 39 户、142 人。今多包姓。

半山仔 Bànshānzǐ 位于村委会东北 2.2 千米处。为大山半腰小村庄，故名。房舍沿山坡呈点状分布，居民 9 户、28 人。

林姓清中叶从白粉墙分迁于此。今多包、曹、林、陈姓。

大竹塆 Dàzhúwān 位于村委会东 0.8 千米处。村处山塆，有大片毛竹林，故名。房舍沿山坳呈点状分布，居民 9 户、37 人。

包姓晚清从岩头底分迁于此，今多包姓。

浿底 Bèidǐ 位于村委会东北 0.4 千米处，困处水坝里侧得名。1984 年村前东溪上建东坪桥后又名“东坪”。房舍沿山坡呈长方形分布，居民 36 户、135 人。

包姓清中叶从岩头底分迁于此，今多包、曾、毛、章姓。

南山下 Nánshānxià 位于村委会西南 0.3 千米处。地处南山之下，故名。房舍沿山脚呈点状分布，居民 18 户、74 人。村口有全国重点文物保护单位南阳桥，相传最初为南阳矴步，后改建为廊桥。

包姓清中叶从岩头底分迁于此，今多包姓。

下坪 Xiàpíng 位于村委会西北 0.3 千米处。村处山脚之坪，故称。房舍沿溪谷呈带状分布，居民 47 户、188 人。

包姓明末从岩头底分迁于此，今多包、何姓。

网窟 Wǎngkū 位于村委会西北 1.5 千米处。古为山坳低洼处，其形似网，方言低洼处称“窟”，故名，又称“鳌窟”。房舍沿山坳呈点状分布，居民 16 户、52 人。

包姓清中叶从岩头底分迁于此，今多包姓。

沈山茶场 Shěnshāncháchǎng 位于村委会西北 1.2 千米处。古因沈姓垦荒得名“沈山”。1987 年于此建茶场，改名“沈山茶场”。房舍沿山坡呈点状分布，居民 17 户、50 人，其中畲族 10 人。

初居沈姓，司前鳌岭畲族蓝一凤后裔分迁于此。今多包姓，畲族蓝姓。

半溪村 Bànxī Cūn

行政村。位于泗溪镇西部，村委会驻地半溪，在镇人民政府驻地西北 2.7 千米处。以村委会驻地半溪命名。东至玉岩村，西邻三魁镇，南偏东接洪坑村，北偏西连新犁村，面积 4.27 平方千米。居民 268 户、905 人。辖 12 个村民小组，有半溪、溪口、西山岗、汪山头、周家山、赵坑下 6 个自然村。经济以农业为主，茶叶亦为重要产业。

解放初至 1956 年属泗溪乡；1956 年属金溪乡，1956 年建“新桥”农业生产合作社。1958 年建立半溪生产队，属泗溪公社泗溪大队；1959 年 2 月起属泗溪公社泗溪管理区。1961 年 9 月改为半溪生产大队，属规模调整后的泗溪公社。1984 年 5 月改为半溪行政村，属泗溪乡。

1992 年属泗溪镇。1992 年重新认定革命老区，半溪村被认定为革命老区村。

半溪 Bànxī 半溪村村委会驻地，因处西溪中段得名。房舍沿山坡呈块状分布，居民 32 户、94 人。

曾姓从书院村分迁于此，今多曾姓。

溪口 Xīkǒu 位于村委会驻地东南 1.1 千米处。因处西溪出水口得名。房舍沿山坡呈点状分布，居民 50 户、158 人。

林姓明中叶从书院村分迁于此，今多林姓。

西山岗 Xīshāngǎng 位于村委会驻地西 0.1 千米处，因附近山峰“西山岗”得名。房舍沿山坡呈点状分布，居民 31 户、108 人。

陈姓清中叶从下桥溪东迁此，今多陈姓。

汪山头 Wāngshāntóu 位于村委会驻地西北 0.6 千米处。附近之山因汪姓肇基得名“汪山”，村处山头，故名。房舍沿山坡呈圆形分布，居民 47 户、177 人。

汪姓上祖汪东瑞南宋嘉定年间从葛藤坪（今属罗阳镇洲岭村）迁此，今多汪姓。

周家山 Zhōujiāshān 位于村委会驻地北偏西 0.7 千米处。因附近周姓肇基之山“周家山”得名。房舍沿山坡呈点状分布，居民 31 户、132 人。

初居周姓，陈姓清中叶从下桥溪东村分迁于此，今多陈姓。

赵坑下 Zhàokēngxià 位于村委会驻地北偏西 1.3 千米处，因村边小溪“赵坑”得名。房舍沿山坡呈点状分布，居民 39 户、128 人。

翁姓明末从翁家山分迁于此，今多翁姓。

下桥村 Xiàqiáo Cūn

行政村。位于泗溪镇中南部，村委会驻地下桥，在镇人民政府驻地西北 1 千米处，以村委会驻地下桥命名。东至上院村，西偏北邻半溪村，南偏西接洪坑村，北偏东连溪源村。面积 6.78 平方千米，居民 861 户、2757 人，其中畲族 81 人。辖 21 个村民小组，有下桥、后池、坑尾、山后、溪东、南山、南山底、花园、垟心、北山桥、大岭、方坑底、沈山 13 个自然村。经济以农业、林业为主，茶叶亦为重要产业。莲筱公路过境，交通便利。

解放初至 1956 年属泗溪乡；1956 年属金溪乡，1956 年建“新兴”农业生产合作社。1958 年建立下桥生产队，属泗溪公社泗溪大队；1959 年 2 月起属泗溪公社泗溪管理区。1961 年 9 月改为下桥生产大队，属规模调整后的泗溪公社。1984 年 5 月改为下桥行政村，属泗溪乡。1992 年属泗溪镇。

1987 年下桥村被认定为第二次国内革命战争时期革命老根据地村。1992 年重新认定革命老区，下桥村被认定为革命老区村。

下桥 Xiàqiáo 下桥村村委会驻地。该地廊桥北涧桥俗称“下桥”，故名。房舍沿溪呈块状分布，居民 422 户、1314 人。

林姓从后池分迁此，汤氏清中叶从后池分迁于此，今多林、陈、汤姓。

后池 Hòuchí 位于村委会东北 0.3 千米处。原名“上段竹里”，因村东山岗似鱼形，其后有池，改称“后池”。房舍沿溪谷呈块状分布，居民 36 户、142 人。

宋以前为黄、傅两姓“请垦之业”，北宋建隆二年（961 年）林建后裔由筱村东岙分迁于此；泰顺汤姓始祖汤文魁清康熙年间从军驻四溪平桥汛，康熙四十二年（1703 年）定居于此。今多林、汤姓。

坑尾 Kēngwěi 位于村委会东北 2.3 千米处，因处斋堂溪下游得名。房舍沿山坡呈块状分布，居民 34

户、135 人，其中畲族 80 人。

蓝姓明末从积库的岭头村迁此。现畲族多蓝姓，汉族多林姓。

山后 Shānhòu 位于村委会东北 2.5 千米处，因处徐家山之北得名。房舍沿山坡呈块状分布，今居蓝姓 1 人，畲族。

蓝姓清中叶从溪垟尾迁此。

溪东 Xīdōng 位于村委会东南 0.3 千米处，因处东溪东侧得名。房舍沿溪谷呈块状分布，居民 74 户、305 人。

陈姓晚清从南山分迁于此，今多林、陈姓。

南山 Nánshān 位于村委会西南 0.3 千米处，因处东溪南岸的“南山”得名。房舍沿溪谷呈块状分布，居民 11 户、46 人。

陈姓明隆庆年间迁此，今多陈姓。

南山底 Nánshāndǐ 位于村委会驻地西南 0.6 千米处，因处南山里侧得名。房舍呈块状分布，今居陈姓 1 户、4 人。

陈姓明初从东溪吴坪村分迁于此。

花园 Huāyuán 位于村委会驻地西北 0.2 千米处，因林姓于此建花园得名。房舍沿山谷呈块状分布，居民 11 户、57 人。

林姓从后池分迁于此，今多林姓。

垟心 Yángxīn 位于村委会驻地西北 0.3 千米处，因处田垟中部得名。房舍沿雅阳莲头至筱村公路呈块状分布，居民 41 户、167 人。

陈姓清光绪二十七年（1901 年）从附近村庄南山迁此，今多陈姓。

北山桥 Běishānqiáo 位于村委会西北 0.3 千米处。因村东方坑与小坑汇合处的“北山桥”得名。村居方坑溪谷，房舍沿溪谷呈块状分布，居民 28 户、112 人。

陈姓晚清从南山迁此，今多陈姓。

大岭 Dàlǐng 位于村委会西北 1.6 千米处。村前从下桥村小坑尾通往凤垟洋头之岭较长，称为“大岭”，村因岭名。房舍沿山坡呈块状分布，居民 5 户、23 人。

林姓晚清从下桥分迁于此，今多林姓。

方坑底 Fāngkēngdǐ 位于村委会西北 1.8 千米处。因处小溪芳坑里侧得名“芳坑底”，后作“方坑底”。房舍沿山坡呈块状分布，居民 3 户、8 人。村庄附近旧有芳坑庵，明泰顺知县王介庆有《宿芳坑庵》诗。

林姓清中叶从后池分迁于此，今多林姓。

沈山 Shěnshān 位于村委会西北 2.6 千米。房舍沿山坡呈块状呈点状分布，居民 30 户、124 人。

司前鳌岭蓝姓后裔分迁于此。今多雷、蓝姓。

建新村 Jiànxīn Cūn

行政村。位于泗溪镇北部，村委会驻霞庄桥，在镇人民政府驻地东北 10.2 千米处。由原夹边、上塘、朝坳、坟岭 4 行政村合并组建，寓建设新村之意，命名“建新”。东北至坑头村，西邻大坪村，南接华垟村，面积 8.54 平方千米。居民 632 户、2618 人，其中畲族 20 人。辖 28 个村民小组，有霞庄桥、上坟田、夹边、周坑底、水角、营庄、青寮、坑底、上塘、乌石、东垄底、朝坳、周垟、赤垟、连岙、林大垟、垟心、水蛇湾、坟岭、大岗 20 个自然村。经济以农业、林业为主，茶叶亦为重要产业。

原夹边、上塘、朝坳、坟岭 4 村解放初属玉西乡，1951 年属横源乡； 1952 至 1958 年属横坑乡。1958 年建立夹边、上塘、朝坳、坟岭生产队，属泗溪公社横坑生产大队；1959 年 2 月起属泗溪公社横坑管理区。1961 年 9 月起改为夹边、上塘、朝坳、坟岭生产大队，属新建的横坑公社。1984 年 5 月改为夹边、上塘、朝坳、坟岭行政村，属横坑乡。

2004 年原夹边、上塘、朝坳、坟岭 4 村合并组建建新村，属横坑乡。2011 年 4 月横坑乡撤销，并入泗溪镇。

霞庄桥 Xiázhuāngqiáo 建新村村委会驻地，以当地古廊桥“霞庄桥”得名。村东小溪南流，房舍沿山坡呈块状分布，居民 141 户、542 人，其中畲族 1 户、3 人。1997 年建立横坑下山扶贫开发区，其他地方村民陆续迁入，成为横坑人口最集中处。霞庄桥原称“望贤桥”，为浙江省文物保护单位。

张姓明正德七年（1512 年）从罗阳岭北迁此。今居多个姓氏，畲族雷姓。

上坟田 Shàngféntián 位于村委会驻地东北 0.4 千米处，因旁有古坟得名。房舍沿山坡呈点状分布，今居翁姓 1 户、5 人。

翁姓从翁山分迁于此，今居翁姓。

夹边 Jiābiān 位于村委会驻地北偏东 0.9 千米处。村居北溪边古道岔口，前后高山夹峙，古称“山夹边”，后简为“夹边”。另一说民国时实行保甲制，因在某甲的边上得名“甲边”，后以方言音复称“夹边”。房舍沿山坡呈点状分布，居民 94 户、320 人。

周绍鲲清中叶从瑞安五十五都（今文成境）迁此，夏发榜清光绪三十年(1904 年)从瑞安县珊溪西山（今文成境）迁此，郑姓从珊溪迁此。今居多个姓氏。

周坑底 Zhōukēngdǐ 位于村委会驻地东北1.1千米处，因处小溪“周坑”里侧得名。房舍沿山坡呈块状分布，居民3户、15人。

初居周姓，毛姓上祖毛乾积清中叶从平溪（今属文成县）迁此，今居毛姓。

水角 Shuǐjiǎo 位于村委会驻地东南0.4千米处，因系涧流北侧一角得名。房舍沿山坡呈点状分布，居民2户、7人，其余已移居林大洋。

许姓清中叶从上塘分迁于此，今居许姓。

营庄 Yíngzhuāng 位于村委会驻地东南0.5千米处，因古有寨营得名。房舍沿山坡呈点状分布，居民50户、235人。

许姓清中叶从上塘分迁于此，今多许、季姓。

青寮 Qīngliáo 位于村委会驻地东南0.5千米处，因先民搭建草寮居住得名。房舍沿山坡呈点状分布，居民10户、32人。

许姓从风垟分迁于此，今多许姓。

坑底 Kēngdǐ 位于村委会驻地东南0.6千米处，因处上塘坑最里处得名。房舍沿山坡呈点状分布，居民7户、24人。

许姓民国中期从上塘分迁于此，今多许姓。

上塘 Shàngtáng 位于村委会驻地东南0.8千米处，因处大水塘上方得名。房舍沿山坡呈块状分布，居民61户、210人，其中畲族2户、5人。

许姓清康熙五十一年（1712年）从平阳县山门迁此。今多许姓，畲族雷姓。

乌石 Wūshí 位于村委会驻地东南1.4千米处。相传古时有块黑色石头落于此，故名。房舍沿山坡呈块状分布，村民大多迁往霞庄桥等地，尚住1户、2人。

许姓清中叶从上塘分迁于此。

东垄底 Dōnglǒngdǐ 位于村委会驻地南0.2千米处。地处朝坳东向山垄里侧，故名。房舍沿田垟呈点状分布，今居雷姓1户、5人，畲族。

苏姓从平阳县迁此。

朝坳 Cháo'ào 位于村委会驻地南0.3千米处。地处石拱桥边山岙，得名“桥岙”，后以音转为“朝坳”。房舍沿溪呈点状分布，居民68户、235人，其中畲族1户、3人。村中有树龄约200年的柏树一棵。

季姓明中叶从罗阳鹤巢深坪分迁于此，今多季姓。

周垟 Zhōuyáng 位于村委会驻地南偏西0.4千米处。因周姓肇基得名，又称“秀垟”。房舍沿田垟呈块状分布，居民 28 户、61 人。村旁忠训庙建于清嘉庆十一年（1806 年）。

初居周姓，叶姓上祖叶圣保从三魁叶瑞旸分迁于此。今多叶、季姓。

赤垟 Chìyáng 位于村委会驻地南偏西 0.6 千米处，因当地多红土得名。房舍沿山坡呈块状分布，居民 4 户、11 人，其中畲族 4 人。村内有一萌为三的银杏树，树龄 200 余年。

洪姓上祖洪忠杰清康熙三十九年（1700 年）从青田十九都迁此。今居纪、洪姓，畲族雷姓。

连岙 Lián'ào 位于村委会驻地西偏南 0.4 千米处。村旁多处山岙相接，故名。房舍沿山坳分布，村民大多迁往霞庄桥等地，尚住居民 1 户、3 人。

季姓清中叶迁此。

林大垟 Líndàyáng 位于村委会驻地西 0.2 千米处。该地田垟较大，小山林木茂盛，故称。村居溪边，民居沿溪呈带状分布，居民 134 户、530 人。今居季、许、曾、叶、苏、吴等姓。

垟心 Yángxīn 位于村委会驻地西 1.5 千米处。周边均有田垟，故名。房舍沿山坡呈块状分布，居民 82 户、287 人。

许姓清中叶从风垟迁此。1999 年建下山移民点，今多胡、翁、许姓。

水蛇湾 Shuǐshéwān 位于村委会驻地西 1.8 千米处。村旁一山似蛇，一山似龟，原称“龟蛇塆”，后以山湾多水田改称“水蛇湾”。房舍沿山坡呈块状分布，村民大多移居垟心，尚有 3 户、10 人。

胡姓清中叶从春臼坑迁此，今多胡姓。

坟岭 Fénlǐng 位于村委会驻地西 2.1 千米处。附近岭上有吴姓古坟，得名“坟岭”，村以岭名。房舍沿山坡呈点状分布，居民陆续外迁，今居胡姓 3 户、10 人。

胡姓清中叶从春臼坑迁此。

大岗 Dàgǎng 位于村委会驻地西北 1.5 千米处，因处大山岗得名。房舍沿山坡呈块状分布，居民 7 户、25 人。

翁姓晚清从翁山山峡分迁于此，今多翁、吴姓。

坑头村 Kēngtóu Cūn

行政村。位于泗溪镇东北部，村委会驻地横坑头，在镇人民政府驻地东北 11.9 千米处。以村委会驻地横坑头简称“坑头”命名。东、北邻文成县、平阳县，西南接建新村，面积 2.42 平方千米。居民 152 户、620 人。辖 7 个村民小组，有横坑头、源上、大份、岗山头 4 个自然村，经济以农业为主，茶叶为重要产品。

解放初为横坑头村，属玉西乡；1951 年属横源乡，1952 至 1958 年属横坑乡。1958 年建立横坑头生产队，属泗溪公社横坑生产大队；1959 年 2 月起属泗溪公社横坑管理区。1961 年 9 月起改为横坑头生产大队，属横坑公社。1984 年 5 月改为横坑头行政村，属横坑乡，2004 年 5 月更名为坑头村。2011 年 4 月横坑乡撤销，并入泗溪镇。

1987 年横坑头村被认定为第二次国内革命战争时期革命老根据地村。1992 年重新认定革命老区，横坑头村被认定为革命老区村。

横坑头 Héngkēngtóu 坑头村村委会驻地。交溪源头又称横坑，村处其源头附近，故名。村东小溪南流。房舍沿山坡呈块状分布，居民 151 户、456 人，均汉族。

杨姓较早居此，翁姓清嘉庆五年（1800 年）从翁山迁此，今为多姓共居。

源上 Yuánshàng 位于村委会驻地东偏南 0.5 千米处，因处小溪源头得名。房舍沿山坡呈点状分布，村民大多迁居横坑头，今居杨姓 1 人。

朱姓从珊溪（今属文成县）迁此，杨姓清中叶从横坑头分迁于此。

大份 Dàfèn 位于村委会驻地西南 0.4 千米处，因杨姓大房居此得名。房舍沿山坡呈块状分布，居民 36 户、136 人。

翁姓明中叶从翁山坑底迁此，杨姓晚清从横坑头分迁于此，今多杨、胡、翁姓。

岗山头 Gǎngshāntóu 位于村委会驻地西南 0.4 千米处。当地九座山岗相连，俗称“九连岗”，村处其中部上端，故名。房舍沿山坡呈点状分布，村民大多迁居大份，今居杨姓 1 户、9 人。

杨姓晚清从横坑头分迁于此。

大坪村 Dàpíng Cūn

行政村。位于泗溪镇北部，村委会驻地大坪，在镇人民政府驻地东北 8.6 千米处。以村委会驻地大坪命名，东北至池源村，西、北邻筱村镇，南接舂臼坑村，面积 2.35 平方千米。居民 174 户、663 人。辖 8 个村民小组，有大坪、野门丘、旁山垟、外尾岗、黄坭田下 5 个自然村。经济以农业为主，亦产茶叶。

解放初属玉西乡；1951 年属横源乡，1952 年属池源乡。1956 年 3 月并入横坑乡。1958 年建立大坪生产队，属泗溪公社横坑生产大队；1959 年 2 月起属泗溪公社横坑管理区。1961 年 9 月起改为大坪生产大队，属横坑公社。1984 年 5 月改为大坪行政村，属横坑乡。2011 年 4 月横坑乡撤销，并入泗溪镇。

1987 年大坪村被认定为第二次国内革命战争时期革命老根据地村。1992 年重新认定革命老区，大坪村被认定为革命老区村。

大坪 Dàpíng 大坪村村委会驻地，因处较大山坪得名。西靠天开尖（海拔 1191.5 米），房舍沿山坡呈点状分布，居民 139 户、546 人。

吴姓明前叶从池源村迁此，方姓从平阳迁此，今居多姓。

野门丘 Yěménqiū 位于村委会驻地东北 0.4 千米处。有丘田在岭门，得名“岭门丘”，村以田名，后转成“野门丘”。房舍沿山坡呈块状分布，居民 14 户、42 人。

2003 年建下乡扶贫点，外尾岗和溪边两村农户迁此。

旁山垟 Pángshānyáng 位于村委会驻地东北 0.3 千米处，因田垟旁山得名。房舍沿山坡呈块状分布，村民大多迁居大坪，今居 5 户、16 人。

胡姓晚清时从春臼坑村迁此，今多胡姓。

外尾岗 Wàiwěigǎng 位于村委会驻地东北 0.6 千米处睐。因处大坪最外面山岗“外尾岗”得名，别称“水尾岗”。房舍沿山岗呈点状分布，居民 15 户、52 人。

郭姓清中叶从秧地边（今属文成县）迁此，包姓从桂山（今属文成县）迁此。今居郭、包、周、朱等姓。

黄坭田下 Huángnítiánxià 位于村委会驻地东 0.6 千米处，因处黄泥田下侧得名。房舍沿山坡呈块状分布，村民大多迁居野门丘，今居 1 户、2 人。

郭姓清中叶从秧地边（今属文成县）迁此。

华垟村 Huáyáng Cūn

行政村。位于泗溪镇北部，村委会驻地华垟，在镇人民政府驻地东北 9.2 千米处。以村委会驻地下垟谐音命名。东南至新和村，西邻池源村，北连建新村，面积 3.62 平方千米。居民 228 户、920 人。辖 9 个村民小组，有下垟、垄底、桥坑、岩坛、下垟山、皂罗垟、五婆山 7 个自然村。经济以农业、林业为主，毛竹、茶叶为重要产品。

解放初为下洋村，属玉西乡，1951 年属横源乡；1952 年属横坑乡。1958 年建立下洋生产队，属泗溪公社横坑生产大队；1959 年 2 月起属泗溪公社横坑管理区。1961 年 9 月起改为下洋生产大队，属横坑公社；因县内有多处“下洋”，1981 年 10 月改为华洋生产大队。1984 年 5 月改为华垟行政村，属横坑乡。2011 年 4 月撤销横坑乡，并入泗溪镇。

1987 年华垟村被认定为第二次国内革命战争时期革命老根据地村。1992 年重新认定革命老区，华垟村被认定为革命老区村。

下垟 Xiàyáng 华垟村村委会驻地。因处横坑下游，三面高山，西向较低，晚霞映照全村，原名“霞阳”，后以音转为“下垟”，包括聚落岩坛、旁山垟。房舍沿田垟周边呈块状分布，居民166户、608人。村内有树龄310余年的两棵红枫，民间称“母子树”。

李姓明正德年间自青田梅岐（今属景宁）迁此，倪姓清初从福建南平迁此，洪忠杰康熙三十九年（1700年）从青田迁此，翁姓从翁山迁此。现居多姓。

垄底 Lǒngdǐ 位于村委会驻地东北0.4千米处，因处田垄里侧得名，包括聚落天丘。房舍沿仕阳镇东溪至桂库公路呈块状分布，居民31户、105人。村内有棵树龄200余年的红枫。

李姓清初从平阳县潭湖迁此，今多李姓。

桥坑 Qiáokēng 位于村委会驻地东北0.6千米处。村前小溪因有座石拱桥，得名“桥坑”，村以坑名。房舍沿小溪呈点状分布，村民大多迁天丘，今居1人。

李姓清中叶从垄底分迁此。

岩坛 Yántán 位于村委会东侧0.2千米处，村庄背山面溪，溪水长期冲刷，露出一块5平米大小平整岩台，人称“岩坛”，又写为“岩段”。房舍沿山坡呈点状分布，村民大多迁居华垟，今居1户1人。

倪姓从下垟，分迁于此。

下垟山 Xiàyángshān 位于村委会驻地南0.7千米处，因处下垟山上得名。房舍沿山坡呈块状分布，居民12户、42人。

洪姓上祖洪云昌清乾隆七年（1742年）从赤洋迁此，今多洪、胡姓。

皂罗琤 Zàoluózhēng 位于村委会驻地西南1.5千米处，旧多皂罗树，小溪流水琤琤，故名。房舍山坡呈点状分布，居民16户、49人。

洪姓上祖洪衍钏清中叶从横坑迁此，今多洪、包、唐姓。

五婆山 Wǔpóshān 位于村委会驻地西南0.4千米处。村旁5座山岗传为5位婆婆化身，得名“五婆山”，村以山名。房舍沿山坡呈块状分布，今居洪姓1人，其余已移居下垟、霞庄桥。

许姓上祖许荣威明末从霞阳分迁于此，洪姓上祖洪云盛清代从赤垟迁此。

池源村 Chíyuán Cūn

行政村。位于泗溪镇北部，村委会驻地桥底，在镇人民政府驻地东北8.1千米处。这一带处于北溪源头，池姓肇基，多个村庄总称池源，故以池源命名。东至华垟村，西南接春臼坑村，西北连大坪村，面积4.75平方千米。居民319户、1130人。辖12个村民小组，有桥底、石井、店仔、双隔丘、坑口、高笕、后宅、墩头、上塆、油车、桥外、吴丘12个自然村。经济以农业、林业为主，毛竹、茶叶为重要产品。

解放初属玉西乡，1951 年属横源乡，1952 年属池源乡，1956 年 3 月属横坑乡。1958 年建立池源生产队，属泗溪公社横坑生产大队；1959 年 2 月起属泗溪公社横坑管理区。1961 年 9 月起改为池源生产大队，属横坑公社。1984 年 5 月改为池源行政村，属横坑乡。2011 年 4 月横坑乡撤销，并入泗溪镇。

1987 年池源村被认定为第二次国内革命战争时期革命老根据地村。1992 年重新认定革命老区，池源村被认定为革命老区村。

桥底 Qiáodǐ 池源村村委会驻地，因处池源桥里侧得名。房舍沿山坡呈块状分布，居民 111 户、390 人。村内有树龄 300 余年的柳杉 1 棵。

吴姓上祖吴承辉明末从小华桐迁此，今多吴、陶、郭、朱姓。

石井 Shíjǐng 位于村委会驻地北偏西 1.1 千米，因村旁山上的天然石井得名。房舍沿山坡呈块状分布，居民 22 户、80 人。

洪姓上祖洪云侯清初从赤垟迁此，曾姓清同治六年（1867 年）从双隔丘迁此，今多洪、曾姓。

店仔 Diànzǐ 位于村委会驻地东偏北 0.2 千米处，因旧有小店得名。房舍沿山坡呈块状分布，居民 13 户、44 人。

曾姓、洪姓清中叶分别从双隔丘和坑口迁此，吴姓晚清从桥底分迁于此。今居洪、曾、陶、郭等姓。

双隔丘 Shuānggéqiū 位于村委会驻地东北 1.2 千米处。村旁山岙有大田，依地势隔为两丘，故名。房舍沿山坳呈呈块状分布，居民 41 户、182 人。村内有树龄 700 余年的红豆杉 1 棵，树龄 340 余年的苦槠 1 课，树龄 250 余年的圆柏 1 棵。

曾姓上祖曾心凯清嘉庆十年（1805 年）从泗溪书院大楼基分迁于此，今多曾姓。

坑口 Kēngkǒu 位于村委会驻地东北 0.8 千米处，因处小溪出水口得后。房舍沿山坡呈点状分布，村民大多移居双隔丘，今居 6 户、17 人。

曾姓清中叶从双隔丘迁此，洪姓清中叶从石井迁此，今居曾、洪、彭等姓。

高笕 Gāojiǎn 位于村委会驻地东偏北 1.2 千米处。旧有竹爿所制从高处引水设施，故名。房舍沿山坡呈块状分布，居民 8 户、25 人。

林姓清中叶从泗溪镇白粉墙村分迁于此，今多林姓。

后宅 Hòuzhái 位于村委会驻地东北 1.7 千米处，因处祖宅后侧得名。房舍沿山坡呈块状分布，居民 12 户、40 人。

曾姓清中叶从周垟迁此，今多曾姓。

墩头 Dūntóu 位于村委会驻地东0.2千米，因处小山墩上方得名。房舍沿山坡呈块状分布，居民7户、35人。

吴姓从桥底分迁于此，今多吴姓。

上塆 Shàngwān 位于村委会驻地西北0.3千米处，因处桥底村庄上侧山湾得名。房舍沿山坡呈块状分布，居民8户、26人。今多吴姓。

油车 Yóuchē 位于村委会驻地西北0.3千米处。旧有榨油坊，故名。房舍沿山坡呈块状分布，居民6户、21人。

吴姓从桥底分迁于此，今多吴姓。

桥外 Qiáowài 位于村委会驻地东南0.2千米处，因处池源桥外侧得名。房舍沿山坡呈点状分布，居民65户、232人。

吴姓明末从桥底分迁于此，今多吴姓。

吴丘 Wúqiū 位于村委会驻地0.3千米。旁之田丘旧属吴姓，故名。房舍沿山坡呈块状分布，居民4户、18人。

吴姓清前叶从桥底分迁于此，今多吴姓。

舂臼坑村 Chūnjiùkēng Cūn

行政村。位于泗溪镇北部，村委会驻地舂臼坑，在镇人民政府驻地东北6.8千米处。以村委会驻地舂臼坑命名。东至池源村，西南接三星村，北连大坪村，面积2.74平方千米。居民127户、556人。辖6个村民小组，有舂臼坑、石竹坪、门前岗、窟底等4个自然村。经济以农业、林业为主，出产茶叶、毛竹。有510余年树龄的一棵红枫树，370余年和190余年树龄的两棵水青桐树，240余年树龄的一棵柳杉树。

舂臼坑村原为舂臼坑村，解放初属玉西乡；1951年属横源乡，1952年属池源乡， 1956年3月并入横坑乡。1958年建立中坑生产队，属泗溪公社横坑生产大队；1959年2月起属泗溪公社横坑管理区。1961年9月起改为中坑生产大队，属横坑公社。1984年5月改为舂臼坑村，属横坑乡。后又将“舂”改为“舂”，2011年4月横坑乡撤销，并入泗溪镇。

1987年舂臼坑村被认定为第二次国内革命战争时期革命老根据地村。1992年重新认定革命老区，舂臼坑村被认定为革命老区村。

舂臼坑 Chūnjiùkēng 舂臼坑村村委会驻地。当地有山形似舂臼，山旁小溪得名“舂臼坑”，村以坑名，为方便书写作“春臼坑”。1996年曾改称“中坑”，后又复称“春臼坑”。房舍沿山坡呈块状分布，居民128户、516人。

胡姓清康熙年间从平阳南港棣头迁此，今多胡姓。

石竹坪 Shízhúpíng 位于村委会驻地东0.5千米处，因当地山坪多石竹得名。房舍沿山坪呈块状分布，居民5户、16人。

胡姓清中叶从窟底分迁于此，今多胡姓。

门前岗 Ménqiángǎng 位于村委会驻地西北0.3千米处。先民肇基时建宅于山岗高处，后移建后山在门前，故名。房舍沿山岗呈点状分布，村民大多迁居春臼坑，今居3户、8人。

胡姓从窟底分迁于此，今多胡姓。

窟底 Kūdǐ 位于村委会驻地西北0.5千米处，地处沟谷之中，形似窟窿，故名。房舍沿沟谷中呈点状分布，村民大多迁春臼坑，今居胡姓1人。

胡姓清中叶迁此。

三门垟村 Sānményáng Cūn

行政村。位于泗溪镇西部，村委会驻地凤垟，在镇人民政府驻地西北4.3千米处。当地三条外道分别通往罗阳、文成以及平阳、福建福鼎，各有隘门，合称三门。2004年由原旁垟、垟头、下村垟3村合组建，该3村均带“垟”字，命名“三门垟”。东北至三星村，西南邻新梨村，东南接溪源村，西北连李垟村，面积6.31平方千米。居民716户、2675人。辖35个村民小组，有凤垟、三丘、垟头、企垄、下村垟、洪厝基、毛竹山、陈家山、大岭垄、麻蛇岭10个自然村。经济以农业、林业为主，茶叶亦为重要产业。茶叶、黄花菜为该地特产。

原旁垟、垟头、下村垟原称旁洋、洋头、下村洋村，解放初均属西凤翔乡；1950—1956年旁洋、洋头属凤洋乡，下村洋属半洋乡。1956年，全属凤洋乡。1958年分别建立旁洋、洋头、下村洋生产队，属泗溪公社凤洋生产大队；1959年2月起属泗溪公社凤洋管理区。1961年9月起改为旁垟、洋头、下村洋生产大队，属新建的凤洋公社。1984年5月改为旁垟、垟头、下村垟行政村，属凤垟乡。1992年重新认定革命老区，垟头、下村垟2村被认定为革命老区村。

2004年原旁垟、垟头、下村垟3村合并组建三门垟村，2011年4月凤垟乡撤销，并入泗溪镇。

凤垟 Fèngyáng 三门垟村村委会驻地。当地之山一边似龙，一边似凤，得名“龙凤洋”，后简为“凤垟”，又名“旁垟”。房舍沿山坪呈点状分布，居民319户、1250人。

陈姓上祖陈千二元至正二年（1342 年）从平阳县戈场迁此，今多陈姓。

三丘 Sānqiū 位于村委会驻地北 0.7 千米处。该地初仅三丘田，故称。房舍沿山坡呈点状分布，居民 12 户、54 人。

陈姓晚清从旁垟分迁于此，今多陈姓。

垟头 Yángtóu 位于村委会驻地东 0.3 千米处，因处原三门垟东部水头田垟旁得名。房舍沿山坪呈点状分布，居民 220 户、910 人。

陈姓从凤垟分迁于此，今多陈姓。

企垄 Qǐlǒng 位于村委会驻地西偏南 1.3 千米处。村前田垄较陡，原称“陡垄”，后讹为“企垄”。房舍沿山坡呈块状分布。居民 12 户、48 人。

陈姓清中叶从旁垟分迁于此。今多陈姓。

下村垟 Xiàcūnyáng 位于村委会驻地西 3.4 千米处。村处杨梅坪、半路两村下侧田垟边，故称。房舍沿山坡呈块状分布，居民 130 户、426 人。

萧姓上祖萧元琳明正统二年（1437 年）迁此。今多陈姓。

洪厝基 Hóngcuòjī 位于村委会驻地西 3.6 千米处，因洪氏肇基得名。房舍沿山坡呈点状分布，居民 6 户、42 人。

初居洪姓，今多洪姓。

毛竹山 Máozhúshān 位于村委会驻地北偏西 0.8 千米处，因当地山上多毛竹得名。房舍沿山坡呈点状分布，居民 19 户、48 人。

周姓晚清从乾头村迁此，今多周姓。

陈家山 Chénjiāshān 位于村委会驻地西北 2.8 千米处。因秦姓最早居此曾名“秦家山”，“秦”“陈”方言近音，又为陈姓所居，改为“陈家山”。房舍沿山坡呈点状分布，居民 31 户、130 人。

初居秦姓，萧姓明中叶从下村垟分迁于此。今多陈姓。

大岭垄 Dàlǐnglǒng 位于村委会驻地西偏北 3.5 千米处，因村北通往杨梅坪的大岭得名。房舍沿山坡呈点状分布，居民 16 户、77 人。

郑氏上祖郑大陆晚清从下家山村迁此，今多郑姓。

麻蛇岭 Máshélǐng 位于村委会驻地西 4.1 千米处，因村旁石岭“麻蛇岭”得名。房舍沿山坡呈块状分布，居民 21 户、75 人。

张姓清中叶从戬洲分迁于此，今多张姓。

梧桐垟村 Wútóngyáng Cūn

行政村。位于泗溪镇西北部，村委会驻地梧桐垟，在镇人民政府驻地西北 7.5 千米处。以村委会驻地梧桐垟命名。东至春臼坑村，西邻洲路村，南接李垟村，北连筱村镇，面积 5.95 平方千米。居民 247 户、953 人。辖 12 个村民小组，有梧桐垟、村堂、漈头垟、西垟垄、桥头山、上塘、面前垟 7 个自然村。经济以农业、林业为主，亦产茶叶。

梧桐垟村原为梧桐洋村，解放初属西凤翔乡；1950—1958 年属凤垟乡。1958 年建立梧峰生产队，属泗溪公社凤洋生产大队；1959 年 2 月起属泗溪公社凤洋管理区。1961 年 9 月起改为梧峰生产大队，属凤洋公社。1984 年 5 月改为梧桐垟行政村，属凤垟乡。2011 年 4 月凤垟乡撤销，并入泗溪镇。

1992 年重新认定革命老区，梧桐垟村被认定为革命老区村。

梧桐垟 Wútóngyáng 梧桐垟村村委会驻地。群山环抱，有“五山分歧”之胜，得名“五通垟”，后以谐音改为“梧桐垟”。房舍沿山洼地呈块状分布，居民 42 户、156 人。

吴姓从库村漈头村分迁于此，今多吴姓。

村堂 Cūntáng 位于村委会驻地东南 0.1 千米处。为梧桐垟一带的中心，故称“村堂”。房舍沿山坡呈块状分布，居民 31 户、112 人。

吴姓从库村漈头分迁附近的漈头垟，明中叶转迁于此，今多吴姓。

漈头垟 Jìtóuyáng 位于村委会驻地东南 0.9 千米处，因处岩漈头里侧得名。房舍沿山坡呈块状分布，居民 83 户、244 人。

吴姓明初从库村漈头分迁于此，今多吴姓。

西垟垄 Xīyánglǒng 位于村委会驻地西南 0.4 千米处，因处梧桐垟村西南山垄得名。房舍沿山坡呈点状分布，居民 25 户、85 人。

初有上堂村民迁此，今多吴姓。

桥头山 Qiáotóushān 位于村委会驻地西南 0.4 千米处。附近廊桥边之山得名“桥头山”，村以山名。房舍沿山坡呈块状分布，居民 22 户、86 人。

吴姓分迁于此，今多吴姓。

上塘 Shàngtáng 位于村委会驻地西南 0.5 千米处。因处水塘上方得名“上塘”，后以音又作“上堂”。房舍沿山坡呈点状分布，居民 30 户、101 人。

魏姓清中叶从平阳县北港迁此，今多魏姓。

面前垟 Miànqiányáng 位于村委会驻地西 0.3 千米处，因村前有片田垟得名。房舍沿山坡呈块状分布，居民 21 户、74 人。

吴姓分迁于此，今多吴姓。

洲路村 Zhōulù Cūn

行政村。位于泗溪镇西北部，村委会驻地半路，在镇政府人民驻地西北 8.9 千米处。由原沙洲、半路两个行政村合并组建，从原村名各取一字，命名为“洲路”。东至李垟村，西、北连筱村镇，南接三魁镇，面积 7.38 平方千米。居民 512 户、1981 人。辖 21 个村民小组，有半路、雷打岩、底塆、程仕岭、外牛塘、叶家垟、种田垟、塔后、旁寮、白水窟、杨梅坪、水门外、大坑底、沙洲、后堤坑 15 个自然村。经济以农业、林业为主，茶叶亦为重要产业。

原半路、沙洲 2 村解放初属西凤翔乡，1950 年属凤洋乡，1952 年属半洋乡，1956 年属凤洋乡。1958 年分别建立半路、沙洲 2 生产队，属泗溪公社凤洋生产大队；1959 年 2 月起属泗溪公社凤洋管理区。1961 年 9 月起改为半路、沙洲生产大队，属凤洋公社。1984 年 5 月改为半路、沙洲行政村，属凤垟乡。1992 年重新认定革命老区，原半路、沙洲 2 村均被认定为革命老区村。

2004 年原半路、沙洲 2 村合并组建洲路村。2011 年 4 月凤垟乡撤销，并入泗溪镇。

半路 Bànlù 洲路村村委会驻地，因处泗溪到筱村岭道半途得名。房舍沿山坪呈块状分布。居民 320 户、1107 人。

陈姓上祖陈文弟明中叶迁此，今多陈、林姓。

雷打岩 Léidǎyán 位于村委会驻地东偏北 0.4 千米处。当地有岩因雷击开裂，得名“雷打岩”，村以岩名。房舍沿山坡呈点状分布，居民 5 户、15 人。

该自然村形成于解放初，今多吴姓。

底塆 Dǐwān 位于村委会驻地东北 0.7 千米处，因处山塆里侧得名。房舍沿山坡呈块状分布，居民 14 户、59 人。

吴姓清中叶从平阳县迁此，今多陈姓。

程仕岭 Chéngshìlíng 位于村委会驻地东北 1.1 千米处。村旁大岭有程家庵通仕阳岭道，得名“程仕岭”，村以岭名，又作“程思岭”。房舍沿山坡呈点状分布，居民 39 户、155 人。

吴姓上祖吴世金清中叶迁此，今多林、吴姓。

外牛塘 Wàiniútáng 位于村委会驻地北偏东 1.0 千米处。当地古有里外两处牛塘，该地处外牛塘边，故名。房舍沿山坡呈块状分布，居民 7 户、30 人。

彭姓上祖彭圣春晚清从平阳县迁此，今多彭姓。

叶家垟 Yèjiāyáng 位于村委会驻地东北 1.7 千米处，因叶姓肇基得名。房舍沿溪呈点状分布，居民 10 户、51 人。

初居叶姓，吴姓上祖吴化晚清从平阳县迁此，今多吴姓。

种田垟 Zhòngtiányáng 位于洲路村村委会驻地东 0.2 千米处。该地田垟原为陈、林、吴等多姓共有，得名“众田垟”，后以音改为“种田垟”。房舍沿山坡呈块状分布，居民 14 户、59 人。

陈姓上祖陈应则清中叶迁此，今多林姓。

塔后 Tǎhòu 位于村委会驻地东 0.8 千米处。村前小山顶旧有塔，故名。房舍沿山坡呈块状分布，居民 7 户、38 人。

周姓晚清从乾头分迁于此，今多周姓。

旁寮 Pángliáo 位于村委会驻地东南 0.3 千米处。初为路旁草屋，故名。房舍沿山坡呈块状分布，居民 13 户、54 人。

林姓清中叶从泗溪镇下桥村分迁于此，今多林姓。

白水窟 Báishuǐkū 位于村委会驻地东南 0.9 千米处。当地有一水井，井上白雾纷飞，得名“白水窟”，村以井名。房舍沿山坡呈块状分布，居民 7 户、30 人。

林姓上祖林蒙若晚清从泗溪镇下桥村分迁于此，今多林姓。

杨梅坪 Yángméipíng 位于村委会驻地南 0.2 千米处。村旁山坪旧多野杨梅树，故名。房舍沿山坪呈点状分布，居民 87 户、287 人。

陈姓清中叶从半路村分迁于此，今多陈姓。

水门外 Shuǐménwài 位于村委会驻地西南 0.5 千米处。先民为饮水建一水门，村处水门外侧，故名。房舍沿山坡呈点状分布，居民 40 户、110 人。

陈姓清中叶从半路村分迁于此，今多陈姓。

大坑底 Dàkēngdǐ 位于村委会驻地西南 1.2 千米处。村居较大的溪流里侧，故名。房舍沿溪呈点状分布，居民 14 户、65 人。

吴姓清中叶从三魁夏卢迁此，今多吴姓。

沙洲 Shāzhōu 位于村委会驻地西北 0.4 千米处。地处山涧下游，泥沙淤积成洲，故名。房舍沿山坪呈块状分布，居民 37 户、145 人。

吴姓上祖吴有炽清中叶从平阳县迁此。今多吴姓。

后堤坑 Hòudīkēng 位于村委会驻地西北 0.6 千米处，因处小溪“后堤坑”边得名。房舍沿后堤坑呈块状分布，居民 52 户、238 人。

曾姓上祖曾希廉明中叶迁此，今多曾、赖姓。

三星村 Sānxīng Cūn

行政村。位于泗溪镇西部，村委会驻地乾头，在镇人民政府驻地北 5 千米处。由原坑下、后斜、乾头 3 村合并，取三村如三星高照之意，命名为“三星”。东北至春臼坑村，西南邻三门垟村，面积 6.05 平方千米。居民 399 户、1540 人。辖 23 个村民小组，有乾头、太阳岗底、坑下、牛路坳、后斜 5 个自然村。经济以农业、林业为主，茶叶亦为重要产业。

原乾头、坑下、后斜 3 村解放初均属西凤翔乡，1950—1958 年属凤洋乡。1958 年分别建立乾头、坑下、后斜生产队，属泗溪公社凤洋生产大队；1959 年 2 月起属泗溪公社凤洋管理区。1961 年 9 月起改为乾头、坑下、后斜生产大队，属新建的凤洋公社。1984 年 5 月改为乾头、坑下、后斜行政村，属凤垟乡。1992 年重新认定革命老区，原乾头、坑下、后斜 3 村均被认定为革命老区村。

2004 年原乾头、坑下、后斜 3 村合并为三星村。2011 年 4 月凤垟乡撤销，并入泗溪镇。

乾头 Qiántóu 三星村村委会驻地。村居观音尖（海拔 1110 米）山头南侧，取“乾为天”之意而名。房舍沿山坡呈块状分布，居民 216 户、846 人。

周姓上祖周士益明洪武二十九年（1715 年）从平阳县山门迁此，今多周姓。

太阳岗底 Tàiyánggǎngdǐ 位于村委会驻地东北 0.8 千米处。西南山岗名“太阳岗”。村处其里侧，故名。房舍沿山岗呈点状分布，居民 18 户、74 人。

周姓明中叶从乾头分迁于此，今多周姓。

坑下 Kēngxià 位于村委会驻地东北 2.4 千米处，因处春臼坑村庄下方得名。房舍沿山坪呈块状分布，居民 55 户、255 人。

胡姓清中叶从春臼坑迁此。今多胡、曾、林姓。

牛路坳 Niúlù'ào 位于村委会驻地东 0.5 千米处。该地山坳旧为牛行之处，故名。房舍沿山坡呈块状分布，居民 34 户、115 人。

周姓从乾头分迁于此，今多周姓。

后斜 Hòuxié 位于村委会驻地东 1.2 千米处，因处长斜山后得名。房舍沿山坪呈块状分布，居民 108 户、465 人。

林姓清中叶从后坑分迁于此，今多林、吴姓。

李垟村 Lǐyáng Cūn

行政村。位于泗溪镇西北部，村委会驻地樟树底，在镇人民政府驻地西北 6.4 千米处。以该地大村庄李垟命名（李垟为樟树底、隔山外、祖厝、垟尾、茭湖等村庄合称）。东南至三门垟村，西邻洲路村，南接新梨村，北连梧桐垟村，面积 3.08 平方千米。居民 202 户、871 人。辖 8 个村民小组，有樟树底、茭湖、坑底垟、祖厝、垟尾、隔山外、垟边首、窍尾 8 个自然村。全村耕地 278 亩，林地 2398 亩。经济以农业、林业为主，茶叶亦为重要产业。

李垟村原为李洋村，解放初属西凤翔乡；1950 年属凤洋乡，1952 年属半洋乡，1956 年属凤洋乡。1958 年建立李洋生产队，属泗溪公社凤洋生产大队；1959 年 2 月起属泗溪公社凤洋管理区。1961 年 9 月起改为李洋生产大队，属凤洋公社。1984 年 5 月改为李垟行政村，属凤垟乡。1992 年重新认定革命老区，李垟村被认定为革命老区村。2011 年 4 月凤垟乡撤销，并入泗溪镇。

樟树底 Zhāngshùdǐ 李垟村村委会驻地，因处一株大樟树下得名。房舍沿山脚呈点状分布，居民 42 户、212 人。今多包、林姓。

茭湖 Jiāohú 位于村委会驻地北 0.1 千米处。古称“家湖”，该地几丘烂田宜种“茭白”，明朝称该地为“茭湖”。房舍沿山坡呈点状分布，居民 15 户、53 人。

陈姓明中叶从祖厝分迁此，今多陈、翁姓。

坑底垟 Kēngdǐyáng 位于村委会驻地东 0.4 千米处，因处小溪里侧得名。房舍沿山坡呈点状分布，常住居民 2 户、13 人。

陈姓清中叶从祖厝分迁于此，今居苏、陈姓。

祖厝 Zǔcuò 位于村委会驻地东南 0.2 千米处。为李垟陈姓始居之屋，故称。房舍沿山坪呈点状分布，居民 21 户、92 人。

陈姓明中叶迁此，今多陈姓。

垟尾 Yángwěi 位于村委会驻地西南 0.3 千米处，因处李垟村田垟末尾得名。房舍沿山坡呈点状分布，居民 12 户、44 人。

陈姓从祖厝分迁于此，今多陈姓。

隔山外 Géshānwài 位于村委会驻地西南 0.5 千米处。该地与原村庄相隔一重山，故名。房舍沿山坡呈块状分布，居民 22 户、84 人。

相传乾头村一户清初迁此种田兼烧制砖瓦，今多魏、周姓。

垟边首 Yángbiānshǒu 位于村委会驻地西北 0.7 千米处。古称“黄班首”，后以方言音改作“垟边首”。房舍沿山坡呈点状分布，居民 31 户、176 人。

陈姓明初从雅阳迁此，今多陈姓。

窍尾 Qiàowěi 位于村委会驻地西北 1.1 千米处。古称“缴尾”，后以音改作“窍尾”。房舍沿山坡呈点状分布，居民 18 户、88 人。

包姓清中叶从南溪村迁此，今多包姓。

新梨村 Xīnlí Cūn

行政村。位于泗溪镇西部，村委会驻地梨樉垟，在镇人民政府驻地西北约 5 千米处。取“新的梨樉垟”之意命名“新梨”。东北至三门垟村，西南邻西溪村，北连李垟村，面积 2.00 平方千米。居民 255 户、875 人。辖 12 个村民小组，有梨樉垟、上厝仔、稻杆垟、杨梅岭、顶岔宅、路口垄 6 个自然村。经济以农业为主，茶叶亦为重要产业。

新梨村原为梨樉洋村，解放初属西凤翔乡；1950 年属西溪乡；1956 年属凤洋乡。1958 年建新梨生产队，属泗溪公社凤洋生产大队；1959 年 2 月起属泗溪公社凤洋管理区。1961 年 9 月起改为新梨生产大队，属凤洋公社。1981 年更名梨樉洋生产大队。1984 年 5 月改为梨樉垟村，属凤垟乡，2004 年复用“新梨”之名。2011 年 4 月凤垟乡撤销，并入泗溪镇。

梨樉垟 Líqiùyáng 新梨村村委会驻地。旧时该地有棵大梨树，故名。房舍沿山呈块状分布，居民 275 户、1070 人。

陈姓明末迁此，今多陈姓。

上厝仔 Shàngcuòzǐ 位于村委会驻地东北 0.2 千米处。旧为梨樉垟上侧小村落，故名。房舍沿山坡呈块状分布，居民 45 户、142 人。

陈姓明末从垟头村迁此，今多陈、吴姓。

稻杆垟 Dàogānyáng 位于村委会驻地东北 0.6 千米处。当地旧时习惯收获后将稻杆堆放田边，故名。房舍沿山坡呈点状分布，居民 82 户、270 人。

陈姓明末从垟头村迁此，今多陈姓。

杨梅岭 Yángméilǐng 位于村委会驻地东 0.6 千米处，村西石岭古称“垟尾岭”，村以岭名，后因方言音改作“杨梅岭”。村居山岗，房舍沿山岗呈点状分布，居民 6 户、38 人。

叶姓明末从半溪村迁此，今多曾、叶姓。

顶岔宅 Dǐngchàzhái 位于村委会驻地西南 0.4 千米处。陈家最早在此建宅，得名“陈家宅”，后以方言音讹为“顶岔宅”。房舍沿山坡呈块状分布，居民 46 户、175 人。

陈姓明末从半溪村迁此，今多陈、林姓。

路口垄 Lùkǒulǒng 位于村委会驻地西 0.3 千米处，因处道路口得名。房舍沿路呈点状分布，居民 40 户、150 人。

陈姓明末从半溪村迁此，今多陈姓。

西溪村 Xīxī Cūn

行政村。位于泗溪镇西部，村委会驻地上塆，为大村庄西溪头的西北片，在镇人民政府驻地西北 5.6 千米处。由原南阳、上塆 2 行政村合并组建，以当地的西溪命名。东北至新梨村，西、南接三魁镇，面积 3.78 平方千米。居民 328 户、1134 人。辖 12 个村民小组，有上塆、印山堂、南阳 3 个自然村。经济以农业为主，茶叶亦为重要产业。

原南阳、上塆 2 村解放初属西凤翔乡，1950 年属西溪乡，1956 年属凤洋乡。1958 年分别建立南阳、上塆生产队，属泗溪公社凤洋生产大队；1959 年 2 月起属泗溪公社凤洋管理区。1961 年 9 月起改为南阳、上塆生产大队，属凤洋公社。1984 年 5 月改为南阳、上塆行政村，属凤垟乡。

2004 年原南阳、上塆 2 村合并组建西溪村。2011 年 4 月凤垟乡撤销，并入泗溪镇。

上塆 Shàngwān 西溪村村委会驻地，为原大村庄西溪头的西北片。因处西溪上游溪湾得名“上湾”，后以音写为“上塆”。房舍沿溪呈块状分布，居民 125 户、550 人。

周姓上祖周隆山南宋宝庆三年（1227 年）迁此，今多周姓。

印山堂 Yìnshāntáng 位于村委会驻地东南 1.2 千米处。村西旧有宫庙“印山堂”，故名。房舍沿山坡呈块状分布，居民 50 户、190 人。印山堂始建于北宋至和年间（1054—1056 年），名闻浙南。

包姓上祖包光齐清中叶迁此，今多包姓。

南阳 Nányáng 位于村委会驻地南 0.3 千米处。为原大村庄西溪头的东南片，因处南面朝阳处得名。房舍沿山坡呈块状分布，居民 130 户、430 人。

林姓明弘治四年（1491 年）分迁此，今多林姓。

西地村 Xīdì Cūn

行政村。位于泗溪镇中部，村委会驻地西地，在镇人民政府驻地东北6. 1千米处，以村委会驻地西地命名。东至前坪仔村，西邻三星村，南偏东接石门村，北连华垟村。面积10.94平方千米，居民502户、1938人，其中畲族17人。辖22个村民小组，有西地、白水漈、泥樟山、路下、古庵、坑坪、白岩下、高畲垟、坟前、南僻10个自然村。经济以农业、林业为主，茶叶为特产，年产100多担。

解放初至1958年属玉西乡。1958年建立新发生产队，属泗溪公社玉西生产大队；1959年2月起属泗溪公社玉西管理区。1961年9月起改为新发生产大队，属新建的玉西公社；1981年改名西地生产大队。1984年5月改为西地行政村，属玉西乡。1992年5月玉西乡撤销，并入九峰乡。2011年5月九峰乡撤销，并入泗溪镇。

1992年重新认定革命老区，西地村被认定为革命老区村。

西地 Xīdì 西地村村委会驻地。先民初居时取名“斯地”。另一说古为施舍给寺院的地产，原称“施地”，“斯”“施”音近，民国时以音改称“西地”。房舍沿山麓平地呈串状分布，居民395户、1370人。有畲、彝、水、壮、苗、侗等少数民族共17人。村里尚存南宋淳祐九年（1249年）所建佛塔构件。

陈姓上祖陈中迪北宋嘉祐五年（1060年）迁此，陈德、陈清两兄弟南宋宝庆元年（1225年）从垮头迁此，包姓从玉岩分迁于此，曾姓从白粉墙分迁于此。今多陈姓。

白水漈 Báishuǐjì 位于村委会驻地北1.3千米处。该地有瀑布倾泻而下，呈白色，得名“白水漈”，村以漈名。房舍沿山坡呈块状分布，居民4户、12人。

包姓清乾隆十二年（1747年）从西地分迁于此，另说迁此为道光二十一年（1841年）。今多包姓。

泥樟山 Nízhāngshān 位于村委会驻地北偏东2.1千米处，因附近小山“泥浆山”得名，后雅化为“泥樟山”。房舍沿山坡呈块状分布，今居包姓2户、6人。

包姓清乾隆二十六年（1761年）迁此。

路下 Lùxià 位于村委会驻地东1.0千米处，因处西地通往平阳、温州的大道下侧得名。房舍沿山坡呈点状分布，居民53户、190人。

包姓清乾隆五十二年（1787年）从西地分迁于此，今多包、陈姓。

古庵 Gǔ'ān 位于村委会驻地东2.2千米处。古为人烟稀少的大山垮，得名“古垮”，后以音改称“古庵”。房舍沿山垮呈点状分布，今居5户、15人。

包姓清乾隆三十六年（1771年）从上寮迁此，今多包姓。

坑坪 Kēngpíng 位于村委会驻地西南0.2千米处。因处坑边山坪得名，后建新屋，又称“新厝下”。房舍沿山坡呈点状分布，今仅1位老人居于旧屋。

曾姓清嘉庆二十（1815 年）年从泗溪三槙洋迁此。

白岩下 Báiyánxià 位于村委会驻地东南 1.0 千米处，因处白色大岩之下得名。房舍沿山坡呈块状分布，居民 38 户、131 人。

包姓清嘉庆二十年（1815 年）从西地分迁于此，今多包姓。

高畲垟 Gāoshēyáng 位于村委会驻地西南 1.4 千米处。村边有片田垟沿高山斜向而下，得名“高斜垟”，后以音改作“高畲垟”。房舍沿山坡呈点状分布，居民 47 户、168 人。

包姓清乾隆二十五年（1760 年）从玉岩村分迁于此，今多包姓。

坟前 Fénqián 位于村委会驻地西南 0.3 千米处，因村后旧有古坟得名。房舍沿山坡呈块状分布，居民 19 户、62 人。

包姓清雍正元年（1723 年）从泗溪下坪村迁此，今居包、陈、翁、林等多姓。

南僻 Nánpì 位于村委会驻地西 1.7 千米处，因处南僻山得名。房舍沿山坡而建，村民大多外迁，今居 1 户、4 人。

包姓清乾隆十一年（1746 年）从西地分迁于此。

新和村 Xīnhé Cūn

行政村。位于泗溪镇东北部，村委会驻地斋堂，在镇人民政府驻地东北 8.0 千米处。由原上寮、沙岭、新斋 3 行政村合并组建，寓新建和谐之村之意，命名“新和”。东南至前坪仔村，西南邻西地村，西北连华垟村。面积 3.97 平方千米，居民 300 户、1052 人。辖 12 个村民小组，有斋堂、上寮、漈园、大段尾、沙岭 5 个自然村。经济以农业、林业为主，茶叶为重要产业。

原上寮、沙岭、新斋 3 村解放初属玉西乡；1952 年属九峰乡；1956 年沙岭、新斋村属玉西乡。1958 年分别建立上寮、沙岭、新斋生产队，属泗溪公社玉西生产大队；1959 年 2 月起属泗溪公社玉西管理区。1961 年 9 月起改为上寮、沙岭、新斋生产大队，属玉西公社。1984 年 5 月改为上寮、新斋行政村，沙岭为西地村一部分，均属玉西乡。1992 年 5 月玉西乡并入九峰乡，1993 年从西地村析建沙岭行政村。1992 年重新认定革命老区，上寮、沙岭、新斋 3 村均被认定为革命老区村。

2004 年上寮、沙岭、新斋 3 村合并组建新和村，属九峰乡。2011 年 4 月九峰乡撤销，并入泗溪镇。

斋堂 Zhāitáng 新和村村委会驻地。先民在山岗下坡搭一草屋肇基，原名“下寮”。清代在此建一庵堂，改称“斋堂”。房舍山坡呈点状分布，居民 45 户、172 人。

陈姓清中叶从平阳县三门迁此，今多陈姓。

上寮 Shàngliáo 位于村委会驻地东北 1.0 千米处。初为新斋村庄上侧数间草屋，故名。房舍沿山坡呈点状分布，居民 116 户、456 人。

王姓明嘉靖二年（1523 年）从泗溪筠竹坑迁此，今多王姓。

漈园 Jìyuán 位于村委会驻地东偏南 0.5 千米处。潘姓在此建厂造土纸，得名“纸园”，后因有岩漈，以音改为“漈园”。房舍沿山坡呈点状分布，居民 23 户、85 人。

初居潘姓，王姓晚清迁此。今多王姓。

大段尾 Dàduànwěi 位于村委会驻地南偏东 0.3 千米处。该地一大段地带皆为梯田，村居其尾侧，故名。房舍沿山坡呈块状分布，居民 10 户、40 人。

王姓晚清从漈园迁此，今多陈姓。

沙岭 Shālǐng 位于村委会驻地西 2.0 千米处。当地去横坑的山岭里侧多沙，得名“沙岭”，村以岭名。房舍沿山坡呈点状分布，居民 82 户、366 人。

陈姓上祖陈振庭清中叶迁此。今多陈、包姓。

石门村 Shímén Cūn

行政村。位于泗溪镇中部，村委会驻地石门，在镇人民政府驻地东北 4.6 千米处。以村委会驻地石门命名。东北至半岗村，西南邻玉岩村，南接筠竹坑村，面积 2.96 平方千米。居民 158 户、536 人。辖 11 个村民小组，有石门、董家坑、宅底 3 个自然村。经济以农业、林业为主，茶叶为重要产业。

解放初至 1958 年属玉西乡。1958 年建立石门生产队，属泗溪公社玉西生产大队；1959 年 2 月起属泗溪公社玉西管理区。1961 年 9 月起改为石门生产大队，属玉西公社。1984 年 5 月改为石门行政村，属玉西乡；1992 年 5 月并入九峰乡。2011 年 4 月九峰乡撤销，并入泗溪镇。

1992 年重新认定革命老区，石门村被认定为革命老区村。

石门 Shímén 石门村村委会驻地。村旁五路峰下两块巨岩耸峙如门，故名。房舍沿山坡呈块状分布，居民 93 户、376 人。

曾姓上祖曾希崟明万历四十四年（1616 年）迁此，今多包、林、曾姓。

董家坑 Dǒngjiākēng 位于村委会驻地北 1.1 千米处，因附近小溪“董家坑”得名。房舍沿山坡呈块状分布，居民 3 户、15 人。

初居董姓，曾姓晚清迁此。今多郑姓。

宅底 Zháidǐ 位于村委会驻地东北 0.4 千米处，因处石门村庄里侧得名。房舍沿溪流呈块状分布，居民 11 户、47 人。

曾姓上祖曾天寿清中叶迁此，今多曾姓。

九峰村 Jiǔfēng Cūn

行政村。位于泗溪镇东部，村委会驻地九峰，在镇人民政府驻地东北 11.2 千米处。由原九峰、古院、山后 3 村合并组建，以村委会驻地命名。东、北至苍南县，西邻前坪仔，南偏东接垮头村。面积 8.54 平方千米，居民 268 户、882 人。辖 14 个村民小组，有九峰、山后、林九斜、半岭垟、梨干、古院、甘竹 7 个自然村。经济以农业为主，亦产茶叶。有县道玉九线与 331 省道衔接。

原九峰、古院、山后 3 村解放初均属玉西乡；1952 年改属九峰乡，1956 年属玉西乡。1958 年分别建立九峰、古院、山后生产队，属泗溪公社玉西生产大队；1959 年 2 月起属泗溪公社玉西管理区。1961 年 9 月起改为九峰、古院、山后生产大队，属玉西公社；1983 年改属析建的九峰公社。1984 年 5 月改为九峰、古院、山后行政村，属九峰乡。1992 年重新认定革命老区，原九峰、古院、山后 3 村均被认定为革命老区村。

2004 年原九峰、古院、山后 3 村合并组建为新的九峰村，属九峰乡。2011 年 5 月九峰乡撤销，并入泗溪镇。

九峰 Jiǔfēng 九峰村村委会驻地，因处九峰尖西侧，村以峰名。房舍沿桥下溪呈条状分布，居民 58 户、188 人。

曾姓清前叶从泗溪白粉墙迁此，施姓清中叶从山后村分迁于此，今多施姓。

山后 Shānhòu 位于村委会驻地东 1.9 千米处，因处大山九峰尖之后得名。房舍沿山坡呈点状分布，居民 75 户、245 人。

施姓清初从平阳县北港村迁此，今多施姓。

林九斜 Línjiǔxié 位于村委会驻地南 0.3 千米处。地处九峰山半山腰斜坡，林木茂盛，故名。房舍沿山腰呈块状分布，居民 30 户、106 人。

曹姓清康熙年间从福建汀州迁此，今多曹姓。

半岭垟 Bànlǐngyáng 位于村委会驻地西 0.5 千米处，因处前坪仔至九峰的石岭半途得名。村居半山腰，房舍于田垟间呈块状分布，居民 10 户、48 人。

施姓清中叶从山后村分迁于此，今多施姓。

梨干 Lígàn 位于村委会驻地西北 0.6 千米处，因多梨树得名。房舍沿山腰呈块状分布，居民 23 户、78 人。

施姓从山后迁此，今多赖姓。

古院 Gǔyuàn 位于村委会驻地北偏西 1.2 千米处。该地过山即出县境，得名“过县”，后以音转为“古院”。房舍沿山脚呈点状分布，居民37户、140人。

黄姓清中叶从平阳县黄坑村迁此，今多赖姓。

甘竹 Gānzhú 位于村委会驻地西北2.4千米处，因多甘竹得名。房舍沿山腰呈块状分布，居民38户、123人。

施姓从山后分迁于此，今多施姓。

前坪仔村 Qiánpíngzǐ Cūn

行政村。位于泗溪镇东部，村委会驻地前坪仔，在镇人民政府驻地东北9.5千米处。以村委会驻地前坪仔命名。东至九峰村，西南接半岗村，西北连新和村，面积4.18平方千米。居民146户、620人。辖8个村民小组，有前坪仔、湖仔、旁椇垟、双丘田、西岭、梨树坪6个自然村。经济以农业、林业为主，茶叶为特产，培育红豆杉苗为新兴产业。

解放初属玉西乡，1952年属九峰乡，1956年属玉西乡。1958年建立前坪仔生产队，属泗溪公社玉西生产大队；1959年2月起属泗溪公社玉西管理区。1961年9月起改为前坪仔生产大队，属玉西公社；1983年属九峰公社。1984年5月改为前坪仔行政村，属九峰乡。2011年4月九峰乡撤销，并入泗溪镇。

1992年重新认定革命老区，前坪仔村被认定为革命老区村。

前坪仔 Qiánpíngzǐ 前坪仔村村委会驻地，因处坑涧下游小山坪得名。房舍沿山岗呈块状分布，居民37户、142人。

杜姓明末从平阳县戈场村迁此，今多曹姓。

湖仔 Húzǐ 位于村委会驻地东北0.3千米处。相传该地古为小湖，故名。房舍沿山坡呈块状分布，居民23户、96人。

翁姓清中叶从翁山分迁于此，今多翁姓。

旁椇垟 Pángqiùyáng 位于村委会驻地东0.3千米处。地处湖仔村旁的田垟边，原名“旁厝垟”，后以音改为“旁椇垟”。房舍沿山坡呈点状分布，居民33户、178人。

杜姓明末从瑞安县杜山头迁此，曹姓清代从福建汀州府迁此。今多曹姓。

双丘田 Shuāngqiūtián 位于村委会驻地南0.3千米处。原有两丘大田，故名。房舍沿山塆呈块状分布，居民1户、1人。1947年11月中共浙闽边中心县委于此成立，原址尚在。

林姓清中叶从福建永定迁此，今居林姓。

西岭 Xīlǐng 位于村委会驻地西南0.4千米处，因处这一带西侧石岭得名。房舍沿山坡呈点状分布，居民 37 户、99 人。

林姓上祖林永龙清雍正二年（1724 年）从福建永定迁此，今多林姓。

梨树坪 Líshùpíng 距村委会驻地西南 0.1 千米处。该地山坪原多梨树，故名。房舍沿山垮呈块状分布，居民 9 户、40 余人。

陈姓清中叶从平阳县水头迁此，今多陈姓。

垮头村 Wāntóu Cūn

行政村。位于泗溪镇东部，村委会驻地垮头，在镇人民政府驻地东北 11.2 千米处。以村委会驻地命名。东至彭溪镇，西邻半岗村，南接雅阳镇，北连九峰村，面积 4.83 平方千米。居民 148 户、486 人。辖 8 个村民小组，有垮头、底垟、路口、水尾、柴槱底 5 个自然村。经济以农业、林业为主，亦产茶叶。

解放初属玉西乡，1952 年属九峰乡，1956 年属玉西乡。1958 年建立垮头生产队，属泗溪公社玉西生产大队；1959 年 2 月起属泗溪公社玉西管理区。1961 年 9 月起改为九里潭生产大队，属玉西公社；1983 年属九峰公社。1984 年 5 月改为垮头行政村，属九峰乡。2011 年 4 月九峰乡撤销，并入泗溪镇。

垮头 Wāntóu 垮头村村委会驻地，古称“坭洋”。后因三小涧汇合，水流弯曲，改称“湾头”，后误写作“垮头”。其南 0.2 千米处有小聚落“垟心”，为村委会办公处。村居溪谷，房舍沿小溪呈点状分布，居民 92 户、326 人。旧有广严寺，俗称“垮头观音庵”，建于南宋理宗时，废于近代，址尚在。

五代时陈姓自平阳河前迁此，林姓明嘉靖四年（1525 年）从瑞安县杜山头迁此，今多林、周、陈姓。

底垟 Dǐyáng 位于村委会驻地东北 0.3 千米处。因处田垟下侧得名，其北有小聚落“内垟”。房舍沿小溪呈呈点状分布，居民 13 户、36 人。

曾姓清中叶迁此，后又有刘姓从上武垟峡边迁来，今多曾姓。

路口 Lùkǒu 位于村委会驻地南 0.6 千米处，因处三岔路口得名。房舍沿山坡呈块状分布，居民 27 户、138 人。

苏姓晚清从东家垟迁此，今多苏姓、施姓。

水尾 Shuǐwěi 位于村委会驻地西北 0.3 千米处，因处小溪下游得名。房舍沿小溪呈点状分布，居民 12 户、40 人。

曹姓民国末从九峰迁此，今多曹姓、虞姓。

柴槱底 Cháiqiùdǐ 位于村委会西南 0.4 千米。因处杂柴山下得名，古时这一带均为平房，惟该村庄有幢二层楼，又称“楼厚”。房舍沿山脚呈块状分布，居民 39 户、140 人。

曾姓上祖曾十三清康熙五十四年（1715 年）从泗溪白粉墙迁此，今多曾、刘姓。

半岗村 Bàngǎng Cūn

行政村。位于泗溪镇东部，村委会驻地白柯塆，在镇人民政府驻地东北 7.7 千米处。由原白柯塆、半岗、九里潭 3 村合并，组建为新的半岗村。以村委会驻地半岗命名。东至塆头村，南接雅阳镇灵乾村，东北连前坪仔村，西北至西地村。面积 5.01 平方千米，居民 239 户、790 人，其中畲族 46 人。辖 8 个村民小组，有白柯塆、半岗、瓦厝、坑尾岗头、坑尾、长岗头、新厝、梨树坪、车水溪、枫树坪、九里潭 11 个自然村。经济以农业、林业为主，亦产茶叶。

原半岗、白柯塆、九里潭 3 村解放初均属玉西乡，1952 年属九峰乡，1956 年属玉西乡。 1958 年建立半岗、白柯塆、九里潭生产队，属泗溪公社玉西生产大队；1959 年 2 月起属泗溪公社玉西管理区。1961 年 9 月起改为半岗、白柯塆、九里潭生产大队，属玉西公社；1983 年属九峰公社。1984 年 5 月 3 生产大队改为半岗行政村，属九峰乡；1992 年析建白柯塆、九里潭行政村。

1987 年原半岗村被认定为第二次国内革命战争时期革命老根据地村。1992 年重新认定革命老区，原半岗、白柯塆、九里潭 3 村均被认定为革命老区村。

2004 年原半岗、白柯塆、九里潭 3 村合并组建新的半岗村，属九峰乡。2011 年 4 月九峰乡撤销，并入泗溪镇。

白柯塆 Báikēwān 半岗村村委会驻地，因村旁山塆内的白柯树得名。房舍沿山塆呈块状分布。居民 55 户、190 人。该村庄是著名的革命根据地，1935 年 11 月中共闽浙边临时省委在此成立，村内建有中国工农红军挺进师纪念馆。

吕姓清中叶从平阳县北港迁此，卢姓、林姓同时期从平阳迁此，今多吕、卢姓。

半岗 Bàngǎng 位于村委会驻地西偏北 1.0 千米处。该地长岗山长约 10 华里，村处其半途，故称。房舍沿山岗呈点状分布，居民 11 户、48 人，其中畲族 20 人。

包姓清中叶从石门村迁此，钟姓从司前左溪分迁于此。今多包姓，畲族钟姓。

瓦厝 Wǎcuò 位于村委会驻地西南 0.6 千米处，因草寮改为瓦屋得名。房舍沿山脚呈点状分布，居民 9 户、44 人。

林姓清乾隆四十七年（1782 年）从上垟迁此，今多林姓。

坑尾岗头 Kēngwěigǎngtóu 位于村委会驻地西南 2.0 千米处，因处坑尾岗上端得名。房舍沿山坡呈块状分布，居民 8 户、30 人。

包姓晚清从南溪迁此，今多包姓。

坑尾 Kēngwěi 位于村委会驻地西南 2.1 千米处，因当地的坑尾溪得名。房舍沿小溪呈点状分布，居民 5 户、15 人。

包姓清中叶从西地村坟前迁此，今多包姓。

长岗头 Chánggǎngtóu 位于村委会驻地西北 0.8 千米处，因处长岗山上段得名。房舍沿山坡呈点状分布，居民 3 户、14 人。

包姓清中叶从西地村分迁于此，今多包姓。

新厝 Xīncuò 位于村委会驻地西 1.2 千米处。原居季姓，后有别姓建屋，称为“新厝”。房舍沿山坡呈点状分布，居民 27 户、96 人，其中畲族 26 人。

初居季姓，钟姓、雷姓清嘉庆年间从平阳溪边村迁此，包姓清中叶从西地村分迁于此。今多包姓，畲族钟、雷姓。

梨树坪 Líshùpíng 位于村委会驻地西 1.7 千米处。村口山坪有两棵大梨树，故名。房舍沿山脚呈块状分布，居民 12 户、46 人。

曾姓清初从泗溪镇白粉墙分迁于此，今多曾姓。

车水溪 Chēshuǐxī 位于村委会驻地西 2.2 千米处。村前小溪因蔡姓祖上所居得名“蔡祖溪”，后以音改为“车水溪”。房舍沿溪呈点状分布，居民 22 户、79 人。

初居蔡姓，包姓清前叶从上垟分迁于此，今多包姓。

枫树坪 Fēngshùpíng 位于村委会驻地西北 0.9 千米处。因村口山坪有大枫树得名。村居山坪，房舍沿山坪呈块状分布，居民 7 户、28 人。

曾姓清初从白粉墙分迁于此，包姓清中叶从西地分迁于此，王姓晚清从国岭分迁于此。今多包、曾、王姓。

九里潭 Jiǔlǐtán 位于村委会驻地西北 1.9 千米处，因附近的九里潭得名。村居山麓，房舍沿山脚呈块状分布，居民 34 户、121 人。

包姓清中叶从岩头分迁于此，今多包姓。

南溪村 Nánxī Cūn

行政村。位于泗溪镇南部，村委会驻地南溪，在镇人民政府驻地东南 1.4 千米处。以村委会驻地南溪命名。东至前坪村，西邻黄淡漈村，南接企石村，北连上院村，面积 4.33 平方千米。居民 745 户、2325

人。辖 17 个村民小组，有南溪、新厝底、横山底、山后仔、石坑底、上庄、店坪尾、郑洲 8 个自然村。经济以农业、林业为主，茶叶为其特产，年产数百担。

解放初属泗溪乡，1950 年 7 月属南坪乡，1956 年属金溪乡。1958 年建立南溪生产队，属泗溪公社金溪生产大队；1959 年 2 月起属泗溪公社金溪管理区。1961 年 9 月起改为南溪生产大队，属新建的金溪公社（1981 年 10 月改称南溪公社）。1984 年 5 月改为南溪行政村，属南溪乡。1992 年南溪乡撤销，并入泗溪镇。

1987 年南溪村被认定为第二次国内革命战争时期革命老根据地村。1992 年重新认定革命老区，南溪村被认定为革命老区村。

南溪 Nánxī 南溪村村委会驻地，因傍南溪得名，曾为原南溪乡人民政府驻地。房舍沿南溪呈块状分布，居民 345 户、1125 人。该村交通位置重要，清光绪年间已形成街市“南溪街”，有上街、下街之分。

林姓明后叶从泗溪下桥迁此，包姓明末从玉岩迁此，曾姓清中叶从泗溪书院迁此，赖姓晚清从福建迁此。今以包、张、汪、曾、林、赖、陈、王姓人口较多。

新厝底 Xīncuòdǐ 位于村委会驻地北 0.2 千米处，因处老屋里侧得名。房舍沿山边呈块状分布，居民 28 户、103 人。

包姓上祖包辟南明初从罗阳北门迁此，今多包姓。

横山底 Héngshāndǐ 位于村委会驻地东北 0.5 千米处，该地有山名为“横山”，村处其里侧，故名。房舍沿山谷呈点状分布，居民 11 户、32 人。村后山岩刻有宋代林待价所题“梅岩”篆体大字。

林姓宋宣和六年（1124 年）从泗溪下桥分迁于此，今多林姓。

山后仔 Shānhòuzǐ 位于村委会驻地东北 1.2 千米处。原为小山后面小村庄，故名。房舍沿山谷呈点状分布，居民 47 户、207 人。

包姓清中叶从玉岩分迁于此，今多包姓。

石坑底 Shíkēngdǐ 位于村委会驻地东南 0.3 千米处，因处小溪“石坑”里侧得名。房舍沿山坡呈块状分布，居民 26 户、100 人。

曾姓上祖曾天植清中叶自泗溪书院迁此，今多曾姓。

上庄 Shàngzhuāng 位于村委会驻地东南 0.8 千米处。地处山谷之上，故名。房舍沿山谷呈块状分布，居民 80 户、300 余人。

汪姓明永乐六年（1408 年）从泗溪汪山头分迁于此，今多汪姓。

店坪尾 Diànpíngwěi 位于村委会驻地西北 0.4 千米处。该地溪边坪地旧有小店铺，得名“店坪”，村处坪末，故名。房舍沿溪谷呈块状分布，居民 32 户、285 人。

包姓明末从泗溪岩头分迁于此，今多包姓。

郑洲 Zhèngzhōu 位于村委会驻地西北 1.1 千米处。因村南深潭边沙洲产竹得名“潭竹洲”，后写作“淡竹洲”，省写为“淡洲”。郑氏迁此后改名“郑洲”，习惯写作“郑州”。房舍沿溪呈块状分布，居民 61 户、304 人。

宋代为周姓族居地；郑氏源出福建长溪县赤岸，南宋初迁此。今多郑姓。

筠竹坑村 Jūnzhúkēng Cūn

行政村。位于泗溪镇中南部，村委会驻地下厝坪，在镇人民政府驻地东北 4 千米处。因该地小溪筠竹坑命名。东至雅阳镇，西邻上院村，南偏西接前坪村，北连石门村，面积 3.66 平方千米。居民 272 户、832 人，汉族。辖 15 个村民小组，有下厝坪、山园、村楼、铁炉垟、大壁、企垄、厝基垟、堤头岗 8 个自然村。经济以农业、林业为主，茶叶亦为重要产业。

该地清代称斤竹村，解放初称筠竹坑村，又作“金竹坑”，属泗溪乡；1950 年属南坪乡；1952 年取金竹坑与南溪两村名首字建金溪乡，属之。1958 年建立金竹坑生产队，属泗溪公社金溪生产大队；1959 年 2 月起属泗溪公社金溪管理区。1961 年 9 月起改为金竹坑生产大队，属金溪公社；1981 年 10 月更名筠竹坑生产大队，属南溪公社(由金溪公社改称)。1984 年 5 月改为筠竹坑行政村，属南溪乡；1992 年南溪乡撤销，并入泗溪镇。

1987 年筠竹坑村被认定为第二次国内革命战争时期革命老根据地村。1992 年重新认定革命老区，筠竹坑村被认定为革命老区村。

下厝坪 Xiàcuòpíng 筠竹坑村村委会驻地。地处溪谷坪地，相传最初居民元代从小溪上游迁此建屋，故名。房舍沿溪谷呈带状分布，居民 71 户、243 人。

王姓明嘉靖二年（1523 年）自罗阳迁此，简姓明末迁此，今多简、罗、王姓。

山园 Shānyuán 位于村委会驻地东北 0.5 千米处。因有三丘大圆垟得名“三圆”，后以音写为“山园”。房舍沿山谷呈点状分布，居民 91 户、365 人。

王姓清中叶从厝基垟分迁此，今多王姓。

村楼 Cūnlóu 位于村委会驻地东北 0.7 千米处，因古时建仓楼屯粮得名。房舍沿山谷呈点状分布，居民 31 户、126 人。

王姓清中叶从厝基垟分迁于此。今多王姓。

铁炉垟 Tiělúyáng 位于村委会驻地西南0.6千米处。相传元代有人在此建炉锻铁，故名。房舍沿山谷呈点状分布，居民32户、161人。

王姓明中叶从竹里（今竹里畲族乡）分迁于此。今多王、曾、林、包姓。

大壁 Dàbì 位于村委会驻地西南1.0千米处。该地大山岗陡峭如壁，故名。房舍沿山脚呈点状分布，居民7户、30人。

包姓晚清从铁炉垟分迁于此。今多王、包姓。

企垄 Qǐlǒng 位于村委会驻地西北0.8千米处。村庄南北均为陡山，方言山陡称“企”，故名。房舍沿山坡呈点状分布，居民15户、63人。

王姓清中叶从厝基垟分迁于此，今多王姓。

厝基垟 Cuòjīyáng 位于村委会东北0.4千米。因系最早的厝基得名。房舍沿山坡呈带状分布，居民30户、110人。

王姓明嘉靖（1553年）从福建霞浦迁此，今多王姓。

堤头岗 Dītóugǎng 位于村委会西偏南0.6千米，因处水塘上侧得名。房舍沿山坡呈点状分布，居民10户、36 人。

简姓清咸丰五年中（1855年）从今苍南县境迁此，今多简姓。

半地垟村 Bàndìyáng Cūn

行政村。位于泗溪镇中南部，村委会驻地半地垟，在镇人民政府驻地东2.1千米处。以村委会驻地半地垟命名。东北至�竹坑村，西南邻南溪村，东南接前坪村，西北连上院村，面积1.57平方千米。居民153户、517人。辖14个村民小组，有半地垟、底村、上厝垮、大岗、小坑、大丘6个自然村。经济以农业、林业为主，茶叶亦为重要产业。

半地垟村原为半地洋村，解放初属泗溪乡；1950年属南坪乡，1952年属金溪乡。1958年建立半地洋生产队，属泗溪公社金溪生产大队；1959年2月起属泗溪公社金溪管理区。1961年9月起改为半地洋生产大队，属金溪公社。1984年5月改为半地垟行政村，属南溪乡。1992年南溪乡撤销，并入泗溪镇。

半地垟 Bàndìyáng 半地垟村村委会驻地。古称“竹溪”，后以地处南溪到筼竹坑的半途得名“半路洋”，又改为“半地垟”。房舍沿山坡呈块状分布，居民40户、130人。

林姓从邻近村庄分迁于此，今多林姓。

底村 Dǐcūn 位于村委会驻地东北0.3千米处，因处田垟里侧得名。房舍沿山谷呈块状分布，居民36

户、118人。

林姓元末从泗溪下桥分迁于此，今多林姓。

上厝塆 Shàngcuòwān 位于村委会驻地北0.5千米处。宅处山塆上侧，故名。房舍沿山塆呈点状分布，居民5户、24人。

林姓元末从泗溪下桥分迁于此，今多林姓。

大岗 Dàgǎng 位于村委会驻地东0.9千米处，因处大山岗得名。房舍沿山谷呈点状分布，居民15户、62人。

林姓上祖林桂明永乐二年（1404年）以白粉墙迁此，卢姓清末从雅阳迁此。今多林姓。

小坑 Xiǎokēng 位于村委会驻地北偏西0.6千米处，因村东有小溪得名。房舍沿山坡呈点状分布，居民27户、 109人。

林姓清初从白粉墙迁此，严姓清中叶从福建龙岩迁此。今人口林、严姓各半。

大丘 Dàqiū 位于村委会北0.3千米。村旁一丘大田3亩有余，故名。房舍沿道路呈带状分布，居民35户、115人。

林姓明初从泗溪莘阳迁此，今多林姓。

前坪村 Qiánpíng Cūn

行政村。位于泗溪镇南部，村委会驻地前坪，在镇人民政府驻地东南2.9千米处。由原前坪、苏家坑2村合并组建，以村委会驻地前坪命名。东至雅阳镇，西邻南溪村，南偏西接秀垟村，东北连�竹坑村。面积5.50平方千米，居民535户、1761人。辖24个村民小组，有前坪、麻车垟、苏家坑、黄家坑、底村、山西垟、大坪头、外村、长垄尾9个自然村。经济以农业、林业为主，茶叶亦为重要产业。

前坪村解放初属泗溪乡，苏家坑村为其一部分；1950年属南坪乡，1952年属石坪乡，1956年属金溪乡。1958年分建前坪、苏家坑生产队，属泗溪公社金溪大队；1959年2月生产大队起属泗溪公社金溪管理区。1961年9月起改为前坪、苏家坑生产大队，属金溪公社。1984年5月改为前坪、苏家坑行政村，属南溪乡。1992年南溪乡撤销，并入泗溪镇。

1987年原苏家坑村被认定为第二次国内革命战争时期革命老根据地村。1992年重新认定革命老区，原前坪、苏家坑2村均被认定为革命老区村。

2004年，原前坪、苏家坑2行政村合并组建新的前坪村。

前坪 Qiánpíng 前坪村村委会驻地，因老宅前方大坪地得名。房舍沿雅阳镇莲头至筱村公路呈块状分布，居民 18 户、42 人。

泰顺苏姓始祖苏奋基，祖籍福建安溪，明正统十年（1445 年）迁入，初居上陈阳，转徙此；另一说苏姓先居于离此不远的东岭石角，景泰年间再迁此。张姓清康熙元年（1662 年）从福建柘荣迁此。今多苏姓。

麻车垟 Máchēyáng 位于村委会驻地东北 0.9 千米处，古有制麻作坊，备置麻车，故名。房舍沿山坡呈块状分布，居民 12 户、41 人。为第二次国内革命战争时期革命根据地村庄。

苏姓晚清自苏家坑分迁于此，今多苏姓。

苏家坑 Sūjiākēng 位于村委会驻地东北 1.4 千米处。清乾隆年间称“下寮”，苏姓迁此后因村旁有小溪得名“苏家坑”。房舍沿小溪呈块状分布，居民 154 户、502 人。

苏姓清中叶从前坪分迁于此，今多苏姓。

黄家坑 Huángjiākēng 位于村委会驻地东 1.9 千米处。因黄姓迁居小溪边，得名“黄家坑”，村以坑名，曾误作“王家坑”。房舍沿山坡呈块状分布，居民 25 户、80 人。

初居黄姓，苏姓晚清从苏家坑分迁于此。今多黄姓。

底村 Dǐcūn 位于村委会驻地东南 0.3 千米处，因处前坪村庄下方得名。房舍沿山坡呈块状分布，居民 38 户、131 人。

苏姓清前叶从前坪分迁于此，今多苏姓。

山西垟 Shānxīyáng 位于村委会驻地东南 0.7 千米处。相传该地古时有田 30 丘，得名“三十垟”，后以音转为“山西垟”。房舍沿溪呈块状分布，居民 28 户、90 人。

苏姓晚清从苏家坑分迁于此，今多苏姓。

大坪头 Dàpíngtóu 位于村委会驻地西南 0.6 千米处，因处大坪上方得名。房舍沿山坡呈块状分布，居民 24 户、79 人。

苏姓清前叶从前坪分迁于此。今多苏姓。

外村 Wàicūn 位于村委会驻地西南 0.7 千米处，因处前坪村南出口得名。房舍沿山坡呈块状分布，居民 77 户、225 人。

苏姓从前坪分迁于此，今多苏姓。

长垄尾 Chánglǒngwěi 位于村委会驻地西南 1.0 千米处。这一带有条长田垄，村居其尾，故名。房舍沿山坡呈块状分布，居民 27 户、89 人。

苏姓清前叶从前坪分迁于此，今多苏姓。

洪坑村 Hóngkēng Cūn

行政村。位于泗溪镇西南部，村委会驻地洪坑，在镇人民政府驻地西南 3 千米处。以村委会驻地洪坑命名。东至企石村，西偏北至吾坪村，南至雅阳镇，北偏东至下桥村，面积 3.66 平方千米。居民 267 户、937 人。辖 22 个村民小组，有洪坑、坑头、坑尾、亭仔、黄坭岗、牛楼、高畲、洪坳岭、大坪、赤垟仔 10 个自然村。经济以农业、林业为主，茶叶亦为重要产业。

解放初属泗溪乡，1950 年属石坪乡，1956 年属金溪乡。1958 年建立洪坑生产队，属泗溪公社金溪生产大队；1959 年 2 月起属泗溪公社金溪管理区。1961 年 9 月起改为洪坑生产大队，属金溪公社。1984 年 5 月改为洪坑行政村，属南溪乡。1992 年南溪乡撤销，并入泗溪镇。1992 年重新认定革命老区，洪坑村被认定为革命老区村。

洪坑 Hóngkēng 洪坑村村委会驻地。该地小溪原称“牛羊坑”，洪姓迁此改名“洪坑”， 村以坑名。房舍沿山呈块状分布，居民 68 户、263 人。

洪姓较早迁此，包姓晚清从东溪矴步头分迁于此，今多包姓。

坑头 Kēngtóu 位于村委会驻地北 0.3 千米处，因处小溪上游得名。房舍沿山谷呈点状分布，居民 2 户、10 人。

陈姓晚清从企石迁此，今多陈姓。

坑尾 Kēngwěi 位于村委会驻地东北 0.7 千米处，地处小溪下游得名。房舍沿山谷呈块状分布，居民 28 户、92 人。

苏姓明中叶迁此，今多苏姓。

亭仔 Tíngzǐ 位于村委会驻地东北 2.0 千米处。该地原有一座小亭，故名。房舍沿山坡呈点状分布，居民 10 户、46 人。

曾姓上祖曾文定清乾隆二十五年（1760 年）迁此，今多陈姓。

黄坭岗 Huángnígǎng 位于村委会驻地东 0.5 千米处，因附近山岗黄坭岗得名。房舍沿山坡呈块状分布，居民 3 户、7 人。

包姓较早迁此，今多包姓。

牛楼 Niúlóu 位于村委会驻地东 0.8 千米处。因包姓在此养牛为生得名。房舍沿山坡呈点状分布，居民 2 户、6 人。

包姓较早迁此，今居包姓。

高畲 Gāoshē 位于村委会驻地东偏南 1.2 千米处。村东山岭下伸似蛇，该村庄位置较高，得名“高蛇”，后以音改作“高斜”，今多称“高畲”。房舍沿山坡呈点状分布，居民 83 户、246 人。

林姓上祖林天麟清前叶由泗溪分迁于此，今多林姓。

洪坳岭 Hóng'àolǐng 位于村委会驻地西偏北 0.5 千米处。村北岭下山坳旧时多坟，得名“坟坳岭”，后改为“洪坳岭”。房舍沿山坡呈块状分布，居民 49 户、153 人。

胡姓上祖胡玉溪清中叶从皖南迁此，今多胡姓。

大坪 Dàpíng 位于村委会驻地西北 1.0 千米处，因处大山坪得名。房舍沿山坡呈点状分布，居民 6 户、35 人。

卓姓晚清由卓宅迁此，今多卓姓。

赤垟仔 Chìyángzǐ 位于村委会驻地西北 1.2 千米处。村旁有小片田垟，田土较深，得名“深垟仔”，后称“赤垟仔”。房舍沿山坡呈块状分布，居民 53 户、173 人。

曾姓上祖曾一顺清同治元年（1862 年）迁此，今多吴姓。

企石村 Qǐshí Cūn

行政村。位于泗溪镇南部，村委会驻地企石，在镇人民政府驻地东南 2.5 千米处。以村委会驻地企石命名。东至雅阳镇，西邻洪坑村，东南接秀垟村，北连南溪村，面积 2.27 平方千米。居民 218 户、663 人。辖 13 个村民小组，有企石、新楼、竹下底、三垵、马栏下、东山岗 6 个自然村。经济以农业、林业为主，茶叶亦为重要产业。

解放初属泗溪乡，1950 年属南坪乡，1952 年属石坪乡，1956 年属金溪乡。1958 年建立企石生产队，属泗溪公社金溪生产大队；1959 年 2 月起属泗溪公社金溪管理区。1961 年 9 月起改为企石生产大队，属金溪公社。1984 年 5 月改为企石行政村，属南溪乡；1992 年南溪乡撤销，并入泗溪镇。

企石 Qǐshí 企石村村委会驻地。该地山势高陡，闽江话“陡”“企”音近，故名。房舍沿山谷呈块状分布，居民 56 户、180 人。

陈姓从大龙底分迁于此，今多陈姓。

新楼 Xīnlóu 位于村委会驻地北 0.1 千米处。村宅系清乾隆年间旧屋拆而重建，故名。尚存石牌坊等。房舍沿路呈块状分布，居民 45 户、146 人。

陈姓清中叶从企石分迁于此，今多陈姓。

竹下底 Zhúxiàdǐ 位于村委会驻地北 0.2 千米处，因处大片竹林之下得名。房舍沿山坡呈点状分布，居民 12 户、39 人。

陈姓清中叶从企石分迁于此，今多陈姓。

三垵 Sāndìng 位于村委会驻地东 0.2 千米处。该地原有三块大田，故称。房舍沿樟荫桥呈点状分布，居民 71 户、230 人。

陈姓清中叶从企石分迁于此，今多陈姓。

马栏下 Málánxià 位于村委会驻地东南 0.3 千米处。相传明代村中出过武官，建有马厩，故名，尚存石鼓、石锁、马垫等物。房舍沿山坡呈块状分布，居民 78 户、247 人。

陈姓清前叶从企石分迁于此，今多陈姓。

东山岗 Dōngshāngǎng 位于村委会驻地西南 1.0 千米处，因村旁的东山岗得名。村居山岗，房舍沿东山呈条状分布，居民 3 户、9 人。

陈姓明中叶从福建寿宁三峰寺迁此，今多陈姓。

秀垟村 Xiùyáng Cūn

行政村。位于泗溪镇南部，村委会驻地秀垟，在镇人民政府驻地东南 4.0 千米处。以村委会驻地秀垟命名。东、南至雅阳镇，西北邻企石村，北连前坪村，面积 2.28 平方千米。居民 207 户、685 人。辖 12 个村民小组，有秀垟、马路、桥头、秀垟底、黄坭岭 5 个自然村。经济以农业、林业为主，茶叶亦为重要产业。

秀垟村原称秀洋村，解放初属泗溪乡；1950 年属南坪乡，1952 年属石坪乡，1956 年属金溪乡。1958 年建立秀洋生产队，属泗溪公社金溪生产大队；1959 年 2 月起属泗溪公社金溪管理区。1961 年 9 月起改为秀洋生产大队，属金溪公社。1984 年 5 月改为秀垟村，属南溪乡。1992 年南溪乡撤销，并入泗溪镇。

秀垟 Xiùyáng 秀垟村村委会驻地。该地茂林修竹，山明水秀，故名。房舍沿溪流呈块状分布，居民 40 户、186 人。

童姓从秀垟底分迁于此，今多童姓。

马路 Mǎlù 位于村委会驻地北 0.2 千米处。该地古有荷莲塘到圆岗之路，宽可走马，人称“马路”，故名。房舍呈环状分布，居民 67 户、212 人。

陈姓明中叶从平阳迁此，今多陈姓。

桥头 Qiáotóu 位于村委会驻地东南 0.5 千米处，因处石拱桥边得名。房舍沿溪谷呈块状分布，居民 30 户、105 人。

陈姓上祖陈士元清中叶由企石分迁于此，今多陈姓。

秀垟底 Xiùyángdǐ 位于村委会驻地东南 0.5 千米处。地处秀垟里侧得名。房舍沿溪谷呈块状分布，居民 35 户、90 人。

童姓上祖童卫进明前叶从福建赤岸迁此，今多童姓。

黄坭岭 Huángnílǐng 位于村委会驻地南 0.3 千米处。当地山岭多黄泥土，故名。房舍沿溪谷呈块状分布，居民 75 户、260 人。

陈姓上祖陈日宽清中叶从企石分迁于此，今多陈姓。

积库 Jīkù

片村，位于泗溪镇西南部，镇人民政府驻地西南约 5.2 千米处。相传因四周高山环绕状似仓库得名“厍库”，清初称“畲库”；后取两小溪汇流于此，水积聚而成富裕之库，改名“积库”。为原积库乡人民政府驻地。桥头、普城村委会驻于村庄内。村处二涧汇合之谷地，房舍密集。居民 369 户、共 1270 人。

桥头村 Qiáotóu Cūn

行政村。位于泗溪镇西南部，村委会驻地桥头，在镇人民政府驻地西南 5.6 千米处。以村委会驻地桥头命名。东至雅阳镇，西偏南邻普城村，南接蔡宅村，北偏西连吾坪村。面积 3.60 平方千米，居民 307 户、1022 人。辖 14 个村民小组，有桥头、春臼辇、九榜、下垟、坟田仔、灯火垟、松头、刘基 8 个自然村。经济以农业、林业为主，茶叶为重要产业，年产百余担。

清代属畲库村，解放初为积库村一部分，属东溪乡；1952 年属积库乡，1956 年属东溪乡。1958 年为积库生产队一部分，属仕阳公社东溪生产大队；1959 年 2 月生产大队起属仕阳公社东溪管理区。1961 年 9 月析建为桥头生产大队，属东溪公社。1983 年属析建的积库公社。1984 年 5 月改为桥头行政村，属积库乡；1992 年 5 月积库乡并入东溪乡。2011 年 4 月东溪乡撤销，并入泗溪镇。

桥头 Qiáotóu 桥头村村委会驻地，为积库片村东北部分，因处石板桥积库桥东侧得名。房舍沿东溪溪谷呈带状分布，居民 209 户、670 人。村旁林内有树龄约千年的松、枫各 1 棵。

王姓明代从罗阳城外上交垟迁此，今多吴姓。

春臼辇 Chūnjiùniǎn 位于村委会驻地东北 0.6 千米处。村旁中央有片很深的稀泥，得名“深臼辇”，后讹为“春臼辇”。房舍沿东溪呈块状分布，居民 5 户、29 人。

吴姓清中叶从积库迁此，今多吴姓。

九榜 Jiǔbǎng 位于村委会驻地东北 1.1 千米处。村后高山伸出两岗，又分出七小岗，形似九根树枝。

树枝方言音为“榜”，故名。房舍沿东溪呈点状分布，居民33户、101人。

李姓清中叶从积库迁此，今多李姓。

下垟 Xiàyáng 位于村委会驻地东北1.9千米处。村前田垟地势较低，故名。房舍沿东溪呈点状分布，居民16户、48人。

薛姓清中叶从三魁薛宅分迁于此，今多吴姓。

坟田仔 Féntiánzǐ 位于村委会驻地东偏南1.0千米处。村庄较小，其后有古坟，得名“坟前仔”，后讹为“坟田仔”。房舍沿山坡呈块状分布，居民9户、33人。

王姓晚清从枫樸岗迁此，今多王姓。

灯火垟 Dēnghuǒyáng 位于村委会驻地东南1.1千米处。相传古时积库一带唯有该地较高燥，易保存火种，故名。房舍沿东溪溪谷呈块状分布，居民2户、8人。

吴姓晚清时从积库迁此，今多吴姓。

松头 Sōngtóu 位于村委会驻地东南1.4千米处。村旁山头古为松林，故名。村居溪谷，房舍沿东溪呈块状分布，居民8户、24人。

吴姓清中叶从戬洲迁此，今多吴姓。

刘基 Liújī 位于村委会驻地东南1.5千米处。因建于旧茅屋之基得名“旧基”，后以音转为“刘基”。房舍沿东溪呈块状分布，居民50户、155人。

吴姓清康熙五十三年（1714年）从南僻村迁此，今多吴姓。

普城村 Pǔchéng Cūn

行政村。位于泗溪镇西南部，村委会驻地普城，在镇人民政府驻地西南5.8千米处，以村委会驻地普城命名。东至桥头村，西邻三魁镇，南接蔡宅村，北连吾坪村。面积2.76平方千米，居民222户、863人。辖15个村民小组，有普城、坟坳、牛带垄、老鼠垄等4个自然村。经济以农业、林业为主，茶叶为重要产业。

普城村解放初为积库村一部分，属东溪乡。1952年属积库乡，1956年复属东溪乡。1958年建立普城生产队，属仕阳公社东溪生产大队；1959年2月起属仕阳公社东溪管理区；1961年9月起改为普城生产大队，属东溪公社；1983年属积库公社。1984年5月改为普城行政村，属积库乡。1992年5月积库乡并入东溪乡。2011年4月东溪乡撤销，并入泗溪镇。

普城 Pǔchéng 普城村村委会驻地，为积库片村西南部分。清嘉庆时村人李启煜任福建浦城县典史，在此建楼，名“浦城厝”，后人讹写为“普城”。房舍沿山边呈块状分布。居民 160 户、600 人。

李姓上祖李思恭明初自景宁大均迁此，今多李姓。

坟坳 Fén'ào 位于村委会驻地东北 1.4 千米处。洪姓于此山坳肇基，得名“洪坳”，后以音讹为“坟坳”。房舍沿山坳呈块状分布，居民 25 户、65 人。

初居洪姓，李姓上祖李启康晚清从积库分迁于此，今多李姓。

牛带垄 Niúdàilǒng 位于村委会驻地南 0.6 千米处。地处山垄，相传古时村人耕作，牛能引路，故名。房舍沿山坡呈点状分布，居民 6 户、36 人。

李姓上祖李锡侣晚清从积库分迁于此，今多李姓。

老鼠垄 Lǎoshǔlǒng 位于村委会驻地南偏西方向 1.3 千米处，因有形似老鼠的小田垄得名。房舍沿山脚呈半圆形分布，居民 5 户、30 人。

李姓清中叶迁此，今多李姓。

黄淡漈村 Huángdànjì Cūn

行政村。位于泗溪镇西南部，村委会驻地黄淡漈，在镇人民政府驻地西偏南 4.5 千米处。以村委会驻地黄淡漈命名。东北至半溪村，西邻三魁镇，南接吾坪村。面积 5.22 平方千米，居民 205 户、703 人。辖 2 个村民小组，有黄淡漈、后坑、山项、赤沙 4 个自然村。村多高山，其中二姑尖海拔 1022 米，为全镇最高峰。经济以农业、林业为主，茶叶为重要产业。

解放初属东溪乡；1952 年属积库乡；1956 年属东溪乡。1958 年建立黄淡漈生产队，属仕阳公社东溪生产大队；1959 年 2 月起属仕阳公社东溪管理区；1961 年 9 月起改为黄淡漈生产大队，属东溪公社；1983 年属积库公社。1984 年 5 月改为黄淡漈村，属积库乡；1992 年 5 月积库乡撤销，并入东溪乡；2011 年 4 月东溪乡撤销，并入泗溪镇。

1987 年黄淡漈村被认定为第二次国内革命战争时期革命老根据地村。1992 年重新认定革命老区，黄淡漈村被认定为革命老区村。

黄淡漈 Huángdànjì 黄淡漈村委会驻地。该地黄色岩漈有瀑布注入东南之龙井坑，瀑名“黄淡漈”，村以漈名。房舍沿山坡呈块状分布，居民 205 户、798 人。

吴姓上祖吴正明初从戬洲东阳底迁此，今多吴姓。

后坑 Hòukēng 位于村委会驻地北偏西 1.0 千米处。村前有小溪“坳坑”，村以坑名，后改为“后坑”。房舍沿山坡呈点状分布，居民 30 余户、200 多人，其中畲族 34 人。

陈姓明中叶从积库分迁于此。今居赖、林、王、陈、董等多姓，畲族雷姓。

山项 Shānxiàng 位于村委会驻地西北1.3千米。因处山岗顶部得名“山上”，又称“山顶”，后以“山上”谐音改作“山项”。房舍沿山坡呈块状分布，居民8户、28人。

刘姓清中叶从三魁上武垟迁此，今居刘姓。

赤沙 Chìshā 位于村委会驻地西北1.8米处，因该地多赤色沙土得名。房舍沿山坡呈点状分布，居民4户、14人。

吴姓清中叶从章前迁此，今居吴姓。

吾坪村 Wúpíng Cūn

行政村。位于泗溪镇西南部，村委会驻地吾坪，在镇人民政府驻地西南5.1千米处。以村委会驻地吾坪命名。东南至洪坑村，西邻三魁镇，南接桥头村，东北连黄淡漈村，面积2.83平方千米。居民180户、606人。辖9个村民小组，有吾坪、南僻、对面丘、李家坑、槽吉坑、猪脚岗6个自然村。经济以农业、林业为主，茶叶为重要产业。

解放初为梧坪村，属东溪乡；1952年属积库乡，1956年属东溪乡，建农业生产合作社时写作“吾坪”，遂沿用。1958年建立吾坪生产队，属仕阳公社东溪生产大队；1959年2月起属仕阳公社东溪管理区；1961年9月起改为吾坪生产大队，属东溪公社；1983年属积库公社。1984年5月改为吾坪行政村，属积库乡；1992年5月积库乡撤销，并入东溪乡；2011年4月东溪乡撤销，并入泗溪镇。

1992年重新认定革命老区，吾坪村被认定为革命老区村。

吾坪 Wúpíng 吾坪村村委会驻地。据传原为牧牛好去处，得名“牛坪”，后以方言音改为“梧坪”，又转成“吾坪”。房舍沿山坡呈块状分布，居民70户、300人。村前村后有树龄约400年的枫、樟、柳杉各10棵。

陈姓明中叶迁此，今多陈姓。

南僻 Nánpì 位于村委会驻地南0.4千米处。村南为大山坡，方言称“坡”为“僻”，故名。房舍沿山坡呈块状分布，居民15户、50人。

吴姓明末从戳洲东垟底迁此，今多吴姓。

对面丘 Duìmiànqiū 位于村委会驻地西南0.3千米处。老屋对面有丘大田，故名。房舍沿山坡呈块状分布，居民30户、170人。村西有2株油杉，树龄均约400年。

陈姓明中叶从积库分迁于此，今多陈姓。

李家坑 Lǐjiākēng 位于村委会驻地西南0.8千米处，因附近小溪“李家坑”得名。房舍沿山坡呈块状分布，今居2户、10人。

初居李姓，林姓清末民初从泗溪分迁于此，今多林姓。

槽吉坑 Cáojíkēng 位于村委会驻地西南0.9千米处。地貌似槽，村北小溪称“槽吉坑”，村以坑名。房舍沿山坪呈点状分布，居民10户、70余人。

李姓清中叶从积库分迁于此，今多李姓。

猪脚岗 Zhūjiǎogǎng 位于村委会驻地西北1.1千米处。相传阮姓迁此时送一只猪脚给山主，获赠屋基，故名。房舍沿山坡呈块状分布，居民20户、80人。

阮姓清中叶从积库迁此，今多阮姓。

东溪 Dōngxī

片村。位于泗溪镇西南部，镇人民政府驻地西南6千米处。东溪流经村庄，村以溪名；又因蔡姓聚居得名“蔡宅”。曾为原东溪乡人民政府及长丘、东村村村委会驻地，现蔡宅、上村2村委会驻于村庄内。房舍沿东溪北岸呈半月状分布，居民612户、共1886人。

上村村 Shàngcūn Cūn

行政村。位于泗溪镇西南部，村委会驻地东村，在镇人民政府驻地西南6.7千米处。由原东村、前坪岭2村合并组建，大部分村域位于东村上方，故名“上村”。东至雅阳镇，西邻蔡宅村，南接秀溪村，北连桥头村。面积3.39平方千米，居民478户、1445人，其中畲族149人。辖20个村民小组，有东村、竹笼仔、溪雾垟、枫榠岗、溪底仔、刘基垟、半岭、前坪仔、犁壁岗、程家庵10个自然村。经济以农业、林业为主，茶叶、水果为重要产业，年产茶叶二百多担。建有茶叶基地、茶叶精加工厂、杨梅种植基地，许多农户新置茶叶精加工设备。东桂线穿村而过，交通方便。

原东村解放初为东溪村东部，原前岭村解放初为前坪村，解放初至1958年均属东溪乡。1958年建立东村、前坪生产队，属仕阳公社东溪生产大队；1959年2月属仕阳公社东溪管理区。1961年9月分别改为东村、前坪生产大队，属东溪公社。1981年10月，前坪生产大队因县内重名改为“前岭”生产大队。1984年5月分别改为东村、前岭行政村，属东溪乡。

2004年原东村、前岭2村合并，组建为上村村，属东溪乡。2011年4月东溪乡撤销，并入泗溪镇。

东村 Dōngcūn 上村村村委会驻地，为东溪片村东片，因处东溪一带的东边得名。房舍沿东溪溪谷呈块状分布，居民 312 户、1126 人，其中畲族 5 人。

蔡姓从峡屿迁此，年代在清前叶或更早。今多蔡姓，畲族雷姓。

竹笼仔 Zhúlóngzǐ 位于村委会驻地北 0.5 千米处。旧时该村庄很小，前后竹林茂盛，人居其间有如身处竹笼，故名，又作“竹垄仔”，包括小聚落白谷垄。房舍沿山坡呈点状分布，居民 26 户、89 人。

王姓上祖王兴清中叶从槐庭迁此，今多王姓。

溪雾垟 Xīwùyáng 位于村委会驻地东北 0.5 千米处。地处东溪东岸，晨雾弥漫，故名。房舍沿山坡呈块状分布，居民 26 户、101 人。

蔡姓上祖蔡家新晚清从东溪迁此，今多蔡姓。

枫槵岗 Fēngqiùgǎng 位于村委会驻地东北 0.8 千米处。村旁山岗旧多枫树，故名。房舍沿溪谷呈点状分布，居民 16 户、58 人。

王姓清中叶从罗阳迁此，今多王姓。

溪底仔 Xīdǐzǐ 位于村委会驻地东北 1.1 千米处。地处东溪里侧，村庄较小，故名。房舍沿山坡呈点状分布，居民 18 户、78 人。

蔡姓清中叶从东溪上村迁此，今多蔡姓。

刘基垟 Liújīyáng 位于村委会驻地东北 1.6 千米处，因处刘基村庄对面田垟边得名。房舍沿溪呈条状分布，居民 22 户、102 人。

为溪底仔等自然村的下山移民点，建于 1996 年。

半岭 Bànlǐng 位于村委会驻地东北 1.7 千米处。地处东溪至东岭山道半程，故名。房舍沿山坡呈块状分布，居民 37 户、117 人，均畲族。

蓝姓上祖蓝元忠从景宁县黄湖乡迁此，今多蓝姓。

前坪仔 Qiánpíngzǐ 位于村委会驻地东 1.3 千米处。村处山顶小坪地，故名。房舍沿山坡呈块状分布，居民 19 户、78 人，其中畲族 27 人。

蔡姓清中叶从东溪上村迁此，雷姓清中叶从司前迁此。今多蔡姓，畲族雷姓。

犁壁岗 Líbìgǎng 位于村委会驻地东南 1 千米处。村旁山岗形似犁壁，故名。房舍沿山坡呈点状分布，居民 15 户、62 人。

曾姓清中叶从泗溪迁此，今多曾姓。

程家庵 Chéngjiā'ān 位于村委会驻地东南 1.2 千米处。旧有程姓所建之庵程家庵，村以庵名。房舍沿山坡呈条形分布，居民 11 户、47 人。

初居程姓，蔡姓清中叶从蔡宅底分迁于此，今多蔡姓。

蔡宅村 Càizhái Cūn

行政村。位于泗溪镇西南部，村委会驻地长丘，在镇人民政府驻地西南 7.1 千米处。由原长丘、蔡宅底、徐家庄 3 行政村合并组建，以村委会驻地所在大村庄蔡宅（即东溪）命名。东至上村，西邻三魁镇、仕阳镇交界，南接琴桥村。面积 4.15 平方千米，居民 530 户、1785 人。辖 32 个村民小组，有长丘、麒麟岗、槔岭、蔡宅底、水碓面、徐家庄、碓港、后章垄、崩垄仔、陶厝下、半山、吴厝下、山后垄 13 个自然村。经济以农业、林业为主，茶叶为重要产业，年产茶叶近二百担。

原长丘、蔡宅底、徐家庄 3 村解放初均属东溪乡，1952 年属矴步乡，1956 年属东溪乡。1958 年分别建立长丘、蔡宅底、徐家庄生产队，属仕阳公社东溪生产大队；1959 年 2 月起属仕阳公社东溪管理区。1961 年 9 月起改为长丘、蔡宅底、徐家庄生产大队，属东溪公社。1984 年 5 月改为长丘、蔡宅底、徐家庄行政村，属东溪乡。1992 年重新认定革命老区，原徐家庄村被认定为革命老区村。

2004 年原长丘、蔡宅底、徐家庄 3 村合并组建蔡宅村，属东溪乡。2011 年 4 月东溪乡撤销，并入泗溪镇。

长丘 Chángqiū 蔡宅村村委会驻地，为东溪片村西片，因古有特长田丘得名。房舍沿溪谷呈块状密布，居民 300 户、760 人。

曾姓宋代迁此，吴姓上祖吴一琏清康熙三十三年（1694 年）从积库南僻村迁此，今多蔡姓。

麒麟岗 Qílíngǎng 位于村委会驻地东南 0.8 千米处。村旁一山岗形似麒麟俯伏，得名“麒麟岗”，村以岗名。房舍沿山坡呈点状分布，居民 13 户、53 人。

蔡姓上祖蔡振晚清从蔡宅底分迁于此，今多蔡姓。

槔岭 Qiùlǐng 位于村委会驻地东南 1.5 千米处。村边山岭旧多树，方言称“树”为“槔”，得名“槔岭”，村以岭名。房舍沿山坡呈点状分布，居民 21 户、105 人。

蔡姓上祖蔡士清中叶从蔡宅底分迁于此，今多蔡姓。

蔡宅底 Càizháidǐ 位于村委会驻地南 0.1 千米处。蔡姓肇基，地处东溪东岸里侧，故名。村居溪谷，房舍沿溪谷呈半月形密集排列。居民 162 户、320 人。村南有树龄约 1000 年的樟树、刺子树（正名簕欓花椒）、栗子树各 1 棵。

蔡姓北宋末靖康元年（1126 年）从雪溪富头底（古称章峰）迁此，今多蔡姓。

水碓面 Shuǐduìmiàn 位于村委会驻地南 0.1 千米处。村旁溪边旧设大水碓，故称。房舍沿山坡呈点状分布，居民 8 户、32 人。

蔡姓清初从蔡宅底分迁于此，今多蔡姓。

徐家庄 Xújiāzhuāng 位于村委会驻地西 0.6 千米处，相传徐姓肇基得名。房舍沿山坡呈块状分布，居民 195 户、350 人。村北有树龄约 300 年枫树 1 棵。

徐姓最早居此，陶姓上祖陶大熏明末从东溪迁此。今多陶姓。

碓港 Duìgǎng 位于村委会驻地西南 0.6 千米处。该地溪中旧设水碓，故名。房舍沿溪谷呈块状分布，居民 15 户、52 人。

蔡姓清初从蔡宅底分迁于此，今多蔡姓。

后章垄 Hòuzhānglǒng 位于村委会驻地西北 0.5 千米处。村前田垄有黄浆状泉水流出，得名"黄浆垄"，后以方言音改作"后章垄"。房舍沿山坡呈点状分布，居民 15 户、68 人。

蔡姓晚清从长丘分迁此，今多蔡姓。

崩垄仔 Bēnglǒngzǐ 位于村委会驻地西北 0.9 千米处。村前小田垄曾崩塌，故名。房舍沿山坡呈块状分布，居民 23 户、27 人。

陶姓较早居此，今多陶姓。

陶厝下 Táocuòxià 位于村委会驻地西北 1.1 千米处，因处陶姓之屋下侧得名。房舍沿山坡呈点状分布，居民 34 户、131 人。

初居陶姓，今多陶姓。

半山 Bànshān 位于村委会驻地西北 1.1 千米处。地处高山的半山腰，故名。房舍沿山坡呈块状分布，居民 8 户、32 人。

林姓清中叶从仕阳沙丘迁此，蔡姓从蔡宅底分迁于此，今多蔡姓。

吴厝下 Wúcuòxià 位于村委会驻地西北 1.2 千米处。地处徐家庄下侧，吴姓肇基建厝，故名。房舍沿山坡呈点状分布，居民 12 户、76 人。

吴姓清中叶从积库迁此，今多吴姓。

山后垄 Shānhòulǒng 位于村委会驻地西北 1.5 千米处，因处山后得名。村居山湾，房舍沿山湾呈点状分布，居民 2 户、4 人。

蔡姓从蔡宅底分迁于此，吴姓晚清迁此，今居蔡姓。

琴桥村 Qínqiáo Cūn

行政村。位于泗溪镇西南部，村委会驻地矴步，在镇人民政府驻地西南 8.6 千米处。由原矴步、后宅垟、岭头坪 3 行政村合并组建，以当地形似琴键的矴步命名为"琴桥"。东北至蔡宅村，西邻仕阳镇，东南接秀溪村。面积 5.34 平方千米。居民 680 户、2536 人，其中畲族 43 人。辖 35 个村民小组，有矴步、大湾、后宅垟、亭仔后、山头仔、野猪塘、圆潭面、炉后、黄师坪、底湾、外湾仔、岭头坪、杨梅岗、东溪仔、营盘垄 15 个自然村。经济以农业、林业为主，茶叶为重要产业。

原矴步、后宅垟、岭头坪 3 村解放初属东溪乡，1952 年属矴步乡，1956 至 1958 年属东溪乡；1956 年矴步、后宅洋共建农业生产合作社，取名“五星”。1958 年分别建立五星、后宅洋、岭头坪生产队，属仕阳公社东溪生产大队；1959 年 2 月起属仕阳公社东溪管理区。1961 年 9 月起改为矴步、后宅洋、岭头坪生产大队，属东溪公社。1984 年 5 月改为矴步、后宅垟、岭头坪行政村，属东溪乡。

1992 年重新认定革命老区，原岭头坪村被认定为革命老区村。

2004 年原矴步、后宅垟、岭头坪 3 村合并组建琴桥村，属东溪乡。2011 年 4 月东溪乡撤销，并入泗溪镇。

矴步 Dìngbù 琴桥村村委会驻地。附近东溪有底湾矴步，村居矴步西北侧，得名“矴步头”，后简化为“矴步”。房舍沿东溪溪谷呈块状分布，居民 193 户、806 人。

蔡姓从蔡宅底分迁于此，今多蔡姓。

大湾 Dàwān 位于村委会驻地东北 0.6 千米处。因处东溪南岸大山湾得名，又作“大塆”。房舍沿山湾呈点状分布，居民 15 户、60 人。

蔡姓上祖蔡文种清中叶从蔡宅底分迁于此，今多蔡姓。

后宅垟 Hòuzháiyáng 位于村委会驻地东北 0.7 千米处，因村后田垟得名。房舍沿溪呈块状分布，居民 204 户、850 人。

蔡姓南宋时从峡屿分迁于此，今多蔡姓。

亭仔后 Tíngzǐhòu 位于村委会驻地东 0.4 千米处。村前旧有小亭，故名。房舍沿山坡呈块状分布，居民 20 户、65 人。

蔡姓清中叶从后宅垟分迁于此，今多蔡姓。

山头仔 Shāntóuzǐ 位于村委会驻地东南 0.6 千米处。原为山岗上方小村庄，故名。房舍沿山坡呈块状分布，居民 25 户、100 多人。

蔡姓清中叶从蔡宅底分迁于此，今多蔡姓。

野猪塘 Yězhūtáng 位于村委会驻地南 0.6 千米处。据传该地低洼泉冷，酷暑时野猪常来翻滚纳凉，年久滚出一个水塘，故名。房舍沿山坡呈块状分布，居民 3 户、7 人。

蔡姓清中叶从炉仔分迁于此，今多蔡姓。

圆潭面 Yuántánmiàn 位于村委会驻地西南 0.6 千米处，因处圆潭上侧得名。房舍沿山坡呈点状分布，居民 2 户、6 人。

黄姓上祖黄晋章清中叶从莒溪（今属苍南县）迁此，今居黄姓。

炉后 Lúhòu 位于村委会驻地西南 0.6 千米处。相传村前古有打铁炉，故名。房舍沿山坡呈点状分布，居民 38 户、150 人。

蔡姓上祖蔡文海清中叶从蔡宅底分迁于此，今多蔡姓。

黄师坪 Huángshīpíng 位于村委会驻地西南 0.8 千米处。相传古有黄姓道士居此，故名。房舍沿山坡呈块状分布，居民 5 户、60 人。

蔡姓上祖蔡文海清中叶从蔡宅底分迁于此，今多蔡姓。

底湾 Dǐwān 位于村委会驻地西南 0.9 千米处，因处山湾里侧得名。房舍沿山湾呈块状分布，居民 6 户、26 人。

黄姓清中叶从莒溪（今属苍南县）迁此，今多黄、刘姓。

外湾仔 Wàiwānzǐ 位于琴桥村村委会驻地西南 1 千米处。地处山塆外侧，村庄较小，故名。房舍沿山湾呈块状分布，居民 15 户、68 人。

黄氏上祖黄晋章清前叶从莒溪（今属苍南县）迁此，今多黄、刘姓。

岭头坪 Lǐngtóupíng 位于村委会驻地西北 0.7 千米处，因处岭头坪地得名。房舍沿山坡呈点状分布，居民 67 户、334 人。

刘姓清中叶从福建福安县丰山村迁此，今多刘姓。

杨梅岗 Yángméigǎng 位于村委会驻地西北 0.8 千米处。该地山上旧多野杨梅树，得名“杨梅岗”，村以岗名。房舍沿山坡呈点状分布，居民 78 户、320 人。

刘姓清中叶从岭头坪迁此，今多刘姓。

东溪仔 Dōngxīzǐ 位于村委会驻地西北 1.9 千米处。地处东溪北侧，村庄较小，故名。房舍沿溪呈点状分布，居民 15 户、68 人，其中畲族 15 人。

雷姓上祖雷景泰晚清从莒溪（今属苍南县）迁此，今多蔡姓，畲族雷姓。

营盘垄 Yíngpánlǒng 位于村委会驻地西北 2.3 千米处。地处山垄，古有兵营，故名。村居岭头坪地，房舍沿山坡呈块状分布，居民 63 户、360 人，其中畲族 28 人。

大岗村民 1995 年迁此，今多吴、骆姓，畲族雷、蓝姓。

秀溪村 Xiùxī Cūn

行政村。位于泗溪镇西南部，村委会驻地秀溪，在镇人民政府驻地西南 8.4 千米处。以村委会驻地秀溪命名。东至雅阳镇，西、南接仕阳镇，西北连琴桥村。面积 5.33 平方千米。居民 486 户、1701 人。辖 20 个村民小组，有秀溪、苏麻底、杨梅坪、竹下岭、下长垟、底垟庵、底垟 7 个自然村。经济以农业、林业为主，茶叶为重要产业，年产百余担。老分泰公路过村，交通方便。

解放初属柳峰乡，1951 年属秀梧乡，1956 年属东溪乡。1958 年建立秀溪生产队，属仕阳公社东溪生产大队；1959 年 2 月起属仕阳公社东溪管理区。1961 年 9 月起改为秀溪生产大队，属东溪公社。1984 年 5 月改为秀溪行政村，属东溪乡。2011 年 4 月东溪乡撤销，并入泗溪镇。

秀溪 Xiùxī 秀溪村村委会驻地。小溪贯穿村中，得名“小溪”，后雅化为“秀溪”，又称“外垟”。地处秀溪两岸，房舍沿溪呈块状分布，居民 35 户、105 人。老 58 省道经过村东。

董良委、良英兄弟从宋溪转迁于此，潘姓从罗阳罗峰分迁于此，蔡姓从蔡宅底分迁于此。今多蔡、潘姓。

苏麻底 Sūmádì 位于村委会驻地东北 0.8 千米处，相传因名为苏麻的人肇基得名。房舍沿山坡呈块状分布，居民 12 户、40 人。

蔡姓明末从蔡宅上村分迁于此，今多蔡、林姓。

杨梅坪 Yángméipíng 位于村委会驻地东北 1.2 千米处。当地山坪旧多野杨梅树，故名。房舍沿山坡呈点状分布，居民 3 户、8 人。

蔡姓明初从峡屿分迁于此，今多蔡姓。

竹下岭 Zhúxiàlǐng 位于村委会驻地东 1.3 千米处。村边大山岭多竹，得名“竹下岭”，村以岭名。房舍沿山坡呈块状分布，居民 3 户、8 人。

赖姓清中叶从戬洲彭家堡迁此，今多赖姓。

下长垟 Xiàchángyáng 位于村委会驻地东南 1.4 千米处，因处长形田垄下段得名。房舍沿溪谷呈点状分布，居民 23 户、60 人。

庄姓较早迁此，今多庄姓。

底垟庵 dǐyáng'ān 位于村委会驻地南 0.7 千米处。当地古有底垟庵，村因庵名。房舍沿山坡呈块状分布，居民 7 户、34 人。底垟庵正名秀溪祥善庵，南宋隆兴年间武进士、殿前太尉曾光始建。

曾姓南宋时从东溪迁此，今多曾姓。

底垟 Dǐyáng 位于村委会驻地西南 0.5 千米处。初名“宋溪”，后因处田垟里侧改名“底垟”。村居坡地，房舍沿山坡呈点状分布，居民 62 户、201 人。

董良委、良英兄弟从平阳麻园泾口迁此，今多刘姓。

环水居民区 Huánshuǐ Jūmínqū

位于泗溪镇中南部，居委会驻地白粉墙广电路 76 号，在镇人民政府驻地东 0.2 千千米处。多为环水路外村人迁，故名，东连半地垟村，西邻白粉墙村；南接南溪村，北至上院村。辖 1 个居民小组。除白粉墙村外，还有其他村村民迁此，现有 570 户、2850 人。2004 年 2 月设立。

第三节 街路弄巷

泗水西路 Sìshuǐ Xīlù 位于泗溪镇下桥村。取“泗水迴澜”之意，处泗水路西段，故名。东起溪东桥，西至下桥桥。长 500 米，宽 12 米，混凝土路面。

泗水中路 Sìshuǐ Zhōnglù 位于泗溪镇下桥村，白粉墙村。取“泗水迴澜”之意，处泗水路中段，故名。东起永安南路，西至溪东桥，长 300 米，宽 12 米，混凝土路面。1987 年建。

泗水东路 Sìshuǐ Dōnglù 位于泗溪镇白粉墙村。取“泗水迴澜”之意，处泗水路东段，故名。东起泗玉路，西至永安南路，长 300 米，宽 12 米，混凝土路面。建于 1993 年。

泗玉路 Sìyù Lù 位于泗溪镇白粉墙村，因处泗溪老车站通往原玉西的公路得名。南起永安南路，北至环水路，长 140 米，宽 7 米，混凝土路面。建于 1975 年。

环水路 Huánshuǐ Lù 位于泗溪镇白粉墙村，因环溪而名。东起东桂线，西至泗溪车站，长 700 米，宽 14 米，混凝土路面。2005 年建成。

永安南路 Yǒng'ān Nánlù 位于泗溪镇白粉墙村。初称“扶贫路”，后以地处村南，起于永安门旧址附近，更名“永安南路”。东起泗溪工商所，西至环水路，长 670 米，宽 8 米，混凝土路面。2005 年建成。

永安东路 Yǒng'ān Dōnglù 位于泗溪镇白粉墙村。因古时隘门洞石筑大门“永安门”而名。东起泗溪工商所，西至永安南路，长 320 米，宽 6 米，混凝土路面。建于 1958 年。

彭溪镇

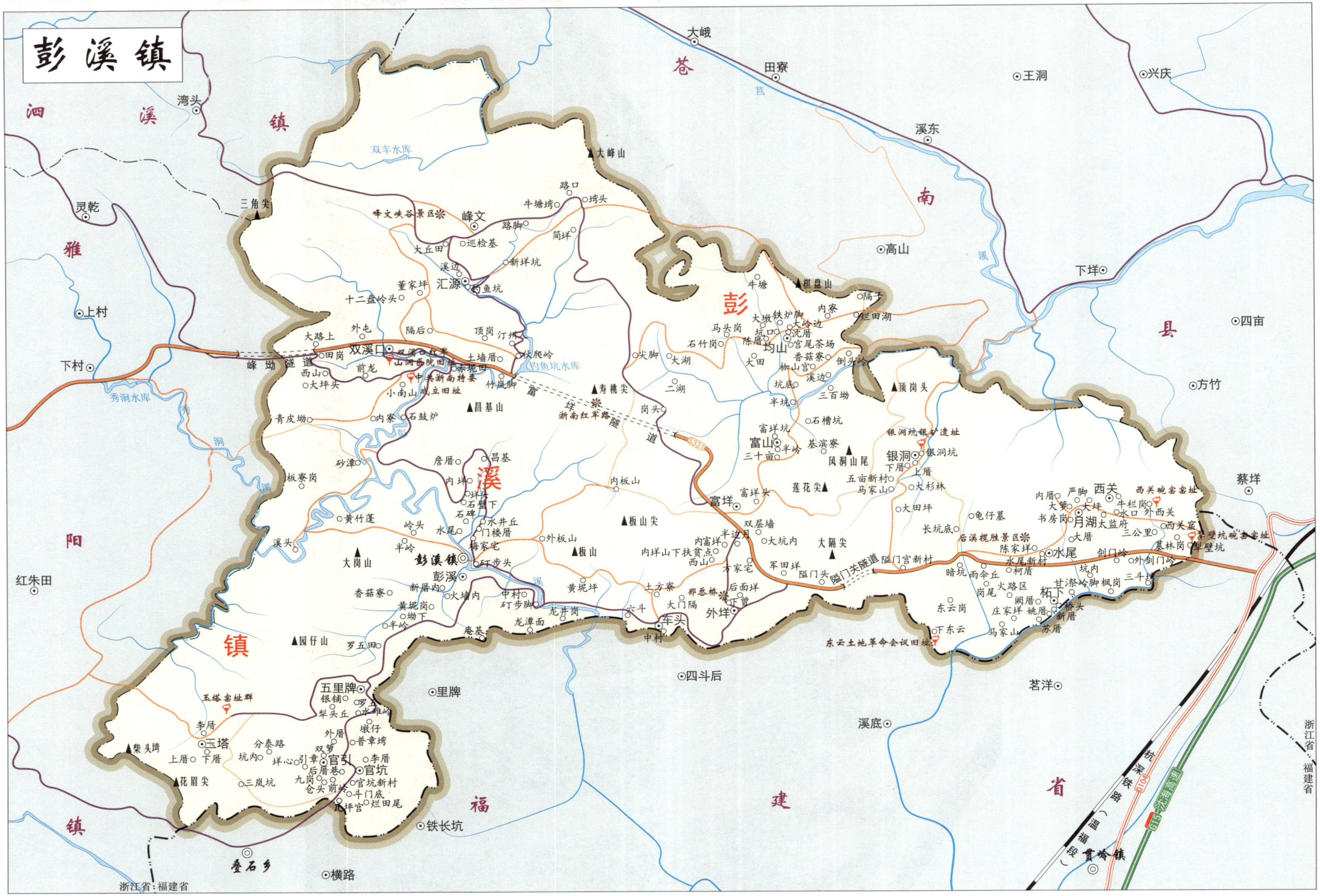
彭溪镇
泗溪镇
雅阳镇
苍南县
福建省
双丰水库
秀涧水库
钓鱼坑水库
峰文
汇源
双溪口
富山
均山
银洞
西关
月湖
水尾
柘下
外垟
富垟
车头
五里牌
官引
官坑
三塔
彭溪
大峰山
三角尖
棋盘山
寿桃尖
目基山
板山尖
板山
大岗山
园仔山
花眉尖
柴头塆
凤洞山尾
莲花尖
大隔尖
顶岗头
峰文峡谷景区
后溪揽胜景区
浙南红军路
中共浙南特委
银洞坑银矿遗址
西关碗窑窑址
东云土地革命会议旧址
五塔窑址群
峰坳隧道
富垟隧道
隘门关隧道
杭深铁路(温福段)
贯岭镇
叠石乡
浙江省
福建省
大峨
田寮
王洞
兴庆
溪东
高山
下垟
四亩
方竹
蔡垟
灵乾
湾头
上村
下村
红朱田
里牌
四斗后
溪底
茗洋
铁长坑
横路

彭溪镇人民政府

第六章 彭溪镇 Péngxī Zhèn

第一节 概 述

彭溪镇位于泰顺县东南部，行政区划代码 330329105。镇人民政府驻彭溪村彭中路 38 号，在泰顺县城东南 48.6 千米，海拔 300 米。以镇人民政府驻地彭溪得名。地理位置北纬 27°23′42″～27°30′45″，东经 120°05′02″～120°14′44″；辖区东西最大距离 15.39 千米，南北最大距离 13.0 千米，东北邻苍南县桥墩镇，南界福建省福鼎市叠石乡，西接雅阳镇和泗溪镇。总面积 89.8 平方千米。其中陆地 86.2 平方千米，水域 3.6 平方千米。全镇辖彭溪、汇源、峰文、双溪口、富垟、均山、富山、外垟、车头、水尾、月湖、银洞、西关、柘下、五里牌、玉塔、官引、官坑 18 个行政村，下设 288 个村民小组。2011 年末，辖区总人口 19449 人。总人口中，汉族 18214 人；有畲、苗、土家、壮、布依 5 个少数民族，共 1328 人，其中畲族 1310 人，苗族 9 人。

今彭溪镇域明景泰三年前属平阳县归仁乡，大部分为三十八都，峰文一带属三十九都。泰顺建县后大部分属八都，峰文一带部分属六都；清代属八都，习称“外八都”。民国 24 年（1935 年）划为风山、五里彭、富垟、月湖垟 4 乡；民国 27 年（1938 年）五里彭乡与风山乡风门、董家坪、均山 3 村并为鹏山乡，富垟、月湖垟 2 乡并为月富乡。民国 35 年（1946 年）月富乡并入鹏山乡。

解放初今彭溪镇域大部分属鹏山乡，峰文、董家坪一带属秀东乡。1949 年 9 月鹏山乡析复富垟、月湖乡；1950 年秀东乡析为秀峰、松东两乡；1952 年 4 月鹏山乡析建彭溪乡、秀峰乡分为秀涧、峰文 2 乡。1956 年鹏山、彭溪、峰文乡合并为彭山乡，月湖乡并入富垟乡（1958 年 5 月析设月湖乡），秀涧乡并入东安乡（今属雅阳镇）。

1958 年 11 月实行人民公社体制，今彭溪镇域分设彭溪、峰文、月湖、富垟 4 个生产大队，隶属彭溪人民公社，次年分别称管理区。1962 年调整公社规模，分别改为彭溪、峰文、月湖、富垟公社，属雅阳区；1964 年彭溪公社析建五里牌公社。

1984 年 5 月上述公社均改为乡，隶属彭溪区。1992 年彭溪区撤销，彭溪、富垟、五里牌 3 乡，合并为彭溪镇；2011 年原月湖、峰文 2 乡并入彭溪镇。

全镇耕地面积 500 公顷，粮食生产主要有水稻、番薯，油料作物以油菜籽为主；蔬菜、槟榔芋、黄栀枝为新兴的种植业内容，2011 年蔬菜种植面积 200 公顷；槟榔芋种植面积 13 公顷；黄栀种植面积 20 公顷。彭溪镇香菰寮自然村是泰顺县名茶基地，著名茶叶“香菇寮白毫”即产于此；五里牌良种茶“官坑早”，名茶“黄汤”名闻全国。养殖业主要有生猪、羊、家禽等饲养。2011 年农业总产值 1.5 亿元。

彭溪镇月湖一带明代是采银地，五里牌、月湖一带高岭土资源丰富，玉塔有南宋青白瓷古窑址，月湖、水尾、西关有宋明碗窑址。彭溪以生产草席闻名，是泰顺县重要的工业生产基地，初步形成以汽车、摩托车配件，机械制造、装饰材料加工为主的加工体系。2011 年工业总产值 12.3 亿元。

该镇交通方便。分泰线（331 省道）过境路段长 42 千米；另有县乡级公路 21 条，总长 70.8 千米。镇区道路总长 12 千米；桥梁 3 座，总长 0.12 千米。镇区开通公交汽车 2 条，运营线路共 38 千米。镇区有自来水厂 1 座，铺设干线水管 12 千米；有 35 千伏变电所 2 座，高压输电线路 5 条，总长 90.1 千米。镇区有公园 1 个，面积 0.7 公顷。

该镇被命名为“浙江省生态镇”“浙江省体育强镇”“浙江省气象防灾减灾标准镇”。

1992 年重新认定革命老区，彭溪镇、月湖乡、峰文乡被认定为革命老区镇乡。

第二节　群众自治组织 居民点

彭溪村 Péngxī Cūn

行政村。位于彭溪镇西部，村委会驻地彭溪，亦为彭溪镇人民政府驻地。由原彭溪、板山、昌基、矴步脚 4 个村合并组建，以村委会驻地彭溪命名。东北至富垟村，西邻雅阳镇，西南接五里牌村和福鼎市，北连汇源村。面积 16.69 平方千米，居民 972 户、3242 人，其中畲族 1610 人。辖 54 个村民小组，有彭溪、水尾、石碑、石壁下、垟头、詹厝、内板山、矴步头、门楼厝、水井丘、外板山、内垟、昌基、矴步脚、龙潭面、龙井岗、庵基、新厝内、火墙内、黄坭岗、坳下、香菇寮、半岭、岭头、黄竹蓬、砂潭、溪头、板寮岗 28 个自然村。经济以农业为主，茶叶为重要产业，年产茶叶达 400 担。改革开放后第三产业发展迅速。

原彭溪、板山、昌基、矴步脚 4 村解放初均属鹏山乡；1952 年属彭溪乡；1956 年属彭山乡。1958 年分别建立彭溪（与矴步脚合建）、板山、昌基生产队，属彭溪公社彭溪生产大队；1959 年 2 月起属彭溪公社彭溪管理区。1961 年 9 月起改为彭溪、板山、昌基、矴步脚生产大队，属规模调整后的彭溪公社。1984 年 5 月改为彭溪、板山、昌基、矴步脚行政村，属彭溪乡。1992 年重新认定革命老区，原彭溪、板山、昌基、矴步脚村均被认定为革命老区村。

2004 年原彭溪、板山、昌基、矴步脚 4 村合并，组建为新的彭溪村。

彭溪 Péngxī 彭溪镇人民政府及彭溪村村委会驻地。地处西坑与北坑的汇合处，水流汹涌澎湃，得名“澎坑”，后以音改为“彭溪”。房舍沿公路呈块状分布，居民 754 户、3367 人。村庄包含中村、外村等聚落，20 世纪 50 年代后逐渐合为一体。

张姓元代居此，谢姓清代从月湖迁此，今多林、唐、谢姓。

水尾 Shuǐwěi 位于村委会驻地北 0.7 千米处，因处小溪下游得名。房舍沿溪谷呈块状分布，居民 28 户、123 人。

唐姓清中叶从车头村分迁于此，今多唐姓。

石碑 Shíbēi 位于村委会驻地北 0.8 千米处，因有一古石碑得名。房舍沿彭溪呈块状分布。居民 25 户、117 人。

曾姓明代天启年间由泗溪迁此，后又有林、唐姓迁此，今多曾姓。

石壁下 Shíbìxià 位于村委会驻地北 1.1 千米处。村庄处于 10 多米高石壁下侧，故名。房舍沿山坡呈块状分布，居民 7 户、20 人。

谢姓清康熙四十九年（1710 年）从福建汀州上杭迁此，今多谢姓。

垟头 Yángtóu 位于村委会驻地北 1.3 千米处，因处田垟上侧得名称。房舍沿山脚呈块状分布，居民 5 户、20 人。

曾姓较早迁此，今多曾姓。

詹厝 Zhāncuò 位于村委会驻地北 1.9 千米处，因詹姓肇基得名。房舍沿山坡呈块状分布。居民 13 户、65 人。

詹姓清初从福建漳州迁此，今多詹姓。

内板山 Nèibǎnshān 位于村委会驻地东北 2.63 千米处，因处板山内侧山湾得名。房舍沿山湾呈块状分布。居民 13 户、55 人，畲族居多。

蓝姓清中叶从平阳北港迁此；雷姓清雍正年间自青田培头（今文成县富岙培头）迁泰顺仙稔，再转迁于此。今多蓝、钟姓。

矴步头 Dìngbùtóu 位于村委会驻地东北 0.3 千米处，因处矴步北侧得名。房舍沿溪呈块状分布，居民 28 户、145 人。今多陈、林姓。

门楼厝 Ménlóucuò 位于村委会驻地东北 0.8 千米处。旧时有座带门楼之屋，故名。房舍沿山坡呈块状分布，居民 15 户、50 人。

林姓清前叶从富垟村内垟迁此，今多林姓。

水井丘 Shuǐjǐngqiū 位于村委会驻地东北 0.9 千米处，因大田丘旁有井得名。房舍沿山岰呈块状分布，居民 30 户、150 人。

林姓清嘉庆年间从峰文迁此，今多林姓。

外板山 Wàibǎnshān 位于村委会驻地东北 1.4 千米处。村东之山名为“板山”，村处该山外侧，故名。房舍沿山岰呈点状分布，居民 25 户、155 人。

林姓清中叶从峰文迁此，今多林姓。

内垟 Nèiyáng 位于村委会驻地北偏东 1.5 千米处。当地有两片田垟，村处内侧田垟边，故名。房舍沿山岰呈块状分布，居民 30 户、135 人。

吴姓明中叶从福建省厦门迁此，今多林姓。

昌基 Chāngjī 位于村委会驻地北偏东 1.9 千米处，因附近昌基山得名。房舍沿溪谷呈带状分布，居民 53 户、350 人，畲族。

李姓上祖李文敬清康熙五十年（1711 年）从平阳溪上村水碓头（今属苍南县）迁此，今多李姓。

矴步脚 Dìngbùjiǎo 位于村委会驻地东南 1.3 千米处。当地小溪中有矴步，溪北称“矴步头”，该村庄处于溪南，故名。房舍沿溪呈块状分布，居民 27 户、120 人，其中汉族 16 人，余皆畲族。

钟姓上祖钟郡平清顺治年间自福建省福鼎龙潭面村迁此，另说从左溪阳畲迁来；雷姓清中叶从玉塔上厝分迁于此。现畲族多雷姓，汉族多林姓。

龙潭面 Lóngtánmiàn 位于村委会驻地东南 1.5 千米处，因临“龙潭”得名。房舍沿山坡呈点状分布，居民 9 户、56 人。

钟姓清顺治年间迁此，蓝姓从平阳十三都迁此，今多钟姓。

龙井岗 Lóngjǐnggǎng 位于村委会驻地东南 1.8 千米处，南邻福建省福鼎市境。因处龙井潭南侧山岗得名，房舍沿山坡呈点状分布，居民 10 户、31 人。

钟姓清前叶从平阳县迁此，今多钟姓。

庵基 Ānjī 位于村委会驻地南偏东 1.1 千米处，南邻福建省福鼎市境。村西有庵堂遗基，故名。房舍沿山坡呈块状分布，居民 8 户、21 人。

吴姓清中叶从平阳县迁此，今多吴姓。

新厝内 Xīncuònèi 位于村委会驻地西南 0.4 千米处，因钟姓于溪北里侧建新屋得名。房舍沿山坡呈点状分布，居民 56 户、300 人，其中畲族约 100 人。

钟姓明中叶从福建汀州府上杭县迁此。

火墙内 Huǒqiángnèi 位于村委会驻地西南 0.4 千米处，因村内有封火墙大屋得名。房舍沿溪呈点状分布，居民 25 户、115 人。

邱姓清康熙年间由福建上杭迁此，今多邱姓。

黄坭岗 Huángnígǎng 位于村委会驻地西南 0.7 千米处，因山岗多黄土得名。房舍沿山坡呈点状分布，居民 32 户、185 人。

李姓清前叶从福建长汀县迁此。今多李姓。

坳下Àoxià 位于村委会驻地西南 1.2 千米处，因处彭溪至半岭山坳下得名。房舍沿山坳呈块状分布，居民 8 户、35 人。

林姓清光绪年间迁此，今多林姓。

香菇寮 Xiānggūliáo 位于村委会驻地西南 1.2 千米处。古有菇农于此建草寮居住，故名。房舍沿山坡呈块状分布，居民 30 户、135 人。

钟姓上祖钟友贤明末从福建汀州府上杭县迁此，今多钟姓。

半岭 Bànlǐng 位于村委会驻地西南 1.4 千米处，因处山脚至岭头的半途得名。房舍沿山坡呈点状分布，居民 20 户、78 人。

涂姓清雍正六年（1728 年）由福建泉州大田垟迁此，今多涂姓。

岭头 Lǐngtóu 位于村委驻地会西北 1 千米处，因处山岭顶端得名。房舍沿山脊呈块状分布，居民 18 户、125 人。

张姓清康熙年间从彭溪迁此，今多张姓。

黄竹蓬 Huángzhúpéng 位于村委会驻地西北 2.1 千米处。旧处黄色杂竹丛中，故名。房舍沿山坡呈块状分布，居民 3 户、20 人。

钟姓清道光年间从新厝内迁此。今多钟姓。

砂潭 Shātán 位于村委会驻地西北 2.5 千米处。附近之潭多黄沙，得名“砂潭”，村以潭名，包括石鼓炉、杨梅潭聚落。房舍沿山坡呈块状分布，居民 25 户、120 人，其中畲族 35 人。

谢姓清康熙（1710 年）由福建山门底迁此。今多谢姓，畲族雷姓。

溪头 Xītóu 位于村委会驻地西北 2.7 千米处。因处彭溪西向溪流上游得名。房舍沿溪呈块状分布，居民 11 户、65 人，畲族。

雷姓从平阳北港迁板寮岗，民国 3 年（1914 年）又从板寮岗迁此，今多雷姓。

板寮岗 Bǎnliáogǎng 位于村委会驻地西北 2.9 千米处。该地山岗旧搭木板茅屋，得名“板寮岗”，村以岗名。房舍沿山坡呈点状分布，居民 5 户、31 人，均畲族。

蓝姓清中叶从福建罗源迁此，今多蓝姓。

汇源村 Huìyuán Cūn

行政村。位于彭溪镇西北部，村委会驻地钓鱼坑，在镇人民政府驻地北 4.5 千米处。由原钓鱼坑、伙爬岭 2 村合并组建，以处彭溪、杨梅溪交汇地带命名“汇源”。东至均山村，西邻雅阳镇，南接彭溪村，北连峰文村。面积 4.67 平方千米，居民 195 户、679 人。辖 12 个村民小组，有钓鱼坑、新垟坑、顶岗、汀州人、土墙厝、伙爬岭、竹岚脚、赤泥田 8 个自然村。经济以农业为主，高山蔬菜为新兴产业。

原钓鱼坑、伙爬岭 2 村解放初属秀东乡，1951 年属秀峰乡，1952 年属峰文乡，1956 年属彭山乡。1958 年分别建立钓鱼坑、伙爬岭生产队，属彭溪公社峰文生产大队；1959 年 2 月起属彭溪公社峰文管理区。1961 年 9 月起改为钓鱼坑、伙爬岭生产大队，属新建的峰文公社。1984 年 5 月改为钓鱼坑、伙爬岭行政村，属峰文乡。

1987 年原钓鱼坑、伙爬岭 2 村是第二次国内革命战争时期革命老根据地村。1992 年重新认定革命老区，原钓鱼坑、伙爬岭 2 村均被认定为革命老区村。

2004 年原钓鱼坑、伙爬岭 2 村合并组建汇源村，属峰文乡；2011 年 5 月峰文乡撤销，并入彭溪镇。

钓鱼坑 Diàoyúkēng 汇源村村委会驻地，曾为原钓鱼坑村委会及峰文乡驻地。因附近小溪钓鱼坑得名。两条小溪于此交汇后东流，房舍沿溪呈块状分布，居民 64 户、201 人。

沈姓清前叶从富垟均山分迁于此，今多沈姓。

新垟坑 Xīnyángkēng 位于村委会驻地东北 0.7 千米处，因村西小溪“新垟坑”得名。房舍沿山脚呈点状分布，居民 24 户、84 人。

林姓清中叶从峰文村分迁于此，今多林姓。

顶岗 Dǐnggǎng 位于村委会驻地南偏东 0.8 千米处，因处伙爬岭后山之顶得名。房舍沿山谷呈点状分布，居民 26 户、89 人。

林姓清中叶从峰文村分迁于此，今多林姓。

汀州人 Tīngzhōurén 位于村委会驻地东南 1.1 千米处。最初村民来自福建汀州，故名。房舍沿山坡呈点状分布，居民 28 户、137 人。

曾姓明末从福建汀州迁此，今多曾姓。

土墙厝 Tǔqiángcuò位于村委会驻地南偏东 1.2 千米处。旧为土墙之屋，故名。房舍沿山坡呈块状分布，居民 16 户、63 人。

詹姓清前叶从彭溪詹厝迁此，今多詹姓。

伙爬岭 Huǒpálǐng 位于村委会驻地东南 1.4 千米处。彭溪至此需反复爬山，得名“复爬岭”，后以音转成“伙爬岭”。房舍沿山坡呈块状分布，居民 30 户、94 人。

林姓清中叶从峰文分迁于此，今多林姓。

竹岚脚 Zhúlánjiǎo 位于村委会驻地南偏东 1.4 千米处。地处山脚竹林，多雾气，故名。村居涧谷，房舍沿涧谷呈块状分布，居民 19 户、87 人。

林姓清中叶从峰文分迁于此，今多林姓。

赤坭田 Chìnitián 位于村委会驻地西南1.2千米处，因田土呈赤色得名。村临峰文大峡谷，房舍沿富彭公路两侧呈块状分布，居民10户、32人。

曾姓清中叶从福建汀州迁此，钟姓清代自福建上杭迁此，今多曾姓。

峰文村 Fēngwén Cūn

行政村。位于彭溪镇西北部，村委会驻地峰文，在镇人民政府驻地北5.4千米处。由原峰文、牛塘塆、董家坪3村合并组建，以村委会驻地峰文命名。东北至苍南县，西北邻泗溪镇，南接汇源村。面积16.20平方千米，居民432户、1333人，其中畲族44人。辖23个村民小组，有峰文、牛塘塆、简垟、路口、塆头、路脚、巡检基、大丘田、董家坪、十二盘岭头10个自然村。经济以农业为主，高山蔬菜为新兴产业。

原峰文、牛塘塆、董家坪3村解放初均属秀峰乡，1952年属析建的峰门乡（是年5月改为“峰文乡”），1956年属彭山乡。1958年分别建立峰文、牛塘塆、董家坪生产队，属彭溪公社峰文生产大队；1959年2月起属彭溪公社峰文管理区。1961年9月起改为峰文、牛塘塆、董家坪生产大队，属峰文公社。1984年5月改为峰文、牛塘塆、董家坪行政村，属峰文乡。1987年原峰文村被认定为第二次国内革命战争时期革命老根据地村。1992年重新认定革命老区，原峰文、牛塘塆、董家坪3村均被认定为革命老区村。

2004年原峰文、牛塘塆、董家坪3村合并组建新的峰文村，属峰文乡。2011年5月峰文乡撤销，并入彭溪镇。

峰文 Fēngwén 峰文村村委会驻地。与泗溪镇交界处有高峰三角尖，耸峙如门，得名“峰门”，又写作“风门”，后改为“峰文”。房舍沿公路两侧呈块状分布，居民112户、547人。村北建有林氏宗祠。

该村庄是第二次国内革命战争时期中国工农红军挺进师活动的核心地区之一。1937年1月在此重建红十九师；同年2月，粟裕、刘英领导的红军挺进师在峰文寿桃尖等地阻击敌军，是为著名的“峰文之战”。

林姓上祖林文魁清前叶从平阳县北港迁此，今多林姓。

牛塘塆 Niútángwān 位于村委会驻地东偏北1.5千米处。地处山塆，旧有牛塘，故名。村居山岙，房舍沿公路两侧呈点状分布，居民41户、139人，其中畲族8人。

蒋姓清中叶从平阳县北港迁此，今多蒋姓，畲族蓝姓。

简垟 Jiǎnyáng 位于村委会驻地东1.7千米处，因简姓肇基得名。房舍沿山岙呈点状分布，居民28户、123人。

初居简姓，刘姓清中叶迁此，今多简姓。

路口 Lùkǒu 位于村委会驻地东北 1.8 千米处，因处三岔路口得名。房舍沿山坡呈点状分布，居民 16 户、71 人，其中畲族 17 人。

蓝姓清中叶从平阳县迁此。今多蒋姓，畲族蓝姓。

塆头 Wāntóu 位于峰文村委会驻地东北 1.9 千米处，因处山塆上侧得名。房舍沿山坡呈点状分布，居民 6 户、19 人，均畲族。

蓝姓清中叶从平阳县水头迁此，今多蓝姓。

路脚 Lùjiǎo 位于村委会驻地东 0.9 千米处，因处大路下侧得名。村民大多迁往牛塘塆，仅存 2 座老厝，今居 2 户、3 人。

林姓清前叶从峰文迁此，今居林姓。

巡检基 Xúnjiǎnjī 位于村委会驻地西南 0.2 千米处。该地为古时巡检司遗址，故名。村居山岙，房舍沿山岙呈块状分布，居民 10 户、31 人。

林姓清中叶从峰文分迁于此，今多林姓。

大丘田 Dàqiūtián 位于村委会驻地西南 0.4 千米处，因处一丘大田旁得名。房舍沿山岙呈点状分布，居民 4 户、10 人。

初居董姓，后苏姓从董家坪分迁于此，今多董姓。

董家坪 Dǒngjiāpíng 位于村委会驻地西南 1.2 千米处。地处山坪，董姓肇基，故名。房舍沿山坡呈块状分布，居民 66 户、252 人。

初居董姓，苏姓清乾隆年间从平阳廿八都灵溪（今属苍南县）迁此，今多董姓。

十二盘岭头 Shí'èrpánlǐngtóu 位于村委会驻地西南 1.5 千米处。村处山头，山脚到山顶共有十二道弯，故称。今仅居曾姓 1 户、4 人。

曾姓晚清从汇源村村庄“汀州人”迁此。

双溪口村 Shuāngxīkǒu Cūn

行政村。位于彭溪镇西部，村委会驻地双溪口，在镇人民政府驻地彭溪村西北约 3.8 千米处。由原双溪口、峰坳 2 行政村及青皮坳林场合并组建，以村委会驻地双溪口命名。东至均山村，西邻雅阳镇下村村，南接彭溪村，东北连汇源村。面积 4.45 平方千米，居民 170 户、576 人，其中畲族 89 人。辖 10 个村民小组，有双溪口、隔后、石鼓炉、小南山、前龙、西山、内寮、大坪头、青皮坳、田岗、外屯、大路上 12 个自然村。农林业为主要产业。

原双溪口、峰坳村及青皮坳林场地域解放初属秀东乡，1951 年属秀峰乡，1952 年属峰文乡，1956

年属彭山乡。1958 年双溪口与董家坪合并建立董家坪、峰坳、青皮坳生产队，属彭溪公社峰文生产大队；1959 年 2 月起属彭溪公社峰文管理区。1961 年 9 月起改为双溪口、峰坳生产大队，青皮坳为峰文生产大队一部分，1962 年建立相当于生产大队的青皮坳林场，均属峰文公社。1984 年 5 月改为双溪口、峰坳行政村，青皮坳林场未变，均属峰文乡。1987 年原双溪口、峰坳 2 村是第二次国内革命战争时期革命老根据地村。1992 年重新认定革命老区，原双溪口、峰坳村及原青皮坳林场均被认定为革命老区村。

2004 年 5 月原双溪口、峰坳 2 村及原青皮坳林场所属青皮坳、大坪头自然村合并，组建新的双溪口村，属峰文乡。2011 年 5 月峰文乡撤销，并入彭溪镇。

双溪口 Shuāngxīkǒu 双溪口村村委会驻地，因处两小溪交汇出口处得名。房舍沿小溪两岸呈带状分布，居民 18 户、54 人。331 省道自东经村，村东小山有红军山洞医院旧址。

黄姓清中叶从平阳县北港迁此，今多黄姓。

隔后 Géhòu 位于村委会驻地东北 0.8 千米处。地处大山之后，与董家坪相隔，故名。房舍沿山坡呈点状分布，居民 22 户、85 人。

柯姓清中叶从平阳县灵溪（今属苍南县）迁此，今多柯姓。

石鼓炉 Shígǔlú 位于村委会驻地东南 1.1 千米处。相传古有炉炼银，附近有石如鼓，故名。房舍沿溪呈点状分布，居民 4 户、12 人，均畲族。

雷姓晚清从平阳县北港迁此，今多雷姓。

小南山 Xiǎonánshān 位于村委会驻地南偏东 0.6 千米处，因处峰文南面小山坡得名。村居山岰，房舍沿山岰呈点状分布，居民 18 户、77 人。1936 年 3 月中共浙南特委于此建立，村庄东南有中共浙南特委成立旧址纪念碑。

翁姓清中叶从平阳县北港迁此，今多卢姓。

前龙 Qiánlóng 位于村委会驻地西南 0.7 千米处。因村前山形如龙得名。房舍沿山坡呈块状分布，居民 3 户、12 人。

卢姓清中叶从平阳县迁此，今多卢姓。

西山 Xīshān 位于村委会驻地西偏南 1.0 千米处。因处峰坳山岭西坡得名。房舍沿山坡呈点状分布，居民 15 户、62 人。

卢姓清中叶从平阳县迁此，今多卢姓。

内寮 Nèiliáo 位于村委会驻地西南 1.1 千米处。古为山岗里侧草屋，故名。房舍沿溪呈点状分布，居民 7 户、22 人，均畲族。

蓝姓晚清从彭溪矴步脚迁此，今多蓝姓。

大坪头 Dàpíngtóu 位于村委会驻地西南 1.4 千米处。因处大山岗上平地得名。居民 6 户、30 人。

林姓清末从富垟迁此，今多林姓。

青皮坳 Qīngpí'ào 位于村委会驻地西南 1.7 千米处。地处山坳，灌木青葱，故名。房舍沿山坳呈点状分布，居民 8 户、41 人。

苏姓清中叶从董家坪分迁于此，今多苏姓。

田岗 Tiángǎng 位于村委会驻地西 1.1 千米处。地处峰文西南山坳，原称“峰坳”。后因大部分田分布山岗，改称“田岗”。房舍沿山坳呈点状分布，居民 20 户、88 人，其中畲族 55 人。

巫姓明末从广东迁此。今多卢姓，畲族雷姓。

外屯 Wàitún 位于村委会驻地西北 0.5 千米处，因村外山墩得名“外墩”，后以音改为“外屯”。房舍沿山坳呈块状分布，居民 29 户、127 人。

林姓清中叶从峰文分迁于此，今多林姓。

大路上 Dàlùshàng 位于村委会驻地西偏北 1.1 千米处，因处大路上侧得名。房舍沿山坡呈点状分布，居民 7 户、31 人。

卢姓清中叶从平阳县迁此，今多卢姓。

富垟村 Fùyáng Cūn

行政村。位于彭溪镇中部，村委会驻地富垟，在镇人民政府驻地东北 4.4 千米处。由原富垟、内垟、东风、大湖 4 行政村合并组建，以村委会驻地命名。东至银洞村，西南邻彭溪村，南接外垟村，东北连富山村。面积 8.03 平方千米，居民 510 户、1812 人，其中畲族 50 人。辖 27 个村民小组，有富垟、内富垟、半边月、富垟头、双层墙、大坑内、方家宅、西山、岗头、二湖、大湖、尖脚 12 个自然村及内坪下山扶贫点。以农业、林业为主，茶叶亦为重要产业。

原富垟村解放初为富洋村，原内垟村、东风村解放初为半边月村的一部分（内垟时称内富洋），原大湖村为大湖村，均属月富乡；1952 至 1958 年属富洋乡。1958 年富洋村及半边月村的双层墙、半边月等村庄合建内洋生产队，内富洋为宫脚生产队一部分，大湖村建立大湖生产队，均属彭溪公社富洋生产大队。1959 年 2 月起属彭溪公社富洋管理区。1961 年 9 月起改为富洋、双月、内富洋、大湖生产大队（双月取双层墙、半边月首、末字命名），属新建的富洋公社。1984 年 5 月分别改为富垟、双月、内富洋、大湖行政村，属富垟乡。1992 年 5 月撤销富垟乡，并入彭溪镇。1992 年重新认定革命老区，原富垟、内富垟、东风（即双月）、大湖 4 村均被认定为革命老区村。

2004 年，原富垟、内富垟、东风、大湖 4 村合并组建新的富垟村。

富垟 Fùyáng 富垟村村委会驻地，田垟宽阔，土质肥沃，故称。房舍沿山谷呈块状分布，居民 320 户、1030 人。

郭姓清中叶从平阳县矴步头（今属苍南县）迁此，今多林姓。

内富垟 Nèifùyáng 位于村委会驻地西南 0.3 千米处。因处富垟北面（内侧）山谷得名。房舍沿山谷呈点状分布，居民 40 户、150 人。

林姓清中叶从平阳县桥墩（今属苍南）迁此，今多林姓。

半边月 Bànbiānyuè 位于村委会驻地西南 0.2 千米处。村前山峦形似半月，故名。村居山麓，房舍沿山麓呈点状分布，居民 17 户、50 人。今多陈姓。

富垟头 Fùyángtóu 位于村委会驻地东北 0.5 千米处。因处富垟村庄上方得名。房舍沿山坡呈点状分布，居民 8 户、26 人。

林姓清中叶从福建福鼎迁此，今多林姓。

双层墙 Shuāngcéngqiáng 位于村委会驻地东 0.2 千米处。旧有双层泥墙的仓屋，故名。房舍沿山谷呈曲尺形分布，居民 10 户、32 人。

林姓上祖林武雍清雍正年间从平阳北港迁此，今多林姓。

大坑内 Dàkēngnèi 位于富垟村委会驻地东南 0.6 千米处。该地后山有一大坑，故称。地处公路尽头，房舍沿山谷呈块状分布，居民 2 户、5 人。

林姓清中叶迁此，今多林姓。

方家宅 Fāngjiāzhái 位于村委会驻地东南 0.7 千米处。因方姓肇基建宅得名，分为上厝、下厝两聚落。房舍沿 331 省道呈块状分布，居民 13 户、65 人。

方姓元明之交迁此，今多赖姓。

西山 Xīshān 位于村委会驻地西南 0.7 千米处。村后一峰形若狮头，得名“狮山”，村以山名，后以音转为“西山”。房舍沿山坡呈块状分布，居民 14 户、42 人。

陈姓明中叶从今苍南境迁此，今多陈姓。

岗头 Gǎngtóu 位于村委会驻地西北 2 千米处，因处山岗上部得名。房舍沿山坡呈点状分布，居民 6 户、20 人，其中畲族 2 户、5 人。

陈姓晚清从彭溪车头迁此，今多陈姓。

二湖Èrhú 位于村委会驻地西北 1.9 千米处。附近古有两处打铁炉，得名“二炉”，后以音转为“二湖”。房舍沿山坡呈“凹”字形分布，居民 11 户、35 人。

谢姓清中叶从月湖迁此，今多谢姓。

大湖 Dàhú 位于村委会驻地西北 2.8 千米处。群山环抱，该地低凹似大湖，故名。村居山岰，房舍沿山坡呈块状分布，居民 11 户、32 人。

陈姓清中叶从福建汀州迁此，今多陈姓。

尖脚 Jiānjiǎo 位于村委会驻地西北 2.9 千米处，因处寿桃尖山脚得名。房舍沿山坡呈点状分布，居民 5 户、18 人，畲族。

雷姓清前叶从平阳县北港迁此，今多雷姓。

内垟下山扶贫点 Nèiyángxiàshānfúpíndiǎn 位于村委会驻地西南 0.6 千米处。地处内垟，为扶助高山村民下山脱贫而建，故名。房舍沿 331 省道呈块状分布，居民 14 户、42 人。

2007 年规划建设，一期工程 2013 年建成。居民来自富山、均山、大湖等高山边远村。

均山村 Jūnshān Cūn

行政村。位于彭溪镇东北部，村委会驻地沈厝，在镇人民政府驻地东北 6.3 千米处。旧时该地盛产筠竹，古称“筠山”，后以音改为“均山”，并作行政村名。东至苍南县，西邻汇源村，南接富山村，北连苍南县。面积 4.11 平方千米，居民 166 户、564 人。辖 10 个村民小组，有沈厝、大岭边、内寮、烂田糊、隔子、大田、陈厝、马头岗、石竹岙、牛塘、铁炉脚、坑口、大墩 13 个自然村及宫尾茶场。经济以农业、林业为主，茶叶亦为重要产业。

解放初属月富乡；1952 至 1958 年属富洋乡。1958 年称均山生产队，属彭溪公社富洋生产大队；1959 年 2 月起属彭溪公社富洋管理区。1961 年 9 月起改为均山生产大队，属富洋公社。1984 年 5 月改为均山行政村，属富垟乡。1992 年 5 月富垟乡撤销，并入彭溪镇。1992 年重新认定革命老区，均山村被认定为革命老区村。

沈厝 Shěncuò 均山村村委会驻地。初为沈姓所居，故名；古时该地之山多筠竹，别称“筠山”，后以音转成“均山”。房舍沿山岰呈块状分布，居民 110 户、360 人。

沈姓清康熙年间自福建省永定县迁此，今多沈姓。

大岭边 Dàlǐngbiān 位于村委会东北 0.1 千米处。村旁有条陡峭高峻长岭，故名。村处山岰，房舍沿山岰呈块状分布，居民 6 户、18 人。

沈姓清康熙（1686 年）由闽汀州堡虎岗乡郑坑迁此，今多沈姓。

内寮 Nèiliáo 位于村委会东北 0.7 千米处。旧为山岰里侧茅屋，故名。村处山岰，房舍沿山岰呈点状分布，居民 2 户、4 人。

李姓清末民初迁此，后有谢、沈姓陆续迁来，今多沈姓。

烂田糊 Làntiánhú 位于村委会东北 1.2 千米处。当地田多冷泉、土质糊烂，故名。房舍沿山坡呈点状分布。居民 8 户、27 人。

陈姓晚清从月湖柘下村迁此，今多陈姓。

隔子 Gézī 位于村委会东北 1.3 千米处。该地山与山之间有较平岗坡，俗称“隔子”，故名。村处山坳，房舍沿山坳呈块状分布。居民 5 户、16 人。

陈姓清雍正二年(1724 年)迁此，今多陈姓。

大田 Dàtián 位于村委会西南 0.5 千米处，因有一丘大田得名。房舍沿山坡呈“T”字形分布。居民 7 户、25 人。

陈姓清中叶迁此，今多陈姓。

陈厝 Chéncuò 位于村委会西 0.3 千米处。初为陈姓所居，故名。村居山坳，房舍沿小山坡呈点状分布，居民 30 户、100 人。

初居陈姓，沈姓清前叶从沈厝分迁于此，今多沈姓。

马头岗 Mătóugăng 位于村委会西 0.9 千米处。当地山岗形似马头，得名“马头岗”，村以岗名。房舍沿山坡呈块状分布，居民 13 户、42 人。

沈姓清中叶从均山分迁于此，今多沈姓。

石竹岙 Shízhúào 位于村委会西 1.0 千米处。该地山岙旧多石竹，故名。房舍沿山坡呈点状分布，居民 2 户、6 人。

沈姓较早迁此，今多沈姓。

牛塘 Niútáng 位于村委会北偏西 1.0 千米处，因该地旧有一牛塘得名。房舍沿山坡呈点状分布，居民 6 户、21 人。

沈姓晚清从均山分迁于此，今多沈姓。

铁炉脚 Tiělújiăo 位于村委会西北 0.2 千米处。地处山脚，旧有打铁炉，故名。村居溪谷，房舍沿山脚呈块状分布，居民 1 户、3 人。

沈姓 20 世纪 60 年代初迁此，今居沈姓。

坑口 Kēngkǒu 位于村委会西北 0.2 千米处。地处陈厝与沈厝之间小溪出水处，故名。村处山坳，房舍沿山坳呈块状分布，居民 4 户、13 人。

沈姓 20 世纪 60 年代初从沈厝迁此，今多沈姓。

大墩 Dàdūn 位于村委会西北 0.4 千米处，因有大土墩得名。房舍沿墩呈块状分布，居民 21 户、23 人。

沈姓民国 34 年（1945 年）从沈厝分迁于此，今多沈姓。

宫尾茶场 Gōngwěicháchǎng 位于村委会东南 0.1 千米处。原系建于娘娘宫下侧的茶场，故名。房舍沿山坡呈块状分布，居民 5 户、16 人。

宫尾茶场建于 1962 年，今居沈姓。

富山村 Fùshān Cūn

行政村。位于彭溪镇中部，村委会驻富垟坑，在镇人民政府驻地东北 5.4 千米处。因当地莲花尖盛产毛竹、杉木，得名“富山”，行政村沿用此名。东至银洞村，西南接富垟村，北连均山村。面积 3.27 平方千米，居民 174 户、598 人。辖 13 个村民小组，有富垟坑、石槽坑、半坑、坑底、三百坳、溪边、枷山宫、香菇寮、倒头岭、基滨寮、三十亩、半岭 12 个自然村。经济以农业、林业为主，盛产毛竹及松、杉木材，茶叶亦为重要产业。

解放初属月富乡，1952 至 1958 年年属富洋乡。1958 年建立富山生产队，属彭溪公社富洋生产大队；1959 年 2 月起属彭溪公社富洋管理区。1961 年 9 月起改为富山生产大队，属富洋公社。1984 年 5 月改为富山行政村，属富垟乡。1992 年 5 月富垟乡撤销，并入彭溪镇。1992 年重新认定革命老区，富山村被认定为革命老区村。

富垟坑 Fùyángkēng 富山村村委会驻地，因附近小溪“富垟坑”得名。房舍沿山谷呈块状分布，居民 65 户、215 人。

林姓上祖林延安清前叶从福建汀州永定县迁此，今多林姓。

石槽坑 Shícáokēng 位于村委会驻地东北 0.6 千米处。村西小溪有大石，年久冲出槽形，溪名“石槽坑”，村以坑名。房舍沿山坡呈块状分布，居民 8 户、23 人。

林姓从内富垟分迁于此，今多林姓。

半坑 Bànkēng 位于村委会驻地东北 0.7 千米处。地处坑底至矴步头溪流半途，故名。房舍沿山坡呈点状分布，居民 4 户、15 人。村中 2 棵大枫树树龄约 200 年。

林姓清中叶从福建永定县矴步头迁此，今多林姓。

坑底 Kēngdǐ 位于村委会驻地东北 0.9 千米处，因处富垟坑里侧得名。房舍沿山坡呈块状分布，居民 4 户、13 人。

赖姓清中叶从平阳矴步头（今属苍南县）迁此，今多赖姓。

三百坳 Sānbǎi'ào 位于村委会驻地东北 1.2 千米处。该地经富垟至平阳矴步头（今属苍南县），约有 300 个山坳，故名“三百坳”，曾讹为“三八坳”。房舍沿溪谷呈点状分布，居民 20 户、55 人。

李姓清中叶从平阳县北港迁此，今多李姓。

溪边 Xībiān 位于村委会驻地东北 1.3 千米处，因临溪得名。房舍沿溪谷呈块状分布。居民 5 户、15 人。

许姓清中叶从平阳（今苍南县境）迁此，今多许姓。

枷山宫 Jiāshāngōng 位于村委会驻地东北 1.3 千米处。因旧时宫庙“枷山宫”得名。房舍沿山坡呈块状分布，居民 12 户、35 人。

赖姓晚清迁此，今多赖姓。

香菇寮 Xiānggūliáo 位于村委会驻地东北 1.6 千米处。旧多野生香菇，先民在此建草寮收晒香菇，故名。房舍沿山坡呈点状分布，居民 20 户、80 人。

谢姓明末从平阳矴步头（今属苍南县）迁此，今多谢姓。

倒头岭 Dǎotóulǐng 位于村委会驻地东北 1.8 千米处。附近之岭名为“倒头岭”，村以岭名。房舍沿山坡呈块状分布，居民 20 户、70 人。

许姓明前叶迁此，今多许姓。

基滨寮 Jībīnliáo 位于村委会驻地东南 0.7 千米处。据传古有被称为“基滨”的人于此建草寮垦田，故名。房舍沿山坡呈块状分布，居民 4 户、13 人。

卓姓清中叶从平阳县北港迁此，今多卓姓。

三十亩 Sānshímǔ 位于村委会驻地南 0.1 千米处。旧时附近一片田垟，约 30 亩，故名。房舍沿山坡呈块状分布。居民 3 户、8 人。

李姓较早迁此，今多李姓。

半岭 Bànlǐng 位于村委会驻地南 0.4 千米处。因处山岭半途得名。房舍沿山坡呈块状分布。居民 20 户、55 人。村有树龄 200 年古树 6 棵。

林姓清中叶迁此，今多林姓。

外垟村 Wàiyáng Cūn

行政村。位于彭溪镇南部，村委会驻地外垟，在镇人民政府驻地东南 4.5 千米处。以村委会驻地外垟命名。东至柘下村，西南邻车头村，南接福建省，北连富垟村。面积 1.70 平方千米，居民 170 户、564 人。辖 7 个村民小组，有外垟、后面垟、军田垟、下曾 4 个自然村。以农业、林业为主，茶叶亦为重要产业。老泰分公路过境，交通方便。

外垟村解放初为外富洋村，属月富乡；1952 年至 1958 年属富洋乡。1958 年建立外洋生产队，属彭溪公社富洋生产大队；1959 年 2 月起属彭溪公社富洋管理区。1961 年 9 月起改为外洋生产大队，属富洋公社，1981 年 10 月更名外富洋大队。1984 年 5 月改为外富垟行政村，属富垟乡。后简化为外垟行政村，1992 年 5 月富垟乡撤销，并入彭溪镇。1992 年重新认定革命老区，外垟村被认定为革命老区村。

外垟 Wàiyáng 外垟村村委会驻地。因处富垟村庄南（外侧）得名“外富垟”，后简为“外垟”。房舍沿老泰分公路两侧呈带状分布，居民 75 户、221 人。

曾姓清前叶从泗溪白粉墙迁此，今多曾姓。

后面垟 Hòumiànyáng 位于村委会驻地东北 0.3 千米处。以村后田垟得名。村居山谷，房舍沿 331 省道呈块状分布，居民 13 户、42 人。

曾姓清中叶从福建迁此，今多曾姓。

军田垟 Jūntiányáng 位于村委会驻地东北 1.0 千米处。古为金乡卫屯田处，故名。房舍沿山坡呈点状分布，居民 48 户、196 人。

林姓清中叶从平阳县北港迁此，今多林姓。

下曾 Xiàzēng 位于村委会驻地西北 0.2 千米处。该地曾姓聚居，旧分上曾、下曾。村处下方，故名。房舍沿老泰分公路呈点状分布，居民 5 户、15 人。村西临红军路。

曾姓清前叶迁此，今多曾姓。

车头村 Jūtóu Cūn

行政村。位于彭溪镇南部，村委会驻地车头，在镇人民政府驻地东南 3.3 千米处。2004 年由原车头、黄坭坪 2 村合并组建，以村委会驻地车头命名。东至外垟村，西邻彭溪村，南接福建省，东北连富垟村。面积 2.84 平方千米，居民 260 户、897 人。辖 15 个村民小组，有车头、土方寮、中村、六斗、黄泥坪 5 个自然村。经济以农业、林业为主，茶叶亦为重要产业。

原车头、黄坭坪 2 村解放初属月富乡，1952 至 1958 年属富洋乡。1958 年合并建立车头生产队，属彭溪公社富洋生产大队；1959 年 2 月起属彭溪公社富洋管理区。1961 年 9 月起改为车头、黄坭坪生产大队，属富洋公社。1984 年 5 月改为车头、黄坭坪行政村，属富垟乡；1992 年 5 月富垟乡撤销，并入彭溪镇。1992 年重新认定革命老区，原车头、黄坭坪 2 村均被认定为革命老区村。

2004 年原车头、黄坭坪 2 村合并组建新的车头村。

车头 Jūtóu 车头村村委会驻地。村内二小溪汇合，水急落差大，有小瀑布，得名“漈头”，后方言谐音成为“车头”。房舍沿山谷呈块状分布，居民 84 户、320 人。

唐姓清康熙年间自平阳南湖迁此，后为族居地，今多唐姓。

土方寮 Tǔfāngliáo 位于村委会驻地北 0.5 千米处。古人于此建草寮时设土墙防兽害，故名。房舍沿山坡呈块状分布，居民 18 户、60 人。

唐姓清中叶从车头分迁于此，今多唐姓。

中村 Zhōngcūn 位于村委会驻地南 0.1 千米处。因处车头一带中心位置得名。小溪横穿村中，房舍沿溪呈块状分布，居民 70 户、350 人。

唐姓清中叶从车头分迁于此，今多唐姓。

六斗 Liùdǒu 位于车头村委会驻地西北 0.5 千米处。该地旧有田丘，年交租粮六斗，故名，又作“陆斗”。房舍沿山坳呈点状分布，居民 35 户、110 人。

唐姓清清中叶从车头中村分迁于此，今多唐姓。

黄坭坪 Huángnípíng 位于村委会驻地西北 1.4 千米处。旧时附近山坪盛产黄梅，得名“黄梅坪”，后以音讹为“黄坭坪”。房舍沿山坡呈点状分布，常住居民 12 户、28 人。

唐姓清康熙年间从车头分迁于此，今多唐姓。

水尾村 Shuǐwěi Cūn

行政村。位于彭溪镇东部，村委会驻地内垟，在镇人民政府驻地东 9.4 千米处。由原水尾、隘门宫 2 行政村合并组建，沿用水尾之名。东北至月湖村，西邻外垟村，南接柘下村，北连月湖村。面积 5.01 平方千米，居民 429 户、总人口 1495 人，其中畲族 55 人。辖 20 个村民小组，有内垟、隘门宫、大厝、柯盾、雨伞丘、岗尾、暗坑、东云岗、隘门头、陈家垟、龟仔墓、长坑底 12 个自然村。经济以农业、林业为主，茶叶亦为重要产业。泰分路过境，交通方便。

原水尾、隘门宫 2 村解放初属月富乡，1952 年属月湖乡，1956 年属富洋乡。1958 年分别建立水尾、隘门宫生产队，属彭溪公社月湖生产大队；1959 年 2 月起属彭溪公社月湖管理区。1961 年 9 月起改为水尾、隘门宫生产大队，属新建的月湖公社。 1984 年 5 月改为水尾行政村，属月湖乡。

1987 年原水尾、隘门宫 2 村被认定为第二次国内革命战争时期革命老根据地村。1992 年重新认定革命老区，原水尾、隘门宫 2 村均被认定为革命老区村。

2004 年原水尾、隘门宫 2 村合并组建新的水尾村，属月湖乡；2011 年 4 月月湖乡撤销，并入彭溪镇。

内垟 Nèiyáng 水尾村村委会驻地，因处月湖村外垟之南（内侧方向）得名。房舍沿道路呈带状分布，居民 448 户、1557 人。1996 年建水尾新村，房舍 2 幢，沿 331 省道分布。

隘门宫 Àiméngōng 位于村委会驻地西南 2.3 千米处。该地两山对峙，关隘如门，旧有宫庙“隘门宫”，故名。1996 年后在 331 省道附近新建“隘门宫新村”，房舍 2 幢。居民 68 户、300 多人。

大厝 Dàcuò 位于村委会驻地东北 0.3 千米处。旧有高大房屋 20 余间，故名。房舍沿山坡呈块状分布，居民 15 户、56 人。

谢姓清中叶从月湖分迁于此，今多谢姓。

柯盾 Kēdùn 位于村委会驻地西 0.7 千米处。村东山上有大石，形似状元帽，得名“科盾”，后以音转成“柯盾”。房舍沿山坡呈块状分布。居民 5 户、19 人。

谢姓 20 世纪 60 年代从月湖分迁于此，今多谢姓。

雨伞丘 Yǔsǎnqiū 位于村委会驻地西偏南 1.0 千米处。旧时有人于此做雨伞，故名。房舍沿山坡呈点状分布，居民 15 户、52 人。

卓姓清前叶从水尾村坑内迁此，今多卓姓。

岗尾 Gǎngwěi 位于村委会驻地西南 1.1 千米处，因处山岗尾端得名。房舍沿山谷呈块状分布，居民 8 户、30 人。

张姓清前叶从平阳县水头村迁此，今多张姓。

暗坑Ànkēng 位于村委会驻地西 1.4 千米处。古时该地小溪边森林茂密，较阴暗，溪名“暗坑”，村以坑名。房舍山坡呈点状分布，居民 16 户、55 人，均畲族。

雷姓清嘉庆年间从五凤李垟（今属苍南）迁此，钟姓民国初从彭溪龙潭面迁此，今多雷姓。

东云岗 Dōngyúngǎng 位于村委会驻地西南 1.8 千米处。村东山岗常云雾缭绕，得名“东云岗”，村以岗名。房舍沿山坡呈块状分布，居民 50 户、17 人。

张姓晚清从平阳县水头街迁此，今多杨姓。

隘门头Àiméntóu 位于村委会驻地西南 3.3 千米处。与富垟相邻山岭有关隘如门，村居其上，故称。房舍沿山坡呈点状分布，居民 14 户、55 人。

李姓清中叶从平阳县北坳村迁此，今多杨、林姓。

陈家垟 Chénjiāyáng 位于村委会驻地西 0.2 千米处。当地水田旧属陈姓，故名。房舍沿山坡呈块状分布，居民 5 户、19 人。

谢卓两姓同时迁入，谢姓从水尾村箩子迁此，卓姓从水尾村坑内迁此，今居谢、卓姓。

龟仔墓 Guīzǐmù 位于村委会驻地西北 1.4 千米处。村南之山形似小龟，有古墓，故名。房舍沿山坡呈块状分布，居民 6 户、25 人。

陈姓清中叶从平阳县北港迁此，今多陈姓。

长坑底 Chángkēng dǐ位于村委会驻地西北 1.4 千米处。当地小溪长达 3 里，得名“长坑”，村处其里侧，故名。房舍沿溪谷呈点状分布，居民 38 户、160 人。

林姓清中叶从平阳县三十七都迁此（今苍南县境），今多谢姓。

月湖村 Yuèhú Cūn

行政村。位于彭溪镇东部，村委会驻地外垟，在镇人民政府驻地东 9.9 千米处。由原月湖、半岭 2 村合并而成，以村委会驻地月湖命名。月湖因辖境有湖圆如月而得名。东北至西关村，西南邻水尾村，北连苍南县。面积 3.79 平方千米，居民 318 户、1114 人，汉族。辖 14 个村民小组，有外垟、严脚、老厝、顺兴、大坪、水口、剑门岭、大箩、内厝、书房岗、太监府、半岭、后背、盘山丘 14 个自然村。经济农林并举。

原月湖、半岭 2 村解放初均属月富乡，1952 年属月湖乡，1956 年属富洋乡；月湖村建红星农业生产合作社命名为“红星”。1958 年分别建立红星、半岭生产队，属彭溪公社月湖生产大队；1959 年 2 月生产大队改为管理区，属彭溪公社月湖管理区。1961 年 9 月管理区撤销，生产队改为生产大队，为月湖、半岭生产大队，属月湖公社。1984 年 5 月改为月湖、半岭行政村，属月湖乡。1992 年重新认定革命老区，原月湖、半岭 2 村均被认定为革命老区村。

2004 年原月湖、半岭 2 村合并组建为新的月湖村，属月湖乡。2011 年 4 月月湖乡撤销，并入彭溪镇。

外垟 Wàiyáng 月湖村村委会驻地。朱、吴姓肇基，原名“朱吴垟”，后因处内垟北面(外侧方向)改名“外垟”，别称“十五垟”“石湖垟”。房舍沿山谷呈块状分布，居民 182 户、705 人。村内有规模较大的谢氏宗祠。

1996 年新建月湖新村，利下、王见垟、对面山等自然村农户迁入。

严脚 Yánjiǎo 位于村委会驻地北 0.2 千米处，因严姓初居山脚得名。房舍沿山坡呈点状分布，居民 11 户、42 人。

初居严姓，谢姓清前叶从月湖内厝分迁于此，今多谢姓。

老厝 Lǎocuò 位于村委会驻地东北 0.1 千米处。为谢姓初居之屋，故名。房舍沿山坡呈点状分布，居民 22 户、78 人。

谢姓上祖谢顺卿清康熙年间从平阳三十七都桥墩（今属苍南县）迁此，今多谢姓。

顺兴 Shùnxīng 位于村委会驻地东北 0.1 千米处。旧有店号“顺兴”，其义吉祥，遂为村名。房舍沿山坡呈点状分布，居民 17 户、63 人。

谢姓清中叶从西关村分迁于此，今多谢姓。

大坪 Dàpíng 位于村委会驻地东北 0.4 千米处，因处大山坪得名。房舍沿山坡呈点状分布，大多迁居水尾、月湖新村，今居谢姓 2 户、4 人。

谢姓清中叶从老厝分迁于此。

水口 Shuǐkǒu 位于村委会驻地东南 0.6 千米处，因处小溪出口得名。房舍沿山坡呈点状分布，居民 30 户、156 人。

谢姓清前叶从月湖内厝分迁于此，今多谢姓。

剑门岭 Jiànménlǐng 位于村委会驻地东南 1.0 千米处。该地山岭形似篾匠工具“剑门”，得名“剑门岭”，村以岭名，又称“内剑门岭”。房舍沿山坡呈块状分布，居民 10 户、33 人。

谢姓清中叶从西关上厝廊分迁于此，今多谢姓。

大箩 Dàluó 位于村委会驻地西北 0.1 千米处。该地原有收租粮一大箩之田，故名。房舍沿山谷呈块状分布，居民 19 户、142 人。

谢姓从内厝分迁于此，今多谢姓。

内厝 Nèicuò 位于月湖村委会驻地西北 0.3 千米处。该地在诸村庄中处于内侧方向，故名。房舍沿山谷呈点状分布，居民 23 户、108 人。

谢姓清中叶从老厝分迁于此，今多谢姓。

书房岗 Shūfánggǎng 位于村委会驻地西南 0.2 千米处。相传古时有人于此山岗建房读书，得名“书房岗”，村以岗名。房舍沿山坡呈块状分布，居民 5 户、17 人。谢姓 20 世纪 20 年代从月湖内厝分迁于此，今多谢姓。

太监府 Tàijiānfǔ位于村委会驻地西北 2.3 千米处。相传明代朝廷派太监于此监督采银，故名。房舍沿山坡呈块状分布，居民 12 户、42 人。

赖姓晚清从富垟迁此，今多赖姓。

半岭 Bànlǐng 位于村委会驻地西北 1.5 千米，因处月湖到苍南矴步头山岭半途得名。房舍沿山坡呈点状呈点状分布，居民 55 户、192 人。

后背 Hòubèi 位于村委会驻地西北 1.8 千米，因地处月湖村后侧得名。房舍沿山坡呈点状分布，居民 12 户、41 人。

赖姓上祖赖达伍清康熙年间从福建漳州迁此，今多赖姓。

盘山丘 Pánshānqiū 位于村委会驻地西北 1.7 千米。因附近山岭“盘山丘”得名。房舍沿山坡呈点状分布，居民 6 户、22 人。

唐姓民国初从车头村迁此，今多唐姓。

银洞村 Yíndòng Cūn

行政村。位于彭溪镇东部，村委会驻地银洞坑，在镇人民政府驻地东北7.5千米处。因该地有古开采银矿遗址“银洞”而名。东至月湖村，西邻富山村，东南接水尾村，北连苍南县。面积3.24平方千米，居民153户、493人。辖8个村民小组，有银洞坑、下厝、上厝、大杉林、马家山、大田坪、畲客炉、进炉坑8个自然村及五亩新村。农业、林业为主要产业。

银洞村解放初为银洞坑村，属月富乡；1952年属月湖乡，1956年属富洋乡。1958年建立银洞坑生产队，属彭溪公社月湖生产大队；1959年2月起属彭溪公社月湖管理区。1961年9月起改为银洞坑生产大队，属月湖公社，1981年10月更名为银洞生产大队。1984年改为银洞行政村，属月湖乡。2011年4月月湖乡撤销，并入彭溪镇。

银洞坑 Yíndòngkēng 银洞村村委会驻地。该地小涧边有古代采银洞窟，小涧得名“银洞坑”，村以坑名。房舍沿峡谷呈块状分布，居民35户、110人。

谢姓清中叶从矴步头迁此，今多谢姓。

下厝 Xiàcuò位于村委会驻地西南0.2千米处。因处古代银洞下侧得名，包括小聚落“占脚”。房舍沿山坡呈块状分布，居民45户、200人。

谢姓清前叶从矴步头迁此，今多谢姓。

上厝 Shàngcuò 位于村委会驻地南0.1千米处，因处古银洞上侧得名。房舍沿山坡呈块状分布，居民50户、175人。

谢姓清前叶从矴步头迁此，今多谢姓。

大杉林 Dàshānlín 位于村委会驻地西南0.5千米处，因古为大片杉树林得名。房舍沿山坡呈块状分布，居民5户、17人。

谢姓清中叶从矴步头迁此，今多谢姓。

马家山 Mǎjiāshān 位于村委会驻地西南0.7千米处。村西之山形似马鞍，得名“马鞍山”，又称“马加山”，村以山名，后称“马家山”。房舍沿山脊呈块状分布，居民16户、57人。

谢姓清前叶从矴步头迁此，今多谢姓。

大田坪 Dàtiánpíng 位于村委会驻地西南0.9千米处。村前山坪有广达三亩的大田，故名。房舍沿山坡呈点状分布，居民7户、25人。

谢姓清前叶从矴步头迁此，今多谢姓。

畲客炉 Shēkèlú 位于村委会驻地北0.8千米处。古有炼银炉，先民在附近垦荒，故名。房舍沿山坡呈点状分布，今居谢姓2户、8人。

进炉坑 Jìnlúkēng 位于村委会驻地西0.8千米处，因附近小溪“进炉坑”得名。房舍沿山坡呈点状分布，今居谢姓 3 户、8 人。

五亩新村 Wǔmǔxīncūn 位于村委会驻地西南 0.6 千米处。该地原为一丘五亩大水田，又系新建村落，故名。房舍沿田垟呈块状分布，居民 30 户、105 人。

2005 年后由多个自然村村民迁建为居民点。

西关村 Xīguān Cūn

行政村。位于彭溪镇东部，村委会驻地西关，在镇人民政府驻地东 10.4 千米处。以村委会驻地西关命名。东至苍南县，西南邻月湖村，北连苍南县。居民 251 户、845 人。辖 10 个村民小组，有西关、牛栏岗、上厝廊、下厝廊、外西关、三公里、西关窟、墓林岗、犁壁坑 9 个自然村及对面新村。经济以农业、林业为主，茶叶亦为重要产业。境内自然景观丰富，有仙人印、石将军、三叠石等奇峰异景。

解放初属月富乡；1952 年属月湖乡；1956 年属富洋乡，建立星星农业生产合作社。1958 年建立星星生产队，属彭溪公社月湖生产大队；1959 年 2 月起属彭溪公社月湖管理区。1961 年 9 月起改为西关生产大队，属月湖公社。1984 年 5 月改为西关行政村，属月湖乡。2011 年 4 月月湖乡撤销，并入彭溪镇。

1992 年重新认定革命老区，西关村被认定为革命老区村。

西关 Xīguān 西关村村委会驻地。因处分水关西面内侧得名，亦称“内西关”。房舍沿山坡呈块状分布，居民 112 户、410 人。

谢姓清前叶从月湖村内厝迁此，今多谢姓。

牛栏岗 Niúlángǎng 位于村委会驻地东北 0.2 千米处。当地山岗形似牛卧于栏，得名“牛栏岗”，村以岗名。房舍沿山坡呈块状分布，居民 12 户、43 人。

2000 年后陆续有其他村民迁此。

上厝廊 Shàngcuòláng 位于村委会驻地东 0.3 千米处，因处西关较高处得名。房舍沿山坡呈块状分布，居民 20 户、70 人。

谢姓清中叶从西关迁此，今多谢姓。

下厝廊 Xiàcuòláng 位于村委会驻地东南 0.3 千米处，因处西关村下侧得名。房舍沿山坡呈块状分布，居民 5 户、16 人。

谢姓清中叶从内西关迁此，今多谢姓。

外西关 Wàixīguān 位于村委会驻地东南 0.5 千米处，因处西关外侧方向得名。房舍沿山坡呈点状分布，居民 20 户、70 人。该村有宋代古碗窑遗址。

谢姓清中叶从西关窟迁此，今多谢姓。

三公里 Sāngōnglǐ 位于村委会驻地东南 0.9 千米处。该村庄位于原 58 省道（今称 331 省道）3 公里处，故名。房舍沿山坡呈块状分布，居民 30 户、105 人。

谢姓 20 世纪 60 年代初从西关窟迁此，今多谢姓。

西关窟 Xīguānkū 位于村委会驻地东南 1.0 千米处。因处西关地势较低处，犹如井窟，故名。房舍沿山坡呈点状分布，居民 80 户 ，270 人。

谢姓清中叶从月湖村内厝迁此，今多谢姓。

墓林岗 Mùlíngǎng 位于村委会驻地东南 1.2 千米处。该地山岗古时森林笼盖，形状似墓，得名“墓林岗”，村以岗名，原地名志作“墓林”。房舍沿山坡呈块状分布，居民 6 户、42 人。

李姓清初从平阳县北坳村迁此，今多李姓。

犁壁坑 Líbìkēng 位于村委会驻地东南 1.5 千米处。当地山坡形似犁壁，村前小溪得名“犁壁坑”，村以坑名。房舍沿山坡呈块状分布，居民 27 户、98 人。

卓姓清雍正年间从平阳县北港迁此，今多谢姓。

对面新村 Duìmiànxīncūn 位于村委会南 0.1 千米处。地处西关窟对面，系近年新建居民点，故称。房舍沿山坡呈块状分布，居民 38 户、142 人。

该居民点建于 2000 年建，入住多个自然村村民。

柘下村 Zhèxià Cūn

行政村。位于彭溪镇东南部，村委会驻地田塆，在镇人民政府驻地东南 9.5 千米处。该地处于瀑布汇成的漈坑之下，“漈下”“柘下”方言音同，命名“柘下村”。东、西、南邻福建省福鼎县，北连水尾村。面积 2.30 平方千米，居民 318 户、1014 人，其中畲族 15 人。辖 15 个村民小组，有田塆、坑内、外剑门岭、甘漈岭脚、枫岗、桥头、新厝、姚厝、苏厝、庄家垟、马家山、下东云、阙厝、火路区、三斗塆 15 个自然村及塘头新村。经济以农业、林业为主，茶叶亦为重要产业。

解放初属月富乡；1952 年属月湖乡；1956 年属富洋乡，建立明星农业生产合作社。1958 年称明星生产队，属彭溪公社月湖生产大队；1959 年 2 月属彭溪公社月湖管理区。1961 年 9 月改为柘下生产大队，属月湖公社。1984 年 5 月改为柘下行政村，属月湖乡。2011 年 4 月月湖乡撤销，并入彭溪镇。

1992 年重新认定革命老区，柘下村被认定为革命老区村。

田塆 Tiánwān 柘下村村委会驻地，因处山塆田边得名。房舍沿山塆呈块状分布，居民 50 户、210 人。

林姓清中叶从柘下村坑内分迁于此，今多林姓。

坑内 Kēngnèi 位于村委会驻地东北 0.7 千米处，因处小溪里侧方向得名。房舍沿溪谷呈块状分布，居民 45 户、220 人。

林姓清雍正七年（1729 年）从平阳县(今苍南县境)迁此，今多林姓。

外剑门岭 Wàijiànménlǐng 位于村委会驻地东北 1.4 千米处，因处剑门岭外侧得名。村民多数外迁，仅有 1 幢房舍，居 3 户、12 人。

肖姓晚清从枫岗分迁于此，今多肖姓。

甘漈岭脚 Gānjì Lǐngjiǎo 位于村委会驻地东 0.3 千米处。村后岭上有一漈，漈水时有时无。冬季无水称干漈，以音转为“甘漈”，村居岭下，故名。房舍沿山坡呈块状分布，居民 12 户、32 人。

陈姓清中叶从平阳迁此，今多陈姓。

枫岗 Fēnggǎng 位于村委会驻地东 0.9 千米处。该地山岗旧多枫树，得名“枫树岗”。村以岗名，后简为“枫岗”。房舍沿山岗呈块状分布，居民 35 户、115 人。

肖姓清嘉庆三年（1798 年）从福鼎分水关迁此，今多肖姓。

桥头 Qiáotóu 位于村委会驻地东南 0.1 千米处，因处石拱桥边得名。房舍沿山塆呈点状分布，居民 12 户、45 人。

陈姓清乾隆十六年（1751 年）从平阳县卅六都迁此，今多陈姓。

新厝 Xīncuò 位于村委会驻地南 0.1 千米处。为林姓第三子分迁时新建，故名。房舍沿山塆呈块状分布，居民 15 户、50 人。

林姓晚清从柘下村坑内分迁于此，今多陈姓。

姚厝 Yáocuò 位于村委会驻地西南 0.2 千米处，因姚姓居此得名。房舍沿山塆呈块状分布，居民 3 户、10 人。

姚姓清中叶从平阳腾蛟迁此，今多姚姓。

苏厝 Sūcuò 位于村委会驻地西南 0.4 千米处，因苏姓迁此得名。房舍沿山坡呈块状分布，居民 30 户、90 人。

苏姓晚清从泗溪迁此，今多苏姓。

庄家垟 Zhuāngjiāyáng 位于村委会驻地西南 0.7 千米处，因庄姓居此得名。房舍沿山塆呈点状分布，居民 20 户、45 人。

庄姓原籍福建，晚清时迁此；肖姓晚清从分水关下安迁此。今多肖姓。

马家山 Mǎjiāshān 位于村委会驻地西南 0.9 千米处。该地有山似马，得名“马架山”，村以山名，后改称“马家山”。房舍 1 幢，居民 3 户、15 人，均畲族。

雷姓嘉庆年间从平阳县五凤（今属苍南县）迁此，今多雷姓。

下东云 Xiàdōngyún 位于村委会驻地西南 2.0 千米处，因处东云岗村庄下侧得名。房舍沿山坡呈点状分布，居民 46 户、165 人。1936 年 8 月，浙南人民革命委员会在此召开土地革命会议，举办土地分配训练班。

林姓清雍正年间从平阳县北港迁此，今多林姓。

阙厝 Quēcuò 位于村委会驻地西 0.2 千米处，因阙姓居此得名。杖前三涧交汇，房舍沿山塆呈块状分布，居民 11 户、45 人。

阙姓清中叶从福建福鼎贯岭分水关的阙厝迁此，今多阙姓。

火路区 Huǒlùqū 位于村委会驻地西 0.7 千米处。古为荒林草山虎栖之地，为警示虎害取名“虎路区”，后以音转成“火路区”。房舍沿山坡呈块状分布，居民 8 户、30 人。

陈姓晚清从桥头村迁此，今多陈姓。

三斗塆 Sāndǒuwān 位于村委会驻地驻地东偏北 1.4 千米处。村边山塆旧有纳租谷三斗的田丘，故名。居民 5 户、15 人。

陈姓晚清从桥头村迁此，今多陈姓。

塘头新村 Tángtóuxīncūn 位于村委会驻地东 0.2 千米处。旧时村旁溪边有一水塘，故名“塘头”。2000 年甘滲岭自然村迁此集中建新房，改为“塘头新村”。房舍沿田丘呈块状分布，居民 30 户、160 人。

五里牌村 Wǔlǐpái Cūn

行政村。位于彭溪镇西南部，村委会驻地五里牌，在镇人民政府驻地西南 2.7 千米处。以村委会驻地五里牌命名。东岭福建省福鼎县，西南邻玉塔村，南接官坑村，东北连彭溪村。面积 6.19 平方千米，居民 407 户、1391 人，其中畲族 40 人。辖 13 个村民小组，有五里牌、罗五田、墩仔、水碓岭、普章湾、罗五、银坡、犁头丘 8 个自然村，经济以农业、林业及茶叶为主，茶叶为特产。泰分路过境，交通方便。

解放初属鹏山乡，1956 至 1958 年属彭山乡。1958 年建立五里牌生产队，属彭溪公社富洋生产大队；1959 年 2 月起属彭溪公社富洋管理区。1961 年 9 月起改为五里牌生产大队，属富洋公社。1964 年属析建的五里牌公社。1984 年 5 月改为五里牌行政村，属五里牌乡。1992 年 5 月五里牌乡撤销，并入彭溪镇。1992 年重新认定革命老区，工里牌村被认定为革命老区村。

五里牌 Wǔlǐpái 五里牌村村委会驻地。村东毗邻福建省福鼎县境，立有界牌，东至苏家山，南至玉石，西至玉塔，北至彭溪均为五华里，故名。房舍沿原泰分公路两侧分布，居民 82 户、218 人。

郑姓上祖郑子尚清前叶从平阳县桥墩（今属苍南）迁此，今多郑姓。

罗五田 Luówǔián 位于村委会驻地东北 0.8 千米处。相传罗姓于此辟田五丘，故名。房舍沿山坡呈块状分布，居民 37 户、102 人。

钟姓清中叶从彭溪新厝内迁此，今多郑姓。

墩仔 Dūnzǐ 位于村委会驻地东南 0.6 千米处，因有多个小山墩得名。房舍沿山岰呈块状分布，居民 37 户、135 人。

叶姓清中叶从东岭迁此，今多叶姓。

水碓岭 Shuǐduìlǐng 位于村委会驻地南 0.4 千米处。附近溪中旧有水碓，山得名“水碓岭”，村以岭名，又称“水岭”。房舍沿山坡呈块状分布，居民 38 户、156 人。

叶姓清中叶从东岭迁此，今多叶姓。

普章塆 Pǔzhāngwān 位于村委会驻地南偏西 0.9 千米处。地处山坡上部之塆，得名“坡上塆”，后以音改为“普上塆”。又转写成“普章塆”。房舍沿山塆呈点状分布，居民 10 户、48 人。

林姓清中叶从平阳县北港迁此，今多林姓。

罗五 Luówǔ 位于村委会驻地西南 0.2 千米处。古时这里被征收军粮五箩，故名。房舍沿山坡呈块状分布，居民 5 户、9 人。

陈姓清中叶从雅阳大丘底迁此，今多陈姓。

银铺 Yínpù 位于村委会驻地西南 0.3 千米处。名称与采银有关，又写作“银坡”。房舍沿原泰分公路呈点状分布，居民 5 户、12 人。

叶姓清前叶从福建泉州仙游迁此，今多叶姓。

犁头丘 Lítóuqiū 位于村委会驻地西南 0.6 千米处。该地田丘形若犁头，故名。房舍沿山坡呈点状分布，居民 42 户、172 人。

林姓清中叶从平阳北港迁此，今多林姓。

玉塔村 Yùtǎ Cūn

行政村。位于彭溪镇西南部，村委会驻地李厝，在镇人民政府驻地西南 5.2 千米处。以这一带较大村庄、村委会原驻地“玉塔”命名。东至官引村，西及西南接雅阳镇，南邻福建省福鼎县，北连雅阳镇。面积 2.06 平方千米，居民 163 户、619 人，其中畲族 603 人。辖 6 个村民小组，有李厝、下厝、上厝、玉塔 4 个自然村。经济以农业、林业为主，亦产茶叶。五里牌至玉塔公路接通，交通方便。该村高岭土资源丰富，北宋时瓷窑遍山。

解放初属鹏山乡，1956 年改彭山乡。1958 年建立玉塔生产队，属彭溪公社彭溪生产大队；1959 年 2 月起属彭溪公社富垟管理区。1961 年 9 月起改为玉塔生产大队，属规模调整后的彭溪公社；1964 年属五里牌公社。1984 年 5 月改为玉塔行政村，并被确定为民族村，属五里牌乡。1992 年 5 月五里牌乡撤销，并入彭溪镇。1992 年重新认定革命老区，玉塔村被认定为革命老区村。

李厝 Lǐcuò 玉塔村村委会驻地。地处通往东安山岭脚下，原称“岭脚”，李姓于此建屋后改称“李厝”。房舍沿山坡呈点状分布，居民 47 户、188 人，其中畲族 135 人。

李姓上祖李士魁清顺治年间由福建安溪县柏洋乡郑家山迁此，畲族李姓自昌基分迁于此。今多畲族李、雷姓。

下厝 Xiàcuò 位于村委会驻地东南 0.1 千米处，因处上厝下侧得名。房舍沿山坳呈点状分布，居民 32 户、168 人，均畲族。

雷姓上祖雷世贵清顺治年间由平阳县青街白岩迁泰顺八都金狮垟（今属雅阳莲头村），不久又迁此，今多雷姓。

上厝 Shàngcuò 位于村委会驻地西南 0.3 千米处。处于下厝村庄上侧，故称，包括小聚落占脚。房舍沿山坡呈点状分布，居民 45 户、175 人，均畲族。

雷姓上祖雷世斌清乾隆年间从平阳县闹村迁此，今多雷姓。

玉塔 Yùtǎ 位于村委会驻地南 0.1 千米。该地多高岭土，洁白如玉，北宋时瓷窑遍山，得名“玉叠”，后瓷窑倒塌，其地称为“玉塌”，以音雅化为“玉塔”。又一说因古时有人于此捡得玉宝塔得名。房舍沿山坡呈点状分布，居民 141 户、561 人，其中畲族 478 人。

雷姓上祖雷元山从莲头迁此。今多陈姓，畲族雷姓。

官引村 Guānyǐn Cūn

行政村。位于彭溪镇西南部，村委会驻地官引新村，在镇人民政府驻地西南 4.1 千米处。取所属官坑与引章两自然村首字命名。东至官坑村，西邻玉塔村，南接福建省，东北连五里牌村。面积 2.23 平方千米，居民 281 户、987 人。辖 13 个村民小组，有官引新村及双罗、外厝、后厝巷、九岗、仓头、三岚坑、垟心、垟头、分泰路、坑内 10 个自然村。经济以农业、林业及茶叶为主，茶叶为特产。

解放初属鹏山乡，1956 年属彭山乡。1958 年建立官引生产队，属彭溪公社彭溪生产大队；1959 年 2 月起属彭溪公社彭溪管理区；1961 年 9 月生产队改为生产大队，析出官坑等村庄另建大队，这里为官引生产大队，属规模调整后的彭溪公社；1964 年属五里牌公社。1984 年 5 月改为官引行政村，属五里牌乡；1992 年 5 月五里牌乡撤销，并入彭溪镇。1992 年重新认定革命老区，官引村被认定为革命老区村。

官引新村 Guānyǐnxīncūn 官引村村委会驻地。传说古有章姓避乱隐居于此得名“隐章”，后转为“引章”。2002 年建中心村改称“官引新村”。房舍沿山坡呈块状分布，居民 138 户、518 人。

章姓较早居此，洪姓清康熙四十八年（1709 年）从平阳北港迁此。今多洪姓。

双箩 Shuāngluó 位于村委会驻地东北 0.1 千米处。古有洪姓于此建大宅院，分为前廊、后廊，得名“双廊厝”，后以音转为“双箩厝”，又省称“双箩”。房舍沿山坡呈块状分布，居民 13 户、38 人。

洪姓从引章分迁于此，今多洪姓。

外厝 Wàicuò 位于村委会驻地东北 0.5 千米处，因处双罗村庄外侧得名。房舍沿山坡呈块状分布，村民大多迁往官引新村，尚居 5 户、16 人。

洪姓从引章分迁于此，今多洪姓。

后厝巷 Hòucuòxiàng 位于村委会驻地东南 0.3 千米处。村居九岗对面山后，小溪狭长犹如巷道，故名。房舍沿山岰呈块状分布，居民 15 户、76 人。

林姓清中叶从平阳县北港迁此，今多林姓。

九岗 Jiǔgǎng 位于村委会驻地南 0.2 千米处。据传清代当地洪姓出过 9 位贡生，以“九贡”方言音得名“九岗”。房舍沿山谷呈块状分布，居民 50 户、178 人。

洪姓清中叶从引章分迁于此，今多洪姓。

仓头 Cāngtóu 位于村委会驻地南 0.3 千米处。据传清代建有秀涧周姓存放租谷之仓，得名“仓楼”；洪姓迁居仓楼上侧后乃称“仓头”。房舍沿山坡呈块状分布，居民 3 户、3 人。

洪姓晚清从官引九岗分迁于此，今多洪姓。

三岚坑 Sānlánkēng 位于村委会驻地西南 1.2 千米处，因附近小溪“三岚坑”得名。村民大多迁往官引村老泰分公路旁，仅留 1 幢房舍，住包姓 1 人。

包姓清中叶从泗溪玉岩村迁此。

垟心 Yángxīn 位于村委会驻地西 0.4 千米处，因处田垟中心得名。房舍沿山谷呈块状分布，居民 15 户、52 人。

洪姓明中叶从引章分迁于此，今多洪姓。

垟头 Yángtóu 位于村委会驻地西北 0.3 千米处，因处田垟上侧得名。房舍沿山坡呈块状分布，居民 6 户、18 人。

洪姓从引章分迁于此，今多洪姓。

分泰路 Fēntàilù 位于村委会驻地西北 0.8 千米处，因处分泰路（分水关至泰顺老公路）边得名。房舍沿山坡呈块状分布，居民 28 户、112 人。

居民系 1998 年后陆续自后厝巷迁此，今多洪姓。

坑内 Kēngnèi 位于村委会驻地西北 1 千米处，因处小溪里侧方向得名。房舍沿山坡呈块状分布，居民 22 户、80 人。

杨姓明中叶从福建福鼎县迁此，今多杨姓。

官坑村 Guānkēng Cūn

行政村。位于彭溪镇西南部，村委会驻地官坑新村，在镇人民政府驻地西南 3.9 千米处。以村委会驻地官坑命名。东至福建省，西接官引村，南邻福建省福鼎县，东北连五里牌村。面积 1.90 平方千米，居民 165 户、615 人。辖 8 个村民小组，有官坑新村及李厝、烂田头、烂田尾、斗门底、瓦坪宫 5 个自然村。经济以农业、林业及茶叶为主，茶叶为特产。老泰分线经村，交通方便。

解放初属鹏山乡；1956 年属彭山乡。1958 年为官引生产队一部分，属彭溪公社彭溪生产大队；1959 年 2 月起属彭溪公社彭溪管理区。1961 年 9 月起析建为官坑生产大队，属规模调整后的彭溪公社。1964 年属五里牌公社。1984 年 5 月改为官坑行政村，属五里牌乡。1992 年 5 月五里牌乡撤销，并入彭溪镇。1992 年重新认定革命老区，官坑村被认定为革命老区村。

官坑新村 Guānkēngxīncūn 为官坑村村委会驻地。据传清朝当地洪氏三兄弟均为武官，得名“官坑”，新建居民点后称“官坑新村”。房舍沿山坳呈块状分布，居民 126 户、477 人。

李姓上祖李士端祖籍福建安溪，清康熙年间从平阳迁此。2003 年官坑内、神章、枫树隔等村庄村民移居于此，现住姓氏较多。

李厝 Lǐcuò 位于村委会驻地东北 0.2 千米处，因李姓建屋得名。房舍沿山坡呈块状分布，居民 7 户、28 人。

李姓清中叶从平阳县龙江对口村（今属苍南县龙港镇）迁此，今多李姓。

烂田头 Làntiántóu 位于村委会驻地东南 0.2 千米处。因处“烂田尾”村庄上侧得名，又称“蓝田头”。房舍山坡呈块状分布，居民 16 户、70 人。

李姓清中叶从福建省安溪县迁此，今多李姓。

烂田尾 Làntiánwěi 位于村委会驻地东南 0.5 千米处，与福建省福鼎县毗邻。古有蓝姓迁此田垟尾侧，得名“蓝田尾”。后以田垟有冷泉，终年渍水，改为“烂田尾”。房舍沿山坡呈块状分布，居民 3 户、9 人。

初居蓝姓，包姓清中叶从泗溪前坪迁此，今居包姓。

斗门底 Dǒuméndǐ 位于村委会驻地南 0.4 千米处，与福建省福鼎县毗邻。村庄外侧旧有水闸，又称斗门，故名。房舍沿山坡呈块状分布，居民 9 户、42 人。

洪姓明中叶从官引村洋头迁此，今多洪姓。

瓦坪宫 Wǎpínggōng 位于村委会驻地西南 0.6 千米处，毗邻福建省福鼎县。旧有宫庙“瓦坪宫”，故名。房舍山坡呈块状分布，居民 6 户、30 人。

洪姓 1985 年从仓头迁此，包姓 1990 年从烂田尾迁此，今多洪姓。

第三节 街路弄巷

彭福路 Péngfú Lù 位于彭溪镇彭溪村。寓意彭溪有福而名。南起彭中路，北至彭溪派出所，长 110 米，宽 8 米，混凝土路面。建于 1999 年并命名。

彭中路 Péngzhōng Lù 位于彭溪镇彭溪村，因处彭溪中心地段而名。东起彭兴路交叉处，西至彭溪水电站，长 360 米，宽 8 米，混凝土路面。建于 1987 年，1999 年命名。

彭兴路 Péngxīng Lù 位于彭溪镇彭溪村，寓意彭溪兴旺而名。南起彭溪村坳下，北至彭中路，长 2000 米，宽 9 米，混凝土路面。原为老泰分公路，几经重修，1999 年命名。

红军路 Hóngjun Lù 位于彭溪镇富垟村、外垟村。沿路为革命战争时期红军活动地，故名。南起外垟村下曾，北至富垟村内富垟，长 1100 米，宽 8 米，混凝土路面。2009 年建。

雅阳镇
新和
坑下
苍南县
泗东
九峰
三星
西地
前坪仔
湾头
梨模垟
溪源
泗溪镇
溪
凉尖
人头岗
十八鸠尖
路口尖
三角尖
彭
乾头仔
灵乾
灵家山
坑底
古洞坑
东北山
�竹坑
狮子岩
秀洞上村
上村
蚊池尖
峰坳隧道
老鹞岩
蛟池
秀洞下村
下村
上仁庵
上仁寨
前坪
岩塔皮
秀洞隧道
柏模
旁山岗
上仁
上仁垟
天门下
洪坑
下仁垟
岭门
大岗尖
雅
岭后
半坑
镜门口
秀垟
松模垟
松垟
大垟
香菇寮
礼窟
过路湾
村底
半岭
车前
底垟
坑尾
坑底垟
天门山
坪尾
卓宅
国岭
巷桥头
大路山
名斋岩
下柘头
石龟岭
岭垟
垮心
大山
北斗
前岭
崩丘
油家山
红朱田
野猫坎
东安
垟尾
红朱田
泗淀底
十二担
庄基
东安
水坝头
底垟
牛
百步岭
外垮
碗窑垅
桥头
山头仔
楼厝
南垟头
花眉丘
三丘头
南山
王家岚
桥底
上柘头
坑底
下厝
松仔基
东桥
福亭基
头湖
阳
园仔山
路下
墩头仔
旁山岗
灵鹫寺
吾坪仔
坑头垄
上岚
江家岭
大岙
田垄垮
福梅
山后
张厝仔
梧村
六楼
寮坑
横坡
岗仔底
福船
佛堂岭
下垟
大坑
坟下
五亩
坑底
莲花塘
莲头
新庄
山茶岚
沐峰
溪
新庄垟
桥仔头
外厝
面前山
莲花塘
下莲头
官引
旧厝
上丘田
镇
蓬峰寺
垟头仔
乌岩尖
花眉尖
老虎垮岗
鸡母岗
里园底
隘门
高场
垟岗仔
铁炉丘
牛踐垮
浙江省
五斗
梅模坑
外垟
新联
新垟
单路峰
上长垟
大厝底
濠头
和平
塔头底
大垮
福建省
庵基
大丘头
宝林寺
底垟山
镇
腾阳
雅阳镇
化垄仔
白巢
山后
老鸦尖
沟篁塘
岗洄
桥头岗
中村
泰顺大峡谷
后店
墩头底
薛家垟
柴模丘
后坑仔
山定
片栏坪
后厝垄
承天氡泉
垟尾
仕阳镇
牛路
墩头
宫后垅
水尾岗
上承天
垟挡
管岭
窑坳
坟兰
施垅底
七担
桥仔头
党后
下村
东垟桥头
崩头
承天
竹阳
青竹垟
西垟岭
灶后岭
石梅亭
普上垟
百福岩
府前头
后溪
垟岗岭
枫模垱
溪坪仔
后头
乌洞
宫仓坝
垟上
兵坪
检尸岗
庵边
普上垟水库
百福岩古村落
岭下
何厝底
北溪
围墩
浙江省
铁炉坪
埠下
福建省
里垟坪
岩兜
岭仔尾
庙边
八担
长岗
雅阳坪
外湾仔
胡尾
三模岗
后衍
杨厝底
村底
排岭
涢底
新庄垟
溪坪
桥下
里院
坟坪下
吴家坂
马家垄
大路下
牛牯坪
坑底
营盘岗
小洋
十箩
九担
赤垟
赤垟头
茭阳
后山尖
宫田
南溪
天顶岗
南溪水库
杨梅溪
天竹
车龙
福
建
省
清水垄
小章
钰阳
长简垄

雅阳镇人民政府

第七章 雅阳镇 Yǎyáng Zhèn

第一节 概 述

雅阳镇位于泰顺县东南部，行政区划代码 330329106。镇人民政府驻中村氡泉路 79 号，在泰顺县城东南 40.5 千米，海拔 530 米。为泰顺、苍南、福鼎、柘荣四地要冲。

雅阳之名源于镇境西北的乌岩尖，该山山尖峭削，形似象牙，所属各村处于山之南坡，总称“牙阳”，清末雅化为“雅阳”。辖区地理位置北纬 27°20′25″～27°29′54″，东经 119°58′25″～120°07′07″ ；东西最大距离 13.85 千米，南北最大距离 17.31 千米。东邻彭溪镇，南界福鼎市管阳镇、叠石乡，西连仕阳镇，西北与北跟泗溪镇接壤。总面积 127.3 平方千米。其中陆地 1 25.5 平方千米，水域 1.8 平方千米。辖中村、新联、福船、沐峰、和平、白巢、百福岩、承天、埠下、雅阳坪、吴家墩、上村、下村、灵乾、卓宅、国岭、东桥、梧村、上岚、松垟、上仁、东安、岭垟、红朱田、莲头、墩头、新庄 27 个行政村以及腾阳社区，共 28 个群众自治组织；下设 158 个村民小组、3 个居民小组。辖区居民 9847 户、34381 人。汉族 32673 人；有畲、苗、侗等 17 个少数民族，共 1708 人，其中畲族 1675 人、苗族 33 人。

全镇地势西南与西北高，中部与东南低。溪涧水除东北部天门山和大岙东侧注入彭溪外，其他溪涧水顺势注入会甲溪再东流福鼎入海。边界线上山峦重叠，连绵起伏。其腹地平坦开阔，多小山丘、小盆地，素有“雅阳三十六窟”之称。1973 年，雅阳东南部承天泉水中检测含有氡的成分，命名为氡泉，已名闻遐迩。位于埠下村东南浙闽交界处的排岭，是著名的抗倭古战场。1986 年温州市人民政府认定，该镇为第二次国内革命战争时期革命老根据地乡镇。

泰顺建县前今雅阳镇大部分属平阳县归仁乡三十八都，北部国岭、上仁垟、下仁垟、秀涧、东安属三十九都。立县至清代，原三十八都地改为八都，原三十九都地改为六都。

民国 24 年（1935 年）今雅阳镇域分属福岩、同仁、埠下、孔岚、太平、松东、秀仁、卓国、秀梧、墩头等乡。民国 27 年（1938 年）福岩、同仁、埠下、孔岚、太平 5 乡及孔岚乡孔目洋并为雅洋乡，松东、秀仁 2 乡并为秀东乡，卓国、秀梧、墩头 3 乡及孔岚乡山茶岚并为柳峰乡。民国 35 年（1946 年）秀东乡并为尚仁乡一部分，柳峰乡并为东溪乡一部分。

解放时今雅阳镇域分属雅洋、秀东、东溪、柳峰乡。1950 年 10 月秀东乡分为秀峰、松东两乡。1951 年柳峰乡析建秀梧乡，雅洋乡析建雅北乡。1952 年松东乡析建松洋乡；秀梧乡分为秀溪、梧村两乡；雅阳、雅北乡分为雅阳、雅中、雅南、雅北、沐峰 5 乡，1956 年上述 5 乡又并为雅阳乡。1956 年梧村乡并入柳峰乡，松洋乡并入东安乡，卓岭划入金溪乡，1958 年卓岭复从金溪乡划回柳峰乡。

1958 年 11 月实行人民公社体制，今雅阳镇域分设雅洋、东安、柳峰生产大队，属雅阳人民公社；翌年生产大队改为管理区，并增设秀涧管理区，仍隶属雅阳人民公社。1962 年调整公社规模，改管理区为公社，属雅阳区；1984 年 3 月析卓岭、梧村地建东岭公社。

1984 年 5 月改为雅阳、秀涧、东岭、东安、柳峰乡；1985 年 7 月雅阳改乡为镇，东安乡析建松垟乡。1992 年东安乡并入雅阳镇；2011 年 4 月松垟乡、柳峰乡并入雅阳镇，成为今之规模。

全镇耕地面积 1200 公顷，林地面积 9333 公顷；是泰顺主要产茶区之一，所产名茶占较大份额。粮食生产主要有水稻、番薯，油料为油菜籽；畜牧业主要饲养生猪、羊、家禽，生猪饲养量 6378 头；雅阳黑猪是温州著名的毛猪良种；家禽饲养量 89100 羽。2 011 年农业总产值 4907 万元，其中畜牧业总产值 1875.3 万元。

绵纸生产是该镇墩头村的传统手工业，清初从处州（今丽水地区）传入。解放后已形成地方工业产业，产品销往全国各地。2011 年工业总产值 2.5 亿元，产业主要有冶炼、包装用品、编织、酿酒等。

镇内交通便利。331 省道过镇，境内路段长 15 千米；设有雅中、莲头 2 个车站，交通方便。镇区建有自来水厂 1 座， 110 千伏变电站 1 座，天然气加气站 7 处。镇区建有公园 1 处，面积 5 公顷。全镇有泰顺第七中学及初中 2 所、小学 6 所；医疗卫生机构 10 个，其中卫生院 4 所。镇域名胜古迹众多，有著名的承天氡泉、宝林寺、秀涧赤岩石室、东岭“九洞十三岩”、东安崇化寺、柳峰尖石宫等等。

雅阳镇被命名为“浙江省生态镇”“浙江省教育强镇”“浙江省旅游强镇”“浙江省体育强镇”“温州市现代化示范镇”，是泰顺县域城镇体系发展次中心和旅游中心，浙闽边境贸易集聚地。

1992 年重新认定革命老区，原雅阳镇、柳峰乡、松垟乡被认定为革命老区镇乡。

第二节　群众自治组织 居民点

中村村 Zhōngcūn Cūn

行政村。位于雅阳镇中部偏南，村委会驻地中村，在镇人民政府驻地东南 1 千米处。以村委会驻地中村命名。东偏南至白巢村，西偏南邻百福岩村，东南接埠下村，西北连和平村。面积 2.06 平方千米；居民 461 户、1562 人。辖 13 个村民小组，有中村、牛路坡、水尾岗、车路头、党后、后溪、桥仔头、垱坪、垟垱、灶后岭、七担、柴槕丘、薛家垟、大坪、茶园丘 15 个自然村。经济以农业为主，兼营林业，茶叶亦为重要产业。

解放初属雅阳乡，1951 年属牙中乡，1956 年属雅阳乡。1958 年建立中和生产队，属雅阳公社雅阳生产大队；1959 年 2 月起属雅阳公社雅阳管理区。1961 年 9 月起改为中和生产大队，属规模调整后的雅阳公社。1981 年 10 月更名中村生产大队；1984 年 5 月改为中村行政村，属雅阳乡。1992 年属雅阳镇。1992

年重新认定革命老区，中村村被认定为革命老区村。

中村 Zhōngcūn 中村村村委会驻地。据传宋末南溪林姓三兄弟迁居雅阳，长兄居其上，次兄居其中，三弟居其下，遂成三个村落。此为次兄所居，故名。房舍沿山谷呈块状分布，居民 232 户、1100 人。村中有日房老屋、月房老屋小聚落。

宋初翁神程自福建长溪赤岸迁此，稍后林儒从自泗溪南溪迁此，今多林姓。

牛路坡 Niúlùpō 位于村委会驻地北 0.1 千米处。村旁山坡旧为牧牛小路，故名。房舍沿山坡呈“一”字形分布，原有居民 14 户、53 人，现已迁居氡泉路，距雅中至氡泉的公路仅 100 米。

林姓从中村分迁于此，今多林姓。

水尾岗 Shuǐwěigǎng 位于村委会驻地东南 0.2 千米处，因处溪流下游山岗“水尾岗”得名。房舍沿山岗呈点状分布，大多村民已迁氡泉路。尚居 14 户、53 人。

林姓从中村分迁于此，今多林姓。

车路头 Chēlùtóu 位于村委会驻地东南 0.4 千米处，因处路旁得名。房舍沿公路呈点状分布，居民 15 户、51 人。

林姓从中村分迁于此，今多林姓。

党后 Dǎnghòu 位于村委会驻地东南 0.6 千米处。因处山垱之北得名“垱后”，后以音转成“党后”。房舍沿山坪呈块状分布，居民 15 户、53 人。

林姓从中村分迁于此，今多林姓。

后溪 Hòuxī 位于村委会驻地东南 0.8 千米处，因村旁小溪“后溪”得名。房舍沿溪谷呈块状分布。居民 16 户、51 人。

林姓从中村分迁于此，今多林姓。

桥仔头 Qiáozǐtóu 位于村委会驻地西南 0.1 千米处，因处小桥旁得名。房舍沿溪谷呈点状分布，居民 11 户、41 人。

林姓从中村分迁于此，今多林姓。

垱坪 Dàngpíng 位于村委会驻地西南 0.1 千米处，因处山坪得名。房舍沿山坪呈点状分布，居民 13 户、45 人。

林姓从中村分迁于此，今多林姓。

垟垱 Yángdàng 位于村委会驻地西南 0.5 千米处，因处小山岭旁田垟边得名。村居岭脚，房舍二幢，居民 14 户、56 人。据林氏族谱记载：该村庄有女名林贞，宋景定初选入东宫，咸淳元年（1265 年）晋为麟德宫妃。

南宋时已有林姓居此，今多林姓。

灶后岭 Zàohòulǐng 位于村委会驻地西南0.8千米处。因村后之山“漈后岭”得名，后以音改成“灶后岭”。村居山边，居民3户、43人。

林姓上祖林世华明中叶迁此，今多林姓。

七担 Qīdàn 位于村委会驻地西偏南0.9千米处，因有丘能插七担秧的田得名。房舍沿山坡呈块状分布，居民9户、34人。七担溪从普上垟水库经此东流向福建福鼎。

季姓明中叶从大厝底迁此，今多季姓。

柴椇丘 Cháiqiùqiū 位于村委会驻地西0.1千米处。该地田丘上方的后山旧多杂树，故名。房舍沿山坪呈块状分布，居民大多迁往氡泉路、官口路等街区，现住11户、36人。

林姓从中村分迁于此。

薛家垟 Xuējiāyáng 位于村委会驻地西1.0千米处，因薛姓垦田肇基得名。房舍沿山坡呈点状分布，居民14户、61人。

初居薛姓，林姓清中叶从中村迁此。今多林姓。

大坪 Dàpíng 位于村委会驻地西北0.1千米处，因处大山坪上得名。房舍沿山坪呈点状分布，居民11户、36人。

林姓从中村分迁于此，今多林姓。

茶园丘 Cháyuánqiū 位于村委会驻地西北0.2千米处。该地山丘多茶园，故名。房舍沿山谷呈点状分布，居民8户、34人。

林姓从中村分迁于此，今多林姓。

新联村 Xīnlián Cūn

行政村。位于雅阳镇中部偏南，村委会驻地后庄，在镇人民政府驻地北0.4千米处。由新联、柘头、垟上、普上垟4个行政村合并组建，沿用原“新联”之名。东至和平村，西偏南邻墩头村，南接腾阳社区，北偏东连沐峰村。面积6.35平方千米；居民965户、3285人，其中畲族20人。辖32个村民小组，有后庄、塔尾、岗仔外、雅中、湾仔底、垟上、大厝底、桥头岗、岗沨、普上垟、漈头、铁炉丘12个自然村。经济以农业为主，茶叶亦为重要产业。该村坐落雅阳镇中心区域，镇企事业单位占80%驻此。泰分路经该村中心。

原新联村曾称大厝底村，原柘头村曾称漈头村，原垟上村曾称洋上村，原普上垟村曾称普上洋村，解放初均属雅阳乡，1951年属牙中乡，1956年属雅阳乡。大厝底村1956年曾建松龙农业生产合作社。

1958年松龙、国庆农业社合建为新联生产队，漈头村建立漈头生产队，洋上村建立新华生产队，普上洋村建立普上洋生产队，均属雅阳公社雅阳生产大队；1959年2月起属雅阳公社雅阳管理区。1961年9月起改为大厝底、漈头、新华、普上洋生产大队，属规模调整后的雅阳公社；1981年新华大队更名洋上大队。1984年5月分别改为大厝底、漈头、垟上、普上垟行政村，均属雅阳乡；1992年属雅阳镇。大厝底村1992年复称新联村，漈头村改为柘头村。1992年重新认定革命老区，原垟上村被认定为革命老区村。

2004年原新联、柘头、垟上、普上垟4村合并组建新的新联村，属雅阳镇。

后庄 Hòuzhuāng 新联村村委会驻地，位于百汇路和祥云路交界处。雅阳古有两处田庄，该处辟建时间较晚，故名。房舍沿331省道呈点状分布，居民150户、708人。

季姓从大坪后湾分迁于此，今多季姓。

塔尾 Tǎwěi 位于村委会驻地东南0.3千米处。该地古时有塔，村处其下侧，故名。房舍沿山坡呈块状分布，居民10户、34人。

毛姓明末从垟上村分迁于此，今多毛姓。

岗仔外 Gǎngzǐwài 位于村委会驻地东偏南0.3千米处，因处小山岗外侧得名。房舍沿山岗呈块状分布，居民14户、53人。

季姓从从大厝底分迁于此，今多季姓

雅中 Yǎzhōng 位于村委会驻地东南0.2千米处。古为官山要道，得名“官口垅”，清代建宫庙后又称“宫乾”；1952年成为原雅中乡乡治，遂称“雅中”。房舍沿大路两侧呈点状分布，形成小街道，居民200户、800人。

雅中原为集镇，今居村民姓氏多达十多个。

湾仔底 Wānzǐdǐ 位于村委会驻地东南0.3千米处，因处小山湾田垄里侧得名。房舍沿山湾呈块状分布，居民13户、43人。

季姓大房之子从大厝底分迁于此，今多季姓。

垟上 Yángshàng 位于村委会驻地南0.3千米处，因处田垟上侧得名。房舍沿山坡呈块状分布，居民5户、16人。

毛姓明中叶从毛垟分迁于此，今多毛姓。

大厝底 Dàcuòdǐ 位于村委会驻地西南0.3千米处。因季姓在此建2座大屋得名，原分上厝、下厝两聚落。下厝2005年冬失火，仅存残墙剩瓦；上厝完好，正在改建中。房舍沿山坡呈点状分布，居民53户、240人。

季姓明中叶从大坪后湾分迁于此，今多季姓。

桥头岗 Qiáotóugǎng 位于村委会驻地南 0.5 千米处。该地山岗边的七担溪建有小桥，故名。房舍沿山岙一字排开。居民 24 户、102 人。

季姓晚清从大厝底分迁于此，今多季姓。

岗坝 Gǎngbèi 位于村委会驻地西南 0.7 千米处。该地山岗下有一水坝，故名。房舍沿山岙呈品字形分布，居民 15 户、64 人。

吕姓清中叶从平阳迁此，今多吕姓。

普上垟 Pǔshàngyáng 位于村委会驻地西南 2.4 千米处。地处阳光充足的小溪上游，得名“浦上阳”，后以音转为“普上垟”。房舍沿山坡呈点状分布，居民 13 户、42 人。

王姓明初从平阳县迁此，今多王姓。

漈头 Jìtóu 位于村委会驻地东北 0.1 千米处，因处小瀑布上侧得名。房舍沿 331 省道呈带状分布，居民 24 户、110 人，其中畲族 20 人。

林姓清中叶从平阳莒溪（今属苍南县）迁此，畲族蓝姓清代从库村黄山迁此。今多林姓，畲族蓝姓。

铁炉丘 Tiělúqiū 位于村委会驻地北偏东 0.5 千米处。该地山丘古有打铁炉，故名。房舍沿山坡呈块状分布，居民 64 户、201 人。

季姓清中叶从分迁于此，今多季姓。

福梅村 Fúméi Cūn

行政村。位于雅阳镇中部偏东，村委会驻地坟下，在镇人民政府驻地东北 4.2 千米处。由原福船村和梅模坑两村合并组建，从原名中各取一字命名为“福梅村”。东至彭溪村，西偏南邻沐峰村，东南接莲头村，西北连东安村。面积 4.99 平方千米；居民 242 户、883 人，其中畲族 120 人。辖 12 个村民小组，有坟下、福船、梅模坑、鸡母岗、杨梅墩 5 个自然村。经济以农业、林业为主，茶叶亦为重要产业。泰分线沿村经过，交通比较便利。

原福船村解放初属雅阳乡，1951 年属雅北乡，1952 年属沐峰乡，1956 年复属雅阳乡。1958 年建立新灯生产队，属雅阳公社雅阳生产大队；1959 年起属雅阳管理区；1961 年 9 月起改为新灯生产大队，属规模调整后的雅阳公社，1981 年更名福船生产大队。1984 年 5 月改为福船行政村，属雅阳乡；1992 年属雅阳镇。

原梅模坑村解放初属秀东乡；1950 年属松东乡，1952 年属东安乡。1958 年建立梅林生产队，属雅阳公社东安生产大队；1959 年属东安管理区；1961 年 9 月改为生产大队，为梅林生产大队，属东安公社，1981 年更名为梅模坑生产大队。1984 年 5 月改称梅模坑行政村，属东安乡；1992 年东安乡撤销，并入雅阳镇。1992年重新认定革命老区，原福船、梅榠坑2村均被认定为革命老区村。

2004年原福船、梅榠坑2村合并组建福梅村，属雅阳镇。

坟下 Fénxià 福梅村村委会驻地，因上侧有古墓得名，包含高墙、后垟仔等聚落。房舍沿山岗呈块状分布，居民160户、600人。

何姓清前叶从沐峰分迁于此，今多何姓。

福船 Fúchuán 福梅村村委会原驻地，位于现驻地西0.8千米处，包含垟尾、阳府岗、下厝仔等聚落。该地山上巨石似向下覆盖之船，得名“覆船”，后雅化为“福船”，村处其尾，又称“福船尾”。房舍沿山坳呈块状分布，常住居民235人。

何姓清前叶从沐峰分迁于此，今多何姓。

梅榠坑 Méiqiùkēng 位于村委会驻地东南2.8千米处，因临旧多野梅树的小溪“梅榠坑”（又称亭仔溪）得名，又称“梅岭”。房舍沿溪谷呈块状分布，居民75户、275人，其中畲族120人。

曾姓清前叶从平阳县迁此，今多曾姓，畲族雷姓。

鸡母岗 Jīmǔgǎng 位于村委会驻地东南2.3千米处。附近山岗形似母鸡，得名“鸡母岗”，村因岗名。村居氡泉峡谷上端，山势险峻，房舍沿山岗呈块状分布，居民15户、53人。今多曾姓。

杨梅墩 Yángméidūn 位于村委会驻地北0.1千米处，旧因山墩多野杨梅树得名。房舍沿山岗呈块状分布，居民10户、31人。

何姓从沐峰分迁于此，今多何姓。

沐峰村 Mùfēng Cūn

行政村。位于雅阳镇中部，村委会驻地沐峰，在镇人民政府驻地北2.4千米处。以村委会原驻地沐峰命名。东至莲头村，西偏北邻上岚村，南接和平村，东北连松垟村。面积8.48平方千米；居民377户、1362人。辖18个村民小组，有沐峰、岗仔底、上丘田、福亭基、竹楼坑、后垄仔、垟头岚、垟头、圳底9个自然村。331省道过村，交通方便。

该地清代和民国时期称孔目洋。解放初为沐峰村，属雅阳乡；1951年属雅北乡，1952年属新的沐峰乡，1956属雅阳乡。1958年建立大星生产队，属雅阳公社雅阳生产大队；1959年2月起属雅阳公社雅阳管理区。1961年9月起改为大星生产大队，属规模调整后的雅阳公社，1981年10月更名沐峰生产大队。1984年5月改为沐峰行政村，属雅阳乡。1992年属雅阳镇。1992年重新认定革命老区，沐峰村被认定为革命老区村。

沐峰 Mùfēng 沐峰村村委会驻地。古称“孔目垟”，村西乌岩尖有涧水流出溉田，又称“沐峰”，村以峰名。附近原有小村庄牛坪垟，现已合为一体。村居涧谷，房舍沿公路呈条状分布，居民50户、160人。

何姓上祖何沧祖籍景宁，明季迁此，遂成大族。今多何姓。

岗仔底 Gǎngzǐdǐ位于村委会驻地东北0.4千米处，因处小山岗里侧得名。房舍沿老泰分公路呈点状分布，居民30户、100人。

何姓较早迁此，今多何姓。

上丘田 Shàngqiūtián 位于村委会驻地南偏东0.4千米处，因处沐峰大田垟最上侧得名。房舍沿山岰呈点状分布，居民9户、35人。

何姓较早迁此，今多何姓。

福亭基 Fútíngjī 位于村委会驻地西北1.6千米处。该地原有路亭“福亭”，年久失修倒塌，仅留亭基，故名。房舍沿山坡呈点状分布，居民12户、38人。

何姓较早迁此，今多何姓。

竹楼坑 Zhúlóukēng 位于村委会驻地北偏西0.7千米，因附近的竹楼坑得名。房舍沿山坡呈点状分布，居民32户、98人。

何姓明末从垟头分迁于此，今多何姓。

后垄仔 Hòulǒngzǐ 位于村委会驻地北0.7千米。原为山垄后方小村庄，故名。房舍沿山坡呈点状分布，居民40户、112人。

何姓明末迁此，今多何姓。

垟头岚 Yángtóulán 位于村委会驻地东北0.4千米。地处田垟上方山坡，树木茂密多雾，故名。房舍沿山坡呈点状分布，居民52户、187人。

何姓明末迁此，今多何姓。

垟头 Yángtóu 位于村委会驻地北0.2千米，因处田垟上侧得名。房舍沿山坡呈点状分布，居民54户、198人。

何姓明末清初从垟头岚分迁于此，今多何姓。

圳底 Zhèndǐ 位于村委会驻地西南0.4千米。因处水沟下侧得名。房舍沿山坡呈点状分布，居民34户、112人。

何姓明末从垟头岚分迁于此，今多何姓。

和平村 Hépíng Cūn

行政村。位于雅阳镇中部偏南，村委会驻地正口，在镇人民政府驻地东北0.4千米处。以当地和平垟简化命名。东偏南至白巢村，西北邻腾阳社区，东南接中村村，北偏西连新联村。面积 1.88 平方千米；居民 450 户、1298 人。辖 13 个村民小组，有正口、新垟、季垅头、牛段塆、塔头底、豆腐垅、大塆 7 个自然村。经济以农业、林业为主，茶叶亦为重要产业。

解放初为塔头底村，属雅阳乡。1958 年建立和平生产队，属雅阳公社雅阳生产大队；1959 年 2 月起属雅阳公社雅阳管理区。1961 年 9 月起改为和平生产大队，属规模调整后的雅阳公社，1981 年改称塔头底生产大队。1984 年 5 月改为塔头底行政村，属雅阳乡。1992 年属雅阳镇。2005 年更名为和平村。

正口 Zhèngkǒu 和平村村委会驻地，因处和平垟正面出口得名。房舍沿山坡呈点状分布，居民 76 户、312 人。

季姓清中叶从塔头底分迁于此，今多季姓。

新垟 Xīnyáng 位于村委会驻地东北 0.5 千米处。田垟开垦较晚，故名。房舍沿山谷呈点状分布，居民 14 户、51 人。村南有棵已 100 多年的柳杉。

季姓清中叶从塔头底分迁于此，今多季姓。

季垅头 Jìlǒngtóu 位于村委会驻地东北 0.4 千米处。地处山湾上侧，季姓肇基，故名。房舍沿山坡呈块状分布，居民 23 户、86 人。

季姓清中叶从塔头底分迁于此，今多季姓。

牛段塆 Niúduànwān 位于村委会驻地东北 0.4 千米处。雅阳一带旧时聚此斗牛，筑有牛塘，得名“牛塘塆”，后以音转为“牛段塆”。房舍沿山坡呈点状分布，居民 15 户、64 人。

季姓清中叶从塔头底分迁于此，今多季姓。

塔头底 Tǎtóudǐ 位于村委会驻地东偏北 0.7 千米处。相传雅中山上古有塔，塔头被风吹落于该村庄北面，得名“塔头底”。房舍沿山谷呈“一”字形分布，居民 41 户、164 人。村庄中央有莲花池，村西为和平垟开发小区。

季姓上祖季德重、季德立清康熙十八年（1679 年）从大坪后湾分迁于此，今多季姓。

豆腐垅 Dòufǔlǒng 位于村委会驻地东 0.1 千米处。古时有人在此制豆腐为业，故名。房舍沿山塆呈块状分布，居民 24 户、104 人。

季姓清中叶从塔头底分迁于此，今多季姓。

大塆 Dàwān 位于村委会驻地东偏北 1.1 千米处，因处大山塆得名。房舍沿山塆呈块状分布，居民 5 户、13 人。

季姓清中叶从塔头底分迁于此，今多季姓。

白巢村 Báicháo Cūn

行政村。位于雅阳镇中部偏南，村委会驻地下村，在镇人民政府驻地东南 2.1 千米处。因该地有白巢寺、白巢垟命名。东偏南至承天村，西邻中村村，南接埠下村，北偏东连福梅村。面积 2.68 平方千米，居民 199 户、723 人。辖 10 个村民小组，有下村、白巢垟、王家墓、山后、单路峰、山定、后坑仔、后厝垄、东垟桥头、群英桥头、化垄仔 11 个自然村。经济以农业、林业为主，茶叶为特产。

解放初属雅阳乡，1952 年属雅中乡，1956 年属新的雅阳乡。1958 年建立红星生产队，属雅阳公社雅阳生产大队；1959 年 2 月起属雅阳公社雅阳管理区；1961 年 9 月起改为红星生产大队，属规模调整后的雅阳公社，1981 年 6 月更名为白巢生产大队。1984 年 5 月改为白巢行政村。1992 年属雅阳镇。

下村 Xiàcūn 白巢村村委会驻地。泗溪林姓后裔分迁附近上中下三村庄，该村居下侧，故名。房舍沿溪谷呈点状分布，居民 80 户、283 人。

林姓清中叶从泗溪分迁于此。今多林姓。

白巢垟 Báicháoyáng 位于村委会驻地东北 0.2 千米处，因处白巢寺旁得名。房舍沿山坡呈块状分布，居民 60 户、168 人。

林姓清中叶从泗溪分迁于此，今多林姓。

王家墓 Wángjiāmù 位于村委会驻地东偏北 0.6 千米处。因有王姓祖坟得名。房舍沿山坡呈点状分布，居民 3 户、9 人。

王姓较早居此，陈姓清中叶从平阳迁此，今多陈姓。

山后 Shānhòu 位于村委会驻地东偏北 0.9 千米处，因处大山之北得名。房舍沿山坡呈点状分布，居民 22 户、85 人。

林姓清中叶从泗溪分迁于此，今多林姓。

单路峰 Dānlùfēng 位于村委会驻地东北 0.8 千米处。村后之山有条大路，得名“单路峰”，村以峰名。房舍山坡呈点状分布，居民 4 户、共 11 人。

包姓清前叶从泗溪迁此，今多包姓。

山定 Shāndìng 位于村委会驻地东偏南 0.3 千米处。房舍沿山坡呈块状分布，居民 7 户、23 人。

李姓从景宁县迁此，今多李姓。

后坑仔 Hòukēngzǐ 位于村委会驻地东南 0.4 千米。地处小溪后侧，村庄较小，故称。房舍沿溪谷呈点状分布，居民 50 户、145 人。

包姓清中叶从泗溪分迁于此，今多包姓。

后厝垄 Hòucuòlǒng 位于村委会驻地东南0.5千米处，以村后田垄得名。房舍沿山坡呈点状分布，居民8户、24人。

黄姓清中叶从福建省莆田潘江迁此，今多黄姓。

东垟桥头 Dōngyángqiáotóu 位于村委会驻地南偏东0.4千米处，因处东垟桥旁得名。房舍沿溪谷呈点状分布，居民10户、32人。

包姓从白巢村迁此，今多包姓。

群英桥头 Qúnyīngqiáotóu 位于村委会驻地西0.2千米处，因处群英桥旁而名。村居溪边山脚，房舍沿溪谷呈块状分布，居民6户、18人。

林姓20世纪70年代初迁此，今多林姓。

化垄仔 Huàlǒngzǐ 位于村委会驻地西0.5千米处。村庄较小，村旁山垄称“化垄”，故名。村居山垄，房舍1幢，居民1户、3人。

黄姓从福建省莆田潘江迁此，今多黄姓。

百福岩村 Bǎifúyán Cūn

行政村。位于雅阳镇南部，村委会驻地百福岩，在镇政府驻地中村西南1.8千米处。因村委会驻地百福岩命名。东偏北至中村村，西邻新联村，南接雅阳坪村，东北连腾阳社区。面积2.47平方千米，居民426户、1457人。辖19个村民小组，有百福岩、施垅坑、广桥头、矴步头、宫后垄、宫仓坝、岭下、叶厝、西垟岭、施垄底10个自然村。经济以农业为主，兼营林业，茶叶亦为重要产业。1992年该村被浙江省文物保护部门列入保护单位。

解放初属雅阳乡；1951年属雅北乡，1956年属雅阳乡。1958年5月建立福联生产队，属雅阳公社雅阳生产大队；1959年2月起属雅阳公社雅阳管理区；1961年9月起改为福联生产大队，属规模调整后的雅阳公社，1981年更名为百福岩大队。1984年5月改为百福岩行政村，属雅阳乡，1992年属雅阳镇。1992年重新认定革命老区，百福岩村被认定为革命老区村。

百福岩 Bǎifúyán 百福岩村村委会驻地。该地山上一岩形似白虎，以音雅称“百福岩”，村以岩名。房舍沿山谷呈一字型分布，居民86户、310人。穿村溪流源于普上垟水库，汇入氡泉，多鲤鱼。

周姓泰顺始祖周凤吉原籍处州景宁，清康熙五十四年（1715年）迁下东溪，不久转迁此。今居多姓，以周姓、李姓较多。

施垅坑 Shīlǒngkēng 位于村委会驻地北0.3千米处。古有施姓居此，小溪得名“施垅坑”，村以坑名。房舍沿山坪呈块状分布，居民12户、40人。

施姓较早居此，今多李姓。

广桥头 Guǎngqiáotóu 位于村委会驻地东北 0.2 千米处，因处广桥边得名。房舍沿溪呈“丁”字形分布，居民 14 户、51 人。

周姓清末在此开设小店，今多周姓。

矴步头 Dìngbùtóu 位于村委会驻地东北 0.3 千米处，因处小溪矴步北首得名。房舍沿溪谷呈带状分布，居民 25 户、84 人。村中有树龄约 500 年的樟树、红豆杉各 1 棵。

李姓明中叶从罗阳迁此，今多李姓。

宫后垅 Gōnghòulǒng 位于村委会驻地东北 0.4 千米处。旧有宫庙，村处其北，故称。房舍沿山岰呈“凹”字形分布，居民 13 户、41 人。

李姓清中叶从矴步头迁此，今多李姓。

宫仓坝 Gōngcāngbà 位于村委会驻地东南 0.3 千米处。古时该地宫仓附近有水坝，故名。房舍沿山边呈一字形分布，居民 24 户、86 人。

毛姓明末从垟上村分迁于此，今多毛姓。

岭下 Lǐngxià 位于村委会驻地东南 0.5 千米处呈点状分布，因处山岭下侧得名。房舍沿山谷呈一字状分布呈点状分布，居民 13 户、41 人。

卢姓清初从福建寿宁县迁此，今多卢姓。

叶厝 Yècuò 位于村委会驻地西南 0.3 千米处，普上垟水库下侧。因叶姓聚居得名。房舍沿山边呈点状分布，居民 23 户、64 人。

叶姓从三魁叶瑞旸迁此，今多叶姓。

西垟岭 Xīyánglǐng 位于村委会驻地西北 0.2 千米处，紧靠普上垟水库水坝。地处西垟岭，村以岭名。房舍沿山谷呈一字形分布，居民 17 户、54 人。

林姓清末从坝底迁此，今多林姓。

施垅底 Shīlǒngdǐ 位于村委会驻地西北 0.3 千米处。原居施姓，地处田垅里侧，故名。房舍沿山岰呈带状分布，居民 13 户、42 人。

施姓较早居此，邱姓清末从三魁秀溪边迁此，今多邱姓。

承天村 Chéngtiān Cūn

行政村。位于雅阳镇东南部，村委会驻地下承天，在镇人民政府驻地东南 4 千米处。当地多个村庄冠以“承天”。“承天”来源说法有二：一是会甲溪两岸山势之高可承天；二是山田乏水，承天之雨露农作。东、南邻福建省福鼎县，西偏南邻白巢村，北连莲头村。面积3.71平方千米；居民221户、856人，其中畲族554人。辖11个村民小组，有下承天、上承天、庵边、围墩、溪坪仔、巡司岗、北溪、崩头、牛栏坪、后头10个自然村。经济以农业、林业为主，茶叶亦为重要产业。雅氡线公路经过该村，交通方便。

解放初属雅阳乡，1952年属雅南乡，1956年属新的雅阳乡。1958年建立承天生产队，属雅阳公社雅阳生产大队；1959年2月起属雅阳公社雅阳管理区；1961年9月起改为承天生产大队，属规模调整后的雅阳公社。1984年5月改为承天村，为民族村，属雅阳乡，1992年属雅阳镇。

1987年承天村被认定为第二次国内革命战争时期革命老根据地村。1992年重新认定革命老区，承天村被认定为革命老区村。

下承天 Xiàchéngtiān 承天村村委会驻地。因处上承天下侧得名，包含聚落承天桥头。村处高山峭壁之下，房舍沿山坳呈点状分布，居民38户、120人，其中畲族22人。

董姓明末从罗阳南门迁此，雷姓上祖雷应春清顺治丁酉年（1657年）从平阳莒溪郑家山（今属苍南县）迁此。今多董姓，畲族雷姓、钟姓。

上承天 Shàngchéngtiān 位于村委会驻地东南0.3千米处。地处山腰，靠天雨和露水种田，故名。房舍沿山坡呈点状分布，居民10户、35人。村东有棵树龄500多年的古树。

张姓清中叶从埠下行楼迁此，今多张姓。

庵边Ānbiān 位于村委会驻地东南0.6千米处浙闽边界。古有庵堂，村处其旁，故名。房舍沿山坡呈点状分布，居民11户、38人，均畲族。

钟姓晚清从埠下村迁此，今多钟姓。

围墩 Wéidūn 位于村委会驻地南0.3千米处。旁有小山“围墩”，村以山名。房舍沿山坡呈点状分布，居民5户、23人，畲族。

雷姓清末从附近牛栏坪迁此，今居雷姓。

溪坪仔 Xīpíngzǐ 位于村委会驻地西南0.3千米处，因处溪边小山坪得名。房舍沿山坡呈点状分布，居民30户、88人，其中畲族26人。

陈姓清中叶从兵坪迁此，今多陈姓。

巡司岗 Xúnsīgǎng 位于村委会驻地西南0.6千米处，因明代巡检司派兵至此得名，又讹为“检尸岗”。房舍沿山坡呈点状分布，居民14户、58人，其中畲族46人。

吴姓清中叶从平阳灵溪（今属苍南）迁此。今多畲族雷姓，汉族多吴姓。

北溪 Běixī 位于村委会驻地西南0.8千米处。8条小溪围绕村庄，原名“八溪”，后以音转成“北溪”。房舍沿山坡呈点状分布，居民 60 户、150 人，其中畲族 90 人。

包姓清前叶从泗溪岩头迁此，今多包姓，畲族钟姓。

崩头 Bēngtóu 位于村委会驻地西北 0.2 千米处，因古时发生山洪大塌方得名。房舍沿山坡呈点状分布，居民 45 户、 220 人，其中畲族 202 人。村南有两棵树龄 300 多年的古树。

钟姓上祖钟明德清顺治丁亥年（1647 年）从福建霞浦福安县陶岚村迁此。今多钟姓。

牛栏坪 Niúlánpíng 位于村委会驻地西北 0.2 千米处。古时山坪设栏养牛，故名。房舍沿山坡呈点状分布，居民 2 户、5 人，畲族。

雷姓清中叶从莲头金狮垟迁此，今多雷姓。

后头 Hòutóu 位于村委会驻地东 1.0 千米处。因处崩头北面得名。又称“后山”。房舍沿山岙呈点状分布，居民 15 户、102 人，均畲族。

雷姓明末从雅阳坑底迁此，今多雷姓。

埠下村 Bùxià Cūn

行政村。位于雅阳镇南部，村委会驻地岭仔尾，在镇人民政府驻地东南 2.5 千米处。因当时的村委会驻地埠头得名。东北至承天村，西偏南邻雅阳坪村，南偏西接吴家墩村，北连白巢村。面积 5.06 平方千米；居民 559 户、2116 人，其中畲族 220 人。辖 24 个村民小组，有岭仔尾、埠下、山尾、十二担、兵坪、枫椇垱、上垟、长岗、三椇岗、排岭、大路下、大岗坪、何厝底、水墩、垟尾岭 15 个自然村。经济以农业、林业为主，茶叶亦为重要产业。雅中至氡泉公路过村，交通方便。

解放初属雅阳乡，1952 年属雅南乡，1956 年属新的雅阳乡。1958 年建立泰福生产队，属雅阳公社雅阳生产大队；1959 年 2 月起属雅阳公社雅阳管理区；1961 年 9 月起改为泰福生产大队，属规模调整后的雅阳公社，1981 年 10 月更名埠下生产大队。1984 年 5 月改为埠下行政村，属雅阳乡，1992 年属雅阳镇

1987 年埠下村被认定为第二次国内革命战争时期革命老根据地村。1992 年重新认定革命老区，埠下村被认定为革命老区村。

岭仔尾 Lǐngzǐwěi 埠下村村委会驻地。因处小岭下侧得名，又称“印石前”。房舍大多沿溪谷公路两侧成街，居民 90 户、294 人。

吴姓清中叶从泗溪西溪头迁此，今多吴姓。

埠下 Bùxià 位于村委会驻地北 0.1 千米处，因处矴步附近得名。房舍沿溪谷呈块状分布，居民 127 户、358 人，其中畲族 60 人。

陈姓清中叶从雅阳雪家垟迁此，今多陈姓。

山尾 Shānwěi 位于村委会驻地北 0.2 千米处，因处山岗下侧得名。房舍沿山坡呈块状分布，居民 15 户、60 人，其中畲族 25 人。

张姓清前叶从泗溪迁此。今多张姓，畲族钟、蓝姓。

十二担 Shí'èrdàn 位于村委会驻地北 6.0 千米处。旧有年收十二担租谷田垟，故名。房舍沿山沿田呈块状分布，居民 10 户、30 人，其中畲族 5 人。

董姓清中叶从罗阳迁此。今多何姓，畲族钟姓。

兵坪 Bīngpíng 位于村委会驻地东偏北 0.5 千米处。附近山坪明嘉靖年间驻兵防倭，故名。房舍沿山坡呈点状分布，居民 105 户、382 人。

吴、陈两姓清中叶从上仁洋迁此，雷姓曾从高场分迁于此。今多吴、陈姓。

枫梂垱 Fēngqiùdàng 位于村委会驻地东北 0.9 千米处。该地山坡分数垱，古有枫林，故名。房舍沿山坡呈点状分布，居民 20 户、60 人，其中畲族 22 人。

李姓从景宁迁此。今多陈、黄、林姓，畲族雷姓。

上垟 Shàngyáng 位于村委会驻地东南 0.3 千米处，因处上侧田垟旁得名。房舍沿山坡呈块状分布，居民 150 户、536 人。

董姓较早迁此，今多董姓。

长岗 Chánggǎng 位于村委会驻地东南 0.5 千米处，因附近山岭“长岗”得名。房舍沿山坡呈点状分布，居民 7 户、22 人。

林姓清中叶从泗溪迁此，今多林姓。

三梂岗 Sānqiùgǎng 位于村委会驻地东南 0.7 千米处。地处山岗，原有三棵大树，故名。房舍沿山坡呈块状分布。居民 10 户、23 人，均畲族。

钟姓上祖钟如孙清乾隆年间从福安桂阳单桥村迁此，另说从平阳断桥(今属苍南县)迁来。今多钟姓。

排岭 Páilǐng 位于村委会驻地东南 1.4 千米处。山岭形似竹排，得名“排岭”，村以岭名。房舍沿山坡呈点状分布，居民 70 户、281 人，其中畲族 85 人。村东有明嘉靖三十八年（1559 年）秀才林田等率乡兵筑土城御倭寇遗址。

刘圭元至正二十年（1360 年）从福建福宁白坑迁排岭岭头，畲族蓝姓清中叶从平阳水头迁此，钟姓晚清迁此。今多吕姓，畲族钟、蓝姓。

大路下 Dàlùxià 位于村委会驻地东南 1.4 千米处，因处通往福建大路下侧得名。房舍沿山坡呈点状分布，居民 20 户、68 人。

吕姓清中叶从平阳迁此，今多吕姓。

大岗坪 Dàgǎngpíng 位于村委会驻地南偏东 1.1 千米处，因处大山上平地得名。房舍沿山坡呈点状分布，居民 8 户、20 人。

刘姓清末从埠下单丘迁此，今多刘姓。

何厝底 Hécuòdǐ 位于村委会驻地西 0.2 千米处。何姓始居山坡里侧，故名。房舍沿山坡呈块状分布，居民 135 户、397 人。

何姓清中叶从沐峰分迁于此，今多何姓。

水墩 Shuǐdūn 位于村委会驻地西北 0.2 千米处，因两溪间有一山墩得名。房舍沿溪谷呈块状分布，居民 20 户、70 人。

何姓清中叶从沐峰分迁于此，今多何姓。

垟尾岭 Yángwěilǐng 位于村委会驻地西北 0.3 千米处。以村北“垟尾岭”得名。房舍沿山坡呈块状分布，居民 87 户、281 人。村东两棵榅树、村前一棵柏树，树龄均约 300 年。

董姓清中叶从罗阳分迁于此，今多董姓。

雅阳坪村 Yǎyángpíng Cūn

行政村。位于雅阳镇南部，村委会驻地八担，在镇人民政府驻地西南 2.2 千米处。由原里垟坪、雅阳溪 2 行政村合并组建，综合原雅阳溪、里垟坪村名元素命名为“雅阳坪村”。东偏南至吴家墩村，西、南邻福建省，北偏西连百福岩村。面积 7.08 平方千米；居民 357 户、1324 人。辖 16 个村民小组，有八担、杨厝底、后衕、新庄垟、坟坪下、溪坪底、外垮仔、坑底、沈垟、桥下、雅阳溪、洄底、里垟坪 13 个自然村。经济以农业、林业为主，茶叶为特产。

原雅阳溪、里垟坪 2 村解放初属雅阳乡；1952 年属雅南乡；1956 年属新的雅阳乡。1958 年建立雅阳溪、里垟坪生产队，属雅阳公社雅阳生产大队；1959 年 2 月起属雅阳公社雅阳管理区；1961 年 9 月起改为雅阳溪、里垟坪生产大队，属规模调整后的雅阳公社。1984 年月改为雅阳溪、里垟坪行政村，属雅阳乡，1992 年属雅阳镇。1987 年原雅阳溪被认定为第二次国内革命战争时期革命老根据地村。1992 年重新认定革命老区，原里垟坪、雅阳溪 2 村均被认定为革命老区村。

2004 年，原雅阳溪、里垟坪 2 村合并组建雅阳坪村。

八担 Bādàn 雅阳坪村村委会驻地。村南旧有可种八担秧苗之田，故名。房舍沿山坡呈块状分布，居民 61 户、171 人。

欧姓清初从罗阳迁此，今多欧姓。

杨厝底 Yángcuòdǐ位于村委会驻地东南 0.4 千米处。村居杨姓肇基山坡里侧，故名。房舍沿山坡呈块状分布，居民 71 户、241 人。

杨姓从罗阳迁此，今多杨姓。

后衍 Hòuyǎn 位于村委会驻地东南 0.4 千米处，因处山后得名。房舍沿山坡呈点状分布，居民 8 户、26 人。

周姓从凤垟乾头迁此，今多周姓。

新庄垟 Xīnzhuāngyáng 位于村委会驻地南偏东 0.5 千米处，因傍新庄田垟得名。房舍沿山坡呈点状分布，居民 10 户、30 人。

杨姓清中叶从杨厝底分迁于此，今多杨姓。

坟坪下 Fénpíngxià 位于村委会驻地东南 0.7 千米处。村边山坪旧多坟茔，故名。房舍沿山坡呈点状分布，居民 7 户、23 人。

杨姓晚清从雅阳杨厝底分迁于此，今多杨姓。

溪坪底 Xīpíngdǐ 位于村委会驻地东南 0.9 千米处，因处溪边坪地里侧得名。房舍沿溪谷呈点状分布，居民 6 户、18 人。

董姓明中叶从罗阳迁此，今多董姓。

外塆仔 Wàiwānzǐ 位于村委会驻地东偏南 0.9 千米处，因处小山塆外侧得名。房舍沿山坡呈块状分布，居民 7 户、25 人。

傅姓清中叶从福建寿宁迁此，今多傅姓。

坑底 Kēngdǐ 位于村委会驻地东南 0.9 千米处，因处小溪之里得名。房舍沿溪谷呈点状分布，居民 4 户、13 人。

庄姓清中叶从新庄迁此，今多庄姓。

沈垟 Shěnyáng 位于村委会驻地东南 1.2 千米处，因原居沈姓得名。房舍沿田垟呈点状分布，居民 6 户、20 人。

初居沈姓，陈姓明中叶从平阳迁此，今多陈姓。

桥下 Qiáoxià 位于村委会驻地东偏南 1.4 千米处，因处古廊桥边得名。房舍沿溪谷呈点状分布，居民 8 户、20 人。

张姓清中叶从雅阳埠下迁此，今多张姓。

雅阳溪 Yǎyángxī 位于村委会驻地东南 1.0 千米处，因临雅阳溪，村以溪名。房舍沿溪谷呈点状分布，居民 146 户、498 人。

周姓清中叶从凤垟乾头迁此，今多周姓。

坝底 Bèidǐ 位于村委会驻地西偏南 0.6 千米处。该地旧有坝，村处其里侧，故名。房舍沿山坡呈块状分布，居民 8 户、26 人。

林姓元末从罗阳月山下迁此，今多林姓。

里垟坪 Lǐyángpíng 位于村委会驻地西北 0.6 千米处，因处田垟里侧山坪得名。房舍沿山坡呈点状分布，居民 67 户、195 人。

卢姓清前叶从附近岭下村迁此，今多卢姓。

吴家墩村 Wújiādūn Cūn

行政村。位于雅阳镇南部，村委会驻地吴家墩，在镇人民政府驻地东南 2.8 千米处。以村委会驻地吴家墩命名。东、南邻福建省福鼎县，西偏北接雅阳坪村，东北连埠下村。面积 3.88 平方千米，居民 334 户、1316 人，其中畲族 133 人。辖 18 个村民小组，有吴家墩、杆底、里院、湖尾、岩兜、外院、马家垄、营盘岗、九担、赤垟头、赤垟、十字路、十箩 13 个自然村。经济以农业、林业为主，茶叶为特产。雅阳至埠下经村，交通方便。

解放初属雅阳乡；1952 年属雅南乡；1956 年属新的雅阳乡。1958 年建立新坪生产队，属雅阳公社雅阳生产大队。1959 年 2 月起属雅阳公社雅阳管理区；1961 年 9 月起改为新坪生产大队，属规模调整后的雅阳公社，1981 年更名为吴家墩生产大队。1984 年 5 月改为吴家墩行政村，属雅阳乡，1992 年属雅阳镇。1987 年吴家墩村被认定为第二次国内革命战争时期革命老根据地村。1992 年重新认定革命老区，吴家墩村被认定为革命老区村。

吴家墩 Wújiādūn 吴家墩村村委会驻地。地处山墩，吴姓肇基，故名。房舍沿山坡呈块状分布，居民 106 户、384 人。

吴姓宋时迁此，欧姓清中叶从罗阳砂底村迁此，今多欧姓。

杆底 Gāndǐ 位于村委会驻地北 0.1 千米处。村处大溪防洪堤里侧，堤俗称“杆”，故名。房舍沿山坡呈点状分布，居民 3 户、10 人。

林姓晚清从湖尾迁此，今多林姓。

里院 Lǐyuàn 位于村委会驻地东北 0.1 千米处。明代该地有两座寺院，北为里院，村处其旁，故名。房舍沿山坡呈点状分布，居民 17 户、66 人，均畲族。

雷姓清中叶从平阳迁此，今多雷姓。

湖尾 Húwěi 位于村委会驻地北偏东 0.6 千米处。因处河流尾侧得名“河尾”，后以音讹为“湖尾”。房舍沿山坡呈块状分布，居民 87 户、276 人。

何姓清中叶从沐峰迁此，今多何姓。

岩兜 Yándōu 位于村委会驻地东偏北 0.7 千米处，因山脚大岩石旁得名。房舍沿山坡呈点状分布，居民 8 户、21 人。

林姓清中叶从附近湖尾村迁此，今多林姓。

外院 Wàiyuàn 位于村委会驻地东 0.1 千米处。明代该地有两个寺院，北为底院，亦称里院，南为外院。村处外院旧基，故名。房舍沿山坡呈点状分布，居民 16 户、67 人，畲族。

雷姓清中叶从平阳迁此，今多雷姓。

马家垄 Mǎjiālǒng 位于村委会驻地东 0.3 千米处，因马姓肇基垦田得名。房舍沿山坡呈块状分布，居民 29 户、103 人。

初居马姓，欧姓晚清从吴家墩迁此，今多马姓。

营盘岗 Yíngpángǎng 位于村委会驻地东南 0.2 千米处。该地山岗古时驻兵，得名“营盘岗”，村以岗名。房舍沿山坡呈点状分布，今仅居 1 户、7 人。

欧姓晚清从吴家墩迁此，今居欧姓。

九担 Jiǔdàn 位于村委会驻地东南 0.5 千米处。该地原有常年收谷九担之田，故名。房舍沿山坡呈块状分布，居民 32 户、105 人。

欧姓清中叶从吴家墩迁此，今多欧姓。

赤垟头 Chìyángtóu 位于村委会驻地南偏东 0.8 千米处，因处赤垟坑上游侧得名。房舍沿山坡呈点状分布，居民 20 户、110 人。

欧姓清中叶从吴家墩迁此，今多欧姓。

赤垟 Chìyáng 位于村委会驻地东南 1.0 千米处，因当地土质多赤沙土得名，村边之坑称“赤垟坑”。房舍沿山坡呈点状分布，居民 10 户、30 人。

欧姓清中叶从吴家墩迁此，今多欧姓。

十字路 Shízìlù位于村委会驻地西南 0.1 千米处。两条大路于此呈“十”字交叉，故名。房舍沿山脚呈点状分布，居民 10 户、32 人。

欧姓清中叶从吴家墩迁此，今多欧姓。

十箩 Shíluó 位于村委会驻地西南 0.3 千米处。当地有丘田，常年能收稻谷十箩，故名。房舍沿山坡呈点状分布，居民 19 户、60 人。

赖姓晚清从三魁镇彭家堡迁此，今多赖姓。

上村村 Shàngcūn Cūn

行政村。位于雅阳镇北部，村委会驻地秀涧上村，在镇人民政府驻地东北 10.2 千米处。以村委会驻地秀涧上村略称命名。东至彭溪镇，西邻泗溪镇，南接下村村，北连灵乾村。面积 4.32 平方千米，居民 224 户、752 人。辖 7 个村民小组，有秀涧上村、东北山、坑底 3 个自然村。经济以农业、林业为主，茶叶亦为重要产业。村离 331 省道 2 千米，道路相通，交通方便。2005 年 1 月被评为温州市生态村。

解放初为秀涧上村属秀东乡，1950 年属秀峰乡，1952 年属秀涧乡，1956 年属东安乡。1958 年建立秀忠生产队，属雅阳公社东安生产大队；1959 年 2 月起属雅阳公社秀涧管理区；1961 年 9 月起改为秀忠生产大队，属东安公社，1981 年 10 月更名秀涧上村生产大队，1983 年属新设的秀涧公社。1984 年 5 月改为秀涧上村行政村，属秀涧乡。1992 年秀涧乡撤销，并入松垟乡，2004 年改名上村村；2011 年 4 月松垟乡撤销，并入雅阳镇。

1987 年原秀涧上村村被认定为第二次国内革命战争时期革命老根据地村。1992 年重新认定革命老区，原秀涧上村村被认定为革命老区村。

秀涧上村 Xiùjiànshàngcūn 上村村村委会驻地。因处秀涧上游恻得名，又名“赤岩洞”。房舍沿山坡呈块状分布，居民 200 户、787 人。

该村庄与苏家山之间的赤岩山上有赤岩洞，为南宋末抗元志士林逢龙、林廷龙兄弟隐居读书、练武处，称赤岩石室。林逢龙的《草堂集》《古论》即著于此。

周姓上祖周丕茂明末清初从县城罗阳迁此，今多周姓。

东北山 Dōngběishān 位于村委会驻地东北 0.5 千米处，因处秀涧上村东北之山得名。房舍沿山坡呈点状分布，居民 4 户、16 人。

周姓清中叶从秀涧上村分迁于此，今多周姓。

坑底 Kēngdǐ 位于村委会驻地北偏西 0.8 千米处，因处小溪里侧得名。房舍沿溪谷呈块状分布，居民 3 户、10 人。附近有赤岩洞瀑布。

周姓清中叶从秀涧上村分迁于此，今多周姓。

下村村 Xiàcūn Cūn

行政村。位于雅阳镇东北部，村委会驻地秀涧下村，在镇人民政府驻地东北 9.6 千米、331 省道 20 千米路碑处。以村委会驻地秀涧下村略称命名。东至彭溪镇，西偏南邻上仁村，南偏西接红朱田村，北连上村村。面积 13.55 平方千米，居民 368 户、1260 人，其中畲族 198 人。辖 13 个村民小组，有秀涧下村、蛟池、古洞坑、天门下 4 个自然村。经济以农业、林产品为主，茶叶亦为重要产业。331 省道经过村庄，交通方便。

解放初为秀涧下村，属秀东乡；1950 年属秀峰乡，1952 年属秀涧乡，1956 年属东安乡。1958 年建立永和生产队，属雅阳公社东安生产大队；1959 年 2 月起属雅阳公社秀涧管理区；1961 年 9 月起改为永和生产大队，属东安公社，1981 年 10 月更名秀涧下村生产大队，1983 年属秀涧公社。1984 年月改为秀涧下村行政村，属秀涧乡。1992 年 5 月秀涧乡撤销，并入松垟乡；2004 年改名“下村”。2011 年 4 月松垟乡撤销，并入雅阳镇。

1987 年原秀涧下村村被认定为第二次国内革命战争时期革命老根据地村。1992 年重新认定革命老区，原秀涧下村村被认定为革命老区村。

秀涧下村 Xiùjiànxiàcūn 下村村村委会驻地，因处秀涧上村的下游侧得名。房舍沿 331 省道两侧分布，居民 182 户、726 人，其中畲族 198 人。

林姓北宋末从泗溪分迁于此，蓝姓清初从库村黄山分迁于此。今多林姓，畲族蓝姓。

蛟池 jiāochí 位于村委会驻地东偏北 0.6 千米处。村东山坳原有水池，得名“坳池”，后以音转为“蛟池”。房舍沿山坳呈块状分布，居民 61 户、177 人。村中有棵树龄 220 多年的柳杉。

林姓元末明初从秀涧下村迁此，今多林姓。

古洞坑 Gǔdòngkēng 位于村委会驻地东北 1.9 千米处。村东溪边山上古有铜矿，得名“古铜坑”，村以坑名，后以音转为“古洞坑”。房舍沿乡村道路呈点状分布，常住居民 36 人。

周姓明中叶从秀涧上村迁此，后又有黄姓迁来，今多黄姓。

天门下 Tiānménxià 位于村委会驻地东南 2.3 千米处，因处天门山北麓得名。曾为天门山林场（村级单位）所辖。房舍沿山坡呈点状分布，居民 2 户、 7 人。

邱姓较早迁此，为福建上杭迁泰顺的后裔，今多邱姓。

灵乾村 Língqián Cūn

行政村。位于雅阳镇东北部，村委会驻地灵家山，在镇人民政府驻地东北 11.8 千米处。系原灵家山、乾头仔二村合并组建，以原村之名各取首字，命名为“灵乾村”。东至彭溪镇，西、北邻泗溪镇，南接上村村。面积 4.75 平方千米，居民 168 户、615 人，其中畲族 150 人。辖 18 个村民小组，有灵家山、乾头仔 2 个自然村。交通方便。

原灵家山、乾头仔 2 村解放初属秀东乡，1950 年属秀峰乡，1952 年属秀涧乡，1956 年属东安乡。1958 年分别建立灵家山、乾头仔生产队，属雅阳公社东安生产大队；1959 年 2 月生产大队改为管理区，属雅阳公社秀涧管理区；1961 年 9 月管理区撤销，生产队改为生产大队，为灵家山、乾头仔生产大队，属东安公社，1983 年属秀涧人民公社。1984 年 5 月改为灵家山、乾头仔行政村，属秀涧乡。1992 年 5 月撤销秀涧乡，改属松垟乡。

2004 年 4 月，灵家山、乾头仔村合并组建灵乾村，为民族村，属松垟乡。2011 年 4 月松垟乡撤销，并入雅阳镇。

1987 年原灵家山、乾头仔 2 村被认定为第二次国内革命战争时期革命老根据地村。1992 年重新认定革命老区，原灵家山、乾头仔 2 村均被认定为革命老区村。

灵家山 Língjiāshān 为灵乾村村委会驻地，明代灵姓居于此山得名。房舍沿山坡呈块状分布，居民 81 户、311 人。

初居灵姓，周姓从秀涧上村迁此，今多周姓。

乾头仔 Qiántóuzǐ 位于村委会驻地西北 1.1 千米处。古为高山顶端小村落，取“乾文象为天”之意而名。房舍沿山谷呈圆形分布，居民 81 户、316 人，其中畲族 150 人。

林姓清中叶从秀涧下村迁此，畲族蓝姓清代从筱条分迁于此。今多林姓，畲族蓝姓。

卓宅村 Zhuózhái Cūn

行政村。位于雅阳镇西北部，村委会驻地卓宅，在镇人民政府驻地西北 7.2 千米处。以村委会驻地卓宅命名。东至国岭村，西、北邻泗溪镇，南偏东接东桥村。面积 4.22 平方千米，居民 386 户、1349 人。辖 14 个村民小组，有卓宅、大坪、村底、过路湾、坪尾、香菇寮、礼窟 7 个自然村。经济以农业、林业为主，茶叶亦为重要产业。该村为柳卓公路终点，并有沐洪公路过村，交通方便。

解放初属柳峰乡，1952 年属卓岭乡，1956 年属金溪乡。1958 年建立卓宅生产队，属雅阳公社柳峰生产大队；1959 年 2 月起属雅阳公社柳峰管理区；1961 年 9 月起改为卓宅生产大队，属新建的柳峰公社，1983 年属析建的东岭公社。1984 年 5 月改为卓宅行政村，属东岭乡。1992 年 5 月东岭乡撤销，属柳峰乡。2011 年 5 月柳峰乡撤销，并入雅阳镇。

卓宅 Zhuózhái 卓宅村村委会驻地。因卓姓建宅得名，又称“松垱”“梧村外垟”。房舍沿山坡呈块状分布，形成小街。居民 228 户、709 人。

卓姓上祖卓禄胜系明大臣卓敬次子，明初靖难之变中自瑞安南社迁此。今多卓姓。

大坪 Dàpíng 位于村委会驻地北偏西 1.2 千米处，因处较大山坪得名。房舍沿山坡呈点状分布，居民 9 户、48 余人。

卓姓上祖卓华勋清中叶由卓宅分迁于此，今多卓姓。

村底 Cūndǐ 位于村委会东北 0.6 千米处，因处卓宅东北山坡里侧得名。房舍沿山坡呈块状分布，居民130户、460人。

卓姓明代自卓宅分迁于此。今多卓姓。

过路湾 Guòlùwān 位于村委会驻地西北0.5千米处。地处山湾，为去卓氏祠堂必经之地，故名。房舍沿山坡呈点状分布，居民14户、50人。

卓姓上祖卓如春清前叶由卓宅底分迁于此，今多卓姓。

坪尾 Píngwěi 位于村委会驻地西偏北0.7千米处，因处大坪之尾得名，包括内山、外山等小聚落。房舍沿山坡呈块状分布，居民45户、 160人。

包姓清前叶从泗溪岩头迁此，今多包姓。

香菇寮 Xiānggūliáo 位于村委会驻地西北1.3千米处，因古人于此搭草屋种香菇得名。房舍沿山坡呈点状分布，居民3户、12人。

郑姓清中叶从泗溪郑州迁此，今多郑姓。

礼窟 Lǐkū 位于村委会驻地西北1.7千米处。陶礼迁此肇基，故称“礼屋”，后讹为“礼窟”。房舍沿山坡呈点状分布，今居陶姓2户、4人。

陶姓上祖陶礼清前叶从下洪迁此。

国岭村 Guólǐng Cūn

行政村。位于雅阳镇西北部，村委会驻地国岭，在镇人民政府驻地西北6.1千米处。2004年由原国岭、外垟二村合并组建，以村委会驻地国岭命名。东、北至泗溪镇，西邻卓宅村，东南接上岚村。面积4.08平方千米；居民387户、1285人。辖20个村民小组，有国岭、下柘头、卷桥头、山头仔、大路山、名斋岩6个自然村。经济以农业、林业为主，茶叶亦为重要产业。沐洪公路过村，经卓宅可达泗溪、东溪，经上柘头至雅阳等地。

原国岭、外垟村解放初属柳峰乡；1952年属卓岭乡；1956年属金溪乡；1958年分别建立国岭、下柘头生产队，属雅阳公社柳峰生产大队；1959年2月起属雅阳公社柳峰管理区；1961年9月起改为国岭、下柘头生产大队，属柳峰公社，1983年属东岭公社。1984年改为国岭、下柘头行政村，属东岭乡；下柘头村后更名外垟村。1992年5月东岭乡撤销，并入柳峰乡。1992年重新认定革命老区，原下柘头村被认定为革命老区村。

2004年，国岭、外垟2村合并组建新的国岭村，属柳峰乡。2011年5月柳峰乡撤销，并入雅阳镇。

国岭 Guólǐng 国岭村村委会驻地。国岭至卓宅的路旁旧时遍长葛藤，古称葛岭，后以音转成“国岭”，村以岭名。房舍沿山坳呈块状分布，居民260户、870人。

王遑祖籍福建长溪，北宋宣和六年（1124 年）从平阳县淡山村（另说平阳象冈）迁此，今多王姓。

下柘头 Xiàzhètóu 位于村委会驻地东偏南 1.0 千米处。地处小溪下游，溪边古时多柘树（俗称黄桑），故名。房舍沿溪谷呈块状分布，居民 35 户、118 人。

徐姓上祖徐趾五明嘉靖年间从罗阳仙居村迁此，今多徐姓。

卷桥头 Juǎnqiáotóu 位于村委会驻地东偏北 0.8 千米处，因处石拱桥“卷桥”旁得名。房舍沿溪谷呈点状分布，居民 15 户、 85 人。桥边有树龄约 200 年的柳杉 2 棵。

王姓清中叶从国岭分迁于此，今多王姓。

山头仔 Shāntóuzǐ位于村委会驻地东南 1.1 千米处。旧为山头小村庄，故名。房舍沿山坡呈点状分布，居民 45 户、154 人。

王姓清前叶从国岭分迁于此，今多王姓。

大路山 Dàlùshān 位于村委会驻地东偏南 1.3 千米处。该地山上为大路所经，得名“大路山”，村以山名。房舍沿山坡呈点状分布，居民 47 户、165 人。

王姓清中叶从国岭村分迁于此，今多王姓。

名斋岩 Míngzhāiyán 位于村委会驻地东偏南 1.4 千米处。该地有三根下粗顶尖岩柱，形似祀供之座，人称“冥斋岩”，村以岩名；后作“名斋岩”，又称“莲花岩”，又因临大路别称“大路边”。房舍沿山坡呈块状分布，居民 30 户、98 人。1936 年 2 月 24 日，刘英、粟裕率红军挺进师第三总队及省委直属队在此歼灭国民党保安第四团一个连。

王姓清中叶从国岭村分迁于此，今多王姓。

东桥村 Dōngqiáo Cūn

行政村。位于雅阳镇西部，村委会驻地东桥，在镇人民政府驻地西北 6.1 千米处。以村委会驻地东桥命名。东偏南至上岚村，西邻泗溪镇，南偏东接梧村村，北偏西连卓宅村。面积 2.51 平方千米，居民 318 户、1182 人。辖 12 个村民小组，有东桥、桥头、桥底、后垄、墩头仔、坑头垄、路下、吾坪仔、王家岚、庄基 10 个自然村。经济以农业、林业为主，茶叶亦为重要产业。柳卓线过境村中，经卓宅可达泗溪、东溪等地。

解放初属柳峰乡，1952 年属卓岭乡，1956 年属金溪乡，建东桥农业生产合作社。1958 年建立东桥生产队，属雅阳公社柳峰生产大队；1959 年 2 月起属雅阳公社东安管理区；1961 年 9 月起改为东桥生产大队，属柳峰公社，1983 年属东岭公社。1984 年 5 月改为东桥行政村，属东岭乡。1992 年 5 月东岭乡撤销，并入柳峰乡。2011 年 5 月柳峰乡撤销，并入雅阳镇。

东桥 Dōngqiáo 东桥村村委会驻地。因处柳峰尖山腰一块巨岩下方，原名“岩下垟”，村东建石桥后改名“东桥”。房舍沿山岰呈带状分布，居民 52 户、186 人。

徐姓上祖徐永足清初从福建柘荣县迁此，今多徐姓。

桥头 Qiáotóu 位于村委会驻地北 0.3 千米处，因处廊桥旁得名。房舍沿山坡呈带状分布，居民 42 户、154 人。

包姓清前叶迁此，今多包姓。

桥底 Qiáodǐ 位于村委会驻地东北 0.2 千米处，因处东桥里侧得名。村居山麓，房舍沿山麓呈块状分布，居民 73 户、275 人。

包姓明末从泗溪南溪迁此，今多包姓。

后垄 Hòulóng 位于村委会驻地东 0.1 千米处，因处田垄末端得名。房舍沿山坡呈带状分布，常住居民 43 人。

徐姓清前叶从岩下垟分迁于此，今多徐姓。

墩头仔 Dūntóuzǐ 位于村委会驻地东南 0.2 千米处。原为山墩上侧小村庄，故名。房舍沿山坡呈点状分布，居民 20 户、65 人。

蒋姓明中叶从福建泉州迁此，今多蒋姓。

坑头垄 Kēngtóulǒng 位于村委会驻地南偏东 0.5 千米处，因处小溪上游田垄旁得名。房舍沿山坡呈点状分布，居民 2 户、12 人。

陈姓清中叶从泗溪企石迁此，今多陈姓。

路下 Lùxià 位于村委会驻地西南 0.2 千米处，因处墩头通泗溪的岭道之下得名。房舍沿山坡呈带状分布，居民 27 户、105 人。

徐姓清前叶从岩下垟分迁于此，今多徐姓。

吾坪仔 Wúpíngzǐ 位于村委会驻地西南 0.2 千米处。村旁洼地古为斗牛处，得名“牛坪仔”，后以音转为“吾坪仔”。房舍沿山坡呈带状分布，居民 22 户、80 人。

林姓明末从罗阳月山下迁此，今居林姓。

王家岚 Wángjiālán 位于村委会驻地西北 0.3 千米处。原居王姓，树木茂盛多山雾，故名。房舍沿山坡呈块状分布，居民 103 户、366 人。村北有树龄约 500 年大松树 7 棵。村南有树龄约 600 年古松 3 棵。

初居王姓，郑姓清前叶从上仁垟迁此，今多郑姓。

庄基 Zhuāngjī 位于村委会驻地西北 0.5 千米处。村址原为田庄旧基，故名。房舍沿山坡呈带状分布，今仅居吴姓 1 人。

吴姓清中叶迁此。

梧村村 Wúcūn Cūn

行政村。位于雅阳镇西部，村委会驻地张厝仔，在镇人民政府驻地西北 5.3 千米处。以村委会驻地的原称“梧村”命名。东至上岚村，西邻新庄村，南接墩头村，北偏西连东桥村。面积 2.62 平方千米，居民 186 户、669 人。辖 7 个村民小组，有张厝仔、坑底、五亩 3 个自然村。经济以农业、林业为主，茶叶为重要产业。柳卓线过村，经卓宅可达泗溪、东溪。

解放初属柳峰乡，1951 年属秀梧乡，1952 年属梧村乡，1956 年属柳峰乡。1958 年建立梧村生产队，属雅阳公社柳峰生产大队；1959 年 2 月起属雅阳公社柳峰管理区；1961 年 9 月起改为梧村生产大队，属柳峰公社，1983 年属东岭公社。1984 年 5 月改为梧村行政村，属东岭乡。1992 年 5 月东岭乡撤销，并入柳峰乡。2011 年 5 月柳峰乡撤销，并入雅阳镇。

张厝仔 Zhāngcuòzǐ 梧村村村委会驻地。因张姓肇基得名“张厝下”，亦称“梧村”，后改称“张厝仔”。房舍沿山坡呈点状分布，居民 88 户、306 人。

初居张姓，郑姓上祖郑其贵乾隆三年（1738 年）自积库垅头迁此，今多郑姓。

坑底 Kēngdǐ 位于村委会驻地南偏东 0.2 千米处，因处小溪里侧得名。房舍沿山坡呈点状分布，居民 45 户、191 人。

王姓清中叶从国岭迁此，今多王姓。

五亩 Wǔmǔ 位于村委会驻地南偏西 0.6 千米处，因原有面积五亩的田块得名。房舍沿山坡呈点状分布，居民 52 户、163 人。

梅姓清前叶从罗阳溪坪村分迁于此，今多梅姓。

上岚村 Shànglán Cūn

行政村。位于雅阳镇中部偏西，村委会驻地寮坑，在镇人民政府驻地西北 3.4 千米处。2 由原上柘头、山茶岚两村合并组建，从原名中各取一字，命名为“上岚村”。东偏南至沐峰村，西邻梧村村，南接百福岩村，北连国岭村。面积 7.53 平方千米；居民 291 户、1028 人。辖 17 个村民小组，有寮坑、上柘头、下厝、上厝、六楼、山茶岚、外厝、大坑、莲花塘、垟岗仔、田垄墹、坑底、旁山岗 13 个自然村。经济以农业、林业为主，亦产茶叶。2005 年建成沐洪公路和高场至山茶岚康庄公路，交通方便。

原上柘头村解放初属柳峰乡，1952 年属卓岭乡，1956 年属金溪乡；原山茶岚村解放初至 1958 年均属柳峰乡。1958 年分别建立上柘头、山茶岚生产队，属雅阳公社柳峰生产大队；1959 年 2 月起属雅阳公社柳峰管理区；1961 年 9 月起改为上柘头、山茶岚生产大队，属柳峰公社；1983 年上柘头村划属东岭公社。1984 年分别改为上柘头、山茶岚行政村，上柘头村属东岭乡，山茶岚村属属柳峰乡；1992 年东岭乡并入柳峰乡。1992 年重新认定革命老区，原上柘头、山茶岚 2 村均被认定为革命老区村。

2004 年原上柘头、山茶岚 2 村合并组建上岚村，属柳峰乡。2011 年 5 月柳峰乡撤销，并入雅阳镇。

寮坑 Liáokēng 上岚村村委会驻地。附近小溪因廖姓垦荒肇基得名“廖坑”，后讹为“寮坑”，村以坑名。房舍沿山坡呈点状分布，居民 28 户、120 人。

初居廖姓，陈姓上祖陈世运清中叶从山茶岚分迁于此，今多陈姓。

上柘头 Shàngzhètóu 位于村委会驻地北 0.9 千米处。附近小溪边旧多柘树，村处上游，故名。房舍沿溪谷呈块状分布，居民 61 户、214 人。

包姓清中叶从泗溪岩头村迁此，今多包姓。

下厝 Xiàcuò 位于村委会驻地北偏西 1.4 千米处，因处上柘头下侧得名。房舍沿溪谷呈带状分布，居民 31 户、70 人。

包姓清中叶从泗溪岩头村迁此，今多包姓。

上厝 Shàngcuò 位于村委会驻地南 0.9 千米，因村居山岭上侧得名。房舍沿山坡呈点状分布，居民 20 户、55 人。今多王姓。

六楼 Liùlóu 位于村委会驻地西南 0.7 千米处。相传该地古有 6 处草屋，得名“六寮”，后以方言音转为“六楼”。房舍沿两侧岗脚呈点状分布，居民 12 户、42 人。

陈姓晚清从山茶岚分迁于此，今多陈姓。

山茶岚 Shānchálán 位于村委会驻地西南 0.8 千米处。该地山上旧多山茶，秋冬茶花怒放，远眺似花似雾，故名。房舍沿山坡呈点状分布，居民 41 户、147 人。

陈姓上祖陈高一明初从戬洲村迁此，今多陈姓。

外厝 Wàicuò 位于村委会驻地西南 1.2 千米处，因处老屋外侧得名。房舍沿山坡呈点状分布，居民 48 户、170 人。

陈姓明中叶从莲花塘迁此，今多陈姓。

大坑 Dàkēng 位于村委会驻地西南 1.2 千米处。两小溪于此汇成较大溪流，遂名“大坑”，村以溪名。房舍沿山坡呈点状分布，居民 15 户、60 人。

陈姓清中叶从山茶岚分迁于此，今多陈姓。

莲花塘 Liánhuātáng 位于村委会驻地西南 1.3 千米处，因地形似莲花得名。房舍沿山坡呈点状分布，居民 4 户、14 人。

陈姓上祖陈高一明初从戬洲迁此，今多陈姓。

垟岗仔 Yánggǎngzǐ 位于村委会驻地西南 3.1 千米处。古有杨姓迁此小山岗垦荒，得名“杨岗仔”，后以音转成“垟岗仔”。房舍沿岗脚呈点状分布，居民 25 户、96 人。

杨姓迁此；陈姓清初从山茶岚分迁于此，今多陈姓。

田垄垮 Tiánlǒngwān 位于村委会驻地西 0.5 千米处，因处山垮小田垟边得名。房舍沿山垮呈块状分布，居民 5 户、25 人。

陈姓清末迁此，今多陈姓。

坑底 Kēngdǐ 位于村委会驻地西北 0.8 千米处，因处小溪里侧得名。房舍沿岗脚呈点状分布，居民 8 户、28 人。

包姓清中叶从泗溪迁此，今多包姓。

旁山岗 Pángshāngǎng 位于村委会驻地西北 1.3 千米处，因处山岗旁得名。房舍沿山坡呈点状分布，居民 4 户、21 人。

王姓清中叶从山头仔村迁此，今多王姓。

松垟村 Sōngyáng Cūn

行政村。位于雅阳镇中部偏北，村委会驻地松垟，在镇人民政府驻地东北 6 千米处。以村委会驻地松樸垟的简称“松垟”命名。东偏南至岭垟村，西邻泗溪镇，南接东安村，西北连上仁村。面积 5.62 平方千米，居民 523 户、1697 人，均为汉族。辖 24 个村民小组，有松垟、底垟、车前、半岭、岭后、岭门 6 个自然村。经济以农业、林业为主。林产品、毛竹、茶叶均为重要产品。莲司线公路过境，交通方便。

原松垟、底垟、半岭、岭后村解放初分别为松樸洋、底洋、半岭、岭后村，均属秀东乡；1950 年属松东乡，1952 年属松洋乡，1956 年属东安乡。1958 年分别建立松樸洋、松联、松岭、松坪生产队，属雅阳公社东安生产大队；1959 年 2 月起属雅阳公社东安管理区；1961 年 9 月起改为松洋、松联、松岭、松坪生产大队，属新建的东安公社。1981 年 10 月松联、松岭、松坪生产大队分别改为底洋、半岭、岭后生产大队。1984 年 5 月改为松樸垟、底垟、半岭、岭后行政村，属松垟乡。1992 年松樸垟村改称松垟村。

2004 年，松垟、底垟、半岭、岭后 4 村合并组建新的松垟村，属松垟乡。2011 年 4 月松垟乡撤销，并入雅阳镇。

1987 年原松垟村被认定为第二次国内革命战争时期革命老根据地村。1992 年重新认定革命老区，原松垟、底垟、半岭、岭后 4 村均被认定为革命老区村。

松垟 Sōngyáng 松垟村村委会驻地。旧因植桑得名“桑木洋”，后因垟边山坡松林茂密，改名“松樸垟”，又简化为“松垟”，包括小聚落“竹林头”。房舍沿溪谷呈块状分布，居民 151 户、704 人。

郑姓明中叶从上仁垟分迁于此，今多郑姓。

底垟 Dǐyáng 位于村委会驻地南偏东 0.6 千米处，因处田垟里侧得名。房舍沿山坡呈丁字形分布，居民 62 户、268 人。

王姓明末从附近车前自然村分迁于此，今多王姓。

车前 Chēqián 位于村委会驻地西南 0.6 千米处。原以村后老屋基得名“基前”，石龟岭通公路后，改名“车前”。房舍沿山脊呈块状分布，居民 18 户、63 人。

王姓上祖王伯亨明永乐二年（1404 年）从平阳县迁此，今多王姓。

半岭 Bànlǐng 位于村委会驻地西偏南 2.0 千米处，因处东安岭半途得名，包括外村、半岭庵等聚落。房舍沿山坳呈半月形分布，居民 89 户、312 人。

苏姓清中叶从前坪村迁此，今多苏姓。

岭后 Lǐnghòu 位于村委会驻地西北 0.6 千米处，因处秀涧岭后侧得名。房舍沿公路两侧形成街道，居民 86 户、332 人。

郑姓明中叶迁此，今多郑姓。

岭门 Lǐngmén 位于村委会驻地西北 1.0 千米处。附近秀涧岭上有一坳门，故名。房舍沿山坡呈块状分布，居民 10 户、38 人。

曾姓清前叶从泗溪迁此，今多曾姓。

上仁村 Shàngrén Cūn

行政村。位于雅阳镇北部，村委会驻地上仁垟，在镇人民政府驻地北 7.2 千米处。由原上仁、下仁 2 村合并组建，以村委会驻地上仁垟略称命名。东北至下村村，西、北邻泗溪镇，东南接松垟村。面积 5.99 平方千米，居民 322 户、 1200 多人。辖 19 个村民小组，有上仁垟、柏楔、岩塔皮、上仁庵、半坑、下仁垟、旁山岗 7 个自然村。经济以农业、林产品、茶叶为主，茶叶畅销海内外。331 省道及雅阳连接线过境，交通方便。

原上仁、下仁 2 村解放初为上仁洋、下仁洋村，属秀东乡；1952 年属松洋乡，1956 年属东安乡。1958 分别建立上仁、下仁生产队，属雅阳公社东安生产大队；1959 年 2 月起属雅阳公社东安管理区；1961 年 9 月起改为上仁、下仁生产大队，属东安公社。1984 年 5 月改为上仁、下仁行政村，属松垟乡。

2004 年原上仁、下仁村合并组建新的上仁村。2011 年 4 月松垟乡撤销，并入雅阳镇。

1987 年原上仁村被认定为第二次国内革命战争时期革命老根据地村。1992 年重新认定革命老区，原上仁村被认定为革命老区村。

上仁垟 Shàngrényáng 上仁村村委会驻地。因陈姓肇基得名“陈阳”，后以音转为“仁垟”，并分上、下两处；该村庄地处小溪上游，故称“上仁垟”。房舍沿山坡呈点状分布，居民 111 户、434 人。村庄包括小聚落“兰仔”（又称“桥头”“桥头所”）。

陈姓上祖陈新唐大历四年（769 年）已定居陈阳，原籍无考；郑姓上祖郑昌二、郑长生、郑逢险南宋开禧元年（1205 年）从平阳县五十八都郑家堡（今平阳县腾蛟镇）迁此。今多郑姓。

柏樖Bǎiqiù 位于村委会驻地东北 0.5 千米处，因村中有大柏树得名。房舍沿 331 省道呈点状分布，居民 61 户、255 人。村中大柏树龄约 500 年。

郑姓南宋末从上仁垟分迁于此，今多郑姓。

岩塔皮 Yántǎpí 位于村委会驻地东北 1.2 千米处。附近山上岩石裸露，故名。房舍沿山坡呈点状分布，居民 6 户、24 人。

郑姓从上仁垟分迁于此，今多郑姓。

上仁庵 Shàngrén'ān 位于村委会驻地东北 2.0 千米处，因旧有上仁庵得名。今仅庵屋中居住 1 人。

上仁庵建于南宋，民国 19 年（1930 年）毁于火，民国 23 年（1934 年）重建。

半坑 Bànkēng 位于村委会驻地南 1 千米处，因处小溪之半程得名。房舍沿山坡呈块状分布，居民 42 户、157 人。

胡姓清中叶从秀垟村迁此，今多胡姓。

下仁垟 Xiàrényáng 位于村委会驻地西南 0.9 千米处，因处上仁垟下方得名。房舍沿溪谷呈块状分布，居民 76 户、272 人。

高姓上祖高志清清代从罗阳西门外大深垟迁此，今多高姓。

旁山岗 Pángshāngǎng 位于村委会驻地东北 0.6 千米处，因处山岗旁得名。房舍沿山坡呈点状分布，今仅居郑姓 1 人。

郑姓从上仁垟分迁于此。

东安村 Dōng'ān Cūn

行政村。位于雅阳镇中部，村委会驻地大备垄，在雅阳镇政府驻地中村东北 3 千米处。以村委会原驻地东安命名。东至百步岭，西邻岭边，南接外塆，北连石龟岭。面积 3.04 平方千米，居民 232 户、833 人。辖 10 个村民小组，有大备垄、东安、三丘头、牛栏头、楼厝、底垟、花眉丘、南垟头、野猫坎 9 个自然村。经济以农业为主，兼营林业，茶叶亦为重要产业。

解放初属秀东乡，1950年属松东乡，1952年属东安乡。1958年建立东安生产队；属雅阳公社东安生产大队；1959年2月起属雅阳公社东安管理区；1961年9月起改为东安生产大队，属东安公社。1984年5月改为东安行政村，属东安乡。1992年5月东安乡撤销，并入雅阳镇。1992年重新认定革命老区，东安村被认定为革命老区村。

大备垄 Dàbèilǒng 东安村村委会驻地。村前有片大田畈，“畈”“备”方言音近，故名。房舍沿山坪呈块状分布，居民18户、84人。

林姓清中叶从底垟村迁此，今多林姓。

东安 Dōng’ān 位于村委会驻地东偏北0.7千米处，为原东安乡政府、东安村委会驻地。该地古有寺庵“东庵”，村以庵名，后改为“东安”。房舍沿山坡呈块状分布，居民60户、200人。

林姓五代后唐同光年间在此建庵，今多林姓。

三丘头 Sānqiūtóu 位于村委会驻地东南0.3千米处，因处三丘田垟上侧得名。房舍沿山坡呈点状分布，居民16户、89人。

陈姓上祖陈绍昌明中叶从福建福安县社口迁此，今多陈姓。

牛栏头 Niúlántóu 位于村委会驻地东南0.2千米处，因林姓于此建牛圈得名。房舍沿山坪呈块状分布，居民18户、72人。

林姓清中叶从泗溪白粉墙村分迁于此，今多林姓。

楼厝 Lóucuò 位于村委会驻地西0.7千米处，古因建有楼房得名。房舍沿山坪呈点状分布，居民31户、115人。

林姓清中叶从泗溪镇白粉墙村分迁于此，今多林姓。

底垟 Dǐyáng 位于村委会驻地西0.9千米处，因处山坡田垟里侧得名。房舍沿山坡呈点状分布，居民57户、205人。

林姓清前叶从泗溪白粉墙村分迁于此，今多林姓。

花眉丘 Huāméiqiū 位于村委会驻地南偏西0.2千米处。相传田丘多画眉，画眉俗称“花眉鸟”，故名。房舍沿溪谷呈块状分布，居民3户、18人。

洪姓清中叶迁此，今多洪姓。

南垟头 Nányángtóu 位于村委会驻地西偏南0.7千米处。村处南侧田垟上段，故名。房舍沿山坡呈块状分布，居民36户、125人。

林姓清中叶从泗溪镇白粉墙分迁于此，今多林姓。

野猫坎 Yěmāokǎn 位于村委会驻地西北0.5千米处。该地古时森林茂密，多野猫，故名。房舍1幢，今居林姓 2 户、14 人。

林姓清中叶从底垟分迁于此。

岭垟村 Lǐngyáng Cūn

行政村。位于雅阳镇东部偏北，村委会驻地坑底垟，在镇人民政府驻地东北 6.5 千米处。由原百步岭与坑底垟两村合并组建，从原村名各取末字命名为“岭垟”村。东至彭溪镇，西偏北邻松垟村，南偏东接红朱田村，北偏东连下村村。面积 3.47 平方千米；居民 192 户、682 人。辖 11 个村民小组，有坑底垟、坑尾、油家山、崩丘、垟尾、水坝头、外塆、百步岭、南山 9 个自然村。经济以农业为主，兼营林业，茶叶亦为重要产业。

原百步岭、坑底垟（原称坑底洋）2 村解放初均属秀东乡，1950 年属松东乡，1952 年属东安乡。1958 年分别建立东和、坑底洋生产队，属雅阳公社东安生产大队；1959 年 2 月起属雅阳公社东安管理区；1961 年 9 月改为东和、坑底洋生产大队，属东安公社；1981 年 10 月东和大队复用百步岭之名。1984 年 5 月改为百步岭、坑底垟行政村，属东安乡。1992 年撤销东安乡，并入雅阳镇。2004 年，原百步岭、坑底垟 2 村合并组建岭垟村。

1992 年重新认定革命老区，原百步岭、坑底垟 2 村均被认定为革命老区村。

坑底垟 Kēngdǐyáng 岭垟村村委会驻地，因处小溪里侧得名。房舍沿山岰呈块状分布，居民 35 户、100 人。

邱姓上祖邱君松原籍福建上杭，清康熙三十九年（1700 年）迁此，今多邱姓。

坑尾 Kēngwěi 位于村委会驻地东北 0.4 千米处，因处小溪下游得名。房舍沿山岰呈块状分布，居民 10 户、25 人。

邱姓从坑底垟分迁于此，今多邱姓。

油家山 Yóujiāshān 位于村委会驻地南 0.3 千米处，因油姓(疑为游姓)房舍沿山谷呈点状分布，居民 15 户、50 人。

邱姓从坑底垟分迁于此，今多邱姓。

崩丘 Bēngqiū 位于村委会驻地西南 0.4 千米处，因古时山体塌方得名。房舍沿山坡呈点状分布，居民 2 户、2 人。今居白姓。

垟尾 Yángwěi 位于村委会驻地西南 0.8 千米处，因处田垟尾侧得名。房舍沿山坡呈块状分布，居民 25 户、100 人。

章姓上祖章琴原籍景宁，明隆庆年间迁此，今多章姓。

水坝头 Shuǐbàtóu 位于村委会驻地西南 0.9 千米。旧时有条水沟，俗称“水背”，得名“水背头”，后以音转成“水坝头”。房舍沿山坡呈点状分布，居民 15 户、55 人。

章姓自东安垟尾分迁于此，今多章姓。

外塆 Wàiwān 位于村委会驻地南偏西 1.0 千米处，为岭垟村、福梅村交错地，因处山塆外侧得名。房舍沿山坡呈块状分布，居民 26 户、105 人。

章姓明中叶从东安垟尾分迁于此，今多章姓。

百步岭 Bǎibùlǐng 位于村委会驻地南偏西 1.1 千米处。村前之岭其中一段陡峻，计有百步，得名“百步岭”，村以岭名。房舍沿山坡呈点状分布，居民 30 户、110 人。

章姓明中叶从东安垟尾分迁于此，今多章姓。

南山 Nánshān 位于村委会驻地南偏西 1.3 千米处，因处百步岭南侧之山得名。房舍沿山坡呈块状分布，居民 30 户、100 人。

章姓明末从垟尾分迁于此，今多章姓。

红朱田村 Hóngzhūtián Cūn

行政村。位于雅阳镇东北部，村委会驻地大山，在雅阳镇人民政府驻地东北 6.1 千米。以村委会当时驻地红朱田命名。东邻彭溪镇，西邻东安村，南接莲头水库，北连岭垟村。面积 6.12 平方千米，居民 228 户、935 人。辖 12 个村民小组，有大山、镜门口、泗淀底、碗窑垅、前岭、红朱田、松仔基、北斗 8 个自然村。经济以农业为主，兼营林业，茶叶亦为重要产业。面积 6.12 平方千米，居民 228 户、935 人。

红朱田村原称红芝田村，解放初属秀东乡；1950 年属松东乡，1952 年属东安乡。1958 年建立东福生产队，属雅阳公社雅阳生产大队；1959 年 2 月起属雅阳公社雅阳管理区；1961 年 9 月改为东福生产大队，属规模调整的雅阳公社，1981 年改名红芝田生产大队，填报时“芝”误写为“朱”，遂成红朱田。1984 年 5 月改为红朱田行政村，属东安乡。1992 年 5 月东安乡撤销，并入雅阳镇。1992 年重新认定革命老区，红朱田村被认定为革命老区村。

大山 Dàshān 红朱田村村委会驻地。村北之天门山、北斗尖均在海拔 600 余米，合称“大山”，村以山名。房舍沿山脚呈点状分布，居民 33 户、144 人。

邱姓清中叶从东安坑底垟分迁于此，今多邱姓。

镜门口 Jìngménkǒu 位于村委会驻地东北 2.9 千米处。原名“镜门口”，当地一山陡峭似剑，又称“剑门口”。房舍沿山坡呈点状分布，居民 7 户、20 人。

林姓较早分迁于此，今多林、姚姓。

泗淀底 Sìdiàndǐ 位于村委会驻地东偏南 0.8 千米处。原名“泗坑底”，上报笔误变成“泗淀底”。房舍沿山坡呈块状分布，居民 8 户、42 人。

高姓清中叶从罗阳大深垟分迁此，今多高姓。

碗窑垅 Wǎnyáolǒng 位于村委会驻地南偏东 0.8 千米处。该地山垅古有碗窑，故名。房舍沿山坡呈点状分布，居民 19 户、87 人。

章姓清初从垟尾村迁此，今多章姓。

前岭 Qiánlǐng 位于村委会驻地西北 0.2 千米处，因村前山岭“前岭”得名。房舍沿山坡呈块状分布，居民 6 户、28 人。

高姓清中叶从罗阳大深垟分迁于此，今多高姓。

红朱田 Hóngzhūtián 位于村委会驻地西偏南 0.4 千米处。该地田块多红土，得名“红芝田”，地名上报误写成“红朱田”。房舍沿山脚呈块状分布，居民 101 户、495 人。

章姓明末从垟尾村分迁于此，今多章姓。

松仔基 Sōngzǐjī 位于村委会驻地南 1.0 千米处。古为巡司地基，方言“巡司”与“松仔”音近音，讹为此名。房舍沿山坡呈点状分布，居民 40 户、156 人。

章姓上祖章琴原籍福建浦城，迁居浙江景宁，明隆庆时任江西广信府都司，上任不及一载弃官隐居东安洋尾，后裔散布这一带。今多章姓。

北斗 Běidǒu 位于村委会驻地东偏北 0.7 千米处 。村前古有一丘田，年可收八斗稻谷，“八”“北”方言音近，故名。房舍沿山坡呈点状分布，居民 26 户、120 人。

章姓清中叶从外湾分迁此，今多章姓。

莲头村 Liántóu Cūn

行政村。位于雅阳镇中部偏东，村委会驻地上莲头，在镇人民政府驻地东北 4.2 千米处。由原莲头、隘门 2 村合并组建，以村委会驻地莲头命名。东至彭溪镇，西邻沐峰村，南偏东接承天村，北连红朱田村。面积 3.64 平方千米；居民 226 户、864 人。辖 12 个村民小组，有莲头、横坡、江家岭、大岙、下莲头、面前山、隘门、桥头 8 个自然村。经济以农业、林业为主，茶叶亦为重要产业。老泰分公路沿村边经过，交通较为便利。

原莲头、隘门 2 村解放初属秀东乡，1950 年属松东乡，1952 年属东安乡；1956 年莲头村建农业生产合作社取名“东华”。1958 年分别建立东华、隘门生产队，属雅阳公社东安生产大队；1959 年 2 月起属雅阳公社东安管理区；1961 年 9 月起改为东华、隘门生产大队，属东安公社；1981 年东华生产大队复用

“莲头”之名。1984 年 5 月改为莲头、隘门行政村，属东安乡；1992 年撤销东安乡，并入雅阳镇。1992 年重新认定革命老区，原莲头、隘门 2 村均被认定为革命老区村。

2004 年，原莲头、隘门 2 村合并组建新的莲头村，属雅阳镇。

莲头 Liántóu 莲头村村委会驻地，因处莲花峰山岭上侧得名。泰顺《分疆录》载：“莲峰，雅阳之东北，峰下为莲头庄”。房舍沿山坡呈块状分布，居民 40 户、140 人。

温国琏从平阳斜港迁此，雷元山明万历三年（1575 年）从平阳迁此，林姓清初从泗溪迁此。今多林姓。

横坡 Héngpō 位于村委会驻地北偏东 0.6 千米处，因处山岗横向之坡得名。房舍沿山坡呈块状分布，居民 34 户、86 人。

林姓明末迁此，今多林姓。

江家岭 Jiāngjiālǐng 位于村委会驻地东北 0.9 千米处。因章姓肇基得名“章家岭”，后以音转成“江家岭”。房舍沿山坡呈块状分布，居民 18 户、53 人。

林姓明末清初迁此，今多林姓。

大岙 Dà'ào 位于村委会驻地东北 1.2 千米处，因处大山岙得名，原为大岙林场管辖。四面皆山林，房舍沿山岙呈点状分布，居民 16 户、78 人。

林姓明末清初分迁于此，今多林姓。

下莲头 Xiàliántóu 位于村委会驻地东南 0.3 千米处，因处莲头村庄之下得名。房舍沿山谷呈点状分布，居民 60 户、210 人。

林姓明中叶分迁于此，今多林姓。

面前山 Miànqiánshān 位于村委会驻地东南 0.6 千米处，因村旁的面前山得名。房舍沿山坡呈点状分布，居民 3 户、10 人。

较早系林姓分迁于此，今多林姓。

隘门 Àimén 位于村委会驻地东南 2.9 千米处。该地和福建福鼎县叠石交界，古设关隘，故名。房舍沿公路两侧呈点状分布，居民 42 户、165 人。

桥头 Qiáotóu 位于村委会驻地西 0.4 千米处。村处莲头对面的山坡，原称“对面山”，后因泰分公路建桥，改为“桥头”。村旁金狮垟溪流向东安大峡谷，房舍沿老泰分公路两边呈点状分布，居民 50 户、180 人。

明末清初已有该村庄，今多林姓。

墩头村 Dūntóu Cūn

行政村。位于雅阳镇西南部，村委会驻地墩头底，在镇人民政府驻地西4.8千米处。由原墩头村、高场村、雅阳镇青竹垟村合并组建，以村委会驻地墩头命名。东偏南至百福岩村，西邻仕阳镇，南接福建省，北连梧村行政村。面积5.72平方千米，居民547户、1870人，其中畲族505人。辖23个村民小组，有墩头、岭脚、沟笋塘、高场、青竹垟、窟坳、牛路、坟兰、营盘、垟尾、马河、后店、大丘头、庵基、外垟、上长垟16个自然村。经济以农业、林业为主，茶叶亦为重要产业。老泰分公路过村，经沈青线可至福建柘荣、福鼎，经柳卓线至泗溪，经保兴至仕阳等地，交通方便。

原墩头、高场、青竹垟村解放初至1958年属柳峰乡。1958年建墩头生产队，属雅阳公社柳峰生产大队；1959年2月起属雅阳公社柳峰管理区；1961年9月改为墩头、高场、青竹洋生产大队，属柳峰公社。1984年5月改为墩头、高场、青竹垟行政村，属柳峰乡。1992年重新认定革命老区，原高场村被认定为革命老区村。

2004年原墩头、高场、青竹垟3村合并组建新的墩头村，属柳峰乡。2011年5月柳峰乡撤销，并入雅阳镇。

墩头 Dūntóu 墩头村村委会驻地，因处山墩之上得名。房舍沿山谷公路两旁呈“丁”字形分布，居民239户、734人，其中畲族21人。该村地处浙闽边界，是南下福建福鼎县，东通平阳，西达仕阳，北至泗溪的必经之路。村南有座建于清道光二十二年（1842年）的木桥。

颜姓清中叶从严山双桂山迁此，畲族蓝姓、雷姓清前叶从高场分迁于此。今多方、毛、颜姓，畲族蓝姓。

岭脚 Lǐngjiǎo 位于村委会驻地北0.2千米处，因处山岭之下得名。房舍沿山坡呈点状分布，居民5户、28人。

曾姓清中叶从福建迁此，今多曾姓。

沟笋塘 Gōusǔntáng 位于村委会驻地北0.4千米处。该地古有种植茭白的水塘，方言称茭白为“沟笋”，故名。房舍沿山坡呈一字形排列，居民11户、43人。

赖姓明中叶从泗溪迁此，今多赖姓。

高场 Gāochǎng 位于村委会驻地北1.2千米处，因处高山西坡得名。房舍沿山坡呈块状、点状分布。原有居民102户、358人，其中畲族263人。大多移居墩头。

蓝姓上祖蓝可津清康熙四十七年（1708年）从福建福鼎迁此，雷姓上祖雷应祥清康熙年间从福建福安迁此。今多蓝、雷姓。

青竹垟 Qīngzhúyáng 位于村委会驻地东偏南1.2千米处。村处隘门山岭下侧，原称“隘门下”，后以竹林茂密改名“青竹垟”。房舍沿山坡呈块状分布，居民 85 户、271 人。

毛姓较早居此，王姓清中叶从普上垟迁此，今多王、毛姓。

窟坳 Kū'ào 位于村委会驻地南偏东 0.4 千米处。该地山坳有口泉井，故名。房舍沿山坡呈块状分布，居民 15 户、57 人。

毛姓晚清从隘门下分迁于此，今多毛姓。

牛路 Niúlù 位于村委会驻地东 0.4 千米处。该地有小山塘供牛栖歇，来往小路习称牛路，故名。房舍沿山岗呈点状分布，居民 36 户、122 人，其中畲族 82 人。

雷姓清中叶从高场分迁于此。今多雷姓，汉族多王姓。

坟兰 Fénlán 位于村委会驻地东南 1.7 千米处。山岗古有梧桐林，原称“桐林岚”，后因附近一座古墓改称“坟兰”。房舍沿山坡呈点状分布，居民 10 户、34 人。

王姓晚清迁此，今多王姓。

营盘 Yíngpán 位于村委会驻地南 0.1 千米处。因清代于此安营驻兵得名。同治《温州府志》记载“墩头汛，额兵五名”，即其址。房舍沿呈溪一字排列，居民 5 户、18 人。小溪上有古廊桥。

赖姓清末迁此，今多赖姓。

垟尾 Yángwěi 位于村委会驻地南偏西 0.4 千米处，因处田垟末端得名。房舍沿山坡呈点状分布，居民 13 户、56 人。

董姓晚清分迁于此，今多董姓。

马河 Mǎhé 位于村委会驻地南 0.5 千米浙闽交界地带。相传明代官军在此养马，故名。房舍沿山坡呈块状分布，居民 38 户、129 人。

董姓较早迁此，今多董、周姓。

后店 Hòudiàn 位于村委会驻地西 0.1 千米处。村后古有方姓开设“方茂盛”店号（曾名闻泰顺、福鼎、平阳），故名。房舍沿山坡呈点状分布，居民 21 户、72 人。

方姓清中叶从梧村迁此，今多方姓。

大丘头 Dàqiūtóu 位于村委会驻地西北 0.4 千米处，因处大田丘上侧得名。房舍沿山岗呈块状分布，居民 5 户、18 人，均畲族。

雷姓清前叶迁此，今多雷姓。

庵基 Ānjī 位于村委会驻地西北 0.8 千米处，因系庵堂旧基得名。房舍沿山坡呈点状分布，居民 15 户、56 人，均畲族。

蓝姓清前叶从高场分迁于此，今多蓝姓。

外垟 Wàiyáng 位于村委会驻地西北 1.2 千米处，因处高场村庄外侧得名。房舍沿山坡呈点状分布，居民 16 户、65 人，均畲族。

雷姓清中叶从墩头迁此，今多雷姓。

上长垟 Shàngchángyáng 位于村委会驻地西北 1.2 千米处。因处较长田垟上侧得名。房舍沿山坡呈条状分布，居民 24 户、82 人。

梅姓清中叶从罗阳溪坪迁此，今多梅姓。

新庄村 Xīnzhuāng Cūn

行政村。位于雅阳镇西部，村委会驻新庄底，在镇人民政府驻地西北 6.7 千米处。沿用新庄村名。东偏北至梧村村，西邻泗溪镇，南偏东接墩头村，东北连卓宅村，东接梧村村。面积 3.34 平方千米，居民 261 户、893 人，其中畲族 45 人。辖 12 个村民小组，有新庄底、山后、佛堂岭、下垟、桥仔头、垟头仔、旧厝、里园底、五斗 9 个自然村。经济以农业、林业为主，茶叶亦为重要产业。柳卓线路过境，交通较方便。

解放初属柳峰乡，1951 年属秀梧乡，1952 年属梧村乡，1956 年属柳峰乡。1958 年建立新庄生产队，属雅阳公社柳峰生产大队；1959 年 2 月起属雅阳公社柳峰管理区；1961 年 9 月改为新庄生产大队，属柳峰公社。1984 年改为新庄行政村，属柳峰乡；2011 年 5 月东岭乡撤销，并入雅阳镇。

1987 年新庄村被认定为第二次国内革命战争时期革命老根据地村。1992 年重新认定革命老区，新庄村被认定为革命老区村。

新庄底 Xīnzhuāngdǐ 新庄村村委会驻地。庄姓肇基，村庄建立较晚，故名。房舍沿山坡呈点状分布，居民 69 户、182 人。

庄姓始祖庄挺秀原籍福建泉州安溪，明末迁此。今多庄姓。

山后 Shānhòu 位于村委会驻地北 0.6 千米处，因处下垟西北之山背后得名。房舍沿山坳呈点状分布，居民 16 户、66 人。

梅姓明末从罗阳溪坪分迁于此，今多梅姓。

佛堂岭 Fótánglǐng 位于村委会驻地东北 0.3 千米处。当地小岭旧有佛堂，得名“佛堂岭”，村以岭名，居民 11 户、35 人。

庄姓清中叶从新庄分迁于此，今多庄姓。

下垟 Xiàyáng 位于村委会驻地东北 0.7 千米处。因处田垟下侧得名，有小聚落“水井垄”。房舍沿山坡呈块状分布，居民 50 户、156 人。

梅姓清前叶从罗阳镇溪坪迁此，今多梅姓。

桥仔头 Qiáozǐtóu 位于村委会驻地东偏北 0.8 千米处，因处小石桥边得名。房舍沿溪谷山坡呈点状分布，居民 18 户、67 人。

曾姓清中叶从泗溪镇白粉墙迁此，今多曾姓。

垟头仔 Yángtóuzǐ 位于村委会驻地南 0.5 千米处，因处小田庄上侧得名。房舍沿山坡呈点状分布，居民 35 户、136 人，其中畲族 35 人。

蓝姓清前叶从柳峰高场迁此。今多庄姓，畲族蓝姓。

旧厝 Jiùcuò 位于村委会驻地南偏东 0.4 千米处。旧有叶姓田庄，后有梅姓在附近建新屋，老屋遂称“旧厝”。房舍沿山岰呈点状分布，居民 12 户、58 人。

初居叶姓，梅姓明末从罗阳迁此，今多梅姓。

里园底 Lǐyuándǐ 位于村委会驻地南偏东 1.2 千米处。因李姓肇基得名“李园底”，后以音转为“里园底”。房舍沿山坡呈点状分布，居民 11 户、35 人，其中畲族 10 人。

初居李姓，钟姓晚清从附近枫柴岗迁此。今多李姓，畲族钟姓。

五斗 Wǔdǒu 位于村委会驻地西南 1.5 千米处。村前田丘常年可收五斗粮食，故名。房舍沿山坡呈点状分布，居民 19 户、67 人。

刘姓清中叶从秀溪分迁于此，今多刘姓。

腾阳社区 Téngyáng Shèqū

位于雅阳镇中部偏南，社区居委会驻氡泉路 85 号，在镇人民政府驻地西北 0.1 千米处。2005 年 7 月成立社区，寓意“腾飞雅阳”命名。东至和平村，西邻百福岩村，南接中村村，北连新联村。面积 0.5 平方千米；居民 32 户、96 人。

原为新联村地域，20 世纪末承天等地村民陆续移居于此，形成新住宅区。

第三节 街路弄巷

泰分路 Tàifēn Lù 位于雅阳镇新联村。原系分泰公路经杖路段，故名。东北起于后庄，西南至大厝底，长 600 米，宽 10 米，混凝土路面。

官口街 Guānkǒu Jiē 位于雅阳镇新联村、中村村。以处原官口垄（现雅阳）命名。东南起于氡泉路，北至泰分路，长 1000 米，宽 20 米，混凝土路面。因门牌编制要求依据位置分为官口北街，官口南街两段。沿途有雅阳社区卫生服务院，雅阳镇中心小学等单位。

氡泉路 Dōngquán Lù 位于雅阳镇新联村，中村村，借用境内氡泉命名。南起雅氡线，北至泰分路，长1000米，宽10米，混凝土路面。沿途有雅阳镇人民政府，国家电网雅阳营业厅等单位。

祥云路 Xiángyún Lù 位于雅阳镇新联村。寓意祥和而名。东起雅阳大道，西至泰分路，长180米，宽18米，混凝土路面。

雅阳大道 Yǎyáng Dàdào 位于雅阳镇新联村，和平村，中村村。以处雅阳镇中心得名。南起雅氡线，北至祥云路，长1000米，宽20米，混凝土路面。沿途有雅阳镇税务所。

福塔路 Fútǎ Lù 位于雅阳镇中村村，和平村。寓意塔头底（现和平村）幸福而名。东北起于塔头底，西南至薛家垟，长1150米，宽10米，混凝土路面。因门牌编制需要，按位置分为福塔西路，福塔中路，福塔东路三段。

塔中路 Tǎzhōng Lù 位于雅阳镇中村、和平2村。连接原塔下（现和平村）、中村，从村名各取一字而名。东起雅阳大道，西至氡泉路，长180米，宽8米，混凝土路面。

和平路 Hépíng Lù 位于雅阳镇和平村。以处和平村得名。东起田垟，西至雅阳大道，长80米，宽8米，混凝土路面。

工业路 Gōngyè Lù 位于雅阳镇中村村。以附近多为厂房得名。东北起于官口街，西南至七担，长150米，宽6米，混凝土路面。

柳泰路 Liǔtài Lù 位于雅阳镇墩头村。属老分泰线柳峰通往泰顺县城，故名。东起柳峰车站，西至柳峰中心学校，长440米，宽8米，混凝土路面。

泰福路 Tàifú Lù 位于雅阳镇墩头村。以连接泰顺、福鼎得名。南起与福鼎交界处，北至柳泰路，长约800米，宽10米，混凝土路面。

营盘巷 Yíngpán Xiàng 位于雅阳镇墩头村。以处营盘自然村得名。东起泰富路，西至老58省道出口，长150米，宽4米。1957年为沙石路面，20世纪末改建成水泥路。

仕阳镇

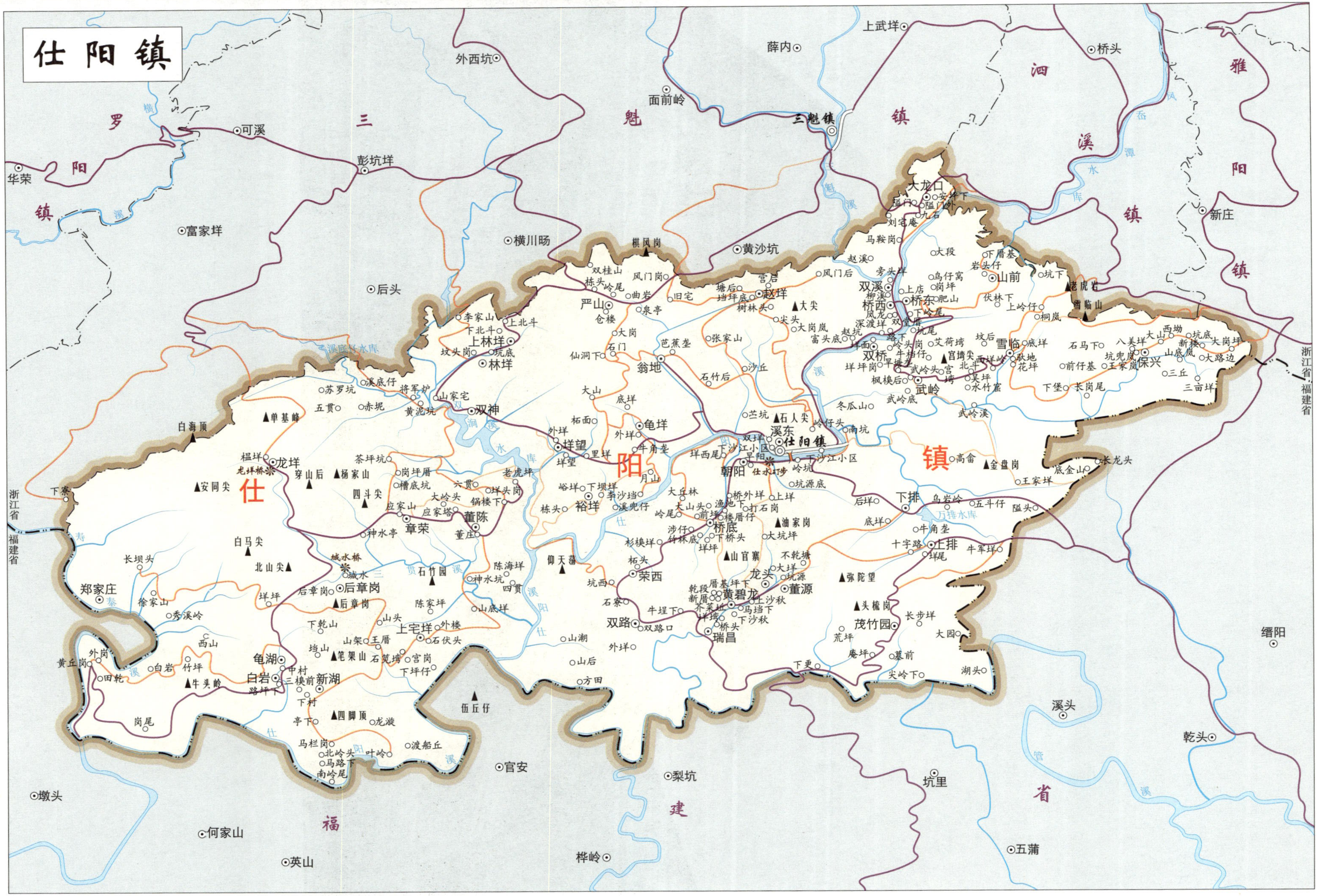

罗阳镇
三魁镇
泗溪镇
雅阳镇
仕阳镇
福建省
浙江省
福建省
华荣
可溪
彭坑垟
富家垟
外西坑
后头
横川旸
面前岭
薛内
上武垟
三魁镇
黄沙坑
桥头
新庄
缪阳
乾头
溪头
坑里
五蒲
梨坑
桦岭
官安
英山
何家山
墩头
大龙口
双溪
桥西
桥东
山前
雪临
保兴
双桥
武岭
赵垟
严山
翁地
龟垟
垟望
溪东
仕阳镇
朝阳
桥底
下排
上排
茂竹园
董源
龙头
黄碧龙
瑞昌
荣西
双路
裕垟
董陈
章荣
双神
林垟
上林垟
龙垟
后章岗
上宅垟
新湖
龟湖
白岩
郑家庄
白海顶
单基峰
安同尖
白马尖
北山尖
杨家山
穿山后
四斗尖
城水桥
石竹园
仰天荡
伍丘仔
四脚顶
笔架山
牛头岭
山官寨
油家岗
弥陀望
头樵岗
金盘岗
石人尖
大尖
宫塆尖
老虎岩
雪临山
棋风岗
万排水库
溪底尾水库
长龙头
底金山
下寨

仕阳镇人民政府

第八章 仕阳镇 Shìyáng Zhèn

第一节 概 述

仕阳镇位于泰顺县南部，镇人民政府驻溪东村仕兴路218号，海拔310米，在泰顺县城东南29.8千米。行政区划代码330329107。

仕阳古地名称“是阳”， 林鹗《分疆录·古今地名辩》载：“古是阳，南宋又名荏阳，属章峰里，俗独称‘仕’”； 并指出“因传写之误一度讹“荏”为“荏”。明崇祯年间泰顺举人周家俊作《仕洋义渡记》谓：“是洋者，是水洋洋，巨津也”。

辖区地理位置北纬27°17′58″～27°25′23″，东经119°45′47″~119°59′28″。 辖区东西最大距离22.02千米，南北最大距离13.49千米。东北邻雅阳镇，东南界福建省福鼎市、柘荣县城郊乡，西南接福建省福安市范坑乡，北和东北与泗溪镇接壤，西连三魁镇。总面积163.0平方千米。其中陆地154.9平方千米，水域8.1平方千米。2011年末辖区总人口47587人，其中畲族约2000人。

全镇辖溪东、赵垟、严山、翁地、朝阳、桥底、双溪、大龙口、桥西、桥东、双桥、武岭、雪临、山前、保兴、垟望、上林垟、林垟、双神、龟垟、裕垟、董陈、龙垟、章荣、后章岗、上宅垟、上排、下排、茂竹园、黄碧龙、荣西、龙头、董源、双路、瑞昌、龟湖、郑家庄、新湖38个行政村及白岩居民区。桥底、龟垟、翁地、双临4行政村为民族村。

明代泰顺建县前属平阳归仁乡四十都，建县后至清代分属六都、七都、八都。

民国24年（1935年）今仕阳镇地设仕阳、雪临、下东溪、章仙、成林、榅城、万排、章山、龟伏等乡，隶属第三区；民国27年（1938年）万排乡的上排、下排并入仕阳乡，雪临、下东溪二乡并为雪溪乡，章仙、成林二乡并为章成乡，榅城乡并入龟伏乡，万排、章山二乡并为万章乡；民国35年（1946年）万章、雪溪、万排三乡并入仕阳乡，章成乡并入龟伏乡。

解放初今仕阳镇域设仕阳、雪溪、章成、万章、龟伏等乡。1951年1月雪溪乡析建矴步、雪临乡，章成乡析建严山乡，龟伏乡析置后章乡，万章乡分为万排、章坑2乡。1952年仕阳乡分为仕阳、早阳2乡，雪溪乡析置溪坪乡；章成乡析建双林乡；后章乡析建董陈乡；章坑乡析建双路乡；龟伏乡析建白岩乡。1956年严山、早阳二乡并入仕阳乡，溪坪乡并入雪溪乡；双林乡并入章成乡；董陈乡并入后章乡；万排、双路乡并入章坑乡（不久复析建万排乡），白岩乡并入龟伏乡。

1958年11月实行人民公社体制，上述地域分别改称仕阳、雪溪、雪临、章成、后章、万排、章坑、龟伏等生产大队，属仕阳公社，次年生产大队改为管理区。1962年公社规模调整，上述管理区分别改为公社，属仕阳区，1983年龟伏正名为“龟湖”。1984年5月公社改为乡，今仕阳镇域设仕阳、雪溪、雪临、章成、后章、万排、章坑、龟伏等乡，隶属仕阳区。1987 年 5 月撤仕阳乡建仕阳镇。1992 年章成、章坑乡并入仕阳镇，雪临乡并入雪溪乡。2011 年 4 月龟湖、万排、雪溪 3 乡并入仕阳镇。

全镇耕地面积 1133 公顷，林地面积 12133 公顷，水果、茶叶为重要产品。生产粮食有水稻、豆类、薯类，油菜是主要的油料作物。畜牧业主要饲养生猪、羊、牛、家禽，2011 年家禽饲养量近 3.2 万羽。2011 年农业总产值 1.18 亿元，其中畜牧业总产值 3 300 万元；现有茶园及全国标准化茶园、茶叶产量均列全县前茅。全镇种植薏米、太子参等中药材共 213 公顷，是全省最大的薏米种植基地。

仕阳镇是泰顺主要的矿石工业生产基地，2011 年全镇工业总产值 3.6 亿元。该镇龟湖叶蜡石储量丰富，被称为“世界蜡石之都”；并以辉绿岩、花岗岩、高岭土闻名，辉绿岩品位高、质量优，精加工后是名贵建材，畅销国内外。仕阳手工业历史悠久，能工巧匠众多，外出从事建筑、木工、钻井等行业人以数千计，分布于全国十多个省市。

全镇有县乡级公路 2 条，境内路段总长 67.2 千米。镇区道路总长 8 千米；桥梁 10 座，总长 1 千米；镇区有出租车 3 辆。镇区建有自来水厂 3 座，35 千伏变电站 1 座，天然气加气站 8 处。镇区建有公园 1 处，面积 0.3 公顷。全镇有幼儿园 6 所、小学 7 所、初中 2 所；医疗卫生机构 4 所。仕阳矴步舞龙是具有地方特色的民间艺术表演，已被列为国家级非物质文化遗产项目。仕水矴步为全国重点文物保护单位。

1992 年重新认定革命老区，原仕阳镇及原雪溪、龟湖、万排乡被认定为革命老区镇乡。该镇还被命名为“浙江省生态镇”“温州市教育强镇”。

第二节 群众自治组织 居民点

溪东村 Xīdōng Cūn

行政村。位于仕阳镇中部稍东，村委会驻地溪东，亦系仕阳镇政府驻地，在镇泰顺县人民政府驻地东南 29.8 千米处。由原溪东、仕后、苎坑、双垟、石竹后、沙丘、岭坑 7 行政村合并组建，以村委会驻地溪东命名。东南至下排村，西邻朝阳村，南接董源村，北连赵垟村。面积 11.39 平方千米，居民 1510 户、4806 人，其中畲族 386 人。辖 50 个村民小组。有仕阳、岭仔头、南坑、三寮、岭坑、坑源底、上垟、双垟、苎坑、石竹后、沙丘、库满底 12 个自然村及上沙江、下沙江 2 小区。经济以农业为主，兼营林业。茶叶亦为重要产业。通往龟湖的公路经村，交通便利。

原溪东、仕后、苎坑、双垟、石竹后、沙丘、岭坑村分别为溪东、山楼、苎坑、龟洋岭、石竹后、沙丘、岭坑村，解放初至 1958 年均属仕阳乡。1958 年溪东、山楼村合并建立溪东生产队，苎坑、龟洋岭、石竹后、沙丘村合并建立苎坑生产队，岭坑村建立岭坑生产队，均属仕阳公社仕阳生产大队；1959 年 2

月起属仕阳公社仕阳管理区；1961 年 9 月溪东生产队分建为溪东、山楼生产大队，苎坑生产队分建为苎坑、龟洋岭、石竹后、沙丘生产大队，岭坑生产队改为岭坑生产大队，均属规模调整后的仕阳公社；1982 年山楼生产大队更名仕后生产大队。1984 年 5 月分别改为溪东、仕后、苎坑、龟垟岭、石竹后、沙丘、岭坑行政村，属仕阳乡，1987 年 5 月属仕阳镇；1992 年龟垟岭村改名双垟村。

1992 年重新认定革命老区，原溪东、沙丘村被认定为革命老区村。

2004 年原溪东、仕后、苎坑、双垟、石竹后、沙丘、岭坑 7 村合并组建新的溪东村，属仕阳镇。

仕阳 Shìyáng 镇政府及溪东村委会驻地。原称“是洋”，后改为“仕阳”。村西有当地最古老的村庄聚落夏家港，以彼看此，恰在溪之东边，故又称“溪东”。房舍沿山坳呈块状分布，居民 720 户、2360 人。

林姓上祖林注后唐天成二年（927 年）从福建柘阳（今柘荣）迁是洋簩竹笼（今溪东傍竹林），为仕阳可考的最早入迁居民；刘姓明永乐年间从刘宅分迁于此。今多林姓。

岭仔头 Lǐngzǐtóu 位于村委会东北 0.8 千米。旧为岭头小村庄，故名。房舍沿山坡呈块状分布，居民 25 户、80 人。

罗阳大深垟高姓分迁于此，今多胡、高姓。

南坑 Nánkēng 位于村委会驻地东北 1.3 千米处，因临小溪“南坑”得名。房舍沿溪呈块状分布，居民 25 户、78 人。

罗阳溪坪梅姓后裔分迁于此，今多梅姓。

三寮 Sānliáo 位于村委会驻地东 0.3 千米处。古为三座草屋，得名“三寮”，以音转为“三楼”；因在原仕阳乡政府驻地之北，又称“仕后”。房舍沿溪呈点状分布，居民 1 户、5 人。

朱姓从戬洲武垟迁此，今居朱姓。

岭坑 Lǐngkēng 位于村委会驻地东南 0.3 千米处，因村旁小溪 “岭坑”得名。房舍沿溪呈条状分布，居民 60 户、200 人。今多谢、陈姓。

坑源底 Kēngyuándǐ位于村委会驻地南偏东 0.9 千米处，因处小溪源头里侧得名。房舍沿山谷呈点状分布，居民 60 户、180 人，畲族。

蓝姓晚清从库村黄山分迁于此，今多蓝、雷姓。

上垟 Shàngyáng 位于村委会驻地南 1.2 千米处，以处田垟上侧得名。房舍沿山坡呈点状分布，居民 15 户、 50 人。今多谢、陈姓。

双垟 Shuāngyáng 位于村委会驻地西偏北 0.3 千米处。小溪两侧均为田垟，故名。房舍沿仕阳溪呈块状分布，居民 72 户、230 人。

罗阳大深垟高姓后裔分迁于此，近年有龟垟岭村民迁此，今多胡、高姓。

苎坑 Zhùkēng 位于村委会驻地西北 1.2 千米处。该地小溪边旧多苎麻，得名“苎坑”，村以坑名。房舍沿山坡呈点状分布，居民 125 户、392 人。

刘姓从溪东分迁于此，今多刘、潘姓。

石竹后 Shízhúhòu 位于村委会驻地西北 1.9 千米处，因村前山上多石竹得名。房舍沿山坡呈块状分布，居民 93 户、386 人，均畲族。

蓝姓清中叶从翁地迁此，今多蓝姓。

沙丘 Shāqiū 位于村委会驻地西北 1.8 千米处。附近小溪流沙冲积成丘，故名。房舍沿溪呈点状分布，居民 60 户、187 人。

林姓从泗溪分迁于此，畲族蓝敬祝清中叶自平阳莒溪（今属苍南县）迁此，今多林姓。

库满底 Kùmǎndǐ 位于村委会东 0.8 千米。房舍沿山脚呈块状分布，居民 12 户、50 人。

居民民国从雪溪垟面迁此，今多蔡，林姓。

上沙江小区 Shàngshājiāngxiǎoqū 位于村委会驻地东 0.6 千米处。旧名“马路”，1991 年建小区，以处溪东村上方，溪中多沙，改为 “上沙江”。房舍沿溪呈块状分布，居民 260 户、830 人。

下沙江小区 Xiàshājiāngxiǎoqū 位于溪东村村委会驻地西北 0.5 千米处，以处溪东村下方命名，系 1991 年新建居民点。房舍沿溪呈块状分布。居民 330 户、1050 人。

赵垟村 Zhàoyáng Cūn

行政村。位于仕阳镇北部，村委会驻地宫后，在镇人民政府驻地北 3.4 千米处。该地古时赵氏开基，地处山南水北，故名赵阳，后以音改称赵垟。东至双溪村，西邻严山村，南接溪东村，北连三魁镇。面积 3.25 平方千米，居民 310 户、995 人。分 10 个村民小组。有宫后、树林头、尖头、大岗岚、张家山、垱坪底、塘后 7 个自然村。经济以农业为主，兼营林业，茶叶亦为重要产业。仕阳至三魁公路连接线通村，交通便利。

赵垟村原为赵洋村，解放初至 1958 年均属仕阳乡。1958 年建立赵洋生产队，属仕阳公社仕阳生产大队；1959 年 2 月起属仕阳公社仕阳管理区；1961 年 9 月改为赵洋生产大队，属规模调整后的仕阳公社。1984 年 5 月改为赵垟行政村，属仕阳乡。1987 年 5 月属仕阳镇。1992 年重新认定革命老区，赵垟村被认定为革命老区村。

宫后 Gōnghòu 赵垟村村委会驻地。村前旧有土地庙，故称。房舍沿山坡呈块状分布，居民 72 户、312 人。

胡姓清乾隆年间从罗阳迁此，今多胡姓。

树林头 Shùlíntóu 位于村委会驻地东南 0.3 千米处。因古有大片树林得名，1958 年改名"树潮"，1984 年恢复原名。房舍沿山坡呈块状分布，居民 21 户、55 人。

朱姓清乾隆时从溪坪分迁于此，今多朱姓。

尖头 Jiāntóu 位于村委会驻地东南 0.6 千米处，因处大岗尖上部得名。房舍沿山坡呈点状分布，居民 25 户、93 人。

梅姓清中叶从罗阳溪坪分迁于此，今多梅姓。

大岗岚 Dàgǎnglán 位于村委会驻地东南 1 千米处。地处大山之岗头，古时森林茂密，常为山雾笼罩，故名。房舍沿山岗呈点状分布，居民 12 户、35 人。

朱姓较早居此，今多朱姓。

张家山 Zhāngjiāshān 位于村委会驻地西南 1.5 千米处，因张姓肇基得名。房舍沿山坡呈点状分布，居民 15 户、74 人。

初居张姓，后迁往福建霞浦村；朱姓清中叶从附近树林头分迁于此，今多朱姓。

垱坪底 Dàngpíngdǐ 位于村委会驻地西 0.2 千米处。相传该地小溪古有人"破风水"砌坝，俗称"垱"，村处垱边坪地里侧，故名。房舍沿溪谷呈块状分布，居民 12 户、30 人。

林姓清中叶从平阳山门街迁此，今多林姓。

塘后 Tánghòu 位于村委会驻地西北 0.6 千米处。古时该地大田似塘，村处其后，故名。房舍沿山坡呈点状分布，居民 15 户、42 人。

朱姓清中叶从树林头分迁于此，今多朱姓。

严山 Yánshān

片村。位于仕阳镇北部，镇人民政府驻地西北约 4.8 千米处。因严姓肇基得名。20 世纪 50 年代前期为原严山乡人民政府驻地。原仓楼、泉亭 2 村村委会驻于村庄内（现合并为严山村）。地处山谷，房舍沿溪涧两岸呈点状分布。居民 360 户、共 1256 人。

严山村 Yánshān Cūn

行政村。位于仕阳镇北部，村委会驻地仓楼，在镇人民政府驻地西北 4.6 千米处。由原泉亭、仓楼两个行政村及上林垟村的八斗自然村合并组成，以村委会驻地所在大村庄“严山”命名。东至赵垟村，西偏南邻上林垟村，南偏东接龟垟村，北连三魁镇。面积 4.97 平方千米，居民 560 户、1833 人，其中畲族 112 人。辖 28 个村民小组。有仓楼、岭尾、曲岩、风门岗、旧宅、泉亭、大岗、栋头、双桂山、旁北斗 10 个自然村。经济以农业为主，兼营林业，茶叶亦为重要产业。

原仓楼、泉亭 2 村解放初属章成乡，1951 年属严山乡，1956 年属仕阳乡。1958 年均为严山生产队一部分，属仕阳公社仕阳生产大队；1959 年 2 月属仕阳公社仕阳管理区；1961 年 9 月析建仓楼、泉亭生产大队，属规模调整后的仕阳公社。1984 年 5 月改为仓楼、泉亭行政村，属仕阳乡，1987 年 5 月属仕阳镇。1992 年重新认定革命老区，原仓楼、泉亭村均被认定为革命老区村。

2004 年原泉亭、仓楼 **2** 村及上林垟村的旁北斗自然村合并组建严山村。

仓楼 Cānglóu 严山村村委会驻地，为原严山片村西北部分。旧有董家所建二层楼粮仓，故名。房舍沿山坡呈块状分布，居民 320 户、1121 人，其中畲族 72 人。

董氏上祖董应恒清康熙年间从罗阳溪坪迁此。今多董姓，畲族蓝姓。

岭尾 Lǐngwěi 位于村委会驻地北 0.2 千米处，因处山岭下段得名。房舍沿山岭呈点状分布，居民 15 户、50 人。

30 年前仅为董姓所居一屋，今多董姓。

曲岩 Qūyán 位于村委会驻地东北 0.4 千米处。地形曲折，山脚有岩壁，故名。房舍沿山坡呈块状分布，居民 10 户、35 人。

董姓清前叶从罗阳迁此，今多董姓。

风门岗 Fēngméngǎng 位于村委会驻地东北 1.3 千米处。该地山岗上旧设隘门，因山高风大得名“风门岗”，村以岗名。房舍沿山岗呈点状分布，居民 7 户、20 人。东北近黄沙坑村处有路亭“石泉亭”，古驻额兵，清道光初裁废。

宋氏上祖宋怀武清中叶从平阳县迁此，今多宋姓。

旧宅 Jiùzhái 位于村委会驻地东 1.3 千米处，因处顾姓肇基老屋旧址得名。房舍沿山坡呈点状分布，居民 30 户、100 人。

初居顾姓，王姓清中叶从平阳县三斤村迁此，今多王姓。

泉亭 Quántíng 位于村委会驻地东偏南 0.6 千米处，为原严山片村东南部分。当地山上有大石似停泊之船，“船停”“泉亭”方言谐音，故名。房舍沿山岰呈点状分布，居民 15 户、50 人。

董姓清前叶从罗阳溪坪分迁于此，今多董姓。

大岗 Dàgǎng 位于村委会驻地南 0.7 千米处，以村后大山岗得名。房舍沿山坡呈块状分布，居民 7 户、25 人。

董姓清代从仓楼迁此，今多董姓。

栋头 Dòngtóu 位于村委会驻地西北 0.6 千米处，因地形高耸得名。房舍沿山坡呈块状分布，居民 32 户、130 人，其中畲族 40 人。

董姓 20 世纪 80 年代后期从大垟坑迁此，陆续又有蓝姓等迁来，今多董姓，畲族蓝姓。

双桂山 Shuāngguìshān 位于村委会驻地西北 1.1 千米处。该地山上原有两株大桂树，得名“双桂山”，村以山名。房舍沿山岰呈点状分布，居民 10 户、30 人。

林姓清中叶从严山大宅迁此，今多董姓。

旁北斗 Pángběidǒu 位于村委会西 2.3 千米，因邻近上北斗、下北斗得名。房舍沿山坡呈块状分布，居民 16 户、80 人。

早期居民系从岭尾迁此，今多董姓。

翁地村 Wēngdì Cūn

行政村。位于仕阳镇中部偏北，村委会驻地翁地，在镇人民政府驻地西北 3 千米处，以村委会驻地翁地命名。东至双桥村，西邻上林垟村，南偏东接朝阳村，北连三魁镇。面积 1.79 平方千米，居民 199 户、731 人，其中畲族 148 人。辖 9 个村民小组。有翁地、石门、仙洞下、芭蕉垄 4 个自然村。经济以农业为主，兼营林业，亦产茶叶。

翁地村解放初属章成乡，1951 年属严山乡，1956 年属仕阳乡。1958 年为严山生产队一部分，属仕阳公社仕阳生产大队；1959 年 2 月起属仕阳公社仕阳管理区；1961 年 9 月析建为翁地生产大队，属规模调整后的仕阳公社。1984 年 5 月改为翁地行政村，属仕阳乡，1987 年 5 月属仕阳镇。

1992 年重新认定革命老区，翁地村被认定为革命老区村。2006 年被定为民族村。

翁地 Wēngdì 翁地村村委会驻地，因翁姓肇基得名。房舍沿山坡呈点状分布，居民 42 户、212 人，其中畲族 44 人。山巅有风景名胜“仙山”，清同治年间仕阳林兆雷等在仙山石壁下建石楼阁。

初居翁姓，饶姓明初迁此，畲族蓝昆岗清顺治十一年（1654 年）从平阳莒溪垟尾（今属苍南）迁此。今多翁姓，畲族钟姓。

石门 Shímén 位于村委会驻地西 0.5 千米处，当地有峭壁如门得名。房舍沿山坡呈点状分布，居民 31

户、104 人，畲族。

畲族钟姓自司前左溪包坑分迁于此，今多钟姓。

仙洞下 Xiāndòngxià 位于村委会驻地西 1.4 千米处。当地仙山有洞窟“仙洞”，村处其下，故名。房舍沿山坳呈点状分布，居民 28 户、12 人。

翁姓从翁地分迁于此，今多翁姓。

芭蕉垄 Bājiāolǒng 位于村委会驻地西北 0.2 千米处。旧时野芭蕉丛生，故名。房舍沿山坡呈块状分布，居民 10 户、35 人。

翁姓从翁地分迁于此，司前牛牯岭畲族蓝一凤后裔曾迁此，今多翁姓。

朝阳村 Zhāoyáng Cūn

行政村。位于仕阳镇中部，村委会驻地早阳，在镇人民政府驻地西 0.8 千米处。该村由早阳、垟西尾、大丘林 3 村合并组建，以村委会驻地早阳谐音命名为“朝阳”。东至溪东村，西偏北邻龟垟村，南接龙头村，北偏西连翁地村。面积 2.36 平方千米，居民 543 户、1832 人。辖 18 个村民小组。有早阳、大丘林、岭尾、垟西尾 4 个自然村。经济以农业为主，兼营林业。茶叶、油茶亦为重要产业，茶油为特产。

原早阳村、垟西尾（曾作洋西尾）、大丘林村解放初属仕阳乡，1952 年属早阳乡；1956 年属仕阳乡。1958 年合建为早阳生产队，属仕阳公社仕阳生产大队；1959 年 2 月起属仕阳公社仕阳管理区；1961 年 9 月原早阳生产队析为早阳、洋西尾、大丘林 3 个生产大队，该地为早阳生产大队，属规模调整后的仕阳公社。1984 年 5 月改为早阳、洋西尾、大丘林行政村，属仕阳乡；1987 年 5 月属仕阳镇。1992 年重新认定革命老区，原大丘林村被认定为革命老区村。

2004 年早阳、垟西尾、大丘林 3 村合并组建朝阳村。

早阳 Zǎoyáng 朝阳村村委会驻地。地势开阔，最早迎来朝阳，故名。房舍沿坪地呈块状分布，居民 242 户、815 人。

章姓上祖章必达清康熙年间自官安迁此，今多章姓。

大丘林 Dàqiūlín 位于村委会驻地西南 1.5 千米处。大田四周皆为山林，故名。房舍沿山坳呈点状分布，居民 64 户、212 人。

钟姓上祖钟汪国清同治年间从福建省福安县敢岭迁至后章，后定居于此。

岭尾 Lǐngwěi 位于村委会驻地西南 1.8 千米处，因处山岭尾端得名。房舍沿山坡呈点状分布，居民 61 户、205 人。

叶姓清中叶从三魁叶瑞旸迁此，今多叶姓。

垟西尾 Yángxīwěi 位于村委会驻地西北 0.4 千米处，因处大垟西端得名。房舍呈块状分布，居民 181 户、604 人。

章姓从早阳于此，今多章姓。

桥底村 Qiáodǐ Cūn

行政村。位于仕阳镇中部稍南，村委会驻地桥底，在镇人民政府驻地西南 2.1 千米处。以村委会驻地桥底命名。东至下排村，西偏北邻裕垟村，南接黄碧龙村，北偏东连朝阳村。面积 1.75 平方千米。辖 8 个村民小组，居民 247 户、843 人，其中畲族 125 人。辖 8 个村民小组。有桥底、大山头、楼厝仔、鱼池下、桥外垟、陈王、打石岗、上桥头、下桥头、竹林底、垟坪、三步仔、前坪 13 个自然村。经济以农业为主，兼营林业，茶叶亦为重要产业。

桥底村原为港底村，解放初属仕阳乡，1952 年属早阳乡，1956 年属仕阳乡。1958 年为早阳生产队一部分，1959 年 2 月起属仕阳公社仕阳管理区；1961 年 9 月析建为桥底生产大队，属规模调整后的仕阳公社。1984 年 5 月改为桥底行政村，为民族村，属仕阳乡；1987 年 5 月属仕阳镇。

桥底 Qiáodǐ 桥底村村委会驻地。因处溪之里侧得名“港底”，后以处石板桥里侧改名“桥底”。房舍沿山谷呈带状分布，居民 84 户、315 人。

李姓明代后期从福州桃花岭迁此，曾有畲族蓝姓从董庄山头仔迁此。今多李姓。

大山头 Dàshāntóu 位于村委会驻地北 0.4 千米处，因处大山岗上部得名。房舍沿山岗呈点状分布，居民 21 户、62 人。

林姓晚清从早阳分迁于此，今多林姓。

楼厝仔 Lóucuòzǐ 位于村委会驻地东北 0.2 千米处，因先民搭建小楼得名。房舍沿山岗呈点状分布，居民 18 户、81 人。

林姓清末从桥底分迁于此，今多林姓。

鱼池下 Yúchíxià 位于村委会驻地东北 0.4 千米处。旧有鱼池，村庄处其下侧，故名。房舍沿山坡呈块状分布，居民 17 户、61 人，其中畲族 43 人。

林姓清末从桥底分迁于此，今多蓝姓、林姓。

桥外垟 Qiáowàiyáng 位于村委会驻地东北 0.7 千米处，因处桥外侧得名。房舍沿山坡呈点状分布，居民 16 户、64 人。

林姓清末从桥底分迁于此，今多林姓。

陈王 Chénwáng 位于村委会驻地东北 0.4 千米处。陈姓居此时因祈丁财两旺取名“陈旺”，后以音转为“陈王”。房舍沿山坪呈点状分布，居民 8 户、31 人。

初居陈姓，林姓清末从早阳分迁于此，今多林姓。

打石岗 Dǎshígǎng 位于村委会驻地东北 0.8 千米处。当地山岗多青石，村人以采石为业，故名。房舍沿山岗呈块状分布，居民 21 户、71 人。

林姓晚清从早阳分迁于此，今多林姓。

上桥头 Shàngqiáotóu 位于村委会驻地南 0.1 千米处。因处桥上侧得名。房舍沿溪呈点状分布，居民 25 户、78 人，其中畲族 21 人。

李姓从桥底分迁于此，林姓从早阳分迁于此。今多李、林姓，畲族多蓝姓。

下桥头 Xiàqiáotóu 位于村委会驻地南 0.2 千米处。地处桥之下侧，与上桥头相接，故名。房舍沿溪呈块状分布，居民 15 户、61 人，其中畲族 12 人。

李姓从桥底分迁于此，林姓从早阳分迁于此。今多李、林姓，畲族多蓝姓。

竹林底 Zhúlíndǐ 位于村委会驻地南 0.3 千米处。旧处竹林里侧，故名。房舍沿溪呈点状分布，居民 15 户、56 人。

李姓从桥底分迁于此，今多李姓。

垟坪 Yángpíng 位于村委会驻地南 0.3 千米处，因处山间坪地得名。房舍沿山坪呈点状分布，居民 16 户、56 人。

李姓晚清从桥底分迁于此，今多李姓。

三步仔 Sānbùzǐ 位于村委会驻地西南 0.3 千米处。当地小矴步仅为三级，故名。房舍沿溪谷呈点状分布，居民 15 户、56 人。

李姓民国初从桥底分迁于此，今多李姓。

前坪 Qiánpíng 位于村委会驻地西北 0.3 千米处，因处田坪前方得名。房舍沿山坪呈点状分布，居民 15 户、50 人。

李姓明中叶从福建福鼎县白柳村迁此，今多李姓。

双溪村 Shuāngxī Cūn

行政村。位于仕阳镇北部偏东，村委会驻地溪坪，在镇人民政府驻地东北 4.3 千米处。因岩溪、柳溪两村合并，命名为“双溪村”。东至山前村，西邻赵垟村，南偏东接桥东村，北偏东连大龙口村。面积2.95平方千米，居民556户、1663人，其中畲族6人。辖17个村民小组。有溪坪、旁头垟、柳溪、马鞍岗、大段、九石、赵溪、风门后8个自然村。经济以农业为主，兼营林业，茶叶亦为重要产业。

原柳溪村解放初为铁炉坑村，原岩溪村解放初为岩丘、溪坪2村，均属雪溪乡；1952年属溪坪乡，1956年属雪溪乡；1956年建农业生产合作社铁炉坑曾名“青春”。1958年建立铁炉坑生产队，属仕阳公社雪溪生产大队；1959年2月起属仕阳公社雪溪管理区；1961年9月改为铁炉坑、岩溪生产大队，属雪溪公社。1984年5月改为铁炉坑、岩溪行政村，属雪溪乡。1992年重新认定革命老区，原岩溪村被认定为革命老区村。

2004年原柳溪、岩溪2村及山前村的堂众山、坑底两自然村合并组建双溪村。2011年4月雪溪乡撤销，并入仕阳镇。

溪坪 Xīpíng 双溪村村委会驻地，因在赵溪、雪溪交汇处坪地得名。房舍沿公路呈带状分布，居民72户、263人。

毛姓从罗阳南院分迁于此，今多毛姓、王姓。

旁头垟 Pángtóuyáng 位于村委会驻地北0.1千米处，因处田垟上端得名。房舍沿山坡呈块状分布，居民31户、113人。

林姓上祖林取荣明洪武年间从福建迁此，今多林姓。

柳溪 Liǔxī 位于村委会驻地南0.16千米处。据传清代有人在此小溪旁建炉打铁，小溪得名“铁炉坑”，村以坑名，后以溪旁柳林茂密改名“柳溪”。房舍沿山坡呈块状分布，居民61户、235人。

刘姓从刘宅分迁于此，今多刘姓。

马鞍岗 Mǎ'āngǎng 位于村委会驻地北偏东1.0千米处。村旁山岗形似马鞍，得名“马鞍岗”，村以岗名。房舍沿山坡呈点状分布，居民8户、30人。

刘姓清中叶从刘宅迁此，今多刘姓。

大段 Dàduàn 位于村委会驻地东北1.1千米处。清咸丰三年（1853年）泰顺大地震，村后山岗断裂，得名“大断”，后以音雅化为“大段”。房舍沿山坡呈块状分布，今居2户、3人。

胡姓清中叶从山前村山前迁此，今居胡姓。

九石 Jiǔshí 位于村委会驻地东北1.6千米处，因村前有九块巨石得名。房舍沿山坡呈块状分布，居民25户、90人。

刘姓清中叶从刘宅村迁此，今多刘姓。

赵溪 Zhàoxī 位于村委会驻地西北 0.8 千米处。地处溪旁，赵姓肇基，故名。房舍沿山岰呈点状分布，居民 45 户、185 人。

初有赵姓从溪坪迁此，包姓上祖包宋韬清中叶从瑞安珊溪半岭村（今属文成县）迁此，今多包姓。

风门后 Fēngménhòu 位于村委会驻地西北 1.5 千米处。该地山坳形似大门，常刮大风，得名“风门”，村处其后，故名。房舍沿山坡呈块状分布，居民 2 户、6 人，畲族。

雷姓晚清从平阳县迁此，今居雷姓。

大龙口村 Dàlóngkǒu Cūn

行政村。位于仕阳镇最北部，村委会驻地大龙口，在镇人民政府驻地东北 6.3 千米处，以村委会驻地大龙口命名。东至邻至泗溪镇，西、北邻三魁镇，南偏西接双溪村。面积 1.36 平方千米，居民 238 户、833 人。辖 8 个村民小组。有大龙口、安坪下、隘门、隘门外、刘宅庵 5 个自然村。耕地面积 238 亩。

解放初属雪溪乡，1952 年属溪坪乡；1956 年属雪溪乡，建青春农业生产合作社。1958 年建立大龙口生产队，属仕阳公社雪溪生产大队；1959 年 2 月起属仕阳公社雪溪管理区；1961 年 9 月改为大龙口生产大队，属雪溪公社。1984 年 5 月改为大龙口行政村，属雪溪乡。2011 年 4 月雪溪乡撤销，并入仕阳镇。

大龙口 Dàlóngkǒu 大龙口村村委会驻地。该地一山岭形似大龙，有井称为“龙井”，村处龙井上侧，故名。房舍沿山坡呈块状分布，居民 71 户、263 人。

杨姓上祖杨永果清乾隆年间从景宁县迁此，今多杨姓。

安坪下 Ānpíngxià 位于村委会驻地东 0.3 千米处。该地山坪因少水源人称“旱坪”，村处其下，得名“旱坪下”，后雅称“安坪下”。房舍沿山坡呈点状分布，居民 31 户、115 人。

谢姓上祖谢荣先清中叶从福建汀州迁此，今多谢姓。

隘门 Àimén 位于村委会驻地西南 0.3 千米处。该地古为关隘，刻石题额“隘门关”，故名。房舍沿山谷呈点状分布，居民 25 户、94 人。

刘姓上祖刘宗宜明中叶由北自坑村迁此，今多刘姓。

隘门外 Àiménwài 位于村委会驻地西南 0.6 千米处。因处隘门村庄外侧得名，亦称“隘门下”。房舍沿 331 省道呈块状分布，居民 10 户、35 人。

刘姓较早迁此，今多刘姓。

刘宅庵 Liúzhái'ān 位于村委会驻地西南 0.9 千米处。旧有刘姓所建的“刘宅庵”，村以庵名。房舍沿山谷呈块状分布，居民 10 户、25 人。

刘姓民国15年（1926年）迁此，今多刘姓。

桥西村 Qiáoxī Cūn

行政村。位于仕阳镇东北部，村委会驻地西岸，在镇人民政府驻地东北4千米处。以村委会驻地桥西命名。东至桥东村，西邻赵垟村，南偏西接双桥村，北连双溪村。面积0.58平方千米，居民346户、964人。辖10个村民小组。有西岸、双堂厝、石门楼、路下、染布店、凤龙、深渡垟7个自然村。耕地面积261亩。

桥西村解放初至1958年为西岸村，属雪溪乡。1958年建立西岸生产队，属仕阳公社雪溪生产大队；1959年2月起属仕阳公社雪溪管理区；1961年9月改为西岸生产大队，属雪溪公社。1981年10月改为桥西生产大队。1984年5月改为桥西行政村，属雪溪乡。2011年4月雪溪乡撤销，并入仕阳镇。

1987年桥西村被认定为第二次国内革命战争时期革命老根据地村。1992年重新认定革命老区，桥西村被认定为革命老区村。

西岸 Xī'àn 桥西村村委会驻地，因临东溪西岸得名，雪溪大桥建成后亦称“桥西”。房舍沿溪谷呈块状分布，居民102户、323人。

胡姓上祖胡道严明天顺年间从庆元官塘村迁此，今多胡姓。

双堂厝 Shuāngtángcuò 位于村委会驻地东南0.2千米处，因古有上、下两屋得名。房舍沿溪谷呈带状分布，居民16户、55人。

胡姓从西岸分迁于此，今多胡姓。

石门楼 Shíménlóu 位于村委会驻地东南0.3千米处，因有石砌门楼之宅得名。房舍沿溪谷呈带状分布，居民15户、50人。

胡姓清中叶从西岸分迁于此，今多胡姓。

路下 Lùxià 位于村委会驻地东南0.4千米处，因处通往仕阳的古道下侧得名。房舍沿溪谷呈带状分布，居民15户、50人。

胡姓从西岸分迁于此，今多胡姓。

染布店 Rǎnbùdiàn 位于村委会驻地南0.1千米处。民国时该地有家染布店，故名。房舍沿溪谷呈带状分布，居民20户、65人。

胡姓清中叶从西岸分迁于此，今多胡姓。

凤龙 Fènglóng 位于村委会驻地西南0.3千米处。传说古有长着龙心的凤凰经此，故名。房舍沿溪谷呈带状分布，居民 15 户、50 人。

胡姓从西岸分迁于此，今多胡姓。

深渡垟 Shēndùyáng 位于村委会驻地西南 0.6 千米处。附近旧设渡口“深渡”，故名。房舍沿溪谷呈带状分布，居民 10 户、35 人。

胡姓从西岸分迁于此，今多胡姓。

桥东村 Qiáodōng Cūn

行政村。位于仕阳镇东北部，村委会驻地东岸，在镇人民政府驻地东北 4.2 千米处。以村委会驻地别称“桥东”命名。东偏北至山前村，西邻桥西村，南接武岭村，北连双溪村。面积 1.63 平方千米，居民 291 户、907 人。辖 11 个村民小组。有东岸、岗坪、鸟仔窝、肥山、坑尾、下岭尾、上店 7 个自然村。经济以农业为主，兼营林业，亦盛产茶叶。

桥东村原称东岸村，解放初至 1958 年属雪溪乡；1956 年建农业生产合作社曾名“振兴”。1958 年建立东岸生产队，属仕阳公社雪溪生产大队；1959 年 2 月起属仕阳公社雪溪管理区；1961 年 9 月改为东岸生产大队，属雪溪公社。1981 年 10 月更名桥东生产大队。1984 年 5 月改为桥东行政村，属雪溪乡。2011 年 4 月雪溪乡撤销，并入仕阳镇。

1992 年重新认定革命老区，桥东村被认定为革命老区村。

东岸 Dōng'àn 桥东村村委会驻地，因处东溪东岸得名，雪溪大桥建成后亦称“桥东”。房舍沿仕阳溪呈块状分布，居民 55 户、225 人。

吴姓从戬洲东垟底分迁于此，今多吴姓。

岗坪 Gǎngpíng 位于村委会驻地东北 0.7 千米处，因处山岗坪地得名。房舍沿山坪呈块状分布，居民 5 户、20 人。

吴姓上祖吴炳吉清前叶从戬洲东岸村分迁于此，今多吴姓。

鸟仔窝 Niǎozǐwō 位于村委会驻地东北 0.8 千米处，相传古有白马三郎神庙，方言“庙主”“鸟仔”音近，故名。房舍沿山坡呈点状分布，居民 11 户、43 人。

吴姓上祖吴家莲清初从戬洲东垟底迁此，今多吴姓。

肥山 Féishān 位于村委会驻地东 0.4 千米处。山下旧设竹排过渡，得名“排山”，村因山名，后以方言音转为“肥山”。房舍沿溪谷呈块状分布，居民 18 户、64 人。

陶姓清前叶从西岸泥墙厝迁此，今多陶姓。

坑尾 Kēngwěi 位于村委会驻地南偏东 0.6 千米处，因处樟模坑下游得名。房舍沿溪谷呈点状分布，居民 17 户、62 人。

蔡姓上祖蔡光凤清中叶从富头村焦坑迁此，今多蔡姓。

下岭尾 Xiàlǐngwěi 位于村委会驻地南偏东 0.3 千米处，因处山岭下端得名。房舍沿溪谷呈带状分布，居民 25 户、93 人。

胡姓上祖胡辛陈清中叶从西岸村迁此，今多胡姓。

上店 Shàngdiàn 位于村委会驻地北偏西 0.2 千米处。该地旧有上下两店铺，村庄为上店所在，故名。房舍沿溪谷呈带状分布，居民 41 户、143 人。

胡姓上祖胡辛勉清中叶从西岸村迁此，今多胡姓。

双桥村 Shuāngqiáo Cūn

行政村。位于仕阳镇北部偏东，村委会驻地垟面，在镇人民政府驻地东北 3 千米处。由垟面、富头两村合并组建，该村有两座桥，故名“双桥”。东至武岭村，西邻赵垟村，东南接武岭村，北连桥西村。面积 3.38 平方千米，居民 416 户、1282 人。辖 15 个村民小组。有垟面、垟坪岗、富头底、上垟、下垟、岭头岗、赵坑 7 个自然村。经济以农业为主，兼营林业，亦产茶叶。

原垟面、富头 2 村解放初为洋面、富头底村，至 1958 年均属雪溪乡。1958 年分别建立洋面、富头生产队，属仕阳公社雪溪生产大队；1959 年 2 月起属仕阳公社雪溪管理区；1961 年 9 月改为洋面、富头生产大队，属雪溪公社。1984 年 5 月改为垟面、富头行政村，属雪溪乡。1992 年重新认定革命老区，原垟面、富头 2 村均被认定为革命老区村。

2004 年垟面、富头 2 村合并组建双桥村，属雪溪乡。2011 年 4 月雪溪乡撤销，并入仕阳镇。

垟面 Yángmiàn 双桥村村委会驻地，因处田垟后面得名。房舍沿溪呈长方形分布，居民 122 户、464 人。

蔡姓上祖蔡珣北宋嘉祐元年（1056 年）从西旸面前岭迁此，今多蔡姓。

垟坪岗 Yángpínggǎng 位于村委会驻地南 0.3 千米处。相传该地岗坪明代曾扎营驻兵，得名“营坪岗”，后以音转成“垟坪岗”，村以岗名。房舍沿山岗呈块状分布，居民 11 户、35 人。

蔡姓清中叶从青田县迁此，今多蔡姓。

富头底 Fùtóudǐ 位于村委会驻地西偏北 0.5 千米处。蔡氏宗祠碑记载：宋代国库空虚，该村蔡允嘉率二媳捐资弥补国库，被皇帝封为“富头”，后转称“富头底”。房舍原沿溪谷呈块状分布，新村落沿公路两侧呈带状分布，居民 62 户、234 人。村庄中有棵树龄约 400 年的枫树。

蔡姓北宋时已定居于此，今多蔡姓。

上垟 Shàngyáng 位于村委会驻地东北 0.2 千米处，因处相邻两村庄的上侧得名。房舍沿溪呈块状分布，居民 46 户、118 人。

蔡姓从富头底分迁于此，今多蔡姓。

下垟 Xiàyáng 位于村委会驻地东北 0.2 千米处，因处上垟村庄下侧得名。房舍沿溪呈块状分布，居民 32 户、96 人。

蔡姓从富头底分迁于此，今多蔡姓。

岭头岗 Lǐngtóugǎng 位于村委会驻地东偏南 0.4 千米处，因处垟面至武岭头山岗上段得名。房舍沿山岗呈块状分布，居民 15 户、55 人。

蔡姓兄弟清中叶从青田县迁出，一迁附近旱塘垄，一迁于此。今多蔡姓。

赵坑 Zhàokēng 位于村委会驻地西北 0.3 千米处，因附近小溪"焦坑"得名，后以音改作"赵坑"。房舍沿溪谷呈块状分布，居民 3 户、12 人。

蔡姓从富头底分迁于此，今居蔡姓。

武岭村 Wǔlǐng Cūn

行政村。位于仕阳镇东部，村委会驻地武岭头，在镇人民政府驻地东北 3.4 千米处。以该地山岭武岭命名。东偏北至雪临村，西北邻双桥村，南接下排村，北连桥东村。面积 2.40 平方千米，居民 288 户、873 人，其中畲族 15 人。辖 12 个村民小组。有武岭头、山头仔、牛档仔、艾荷垮、宫垮、暗坑头、武岭溪、枫榠后、武岭底、冬瓜山、旱塘垄 11 个自然村。经济以农业为主，兼营林业，茶叶亦为重要产业。

该地清代称"雾岭"，解放初至 1958 年为武岭村，属雪溪乡。1958 年建立武岭生产队，属仕阳公社雪溪生产大队，1959 年 2 月起属仕阳公社雪溪管理区；1961 年 9 月改为武岭生产大队，属雪溪公社。1984 年 5 月改为武岭行政村，属雪溪乡。2011 年 4 月雪溪乡撤销，并入仕阳镇。

武岭头 Wǔlǐngtóu 武岭村村委会驻地，因处武岭上端得名。房舍沿山坡呈点状分布，居民 61 户、204 人。

谢朝荣祖籍福建漳州南呈，清乾隆时从平阳灵溪（今属苍南）迁此；章姓清中叶从早阳坪（今仕阳镇早阳村）迁此。今多章姓。

山头仔 Shāntóuzǐ 位于村委会驻地西南 0.3 千米处，因系武岭头东侧小村庄得名。房舍沿山坡呈点状分布，居民 25 户、103 人。

章姓清中叶从早阳坪分迁于此，今多章姓。

牛档仔 Niúdàngzǐ 位于村委会驻地东北 0.5 千米处。村庄较小，旧为牧牛之处，故名。房舍沿山坡呈点状分布，居民 6 户、20 人。

章姓从早阳坪分迁于此，今多章姓。

艾荷塆Àihéwān 位于村委会驻地东北 0.8 千米处。该地山塆草药丛生，尤多艾荷，故名。房舍沿山坡呈块状分布，居民 15 户、55 人。

温姓清中叶从平阳县迁此，今多温姓。

宫塆 Gōngwān 位于村委会驻地东 0.6 千米处。地处山塆，旧有宫庙，故名。房舍沿山塆呈点状分布，居民 12 户、40 人，其中畲族 15 人。

章姓从早阳坪分迁于此，雷姓清中叶从平阳县迁此。今多章姓，畲族雷姓。

暗坑头Ànkēngtóu 位于村委会驻地东南 0.4 千米处，因处小溪"暗坑"上游得名。房舍沿山谷呈点状分布，居民 5 户、15 人。

章姓从早阳坪分迁于此，今多章姓。

武岭溪 Wǔlíngxī 位于村委会驻地东南 1.3 千米处，因处武岭溪旁得名。房舍沿溪谷呈点状分布，居民 11 户、34 人。

章姓清中叶从早阳坪分迁于此，今多章姓。

枫榠后 Fēngqiùhòu 位于村委会驻地西南 0.4 千米，古时因处枫树林后得名。房舍沿山塆呈点状分布，居民 20 户、75 人。

梅氏上祖梅万拱清中叶从罗阳溪坪村迁此，今多梅姓。

武岭底 Wǔlǐngdǐ位于村委会驻地西南 0.4 千米处，因处武岭头东南山峦里侧得名。房舍沿山坡呈块状分布，居民 30 户、140 人。

章姓清中叶从早阳坪分迁于此，今多章姓。

冬瓜山 Dōngguāshān 位于村委会驻地西南 1.2 千米处。附近有"冬瓜山"，村以山名。房舍沿山坡呈点状分布，居民 5 户、15 人。

章姓从早阳坪分迁于此，今多章姓。

旱塘垄 Hàntánglǒng 位于村委会驻地西北 0.5 千米处。当地田垅原有无水的大坑，俗称旱塘，故名。房舍沿山坡呈点状分布，居民 20 户、65 人。

蔡姓清中叶从青田县迁此，今多蔡姓。

雪临村 Xuělín Cūn

行政村。位于仕阳镇东部，村委会驻地驮地，在镇人民政府驻地东北 5.3 千米处。由原驮地和北斗两村合并组建，以当地的雪临山命名。东至保兴村，西偏南邻武岭村，西南接下排村，北连山前村。面积 5.26 平方千米，居民 489 户、1381 人。辖 16 个村民小组。有驮地、底垟、桐岚、上岭仔、花坪、西垟岭、北斗、水竹窟、吴坪、亭仔下、坟后 11 个自然村。经济以农业为主，兼营林业，茶叶亦为重要产业。

原驮地、北斗 2 村解放初均属雪溪乡；1951 至 1958 年属雪临乡。1958 年分别建立驮地、北斗生产队，属仕阳公社雪临生产大队；1959 年 2 月起属仕阳公社雪临管理区；1961 年 9 月改为驮地、北斗生产大队，属雪临公社。1984 年 5 月改为驮地、北斗行政村，属雪临乡。1992 年雪临乡撤销，并入雪溪乡。1992 年重新认定革命老区，原驮地、北斗 2 村均被认定为革命老区村。

2004 年原驮地、北斗 2 村合并组建雪临村，属雪溪乡。2011 年 4 月雪溪乡撤销，并入仕阳镇。

驮地 Tuódì 雪临村村委会驻地。村旁雪临山双峰突起，远望如驼峰，村居峰下，原称“驼地”，后以音写为“驮地”。房舍沿山坡呈块状分布，居民 157 户、603 人。

陈姓明末清初迁此，毛姓从罗阳南院分迁于此，今多毛姓。

底垟 Dǐyáng 位于村委会驻地东北 0.4 千米处，因处田垟里侧得名。房舍沿山坡呈块状分布，居民 10 户、35 人。

林姓从董庄五斗分迁于此，今多林姓。

桐岚 Tónglán 位于村委会驻地东北 1.0 千米处，因处多雾气的桐树林边得名。房舍沿山塆呈点状分布，居民 37 户、153 人。

初居高姓，毛姓清前叶从山前的坑下村迁此，今多毛姓。

上岭仔 Shànglǐngzǐ 位于村委会驻地东北 1.2 千米处，因系岭端小村庄得名。房舍沿山坡呈点状分布，居民 11 户、34 人。

陶姓上祖陶久二清中叶从下洪迁此，今多陶姓。

花坪 Huāpíng 位于村委会驻地东南 0.2 千米处。地处山坪，古有花姓于此辟荒，故名。房舍沿山坡呈点状分布，居民 15 户、50 人。

初居花姓，黄姓清中叶从福建寿宁县芹垟乡驮地村迁此，今多黄姓。

西垟岭 Xīyánglǐng 位于村委会驻地西南 0.4 千米处。附近石岭旧有铜矿，得名“铜岭”；后来岭西一片田垟，改称“西垟岭”，村以岭名。房舍沿山谷呈点状分布，居民 15 户、50 人。

林姓上祖林亦三清中叶从董庄五斗迁此，今多林姓。

北斗 Běidǒu 位于村委会驻地西南 0.8 千米处。该地旧有一块年产粮八斗的田丘，得名“八斗”，后以音改为“北斗”。房舍沿山坡呈点状分布，居民 41 户、132 人。

林姓从董庄五斗分迁于此，今多林姓。

水竹窟 Shuǐzhúkū 位于村委会驻地西南 1.0 千米处。该地旧多水竹，有口小泉井“水竹窟”，村以井名。房舍沿山坡呈点状分布，居民 6 户、20 人。

章姓上祖章碧清中叶从仕阳垟心尾迁此，今多章姓。

吴坪 Wúpíng 位于村委会驻地西南 0.9 千米处，因吴姓居此得名。房舍沿山坡呈点状分布，居民 31 户、113 人。

吴姓上祖吴大清清康熙五十八年（1719 年）迁此，今多吴姓。

亭仔下 Tíngzǐxià 位于村委会驻地西南 1.9 千米。旧有小亭，村处其下，故名。房舍沿山谷呈点状分布，居民 6 户、20 人。

吴姓从吴坪分迁于此，今多吴姓。

坟后 Fénhòu 位于村委会驻地西北 0.4 千米处，因村前有胡姓祖坟得名。房舍沿两处山塆呈块状分布，居民 30 户、110 人。

胡姓上祖胡雍试清中叶从景宁大岙迁此，今多胡姓。

山前村 Shānqián Cūn

行政村。位于仕阳镇东北部，村委会驻地山前，在镇人民政府驻地东北 5.9 千米处。以村委会驻地山前命名。东、北至泗溪镇，西邻双溪村，南接雪临村。面积 2.41 平方千米，居民 171 户、493 人。辖 7 个村民小组。有山前、坑下、伏林下、岩头仔、下厝基 5 个自然村。经济以农业为主，兼营林业，茶叶生产亦为重要产业。

山前村解放初属雪溪乡，1951 至 1958 年属雪临乡；1956 年建农业生产合作社曾名“星星”。1958 年建立山前生产队，属仕阳公社雪临生产大队；1959 年 2 月起属仕阳公社雪临管理区；1961 年 9 月改为山前生产大队，属雪临公社。1984 年 5 月改为山前行政村，属雪临乡。1992 年雪临乡撤销，并入雪溪乡。2011 年 4 月雪溪乡撤销，并入仕阳镇。

山前 Shānqián 山前村村委会驻地，因处雪临山前得名。房舍沿山谷呈块状分布，居民 80 户、310 人。

村口有片已300年的森林，多古松。

胡姓上祖胡华庭清中叶从大垟后垟洲（今三魁大安后垟）迁此，今多胡姓。

坑下 Kēngxià 位于村委会驻地东0.9千米处，因处小溪下侧得名。房舍沿山谷呈块状分布，居民25户、80人。

毛姓较早居此，吴姓清中叶从三魁金家坑迁此，今多吴姓。

伏林下 Fúlínxià 位于村委会驻地南0.6千米处。村东山坡森林茂密，村庄隐伏于林下，故名。房舍沿山坡呈块状分布，居民6户、20人。

毛姓清中叶从附近坑下自然村迁此，今多毛姓。

岩头仔 Yántóuzǐ 位于村委会驻地西北0.1千米处。为山岩上侧较小村庄，故名；又因村西有葫芦形小田丘，别称“葫芦丘”。房舍沿山坡呈块状分布，居民6户、20人。

胡姓晚清从山前村迁此，今多胡姓。

下厝基 Xiàcuòjī 位于村委会驻地西北0.4千米处，因处旧屋基下方得名。房舍沿山坡呈块状分布，居民35户、120人。

吴姓上祖吴文清中叶从三魁金家坑迁此，今多吴姓。

保兴村 Bǎoxīng Cūn

行政村。位于仕阳镇最东部，村委会驻地坑兜岚，在镇人民政府驻地东北7.9千米处。由原坑斗岚、下堡、大路边3行政村合并组建，寓意“保村、兴村” 命名“保兴”村。东至雅阳镇，西邻雪临村，南接福建省，北连泗溪镇。面积6.59平方千米，居民445户、1445人，其中畲族60人。辖20个村民小组。有坑兜岚、大山、西坳、坑底、新楼、大岗坪、山底岚、大路边、三丘、三亩垟、王家岚、长岗尾、下堡、前仔基、八美垟、石马下16个自然村。经济以农业、林业为主，茶叶亦为重要产业。

原坑斗岚、下堡、大路边村解放初属雪溪乡，1951至1958年属雪临乡；1958年分别建立坑斗岚、下堡、上垟生产队，属仕阳公社雪临生产大队；1959年2月起属仕阳公社雪临管理区；1961年9月改为坑斗岚、下堡、上垟生产大队，属雪临公社；1981年10月上垟生产大队更名大路边生产大队。1984年5月改为坑斗岚、下堡、大路边行政村，属雪临乡。1992年雪临乡撤销，并入雪溪乡。

1992年重新认定革命老区，原坑斗岚、下堡、大路边3村被认定为革命老区村。

2004年原坑斗岚、下堡、大路边3村合并组建保兴村，属雪溪乡。2011年4月雪溪乡撤销，并入仕阳镇。

坑兜岚 Kēngdōulán 保兴村村委会驻地。附近小溪弯曲，形似口袋，村旁树林多雾气，故名，曾写作“坑斗岚”。房舍沿山岙呈带状分布，居民 103 户、386 人。

赖姓系福建永定县汤湖后裔，清中叶分迁于此，今多赖姓。

大山 Dàshān 位于村委会驻地东北 0.3 千米处，因村后高山“大山”得名。房舍沿山坡呈块状分布，居民 5 户、15 人。

吴姓清中叶从积库村迁此，今多吴姓。

西坳 Xī'ào 位于村委会驻地东北 0.6 千米处，以村西山坳得名。房舍沿山坡呈点状分布，居民 8 户、25 人。

吴姓清中叶从积库村迁此。今多吴姓。

坑底 Kēngdǐ 位于村委会驻地东北 0.8 千米处，因处小溪里侧得名。房舍沿山坳呈点状分布，居民 12 户、33 人。

毛姓源出毛山（今属文成县），清中叶从箬洋迁此，今多毛姓。

新楼 Xīnlóu 位于村委会驻地东 1.0 千米处。该地原屋矮小，王姓迁此后新建较高楼屋，遂名“新楼”。房舍沿山谷呈点状分布，居民 21 户、72 人。

王姓清前叶从泗溪金竹坑迁此，今多王姓。

大岗坪 Dàgǎngpíng 位于村委会驻地东 1.5 千米处，因处大山岗下段山坪得名。房舍沿山坡呈块状分布，居民 15 户、55 人。

包姓清中叶从泗溪南溪迁此，今多包姓。

山底岚 Shāndǐlán 位于村委会驻地东偏南 0.6 千米处。地处山林里侧，多雾气，故名。房舍沿山坡呈块状分布，居民 12 户、40 人。

刘姓清乾隆二年（1737 年）从福建柘荣迁此，今多刘姓。

大路边 Dàlùbiān 位于村委会驻地东偏南 1.1 千米处，因处长垮至坑底的大路旁得名。房舍沿山谷呈块状分布，居民 10 户、35 人。现居林、毛、王、包等姓。

三丘 Sānqiū 位于村委会驻地东南 0.6 千米处。该地三丘田块紧连，故名。今仅房舍 1 幢，居郑姓 2 户、3 人。

郑姓南宋时从柳峰迁此。

三亩垟 Sānmǔyáng 位于村委会驻地东南 1.1 千米处。旧有广约 3 亩田垟，故名。房舍沿山坡呈块状分布，居民 20 户、65 人。

毛姓上祖毛一茂明中叶从罗阳毛垟村迁此，今多毛姓。

王家岚 Wángjiālán 位于村委会驻地西南 0.9 千米处。王姓肇基，四周树林茂密多雾气，故名。房舍沿山岰呈块状分布，居民 8 户、30 人。

初居王姓，陈姓清中叶从福鼎县溪头村迁此，今多陈姓。

长岗尾 Chánggǎngwěi 位于村委会驻地西南 1.5 千米处。附近山岗余脉甚长，村处岗尾，故名。房舍沿山岰呈块状分布，居民 10 户、35 人，其中畲族 10 人。

钟起满民国初迁此，今多林、陈姓，畲族钟姓。

下堡 Xiàbǎo 位于村委会驻地西南 1.8 千米处。古时屋墙如堡垒，村处其下，故名。房舍沿山坡呈块状分布，居民 30 户、114 人。今多林、陈姓。

前仔基 Qiánzǐjī 位于村委会驻地西偏南 1.7 千米。传说古有名为“臣剑”的人落草踞此，得名“臣剑基”，后讹为“前仔基”。房舍沿山坡呈点状分布，今居陈姓 2 户、7 人。

陈姓上祖陈朝佬清末从驮地村迁此。

八美垟 Bāměiyáng 位于村委会驻地西 0.2 千米处。因田广原称“大洋”，后改为“八美洋”。房舍沿山坡呈块状分布，居民 62 户、211 人。

福建永定县汤湖赖姓后裔迁此，今多赖姓。

石马下 Shímǎxià 位于村委会驻地西偏北 0.9 千米处，因处形状似马的大石下侧得名。房舍沿山坡呈块状分布，居民 20 户、75 人，其中畲族 50 人。

雷姓清初从仕阳镇柘面迁此。今多林、毛姓，畲族雷姓。

垟望村 Yángwàng Cūn

行政村。位于仕阳镇中部偏西，村委会驻地外垟，在镇人民政府驻地西 4.7 千米处。以当地大村庄垟望命名。东偏北至龟垟村，西邻双涧溪水库，南偏东接裕垟村，北偏西连上林垟村。面积 2.93 平方千米，居民 374 户、1188 人，汉族。辖 13 个村民小组。有外垟、里垟、垟望 3 个自然村。经济以农业为主，兼营林业，亦产茶叶。仕阳至龟湖公路经村，交通方便。

垟望村原为洋望村，解放初至 1958 年属章成乡。1958 年建立洋望生产队，属仕阳公社章成生产大队；1959 年 2 月起属仕阳公社章成管理区；1961 年 9 月改为洋望生产大队，属新建的章成公社。1984 年 5 月改为垟望行政村，属章成乡。1992 年 5 月章成乡撤销，并入仕阳镇。1992 年重新认定革命老区，垟望村被认定为革命老区村。

外垟 Wàiyáng 垟望村村委会驻地。为垟望大村庄一部分，村处去龟湖方向，当地视为外侧，故名。房舍沿山谷呈点状分布，居民 102 户、384 人。

罗阳董姓后裔分迁于此，今多董姓。

里垟 Lǐyáng 位于村委会驻地东南 0.6 千米处。垟望村习分两部分，靠仕阳方向为内，村处向仕阳侧，故名。房舍沿山谷呈点状分布，居民 85 户、312 人。

罗阳董姓后裔分迁于此，今多董姓。

垟望 Yángwàng 位于村委会驻地南 0.1 千米处。华姓肇基时为祈兴旺取名“阳望”，后以谐音写作“洋望”，又改成“垟望”。房舍沿溪谷呈带状分布，居民 75 户、314 人。据《分疆录》记载，宋元时期洋望设巡检司，有官厅后、官仓垟等聚落。

华姓晚唐时迁此，董姓明中叶从罗阳分迁于此，今多董姓。

上林垟村 Shànglínyáng Cūn

行政村。位于仕阳镇北部，村委会驻地坑底，在镇人民政府驻地西北 5.9 千米处。该地地势高于林垟，称为上林垟，村以此命名。东偏北至严山村，西偏南邻林垟村，南接双涧溪水库，北连三魁镇。面积 2.64 平方千米。居民 185 户、685 人。辖 9 个村民小组，有坑底、坟头岗、上北斗、下北斗 4 个自然村。经济以农业为主，兼营林业。

上林垟村原为坑底村，解放初属章成乡；1952 年属双林乡，1956 年属章成乡。1958 建立坑底生产队，属仕阳公社章成生产大队；1959 年 2 月起属仕阳公社章成管理区；1961 年 9 月改为坑底生产大队，属章成公社；1981 年 10 月更名为上林洋生产大队。1984 年 5 月改为上林垟行政村，属章成乡。1992 年 5 月章成乡撤销，并入仕阳镇。2004 年该村的旁八斗自然村并入严山村。1992 年重新认定革命老区，上林垟村被认定为革命老区村。

坑底 Kēngdǐ 上林垟村委会驻地，因处小溪里侧得名。房舍沿山坡呈点状分布，居民 85 户、310 人。

赖姓清前叶从三魁戬洲迁此，今多赖姓。

坟头岗 Féntóugǎng 位于村委会驻地西南 0.8 千米处。当地山岗有毛姓祖坟，故名。房舍沿山坡呈块状分布，居民 25 户、80 人。

毛家祖坟建于清咸丰十一年（1861 年），立村当更早。今多毛姓。

上北斗 Shàngběidǒu 位于村委会驻地北偏西 0.5 千米处。村庄下侧旧有田垃可收八斗谷，得名“上八斗”，1958 年以音改作“上北斗”。房舍沿山坡呈点状分布，居民 15 户、50 人。

赖姓从坑底分迁于此，今多赖姓。

下北斗 Xiàběidǒu 位于村委会驻地西北 0.6 千米处，因处上北斗村庄下侧得名。房舍沿山坡呈块状分布，居民 18 户、60 人。

赖姓从坑底分迁于此，今多赖姓。

林垟村 Línyáng Cūn

行政村。位于仕阳镇北部偏西，村委会驻地林垟，在镇人民政府驻地西北 6.6 千米处，以村委会驻地林垟命名。东偏北至上林垟村，西、北邻三魁镇，南接双神村。面积 2.30 平方千米，居民 143 户、481 人。辖 10 个村民小组。有林垟、李家山 2 个自然村。经济以农业为主，兼营林业，茶叶亦为重要产业。

林垟村原为林洋村，解放初属章成乡，1952 年属双林乡；1956 年属新的章成乡。1958 年建立林洋生产队，属仕阳公社章成生产大队；1959 年 2 月起属仕阳公社章成管理区；1961 年 9 月改为林洋生产大队，属章成公社。1984 年 5 月改为林垟行政村，属章成乡。1992 年 5 月章成乡撤销，并入仕阳镇。

1987 年林垟村被认定为第二次国内革命战争时期革命老根据地村。1992 年重新认定革命老区，林垟村被认定为革命老区村。

林垟 Línyáng 林垟村村委会驻地。村边有鹅形小山，得名“鹅上垟”；建房时山被挖平，以林姓聚居改称“林阳”，以后又写作“林垟”。房舍沿山坪呈块状分布，居民 122 户、399 人。

林比，原籍福建长溪县柘洋后山（今属柘荣县），后唐长兴二年（931 年）迁此；叶姓明中叶从青田县何口迁此，赖姓从三魁戬洲迁此。今多赖姓。

李家山 Lǐjiāshān 位于村委会驻地西北 1.0 千米处，因李姓于此肇基得名。房舍呈块状分布，居民 25 户、170 人。

初居李姓，周姓上祖周星春清中叶从平阳县港南迁此，今多周姓。

双神村 Shuāngshén Cūn

行政村。位于仕阳镇北部偏西，村委会驻地双神，在镇人民政府驻地西北 6.6 千米处。以村委会驻地双神命名。东至龟垟村村，西偏南至龙垟村，南至董陈村，北偏东至林垟村。面积 4.45 平方千米。居民 299 户、994 人。辖 17 个村民小组。有双神、五贯、山家宅、黄泥坑、将军炉、赤坭、溪底仔、苏罗坑 8 个自然村。经济以农业为主，兼营林业，茶叶亦为重要产业。

解放初属章成乡，1952 年属双林乡，1956 年属章成乡。1958 年建立双神生产队，属仕阳公社章成生产大队；1959 年 2 月起属仕阳公社章成管理区；1961 年 9 月改为双神生产大队，属章成公社。1984 年 5 月改为双神行政村，属章成乡。1992 年 5 月章成乡撤销，并入仕阳镇。1992 年重新认定革命老区，双神村被认定为革命老区村。

双神 Shuāngshén 双神村村委会驻地。相传该地土墩有两个香炉，被视为神物，故名。房舍沿溪谷呈块状分布，居民 85 户、343 人。

曾姓清中叶从平阳县溪心迁此，今多曾姓。

五贯 Wǔguàn 位于村委会驻地西 2.5 千米处。当地旧时田租租谷以“贯”计（一贯合 5 市斤），村旁一丘田恰为五贯，故名。房舍沿山坡呈块状分布，居民 12 户、33 人。

李姓晚清从赤坭迁此，今多李姓。

山家宅 Shānjiāzhái 位于村委会驻地西北 0.8 千米处。该地古居兄弟三户、得名“三家宅”，后以音转为“山家宅”。房舍沿山坡呈块状分布，居民 15 户、62 人。

叶姓晚清从三魁分迁于此，今多叶姓。

黄泥坑 Huángníkēng 位于村委会驻地西偏北 1.0 千米处。该地溪岸多泥，每遇山洪水浊色黄，得名“黄泥坑”，村以坑名。房舍沿山坡呈点状分布，居民 22 户、75 人。

叶姓晚清从三魁分迁于此，今多叶姓。

将军炉 Jiāngjūnlú 位于村委会驻地西偏北 1.1 千米处。相传古时该地李姓出过将军，又建打铁炉，故名。房舍沿峡谷呈点状分布，居民 15 户、51 人。

沈姓清初从福建汀州上杭县迁此，今多沈姓。

赤坭 Chìní 位于村委会驻地西北 2.1 千米处，因当地多红土得名。房舍沿山岰呈块状分布，居民 8 户、30 人。

李姓上祖李季春清初从平阳县迁此，今多李姓。

溪底仔 Xīdǐzǐ 位于村委会驻地西北 2.2 千米处。地处小溪里侧小山塆，故名。房舍沿溪呈点状分布，居民 20 户、75 人。

李姓清中叶从附近赤坭自然村迁此，今多李姓。

苏罗坑 Sūluókēng 位于村委会驻地西偏北 2.9 千米处。苏、罗两姓于此小溪边肇基，溪名“苏罗坑”，村以坑名。房舍沿小溪呈块状分布，居民 11 户、35 人。

初居苏、罗两姓，林姓清中叶从平阳县南河迁此，今多林姓。

龟垟村 Guīyáng Cūn

行政村。位于仕阳镇中部，村委会驻地龟垟，在镇人民政府驻地西北 3 千米处。以村委会驻地龟垟命名。东偏南至溪东村，西偏南邻垟望村，西南接裕垟村，北偏东连翁地村。面积 3.08 平方千米，居民 354 户、1197 人，其中畲族 120 人。辖 18 个村民小组。有龟垟、月山、牛角垄、外垟、底垟、柘面、大山 7 个自然村及大山中心村、月山下山移民点。经济以农业为主，兼营林业，茶叶亦为重要产业。

龟垟村原为龟洋村，解放初至 1958 年属章成乡。1958 年建立龟洋生产队，属仕阳公社章成生产大队；1959 年 2 月起属仕阳公社章成管理区；1961 年 9 月改为龟洋生产大队，属章成公社；1984 年 5 月改为龟垟行政村，为民族村，属章成乡。1992 年 5 月章成乡撤销，并入仕阳镇。1992 年重新认定革命老区，龟垟村被认定为革命老区村。

龟垟 Guīyáng 龟垟村村委会驻地，因该地小山形状似龟得名；清代曾称“菰阳”。房舍沿山谷呈块状分布，居民 102 户、383 人。

董姓明中叶从罗阳分迁于此，今多董姓。

月山 Yuèshān 位于村委会驻地南偏东 1.1 千米处。该地一山形如弯月，得名“月山”，村以山名。房舍沿山坡呈点状分布，居民 37 户、145 人，其中畲族 91 人。

蓝姓明末迁此，今畲族多蓝姓，汉族多董姓。

牛角垄 Niújiǎolǒng 位于村委会驻地南偏西 1.6 千米处。该地田垄形似牛角，故名。房舍沿山坡呈点状分布，居民 6 户、20 人。

李姓晚清从附近李沙垱迁此，今多李姓。

外垟 Wàiyáng 位于村委会驻地西南 0.2 千米处。龟垟周围聚落习以“龟腹”为中心，分为外垟、底垟；该村庄处外侧，故名。房舍沿山谷呈块状分布，居民 15 户、55 人，其中畲族 5 户、16 人。

董姓明中叶从罗阳分迁此，今多董姓，畲族有雷、钟、蓝姓。

底垟 Dǐyáng 位于村委会驻地西北 0.5 千米处，因处龟垟的“龟腹”里侧得名。该村庄又分鹤凤洋、旧厝、后坪等聚落。房舍沿山谷呈点状分布，居民 15 户、50 人。

董姓明末从罗阳分迁此，今多董姓。

柘面 Zhèmiàn 位于村委会驻地西 0.8 千米处。因处瀑布上游得名“漈面”，后以音转为“柘面”。房舍沿山坡呈点状分布，原为畲族聚居村庄，已陆续搬迁，尚住 2 户、4 人，畲族。

雷姓上祖雷孔远清中叶从柘头仔迁此，今居雷姓。

大山 Dàshān 位于村委会驻地西北 1.0 千米处。附近山势高大，得名“大山”，村以山名。房舍沿山坡呈点状分布，居民 3 户、9 人，畲族。

钟姓清中叶从司前左溪包坑分迁于此，今居钟姓。

大山中心村 Dàshānzhōngxīncūn 位于村委会驻地北 0.1 千米处，地处龟垟村中心“龟腹底”。2009 年新建居民点，定名“大山中心村”。居民 15 户、50 人。

月山下山移民点 Yuèshānxiàshānyímíndiǎn 位于村委会驻地东南 0.8 千米处，建于 2009 年。地处月山，安置高山移民，故名。居民 30 户、110 人。

裕垟村 Yùyáng Cūn

行政村。位于仕阳镇中部，村委会驻地山谷垟，在镇人民政府驻地西南 4.1 千米处。原以村委会驻地山谷垟命名，山谷为“峪”，与“裕”同音，含义吉祥，遂改名“裕垟”。东至桥底村，西偏南邻董陈村，南偏东接荣西村，北偏西连垟望村。面积 2.88 平方千米，居民 235 户、838 人，其中畲族 224 人。辖 10 个村民小组。有山谷垟、下坝垟、李沙垱、栋头、溪兜仔 5 个自然村。经济以农业为主，兼营林业，茶叶亦为重要产业。仕龟公路经过村内，交通方便。

裕垟村原称山谷洋村，解放初至 1958 年属章成乡。1958 年建立山谷洋生产队，属仕阳公社章成生产大队；1959 年 2 月起属仕阳公社章成管理区；1961 年 9 月改为山谷洋生产大队，属章成公社；1984 年 5 月改为山谷垟行政村，属章成乡。1992 年 5 月章成乡撤销，并入仕阳镇。2004 年改名裕垟村。

山谷垟 Shāngǔyáng 裕垟村村委会驻地，因处山谷里的一片田垟中得名。房舍沿山谷呈块状分布，居民 184 户、544 人，其中畲族 203 人。

罗姓清康熙年间从福建永定县迁此，今多罗姓，畲族多雷姓。

下坝垟 Xiàbàyáng 位于村委会驻地东北 0.3 千米处，因旧有水坝得名。房舍沿山坡呈点状分布，居民 33 户、132 人。

罗姓清前叶从山谷垟分迁于此，今多罗姓。

李沙垱 Lǐshādàng 位于村委会驻地东 1.0 千米处。李姓肇基，沙积如堤，故名，又称“李沙墩”。房舍沿山墩呈块状分布，居民 9 户、46 人。

李姓清中叶迁此，今多李姓。

栋头 Dòngtóu 位于村委会驻地西南 0.5 千米处。地处裕垟村西侧高山上，形如屋栋，故名。房舍沿山坡呈块状分布，居民 6 户、32 人，其中畲族 21 人。

雷姓清中叶从南坑洋迁此，罗姓清中叶从山谷垟分迁于此。今畲族多雷姓，汉族多罗姓。

溪兜仔 Xīdōuzǐ 位于村委会驻地东南 0.6 千米处，因处双涧溪小湾兜得名。村民大部分已搬迁，今居 11 户、48 人。

季姓清乾隆二十五年（1760 年）从龟湖分迁于此，今多季姓。

董陈村 Dǒngchén Cūn

行政村。位于仕阳镇西部，村委会驻地董庄，在镇人民政府驻地西南 6.7 千米处。由原董庄、陈海垟两村合并组建，以两村名首字命名。东偏北至裕垟村，西邻章荣村，南偏西接上宅垟村，北连双神村。面积 6.20 平方千米，居民 352 户、1213 人。辖 26 个村民小组。有董庄、六贯、锅楼下、洋头岗、老虎坪、陈海洋、四贯、神水坑、应家塔 9 个自然村。经济以农业为主，兼营林业，茶叶为特产，系重要产业。

原董庄、陈海垟 2 村解放初均属龟伏乡，1951 年属后章乡，1952 年属董陈乡，1956 年属后章乡。1958 年建立董庄、陈海洋生产队，属仕阳公社后章生产大队；1959 年 2 月起属仕阳公社后章管理区；1961 年 9 月改为董庄、陈海洋生产大队，属后章公社。1984 年 5 月改为董庄、陈海垟行政村，属后章乡。1992 年 5 月属龟湖乡，1994 年龟湖乡改为龟湖镇。

1992 年重新认定革命老区，原董庄、陈海垟村均被认定为革命老区村。

2004 年原董庄、陈海垟 2 村合并组建董陈村，属龟湖镇。2011 年 4 月龟湖镇撤销，并入仕阳镇。

董庄 Dǒngzhuāng 董陈村村委会驻地，因董姓肇基得名。房舍沿山坡呈品字形分布，居民 101 户、372 人。

董姓明初从罗阳吴屿分迁于此，郑元章清乾隆十二年（1747 年）从平阳迁此，今多董姓。

六贯 Liùguàn 位于村委会驻地北偏东 0.8 千米处。旧有面积六贯之田，故名。房舍沿山坡呈点状分布，大部分居民已迁洋头岗村，今居 3 户、7 人。

郑姓上祖郑成斗晚清从五斗村迁此，今多郑姓。

锅楼下 Guōlóuxià 位于村委会驻地东北 0.8 千米处。村庄上侧旧有制铁锅工场，故名。房舍沿山坡呈点状分布，大多村民已迁至董庄，今居刘姓 2 户、4 人。

柳姓、刘姓清中叶迁此。

垟头岗 Yángtóugǎng 位于村委会驻地东北 0.9 千米处，因处田垟上方山岗得名。房舍沿山坡呈块状分布，居民 25 户、85 人。

伍姓上祖伍文令清中叶从平阳县北港迁此，今多伍姓。

老虎坪 Láohǔpíng 位于村委会驻地东北 1.3 千米处。该地山坪古时有虎出没，故名。房舍沿山坡呈“T”字状分布，居民 3 户、10 人。

庄姓上祖庄钦地清中叶从平阳县灵溪（今属苍南县）迁此，今多庄、陈姓。

陈海洋 Chénhǎiyáng 位于村委会驻地南偏东 1.3 千米处。因陈姓居此，远眺该地烟雾茫茫，有如海洋，故名。村东仕阳溪南流，旧有静安渡口。房舍沿谷地呈块状分布，居民 74 户、324 人。

陈姓较早居此，洪姓上祖洪诸珍清中叶迁此，今多洪姓。

四贯 Sìguàn 位于村委会驻地南偏东 1.5 千米处。旧有面积四贯之田，故名。房舍沿山岰呈块状分布，今居吴姓 2 户、3 人。

吴姓上祖吴侯传从平阳县桥墩（今属苍南县）迁此。

神水坑 ShénShuǐkēng 位于村委会驻地南 1.2 千米处。村前两小溪如“人”字相汇，得名“人水坑”，明清时又称“净水坑”，村以坑名，后以音改为“神水坑”。房舍沿山坡呈丁字形分布，居民 3 户、12 人。

陈姓上祖陈仲誉从平阳县西陈村（今属苍南县）迁此，刘姓上祖刘正凤清中叶从三魁上武垟峡边村迁此，今多刘姓。

应家塔 Yīngjiātǎ 位于村委会驻地西偏北 0.7 千米处。该地旧时建塔祈求荫护村民，取名“荫家塔”，村以塔名，后以音改为“应家塔”。房舍沿山坡呈点状分布，居民 21 户、75 人。

郑姓上祖郑成托清中叶从附近五斗村迁此，今多郑姓。

龙垟村 Lóngyáng Cūn

行政村。位于仕阳镇西北部，村委会驻地龙垟，在镇人民政府驻地西 10.8 千米处。因附近山岭似龙而名。东至章荣村，西邻三魁镇白海村，南接章荣村，东北邻双神村。面积 5.75 平方千米，居民 136 户、408 人。辖 8 个村民小组。有榅垟 1 个自然村。经济以农业、林业为主。

龙垟村原为榅洋村，解放初属龟伏乡；1951 至 1958 年属后章乡。1958 年建立榅洋生产队，属仕阳公社后章大队；1959 年 2 月起属仕阳公社后章管理区；1961 年 9 月改为榅洋生产大队，属后章公社。1981 年 10 月改名龙洋生产大队。1984 年 5 月改为龙垟行政村，属后章乡；1992 年 5 月并入龟湖乡。1994 年属龟湖镇，2011 年 4 月龟湖镇撤销，并入仕阳镇。

1987 年龙垟村被认定为第二次国内革命战争时期革命老根据地村。1992 年重新认定革命老区，龙垟村被认定为革命老区村。

榅垟 Wēngyáng 龙垟村村委会驻地。古时村四周多榅树（柳杉），故名。房舍沿山坡呈点状分布，居民 136 户、408 人。

林姓上祖林会三明中叶从泗溪分迁于此，今多林姓。

章荣村 Zhāngróng Cūn

行政村。位于仕阳镇西部，村委会驻地应家山，在镇人民政府驻地西南 8 千米处。取“后章繁荣”之意命名。东至董陈村，西偏北邻龙垟村，南接上宅垟村，北偏东连双神村。面积 5.02 平方千米，居民 187 户、540 人。辖 10 个村民小组。有应家山、神水亭、槽坑底、岗坪厝、茶坪坑等 5 个自然村。经济以农业、林业为主，茶叶亦为重要产业。

章荣村解放初为造福地、应家山等村庄，属龟伏乡；1951 至 1958 年属后章乡。1958 年建立章荣生产队，属仕阳公社后章生产大队；1959 年 2 月起属仕阳公社后章管理区；1961 年 9 月改为章荣生产大队，属后章公社。1984 年 5 月改为章荣行政村，属后章乡。1992 年 5 月后章乡撤销，属龟湖乡，1996 年属龟湖镇。2011 年 4 月龟湖镇撤销，并入仕阳镇。

1992 年重新认定革命老区，章荣村被认定为革命老区村。

应家山 Yīngjiāshān 章荣村村委会驻地，因应姓在此山垦荒肇基得名。房舍沿山塆呈点状分布，居民 31 户、112 人。

初居应姓，陈姓清中叶从平阳县美庄（今属苍南县）迁此。今多陈姓。

神水亭 Shénshuǐtíng 位于村委会驻地西南 0.9 千米处。村北城水岭中旧有亭，亭后泉井被誉为神水，称神水亭，村以亭名。房舍沿仕阳至龟湖公路呈点状分布，居民 3 户、7 人。

初居舒姓，林姓晚清从榅洋分迁于此，今多林姓。

槽坑底 Cáokēngdǐ 位于村委会驻地北偏西 0.7 千米处，因处小溪槽横坑里侧得名。房舍沿山岰呈点状分布，居民 10 户、35 人。

陈姓清中叶从平阳县迁此，今多陈姓。

岗坪厝 Gǎngpíngcuò 位于村委会驻地北 0.9 千米处，因处山岗上大坪地得名。房舍沿山坡呈块状分布，居民 15 户、52 人。

陈姓清中叶从平阳县迁此，今多陈姓。

茶坪坑 Chápíngkēng 位于村委会驻地北偏西 1.2 千米处。村庄东南有小溪“茶坪坑”，村以坑名。房舍沿山坡呈块状分布，居民 31 户、113 人。

林、陈二姓清中叶同时从平阳县迁此，今多陈姓。

后章岗村 Hòuzhānggǎng Cūn

行政村。位于仕阳镇西部，村委会驻地后章岗，在镇人民政府驻地西南 9.7 千米处。以村委会驻地后章岗命名。东偏北至董陈村，西南邻龟湖村，南接新湖村，北偏东连章荣村。面积 3.24 平方千米，居民 147 户、446 人。辖 9 个村民小组。有后章岗、城水、山头 3 个自然村。经济以农业为主，兼营林业，亦产茶叶。

解放初属龟伏乡，1951 至 1958 年属后章乡。1958 年建立后章岗生产队，属仕阳公社后章生产大队；1959 年 2 月起属仕阳公社后章管理区；1961 年 9 月改为后章岗生产大队，属后章公社。1984 年 5 月改为后章岗行政村，属后章乡。1992 年 5 月属龟湖乡，1996 年属龟湖镇。2011 年 4 月撤销龟湖镇，并入仕阳镇。

后章岗 Hòuzhānggǎng 后章岗村村委会驻地。东靠后章岗，村以岗名。房舍沿山坡呈 S 形分布，居民 90 户、330 人。

王姓清中叶从龟湖分迁此，今多王姓。

城水 Chéngshuǐ 位于村委会驻地东北 0.4 千米处。该地有“神水溪”，村以溪名；明清又作“净水”，后以谐音转为“城水”。房舍沿山坡呈点状分布，居民 18 户、70 人。

钱姓明中叶从新湖村叶岭迁此，今多王姓。

山头 Shāntóu 位于村委会驻地东南 1.1 千米处。该地三小山岗分别形似虎头、蛇头、龟头，得名“三头”，后以音改为“山头”。房舍沿山坡呈带状分布，居民陆续迁往外地，尚居 4 户、10 人。

徐姓清中叶从三魁垟溪村彭坑垟迁此，今多舒姓。

上宅垟村 Shàngzháiyáng Cūn

行政村。位于仕阳镇西南部，村委会驻地上宅垟，在镇人民政府驻地西南 8.8 千米处。以村委会驻地上宅垟命名。东至董陈村、双路村，西南邻新湖村，南接新湖村福建省，北连章荣村、后章岗村。面积 3.52 平方千米，居民 196 户、658 人，其中畲族 92 人。辖 11 个村民小组。有上宅垟、陈家坪、山底垟、石伏头、下坪仔、石笕塆、宫岗、王厝、山架 9 个自然村以及林场、锯板楼 2 个居住点。经济以农业为主，兼营林业，茶叶亦为重要产业。

上宅垟村原为下坪仔村，解放初属龟伏乡；1951 年—1958 年属后章乡。1958 年建立下坪仔生产队，属仕阳公社后章生产大队；1959年2月起属仕阳公社后章管理区；1961年9月改为下坪仔生产大队，属后章公社。1981年更名上宅洋生产大队。1984年5月改为上宅垟行政村，属后章乡；1992年5月属龟湖乡， 1996年属龟湖镇。2011年4月龟湖镇撤销，并入仕阳镇。

1987年上宅垟村被认定为第二次国内革命战争时期革命老根据地村。1992年重新认定革命老区，上宅垟村被认定为革命老区村。

上宅垟 Shàngzháiyáng 上宅垟村村委会驻地，因处石佛头村庄上侧得名。房舍沿山坡呈块状分布，居民35户、123人。村西北山中有石径通往龟湖下村。

董姓清前叶从龟湖下村迁此，今多董姓。

陈家坪 Chénjiāpíng 位于村委会驻地东北0.6千米处。因郑姓迁此山坪上，得名“郑家坪”，后讹为“陈家坪”。房舍沿山坡呈块状分布，居民8户、25人。

郑姓清中叶从平阳县大门村迁此，今多郑姓。

山底垟 Shāndǐyáng 位于村委会驻地东北1.3千米处，因处山下里侧得名。房舍沿山坡呈点状分布，居民12户、42人。

林姓上祖林有权清中叶从龙垟村迁此，今多林姓。

石伏头 Shífútóu 位于村委会驻地东偏南0.2千米处。村右有石雕佛像，以“石佛头”谐音得名。房舍沿山坡呈块状分布，居民17户、63人。

李姓清中叶从平阳县迁此，今多李姓。

下坪仔 Xiàpíngzǐ 位于村委会驻地南偏东0.6千米处，与福建柘荣县陈厝栏隔仕阳溪对望，因处石笕塆下小坪得名。房舍沿山坡呈L形分布，居民10户、35人。

李姓清中叶从平阳县迁此，今多李姓。

石笕塆 Shíjiànwān 位于村委会驻地西南0.2千米处。村左山塆旧有石笕，引瓦窑丘泉水灌田，故名。房舍沿山坡呈点状分布，居民21户、92人，均畲族。

钟姓清中叶从福建省福安县大丘林迁此，今多钟姓。

宫岗 Gōnggǎng 位于村委会驻地西南0.5千米处。当地山岗旧有小宫庙，得名“宫岗”，村以岗名。房舍沿山坡呈块状分布，居民3户、10人。

郑姓清中叶从董庄迁此，今多郑姓。

王厝 Wángcuò 位于村委会驻地西偏南0.7千米处，因王姓建屋得名。房舍沿山坡呈块状分布，居民4户、13人。

王姓晚清从龟湖村分迁于此，今多王姓。

山架 Shānjià 位于村委会驻地西 1.1 千米处。村西之山形似笔架，得名笔架山，村庄与“笔架”之架相连，故名。房舍沿山坡呈块状分布，大多村民迁往新湖村，今居 15 户、51 人。

初居温姓，梅姓清中叶从罗阳溪坪分迁于此，今多梅姓。

林场 Línchǎng 位于村委会驻地东北 0.3 千米处。原为林场，故名。房舍沿山坡呈块状分布，居民 3 户、13 人。

20 世纪 70 年代建林场，上宅洋村在此垦植茶园，为林场用房，后作为村民房舍。

锯板楼 Jùbǎnlóu 位于村委会驻地西南 0.6 千米处，龟湖至上宅洋公路边。原为伐林搭棚锯木场所，故名。今居 2 户、8 人。

2010 年政府进行危旧房改造，王厝部分村民迁此。

上排村 Shàngpái Cūn

行政村。位于仕阳镇东部稍南，村委会驻地上排，在镇人民政府驻地东南 3.7 千米处，以村委会驻地上排命名。东岭福建省福鼎市西阳镇天竹村，西至桥底村，南偏西接茂竹园村，北偏西连下排村。面积 2.54 平方千米，居民 153 户、520 人，其中畲族 30 人。辖 6 个村民小组。有上排、牛军垟、垟尾、十字路 4 个自然村。经济以农业为主，兼营林业，茶叶是重要农产品。

解放初属万章乡，1951 至 1958 年属万排乡。1958 年建立上排生产队，属仕阳公社万排生产大队；1959 年 2 月起属仕阳公社万排管理区；1961 年 9 月改为上排生产大队，属万排公社。1984 年 5 月改为上排行政村，属万排乡。2011 年 4 月万排乡撤销，并入仕阳镇。

1987 年上排村被认定为第二次国内革命战争时期革命老根据地村。1992 年重新认定革命老区，上排村被认定为革命老区村。

上排 Shàngpái 上排村村委会驻地，因处排坑之上得名。房舍沿山坡呈点状分布，居民 51 户、174 人。

吴姓从下排分迁于此，今多吴姓。

牛军垟 Niújūnyáng 位于村委会驻地东 1.5 千米处。相传古代该地出过一位牛姓将军，故名。2005 年原分水亭自然村于此集中建房，合为一个村庄，统称牛军垟。房舍沿山岰呈点状分布，居民 34 户、101 人，其中畲族 10 人。

雷姓从泰顺六都富垟二湖（今属彭溪镇）迁此，吴姓从下排迁此，谢姓从茂竹园迁此。今多吴姓。

垟尾 Yángwěi 位于村委会驻地西南 0.1 千米处，为原万排乡政府驻地。因处田垟最下方得名，又因处于排坑之上，别称“上排”。房舍沿山坡呈点状分布，居民 74 户、250 人。

许姓上祖许连山清康熙年间从福建汀州迁此，今多许姓。

十字路 Shízìlù 位于村委会驻地西南 0.3 千米处。该地两路交叉呈十字状，故名。房舍沿山岫呈点状分布，居民 25 户、90 人，其中畲族 20 人。2004 年起垟头自然村建房，与该村庄合为一体。

许姓清前叶从上排迁此，今多许姓，畲族雷姓。

下排村 Xiàpái Cūn

行政村。位于仕阳镇中部偏东，村委会驻地下排，在镇人民政府驻地东南 2.8 千米处。以村委会驻地下排命名。东邻福建省，西至桥底村，南偏东接上排村，北连武岭村。面积 8.30 平方千米，居民 523 户、1750 人。辖 23 个村民小组。有下排、牛角垄、五斗仔、高畲、王家垟、底金山、乌岩岭、隘头、底垟、后垟 10 个自然村。经济以农业为主，兼营林业，茶叶亦为重要农产品。

原下排、王家垟 2 村解放初属万章乡，1951 至 1958 年属万排乡。1958 年建立下排、王家洋生产队，属仕阳公社万排大队；1959 年 2 月起属仕阳公社万排管理区；1961 年 9 月改为下排、王家洋生产大队，属仕阳公社万排管理区；1962 年属万排公社。1984 年 5 月改为下排、王家垟行政村，属万排乡。1987 年原下排村被认定为第二次国内革命战争时期革命老根据地村。1992 年重新认定革命老区，原下排村被认定为革命老区村。

2004 年下排、王家垟 2 村合并组建新的下排村，属万排乡。2011 年 4 月万排乡撤销，并入仕阳镇。

下排 Xiàpái 下排村委会驻地。村南小溪边古有打铁场，鼓风工具称“排”， 小溪得名“排坑”，村处下游，故称“下排”。房舍沿排坑及公路两侧分布，居民 154 户、488 人。村中有树龄约 800 年的巨樟。

彭姓明中叶从罗阳迁此地，吴姓清前叶从平阳迁此，今多吴姓。

牛角垄 Niújiǎolǒng 位于村委会驻地东南 0.5 千米处。该地有山形似牛角，故名。房舍沿山坡呈点状分布，2005 年起陆续迁往下排水库旁公路边的开发小区，今居 8 户、35 人。

彭姓晚清从下排迁此，今多彭姓。

五斗仔 Wǔdǒuzǐ 位于村委会驻地东偏北 1.5 千米处，因当地有五处米斗形小山坳得名。房舍沿山坡呈点状分布，2003 年后陆续迁至通往福建公路边。今居 6 户、15 人。

吴姓清中叶从下排迁此，今多吴姓。

高畲 Gāoshē 位于村委会驻地东北 1.5 千米处。村处较高山岗，山形似蛇，得名“高蛇”，后以音改为“高畲”。房舍沿山坡呈点状分布，居民 64 户、172 人。

朱姓晚清从平阳县迁此，今多朱姓。

王家垟 Wángjiāyáng 位于村委会驻地东偏北 2.2 千米处，因王姓肇基得名。房舍沿山谷呈点状分布，居民 81 户、283 人。村东岭头有“镇南关”，古为泰顺东南至福鼎所经关隘。

王姓从龟湖迁此，今多王姓。

底金山 Dǐjīnshān 位于村委会驻地东偏北 3.6 千米处。因金姓居此得名，原分底金山、外金山，外金山属福建福鼎市管阳镇，底金山即此，又称“金山”。房舍沿山谷呈块状分布，居民 43 户、146 人。

初居金姓，徐姓晚清从仙稔迁此，今多徐姓。

乌岩岭 Wūyánlǐng 位于村委会驻地东 0.8 千米处。该地下排至高畲之岭多黑色石头，得名“乌岩岭”，村以岭名。房舍沿山坡呈点状分布，2004 年起陆续至公路边建住房。居民 37 户、127 人。村旁有下排至高畲古道及下漈水电站。

吴姓清中叶从下排迁此，今多吴姓。

隘头 Àitóu 位于村委会驻地东 3 千米处。古为浙、闽两省交界地要隘，村处其上，故称。房舍沿山坳呈块状分布，居民 21 户、73 人。

谢姓清乾隆十七年（1752 年）从茂竹园迁此，后又有冯姓、徐姓迁此。2003 年后竹坪岭自然村村民全部迁此。现居姓氏较多。

底垟 Dǐyáng 位于村委会驻地西南 0.3 千米处，因处山岗下方得名。房舍沿山坳呈点状分布，2004 年起陆续迁下排开发区，今居 3 户、8 人。

吴姓上祖吴元吉晚清从下排迁此。

后垟 Hòuyáng 位于村委会驻地西北 0.5 千米处，因处下排后方得名。房舍沿山坳呈点状分布，2004 年起陆续迁下排开发区，今居 6 户、25 人。溪流下侧有树龄 200 多年古松。

吴姓清中叶从平阳迁此，今多吴姓。

茂竹园村 Màozhúyuán Cūn

行政村。位于仕阳镇东南部，村委会驻地茂竹园，在镇人民政府驻地东南 4.4 千米处。由墓前、茂竹园村合并组建，以村委会驻地茂竹园命名。东、南邻福建省福鼎、柘荣县，西接瑞昌村，北偏东连上排村。面积 6.47 平方千米，居民 519 户、1636 人，其中畲族 6 人。辖 26 个村民小组。有茂竹园、长步垟、尖岭下、大园、湖头、墓前、庵坪、荒坪、外庵坪 9 个自然村。经济以农业为主，茶叶为重要农产品。

原茂竹园、墓前 2 村解放初属万章乡；1951 至 1958 年属万排乡。1958 年分别建立茂竹园、墓前生产队，属仕阳公社万排生产大队；1959 年 2 月起属仕阳公社万排管理区；1961 年 9 月改为茂竹园、墓前生产大队，属万排公社。1984 年 5 月改为茂竹园行政村，属万排乡。1992 年重新认定革命老区，原茂竹园、墓前村被认定为革命老区村。

2004 年茂竹园、墓前 2 村合并，组建为新的茂竹园村，属万排乡。2011 年 4 月万排乡撤销，并入仕阳镇。

茂竹园 Màozhúyuán 茂竹园村村委会驻地，古因毛竹茂盛得名。房舍沿山谷呈块状分布，居民 211 户、784 人。村中溪之下游有廊桥及树龄 600 多年的桫椤树。

谢姓祖籍南京，元元贞二年（1296 年）自福建福鼎县溪头村迁此，今多谢姓。

长步垟 Chángbùyáng 位于村委会驻地东 0.5 千米处，因田垟多长形得名。房舍沿山坡呈块状分布，居民 50 户、138 人。

谢姓上祖谢裕刚晚清从茂竹园分迁于此，2003 年下更自然村村民迁此。今多谢姓。

尖岭下 Jiānlǐngxià 位于村委会驻地东南 1.2 千米处，因处大山“尖岭”之下得名。房舍沿山坳呈点状分布，村民多迁往福建柘荣县、福鼎县西阳，今居陈姓 2 户、6 人。刘英、叶飞等红军领导人曾在该村庄住过。

陈姓从大园分迁于此。

大园 Dàyuán 位于村委会驻地东偏南 1.3 千米处，东邻福建省福鼎市管阳镇褚楼村。该地原为大山园，故名。房舍沿山坡呈点状分布，大多数村民已迁居福建福鼎县西阳村，现居 5 户、23 人。

陈姓清嘉庆年间从福建福鼎县迁此，今多陈姓。

湖头 Hútóu 位于村委会驻地东南 2.0 千米处，与福建隔溪相望。相传古为湖边，故名。房舍沿山坡呈点状分布，部分村民迁居福建福鼎市溪尾村，今居 11 户、45 人。

陈姓清中叶从大园分迁此，后又有张姓、孙姓迁来。今多陈姓。

墓前 Mùqián 位于村委会驻地南 0.6 千米处，因处谢氏祖坟之南得名。房舍沿山坡呈点状分布，居民 10 户、35 人。村中有树龄约 300 年的柳杉 3 棵。

陈姓从大园分迁于此，今多陈姓。

庵坪 Ānpíng 位于村委会驻地西南 0.7 千米处，因处古之玉泉庵前山坪得名。房舍沿山坡呈点状分布，村民大多迁居茂竹园及福建柘荣县，今居 3 户、11 人。

谢姓 20 世纪 50 年代从茂竹园迁此，今多谢姓。

荒坪 Huāngpíng 位于村委会驻地西 0.9 千米处。该地有山形似凤凰，村前之坪得名“凤坪”，后讹为“荒坪”。房舍沿山坡呈点状分布，2004 年起分期迁至茂竹园中心村，今居蓝姓 2 户、6 人，畲族。

蓝姓清前叶迁此。

外庵坪 Wài'ānpíng 位于村委会驻地西南 1.1 千米。附近山坪旧有庵堂“外庵”，故名。房舍沿山坡呈块状分布，居民 2 户、3 人。

谢姓明末从茂竹园迁此，今居谢姓。

黄碧龙村 Huángbìlóng Cūn

行政村。位于仕阳镇南部，村委会驻地黄碧龙，在镇人民政府驻地西南 3.4 千米处。因村委会驻地黄碧龙命名。东偏北至龙头村，西偏南邻双路村，南偏西接瑞昌村，北偏西连桥底村。面积 1.19 平方千米，居民 418 户、1383 人。辖 16 个村民小组。有黄碧龙、马垱下、上沙秋、下沙秋、垟塆、墩子、芥菜丘、乾段、新厝、厝基坪下 10 个自然村。经济以农业为主，兼营林业，茶叶亦为重要产业。

解放初属万章乡，1952 至 1958 年均属章坑乡。1958 年建立黄碧龙生产队，属仕阳公社章坑生产大队；1959 年 2 月起属仕阳公社章坑管理区；1961 年 9 月改为黄碧龙生产大队，属章坑公社。1984 年 5 月改为黄碧龙行政村，属章坑乡。1992 年 5 月章坑乡撤销，并入仕阳镇。

黄碧龙 Huángbìlóng 黄碧龙村村委会驻地。该地草木青翠，山形似龙，多黄土，故名。房舍沿山谷呈块状分布，居民 231 户、886 人。

杨姓清雍正、乾隆之际从龙头村分迁于此，今多杨姓。

马垱下 Mǎdàngxià 位于村委会驻地东南 0.1 千米处。当地古有牌坊，设下马石，俗称“马垱”，村处其下，故名。房舍沿山脚呈块状分布，居民 45 户、144 人。

杨姓清中叶从龙头村分迁于此，今多杨姓。

上沙秋 Shàngshāqiū 位于村委会驻地东南 0.2 千米处。当地土质多沙，得名“沙丘”，后以音转成“沙秋”，该村庄处于下沙秋上侧，故名。房舍沿山谷呈块状分布，居民 21 户、85 人。

杨姓清中叶从龙头村分迁于此，今多杨姓。

下沙秋 Xiàshāqiū 位于村委会驻地东南 0.2 千米处，因处上沙秋下方得名。房舍沿山谷呈块状分布，居民 21 户、72 人。

杨姓清中叶从龙头村分迁于此，今多杨姓。

垟塆 Yángwān 位于村委会驻地西南 0.3 千米处。因杨姓居此山塆得名“杨塆”，后以音转成“垟塆”。

房舍沿溪谷呈带状分布，居民 42 户、136 人。

杨姓清乾隆年间从龙头村分迁于此，今多杨姓。

墩子 Dūnzī 位于村委会驻地西北 0.2 千米处，因村旁有大土墩得名。房舍沿山谷呈块状分布，居民 21 户、75 人。

杨姓清中叶从龙头村分迁于此，今多杨姓。

芥菜丘 Jiècàiqiū 位于村委会驻地西北 0.3 千米处，当地旧因善种芥菜得名。房舍沿山谷呈块状分布，居民 22 户、75 人。

杨姓清中叶从龙头村分迁于此，今多杨姓。

乾段 Qiánduàn 位于村委会驻地西北 0.4 千米处。该地位置较高，属乾位，故名。房舍沿山谷呈点状分布，居民 15 户、52 人。

杨姓清中叶从龙头村分迁于此，今多杨姓。

新厝 Xīncuò 位于村委会驻地西北 0.4 千米处。系旧村扩大而建，故名。房舍沿山谷呈块状分布，居民 32 户、112 人。

杨姓清乾隆年间从龙头村分迁于此，今多杨姓。

厝基坪下 Cuòjīpíngxià 位于村委会驻地西北 0.4 千米处，因处旧屋基山坪下方得名。房舍沿山谷呈点状分布，居民 11 户、34 人。

杨姓清中叶从龙头村分迁于此，今多杨姓。

荣西村 Róngxī Cūn

行政村。位于仕阳镇南部，村委会驻地柘头，在镇人民政府驻地西南 4 千米处。由原柘头、坑西 2 行政村合并组建，因通往福建柘荣的公路经过柘头、坑西两村，命名为“荣西” 。东偏南至黄碧龙村，西邻董陈村，南接双路村，北偏西连裕垟村。面积 3.97 平方千米，居民 326 户、1069 人。辖 16 个村民小组。有柘头、杉樖垟、坑西、石寮 4 个自然村。经济以农业为主，兼营林业，茶叶亦为重要产业。

原柘头村为漈头村，原坑西村向为此名，解放初均属万章乡；1951 年属章坑乡，1952 年属双路乡，1956 年属新的章坑乡。1958 年建立柘头、坑西生产队，属仕阳公社章坑生产大队；1959 年 2 月起属仕阳公社章坑管理区；1961 年 9 月改为柘头、坑西生产大队，属章坑公社。1984 年 5 月改为柘头、坑西行政村，属章坑乡。1992 年 5 月章坑乡撤销，并入仕阳镇。1992 年重新认定革命老区，原柘头、坑西村均被认定为革命老区村。

2004年9月原柘头、坑西2村合并，组建为荣西村。

柘头 Zhètóu 荣西村村委会驻地。村东侧有瀑布，得名“漈头”，后以音改为“柘头”。房舍沿坡呈块状分布，居民202户、723人。

林姓从泗溪分迁此，今多林姓。

杉槫垟 Shānqiùyáng 位于村委会驻地东北0.8千米处。原有三棵大树，得名“三槫垟”，后因山岗多杉树改名“杉槫垟”。房舍沿山坡呈块状分布，居民24户、105人。

林姓晚清从柘头分迁于此，今多林姓。

坑西 Kēngxī 位于村委会驻地西南0.5千米处，因处章坑之西得名。房舍沿山岰呈块状分布，居民104户、401人。

林姓系泗溪林氏分支，清中叶分迁于此，今多林姓。

石寮 Shíliáo 位于村委会驻地南偏西0.6千米处。相传该地屋旁凭空长出三条石笋，得名“石寮”，又称“石楼”。房舍沿山岰呈点状分布，居民5户、23人。

林姓晚清从坑西分迁于此，今多林姓。

龙头村 Lóngtóu Cūn

行政村。位于仕阳镇南部，村委会驻地龙头，在镇人民政府驻地西南2.8千米处。以村委会驻地龙头命名。东至董源村，西偏北邻荣西村，西南接黄碧龙村，北连朝阳村。面积1.70平方千米，居民285户、906人。辖14个村民小组。有龙头、大坑坪、大垟 3个自然村。经济以农业为主，兼营林业，茶叶亦为重要产业。

解放初属万章乡，1951至1958年属章坑乡。1958年建立龙头生产队，属仕阳公社章坑生产大队；1959年2月起属仕阳公社章坑管理区；1961年9月改为龙头生产大队，属章坑公社。1984年5月改为龙头行政村，属章坑乡。1992年5月章坑乡撤销，并入仕阳镇。1992年重新认定革命老区，龙头村被认定为革命老区村。

龙头 Lóngtóu 龙头村村委会驻地。原以坑畦有序、垅亩有原之意得名“垅头”，后因地形似龙首，改名“龙头”。房舍沿山谷呈块状分布，居民278户、890人。

杨姓上祖杨富敬元至正年间从小洋坑（今三魁晓旸坑）分迁于此，周边多杨姓的村庄均由此再分迁；林姓元明之交从泗溪迁此。今多林、杨姓。

大坑坪 Dàkēngpíng 位于村委会驻地北1千米处，因处较大溪流边的坪地得名。房舍沿溪坪呈块状分布，居民 2 户、5 人。

林姓明正德十五年（1520 年）从龙头村分迁于此，今多林姓。

大垟 Dàyáng 位于村委会驻地东北 0.5 千米处，因有较大田垟得名，又称“平地垟”。房舍沿山谷呈块状分布，居民 5 户、11 人。

林姓从龙头村分迁于此，今多林姓。

董源村 Dǒngyuán Cūn

行政村。位于仕阳镇南部，村委会驻地董厝，在镇人民政府驻地南 2.8 千米处，取董厝与坑源两村庄名首尾各一字命名。东偏北至上排村，西邻龙头村，南接福建省，北连溪东村。面积 3.19 平方千米，居民 264 户、769 人。辖 11 个村民小组。有董厝、坑源、八乾塘、下更、仓楼、里厝 6 个自然村。经济以农业为主，兼营林业，茶叶亦为重要产业。

董源村解放初为董厝、康源 2 村，属万章乡；1951 至 1958 年属章坑乡。1958 年二村合建董源生产队，属仕阳公社章坑生产大队；1959 年 2 月起属仕阳公社章坑管理区；1961 年 9 月改为董源生产大队，属章坑公社。1984 年 5 月改为董源行政村，属章坑乡。1992 年 5 月章坑乡撤销，并入仕阳镇。1992 年重新认定革命老区，董源村被认定为革命老区村。

董厝 Dǒngcuò 董源村村委会驻地，因董姓肇基建屋得名。房舍沿山谷呈块状分布，居民 141 户、486。

董姓上祖董继光元至正十八年（1358 年）从洲岭吴屿（今前埕村）迁此，今多董姓。

坑源 Kēngyuán 位于村委会驻地东北 0.3 千米处。因处章坑源头得名“坑源”，后以音又作“康源”。房舍沿山谷呈点状分布，居民 51 户、154 人。

林姓上祖林乾之元末从泗溪迁此，今多林姓。

八乾塘 Bāqiántáng 位于村委会驻地东北 0.8 千米处，因范姓买了八定田（“定”为该地计量田亩的单位）而居，得名“八定田”，后改称“八定塘”，又以音转为“八乾塘”。房舍沿山坡呈块状分布，居民 11 户、33 人。该村庄是清末泰顺著名文人范宜丙（字鸿书）的故乡，县文化馆有其资料。

初居范姓，后有董姓从董厝分迁于此，今多董姓。

下更 Xiàgēng 位于村委会驻地东南 1.8 千米处，因村南下更溪得名，又作“下庚”。房舍沿山坪呈块状分布，居民 2 户、9 人。

董姓晚清从董厝分迁于此，今居董姓。

仓楼 Cānglóu 位于村委会驻地南 0.2 千米处。地势较高，貌似仓楼，故名。房舍沿山谷呈点状分布，居民 15 户、53 人。

林姓清中叶从坑源分迁于此，董姓从董厝分迁于此，今多董姓。

里厝 Lǐcuò 位于村委会驻地西 0.2 千米处，因处董厝里侧得名。房舍沿山谷呈点状分布，居民 12 户、31 人。

董姓元末明初从董厝分迁于此，今多董姓。

双路村 Shuānglù Cūn

行政村。位于仕阳镇南部，村委会驻地双路口，在镇人民政府驻地西南 4.7 千米处。因村委会驻地双路口的略称命名。东至瑞昌村，西邻上宅垟村，南接福建省，北连荣西村，面积 4.46 平方千米。居民 357 户、1206 人。辖 14 个村民小组，有双路口、外垟、山后、山潮、方田 5 个自然村。经济以农业为主，兼营林业，茶叶亦为重要产业。

双路村原为双路口村，解放初属万章乡；1951 年属章坑乡，1952 年属双路乡，1956 年属章坑乡。1958 年建立双路生产队，属仕阳公社章坑生产大队；1959 年 2 月起属仕阳公社章坑管理区；1961 年 9 月改为双路生产大队，属章坑公社。1984 年 5 月改为双路行政村，属章坑乡。1992 年 5 月章坑乡撤销，并入仕阳镇。1992 年重新认定革命老区，双路村被认定为革命老区村。

双路口 Shuānglùkǒu 双路村村委会驻地。为通往仕阳及福建福安、福鼎三条古道相交处，原名“岔路口”；清光绪年间以二路成双为佳，改名“双路口”。房舍沿山谷呈块状分布，居民 150 户、560 人。

吴姓上祖吴德生清前叶从庆元县迁此，今多林姓。

外垟 Wàiyáng 位于村委会驻地南偏西 0.4 千米处，因处这一带外出方向得名。房舍沿山谷呈点状分布，居民 25 户、73 人。

泗溪林姓分迁于此，今多林姓。

山后 Shānhòu 位于村委会驻地西南 1.5 千米处，因处山岗后面得名。房舍沿山岗呈点状分布，居民 5 户、24 人。今多张姓。

山潮 Shāncháo 位于村委会驻地西偏南 1.4 千米处。地处山岗，古有三座打铁炉，得名“三条炉”，后以音转成“三调炉”，又以音简为“山潮”。房舍沿山岗呈点状分布，居民 6 户、23 人。

泗溪林姓分迁于此，今多林姓。

方田 Fāngtián 位于村委会驻地西南 1.7 千米处。旧时田野荒僻，得名“荒田”，后以音改为“方田”。房舍沿山坡呈点状分布，今居杨姓 1 户、3 人。

杨姓从龙头村分迁于此。

瑞昌村 Ruìchāng Cūn

行政村。位于仕阳镇南部，村委会驻地瑞昌，在镇人民政府驻地西南 4 千米处。因村委会驻地瑞昌命名。东至茂竹园村，西接双路村，南邻福建省柘荣县，北偏东连黄碧龙村。面积 5.93 平方千米，居民 457 户、1464 人。辖 20 个村民小组。有瑞昌、桥头、牛埕下 3 个自然村。经济以农业为主，兼营林业，茶叶亦为重要产业。

解放初属万章乡，1952 至 1958 年均属章坑乡。1958 年建立瑞昌生产队，属仕阳公社章坑生产大队；1959 年 2 月起属仕阳公社章坑管理区；1961 年 9 月改为瑞昌生产大队，属章坑公社。1984 年 5 月改为瑞昌行政村，属章坑乡。1992 年 5 月章坑乡撤销，并入仕阳镇。1992 年重新认定革命老区，瑞昌村被认定为革命老区村。

瑞昌 Ruìchāng 瑞昌村村委会驻地。因三面环水，古称“水村”，后以方言谐音雅化为“瑞昌”。房舍沿涧谷呈点状分布，村庄呈三角形，东北聚落三角埕已建开发区，村委会亦移驻该处。2000 年后大多村民陆续迁至通往福建柘荣的公路两侧，部分迁往三角埕，原聚居处今仅居吴姓 1 户、3 人。

吴姓明前叶迁此，今多吴姓。

桥头 Qiáotóu 位于村委会驻地东北 0.4 千米，因处石桥旁得名。房舍沿溪呈块状分布，居民 35 户、96 人。

林姓系泗溪林氏分支，清中叶分迁于此，今多林姓。

牛埕下 Niúchéngxià 位于村委会驻地西北 0.5 千米处。上侧之山旧为牧牛处，故名。房舍沿仕阳至底垟的公路呈块状分布，居民 65 户、207 人。

吴姓清中叶从庆元县迁此，今多吴姓。

龟湖村 Guīhú Cūn

行政村。位于仕阳镇西南部，村委会驻地龟湖，在镇人民政府驻地西南 11.3 千米处。以村委会驻地龟湖命名。东南至新湖村，西邻福建省柘荣县上白石镇，南偏西接白湖村，北偏东连后章岗村。面积 7.17 平方千米，居民 939 户、3044 人。辖 26 个村民小组。有龟湖、下乾山、垱山、中村、路坪下、垟坪 6 个自然村。明清时龟湖以采银著名，有“四千打银工，三千往来客”之称。经济以农业为主，兼营林业，茶叶亦为重要产业。历史上盛产茶油、桐油，尤以茶油为大宗，号称泰顺油都。境内叶蜡石矿蕴藏量 800 多万吨。

龟湖村解放初至 1958 年属龟伏乡。1958 年建立上村生产队，属仕阳公社龟伏生产大队；1959 年 2

月起属仕阳公社龟伏管理区；1961 年 9 月改为上村生产大队，属新建的龟伏公社（1983 年更名龟湖公社）。1981 年 12 月改称龟湖生产大队。1984 年 5 月改为龟湖行政村，属龟湖乡。1996 年属龟湖镇。2011 年 4 月，撤销龟湖镇，并入仕阳镇。

1987 年龟湖村被认定为第二次国内革命战争时期革命老根据地村。1992 年重新认定革命老区，龟湖村被认定为革命老区村。

龟湖 Guīhú 龟湖村村委会驻地。古称“上村”，该地九个小山岗形似九龟伏于地上，改名“龟伏”；后以龟多居湖上，改称“龟湖”。房舍沿溪谷呈块状分布，居民 422 户、1513 人。村周多叶蜡石矿点。

王姓上祖王汝一、王贯道明景泰三年（1451 年）从处州（今丽水市）云和县迁此，今多王姓。

下乾山 Xiàqiánshān 位于村委会驻地东北 1.0 千米，村后笔架山为当地最高，人称“高山”，后以高为乾位改称“乾山”，村以山名。房舍沿山坳呈点状分布，部分村民陆续迁至龟湖，今居 15 户、51 人。

王姓清中叶从龟湖分迁于此，今多王姓。

垱山 Dàngshān 位于村委会驻地东 0.6 千米处，因处龟湖东侧山坡得名“东山”，后以音改称“垱山”。房舍沿山坡呈块状分布，部分村民陆续迁至龟湖，现居 6 户、22 人。该地古为交通要道，石径西至龟湖，东往山架村，北通下乾山。

李姓清中叶从平阳县北港迁此，今多李姓。

中村 Zhōngcūn 位于村委会驻地南 0.4 千米处，因处上村（今称龟湖）与下村中间得名。房舍沿山坡呈块状分布，居民 180 户、700 人。村北来龙岗有叶蜡石矿。

叶姓明中叶迁此，今多叶姓。

路坪下 Lùpíngxià 位于村委会驻地南偏西 0.5 千米处，因处路下山坪得名。房舍沿山坡呈带状分布，居民 40 户、126 人。

叶姓清中叶从景宁县东坑迁此，今多叶姓。

垟坪 Yángpíng 位于村委会驻地北偏西 1.2 千米处，因处山坪田垟边坪地得名。房舍沿山谷呈点状分布，部分居民已迁龟湖村，今居 2 户、3 人。

王姓清中叶从龟湖分迁于此，今居王姓。

郑家庄村 Zhèngjiāzhuāng Cūn

行政村。位于仕阳镇西部，村委会驻地郑家庄，在镇人民政府驻地西南 14.7 千米处。以村委会驻地郑家庄命名。东连后章岗村，东南接龟湖村，北邻龙垟村，西、南隔寿泰溪与福建省福安县相望。面积

3.50 平方千米，居民 156 户、526 人。辖 8 个村民小组，有郑家庄 1 个自然村。经济以农业为主，兼营林业，油茶籽、油桐籽为特产。

解放初属龟伏乡，1952 至 1958 年属白岩乡，1956 年建农业生产合作社曾名“新辉”。1958 年建立郑家庄生产队，属仕阳公社龟伏生产大队；1959 年 2 月起属仕阳公社龟伏管理区；1961 年 9 月改为郑家庄生产大队，属龟伏公社。1984 年 5 月改为郑家庄行政村，属龟湖乡，1996 年属龟湖镇。2011 年 4 月撤销龟湖镇，并入仕阳镇。

1992 年重新认定革命老区，郑家庄村被认定为革命老区村。

郑家庄 Zhèngjiāzhuāng 郑家庄村村委会驻地，因郑姓肇基得名。村旁寿泰溪南流，房舍沿山坡呈块状分布，居民 156 户、526 人。村中有树龄 500 年的古树 12 株。

初居郑姓，王姓上祖王日朋清前叶从龟湖分迁于此，金朝麟清前叶从瑞安金龙村迁此。今多王姓。

新湖村 Xīnhú Cūn

行政村。位于仕阳镇西南部，村委会驻地下村，在镇人民政府驻地西南 11 千米处。由原龟林、叶岭 2 行政村合并组建，以“林”“岭”谐音命名“双临”，为畲族村。2009 年取“新龟湖”之意更名为新湖村。东北至上宅垟村，西邻白岩村，南接福建省柘荣县，北连后章岗村。面积 6.72 平方千米，居民 458 户、1448 人，其中畲族 55 人。辖 29 个村民小组。有下村、马栏岗、龙漩、叶岭、渡船丘、南岭尾、亭下、北岭头、马路下、三樸前 10 个自然村。经济以农业为主，兼营林业，茶叶亦为重要产业。

原叶岭、龟林 2 村解放初至 1958 年属龟伏乡。1958 年分别建立叶岭、龟林生产队，属仕阳公社龟伏生产大队；1959 年 2 月起属仕阳公社龟伏管理区；1961 年 9 月改为叶岭、龟林生产大队，属龟伏公社。1984 年 5 月改为叶岭、龟林行政村，属龟湖乡。1992 年重新认定革命老区，原叶岭村被认定为革命老区村。

2004 年原龟林、叶岭 2 村合并组建双临村，属龟湖镇；2009 年更名为新湖村。2011 年 4 月龟湖镇撤销，并入仕阳镇。

下村 Xiàcūn 新湖村村委会驻地。村东山墩野花缤纷，艳似朝霞，得名“霞墩”。后以方言音改为“下村”，包括小聚落“垟头”。房舍沿山谷呈块状分布，居民 52 户、174 人。今多董姓。

马栏岗 Mǎlángǎng 位于村委会驻地东南 1.3 千米处。相传古时该地山岗驻兵，修有马圈，得名“马栏岗”，村以岗名。房舍沿山岗呈块状分布，居民 10 户、32 人。

20 世纪 70 年代叶岭大队在此建茶叶加工场，后居大洋村民。今多封姓。

龙漩 Lóngxuán 位于村委会驻地东南 1.4 千米处，以村南仕阳溪中龙漩潭得名，该潭《分疆录》有载。房舍沿山坡呈点状分布，居民 11 户、33 人。

封姓上祖封天清中叶从龟湖迁此，今多封姓。

叶岭 Yèlǐng 位于村委会驻地东南 2.0 千米处。该地一岭通往龟湖，地势低，气温高，俗称“热岭”，后以音称为“叶岭”。房舍沿山坡呈点状分布，居民 15 户、52 人。

王姓从龟湖分迁于此，今多王、陈姓。

渡船丘 Dùchuánqiū 位于村委会驻地东南 2 千米处，与福建隔仕阳溪相望。村处山丘，旧有渡口，故名。房舍沿山坡呈点状分布，居民 5 户、15 人。

钱姓清中叶从平阳钱库（今属苍南县）迁此，今多钱姓。

南岭尾 Nánlǐngwěi 位于村委会驻地南偏东 2.0 千米处，与福建柘荣县隔仕阳溪相望。因处南岭尾段得名。房舍沿溪谷呈块状分布，居民 15 户、53 人。

王姓上祖王大楷清中叶从后章岗迁此，今多王姓。

亭下 Tíngxià 位于村委会驻地南 0.7 千米处，与福建柘荣县英山隔仕阳溪相望，因处路亭下方得名。房舍沿山谷呈点状分布，居民 11 户、35 人。

叶姓上祖叶林清中叶迁此，今多叶姓。

北岭头 Běilǐngtóu 位于村委会驻地南 1.5 千米处，因处“北岭”上侧得名。房舍沿山坡呈点状分布，居民 10 户、35 人，畲族。

蓝姓上祖蓝士祥清中叶从戬洲半岭迁此，今多蓝姓。

马路下 Mǎlùxià 位于村委会驻地南 1.6 千米处。古时附近山路宽可走马，村处路下，故名。房舍沿山坡呈块状分布，居民 6 户、20 人，畲族。

钟姓晚清迁此，今多钟姓。

三槺前 Sānqiùqián 位于村委会驻地西北 0.3 千米处，村后旧有三棵大树，故名。房舍沿山坡呈点状分布，居民 14 户、40 人。

梅姓从罗阳溪坪分迁于此，今多梅姓。

白岩居民区 Báiyán Jūmínqū

位于仕阳镇西南部，居委会驻地龟湖，在镇人民政府驻地西南 11.6 千米处。沿用原白岩村之名。东偏南至新湖村，西、南邻福建省，北偏东连龟湖村。面积 8.13 平方千米，居民 580 户、1678 人，其中畲族 13 人。有岗尾、白岩、外岗、西山、竹坪、秀溪岭、徐家山、田乾、黄丘岗、长坝头 10 个自然村。经济以农业、林业为主，油茶籽、油桐籽为特产，年产量曾达 3000 多担。

原白岩、徐家山、外岗、岗尾 4 村解放初属龟伏乡，1952 年属白岩乡，1956 年属龟伏乡。1958 年分别建立白岩、徐家山、外岗、岗尾生产队，属仕阳公社龟伏生产大队；1959 年 2 月起属仕阳公社龟伏管理区；1961 年 9 月改为白岩、徐家山、外岗、岗尾生产大队，属龟伏公社。1984 年 5 月分别改为白岩、徐家山、外岗、岗尾行政村，属龟湖乡。1996 年，龟湖乡建镇，属龟湖镇。1992 年重新认定革命老区，原徐家山、白岩、外岗、岗尾 4 村均被认定为革命老区村。

2004 年原白岩、徐家山、外岗、岗尾 4 村合并组建白岩居民区。2011 年 4 月龟湖镇撤销，并入仕阳镇。

岗尾 Gǎngwěi 位于居委会驻地西南 2.7 千米处，因处山岗尾端得名。房舍沿山坡呈点状分布，居民 15 户、51 人。

叶姓从龟湖分迁于此，今多叶姓。

白岩 Báiyán 位于居委会驻地西 2.4 千米处，与福建省福安县境隔寿泰溪相望。明代村后山上有采银矿洞，得名“白银下”。后以山上白色峭壁改称“白岩下”，又简化为“白岩”。房舍沿山坡呈块状、点状分布，居民 71 户、262 人。

游姓清中叶迁此，李姓清中叶从平阳县迁此，今多李姓。

外岗 Wàigǎng 位于居委会驻地西偏北 3.4 千米处，因处黄丘岗外侧得名。房舍沿岗呈块状分布，居民 22 户、63 人。

叶姓从龟湖分迁于此，今多叶姓。

西山 Xīshān 位于居委会驻地西北 1.6 千米处，因处龟湖西面山坡得名。房舍沿山坡呈点状分布，居民 6 户、20 人。

董姓清中叶从戬洲下武垟（今属三魁镇）迁此，今多董姓。

竹坪 Zhúpíng 位于居委会驻地西偏北 1.7 千米处。古人在附近荒坪搭篷伐竹，得名“竹篷”，后以音改为“竹坪”。房舍沿山坳呈块状分布，居民 15 户、50 人。

叶姓上祖叶伯安清中叶从三魁叶瑞垟村迁此，今多叶姓。

秀溪岭 Xiùxīlǐng 位于居委会驻地西北 2.53 千米处。该地小溪旁有峻岭“小溪岭”，后以音雅化为“秀溪岭”，村以岭名。房舍沿山坡呈块状分布，居民大多迁至龟湖，今居 10 户、35 人。

王姓从龟湖迁此，今多王姓。

徐家山 Xújiāshān 位于居委会驻地西北 2.9 千米处，因徐姓于此山肇基得名。房舍沿山坡呈块状分布，居民 51 户、183 人。

徐姓明中叶迁此，今多徐姓。

田乾 Tiánqián 位于居委会驻地西 3.3 千米处。房舍沿山坡呈块状分布，居民大多迁往龟湖，今居 8 户、32 人。

该村庄黄山岗有明代银矿旧址，自左至右斜向上方排列 7 个矿洞，又称“七洞门”，洞壁采银遗痕犹存。

叶姓晚清从外岗迁此，今多叶姓。

黄丘岗 Huángqiūgǎng 位于居委会驻地西偏北 3.4 千米处。山多黄土，得名“黄土岗”，后称“黄丘岗”，村以岗名。房舍沿岗呈点状分布，居民 6 户、20 人。

叶姓清中叶从龟湖迁此，今多叶姓。

长坝头 Chángbàtóu 位于居委会驻地西北 3.5 千米处。该地溪中旧有一座长水坝，村处其上侧，故名。房舍沿山坡呈带状分布，居民大多已迁至龟湖村、罗阳，今居 3 户、13 人，均畲族。

雷姓上祖雷应魁清前叶从仕阳镇漈头仔迁此，今多雷姓。

第三节 街路弄巷

仕兴路 Shìxīng Lù 位于仕阳镇溪东村。寓仕阳兴旺之意命名。南起仕阳大桥，北至三角埕，长 500 米，宽 8 米，混凝土路面。沿途有仕阳信用社、仕阳镇人民政府、农业银行营业厅等单位。1994 年建成。

沙江路 Shājiāng Lù 位于仕阳镇溪东村。以路边溪中多沙得名。南起三角埕，北至东交线，长 400 米，宽 5 米，混凝土路面，建于 1997 年。

仕小路 Shìxiǎo Lù 位于仕阳镇溪东村，因通往仕阳镇中心小学得名。东起满福路，西至仕阳镇中心小学，长 300 米，宽 3 米，混凝土路面，建于 2002 年。

满福路 Mǎnfú Lù 位于仕阳镇溪东村。原名库满底，后更名满福路，寓意一切顺利。东起东交线和上沙江路接口，西至仕阳车站，长 760 米，宽 6 米，混凝土路面，建于 1958 年。

上沙江路 Shàngshājiāng Lù 位于仕阳镇溪东村。以处上沙江得名。东起东交线和满福路接口，西至仕阳车站，长 740 米，宽 14 米，混凝土路面，建于 2002 年。

邮兴路 Yóuxīng Lù 位于仕阳镇溪东村。以处邮电局旁得名。南起电信局，北至老仕兴路，长 250 米，宽 5 米，混凝土路面，建于 1997 年。

兴江路 Xīngjiāng Lù 位于仕阳镇溪东村。以紧挨仕兴路得名。南起电信局，北至老仕兴路，长 200 米，宽 5 米，混凝土路面，建于 1997 年。

店坪街 Diànpíng Jiē 位于仕阳镇溪东村，以旧时店铺集中得名。该路清中叶已有，解放后重修。南起仕水矴步，北至仕兴路，长 150 米，宽 2.5~3 米，混凝土路面。

清泉巷 Qīngquán Xiàng 位于仕阳镇溪东村。以巷子里的两口水井得名。东起电影院，南起止仕兴路，长 250 米，宽 2 米，混凝土路面，建于 1996 年。

学仕巷 Xuéshì Xiàng 位于仕阳镇溪东村。以处中心小学旁得名。西起电影院，东止粮管所，长 200 米，宽 2.5 米，混凝土路面，建于 1996 年。

粮管所弄 Liángguǎnsuǒ Lòng 位于仕阳镇溪东村，以粮管所驻此得名。南起仕阳大桥，北至粮管所，长 95 米，宽 4 米，混凝土路面，建于 1958 年。

底垟路 Dǐyáng Lù 位于仕阳镇溪东村，以仕底线得名。西起仕阳桥，东至仕底线，长 400 米，宽 12 米，混凝土路面，建于 1996 年。

阳荣路 Yángróng Lù 位于仕阳镇溪东村。以处朝阳与荣西公路得名。东起仕阳大桥，西至朝阳村，长 1200 米，宽 8 米，混凝土路面，建于 1978 年。

龟福路 Guīfú Lù 位于仕阳镇龟湖村。以龟湖村至东交线（为文福安公路一段）得名。南起龟湖路和神奇街接口，北至东交线，长 1000 米，宽 8 米，混凝土路面，1994 年 6 月建成。

龟泰路 Guītài Lù 位于仕阳镇龟湖村。以龟湖至泰顺公路而得名。南起三角埕，北至东交线和龟富路接口，长 550 米，宽 6 米，混凝土路面，建于 1994 年。

龟湖路 Guīhú Lù 位于仕阳镇龟湖村。以处龟湖村中心得名。东起龟泰路，西至龟福路，长 218 米，宽 12 米，混凝土路面，建于 1994 年。

奇神街 Qíshénjiē 位于仕阳镇龟湖村。原为水田"奇神丘"，故名。南起龟泰路，北至龟湖路，长 150 米，宽 5 米，混凝土路面，建于 1979 年。

三魁镇

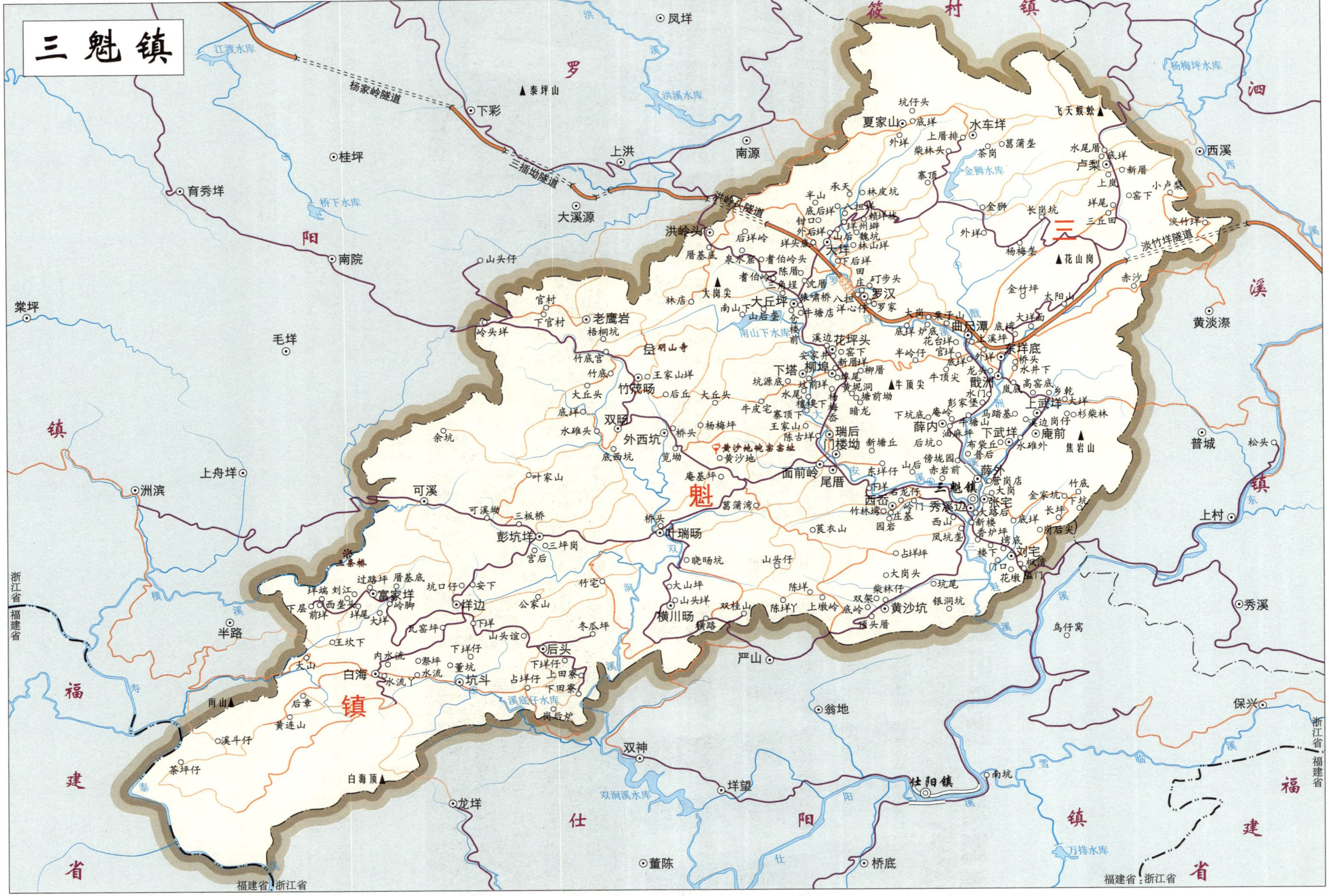
筱村镇
泗
溪
罗
阳
镇
福
建
省
仕
阳
镇
福
建
省
三
魁
镇
三魁镇
仕阳镇
凤垟
江渡水库
杨家岭隧道
下彩
泰坪山
桂坪
育秀垟
上洪
南源
洪溪水库
桥下水库
三插坳隧道
大溪源
洪岭头隧道
洪岭头
南院
山头仔
棠坪
毛垟
上舟垟
洲滨
半路
可溪
龙垟
董陈
双神
双涧溪水库
坪望
桥底
翁地
严山
南坑
保兴
秀溪
乌仔窝
万排水库
上村
普城
松头
黄淡漈
西溪
杨梅坪水库
淡竹垟隧道
淡竹垟
赤沙
夏家山
水车垟
飞天蜈蚣
卢梨
花山岗
金狮水库
罗汉
大垟
大丘坪
老鹰岩
南山下水库
曲尺潭
东垟底
花坪头
柳埠
下塔
戬洲
上武垟
下武垟
庵前
薛内
瑞后
门楼坳
薛外
张宅
刘宅
秀溪边
西岙
面前岭
尾厝
竹贷旸
双旸
外西坑
叶瑞旸
横川旸
黄沙坑
彭坑垟
富家垟
垟边
后头
坑斗
白海
黄沙地碗窑窑址
明山寺
牛顶尖
焦岩山
白海顶
南山
溪底仔水库
浙江省
福建省
福建省 浙江省

百福康旅　活力三魁
抢抓机遇　务实创新　担当敢为　勇立魁
倡导安全放心消费
泰顺县三魁镇
行政便民服务中心
泰顺县三魁镇人民政府
中国共产党泰顺县三魁镇委员会

三魁镇人民政府

第九章 三魁镇 Sānkuí Zhèn

第一节 概 述

三魁镇位于泰顺县西南部，行政区划代码 330329108。镇人民政府驻张宅村魁中路 9 号，海拔 435 米，在泰顺县城东南 26.2 千米。赵垟尖、西岙尖、牛顶尖三峰巍峨耸立，故称“三魁”。地理位置北纬 27°21′00″～27°31′42″，东经 119°44′08″～119°57′55″；辖区东西最大距离 22.02 千米，南北最大距离 19.7 千米。东接泗溪镇，南连仕阳镇，西南界福安市范坑乡，西北邻罗阳镇，北连筱村镇。总面积 180.2 平方千米。其中陆地 178.1 平方千米，水域 2.1 平方千米。居民 15494 户、47837 人。人口中汉族 45649 人；畲、苗等 15 个少数民族共 3836 人，其中畲族 2093 人，苗族 120 人。

全镇辖张宅、秀溪边、薛内、薛外、西岙、刘宅、黄沙坑、卢梨、夏家山、水车垟、柳埠、花坪头、大垟、洪岭头、大丘坪、罗汉、下塔、戳洲、曲尺潭、东垟底、上武垟、庵前、下武垟、面前岭、尾厝、老鹰岩、竹茂旸、外西坑、瑞后、双旸、门楼坳、叶瑞旸、横川旸、垟边、彭坑垟、可溪、富家垟、后头、白海、坑斗等 40 个行政村及燕水路居民区。下设 577 个村民小组、10 个居民小组。

三魁镇域明代泰顺建县前分属平阳归仁乡四十都、瑞安县义翔乡，建县后分属四、五、六、七都；清时属四、五、六、七都。民国 24 年（1935 年）分属双宅、双溪、积炉、大安、后垟、武垟、戳洲、峡屿、瑞阳、西岩、瀛滨、富家垟等乡；民国 27 年（1938 年）双宅、双溪、武垟、戳洲 4 乡并为三魁乡，积炉乡撤销，其地分别划入西凤翔、东溪乡；大安、后垟、峡屿乡及瑞阳乡叶瑞阳村并为大安乡，富家垟乡及环罗乡的余坑、可溪村并入瀛滨乡。民国 27 年（1946 年）瀛滨乡与罗阳区的洲岭乡并为洲滨乡。

1949 年 9 月，三魁镇域分设三魁、洲滨、大安乡。1949 年 12 月从洲滨乡析建瀛滨乡，为今三魁镇境。1951 年 6 月三魁乡析置战州乡，大安乡析置峡屿乡；是年 12 月以洪村、西凤翔地析建夏炉乡。1952 年 4 月三魁乡析置刘黄乡，大安乡析置大洋乡，战州乡析置武垟乡；峡屿乡分为西洋、屿洋乡，瀛滨乡分为洋溪、坑石乡及路洋乡一部分。1956 年刘黄、武垟、战州乡并入三魁乡，是年 12 月复析建战州乡，大洋乡并入大安乡，屿旸乡并入西洋乡，坑石乡及路洋乡一部分并入洋溪乡，仍保留夏炉乡，均属大安区。

1958 年实行人民公社体制，今三魁镇分设三魁、大安、夏炉、战州、西洋、洋溪生产大队，属大安公社，次年生产大队改称管理区。1962 年 1 月，上述管理区改为公社，隶属大安区；1983 年夏炉正名为“夏卢”，战州正名为“戳洲”，西洋正名为“西旸”。

1984 年 8 月上述公社复改为乡，同时大安区改为三魁区。1985 年 5 月三魁乡改设三魁镇。1992 年戳洲乡、夏卢乡并入三魁镇。1996 年 12 月西旸乡改为镇，2011 年 4 月西旸镇、大安乡、垟溪乡 3 个乡并入三魁镇。

锦水、秀水、武水三溪流穿全境。全镇耕地面积 1571 公顷。粮食作物主要为水稻、番薯、马铃薯，油料作物主要为油菜，蔬菜种植也是种植业重要内容。畜牧业主要饲养生猪、羊、牛。蔬菜种植面积 504 公顷。生猪饲养量 5082 头，羊饲养量 3639 只；2011 年农业总产值 1.2 亿元。三魁自古多能工巧匠，是泰顺著名的“建筑之乡”；大安、西旸一带高岭土资源丰富，历史上制瓷制陶业很发达。工业以加工制造及建筑材料为主，2011 年工业总产值 1.7 亿元。

全镇有县乡级公路 3 条，境内路段总长 11.3 千米。镇区有自来水厂 1 座， 35 千伏变电所 1 座。镇区建有花坛 10 处，面积共约 20 公顷。全镇有幼儿园 14 所、小学 8 所、初中 3 所、普通高中 1 所；泰顺县第二中学、西旸中学均在镇内。有医疗卫生机构 15 所，包括泰顺县第二人民医院。

1992 年重新认定革命老区，三魁镇、垟溪乡、西旸乡、大安乡均被认定为革命老区乡镇。该镇被命名为“浙江省生态示范文明镇”“温州市教育强镇”。

第二节 群众自治组织 居民点

张宅村 Zhāngzhái Cūn

行政村。位于三魁镇东部，村委会驻地张宅，在镇人民政府驻地东 0.2 千米处。由原张宅、金家坑、塔头 3 村合并组建，以村委会驻地张宅命名。东至泗溪镇，西邻西岙村，南接秀溪边村，北连薛外村。面积 5.61 平方千米，居民 769 户、2174 人。辖 18 个村民小组，有张宅、大岗、外塔、底塔、金家坑、竹底、岗后尖、长坪、下坑 9 个自然村。经济以农业为主，茶叶为重要农产品。

原张宅村解放初至 1958 年均属三魁乡，1956 年建农业生产合作社取名“红新”；原金家坑村解放初属三魁乡，1952 年属刘黄乡，1956 年属三魁乡；原塔头村解放初属洪村乡，1951 至 1958 年属夏炉乡。1958 年张宅、金家坑村合建张宅生产队，属大安公社三魁生产大队；塔头村建立塔头生产队，属大安公社夏炉生产大队。1959 年 2 月分别属大安公社三魁管理区、夏炉管理区；1961 年 9 月张宅生产队分设张宅、金家坑 2 生产大队，属新建的三魁公社，塔头生产大队属新建的夏炉公社（1983 年“夏炉”正名为“夏卢”）。1984 年 5 月分别改为张宅、金家坑、塔头行政村，张宅、金家坑村属三魁乡，塔头村属夏卢乡。1992 年 5 月三魁乡改镇，夏卢乡并入三魁镇。

2004 年原张宅、金家坑、塔头 3 村合并组建新的张宅村。

张宅 Zhāngzhái 张宅村村委会及三魁镇人民政府驻地。古称“龟岩”，张姓聚居后改称“张宅”。房舍沿锦溪呈块状分布，居民 580 户、1610 人。

张氏上祖张廷厚宋建炎年间（1127—1130 年）从西旸峡屿迁此，今多张姓。

大岗 Dàgǎng 位于村委会驻地东北 0.2 千米处，因附近较大山岗得名。房舍沿岗呈块状分布，居民 21 户、54 人。

张姓从张宅分迁于此，今多张姓。

外塔 Wàitǎ 位于村委会驻地北偏西 10.5 千米处，因处底塔外侧得名。房舍沿山坡呈块状分布，居民 30 户、104 人。

陶姓清中叶从下洪迁此，今多陶姓。

底塔 Dǐtǎ 位于村委会驻地北偏西 10.8 千米处。当地山形似塔，村居山坳里侧，故名。房舍沿山坡呈块状分布，居民 35 户、108 人。

郑姓清中叶从下洪迁此，今多郑姓。

金家坑 Jīnjiākēng 位于村委会驻地东 1.8 千米处。因附近小溪“金家坑”得名。房舍沿山坡呈点状分布，居民 25 户、96 人。

金姓较早居此，今多金姓。

竹底 Zhúdǐ 位于村委会驻地东 2.1 千米处。旧时该地竹林茂密，村居其里，故名。房舍沿山坡呈点状分布，居民 41 户、134 人。

刘姓从上武垟迁此，今多刘姓。

岗后尖 Gǎnghòujiān 位于村委会驻地东南 1.4 千米处，因处岗尖北面得名。房舍沿山坡呈点状分布，居民 7 户、20 人。

刘姓晚清从刘宅迁此，今多刘姓。

长坪 Chángpíng 位于村委会驻地东南 1.6 千米处，因处较长山坪得名，开成田丘后又称“长丘下”。房舍沿山坡呈点状分布，居民 25 户、82 人。

吴姓清中叶从东垟底迁此，今多吴姓。

下坑 Xiàkēng 位于村委会驻地东偏南 2.1 千米处，因村庄下侧小溪“下坑”得名。房舍沿小溪呈点状分布，居民 4 户、11 人。

骆姓清中叶从福建汀州迁此，今多张姓。

秀溪边村 Xiùxībiān Cūn

行政村。位于三魁镇东南部，村委会驻地秀溪边，在镇人民政府驻地西南 0.2 千米处。2004 年由原秀溪边、坑尾、占垟 3 村合并组建，以村委会驻地秀溪边命名。东偏北至张宅村，西邻西岙村，南偏东接刘宅村，北偏西连薛外村。面积 4.10 平方千米，居民 627 户、1896 人，其中畲族 4 人。辖 19 个村民小组，有秀溪边、大路后、新楼、大岗头、旗杆底、司底垟、顶头厝、坑尾、西山、牌坊、凤坑垄、漈面、占垟 13 个自然村。经济以农业、林业为主的多种经营，茶叶亦为重要产业。

原秀溪边村解放初至 1958 年属三魁乡；原坑尾、占垟村解放初属三魁乡；1952 年属刘黄乡，1956 年属三魁乡。1958 年分别建立秀溪边、占洋生产队，坑尾村为黄沙坑生产队一部分，均属大安公社三魁生产大队；1959 年 2 月属大安公社三魁管理区；1961 年 9 月改为秀溪边、占洋生产大队，并从黄沙坑生产队析建坑尾生产大队，均属三魁公社。1984 年 5 月改为秀溪边、坑尾、占垟行政村，属三魁乡；1992 年 5 月属三魁镇。

2004 年原秀溪边、坑尾、占垟 3 村合并组建新的秀溪边村。

秀溪边 Xiùxībiān 秀溪边村村委会驻地。因临小溪得名“小溪边”，后以山清水秀雅化为“秀溪边”。房舍沿老泰分公路呈块状分布，居民 505 户、1525 人。附近汽车站边形成小聚落，习称“车站边”。

邱姓上祖邱开泰、邱明生清康熙三十一年（1692 年）从福建汀州上杭县迁此，今多邱、张姓。

大路后 Dàlùhòu 位于村委会驻地东南 0.3 千米处，古因处于交通要道后侧得名。房舍沿旧泰分公路呈块状分布，居民 20 户、65 人。

邱姓从秀溪边分迁于此，今多邱姓。

新楼 Xīnlóu 位于村委会驻地东南 0.4 千米处。村庄之建较老屋晚，故名。房舍沿旧泰分公路呈块状分布，居民 15 户、53 人。

张姓晚清从张宅迁此，今多张姓。

大岗头 Dàgǎngtóu 位于村委会驻地西南 2.25 千米处，因处大山岗上侧得名。房舍沿山坡呈点状分布，居民 15 户、50 人。

陈姓清中叶从黄沙坑分迁于此，今多陈姓。

旗杆底 Qígāndǐ 位于村委会驻地南 0.2 千米处。旧有村人获功名所立旗杆，故名。房舍沿 331 省道呈块状分布，居民 62 户、207 人。

邱姓较早居此，今多邱姓。

司底垟 Sīdǐyáng 位于村委会驻地南 0.3 千米处。因处古时三魁巡检司里侧，得名“司底垟”，曾讹为“寿底垟”。房舍沿山坡呈块状分布，居民 10 户、35 人。三魁巡检司明洪武初设，隆庆二年（1568 年）裁。

邱姓清中叶从秀溪边迁此，今多邱姓。

顶头厝 Dǐngtóucuò 位于村委会驻地南 0.4 千米处，因房屋建于当地最上坡得名。房舍沿小溪呈块状分布，居民 15 户、50 人。

邱姓从秀溪边分迁于此，今多邱姓。

坑尾 Kēngwěi 位于村委会驻地南偏西 1.9 千米处，因处黄沙坑下游得名。房舍沿山坡呈块状分布，居民 90 户、276 人，其中畲族 4 人。

邱姓从秀溪边分迁于此，张姓晚清从张宅迁此。今多邱、张姓，畲族蓝姓。

西山 Xīshān 位于村委会驻地西南 0.3 千米处，因处秀溪边村西面山腰得名。房舍沿山坡呈块状分布，居民 10 户、35 人。

邱姓晚清从附近司底垟迁此，今多邱姓。

牌坊 Páifāng 位于村委会驻地西南 0.4 千米处，因村内有座百岁牌坊得名。房舍沿溪呈点状分布，居民 10 户、35 人。清道光二十年（1841 年），村内邱士琳妻赖氏 102 岁，官府拨帑建该牌坊，以旌人瑞。

邱姓清中叶从秀溪边分迁于此，今多邱姓。

凤坑垄 Fèngkēnglǒng 位于村委会驻地南偏西 0.5 千米处。当地小溪形似凤凰飞来，得名“凤坑”，村处溪边，故名。房舍沿山坡呈块状分布，居民 10 户、35 人。

邱姓从秀溪边分迁于此，今多邱姓。

漈面 Jìmiàn 位于村委会驻地西 0.5 千米处，因处小瀑布上侧得名。房舍沿山坡呈块状分布，居民 16 户、93 人。

邱姓从秀溪边分迁于此，温姓晚清从垟边迁此，今多温、邱姓。

占垟 Zhànyáng 位于村委会驻地西南 2 千米处。因詹姓所居原称“詹垟”，后以音转为“占垟”。房舍沿山坡呈条状分布，居民 62 户、125 人。

初居詹姓，陈姓从黄沙坑分迁于此，又有毛姓迁来，今多陈、毛姓。

薛内村 Xuēnèi Cūn

行政村。位于三魁镇中部，村委会驻地油麻坪，在镇人民政府驻地西北 2 千米处。因处大村庄薛宅之北而名“薛内”。东至下武垟村，西邻瑞后村，南接薛外村，北连戳州村。面积 2.28 平方千米，居民 258 户、725 人。辖 18 个村民小组，有油麻坪、庵岭、牛塘山、坑尾、后坑、下坑底 6 个自然村和坑仔尾扶贫点。经济以农业、林业为主，亦产茶叶。

薛内村为大村庄薛宅北片，解放初至 1958 年属三魁乡。1958 年为薛宅生产队一部分，属大安公社三魁生产大队；1959 年 2 月起属大安公社三魁管理区；1961 年 9 月从原薛宅生产队析建生产大队，因处薛宅北部，当地水口在南，故称水头为内，命名为“辥内”，属三魁公社。1984 年 5 月改为薛内行政村，属三魁乡，1992 年 5 月属三魁镇。

油麻坪 Yóumápíng 薛内村村委会驻地。旧时该地山坪主种芝麻，俗称芝麻为油麻，故名。房舍沿山坡呈块状分布，居民 35 户、100 人。

蒋姓清中叶从薛宅迁此，今多蒋姓。

庵岭Ānlǐng 位于村委会驻地东北 0.2 千米处。村旁之岭通向尼姑庵，得名“庵岭”，村以岭名。房舍沿山坡呈点状分布，居民 25 户、73 人。

薛姓清中叶从薛宅分迁于此，今多薛姓。

牛塘山 Niútángshān 位于村委会驻地东北 0.6 千米处。附近山上旧有牛塘，得名“牛塘山”，村以山名。房舍沿山坡呈块状分布，居民 50 户、146 人。

薛姓清前叶从薛宅分迁于此，今多薛姓。

坑尾 Kēngwěi 位于村委会驻地东南 0.5 千米处，因处小溪下游得名。房舍沿山谷呈块状分布，居民 45 户、135 人。

薛姓从薛宅分迁于此，今多薛姓。

后坑 Hòukēng 位于村委会驻地南 0.4 千米处，因附近小溪“后坑”得名。房舍沿山垮呈块状分布，居民 23 户、60 人。

薛姓清中叶从薛宅分迁于此，今多薛姓。

下坑底 Xiàkēngdǐ 位于村委会驻地西北 0.2 千米处，因处上坑底下侧得名。房舍沿山坡呈块状分布，居民 55 户、158 人。

薛姓清中叶从薛宅分迁于此，今多薛姓。

薛外村 Xuēwài Cūn

行政村。位于三魁镇东南部，村委会驻地薛宅，在镇人民政府驻地北 0.4 千米处。村域大多为薛宅南外侧，故名。东南至张宅村，西邻尾厝村，南接燕水居委会，北偏东连下武垟村。面积 2.13 平方千米，居民 444 户、1286 人。辖 13 个村民小组，有薛宅、营岗店、赤岩前、山后、凹丘、新厝底、垮头、傍垄园、普后 9 个自然村。经济以农业、林业为主，茶叶为重要产业。改革开放后第三产业发展迅速。

薛外村为薛宅村庄南片，解放初至 1958 年属三魁乡。1958 年为薛宅生产队一部分，属大安公社三魁大队；1959 年 2 月起属大安公社三魁管理区；1961 年 9 月从原薛宅生产队析建生产大队，因村域大多为薛宅南部，当地水口在南，称南侧为外，命名“薛外”，属三魁公社。1984 年 5 月改为薛外行政村，属三魁乡，1992 年 5 月属三魁镇。

薛宅 Xuēzhái 薛外村村委会驻地，因薛姓肇基建宅得名。房舍沿山谷呈块状分布，居民 71 户、205 人。

薛姓上祖薛晔仪后梁龙德年间（921—923 年）从平阳县南湖迁此，今多薛姓。

营岗店 Yínggǎngdiàn 位于村委会驻地东 0.1 千米处。该地山岗明景泰年间驻兵，得名“营岗”，形成市集后称“营岗店”。房舍沿锦溪呈块状分布，居民 28 户、86 人。

薛姓从薛宅分迁于此，今多薛姓。

赤岩前 Chìyánqián 位于村委会驻地西 0.9 千米处，因处赤色山岩前得名。房舍沿锦溪呈点状分布，居民 39 户、129 人。

薛姓清前叶从薛宅分迁于此，今多薛姓。

山后 Shānhòu 位于村委会驻地西 1.4 千米处，因处高山之北得名。房舍沿锦溪呈点状分布，居民 36 户、126 人。

薛姓清中叶从薛宅分迁于此，今多薛姓。

凹丘 Àoqiū 位于村委会驻地北偏西 0.2 千米处。因处山坳得名“坳丘”，后以音称为“凹丘”。房舍沿锦溪呈点状分布，居民 18 户、65 人。

薛姓北宋时从薛宅分迁于此，今多薛姓。

新厝底 Xīncuòdǐ 位于村委会驻地西北 0.3 千米处。系旧村落向下扩展分迁而成，故名。房舍沿锦溪呈块状分布，居民 19 户、52 人。

薛姓从薛宅分迁于此，今多薛姓。

垮头 Wāntóu 位于村委会驻地西北 0.3 千米处，因处山谷拐弯得名。房舍沿锦溪呈块状分布，居民 22 户、74 人。

薛姓从薛宅分迁于此，今多薛姓。

傍垄园 Bànglǒngyuán 位于村委会驻地西北 0.5 千米处，以靠近山垅得名。村居溪谷，房舍沿锦溪呈条状分布，居民 32 户、109 人。

薛姓从薛宅分迁于此，今多薛姓。

普后 Pǔhòu 位于村委会驻地西北 0.6 千米处。村居小溪边后侧，实为“浦后”，以音得名“普后”。房舍沿锦溪呈点状分布，居民 46 户、171 人。

薛姓明中叶从薛宅分迁于此，今多薛姓。

西岙村 Xī'ào Cūn

行政村。位于三魁镇中部，村委会驻地西岙，在镇人民政府驻地西南 2 千米处。以村委会驻地西岙命名。东与南至秀溪边村，西邻面前岭村，北连薛外村。面积 1.62 平方千米。居民 167 户、535 人。辖 7 个村民小组，有西岙、石龙仔、岭门、园岩、庄基、竹林垮、赤家洋 7 个自然村。经济以农业、林业为主，茶叶亦为重要产业。

解放初至 1958 年属三魁乡。1958 年建立西岙生产队，属大安公社三魁生产大队；1959 年 2 月起属大安公社三魁管理区；1961 年 9 月改为西岙生产大队，属三魁公社。1984 年 5 月改为西岙行政村，属三魁乡。1992 年 5 月属三魁镇。

西岙 Xī'ào 西岙村村委会驻地，因处张宅西向山坳得名。村北旧有北宋开宝四年（971 年）始建的涌泉寺（俗称“西岙寺”），村庄又称“寺前”。房舍沿山坡呈块状分布，居民 25 户、85 人。

薛姓清中叶从薛宅分迁于此，今多薛姓。

石龙仔 Shílóngzǐ 位于村委会驻地东北 0.3 千米处。附近山坡有石似龙，故名。房舍沿山谷呈块状分布，居民 10 户、32 人。

薛姓清中叶从薛宅分迁于此，今多薛姓。

岭门 Lǐngmén 位于村委会驻地东北 0.6 千米处。当地山岭如门，故名。房舍沿山坡呈块状分布，居民 21 户、110 人。

郑姓清前叶从福安县罗松迁此，后有林姓迁此，今多薛姓。

园岩 Yuányán 位于村委会驻地南 0.2 千米处。当地有圆形巨石，得名“圆岩”，村以岩名，后讹作“园岩”。房舍沿山坡呈块状分布，居民 18 户、136 人。

薛姓清中叶从薛宅分迁于此，今多薛姓。

庄基 Zhuāngjī 位于村委会驻地西南 0.2 千米处。系古时田庄之基，故名。房舍沿山坡呈块状分布，居民 10 户、34 人。

林姓从水车垟分迁于此，今多林姓。

竹林塆 Zhúlínwān 位于村委会驻地西南 0.2 千米处。地处山塆，旧多毛竹，故名。房舍沿山塆呈块状分布，居民 70 户、230 人。

吴姓明末从戳洲迁此，薛姓从薛宅分迁于此，今多薛姓。

赤家洋 Chìjiāyáng 位于村委会驻地西 0.6 千米处。房舍沿山坡呈点状分布，居民 5 户、26 人。

薛姓从薛宅分迁于此，今多薛姓。

刘宅村 Liúzhái Cūn

行政村。位于三魁镇东南部，村委会驻地刘宅，在镇人民驻地东南 1.5 千米处。由原刘宅、陈垟 2 村合并组建，以村委会驻地刘宅命名。并村后成为互不相连的两片：原刘宅村片，东南邻仕阳镇、大龙口村，西接黄沙坑村，北连张宅村；原陈垟片，东接黄沙坑村，西邻横川旸村，北连西岙村，南邻仕阳镇严山村。面积 5.62 平方千米，居民 522 户、1692 人，其中畲族 12 人。辖 24 个村民小组，有刘宅、溪旁山、底垟、枫塆、隘门、花墩、门口、陈垟、陈垟丫、银洞坑、上墩岭、山头仔、塆底、楼下、香炉坪、傍衙 16 个自然村及刘宅开发区。经济以农业、林业为主，茶叶为重要产业，系泰顺南乡主要产茶地。

原刘宅、陈垟 2 村解放初属三魁乡，1952 年属刘黄乡；1956 年属三魁乡。1958 年分别建立刘宅、陈洋生产队，属大安公社三魁生产大队；1959年2月起属大安公社三魁管理区；1961年9月改为刘宅、陈洋生产大队，属三魁公社。1984年5月改为刘宅、陈垟行政村，属三魁乡。1992年5月属三魁镇。

2004年原刘宅、陈垟2村合并组建为新的刘宅村。

刘宅 Liúzhái 刘宅村村委会驻地。宋代称“菱阳”，明代泰顺建县后改称“高阳”，又因刘姓聚居得名“刘宅”。房舍沿山坡呈块状分布，居民242户、805人。

刘圭源出福安县白坑，明洪武二十一年（1378年）自雅阳排岭头转迁此，今多刘姓。

溪旁山 Xībàngshān 位于村委会驻地北0.1千米处。该地有山旁溪，得名“溪傍山”，村以山名。房舍沿溪谷呈点状分布，居民5户、15人。

刘姓从刘宅分迁于此，今多刘姓。

底垟 Dǐyáng 位于村委会驻地北0.8千米处，因处田垟里侧得名。房舍沿山坡呈点状分布，居民12户、42人。

刘姓从刘宅分迁于此，今多刘姓。

枫塆 Fēngwān 位于村委会驻地东南0.3千米处，因山塆旧多枫树得名。房舍沿山塆呈点状分布，居民11户、36人。

刘姓从刘宅分迁于此，今多刘姓。

隘门 Àimén 位于村委会驻地东南0.4千米处。系旧时三魁去仕阳必经之地，村南旧设关隘，故名。房舍沿山谷呈块状分布，居民61户、207人。

刘姓明中叶从刘宅分迁于此，今多刘姓。

花墩 Huādūn 位于村委会驻地西南0.2千米处，因山墩多花得名。房舍沿山坡呈点状分布，居民25户、86人。

刘姓从刘宅分迁于此，今多刘姓。

门口 Ménkǒu 位于村委会驻地西南0.4千米处。村南两山对峙似门，故称。房舍沿山岰呈块状分布，居民35户、125人。

刘姓从刘宅分迁于此，今多刘姓。

陈垟 Chényáng 位于村委会驻地西南4.1千米处，因陈姓肇基得名。房舍沿山坡呈点状分布，居民61户、205人。

初居陈姓，薛姓从薛宅分迁于此，今多薛姓。

陈垟丫 Chényángyā 位于村委会驻地西南4.7千米处。地处陈垟村西，山塆分岔，远望似“丫”字形，故名。房舍沿山坡呈点状分布，居民11户、33人。

杨姓清中叶从西旸双桂山（今属三魁镇）迁此，今多杨姓。

银洞坑 Yíndòngkēng 位于村委会驻地西南 1.7 千米处。村南有明代采银所遗山洞，洞前小溪得名银洞坑，村以坑名。房舍沿山谷呈块状分布，居民 2 户、7 人，畲族。

雷姓清中叶从罗阳镇潦溪迁此，今居雷姓。

上墩岭 Shàngdūnlǐng 位于村委会驻地西南 4.0 千米处，因处“上墩岭”得名，又称“上岭”。房舍沿山坡呈点状分布，居民 6 户、20 人。

郑姓清中叶从平阳县境（今属苍南县之地）迁此，今多郑姓。

山头仔 Shāntóuzǐ 位于村委会驻地西 5.0 千米处，因系山顶小村庄得名。房舍沿山坡呈点状分布，居民 2 户、5 人，畲族。

蓝姓清中叶从陈垟迁此，今多蓝姓。

塆底 Wāndǐ 位于村委会驻地西北 0.6 千米处，因处山塆里侧得名。房舍沿山坳呈条状分布，居民 61 户、204 人。

刘姓从刘宅分迁于此，今多刘姓。

楼下 Lóuxià 位于村委会驻地西北 0.6 千米处。附近旧有田庄，村处其下，原称“庄下”，后改为“楼下”。房舍沿山坡呈块状分布，居民 2 户、5 人。

刘姓从刘宅分迁于此，今多刘姓。

香炉坪 Xiānglúpíng 位于村委会驻地西北 0.8 千米处。村旁山坪形似香炉，古为祈福之处，故称。房舍沿山坪呈块状分布，居民 15 户、50 人。

刘姓从刘宅分迁于此，今多刘姓。

傍衙 Bàngyá 位于村委会驻地西北 0.38 千米处。明代因焦溪银矿开采，村旁设有官衙，故名，老地名志记作“磅衙”。原分上傍衙、下傍衙，下傍衙又称“下南店”。房舍沿山坡呈块状分布，居民 15 户、50 人。

薛姓明末从薛宅分迁于此，今多薛姓。

刘宅开发区 Liúzháikāifāqū 位于村委会驻地南 0.2 千米处。地处刘宅，为新建的开发区，故名。居民 170 户、520 人，系原陈垟、刘宅等地迁来。

黄沙坑村 Huángshākēng Cūn

行政村。位于三魁镇南部，村委会驻地黄沙坑，在镇人民政府驻地西南 3.4 千米处。以村委会驻地黄沙坑命名。东至刘宅村，西南邻仕阳镇严山村，南接仕阳镇赵垟村，北连西岙村面积 2.81 平方千米，居民 357 户、1115 人。辖 14 个村民小组，有黄沙坑、柴林仔、宫前、瓦厝下、顶头厝、底岭、双架 7 个自然村。经济以农业、林业为主，茶叶亦为重要产业。

解放初属三魁乡，1952年属刘黄乡，1956年复属三魁乡。1958年建立黄沙坑生产队，属大安公社三魁生产大队；1959年2月起属大安公社三魁管理区；1961年9月改为黄沙坑生产大队，属三魁公社。1984年5月改为黄沙坑行政村，属三魁乡，1992年5月属三魁镇。

黄沙坑 Huángshākēng 黄沙坑村村委会驻地，因村边小溪“黄沙坑”得名，包括小聚落“龙泉坑”。房舍沿山谷呈块状分布，居民201户、783人。

陈姓明永乐元年（1403年）从寿宁县鳌阳三峰寺迁此，李国玉清康熙年间从平阳县矾山镇华阳村半角湾迁此，乾隆年间迁往竹里。今多陈姓。

柴林仔 Cháilínzǐ 位于村委会驻地东北0.2千米处。旧为杂林中的小村庄，故名。房舍沿山岗呈块状分布，居民25户、83人。

陈姓清中叶从黄沙坑分迁于此，今多陈姓。

宫前 Gōngqián 位于村委会驻地东0.1千米处。村北旧有宫庙，故名。房舍沿山谷呈块状分布，居民35户、115人。

陈姓清中叶从黄沙坑分迁于此，今多陈姓。

瓦厝下 Wǎcuòxià 位于村委会驻地西南0.3千米处。旧处一幢瓦房下侧，故名。房舍沿山谷呈块状分布，居民25户、93人。

陈姓从黄沙坑分迁于此，今多陈姓。

顶头厝 Dǐngtóucuò 位于村委会驻地西南0.4千米处，因处当地较高位置得名。房舍沿山坡呈点状分布，居民20户、75人。

陈姓清中叶从黄沙坑分迁于此，今多陈姓。

底岭 Dǐlǐng 位于村委会驻地西0.3千米处，因处山岭底部得名。房舍沿山塆呈点状分布，居民15户、52人。

陈姓清中叶从黄沙坑分迁于此，今多陈姓。

双架 Shuāngjià 位于村委会驻地西北0.2千米处。房舍沿山岗呈点状分布，居民25户、75人。

陈姓从黄沙坑分迁于此，今多陈姓。

卢梨村 Lúlí Cūn

行政村。位于三魁镇东北部，村委会驻地卢梨，在镇人民政府驻地东北13千米处。以村委会驻地卢梨命名。东至泗溪镇西溪村，西偏北邻水车垟村，南偏西接东垟底村，北连泗溪镇洲路村。面积9.94平方千米，居民479户、1572人。辖20个村民小组，有卢梨、新厝、窑下、小卢梨、淡竹垟、垟尾、三丘田、上岚、底垟、水尾厝10个自然村。经济以农业、林业为主，茶叶亦为重要产业。

解放初属西凤翔乡；1951 至 1958 年属夏炉乡。1958 年建立卢梨生产队，属大安公社夏炉生产大队，1959 年 2 月起属大安公社夏炉管理区；1961 年 9 月改为卢梨生产大队，属夏炉公社。1984 年 5 月改为卢梨行政村，属夏卢乡；1992 年 5 月夏卢乡撤销，并入三魁镇。1992 年重新认定革命老区，卢梨村被认定为革命老区村。

卢梨 Lúlí 卢梨村村委会驻地。因卢姓肇基得名“卢来”，后以音转为“卢梨”。房舍沿山谷呈块状分布，居民 104 户、 382 人。

吴姓清初从库村漈头迁此，今多吴姓。

新厝 Xīncuò 位于村委会驻地东南 0.3 千米处。因系旧屋扩展而成，故名。房舍沿山坡呈块状分布，居民 46 户、177 人。

吴姓乾隆五十年（1785 年）从卢梨分迁于此，今多吴姓。

窑下 Yáoxià 位于村委会驻地东南 0.7 千米处。旧有瓷窑，村居其下，故名。房舍沿山坡呈点状分布，居民 9 户、13 人。

吴姓从卢梨分迁于此，今多吴姓。

小卢梨 Xiaolúlí 位于村委会驻地东南 1.4 千米处。该地之山旧属卢梨村吴姓，萧姓迁此后，加上“萧”之谐音，改名“小卢梨”。房舍沿山坡呈点状分布，居民 34 户、118 人。

萧姓从平阳迁此，王姓清中叶从罗阳砂堤迁此，今多王姓。

淡竹垟 Dànzhúyáng 位于村委会驻地东南 2.5 千米处。旧多淡竹，得名“淡竹垟”，又称“单竹垟”。房舍沿山坡呈点状分布，居民 37 户、143 人。

吴姓清中叶从卢梨分迁于此，今多吴姓。

垟尾 Yángwěi 位于村委会驻地南 0.5 千米处，因处田垟下侧得名。房舍沿山坡呈点状分布，居民 56 户、175 人。村旁有卢梨寺，又称崇教寺，始建于北宋政和元年（1111 年），是泰顺名刹。

吴姓上祖吴承柏清中叶从卢梨大厝基迁此，今多吴姓。

三丘田 Sānqiūtián 位于村委会驻地南 1.1 千米处。村庄前旧有三块田丘，故名。房舍沿山坡呈点状分布，居民 21 户、76 人。

吴姓从卢梨分迁于此，今多吴姓。

上岚 Shànglán 位于村委会驻地南 0.2 千米处。位置较高，树木茂盛多山雾，故名。房舍沿山塆呈点状分布，居民 26 户、104 人。

吴姓从卢梨分迁于此，今多吴姓。

底垟 Dǐyáng 位于村委会驻地北偏西 0.2 千米处。因处田垟里侧得名。房舍沿山塆呈点状分布，居民 137 户、487 人。

吴姓清中叶从卢梨分迁于此，今多吴姓。

水尾厝 Shuǐwěicuò 位于村委会驻地北偏西 0.3 千米处，因处小溪下游得名。房舍沿小溪呈块状分布，居民 45 户、172 人。

吴姓从卢梨分迁于此，今多吴姓。

夏家山村 Xiàjiāshān Cūn

行政村。位于三魁镇北部，村委会驻地外垟，在镇人民政府驻地北 8.8 千米处。以当地的夏家山命名。东至水车垟村，西邻罗阳镇道观后村，南偏西接大垟村，北连筱村镇。面积 4.04 平方千米，居民 173 户、517 人。辖 8 个村民小组，有外垟、底垟、坑仔头 3 个自然村。经济以农业、林业为主，茶叶亦为重要产业。

解放初属洪村乡，1951 至 1958 年属夏炉乡。1958 年建立夏家山生产队，属大安公社夏炉生产大队，1959 年 2 月起属大安公社夏炉管理区；1961 年 9 月改为夏家山生产大队，属夏炉（后正名为夏卢）公社。1984 年 5 月改为夏家山行政村，属夏卢乡。1992 年 5 月夏卢乡撤销，并入三魁镇。1992 年重新认定革命老区，该村被认定为革命老区村。

外垟 Wàiyáng 夏家山村村委会驻地，因处这一带外侧得名。房舍沿山岗呈块状分布，居民 103 户、301 人。

陶姓清中叶从下洪迁此，今多陶姓。

底垟 Dǐyáng 位于村委会驻地东北 0.3 千米处，因处这一带里侧得名。房舍沿小溪呈块状分布，居民 36 户、110 人。

陶姓清中叶从下洪迁此，今多陶姓。

坑仔头 Kēngzǐtóu 位于村委会驻地东北 0.5 千米处，因处小溪源头得名。房舍沿山坡呈点状分布，居民 34 户、106 人。

陶姓上祖陶正少清中叶从下洪迁此，后有郑姓迁来，今多陶姓。

水车垟村 Shuǐchēyáng Cūn

行政村。位于三魁镇北部，村委会驻地上厝排，在镇人民政府驻地北 8.4 千米处。以组建时的村委会驻地水车垟命名。东偏南至卢梨村，西邻夏家山村，南接曲尺潭村，北连筱村镇。面积 5.03 平方千米，居民 204 户、583 人。辖 10 个村民小组。有上厝排、水车垟、茶岗、菖蒲垄、柴林头、寨顶 6 个自然村。经济以农业、林业为主，茶叶生产亦为重要产业。

解放初属洪村乡，1951 年起属夏炉乡。1958 年建立水车洋生产队，属大安公社夏炉生产大队；1959

年2月起属大安公社夏炉管理区；1961年9月改为水车洋生产大队，属夏炉公社。1984年5月改为水车垟行政村，属夏卢乡。1992年5月夏卢乡撤销，并入三魁镇。1992年重新认定革命老区，水车垟村被认定为革命老区村。

上厝排 Shàngcuòpái 水车垟村村委会驻地，因村庄位置较高而得名。房舍沿山坪呈点状分布，居民151户、430人。

林姓清中叶从水车垟分迁于此，今多林姓。

水车垟 Shuǐchēyáng 在村委会驻地东北0.1千米处。村前之山形似水车，故名。房舍沿山坳呈块状分布，居民30户、85人。

林姓上祖林天赐清中叶从平阳迁此，今多林姓。

茶岗 Chágǎng 位于村委会驻地东南0.4千米处。旁之山岗多茶树，得名“茶岗”，村以岗名。房舍沿山坡呈点状分布，居民31户、98人。

林姓清中叶从水车垟分迁于此，今多林姓、郑姓。

菖蒲垄 Chāngpúlǒng 位于村委会驻地东南0.8千米处。当地一山似象鼻下伸，得名“象朴垄”，后以方言音转为“菖蒲垄”。房舍沿山谷呈块状分布，居民4户、12人。

郑姓上祖郑伟厚清前叶从三魁坡后村迁此，今多郑姓。

柴林头 Cháilíntóu 位于村委会驻地西南0.5千米处。村居杂林上坡，方言称杂树为“柴”，故名。房舍沿山坡呈点状分布，居民20户、65人。

林姓上祖林延瑜清乾隆七年（1742年）从平阳县双屿门迁此，今多林姓。

寨顶 Zhàidǐng 位于村委会驻地西南1.5千米处，因该地下侧古时设寨得名。房舍沿山坡呈点状分布，居民18户、50人。

王姓上祖王家才明末从大安下后垟迁此，后又有齐姓迁来，今多齐姓。

大安 Dà'ān

片村，位于三魁镇中部，镇人民政府驻地西北4.2千米处。相传古有叛寇在洪岭头烧掠，此村幸免于难，村民为庆平安，乃名“大安”。明时曾改称“前洋”，清初复名"大安"。原大安乡人民政府及原柳厝、埠尾、花坪头村村委会曾驻村庄内，今村庄包含柳埠村、花坪头村地域。居民702户、共1736人。

柳埠村 Liǔbù Cūn

行政村。位于三魁镇中部，村委会驻地坟前垟，在镇人民政府驻地西北4.5千米处。由原柳厝、埠尾、南山下村三行政村合并组建，从柳厝、埠尾中各取首字命名。东至戬洲村，西邻下塔村，南接瑞后村，北连花坪头村。面积4.35平方千米，居民770户、2315人。辖30个村民小组，有坟前垟、新厝垟、安家井、柳厝、埠尾、黄泥洞、杨梅坳、暗龙、塘前坳、榅榠下、南山下11个自然村及柳埠扶贫点。经济以农业、林业为主，亦产茶叶。

原柳厝、埠尾、南山下村解放初均属大安乡，1952年属大洋乡，1956年属大安乡；1956年南山下村建农业生产合作社曾名“大丘坪”。1958年分别建立柳厝、埠尾、南山下生产队，属大安公社大安生产大队；1959年2月起属大安公社大安管理区；1961年9月改为柳厝、埠尾、南山下生产大队，属规模调整后的大安公社。1984年5月改为柳厝、埠尾、南山下行政村，属大安乡。

2004年柳厝、埠尾、南山下3村合并组建柳埠村，属大安乡。2011年4月大安乡撤销，并入三魁镇。

坟前垟 Fénqiányáng 柳埠村村委会驻地，因北面山上旧时多坟得名。房舍沿山坪呈点状分布，居民103户、316 人。今多周姓。

新厝垟 Xīncuòyáng 位于村委会驻地北0.1千米处，因周姓建新屋得名。房舍沿山谷呈块状分布，居民60户、178 人。

周姓明弘治初迁此，今多周姓。

安家井 Ānjiājǐng 位于村委会驻地北0.3千米处，古时安姓屋边深潭似井（后成田），故名。房舍沿山谷呈条状分布，居民15户、50人。

初居安姓，2000年前后柳厝、下塔、南山下、黄泥洞等地村民迁此集中建房，成为新居民点。

柳厝 Liǔcuò 位于村委会驻地东0.6千米处，因柳姓建屋得名。房舍沿山谷呈块状分布，居民171户、505人。清嘉庆以后，柳厝制陶业兴起，成为县内陶器品主要产地，产品畅销福安，寿宁等地。

柳姓较早迁此，今多柳姓。

埠尾 Bùwěi 位于村委会驻地东南0.1千米处，为大安片村南片。旧有巨石垫成的湖埠，村处其末，故名。房舍沿山谷呈块状分布，居民110户、344人。

林姓上祖林士钏明末从泗溪花园村分迁于此，郑姓清中叶从黄坭岗分迁于此，今多郑姓。

黄坭洞 Huángnídòng 位于村委会驻地东南0.5千米处，原称“黄坭岗”，后以有山洞改称“黄坭洞”。房舍沿山坡呈点状分布，居民70户、208人。

郑姓清顺治年间自温州鹿城八仙楼迁此，今多郑姓。

杨梅坳 Yángméi'ào 位于村委会驻地南0.4千米处，因村后山坳旧多野杨梅树得名。房舍沿山坳呈点状分布，居民32户、108人。

林姓上祖林祖德清初从泗溪花园村分迁于此，今多林姓。

暗龙 Ànlóng 位于村委会驻地东南0.9千米处。旧时田垅阴暗，故名。房舍沿山坳呈点状分布，村民大多已迁坟前垟，今居10户、32人。

林姓明末从泗溪花园村分迁于此，今多林姓。

塘前坳 Tángqián'ào 位于村委会驻地南 0.4 千米处。地处黄泥洞前山坳，原称“洞前坳”，后以音转为“塘前坳”。房舍沿山坳呈点状分布，居民 30 户、95 人。

林姓较早居此，1998 年前后，黄泥洞、暗龙部分村民迁此，今多林姓。

榅椇下 Wēnqiùxià 位于村委会驻地西南 0.8 千米处。原有一棵大柳杉，故名，旧为去西旸必经之地。房舍沿公路呈块状分布，居民 41 户、 124 人。

郑姓清中叶从黄垅岗分迁于此，今多郑姓。

南山下 Nánshānxià 位于村委会驻地西北 2.3 千米处，因处大岗尖南面山麓得名。房舍沿山谷呈点状分布，因建水库移民，20 多年前村民大多迁至坟前垟，今居 5 人。

柳埠村扶贫点 Liǔbùcūnfúpíndiǎn 位于村委会驻地东 0.6 千米处，2008 年柳埠村为扶助高山村落下山脱贫而建，故名。房屋 32 幢，安置 112 人。

花坪头村 Huāpíngtóu Cūn

行政村。位于三魁镇中部稍北，村委会驻地花坪头，在镇人民政府驻地西北 4.8 千米处。以村委会驻地花坪头命名。东至曲尺潭村，西邻竹茂旸，南接柳埠村，北偏西连大丘坪村。面积 2.41 平方千米，居民 421 户、887 人。辖 6 个村民小组。有花坪头、窑下、溪边 3 个自然村。经济以农业、林业为主，茶叶种植亦为重要产业。

解放初属大安乡，1952 年属大洋乡，1956 年属大安乡。1958 年建立花坪头生产队，属大安公社大安生产大队；1959 年 2 月起属大安公社大安管理区；1961 年 9 月改为花坪头生产大队，属规模调整的大安公社。1984 年 5 月改为花坪头行政村，属大安乡。2011 年 4 月大安乡撤销，并入三魁镇。

花坪头 Huāpíngtóu 花坪头村村委会驻地，为大安片村北片。地形犹如花瓶，村处上端，得名“花瓶头”，后以音转成“花坪头”。房舍沿山坡呈点状分布，居民 98 户、348 人。

张姓清中叶从福建寿宁仙峰迁此，今多陈、林姓。

窑下 Yáoxià 位于村委会驻地东 0.3 千米处。该地原有碗窑，村居其下，故名。房舍沿山谷呈点状分布，居民 112 户、338 人。

柯姓清初从平阳迁此，包姓从西旸分迁于此，今多陈、林、包姓。

溪边 Xībiān 位于村委会驻地西 0.2 千米处，因临溪得名。房舍沿溪谷呈块状分布，居民 12 户、43 人。 多陈、林姓。

大垟村 Dàyáng Cūn

行政村。位于三魁镇北部，村委会驻下后垟，在镇人民政府驻地西北7千米处。由原大岗后、下后垟、外后垟、底后垟4村合并组建，从中取“大”、“垟”两字命名。东至水车垟村，西邻洪岭头村，南接大丘坪村、罗汉村，北连夏家山村。面积8.46平方千米，居民824户、2504人，其中畲族10人。辖32个村民小组。有下后垟、山后、垟州墘、底后垟、林山垟、魏坑、八担垟、赖垟垄、承天、林皮坑、垟头底、外后垟、钳口、半山、后垟周壁、垟头岗16个自然村。经济以农业、林业为主，茶叶亦为重要农产品。原大岗后村以产优质杨梅闻名。

原大岗后、下后垟、底后垟、外后垟4村解放初均属大安乡；1952年属大洋乡，1956年属大安乡。1958年分别建立大岗后、下后洋、外后洋、底后洋生产队，属大安公社大安生产大队；1959年2月起属大安公社大安管理区；1961年9月改为大岗后、下后洋、底后洋、外后洋生产大队，属规模调整后的大安公社。1984年5月改为大岗后、下后垟、底后垟、外后垟行政村，属大安乡。1992年原底后垟、外后垟村被认定为革命老区村。

2004年原大岗后、下后垟、底后垟、外后垟4村合并组建大垟村，属大安乡。2011年4月大安乡撤销，并入三魁镇。

下后垟 Xiàhòuyáng 大垟村村委会驻地。泰顺习惯，溪坑以下游出水处为下，该地在下游出水处，故名。房舍沿溪谷呈块状分布，居民150户、552人。下后垟包括冬瓜墩、林家堂、马路岗等小聚落，马路岗又称“庵塘坪”，村委会于此办公。

缪姓清中叶从林山垟分迁于此，王姓从罗阳沙堤分迁于此，今多王、张、缪、吴姓。

山后 Shānhòu 位于村委会驻地北0.7千米处，因处寮岗山北得名。房舍沿山坡呈块状分布，居民11户、33人。

谢姓上祖谢永忠清中叶从福建汀州永定县迁此，今多谢姓。

垟洲墘 Yángzhōupì 位于村委会驻地北0.9千米处，因处垟洲山塆边得名。房舍沿山塆呈块状分布，居民20户、64人。

缪姓清中叶从林山垟分迁此，今多缪姓。

底后垟 Dǐhòuyáng 位于村委会驻地北1.3千米处。因处后垟近水头处，习称近水头为“底”，故名。房舍沿山谷呈块状分布，居民52户、165人。

缪姓清中叶从林山垟分迁于此，陶姓清中叶从夏卢迁此，今多缪、胡、陶姓

林山垟 Línshānyáng 位于村委会驻地东北0.6米处。该地山上原为森林，故名。房舍沿山坡呈点状分布，居民25户、80人。

缪姓清前叶从福建寿宁县犀溪迁此，今多缪姓。

魏坑 Wèikēng 位于村委会驻地东北0.7千米处。因村旁小溪“魏坑”（又称“渭坑”）得名。房舍

沿溪谷呈点状分布，居民 30 户、90 人。

魏姓较早迁此，缪姓从林山垟分迁于此，今多缪姓。

八担垟 Bādànyáng 位于村委会驻地东北 1.1 千米处。村旁旧有纳租谷八担之大田，故名。房舍沿溪谷呈块状分布，居民 15 户、50 人。

廖氏上祖廖吴斯清中叶从福建汀州迁此，今多廖姓。

赖垟垄 Làiyánglǒng 位于村委会驻地东北 1.2 千米处，因赖姓居此得名。房舍沿山坡呈点状分布，居民 10 户、35 人。

赖姓清中叶从戬洲彭家堡分迁于此，今多赖姓。

承天 Chéngtiān 位于村委会驻地东北 1.5 千米处。地处高山坡，梯田水源靠承接雨水，故称。房舍沿山坡呈块状分布，居民 25 户、70 人。

陶姓清中叶从夏卢迁此，今多陶姓。

林皮坑 Línpíkēng 位于村委会驻地东北 1.8 千米处。两小溪村前汇合后称“林皮坑”，村以坑名，又作“林培坑”。房舍沿溪谷呈块状分布，居民 21 户、65 人。

胡姓清中叶从罗阳迁此，今多胡姓。

垟头底 Yángtóudǐ 位于村委会驻地西 0.3 千米处，因处后垟田垟上端里侧得名。房舍沿山谷呈块状分布，居民 18 户、60 人。

周姓清前叶从罗阳洋心街迁此，今多周姓。

外后垟 Wàihòuyáng 位于村委会驻地东北 0.1 千米处。地处后垟近水口处，习惯称“外”，故名。房舍沿山谷呈块状分布，居民 61 户、206 人，其中畲族 10 人。

王姓从罗阳沙堤分迁于此；缪姓从下后垟分迁于此。今多缪、王姓。

钳口 Qiánkǒu 位于村委会驻地北偏西 0.5 千米处。该地山峦与水口相对成钳状，故名。房舍沿山谷呈点状分布，居民 41 户、124 人。

缪姓清中叶从下后垟分迁于此，今多缪姓。

半山 Bànshān 位于村委会驻地西北 1.5 千米处，因处半山腰得名。房舍沿山坡呈块状分布，居民 5 户、15 人。

王姓从附近村庄分迁于此，今多王姓。

后垟周壁 Hòuyángzhōubì 位于村委会驻地西北 0.8 千米。地处后垟，山岩如壁，故名。房舍沿溪流呈块状分布，居民 10 户、40 人。

缪姓清中叶从下后垟迁此，今多缪姓。

垟头岗 Yángtóugǎng 位于村委会驻地北偏西 0.4 千米，因处后垟地势高处得名。房舍沿山坡呈点状分布，居民 8 户、25 人。

周姓晚清从后垟迁此，今多周姓。

洪岭头村 Hónglǐngtóu Cūn

行政村。位于三魁镇北部，村委会驻地洪岭头，在镇人民政府驻地西北 8.6 千米处。以村委会驻地洪岭头命名。东至大垟村，西邻罗阳镇大溪源村，东南接大丘坪村，南偏西接竹茂旸村老鹰岩自然村，北连罗阳镇贝谷村。面积 3.42 平方千米，居民 165 户、504 人。辖 7 个村民小组。有洪岭头、后垟岭、泉水窟、耆伯岭头、厝基底、林店 6 个自然村。经济以农业、林业为主，茶叶亦为重要产业。

解放初属大安乡，1952 年属大洋乡，1956 年属大安乡。1958 年建立洪岭生产队，属大安公社大安生产大队；1959 年 2 月起属大安公社大安管理区；1961 年 9 月改为洪岭生产大队，属规模调整后的大安公社。1984 年 5 月改为洪岭头行政村，属大安乡。2011 年 4 月大安乡撤销，并入三魁镇。

洪岭头 Hónglǐngtóu 洪岭头村村委会驻地。村居后垟岭上侧，据传古有农民军被杀于此，血染山岭，得名“红岭头”，后以音改名“洪岭头”。房舍沿山坡呈点状分布，居民 42 户、144 人。

高姓上祖高文清初从罗阳西门迁此。今多徐、陶姓。

后垟岭 Hòuyánglǐng 位于村委会驻地东 0.5 千米处，因附近后垟岭得名。房舍沿山坡呈点状分布，居民 17 户、70 人。

陶姓清中叶从下洪迁此，今多陶姓。

泉水窟 QuánShuǐkū 位于村委会驻地东南 0.8 千米处。村南山脚有小泉井，故名。房舍沿山坳呈点状分布，居民 61 户、195 人。

陈姓清中叶从福建宁德县迁此，今多陈姓。

耆伯岭头 Qíbólǐngtóu 位于村委会驻地东南 1.2 千米处，因处耆伯岭上段得名。房舍沿山坡呈点状分布，居民 10 户、35 人。

陶姓清中叶从罗汉村迁此，今多陈、陶姓。

厝基底 Cuòjīdǐ 位于村委会驻地南 0.3 千米处，因处旧屋基里侧得名。房舍沿山坳呈块状分布，居民 41 户、154 人。

徐姓上祖徐友心清中叶从贝谷迁此，今多徐姓。

林店 Líndiàn 位于村委会驻地南偏西 1.6 千米处，相传因林姓在此设店得名。房舍沿山坡呈块状分布，居民 17 户、42 人。

高姓上祖高大敏清中叶从洪岭头迁此，今多高姓。

大丘坪村 Dàqiūpíng Cūn

行政村。位于三魁镇北部，村委会驻地猿啸桥，在镇人民政府驻地西北 6 千米处。这一带原有广达数十亩大田丘，人称“大丘坪”，后成地域名。东至罗汉村，西邻老鹰岩村，南接花坪头村，北偏东连大垟村。面积 3.14 平方千米，居民 384 户、1436 人。辖 12 个村民小组。有猿啸桥、陈厝、沈厝、栋头、牛塘店、仓楼前、山后垄、三角埕、耆伯岭 9 个自然村。经济以农业、林业为主，茶叶亦为重要农产品。制陶瓷为重要的家庭副业。

解放初属大安乡，1952 年属大洋乡，1956 年复属大安乡。1958 年建立大丘坪生产队，属大安公社大安生产大队；1959 年 2 月起属大安公社大安管理区；1961 年 9 月改为大丘坪生产大队，属大安公社大安管理区；1962 年属规模调整后的大安公社。1984 年 5 月改为大丘坪行政村，属大安乡。2011 年 4 月大安乡撤销，并入三魁镇。

猿啸桥 Yuánxiàoqiáo 大丘坪村村委会驻地。相传古时该地发生洪水，一猴无法过溪而大吼，宋代于此建桥，取名“猿啸桥”，村以桥名。房舍沿山谷呈块状分布，居民 31 户、103 人。

曾姓从大丘坪分迁于此，今多曾姓。

陈厝 Chéncuò 位于村委会驻地北 0.5 千米处，因陈姓居此得名。房舍沿山谷呈块状分布，居民 34 户、120 人。

陈姓较早迁此，今多陈姓。

沈厝 Shěncuò 位于村委会驻地东北 0.5 千米处，因沈姓居此得名。房舍沿山谷呈点状分布，居民 45 户、158 人。

沈姓从福建汀州上杭迁此，今多沈姓。

栋头 Dòngtóu 位于村委会驻地东南 0.2 千米处。先民为求得好风水，在田湾上筑泥坎，犹如天屋之栋，故名。房舍沿山谷呈带状分布，居民 51 户、179 人。

曾姓清中叶从附近牛塘店迁此，今多曾姓。

牛塘店 Niútángdiàn 位于村委会驻地东南 0.2 千米处。旧有小店，店旁有水塘供牛栖歇，故名。房舍沿山谷呈点状分布，居民 52 户、183 人。

曾姓从大丘坪分迁于此，今多曾姓。

仓楼前 Cānglóuqián 位于村委会驻地西 0.3 千米处，古时因处仓楼前方得名。房舍沿山谷呈点状分布，居民 6 户、 21 人。

曾姓从大丘坪分迁于此，今多曾姓。

山后垄 Shānhòulǒng 位于村委会驻地西 0.6 千米处，因处山岗北面得名。房舍沿山谷呈点状分布，居民 69 户、 242 人。

周姓清初从罗阳迁此，今多周姓.

三角埕 Sānjiǎochéng 位于村委会驻地西北 0.4 千米处，因处三岔路口得名，其附近原称大丘坪。房舍沿公路呈块状分布，居民 57 户、206 人。

曾姓清嘉庆二十四年（1819 年）迁居大丘坪，今多曾、沈、陈姓。

耆伯岭 Qíbólǐng 位于村委会驻地北偏西 0.7 千米处。村庄西北岭下古有草药医“耆伯翁”居住，得名“耆伯岭”，村以岭名，曾写作“奇伯岭”。房舍沿山谷呈点状分布，居民 78 户、273 人。

徐姓明中叶从下洪贝谷迁此，今多赖、徐姓。

罗汉村 Luóhàn Cūn

行政村。位于三魁镇中部，村委会驻地罗汉，在镇人民政府驻地西北 5.3 千米处。以村委会驻地罗汉命名。东偏南至曲尺潭村，西邻大丘坪村，南偏西接花坪头村，北偏西连大垟村。面积 1.71 平方千米，居民 247 户、785 人。辖 10 个村民小组，有罗汉、矴步头、垟心仔、田庄、八担、罗家 6 个自然村。经济以农业、林业为主。

解放初属大安乡，1952 年属大洋乡，1956 年属大安乡。1958 建立罗汉生产队，属大安公社大安生产大队；1959 年 2 月起属大安公社大安管理区；1961 年 9 月改为罗汉生产大队，属规模调整后的大安公社。1984 年 5 月改为罗汉行政村，属大安乡。2011 年 4 月大安乡撤销，并入三魁镇。

罗汉 Luóhàn 罗汉村村委会驻地。因当地罗汉山得名，又称“大甘墩”。房舍沿溪谷呈块状分布，居民 30 户、110 人。今多罗姓。

矴步头 Dìngbùtóu 位于村委会驻地北偏东 0.2 千米处，因处矴步旁得名。房舍沿溪谷呈块状分布，居民 54 户、151 人。

陶姓从下洪分迁于此，今多陶、林姓。

垟心仔 Yángxīnzǐ 位于村委会驻地东南 0.1 千米处。原为田垟中央小村庄，故称。房舍靠近 331 省道呈块状分布，居民 72 户、215 人。

罗姓清中叶从罗汉村分迁于此，今多罗姓。

田庄 Tiánzhuāng 位于村委会驻地北 0.1 千米处。因古设田庄得名。房舍沿山坳呈点状分布，居民 38 户、212 人。今多王姓。

八担 Bādàn 位于村委会驻地西 0.1 千米处。该地有丘田，旧时可收谷 8 担，故名。房舍靠近 331 省道呈点状分布，居民 47 户、152 人。

罗姓从罗汉村分迁于此，今多罗、朱姓。

罗家 Luójiā 位于村委会驻地西南 0.2 千米处，因罗姓居此得名。房舍沿山坳呈块状分布，居民 52 户、

157 人。

罗姓清中叶从罗汉村分迁于此，今多罗姓。

下塔村 Xiàtǎ Cūn

行政村。位于三魁镇中部，村委会驻地下塔，在镇人民政府驻地西北 5.0 千米处。以村委会驻地下塔命名。东至柳埠村，西邻竹茂旸村，南偏东接瑞后村，北连大丘坪村。面积 3.13 平方千米，居民 302 户、1300 人，其中畲族 13 人。辖 11 个村民小组。有下塔、水尾、寨顶下、牛头岗、坑源底、牛皮宅 6 个自然村。经济以农业、林业为主，茶叶亦为重要产业。

解放初属大安乡，1952 年属大洋乡；1956 年属大安乡。1958 年建立下塔生产队，属大安公社大安生产大队；1959 年 2 月起属大安公社大安管理区；1961 年 9 月改为下塔生产大队，属规模调整后的大安公社。1984 年 5 月改为下塔行政村，属大安乡。2011 年 4 月撤销大安乡，并入三魁镇。

下塔 Xiàtǎ下塔村村委会驻地。古时当地有塔，村处塔之下侧，故名。房舍沿山坡呈点状分布，居民 97 户、356 人，其中畲族 13 人。

邓姓上祖邓德胜清康熙三十三年（1694 年）从福建福安县迁此，后有畲族蓝姓迁此。今多邓、张、包姓，畲族蓝姓。

水尾 Shuǐwěi 位于村委会驻地南 0.3 千米处，因多处涧水汇合于此得名。房舍沿山谷呈点状分布，居民 66 户、237 人。

张姓上祖张风庭清前叶从平阳北港迁此，今多张姓。

寨顶下 Zhàidǐngxià 位于村委会驻地南 0.7 千米处。村后山顶古有为避兵匪放信号的烟台寨，得名“寨顶山”，村处其下，故名。房舍沿山坳呈点状分布，居民 40 户、116 人。

胡姓上祖胡睦威清道光二十七年（1847 年）从东溪村迁此，今多胡姓。

牛头岗 Niútóugǎng 位于村委会驻地西南 0.2 千米处。山岗形似牛头，得名“牛头岗”，村以岗名。房舍沿山岗呈块状分布，居民 45 户、157 人。

包姓从西旸分迁于此，今多包姓。

坑源底 Kēngyuándǐ 位于村委会驻地西南 0.3 千米处，因处下塔溪源头里侧得名。房舍沿山谷呈点状分布，居民 37 户、101 人。

包姓清中叶从西旸分迁于此，今多包姓。

牛皮宅 Niúpízhái 位于村委会驻地西南 1.1 千米处。地形犹如铺开的牛皮，宅处中间，故名。今仅居许姓 1 人。

许姓上祖许吉采晚清从外西坑迁此。

戬洲村 Jiǎnzhōu Cūn

行政村。位于三魁镇东部，村委会驻地下溪坪，在镇人民政府驻地东北 2.9 千米处。由原下溪坪、上溪坪、彭家堡、官垟、联坑、金狮、桥头、6 个村合并组建。该地大安、夏卢两溪交汇，形若剪刀，溪畔地势平坦，为水边沙洲，“剪” 与“戬”谐音，这一带村落总称“戬洲” ，村沿此名。东至泗溪镇黄淡漈村，西邻柳埠村，南接下武垟村，北偏东连东垟底村，北连水车垟、夏卢村。面积 10.56 平方千米，居民 1421 户、4404 人，其中畲族 3 人。辖 45 个村民小组，有下溪坪、桥头、金狮、长岗坑、底塆、大垟面、金竹坪、太阳山、杨梅垄、水门、彭家堡、水尾、龙头、坟后垟、官村下、外垟、底垟、上村、上溪坪、官垟、牛顶尖、花台垟、众垟底、半岭仔 24 个自然村。经济以农业、林业为主，茶叶亦为重要产业。

原下溪坪、上溪坪、彭家堡、官垟、联坑（原名楼梯坑）村解放初属三魁乡，1951 至 1958 年属战州乡；原金狮村解放初属三魁乡，1951 至 1958 年属夏炉乡。1958 年下溪坪、上溪坪、楼梯坑村合建溪坪生产队，彭家堡村建立彭家堡生产队，官垟村建立官洋生产队，均属大安公社战州生产大队；原金狮村建立金狮生产队，属大安公社夏炉生产大队。1959 年 2 月起属大安公社战州管理区；1961 年 9 月溪坪生产队分建下溪坪、上溪坪、联坑生产大队，属新建的战州公社（1983 年“战州”正名为“戬洲”）；金狮生产队改为金狮生产大队，属夏炉公社。1984 年 5 月改为下溪坪、上溪坪、彭家堡、官垟、联坑、金狮行政村，金狮村属夏卢乡，其余村属戬洲乡。1992 年 5 月，戬洲、夏卢乡撤销，并入三魁镇。

2004 年，原下溪坪、上溪坪、彭家堡、官垟、联坑、金狮 6 村合并组建为戬洲村。

下溪坪 xiàxīpíng 戬洲村村委会驻地。地处两小溪交汇处冲积扇小平原，在上溪坪之下，故名。房舍沿溪谷呈块状分布，居民 112 户、354 人。

陈姓较早居此，赖姓上祖赖星拱清初从彭家堡迁此，今多赖姓。

桥头 Qiáotóu 位于村委会驻地北 0.2 千米处，因处永庆桥旁得名。房舍沿溪谷呈块状分布，居民 51 户、286 人。

王姓上祖王员六元天历二年（1329 年）从雪溪溪坪村迁此，今多王姓。

金狮 Jīnshī 位于村委会驻地北 3.9 千米处。据传古时村人抓获一金丝猫，形如幼狮，故名。房舍沿峡谷呈点状分布，居民 2 户、5 人。

王姓从上溪坪分迁于此，今多王姓。

长岗坑 Chánggǎngkēng 位于村委会驻地北偏东 3.8 千米处。这一带山岗较长，岗脚小溪称“长岗坑”，村以坑名。房舍沿山坡呈点状分布，居民 10 户、35 人。

吴氏上祖吴家康清中叶从戬洲迁此，今多吴姓。

底塆 Dǐwān 位于村委会驻地东北 0.8 千米处，因处山塆里侧得名。房舍沿山岰呈块状分布，居民 20 户、65 人。

朱姓清初从上溪坪迁此，今多朱姓。

大垟面 Dàyángmiàn 位于村委会驻地东北 1.3 千米处，因处较大田垟上侧得名。房舍沿山坡呈点状分布，居民 52 户、185 人。

吴姓晚清从东垟底迁此，今多吴姓。

金竹坪 Jīnzhúpíng 位于村委会驻地东北 1.8 千米处，因山坪旧多金竹得名。居民陆续迁至上溪坪底湾，今仅居 1 人。

王姓清中叶从戬洲迁此，今居王姓。

太阳山 Tàiyángshān 位于村委会驻地东北 2.1 千米处。地处西面山坡，阳光充足，故名。房舍沿山坡呈点状分布，居民陆续外迁，今仅居 1 人。

夏姓清中叶从莒江迁此。

杨梅垄 Yángméilǒng 位于村委会驻地北偏东 3.1 千米处。村旁山垄旧多野杨梅，故名。房舍沿山坡呈点状分布，居民 20 户、65 人。

吴姓上祖吴家康清中叶从戬洲迁此，今多吴姓。

水门 Shuǐmén 位于村委会驻地西南 0.5 千米处。小溪流经山坳口，地如门关，故名。房舍沿溪谷呈块状分布，居民 20 户、65 人。

董姓清前叶从罗阳迁此，今多董姓。

彭家堡 Péngjiābǎo 位于村委会驻地西南 0.7 千米处。彭姓迁此，所建房舍形如堡垒，故称。房舍沿溪谷呈块状分布，居民 151 户、465 人。

彭姓上祖彭寅北宋天圣年间由平阳迁此，赖姓明代迁此，今多彭姓。

水尾 Shuǐwěi 位于村委会驻地西南 0.9 千米处，因处小溪下游得名。房舍沿小溪呈块状分布，居民 15 户、50 人。

赖姓清初从彭家堡迁此，今多赖姓。

龙头 Lóngtóu 位于村委会驻地西北 0.2 千米处。村居田垄上方，实为“垄头”，以音写成“龙头”。房舍沿山坡呈条状分布，居民 6 户、20 人。

陈姓清初从福建寿宁县迁此，今多陈姓。

坟后垟 Fénhòuyáng 位于村委会驻地西北 0.5 千米处，村前旧有古坟，故名。房舍沿山谷呈点状分布，居民 15 户、50 人。

王姓晚清从上溪坪迁此，今多王姓。

官村下 Guāncūnxià 位于村委会驻地西北 0.6 千米处。据传，明末清初该地设有官仓，村居其下侧，得名“官仓下”，后以音转成“官村下”。房舍沿山谷呈块状分布，居民 10 户、35 人。

朱姓上祖朱参三清初从青田县迁此，今多王姓。

外垟 Wàiyáng 位于村委会驻地北 3.4 千米处，因处这一带外侧得名。房舍沿山坡呈块状分布，居民 15 户、50 人。

王姓从上溪坪分迁于此，今多王姓。

底垟 Dǐyáng 位于村委会驻地西北 0.8 千米处，因处这一带里侧得名。房舍沿溪呈点状分布，居民 10 户、35 人。

赖姓清初从戬洲彭家堡分迁于此，今多赖姓。

上村 Shàngcūn 位于村委会驻地北偏西 0.9 千米处，因处上溪坪村庄上侧得名。房舍沿山谷呈点状分布，居民 10 户、35 人。

王姓晚清从上溪坪分迁于此，今多王姓。

上溪坪 Shàngxīpíng 位于村委会驻地北偏西 1.1 千米处，因处下溪坪上游侧得名。房舍沿溪呈块状分布，居民 71 户、325 人。

王姓从桥头分迁于此，今多王姓。

官垟 Guānyáng 位于村委会驻地西北 0.9 千米处，因该地古有官仓(实为社仓)得名。房舍沿溪呈块状分布，居民 62 户、236 人。

梅姓较早居此，王姓从桥头分迁于此，今多王姓。

牛顶尖 Niúdǐngjiān 位于村委会驻地西北 1.1 千米处。因处牛顶尖东麓，村以山名。房舍沿山嶴呈点状分布，居民 10 户、35 人。

王姓清乾隆五十年（1785 年）从上溪坪分迁于此，今多王姓。

花台垟 Huātáiyáng 位于村委会驻地西北 1.2 千米处，村名来历失考。房舍沿山坡呈块状分布，居民 31 户、116 人。

王姓从桥头分迁于此，今多王姓。

众垟底 Zhòngyángdǐ 位于村委会驻地西偏北 1.3 千米处，因居多块田垟里侧得名。房舍沿山谷呈点状分布，居民 31 户、115 人。

王姓上祖王家经清中叶从上溪坪分迁于此，今多王姓。

半岭仔 Bànlǐngzǐ 位于村委会驻地西偏北 1.7 千米处，地处戬洲通往大安山岭半途，故名。房舍沿山坳呈点状分布，居民 2 户、3 人，畲族。

蓝姓上祖蓝永开清乾隆年间从云和县雾溪迁此，今居蓝姓。

曲尺潭村 Qūchǐtán Cūn

行政村。位于三魁镇东部，村委会驻地曲尺潭，在镇人民政府驻地北 3.8 千米处。以村委会驻地曲尺潭命名。东、南、北三面为戬州村，西连罗汉村。面积 3.61 平方千米。居民 368 户、1179 人。辖 10 个村民小组，有曲尺潭、栗子山、炉底、大岗、底垟 5 个自然村。经济以农业、林业为主。

解放初属三魁乡，1951 至 1958 年属战州乡。1958 年建立曲尺潭生产队，属大安公社战州生产大队；1959 年 2 月起属大安公社战州管理区；1961 年 9 月改为曲尺潭生产大队，属战州公社。1984 年 5 月改为曲尺潭行政村，属戬洲乡。1992 年 5 月戬洲乡撤销，并入三魁镇。1992 年重新认定革命老区，曲尺潭村被认定为革命老区村。

曲尺潭 Qūchǐtán 曲尺潭村村委会驻地。该地溪中有潭形如曲尺，得名“曲尺潭”，村以潭名。房舍沿溪呈带状分布，居民 22 户、105 人。

王姓明中叶从福建迁此，今多王姓。

栗子山 Lìzīshān 位于村委会驻地西北 0.4 千米处。该地山上旧多栗树，得名“栗子山”，村以山名。房舍沿山坡呈带状分布，居民 20 户、85 人。

赖姓清中叶从戬洲彭家堡分迁于此，今多赖姓。

炉底 Lúdǐ 位于曲尺潭村委会驻地西北 0.8 千米处。旧有打铁炉，村处其里侧，故名。房舍沿山坡呈点状分布，居民 6 户、20 人。

赖姓清中叶从戬洲彭家堡分迁于此，今多赖姓。

大岗 Dàgǎng 位于村委会驻地西北 0.8 千米处，因傍大岗山得名。房舍沿山坡呈点状分布，居民 5 户、31 人。

赖姓清前叶从戬洲彭家堡分迁于此，今多赖姓。

底垟 Dǐyáng 位于村委会驻地西北 1.3 千米处，因处田垟里侧得名。房舍沿山谷呈点状分布，居民 25 户、104 人。

梅姓清中叶从戬洲村官垟迁此，今多梅姓。

东垟底村 Dōngyángdǐ Cūn

行政村。位于三魁镇东部，村委会驻地东垟底，在镇人民政府驻地东北 3.3 千米处。以村委会驻地东垟底命名。东至泗溪镇梧坪村，西、北接戬洲村，北偏西连曲尺潭村，南连下武垟村。面积 3.74 平方千米，居民 362 户、1231 人。辖 9 个村民小组，有东垟底、赤沙、桥头、水井下、岚底、上岚 6 个自然村。经济以农业、林业为主，茶叶亦为重要产业。

东垟底村解放初为东洋底村，属三魁乡，1951 至 1958 年属战州乡。1958 年建立东洋底生产队，属大安公社战州生产大队；1959 年 2 月起属大安公社战州管理区；1961 年 9 月改为东洋底生产大队，属战州公社。1984 年 5 月改为东垟底行政村，属戬洲乡。1992 年 5 月戬洲乡撤销，并入三魁镇。

东垟底 Dōngyángdǐ 东垟底村村委会驻地。因处这一带东面田垟里侧得名，亦作“东阳底”。房舍沿山坡呈块状分布，居民 110 户、420 人。

吴姓上祖吴普之明中叶从筱村分迁于此，今多吴姓。

赤沙 Chìshā 位于村委会驻地东北 3.0 千米处，因多红沙土得名。房舍沿山坡呈点状分布，居民 10 户、35 人。

吴姓上祖吴正良清中叶从东垟底分迁于此，今多吴姓。

桥头 Qiáotóu 位于村委会驻地东 0.2 千米处，因处永庆桥边得名。房舍沿溪呈点状分布，居民 25 户、80 人。

吴姓清中叶从东垟底分迁于此，今多吴姓。

水井下 Shuǐjǐngxià 位于村委会驻地南 0.1 千米处，因处一古井下侧得名。房舍沿山脚呈块状分布，居民 10 户、35 人。

吴姓从东垟底分迁于此，今多吴姓。

岚底 Lándǐ 位于村委会驻地南 0.4 千米处，原为森林里侧多雾山岗，故名。房舍沿山坡呈点状分布，居民 20 户、65 人。

饶姓清中叶从罗阳迁此，今多饶姓。

上岚 Shànglán 位于村委会驻地南偏西 0.2 千米处。古为大片森林之间，雨时大雾笼罩，得名“上岚”，后以音又作“香岚”。房舍沿山坪呈块状分布，居民 10 户、35 人。

初居饶姓，陈姓清中叶从罗阳迁此，今多陈姓。

上武垟村 Shàngwǔyáng Cūn

行政村。位于三魁镇东部，村委会驻地上武垟，在镇人民政府驻地东北 2.5 千米处。以村委会原驻地大垟别名上武垟得名。东至泗溪镇普城，西邻薛内村，南接庵前村，北偏西连戬洲村。面积 3.25 平方千米，居民 374 户、1219 人。辖 12 个村民小组，有柴坪岗、大垟、乡乾、岗仔、杉柴林、溪边、高窑底、峡边等 8 个自然村。经济以农业、林业为主，兼营水果。茶叶、杨梅为特产，武垟杨梅历史上享有盛名。

上武垟村解放初为大洋村，属三魁乡；1951 年属战州乡，1952 年属武洋乡，1956 年属战州乡。1958 年建立上武洋生产队，属大安公社战州生产大队；1959 年 2 月起属大安公社战州管理区；1961 年 9 月改为上武洋生产大队，属战州公社。1984 年 5 月改为上武垟行政村，属戬洲乡。1992 年 5 月戬洲乡撤销，并入三魁镇。

柴坪岗 Cháipínggǎng 上武垟村村委会驻地。该地原为杂柴林，得名“柴坪岗”，垦成田后又称“柴洋”。房舍沿涧谷呈块状分布，居民10户、35人。

胡姓清中叶从大垟分迁于此，今多胡姓。

大垟 Dàyáng 位于村委会驻地东北0.5千米处，因有大片田垟得名，别名“上武垟”。房舍沿溪谷呈点状分布，居民50户、170人。

胡姓上祖胡寄真明中叶从西岸迁此，今多胡姓。

乡乾 Xiāngqián 位于村委会驻地东北0.5千米处。因处上武垟上端山脚得名“上乾”，又以谐音转成“乡乾”。房舍沿山坡呈点状分布，居民80户、260人。

林姓清中叶从大安埠尾迁此，今多林姓。

岗仔 Gǎngzǐ 位于村委会驻地东0.6千米处，因处小山岗下得名。房舍沿山坡呈点状分布，居民85户、280人。

叶姓明洪武十五年（1382年）从平阳三十九都百叶岩迁此，今多叶姓。

杉柴林 Shānchái lín 位于村委会驻地东0.7千米处。该地山岗多杉树、杂树，得名“杉柴林”，又作“杉柴岚”。房舍沿山坡呈块状分布，居民40户、130人。

薛姓清中叶从薛宅分迁于此，今多薛姓。

溪边 Xībiān 位于村委会驻地西南0.3千米处，因临溪得名。房舍沿溪呈块状分布，居民31户、133人。

胡姓清前叶从大垟分迁于此，今多胡姓。

高窑底 Gāoyáodǐ 位于村委会驻地西北0.5千米处，古时因处较高瓷窑里侧得名。房舍沿山坡呈点状分布，居民6户、15人。该村庄明清时是著名的“武阳陶”主产地之一。

刘姓清中叶从刘宅分迁于此，今多刘姓。

峡边 Xiábiān 位于村委会驻地东偏北0.5千米处，因临峡谷溪边得名。房舍沿溪呈块状分布，居民50户、150人。今居多姓。

庵前村Ānqián Cūn

行政村。位于三魁镇东部，村委会驻地庵前，在镇人民政府驻地东北2千米处。以村委会驻地庵前命名。东至泗溪镇普城村，西邻下武垟村，南接刘宅村，北连上武垟村。面积1.41平方千米，居民389户、1200人。辖11个村民小组，有庵前、水碓外、溪边、后园底、马踏基5个自然村。经济以农业为主，兼营林业、水果，茶叶、杨梅为特产。

解放初属三魁乡，1951 至 1958 年属战州乡。1958 年建立庵前生产队，属大安公社战州生产大队；1959 年 2 月起属大安公社战州管理区；1961 年 9 月改为庵前生产大队，属战州公社。1984 年 5 月改为庵前行政村，属戬洲乡。1992 年 5 月戬洲乡撤销，并入三魁镇。

庵前Ānqián 庵前村村委会驻地，因处旧时庵堂之前得名。房舍沿涧谷呈块状分布，居民 248 户、725 人。

张姓明末从罗阳西门分迁于此，今多张姓。

水碓外 Shuǐduìwài 位于村委会驻地西南 0.7 千米处。旧有水碓，村处其外，故名。房舍沿溪谷呈条状分布，居民 31 户、 105 人。

张姓清中叶从张宅分迁于此，今多张姓。

溪边 Xībiān 位于村委会驻地西北 0.3 千米处，因临小溪得名。房舍沿溪谷呈条状分布，居民 53 户、165 人。

张姓清中叶从张宅分迁于此，今多张姓。

后园底 Hòuyuándǐ 位于村委会驻地西北 0.5 千米处，因处旧时庵堂后园里侧得名。房舍沿山丘呈点状分布，居民 22 户、75 人。

张姓清中叶从庵前分迁于此，今多张姓。

马踏基 Mǎtàjī 位于村委会驻地西北 0.6 千米处，相传古为养马人跑马后休息处，故名。房舍沿山谷呈块状分布，居民 35 户、130 人。

张姓清中叶从张宅分迁于此，今多张姓。

下武垟村 Xiàwǔyáng Cūn

行政村。位于三魁镇东部，村委会驻垟边，在镇人民政府驻地东北 1.7 千米处。以村委会原驻地下武垟命名。东至庵前村，西邻薛内村，南偏西接薛外村，北连戬洲村。面积 1.19 平方千米，居民 370 户、1069 人。辖 9 个村民小组。有垟边、布袋丘、下武垟 3 个自然村。经济以农业、林业为主，兼营水果。茶叶、杨梅为特产。

下武垟村原为下武洋村，解放初属三魁乡；1951 年属战州乡，1952 年属武洋乡，1956 年属战州乡。1958 年建立下武洋生产队，属大安公社战州生产大队；1959 年 2 月起属大安公社战州管理区；1961 年 9 月改为下武洋生产大队，属战州公社。1984 年 5 月改为下武垟行政村，属戬洲乡。1992 年 5 月戬洲乡撤销，并入三魁镇。

垟边 Yángbiān 下武垟村村委会驻地，因处田垟边得名。房舍沿涧谷呈块状分布，居民 266 户、731 人。

张姓明中叶从张宅分迁于此，今多张姓。

布袋丘 Bùdàiqiū 位于村委会驻地西北 0.2 千米处，因地形似布袋得名。房舍沿山坡呈块状分布，居民 104 户、338 人。

董姓上祖董起道清初从罗阳溪尾迁此，今多董姓。

下武垟 Xiàwǔyáng 位于村委会北 0.2 千米处。地处武垟坑下游，故名。房舍沿溪流呈块状分布，居民 373 户、1099 人。

张姓明代从张宅分迁于此，今多张姓。

峡屿 Xiáyǔ

片村，古称“壕崆”。位于三魁镇中部，在三魁镇人民政府驻地西西偏北 3.1 千米处。小溪自北而南流经村庄，两岸高山对峙形成峡谷，田垟中原有小山包，形如小岛屿，故名。系原西旸乡治，现门楼坳、尾厝、瑞后、面前岭 4 村村委会均驻于此。居民 1307 户、共 4070 人。

面前岭村 Miànqiánlǐng Cūn

行政村。位于三魁镇中部，村委会驻地面前岭，在镇人民政府驻地西北 3.7 千米处。由原面前岭、莨衣山、竹林头 3 村合并组建，以村委会驻地面前岭命名。东至尾厝村，西邻双旸村，南接刘宅村，北连门楼坳村。面积 5.07 平方千米，居民 422 户、1367 人，其中畲族 40 人。辖 16 个村民小组，有面前岭、莨衣山、菖蒲塆 3 个自然村。经济以农业、林业为主，茶叶亦为重要农产品。

原面前岭、莨衣山、竹林头 3 村解放初属大安乡，1951 年属峡屿乡，1952 年属屿洋乡，1956 年属西洋乡。1958 年分别建立面前岭、莨衣山、竹林头生产队，属大安公社西洋生产大队；1959 年 2 月起属大安公社西洋管理区；1961 年 9 月改为面前岭、莨衣山、竹林头生产大队，属西洋公社。1984 年 5 月改为面前岭、莨衣山、竹林头行政村，属西旸乡；1996 年 12 月属西旸镇。1992 年重新认定革命老区，原面前岭村被认定为革命老区村。

2004 年原面前岭、莨衣山、竹林头 3 村合并组建为新的面前岭村，属西旸镇。2011 年 4 月西旸镇撤销，并入三魁镇。

面前岭 Miànqiánlǐng 面前岭村村委会驻地，为峡屿片村南片。村前有山岭“面前岭”，故名。房舍沿溪谷呈块状分布，居民 301 户、906 人。

蔡稠北宋太平兴国四年（979 年）迁瑞安壕崆（今峡屿），后裔分迁于此，今多蔡姓。

莨衣山 Lángyīshān 位于村委会南偏西 1.5 千米处。附近之山旧多莨衣（又名狼萁草），得名“莨衣山”，村以山名。房舍沿山坡呈点状分布，居民 113 户、335 人。

蔡姓从峡屿分迁于此，今多蔡姓。

菖蒲塆 Chāngpúwān 位于村委会驻地西南 1.6 千米处，当地山塆原多菖蒲，故名。房舍沿山坡呈点状分布，居民 71 户、226 人，其中畲族 40 人。

蔡姓从峡屿分迁于此，雷姓清中叶从黄山坑底垟迁此，今多蔡姓，畲族雷姓。

尾厝村 Wěicuò Cūn

行政村。位于三魁镇中部，村委会驻地尾厝，在镇人民政府驻地西北 3.3 千米处。以村委会驻地尾厝命名。东至薛外村，西邻面前岭村，南偏东接西岙村，北连门楼坳村。面积 1.07 平方千米，居民 186 户、602 人。辖 9 个村民小组，有尾厝、下垟 2 个自然村。经济以农业、林业为主。

解放初属大安乡，1951 年属峡屿乡，1952 年属屿洋乡，1956 年属西洋乡。1958 年建立尾厝生产队，属大安公社西洋生产大队；1959 年 2 月并入峡屿生产队，属大安公社西洋管理区；1961 年 9 月析建为尾厝生产大队，属西洋公社。1984 年 5 月改为尾厝行政村，属西旸乡，1996 年 12 月属西旸镇。2011 年 4 月西旸镇撤销，并入三魁镇。

尾厝 Wěicuò 尾厝村村委会驻地，为峡屿片村东南片。峡屿一带村庄多建于小溪旁。从上游向下游排布，该村庄处下游位，建有一座七榴大木屋，故称。房舍沿溪谷呈块状分布，居民 183 户、575 人。

蔡姓明代从面前岭分迁于此，今多蔡姓。

下垟 Xiàyáng 位于村委会驻地东南 1 千米处，因处峡屿下侧田垟得名。房舍沿山谷呈点状分布，居民 19 户、80 人。

蔡姓从面前岭分迁于此，今多蔡姓。

老鹰岩村 Lǎoyīngyán Cūn

行政村。位于三魁镇西北部，村委会驻老鹰岩，在镇人民政府驻地西北 10.0 千米处。以村委会驻地老鹰岩命名。东至大丘坪村，西、北邻罗阳镇，南偏东接竹茂旸村，面积 5.17 平方千米，居民 250 户、857 人，其中畲族 60 人。辖 14 个村民小组，有老鹰岩、竹底宫、岭头垟、官村、下官村 5 个自然村。经济以农业、林业为主。

原老鹰岩、官村 2 村解放初均属大安乡，1951 年属峡屿乡；1952 年属西洋乡。1958 年分别建立老鹰岩、官村生产队，属大安公社西洋生产大队；1959 年 2 月起属大安公社西洋管理区；1961 年 9 月改为老鹰岩、官村生产大队，属西洋公社。1984 年 5 月改为老鹰岩、官村行政村，属西旸乡。1992 年重新认定革命老区，原老鹰岩、官村村被认定为革命老区村。

2004年原老鹰岩、官村村合并组建为新的老鹰岩村，属西旸镇。2011年4月西旸镇撤销，并入三魁镇。

老鹰岩 Lǎoyīngyán 老鹰岩村村委会驻地，因村东山上有岩似鹰得名。房舍沿山坡呈块状分布，居民80户、310人。村东南竹底宫自然村与竹茂旸行政村王家山垟相交处有明山寺，始建于元代，为泰顺名刹。

陶姓清中叶从下洪迁此，今多徐、陶姓。

竹底宫 Zhúdǐgōng 位于村委会驻地东南0.9千米处。旧有竹底(今属竹茂旸村)百姓所建奉祀黄九公的宫庙“竹底宫”，村以宫名。房舍沿山坡呈点状分布，居民40户、124人。

黄姓清中叶从梧桐坑分迁于此，今多黄姓。

岭头垟 Lǐngtóuyáng 位于村委会驻地西1.8千米处，因处山岭上端得名。房舍沿山坡呈点状分布，居民12户、35人，其中畲族25人。

雷姓清中叶从南院大山迁此，今多雷姓。

官村 Guāncūn 位于村委会驻地西北0.8千米处。据传明代该地设有储谷救荒的“社仓”，俗误为“官仓”，因名，后以音转成“官村”。该村庄处于上方，又称“上官村”。房舍沿山坡呈块状分布，居民25户、101人，其中畲族101人。

雷姓上祖雷国华清康熙年间从平阳迁此，今多雷姓。

下官村 Xiàguāncūn 位于村委会驻地西北0.7千米处，因处官村下侧得名。房舍沿山坡呈点状分布，居民10户、50人，其中畲族40人。

雷姓上祖雷元世清康熙十一年（1672年）从平阳闹村迁雪临石马下，经大安花坪头等地，雍正元年（1723年）定居于此。今多雷姓。

竹茂旸村 Zhúmàoyáng Cūn

行政村。位于三魁镇西北部，村委会驻地王家山垟，在镇人民政府驻地西北8.2千米处。由原王家山垟、竹底2行政村合并组建，综合原竹底、王家山垟之名，寓阳光灿烂、繁荣茂盛之意命名为“竹茂旸村”。东至下塔村，西邻罗阳镇，南偏西接双旸村，北偏西连老鹰岩村。面积4.65平方千米，居民211户、695人。辖8个村民小组，有王家山垟、后丘、大丘头、竹底4个自然村。经济以农业、林业为主，亦产茶叶。

原竹底、王家山垟（旧作“王家山洋”）2村解放初均属大安乡，1952至1958年属西洋乡；1956年竹底村建农业生产合作社曾名“温乐”。1958年竹底、王家山洋2村合建为竹底生产队，属大安公社西洋生产大队；1959年2月起属大安公社西洋管理区；1961年9月分为王家山洋、竹底生产大队，属西洋公社。1984年5月改为王家山垟、竹底行政村，属西旸乡。1992年重新认定革命老区，原王家山垟、竹底2村被认定为革命老区村。

2004年王家山垟、竹底村合并组建竹茂旸村，属西旸镇。2011年4月西旸镇撤销，并入三魁镇。

王家山垟 Wángjiāshānyáng 竹茂旸村村委会驻地。初为包姓居此，得名“包家山洋”。后王姓居多，改称“王家山洋”。房舍沿山坡呈块状分布，居民41户、154人。

包姓从木棉迁此，吴姓清中叶从大丘头分迁于此，今多吴姓。

后丘 Hòuqiū 位于村委会驻地东南0.7千米处，因处王家山垟后面得名。房舍沿山坡呈块状分布，居民25户、105人。

黄姓清前叶从竹底分迁于此，今多黄姓。

大丘头 Dàqiūtóu 位于村委会驻地西偏南1.2千米处，因处大田丘上侧得名。房舍沿山坡呈点状分布，居民31户、114人。

吴姓上祖吴继光乾隆六十年（1795年）从平阳县南宋乡迁此，今多吴姓。

竹底 Zhúdǐ 位于村委会驻地西北0.5千米处，因处竹林里侧得名。房舍沿山坡呈块状分布，居民35户、146人。

黄姓上祖黄文朴清初从平阳县山门村迁此，今多黄姓。

外西坑村 Wàixīkēng Cūn

行政村。位于三魁镇中部，村委会驻地外西坑，在镇人民政府驻地西北7.3千米处。以村委会驻地外西坑命名。东、西、南三面至双旸村，北连竹茂旸村，北偏西连竹茂旸村。面积2.22平方千米，居民163户、571人。辖8个村民小组，有外西坑、桥头、笕坳3个自然村。经济以农业、林业为主，亦产茶叶。

解放初属大安乡，1952至1958年年属西洋乡。1958年建立外西坑生产队，属大安公社西洋生产大队；1959年2月起属大安公社西洋管理区；1961年9月改为外西坑生产大队，属西洋公社。1984年5月改为外西坑行政村，属西旸乡，1996年12月属西旸镇。1996年12月属西旸镇。2011年4月西旸镇撤销，并入三魁镇。

1992年重新认定革命老区，外西坑村被认定为革命老区村。

外西坑 Wàixīkēng 外西坑村村委会驻地，因处底西坑村庄外侧得名。房舍沿山谷呈点状分布，居民121户、413人。

许姓原籍福建省汀州府，清康熙年间迁此，今多许姓。

桥头 Qiáotóu 位于村委会驻地东北0.2千米处，因处古石拱桥旁得名。房舍沿山谷呈带状分布，居民25户、83人。

曾姓清中叶从罗阳三垟村迁此，许姓清中叶从外西坑分迁于此，今多许、庄姓。

笕坳 Jiàn'ào 位于村委会驻地东南 200 米处。地处山坳，旧有竹笕从高处引水，故名。房舍沿山坡呈点状分布，居民 35 户、92 人。

许姓上祖许永旺清中叶从外西坑分迁于此，今多许姓。

瑞后村 Ruìhòu Cūn

行政村。位于三魁镇中部，村委会驻地瑞后，在镇人民政府驻地西北 3.6 千米处。以村委会驻地瑞后命名。东至薛内村，西邻外西坑村、双旸村，南接门楼坳村，北连柳埠村。面积 1.45 平方千米，居民 270 户、922 人。辖 12 个村民小组，有瑞后、陈古垟、王家山 3 个自然村及陈古垟别墅区。经济以农业、林业为主，茶叶亦为重要产业。

解放初属大安乡，1951 年 1 月属峡屿乡，1952 年属屿垟乡；1956 年属西洋乡。1958 年建立瑞后生产队，属大安公社西洋生产大队；1959 年 2 月起属大安公社西洋管理区；1961 年 9 月改为瑞后生产大队，属西洋公社。1984 年 5 月改为瑞后行政村，属西旸乡，1996 年 12 月属西旸镇。2011 年 4 月西旸镇撤销，并入三魁镇。

瑞后 Ruìhòu 瑞后村村委会驻地。地处峡屿东北，原称“屿后”，后以方言音改作“瑞后”。房舍沿山谷呈块状分布，居民 122 户、425 人。

王姓上祖王金清中叶从底西坑迁此，今多王姓。

陈古垟 Chéngǔyáng 位于村委会驻地西 0.2 千米处，因陈姓肇基得名。房舍沿山谷呈块状分布，居民 106 户、349 人。今多陈姓。

王家山 Wángjiāshān 位于村委会驻地西北 0.5 千米处，因王姓居此得名。房舍沿山谷呈块状分布，居民 42 户、148 人。

王姓较早居此，张姓上祖张飞麓清中叶从罗阳迁此村今多张姓。

陈古垟别墅区 Chéngǔyángbiéshùqū 地处陈古垟自然村，为别墅式小区，故名。居民 13 户、46 人。2007 年动工建设，2009 年入住。

双旸村 Shuāngyáng Cūn

行政村。位于三魁镇西北部，村委会驻地底西坑，在镇人民政府驻地西北 8.3 千米处。由原底西坑、黄沙地 2 村合并组建，寓意两地阳光灿烂命名为“双旸村”。东至面前岭村，西邻罗阳镇，南偏东接彭坑垟村，北偏西连竹茂旸村。面积 5.98 平方千米，居民 311 户、1080 人。辖 13 个村民小组，有底西坑、杨梅坪、黄沙地、庵基坪、水碓头、底垟 6 个自然村。经济以农业、林业为主，亦产茶叶。

原底西坑、黄沙地 2 村解放初属大安乡，1952 至 1958 年属西洋乡。 1958 年建立底西坑、黄沙地生产队，属大安公社西洋生产大队；1959 年 2 月起属大安公社西洋管理区；1961 年 9 月改为底西坑、黄沙地生产大队，属西洋公社。1984 年 5 月改为底西坑、黄沙地行政村，属西旸乡，1996 年 12 月属西旸镇。1992 年重新认定革命老区，原底西坑村被认定为革命老区村。

2004 年原底西坑、黄沙地村合并组建双旸村，属西旸镇。2011 年 4 月西旸镇撤销，并入三魁镇。

底西坑 Dǐxīkēng 双旸村村委会驻地。这一带有两处以“西坑”为名的村庄，该村庄处于里侧，故名。房舍沿山坡呈块状分布，居民 161 户、563 人。

王姓清初从罗阳沙堤村迁此，今多王姓。

杨梅坪 Yángméipíng 位于村委会驻地东偏北 2.0 千米处，因该地山坪多杨梅树得名。房舍沿山坡呈带状分布，居民 10 户、35 人。

陈姓晚清从黄沙地分迁于此，今多陈姓。

黄沙地 Huángshādì 位于村委会驻地东偏南 2.1 千米处，因当地之山多黄沙得名。房舍沿山坡呈块状分布，居民 145 户、438 人。

邓姓清初从福建汀州迁此，清代又有陈姓迁此，今多陈姓。

庵基坪Ānjīpíng 位于村委会驻地东南 2.5 千米处。该地山坪有古代庵堂旧基，故名。房舍沿山坡呈带状分布。居民 8 户、34 人。

陈姓清末从黄沙地迁此，今多陈姓。

水碓头 Shuǐduìtóu 位于村委会驻地西南 0.5 千米处。该地小溪旧有水碓，村处其上侧，故名。房舍沿山坡呈块状分布，居民 25 户、95 人。

王姓清初从罗阳沙堤村迁此，今多王姓。

底垟 Dǐyáng 位于村委会驻地西北 0.8 千米处，因处这一带里侧方位得名。房舍沿山坡呈点状分布，居民 75 户、265 人。

邓姓清初从福建汀州迁此，今多邓姓。

门楼坳村 Ménlóu'ào Cūn

行政村。位于三魁镇中部，村委会驻地门楼坳，在镇人民政府驻地西北 3.3 千米处。以村委会驻地门楼坳命名。东至薛外村，西邻面前岭村，南接尾厝，北连瑞后村。面积 1.25 平方千米，居民 327 户、1086 人。辖 6 个村民小组，有门楼坳、新塘丘、东垟仔、后坪仔 4 个自然村。经济以农业、林业为主，茶叶生产亦为重要产业。改革开放后，村民多外出经营瓷砖和建材批发。

解放初属大安乡，1951 年 1 月属峡屿乡，1952 年属屿垟乡；1956 年属西洋乡；1958 年建立门楼坳生产队，属大安公社西洋生产大队；1959 年 2 月起属大安公社西洋管理区；1961 年 9 月改为门楼坳生产大队，属新建的西洋公社。1984 年 5 月改为门楼坳行政村，属西旸乡，1996 年 12 月属西旸镇。2011 年 4 月西旸镇撤销，并入三魁镇。

1992 年重新认定革命老区，门楼坳村被认定为革命老区村。

门楼坳 Ménlóu'ào 门楼坳村村委会驻地。山坳有座石门楼古屋，故名。房舍沿山坳呈块状分布，居民 150 户、512 人。

傅姓较早迁此，今多包、张姓。

新塘丘 Xīntángqiū 位于村委会驻地东 0.6 千米处。附近山丘古有神庙，原称“神堂丘”，后以方言音转成“新塘丘”。房舍沿山坡呈点状分布，居民 65 户、194 人。

周姓上祖周崇秀清中叶从罗阳迁此，今多周姓。

东垟仔 Dōngyángzǐ 位于村委会驻地东偏南 1.0 千米处。地处门楼坳东侧小片田垟旁，得名“东垟仔”，又作“东阳仔”。房舍沿山坡呈点状分布，居民 75 户、243 人。

傅姓清中叶从门楼坳迁此，今多傅姓。

后坪仔 Hòupíngzǐ 位于村委会驻地北 0.5 千米处。村后为小山坪，故名。房舍沿山坡呈点状分布，居民 35 户、107 人。

蔡姓从尾厝迁此，今多蔡姓。

叶瑞旸村 Yèruìyáng Cūn

行政村。位于三魁镇南部，村委会驻地叶瑞旸，在镇人民政府驻地西 7.2 千米处。由原叶瑞旸，竹宅 2 村合并组建，以村委会驻地叶瑞旸命名。东至面前岭村村，西邻彭坑垟村，南偏东接横川旸村，北连外西坑村。面积 6.50 平方千米，居民 335 户、1082 人。辖 13 个村民小组，有叶瑞旸、桥头、竹宅、岭头仔 4 个自然村。经济以农业、林业为主，茶叶生产亦为重要产业。

原叶瑞旸村曾称叶屿洋，原竹宅村向为此名，解放初均属大安乡，1951 年属峡屿乡，1952 年属屿洋乡，1956 年属西洋乡。1958 年分别建立叶瑞洋、竹宅生产队，属大安公社西洋大队；1959 年 2 月起属大安公社西洋管理区；1961 年 9 月改为叶瑞洋、竹宅生产大队，属西洋公社。1984 年 5 月改为叶瑞旸、竹宅行政村，属西旸乡。1992 年重新认定革命老区，原叶瑞旸、竹宅村被认定为革命老区村。

2004 年原叶瑞旸、竹宅 2 村合并组建新的叶瑞旸村，属西旸镇。2011 年 4 月西旸镇撤销，并入三魁镇。

叶瑞旸 Yèruìyáng 叶瑞旸村村委会驻地。因叶姓肇基得名“叶瑞洋”，又名“叶屿洋”；地处山南水北，被认为是朝日吉地，1981 年改为“叶瑞旸”。房舍沿山谷呈块状分布，居民 81 户、315 人。

叶姓上祖叶进成源出处州碧湖（今属丽水市），唐天宝元年（742 年）从百丈南峰岙迁此，今多叶姓。

桥头 Qiáotóu 位于村委会驻地东北 0.2 千米处，因处桥旁得名。房舍沿溪呈带状分布，居民 170 户、500 人。

叶姓源出处州松阳，明末从洪口迁此，今多叶姓。

竹宅 Zhúzhái 位于村委会驻地西南 1.6 千米处。古时竹林茂密，村处其间，故名。房舍沿山谷呈点状分布，居民 71 户、207 人。

洪姓清中叶从平阳迁此，今多洪姓。

岭头仔 Lǐngtóuzǐ 位于村委会驻地西偏北 1.7 千米处。因处山岭上段，初为小村庄，故名。房舍沿山坡呈点状分布，居民 35 户、106 人。

叶姓从叶瑞旸分迁于此，今多叶姓。

横川旸村 Héngchuānyáng Cūn

行政村。位于三魁镇南部，村委会驻地山头垟，在镇人民政府驻地西南 7 千米处。由原横路、川山、晓旸坑 3 行政村合并组建，从原 3 村名中各取一字命名为"横川旸"。东偏北接西岙村，西偏北邻彭坑垟村，南接仕阳镇上林垟村、严山村，北偏西连叶瑞旸村。面积 5.20 平方千米，居民 351 户、1145 人。辖 15 个村民小组，有山头垟、晓旸坑、双桂山、横路、大山坪、川山 6 个自然村。经济以农业、林业为主，亦产茶叶。

原横路、川山、晓旸坑村解放初属大安乡，1951 年属峡屿乡，1952 年属屿洋乡，1956 年属西洋乡。1958 年建立横路、川山、晓旸坑生产队，属大安公社西洋生产大队；1959 年 2 月起属大安公社西洋管理区；1961 年 9 月改为横路、川山、晓旸坑生产大队，属新建的西洋（后改为西旸）公社。1984 年 5 月改为横路、川山、晓旸坑行政村，属西旸乡。

2004 年原横路、川山、晓旸坑 3 村合并组建横川旸村，属西旸镇。2011 年 4 月西旸镇撤销，并入三魁镇。

山头垟 Shāntóuyáng 横川旸村村委会驻地，因处山岭上侧得名。房舍沿山坡呈块状分布，居民 35 户、106 人。

杨姓晚清从晓旸坑分迁于此，今多杨姓。

晓旸坑 Xiǎoyángkēng 位于村委会驻地北偏东 1.2 千米处。村旁小溪取“日出东方照山坑”之意，得名“晓阳坑”，村以坑名，后作“晓旸坑”。房舍沿涧谷呈块状分布，居民 131 户、389 人。

杨姓明中叶从坑斗村迁此，今多杨姓。

另据杭州市余杭区仓前街道宋家山村杨姓所存《平阳晓旸坑杨氏宗谱》载，宋家山村杨姓远祖杨十二郎，北宋天圣年间从龙游县片竹山迁至平阳三十九都归仁乡桂林里郝家洋（今三魁镇富家垟）西坑。

南宋端平元年（1234 年）迁晓旸坑。元明之交成为当地大族，以热心水利、行善传家。

双桂山 Shuāngguìshān 位于村委会驻地东偏南 1.6 千米处。村庄后山有两条放水溉田之坝，原称“双坝山”，后以音转为“双桂山”。房舍沿山坡呈块状分布，居民 55 户、168 人。

杨姓晚清从小坪边迁此，今多杨姓。

横路 Hénglù 位于村委会东南 0.8 米处。村口大路东西横贯，人称“横路”，故名。房舍沿山谷呈点状分布，居民 141 户、414 人。

杨姓清中叶从小坪边迁此，今多杨姓。

大山坪 Dàshānpíng 位于村委会驻地北 0.4 千米处，因处两座大山旁的山坪得名。房舍沿山坡呈点状分布，今居杨姓 1 户、3 人。

杨姓 20 世纪 60 年代初迁此。

川山 Chuānshān 位于村委会驻地西南 0.9 千米处。据传，明代采银从银矿洞辟小道穿至洋溪东瓜坪，该地以“穿”之音得名“川山”。房舍沿山谷呈点状分布，居民 122 户、355 人。

朱姓上祖朱陈法清中叶从仕阳赵垟迁此，今多朱姓。

垟边村 Yángbiān Cūn

行政村。位于三魁镇西部，村委会驻地垟边，在镇人民政府驻地西南 12 千米处。由原垟边、余坑、溪斗 3 村和大山村的黄坎下自然村合并组建，以村委会驻地垟边命名。东南至后头村，西邻富家垟村，南接坑斗村，北偏西连可溪村。面积 13.17 平方千米，居民 780 户、2306 人。辖 34 个村民小组，有垟边、坑口仔、余坑、安下、公家山、下垟、瓦窑坪、王坎下、上垟、溪斗 10 个自然村。经济以农业、林业为主，茶叶、油茶亦为重要产业。

原垟边、余坑村解放初属瀛滨乡，1952 至 1958 年属洋溪乡；原溪斗村解放初属瀛滨乡，1952 年属坑石乡，1956 年属洋溪乡。1958 年洋边村建立洋边生产队，余坑村为可溪生产队一部分，溪斗村建立溪斗生产队，均属大安公社洋溪生产大队；1959 年 2 月起属大安公社洋溪管理区；1961 年 9 月改为洋边、余坑（从可溪生产队析建）、溪斗生产大队，属洋溪公社。1984 年 5 月改为垟边、余坑、溪斗行政村，属垟溪乡。该 3 村 1992 年重新被认定为革命老区村。1992 年重新认定革命老区，原垟边、余坑、溪斗 3 村均被认定为革命老区村。

2004 年原垟边、余坑、溪斗 3 村和大山村的王坎下自然村合并组建垟边村，属垟溪乡。2011 年 4 月垟溪乡撤销，并入三魁镇。

垟边 Yángbiān 垟边村村委会驻地。据传该古时驻兵，以“营盘”方言音得名“营滨”，后讹为“垟滨”，又以音转为“垟边”。房舍沿山谷呈块状分布，居民 192 户、724 人。

苏姓上祖苏文新清乾隆十六年（1751 年）（一说乾隆二十三年）由平阳县岩顶村迁此，今多苏姓。

坑口仔 Kēngkǒuzǐ 位于村委会驻地北 0.6 千米处。村前小溪出口处地面狭小，故名。房舍沿山坡呈块状分布，居民 27 户、135 人。

陈姓上祖陈青贤清光绪三十年（1904 年）迁此，今多陈姓。

余坑 Yúkēng 位于村委会驻地北偏西 4.3 千米处。该村南北均有小溪，较为富裕，“裕”“余”意音皆合，故名。房舍沿山谷呈点状分布，居民 75 户、314 人。

林姓从附近村庄分迁于此，今多林姓。

安下 Ānxià 位于村委会驻地北偏东 0.4 千米处。旧有庵堂，村处其下，得名“庵下”，后以音转为“安下”。房舍沿山坡呈点状分布，居民 3 户、8 人。

陈姓清乾隆六十年（1795 年）从垟边迁此，今多陈姓。

公家山 Gōngjiāshān 位于村委会驻地东偏北 1.7 千米处。村庄含义失考，房舍沿山坡呈点状分布，居民 25 户、90 人。

赖姓上祖赖观八明末从汀州永定县汤湖迁此，今多赖姓。

下垟 Xiàyáng 位于村委会驻地东南 0.5 千米处，因处上垟下侧得名。房舍沿山坡呈点状分布，居民 20 户、62 人。

林姓明末从平阳县迁此，今多林姓。

瓦窑坪 Wǎyáopíng 位于村委会驻地西南 0.7 千米处，该地山坪旧有瓦窑，故名。房舍沿山坡呈点状分布，居民 15 户、50 人。

苏姓原居平阳（今苍南县境），遭台风洪灾迁此，今多苏姓。

王坎下 Wángkǎnxià 位于村委会驻地西南 2.8 千米处，因古有王姓居于村东岗坎之下得名。房舍沿山坡呈块状分布，居民 11 户、33 人。

王姓较早居此；林姓上祖林云友清中叶从平阳县迁此，今多林姓。

上垟 Shàngyáng 位于村委会驻地西 0.3 千米处，因处田垟上侧得名。房舍沿山坡呈点状分布，居民 20 户、65 人。

苏姓明末从平阳县迁此，今多苏姓。

溪斗 Xīdǒu 位于村委会驻地西南 6.9 千米处。小溪由北而南流经村庄，形如口袋，得名“溪兜”，后写为“溪斗”。房舍沿山坡呈块状分布，居民 64 户、430 人。今多陈姓。

彭坑垟村 Péngkēngyáng Cūn

行政村。位于三魁镇西部，村委会驻地彭坑垟，在镇人民政府驻地西 10.0 千米处。2004 年由原彭坑垟、叶家山 2 村合并组建，以村委会驻地彭坑垟命名。东至叶瑞旸村，西偏北邻可溪村，南偏东接后头村，北偏东连双旸村。面积 5.65 平方千米，居民 209 户、614 人。辖 12 个村民小组，有彭坑垟、三坪岗、宫后、三板桥、可溪坳、叶家山 6 个自然村。经济以农业、林业为主。

原彭坑垟、叶家山村解放初属瀛滨乡；1952 至 1958 年属洋溪乡。1958 年彭坑垟村成为可溪生产队一部分，叶家山村建立叶家山生产队，均属大安公社洋溪生产大队；1959 年 2 月起属大安公社洋溪管理区；1961 年 9 月析建为彭坑洋、叶家山生产大队，属新建的洋溪公社。1984 年 5 月改为彭坑垟、叶家山行政村，属垟溪乡。1992 年重新认定革命老区，原彭坑垟、叶家山村均被认定为革命老区村。

2004 年彭坑垟、叶家山 2 村合并，组建新的彭坑垟村。2011 年 4 月垟溪乡撤销，并入三魁镇。

彭坑垟 Péngkēngyáng 彭坑垟村村委会驻地。该地两小溪相汇于坪地，得名“坪坑垟”，后以方言音转为“彭坑垟”。房舍沿山谷呈块状分布，居民 75 户、313 人。

董姓上祖董起第清前叶从罗阳迁此，今多董姓。

三坪岗 Sānpínggǎng 位于村委会驻地东南 0.3 千米处。村南山岗有三块坪地，得名“三坪岗”，村以岗名，又写作“山坪岗”。房舍沿山坡呈点状分布，居民 12 户、43 人。

蔡姓上祖蔡士元清中叶从平阳县前湖迁此，今多蔡姓。

宫后 Gōnghòu 位于村委会驻地南偏东 0.3 千米处，因村前旧有宫庙得名。房舍沿山坡呈块状分布，居民 12 户、35 人。

苏姓晚清迁此，今多苏姓。

三板桥 Sānbǎnqiáo 位于村委会驻地西北 0.4 千米处。村北小溪旧有三块木板铺成之桥，得名“三板桥”，村以桥名。房舍沿山坡呈点状分布，居民 6 户、25 人。

胡姓清前叶从罗阳川山垟迁此，今多胡姓。

可溪坳 Kéxī'ào 位于村委会驻地西北 1.0 千米处，因处可溪流经的山坳得名。房舍沿山坳呈块状分布，居民 10 户、37 人。

朱姓上祖朱崇杨晚清从仕阳赵垟迁此，今多朱姓。

叶家山 Yèjiāshān 位于村委会驻地西北 1.5 千米处，因叶姓肇基得名。房舍沿山坡呈点状分布，居民 41 户、135 人。

叶姓从叶瑞旸分迁于此，今多陈姓。

可溪村 Kéxī Cūn

行政村。位于三魁镇西部，村委会驻地可溪，在镇人民政府驻地西南 12.7 千米处。以村委会驻地可溪命名。东偏南至彭坑垟村，西邻罗阳镇上舟垟，南偏东接垟边村，北连垟边村。面积 3.49 平方千米，居民 157 户、527 人。辖 8 个村民小组，有可溪 1 个自然村。经济以农业、林业为主，茶叶亦为重要产业。

可溪村解放初属瀛滨乡，1952 至 1958 年属洋溪乡。1958 年建立可溪生产队，属大安公社洋溪生产大队；1959 年 2 月起属大安公社洋溪管理区；1961 年 9 月改为可溪生产大队，属洋溪公社。1984 年改为可溪行政村，属垟溪乡。2011 年 4 月垟溪乡撤销，并入三魁镇。

1992 年重新认定革命老区，可溪村被认定为革命老区村。

可溪 Kéxī 可溪村村委会驻地，可溪流经村西，村以溪名。房舍沿山谷呈块状分布，居民 157 户、527 人。

董姓从县城罗阳、毛姓从南院分迁于此，今多毛姓、董姓。

富家垟村 Fùjiāyáng Cūn

行政村。位于三魁镇西部，村委会驻地富家垟，在镇人民政府驻地西南 14.0 千米处。2004 年由原富家垟、前垟两村合并组建，以村委会驻地富家垟命名。东偏南至垟边村，西邻罗阳镇半路村，南接白海村，北偏东连可溪村。面积 5.73 平方千米，居民 418 户、1332 人，汉族。辖 17 个村民小组，有富家垟、过路坪、厝基底、岭脚、大垟、垟尾、西垄头、垟端、前垟、下层、垟心、刘江 12 个自然村。经济以农业、林业为主，茶叶生产亦为重要产业。

原富家垟、前垟村解放初属瀛滨乡；1952 年属路洋乡，1956 年属洋溪乡。1958 年与前洋、大山合建为富家洋生产队，属大安公社洋溪生产大队；1959 年 2 月起属大安公社洋溪管理区；1961 年 9 月分为富家洋前洋、大山生产大队（大山现属白海村），属洋溪公社。1984 年 5 月改为富家垟、前垟行政村，属垟溪乡。1992 年重新认定革命老区，原富家垟村被认定为革命老区村。

2004 年富家垟、前垟 2 村合并组建新的富家垟村，属垟溪乡。2011 年 4 月垟溪乡撤销，并入三魁镇。

富家垟 Fùjiāyáng 富家垟村村委会驻地。古称“郝家洋”，江姓在此垦田后，为祈富改名“富家洋”。房舍沿山谷呈块状分布，居民 104 户、457 人。

初居江姓；杨姓北宋天圣年间从衢州龙游县片竹山迁此，南宋时迁晓旸坑；庄姓清前叶从平阳大观（今属苍南县）迁此。今多庄姓。

过路坪 Guòlùpíng 位于村委会驻地北 0.1 千米处。当地山坪为大安一带往福建寿宁之路所经，故名。房舍沿山坡呈点状分布，居民 20 户、75 人。

庄姓清中叶从富家垟分迁于此，苏姓清末迁此，今多苏姓。

厝基底 Cuòjīdǐ 位于村委会驻地东北 0.4 千米处。原有萧姓所建小屋之基，得名“厝基仔”，后重建屋舍，改称“厝基底”。房舍沿山谷呈点状分布，居民 41 户、154 人。

萧姓建房约在清早期，后有庄姓于清中叶迁此，今多庄姓。

岭脚 Lǐngjiǎo 位于村委会驻地东偏南 0.4 千米处，因处富家垟至垟边山岭之下得名。房舍沿山谷呈点状分布，居民 10 户、35 人。

苏姓清中叶从平阳县迁此，今多苏姓。

大垟 Dàyáng 位于村委会驻地南偏东 0.5 千米处，因田垟较大得名。房舍沿山谷呈点状分布，居民 10 户、38 人。

曾姓清中叶从平阳县灵溪镇（今属苍南）迁此，今多曾姓。

垟尾 Yángwěi 位于村委会驻地西南 0.4 千米处，因处田垟末端得名。房舍沿山坡呈点状分布，居民 15 户、55 人。

苏姓清中叶从平阳县迁此，今多苏姓。

西垄头 Xīlǒngtóu 位于村委会驻地西偏南 0.5 千米处，因处田垄西边上段得名。房舍沿山坡呈点状分布，居民 10 户、33 人。

苏姓清中叶从平阳县洞下迁此，今多苏姓。

垟端 Yángduān 位于村委会驻地西南 0.9 千米处，因处田垟上侧得名。房舍沿山坡呈块状分布，居民 15 户、53 人。

庄姓清末从过路坪迁此，今多庄姓。

前垟 Qiányáng 位于村委会驻地西南 1.2 千米处，因处富家垟去周边的山路前方得名。房舍沿山坡呈块状分布，居民 50 户、240 人。

庄姓从富家垟分迁于此，今多庄姓。

下层 Xiàcéng 位于村委会驻地西南 1.5 千米处，因处山路下侧得名。房舍沿山坡呈块状分布，居民 15 户、51 人。

庄姓解放初从大厝底迁此，今多庄姓。

垟心 Yángxīn 位于村委会驻地西 0.3 千米处，因处富家垟中央得名。房舍沿山谷呈块状分布，居民 15 户、52 人。

庄姓清末从过路坪迁此，今多庄姓。

刘江 Liújiāng 位于村委会驻地西北 0.4 千米处。传说古时战乱中仅存江姓一家，得名“留江”，后以音改作“刘江”。房舍沿山坡呈点状分布，居民 10 户、35 人。

江姓清前叶从平阳迁此，今多江姓。

后头村 Hòutóu Cūn

行政村。位于三魁镇南部，村委会驻地后头，在镇人民政府驻地西南 10.0 千米处。以村委会驻地后头得名。东至横川旸村、仕阳镇林垟村，西邻坑斗村，南接仕阳镇双神村，北连彭坑垟村。面积3.82平方千米，居民172户、518人。辖11个村民小组。有后头、冬瓜坪、下垟仔、上田寮、下田寮、岗后炉、山头儿7个自然村。经济以农业、林业为主，亦产茶叶。

后头村原为坳头村，解放初属瀛滨乡；1952至1958年属洋溪乡。1958年建立后头生产队，属大安公社洋溪生产大队；1959年2月起属大安公社洋溪管理区；1961年9月改为后头生产大队，属洋溪公社。1984年5月改为后头行政村，属垟溪乡。2011年4月垟溪乡撤销，并入三魁镇。

后头 Hòutóu 后头村村委会驻地。环村均为大山，来往不便，得名“山隔”，后因地处山坳北侧，改称“坳头”，又以音转为“后头”。房舍沿山坡呈点状分布，居民31户、115人。

林姓上祖林超新清初从平阳县迁此，今多林姓。

冬瓜坪 Dōngguāpíng 位于村委会驻地东北1.1千米处。林姓在东面岗坪种瓜，得名“东瓜坪”，后讹为“冬瓜坪”。房舍沿山坡呈点状分布，居民15户、55人。

林姓清中叶从后头村分迁于此，今多林姓。

下垟仔 Xiàyángzǐ 位于村委会驻地东偏南0.5千米处，因村后下方有片小田垟得名。房舍沿山坡呈点状分布，居民20户、75人。

林氏上祖林天凯清中叶从后头村分迁于此，今多林姓。

上田寮 Shàngtiánliáo 位于村委会驻地东偏南0.9千米处，旧为较上侧的田边草棚，故名。房舍沿山坡呈块状分布，居民10户、35人。

郑姓晚清从下田寮分迁于此，今多郑姓。

下田寮 Xiàtiánliáo 位于村委会驻地东南1.2千米处，旧为较下侧的田边草棚，故名。房舍沿山坡呈点状分布，居民8户、33人。

郑姓上祖郑希友清中叶从仕阳后章龙垟村迁此，今多郑姓。

岗后炉 Gǎnghòulú 位于村委会驻地东南1.3千米处，西北山岗后旧设打铁炉，故名。房舍沿山坡呈点状分布，居民5户、22人。

林姓清中叶从仕阳雪临八斗村迁此，今多林姓。

山头儿 Shāntóu 'ér 位于村委会驻地西北0.6千米处。林姓曾领养山头人家小孩为子，结下亲谊，故称。房舍沿山坡呈点状分布，居民15户、53人。

林姓晚清从后头村分迁于此，今多林姓。

白海村 Báihǎi Cūn

行政村。位于三魁镇西南部，村委会驻地水流丫，在镇人民政府驻地西南14.4千米处。2004年由原石塍、黄连山、大山合并组建，以当地高山白海顶命名为“白海村”。东至坑斗村，西至罗阳镇，南至仕阳镇，北至富家垟村。面积10.33平方千米，居民261户、824人，其中畲族145人。辖16个村民小组，有水流丫、内水流、石塍、后章、黄连山、溪斗仔、茶坪仔、大山、十八丘9个自然村。经济以农业、林业为主，亦产茶叶。

原石塍、黄连山村解放初属瀛滨乡，1952年属坑石乡；原大山村解放初属瀛滨乡，1952年属路洋乡；1956年3村均属洋溪乡。1958年分别建立石塍、黄连山生产队，大山为富家洋生产队（现为富家垟村）一部分，属大安公社洋溪生产大队；1959年2月起属大安公社洋溪管理区；1961年9月改为石塍、黄连山、大山生产大队，属洋溪公社。1984年5月改为石塍、黄连山、大山行政村，属垟溪乡。1992年重新认定革命老区，原石塍、黄连山、大山3村均被认定为革命老区村。

2004年石塍、黄连山、大山（不含黄坎下自然村）3村合并，组建为白海村。2011年4月垟溪乡撤销，并入三魁镇。

水流丫 Shuǐliúyā 白海村村委会驻地，因涧流于此分叉得名。房舍沿溪谷呈点状分布，居民12户、45人。

陈姓自附近村庄分迁于此，今多陈姓。

内水流 NèiShuǐliú 位于村委会驻地东北0.4千米处。该地有支涧水西流，当地以西为内，故名（另一支东流，则称“外水流”）。房舍沿溪谷呈块状分布，居民6户、23人。

陈姓上祖陈南信清中叶自石塍村分迁于此，今多陈姓。

石塍 Shíchéng 位于村委会南偏东0.6千米处。村口有一条形大石，状若田塍，故名。房舍沿山坡呈点状分布，居民51户、237人。

陈姓清初迁此，今多陈姓。

后章 Hòuzhāng 位于村委会驻地西偏南1.5千米处。村前古有樟树，得名“后樟”，后以音转为“后章”。房舍沿山坡呈块状分布，居民7户、22人。

曾姓清中叶从仕阳双神迁此，今多曾姓。

黄连山 Huángliánshān 位于村委会驻地西南2.1千米处。古时附近山上多黄连，得名“黄连山”，村以山名。房舍沿山谷呈点状分布，居民51户、271人。

陈姓自石塍村分迁于此，后又有苏姓迁此，今多苏姓。

溪斗仔 Xīdōuzǐ 位于村委会驻地西南2.0千米处，因处小溪湾兜得名。房舍沿溪谷呈块状分布，居民2户、6人。

陈姓从附近村庄茶坪仔迁此，今居陈姓。

茶坪仔 Chápíngzǐ 位于村委会驻地西南4.4千米处，因处种茶小山坪得名。房舍沿山坡呈块状分布，村民大多迁离，今居陈姓 1 户、5 人。

陈姓清中叶从附近村庄石塍分迁于此。

大山 Dàshān 位于村委会驻地西偏北 1.5 千米处，因处大山脚下得名。房舍沿山坡呈点状分布，居民 13 户、43 人，畲族。

蓝姓上祖蓝荣魁清乾隆五年（1740 年）自福建福安七都聚仙岗迁此，今多蓝姓。

十八丘 Shíbāqiū 位于村委会驻地西偏南 3.8 千米处，因有十八丘田块得名。房舍沿山坡呈点状分布，今居陈姓 2 户、6 人。

坑斗村 Kēngdǒu Cūn

行政村。位于三魁镇西南部，村委会驻地坑斗，在镇人民政府驻地西南 12.7 千米处。以村委会驻地坑斗命名。东偏北至后头村，西邻白海村，南接仕阳镇双神村，北连垟边村。面积 4.22 平方千米，居民 274 户、802 人。辖 12 个村民小组，有坑斗、下垟仔、占垟仔、董坑、水流、漈坪 6 个自然村。经济以农业、林业为主，茶叶亦为重要产业。

解放初属瀛滨乡，1952 年属坑石乡，1956 年属洋溪乡。1958 年建立坑斗生产队，属大安公社洋溪生产大队；1959 年 2 月起属大安公社洋溪管理区；1961 年 9 月改为坑斗生产大队，属洋溪公社。1984 年改为坑斗行政村，属垟溪乡。2011 年 4 月垟溪乡撤销，并入三魁镇。

坑斗 Kēngdǒu 坑斗村村委会驻地。该地东、西、北三条小溪汇合，绕村成袋状，故称“坑兜”，以音写成“坑斗”。房舍沿山谷呈点状分布，居民 62 户、246 人。

苏姓清初从平阳迁此，今多苏姓。

下垟仔 Xiàyángzǐ 位于村委会驻地东北 0.6 千米处。因在坑斗村后面，得名“坑斗后洋”，又称“后洋仔”“下洋仔”，20 世纪 80 年代定名“下垟仔”。房舍沿山谷呈点状分布，居民 55 户、234 人。

陈姓清中叶从平阳县迁此，今多陈姓。

占垟仔 Zhànyángzǐ 位于村委会驻地东偏南 1.4 千米处。因迁来之沈姓富而多钱，得名“钱垟仔”，后以音写为“占垟仔”。房舍沿山坡呈带状分布，居民 31 户、142 人。

沈姓清乾隆十年（1736 年）从福建汀州上杭迁此，今多沈姓。

董坑 Dǒngkēng 位于村委会驻地北偏西 0.5 千米处。该地一条小溪长 2 里多，得名“长坑”，董姓迁此后改名“董坑”，村以坑名。房舍沿山谷呈点状分布，居民 15 户、50 人。

董姓清乾隆二十年（1755 年）从坑斗分迁于此，陈姓从平阳迁此，今多董姓。

水流 Shuǐliú 位于村委会驻地西偏北 1.1 千米处，古时村庄毁于洪水，故名(尚存铁炉丘、庵基等遗迹)，原分内水流、外水流两聚落。房舍沿山谷呈点状分布，居民 5 户、15 人。

苏姓清道光三年（1823 年）从坑斗迁此，今多苏姓。

漈坪 Jìpíng 位于村委会驻地西北 1.0 千米处，因山坪有块岩漈得名。房舍沿山坡呈点状分布，居民 10 户、35 人。

蒲姓明天启元年（1621 年）迁此，今多蒲姓。

燕水路居民区 Yànshuǐlù Jūmínqū

位于三魁镇东部，居委会驻地燕水路，在镇人民政府驻地东北 0.3 千米处。1996 年 4 月建立，以居委会所在的燕水路命名。1996 年 4 月建立。居民 40 户、140 人。分 7 个居民小组，有燕水家园 1 个居民点。

燕水家园 Yànshuijiāyuán 位于张宅村村委会驻地东北 0.1 千米处，因处燕水路得名。房舍沿燕水路呈块状分布，居民主要为张宅非农村住戶，40 户、140 人。

第三节 街路弄巷

薛彭路 Xuēpéng Lù 位于三魁镇薛外村。因从薛外村通往彭家堡村，故名。南起秀水桥，北至彭家堡村，长 200 米，宽 8 米，混凝土路面。建于 1986 年。

锦溪路 Jǐnxī Lù 位于三魁镇薛外村。沿着锦溪而建，为有别于锦水路，命名“锦溪路”。南起泰茶路，北至民宅，长 140 米，宽 3.5 米，混凝土路面。1986 年建成砾石路，1990 年改建为水泥路。

泰茶路 Tàichá Lù 位于三魁镇薛外村，因通向泰顺县茶厂而名。东北起于泰顺县茶厂，西南至锦水桥，长 230 米，宽 3.5 米，混凝土路面。建于 1974 年。

锦水路 Jǐnshuǐ Lù 位于三魁镇薛外村，因沿锦溪得名。南起水尾桥，北至锦水桥，长 260 米，宽 6 米，混凝土路面。1986 年建成砾石路，1990 年改建成水泥路。

营岗店街 Yínggǎngdiàn Jiē 位于三魁镇薛外村，以当地古村营岗店命名。南起锦水路，北至泰顺县第三中学，长 400 米，宽 6 米，混凝土路面。建于 1981 年。

曙光路 Shǔguāng Lù 位于三魁镇张宅，薛外村。寓意光明到来而名。南起魁中路，北至锦水路，长 500 米，宽 10 米，混凝土路面。建于 1996 年。

燕水路 Yānshuǐ Lù 位于三魁镇张宅村，因沿燕水溪而名。南起三魁桥，北至水尾桥，长 900 米，宽 12 米，混凝土路面。沿途有县第二医院，供销社，信用社，农贸市场等。建于 1982 年。

康庄路 Kāngzhuāng Lù 位于三魁镇张宅村，寓意康庄之路命名。南起人民路，北至营岗坪，长 255 米，宽 17 米，混凝土路面。建于 1999 年。

龙翔路 Lóngxiáng Lù 位于三魁镇张宅村，寓意“龙翔虎跃”而名。东起龟岩路口，西至康庄路，长118米，宽16米，混凝土路面。建于1999年。

人民路 Rénmín Lù 位于三魁镇张宅村，寓意“人民当家作主”命名。东起龟岩路，西至燕水路邮政所，长250米，宽12米，混凝土路面。1981年建成沙石路，1997年改为混凝土路面。

龟岩路 Guīyán Lù 位于三魁镇张宅村，以张宅的古称“龟岩”命名。东北起自公路连接线，西南至泰顺县第二人民医院，长800米，宽度16米，混凝土路面。建于1998年。

秀水路 Xiùshuǐ Lù 位于三魁镇秀溪边村，以处秀水旁命名。南起魁严路，北至三魁大桥头，长500米，宽7米，混凝土路面。建于1986年。

魁中路 Kuízhōng Lù 位于三魁镇张宅村，以处三魁镇中部命名。东起燕水路，西至秀水路，长300米，宽12米，混凝土路面。建于1996年。

魁严路 Kuíyán Lù 位于三魁镇秀溪边村。为三魁镇秀溪边通往严山村公路的一段，故名。南起车站桥头，北至秀水路，长250米，宽5米，混凝土路面。1989年修建，2004年改建。

秀阳路 Xiùyáng Lù 位于三魁镇秀溪边村。处于秀溪东侧朝阳之地，故名。南起刘宅村，北至三魁桥，长500米，宽7米，混凝土路面。建于1992年。

高阳路 Gāoyáng Lù 位于三魁镇刘宅村，以刘宅的古称“高阳”命名。东起隘门，西至金珠丘，长800米，宽度8米，混凝土路面。建于1996年。

峡屿北路 Xiáyǔběi Lù 位于三魁镇瑞后村、面前岭村。为沿峡屿溪居北之路，故名。南起面前路，北至瑞门北路，长900米，宽9米，混凝土路面。建于1996年。

峡屿南路 Xiáyǔ Nánlù 位于三魁镇面前岭村。为沿峡屿溪居南之路，故名。南起西交线，北至面前路，长360米，宽10米，混凝土路面，建于1996年。

面前路 Miànqián Lù 位于三魁镇面前岭村，以处面前岭村而名。东起峡屿北路与峡屿南路接口，西至西交线，长240米，宽9米，混凝土路面。建于1996年。

涧溪西路 Jiànxī Xīlù 位于三魁镇面前岭村，为沿涧溪居西之路，故名。南起西交线，北至峡屿南路，长200米，宽4米，混凝土路面。

涧溪东路 Jiànxī Dōnglù 位于三魁镇面前岭村。为沿涧溪居东之路，故名。北起于峡屿南路，南至西交线，长200米，宽4米，混凝土路面。

溪滨路 Xībīn Lù 位于三魁镇瑞后村、门楼底村，因处大安溪旁命名。南起府前路，北至垟心路，长540米，宽8米，混凝土路面。建于1996年。

垟心路 Yángxīn Lù 位于三魁镇瑞后村，因横穿田垟命名。东起瑞门北路，西至溪滨路，长360米，宽 3 米，混凝土路面。建于 1996 年。

瑞门北路 Ruìmén Běilù 位于三魁镇瑞后村、门楼坳村。道路连接瑞后村和门楼坳村，处于原西旸镇人民政府驻地北侧，故名。南起府前路，北至富察线，长 720 米，宽 6 米，混凝土路面。建于 1996 年。

瑞门东路 Ruìmén Dōnglù 位于三魁镇瑞后村、门楼坳村。道路连接瑞后村和门楼坳村，处于原西旸镇人民政府驻地东侧，故名。东南起于中学路，西北至西旸影剧院，长 500 米，宽 12 米，混凝土路面。沿途有西旸办事处，西旸小学等单位。建于 1996 年。

中学路 Zhōngxué Lù 位于三魁镇门楼坳村、尾厝村，因通往西旸中学得名。南起富察线，北至西旸中学，长 500 米，宽 3.5 米，混凝土路面。建于 1996 年。

府前路 Fǔqián Lù 位于三魁镇门楼坳村，因处原西旸镇人民政府驻地南侧得名。东起西旸影剧院，西至工农桥，长 100 米，宽 4.5 米，混凝土路面。建于 1996 年。

竹里畲族乡

竹里畲族乡
丽水市 温州市
司前畲族镇
文成县
三插溪水库
茶石水库
白鹤渡水库
罗阳镇
岭脚
石角坑
外寮
朝山
石鼓背
火烧座
向阳
横坑
六革尖
六革
五叶莲花
林光住
仓头垟
下东山
坑头
上地
茶坪
茶石
白岩
夏田
垟坑
上岱
后坑
石郎山
罗丁
石街
张家山
水墩
章山
何园
半岭
石人石鼓
田垟
黄坭岱
长蛇岗
粗山
柴岭
上升岭隧道
乌石头
干坑
后山垄
大住
驮山
水碓垟
桥头
何宅垟
金山垄
黄步县
竹里
吴山头
外垟
赤岩寨
竹里畲族乡
大发垟
徐厝
白鹤渡
里光
台边
龙井隧道
排头隧道
竹
里
溪
光
插

竹里畲族乡综治工作中心
竹里畲族乡便民服务中心
竹里畲族乡社会服务管理中心
泰顺县竹里畲族乡人民武装部
泰顺县竹里畲族乡人民政府
中共泰顺县竹里畲族乡委员会

竹里畲族乡人民政府

第十章 竹里畲族乡 Zhúlǐ Shēzúxiāng

第一节 概 述

竹里畲族乡位于泰顺县北部，行政区划代码330329201，邮政编码32 5501。乡人民政府驻竹里村，海拔169米，在泰顺县城东北17.0千米处。畲族人口相对集中，乡政府驻于竹里村，故名。

“竹里”之称缘于境内盛产毛竹。地理位置北纬27°41′30″～27°46′21″，东经119°44′07″～119°49′16″，辖区东西最大距离8.11千米，南北最大距离8.86千米。东、南、西、北四面均与司前畲族镇接壤。总面积47.2平方千米。其中陆地46.6平方千米，水域0.6平方千米。2011年全镇总人口2915人，人口密度为每平方千米62人。人口中汉族2005人，畲族910人。辖竹里、茶石、何宅垟3个行政村，下设64个村民小组。

乡域明泰顺建县前属瑞安县义翔乡六十都，泰顺建县后及清代属一都。民国24年（1935年）设潭竹乡。民国27年（1938年）潭竹乡的竹里村和河溪、东城2乡合并，建为燕溪乡。民国35年（1946年）燕溪、晓圆二乡合并为晓溪乡。

解放初今乡域属晓溪乡，1949年9月属燕溪乡。1952年4月燕溪乡分为竹垟、峰门、何宅3乡，今竹里乡之地属竹垟、何宅乡及燕石乡一部分。1956年何宅乡并入竹垟乡。1958年11月改为竹垟生产大队，属司前公社，1959年2月称竹垟管理区。1961年设竹垟人民公社，属百丈区。1984年5月改为竹垟乡，属 司前区。1985年11月27日改名“竹里”，并成立畲族乡。1992年重新认定革命老区，该乡被认定为革命老区乡。

全乡耕地面积120公顷。生产粮食主要为水稻，油料作物主要为油菜，蔬菜种植也是重要内容；畜牧业主要饲养生猪、羊、牛、家禽。2011年农业总产值0.1亿元。该乡竹木资源丰富，是泰顺县重点林业基地乡之一，有林地面积4067公顷。其中生态公益林2867公顷；经济林267公顷，主要品种有油茶。竹林800公顷，有毛竹180万株。全乡林木覆盖率91.2%，活立木蓄积量12.8万立方米。工业以竹木制造加工为主，2011年工业总产值823万元。

全乡有县乡级公路1条，境内路段总长35.6千米。有医疗卫生机构1所。该乡畲族特色的民间艺术内容丰富，畲族民歌被列为国家级非物质文化遗产项目，畲族婚仪被列为浙江省非物质文化遗产项目，畲族医药、畲族服饰被列为温州市非物质文化遗产项目。该乡一年一度的“三月三”畲族风情节，已成为展示和弘扬畲族文化特色的盛会，名闻遐迩。该乡被命名为 “国家级生态乡”“浙江省兴林富民示范乡”。

第二节 群众自治组织 居民点

竹里村 Zhúlǐ Cūn

行政村。位于竹里畲族乡南部。村委会驻竹里，也是乡人民政府驻地，在县人民政府驻地东北16.9千米处。2004年由原上岱、竹里2村合并组建，以村委会驻地竹里命名。东至何宅垟村、司前畲族镇，西、南邻司前畲族镇，北连茶石村。面积14.38平方千米，居民413户、1334人，其中畲族847人。辖31个村民小组，有竹里、五叶莲花、赤岩寨、外垟、桥头、金山垄、水碓垟、黄步具、驮山、干坑、黄坭岱、何园、石街、上岱、田垟、垟坑、白岩、柴岭、坑头、夏田、横坑、六革、双革23个自然村。林业为主要产业，毛竹资源特别丰富。

原竹里、上岱2村解放初均属燕溪乡；1952至1958年属竹洋乡。1958年分别建立竹里、上岱生产队，属司前公社竹垟生产大队；1959年2月起属司前公社竹垟管理区；1961年9月改为竹里、上岱生产大队，属新建的竹垟公社。1984年5月改为竹里、上岱行政村，属竹垟乡；1985年11月属竹里畲族乡。1992年重新认定革命老区，原竹里、上岱2村均被认定为革命老区村。

2004年原上岱、竹里2村合并组建新的竹里村。

竹里 Zhúli 竹里村村委会驻地。古时四周竹林茂密，村隐其中，故名，包含梅花垟、王厝、桥头、村头4聚落。房舍沿山坡呈块状分布，居民99户、241人，其中畲族58人。

该村徐氏肇基，年代及去向无考；明崇祯二年（1629年），雷姓先祖雷调庆从景宁鹤溪镇包凤村云和东盛迁此，在附近梅花垟矴步头肇基，后转迁村内金山垄定居，是第一支迁入泰顺的畲族；王姓上祖王啄庭清中叶从罗阳赤沙迁此。今多王姓，畲族雷姓。

五叶莲花 Wǔyèliánhuā 位于村委会驻地北3.8千米处。古有黄姓在此设店，得名“黄店坳”。后因村旁5座山丘形似莲花，改名“五叶莲花”。房舍沿山坳呈点状分布，居民9户、34人。

黄姓设店定居，据传遭劫迁走；柯姓1972年从横坑迁此。今多柯姓。

赤岩寨 Chìyánzhài 位于村委会驻地西偏南0.5千米处。该地山岩色红，古有山寨，故称。房舍沿山岗呈点状分布，居民12户、33人，均畲族。

蓝姓上祖蓝正庆晚清从水碓垟迁此，今多蓝姓。

外垟 Wàiyáng 位于村委会驻地西1.5千米处，因处这一带外侧方位得名。房舍沿山坪呈点状分布，居民9户、36人。

罗长旺1954年从黄步具迁此，今多罗姓。

桥头 Qiáotóu 位于村委会驻地北偏西0.7千米处，因处古石桥旁得名。房舍沿溪谷呈点状分布，居民

12户、40人，均畲族。

蓝姓上祖蓝士进清前叶从景宁县四隔田迁此，今多蓝姓。

金山垄 Jīnshānlǒng 位于村委会驻地北偏西0.8千米处，因金姓肇基得名。房舍沿山坳呈点状分布，居民24户、65人，均畲族。

初居金姓，雷姓上祖雷益发明崇祯末从梅花垟矴步头迁此，今多雷姓。

水碓垟 Shuǐduìyáng 位于村委会驻地北偏西1千米处，村旁旧设舂米的水碓，故名。房舍沿山坡呈点状分布，居民13户、42人，均畲族。

蓝姓上祖蓝士进清康熙末从竹里上岱迁此，今多蓝姓。

黄步具 Huángbùjù 位于村委会驻地西北1.6千米处。村居田垄顶端，得名"垄头"，后改为"黄步具"。房舍沿山岗呈块状分布，居民8户、25 人，均畲族。

雷姓清中叶从梅花垟矴步头迁此，今多雷姓。

驮山 Tuóshān 位于村委会驻地西北1.8千米处。村旁山岗形似骆驼，以音得名"驮山"。房舍沿山坡呈点状分布，居民8户、39人，均畲族。

雷姓上祖雷李优清中叶从梅花垟迁此，今多雷姓。

干坑 Gānkēng 位于村委会驻地西北1.8千米处。相传古人于此种得大蒲瓜，剖开后该地小溪水即干涸，得名"干坑"，村以坑名。房舍沿山谷呈块状分布，居民16户、45人，均畲族。

雷姓清中叶从附近梅花垟矴步头迁此，今多雷姓。

黄坭岱 Huángnídài 位于竹里村委会驻地西北2.1千米处。该地多黄泥，山坡有滑运竹木形成的槽，称为"岱"，故名。房舍沿山坡呈点状分布，居民46户、152人，均畲族。

雷姓上祖雷玉明清前叶从竹里金山垄分迁于此，今多雷姓。

何园 Héyuán 位于村委会驻地北偏西2.1千米处，因何姓在此开垦山园得名。村居山岗，房舍沿山坡呈点状分布，居民15户、48人，均畲族。

初居何姓，李姓清中叶从石街迁此，今多雷姓。

石街 Shíjiē 位于村委会驻地北2.5千米处。村北山岗有石路通往白岩，故名。房舍沿山岗呈点状分布，居民13户、51人，均畲族。

李姓清乾隆初从三魁黄沙坑迁此，今多李姓。

上岱 Shàngdài 位于村委会驻地西北2.8千米处，因处黄泥岱山坡上段得名。房舍沿山坡呈点状分布，居民25户、124人，均畲族。

蓝姓清前叶从竹里佰垟迁此，今多蓝姓。

田垟 Tiányáng 位于村委会驻地西北2.7千米处。该地古时多纸厂，盛产花笺纸，“纸”“滦”同音，得名“滦头源”；后以村傍田垟，改名“田垟”。房舍沿山塆呈点状分布，居民7户、19人，均畲族。

雷姓上祖雷显栽之兄清中叶从梅花垟迁此，今多雷姓。

垟坑 Yángkēng 位于村委会驻地西北3.1千米处。相传古时常有野山羊聚集该地小溪边，小溪得名“羊坑”，后以音讹为“垟坑”。房舍沿山谷呈点状分布，居民4户、11人。

李姓上祖李睿毅清中叶从官坑村天堂口(今属文成县)迁此，今多李姓。

白岩 Báiyán 位于村委会驻地北3.3千米处，因村南白色岩壁得名。房舍沿山坡呈点状分布，居民31户、99人，均畲族。

蓝姓清中叶从竹里水碓垟迁此，今多蓝姓。

柴岭 Cháilǐng 位于村委会驻地西北3.1千米处。该地岭上古有山寨，得名“寨岭”，后以音转为“柴岭”。房舍沿山岭呈块状分布，居民2户、7人，畲族。

蓝姓上祖蓝子兴清中叶从水碓垟迁此，今多蓝姓。

坑头 Kēngtóu 位于村委会驻地西北4.1千米处，因处垟坑源头得名。房舍沿山坳呈块状分布，居民9户、27人。

初居雷姓，李姓上祖李舜旺晚清从垟坑迁此，今多李姓。

夏田 Xiàtián 位于村委会驻地西北3.9千米处，因夏姓于此肇基垦田得名。房舍沿山谷呈点状分布，居民17户、61人。

初居夏姓，雷姓先祖雷君达从里光旁山垟迁此，今多苏姓。

横坑 Héngkēng 位于村委会驻地北偏西4.3千米处。村东小溪横绕，得名“横坑”，村以坑名。房舍沿溪谷呈点状分布，居民7户、25人。

柯姓上祖柯福庆清中叶从景宁罗坑迁此，今多柯姓。

六革 Liùgé 位于村委会驻地西北4.8千米处。村旁两山相隔，一似鹿头，一似鹿身，得名“鹿格”，后以音改为“六革”。房舍沿山岗呈点状分布，居民12户、36人。

沈姓清中叶从交垟迁此，今多沈姓。

双革 Shuānggé 位于村委会西北4.3千米。该地原有两丘相连的田，方言称丘为“革”，故名。房舍沿山坡呈点状分布，居民8户、57人。

胡姓1952年从竹里村坑头迁此，今多胡姓。

茶石村 Cháshí Cūn

行政村。位于竹里畲族乡东部，村委会驻地茶坪，在乡人民政府驻地东北4. 3千米处。由原茶坪、石角坑二村合并组建，取原两村名称首字命名为“茶石村”。东至司前畲族镇大住村，西邻司前畲族镇上地村，南接何宅垟村、竹里村，北连司前畲族镇黄桥村。面积24.98平方千米，居民332户、956人，其中畲族29人。辖19个村民小组，有茶坪、仓头垟、林光住、石鼓背、下东山、水墩、章山、半岭、石郎山、罗干、粗山、后山垄、后坑、朝山、外寮、火烧座、石角坑、岭脚、杉树垄19个自然村。全村耕地341.7亩，主要产业有林业、茶叶、水果，毛竹资源尤其丰富。

原茶坪、石角坑2村解放初均属燕溪乡；1952至1958年属竹洋乡。1958年分别建立茶坪、石角坑生产队，属司前公社竹洋生产大队；1959年2月起属司前公社竹洋管理区；1961年9月改为茶坪、石角坑生产大队，属竹洋公社。1984年5月改为茶坪、石角坑行政村，属竹垟乡。1985年属竹里畲族乡。1992年重新认定革命老区，原茶坪、石角坑2村均被认定为革命老区村。2004年原茶坪、石角坑2村合并组建茶石村。

茶坪 Chápíng 茶石村村委会驻地，因村南山坪有棵可采青叶百余斤的大茶树得名。房舍沿山坪呈点状分布，居民65 户、169 人。

罗姓上祖罗严助明中叶从景宁独山后迁此，今多罗姓。

仓头垟 Cāngtóuyáng 位于村委会驻地东北0.9千米处，因处苍头岗南坡，以音得名“仓头垟”。房舍沿山坡呈块状分布，居民27户、78人，其中畲族11人。

郑姓上祖郑作银清中叶从李山（今属文成县）迁此。今多郑姓，畲族蓝姓。

林光住 Línguāngzhù 位于村委会驻地东北1.2千米处。因林姓居此得名“林家住”，后以音转成“林光住”。房舍沿山岗分布，今居2户、8人。

林姓清中叶从新垟（今属文成县）迁此，今居林姓。

石鼓背 Shígǔbèi 位于村委会驻地东北2.1千米处。当地之山有三个石墩，其一敲之发声如鼓，称为石鼓，村处其后，故名。房舍沿山坡呈点状分布，居民23户、68人。

吴姓上祖吴秉福清中叶从里光圆州迁此，今多吴姓。

下东山 Xiàdōngshān 位于村委会驻地东2.6千米处，因处上东山村庄下侧得名。房舍沿山岗呈块状分布，居民27户、72人。

纪姓清中叶从大住百丈坑（今属司前畲族镇）迁此，今多纪姓。

水墩 Shuǐdūn 位于村委会驻地南0.9千米处，当地大水田中有沙墩，故名。房舍沿山坪呈块状分布，居民2 户、6人，畲族。

钟姓清中叶从司前溪口宫头垟迁此，今居钟姓。

章山 Zhāngshān 位于村委会驻地南偏东 1.2 千米处，因章姓肇基得名。房舍沿山坪呈点状分布，居民 8 户、28 人。

初居章姓，游姓清中叶从石郎山迁此，今多游姓。

半岭 Bànlǐng 位于村委会驻地南偏东 1.3 千米处，因处章山岭半途得名。房舍沿岭呈块状分布，居民 3 户、11 人，其中畲族 7 人。

畲族钟姓晚清从溪口坑迁此，纪姓抗战时从文成黄坦上坪迁此，今居钟姓、纪姓。

石郎山 Shílángshān 位于村委会驻地东南 1.6 千米处。该地峭壁有石突出，形似狼头，得名“石狼山”，雅化为“石郎山”。房舍沿山岗呈块状分布，居民 6 户、17 人。

游姓较早居此，林姓清中叶从新垟（今属文成县）迁此，今多林姓。

罗干 Luógàn 位于村委会驻地东南 2.1 千米处。古时伐竹顺山势滑运，声似敲锣赶兽，得名“锣赶”，后以音改名“罗干”。房舍沿山岗呈块状分布，居民 2 户、7 人。

初居罗姓，赖姓晚清从碑排大岗背迁此，今居赖姓。

粗山 Cūshān 位于村委会驻地南 1.7 千米处。旧为山中小屋，得名“厝山”，后以音改称“粗山”。房舍沿山坡呈块状分布，居民 6 户、23 人。

李姓晚清从黄桥石章坑迁此，今居李姓。

后山垄 Hòushānlǒng 位于村委会驻地南 2.2 千米处，因处山垄之后得名。房舍沿山垄呈点状分布，居民 13 户、36 人，其中畲族 2 人。

纪姓清同治元年（1862 年）从司前大住村百丈坑自然村迁此。今居纪姓，畲族钟姓。

后坑 Hòukēng 位于村委会驻地西偏南 1.9 千米处，因附近小溪 “后坑”得名。房舍沿山坡呈点状分布，居民 76 户、305 人，其中畲族 6 人。

刘姓上祖刘子然明永乐庚子年（1420 年）从景宁章坑迁此。今多刘姓，畲族蓝姓。

朝山 Cháoshān 位于村委会驻地北偏西 1.7 千米处，因朝向大山得名。房舍沿山坡呈块状分布，居民 13 户、48 人。

罗姓清中叶从里光分迁于此，今多罗姓。

外寮 Wàiliáo 位于村委会驻地北偏西 1.9 千米处。原为石角坑外侧草寮，故名。房舍沿山坡呈块状分布，居民 3 户、 13 人。

罗姓清中叶从里光分迁于此，今多罗姓。

火烧座 Huǒshāozuò 位于村委会驻地西北 2.6 千米处。据传古时村东山墩有寨，后被烧毁，人称“火烧寨”，后以音转成“火烧座”，又以音称“花晓助”，一度曾称“向阳”。村居山岗，房舍沿山坡呈点状分布，居民 18 户、72 人。

邱姓上祖邱李进清中叶从赤沙（今属文成县）迁此，今多邱姓。

石角坑 Shíjiǎokēng 位于茶石村委会驻地西北 4.0 千米处。当地溪谷多石，溪名“石角坑”，村以坑名。房舍沿峡谷呈点状分布，居民 71 户、207 人。

罗姓清中叶从里光村转迁此，今多罗姓。

岭脚 Lǐngjiǎo 位于村委会驻地西北 5.2 千米处，因处石角坑至小燕的山岭下侧得名。房舍沿岭脚呈块状分布，居民 5 户、14 人。

柯姓上祖柯林顺于同治九年（1870 年）从上岱横坑迁此，今多柯姓。

杉树垄 Shānshùlǒng 位于村委会驻地东南 2.0 千米。地处山垄，原有 3 棵大杉树，故名。房舍沿山坡呈点状分布，居民 16 户、70 人。

魏姓民国 18 年（1929 年）从黄坦(今属文成县)迁此，今多魏姓。

何宅垟村 Hézháiyáng Cūn

行政村。位于竹里畲族乡南部。村委会驻地何宅垟，在乡人民政府驻地东北 1.3 千米处。以村委会驻地何宅垟命名。东、南两邻司前畲族镇，西接竹里村，北连茶石坑村。面积 7.73 平方千米，居民 205 户、625 人，其中畲族 27 人。辖 14 个村民小组，有何宅垟、张家山、乌石头、吴山头、长蛇岗、徐厝、大发垟 7 个自然村。经济以农业、林业为主，森林、毛竹资源丰富。茶叶、水果亦为重要产业。

解放初属燕溪乡；1952 年属何宅乡，1956—1958 年属竹洋乡。1958 年建立何宅垟生产队，属司前公社竹洋生产大队；1959 年 2 月生产大队改为管理区，属司前公社竹洋管理区；1961 年 9 月管理区撤销，生产队改为生产大队，为何宅垟生产大队，属新建的竹洋公社。1984 年 5 月改为何宅垟行政村，属竹垟乡。1985 年 11 月属竹里畲族乡。

何宅垟 Hézháiyáng 何宅垟村村委会驻地，因何姓居此得名。房舍沿山脚呈块状分布，居民 55 户、168 人。

初居何姓；吴姓上祖吴世达、吴世恬明初从景宁东坑迁此，后迁罗阳洋心街，清康熙年间其后裔复迁回何宅垟。今多吴姓。

张家山 Zhāngjiāshān 位于村委会驻地北 1.8 千米处。古称“张监山”，解放后改名“张家山”。房舍沿山坡呈块状分布，居民 22 户、50 人。

吴姓上祖吴振效从大发垟迁何宅垟，清中叶再迁此，今多吴姓。

乌石头 Wūshítóu 位于村委会驻地北偏西 0.9 千米处。村旁山上有 5 块巨石，得名“五石头”，后以音改为“乌石头”。房舍沿山岗呈点状分布，居民 16 户、39 人。

吴姓上祖吴有训清前叶从大发垟迁此，今多吴姓。

吴山头 Wúshāntóu 位于村委会驻地东南 0.9 千米处，因处吴姓之山上段得名。房舍沿山岗呈点状分布，居民 17 户、55 人，其中畲族 2 人。

方姓上祖方寿成晚清从峰门左窟迁此。今多方姓，畲族雷姓。

长蛇岗 Chángshégǎng 位于村委会驻地北偏西 1.1 千米处。村旁山岗形似长蛇，得名“长蛇岗”，村以岗名。房舍沿山岗呈点状分布，居民 12 户、38 人。

吴姓上祖吴永序明中叶从何宅迁此，今多吴姓。

徐厝 Xúcuò 位于村委会驻地东南 1.2 千米处，因徐姓肇基得名。房舍沿山坡呈块状分布，居民 14 户、52 人，其中畲族 25 人。

初居徐姓，雷姓晚清从峰门迁此。今多方姓，畲族雷姓。

大发垟 Dàfāyáng 位于村委会驻地南 1.0 千米处。因处田垟旁得名“大畈阳”，后为祈富改作“大发垟”。房舍沿山脚呈块状分布，居民 31 户、93 人。

吴姓上祖吴珠新明末从何宅迁此，今多吴姓。

第三节 街路弄巷

台黄路 Táihuáng Lù 位于竹里畲族乡竹里村至茶石村，为台(边)黄(桥)公路所经路段，故名。东南起于村民中心屋后。西北至水碓垟，长 1000 米，宽 8 米，沥青路面。

双峰路 Shuāngfēng Lù 位于竹里畲族乡竹里村。背靠两座山峰，与街相望，故名。东起竹何路，西至台黄线，长 80 米，宽 15 米，沥青路面。

沿溪路 Yánxī Lù 位于竹里畲族乡竹里村，因处溪边得名。东起同园小区，西至台黄公路，长 120 米，宽 8 米，沥青路面。

竹何路 Zhúhé Lù 位于竹里畲族乡竹里村至何宅垟村竹何线公路得名。南起“三月三”农家乐餐馆，北至同园小区，长 350 米，宽 10 米，沥青路面。

沿溪东路 Yánxī Dōnglù 位于竹里畲族乡竹里村，以处左溪东岸得名。北起社区服务中心，南至垟尾。长 200 米，宽 7 米，青石路面。

第四编 建筑设施

第一章 交通设施

第一节 公 路

省 道

分泰线 Fēntài Xiàn 分水关至泰顺县城区，故名，即分泰公路，公路编号S331。自福建省福鼎县与浙江省苍南县交界的104国道分水关互通，在彭溪镇西关村东南入泰顺县境，终点泰顺县城罗阳新城区。途经福鼎市叠石乡，泰顺县彭溪、泗溪、三魁、罗阳等镇，全程64.10千米，县内路段59.35千米。

最初的分泰公路1956年2月动工修建，1958年7月1日全线通车，全长104.08千米。起点104国道分水关村（属福建省福鼎市贯岭镇）分道，经泰顺县月湖垟、富垟、彭溪、五里牌、叠石（属福建省福鼎县）、莲头、沐峰、雅中、墩头、秀溪、矴埠头、大龙口、隘门、三魁、峡屿、竹林头、外西坑、竹底、老鹰岩、半路洋、南院、育秀坑、豆腐岭、川山洋、交洋等地，终点县城罗阳镇。

1993年3月分泰公路动工改造，1997年1月通车，为柏油路面，全长89.70千米，时称58省道。由104国道分水关村（福建省福鼎市贯岭镇）分道，经月湖乡、彭溪乡（今属彭溪镇），福鼎市叠石乡，雅阳镇、柳峰乡（今均属雅阳镇），东溪乡（今均属泗溪镇），三魁镇、西旸镇、大安乡（今均属三魁镇），下洪乡（今属罗阳镇）至罗阳镇。

2006年11月动工进行第二次改造，2007年12月正式通车。重建的58省道起于甬台温高速公路分水关互通，经月湖、富垟、伙爬岭（今均属彭溪镇），叶婆坑、上仁垟（今均属雅阳镇），南溪、下桥（今均属泗溪镇），曲尺潭、罗汉（今均属三魁镇），贝谷、下彩、下寮溪、芝麻坦（今均属罗阳镇），连接新城大道，全长64.10千米，路基宽度10至12米。其中10座隧道总长13275米，隧道宽9米；桥梁27座，总长1775米。

云寿线 Yúnshòu Xiàn 自丽水市云和县至福建省寿宁县，故名。公路编号S228。泰顺县境段北起司前畲族镇与景宁县东坑镇交界的龙井隧道，南至罗阳镇与福建省寿宁县犀溪乡交界的友谊关，途经司前畲族镇、竹里畲族乡、罗阳镇，县内路长36.20千米。

该公路原分为泰景线和泰寿线，初建时总长近75.00千米。其中泰景线1958年11月中旬动工，几经周折及于1970年4月终于建成，自罗阳经仙居、下稔、拳头岭头、花坪、台石、叶山寮、水碓坑、司前、台边、里光、三支岗、杨寮、金竹坑，至景宁交界地童岭头，长68.72千米。

泰寿线1969年9月开工，次年2月通车，自罗阳至寿宁交界地磨米潭，长5.04千米。

1997年5月泰景线动工改造；2001年5月至2002年12月、2001年3月至2003年3月泰寿线分期进行改造。改建后两路合称云寿线，编号52省道，2010年改编号为S228。

县 道

岀院线 Xuéyuàn Xiàn 自文成县岀口镇至泰顺县上洪村院口自然村，故名。因连接文成、泰顺2县，又称文泰公路。筱村镇箬垟村入泰顺县境，经联云乡、新山乡、竹园村、葛垟乡（今均属筱村镇），下洪乡（今属罗阳镇），至下洪村院口自然村接分泰线，泰顺境内长42.26千米。

全线工程分三期施工。第一期五蒲至新山段15.70千米，1982年冬动工，1984年6月竣工。第二期下洪至五蒲段14.40千米，1984年7月动工，1986年9月竣工。第三期交垟至下洪和新山至文成松源段共29.80千米，1988年11月全部竣工。

1997年1月8日，改造后的分泰公路通车，交垟至下洪段路段成为分泰公路的一部分。2001年省交通厅核定，县道西旸至院口公路和泰文线交垟至下洪段划归分泰公路，原分泰公路西旸经西坑、南院至交垟段划为县道。原文泰公路文成岀口至泰顺院口段称岀院线。

莲筱线 Liánxiǎo Xiàn 自莲头至筱村竹园，故名。在老分泰公路35.40千米处雅阳镇莲头村接线，经松垟、上仁、前坪、南溪、白粉墙、三门垟、李垟、东垟、长垟等村域，至筱村镇竹园村与文泰公路相接，全长43.979千米。

全线分三段建设。莲头至泗溪段长16.30千米，1958年4月动工，1959年8月竣工；泗溪至筱村东垟段长24.10千米，1966年12月动工，1971年6月1日竣工；东垟至竹园段长7.55千米，1976年2月动工，1979年7月竣工。

雅氡线 Yǎdōng Xiàn 自雅中至氡泉，故名，又称雅承线。在老分泰公路雅阳镇新联村雅中自然村接线，经中村村、埠下村、承天村至承天氡泉自然保护区，全长7.55千米。1976年12月动工兴建，1979年7月1日竣工通车。1999年9月完成沥青路面铺设。

埠排线 Bùpái Xiàn 自在雅氡线雅阳镇埠下村接线，至排岭村，故名。长2.48千米。1998年开工建设，1999年竣工通车。

李平线 Lǐpíng Xiàn 自泗溪镇李垟至文成县平溪村，故名。在莲筱线28.00千米处的李垟村接线，经泗溪镇梧桐垟村，筱村镇梨垟、外垟、坑底、山峡、兴东等村，至兴东村底畲自然村出境。县内路段长19.581千米。

东桂线 Dōngguì Xiàn 系原东泗线和泗横线连接后延伸至文泰线交接点文成县桂库村，故名。是文（成）福（安）公路的一部分。在老分泰公路泗溪镇琴桥村接线，经上院村、玉岩村、西地村、华垟村、建新村、至坑头村源上自然村出境，境内全长32.82千米。

原东泗线自老分泰公路接线，经琴桥、上院、玉岩等村，全长11.00千米。1995年3月12日动工，

2001年6月8日竣工。原泗横线自莲筱线泗溪接线，经岩头底、高畲垟、西地、沙岭、霞垟、夹边，全长16.4千米。

玉九线 Yùjiǔ Xiàn 自原玉西乡至九峰村，故名。在东桂线泗溪镇西地村接线，经前坪仔村，至九峰村，全长11.32千米。于1983年3月动工，1986年12月竣工通车。

玉西至九峰公路修通后，当地群众迫切要求兴建前坪仔至峰文和塆头至峰文公路，即现在的前小线和九峰线。全程贯通原九峰、松垟和峰文3个乡的革命老区村庄，为第二次国内革命战争时期闽浙边境革命活动的中心地带。1996年6月原南京军区副司令员张文碧命名为“红军路”。红军路自老分泰线富垟接线起，经峰文、双溪口、小南山、古铜坑、灵家山、白柯塆、前坪仔、至文福线的西地村和峰文起，经塆头、九峰、至前坪仔两条联网公路。

东交线 Dōngjiāo Xiàn 自东溪仔至交溪，故名。是文（成）福（安）公路的一部分。在老分泰公路的泗溪镇琴桥村东溪仔自然村接线，经雪溪、仕阳、章成、龟湖、至福建交界的交溪，全长38.456千米。

全线工程分大垄口至仕阳、仕阳至龟湖、龟湖至交溪三段实施。大垄口至仕阳段1959年已通车。仕阳至龟湖段1974年开工，1980年8月竣工。龟湖至交溪段1993年7月开工，2004年1月工程竣工。2006年实施路面改造。

仕底线 Shìdǐ Xiàn 自仕阳至底垟，故名。在东交线溪东村仕阳大桥接线，经朝阳、桥底、荣西、双路、瑞昌、茂竹园、上排等村，在下排村底垟回到仕阳大桥，长28.74千米。

该线系仕阳镇瑞昌村至福建省柘荣县交界处荣顺桥公路、原万排乡经茂竹园村至荣顺桥两段公路连接而成，形成环形公路网。

富察线 Fùchá Xiàn 自原富垟乡至察溪，故名。在分泰线彭溪镇外垟村接线，经车头、五里牌、福梅、沐峰、墩头、秀溪、大龙口、秀溪边、花坪头、大丘坪、洪岭头、贝谷、上洪、下彩等村，至鹤联村下察溪接分泰线，长约7.40千米。

原为老58省道一部分，2010年老58省道降级成县道，该段命名为富察线。

西交线 Xījiāo Xiàn 自原西旸乡（今属三魁镇）至交垟，故名。在富察线三魁镇尾厝村尾厝自然村接线，经双旸、竹茂旸、老鹰岩、南院、育秀垟、下交垟等村。长32.19千米。

原为老分泰公路的一段，1996年底分泰公路改道，该段由省道降为县道，改称西交线。

竹西线 Zhúxī Xiàn 自竹林头至西浦，故名。长26.68千米。在西交线三魁镇面前岭村竹林头自然村接线，经叶瑞旸、彭坑垟、可溪、龙溪、华荣、洲滨、上庄等村，至福建省寿宁县犀溪镇西浦村。该线原为竹林头至彭坑垟、彭坑垟至洲岭、洲岭至西浦3段。

竹林头至彭坑垟，自西交线竹林头接线，经叶瑞旸，至彭坑垟村，长9.80千米。1977年10月建成。

彭坑垟至洲岭，自彭坑垟起，经可溪、龙溪、长坑、下舟垟至洲岭村，长 12.80 千米，1976 年 10 月动工，1982 年竣工。彭坑垟至洲岭公路竣工后与竹林头至彭坑垟路段相连，称竹洲线。洲岭至西浦公路，是泰顺县洲岭乡至福建省寿宁县犀溪镇西浦的省际交界联网公路。

2010 年底上述三路段连为一体，合为竹西线。

童东线 Tóngdōng Xiàn 自景宁畲族自治县景南乡东塘村童岭头自然村至泰顺县罗阳镇毛竹下村原东溪头自然村，故名。长 75.03 千米。在司前畲族镇榅垟村金竹坑自然村入境，经里光、台边、司前、左溪、台石、仙居、北内、北外、东内、东外、南内、南外等村，至毛竹下村。

童东线原分为泰景、泰寿二线。泰景线自县城罗阳至景宁县童岭头，1968 年 8 月竣工；泰寿线自县城罗阳至与寿宁交界处友谊桥，1970 年 1 月建成。2003 年底 52 省道（云寿公路）泰顺段改道，原童岭头至东溪头段由省道降为县道，改称童东线。

花金线 Huājīn Xiàn 自花坪至金坑，故名。在童东线百丈镇阳山村花坪自然村接线，经南坑垟村至金坑大桥。长 10.69 千米。1971 年 8 月竣工。

花坪至金坑段 1970 年 11 月 6 日动工，1971 年 8 月竣工，1974 年 12 月延至百丈口。2000 年珊溪水库蓄水后，金坑至百丈口公路淹没，所存 10.69 千米路段称花金线。

司筱线 Sīxiǎo Xiàn 自司前畲族镇至筱村镇，故名。在云寿线左溪村接线，经朱垟村、秀洪村、坳头村至筱村镇徐岙村。长 29.09 千米。

珊溪水库蓄水后，原百丈、莒江等地一些公路淹没。1998 年 8 月库区公路开始复建，1999 年 1 月 10 日开工，2006 年 10 月 26 日竣工。复建百司段和百筱段，连接后称司筱线。百司段自百丈镇至司前畲族镇，经朱垟村，复建里程 11.50 千米。百筱段自百丈镇至筱村镇徐岙村竹园自然村，经秀洪村、坳头村，复建里程 19.00 千米。

司峰线 Sīfēng Xiàn 自司前至峰门，故名。在司筱线司前村原馒头石自然村接线，经徐宅村至峰门村。长 16.375 千米。

珊溪水库蓄水后，原百丈、莒江等地一些公路淹没。1999 年 1 月开始复建司前至峰门公路，1999 年 12 月竣工，命名为司峰线。

台三线 Táisān Xiàn 自台边经竹里和黄桥至三插溪，故名。

该路最早路段为台黄线，自泰景线台边村接线，经竹里、石角坑、晓燕、横路至当时的黄桥乡政府驻地园桥村，1971 年 12 月动工，1978 年 10 月建成台边至横路段，1983 年 12 月台黄线全线建成，全长 35 千米。

20世纪90年代兴建司前至三插水库大坝的专用公路，台黄线与之连接，乃称台三线，全长38.82千米。

金芳线 Jīnfāng Xiàn 自金竹坑至原上芳香坪林场，故名。在童东线榅垟村金竹坑自然村接线，至原上芳香坪林场。长 17.74 千米。

1978 年 8 月兴建金竹坑经犁头厝、坑头至乌岩岭林场公路，1980 年 8 月竣工。1984 年 10 月兴建乌岩岭林场至原上芳香坪林场公路，次年 11 月竣工，两路合称金芳线。52 省道改建与童东线相接。

交罗线 Jiāoluó Xiàn 自交垟上村至罗阳，故名。长 4.13 千米。该公路为老 58 省道一部分，2010 年 58 省道改道，老线路交垟至罗阳段划为县道，命名交罗线。

分雨线 Fēnyǔ Xiàn 自分水关至雨伞丘，故名。在分泰线福建省福鼎市贯岭镇分水关村接线，经西关、月湖村至水尾村雨伞丘自然村接分泰线，长 4.54 千米。原为老 58 省道一部分，2010 年 58 省道改道，该段划为县道，命名分雨线。

上雅线 Shàngyǎ Xiàn 自雅阳镇上仁村至莲头，故名。在分泰线上仁村接线，经松垟村、东安村至莲头村接富察线。全长 6.83 千米。2006 年 11 月开工建设，2008 年 6 月竣工。

文福线 Wénfú Xiàn 自文成县与泰顺县交界的桂山，至泰顺县与福建省福安市交界的交溪，故名。该线东北至西南向贯穿县境中部，连接文成、泰顺、福安三县。原分东桂线（东溪仔至桂山）、东交线（东溪仔至交溪），后合为文福线。全长 71.25 千米。

乡 道

火半线 Huǒbàn Xiàn 自彭溪镇彭溪村火墙内至半岭自然村，故名，长 3.60 千米。1956 年修建，是最早分泰线一部分，58 省道改道，火墙内至半岭段划为乡道，命名火半线。

富彭线 Fùpéng Xiàn 自原富垟乡外垟村至原彭溪乡彭溪村，故名。在富察线外垟村后面垟接线，经富垟村、峰文村、伙爬岭村、双溪口村至彭溪村。长 27.10 千米。1984 年动工，次年竣工。

柳东线 Liǔdōng Xiàn 自雅阳镇原柳峰乡墩头村至原东岭乡卓宅村，故名。在富察线墩头村接线，经新庄村、梧村村、东桥村至卓宅村。长 10.80 千米。1988 年动工，1990 年竣工。

前小线 Qiánxiǎo Xiàn 自泗溪镇前坪仔村至彭溪镇双溪口村小南山自然村，故名。在玉九线前坪仔村接线，经半岗村、灵乾村、下村村至双溪口村小南山。长 15.48 千米。1991 年动工，1992 年竣工。

上灵线 Shànglíng Xiàn 自雅阳镇上仁垟村至灵乾村，故名。在莲筱线上仁垟村接线，经下村村、上村村至灵乾村。长 17.30 千米。1992 年动工，1992 年竣工。

铁秀线 Tiěxiù Xiàn 自雅阳镇铁炉岭至原秀涧乡下村村，故名。长 2. 40 千米。1994 年动工，1995 年竣工。

雪临线 Xuělín Xiàn 自原雪溪乡至原雪临乡（现均属仕阳镇），故名。长 6.70 千米。1973 年动工，同年竣工。

龟林线 Guīlín Xiàn 自仕阳镇龟湖至龟林，故名。长 1.00 千米，宽 5.50 米。1981 年动工，同年竣工。

龟龟线 Guīguī Xiàn 自仕阳镇龟湖村至原龟林村下村自然村，故名。长 1.03 千米。1981 年动工，同年竣工。

三严线 Sānyán Xiàn 自三魁镇至仕阳镇严山村，故名。长 17.52 千米。1965 年动工，1969 年竣工。

三凤线 Sānfèng Xiàn 自三魁镇至泗溪镇三垟村凤垟自然村，故名。途经三魁镇卢梨村。长 18.77 千米。1966 年动工，1968 年竣工。

卢卢线 Lúlú Xiàn 自三魁镇卢梨村至卢梨寺，故名。长 1.04 千米，宽 5.5 米。1987 年动工，同年竣工。

彭垟线 Péngyáng Xiàn 自三魁镇彭坑垟村至原垟溪乡垟边村，故名。长 4.86 千米。1966 年动工，1970 年竣工。

大金线 Dàjīn Xiàn 自三魁镇大丘坪村至戬洲村金狮自然村，故名。长 7.24 千米。1985 年动工，1988 年竣工。

陈南线 Chénnán Xiàn 自罗阳镇陈坑至罗阳镇南山，故名。长 1.31 千米，宽 5.5 米，1991 年动工，同年竣工。

陈南线 Chénnán Xiàn 自罗阳镇南山村原陈坑自然村至南山村岭头自然村，故名。长 1.31 千米。1991 年动工，同年竣工。

分大线 Fēndà Xiàn 自原分泰线（富察线段）大溪源村龙井坑自然村至罗阳镇大溪源村大溪源自然村，故名。长 2.49 千米。1985 年动工修建，1986 年竣工。

文联线 Wénlián Xiàn 自文泰公路（峃院线）岔口至原联云乡，故名。长 0.65 千米。1996 年 10 月动工，1999 年 10 月竣工。

联包线 Liánbāo Xiàn 自原联云乡陈司垟至原包垟乡七孔田，故名。在文泰公路陈司垟接线，经朝头垟村、新源村，至包垟店村七孔田接莒岩线。长 7.03 千米。1996 年 10 月动工，1999 年 10 月竣工。

莒岩线 Jǔyá Xiàn 自百丈镇莒云村至岩上村，故名。经莒云、新塘垟、包垟店、包垟底、横溪、林岙、岩上等村域。长 14.70 千米。1990 年 5 月动工，1991 年 12 月竣工。

垟葛线 Yanggé Xiàn 自筱村镇章前垟村垟尾至葛垟村，故名。长 1.54 千米。1985 年动工，1987 年竣工。

罗白线 Luóbái Xiàn 自罗阳镇中心至白溪村，故名。长 6.49 千米。1978 年动工，1980 年竣工。

仙岭线 Xiānlǐng Xiàn 自罗阳镇仙居村至原岭北乡板场村，故名。途经仙稔村、三滩村、村尾村。长 17.43 千米。1963 年动工，1965 年竣工。

三碑线 Sānbēi Xiàn 自罗阳镇三滩村经大岗背村至碑排村，故名。长 18.55 千米，宽 5.5 米，1963 年动工，1967 年竣工。

沙砂洪线 Shāhóng Xiàn 自百丈镇建民村原沙坑自然村至洪秀村原洪口自然村，故名。长 5.92 千米。1976 年动工，1977 年竣工。

柳沈线 Liǔqīng Xiàn 自原柳峰乡墩头村至福鼎市管阳镇沈青村，故名。长 0.79 千米。1977 年动工，同年竣工。

东下线 Dōngxià Xiàn 自原东溪乡至桥头村下垟自然村，故名。长 7.07 千米。1986 年动工，1988 年竣工。

玉上线 Yùshàng Xiàn 自原玉西乡西地村至上佛垟林场，故名。长 9.59 千米。1988 年动工，1989 年竣工。

新莒线 Xīnjǔ Xiàn 自筱村镇新仓村至原莒江乡莒云村岭头垟，故名。长 8.85 千米。1978 年动工，1979 年竣工。

新孙线 Xīnsūn Xiàn 自筱村镇新仓村至孙坪村，故名。长 4.60 千米。1981 年动工，1982 年竣工。

大铁线 Dàtiě Xiàn 自仕阳镇大龙口村至原铁炉坑村（现双溪村柳溪自然村），故名。长 2.06 千米。

该线为原分泰公路雅阳至三魁段一部分，1958 建成，2009 年 11 月分泰公路（时称 58 省道）改道，大龙口村至铁炉坑村路段划为乡道。

九峰线 Jiǔfēng Xiàn 自泗溪镇九峰村至彭溪镇峰文村，故名。长 6.17 千米，宽 5.5 米。1982 年动工，1983 年竣工。

下上线 Xiàshàng Xiàn 自仕阳镇下排村至上排村，故名。长 6.63 千米，宽 5.5 米。1986 年动工，同年竣工。

新陈线 Xīnchén Xiàn 自新仓至陈司垟，故名。为原百丈镇莒江至岩上、筱村镇陈司垟至七孔田、新浦至岭头垟三条公路联接而成。

第二节 隧 道

杨家岭隧道 Yángjiālǐng Suìdào 位于 331 省道罗阳镇中部偏南，下彩村西北路段，中心桩号 331 省道 54K+488m 处，因地处杨家岭命名。全长 3300 米，宽 9 米，高 5 米。2005 年动工，2007 年竣工。

三插坳隧道 Sānchā'ào Suìdào 位于 331 省道罗阳镇中部偏东南部，下彩村东南苏家山自然村路段，中心桩号 331 省道 50K+723m 处，地处三插坳，故名。全长 980 米，宽 9 米，高 5 米。2005 年动工，2007

年竣工。

龙井坑隧道 Lóngjǐngkēng Suìdào 位于 331 省道罗阳镇中部偏东南，上洪村西路段，与三插坳隧道紧邻。因地处龙井坑命名。中心桩号 331 省道 49K+990m 处，全长 335 米，宽 9 米，高 5 米。2005 年动工，2007 年竣工。

上洪隧道 Shànghóng Suìdào 位于 331 省道罗阳镇东南部，上洪村交塘自然村东北路段，中心桩号 331 省道 48K+983m 处，因地处上洪村命名。长 160 米，宽 9 米，高 5 米。2005 年动工，2007 竣工。

洪岭头隧道 Hónglǐngtóu Suìdào 位于 331 省道罗阳镇东南部与三魁镇北部相邻路段，中心桩号 331 省道 46K+014m 处，因地处洪岭头命名。全长 1265 米，宽 9 米，高 5 米。2005 年动工，2007 年竣工。

淡竹垟隧道 Dànzhúyang Suìdào 位于 331 省道三魁镇东北部与泗溪镇西部相邻路段，中心桩号 331 省道 34K+457m 处，因地处淡竹垟村命名。全长 2390 米，宽 9 米，高 5 米。2005 年动工，2007 年竣工。

秀涧隧道 Xiùjiàn Suìdào 位于 331 省道雅阳镇东北部，上仁村东北路段，中心桩号 331 省道 21K+999m 处，因地处秀涧村命名。全长 847 米，宽 9 米，高 5 米。2005 年动工，2007 年竣工。

峰坳隧道 Fēng'ào Suìdào 位于 331 省道雅阳镇东北部与彭溪镇西部相邻路段，中心桩号 331 省道 16K+602m 处。因地处峰坳村命名。全长 1115 米，宽 9 米，高 5 米。2005 年动工，2007 年竣工。

富垟隧道 Fùyáng Suìdào 位于 331 省道彭溪镇中部偏西路段，中心桩号 331 省道 11K+803m 处，因地处富垟村命名。全长 2445 米，宽 9 米，高 5 米。2005 年动工，2007 年竣工。

隘门关隧道Àiménguān Suìdào 位于 331 省道彭溪镇南部水尾村隘门头自然村东，中心桩号 331 省道 6K+029m 处，因地处隘门头自然村命名。全长 438 米，宽 9 米，高 5 米。2007 年竣工。

龙井隧道 Lóngjǐng Suìdào 位于 228 省道司前畲族镇西北与景宁交界处，因地处山岭“龙井”命名。全长约 1100 米，大部分在景宁境，泰顺县境为南段约 100 米。2001 年 9 月动工，2002 年底竣工。

排头隧道 Pǎitóu Suìdào 位于 228 省道司前畲族镇西部路段，中心桩号 228 省道 67K+092m 处，因地处排头自然村命名。长 450 米，宽 10.5 米，高 5 米。2001 年动工，2002 年竣工。

上升岭隧道 Shàngshēnglǐng Suìdào 位于 228 省道司前畲族镇西部路段，排头隧道东南，中心桩号 228 省道 69K+968m 处，因地处上升岭命名。长 765 米，宽 10.5 米，高 5 米。2001 年动工，2002 年竣工。

水窟隧道 Shuǐkū Suìdào 位于 228 省道司前畲族镇西部路段，上升岭隧道东南，中心桩号 228 省道 71K+912m 处。因地处水窟自然村命名。全长 100 米，宽 10.5 米，高 5 米。2001 年动工，2002 年竣工。

红岩隧道 Hóngyán Suìdào 位于 228 省道罗阳镇东北部邻近司前畲族镇西部路段，中心桩号 228 省道 84K+780m 处。北口左侧山上有红岩双瀑，故名。全长 2510 米，宽 10.5 米，高 5 米。1996 年动工，2000 年 8 月竣工。

白岩坑隧道 Báiyánkēng Suìdào 位于司筱线筱村镇西部坳头村路段，中心桩号司筱线 26K+811m 处，因地处白岩坑自然村命名。全长 472 米，宽 11.5 米，高 5 米。2003 年动工，2005 年竣工。

东安隧道 Dōng'ān Suìdào 位于泗雅线雅阳镇北部东安村路段，中心桩号泗雅线 3K+564m 处，因地处东安村得名。全长 500 米，宽 9 米，高 5 米。2006 年动工，2007 年竣工。

第三节 车 站

泰顺县长运公司客运北站 Tàishùn Xiàn Kèyùn Běizhàn 位于罗阳镇泰庆北路 438 号。地处县城北部，担负跨县客运，故名。占地面积 2.8 公顷，停车场面积 1.8 万平方米。2008 年建成。该站 2012 年被授予“温州市十佳文明出行示范企业” 称号。

泰顺县长运公司客运站 Tàishùn Xiàn Kèyùnzhàn 位于罗阳镇泰景路 2 号，又称泰顺客运东站。前身为浙江省汽车运输公司温州分公司泰顺站，1987 年改称泰顺县长途汽车运输公司客运站。主要担任县内客运班线的发班任务。占地面积 1 公顷，停车场面积 5000 平方米。

仕阳客运中心 Shìyáng Kèyùn Zhōngxīn 位于仕阳镇溪东村仕兴路。占地面积 0.0904 公顷，停车场面积 350 平方米。2006 年建成。

雅阳兴隆客运中心 Yǎyángxīnglóng Kèyùn Zhōngxīn 位于雅阳镇新联村泰分路 113 号。2005 年扩建，占地面积 0.2184 公顷，停车场面积 1840 平方米。

三魁客运中心 Sānkuí Kèyùn Zhōngxīn 位于三魁镇秀溪边村秀阳路。2005 年扩建，占地面积 0.2016 公顷，停车场面积 1200 平方米。

泗溪客运站 Sìxī Xiàn Kèyùnzhàn 位于泗溪镇环水路 1 号。2005 年改建，占地面积 0.266 公顷，停车场面积 2350 平方米。

百丈客运站 Bǎizhàng Kèyùnzhàn 位于百丈镇江园路。2006 年 6 月通过竣工验收，占地面积 0.4280 公顷，停车场面积 3500 平方米。

筱村客运站 Xiǎocūn Kèyùnzhàn 位于筱村镇徐岙村岀院线与莲小线交会处南角。2006 年 3 月竣工。占地面积 0.2660 公顷，停车场面积 2350 平方米。

司前客运站 Sīqián Kèyùnzhàn 位于司前镇司前村云寿线旁。占地面积 1 公顷，停车场面积 600 平方米。

龟湖客运站 Guīhú Kèyùnzhàn 位于仕阳镇龟湖村龟福路。占地面积 0.15 公顷 ，停车场面积 1000 平方米。

柳峰客运站 Liǔfēng Kèyùnzhàn 位于雅阳镇墩头村柳泰路。占地面积 0.2591 公顷 ，停车场面积 2300 平方米。

新浦客运站 Xīnpǔ Kèyùnzhàn 位于筱村镇库村村岀院线旁，占地面积 0.1480 公顷 ，停车场面积 440 平方米。

第四节 桥 梁

廊 桥

泰顺素有中国廊桥之乡的美誉，境内现存古代廊桥数量众多，结构多样：细分类型有叠梁式木拱廊桥，八字撑木拱廊桥，伸臂木拱廊桥，木平梁廊桥，石拱廊桥等，代表性桥梁有三条桥、文兴桥、永庆桥等 17 座。泰顺廊桥为国内外广泛重视，其中泗溪姐妹桥（溪东桥、北涧桥）、三魁薛宅桥、仙稔仙居桥、筱村文兴桥、洲岭三条桥 6 座木拱廊桥在世界桥梁史上占有重要地位。

2006 年 5 月，泰顺廊桥（溪东桥、北涧桥、三条桥、文兴桥、文重桥、薛宅桥、仙居桥、刘宅桥、普宾桥、永庆桥、南阳桥、霞光桥、毓文桥、城水桥、池源桥 15 座廊桥）作为一个整体和闽东北廊桥被列入第六批全国重点文物保护单位。

2009 年 10 月，以泰顺为代表之一的中国木拱廊桥传统营造技艺被联合国教科文组织列入《急需保护的非物质文化遗产名录》。

溪东桥 Xīdōng Qiáo 位于泗溪镇下桥村，以跨东溪得名。又因在村南，俗称“上桥”。

始建于明隆庆四年（1570 年），清乾隆十年（1754 年）重建，为编梁木拱廊桥。全长 41.7 米，宽 4.9 米，净跨 25.7 米，桥屋 15 间。桥台用花岗岩块石垒砌于两岸山崖上，两头通道均有石踏跺。2006 年被列为全国重点文物保护单位。

北涧桥 Běijiàn Qiáo 位于泗溪镇下桥村，以跨北溪得名，又称“下桥”。为编梁木拱廊桥。全长 51.7 米，桥面宽 5.4 米，净跨 29.0 米，桥屋 20 间。东侧桥头有樟树、乌桕树各一株，郁郁葱葱，冠可荫亩。北涧桥与溪东桥相距仅一华里，合称姐妹桥。

该桥始建于清康熙十三年（1674 年），嘉庆八年（1803 年）重建，道光二十九年（1849 年）重修，“文化大革命”中曾遭破坏，1986、1987 年两度重修，2006 年被列入全国重点文物保护单位。

仙居桥 Xiānjū Qiáo 位于罗阳镇仙居村水尾，因仙居村得名。东西向横跨仙居溪，全长 42.8 米，宽 5.3 米，净跨 34.5 米，桥屋 18 间。

明景泰四年（1452 年）知县郭显宗始建，成化十九年（1483 年）毁于洪水，弘治四年（1491 年）知县范勉重建，嘉靖三十九年（1650年）崩圮，嘉靖四十二年（1563年）知县区益重建，现桥为清康熙十二年（1673年）重建，2002年大修。为泰顺县现存跨径最大的木拱廊桥。2006年被列为全国重点文物保护单位。

镇东桥 Zhèndōng Qiáo 位于罗阳镇东内村，因处镇东得名。为木平梁廊桥，全长13.0米，宽4.9米，跨度6.2米；桥屋5间，屋高4.3米。被列为泰顺县文物保护单位。

明隆庆四年（1570年）建，古时通往温州及福建桐山的大道均经此。

三条桥 Sāntiáo Qiáo 位于三魁镇富家垟村西北与罗阳镇洲岭相对的横溪上。最初以三条巨木跨河为桥，故名。为叠梁式木拱廊桥。长26.6米，宽4米，桥屋11间。

史载该桥始建于宋绍兴七年（1137年），清道光二十三年（1843年）重建。据《分疆录》记载，道光年间修建时曾发现唐"贞观"年号旧瓦，初建应远在南宋之前。是泰顺文献记载最早的桥梁。

2006年该桥被列为全国重点文物保护单位，被载入《中国古代科技成就》一书。

薛宅桥 Xuēzhái Qiáo 位于三魁镇薛外村薛宅自然村，因薛宅得名。东北西南向横跨秀锦溪，又名“锦溪桥”；因所在地营岗店，亦称“ 营岗店桥”。

该桥始建于明正德七年（1512年），后多次毁于水患，清咸丰六年（1856年）又重建。系单孔木拱廊桥。全长51.0米，宽5.1米，净跨29.0米，桥屋15间。该桥造型古朴，气势雄伟，被载入《中国桥梁史话》。2006年被列为全国重点文物保护单位。

普宾桥 Pǔbīn Qiáo 位于雅阳镇雅阳坪村桥下自然村，南北横跨雅阳溪，状似普迎宾客，故名。为单孔木平廊桥，长13.6米，跨径8.54米，桥屋七间。

该桥建于清嘉庆二十五年（1820年），2006年被列为全国重点文物保护单位。

城水桥 Chéngshuǐ Qiáo 位于仕阳镇龟湖社区后章岗村北。东北至西南走向横跨城水溪。因城水溪（亦称神水溪）得名，又名“神水桥”。

该桥民国31年（1942年）建，为八字撑木廊桥。桥平面呈方形，全长15米，桥面宽4.3米，净跨10.0米，桥屋七间。桥两侧与道路贯通，旧为福安通往泰顺县城的重要通道。

该桥是县内八字撑木廊桥的代表性建筑之一，2006年被列为全国重点文物保护单位。

龙垟桥 Lóngyáng Qiáo 位于仕阳镇龙垟村村尾。南北向架设于龙垟溪上，故名。为单孔木廊桥，全长16米，桥面宽4.1米，桥屋9间。民国5年（1916年）建。

宫前桥 Gōngqián Qiáo 位于仕阳镇龙头村大洋自然村。南北走向，北岸桥头旧有马仙宫，故称。长20.0米，宽4.5米，跨径8米。

该桥始建于清乾隆年间，为平铺石板桥。咸丰时毁于洪水。1957年建拦水坝时设矴步代桥。1998年建为石板桥。2009 年复为洪水冲垮。2015 年 12 月建为廊桥。

刘宅桥 Liúzhái Qiáo 位于三魁镇刘宅村水尾，南北跨刘宅溪。古称“仙洞虹桥”，后改为“刘宅桥”，又称“同乐桥”。系单孔木平梁廊桥。全长 24.8 米，桥屋 8 间。2006 年被列为全国重点文物保护单位。

该桥明永乐三年（1405 年）始建，清康熙五年（1666 年）、乾隆四十一年（1776 年）重修，1988 年重修，仍保存着明清时建筑构件。

永庆桥 Yǒngqìng Qiáo 位于三魁镇戬洲村下溪坪自然村，东北—西南向横跨戬洲溪。因永志庆贺而名。为单墩双孔伸臂梁式木平廊桥，桥长 33.0 米，宽 4.5 米，桥屋 12 间，内设扶梯上下。

该桥建于清嘉庆二年（1797 年），2006 年被列为全国重点文物保护单位。

三柱桥 Sānzhù Qiáo 位于三魁镇下武垟村，因三根桥柱得名。为木平梁廊桥。桥长 15.4 米，宽 4.5 米，跨径 10.1 米，廊屋 7 间。该桥建于清代，被列为泰顺县文物保护单位。

旗峰桥 Qífēng Qiáo 位于筱村镇外垟村傍垟自然村，因处旗峰下得名。南北向跨傍垟溪，为单孔石拱木廊桥。全长 30.0 米，桥面宽 4.5 米，桥屋九间。桥北侧立有桥碑三方，记述建桥始末及捐资人姓名等内容。

该桥始建于清乾隆年间，民国 13 年（1924 年 ）重建。2010 年 12 月被列为泰顺县文物保护单位。

桥底桥 位于筱村镇外垟村，因地处桥底自然村得名。系石拱木廊桥。桥长 9.0 米，宽 4.32 米，跨度 3.3 米，桥屋 3 间。被列为泰顺县文物保护单位。

该桥民国 18 年（1929 年）建。

南阳桥 Nányáng Qiáo 位于泗溪镇玉岩村，因处村南朝阳处得名，又名“玉岩桥”。南北向横跨玉溪。为一墩两孔伸臂式木平廊桥，全长 41.7 米，桥面宽 4.6 米，桥屋 15 间。至今保持完整，是研究伸臂式木平廊桥的实证。

该桥建于清同治九年（1870 年），2006 年 5 月被列为全国重点文物保护单位。

池源桥 Chíyuán Qiáo 位于泗溪镇池源村池源自然村，因池源村得名，横跨于池源村水尾，桥头两山夹峙。属八字撑木拱廊桥，桥身长 21.0 米，桥面宽 4.3 米，桥屋 8 间。

该桥始建年代不详，清咸丰三年（1853 年）毁于洪水，咸丰七年（1857 年）重建。2006 年被列为全国重点文物保护单位。

文兴桥 Wénxīng Qiáo 位于筱村镇枫林村坑边自然村，寓意文运兴盛而名。西北—东南横跨玉溪。系单孔木拱廊桥，全长 46.2 米，宽 5.0 米，净跨 29.6 米，桥屋 17 间。

该桥建于清咸丰七年（1857 年），民国 19 年（1930 年）年重修，1990 年重修，2010 年大修。2006 年被列为全国重点文物保护单位。

同乐桥 Tónglè Qiáo 位于罗阳镇村尾村水尾。系木拱廊桥，全长 34.4 米，净跨 23.0 米，桥宽 5.2 米。桥屋 9 间，桥边有百年古松相衬。

该桥 2004 年 9 月动工兴建，2006 年 12 月竣工。

霞庄桥 Xiázhuāng Qiáo 位于泗溪镇建新村霞庄桥自然村。原名“望宵桥”，后以霞庄溪名。南北向横跨霞庄溪。系八字撑木拱廊桥，长 23.49 米，跨度 11 米，桥面宽 4.43 米，廊屋 9 间。该桥清咸丰二年（1852 年）建，同治七年（1868 年）九月重修。

文重桥 Wénchóng Qiáo 位于筱村镇东垟村水尾处，东西向横跨于筱村溪上。因赖、林姓祖先在玉溪两岸遍植樟树，子孙因樟脑易金建桥，初名“章成桥” ，因处东垟村又名“东垟桥”， 后以崇文改名“文重桥”。为伸臂梁式两孔木平廊桥，全长 26.2 米，桥面宽 4.7 米，净跨 22.4 米，桥屋 11 间。

该桥始建于清乾隆十年（1745 年），屡建屡毁，现桥为民国 10 年（1921 年）重建。2006 年被列入全国重点文物保护单位。

霞光桥 Xiáguāng Qiáo 位于泗溪镇华垟村南面，东南—西北向跨华洋溪。以霞光照耀得名，又名“下垟桥”。为单孔石拱木廊桥。全长 17.26 米，桥面宽 4.42 米，净跨 13.2 米，桥屋 7 间。

该桥始建于清雍正元年（1723 年），古为横坑通向九峰、泗溪等地要道。咸丰二年（1852 年）重修，同治十三年重建（1874 年）。2006 年 5 月被列为全国文物保护单位。

桥头溪桥 Qiáotóu Xīmù Qiáo 位于筱村镇双坑村桥头溪自然村，东北—西南向跨包坑溪。因桥头溪自然村得名，又名“包坑桥”。为单孔木平廊桥，全长 12.6 米，桥面宽 3.3 米，桥屋 7 间。该桥建于民国 15 年（1926 年）。

榅垟桥 Wēnyáng Qiáo 位于筱村镇永兴村榅垟自然村，因榅垟自然村得名，南北跨榅垟溪。为单孔石拱木廊桥，全长 11.0 米，桥面宽 4.8 米，桥屋 6 间。明间神龛上有道光四年所题“濯灵碧涧”匾额。该桥始建于清道光四年，民国 29 年（1940 年）重建，1987 年重修。

郑岙桥 Zhèng'ào Qiáo 位于筱村镇外垟村门前岭自然村， 南北向横跨门前岭溪上。为单孔木廊桥，长 10.0 米，桥面宽 5.0 米，桥屋三间。该桥建于民国时期。

毓文桥 Yùwén Qiáo 位于罗阳镇洲滨村水尾，桥屋二楼为文昌阁，故名。东西向跨洲滨溪。为单孔石拱木廊桥。全长 23.0 米，宽 4.0 米，净跨 7.6 米；廊屋 7 间，为三层楼阁式，二层设神龛供奉文昌帝君。

该桥清道光十九年（1839 年）建，1986 年重修。2006 年被列为全国重点文物保护单位。

梧峰桥 Wúfēng Qiáo 位于泗溪镇梧桐垟村梧峰自然村，因梧峰村得名，又名“梧桐垟桥”，东南—西北向跨梧溪。为石拱木廊桥，长 10.0 米，桥面宽 3.4 米，净跨 7.6 米，桥屋 6 间。该桥始建于明代，清道光年间（1821—1850）重修。

登云桥 Dēngyún Qiáo 位于罗阳镇南外村南外自然村，万历年间署县通判车登云重建，故名，西北—东南向横跨南门溪，又名“镇南桥”　“新桥”　，俗称“南门桥”。为伸臂梁木平廊桥，长 40.0 米，跨径 19.1 米，桥面宽 5.4 米；桥屋 12 间。

该桥曾是泰顺与福建重要交通要道。明正德年间的知县刘桐主持修建，万历年间署县通判车登云重建，清代多次重修。2006 年被列为省级文物保护单位。

北垟桥 Běiyáng Qiáo 位于筱村镇山峡村北岭自然村，因处北垟溪得名，东北—西南向跨溪。为单孔木平廊桥，长 13.0 米，桥面宽 3.4 米，桥屋 7 间。

该桥清乾隆四十三年（1778 年）建，古为北岭村通向翁山、泗溪、筱村等地重要通道。

墩头桥 Dūntóu Qiáo 位于雅阳镇墩头村墩头自然村，因处该村庄得名。系木平梁廊桥，长 16.4 米，宽 4.5 米，跨径 8.7 米。该桥建于清道光十二年（1832 年）。

南溪桥 Nánxī Qiáo 位于泗溪镇南溪村横山底自然村。南北横跨南溪，故名。系单孔木平廊桥，长 20.35 米、宽 4.9 米，跨径 6.8 米，桥屋 7 间。

始建年代不详，现桥为清道光二十二年（1842 年）重建。2005 年 4 月列为浙江省文物保护单位。

道均垟桥 Dàojūnyáng Qiáo 位于罗阳镇道均垟村道均垟自然村，桥以村名，又称“水尾桥”。东西横跨道均垟溪，系单拱木廊桥。桥长 25.7 米，宽 4.6 米，跨径 9.8 米，桥屋 24 间。该桥古为泰顺至福建的通道之一，始建年代不详，民国 8 年（1919 年）重建。

毓舟桥 Yùzhōu Qiáo 位于罗阳镇上舟垟村上舟垟自然村，原名“水尾桥”，后寓“上舟垟钟灵毓秀”之意改名“毓舟桥”。原为石拱桥，2009 年改建成廊桥。

南庆桥 Nánqìng Qiáo 位于罗阳镇上洪村院口自然村，南北横跨洪溪。因处上洪南面，寓意吉庆而名，俗称“水尾桥”“ 老虎伸腰桥”。为单孔木拱廊桥，长 16.8 米，桥面宽 4.2 米。桥屋 10 间。

该桥始建于明成化年间，清光绪十二年（1886 年）重建，民国 13 年（1924 年）和 2004 年两次重修。

泰福桥 Tàifú Qiáo 位于罗阳镇上垟村垟尾自然村，寓“造福泰顺”之意而名，又称“坑口桥”，东西向横跨上垟溪。系单拱木廊桥，长 27.0 米、宽 4.1 米，跨径 11.0 米。桥屋 11 间。该桥建于民国时期，为旧时泰顺至福建的重要通道。

红军桥 Hóngjūn Qiáo 位于罗阳镇西与福建寿宁县犀溪乡李家山村交界的溪上，纪念革命老区群众与红军挺进师的深情厚谊命名。系单拱木廊桥，长 39.0 米、宽 5.0 米，跨径 32.9 米。桥屋 15 间。建于 1954 年 12 月。

非廊桥传统桥梁

庙主桥 Miàozhǔ Qiáo 位于罗阳镇板场村板场自然村，是去半岭仔村及福建寿宁的必经处。桥头西侧立庙拜神，故名。桥长 25.0 米，宽 6.0 米。古为木拱桥，1962 年改为石板桥，1995 年改为公路桥。

浙闽桥 Zhèmǐn Qiáo 位于罗阳镇上垟村垟尾自然村。因处上垟村原名“上垟桥”，重建后以处浙闽相邻地而名。长 8.0 米，宽 3.5 米。1947 年被洪水冲毁，1962 年 11 月重建。

泰均桥 Tàijūn Qiáo 位于罗阳镇道均垟村五岱自然村南，因处五岱岭尾，原名“五岱桥”，1971 年重建，因地处泰顺道均垟村改名“泰均桥”。桥长 22.0 米，宽 4.5 米。古代为木拱桥，后桥板腐烂改为石桥。1971 年冬兴建，2004 年冬修建。

永寿桥 Yǒngshòu Qiáo 位于罗阳镇道均垟村翁溪中游，为祈桥永存而名。桥长 30.6 米，宽 5.0 米。原属木拱桥，1969 年 10 月重建改为石拱桥。

永安桥 Yǒng'ān Qiáo 位于罗阳镇上舟垟村中间，祈求“永保平安” 而名。长 4.2 米，宽 7.8 米。建于清末，原为石板桥，2008 年改为水泥桥。

龙吟桥 Lóngyín Qiáo 位于罗阳镇洲滨村周墕自然村，洲岭—瑞岭线上。洲滨村西北至东南垟头矴步至垟尾建有四桥，从古语“龙飞凤舞，吟洲鸣波”上下句中各取首字命名。此为第一座，故名“龙吟”。桥长 8.6 米，宽 12.0 米，跨径 7.4 米。2004 年重建。

飞洲桥 Fēizhōu Qiáo 位于罗阳镇洲滨村中心位置。该桥为当地溪流自下游而上的第二座，以“龙飞凤舞，吟洲鸣波”上下句中第二字，取名“飞洲”。桥长 7.5 米，宽 7.0 米。2008 年系洲滨商人吴用献捐助建造。

凤鸣桥 Fèngmíng Qiáo 位于罗阳镇洲滨村中心位置，该桥为第三座，以“龙飞凤舞，吟洲鸣波”上下句中第三个字，取名“凤鸣”。桥长 8.0 米，宽 7.0 米。2010 年 8 月重建。

舞波桥 Wǔbō Qiáo 位于罗阳镇洲滨村中心位置。此为第四座，从古语“龙飞凤舞，吟洲鸣波”上下句中各取末字命名“舞波”。桥长 7.0 米，宽 6.0 米。2003 年重建。

秀林桥 Xiùlín Qiáo 位于罗阳镇洲滨村。从垟尾碇步起建有四座，该桥为第四座，按古语“钟灵毓秀，洲滨文林”，各取第四字取名“秀林”。桥长 8.0 米，宽 6.0 米。1984 年重建。

水尾桥 Shuǐwěi Qiáo 位于罗阳镇南院村，因处原桥下村水尾得名。为单孔石拱桥，全长 17.0 米，高 6.8 米，宽 4.4 米。为清道光年间林鹗所建，桥边崖壁刻有其手迹“迂谷”。

村尾桥 Cūnwěi Qiáo 位于罗阳镇村尾村中心。因村尾村得名。桥长 18.0 米，宽约 6.0 米。古为木拱桥，1963 年在上游 50 米处重建，为石板桥，1966 年竣工。

水尾桥 Shuǐwěi Qiáo 位于罗阳镇道均垟村下游 1.0 千米处。清光绪二十一年（1895 年）建，民国 8 年（1919 年）重修。

回澜桥 Huílán Qiáo 位于司前畲族镇司前村司前，跨司前溪，以回水安澜之意命名。清咸丰五年（1855

年）初建，竣工数月即毁于洪水。现桥建成于光绪二年（1876年），系陶化龙祖孙三代散家财独力兴建，费钱1.45万贯。为四孔石拱桥，全长85.0米，宽6.0米。1966年修建泰景公路时被利用为公路桥，1988年被列为泰顺县文物保护单位。

南峰桥 Nánfēng Qiáo 位于百丈镇双岭村南峰自然村，故名。长6.0米、宽1.8米、高5.0米。为叠石拱桥。建于民国前。

项坑水尾桥 Xiàngkēng Shuǐwěi Qiáo 位于百丈镇台石村项坑、陈宅毗邻处溪流出口。原名陈宅桥，后以项坑溪流出口改名项坑水尾桥。桥长25.0米，宽3.0米，跨径4.0米，混凝土桥面。建于清末，昔为直通县城、福建寿宁要地。

彭溪桥 Péngxī Qiáo 位于彭溪镇彭溪村中村。系处彭溪镇治，故名。又因桥孔似彩虹飞月，又称“飞虹桥”。全长40.0米，宽4.4米，离水面高16.4米，单跨21.6米。

清光绪六年（1880年）福建贡生陈埔、泰顺监生季文德等12人为首兴建，是解放前省内单孔跨经最大的石拱桥。1956年修建叠石公路时，被利用为公路桥。1982年12月列为泰顺县一批文物保护单位。

峡屿桥 Xiáyǔ Qiáo 位于三魁镇峡屿片村尾厝自然村，故名。相传清嘉庆年间贡生周梦家所建，为单孔石拱桥，全长15.9米，桥两头共设29级踏步。

县内其他古桥简况表

表 4-1

桥 名	建造时期	所在地点
高兴桥 Gāoxīng Qiáo	清道光九年（1829年）	罗阳镇华荣村下舟垟自然村
永安桥 Yǒng'ān Qiáo	清嘉庆九年（1804年）	罗阳镇龙华村长坑自然村
垟尾桥 Yángwěi Qiáo	明	罗阳镇华荣村下舟垟自然村
院口桥 Yuànkǒu Qiáo	清	罗阳镇南源村院口自然村东北
转桥 Zhuǎn Qiáo	清	罗阳镇道观后村
石镜鞠桥 Shíjìng Jū Qiáo	清	罗阳镇道观后村东部
贝谷石梁桥 Bèigǔ Shíliángqiáo	明	罗阳镇贝谷村西
毓秀桥 Yùxiù Qiáo	清嘉庆十四年（1809年）	罗阳镇龙华村横溪自然村

续表 4-1

桥 名	建造时期	所在地点
水尾桥 Shuǐwěi Qiáo	清	司前畲族镇徐宅村水尾自然村
横溪桥 Héngxī Qiáo	明弘治十六年（1503 年）	百丈镇横溪村
双板桥 Shuāngbǎn Qiáo	明成化二十一年（1485）	百丈镇驮坪村双板桥自然村
包垟店桥 Bāoyángdiàn Qiáo	清	百丈镇包垟店村
长安桥 Cháng'ān Qiáo	清光绪十七年（1891 年）	百丈镇新塘垟村少年垟自然村
少年垟桥 Shàoniányáng Qiáo	明	百丈镇新塘垟村少年垟自然村
德杨桥 Déyáng Qiáo		百丈镇包垟店村水碓坑自然村
张庄桥 Zhāngzhuāng Qiáo	清	百丈镇横溪村张庄自然村
永吉桥 Yǒngjí Qiáo	清道光二十年（1840 年）	百丈镇南坑垟村
底厝洋桥 Dǐcuòyáng Qiáo		罗阳镇上棠坪村底厝垟自然村
石龙桥 Shílóng Qiáo	清同治年间（1862—1874 年）	筱村镇章前垟村
陈大翁宫桥 Chéndàwēnggōng Qiáo	宋	筱村镇北坑村
桥墩山桥 Qiáodūnshān Qiáo	清	筱村镇库村桥墩山自然村
北洋桥 Běiyáng Qiáo	清乾隆戊戌年（1778 年）	筱村镇山峡村北岭自然村
双坑口桥 Shuāngkēngkǒu Qiáo	清光绪二十年（1894 年）	筱村镇库村锦谷亭南面
裕兴桥 Yùxīng Qiáo	清道光二年（1822 年）	筱村镇箬垟村垟心田自然村
包蕉岭脚桥 Bāojiāolǐngjiǎo Qiáo	清光绪甲辰年（1904 年）	筱村镇朝头垟村包蕉岭脚
坑尾桥 Kēngwěi Qiáo	清	三魁镇薛内村坑尾自然村
油车岭桥 Yóuchēlǐng Shíbǎn Qiáo	宋政和八年（1118 年）	三魁镇刘宅村油车岭脚

续表 4-1

桥 名	建造时期	所在地点
石嗽桥 Shídàn Qiáo	清嘉庆七年（1802 年）	三魁镇面前岭社区
外西坑桥 Wàixīkēng Shígǒng Qiáo	清	三魁镇外西坑村长垟路 6 号前
漈头垟桥 Jìtóuyáng Qiáo	清	三魁镇花坪村漈头垟自然村
大丘坪桥 Dàqīupíng Qiáo		三魁镇大丘坪村
永泰桥 Yǒngtài Qiáo	清道光十五年（1835 年）	三魁镇大垟村外后垟自然村
猿啸桥 Yuánxiào Qiáo	清	三魁镇大垟村下后垟自然村
华峰桥 Huáfēng Qiáo	清	三魁镇大垟村后垟
猿啸桥 Yuánxiào Qiáo	清道光十九年（1839 年）	三魁镇大丘坪村大丘头自然村
可溪桥 Kéxī Qiáo	清	三魁镇可溪村旁垟自然村
彭坑垟桥 Péngkēngyáng Qiáo	清	三魁镇彭坑垟村老桥头
洪安桥 Hóng'ān Qiáo	清道光十三年（1833 年）	三魁镇坑斗村中部
南安桥 Nán'ān Qiáo	清光绪十一年（1885 年）	三魁镇坑斗村西南部

现代桥梁

三滩新桥 Sāntān Xīnqiáo 位于罗阳镇三滩村三滩自然村。系三滩新建之桥，故名。长 71.0 米、宽 11.5 米，跨径总长 13.0 米，混凝土桥面。建于 1999 年。

贝谷桥 Bèigǔ Qiáo 位于罗阳镇上洪村贝谷垟自然村西南，331 省道上，因处贝谷垟得名。长 41.0 米、宽 10.5 米，跨径 20.0 米，混凝土桥面。建于 2007 年。

上洪新桥 Shànghóng Xīnqiáo 位于罗阳镇上洪村坑头自然村西南，331 省道上。系上洪新建之桥，故名。长 70.5 米、宽 10.5 米，跨径总长 65.0 米，混凝土桥面。建于 2007 年。

三插坳桥 Sānchā'ào Qiáo 位于罗阳镇大溪源村龙井坑自然村西，三插坳隧道与龙井坑隧道之间，因地处三插坳命名。长 21.0 米、宽 10.5 米，跨径总长 13.0 米，桥面铺装混凝土桥面。建于 2007 年。

下彩一桥 Xiàcǎi Yī Qiáo 位于罗阳镇下彩村下彩自然村，331 省道上，因处下彩村得名。长 32.0 米、宽 10.5 米，跨径总长 13.0 米，混凝土桥面。建于 2007 年。

下彩二桥 Xiàcǎi Èr Qiáo 位于罗阳镇下彩村下彩自然村，331 省道上，因处下彩村得名。长 50.0 米、宽 10.5 米，跨径总长 13.0 米，桥面铺混凝土桥面。2007 年建。

下彩三桥 Xiàcǎi Sān Qiáo 位于罗阳镇下彩村下彩自然村，331 省道上，因处下彩村得名。长 27.0 米、宽 10.5 米。跨径总长 13.0 米，桥面铺装混凝土。2007 年建。

下察溪大桥 Xiàcháxī Dàqiáo 位于罗阳镇鹤联村下察溪自然村，331 省道上，因下察溪村而得名。长 150.0 米、宽 12.0 米，跨径总长 140.0 米，混凝土桥面。2007 年建。

新城桥 Xīnchéng Qiáo 位于罗阳镇鹤联村川山垟自然村，331 省道上，因连接新城区命名。长 45.0 米、宽 38.0 米，跨径总长 25.0 米，沥青混凝土桥面。2007 年建。

南门新城桥 Nánmén Xīnchéng Qiáo 位于罗阳镇罗阳溪鸿文花园南，331 省道上，因处新城区南命名。长 47.7 米、宽 26.0 米，跨径总长 30.0 米，沥青混凝土桥面。2007 年建。

下洪一桥 Xiàhóng Yī Qiáo 位于罗阳镇下洪道观后村道观后自然村，岀口—院口线上，因处原下洪片村得名。长 6.0 米、宽 7.5 米，跨径总长 5.0 米，混凝土桥面。建于 1988 年。

下洪二桥 Xiàhóng Èr Qiáo 位于罗阳镇下洪道观后村道观后自然村，岀口—院口线上。因处原下洪片村得名。长 10 米、宽 7.5 米，跨径总长 6 米，建于 1988 年。

亦滩桥 Yìtān Qiáo 位于罗阳镇上洪村院口自然村，分泰线老路上，因处亦滩命名。长 27.0 米、宽 9.0 米，跨径总长 16.0 米，沥青混凝土桥面。建于 1988 年。

上洪桥 Shànghóng Qiáo 位于罗阳镇上洪村中村自然村，分泰线老路上，因处上洪村命名。长 17.0 米、宽 8.0 米，跨径总长 15.0 米，砼板梁桥面。建于 1987 年。

下彩桥 Xiàcǎi Qiáo 位于罗阳镇下彩村下彩自然村，分泰老线上。因处下彩村命名。长 10.0 米，宽 7.0 米，跨径总长 8.0 米，混凝土桥面。建于 1988 年。

察溪桥 Cháxī Qiáo 位于罗阳镇鹤联村下察溪自然村，老分泰线上，因处察溪命名。长 24.0 米、宽 8.5 米，跨径总长 17.0 米，沥青桥面石拱桥。建于 1987 年。

龙溪桥 Lóngxī Qiáo 位于罗阳镇龙华村横溪自然村，竹林头—西浦线上。桥跨横溪，该溪段弯曲似龙，又称“龙溪”，故名。长 53.0 米、宽 5.0 米，跨径总长 20.0 米，混凝土桥面石拱桥。建于 1979 年。

下舟桥 Xiàzhōu Qiáo 位于罗阳镇华荣村下舟垟自然村，竹林头—西浦线上，因处下舟垟村命名。长 19.0 米、宽 5.0 米，跨度总长 8.0 米，混凝土桥面石拱桥。建于 1979 年。

下稔桥 Xiàrěn Qiáo 位于罗阳镇下稔村枯槠垴自然村南，童岭头—东溪头线上，因处下稔村命名。长 10.4 米、宽 7 米，跨径总长 5.0 米，石拱桥。建于 1970 年。

上稔桥 Shàngrěn Qiáo 位于罗阳镇上上稔垟村岭头垟自然村，童岭头—东溪头线上，因处上稔村命名。长 10.0 米，宽 6.9 米，跨径总长 6.0 米。建于 1970 年。

仙居桥 Xiānjū Qiáo 位于罗阳镇仙居村仙居自然村水尾，童岭头—东溪头线上，因处仙居村命名。长 44.0 米、宽 6.9 米，跨径总长 36.0 米。建于 1970 年。

罗阳桥 Luóyáng Qiáo 位于罗阳镇北城社区，童岭头—东溪头线上，因处罗阳命名。长 10.0 米、宽 5.8 米，跨径 6.5 米，混凝土桥面。建于 1970 年。

反修桥 Fǎnxiū Qiáo 位于罗阳镇集镇，童岭头—东溪头线上，因当时政治口号“反对修正主义” 命名。长 30.0 米、宽 6.8 米，跨径总长 17.0 米，混凝土桥面。建于 1970 年。

绿宛桥 Lǜwǎn Qiáo 位于罗阳镇大深垟社区绿苑小区，因绿苑小区得名。长 16.0 米、宽 20.0 米，跨径总长 15.0 米，混凝土桥面。1980 年建。

龙振桥 Lóngzhèn Qiáo 位于罗阳镇大溪源村龙井坑自然村，分泰线—大溪源线上，取龙井振兴之意命命名。长 60.0 米，宽 4.5 米，跨径总长 50.0 米，混凝土桥面。建于 1994 年。

仙居村桥 Xiānjūcūn Qiáo 位于罗阳镇仙居村仙居自然村，仙稔—岭北线上，因处仙居村命名。长 9.2 米、宽 9.0 米，跨径总长 5.0 米，混凝土桥面。建于 1980 年。

石马桥 Shímǎ Qiáo 位于罗阳镇仙居村岭口自然村，仙稔—岭北线上，因处石马山得名。长 8.0 米、宽 9.8 米，跨径总长 5.0 米，混凝土桥面。建于 1980 年。

百丈桥 Bǎizhàng Qiáo 位于罗阳镇三滩畲族村院后自然村，仙稔—岭北线上，桥跨百丈坑，故名。长 17.2 米、宽 7.6 米，跨径总长 16.0 米，混凝土桥面。建于 1980 年。

老三滩桥 Lǎosāntān Qiáo 位于罗阳镇三滩畲族村三滩自然村，仙稔—岭北线上，因处三滩得名。长 58.0 米、宽 7.6 米，跨径总长 54.0 米，混凝土桥面。建于 1980 年。

员台角桥 Yuántáijiǎo Qiáo 位于罗阳镇三滩畲族村员台角自然村，仙稔—岭北线上，因处员台角村得名。长 12.0 米、宽 5.5 米，跨径总长 6.0 米，混凝土桥面。建于 1970 年。

水尾桥 Shuǐwěi Qiáo 位于罗阳镇村尾村水尾自然村，仙稔—岭北公路线上，因水尾自然村得名。长 28.0 米、宽 7.6 米，跨径总长 20.0 米，混凝土桥面。建于 1980 年。

后苗桥 Hòumiáo Qiáo 位于罗阳镇村尾村村尾自然村，仙稔—岭北线上，因处后苗得名。长 7.0 米、宽 10.3 米，跨径总长 6.0 米，混凝土桥面。建于 1980 年。

大段桥 Dàduàn Qiáo 位于罗阳镇三滩畲族村大段自然村，三滩—碑排线上，因大段自然村得名。长 20.0 米、宽 6.0 米，跨径总长 6.0 米，混凝土桥面。建于 1980 年。

左溪桥 Zuǒxī Qiáo 位于司前左溪村左溪自然村，云寿线上，因左溪自然村而名。长 343.0 米、宽 8.5 米，跨径总长 331.0 米，混凝土桥面。建于 2002 年。

红岩北桥 Hóngyán Běiqiáo 位于司前畲族镇红岩隧道北，云寿线上，因处红岩隧道北面得名。长 7.0 米、宽 8.5 米，跨径总长 5.0 米，混凝土桥面。建于 1999 年。

红岩南桥 Hóngyán Nánqiáo 位于罗阳镇红岩隧道南，云寿线上，因处红岩隧道南面而名。长 88.1 米、宽 11.0 米，跨径总长 5.0 米，沥青混凝土桥面。建于 1999 年。

榅垟桥 Wēnyáng Qiáo 位于司前畲族镇榅垟村榅垟自然村，童岭头—东溪头线上，因处榅垟得名。长 14.0 米、宽 10.4 米，跨径总长 5.0 米。建于 1970 年。

恩坑桥 Ēnkēng Qiáo 位于司前畲族镇榅垟村恩坑自然村，童岭头—东溪头线上，因处恩坑得名。长 16.0 米、宽 8.6 米，跨径总长 8.0 米，混凝土桥面。建于 1970 年。

半山一桥 Bànshān Yī Qiáo 位于司前畲族镇新北居民区三支岗自然村，因处半山得名。长 19.9 米、宽 8.0 米，跨径总长 12.0 米，混凝土桥面。建于 1990 年。

半山二桥 Bànshān Èr Qiáo 位于司前畲族镇新北居民区三支岗自然村半山，因处半山得名。长 31.0 米、宽 8.0 米，跨径总长 17.0 米，混凝土桥面。建于 1990 年。

龙角坑桥 Lóngjiǎokēng Qiáo 位于司前三魁镇里光村龙角坑自然村，童岭头—东溪头线上，因处龙角坑得名。长 16.0 米、宽 7.1 米，跨径总长 6.0 米，混凝土桥面。建于 1970 年。

司前新桥 Sīqián Xīnqiáo 位于司前集镇东，童岭头—东溪头线上，地处司前，为与原有的司前桥区别，故名。长 86.0 米、宽 6.0 米，跨径总长 80.0 米，混凝土桥面。建于 1970 年。

筱条桥 Xiǎotiáo Qiáo 位于司前畲族镇左溪村筱条自然村，童岭头—东溪头线上，因处筱条得名。长 12.0 米、宽 9.4 米，跨径总长 6.0 米，混凝土桥面。建于 1970 年。

左溪新桥 Zuǒxī Xīnqiáo 位于司前畲族镇集镇峰门新村东，司前—筱村线上，地处左溪，因系新建，故名。长 45.0 米、宽 7.0 米，跨径总长 39.0 米，混凝土桥面。建于 2005 年。

朱湾大桥 Zhūwān Dàqiáo 位于司前畲族镇峰门村朱湾自然村，司前—峰门线上，因处朱湾得名。长 120.0 米、宽 5.5 米，跨径总长 111.0 米，混凝土桥面。建于 2002 年。

桥头坑桥 Qiáotóukēng Qiáo 位于司前畲族镇黄桥村苦竹井自然村，台边—三插溪大坝线上，因处桥头坑得名。长 10.4 米、宽 7.0 米，跨径总长 5.0 米，混凝土桥面。建于 1970 年。

园桥 Yuán Qiáo 位于司前畲族镇黄桥村园桥自然村，台边—三插溪大坝线上，以地处园桥自然村得名。长 10.0 米、宽 5.0 米，跨径总长 6.0 米，混凝土桥面。建于 1970 年。

乌岩桥 Wūyán Qiáo 位于司前畲族镇榅垟村坑头自然村西南，金竹坑—芳香坪线上，因处乌岩岭得名。长 18.0 米、宽 5.4 米，跨径总长 15.0 米，混凝土桥面。建于 1978 年。

乌岩二桥 Wūyán Èr Qiáo 位于司前畲族镇榅垟村杨寮自然村东南，金竹坑—芳香坪公路线上处，因处乌岩岭得名。长 5.0 米、宽 6.0 米，跨径总长 5.0 米，混凝土桥面。建于 1978 年。

洪口大桥 Hóngkǒudà Qiáo 位于百丈镇洪秀村洪口大桥头自然村，司前—筱村线上，原为洪口村，故名。长 127.0 米、宽 8.0 米，跨径总长 118.8 米，混凝土桥面。2003 年建成。

金坑大桥 Jīnkēng Dàqiáo 该桥位于百丈镇建民村林山自然村，司前—筱村线上，所跨黄坑又名金坑，故名。长 171.0 米、宽 8.0 米，跨径总长 163.4 米，混凝土桥面。2001 年建成。

深度水尾桥 Shēndùshuǐwěi Qiáo 位于百丈镇洪秀村深度自然村。地处深度自然村溪尾，故名。长 4.0 米、宽 3.0 米，跨径总长 5.0 米，混凝土桥面。1991 年建成。

后斜小桥 Hòuxiéxiǎo Qiáo 位于百丈镇洪秀村后斜自然村。因后斜自然村而名。长 3.0 米、宽 2.0 米，跨径总长 4.0 米，混凝土桥面。1992 年建成。

龙井桥 Lóngjǐng Qiáo 位于百丈镇南坑垟村南坑垟自然村，因该地“龙井潭”得名。长 28.0 米、宽 5.5 米，跨径总长 30.0 米，混凝土桥面。2009 年 8 月动工，2010 年 11 月竣工。

新仓桥 Xīncāng Qiáo 位于筱村镇新仓村新仓自然村，新仓—莒江岭头线上，因处新仓村得名。长 26.0 米、宽 7.0 米，跨径总长 24.0 米，混凝土桥面。建于 1989 年。

箬阳桥 Ruòyáng Qiáo 位于筱村镇箬垟村箬垟自然村，峃口—院口线上，地处箬垟，“阳”与“垟”方言谐音，因名。长 8.0 米、宽 7.5 米，跨径总长 5.0 米，混凝土桥面。建于 1988 年。

锦谷桥 Jǐngǔ Qiáo 位于筱村镇库村村东部，峃口—院口线上，因处锦绣谷得名。全长 42.0 米、宽 8.0 米，跨径总长 30.0 米，混凝土桥面。建于 1988 年。

新山桥 Xīnshān Qiáo 位于筱村镇库村村吴宅自然村，峃口—院口线上，因处新山村得名。长 20.0 米、宽 8.0 米，跨径总长 15.0 米，混凝土桥面。建于 1988 年。

潘垟桥 Pānyáng Qiáo 位于筱村镇新仓村新村自然村，峃口—院口线上，因处潘垟村得名。长 26.0 米、宽 8.0 米，跨径总长 25.0 米，混凝土桥面。建于 1988 年。

际下大桥 Jìxià Dàqiáo 位于筱村镇新仓村新村自然村，峃口—院口线上，因处际下村得名。长 115.0 米、宽 8.0 米，跨径总长 105.0 米，混凝土桥面。建于 1988 年。

坡头桥 Pōtóu Qiáo 位于筱村镇坡头村岭头湾自然村，峃口—院口线上，因处坡头村得名。全长 36.0 米，全宽 9.6 米，跨径总长 25 米，混凝土桥面。建于 1988 年。

玉凤桥 Yùfèng Qiáo 位于筱村镇枫林村坑边自然村，峃口—院口线上，横跨玉溪，枫林村原称凤林，故名。长 52.0 米、宽 7.5 米，跨径总长 39.0 米，混凝土 桥面。建于 1988 年。

章前垟桥 Zhāngqiányáng Qiáo 位于筱村镇章前垟村垟头自然村，峃口—院口线上，因处章前垟村得名。长 7.0 米、宽 7.0 米，跨径总长 6.0 米，混凝土桥面。建于 1988 年。

水尾桥 Shuǐwěi Qiáo 位于筱村镇章前垟村垟尾自然村，章前垟—下村线上，地处葛溪水尾，故名。长 13.0 米、宽 4.5 米，跨径总长 10.0 米，混凝土桥面。建于 1980 年。

东垟桥 Dōngyáng Qiáo 位于筱村镇东垟村东垟自然村，莲头—筱村线上，地处东垟，故名。长 20.4 米、宽 6.9 米，跨径总长 16.6 米，混凝土桥面。建于 1971 年。

水库桥 Shuǐkù Qiáo 位于筱村镇外垟村旧厝垄自然村，李垟—平溪线上，地处翁山水库旁，故名。长 30.0 米、宽 5.6 米，跨径 6.0 米，混凝土桥面。建于 1980 年。

外垟一桥 Wàiyáng Yī Qiáo 位于筱村镇外垟村外垟自然村，李垟—平溪线上，因处外垟村得名。长 25.0 米、宽 5.4 米，跨径总长 6.0 米，混凝土桥面。建于 1981 年。

外垟二桥 Wàiyáng Èr Qiáo 位于筱村镇外垟村外垟自然村，李垟—平溪线上，因处外垟村得名。长 11.1 米、宽 5.0 米，跨径总长 7.5 米，混凝土桥面。建于 1997 年。

翁平桥 Wēngpíng Qiáo 位于筱村镇兴东村大樟自然村，李垟—平溪线上，地处原翁山乡至文成县平溪村道路，故名。长 21.1 米、宽 5.4 米，跨径总长 14.8 米，混凝土桥面。建于 1998 年。

底畲桥 Dǐshē Qiáo 位于筱村镇兴东村底畲自然村，李垟—平溪线上，因处底畲得名。长 14.8 米、宽 5.0 米，跨径总长 6.5 米，混凝土桥面。建于 2005 年。

关区桥 Guānqū Qiáo 位于筱村镇集镇西北，司前—筱村线上，因处关区而得名。长 22.0 米、宽 8.0 米，跨径总长 8.0 米，混凝土桥面。建于 2005 年。

南峤桥 Nánqiáo Qiáo 位于筱村镇南峤村南峤外自然村西北，新仓—孙坪线上，因处南峤而名。长 60.0 米、宽 7.0 米，跨径总长 52.0 米，混凝土桥面。建于 1980 年。

前坪新桥 Qiánpíng Xīnqiáo 位于泗溪镇企石村竹下底自然村，331 省道上，桥为新建，前为大坪地，故名。长 70.5 米，宽 12.0 米，跨径总长 16.0 米，混凝土桥面。建于 2007 年。

南溪新桥 Nánxī Xīnqiáo 位于泗溪镇南溪村南溪自然村，331 省道上，地处南溪村，桥为新建，故名。长 55.0 米、宽 12.0 米，跨径总长 16.0 米，混凝土桥面。建于 2007 年。

郑州桥 Zhèngzhōu Qiáo 位于泗溪镇南溪村郑州自然村，331 省道上，因处郑州村而名。长 58.0 米、宽 12.0 米，跨径总长 48.0 米，混凝土桥面。建于 2007 年。

狮峰大桥 Shīfēng Dàqiáo 位于泗溪镇白粉墙村白粉墙自然村，因旁有狮峰而名，南北走向，南端连接湖中路，正与环水路交叉成十字路口。长 104.0 米、宽 8.0 米，跨径总长 33.0 米，混凝土桥面。石刻狮子栏杆，属廊桥文化园游览景观。

原为矴步，1958 年建水泥平桥，宽仅 2.0 米。1997 年重建，9 月动工，次年 10 月竣工。

泗溪大桥 Sìxī Dàqiáo 位于泗溪镇下桥村南山底自然村，331 省道上，地处泗溪得名。长 184.0 米、宽 12.0 米，跨径总长 20.0 米，混凝土桥面。建于 2007 年。

前坪桥 Qiánpíng Qiáo 位于泗溪镇前坪村长垄尾自然村，莲头—筱村线上，因处前坪得名。长 13.7 米、宽 7.0 米，跨径总长 5.9 米。混凝土桥面，建于 1959 年。

南溪桥 Nánxī Qiáo 位于泗溪镇南溪村南溪自然村，莲头—筱村线上，因处南溪得名。长 15.1 米、宽 6.5 米，跨径总长 5.7 米，混凝土桥面。建于 1960 年。

溪东桥 Xīdōng Qiáo 位于泗溪镇下桥村溪东自然村，莲头—筱村线上，因处溪东村得名。长 33.3 米、宽 5.2 米，跨径总长 24.0 米，混凝土桥面。建于 1971 年。

下桥桥 Xiàqiáo Qiáo 位于泗溪镇下桥村下桥自然村，莲头—筱村线上，因处下桥得名。长 38.0 米、宽 5.2 米，跨径总长 24.8 米，混凝土桥面，系 4 孔石拱桥。混凝土建于 1968 年。

小坑桥 Xiǎokēng Qiáo 位于泗溪镇下桥村北山桥自然村，莲头—筱村线上，地处小坑得名。长 9.1 米、宽 5.1 米，跨径总长 5.4 米，混凝土桥面。建于 1972 年。

凤垟桥 Fèngyáng Qiáo 位于泗溪镇三门垟村凤垟自然村，莲头—筱村线上，因处凤垟自然村得名。长 10.5 米、宽 5.0 米，跨径总长 5.0 米，混凝土桥面。建于 1994 年。

凤垟二桥 Fèngyáng Èr Qiáo 位于泗溪镇三门垟村凤垟自然村，莲头—筱村线上，继凤垟桥而建，故名。长 8.0 米、宽 4.5 米，跨径总长 5.8 米，混凝土桥面。建于 1996 年。

李垟桥 Lǐyáng Qiáo 位于泗溪镇李垟村垟尾自然村，莲头—筱村线上，因处李垟村得名。长 16.8 米、宽 5.0 米，跨径总长 7.7 米，混凝土桥面。建于 1971 年。

塔后桥 Tǎhòu Qiáo 位于泗溪镇洲路村塔后自然村，莲头—筱村线上，因处塔后得名。长 10.5 米，宽 7.5 米，跨径总长 8.0 米，混凝土桥面。建于 2005 年。

沙洲桥 Shāzhōu Qiáo 位于泗溪镇洲路村沙洲自然村，莲头—筱村线上，因处沙洲自然村得名。长 16.8 米、宽 7.5 米，跨径总长 5.0 米，混凝土桥面。建于 1971 年。

东溪小桥 Dōngxī Xiǎoqiáo 位于泗溪镇蔡宅村长丘自然村，东溪—桂库线上，地处东溪，桥较小，故名。长 14.0 米、宽 6.8 米，跨径总长 6.0 米，混凝土桥面。建于 1996 年。

东溪桥 Dōngxī Qiáo 位于泗溪镇上村村溪雾垟自然村，东溪—桂库线上，因处东溪得名。长 52.0 米、宽 6.8 米，跨径总长 52.0 米，混凝土桥面。建于 1998 年。

泗溪桥 Sìxī Qiáo 位于泗溪镇集镇 ，东溪—桂库线上，因处泗溪集镇得名。长 74.6 米、宽 7.6 米，跨径总长 65.0 米，混凝土桥面。建于 2001 年。

玉岩桥 Yùyán Qiáo 位于泗溪镇玉岩村南山下自然村，东溪—桂库线上，因处玉岩村得名。长 82 米、宽 5.6 米，跨径总长 52 米，混凝土桥面。建于 1977 年。

横溪桥 Héngxī Qiáo 位于泗溪镇西地村西地自然村北，东溪—桂库线上，因处横溪得名。长 28.0 米、宽 7.0 米，跨径总长 13.0 米。混凝土桥面。建于 1988 年。

横坑桥 Héngkēng Qiáo 位于泗溪镇坑头村横坑头自然村，东溪—桂库线上，因处横坑得名。长 24.0 米、宽 7.9 米，跨径总长 12.0 米，混凝土桥面。建于 1988 年。

九峰桥 Jiǔfēng Qiáo 位于泗溪镇九峰村半岭垟自然村西南，玉西—九峰线上，因处九峰得名。长 29.0 米、宽 6.1 米，跨径总长 10.0 米，混凝土桥面。建于 1987 年。

圆潭面桥 Yuántánmiàn Qiáo 位于泗溪镇琴桥村圆潭面自然村，分泰老线上，因处园潭面自然村得名。长 27.4 米、宽 9.1 米，跨径总长 10.0 米，混凝土桥面。建于 1995 年。

东溪大桥 Dōngxī Dàqiáo 位于泗溪镇琴桥村圆潭面自然村，分泰老线上，因处东溪得名。长 151.7 米、宽 9.5 米，跨径总长 120.0 米，混凝土桥面。建于 1995 年。

大龙口桥 Dàlǒngkǒu Qiáo 位于泗溪镇大龙口村大龙口自然村，分泰老线上，因处大龙口得名。长 47.0 米、宽 9.1 米，跨径总长 30.0 米，混凝土桥面。建于 1995 年。

半路小桥 Bànlù Xiǎoqiáo 位于泗溪镇洲路村半路自然村，三魁—凤垟线上，因处半路自然村得名。长 9.6 米、宽 4.5 米，跨径总长 7.6 米，混凝土桥面。建于 1980 年。

积库桥 Jīkù Qiáo 位于泗溪镇桥头村桥头自然村，东溪—下垟线上，因积库村庄得名。长 22.0 米、宽 5.4 米，跨径总长 12.0 米，混凝土桥面。建于 1980 年。

下垟桥 Xiàyáng Qiáo 位于泗溪镇桥头村下垟自然村，东溪—下垟线处，因处下垟自然村得名。长 74.0 米，宽 8.0 米，跨径总长 50.0 米，混凝土桥面。建于 2000 年。

秀涧桥 Xiùjiàn Qiáo 位于泗溪镇下村村秀涧下村自然村，331 省道上，因处秀涧得名。长 53.0 米、宽 12.0 米，跨径总长 16.0 米，沥青混凝土桥面。建于 2007 年。

三百坳桥 Sānbǎi'ào Qiáo 位于彭溪镇富山村三百坳自然村。因处三百坳村得名。长 14.0 米、宽 3.0 米，跨径 6.0 米，混凝土桥面。1969 年建造。

飞江桥 Fēijiāng Qiáo 位于彭溪镇彭溪村矴步头自然村，取飞跃江流（彭溪），而名。长 35.0 米、宽 3.5 米，跨径 52.0 米，混凝土桥面。1987 年村民筹款自建。

飞峰桥 Fēifēng Qiáo 位于彭溪镇彭溪村彭溪自然村，两边山峰高耸，大桥似飞架峰间，故名。长 35.0 米、宽 4.0 米，跨径 44.0 米，混凝土桥面。1991 年建。

坪溪桥 Píngxī Qiáo 位于罗阳镇南外村南外自然村，云寿线上。因连接坪溪路而名。长 12.5 米、宽 10.2 米，跨径总长 8.0 米，混凝土桥面。建于 1998 年。

月湖一桥 Yuèhú Yī Qiáo 位于彭溪镇柘下村外剑门岭自然村东南，331 省道上，因处原月湖乡而名。长 112.0 米、宽 12.0 米，跨径总长 100.0 米，混凝土桥面。建于 2007 年。

月湖二桥 Yuèhú Èr Qiáo 位于彭溪镇柘下村坑内自然村西北，331 省道上，因处原月湖乡而名。长 91.0 米、宽 12.0 米，跨径总长 83.0 米，混凝土桥面。建于 2007 年。

富垟一桥 Fùyáng Yī Qiáo 位于彭溪镇富垟村方家宅自然村，331 省道上，因处富垟，系第一座桥，故名。长 65.5 米、宽 10.5 米，跨径总长 60.0 米，混凝土桥面。建于 2007 年。

富垟二桥 Fùyáng Èr Qiáo 位于彭溪镇富垟村富垟自然村，331 省道上。地处富垟，系第二座桥，故名。长 54.0 米、宽 10.5 米，跨径总长 48.0 米，混凝土桥面。建于 2007 年。

峰文桥 Fēngwén Qiáo 位于彭溪镇汇源村竹岚脚自然村，331 省道上，因处峰文而名。长 87.5 米、宽 12.0 米，跨径总长 80.0 米，混凝土桥面。建于 2007 年。

双溪口大桥 Shuāngxīkǒu Dàqiáo 位于彭溪镇双溪口村双溪口自然村，331 省道上，因处双溪口自然村而名。长 181.0 米、宽 10.5 米，跨径总长 176.0 米，混凝土桥面。建于 2007 年。

峰坳桥 Fēng'ào Qiáo 位于彭溪镇双溪口村田岗自然村，331 省道上，因田岗原名峰坳而名。长 49.0 米、宽 10.5 米，跨径总长 48.0 米，混凝土桥面，建于 2007 年。

富垟桥 Fùyáng Qiáo 位于彭溪镇外垟村外垟自然村，分泰老线上，因处富垟而名。长 12.5 米、宽 10.2 米，跨径总长 11.6 米，混凝土桥面。建于 1994 年。

彭溪大桥 Péngxīdà Qiáo 位于彭溪镇彭溪村矴步脚自然村，分泰老线上，因处彭溪而名。长 71.7 米、宽 11.5 米，跨径总长 50.0 米，混凝土桥面。建于 1995 年。

五里牌一桥 Wǔlǐpái Yī Qiáo 位于彭溪镇五里牌村五里牌自然村，分泰老线上，因处五里牌村而名。长 13.5 米、宽 15.5 米，跨径总长 6.0 米，混凝土桥面，建于 1994 年。

五里牌二桥 Wǔlǐpái Èr Qiáo 位于彭溪镇五里牌村水岭自然村，分泰老线上，因处五里牌村而名。长 11.3 米、宽 9.0 米，跨径总长 5.6 米，混凝土桥面。建于 1994 年。

莲头桥 Liántóu Qiáo 位于雅阳镇莲头村下莲头自然村，老分泰线上。因处莲头村而名。长 22.1 米、宽 10.2 米，跨径总长 16.0 米，混凝土桥面。建于 1994 年。

双溪口桥 Shuāngxīkǒu Qiáo 位于彭溪镇双溪口村双溪口自然村，前坪仔—小南山线上，因处双溪口村而名。长 24.3 米、宽 4.0 米，跨径总长 7.8 米，混凝土桥面。建于 1980 年。

东安桥 Dōng'ān Qiáo 位于雅阳镇东安村东安自然村，莲头—筱村线上，因处东安村而名。长 15.2 米、宽 6.7 米，跨径总长 6.0 米，混凝土桥面。建于 1958 年。

上仁垟桥 Shàngrényáng Qiáo 位于雅阳镇上仁村上仁垟自然村，莲头—筱村线上。因处上仁垟而名。长 8.6 米，宽 6.8 米，跨径总长 5.9 米，混凝土桥面。建于 1959 年。

村尾桥 Cūnwěi Qiáo 位于雅阳镇中村村村尾，雅中—氡泉线上，因处村尾得名。长 8.0 米、宽 9.0 米，跨径总长 5.0 米，混凝土桥面。建于 2007 年。

泰福一桥 Tàifú Yī Qiáo 位于雅阳镇埠下村垟尾岭自然村，雅中—氡泉线上，因处泰顺和福鼎交界地带而名。长 26.0 米、宽 8.5 米，跨径总长 17.0 米，混凝土桥面。建于 1977 年。

泰福二桥 Tàifú Èr Qiáo 位于雅阳镇埠下村垟尾岭自然村，雅中—氡泉线上，因处泰顺和福鼎交界地带而名。长 25.0 米、宽 6.6 米，跨径总长 15.4 米，混凝土桥面。建于 1978 年。

承天桥 Chéngtiān Qiáo 位于雅阳镇承天村下承天自然村，雅中—氡泉线上，因处承天村而名。长 11.7 米、宽 7.2 米，跨径总长 6.0 米，混凝土桥面，建于 1978 年。

埠下桥 Bùxià Qiáo 位于雅阳镇埠下村埠下自然村，雅中—排岭线上，因处埠下村而名。长 9.0 米、宽 6.0 米，跨径总长 8.0 米，混凝土桥面。建于 1988 年。

沐峰桥 Mùfēng Qiáo 位于雅阳镇沐峰村沐峰自然村，分泰老线上，因沐峰自然村而名。长 28.0 米、宽 9.1 米，跨径总长 26.0 米，混凝土桥面。建于 1995 年。

柳峰桥 Liǔfēng Qiáo 位于雅阳镇墩头村墩头自然村墩头村村委会驻地墩头，分泰老线上。因处柳峰而名。长 8.0 米、宽 9.0 米，跨径总长 6.0 米，混凝土桥面。建于 1995 年。

长垟桥 Chángyáng Qiáo 位于雅阳镇长垟村长垟自然村，分泰老线上。因处长垟村而名。长 11.0 米、宽 9.0 米，跨径总长 8.0 米，混凝土桥面。建于 1995 年。

上仁桥 Shàngrén Qiáo 位于雅阳镇上仁村上仁垟自然村，泗雅线 0.6 千米处。因处上仁村而名。长 31 米，宽 8.5 米，跨径总长 20.0 米，沥青混凝土桥面。建于 2007 年。

东安新桥 Dōng'ān Xīnqiáo 位于雅阳镇东安村三丘头自然村，泗雅线上。地处东安，桥为新建，故名。长 13.0 米、宽 8.5 米，跨径总长 8.0 米，沥青混凝土桥面。建于 2007 年。

上村桥 Shàngcūn Qiáo 位于雅阳镇上村村秀涧上村自然村，上仁垟—灵家山线上，因处上村村而名。长 7.7 米、宽 4.5 米，跨径总长 6.6 米，混凝土桥面。 1970 年建。

铁炉桥 Tiělú Qiáo 位于雅阳镇溪源村铁炉岭自然村，铁炉岭—秀涧线上，因处铁炉岭而名。长 8.6 米、宽 7.7 米，跨径总长 6.0 米，混凝土桥面。 1970 年建。

下村桥 Xiàcūn Qiáo 位于雅阳镇下村村秀涧下村自然村，铁炉岭—秀涧线上，因下村自然村而名。长 21.0 米、宽 4.9 米，跨径总长 14.0 米，混凝土桥面。 1970 年建。

雪溪大桥 Xuěxī Dàqiáo 位于仕阳镇双溪村旁头垟自然村，东溪仔—交溪线上，因处雪溪而名。长 122.2 米、宽 7.6 米，跨径总长 117.0 米 ，混凝土桥面，建于 1979 年。

际头仔桥 Jìtóuzǐ Qiáo 位于仕阳镇溪东村石竹后自然村东西，东溪仔—交溪线上，因际头仔村庄而名。长 42.0 米、宽 6.0 米，跨径总长 10.0 米，混凝土桥面。建于 1980 年。

水尾桥 Shuǐwěi Qiáo 位于仕阳镇双涧溪水库南，东溪仔—交溪线上。因处水尾而名。长 22.0 米、宽 6.0 米，跨径总长 12.0 米，混凝土桥面。建于 1980 年。

后底桥 Hòudǐ Qiáo 位于仕阳镇章荣村岙底自然村，东溪仔—交溪线上，因处岙底后侧而名。长 19.0 米、宽 10.0 米，跨径总长 8.0 米，混凝土桥面。建于 1980 年。

交溪大桥 Jiāoxī Dàqiáo 位于仕阳镇白岩居民区原交溪自然村，东溪仔—交溪线上，因处交溪而名。长 166.0 米、宽 7.6 米，跨径总长 140.0 米，混凝土桥面。建于 2002 年。

仕阳大桥 Shìyáng Dàqiáo 位于仕阳镇溪东村溪东自然村，仕阳—底垟线上。地处仕阳，规模较大，故名。长 132.0 米、宽 8.9 米，跨径总长 90.0 米，块石桥面石拱桥。建于 1977 年。

矴步头桥 Dìngbùtóu Qiáo 位于仕阳镇溪东村仕阳矴步南，仕阳—底垟线上，因桥边有矴步而名。长 20.0 米、宽 7.4 米，跨径总长 10.0 米，混凝土桥面。建于 1979 年。

桥底桥 Qiáodǐ Qiáo 位于仕阳镇桥底村桥底自然村，仕阳—底垟线上，因桥底村而名。长 15.0 米、宽 7.5 米，跨径总长 5.0 米，混凝土桥面。建于 1977 年。

排坛桥 Páitán Qiáo 位于仕阳镇茂竹园村茂竹园自然村仕阳—底垟线上，因处排坛而名。长 18.0 米、宽 12.5 米，跨径总长 8.0 米，混凝土桥面。建于 1977 年。

雪溪桥 Xuěxī Qiáo 位于仕阳镇连接桥西村西岸自然村和桥东岸自然村，雪溪—雪临线上，因跨雪溪而名。长 124.0 米、宽 7.5 米，跨径总长 90.0 米，混凝土桥面。建于 1978 年。

严山桥 Yánshān Qiáo 位于仕阳镇严山村曲岩自然村，三魁—严山线上，因处严山村而名。长 11.1 米、宽 4.6 米，跨径总长 5.1 米，混凝土桥面。建于 1978 年。

峡屿桥 Xiáyǔ Qiáo 位于峡屿片村门楼坳村，因处峡屿片村而名。长 10.0 米，宽 6.3 米，跨径总长 6.0 米。建于 1958 年。

炉犁坑一桥 Lúlíkēng Yī Qiáo 位于三魁镇戳洲村地鸟坪自然村，331 省道上，因处卢犁坑而名。长 21.5 米、宽 10.5 米，跨径总长 16.0 米，混凝土桥面。建于 2007 年。

炉犁坑二桥 Lúlíkēng Èr Qiáo 位于三魁镇戳洲村太阳山自然村，331 省道上，因处卢犁坑而名。长 17.0 米、宽 10.5 米，跨径总长 16.0 米，混凝土桥面。建于 2007 年。

上溪坪桥 Shàngxīpíng Qiáo 位于三魁镇戳洲村底垮自然村，331 省道上，因处上溪坪而名。长 60.0 米、宽 12.0 米，跨径总长 48.0 米，混凝土桥面，建于 2007 年。

曲尺潭一桥 Qūchǐtán Yī Qiáo 位于三魁镇曲尺潭村曲尺潭自然村，331 省道上，因处曲尺潭村而名。长 60.0 米，宽 12.0 米，跨径总长 48.0 米，混凝土桥面，建于 2007 年。

曲尺潭二桥 Qūchǐtán Èr Qiáo 位于三魁镇尺潭村曲尺潭自然村，331 省道上，因处曲尺潭村得名。长 23.0 米、宽 12.0 米，跨径总长 13.0 米，混凝土桥面，建于 2007 年。

罗汉桥 Luóhàn Qiáo 位于三魁镇罗汉村罗汉自然村，331 省道上，因处罗汉村而名。长 34.0 米、宽 12.0 米，跨径总长 20.0 米，混凝土桥面，建于 2007 年。

下后垟一桥 Xiàhòuyáng Yī Qiáo 位于三魁镇大垟村下后垟自然村，331 省道上，因处下后垟村而名。长 70.0 米、宽 10.5 米，跨径总长 60.0 米，混凝土桥面，建于 2007 年。

下后垟二桥 Xiàhòuyáng Èr Qiáo 位于三魁镇大垟村下后垟自然村，331 省道上，因处下后垟村而名。

长 50.0 米、宽 10.5 米，跨径总长 39.0 米，混凝土桥面，建于 2007 年。

三魁桥 Sānkuí Qiáo 位于三魁镇秀溪边村司底垟自然村，分泰老线上，因处三魁镇而名。长 59.7 米、宽 10.0 米，跨径总长 38.0 米，混凝土桥面，建于 1995 年。

沙岗桥 Shāgǎng Qiáo 位于三魁镇瑞后村瑞后自然村，分泰老线上，因处沙岗而名。长 20.0 米、宽 9.9 米，跨径总长 16.0 米，混凝土桥面，建于 1991 年。

大丘坪桥 Dàqiūpíng Qiáo 位于三魁镇大丘坪村猿啸桥自然村，分泰老线上，因处大丘坪村而名。长 10.0 米、宽 9.0 米，跨径总长 5.2 米，混凝土桥面，建于 1975 年。

峡屿桥 Xiáyǔ Qiáo 位于三魁镇面前岭村面前岭自然村，西旸—交垟线上，因处峡屿片村而名。长 10.0 米、宽 6.6 米，跨径总长 6.0 米，混凝土桥面，建于 1958 年。

汉阳桥 Hànyáng Qiáo 位于三魁镇面前岭村面前岭自然村西，西旸—交阳线上。长 21.6 米、宽 6.7 米，跨径总长 5.0 米，混凝土桥面，建于 1958 年。

叶瑞旸桥 Yèruìyáng Qiáo 位于三魁镇叶瑞旸村桥头自然村，竹林头—西浦线上，因处叶瑞旸村而名，亦称叶瑞桥。长 33.0 米、宽 5.0 米，跨径总长 16.0 米，混凝土桥面。建于 1976 年。

彭坑桥 Péngkēng Qiáo 位于三魁镇彭坑垟村三板桥自然村，竹林头—西浦线上，因处彭坑垟村而名。长 17.5 米、宽 5.0 米，跨径总长 5.0 米，混凝土桥面，建于 1977 年。

可溪桥 Kēxī Qiáo 位于三魁镇可溪村可溪自然村，竹林头—西浦线上，因处可溪村而名，又有写作柯溪桥。长 15.0 米、宽 8.0 米，跨径总长 8.0 米，混凝土桥面，建于 1977 年。

陈库垟桥 Chénkùyáng Qiáo 位于三魁镇瑞后村陈古垟自然村，地处陈古垟，“库”“古”谐音，故名。长 12.0 米、宽 2.0 米，跨径总长 4.0 米，混凝土桥面。2007 年建成。

工农桥 Gōngnóng Qiáo 位于三魁镇瑞后村瑞后自然村，面前岭—瑞后线上，以体现工农群众力量命名。长 23.0 米、宽 5.0 米，跨径总长 22.0 米，混凝土桥面。

2005 年前是几条石板铺设的简易桥，2005 年建成钢筋混凝土桥。

溪心桥 Xīxīn Qiáo 位于三魁镇瑞后村瑞后自然村，因处西旸溪中间而名。长 20.0 米，宽 6.0 米、跨径 7.0 米，混凝土桥面。2000 年建成。

庵前桥 Ānqián Qiáo 位于三魁镇庵前村庵前自然村，三魁—凤垟公路线上，因处庵前村而名，又作安前桥。长 16.0 米、宽 5.3 米，跨径总长 10.0 米，混凝土桥面，建于 1980 年。

下溪坪桥 Xiàxīpíng Qiáo 位于三魁镇戬洲村下溪坪自然村，三魁—凤垟公路线上，因处下溪坪村庄而名。长 22.0 米、宽 5.3 米，跨径总长 14.0 米，混凝土桥面，1980 年建。

新桥桥 Xīnqiáo Qiáo 位于三魁镇彭坑垟村宫后自然村，彭坑垟—垟溪线上。时为新建桥梁，故名。

长 11.0 米、宽 6.2 米，跨径总长 6.0 米，混凝土桥面。建于 1980 年。

鼓楼桥 Gǔlóu Qiáo 位于三魁镇大垟村外后垟自然村，大丘坪—金狮线上。因处鼓楼而名。长 23.4 米、宽 5.5 米，跨径总长 10.0 米，混凝土桥面。建于 1980 年。

蛇龟桥 Shéguī Qiáo 位于司前畲族镇竹里村委会东 100 米。桥址竹里溪分流处有二石，状如蛇头、龟头，故名。长 10.0 米、宽 2.5 米，跨径总长 13.0 米，混凝土桥面，建于 1913 年。

连心桥 Liánxīn Qiáo 位于司前畲族镇竹里村竹里自然村，寓意村民心连心而名。长 7.0 米，宽 5.0 米，高 3.5 米，跨径总长 7.0 米，混凝土桥面，建于 2002 年。

永乐桥 Yǒnglè Qiáo 位于司前畲族镇竹里村金山垄自然村，寓意永久“安居乐业” 而名。长 16.0 米、宽 5.5 米，跨径 10.2 米，混凝土桥面。1973 年建，2011 年 4 月修缮拓宽。

白箬潭桥 Báiruòtán Qiáo 位于竹里畲族乡何宅垟村自然村。桥临白箬潭，故名。长 25.5 米、宽 4.0 米，跨径总长 18.5 米，混凝土桥面。1987 年建，为单孔石拱桥。1990 年被洪水冲毁，同年重建。

大发垟桥 Dàfāyáng Qiáo 位于竹里畲族乡竹里村大发垟自然村，因处大发垟自然村得名。长 31.0 米、宽 4.5 米，跨径总长 25.0 米，为双孔石拱桥。1987 年建，1990 年被洪水冲毁，同年重建。

驮山桥 TuóShān Qiáo 位于竹里畲族乡竹里村驮山自然村，云寿线上，因处驮山自然村而名。长 66.0 米、宽 8.5 米，跨径总长 20.0 米，混凝土桥面，建于 2002 年。

竹里新桥 Zhúlǐxīn Qiáo 位于竹里畲族乡竹里村赤岩寨自然村南，云寿线上，地处竹里，桥系新建，故名。长 90.0 米、宽 8.5 米，跨径总长 80.0 米。建于 2002 年。

司前桥 Sīqián Qiáo 位于司前畲族镇集镇西，云寿线上。因处司前集镇而名。长 138.0 米、宽 8.5 米，跨径总长 120.0 米，混凝土桥面。建于 2002 年。

竹里桥 Zhúlǐ Qiáo 位于竹里畲族乡竹里村竹里自然村，台边—三插溪大坝线上，因处竹里村而名。长 21.6 米、宽 5.0 米，跨径总长 15.0 米，混凝土桥面，建于 1972 年。

深潭渡桥 Shēntándù Qiáo 位于罗阳镇华庄村华庄村岩坑自然村。因处古深潭渡口而名，别名红军渡桥。桥长 130.0 米，宽 5.0 米，1981 年建。桥南为福建省福安、寿宁 2 县毗邻地。

永新桥 Yǒngxīn Qiáo 位于罗阳镇上舟垟村上舟垟自然村，洲滨至南院的公路上。寓该桥青春常驻，又含“永兴”吉意，故名。长 9.8 米、宽 4.0 米。建于 1992 年，2005 年修，是洲滨通往南院的公路桥。

三维桥 Sānwéi Qiáo 位于罗阳镇上垟村上垟自然村下游，上垟—西山线上，泰福桥下侧。以温州三维集团公司之名命名。长 30.0 米、宽 4.5 米，跨径总长 11.0 米。1997 年 5 月建，2006 年秋重建。

矴 步

矴步形似琴键，亦有称之“琴桥”。长则数百齿，短则四、五齿。据调查县内现存矴步200多条。

百丈莒江矴步建于唐末，历史最早(已为珊溪水库淹没)；仕阳镇溪东村仕水矴步最为壮观。

仕水矴步 Shìshuǐ Dìngbù 位于仕阳镇溪东村。始建年代不详，清乾隆六十年（1795 年）重建，嘉庆年间又重建。全长 136 米，223 齿，宽近两米，可容两人并肩而行。为全县跨度最大的矴步。矴步南岸竖立 12 块青石碑，碑文记载当年修建情况。

该矴步每齿由两块平整条石砌成，平行分高低二级，高阶为白色花岗石，低阶为青色花岗石，颜色与石质如此搭配不仅美观，更使夜行者借星月反光畅行，涨水时仍清晰可见。其中还有更深的文化含义：石取其坚，计永年也；色取其白，昭利涉也。

仕水矴步被载入《中国桥梁史话》。1989 年被列为浙江省重点文物保护单位，2006 年被列为国家文物保护单位。

彭溪矴步 Péngxī Dìngbù 位于彭溪镇彭溪村，东西向横于彭溪之上。青石结构全长 44 米，共 88 齿，齿宽 1.1 米，两侧用小石柱加固，周围用块石砌成滩埠固定。该矴步建于清代中叶。

琴桥矴步 Qínqiáo Dìngbù 位于泗溪镇琴桥村矴步头，西南至东北走向横砌在东溪水之上，附近还有底湾矴步，光荣矴步。

东溪大矴步 Dōngxī Dàdìngbù 位于泗溪镇东溪上村。长 70 米，共 126 齿，齿宽 1 米，步距 0.55 米，每齿由两到三块青石构成。建于清乾隆五十三年（1788 年）。

洋面矴步 Yángmiàn Dìngbù 位于仕阳镇垟望村石门槛自然村。长 55 米（93 齿），矴步下峻滩中有三石，俨然如卧牛，俗称“石牛滩矴步”。建于清同治五年（1866 年）。

玉溪矴步 Yùxī Dìngbù 位于筱村镇玉溪村东面，清光绪二年（1876 年）建。

罗汉村矴步 Luóhàncūn Dìngbù 位于三魁罗汉村矴步头自然村。

溪坪矴步 Xīpíng Dìngbù 位于雪溪大桥上游 200 米处，长 62 米，103 齿。矴步建造年代失考。

铁炉坑矴步 Tiělúkēng Dìngbù 位于铁炉坑村溪面，长 70 米，125 齿，有高低二级并行。建于清道光年间。

蔡宅底矴步 Càizháidǐ Dìngbù 位于蔡宅底村，长 72 米，133 齿，有高低二级并行。

县内其他矴步简表

表 4-2

名称	所在地点
路田矴步 Lùtián Dìngbù	罗阳镇
交溪矴步 Jiāoxī Dìngbù	罗阳镇白溪村原窑下自然村
赤坑矴步 Chìkēng Dìngbù	罗阳镇赤坑村赤坑自然村
大溪源矴步 Dàxīyuán Dìngbù	罗阳镇大溪源村大溪源自然村
龙井坑矴步 Lóngjǐngkēng Dìngbù	罗阳镇大溪源村龙井坑自然村
凤垟四架矴步 Fèngyɑ́ngsìjiàDìngbù	罗阳镇凤垟村四架自然村
川山垟矴步 Chuānshānyɑ́ng Dìngbù	罗阳镇鹤联村川山垟自然村
川山垟下矴步 Chuānshānyɑ́ngxià Dìngbù	罗阳镇鹤联村川山垟自然村
月山下矴步 Yuèshānxià Dìngbù	罗阳镇鹤联村月山下自然村
交溪仔矴步 Jiāoxīzǐ Dìngbù	罗阳镇横岗村原洪溪自然村
岩坑矴步 Yánkēng Dìngbù	罗阳镇华庄村岩坑自然村
横溪矴步 Héngxī Dìngbù	罗阳镇龙华村横溪自然村
桃园矴步 Táoyuán Dìngbù	罗阳镇门楼外村原桃园自然村
南门外矴步 Nánménwài Dìngbù	罗阳镇南外村
桥下矴步 Qiáoxià Dìngbù	罗阳镇桥下村桥下自然村
彭畲矴步 Péngshē Dìngbù	罗阳镇三联村彭畲自然村
上察溪矴步 Shàngcháxī Dìngbù	罗阳镇上察溪村
毛垟仔矴步 Máoyɑ́ngzǐ Dìngbù	罗阳镇上察溪村毛垟仔自然村

续表 4-2

名称	所在地点
上垟田矴步 Shàngyángtián Dìngbù	罗阳镇上垟村
林家垟矴步 Línjiāyáng Dìngbù	罗阳镇上舟垟村林家垟自然村
上舟垟矴步 Shàngzhōuyáng Dìngbù	罗阳镇上舟垟村上舟垟自然村
棠坪矴步（一） Tángpíng Dìngbù（ Yī）	罗阳镇棠坪村下棠坪自然村
棠坪矴步（二） Tángpíng Dìngbù（ Èr）	罗阳镇棠坪村下棠坪自然村
溪坪矴步 Xīpíng Dìngbù	罗阳镇溪坪村
袁家地矴步 Yuánjiādì Dìngbù	罗阳镇溪坪村原袁家地自然村
下彩坑矴步 Xiàcǎikēng Dìngbù	罗阳镇下彩村下彩自然村
下洪水尾矴步 Xiàhóngshuǐwěi Dìngbù	罗阳镇下洪
育秀坑矴步 Yùxiùkēng Dìngbù	罗阳镇秀垟村育秀坑自然村
叶盛坑矴步（一） Yèshèngkēng Dìngbù（ Yī）	罗阳镇叶盛坑村
叶盛坑矴步（二） Yèshèngkēng Dìngbù（ Èr）	罗阳镇叶盛坑村
梨坪溪矴步（一） Lípíngxī Dìngbù（ Yī）	罗阳镇洲滨村梨坪自然村
梨坪溪矴步（二） Lípíngxī Dìngbù（ Èr）	罗阳镇洲滨村梨坪自然村
村尾矴步 Cūnwěi Dìngbù	罗阳镇村尾村
校后矴步 Xiàohòu Dìngbù	司前畲族镇
深坑庵矴步 Shēnkēng'ān Dìngbù	司前畲族镇黄桥村原深坑庵自然村
门楼坑矴步 Ménlóukēng Dìngbù	司前畲族镇台边村
台边矴步 Táibiān Dìngbù	司前畲族镇台边村
村尾矴步 Cūnwěi Dìngbù	司前畲族镇溪口村

续表 4-2

名称	所在地点
下步坑矴步 Xiàbùkēng Dìngbù	百丈镇
碗窑亭下矴步 Wǎnyáo Tíngxià Dìngbù	百丈镇
三角丘矴步 sānjiǎoqiū Dìngbù	百丈镇飞云湖居民区朱岭自然村
碗窑矴步 Wǎnyáo Dìngbù	百丈镇洪口碗窑
秀洪矴步 Xiùhóng Dìngbù	百丈镇洪秀村秀洪垟自然村
村尾矴步 Cūnwěi Dìngbù	百丈镇洪秀村秀洪垟自然村
里项坑矴步 Lǐxiàngkēng Dìngbù	百丈镇台石村底项坑自然村
外项坑矴步 Wàixiàngkēng Dìngbù	百丈镇台石村外项坑自然村
面前垟矴步 Miànqiányáng Dìngbù	筱村镇
猴窟矴步 Hóukū Dìngbù	筱村镇
上条矴步 Shàngtiáo Dìngbù	筱村镇
大冈岭矴步 Dàgānglǐng Dìngbù	筱村镇
东垟下矴步 Dōngyángxià Dìngbù	筱村镇东垟村
坑边矴步 Kēngbiān Dìngbù	筱村镇枫林村坑边自然村
坑边垟尾矴步 Kēngbiān Yángwěi Dìngbù	筱村镇枫林村坑边自然村
望楼亭矴步 Wànglóutíng Dìngbù	筱村镇枫林村万楼亭自然村
洪溪矴步 Hóngxī Dìngbù	筱村镇葛垟下垟村洪溪自然村
洪溪小矴步 Hóngxīxiǎo Dìngbù	筱村镇葛垟下垟村洪溪自然村
炊天饭甑矴步 Chuītiānfànzèng Dìngbù	筱村镇木湾
南峤外矴步 Nánqiáowài Dìngbù	筱村镇南峤村南峤外自然村

续表 4-2

名称	所在地点
大岭矴步 Dàlǐng Dìngbù	筱村镇南峤村原大岭自然村
水尾矴步 Shuǐwěi Dìngbù	筱村镇坡头村
箬垟矴步 Ruòyáng Dìngbù	筱村镇箬垟村箬垟自然村
白牛坑矴步 Báiniúkēng Dìngbù	筱村镇双坑村白牛坑自然村
上水蛤蟆矴步 Shàngshuǐhámá Dìngbù	筱村镇双坑村上水蛤蟆自然村
背坪矴步 Bēipíng Dìngbù	筱村镇孙坪村背坪自然村
库岭脚矴步 Kùlǐngjiǎo Dìngbù	筱村镇孙坪村库岭脚自然村
朱岙矴步 Zhū'ào Dìngbù	筱村镇孙坪村朱岙自然村
南垟矴步 Nányáng Dìngbù	筱村镇外垟村南垟自然村
旁垟矴步 Pángyáng Dìngbù	筱村镇外垟村旁垟自然村
外垟矴步 Wàiyáng Dìngbù	筱村镇外垟村外垟自然村
新楼矴步 Xīnlóu Dìngbù	筱村镇新楼村
水碓溪矴步 Shuǐduìxī Dìngbù	筱村镇玉溪村原岩头自然村
章前垟矴步 Zhāngqiányáng Dìngbù	筱村镇章前垟村
鲁尾矴步 Lǔwěi Dìngbù	筱村镇长垟村鲁尾自然村
大溪矴步 Dàxī Dìngbù	泗溪镇
青度上矴步 Qīngdùshàng Dìngbù	泗溪镇
青度下矴步 Qīngdùxià Dìngbù	泗溪镇
大楼基矴步 Dàlóujī Dìngbù	泗溪镇
东场矴步 Dōngchǎng Dìngbù	泗溪镇

续表 4-2

名称	所在地点
大岭脚矴步 Dàlǐngjiǎo Dìngbù	泗溪镇
六担矴步 Liùdàn Dìngbù	泗溪镇
牛路溪矴步 Niúlùxī Dìngbù	泗溪镇
后畲矴步 Hòushē Dìngbù	泗溪镇
王伯潭矴步 Wángbótán Dìngbù	泗溪镇
大路尾矴步 Dàlùwěi Dìngbù	泗溪镇
上见考矴步 Shàngjiànkǎo Dìngbù	泗溪镇
岩头皮矴步 Yántóupí Dìngbù	泗溪镇
面前溪矴步 Miànqiánxī Dìngbù	泗溪镇
采机岩矴步 Cǎijīyán Dìngbù	泗溪镇
后宅矴步 Hòuzhái Dìngbù	泗溪镇白粉墙村后宅自然村
小坑矴步 Xiǎokēng Dìngbù	泗溪镇半地垟
池源矴步 Chíyuán Dìngbù	泗溪镇池源村
洪坑水尾矴步 Hóngkēng Shuǐwěi Dìngbù	泗溪镇洪坑村
下垟矴步 Xiàyáng Dìngbù	泗溪镇华垟村华垟自然村
朝坳矴步 Cháo'ào Dìngbù	泗溪镇建新村朝坳自然村
赤垟矴步 Chìyáng Dìngbù	泗溪镇建新村赤垟自然村
夹边矴步 Jiābiān Dìngbù	泗溪镇建新村夹边自然村
车水坑矴步 Chēshuǐkēng Dìngbù	泗溪镇九峰村车水自然村
古院矴步 Gǔyuàn Dìngbù	泗溪镇九峰村古院自然村

续表 4-2

名称	所在地点
坑尾矴步 Kēngwěi Dìngbù	泗溪镇九峰村坑尾自然村
金竹坑矴步 Jīnzhúkēng Dìngbù	泗溪镇�竹坑村
李垟矴步 Lǐyáng Dìngbù	泗溪镇李垟村
南溪矴步 Nánxī Dìngbù	泗溪镇南溪村
郑州上矴步 Zhèngzhōushàng Dìngbù	泗溪镇南溪村郑州自然村
郑州下矴步 Zhèngzhōuxià Dìngbù	泗溪镇南溪村郑州自然村
马栏矴步 Mǎlán Dìngbù	泗溪镇企石村马栏下自然村
樟荫矴步 Zhāngyīn Dìngbù	泗溪镇企石村三埞自然村
前坪矴步 Qiánpíng Dìngbù	泗溪镇前坪村
前坪仔矴步 Qiánpíngzǐ Dìngbù	泗溪镇前坪仔村
炉前坑矴步 Lúqiánkēng Dìngbù	泗溪镇琴桥村
三槔垟矴步 Sānqiùyáng Dìngbù	泗溪镇上院村三槔垟自然村
上垟矴步 Shàngyáng Dìngbù	泗溪镇上院村上垟自然村
上宅矴步 Shàngzhái Dìngbù	泗溪镇上院村上宅自然村
石门矴步 Shímén Dìngbù	泗溪镇石门村石门自然村
宅底矴步 Zháidǐ Dìngbù	泗溪镇石门村宅底自然村
西地横溪矴步 Xīdìhéngxī Dìngbù	泗溪镇西地村
南阳矴步（一） Nányáng Dìngbù（ Yī）	泗溪镇西溪村南阳自然村
南阳矴步（二） Nányáng Dìngbù（ Èr）	泗溪镇西溪村南阳自然村
上塆矴步 Shàngwān Dìngbù	泗溪镇西溪村上塆自然村

续表 4-2

名称	所在地点
溪源矴步 Xīyuán Dìngbù	泗溪镇溪源村
垟头矴步 Yángtóu Dìngbù	泗溪镇下桥
南山矴步 Nánshān Dìngbù	泗溪镇下桥村南山自然村
下寮矴步 Xiàliáo Dìngbù	泗溪镇新和村
斋堂矴步 Zhāitáng Dìngbù	泗溪镇新和村斋堂自然村
秀溪水尾矴步 Xiùxīshuǐwěi Dìngbù	泗溪镇秀溪村
秀溪矴步 Xiùxī Dìngbù	泗溪镇秀溪村
秀垟上矴步 Xiùyángshàng Dìngbù	泗溪镇秀垟村
秀垟下矴步 Xiùyángxià Dìngbù	泗溪镇秀垟村
坝底矴步 Bàdǐ Dìngbù	泗溪镇玉岩村坝底自然村
沙洲矴步 Shāzhōu Dìngbù	泗溪镇洲路村沙洲自然村
风坳岭尾矴步 Fēng'ào Lǐngwěi Dìngbù	彭溪镇
合水矴步 Héshuǐ Dìngbù	彭溪镇
坝头矴步 Bàtóu Dìngbù	彭溪镇
牛塘塆水尾矴步 Niútángwān Shuǐwěi Dìngbù	彭溪镇峰文村牛塘塆自然村
富山水尾上矴步 Fùshānshuǐwěishàng Dìngbù	彭溪镇富山村
富山水尾下矴步 Fùshānshuǐwěixià Dìngbù	彭溪镇富山村
官引矴步 Guānyǐn Dìngbù	彭溪镇官引村
水尾矴步 Shuǐwěi Dìngbù	彭溪镇汇源村
赤坭田矴步 Chìnitián Dìngbù	彭溪镇汇源村赤坭田自然村

续表 4-2

名称	所在地点
钓鱼坑矴步（一） Diàoyúkēng Dìngbù（Yī）	彭溪镇汇源村钓鱼坑自然村
钓鱼坑矴步（二） Diàoyúkēng Dìngbù（Èr）	彭溪镇汇源村钓鱼坑自然村
伙爬岭矴步 Huǒpálǐng Dìngbù	彭溪镇汇源村伙爬岭自然村
新垟坑矴步（一） Xīnyángkēng Dìngbù（Yī）	彭溪镇汇源村新垟坑自然村
新垟坑矴步（二） Xīnyángkēng Dìngbù（Èr）	彭溪镇汇源村新垟坑自然村
横岅矴步 Héngbǎn Dìngbù	彭溪镇汇源村原横岅自然村
均山矴步 Jūnshān Dìngbù	彭溪镇均山村
彭溪矴步 Péngxī Dìngbù	彭溪镇彭溪村
底垟矴步 Dǐyáng Dìngbù	彭溪镇彭溪村内垟自然村
杨梅潭矴步 Yángméitán Dìngbù	彭溪镇彭溪村砂潭自然村杨梅潭聚落
新厝底矴步 Xīncuòdǐ Dìngbù	彭溪镇彭溪村新厝内自然村
双溪口矴步（一） Shuāngxīkǒu Dìngbù（Yī）	彭溪镇双溪口村
双溪口矴步（二） Shuāngxīkǒu Dìngbù（Èr）	彭溪镇双溪口村
雅北矴步 Yǎběi Dìngbù	雅阳镇
水碓坑矴步 Shuǐduìkēng Dìngbù	雅阳镇
五斗矴步 Wǔdǒu Dìngbù	雅阳镇
底楼矴步（一） Dǐlóu Dìngbù（Yī）	雅阳镇
底楼矴步（二） Dǐlóu Dìngbù（Èr）	雅阳镇
水碓溪矴步 Shuǐduìxī Dìngbù	雅阳镇
茶园底矴步 Cháyuándǐ Dìngbù	雅阳镇

续表 4-2

名称	所在地点
当垟溪矴步 Dāngyángxī Dìngbù	雅阳镇
东垟矴步 Dōngyáng Dìngbù	雅阳镇白巢村东垟桥头自然村
下村矴步 Xiàcūn Dìngbù	雅阳镇白巢村下村自然村
下村水尾矴步 Xiàcūn Shuǐwěi Dìngbù	雅阳镇白巢村下村自然村
埠下矴步 Bùxià Dìngbù	雅阳镇埠下村
金狮垟头矴步 Jīnshī Yángtóu Dìngbù	雅阳镇东安村
墩头底矴步 Dūntóudǐ Dìngbù	雅阳镇墩头村
乾头仔岭脚矴步（一） Qiántóuzǐ Lǐngjiǎo Dìngbù（Yī）	雅阳镇灵乾村乾头仔自然村
乾头仔岭脚矴步（二） Qiántóuzǐ Lǐngjiǎo Dìngbù（ Èr）	雅阳镇灵乾村乾头仔自然村
沐峰矴步 Mùfēng Dìngbù	雅阳镇沐峰村
沐峰垟头矴步 Mùfēng Yángtóu Dìngbù	雅阳镇沐峰村原垟头自然村
坑底矴步 Kēngdǐ Dìngbù	雅阳镇上村村坑底自然村
寮坑矴步 Liáokēng Dìngbù	雅阳镇上岚村寮坑自然村
坝头矴步 Bàtóu Dìngbù	雅阳镇下村村
雅阳溪矴步 Yǎyángxī Dìngbù	雅阳镇雅阳坪村雅阳溪自然村
漈坑尾垟尾矴步 Jìkēngwěi Yángwěi Dìngbù	雅阳镇垟尾
后溪矴步 Hòuxī Dìngbù	雅阳镇中村村后溪自然村
七担矴步 Qīdàn Dìngbù	雅阳镇中村村七担自然村
垟头矴步 Yángtóu Dìngbù	仕阳镇
坑兜岚矴步 Kēngdōulán Dìngbù	仕阳镇保兴村坑兜岚自然村

续表 4-2

名称	所在地点
垟西尾矴步 Yángxīwěi Dìngbù	仕阳镇朝阳村垟西尾自然村
龟垟矴步 Guīyáng Dìngbù	仕阳镇龟垟村
林垟水尾矴步 Línyáng Shuǐwěi Dìngbù	仕阳镇林垟村
水垄坑矴步 Shuǐlǒngkēng Dìngbù	仕阳镇龙垟村原水垄坑自然村
湖头矴步 Hútóu Dìngbù	仕阳镇茂竹园村湖头自然村
尖岭下矴步 Jiānlǐngxià Dìngbù	仕阳镇茂竹园村尖岭下自然村
瑞昌矴步 Ruìchāng Dìngbù	仕阳镇瑞昌村
双神矴步 Shuāngshén Dìngbù	仕阳镇双神村
钓鱼冈溪矴步 Diàoyúgāngxī Dìngbù	仕阳镇万排
后宅武岭溪矴步 Hòuzhái Wǔlǐngxī Dìngbù	仕阳镇武岭村
南坑矴步 Nánkēng Dìngbù	仕阳镇溪东村南坑自然村
田垄坑矴步 Tiánlǒngkēng Dìngbù	仕阳镇溪东村田垄自然村
王家垟矴步 Wángjiāyáng Dìngbù	仕阳镇下排村村王家垟自然村
武岭溪上矴步 Wǔlǐngxīshàng Dìngbù	仕阳镇雪临村原武岭溪自然村
武岭溪矴步 Wǔlǐngxī Dìngbù	仕阳镇雪临村原武岭溪自然村
将军炉水尾矴步 Jiāngjūnlú Shuǐwěi Dìngbù	仕阳镇垟望村将军炉自然村
梅模坑矴步 Méiqiùkēng Dìngbù	三魁镇
溪板矴步 Xībǎn Dìngbù	三魁镇
大安尾矴步（一） Dà'ānwěi Dìngbù（Yī）	三魁镇
大安尾矴步（二） Dà'ānwěi Dìngbù（Èr）	三魁镇

续表 4-2

名称	所在地点
上后垟矴步 Shànghòuyáng Dìngbù	三魁镇大垟村原上后垟自然村
赤沙坑尾矴步 Chìshā Kēngwěi Dìngbù	三魁镇东垟底村赤沙自然村
花坪头矴步 Huāpíngtóu Dìngbù	三魁镇花坪头村
溪坪矴步 Xīpíng Dìngbù	三魁镇戬洲村
官垟矴步 Guānyáng Dìngbù	三魁镇戬洲村官垟自然村
联坑矴步（一） Liánkēng Dìngbù（Yī）	三魁镇戬洲村楼梯坑自然村
联坑矴步（二） Liánkēng Dìngbù（Èr）	三魁镇戬洲村楼梯坑自然村
彭家堡矴步 Péngjiābǎo Dìngbù	三魁镇戬洲村彭家堡自然村
坑斗矴步 Kēngdǒu Dìngbù	三魁镇坑斗村
底垟矴步 Dǐyáng Dìngbù	三魁镇刘宅村底垟自然村
刘宅矴步 Liúzhái Dìngbù	三魁镇刘宅村刘宅自然村
罗汉矴步 Luóhàn Dìngbù	三魁镇罗汉村
彭坑垟矴步 Péngkēngyáng Dìngbù	三魁镇彭坑垟村
曲尺潭矴步 Qūchǐtán Dìngbù	三魁镇曲尺潭村
村头矴步 Cūntóu Dìngbù	三魁镇曲尺潭村
瑞后矴步 Ruìhòu Dìngbù	三魁镇瑞后村
底西坑矴步 Dǐxīkēng Dìngbù	三魁镇双旸村底西坑自然村
水碓头矴步 Shuǐduìtóu Dìngbù	三魁镇双旸村水碓头自然村
外西坑矴步 Wàixīkēng Dìngbù	三魁镇外西坑村
峡屿矴步（一） Xiáyǔ Dìngbù（Yī）	三魁镇峡屿

续表 4-2

名称	所在地点
峡屿矴步（二） Xiáyǔ Dìngbù（Èr）	三魁镇峡屿
外坑仔尾矴步 Wàikēngzǐwěi Dìngbù	三魁镇薛内村坑仔尾自然村
锦溪矴步 Jǐnxī Dìngbù	三魁镇薛外村
山后矴步 Shānhòu Dìngbù	三魁镇薛外村山后自然村
叶瑞旸矴步（一） Yèruìyáng Dìngbù（Yī）	三魁镇叶瑞旸村
叶瑞旸矴步（二） Yèruìyáng Dìngbù（Èr）	三魁镇叶瑞旸村
叶瑞旸矴步（三） Yèruìyáng Dìngbù（Sān）	三魁镇叶瑞旸村
圆潭矴步 Yuántán Dìngbù	三魁镇叶瑞旸村竹宅自然村
大发垟矴步 Dàfāyáng Dìngbù	竹里畲族乡何宅垟村大发垟自然村
何宅垟矴步 Hézháiyáng Dìngbù	竹里畲族乡何宅垟村何宅垟自然村
何宅矴步 Hézhái Dìngbù	竹里畲族乡何宅垟村何宅自然村
竹里矴步 Zhúlǐ Dìngbù	竹里畲族乡竹里村

第五节 旧交通设施

古 道

据 1963 年的民间交通调查，泰顺全县有 50 多个中心村落共有主道路 234 条，计 4321 里，分布在各个乡镇。其中，筱村 13 条，东溪 11 条，罗阳、南院、鹤巢各 9 条，仙居、新山、叶瑞暘各 8 条，岭北、南山、百丈、洪口、三魁、洋溪各 8 条，碑排、三滩、台边、联云、箬洋各 5 条，赤坑、桂坪、包洋、下洪、富家垟、洲边、仕阳、东安各 4 条。

一类是从县城罗阳镇通往邻县县城的县际道路，又称为县道。一类是联络全县各乡镇和村庄的乡村道路。有驿站的县道各线宽的 1.4 米至 1.6 米，一般约 1.2 米。所有的县道必定砌置较大的石块。县道的两边都以“滚沿”铺砌。

兹据前版《浙江省泰顺县地名志》及吴松弟、刘杰主编《浙江泰顺历史文化的国际考察与研究》，将泰顺古道情况载录于下。

泰顺至温州大路 Tàishùn Zhì Wēnzhōu Dàlù 是明清时期泰顺县城罗阳通往温州府城的驿道。从罗阳镇出东门偏北行，经石亭、仙居、春阳、洪口、莒江、包垟等地，入今文成县境，顺飞云江到达瑞安县城，再转温瑞塘河到达温州，全程185千米。

清雍正时泰顺至温州府治大道自县城县前铺出发，经赤坑铺、上稔铺、陈岱铺、洪口铺、周坑铺、莒江铺（方村铺）、新塘铺、白水漈铺、方岙铺等9个铺，进入今文成县境。

清代中叶，泰顺赴温州大路改从县城出门，经三滩、百丈坑、垟坑头、恭坑、朱岭头等村庄至百丈口，行程30千米，然后乘船到瑞安，再转温瑞塘河到达温州，全程188千米。

明、清时沿途每隔10华里设一铺舍，供往来传递公文人员休息。县际道路设有驿站，安排二三名塘兵传送文书。

泰顺至桐山大路 Tàishùn Zhì Tóngshān Dàlù 桐山是福鼎县城，福建东北部的海港。该路由县城罗阳镇东南行，经下察溪、上洪、洪岭头、大安、三魁、矴步头、柳峰、吴家墩、排岭、入福鼎县境，再经由福鼎的南溪、枯岭、陈奇岭等村庄到达桐山。全程80千米，均为陆路。

泰顺至景宁大路 Tàishùn Zhì Jǐngníng Dàlù 由县城罗阳北门出发，经三滩、垟坑头、司前、潭边（今台边）、上地入景宁县。经东坑至景宁县城，全程80千米，其中罗阳至东坑约50千米。

泰顺至平阳大路 Tàishùn Zhì Píngyáng Dàlù 由县城罗阳东南行，经交垟、下察溪、上洪、洪岭头、大安、戬洲、积库、莲头、五里牌、彭坑（今彭溪）、富垟、月湖垟（今月湖）等村镇到达平阳县灵溪（今苍南县城），再由灵溪抵达平阳县城。全程135千米，均为陆路，其中罗阳到灵溪105千米。

泰顺至寿宁大路 Tàishùn Zhì Shòuníng Dàlù 由县城罗阳西南行，过东溪头到毛竹下，入寿宁县界，再经武溪、犀溪、仙峰、垟边等村庄到达福建寿宁县城。全程40千米。

泰顺至福安大路 Tàishùn Zhì Fú'ān Dàlù 县城出南门，经东溪头到达福建寿宁县境的武溪、犀溪、仙峰、垟边、南垟、斜滩、武曲，入福安县境，再经社口、胡塘阪抵福安县城。全程75千米。实为寿宁大路的延伸。

上述县际道路，为浙南闽北山区与沿海联系的重要通道。

较重要的县内道路主要有：

罗阳至百丈镇道路 Luóyáng Zhì Bǎizhàng Zhèn Dàolù 从县城罗阳到泰顺主要商品集散地百丈口，计30千米。罗阳经三滩、百丈坑、垟坑头、恭坑、朱岭头等村庄至百丈口。

罗阳至洪口、莒江大路 Luóyáng Zhì Hóngkǒu Jǔjiāng Dàlù 从县城出发，经石亭、仙居、下稔、拳头岭头到洪口，长 20 千米；再经周坑亭至莒江，长 10 千米。

罗阳至筱村大路 Luóyáng Zhì xiǎocūn Dàlù 主要有两路。一出县城东门，经交垟、下察溪、杨家岭、下洪、卢坑岭至东垟；二经仙居、下稔、拳头岭、洪口、王家山到望楼亭；均长约 30 千米。

罗阳至泗溪大路 Luóyáng Zhì Sìxī Dàlù 出县城东门，经交垟、下察溪、杨家岭、下洪、夏家山、十字路、泗溪头、下桥到白粉墙，长 45 千米。

罗阳至彭溪大路 Luóyáng Zhì Péngxī Dàlù 先为罗阳至泗溪大路到白粉墙，45 千米；再从白粉墙经南溪、东安、莲头、玉塔、五里牌至彭溪，共 65 千米。

罗阳至三魁大路 Luóyáng Zhì Sānkuí Dàlù 罗阳出南门，经枫树梢、川山垟、豆腐岭、江渡、上察溪、南院、半路垟、老鹰岩、竹底、西坑、峡屿至三魁，30 千米。

罗阳至洲边大路 Luóyáng Zhì Zhōubiān Dàlù 有两路：一出南门经赤坑仔、可陶垟、棠坪、竹坪至洲边，25 千米。一经交垟、江渡、上察溪、南院、毛垟、上舟垟至洲边，30 千米。洲边之后与通往霞浦县的福建道路连接，为明、清、民国时私盐贩子运盐之路。

罗阳至雅阳大路 Luóyáng Zhì Yǎyáng Dàlù 罗阳至三魁大路 30 千米；再从三魁经刘宅、矴步头、秀溪、墩头、普上垟至官口垄，20 千米，共 50 千米。

罗阳至仕阳大路 Luóyáng Zhì shìyáng Dàlù 有两路：各 45 千米。一出县城南门，经枫树梢、川山垟、江渡、上察溪、南院、竹底、西坑、叶瑞暘、严山至仕阳；一出东门，过三魁，经刘宅、雪溪至仕阳。

津 渡

县内溪流纵横，旧时津渡众多。随着交通发展，大部分津渡已架设桥梁而撤渡。昔之渡口往往同时又是地名，其中不少至今仍起着指引方位的作用。

白鹤渡 Báihè Dù 位于三插溪与司前溪交汇处，飞云湖西北部终端两溪交汇处白鹤峡口，距县城罗阳 20 余千米。该渡古为要津，今已基本废置。

黄岱口渡 Huángdàikǒu Dù 位于司前畲族镇园桥石门楼村北三插溪上游，东为黄山村。溪宽约 33 米，今已基本废用。

祠堂渡 Cítáng Dù 古名周埠庵渡。位于司前畲族镇园桥村东 0.7 千米三插溪上游，鹳为黄山村，通交成县。溪宽约 32 米，今已基本废用。

大住渡 Dàzhù Dù 位于司前畲族镇大主村三插溪下游。北通黄桥乡，东通峰门乡，入文成县，溪宽约 35 米，今已基本废用。

白鹤渡 Báihè Dù 位于司前畲族镇溪口白鹤渡村南三插溪下游。东上峰门乡，系通文成县要津。溪宽约 30 米，今为司前渡口。

东岸渡 Dōng'àn Dù 位于百丈镇东岸村司前溪下游，紧靠百丈口，东通峰门等乡。昔为入文成县要津，今已基本废用。

严公垟渡 Yángōngyáng Dù 位于百丈镇严公垟村南飞云江上游，距百丈口约 3 千米。昔为西通峰门，东通莒江、包垟要津，溪宽约 100 米，今已基本废用。

交溪垟渡 Jiāoxīyáng Dù 位于百丈镇交溪垟村飞云江上游，距莒江村 4.3 千米。昔为经木坞村通文成、瑞安二县要津。溪宽约百米，今已基本废用。

马迹渡 Mǎjì Dù 位于百丈镇马迹村北。北为文成县，系两县边界要津。溪宽约 70 米。

湖背渡 Húbèi Dù 位于百丈镇银珠坑村北 0.25 千米。北为文成县湖背村，系两县边界要津。溪宽约 80 米。

金钟渡 Jīnzhōng Dù 位于百丈镇银珠坑口村南，距岩上村 2 千米处。东为文成县金钟村。溪宽约 80 米。

江口渡 Jiāngkǒu Dù 位于百丈镇江口村东南莒江溪下游，距莒江村 2.7 千米处，昔为通文成县要津。溪宽约 40 米，今已基本废用。

仁石渡 Rénshí Dù 位于百丈镇仁石村东莒江溪中游，距莒江村 1.2 千米处。莒江一带古称方村，旧时又名方村渡。下有仁石矴步。遇雨即需此渡。东通包垟入文成县。溪宽约 45 米，今已基本废用。

岩前亭渡 Yánqiántíng Dù 位于百丈镇上村莒江溪上游，距莒江村 1.3 千米处。因西有岩前亭得名，亦称岩前渡。西通洪口，东通新山、包垟，入文成县。《分疆录》云："莒江岩前渡，通郡大路。"溪宽约 45 米，今已基本废用。

下革渡 Xiàgé Dù 位于百丈镇下革村西洪口溪下游，距百丈口 1.8 千米处，西靠公路，东经下革通莒江。溪宽约 35 米。是花百公路通车后新设渡口，今已基本废用。

陈庄渡 Chénzhuāng Dù 位百丈镇陈庄村西洪口溪下游，距百丈口 3.4 千米。西靠花百公路，东通莒江、洪口等地。宽约 55 米，今已基本废用。

周坑渡 Zhōukēng Dù 古名鱼充潭渡。位于百丈镇周坑亭村北洪口溪中游。西为大垟村，故又名大垟渡。溪宽约 50 米，今已基本废用。

洪口渡 Hóngkǒu Dù 位于百丈镇洪口村北洪口溪中游。西通县城。《分疆录》载："洪口东渡，通二都及瑞安。"溪宽约 40 米，今已撤渡。

潭口渡 Tánkǒu Dù 位于百丈镇潭口村西洪口溪上游。西通县城，距花坪停靠站 3 千米处。东通葛垟。溪宽约 40 米，今已撤渡。

岭根渡 Lǐnggēn Dù 位于罗阳镇七丘村仙居溪下游，距岭头村 5 千米处。西北通春阳，东北通洪口。

溪宽约 28 米，今已建桥撤渡。

五步溪渡 Wǔbùxī Dù 位于罗阳镇棠坪五步溪村西之寿泰溪上，距棠坪村 2.3 千米处。西通福建省寿宁县牛梨岗、儒冬地等村，系入闽要津。宽约 30 米。

青潭渡 Qīngtán Dù 位于罗阳镇岩坑村西南 2.5 千米寿泰溪中游，西为福建省福安县八斗等村，昔为入闽要津。溪宽约 50 米。

郑家庄渡 Zhèngjiāzhuāng Dù 位于仕阳镇郑家庄西南寿泰溪下游。南为福建省福安县境，宽约 35 米，今已建桥撤渡。

交溪渡 Jiāoxī Dù 位于仕阳镇交溪村南寿泰溪下游，距岗尾村约 2 千米处，寿泰溪与仕阳溪于此渡汇合为交溪。昔为浙闽二省三县边境要津，溪宽约 11 米。

南岭尾渡 Nánlǐngwěi Dù 位于仕阳镇南岭尾仕阳溪下游，南通福建省柘荣县对坑村。昔为入闽要津，溪宽 35 米。

梧桐潭渡 Wútóngtán Dù 位于仕阳镇南岭尾村东仕阳溪下游。东通福建省柘荣县王社村，昔为入闽要津。宽约 50 米，今已建桥撤渡。

下坪仔渡 Xiàpíngzǐ Dù 位于仕阳镇下坪仔村南仕阳溪中游，距上宅垟村 1.1 千米处。南为福建省柘荣县境，昔为入闽要津。溪宽约 45 米。系建国后新设渡口，今已撤渡。

排头渡 Pǎitóu Dù 位于仕阳镇瑞昌村排头村南。南为福建省柘荣县，昔为入闽要津。溪宽约 45 米。

曲尺潭渡 Qǔchǐtán Dù位于仕阳镇双路山潮村南仕阳溪中游，西通后章，龟伏等地。宽溪约 45 米，系 1982 年新设渡口。

静安渡 Jìng'ān Dù位于仕阳镇陈海洋村东南仕阳溪中游，距董庄村约 1.7 千米处。《分疆录》载："静安渡，七都通福安。"溪宽约 45 米。

溪兜仔渡 Xīdōuzǐ Dù位于仕阳镇山谷垟村东南 2 千米仕阳溪上游，南通桥底、章坑等地。溪宽约 60 米。系建国后新设渡口。

关 隘

卢西隘 Lúxī Ài 古称"瓯西第一关"。位于司前畲族镇炉西村北，.北坡为景宁县。《分疆录》载:"在一都上岘，景宁界"。 清咸丰八年（1858 年），邑绅陶琳与合都人士捐筑。

石佛岭隘 Shífólǐng Ài 位于司前畲族镇榀垟石佛岭村西北。昔为通景宁县要道，岭北坡为景宁县童岭头村。

龙岩岭隘 Lóngyánlǐng Ài 古名龙孝岭隘。位于罗阳镇上垟村西北，《分疆录》载："龙岭糟隘在岭北寿宁界。”西北通寿宁县陈家坑村。清咸丰八年（1559年）邑绅周树椿倡建土城率团丁防守以拒太平军石达开部。

坳隘Ào Ài 位于罗阳镇半岭仔村东南，通福建省寿宁县水绕垟村。

风门坳隘 Fēngmén 'ào Ài 位于罗阳镇乌石村西。《分疆录》载：“风门坳隘在岭北，寿宁界，西路险要。”

黄坭隘 Huángní Ài 又名黄杨隘。位于罗阳镇白溪村西。西通福建省寿宁县铜 坑亭。《分疆录》载：“黄杨隘在西门外白溪岭头，抵寿宁，通庆元要道。”

分水亭隘 Fēnshuǐtíng Ài 古名上下排隘。位于仕阳镇上排村东，东通福建省柘荣县坑源头村。《分疆录》载:“上下排隘在六都、福鼎十七都。驿路通福宁府，闽界要道。”

镇南关 Zhènnán Guān 又名黄家阳隘。位于仕阳镇万排王家垟隘头村，东南通福建省柘荣县坑源头。《分疆录》载：“镇南关，在七都雾岭黄家阳岭头。外界福鼎十七都。亦闽界要道。俗呼黄家阳隘。”

牛头隘 Niútóu Ài 位于仕阳镇龟湖村西南，东、西为百丈陡壁，奇险。《分疆录》载：“牛头隘在七都，下临交溪。通福安，为闽界。间道险要。”.

叠石隘 Diéshí Ài 古名塔石隘。位于雅阳镇隘门村东，东南为福建省福鼎县叠石村。

石门隘 Shímén Ài 在七都高阳稗岭头（今三魁镇刘宅附近），明初开矿时筑。明嘉靖三十八年（1559年）秋，泰顺生员林田守此拒倭寇。

蚊虫垒隘 Wénchónglěi Ài 位于竹里畲族乡与景宁县相邻处。清咸丰八年（1861年）四月太平军石达开部攻克云和、景宁，泰顺生员陶鹤年、吴镜涵劝一都各族捐资筑隘以拒，陶鹤年率团丁上隘防守。

第二章 水利电力设施

第一节 水 库

珊溪水库 Shānxī Shuǐkù 位于泰顺县东北部及文成县西部，以坝址处于文成县珊溪镇得名。所在河流属飞云江流域，又称飞云湖。泰顺县境集雨面积864.3平方千米，正常水面面积21.62平方千米。2001年工程建成后形成珊溪湖、云湖、莒江湖、百丈湖、白鹤峡等五大湖区。百丈湖是飞云湖第二大支流湖，纵深达13千米，最宽约1.2千米。

三插溪水库 Sānchāxī Shuǐkù 位于司前畲族镇北部黄桥村，以坝址处飞云江三插溪段得名。所在河流属飞云江流域的三插溪，集雨面积267.5平方千米，总库容4661万立方米，正常水面面积1.33平方千米，属中型水库。1993 年 12 月动工兴建，1998 年 5 月建成。

仙居水库 Xiānjū Shuǐkù 位于罗阳镇东北部仙居村，以坝址处于洪口溪仙居溪段得名。所在河流属飞云江流域三插溪支流洪口溪，集雨面积 166.6 平方千米，总库容 3289 万立方米，正常水面面积 1.15 平方千米，属中型水库。2004 年 3 月建成。

双涧溪水库 Shuāngjiànxī Shuǐkù 位于仕阳镇西部双神村，以坝址处于双涧溪得名。所在河流属交溪流域仕阳溪支流双涧溪，集雨面积 71.8 平方千米，水库总库容 1047 万立方米，正常水面面积 0.6 平方千米，属中型水库。1990 年 5 月建成。

洪溪一级水库 Hóngxī Yījí Shuǐkù 位于罗阳镇东南部洪溪美村。坝址处于洪溪，按水流方向排序第一，故名。所在河流属飞云江流域三插溪支流洪口溪支流洪溪，集雨面积 37.6 平方千米，总库容量 950 万立方米，正常水面面积 0.27 平方千米，属小（一）型水库。2003 年 3 月建成。

洪溪二级水库 Hóngxī Èrjí Shuǐkù 位于罗阳镇东部南山村。坝址处于洪溪，按水流方向排序第二得名。所在河流属飞云江流域三插溪支流洪口溪洪溪，集雨面积 77.5 平方千米，总库容量 982 万立方米，正常水面面积 0.32 平方千米，属小（一）型水库。2003 年 1 月建成。

仕阳水库 Shìyáng Shuǐkù 位于仕阳镇东部溪东村沙丘北，以坝址处于仕阳溪支流得名。集雨面积 393 平方千米 总库容量 616 万立方米，正常水面面积 0.5 平方千米，属小（一）型水库。1997 年 8 月建成。

仕林水库 Shìlín Shuǐkù 位于仕阳镇东部溪东村苎坑东北，以坝址处于仕林得名。所在河流属交溪流域仕阳溪支流，集雨面积 39 平方千米，总库容 319.94 万立方米，正常水面面积 0.24 平方千米，属小（一）型水库。1993 年 10 月建成。

金狮水库 Jīnshī Shuǐkù 位于三魁镇东北部戬洲村金狮自然村，以坝址处于金狮得名。所在河流属交溪流域仕阳溪支流三魁溪支流，集雨面积 2.8 平方千米，总库容 244 万立方米，正常水面面积 0.14 平方千米，属小（一）型水库。1979 年 6 月建成。

普上垟水库 Pǔshàngyáng Shuǐkù 位于雅阳镇南部新联村普上垟，以坝址处于普上垟得名。所在河流属沙埕港流域会甲溪支流雅北溪，集雨面积 2.31 平方千米，总库容量 239.5 万立方米，正常水面面积 0.02 平方千米，属小（一）型水库。1964 年 6 月建成。

南山水库 Nánshān Shuǐkù 位于罗阳镇东部南山村，以坝址处于南山村得名。所在河流属飞云江流域三插溪支流洪口溪，集雨面积 33.4 平方千米，总库容 205 万立方米，正常水面面积 0.11 平方千米，属小（一）型水库。1970 年 9 月建成。

凤岙潭水库 Fèng'àotán Shuǐkù 位于泗溪镇西南部洪坑村。以坝址处于凤岙潭得名，曾名东溪水库。所在河流属交溪流域，集雨面积 176.5 平方千米，总库容量 196 万立方米，正常水面面积 0.17 平方千米，属小（一）型水库。2003 年 8 月建成。

南山下水库 Nánshānxià Shuǐkù 位于三魁镇北部柳埠村，以坝址处于南山下得名。所在河流属三魁溪，集雨面积 4 平方千米，总库容量 191.3 万立方米，正常水面面积 0.14 平方千米，属小（一）型水库。1969 年 6 月建成。

万排水库 Wànpái Shuǐkù 位于仕阳镇东南部下排村，以坝址处于原万排乡得名。所在河流属交溪流域仕阳溪支流三魁溪，集雨面积 3 平方千米，总库容量 142 万立方米，正常水面面积 0.06 平方千米，属小（一）型水库。1964 年 4 月建成。

三插溪二级水库 Sānchāxī Èrjí Shuǐkù 位于司前畲族镇东部大住村。以坝址处于三插溪，按水流方向排序第二得名。所在河流属飞云江流域三插溪，集雨面积 300.1 平方千米，总库容 130 万立方米，正常水面面积 0.1 平方千米，属小（一）型水库。2001 年 3 月建成。

三滩水库 Sāntān Shuǐkù 位于罗阳镇北部三滩村。以坝址处于三滩村得名，曾名“仙居溪一级水库”。所在河流属飞云江流域三插溪支流洪口溪，集雨面积 86.5 平方千米，总库容量 130 万立方米，正常水面面积 0.1 平方千米，属小（一）型水库。2000 年 3 月建成。

翁山水库 Wēngshān Shuǐkù 位于筱村镇东南部梨垟村，以坝址处于原翁山乡得名。所在河流属飞云江流域莒江溪，集雨面积 3.4 平方千米，总库容量 120 万立方米，正常水面面积 0.1 平方千米，属小（一）型水库。1978 年 6 月建成。

白鹤渡水库 Báihèdù Shuǐkù 位于竹里畲族乡东部茶坪村，以坝址处于白鹤渡得名。所在河流属飞云江流域，集雨面积 2.43 平方千米，总库容量 110 万立方米，正常水面面积 0.1 平方千米，属小（一）型水库。1984 年 12 月建成。

江渡水库 Jiāngdù Shuǐkù 位于罗阳镇中部江渡村，以坝址处于江渡村得名。所在河流属飞云江流域三插溪支流洪口溪，集雨面积 15 平方千米，总库容 106 万立方米，正常水面面积 0.05 平方千米，属小（一）型水库。1979 年 8 月建成。

桥下水库 Qiáoxià Shuǐkù 位于罗阳镇南部桥下村。以坝址处于桥下村得名。所在河流属飞云江流域三插溪支流洪口溪，集雨面积 5.5 平方千米，总库容 102 万立方米，正常水面面积 0.06 平方千米，属小（一）型水库。1995 年 4 月 10 日建成。

县内小（二）型水库简表

表 4-3

名称	所在河流	所在位置	建成时间	集雨面积（平方千米）	总库容（万立方米）
杨寮水库 Yángliáo ShuǐKù	飞云江流域里光溪	司前畲族镇榅垟村南	1996 年 6 月	23	92.08
龙南一级水库 Lóngnán Yījí Shuǐkù	飞云江流域莒江溪	筱村镇南峤村	2001 年 8 月	27.8	68
钟山水库 Zhōngshān Shuǐkù	交溪流域柘泰溪	仕阳镇茂竹园村金钟山	2000 年 5 月	132	65
彭溪一级水库 Péngxī Yījí Shuǐkù	沙埕港流域	彭溪镇彭溪村黄竹篷自然村	2001 年 11 月	35	60
坑口水库 Kēngkǒu Shuǐkù	交溪流域寿泰溪支流	罗阳镇北外村原金家坑口自然村		22.95	53.5
溪底仔水库 Xīdǐzǐ Shuǐkù	交溪流域双涧溪	仕阳镇双神村溪底仔自然村	2004 年 10 月	11.8	52.6
峰门水库 Fēngmén Shuǐkù	飞云江流域大住坑	司前畲族镇峰门村	2002 年 10 月	10.8	44
北溪水库 Běixī Shuǐkù	交溪流域仕阳溪支流北溪	泗溪镇华垟村	2001 年 3 月	17.2	40.8
葛溪二级水库 Géxī Èrjí Shuǐkù	飞云江流域洪口溪支流葛溪	筱村镇葛垟村	1998 年 8 月	5.4	40
莲头水库 Liántóu Shuǐkù	沙埕港流域东安坑	雅阳镇莲头村	1989 年 10 月	7.25	40
砂潭水库 Shātán Shuǐkù	沙埕港流域彭溪支流	彭溪镇彭溪村砂潭自然村	1997 年 5 月	20	39
洋洲水库 Yángzhōu Shuǐkù	交溪流域横溪	罗阳镇龙华村横溪岭头	2006 年 10 月	25.06	38.7
高际水库 Gāojì Shuǐkù	飞云江流域里光溪	司前畲族镇里光村原纺车岭自然村	2005 年 3 月	1.5	35.05
岩峰水库 Yánfēng Shuǐkù	飞云江流域木湾坑支流	司前畲族镇峰门村东南	2003 年 8 月	8.8	34.2
双丰水库 Shuāngfēng Shuǐkù	鳌江流域龙潭溪	彭溪镇峰文村白水漈村	1997 年 5 月	6.79	30.18
黄桥水库 Huángqiáo Shuǐkù	飞云江流域三插溪支流龙井坑支流	司前畲族镇黄桥村炉西自然村	1999 年 5 月	10.3	30

续表 4-3

名称	所在河流	所在位置	建成时间	集雨面积（平方千米）	总库容（万立方米）
秀涧水库 Xiùjiàn Shuǐkù	沙埕港流域秀涧溪	雅阳镇下村村秀涧下村	2001 年 3 月	19.1	30
洲华水库 Zhōuhuá Shuǐkù	交溪流域横溪	罗阳镇华荣村南	2006 年 10 月	6.46	28.9
李垟水库 Lǐyáng Shuǐkù	交溪流域仕阳溪支流西溪上游	泗溪镇李垟村	1981 年 11 月	3.8	26.5
齐岭溪水库 Qílǐngxī Shuǐkù	飞云江流域齐岭溪	罗阳镇凤垟村齐岭溪	2003 年 8 月	9.35	25.6
官坑下水库 Guānkēngxià Shuǐkù	飞云江流域莒江溪	筱村镇翁山峡村	1997 年 9 月	10.2	25
茶石水库 Cháshí Shuǐkù	飞云江流域大际坑上游	竹里畲族乡茶石村	1998 年 5 月	18.4	23.6
钓鱼坑水库 Diàoyúkēng Shuǐkù	沙埕港流域彭溪支流钓鱼坑	彭溪镇汇源村钓鱼坑自然村	2001 年 10 月	11.2	23.6
五岱岭水库 Wǔdàilǐng Shuǐkù	飞云江流域仙居溪上游翁溪支流	罗阳镇	1996 年 3 月	28	23
彭溪二级水库 Péngxī Èrjí Shuǐkù	沙埕港流域	彭溪镇彭溪村矴步脚自然村	2000 年 4 月	71	23
翁溪水库 Wēngxī Shuǐkù	飞云江流域翁溪	罗阳镇道均垟村东	1996 年 3 月	28	23
富山水库 Fùshān Shuǐkù	鳌江流域	彭溪镇均山村	2003 年 10 月	13.5	21
联云水库 Liányún Shuǐkù	飞云江流域莒江溪	筱村镇和平村西	1986 年 5 月	9.96	20
严公垟水库 Yángōngyáng Shuǐkù	飞云江流域	司前畲族镇徐宅村下朱垟自然村	1978 年 3 月	5.18	20
双溪水库 Shuāngxī Shuǐkù	飞云江流域里光溪	竹里畲族乡竹里村西	2002 年 3 月	4.7	18.6
朝阳水库 Cháoyáng Shuǐkù	交溪流域后章坑	仕阳镇章荣村神水亭自然村北	1980 年 10 月	0.84	16.8
杨寮三级水库 Yángliáo Sānjí Shuǐkù	飞云江流域里光溪	司前畲族镇榅垟村杨寮自然村	1999 年 4 月	36.05	15

续表 4-3

名称	所在河流	所在位置	建成时间	集雨面积（平方千米）	总库容（万立方米）
半岭坑水库 Bànlǐngkēng Shuǐkù	交溪流域三魁溪上游	三魁镇薛内村原半岭坑自然村	1962 年 12 月	0.56	14.7
榅垟水库 Wēnyáng Shuǐkù	飞云江流域里光溪	司前畲族镇榅垟村东	2004 年 7 月	12.5	14.5
龙南二级水库 Lóngnán Èrjí Shuǐkù	飞云江流域莒江溪	筱村镇龙前村	2000 年 6 月	33.1	14
山头仔水库 Shāntóu zǐ Shuǐkù	飞云江流域洪口溪	罗阳镇下稔村山头仔自然村	1962 年 12 月	0.4	12.1
陈海垟水库 Chénhǎiyáng Shuǐkù	交溪流域三贯支流（仕阳溪支流）	仕阳镇董陈村陈海垟自然村	1995 年 3 月	12.5	12
葛溪一级水库 Géxī Yījí Shuǐkù	飞云江流域葛溪	筱村镇章前垟村	1999 年 6 月	3.82	11.5
三重漈水库 Sānchóngjì Shuǐkù	飞云江流域泗溪支流	泗溪镇前坪仔村西	1996 年 12 月	12.96	11.06
包垟水库 Bāoyáng Shuǐkù	飞云江流域包垟坑	百丈镇包垟店村	1984 年 8 月	8.9	10.2

第二节 堤 坝

岭北防洪堤 Lǐngběi Fánghóngdī 位于洪口溪上游，罗阳镇的板场和村尾村，因处原岭北乡得名。全长 1870 米，建于 1976 年。

垟头至垟尾防洪堤 Yángtóu Zhì Yángwěi Fánghóngdī 位于罗阳镇上垟村，因处垟头—垟尾得名。全长 500 米，建于 1978 年 11 月。

白溪防洪堤 Báixī Fánghóngdī 位于罗阳镇白溪村，因白溪得名。全长 300 米，建于 2009 年 4 月。

板场至村尾防洪堤 Bǎncháng Zhì Cūnwěi Fánghóngdī 位于罗阳镇，起自板场、终于村尾，故名。全长 500 米，建于 20 世纪 90 年代。

北峰路底防洪堤 Běifēnglùdǐ Fánghóngdī 位于罗阳镇北峰村，因处路底自然村得名。全长 150 米，建于 20 世纪 90 年代。

桂坪防洪堤右岸 Guìpíng Fánghóngdī Yòu'àn 位于罗阳镇桂坪村，因处桂坪溪流右岸得名。全长 1600 米，建于 2000 年 5 月。

桂坪防洪堤左岸 Guìpíng Fánghóngdī Zuǒ'àn 位于罗阳镇桂坪村，因处桂坪溪流左岸得名。全长 1600 米，建于 2000 年 5 月。

弘文花园防洪堤 Hóngwénhuāyuán Fánghóngdī 位于罗阳镇，因处弘文花园住宅区得名。全长 200 米，建于 2005 年 10 月。

毛垟防洪堤右岸 Máoyáng Fánghóngdī Yòu'àn 位于罗阳镇毛垟村，因处毛垟溪流右岸得名。全长 600 米，建于 2005 年 9 月。

毛垟防洪堤左岸 Máoyáng Fánghóngdī Zuǒ'àn 位于罗阳镇毛垟村，因处毛垟溪流左岸得名。全长 600 米，建于 2005 年 9 月。

南门外防洪堤左岸 Nánménwài Fánghóngdī Zuǒ'àn 位于罗阳镇南外村，因处南门外 溪左岸得名。全长 190 米，建于 1995 年 7 月。

南门外防洪堤右岸 Nánménwài Fánghóngdī Yòu'àn 位于罗阳镇南外村，因位于南门外 溪右岸得名。全长 210 米，建于 1995 年 7 月。

葡萄园防洪堤 Pútáoyuán Fánghóngdī 位于罗阳镇南内村葡萄园住宅区流岸，因处葡萄园得名。全长 180 米，建于 2004 年 10 月。

桥下防洪堤右岸 Qiáoxià Fánghóngdī Yòu'àn 位于罗阳镇桥下村，因处桥下察溪右岸得名。全长 120 米，建于 2000 年 9 月。

桥下防洪堤左岸 Qiáoxiàfánghóngdīzuǒ'àn 位于罗阳镇桥下村，因处桥下察溪左岸得名。全长 120 米。建于 2000 年 9 月。

三滩防洪堤 Sāntān Fánghóngdī 位于罗阳镇三滩村，因三滩得名。全长 283 米，建于 2010 年 1 月。

上察溪防洪堤右岸 Shàngcháxī Fánghóngdī Yòu'àn 位于罗阳镇上察溪村，因处上察溪右岸得名。全长 1000 米，建于 2000 年 7 月。

深垟防洪堤右岸 Shēnyáng Fánghóngdī Yòu'àn 位于罗阳镇桥下村深垟自然村，因处深垟 右岸得名。全长 1000 米，建于 2004 年 9 月。

深垟防洪堤左岸 Shēnyáng Fánghóngdī Zuǒ'àn 位于罗阳镇南院村，因处深垟左岸得名。全长 1000 米，建于 2004 年 9 月。

学前溪防洪堤右岸 Xuéqiánxī Fánghóngdī Yòu'àn 位于罗阳镇北内村人民路右侧，因处学前溪右岸得名。全长 280 米，建于 1985 年 10 月。

学前溪防洪堤左岸 Xuéqiánxī Fánghóngdī Zuǒ'àn 位于罗阳镇东内村人民路右侧，因处学前溪左岸得名。全长 310 米，建于 1985 年 9 月。

下察溪防洪堤 Xiàcháxī Fánghóngdī 位于罗阳镇下察溪村，因处下察溪得名。全长 430 米，建于 2008 年 12 月。

仙居防洪堤 Xiānjū Fánghóngdī 位于罗阳镇仙居村，因处仙居得名。全长 232 米，建于 2010 年 3 月。

杨梅溪防洪堤右岸 Yángméixī Fánghóngdī Yòu'àn 位于罗阳镇桥下村，因处杨梅溪右岸得名。全长 1000 米，建于 2004 年 9 月。

杨梅溪防洪堤左岸 Yángméixī Fánghóngdī Zuǒ'àn 位于罗阳镇南院村，因处杨梅溪左岸得名。全长 1000 米，建于 2004 年 9 月。

育秀垟防洪堤右岸 Yùxiùyáng Fánghóngdī Yòu'àn 位于罗阳镇育秀垟村，因处育秀垟溪右岸得名。全长 400 米，建于 2000 年 9 月。

育秀垟防洪堤左岸 Yùxiùyáng Fánghóngdī Zuǒ'àn 位于罗阳镇育秀垟村，因处育秀垟 溪左岸得名。全长 400 米，建于 2000 年 10 月。

上察溪防洪堤左岸 Shàngcháxī Fánghóngdī Zuǒ'àn 位于罗阳镇上察溪村，因处上察溪左岸得名。长 1000 米，建于 2000 年 7 月。

村尾至板场防洪堤 Cūnwěi Zhì Bǎncháng Fánghóngdī 位于罗阳镇村尾村，因位于村尾—板场溪得名。长 1000 米，建于 20 世纪 90 年代初。

司前防洪堤 Sīqián Fánghóngdī 位于司前畲族镇司前村北面，里光溪下游左岸，因司前村而名。全长 970 米。

清光绪七年（1881 年）修建。1990 年 8 月 20 日遭台风袭击部分坍塌，1991 年修复。

大住防洪堤 Dàzhù Fánghóngdī 位于司前畲族镇大住村，因大住村而名。全长 520 米，建于 2009 年 4 月。

高塔防洪堤 Gāotǎ Fánghóngdī 位于司前畲族镇司前村高塔自然村，因高塔得名。全长 800 米，建于 20 世纪 80 年代中期。

里光防洪堤 Lǐguāng Fánghóngdī 位于司前畲族镇里光村，因里光得名。全长 1030 米， 2011 年 3 月建。

司前东村防洪堤 Sīqiándōngcūn Fánghóngdī 位于司前畲族镇司前村东村自然村，因处司前东村得名。全长 760 米，建于 2011 年 6 月。

司前西村防洪堤 Sīqiánxīcūn Fánghóngdī 位于司前畲族镇司前村西村自然村，因处司前西村得名。全长 1000 米， 2009 年 10 月开建。

司前下库防洪堤 Sīqiánxiàkù Fánghóngdī 位于司前畲族镇司前村下库自然村，因处司前下库得名。全长600米，建于20世纪90年代。

台边防洪堤 Táibiān Fánghóngdī 位于司前畲族镇台边村，因处台边得名。全长1800米。建于20世纪90年代初。

溪口防洪堤 Xīkǒu Fánghóngdī 位于司前畲族镇溪口村，因处溪口得名。全长2500米，建于20世纪90年代。

新北滨江防洪堤 Xīnběibīnjiāng Fánghóngdī 位于司前畲族镇新北民区江滨，因处新北滨江得名。全长1018米。建于20世纪90年代。

圆州防洪堤 Yuánzhōu Fánghóngdī 位于司前畲族镇台边村圆州自然村，因处圆州得名。全长650米，建于2010年1月。

秀洪溪防洪堤左岸 Xiùhóngxī Fánghóngdī Zuǒ'àn 位于百丈镇洪秀村，以处秀洪村溪流左岸得名。全长750米。建于2009年7月。

秀洪溪防洪堤右岸 Xiùhóngxī Fánghóngdī Yòu'àn 位于百丈镇洪秀村，以处秀洪村溪流右岸得名。全长750米，建于2009年7月。

南坑垟溪防洪堤左岸 Nánkēngyángxī Fánghóngdī Zuǒ'àn 位于百丈镇南坑垟村，以处南坑垟左岸得名。全长1200米。建于2009年7月。

南坑垟溪防洪堤右岸 Nánkēngyángxī Fánghóngdī Yòu'àn 位于百丈镇南坑垟村，以处南坑垟右岸得名。全长1200米。建于2009年7月。

枫林村方垟防洪堤 Fēnglíncūn Fāngyáng Fánghóngdī 位于筱村镇枫林村玉溪溪流域，起点徐岙桥，终点凤岙桥，以方垟得名。全长410米，建于2006年。

枫林村溪滨防洪堤 Fēnglíncūn Xībīn Fánghóngdī 位于筱村镇枫林村，起点玉凤桥，终点凤岙桥，以沿玉溪建造得名。全长110米，建于2005年。

长垟防洪堤左岸 Chángyáng Fánghóngdī Zuǒ'àn 位于筱村镇长垟村，以处长垟溪流左岸得名。全长1414米。建于2009年6月。

新浦溪防洪堤 Xīnpǔxī Fánghóngdī 位于筱村镇库村，以处新浦溪得名。全长540米，建于2003年7月。

白岩根防洪堤右岸 Báiyángēn Fánghóngdī Yòu'àn 位于筱村镇双坑村白岩根自然村，因处白岩根溪流右岸得名。全长600米，建于2006年3月。

白岩根防洪堤左岸 Báiyángēn Fánghóngdī Zuǒ'àn 位于筱村镇双坑村白岩根自然村，因处白岩根溪流左岸得名。全长500米。建于2007年7月。

新厂溪防洪堤 Xīnchǎngxī Fánghóngdī 位于筱村镇新厂村，因处新厂溪得名。全长 300 米，建于 2006 年 5 月。

河际源防洪堤左岸 Héjìyuán Fánghóngdī Zuǒ'àn 位于筱村镇南峤村河际源自然村，因处河际源左岸得名。全长 1000 米，建于 2006 年 3 月。

河际源防洪堤右岸 Héjìyuán Fánghóngdī Yòu'àn 位于筱村镇南峤村河际源自然村，因处河际源右岸得名。全长 1000 米，建于 2007 年 8 月。

蔡宅底防洪堤 Càizháidǐ Fánghóngdī 位于泗溪镇蔡宅底村，因处蔡宅底得名。全长 200 米。建于 2003 年 6 月。

东溪上村防洪堤 Dōngxīshàngcūn Fánghóngdī 位于泗溪镇东溪上村，因东溪上村得名。全长 3800 米，建于 1968 年 1 月。

石门防洪堤左岸 Shímén Fánghóngdī Zuǒ'àn 位于泗溪镇石门村，因处石门溪流左岸得名。全长 450 米，建于 2010 年 10 月。

内垟防洪堤左岸 Nèiyáng Fánghóngdī Zuǒ'àn 位于彭溪镇内垟村，因处内垟溪流左岸得名。全长 950 米，建于 2011 年 1 月。

内垟防洪堤右岸 Nèiyáng Fánghóngdī Yòu'àn 位于彭溪镇内垟村，因处内垟溪流右岸得名。全长 950 米，建于 2011 年 1 月。

七旦防洪堤左岸 Qīdàn Fánghóngdī Zuǒ'àn 位于雅阳镇中村七旦自然村，因处七旦得名。全长 417 米，2011 年 3 月始建。

七旦防洪堤右岸 Qīdàn Fánghóngdī Yòu'àn 位于雅阳镇中村七旦自然村，因处七旦溪流右岸得名。全长 417 米， 2011 年 3 月始建。

松垟村防洪堤左岸 Sōngyángcūn Fánghóngdī Zuǒ'àn 位于雅阳镇松垟村，因处松垟村溪流左岸得名。全长 225 米，建于 2009 年 9 月。

松垟村防洪堤右岸 Sōngyángcūn Fánghóngdī Yòu'àn 位于雅阳镇镇松垟村，因处松垟村溪流右岸得名。全长 225 米，建于 2009 年 9 月。

上仁村防洪堤左岸 Shàngréncūn Fánghóngdī Zuǒ'àn 位于雅阳镇上仁村，因处上仁村溪流左岸得名。全长 310 米，建于 2007 年 10 月。

上仁村防洪堤右岸 Shàngréncūn Fánghóngdī Yòu'àn 位于雅阳镇上仁村，因处上仁村溪流右岸得名。全长 310 米，建于 2007 年 10 月。

下仁村防洪堤右岸 Xiàréncūn Fánghóngdī Yòu'àn 位于雅阳镇松垟下仁村，因处下仁村溪流右岸得名。

全长310米，建于2009年4月。

下仁村防洪堤左岸 Xiàréncūn Fánghóngdī Zuǒ'àn 位于雅阳镇松垟下仁村，因处下仁村溪流左岸得名。全长310米。建于2009年4月。

雅阳上村防洪堤左岸 Yǎyángshàngcūn Fánghóngdī Zuǒ'àn 位于雅阳镇上村，因处雅阳上村溪流左岸得名。全长417米，2011年3月始建。

雅阳上村防洪堤右岸 Yǎyángshàngcūn Fánghóngdī Yòu'àn 位于雅阳镇上村，因处雅阳上村溪流右岸得名。全长417米， 2011年3月始建。

仕阳防洪堤 Shìyáng Fánghóngdī 位于仕阳溪中游的仕阳镇，故名。全长400米。1987年仕阳镇政府决定兴建该堤，1991年冬完工。

富头防洪堤 Fùtóu Fánghóngdī 位于仕阳镇双桥村富头自然村，因处富头得名。全长800米。2011年4月始建。

桥东防洪堤 Qiáodōng Fánghóngdī 位于仕阳镇桥东村，因处桥东得名。全长500米，建于2005年9月。

桥西防洪堤 Qiáoxī Fánghóngdī 位于仕阳镇桥西村，因处桥西得名。全长1500米，建于2008年9月。

西垟岭防洪堤 Xīyánglǐng Fánghóngdī 位于仕阳镇雪临村西垟岭自然村，因处西垟岭得名。全长200米。建于2011年1月。

垟面防洪堤 Yángmiàn Fánghóngdī 位于仕阳镇双桥村垟面自然村，因处垟面得名。全长780米，建于2008年10月。

双溪防洪堤 Shuāngxī Fánghóngdī 位于仕阳镇双溪村，因处双溪得名。全长800米，建于2003年12月。

门楼坳防洪堤 Ménlóu'ào Fánghóngdī 位于三魁镇门楼坳村，因处门楼坳得名。全长500米，建于20世纪80年代。

尾厝防洪堤 Wěicuò Fánghóngdī 位于三魁镇尾厝村，因处尾厝得名。全长900米。

石角坑防洪堤右岸 Shíjiǎokēng Fánghóngdī Yòu'àn 位于竹里畲族乡茶石村石角坑自然村，因处石角坑溪流右岸得名。全长260米，建于2005年。

石角坑防洪堤左岸 Shíjiǎokēng Fánghóngdī Zuǒ'àn 位于竹里畲族乡茶石村石角坑自然村，因处石角坑溪流左岸得名。全长270米，建于2005年8月。

水碓垟防洪堤 Shuǐduìyáng Fánghóngdī 位于竹里畲族乡竹里村水碓垟自然村，因处水碓垟得名。全长150米，建于2010年。

同园小区防洪堤 Tóngyuán Xiǎoqū Fánghóngdī 位于竹里畲族乡竹里村同园住宅小区，因处同园小区得名。全长 150 米，建于 2010 年 8 月。

金山垄防洪堤 Jīnshānlǒng Fánghóngdī 位于竹里畲族乡金山垄自然村，因处金山垄自然村得名。全长 150 米，建于 2010 年。

第三节 电力设施

水电站

江渡水电站 Jiāngdù Shuǐdiànzhàn 位于江渡水库下游，因处江渡水库而得名。为坝后式电站，平均水头 60 米。总装机 525 千瓦，2012 年发电量 132.92 万千瓦时。1979 年建成。

洪溪一级水电站 Hóngxī Yījí Shuǐdiànzhàn 位于罗阳镇，以洪溪一级水库得名。总装机容量 12600 千瓦，2012 年发电量 3808.66 万千瓦时。2003 年 8 月建成。

洪溪二级水电站 Hóngxī Èrjí Shuǐdiànzhàn 位于罗阳镇，以洪溪二级水库得名。总装机容量 8000 千瓦，2012 年发电量 2841.00 万千瓦时。2003 年 8 月建成。

梨坪溪水电站 Lípíngxī Shuǐdiànzhàn 位于罗阳镇，以梨坪溪水库得名。总装机容量 1200 千瓦，2012 年发电量 398.87 万千瓦时。1996 年 10 月建成。

南山水电站 Nánshān Shuǐdiànzhàn 位于罗阳镇，以南山水库得名。总装机容量 5000 千瓦，2012 年发电量 1552.73 万千瓦时。2005 年 3 月建成。

齐岭溪水电站 Qílǐngxī Shuǐdiànzhàn 位于罗阳镇，以齐岭溪水库得名。总装机容量 800 千瓦，2012 年发电量 253.54 万千瓦时。2003 年 8 月建成。

前路溪水电站 Qiánlùxī Shuǐdiànzhàn 位于罗阳镇，以前路溪水库得名。总装机容量 1500 千瓦，2012 年发电量 474.39 万千瓦时。2010 年建成。

桥下水电站 Qiáoxià Shuǐdiànzhàn 位于罗阳镇，以桥下水库得名。总装机容量 500 千瓦，2012 年发电量 121.15 万千瓦时。1992 年 8 月建成。

三滩水电站 Sāntān Shuǐdiànzhàn 位于罗阳镇，以三滩水库得名。总装机容量 1890 千瓦，2012 年发电量 695.07 万千瓦时。2004 年 4 月建成。

棠坪水电站 Tángpíng Shuǐdiànzhàn 位于罗阳镇，以棠坪水库得名。总装机容量 640 千瓦，2012 年发电量 200.92 万千瓦时。1994 年 5 月建成。

上棠坪二级水电站 Shàngtángpíng Èrjí Shuǐdiànzhàn 位于罗阳镇，以上棠坪二级水库得名。总装机容量 1050 千瓦，年发电量 192 万千瓦时。2008 年 12 月建成。

翁溪水电站 Wēngxī Shuǐdiànzhàn 位于罗阳镇，以翁溪水库得名。总装机容量 2250 千瓦，2012 年发电量 1121.14 万千瓦时。1996 年 6 月建成。

仙北水电站 Xiānběi Shuǐdiànzhàn 位于罗阳镇，以仙北水库得名。总装机容量 320 千瓦，2012 年发电量 113.13 万千瓦时。1995 年 5 月建成。

岩坑水电站 Yánkēng Shuǐdiànzhàn 位于罗阳镇，以岩坑山塘得名。总装机容量 1130 千瓦，2012 年发电量 275.56 万千瓦时。2002 年建成。

垟畴水电站 Yángchóu Shuǐdiànzhàn 位于罗阳镇，以垟畴水库得名。总装机容量 320 千瓦，年发电量 85.92 万千瓦时。2006 年 4 月建成。

洲华水电站 Zhōuhuá Shuǐdiànzhàn 位于罗阳镇，以洲华水库得名。总装机容量 630 千瓦，2012 年发电量 127.27 万千瓦时。2006 年 10 月建成。

白鹤渡水电站 Báihèdù Shuǐdiànzhàn 位于司前畲族镇溪口村白鹤渡。因白鹤渡水库得名。开发型式为引水式，利用水头 59 米。总装机容量 500 千瓦，2012 年发电量 24.95 万千瓦时。1964 年 10 月动工，1969 年 1 月竣工。

峰文一级水电站 FēngwénYījí Shuǐdiànzhàn 位于彭溪镇西北部峰文村，以峰文一级水库得名。总装机容量 400 千瓦，2012 年发电量 184.94 万千瓦时。2001 年建成。

峰文二级水电站 Fēngwén Èrjí Shuǐdiànzhàn 位于彭溪镇西北部峰文村，以峰文二级水库得名。总装机容量 630 千瓦，2012 年发电量 201.63 万千瓦时。2001 年 10 月建成。

恩坑桥水电站Ēnkēngqiáo Shuǐdiànzhàn 位于司前畲族镇，以恩坑桥水库得名。总装机容量 1000 千瓦，2012 年发电量 407.84 万千瓦时。2011 年建成。

峰门水电站 Fēngmén Shuǐdiànzhàn 位于司前畲族镇，以峰门水库得名。总装机容量 1000 千瓦，年发电量 263.56 万千瓦时。2011 年建成。

高际水电站 Gāojì Shuǐdiànzhàn 位于司前畲族镇，以高际水库得名。总装机容量 2100 千瓦，2012 年发电量 871.26 万千瓦时。2005 年建成。

芭蕉湾水电站 Bājiāowān Shuǐdiànzhàn 位于司前畲族镇内，以芭蕉湾水库得名。总装机容量 500 千瓦，2012 年发电量 218.42 万千瓦时。1997 年建成。

鸿源水电站 Hóngyuán Shuǐdiànzhàn 位于司前畲族镇，以鸿源水库得名。总装机容量 1500 千瓦，年发电量 582..34 万千瓦时。1999 年 4 月建成。

黄桥水电站 Huángqiáo Shuǐdiànzhàn 位于司前畲族镇，以黄桥水库得名。总装机容量 640 千瓦，年发电量 184.90 万千瓦时。1999 年 4 月建成。

龙角坑水电站 Lóngjiǎokēng Shuǐdiànzhàn 位于司前畲族镇，以龙角坑水库得名。总装机容量 950 千瓦，年发电量 290 万千瓦时。1999 年 4 月建成。

三插溪水电站 Sānchāxī Shuǐdiànzhàn 位于司前畲族镇，以三插溪水库得名。总装机容量 44000 千瓦，2012 年发电量 13838.75 万千瓦时。1998 年建成。

三插溪二级水电站 Sānchāxī Èrjí Shuǐdiànzhàn 位于司前畲族镇，以三插溪二级水库得名。总装机容量 8000 千瓦，2012 年发电量 2930.14 万千瓦时。2001 年 3 月建成。

榅垟水电站 Wēnyáng Shuǐdiànzhàn 位于司前畲族镇，以榅垟水库得名。总容量 1000 千瓦，年发电量 220 万千瓦时。2004 年 7 月建成。

杨寮水电站 Yángliáo Shuǐdiànzhàn 位于司前畲族镇，以杨寮水库得名。总容量 2520 千瓦，2012 年发电量 1168.12 万千瓦时。1996 年 6 月建成。

少年垟水电站 Shǎoniányáng Shuǐdiànzhàn 位于百丈镇，以少年垟水库得名。总装机容量 630 千瓦，2012 年发电量 184.46 万千瓦时。2001 年 10 月建成。

岩峰水电站 Yánfēng Shuǐdiànzhàn 位于司前畲族镇 ，以岩峰水库得名。总装机容量 1260 千瓦，2012 年发电量 388.05 万千瓦时。2003 年 5 月建成。

玉龙水电站 Yùlóng Shuǐdiànzhàn 位于百丈镇内，以玉龙水库得名。总装机容量 1930 千瓦，2012 年发电量 594.57 万千瓦时。2001 年 6 月建成。

岩头水电站 Yántóu Shuǐdiànzhàn 位于筱村镇枫林村王家山自然村呈堂溪，所在流域为玉溪，以原岩头村（今玉溪村）命名。总装机容量 720 千瓦，年发电量 76 万千瓦时。1997 年建成。

大场水电站 Dàcháng Shuǐdiànzhàn 位于筱村镇新楼村大场自然村，以大场得名。水源为翁山水库。总装机容量 200 千瓦，设计年发电量 30 万千瓦时。大场水电站于 1994 年开建，1994 年建成。

葛溪一级水电站 Géxī Yījí Shuǐdiànzhàn 位于筱村镇内，以葛溪一级水库得名。总装机容量 400 千瓦，2012 年发电量 88.77 万千瓦时。2008 年建成。

葛溪二级水电站 Géxī Èrjí Shuǐdiànzhàn 位于筱村镇内，以葛溪二级水库得名。总装机容量 630 千瓦，年发电量 191 万千瓦时。1997 年 5 月建成。

官坑下水电站 Guānkēngxià Shuǐdiànzhàn 位于筱村镇内，以官坑下水库得名。总装机容量 1500 千瓦，年发电量 80 万千瓦时。2001 年 10 月建立。

联云水电站 Liányún Shuǐdiànzhàn 位于筱村镇内，以联云水库得名。总装机容量 640 千瓦，2012 年发电量 167.50 万千瓦时。2005 年建成。

龙南一级水电站 Lóngnán Yījí Shuǐdiànzhàn 位于筱村镇内，以龙南一级水库得名。总容量 1000 千瓦，2012 年发电量 1311.47 万千瓦时。2002 年 6 月建成。

龙南二级水电站 Lóngnán Èrjí Shuǐdiànzhàn 位于筱村镇内，以龙南二级水库得名。总装机容量 1000 千瓦，年发电量 200 万千瓦时。2002 年 3 月建成。

龙潭水电站 Lóngtán Shuǐdiànzhàn 位于筱村镇内，以龙潭水库得名。总装机容量 200 千瓦，年发电量 20 万千瓦时。2006 年建成。

上章一级电站 Shàngzhāng Yījí Diànzhàn 位于筱村镇内，以上章一级水库得名。总装机容量 500 千瓦，2012 年发电量 1231.16 万千瓦时。1979 年 2 月建成。

上章二级电站 Shàngzhāng Èrjí Diànzhàn 位于筱村镇内，以上章二级水库得名。总装机容量 500 千瓦，年发电量 80 万千瓦时。1989 年 6 月建成。

新浦水电站 Xīnpǔ Shuǐdiànzhàn 位于筱村镇内，以新浦水库得名。总容量 1030 千瓦，2012 年发电量 324.14 万千瓦时。2005 年建成。

圆潭水电站 Yuántán Shuǐdiànzhàn 位于筱村镇内，以圆潭水库得名。总装机容量 600 千瓦，年发电量 128 万千瓦时。1980 年建成。

北溪水电站 Běixī Shuǐdiànzhàn 位于泗溪镇内，以北溪水库得名。总装机容量 500 千瓦，2012 年发电量 181.04 万千瓦时。2001 年建成。

凤垟二级水电站 Fèngyáng Èrjí Shuǐdiànzhàn 位于泗溪镇内，以位于凤垟而得名。总装机容量 1000 千瓦，年发电量 321 万千瓦时。2003 年建成。

前坪仔水电站 Qiánpíngzǐ Shuǐdiànzhàn 位于泗溪镇内，以前坪仔山塘得名。总装机容量 1260 千瓦，2012 年发电量 326.00 万千瓦时。2002 年 10 月建成。

三重际水电站 Sānchóngjì Shuǐdiànzhàn 位于泗溪镇内，以三重际水库得名。总装机容量 500 千瓦，年发电量 201.41 万千瓦时。1996 年 6 月建成。

砂岭水电站 Shālǐng Shuǐdiànzhàn 位于泗溪镇内，以砂岭山塘得名。总容量 1300 千瓦，2012 年发电量 344.49 万千瓦时。2004 年 5 月建成。

双井水电站 Shuāngjǐng Shuǐdiànzhàn 位于泗溪镇内，以双井水库得名。总容量 800 千瓦，年发电量 146.26 万千瓦时。2005 年 1 月建成。

下村垟兴发水电站 Xiàcūn Yángxīngfā Shuǐdiànzhàn 位于泗溪镇内，以位于下村得名。总容量 630 千瓦，2012 年发电量 435.31 万千瓦时。1983 年建成。

新峰水电站 Xīnfēng Shuǐdiànzhàn 位于泗溪镇内，以新峰水库得名。总装机容量 1260 千瓦，2012 年发电量277.43万千瓦时。2005年9月建成。

富山水电站 Fùshān Shuǐdiànzhàn 位于彭溪镇内，以富山水库得名。总装机容量630千瓦，2012年发电量275.00万千瓦时。2006年建成。

黄竹蓬水电站 Huángzhúpéng Shuǐdiànzhàn 位于彭溪镇内，以黄竹蓬水库得名。总装机容量3000千千瓦时，2012年发电量806.06万千瓦时。2009年建成。

彭溪水电站 Péngxī Shuǐdiànzhàn 位于彭溪镇内，以彭溪水库得名。总装机容量80千瓦，年发电量349万千瓦时。2001年11月建成。

彭溪二级水电站 Péngxī Èrjí Shuǐdiànzhàn 位于彭溪镇内，以彭溪二级水库得名。总装机容量1260千瓦，2012年发电量452.21万千瓦时。2002年3月建成。

砂潭水电站 Shātán Shuǐdiànzhàn 位于彭溪镇内，以砂潭水库得名。总装机容量630千瓦，2012年发电量310.73万千瓦时。1997年5月建成。

双丰水电站 Shuāngfēng Shuǐdiànzhàn 位于彭溪镇内，以双丰水库得名。总装机容量1890千瓦，2012年发电量281.00万千瓦时。2003年6月建成。

严公垟水电站 Yángōngyáng Shuǐdiànzhàn 位于司前畲族镇东部徐宅村。因位于严公垟水库而命名为严公垟水电站。总装机容量630千瓦，2012年发电量196.80万千瓦时。1973建成。

和平水电站 Hépíng Shuǐdiànzhàn 位于雅阳镇内，以和平水库得名。总装机容量500千瓦，2012年发电量155.80万千瓦时。2007年建成。

莲头一级水电站 Liántóu Yījí Shuǐdiànzhàn 位于雅阳镇内，以莲头一级水库得名。总装机容量1200千瓦，2012年发电量434.92万千瓦时。1996年6月建成。

沐峰水电站 Mùfēng Shuǐdiànzhàn 位于雅阳镇内，以沐峰水库得名。总装机容量640千瓦，2012年发电量197.94万千瓦时。2003年建成。

下村一级水电站 Xiàcūn Yījí Shuǐdiànzhàn 位于雅阳镇内，以位于下村得名。总装机容量1200千瓦，2012年发电量842.39万千瓦时。1978年2月建成。

下村二级水电站 Xiàcūn Èrjí Shuǐdiànzhàn 位于雅阳镇内，以位于下村得名。总装机容量800千瓦，2012年发电量228.15万千瓦时。1983年7月建成。

秀涧水电站 Xiùjiàn Shuǐdiànzhàn 位于雅阳镇内，以秀涧水库得名。总装机容量1000千瓦，2012年发电量255.64万千瓦时。2001年1月建成。

高山水电站 Gāoshān Shuǐdiànzhàn 位于仕阳镇内，以高山水库得名。总装机容量1890千瓦，2012年发电量1097.47万千瓦时。1998年建成。

牛头山水电站 Niútóushān Shuǐdiànzhàn 位于仕阳镇内，以牛头山水库得名。总容量 3000 千瓦，2012 年发电量 806.06 万千瓦时。2010 年建成。

三井水电站 Sānjǐng Shuǐdiànzhàn 位于仕阳镇内，以三井水库得名。总装机容量 1130 千瓦，2012 年发电量 272.89 万千瓦时。1998 年 10 月建成。

仕林水电站 Shìlín Shuǐdiànzhàn 位于仕阳镇内，以仕林水库得名。总装机容量 2000 千瓦，2012 年发电量 642.10 万千瓦时。1996 年 6 月建成。

仕阳水电站 Shìyáng Shuǐdiànzhàn 位于仕阳镇内，以仕阳水库得名。总容量 3750 千瓦，2012 年发电量 1280.66 万千瓦时。1997 年 9 月建成。

双涧溪水电站 Shuāngjiànxī Shuǐdiànzhàn 位于仕阳镇内，以双涧溪水库得名。总装机容量 6400 千瓦，2012 年发电量 2123.19 万千瓦时。1992 年 8 月建成。

万排水电站 Wànpái Shuǐdiànzhàn 位于仕阳镇内，以万排水库得名。总容量 500 千瓦，2012 年发电量 115.15 万千瓦时。2008 年 1 月建成。

溪底仔水电站 Xīdǐzǐ Shuǐdiànzhàn 位于仕阳镇内，以溪底仔水库得名。总装机容量 800 千瓦，2012 年发电量 215.36 万千瓦时。2004 年 10 月建成。

雪溪水电站 Xuěxī Shuǐdiànzhàn 位于仕阳镇内，以雪溪而得名。总装机容量 820 千瓦，2012 年发电量 428.37 万千瓦时。1972 年 7 月建成。

钟山水电站 Zhōngshān Shuǐdiànzhàn 位于仕阳镇内，以钟山水库得名。总装机容量 1890 千瓦，2012 年发电量 1120.54 万千瓦时。1988 年 10 月建成。

金狮水电站 Jīnshī Shuǐdiànzhàn 位于三魁镇东部曲尺潭村北坑底自然村。因处金狮水库而得名。总装机容量 1260 千瓦，1979 年建成。2012 年发电量 339.84 万千瓦时。

双溪水电站 Shuāngxī Shuǐdiànzhàn 位于竹里畲族乡南部竹里村，因在里光溪两条小支流交汇处而名。机组台数 2 台，总装机容量 1260 千瓦，2012 年发电量 478.47 万千瓦时。2002 年 2 月建成。

茶石水电站 Cháshí Shuǐdiànzhàn 位于竹里畲族乡内，以茶石水库得名。总装机容量 1130 千瓦，2012 年发电量 328.70 万千瓦时。1998 年建成。

南山一级水电站 Nánshān Yījí Shuǐdiànzhàn 位于罗阳镇东部南山村章后自然村，是南山水库的坝后式电站。总装机装机容量为 5000 千瓦，设计年发电量 350 万千瓦时。1970 年 9 月建成发电。

南山二级水电站 Nánshān Èrjí Shuǐdiànzhàn 位于罗阳镇东部南山村章后自然村，距上游的南山一级电站直线距离 2. 2 千米。利用一级站尾水发电。装机 3 台，总容量 1250 千瓦，设计年发电量 402 万千瓦时。于 1973 年 8 月建成发电。

包岩水电站 Bāoyán Shuǐdiànzhàn 位于百丈镇南坑村，系包徉、岩上两个乡合建，水源来自包岩水库。容量160千瓦，设计年发电量30万千瓦时。1974年3月建成发电。

大利水电站 Dàlì Shuǐdiànzhàn 位于罗阳镇东南部门楼外村溪边自然村的大利潭左侧，洪口溪上游的洪溪，容量200千瓦，1979年12月建成发电。

新厂水电站 Xīnchǎng Shuǐdiànzhàn 位于营江溪上游的筱村镇新厂村，总装机容量200千瓦。1982年12月建成发电。

罗阳溪尾水电站 Luóyángxīwěi Shuǐdiànzhàn 位于罗阳镇溪尾自然村，寿泰溪上游，总装机容量100千瓦，2012年发电量19.06万千瓦时。1958年7月1日建成发电。

洲边水电站 Zhōubiān Shuǐdiànzhàn 位于罗阳镇西南部洲滨村下梨坪，寿泰溪的横溪上。容量100千瓦，1973年12月建成发电。

横坑水电站 Héngkēng Shuǐdiànzhàn 位于泗溪镇下村，仕阳溪上游的北溪上。容量100千瓦。1979年6月建成发电。

下堡水电站 Xiàbǎo Shuǐdiànzhàn 位于仕阳镇堡兴村下堡自然村，仕阳溪的雪临溪支流上。容量150千瓦。1980年11月建成发电。

横溪水电站 Héngxī Shuǐdiànzhàn 位于泗溪镇西地村境内的横溪左岸，仕阳溪上游的北溪上。容量160千瓦。1980年12月建成发电。

格溪水电站 Géxī Shuǐdiànzhàn 位于仕阳镇后章岗村，仕阳溪后章坑上。总装机容量250千瓦，2012年发电量60.15万千瓦时。1981年10月建成发电。

瑞昌水电站 Ruìchāng Shuǐdiànzhàn 位于仕阳镇瑞昌村的牛渡潭，开发型式为引水式，总装机容量400千瓦，2012年发电量196.28万千瓦时。1982年12月建成发电。

莲头水电站 Liántóu Shuǐdiànzhàn 位于雅阳镇东安坑出口的右边，会甲溪上游。容量250千瓦。1976年8月建成发电。

五里牌水电站 Wǔlǐpái Shuǐdiànzhàn 位于彭溪镇西南部五里牌村。总装机容量100千瓦，2012年发电量41.28万千瓦时。1978年6月建成发电。

变电所

罗阳变电所 Luóyáng Biàndiànsuǒ 在县城赤砂山上，1981年9月竣工投入运行。1987年4月扩建，次年10月完成。供电范围为县城机关单位、工矿企业及附近乡村。电源有南山一、二级和溪尾、江渡电站及南门火电厂，总装机容量3375千瓦，最高输入电量5000千瓦。

三魁变电所 Sānkuí Biàndiànsuǒ 位于三魁镇秀溪边村村边山头，1981年10月投入运行。1989年7

月扩建。该所处于全县联网中心，担负三魁、仕阳两区供电任务，电源有水电站12处、装机容量2800千瓦，最高输入电量3500千瓦。

雅中变电所 Yǎzhōng Biàndiànsuǒ 位于雅阳镇村头，1986年6月1日竣工投入运行。该所通过三魁至雅中35千伏线路，将下村一级、下村二级、莲头三座电站并入网内运行。

司前变电所 Sīqián Biàndiànsuǒ 位于司前牛栏垮，1989年2月19日兴建。担任百丈、司前镇及部分工厂的供电任务，电源有水电站3座、机组4台、装机容量1040千瓦。

第三章 住宅区 文化商业设施

第一节 住宅区

桃花园住宅区 Táohuāyuán zhùzháiqū 位于罗阳镇新城社区东北。小山坡上桃树成片，春天满山桃花，故名。小区占地面积4.20万平方米，建筑面积6.50万平方米。1998年动工兴建，2002年建成，2003年10月命名。

罗林小区 Luólín Xiǎoqū 位于罗阳镇新城区，为罗阳林场职工住宅区，故名。小区占地面积6771平方米，建筑面积6482平方米。2008年3月动工兴建，2009年10月竣工，2011年1月命名。

万垟华府 Wànyáng Huáfǔ 位于罗阳镇新城区，由泰顺华府置业有限公司开发，“万垟” 寓“广阔前景”之意，故名。小区占地面积15.13万平方米，建筑面积21.78万平方米。2010年12月动工兴建，2011年1月命名。

康欣名邸 Kāngxīn Míngdǐ 位于泰顺新城区331省道北侧，寿分路与新分路交岔口西北，与金都花园银都花园隔街相望。寓“安康”“欣欣向荣”“名家”“府邸”之意命名。小区占地面积9.09万平方米，建筑面积13.61万平方米。2008年2月动工兴建，2008年4月命名， 2012年6月竣工。

城南小区 Chéngnán Xiǎoqū 位于泰顺县罗阳镇二中路，地处泰顺县城南部，故名。小区占地面积6.54万平方米，建筑面积9569平方米。1999年7月动工兴建，2010年竣工。

顺溪嘉园 Shùnxī Jiāyuán 位于泰顺县罗阳镇泰分路，距泰顺客运中心0.5千米处，与林业大楼相望。房屋顺溪流而建，故名。小区占地面积4.96万平方米，建筑面积9.60万平方米。2009年3月动工兴建，2008年1月命名，2012年4月竣工。

新城商务区 Xīnchéng Shāngwùqū 位于罗阳镇新城区，地处老城东南部。由商务楼和住宅楼组成，故名。小区占地面积3.02万平方米，建筑面积4.53万平方米。2008年1月动工兴建，2008年12月命名，2010年7月竣工。

绿苑小区 Lǜyuàn Xiǎoqū 位于罗阳镇溪坪村西南面，龙祥路两侧。寓“绿色花园”之意命名。小区占地面积4.49万平方米，建筑面积5.15万平方米。2004年动工兴建， 2007年9月命名，2008年3月竣工。

金都花园 Jīndū Huāyuán 位于泰顺县新城中心区，银都花园之东。为泰顺县新城区首个住宅小区，寓“金牌小区”之意命名。小区占地面积4.00万平方米，建筑面积近10万平方米。2002年动工兴建，2004年命名， 2009年12月全部竣工。

银都花园 Yíndū Huāyuán 位于罗阳镇新城中心区东，与金都花园一街之隔，对应“金都”命名。小区占地面积8.39万平方米，建筑面积16.70万平方米。2007年动工兴建，2009年9月命名，2011年5月竣工。

城西小区 Chéngxī Xiǎoqū 位于罗阳镇西大街中段，因处县城西部命名。小区占地面积4000平方米，建筑面积9641平方米。2001年动工兴建，2002年4月命名，2004年6月竣工。

泓文花园 Hóngwén Huāyuán 位于泰寿南路与新城大道交叉处，学前溪旁，周边有育才学校、泰顺县文化活动中心等单位，文化气息浓厚，故名。小区占地面积4.00万平方米，建筑面积7472平方米。2001年动工兴建，2004年命名，2006年竣工。

天盛·锦绣华庭 Tiānshèng·Jǐnxiù Huàtíng 位于泰庆南路西侧，罗阳镇文化路2号，寓“小区环境如锦似绣”命名。西接白云橡胶厂，南连文化路，北邻民宅。小区占地面积1.29万平方米，建筑面积2.40万平方米。2004年动工兴建，2006年4月命名，2008年6月竣工。

鸿发香江花园 Hóngfāxiāngjiāng Huāyuán 位于罗阳镇新城区，寓意大展鸿图和香江（香港）风情命名。小区占地面积约7.30万平方米，总建筑面积15.38万平方米。2010年1月动工兴建，2014年4月竣工。

华泰大厦 Huátài Dàxià 位于罗阳镇东大街16号，寓意“华美安泰”命名。小区占地面积943平方米，建筑面积9773平方米。2001年2月动工兴建，2005年3月竣工，2007年9月命名。

香洲雅苑小区 Xiāngzhōuyǎyuàn Xiǎoqū 位于泰顺县罗阳镇新城区新城大道与文祥大道交岔口西北侧，因主项目香洲大酒店之“香洲”，取意精致、优雅命名。小区占地1.39万平方米，建筑面积3. 95万平方米。2010年11月动工兴建，2010年9月命名，2013年6月竣工。

第二节 文体设施

县人民广场 Xiàn Rénmín Guǎngchǎng 位于县城中心，东至老电影院、机关幼儿园、县实验小学，西邻人民路与学前溪，南接霞阳路，北连赤沙路。占地8200平方米。建于1985年。

县体育中心 Xiàn Tǐyùzhōngxīn 位于罗阳镇北外村，在平安大道上。系全县体育活动最重要场所，故名。由游泳馆、篮球馆、训练馆、乒乓球馆和室外标准田径场等组成，占地面积 7.33 万平方米，建筑面积 1.34 万平方米。2009 年 5 月动工兴建，2011 年 12 月竣工。

第三节 商业设施

电信大楼 Diànxìn Dàlóu 位于罗阳镇泰庆北路 310 号。为电信公司办公楼，故名。1998 年动工兴建，2001 年竣工。主体 10 层，高 42 米。占地面积 1.33 万平方米，建筑面积 1.27 万平方米。

华泰大厦 Huátài Dàxià 位于罗阳镇东大街 16 号。因华泰股份公司而名。2000 年动工兴建，2005 年竣工。主体为 14 层，高 48 米。占地面积 1200 平方米，建筑面积 6000 平方米。

泰顺县诚合大酒店 Tàishùn Xiàn Chénghé Dàjiǔdiàn 位于罗阳镇新城金都花园 40 幢。寓意"诚信合作"而名。2008 年 12 月动工兴建，2009 年 1 月竣工。主体 5 层，高 17 米。占地 6400 平方米，建筑面积 8000 平方米。

泰顺县国际大酒店 Tàishùn Xiàn Guójì Dàjiǔdiàn 位于罗阳镇邮政路 2 号。系涉外商务旅游酒店，故名。1997 年动工兴建， 2004 年全部竣工。主体为 8 层，高 32 米。占地面积 9736 平方米，建筑面积 2.14 万平方米。

泰顺宾馆 Tàishùn Bīnguǎn 位于罗阳镇城关广场路 11 号。原为县人民政府招待所。1996 年重建改名“泰顺宾馆”。2012 年 6 月该宾馆被评为三叶级“中国绿色饭店”，为泰顺县首家。主体为 6 层，高 21 米。占地面积 537 平方米，建筑面积 2956 平方米。

第五编 专业区域 单位

第一章 自然保护区

第一节 浙江省乌岩岭国家级自然保护区

浙江省乌岩岭国家级自然保护区 Zhèjiāng Sheng Wūyánlǐng Guójiājí Zìránbǎohùqū

浙江乌岩岭国家级自然保护区包括北、南两个片区，北片为主区域，位于泰顺县的西北部，北纬27°20′52″～27°48′39″，东经119°37′08″～119°50′00″，东至竹里畲族乡，西至福建省寿宁县，北至浙江省文成、景宁县，南至泰顺县罗阳镇上垟村、北峰村。南片位于泰顺县西南隅，北纬27°22′，东经119°45′，东、南靠三魁镇垟溪社区，西接福建省福安市，北至罗阳镇洲岭社区。古称“百丈林”“万里林”，后因该地岩石多乌黑，称之“乌岩林”。1958年建林场时，因“乌岩林林场”一名称中“林林” 相叠，取榅垟到叶山的古山道箬岭之“岭”字，改为“乌岩岭”。1975年乌岩岭设立省级自然保护区，当时范围限于国有部分1500公顷。1995年设立浙江乌岩岭国家级自然保护区管理局。2003年，国家林业局批复《浙江乌岩岭国家级自然保护区总体规划》，保护区总面积确定为18861.5公顷。

该保护区是我国距东海最近的森林生态与野生动物类型国家级自然保护区，享有天然“生物基因库”和绿色“生态博物馆”的美誉。原生植被保存完整，古老区系成分复杂，种群丰富，构成以地理景观和森林植被为主体的自然生态系统。区内有裸子植物8科28属48种；被子植物150科747属1815种；蕨类植物45科94属287种；苔藓植物58科155属358种；真菌61科129属212种。种子植物1863种，占浙江省种子植物种数的55%，其中有相当数量的珍稀、濒危保护植物和许多具有经济开发价值的种类。属国家一级保护野生植物有中华水韭、南方红豆杉、伯乐树、莼菜、银杏等5种，属国家二级保护野生植物有20种。动物地理分布和区系组成上有华南区特色。目前，共记录有陆生脊椎动物303种，其中包括：两栖类2目7科30种，爬行类2目7科46种，鸟类10目42科174种，兽类8目20科53种；有昆虫20目202科2133种。属国家一级重点保护动物有黄腹角雉、白颈长尾雉、金雕、云豹、金钱豹、黑麂、鼋、金斑喙凤蝶等8种；国家二级重点保护动物有37种。黄腹角雉野外种群数量约400只左右，乌岩岭是我国重要的黄腹角雉保种基地。

第二节 承天氡泉自然保护区

承天氡泉自然保护区 Chéngtiān Dōngquán Zìránbǎohùqū

位于泰顺县东南部雅阳镇承天村，距县城罗阳69千米，距雅阳镇6.7千米。因承天村而得名。该泉属地下热泉。清光绪五（1879 年）年泰顺《分疆录》载："汤泉，在牙阳水口溪涧旁，俗谓火热溪，泉从涧边水是池中涌出，四时热如汤，冬月尤烈"。泉水出口处海拔 195 米。氡泉表露水温尾 54~62℃，日出水量 500 吨以上，属低矿化度、重碳酸钠型、含氡 21.4 埃曼、可溶性二氧化硅 70~90 毫克/升的高热温氡。

1973 年浙江省水文地质大队进行水文地质调查，检测出泉水中含有氡的成分，命名为"氡泉"。2001 年 5 月被列入国家级浴用医疗矿泉水名单。

1997 年，浙江省人民政府批准建立泰顺县承天氡泉省级自然保护区，划定保护区范围 2249 公顷。

第二章 农林场区

第一节 林场

罗阳林场 Luóyáng Línchǎng 位于罗阳镇西部、县城西北，因处于罗阳镇而名。东至金家坑，南至交溪铺后，西至樟树垟邻福建省寿宁县，北至岭尾。面积约 24.26 平方千米，包括交垟、柯垟、白溪、岭头庵四片林区。建于 1957 年 11 月，现林场以生态建设、发挥社会生态效益为主，兼营名贵树种、经济林、苗圃、茶园、农业等。区域内有海拔 1269.5 米的天关山主峰。

上佛垟林场 Shàngfúyáng Línchǎng 位于泗溪镇东北部，靠近九峰省级风景名胜区。建于 1958 年 7 月，因当地的上佛垟得名，"文化大革命"一度称"红星林场"。东邻苍南县桥墩镇天井、黄畲村，南至前坪仔村，西连新和村，北接华垟村，总面积 7.25 平方千米。场区多高山，最高峰高枯尖海拔 1171 米。

该场现以生态建设为主，树种以柳杉最多，次为黄山松、杂灌木，并引种成功金钱松、银杏、喜树、红花油茶等；经济林有油茶。另有茶园及茶叶加工、小木次材家具制作等工厂。

该地是红军挺进师在泰顺最早创建的革命根据地，附近红色旅游景点众多。

乌岩岭林场 Wūyánlǐng Línchǎng 位于司前畲族镇西部，罗阳镇西北部，乌岩岭自然保护区范围内。建于 1958 年 9 月，经营面积 31.4 平方千米。1962 年并入罗阳林场，列为该场一个林区。1964 年恢复建制，经营面积 20.1 平方千米。1975 年建立乌岩岭自然保护区，场域包含其中。1990 年经营面积 14 平方千米（含绝对保护区面积，不含联营面积），设乌岩岭、金刚厂、芳香坪、上芳香 4 个林区，是中国东部地区保存最好的亚热带常绿阔叶林之一。场域内有温州第一高峰白云尖，海拔 1611.1 米。

第二节 茶场

泰顺县山垟坪茶场 Tàishùn Xiàn Shānyángpíng Cháchǎng

位于罗阳镇山垟村，以场部驻地山垟坪得名。东至岭下，南至山垟村，西至山垟村，北至菖蒲垄。面积 0.94 平方千米，有茶园 94 公顷。

该场前身为县办果木场，建于 1958 年；1960 年改为温州专署农垦场，1962 年改称山垟坪林区。1970 年 4 月前改为泰顺县“五七”干校；1971 年 7 月改称国营“五七”茶场； 1973 年定名山垟坪茶场，隶属泰顺县茶叶特产局。该场是泰顺名茶 “黄汤”的重要产地。

泰顺县葛垟茶场 Tàishùn Xiàn Géyáng Cháchǎng

位于筱村镇葛垟村，以场部驻于葛垟村而名。东至葛垟村公路，南邻石龟分场下坪田荒田，西连张家圳荒田，北靠棺材石寺院。面积 257.3 公顷。

该场始建于 1976 年 3 月，为县属地方国营茶场，有龙头峭、石龟、垟头 3 个分场；2007 年统一称为泰顺县葛垟茶场。

泰顺县玉塔茶场 Tàishùn Xiàn Yùtǎ Cháchǎng

位于彭溪镇玉塔村，因玉塔村得名。东邻山头垄自然村，南连三岚坑自然村，西靠山楼自然村，北至下塆自然村。茶园面积约 300 公顷。

该场建于 1959 年 12 月，为地方国营的泰顺县玉塔茶场；1964 年被省农业厅确定为“省级农垦国有企业”。 归口县茶叶特产局管理，从事茶叶种苗繁育、种植、生产、加工等工作，是泰顺名茶“香菇寮白毫”、“黄汤”的重要产地。1995 年 2 月并入温州雪龙集团有限公司， 2008 年 1 月恢复为玉塔茶场。

第三节 产业功能区

泰顺石产业园 TàishùnShí Chǎnyèyuán

位于仕阳镇龟湖村，县城东南 16.1 千米处。建于 2009 年 11 月，以开发泰顺名石叶蜡石命名。规划面积 43 公顷，建设内容主要包括叶蜡石精深加工厂，泰顺石交易展示中心，泰顺石雕刻厂，大师创意园，园区管理中心。现正在建设园区的基础设施。

彭月工业基地 Péngyuè Gōngyèjīdì

位于彭溪镇东部，县城东南面 25 千米。系原彭溪镇、月湖乡毗邻地带连片开发而成，故名。该基地沿 331 省道两侧布局，规划总用地面积约 3 公顷。2006 年开始开发，至 2012 年已有投产、半投产企业共 18 家。

司前竹木产业园区 Sīqián Zhúmù Chǎnyèyuánqū

位于司前畲族镇南部，以司前镇得名。地处司前、台边两村连接地带，里光溪东岸，紧邻 52 省道。

以地处司前、开发竹木得名。总面积 30.67 公顷。已入驻企业 10 家，主要产品有竹制餐具、竹凉席、竹地毯、高档家具、玩具 等，远销德国、意大利、美国、日本、韩国等国和香港、台湾地区，2010 年工业产值 1.03 亿元。

泰顺（大安）生态科技创业园 Tàishùn（Dà'ān）Shēngtàikējì Chuàngyèyuán

位于三魁镇中部偏东北，以所在地大安得名。园区规划总用地 403.3 公顷，其中产业区用地 214.7 公顷，2011 年 8 月至 2020 年分期开发建设，一期开发建设 56.7 公顷。主要引进汽摩配件、机械设备等资本技术密集型的机械制造业，或为引进战略性新兴产业等具有发展潜力的成长型中小企业发展和专业人才创业提供平台。

泰顺县竹产业文化园 Tàishùn Xiàn Zhúchǎnyè Wénhuàyuán 位于竹里畲族乡竹里村。2012 年 12 月 16 日开建，为温州市首个竹产业文化园。设有竹产品展览馆，室外竹子观光园面积约 1.4 公顷，种植我国众多竹品种。

泰顺县万峰现代农业综合区 Tàishùn Xiàn Wànfēng Xiàndànóngyè Zōnghéqū

位于泰顺县中南部，涉及雅阳镇墩头和仕阳镇上排、荣西等 13 个村，2010 年 10 月列入浙江省第三批现代农业综合区创建点，2015 年被列入省级现代农业综合区。规划面积 17.3 平方千米，建成面积 15.4 平方千米，形成“3+1”产业区块布局模式，即茶叶示范区、中药材示范区、生猪示范区等 3 个示范区和奶牛精品园，并在综合区内拓展 1 个农业休闲观光园，推进休闲观光农业发展。

第三章 单位

第一节 事业单位

教 育

泰顺中学 Tàishùn Zhōngxué 驻罗阳镇泰景路 788 号。是泰顺历史最悠久的一所中学。校园分教学区、运动区、生活区。占地 13.2 万平方米，建筑面积 4.3 万平方米。

该校创办于 1929 年，时称泰顺师范讲习所；2009 年 12 月，定名为泰顺中学 。

泰顺县第二中学 Tàishùn Xiàn Dì'èr Zhōngxué 驻泗溪镇泗水西路 1 号。系泰顺县创办的第二所中学，故名。学校占地 1.67 万平方千米，建筑面积 1.55 万平方千米。

该校创办于 1956 年 4 月，时称泰顺县第二初级中学；1978 年更名为泰顺县第二中学。

泰顺县第三中学 Tàishùn Xiàn Dìsān Zhōngxué 驻三魁镇薛宅村坝头垟。系泰顺县创办的第三所中学，故名。校园面积 2.19 万平方米，建筑面积 0.9 万平方米。锦水、武水二溪交汇于校门前，一面靠山，三面临水。

该校创办于 1958 年，时称三魁初级中学；1978 年 8 月更名泰顺县第三中学。

泰顺县第四中学 Tàishùn Xiàn Dìsì Zhōngxué 驻仕阳镇朝阳村。系泰顺县创办的第四所中学，故名。校园面积 6.5 万平方米，建筑面积 1 万平方千米。旁邻仕水矴步与仕阳大桥。

该校创办于 1958 年 8 月，时称仕阳初级中学；1978 年 8 月更名为泰顺县第四中学。

泰顺县第六中学 Tàishùn Xiàn Dìliù Zhōngxué 驻筱村镇长垟村玉溪畔。系泰顺县创办的第六所中学，故名。校园占地 1.8 万平方米，建筑面积 0.7 万平方米。

该校创办于 1958 年，时称筱村初级中学；1962 年 4 月并入莒江中学；1978 年更名泰顺县第六中学。

泰顺县第七中学 Tàishùn Xiàn Dìqī Zhōngxué 驻雅阳镇氡泉路 108 号。系泰顺县建立的第七所中学，故名。校园面积 4.67 万平方米，建筑面积 1.1 万平方米。

1958 年 9 月，附属雅阳镇中学小学初中部；1979 年独立创办雅阳中学；1980 年初中部独立办学，更名雅阳初级中学；1988 年 8 月更名雅阳中学；1993 年更名泰顺县第七中学。

泰顺县第八中学 Tàishùn Xiàn Dìbā Zhōngxué 驻彭溪镇内垟村。系泰顺县创办第八所中学，故名。校园占地 2.2 万平方米，建筑面积 0.57 万平方米。

该校创办于 1958 年 10 月，时称彭溪农业中学；1983 年改建为彭溪初级中学；1993 年更名泰顺县第八中学。

泰顺县城关中学 Tàishùn Xiàn Chéngguān Zhōngxué 驻县城罗阳西部，东接西大街、南临白溪路、西靠天关山、北连庵头巷。地处县城，故名。校园占地 8 万平方米，各类建筑物 16 幢。

该校创办于 1984 年 9 月，时称泰顺县城关中学；2005 年 9 月迁至西大街 240 号（原泰顺县一中校址），同时增设高中部，成为完全中学。

泰顺县罗阳二中 Tàishùn Xiàn Luóyáng Èr Zhōng 驻县城罗阳西南部，南垟寨山脚。因是泰顺县罗阳镇第二所创办的中学，故名。校园占地 4 万平方米，建筑面积 1.2 万平方米。

该校创办于 1996 年，时称罗阳二中；后更名泰顺县罗阳二中。

泰顺西旸中学 Tàishùn Xīyáng Zhōngxué 驻三魁镇西旸门楼坳村中学路 39 号。地处原西旸镇（现属三魁镇），故名。学校占地 3.9 万平方米，建筑面积 0.5 万平方米。创办于 1994 年。

泰顺县民族中学 Tàishùn Xiàn Mínzú Zhōngxué 驻司前畲族镇司前村民中路 5 号。校园少数民族学生约占学生总数四分之一，故名。校园占地约 0.8 万平方米， 建筑面积 0.7 万平方米。

该校创办于 1970 年，时称司前“五七”学校（即司前小学）附属初中班级；1980 年单独创办泰顺县司前初级中学；1986 年 11 月更名泰顺县民族中学。

泰顺县育才高级中学 Tàishùn Xiàn Yùcái Gāojí Zhōngxué 驻罗阳镇云寿路 282 号。寓意“培育人才的摇篮”而名。校园占地 8 万平方米，建筑面积 3.9 万平方米。建有"绿色、无公害"家禽养殖基地和蔬菜种植基地。

该校 1998 年 8 月由温州新城建设有限公司和泰顺广顺陶瓷发展有限公司联合投资创办。

泰顺县育才初级中学 Tàishùn Xiàn Yùcái Chūjí Zhōngxué 驻罗阳镇云寿路 282 号。寓意“培育人才”而名。学校占地 6.7 万平方米，建筑面积 2.87 万平方米。创办于 2001 年。

泰顺县职业教育中心 Tàishùn Xiàn Zhíyèjiāoyù Zhōngxīn 驻罗阳镇文星路 49 号。因承担泰顺县全日制中等职业教育、技能培训、农村预备劳动力转移培训、职业技能考核鉴定等任务而名。学校占地 6.7 万平方米，建筑面积 3 万平方米。

2008 年 2 月由泰顺县职业技术学校、县技工学校、县培民高级中学、县卫生进修学校合并组成泰顺县职业教育中心。

泰顺县成人教育中心 Tàishùn Xiàn Chéngrénjiàoyù Zhōngxīn 驻罗阳镇东大街 152 号，该地俗称石龟背。该中心负责教学研究和指导、教师培训、卫生从业人员培训、学历提高培训、政策咨询和服务等基本职能。学校占地 0.7 万平方米，建筑面积 0.4 万平方米。

2008 年 3 月，由县教育局教育教学研究室、县教师进修学校、电大工作站、县卫生进修学校成人教育部分合并组成该中心。

浙江科技学院成人教育学院泰顺分院 Zhèjiāng Kējì Xuéyuàn Chéngrénjiāoyù Xuéyuàn —Tàishùn Fēnyuàn 驻罗阳镇泰分路 104 号 3 楼。由浙江科技学院成人教育学院在泰顺县创办，故名。2009 年 5 月成立。

泰顺县实验小学 Tàishùn Xiàn Shíyàn Xiǎoxué 位于罗阳镇人民广场东侧，广场路 9 号。学校为全县小学教育科研和教学改革的实验基地，故名。学校占地 3.7 万平方米，建筑面积 1.25 万平方千米。

该校前身罗阳书院，创办于明嘉靖年间（1522—1566 年）。1949 年 5 月命名为罗阳小学；1986 年 9 月更名泰顺县实验小学。

泰顺县育才小学 Tàishùn Xiàn Yùcái Xiǎoxué 驻罗阳镇泰寿路 282 号，寓意“培育人才”而名。学校占地 6 万平方米，建筑面积 2.62 万平方米，建有天文观测台等。创办于 2003 年秋。

司前畲族镇中心小学 Sīqiánshēzú Zhèn Zhōngxīn Xiǎoxué 位于司前畲族镇司前西村，因系司前畲族镇小学教学中心，故名。学校占地 1.03 万平方米，建筑面积 0.5 万平方米。

创办于 1917 年；2004 年竹里乡中心小学并入司前畲族镇中心小学。

百丈镇中心小学 Bǎizhàng Zhèn Zhōngxīn Xiǎoxué 位于百丈镇江滨路 169 号，因系百丈镇小学教学中心，故名。学校占地面积 2 万平方米，建筑面积 0.45 万平方米。

该校前身为“广益学堂”，创办于 1912 年。原址 2000 年因珊溪水库建设淹没重建，2001 年在今址建新校舍。

筱村镇中心小学 Xiǎo Cūn Zhèn Zhōngxīn Xiǎoxué 驻筱村镇东垟村金山脚下玉溪溪畔。因系筱村镇小学教学中心，故名。学校占地面积 8000 平方米，建筑面积 3000 平方米。

该校前身是 1932 年创办的东垟国民小学；1966 年改名筱村区中心小学，1992 年 8 月更名为筱村镇中心小学。

泗溪镇中心小学 Sìxī Zhèn Zhōngxīn Xiǎoxué 驻泗溪镇白粉墙村。系泗溪镇小学教学中心，故名。学校占地面积 1.55 万平方米，建筑面积 3000 平方米。

创办于 1940 年 9 月，借用泗溪溪东“娘娘宫”办校；1941 年迁至白粉墙村东场祠，1949 年更名泗溪第一中心小学。1985 年更名泗溪区辅导中心小学，后更名为泗溪镇中心小学。

彭溪镇中心小学 Péngxī Zhèn Zhōngxīn Xiǎoxué 位于彭溪镇彭福路，系彭溪镇小学教学中心，故名。学校占地 4500 平方米，建筑面积 3000 平方米。

1949 年春称彭坑乡中心小学，1956 年更名彭溪小学，1984 年更名彭溪乡中心小学，1992 年更名彭溪镇中心小学。

雅阳镇中心小学 Yǎyáng Zhèn Zhōngxīn Xiǎoxué 位于雅阳镇官口南街 34 号，系雅阳镇小学教学中心，故名。学校占地 2.56 万平方米，建筑面积 8024 平方米。

该校前身为白巢书院，创办于晚清；建国后改为雅阳中心小学。

仕阳镇中心小学 Shìyáng Zhèn Zhōngxīn Xiǎoxué 位于泰顺县仕阳镇溪东村，系仕阳镇小学教学中心，故名。学校占地 1.89 万平方米，建筑面积 6800 平方米。

该校前身为启明学堂，创办于 1912 年校 1949 年更名仕阳中心小学，1983 年更名仕阳区辅导中心学校，1987 年更名仕阳镇中心学校，后更名仕阳镇中心小学。

三魁镇中心小学 Sānkuí Zhèn Zhōngxīn Xiǎoxué 驻三魁镇魁中路 5 号。系三魁镇的小学教学中心，故名。学校占地 1.3 万平方米，建筑面积 0.5 万平方米。

该校创办于 1913 年，初名启明小学堂；1987 年定名三魁镇中心小学。

泰顺县育才幼儿园 Tàishùn Xiàn Yùcái Yòu'éryuán 总园驻罗阳镇二中路 35 号，取意“培育人才”而名。总园创办于 2003 年 8 月，公园路园区创办于 2005 年 9 月，景园路园区创办于 2008 年 2 月。总园占地面积 2900 平方米，建筑面积 3400 平方米。

泰顺县机关幼儿园 Tàishùn Xiàn jī guān Yòu'éryuán 驻罗阳镇广场路 20 号。原为县机关托儿所，故名。

该园占地面积2300平方米，建筑面积3000平方米。

该园创办于1957年，初名机关托儿所；1988年8月更名泰顺县机关幼儿园。

泰顺县中心幼儿园 Tàishùn Xiàn Zhōngxīn Yòu'éryuán 驻罗阳镇公园路金鑫弄7号。系泰顺县的幼儿园教学中心，故名。该园占地面积1300平方米，建筑面积2000平方米。

该园创办于1989年2月，初名泰顺县希望托儿所；1997年2月更名泰顺县中心托儿所，2001年更名泰顺县中心幼儿园。

医疗卫生

泰顺县人民医院 Tàishùn Xiàn rénmín Yīyuàn 驻罗阳镇新城大道195号。1950年1月成立，2012年从城关北大街迁至现址。占地6.2万平方米，建筑面积4.69万平方米。

泰顺县第二人民医院 Tàishùn Xiàn Dì'èr Rénmín Yīyuàn 驻三魁镇燕水路123号，是泰顺县第二所公立综合性医院，故名。占地5600平方米，医疗用房3700平方米。1971年建立，2009年增挂三魁社区卫生服务中心牌子。

泰顺县中医院 Tàishùn Xiàn Zhōngyīyuàn 驻罗阳镇广场路45号。前身为罗阳区卫生院，1993年3月改为泰顺县中医院，占地面积3109平方米，建筑面积6443平方米。

泰顺县妇幼保健所 Tàishùn Fùyòubǎojiàn Suǒ 位于县城霞阳路3号，1953年3月成立，2010年10月迁至泰顺县罗阳镇新城大道191号。

泰顺县计划生育宣传技术指导站 Tàishùn Xiàn Jìhuàshēngyùxuānchuánjìshùzhǐdǎo Zhàn 驻罗阳镇广场路27号，1983年7月成立。

罗阳社区卫生服务中心 Luóyáng Shèqū Wèishēngfúwùzhōngxīn 驻罗阳镇广场路25号。

司前社区卫生服务中心 Sīqián Shèqū Wèishēngfúwùzhōngxīn 驻司前畲族镇振兴路95—97号。

百丈社区卫生服务中心 Bǎizhàng Shèqū Wèishēngfúwùzhōngxīn 驻百丈镇江园路56号。

筱村社区卫生服务中心 Xiǎocūn Shèqū Wèishēngfúwùzhōngxīn 驻筱村镇东村村和平路13号。

泗溪社区卫生服务中心 Sìxī Shèqū Wèishēngfúwùzhōngxīn 驻泗溪镇泗水中路27号。

彭溪社区卫生服务中心 Péngxī Shèqū Wèishēngfúwùzhōngxīn 驻彭溪镇彭兴路82号。

雅阳社区卫生服务中心 Yǎyáng Shèqū Wèishēngfúwùzhōngxīn 驻雅阳镇官口北街2—6号。

仕阳社区卫生服务中心 Shìyáng Shèqū Wèishēngfúwùzhōngxīn 驻仕阳镇溪东村。

三魁社区卫生服务中心 Sānkuí Shèqū Wèishēngfúwùzhōngxīn 驻三魁镇燕水路。

文 化

泰顺县文化馆 Tàishùn Xiàn Wénhuàguǎn 驻泰顺县科技文化中心，馆舍面积4500 平方米，内有文化展厅、多功能厅、演艺厅、排练厅、器乐室、舞蹈室、电钢室、电子阅览室、书法室、美术室、茶艺室、陶艺室、教育培训室等。1949 年 11 月成立，原名泰顺县人民文化馆，1950 年 7 月更名为泰顺县文化馆。

泰顺县图书馆 Tàishùn Xiàn Túshūguǎn 驻罗阳镇南大街书山弄 5—8 号，建于 1960 年 5 月。建筑面积 1020 平方米，设成人借阅室、少儿借阅室、阅览室，电子阅览室、古籍室等。

第二节 企业单位

泰顺县供销合作社联合社 Tàishùn Xiàn Gōngxiāohézuòshè Liánhéshè

位于罗阳镇人民路 37 号。1949 年 12 月在百丈口成立“泰顺县供销贸易处”，1950 年 4 月改称“泰顺县合作总社”，1951 年 10 月改称“泰顺县供销合作社联合社”。

浙江天遥农业开发有限公司 Zhèjiāng Tiānyáo Nóngyèkāifā Yǒuxiàn Gōngsī

位于罗阳镇邮政路 27 号，为温州市“百龙工程”农业龙头企业、温州市农业骨干企业、温州市林业重点龙头企业、温州市扶贫龙头企业。该公司形成绿壳有机鸡蛋、天遥有机山茶油、猕猴桃果酒、“善仁”有机绿茶四大特色农业产品，并获浙江名牌农产品称号。

浙江泰龙制茶有限公司 Zhèjiāng Tàilóng Zhìchá Yǒuxiàn Gōngsī

位于仕阳镇上排村。厂区占地面积 7330 平方米，建筑面积 3300 平方米，年产茶叶 350 吨，产值 2700 多万元。公司建有核心基地 80 公顷，联结基地约 30 公顷。

该公司“三杯香茶示范基地提升建设”被列入 2010 年浙江省现代农业生产发展项目，公司基地被列入 2013 年全国标准化茶园创建点，并通过国家级标准化茶园验收。

泰顺乌岩岭猕猴桃专业合作社 Tàishùn Wūyán Lǐng Míhóutáo Zhuānyè Hézuòshè

驻罗阳镇新城金都花园 15 幢 211 室。生产基地处于乌岩岭，主产猕猴桃，故名，猕猴桃种植面积 300 公顷。

该合作社 2003 年 11 月成立。2003 年至 2005 年先后获得温州放心农产品、温州放心农产品基地、浙江省森林食品基地、浙江省无公害农产品基地等认定。2006 年 12 月被列为省级“无公害猕猴桃标准化种植推广示范”项目。2007 年 12 月，“乌岩岭”猕猴桃获得“浙江名牌产品”称号。

温州承天雪龙茶业有限公司 Wēn Zhōu chéntiān Xuělóng Cháyè Yǒuxiàn Gōngsī

驻筱村镇葛垟村，成立于 2007 年 8 月。因生产基地处于承天，茶叶品牌雪龙牌得名。雪龙茶以香高味醇，清汤绿叶而驰名中外，是中国名茶之一。

泰顺县古廊桥酒厂 Tàishùn Xiàn Gǔlángqiáo Jiǔchǎng

驻罗阳镇白溪村庙下，成立于 2002 年 3 月，以著名的泰顺古廊桥命名。主要产品有米香型白酒、古廊桥醇、古廊桥特醇、古廊桥玉液、古廊桥家宴、猕猴桃酒、杨梅酒、板栗酒等等。

泰顺县白云橡胶有限公司 Tàishùn Xiàn Báiyún Xiàngjiāo Yǒuxiàn Gōngsī

驻罗阳镇白云路 1 号，成立于 2006 年 3 月。地处白云路，从事橡胶产业，故名。厂区占地面积 2 万平方米，建筑面积 3 万平方米。

浙江广泰建设集团有限公司 Zhèjiāng Guǎngtài Jiànshè Jítuán Yǒuxiàn Gōngsī

驻罗阳镇泰寿路 28 号（另有资料为泰寿路 9 号），成立于 2003 年 8 月，寓意“广阔泰顺” 命名。

2010 年被评为“中国建筑业 500 强”企业，是温州市和浙江省“重点骨干企业” 。连续五年被评为“信用监管评价 AAA 企业”，被命名为“纳税大户”“纳税明星”企业。

泰顺县乡洲投资有限公司 Tàishùn Xiàn Xiāngzhōu Tóuzī Yǒuxiàn Gōngsī

驻罗阳镇城北路，2006 年 11 月成立，从事房地产投资及开发。

温州立人教育集团有限公司 Wēn Zhōu Lìrén Jiāoyù Jítuán Yǒuxiàn Gōngsī 驻罗阳镇云寿路，成立于 2003 年 9 月。寓意“立人为本”命名。

第六编 纪念地 旅游地

第一章 纪念地

第一节 革命纪念地

泗溪农民暴动旧址 Sìxī Nóngmínbàodòng Jiùzhǐ

位于泗溪镇白粉墙村泗水东路的曾氏宗祠。该宗祠建于清道光十四年（1834 年），占地面积 930 平方米，建筑面积 930 平方米。

1929 年秋，曾官遇、曾清连在此发动农民武装暴动。1994 年 7 月，该址被列为泰顺县文物保护单位。同年 8 月，中共泰顺县委在此建立“曾清连革命烈士纪念碑”。

中国工农红军挺进师纪念馆 Zhōngguó Gōngnónghóngjūntǐngjìnshī Jìniànguǎn

位于泗溪镇半岗村白柯湾自然村。1935 年 2 月初中国工农红军挺进师在江西省横峰县组建后，是年 10 月在刘英、粟裕领导下挺进闽浙边，与叶飞领导的闽东独立师一部在白柯湾会师。11 月 7 日在白柯湾村成立闽浙边临时省委和省军区，刘英任省委书记兼军区政治委员，粟裕任组织部长兼军区司令员，叶飞任宣传部长兼少共省委书记，创建以泰顺、福鼎、苍南、文成等县为中心的浙南革命根据地。

该馆 2001 年 6 月动工兴建，2003 年 6 月竣工，由馆体、广场及其他附属设施组成。占地 5000 平方米，馆体建筑面积 905 平方米，广场面积 2500 平方米。2005 年被浙江省人民政府命名为省级国防教育基地。

刘英、粟裕办公旧址 Liúyīng、sùyùbàngōng Jiùzhǐ

位于泗溪镇半岗村白柯湾自然村，1935 年下半年中国工农红军挺进师领导人刘英、粟裕曾居此办公。旧址为清代建筑，坐东朝西，正屋为刘英、粟裕办公室，北、南次间分别为刘英、粟裕起居室。

中共浙闽边临时省委成立旧址 Zhōnggòng Zhèmǐnbiānlínshí Shěngwěi Chénglìjiùzhǐ

位于泗溪镇半岗村白柯湾自然村小宫庙，1935 年 10 月中共闽浙边临时省委在此成立。该旧址坐东南朝西北，面阔三间，木石结构，保存完整。1991 年县人民政府在小宫庙后山立纪念碑，2009 年被定为爱国主义革命传统教育基地。

东云土地革命会议旧址 Dōngyúntǔdì Gémìnghuìyì Jiùzhǐ

位于彭溪镇柘下村下东云自然村 18—20 号，为清代建筑，坐东朝西，由正屋、后院、偏屋组成。1936 年 8 月，浙南人民革命委员会主席郑丹甫根据中共闽浙边临时省委指示，在此召开土地革命会议，举办土地分配训练班。

中共浙南特委成立旧址 Zhōnggòngzhè Nán Tèwěi Chénglìjiùzhǐ

位于彭溪镇双溪口村小南山自然村卢氏老厝，坐东北朝西南，为木结构平房。

1936年3月，中共浙南特委在此成立。1997年10月，中共温州市委在小南山山坡建立中共浙南特委成立旧址纪念碑。

中共闽浙边中心县委成立旧址 Zhōnggòngmǐnzhèbiānzhōngxīn Xiànwěi Chénglìjiùzhǐ

位于泗溪镇前坪村前坪仔自然村，旧址旁建有门台式纪念碑。1947年11月21日，中共浙南特委在此召开会议，成立浙闽边中心县委。

山后红色堡垒村 Shānhòu Hóngsèbǎoléicūn

位于泗溪镇九峰村山后自然村，为当年红军根据地村落。村口树有“山后红色堡垒村”碑，该村庄约45户中绝大多数为烈属家庭。

双溪口红军山洞医院旧址 Shuāngxīkǒu Hóngjūn Shāndòng Yīyuàn Jiùzhǐ

位于彭溪镇双溪口村双溪口自然村南面山腰。1937年2月初红军挺进师战略转移，利用当地山洞建立后方医院，隐蔽、治疗30多名重伤员。洞口高2米，进深4米。

1982年该址列为泰顺县重点文物保护单位。1995年8月被列为爱国主义教育基地，并建立纪念碑。

谷公寮红军山洞医院旧址 Gǔgōngliáohóngjūn Shāndòng Yīyuàn Jiùzhǐ

位于雅阳镇灵乾村灵家山自然村，谷公寮山顶峭壁旁。洞口朝北，宽3.4米，高2米，洞深8.8米，面积约16平方米。

1937年4月底双溪口红军山洞医院暴露，地方党组织安排红军伤员秘密转移到灵家山内鹿洞和谷公寮洞继续疗伤。

中共泰顺县委扩大会议旧址 Zhōnggòngtàishùn Xiànwěikuòdàhuìyì Jiùzhǐ

位于泗溪镇半岗村九里潭自然村21号，正屋三层七开间，坐东朝西。1949年4月26日在此召开中共泰顺中心县委扩大会议。

泰顺县人民政府成立旧址 Tàishùn Xiàn Rénmínzhèngfǔ Chénglìjiùzhǐ

位于泗溪镇白粉墙村林氏宗祠。清代建筑，坐北朝南，三进两厢，占地面积600平方米，由门楼、前厅、中厅、正厅、厢房以及内外天井构成（门楼今已不存）。1949年6月1日在此举行泰顺县人民政府成立典礼。2010年12月被列为泰顺县重点文物保护单位。

抗战阵亡将士纪念碑 Kàngzhànzhènwángjiàngshì Jìniànbēi

位于罗阳镇北内村万罗山公园西北。1938年7月7日，泰顺县城隆重集会，悼念抗战阵亡将士，并建立“抗战阵亡将士纪念碑”。纪念碑呈等边三角形，边宽0.34米，碑面阴刻楷书“抗战阵亡将士纪念碑”；三面设有栏杆，前立汉奸汪精卫、陈璧君石雕跪像。

泰顺县烈士公墓 Tàishùn Xiàn Lièshì Gōngmù

位于罗阳镇化工路 66 号，安葬泰顺县土地革命时期以来牺牲的 465 名烈士忠骸。占地面积 6750 平方米，墓前建有革命烈士纪念碑，高 13.1 米，上刻烈士英名。碑座前镌刻粟裕、叶飞、范式人、龙跃、郑丹甫等当年在泰顺指挥战斗的领导人题词。

该公墓建于 1957 年，1999 年整修。1988 年 9 月被列为泰顺县重点文物保护单位，定为泰顺县爱国主义教育基地。

刘素贞母子四英烈纪念碑 Liúsùzhēnmǔzǐsìyīngliè Jìniànbēi

位于罗阳镇棠坪村下棠坪自然村。刘素贞为棠坪村人，1934 年初起担任中共福寿县委、寿泰县委棠坪交通站负责人，以摆渡为掩护开展工作。1936 年 7 月掩护红军伤病员转移，在五步溪壮烈牺牲。其长子钱永流为中共泰东区委交通员，次子钱永上为中共泰东区委委员，三子钱永品为福寿县红军游击队员，均于 1936 年英勇牺牲。刘素贞一门四英烈的事迹当年传遍浙闽边区。

该纪念碑建于 1996 年，2012 年被命名为县爱国主义教育基地。

第二节　其他事件纪念地

交垟矿民斗争旧址 Jiāoyángkuàngmín Dòuzhēng Jiùzhǐ

明正统十三年（1448 年），朝廷派兵镇压浙江、福建矿民起事，进攻矿民叶宗留所部。明军在交垟遭矿民伏击覆没。景泰元年（1450 年）8 月，矿民武装又在交垟大败浙江都指挥使李信。

排岭抗倭旧址 Páilǐngkàngwō Jiùzhǐ

位于雅阳镇埠下村排岭头。明嘉靖三十八年（1559 年）七月，3000 余名倭寇在福建福鼎县桐山登陆，取道雅阳，势将犯泰顺县城。泗溪生员林田率乡勇于此筑堡立寨，凭险据守。因力量悬殊，林田壮烈牺牲，后被朝廷追封为“勇略大夫”，在泗溪半地垟村立庙祭祀。

第三节 名人故居

潘鼎故居 Pāndǐng Gùjū

位于罗阳镇东外村坑底路 1 号，清代画家潘鼎在此出生与居住。占地面积约 2000 平方米，建筑面积 1400 平方米。

潘鼎故居建于清乾隆四十四年（1779 年），1985 年列为泰顺县重点文物保护单位。

林鹗故居 Lín'è Gùjū

位于罗阳镇南院桥下村 56 号。原为清代名儒林鹗为父守孝草庐，后建为居所。为院落式建筑，坐西北朝东南，由门楼、正屋和厢房构成。主体 2 层，建筑面积 680 平方米。

林鹗字太冲，号迂谷，是《分疆录》主纂者。清乾隆五十八年（1793 年）出生于司前里光村。22 岁时其父林逢春去世葬于南院，林鹗从司前移居于此。

该建筑建于清嘉庆末年，1985 年 11 月被列为泰顺县文物保护单位。

林秉权故居 Línbǐngquán Gùjū

位于百丈镇林岙村底村 13 号。清代建筑，坐北朝南，由内外门楼、正屋、左右厢房等组成。系泰顺第一位中国共产党党员林秉权故宅。2010 年 12 月被列为泰顺县文物保护单位。

王维亮故居 Wángwéiliàng Gùjū

位于雅阳镇国岭村 42 号，系革命烈士王维亮故居。清代建筑，坐西北朝东南，三合院式建筑，由门楼、天井、正厅和左右厢房组成，整体保存完好。

王维亮（1915—1937），泰顺县国岭村人，通晓英、俄等国语言，先后任职于杭州、西安、嘉兴等地。1937 年日寇发动全面侵华战争，当时他代理嘉兴县事务。是年 11 月平湖、嘉善失守，县政府移至新塍镇。同月 18 日新塍沦陷，王维亮被捕，英勇不屈遭日寇残杀。

1940 年，新塍人民收其遗骨瘗于能仁寺侧，立碑纪念。2002 年，浙江省人民政府追认其为革命烈士。

第四节 知名寺院

南峰寺 Nánfēng Sì 位于百丈镇双岭村，因处南峰得名，占地 352 平方米。该寺西晋行僧佛日所建。初为小茅庵，唐咸通九年（868 年），黄氏施地基改建为律院。南宋绍兴初年，主持僧伏机同黄氏等将律院改为禅院。元皇庆年间，鸿胪寺卿黄文光奏请皇上赐额“南峰”。

该寺宋、明及清康熙五十九年（1720 年）、道光二十九年（1849 年）数次重建。1999 年再度重建。

宝林寺 Bǎolín Sì 位于雅阳镇白巢村。取“净土七宝树林”之义而名。相传古有白鹤巢此，俗称“白巢寺”。今存建筑为晚清所建，占地面积约 6600 平方米。该寺地处浙闽交界，寺旁有瀑布，承天氡泉即在附近。

该寺南宋绍兴二年（1132 年）雅阳林氏始祖林惠始建，明嘉靖四十一年（1562 年）重修。清康熙二十五年（1686 年）董养元等扩建前后二堂。乾隆三十年（1765 年）、同治二年（1863 年）又重修。1994 年被列为泰顺县重点文物保护单位。2010 年 7 月 6 日因火灾基本毁坏，2011 年 6 月重建。

崇教寺 Chóngjiào Sì 位于三魁镇卢梨村卢梨山卢峰之下。占地约 1 万平方米，山门牌楼镌额“庐峰古刹”。

该寺始建于五代后唐同光三年（925 年），南宋嘉泰二年（1202 年）宁宗赐名“崇教禅寺”，明正德七年（1512 年）重建。清乾隆十八年（1753 年）改建后堂、添建前堂，咸丰七年（1857 年）、宣统元年（1909 年）两次修建。1960 年住持悟觉扩建，1981 年政府拨款重建前堂及藏经楼，2003 年重建大殿。

该寺珍藏宋版《碛砂藏经》一部，每年农历六月初三为传统晒经节。“晒经节”2009 年被列入温州市非物质文化遗产保护项目名录。

吉祥寺 Jíxiáng Sì 位于罗阳镇北外村，寓意吉祥如意而名。民国时僧深仪建，原为尼姑庵，1981 年僧悟觉重建僧房、扩建大雄宝殿，改为“吉祥寺”。占地 877.7 平方米，泰顺县佛教协会驻此。

崇化寺 Chónghuà Sì 位于雅阳镇东安村底垟自然村。原名“东庵”，宋建隆二年（961 年）林杞”见该地群峰巍峨、云腾雾缭，有龙蟠虎踞之胜”，奏准改为“崇化寺”。

该寺坐西朝东，枕崖而建，建筑面积约 5000 平方米，历史之久、规模之大属泰顺第二。

明山寺 Míngshān Sì 位于三魁镇竹茂旸村王家山垟北面，占地 2650 平方米，寺屋 53 间。原三座殿堂呈品字形，别称“明三堂”，亦作“明山堂”。正殿旁五小山围绕，似五叶莲花，又名“莲花寺”。

该寺始建于元代，为泰顺四大古刹之一。明代毁，清光绪二十八年至三十一年（1902—1905 年）僧善法募捐重建。1979 年县人民政府拨款重修门楼，增建两厢和藏经楼，整修天井、鱼池，外设围墙。山门“明山寺”为中国佛教协会原会长赵朴初题额。

印山寺 Yìnshān Sì 位于泗溪镇凤垟西溪头，建于宋代。

第二章 风景名胜 公园

第一节 景区景点

飞云湖 Fēiyúnhú 即珊溪水库，跨泰顺、文成两县，泰顺区域位于县境东北部，包括珊溪湖、云湖、莒江湖、百丈湖、白鹤峡五大湖区。泰顺境内为莒江湖、百丈湖、白鹤峡，其中百丈湖是飞云湖第二大支流湖，纵深 13 千米，最宽处 1.2 千米。

白鹤山庄 Báihè Shānzhuāng 位于飞云湖西部，司前畲族镇境内，因景点横跨白鹤峡口而名。坐落于飞云湖畔，三插溪、竹里溪、司前溪交汇处，古称“萦洄三港水，环抱九重峰”。

“白鹤飞渡”索桥是今存全国最长的人行悬索桥。

承天氡泉风景区 Chéntiāndōngquán Fēngjǐngqū 位于雅阳镇承天玉龙山下会甲溪峡谷之中，包括以温泉浴度假为主的承天氡泉景区、以观光度假为主的梅溪景区、以峡谷风光为主的会甲溪景区、以民俗风情展示为主的畲族景区、以康乐运动为主的兵坪景区、以湖光山色和宗教文化为主的宝林湖光景区、以生态农业风光为主的塔山景区 7 部分。

承天氡泉 Chéngtiāndōngquán 位于雅阳镇承天村，因处承天村得名。距县城 69 千米，距雅阳镇治 6.7 千米。附近有袈裟潭。该泉属地下热泉，明崇祯《泰顺县志》载："古眼洞坑，在雅阳火热溪旁"，清代 《分疆录》亦载。

1973 年，浙江省水文地质大队对该泉作水文地质调查，检测出泉水中含有氡，命名为"氡泉"。1997 年浙江省人民政府批准建立承天氡泉省级自然保护区。

泰顺大峡谷 Tàishùn Dàxiágǔ 位于县境东南部、雅阳镇东部，玉龙山下会甲溪溪谷。因系华东地区最大峡谷得名，又称"氡泉大峡谷""承天大峡谷"。竹阳山、炉西坪、下蓬头、殿山等段溪谷切割深度都在 300 米以上。

峡谷内有承天氡泉、梅溪五级瀑、龙井瀑布、兵坪农舍、象鼻寺等景点，1997 年建立承天氡泉省级自然保护区时开发。周边还有宝林寺、神龟探瀑、崇化寺、塔头底古村落、百福岩古村落等景点。

南浦溪风景区 Nánpǔxī Fēngjǐngqū 位于筱村镇，青山碧水环绕、环境优雅清新，包括库村景区、南浦景区、三重漈景区、翁山景区、下漈源景区等。

世英门 Shìyīngmén 位于筱村镇库村村，属库村景区，世英门又称石门楼。古时包宅村周山林茂密，遂筑石门楼以防猛兽。据包氏宗谱记载："明元凤公倡建里门，厥名世英，意欲世济其美，而为门闾之光"。世英门初建于宋代，明嘉靖年间重建并命名，古民居围绕，精雕细琢，较完整地保存着明代建筑特色。1982 年被列为县重点文物保护单位。

双熊会 Shuāngxiónghuì 位于筱村镇周新村，龙井潭东 1 千米处，属三重漈景区，与飞云湖景区毗邻。山顶巨石凌空，像母熊仰首期盼；山脊一石似公熊猛追，故名"双熊会"。附近有三重漈、牛皮滩、龙潭等景点。

新浦牛皮滩 Xīnpǔ Niúpítān 位于筱村镇新浦三重漈，属三重漈景区，与飞云湖景区毗邻。连片棕黑色石壁广约 80 平方米，像铺开的牛皮，故名。牛皮滩之水源于新浦三重漈，涧水清浅，飞瀑怪石。

翁山牛脊梁 Wēngshān Niújǐliáng 位于筱村镇翁山村，属翁山景区。两处山峰起伏，中间由一条形似牛脊梁的通道连接，故名。牛脊梁海拔 762 米，宽仅 0.8 米，长约 40 米，两峰间对称分布近 90 度的悬崖。

石将军摩天崖 Shíjiāngjūn Mótiānyá 该景点地处海拔 800 多米的翁山，崖高 100 余米，宽 150 余米，形如巨旗。悬崖陡峭，石壁平滑如刀削。

乌岩岭风景区 Wūyánlǐng Fēngjǐngqū 位于司前镇西北部，景区面积 188.62 平方千米，由次原始森林，动植物标本展览区、瀑布群、山峰溪流 4 部分组成。境内群峰耸立，溪流潺潺；莽林壁松，飞瀑如泻。

有白云尖，南鹿岗、米筛潭、龙井潭等数十处景点。

九峰风景名胜区

九里潭景区 Jiǔlǐtán Jǐngqū 位于泗溪镇石门村石门自然村，距泗溪镇治约5千米，属九峰风景名胜区，因景区中的九里潭得名。

该景区从九峰山麓形成一狭长峡谷，群峰逶迤。主要景点有：石门、七里溪、八里滩、九里潭、双瀑奇观、猢狲潭、雨花瀑和石柱等。

从九里潭村至三重漈溪床平缓，形成沙滩、石滩、竹林滩、松林滩等，长约八华里，故称“八里滩”。八里滩溯流而上山势渐险，上游两条支流汇合处，可见双瀑，左瀑面朝西南，名牛郎瀑，高106米，中有五折，从崖边倾泻而下。瀑旁不远处有两个大洞，洞中蝙蝠聚居。右瀑朝北，名织女瀑，高25米左右。两瀑相距六七十米，隔溪相望。下游200米处一石似猴，石下之潭称“猢狲潭”。潭左瀑布高约15米，水量不大但水珠如雨，飞溅似花，得名“雨花瀑”。猢狲潭右巨石突兀如柱，称为石柱，又称石笋。牛郎瀑上游水库水面狭长，形成绿色长潭，名为九里潭。

石门系两块峭壁相连，如打开九里潭之门而名。石门至九里潭村，小溪清澄透彻，长数千米，称为七里溪。

峰文峡谷景区 Fēngwén Xiágǔ Jǐngqū 位于彭溪镇峰文村，因地处峰文得名，今属九峰风景名胜区。景区海拔在300—1200米之间，地形起伏大，以飞瀑、峭壁、深潭等著称，需徒步进入。

峰文峡谷中有云天洞、水纹袈裟、飞瀑彩虹、三柱峰、险桥栈道、白水漈、石厝洞等景点。三角尖半山腰巨石突兀，恰似戴笠老人，故称“戴笠仙翁”。仰天湖至峡谷的一条山脊，宽约1.5米，两侧深谷，素有牛岭天险之誉。云天洞处于千米高的山峰，奇峰突兀。峡谷干流与支流角溪汇合处潭水清澈见底，水底石子在阳光下折射出多色水纹，称为“水纹袈裟”。 其下为水龟潭，一条斜瀑下泻，如扫把，又如两龟仰卧，龟纹依稀可见。潭中一石似孔雀头，阳光照射下，潭中石和水波荡漾，形成“孔雀开屏”奇观。

白水漈瀑布位于谷岗安下方约500米，瀑高约90米，宽约20米，瀑布下为葫芦潭。山涧雷鸣，水质清白，白雾升空。

后溪揽胜景区 Hòuxī Lǎnshèng Jǐngqū 位于彭溪镇内垟村后溪，距彭溪镇政府驻地约300米，因处后溪而名。后溪揽胜景区有青龙石、石戏台、大猴洞、锅底潭、 “双叠冥斋石”、“大险小峡”、九曲回肠等景点，周边有彭溪戏台、双桥相迎、飞虹石桥、百步矴步等景点。

浙南红军路 Zhènán Hóngjūn Lù 位于九峰风景名胜区，从彭溪镇富垟经峰文、双溪口、小南山、古铜坑、灵家山至白柯湾，主线全长20.233千米，连接线全长6.778千米。地处土地革命战争时期闽浙边境革命活动中心地带，红军挺进师常驻地。1996年经南京军区副司令员张文碧将军确认并命名。是温州市爱国主义教育基地。

沿途有中共闽浙边临时省委驻地旧址、中共浙南特委成立地、红十九师重建地、中国工农红军挺进师纪念馆等。

三插溪峡谷 Sānchāxī Xiágǔ 位于司前畲族镇黄桥村，因三插溪得名。峡谷长5.8千米，深度在150~400米，谷底宽5~20米，曲折逶迤，两侧悬崖峭壁，众多瀑布倾泻谷中。

板岱头石柱群 Bǎndàitóu Shízhùqún 位于罗阳镇恩岱垟村板岱头自然村，南距县城9.5千米，西与乌岩岭保护区相接，东邻司前畲族镇、景宁县。

该景点石柱高达十余米至百米，围径十至数十米。几十条石柱拔地透天，四周悬崖峭壁，密林葱郁，有黄腹角雉、黑麂、苏门羚、狐狸、穿山甲、野猪、蛇类等珍稀动物。

泰顺石笋峰 Tàishùn Shísǔnfēng 位于司前畲族镇峰门村，因山峰形似竹笋冒尖而名。石笋峰海拔986.2米，地势陡峭，奇岩怪石，仅有一碎石路可达山脚。景点内动植物种类丰富。

竹里石人 Zhúlǐ Shírén 位于竹里畲族乡竹里村。地处竹里，形似老人，故名。

竹里石鼓 Zhúlǐ Shígǔ 位于竹里畲族乡竹里村。地处竹里，石形如鼓，故名。海拔450米左右，石鼓背后山体为断崖，岩体落于鼓背，形成十余个100立方米以上的花岗岩岩体。

第二节 公 园

天关山森林公园 Tiānguānshān Sēnlín Gōngyuán 位于县城西萨，距县城中心2千米，因坐落于天关山而名。2001年2月在国营泰顺县罗阳林场的基础上建立，为省级森林公园。该公园总面积1043.1公顷，森林覆盖率87.5%，公园内最高峰天关山顶海拔1269米，有天关古道、天关山龙井瀑布群等景观。

天关古道 Tiānguān Gǔdào 自天关山森林公园至岭北村尾村，全长约5千米。沿途分布古道、古树、古桥、小溪。相传900多年前张姓祖先居于此，块石路面已被步履磨滑。

天关山龙井瀑布群 Tiānguān Shān Lóngjǐng Pùbùqún 位于天关山森林公园龙井坑，距县城中心2千米。地处龙井坑，水源来自天关山，故名。由上而下由矶珠龙井、洞天龙井、弦音龙井3潭及多条瀑布组成，三处龙井为先民祈求风调雨顺之处。

矶珠龙井潭长4米，宽2米，深5米，有一石矶突出，矶上瀑布高4米，形如酒瓶，瀑布冲击石矶，万千水珠飘洒如珍珠散落，故称“矶珠龙井”。

洞天龙井是上、下二瀑串连的两处碧潭。溪谷岩壁封口狭小，可洞观天空，故称。潭上瀑布高7米，中分两股，围成三角形，细看似人体素描，又称“写人瀑布”。

弦音龙井直径 2 米，深约 1 米多。潭上之水形成线形瀑布，水击潭面之声悦耳清脆，如琴弦拨动，故名。瀑布东北一岩似莺，嘴短而尖，头微翘，似在倾听弦音妙曲，得名“石莺听泉”。

三魁森林公园 Sānkuísēnlín Gōngyuán 位于三魁镇境内，紧靠 58 省道，为省级森林公园。

该森林公园 2005 年 12 月经浙江省林业厅批准建立，以三魁镇属双峰林场为主体，包括当时水车垟、曲尺潭、卢梨、戬洲、百丈漈等 5 个村部分山场，森林覆盖率达 86%，规划面积 1218.03 公顷。

公园内以自然生态环境、革命历史景点、山村民俗风情为特色，分为卢梨、卢梨寺、双峰、百丈漈、金狮湖 5 个景区；有仙堤塘、姊妹枫、二姑尖、后坑尖、明代古桥刘宅桥、碧宵潭、金龙潭、百丈漈、金狮湖、晒书石、眠驼峰等景点。金狮湖即金狮水库，水域面积 15.3 公顷。园内峰峦重叠、沟壑纵横，长年水流切割侵蚀形成众多峡谷瀑布。最高峰二姑尖，海拔 1022.8 米，最低处百丈漈海拔 370 米。

飞龙山公园 Fēilóngshān Gōngyuán 位于罗阳县城飞龙山，1993 年建。因飞龙山得名，南靠新城隧道，北临棋盘岩，山上有千年古刹三峰寺。

万罗山公园 Wànluóshān Gōngyuán 位于县城中心，因园内万罗山得名。东临横街，西连北大街。该山在县衙前孤峰突起，形如官印，又称“印山”。抗日战争时期，泰顺县政府将万罗山辟为“中山公园”，后在园内建抗日战争胜利纪念碑。

岭上塆革命纪念公园 Lǐngshàngwāngémìng Jìniàn Gōngyuán 位于罗阳镇上庄村，距县城 17 千米。岭上塆是上庄村半岭、上庄、暗塆三村庄的合称，民国 23 年（1934 年）3 月建立中共岭上湾支部和岭上湾乡苏维埃政府，是泰顺境内第一个基层党组织和第一个红色政权。

2004 年省经贸委捐资于此建革命纪念公园，占地近 5 公顷，建有纪念碑、纪念馆、烈士墙等。2007 年被列为县爱国主义教育基地，2009 年被列为温州市爱国主义教育基地。

泰顺廊桥文化园 Tàishùnlángqiáo Wénhuàyuán 位于泗溪镇下桥村，以展现廊桥文化得名，建于 2007 年。围绕 “姐妹桥”北涧桥、溪东桥向四周辐射，核心区约 26.8 公顷，连同旅游配套服务功能区、旅游度假休闲区占地共 353.3 公顷。

仕阳滨水公园 Shìyángbīnshuǐ Gōngyuán 位于仕阳镇，有直径约 100 米的人工湖，湖中有八角亭露天观景台，沿湖四周配套建有防护栏。

第七编 与地名相关的传统文化

第一章 古遗址 古村落民居

第一节 古遗址

金钟覆地遗址 Jīnzhōngfùdì Yízhǐ位于司前畲族镇溪口村，三插溪、司前溪交汇处南侧，白鹤山庄内。因所处“金钟覆地”命名，遗址面积3560平方米。

2002年11月11日，白鹤山庄建设中出土一件具有商周时期特征的石钺，为泰顺县仅有，还发现较多的印纹陶片和石器。2003年，该遗址被列为泰顺县重点文物保护单位。

锦边山遗址 Jǐnbiānshān Yízhǐ 位于筱村镇新兴村锦边山，因锦边山命名。属新石器晚期遗址，面积约1万平方米。

1988年温州市文物处、泰顺县文博馆进行调查，出土石器3件，陶器多件，具有新石器中晚期向春秋战国过渡的特征。1988年9月该遗址被列为泰顺县重点文物保护单位。

龙珠山遗址 Lóngzhūshān Yízhǐ 位于百丈镇原下村村后门垟龙珠山。为新石器时期晚期遗址，出土精磨石器及几何印纹陶、黑彩陶，具有昙石山文化系统的特征。

狮子岗遗址 Shīzǐgǎng Yízhǐ 位于司前畲族镇司前村狮子岗，面积约8000平方米，出土有斧、刀、锛、凿、镞等石器以及划有符号的彩陶片。

柴林岗遗址 Cháilíngǎng Yízhǐ 位于司前畲族镇溪口村，地处飞云江上游司前溪与竹里溪汇合点，离河床高约30米。分布范围南北长约200米，东西宽50米，出土商周至春秋战国时期陶片。

宫头垟遗址 Gōngtóuyáng Yízhǐ 位于司前畲族镇溪口村宫头垟自然村，距柴林岗遗址约500米。为昙石山文化系统从商周向春秋战国时期遗迹，出土多为几何印纹陶，少量为泥质黄陶、灰陶。

牛角岙遗址 Niújiǎo'ào Yízhǐ 位于新浦漈头西北牛角岙。1998年调查发现，为新石器时代遗址。出土陶片可辨器形有釜、罐、钵、盆等，石器有斧、矛、刀及砍砸器等。

百丈双革窑址 Bǎizhàng Shuānggé Yáozhǐ 位于百丈镇建民村上林自然村双革，因双革得名。属龙泉窑系，多为碗、盘、罐等民间日用瓷，以碗为主，烧制年代两宋。

百丈西垟山窑址群 Bǎizhàng Xīyángshān Yáozhǐqún 位于百丈镇建民村上林自然村西垟山周围，以西垟山而名。窑址共六处，分布于同一山岗。属龙泉窑系，出土以民间日用瓷为主，烧制年代两宋。

百丈窑背窑址 Bǎizhàng Yáobèi Yáozhǐ 位于百丈镇建民村上林自然村珊溪水库旁，古时该地因建窑得名“窑背”。其中一条窑床长 18 米，属龙泉窑系，出土以民间日用瓷为主，烧制年代为两宋。该窑址 1982 年列为泰顺县重点文物保护单位。

百丈仓楼墩窑址 Bǎizhàng Cānglóudūn Yáozhǐ 位于百丈镇建民村仓楼墩自然村，以仓楼墩而名。属龙泉窑系，出土以民间日用瓷为主，烧制年代为两宋。

山后外窑窑址 Shānhòu Wàiyáo Yáozhǐ 位于百丈镇山后村南面山腰，地处山后村外侧，故名。分布范围 1000 多平方米，废品堆积层厚 1 米左右。出土器物有碗、盘、碟、壶等，以碗为主，烧造年代元代。

百丈石坟山窑址群 Bǎizhàng Shífénshān Yáozhǐqún 位于百丈镇建民村上林自然村石坟山周围，故名。窑址共四条，属龙泉窑系，出土以民间日用瓷为主，烧造年代两宋。

犁壁坑碗窑窑址 Líbìkēng Wǎnyáo Yáozhǐ 位于彭溪镇西关村犁壁坑自然村。出土多为民间日用瓷，有碗、盘、碟、罐等，以碗为主，烧造年代初步判断为宋代。

西关碗窑窑址 Xīguān Wǎnyáo Yáozhǐ 位于彭溪镇西关村。窑址南北走向，大部分在树林草堆中，出土主要为碗、碟、罐碎片，具有两宋特征。

玉塔窑址群 Yùtǎ Yáozhǐqún 位于彭溪镇玉塔村园子岭山，共有青瓷窑址 3 处，青白瓷窑址 7 处。出土有碗、盘、碟、盏、罐、壶、瓶、灯盏、器盖、水盂等，青瓷窑址为北宋，青白瓷窑址为北宋中后期至南宋早期。该窑址群 1982 年被列为泰顺县重点文物保护单位。

黄沙地碗窑窑址 Huángshādìwǎnyáo Yáozhǐ 位于三魁镇双旸村黄沙地自然村，故名。共有杨梅坪、竹湾、垟头、架后、五贯五处，出土瓷片、陶片具有明清时代特征。

外西坑碗窑窑址群 Wàixīkēng Wǎnyáo Yáozhǐqún 位于三魁镇外西坑村周围山上，故名。八条窑床面积共约 8130 多平方米，分布在来龙岗、后垟坟、大新地、庵堂坟等山上。部分被掩盖在山土下。出土大部分为碗、罐、盘、壶等器物，烧造年代待定。

银洞坑银矿遗址 Yíndòngkēng Yínkuàng Yízhǐ 位于彭溪镇银洞村内炉自然村圆墩山上，因附近小溪银洞坑命名。周围 8 处矿冶遗址大小不等，深七八米至十余米；洞口皆朝东北。

七洞门银矿遗址 Qīdòngmén Yínkuàng Yízhǐ 位于仕阳镇白岩居民区外岗自然村，该遗址从右至左斜上方排列七处矿洞，得名“七洞门”，是明初开采银矿遗址。七个矿洞大小、深浅不一；即使相通的矿洞，洞口也均朝向东北。

据明弘治年间泰顺教谕王銮《封银坑序》载：“泰顺银坑发于成化五年（1469 年），朝廷命大臣莅县开办，岁贡白银三千八百十四两。厥后矿脉日微、渐次减免，弘治改元（1488 年）减至六百零四两，三年以后矿脉竭封坑。”

1985年11月，该遗址被列为泰顺县重点文物保护单位。

罗阳城垣遗迹 Luóyáng Chéngyuán Yíjì　始建于明嘉靖八年（1529年），北跨凤凰山，南越霞阳山，周长900余丈，基宽2.2丈，高2丈，设四城门。明嘉靖三十八年（1559年），倭寇入侵，知县区益组织民力重修。清雍正六年（1728年），参将王晓于四门外增建月城，清康熙十年（1671年），知县林天祯设楼橹木栅。民国37年（1948年）6月，县长凌九霄又重修城墙，总高11米，宽十米。解放后，东、南、西诚门和城楼被拆除，现存烈士墓后墙一段遗址，长96.7米。

双凤寨遗址 Shuāngfèngzhài Yízhǐ　位于雅阳镇上仁垟村高山顶（海拔1064米）。1930年泗溪农民暴动队伍在此安营扎寨，在半山腰的上仁庵建立贮藏军需物资的第二寨，二寨相距四里，得名“双凤寨”。1930年10月2日，国民党浙江保安团某连及5个乡民团围攻双凤寨，因众寡悬殊，山寨被攻破，农民暴动失败。

金钗寨 Jīnchāi Zhài　位于罗阳镇南院村北部与鹤巢村相邻处，海拔851米的寨顶山半山腰。清咸丰十一年（1861年），鹤巢村曾氏家族为防兵燹，立寨守卫家眷，命名“金钗寨”。四面陡壁悬崖，仅一条羊肠小道通往山寨，俗称“牛头寨”。现存寨墙长约66米，最高处10米，寨门高3米。寨墙中部有石碑，横刻篆书“金钗寨”三字；寨内有观望台，古井。为泰顺县尚存较完整的山寨遗址。

第二节 古村落 宗祠 古民居

古村落

库村古村落 Kùcūn Gǔcūnluò 位于泰顺县筱村镇库村。始建于晚唐，五代至清逐渐扩展。主要建筑有吴畦陵园、世英门、清阴井、食德堂、古戏台、牌坊，已确定的古建筑面积约3.7万平方米，仅书院就有4处。周边分布古树、古道。

唐时先后有两位进士居此，宋时库村吴氏23人科举及第，南宋时进士不下10人。

徐岙底古村落 Xú'àodǐ Gǔcūnluò 位于筱村镇徐岙村徐岙底自然村，由水尾厝、举人府、文元院、顶头厝、吴氏宗祠构成。

举人府面阔15开间，穿斗式架梁，悬山顶。左右厢房面阔五开间，正房面阔11开间，院落用卵石铺地。

文元院共二进，四合院式。门楼外两边立有旗杆石，门楼门楣上悬“文元”匾，为清乾隆年间贡元吴存经而立。院内长方形石块铺地。左右厢房各 3 间，正房面阔 9 开间。

吴氏宗祠建于清乾隆十二年（1747 年），构筑宏伟，雕梁画栋；院中有戏台、拴马石。

该村落与“东垟书斋”“文兴桥”“文重桥”相邻，距南浦溪景区不远，构成富含书香的旅游链。

徐岙并非徐姓所居。相传北宋宣和年间仙居乡的徐震率兵抗方腊战死，灵柩扶归乡里，途经于此显灵，天降甘霖，使久旱的田地连年丰收。乡民为纪念徐震将此山岙称为“徐岙”。南宋绍熙年间（1190—1194 年）吴莱由筱村柏树底分迁徐岙底村，遂为吴姓聚居。

百福岩古村落 Bǎifúyán Gǔcūnluò 位于雅阳镇百福岩村，承天氡泉自然保护区内，因百福岩村而名。由石门楼、花丛里、旗杆里、长尾厝、圆门里、顶头厝六部分组成，建筑面积共 6500 平方米。该村落群山围绕，村前小溪潺潺。后山绿树成阴。周围有塔头底古村落、宝林寺、承天氡泉、氡泉大峡谷等景点。

该村始祖周凤吉原居处州景宁，乾隆四年（1739 年）入赘雅阳后庄李家。乾隆二十一年（1756 年）迁入百福岩村，村落渐成规模。

塔头底古村落 Tǎtóudǐ Gǔcūnluò 位于雅阳镇和平村塔头底自然村。占地面积 100 余亩，主要古迹有下厝、旗杆底、中央厝、旧厝、碓米房等，存有圣旨、牌匾、香炉等文物。周围有百福岩古村落、承天氡泉、宝林寺等景点。

村落始建于清康熙年间，民居“下厝”最为古老。下厝为合院式建筑，正房坐东朝西，门楼建在庭院的左前方，故有“歪门正厅” 之说。

塔头底古村落为季氏聚居之地。据季氏家谱记载，季茂龄明成化四年（1468 年）登进士，后任高邮府尹，四年后入翰林。明正德十三年（ 1518 年）从青田梅歧迁居八都牙洋（今雅阳）大坪垟后湾。茂龄玄孙德重、德立游经塔头，“观其山川秀丽，竹苞松茂”，乃移居塔头底，清康熙十八年（1679 年）广建居所。

宗 祠

包氏宗祠 Bāoshì Zōngcí 位于泗溪镇玉岩村，九峰自然保护区内。由牌楼、外台门、荷花池、头门、前堂、正堂等组成，建筑面积 1200 平方米。祠堂西约 1000 米有南阳桥，周围还有宝琳寺、北涧桥、东溪桥等景点。

玉岩包氏始祖包贵山，祖籍平阳竹楼，宋德祐元年（1275 年）迁居玉岩。该宗祠建于明成化年间（1465—1487 年），清道光二十七年（1847 年）重建，1990 年重修。1982 年被列为泰顺县重点文物保护单位。

庵前张氏宗祠 Ānqián Zhāngshì Zōngcí 位于三魁镇庵前村。2003 年 1 月被列为泰顺县重点文物保护单位。

薛宅薛氏宗祠 Xuēzhái Xuēshì Zōngcí 位于三魁镇薛宅村薛宅自然村，为泰顺著名宗祠之一。元大德六年（1302年）建，明宣德三年（1428年）移至现址重建，明嘉靖二十五年（1546年）、清乾隆二十九年（1764年）又重建。整体共三进，每进7间，各进中间为大厅。

沐峰何氏宗祠 Mùfēng Héshì Zōngcí 位于雅阳镇沐峰村。始建于清康熙五十三年（1714年），道光二十六年（1846年）重建、同治三年（1864年）重修。

贝谷徐氏宗祠 Bèigǔ Xúshì Zōngcí 位于罗阳镇贝谷村，建于清乾隆辛亥年（1791年），坐西朝东，四合院式，小青瓦屋面，青砖屋脊。前后三进依次而上，左右设厢房。被列为泰顺县重点文物保护单位。

董源董氏宗祠 Dǒngyuán Dǒngshì Zōngcí 位于仕阳镇董源村章源自然村，建于清嘉庆元年（1796年），坐南朝北，由两座门楼、前厅、戏台、正厅、厢房等组成。小青瓦合铺屋面，青砖叠涩正脊。该宗祠是浙南山区祠堂代表性建筑，被列为泰顺县重点文物保护单位。

峡屿蔡氏宗祠 Xiáyǔ Càishì zōngcí 位于三魁镇峡屿村，始建于南宋淳熙十三年（1186年），清乾隆十三年（1748年）重修。该祠分二进：上进颜曰“大安”，下进颜曰“时思”，结构古朴典雅，绘画保留完整。

古民居

曾氏土楼 Zéngshì Tǔlóu 坐落罗阳镇上交洋村上交洋，清咸丰年间建，占地约625平方米。为典型的客家方形土楼，村人又称“仓楼”。

该土楼系曾氏所建。曾氏原居福建同安，清嘉庆年间迁罗阳交洋，后因防盗聚族而居，清嘉庆年间建此楼。

圆州古民居 Yuánzhōu Gǔmínjū 位于司前畲族镇台边圆州村，毗邻白鹤景区。是具有典型明清风格的古村落建筑群，建筑面积约8000平方米。

黄、吴氏两族在圆州村繁衍生息。黄氏先祖博十原籍江西南昌府丰城县斗溪，“夙娴文艺，而尤精堪舆”，明末为避丰城动乱挟青囊以游，闻浙瓯山水名胜只身前往。泰邑人士邀其入泰择地，遂长留泰顺。吴氏系唐谏议大夫新山吴畦后裔，清康熙年间定居圆州。

双门第古民居 Shuāngméndì Gǔmínjū 位于筱村镇库尾，地处南浦溪景区最东北，具有唐宋遗风。因一门双进士有“双桂联芳”之誉，故名。

该宅共分三进，占地约1700平方米。正屋，厢房（横楼）左右各5间，门楼3间，后天井由石条围砌，有石井3口，后照壁上书有“吾亦爱吾廬；风松露竹；卿自用卿瀍”字样。

库尾古民居与邻近的包宅、吴宅构成新浦古民居群落。

东垟新厝下古民居 Dōngyáng Xīncuòxià Gǔmínjū 位于筱村镇东垟村，系林氏迁居东垟村后增建之屋，故名。该宅上下两座民居建于清康熙四十四年（1705年），建筑面积3000平方米。天井用溪流小石嵌成各种花样。雕梁、门窗、房檐雕刻山水动物，栩栩如生。

东垟林氏一世祖林建系唐天佑二年（905年）内阁长史，原籍福建莆田，后唐同光三年（925年）避乱迁此。2017年该建筑列为浙江省文物保护单位。

东垟门楼外古民居 Dōngyáng Ménlóuwài Gǔmínjū 位于筱村镇东垟村南路。为林建后裔繁衍发展第二处居所，因处众门楼之外，又称“门楼外”。该宅三座民居并立，建筑面积约3000平方米。

庵前古民居Ānqián Gǔmínjū 位于三魁镇庵前村。群落依山而建，包括九开间的“九榴”、七开间的“七榴”和张氏宗祠等三处。

2003年1月，庵前古民居群被列为泰顺县重点文物保护单位。

前坪张厝 Qiánpíngzhāngcuò 位于泗溪镇前坪村，又称“张十一故居”。建于清乾隆、嘉庆年间，占地5780平方米。院内有五口水井、五个晒埕，由五房分用。鱼池、花圃、仓库、酒房、马厩等一应俱全。

前坪张厝2003年被列为泰顺县重点文物保护单位，2011年被列为浙江省文物保护单位。

雪溪胡氏大院 Xuěxī Húshì Dàyuàn 位于仕阳镇雪溪桥西村石门楼，因胡姓所建所居而名。为"昌"字式二进院落，坐西朝东，占地4500多平方米。每进院落由门台、厢房、正屋组成。后院西南侧有长方形石砌水井一口。

据《胡氏家谱》记载，明天顺年间泰顺胡氏始祖胡道严从庆元迁此，清道光十二年（1832年）至同治十三年（1874年）建大宅。

该宅院2005年被列为浙江省文物保护单位，2013年3月被列为全国重点文物保护单位。

严山董家大院 Yánshān Dǒngjiā Dàyuàn 位于仕阳镇严山村北侧山坡上，因董姓所建所居得名。大院呈半月形，由主院、书院、仓楼和门楼道路系统组成，建筑面积约6200平方米。门楼到厅堂是一条五根大理石条拼接而成的甬道，正房九榴，左右厢房各七榴，二层重檐。正厅后面有水榭，底下是水渠。据《严山董氏族谱》载，清康熙年间董应恒从罗阳溪坪迁居严山，“不数世而枝叶繁衍”，国学生董绍选率其二子于乾隆年间迁此，该大院即清乾隆年间（1736—1795年）董绍选及其二子陆续所建。

该宅院2003年1月被列为泰顺县重点文物保护单位。

周湾底大厝 Zhōuwāndǐ Dàcuò 位于罗阳镇洲滨村周湾底。为三合院建筑，坐西朝东，占地约1900平方米，由门楼、甬道、正屋、左右厢房构成。

该宅院建于清同治年间，2010年12月列为泰顺县重点文物保护单位。

张宅底厝 Zhāngzhái Dǐcuò 位于三魁镇张宅村村。建于清代中后期，为二层重檐木结构，由门楼、大厅、左右厢房组成，木、石构筑精细。

徐岙举人厝 Xú'ào Jǔréncuò 位于筱村镇徐岙村，为清代武举吴永枫居所。整体为四合院式，建筑面积 1500 平方米。村落后山弯里有块大空地，人称为“跑马场”，为吴举人当年骑马舞刀习武之地。

吴永枫字尔宸，号华园，生于乾隆十二年（1747 年），卒于嘉庆十四年（1809 年）；乾隆三十五年（1770 年）恩科武科乡试中式，列第 37 名。

国岭王宅 Guólǐng Wángzhái 位于雅阳镇柳峰国岭村，因王姓所建所居得名。为三合院建筑，坐西北朝东南，由门台、天井、正厅、左右厢房构成，占地 1400 平方米。天井前围墙下设旗杆石两对，正屋两层重檐，七开间；左右厢房四开间；后院设耳房和青砖隔墙。

该宅建于清代，2010 年 12 月列为泰顺县重点文物保护单位。

上厝古屋 Shàngcuò Gǔwū 位于三魁镇西岙村上厝自然村，系上厝最古老的房屋，故名。建于明万历四十八年（1620 年）。

东垟书斋 Dōngyáng Shūzhāi 位于筱村镇东垟村筱村镇文化站旁。主楼五榴，建有花园、鱼塘、操场、伙房等。檐下房顶雕饰有孩童读书、练剑图案，含“文武双全”之意。书斋旁是林氏宗祠，附近有文重桥。

东垟书斋乾隆二十五年（1760 年）由林凤鸣、林方任（时任杭州新城儒学、杭州训导）父子建造，民国时为泰顺四大名楼之一。

包宅石门楼 Bāozhái Shíménlóu 位于筱村镇包宅村。古称“世英门”，始建于宋代，明嘉靖年间重建。门道两侧用长条石叠砌，上部用花岗岩仿木结构建成三开间，上为青石刻成的两坡式屋顶。石门楼结构严谨，精雕细琢，完整地保存着明代建筑特色，是浙南地区典型的石门楼建筑。1982 年被列为泰顺县重点文物保护单位。

第三节 亭台碑塔

瑞岭文昌阁 Ruìlǐng Wénchāng Gé 位于罗阳镇瑞岭村村尾，因供奉文昌帝君而名。坐西朝东，占地 245 平方米，由门楼、天井、正厅组成。四周围土墙，正中建甬道，两侧设花坛，北侧花坛植古桂一株。建于清道光二十八年（1848 年）。

桂花亭 Guìhuā Tíng 位于罗阳镇南外路南门桥头，因亭周多桂树得名。主体高度 3 米，建于清光绪十二年（1886 年），1999 年重修。

罗阳石亭 Luóyáng Shítíng 位于罗阳镇三垟村，除椽子外均用青石制作，故名。该亭坐西朝东，占地

29平方米。三面石墙，梁柱条石以卯榫相连，梁刻建造者姓名、官职。亭前有石筑照壁及一口水井，井水清冽甘甜。

该亭明正德十年（1515年）建，民国时重修。2005年4月被列为浙江省文物保护单位。

暗亭 Àn Tíng 位于罗阳镇下彩村。始建于清代，因古木蔽日得名。三面泥墙，为依山跨路土木结构，廊边设座凳，原为5间，今存3间，建筑面积96平方米。

龙牙岭半岭亭 Lóngyálǐng Bànlǐng Tíng 位于罗阳镇上垟村龙牙岭上，因处该岭之半得名。主体高2.8米。建于1963年10月，1999年2月重修。

岭头亭 Lǐngtóu Tíng 位于罗阳镇北峰村北10千米山坡上，因处岭头得名。主体高2.9米。建于1954年，1982年重修。

五岱亭 Wǔdài Tíng 位于罗阳镇三滩村五岱岭南侧，因处五岱岭得名。主体高2.7米，始建于清中叶，民国13年（1924年）重修，1993年10月重建。

水井团亭 Shuǐjǐngjiǎn Tíng 位于罗阳镇洲滨村水井团山脚，因处水井团得名。建于清同治年间。

水尾亭 Shuǐwěi Tíng 位于司前畲族镇里光水尾。为三层木质亭，下层和中层屋檐八角形，檐脊飞翘，上层为葫芦宝塔顶层，总高约6米，建筑面积42平方米，原有大路从中穿过。建于清咸丰五年（1855年），同治十一年（1972年）重建，1990年重修，1988年9月被列为泰顺县重点文物保护单位。

望楼亭 Wànglóu Tíng 位于泗溪镇枫林村望楼亭自然村。土木结构，建筑面积32平方米。

朱岭头亭 Zhūlǐngtóu Tíng 位于百丈镇朱岭村。石木结构，正亭毗连5间木平房，建筑面积共130平方米。建于清光绪年间，清代亭内曾设食盐中转仓库。

山塆亭 Shānwān Tíng 位于仕阳镇溪东村，建于清末。原名“新亭”，后称“山塆亭”。

静安亭 Jìng'ān Tíng 位于仕阳镇董陈村陈海垟自然村。土木结构，建筑面积80平方米。建于清咸丰十一年（1861年）。

十字路亭 Shízìlù Tíng 位于三魁镇卢梨村，解放初重修。亭处通往筱村、罗阳、凤垟、卢梨十字路口，故名。

夏家山亭 Xiàjiāshān Tíng 位于三魁镇夏家山村，建于清光绪五年（1879年）。

翠荫亭 Cuìyīn Tíng 位于三魁镇薛外村。亭旁古树参天，翠荫环绕，故名。建于20世纪90年代初。

龙坑亭 Lóngkēng Tíng 位于三魁镇张宅村龙坑，因处龙坑得名，建于清乾隆四十三年（1778年）。

源岭亭 Yuánlǐng Tíng 位于三魁镇张宅村源岭上，因处源岭得名，建于清乾隆二十八年（1763年）。

卢峰亭 Lúfēng Tíng 位于三魁镇卢梨村，因处卢峰得名。建于2003年。

隘门亭Àimén Tíng 位于三魁镇刘宅村，古道桐山大路旁，距亭约 50 米处有石砌拱形隘门，故称。石泥木结构，建筑面积 76 平方米，四面设座凳。建于清乾隆十五年（1750 年）。

1987 年时县内其他凉亭简表

表 7-1

名称	所建年代	所在地址
交溪亭 Jiāoxī Tíng	清光绪七年（1881 年）	罗阳镇白溪村
杨家岭路亭 Yángjiālǐng Lù Tíng	清咸丰年间（1851—1861 年）	罗阳镇鹤联村杨家岭自然村
界碑亭 Jièbēi Tíng	明、清	罗阳镇毛竹下村
毛垟桥亭 Máoyáng Qiáo Tíng	清乾隆十二年（1747 年）	罗阳镇毛垟村
三滩茶亭 Sāntān Chá Tíng	清	罗阳镇三滩村三滩自然村
小院凉亭 Xiǎoyuàn Liáng Tíng	清同治五年（1866 年）	百丈镇林岙村小院自然村
坳头路亭 Àotóu Lù Tíng	清	筱村镇坳头村小溪边
永安亭 Yǒng'ān Tíng	民国7年（1918年）重建	筱村镇炉坑岭
岭脚亭 Lǐngjiǎo Tíng	清末	筱村镇炉坑岭脚
筱岭亭 Xiǎolǐng Tíng	1978年修	筱村镇筱岭
北坑亭 Běikēng Tíng	民国4年（1915年）	筱村镇北坑
天分田亭 Tiānfēntián Tíng	民国年间	筱村镇北坑
上章亭 Shàngzhāng Tíng	1963年重修	筱村镇北坑
坑边亭 Kēngbiān Tíng	民国27年（1938年）	筱村镇坑边
徐岙亭 Xú'ào Tíng	1980年移建	筱村镇徐岙
岭下亭 Lǐngxià Tíng	1970年重建	筱村镇新楼

续表 7-1

名称	所建年代	所在地址
岭上亭 Lǐngshàng Tíng	1972年重建	筱村镇大场
横路下亭 Hénglù Xiàtíng	民国2年（1913年）	筱村镇大场
云峰亭 Yúnfēng Tíng	民国17年（1928年）	筱村镇新楼
仓边亭 Cāngbiān Tíng	民国38年（1949年）	筱村镇新楼
坳头亭 Àotóu Tíng	1954年	筱村镇坳头
垟头亭 Yángtóu Tíng	1985年3月	筱村镇坳头
小牛岭亭 Xiǎoniúlǐng Tíng	光绪三十二年（1906年）	筱村镇坳头
蚊虫岭亭 Wénchónglǐng Tíng		筱村镇王家山
胡排头亭 Húpáitóu Tíng	清代	筱村镇胡排头
健康亭 Jiànkāng Tíng	1969年2月	筱村镇坡头水尾
新风亭 Xīnfēng Tíng	1983年3月	筱村镇坡头岭脚
水尾亭 Shuǐwěi Tíng	民国13年（1924年）	筱村镇坡头
岭脚亭 Lǐngjiǎo Tíng	民国18年9月（1929年9月）	筱村镇水上章
顺风亭 Shùnfēng Tíng	1986年6月	筱村镇章前垟
瓦窑坪亭 Wǎyáopíng Tíng	光绪十六年九月（1891年9月）	筱村镇大岭
八角亭 Bājiǎo Tíng	1976年修	筱村镇下村
麻石岭亭 Máshílǐng Tíng	道光二十一年（1841年）	筱村镇章前垟
清风亭 Qīngfēng Tíng	民国27年3月（1938年3月）	筱村镇葛垟
求安亭 Qiú'ān Tíng	民国3年（1914年）	筱村镇小岭

续表 7-1

名称	所建年代	所在地址
洪溪岭亭 Hóngxīlǐng Tíng	清代	筱村镇下垟
北山亭 Běishān Tíng	1965年6月	筱村镇翁家山水尾
水尾亭 Shuǐwěi Tíng	1983年	筱村镇五浦
景福桥茶亭 Jǐngfú Qiáo Chátíng	清	泗溪镇三门垟村下村垟
双架丘路亭 Shuāngjiàqiū Lù Tíng	清光绪三十四年（1908 年）	泗溪镇池源村双架丘
下洪院口亭 Xiàhóng Yuànkǒu Tíng	清光绪元年（1875 年）	罗阳镇南源村院口东北
贝谷路亭 Bèigǔ Lù Tíng	清	罗阳镇贝谷村
水井团路亭 Shuǐjǐngjiǎn Lù tíng	清同治年间（1862—1874 年）	罗阳镇洲滨村水井团
龙华村长坑亭 Lónghuá Cūn Chángkēng Tíng	清道光二十一年（1841 年）	罗阳镇龙华村长坑自然村
下排浙闽界亭 Xiàpái Zhèmǐn Jiè Tíng	清同治四年（1865 年）	仕阳镇下排村王家垟

莒江戏台 Jǔjiāng Xìtái 位于罗阳镇西外村北面山岗上。坐东朝西三开间，宽 4.95 米、进深 4.9 米，悬空台面距地表 1.1 米。该戏台建于清代，原在百丈镇莒江，1998 年建珊溪水库整体迁此，并被列为泰顺县重点文物保护单位。

库村戏台 Kùcūn Xìtái 位于筱村镇库村吴宅自然村。建于清代。

文祥塔 Wénxiáng Tǎ 位于罗阳镇南外村塔坪路西南面，为祈求文化蕃盛命名。楼阁式砖木结构，六面七层，高 19.7 米。内设扶梯盘旋而上。塔刹为葫芦形。塔北立碑三通，载有建塔捐资情况。

该塔明隆庆年间知县王介庆建，万历、崇祯时增修。清嘉庆十七年（1812 年）坍塌，道光二十三年（1848 年）乡贤潘浦筹资重建。1989 年维修，加固塔基，增设石栏杆。1982 年被列为泰顺县重点文物保护单位。

毛垟石塔 Máoyáng Shítǎ 位于罗阳镇毛垟村笔架山上，为风水塔。块石垒砌，平面呈金字塔型。共五层，残高十米。每层四周绕以石梯，盘至塔顶，建有栏杆。

该塔建于明正德六年（1511年），1985年列为泰顺县重点文物保护单位。

矴步桥头石塔 Dìngbùqiáotóu Shítǎ 位于泗溪镇东溪琴桥村矴步自然村桥头，原在后宅洋对面山，1989年移建于现址。青石结构，五层六面四角攒尖顶，主体高5米。塔基由规整块石筑砌，塔刹葫芦形，四周石栏杆围护。

清咸丰、同治年间东溪村文风鼎盛，有12人考中秀才。光绪十二年（1886年）里人合资建此塔，取名“文章阁”。1985年列为泰顺县重点文物保护单位。

秀溪边百岁坊 Xiùxībiān Bǎisuìfáng 位于泗溪镇秀溪边村。清道光十三年（1843年）乡耆邱士琳妻102岁，请旨旌表而建。

罗阳及泉碑 Luóyáng Jíquán Bēi 位于罗阳镇北内村儒学路及泉宫内。原为“泰顺县儒学记”碑，后因所在及泉宫称“及泉碑”。碑高1.52米、宽0.645米，青石质，椭圆形碑额。刻于明景泰七年（1456年），天顺四年（1460年）碑反面被刻上“泰顺县建置沿革记”，隆庆六年（1572年）知县王克家又在反面刻上“及泉”二字。清末邑人建亭，移碑亭内。

山交寺开田记碑 Shānjiāosì Kāitiánjì Bēi 位于罗阳镇鹤联村山交自然村。该碑青石质，碑高1.22米、宽0.6米。阳面浮雕仰莲，刻有楷书捐田人姓名数量，阴面刻有篆书<<山交寺开田记>>。

该碑立于明天顺三年（1459年），泰顺县教谕熊相撰文、县丞耿焯篆额、知县郭显宗书丹。1982年被列为泰顺县重点文物保护单位。

重修泰顺学宫碑 Chōngxiū Tàishùn Xuégōng Bēi 位于罗阳镇东内村罗阳实验小学内。该碑为青石，碑高1.48米、宽0.74米、厚0.15米。碑文通体正楷直书，阴刻十九行，正文内容重修泰顺学宫的经过及作用，为清代学者曾镛撰写。

该碑清嘉庆十二年（1817年）立，1998年列为泰顺县重点文物保护单位。

玉岩坝底题刻 Yùyánbàdǐtíkè 位于泗溪镇玉岩村包氏宗祠南面石壁上。题刻共两处，相隔4米。东边题刻“大明万历三年静山立”，西边题刻一联：“玉岩钟吼水，尖山应洞天”。

该题刻《分疆录》有载。1982年列为泰顺县重点文物保护单位。

油车岭石板桥题记 Yóuchēlǐng Shíbǎnqiáo Tíjì 位于三魁镇刘宅村油车岭脚，是泰顺县境最早古桥题记。由三块青石板平铺而成，长3.8米宽1.87米，题记镌刻在桥面边沿，字大10厘米。左边记载“福州城居士王仁重造桥……”，右边载有“先考王十五郎口口口，政和八年戊戌（1118年）朔月二十有三日题”。1988年被列为泰顺县重点文物保护单位。

桥下首约4米处有一矴埠，是古时去福建省必经之路，相传有一福建客商经过该矴埠时逢大水不慎被冲落，为当地村民所救，其子报恩乃造此桥(题记内容与此相合)。

金谷庵后山摩崖题刻 Jīngǔ'ān Hòushān Móyá Tíkè　位于筱村镇库村村漈头自然村金谷庵后山悬崖上，阴刻颜体横书“锦绣谷”三字，宽 162 厘米。相去约 19 米山岩上刻楷书直刻“三友洞”3 字，高 1. 05 米，字迹清楚。林鹗《分疆录》载：“崖下旧有书室，为吴驲、吴泰和、包湉讲学处。”1982 年该题刻被列为泰顺县重点文物保护单位。

梅岩题刻 Méiyán Tíkè　位于泗溪村横山底，宋代乡贤林待价故居后门山岩上。林待价是抗元勇士林逢龙的曾祖父，号“梅岩居士”。题刻篆体阴刻直书，字径 0. 63×0. 38 厘米，字迹清晰。

迂谷题刻 Yūgǔ Tíkè　位于罗阳镇桥下村桥下自然村。“迂谷”是《分疆录》作者林鹗的别号，桥下村有其故居，相传题刻为林鹗手迹，篆体阴刻，字高 85 厘米，宽 68 厘米。

第四节 古 井

垟头井 Yángtóu Jǐng 位于罗阳镇贝谷村垟头自然村，因村而名，民国前已有。

石亭井 Shítíng Jǐng 位于罗阳镇三垟村的石亭照壁前，因亭而名。井水清澈甘甜。该亭建于明正德十年（1515 年），井之开凿应不晚于此年。

赤沙井 Chìshā Jǐng 位于罗阳镇东内村赤沙自然村回澜桥东北，因村得名。井口呈长方形，井栏由规整条石砌成，长 1.7 米、宽 0.8 米。

该井开凿于清代，是泰顺县城附近保存最好的古井之一，现仍在使用。

儒学井 Rúxué Jǐng 位于罗阳镇儒学路，建于清代。

大深垟井 Dàshēnyángcūn Gǔjǐng 位于罗阳镇西外村西大街 221 号屋后，建于清代。

三垟井 SānyángJǐng 位于罗阳镇三垟村，古民居上厝、下厝之间，因村得名。井水清澈甘甜，井壁呈圆形，直径 0.65 米，内圈直径 0.52 米、高 0.45 米、水深 2.5 米。井栏上阴刻楷书“光绪九年冬月吉日立”等字样。

下舟垟张家井 Xiàzhōuyáng Zhāngjiā Jǐng 位于罗阳镇华荣村下舟垟自然村张姓屋后。石砌井圈，周长 2.2 米、宽 1 米。井深 1.6 米。该井建于明崇祯年间。

水窟 Shuǐkū 位于司前畲族镇新北居委会水窟自然村东。俗称“井”为“窟”，故名。从村以井名判断，开凿不晚于清代。

水井 Shuǐjǐng 位于百丈横辽村水井自然村，从村以井名判断，开凿不晚于清代。

白水窟 Báishuǐkū 位于泗溪洲路村白水窟自然村。井水涌动白雾纷飞，故名。从村以井名判断，开凿不晚于清代。

前坪村张宅井 Qiánpíng Cūn zhāngzháijǐng 位于前坪村张宅院内，共 5 口，建于清乾隆、嘉庆年间。

徐岙底双井 Xú'àodǐ Shuāngjǐng 位于筱村镇徐岙底村后，从村庄历史判断，约建于南宋。分上、下二井，上井用于食饮，下井用于洗涤。

清阴井 Qīngyīn Jǐng 位于筱村镇库村吴宅自然村，因环境清阴得名。至今仍为吴宅村民重要生活水源。该井四边形，青石砌成，自上而下逐渐扩大。井栏为四块大青石条，正面墙上刻有“清阴井”三字。井深约 4 米，遇旱不枯，井面直径 2.5 米。

葛垟井 Géyáng Jǐng 位于筱村镇西南部，葛垟村水井底自然村，因葛垟村得名。从村以井名判断，开凿不晚于清代。

百福岩井 Bǎifúyán Jǐng 位于雅阳镇百福岩村西侧山脚下，周姓民宅后院，因村得名。外边长 1.65 米；井壁呈圆形，直径 0.88 米，井深约 2 米。该井建于清代，今已弃用。

上莲头井 Shàngliántóu Jǐng 位于雅阳镇莲头村上莲头自然村北面山脚下，因村得名。井壁圆形，由花岗岩块石砌筑而成，直径 1.8 米、高 0.39 米、厚 0.9 米。

该井开凿于清代，保存较好，仍能使用。

日月井 Rìyuè Jǐng 位于雅阳镇中村，为日、月两井合称。日井井口圆形，直径 1.5 米，井西建有照壁；月井井口呈半月形，弧高 1 米。

二井均开凿于清代，《分疆录》载：“日月二井隔溪相望。日井圆，在村东；月井如半壁，在村西。泉俱清冽。”

窟坳 Kū'ào 位于雅阳墩头村窟坳自然村，从村以井名判断，开凿不晚于清代。

水竹窟 Shuǐzhúkū 位于仕阳雪临村水竹窟自然村，以该地多水竹而名。从村以井名判断，开凿不晚于清代。

林厝下井 Líncuòxià室 Jǐng 位于三魁镇下武垟村林厝下自然村，因村得名。井壁由六块弧形青石板砌成，直径 1.3 米。该井清代开凿，井水清冽甘甜，至今仍在使用。

庵前井Ānqián Jǐng 位于三魁镇庵前村张姓民居后院，因村得名。井面呈长方形，井壁与井底均为规整花岗岩石板砌成，长 1.3 米、宽 1.2 米。该井清代开凿，整体保存较好。

长官垅井 Chángguānlǒng Jǐng 位于三魁镇戬洲村下溪坪自然村长官垅，因村得名，开凿于清代。

东垟底井 Dōngyángdǐ Jǐng 位于三魁镇东部东垟底村水井边自然村，因东垟底村得名。从自然村因井而名判断，开凿不晚于清代。

泉水窟 Quánshuǐkū 位于三魁洪岭头村泉水窟自然村。从村因井名判断，开凿不晚于清代。

彭家堡井 Péngjiābǎo Jǐng 位于三魁镇戬洲村彭家堡自然村，因村得名，开凿于民国前。

后井 Hòu Jǐng 位于罗阳镇三坪村后井自然村陈姓宅中。从自然村因井而名判断，开凿不晚于清代。

水井岗井 Shuǐjǐnggǎng Jǐng 位于百丈镇建民村林山自然村东侧水井岗。

水井面井 Shuǐjǐngmiàn Jǐng 位于筱村镇坑底村水井面自然村。从自然村因井而名判断，开凿不晚于清代。

金峰井 Jīnfēng Jǐng 位于筱村镇山罗丘西南。

水井丘井 Shuǐjǐngqīu Jǐng 位于彭溪镇彭溪水井丘自然村。从自然村因井而名判断，开凿不晚于清代。

龙井 Lóngjǐng 位于仕阳镇大龙口村委会驻地下侧。该地一山岭形似大龙，井处其间，故名。

塘前坳井 Tángqián'ào Jǐng 位于柳埠村塘前坳自然村，因村得名。

仙山石室井 Xiānshān Shíjǐng 位于仕阳镇翁地村仙山之巅石室中间，四季不涸。

石盂坑井 Shíyúkēng Jǐng 位于竹里畲族乡徐坑，白鹤渡水库大坝脚。该地原称石盂坑，因村得名。井水清澈甘甜，四季不涸。

第二章 地域名产 非物质文化遗产

第一节 地域名产

地域名产的形成与一方自然、人文等因素关系密切，往往带有地名印记。

泰顺石 Tàishùn Shí 以主产地泰顺县得名，学名叶蜡石。含氧化铝、氧化硅、氧化铁等多种成分，有白、黄、红、绿、青、灰等色，向为雕刻家喜爱。

泰顺石产于县内仕阳镇龟湖及周边山区，已探明储量1亿吨以上。矿点主要分布在龟湖的牛头颈、草岗、龙井坑、仰天湖、五重洋等地，罗阳、仕阳、东溪几个乡镇也有分布。主要品种有：姚黄冻、金镶玉、桂花冻、状元红、龙井青等。龟湖泰顺石晶润似玉，数千年前已开采，用作磨刀石、建筑雕划、祭祀用具、印石（章石）等。当地人自古称泰顺石为“匣石”“软石”，至今尚有村庄磨石坑。

泰顺名茶

清嘉庆十五年（1810年）所编的《中国名茶志》，泰顺黄汤、银针等均名列其中。泰顺县是全国三大绿茶之一“温绿”的主产区，全国百个重点茶叶生产和出口基地县之一，1996年被国家命名为“中国茶叶之乡”。泰顺茶中珍品多冠以产地地名。

泰顺三杯香茶 Tàishùnsānbēixiāngchá 产于原筱村镇葛垟，冲泡三次仍有余香，故名。该茶以“香高味醇，经久耐泡”著称，泡开后呈一芽两叶，汤色绿艳明亮，叶底嫩绿鲜活。2010年国家对该茶实施国家地理标志产品保护，保护产地范围为泰顺县所辖行政区域。

2006年“三杯香”商标被评为温州市知名商标， 2009年被评为浙江省著名商标，同年被核准注册为“中国地理标志证明商标”。

2007年泰顺“三杯香” 茶叶被评为浙江省名牌农产品，先后获中国国际农博会名牌产品，国际名茶金奖等荣誉称号15项。

泰顺珍眉 Tàishùnzhēnméi 泰顺精制茶厂生产，1986年9月在瑞士日内瓦荣获第25届世界优质食品金质奖。

仙瑶隐雾茶 Xiānyáoyǐnwùchá 原为20世纪中后期出口非洲摩洛哥专供皇室饮用的高级眉茶，后改制为内销茶，1991年取代号“3115”谐音命名，获省级名茶三等奖。

“仙瑶隐雾”要求一芽二叶，芽壮、柔嫩、多毫，特点为条形紧细、色泽绿润、完枝显毫。泡开后汤色清澈明亮，叶底黄绿嫩匀，高香持久、滋味浓鲜。

泰顺黄汤 Tàishùnhuángtāng 泰顺历史名茶，温州黄汤中的佳品，以东溪、五里牌所产为正宗，具有外形黄、汤色黄、叶底黄的“三黄”特点。

《中国名茶志》记载，清嘉庆十五年（1810年）后全国出口名茶中有“温州黄汤”，并说明该茶产于浙江温州泰顺、平阳、瑞安、永嘉等县，以泰顺东溪与平阳北港所产为最佳。

香菇寮白毫 Xiānggūliáobáiháo 独产于泰顺县彭溪镇香菇寮村。100多年前当地村民发现一株高大茶树，芽头壮似毛笋尖，芽叶带浓密毫毛，叶大汁多；制成的茶叶香郁味浓，如清谷幽兰，遂分丛繁殖成茶园，所制茶叶以“香菇寮白毫”为名。抗战前用以加工黄茶类名茶“银针”，解放后改制烘青茶。

香菇寮白毫茶选用一芽一叶和一芽二叶的春茶嫩叶，以特有工序制成，外形苗秀、色泽翠绿、白毫满身；泡开后汤色清澈，叶底翠绿成朵，内质幽香，滋味清爽。

香菇寮白毫茶名茶评比中多次获奖，为浙江 “特种名茶”。受品种、地域小气候限制，该茶年产量不到20担，特级香菇寮白毫茶年产仅250千克。

泰顺毛峰 Tàishùnmáofēng 泰顺毛峰亦称“翠峰”，以香浓味醇，芽叶细嫩多毫为特点，泡开后汤色黄绿明亮、叶底幼嫩匀齐，滋味鲜爽。浙江省名茶评比中屡获地方名茶奖。

承天雪龙茶 Chéngtiānxuělóngchá原名“银剑”茶，属扁炒青（扁条形绿茶）。主产于县内雅阳镇承大村、彭溪镇香菇寮村等地，校产地又分“天冠银剑”“香菇银剑”。因白毫披身状似雪龙，1985年被命名为“承天雪龙”，在省级名茶品评会上连续多年被评为省浙江省地方名茶，并获1991中国杭州国际茶文化节“名茶新秀”奖杯。

泰顺龙井 Tàishùnlóngjǐng 制作工艺与“承天雪龙”接近，外形、品质特征相似，被称为承天雪龙“姐妹茶”。泰顺龙井刚劲挺削似剑，色泽翠绿、微显白毫；泡开后汤色碧翠、清香持久。

知名果品

南峤栗子王 Nánqiáolìzǐwáng 为筱村镇筱村、南浦、新山以及罗阳镇仙稔一带特产，筱村镇南峤所产尤为著名。明季列为干果珍品，民谣称“南峤栗子王”。

南浦板栗 Nánpǔbǎnlì 产于原南浦乡（今筱村镇东北部），几与“南峤栗子王” 齐名。

南浦柑橘 Nánpǔgānjú 为原南浦特产，闻名县内外。

普城杨梅 Pǔchéngyángméi 为泗溪镇积库一带特产，普城村所产尤为知名。

东溪杨梅 Dōngxīyángméi 三魁武垟杨梅栽培历史已数百年，久负盛名。解放前东溪、武垟一带成片种植。解放后产区向大岗后、下稔、大理垟一带转移，以果形大、风味好，且成熟期特别迟，可延长供应期。

碑排猕猴桃 Bēipáimíhóutáo 碑牌（今罗阳镇北部）一带名产，恩坑村所产尤为知名。碑排地处高山丛林，常年云雾缭绕、温和湿润；空气新鲜、水源洁净，所产猕猴桃以色浓味美驰名，是浙南最大的猕猴桃生产基地。

其他名品

泰顺米烧 Tàishùnmǐshāo 系泰顺传统白酒，1992 年获中外名优食品博览会金奖。

九层糕 Jiǔcénggāo 泰顺民间非常流行的一种食品，传统节日农历七月半的主食。

泰顺红酒 Tàishùnhóngjiǔ 泰顺传统的家酿低度糯米酒，鲜红透亮，甘醇顺口。

泰顺绿豆腐 Tàishùnlǜdòufǔ 制作原料“豆腐柴”，是浙南闽北山区常见野生灌木叶。研究发现，豆腐柴枝叶中富含果胶、多种维生素、微量元素和氨基酸。以豆腐柴制成的豆腐碧绿晶莹，清香可口，可以清热解毒。

泰顺婆饼 Tàishùnpóbǐng 为泰顺特色小吃。其制作先在锅里倒一点米浆，用竹制工具摊平，做成一张如纸的婆饼皮。裹馅折叠加固，用一小块肥肉在锅上刷贴并不时翻转，饼皮外层呈黄灿灿颜色，并有细碎的饼皮滑落时即成。相传明代首现于县城太平桥，以后名闻遐迩流传至今。

泰顺腊兔 Tàishùnlàtù 为泰顺民间年节时特制佳肴。将宰杀净的整兔置于锅内作特殊烤制而成。色泽褐红油亮，肉质干结细嫩，香甜浓郁诱人。切块拌以生姜，曲醋而煮，酸辣香甜，为下酒名菜。

雅阳黑猪 Yǎyánghēizhū 主要产于雅阳镇，是温州市毛猪良种之一，闻名于浙南。

乌岩岭蛇酒 Wūyánlǐngshéjiǔ 20 世纪 80 年代乌岩岭保护区曾建蛇园养蛇取毒，并在浙江医科大学黄美华等专家指导下研制成功乌岩岭蛇酒。该蛇酒以五步蛇（蕲蛇）、银环蛇、乌梢蛇等经白酒浸泡，添加其他辅料进行配制。该酒色清味醇，具蛇肉独特腥香味。

筱村红粬 Xiǎocūnhóngqū 红粬是酿制红酒的酒药，筱村镇徐岙底村以制红粬著称，为该村主要经济收入之一，畅销县内及文成等地，全村半数农家从事此业。

岭北花笺纸 Lǐngběihuājiānzhǐ 系岭北（今罗阳镇西北部）特产，以嫩竹为原料制作。村尾自然村所产尤佳，民国时该村潘姓五兄弟经营花笺纸字号潘茂美、潘元昌闻名温、沪。

墩头绵纸 Dūntóumiánzhǐ 产于雅阳镇柳峰一带，墩头村所产尤为知名。该纸洁白、柔韧有如丝绵，吸水性强。

翁山番薯干 Wēngshānfānshǔgān 产于原翁山乡（今筱村镇东南部）一带的为泰顺名产。当地所产番薯经挑选后置于阴凉处存放一段时间，用传统工艺加工而成，风味独特。

泰顺米面层 Tàishùnmǐmiàncéng 为泰顺县的特色小吃，俗称“馍糍干卷”。大米浸泡后磨成米浆，用平底锅蒸成米面皮，以瘦肉、香菇、笋干、干菜头丝等为馅卷而食之。

泰顺刀豆干 Tàishùndāodòugān 鲜豇豆煮后晒干而成，香味独特，是泰顺婚嫁喜宴必有的菜肴。民间常用作礼品馈赠亲友，晒制豇豆是泰顺传统习俗。

第二节 非物质文化遗产

中国木拱桥传统营造技艺（泰顺） Zhōngguó Mùgǒngqiáo Chuántǒngyíngzào Jìyì（Tàishùn）

泰顺木拱桥传统营造技艺传承千百年，巧妙运用力学原理，借受压产生摩擦力使构件之间越压越紧。这种结构不用钉铆，只用相同规格的杆件穿插，搭接而成。

2008 年，木拱桥传统营造技艺列入第二批国家级非物质文化遗产保护项目名录，2009 年，被联合国教科文组织列入《急需保护的非物质文化遗产名录》。

泰顺元宵节•百家宴 Tàishùnyuánxiāojié•Bǎijiāyàn

泰顺百家宴又称“做福”，源于泰顺三魁镇，始于宋代，盛于明、清，是祭拜地方神祇及祭祖典礼。邑人视作“聚宗亲，商族事，祈上苍，保平安”的善事，流行于县内大部分镇乡。据记载，每年农历正月十五，当地人举办“祠堂饭”，后来改名为“春福”，意为迎春接福。

2010 年三魁、雅阳、西旸等 7 个乡镇百家宴共 6000 多桌，6 万多人赴宴，被载入世界基尼斯纪录。2007 年，泰顺因该民俗入选“浙江省元宵节传统节日标志地”。

泰顺“药发木偶” Tàishùn“Yàofāmù'ǒu”

泰顺被称为中国木偶戏之乡，据发现的木偶头像分析，至迟在宋代就有木偶表演。其中药发木偶最为著名。药发木偶亦称“琼花木偶”“烟花木偶”，以火药为主要原料催动木偶，燃放时烟花相继爆放，木偶盒逐个打开，焰光中木偶凌空飞舞、五彩纷呈、栩栩如生。

2006年，“泰顺药发木偶戏”被列入国家级非物质文化遗产保护项目名录。

泰顺提线木偶戏 Tàishùntíxiàn Mù'ǒuxì

泰顺提线木偶戏始于南宋初，当时许多艺人避战乱入境，带来各种傀儡戏。泰顺提线木偶戏吸收浙北及泉州两大木偶戏派系艺术元素，头像雕刻、人物造型、服饰装扮等方面独具一格。2011年，“泰顺提线木偶戏”被列入国家级非物质文化遗产保护项目名录。

泰顺畲族民歌 Tàishùnshēzúmíngē

农历“三月三”是畲族人民的传统节日，又称“对歌节”。

明万历年间畲族民歌在泰顺扎根。畲歌以“对歌”（亦称“盘歌”）为主要形式，婚嫁喜庆或有客远来，畲胞聚于灶房或厅堂，以歌会友，以歌传情，以唱赢为荣。

泰顺畲歌采用“泰顺调”演唱，此调虽和“浙闽调”同源，但因语言差异，音域、音调等风格独特。2011年，“泰顺畲族民歌”被列入国家级非物质文化遗产保护项目名录。

泰顺龙舞（矴步龙） Tàishùnlóngwǔ（Dìngbùlóng）

泰顺矴步龙始创于清嘉庆三年（1798年），道具用竹篾编成圆笼，蒙布绘上龙鳞图案，节节相连。从开龙门到关龙门共有六十多套舞蹈动作和队形，主要有搭龙坪、龙戏珠、龙舔珠等等，均在溪中矴步上表演。

2011年，“泰顺龙舞（矴步龙）”被列入国家级非物质文化遗产保护项目名录。

龙凤狮子灯 Lóngfèng Shīzǐdēng

因龙、凤、狮合舞得名，形成于明万历年间，流行于县内大安、下洪一带。2009年，“龙凤狮子灯”被列入浙江省非物质文化遗产保护项目名录。

泰顺木偶头雕刻 Tàishùn Mù'ǒutóu Diāokè

木偶戏自宋代传入，木偶头雕刻应运而生，工艺自成特色。2009年，“泰顺木偶头雕刻”被列入浙江省非物质文化遗产保护项目名录。

泰顺石雕 Tàishùnshídiāo

泰顺石雕源于温州，后自成叶蜡石雕刻为主的流派，手法有圆雕、镂雕、浮雕及线刻等等。泰顺叶蜡石雕刻主要分布在仕阳镇龟湖一带，罗阳镇及泗溪东溪也有分布。

2011年，“泰顺石雕技艺” 被列入浙江省非物质文化遗产保护项目名录。

泰顺翻九楼 Tàishùnfānjiǔlóu 泰顺翻九楼又称“吊九楼”，是在一平整的空旷野地，将9张八仙方桌平地凌空叠起，形成“九层楼”，意喻九重天。源于北宋，多见于求雨、祈太平、佛像开光、添寿等活动。表演者要功底扎实，而且对当地地理与气象情况有所掌握，是集神秘文化、高难杂技于一体的民间活动。

2011年，“翻九楼”被列入浙江省非物质文化遗产保护项目名录。

乌衣红曲制作技艺 Wūyīhóngqǔzhìzuò Jìyì乌衣红曲南宋时传入，距今有800多年历史，技艺独特，颇具影响。乌衣红曲酿制的红酒颜色亮红，口感香醇，略带甜味，是传统佳酿和菜肴佐料。

2012年，“乌衣红曲制作技艺”被列入浙江省非物质文化遗产保护项目名录。

泰顺车木玩具技艺 Tàishùnchēmùwánjù Jìyì 脱胎于泰顺木偶戏的木偶造型，主要流传于罗阳、司前、百丈等镇。泰顺车木玩具作品共获国家及浙江省、温州市共30多项奖励，国内享有盛誉。

2011年，“泰顺车木玩具技艺”被列入浙江省非物质文化遗产保护项目名录。

泰顺手工制陶技艺 Shǒugōngzhìtáo Jìyì

兩宋时今泰顺县境手工制陶已很发达。原大安乡（今三魁镇北部）民间制陶业鼎盛时从业者数百人，烧制的陶器销于县内各地及邻县。

2008年，“手工制陶技艺”被列入温州市非物质文化遗产保护项目名录。

崇教寺“晒经节” Chóngjiào Sì“Shàijīngjié” 该寺珍藏宋版《碛砂藏经》一部，每年农历六月初三为传统晒经节。2009年，崇教寺“晒经节”被列入温州市非物质文化遗产项目保护名录。

泰顺竹编技艺 Tàishùnzhúbiān Jìyì 泰顺竹编工艺历史悠久，自古不乏技艺精湛的行家里手，作品有生活、生产普遍使用的工具，也有装饰摆设的工艺品。

2008年泰顺“竹编技艺”列入温州市非物质文化遗产保护项目名录。

传统手工制鼓技艺 Chuántǒngshǒugōngzhìgǔ Jìyì 清末手工制鼓技艺从江西传入泰顺，主要分布在雪溪、东溪（今仕阳镇东北部）一带，因风格独特、制品精湛声名远扬，除泰顺外还销往福建一些地区。

2009年“传统手工制鼓技艺”被列入温州市非物质文化遗产保护项目名录。

传统锡器打造技艺 Chuántǒngxīqìdǎzào Jìyì 泰顺民间锡器（锡壶）打造技艺历史悠久，锡制工艺品高贵典雅。打制锡器形成熔化锡块、踏制锡箔、裁剪箔料，敲制器身、焊接部件、车花抛光等一系列工序。

2014年，“泰顺传统锡器打造技艺”被列入温州市非物质文化遗产保护项目名录。

泰顺钹子书 Tàishùnbózǐshū泰顺钹子书演唱以泰顺方言中的蛮讲话为基础，偶尔插用邻县其他方言。曲目以长篇大书为主，内容多为历朝更迭或英雄征战、行侠等故事，也有一些自编片段。

2008年“泰顺钹子书”被列入温州市非物质文化遗产保护项目名录。

泰顺木杆秤制作技艺 Tàishùnmùgānchèng Zhìzuò Jìyì 泰顺木杆秤由秤杆、秤砣、秤钩（或秤盘）等部件组成，秤杆一般选用纹路细腻、木质坚硬的木材，如时檀木、柞木、栎木、枣木等，一把成品木杆秤需经十几道工序精细加工。

2005 年，“泰顺木杆秤制作技艺”被列入温州市非物质文化遗产项目名录。

泰顺万排抽狮 Tàishùnwànpáichōushī发源于万排（今属仕阳镇），已有 200 多年历史，当地称“母猪狮”，属舞狮的一个分支。主要通过操纵狮头绳、尾绳、腮绳表现狮子的动作和表情，动静结合，百态千姿。主要流行于原万排乡（今仕阳镇上排、下排一带）。

2009 年，“泰顺万排抽狮”被列入温州市非物质文化遗产保护项目名录。

泰顺山草药 Tàishùnshāncǎoyào 泰顺境内山高林密，草药资源丰富。民间用草药治病有千年以上历史。

2011 年，“泰顺山草药”被列入温州市非物质文化遗产保护项目名录。

泰顺绿茶炒制技艺 Tàishùn Lǜcháchǎozhì Jìyì 泰顺传统手工制茶工艺历史悠久，手工制作的茶叶香气高爽、滋味鲜醇。

2008 年，“泰顺绿茶炒制技艺”被列入第二批温州市非物质文化遗产项目名录。

拦身裙花编织技艺 Lánshēnqúnhuā Biānzhī Jìyì拦身裙是农村妇女劳作时的小围兜，裙花编织是泰顺民间历史悠久、工艺独特的技艺，县内各地特别泗溪镇东溪一带盛行。

2009 年，“拦身裙花编织技艺” 被列入温州市非物质文化遗产保护项目名录。

泰顺传统木船制作技艺 Tàishùnchuántǒng Mùchuánzhìzuò Jìyì 分布于泰顺百丈口一带，该地三面环水，是泰顺唯一通航的百年商埠，从而催生造船工艺发展。

2009 年，“泰顺传统木船制作技艺”被列入温州市非物质文化遗产保护项目名录。

第八编 地名管理

中华人民共和国成立初，境内地名大体沿用历代相沿的名称。1956 年建农业生产合作社，许多村名被缺乏历史文化元素的社名代替，出现地名乱象。1958 年实行政社合一的人民公社体制，乡镇、行政村建制被撤销。改革开放后，1981 年开展地名普查、1991 年进行地名补查与资料更新，查清境内地名的现状、来历、沿革和含义，对一些不妥地名作纠正与更改。此后，泰顺地名管理进入新阶段，不断完善地名管理法规建设，强化行政管理职能，规范地名命名更名、地名标志设置、标准地名使用等，地名管理工作逐步纳入法制化、标准化、规范化轨道，为泰顺各方面工作提供有效服务。

第一章 地名管理实施

第一节 机构设置

1981 年 3 月，泰顺县革命委员会决定成立泰顺县地名普查工作领导小组，施松涛任组长，马梦生、江友智任副组长；另有成员 8 名。下设办公室，江友智兼办公室主任。主要工作领导全县地名普查，部署、指导工作开展。

1982 年 8 月 2 日泰顺县人民政府发文，将县地名普查工作领导小组改为泰顺县地名委员会，县地名委员会由胡国梁、吴志达、马梦生、白洪发、叶发葆、周时疏、江友智、王锦文、高启华、王运焕、徐振汉、陈萃顺等 12 人组成，胡国梁为主任，吴志达、马梦生为副主任。县地名委员会下设办公室负责日常工作，归口县人民政府办公室，陈萃顺任县地名委员会办公室主任，配备专职干部，主要职责除继续做好全县地名普查工作外，组织调查、搜集、整理、审定、编纂县内地名资料，负责地名管理工作。

第二节 地名法制建设

改革开放以来经济和社会快速发展，地名变动突出，市（县）地名管理机构对城镇地名进行日常管理，对众多农村地名也加大管理力度。要求新建道路、建筑物、住宅区等必须严格按照法定程序申报、审批；地名命名、更名必须遵守法律规定、符合城市总体规划，要体现当地经济、历史、文化、地理特征。

2000 年 6 月开始统一启用《命名标准地名通知》，凡经县人民政府批准的标准地名，由县地名办公室核发地名使用通知，公布标准地名。标准地名具有法定效力，凡涉及地名的如房地产登记、住宅建设、大型建筑物建设等一律以地名机构核发的通知书为准。是年 10 月 18 日，县人民政府颁布《泰顺县地名管理办法》，地名管理更趋细化。

2002年6月28日，温州市人民政府颁布《温州市地名管理办法》，县地名办公室依照相关规定在全县强化地名管理工作，进一步推进地名标志设置。

第三节 地名标准化建设

地名整顿

20世纪50年代中期建立高级农业生产合作社，一些时髦词组如青春、五星、新星、红星之类被许多地方用为社名，还有一些合作社被编以序数，如洪一、洪二、洪三。接踵而来的人民公社运动中，其中不少成了生产队、生产大队之名，取代了历史形成的村庄名称，给地名造成很大的混乱。1962年人民公社规模调整中，一些生产大队恢复使用传统地名。

“文化大革命”结束后，1981年10月前后展开地名的拨乱反正，除个别已为群众习用予以保留外，绝大多数恢复了传统地名。

1983年开始在全县盘点地名含义，对种种原因导致名实不符或易致歧义的名称予以正名:碑牌正名为“碑排”，岳巢正名为“鹤巢”，龟伏正名为“龟湖”，夏炉正名为“夏卢”，战州正名为“戬洲”，西洋正名为“西旸”，程思岭正名为“程仕岭”。

与此同时，对县内许多带“洋”“阳”“旸”的地名调查研究，以田块为主要含义的“洋”统一为“垟”，以“吉日朝阳”为主要含义的大多改为“旸”。

标牌设置

泰顺地名标志设置起步较早，据库村古民居所见，民国时期曾有门牌之设。1996年2月28日，县人民政府发布《关于全面开展地名标志设置工作的通知》，要求各级部门增强地名意识、重视地名标志设置工作，城镇、乡村均应设置街、路、巷、弄牌和门牌。县公安、交通部门开始在城乡设置门牌、路牌。

2003年5月26日，县人民政府专题研究全县地名管理及标志设置有关问题，并形成意见纪要。要求2004年全面完成地名标志设置工作，明确地名标志设置工作由民政地名主管部门统一管理，公安部门不再编制制作门牌等。

2004年11月12日，县民政局下发《关于加强门牌设置工作的通知》，对县城地名标志作重设、更新、增补和调整。

2004年11月29日，泰顺县人民政府办公室下发《关于成立县标准地名标志设置工作领导小组的通知》。2005年，县地名办公室组织人员对城区路牌、门牌进行补查、补缺、补损和更新，增补街、路牌146块，门牌5736块，发放《门牌证》5736本。地名标志设置的工作程序为实地踏勘、画图示意、工厂制作、上门装订、门牌发放。

2006年9月29日，县人民政府对全县统一规范设置门牌后相关证件更换的有关问题作专题研究。会议要求有关证件内地址信息变更的，以《门牌证》为凭证，各相关部门应予以支持，促使全县统一规范设置门牌后相关证件更换工作的顺利进行。

2007年4月6日，县地名办公室《关于加快推进乡镇地名设标工作的通知》，地名标志设置工作从城镇扩展到农村，并逐步规范。

2010年4月6日，县地名办公室《关于进一步规范地名管理工作有关事项的通知》，对地名命名、更名，门牌证的发放等程序进一步规范。2012年3月8日，县地名办公室《关于做好乡镇地名标志设置工作的通知》，当年新设置路牌171块。

第四节 地名服务 地名规划

20世纪80年代中期泰顺县开始新修地方工作，地名工作为经济、文化服务的功能日益展现。新修的《泰顺县志》以及各种专业志中注重专业内容和地名密切结合，收录《泰顺县方言分布图》《泰顺县畲族人口分布图》《泰顺县水利水电设施图》《泰顺县水电交通现状和名胜古迹分布图》《泰顺县主要树种分布示意图》《泰顺县公路网状分布图》等。

1992年泰顺县撤区扩镇并乡，此后至2000年又有一些乡改设为镇或区划调整，行政区划有所变动，2009年县民政局与浙江省区划地名档案馆联合编制《泰顺县行政区划图》。2011年泰顺县区划再度进行较大幅度调整，2012年县民政局开始编制新版《泰顺县行政区划图》。

2006年启动泰顺县城市地名规划编制工作，城市地名规划由市地名专业部门组织评定，由县政府审批通过。

2009年12月，县人民政府批准《泰顺县城区地名总体规划（2009—2020）》，规划范围为泰顺县城总体规划中确定的用地范围，总面积60.08平方千米。县城总体地名规划分为：近期(2009—2010年)、中期(2011—2015年)、远期(2016—2020年)。

近期目标：完成建成区内道路、桥梁、居住区等名称的论证、审定；配合法规建设、地名数据库建设，解决与之相应的技术标准；根据城市发展和城市规划，同步落实有关的专项地名规划，全面完成并不断完善地名公共服务工程的各项工作。

中期目标：根据地名规划的要求，基本完成对县境范围内的部分地名进行稳妥、适度的调整和优化，逐步实现地名标准化、规范化、层次化、系列化。完善地名标志导向系统，加密街路巷地名标志，加强城镇和农村地名标志的设置和管理；深入挖掘本县丰富的地名文化，落实保护地名文化的具体方案与措施，通过地名文化的挖掘和保护，彰显本县历史文化名城与最美廊桥、最优生态的山水兼优风景城市的景观文化内涵。

远期目标：建立起区块布局合理有序，文化内涵丰富，指位清晰明确，民众使用方便，空间覆盖完整，层次清晰的地名网络，全面提升本县地名网络的品位和质量。

2007 年 1 月，县人民政府办公室下发《关于印发泰顺县地名公共服务工程实施方案的通知》，全县地名公共服务工作步入制度化。方案要求整合各类地名信息，将地名规范、地名标志、地名规划、数字地名 4 个专项事务列为地名公共服务工程的重要内容。

第五节 地名普查 勘界

地名普查

1981 年 3 月全县首次开展地名普查，至同年 4 月底，完成全县群众性地名普查，共查地名 3447 条，上卡 1155 条。同年 12 月普查工作基本结束。1983 年 3—8 月，又组织人员进行全面复查、核对，订正地名来历、含义 70 条，新增地名 128 条，改正错名 122 条，删除废村名 40 条，在地名图上移位 7 条。泰顺原来地名较乱，存在一地多名、一名多写、含义不清、政治虚名、重名等问题。1981—1983 年，先后对鹤巢等 16 个乡、场、193 个行政村做了更名、命名、复名和标准化处理。

2011—2012 年开展第二次全县地名普查工作。开展全县第二次地名普查，并将普查资料整理建档。

勘界

泰顺为浙闽交界区域，与寿宁段长度为 60.8 千米；泰顺与福安段长度为 20 千米；泰顺与柘荣段长度为 28 千米；泰顺与福鼎段长度为 72 千米。1996 年 11 月，温州市按照省部署，在全市开展勘界工作。1997 年成立泰顺县勘界工作领导小组，钟岳林 夏志笔 董直晓为组长。下设办公室，郑昌龄 严立科任办公室主任。

1998 年 5 月 27 日至 30 日，浙闽两省 3 地市 8 县市勘界工作人员在苍南县协商核定浙闽行政区域东段界线，泰顺县派员与会。

1999 年 1 月 13 日至 18 日，浙闽线（东片）第二轮核界会议在福建省福鼎举行，泰顺勘界工作办公室派员与会。会议达成的共识包括泰顺与福鼎贯通 3 段，长 8.04 千米。

1999 年 2 月 3—6 日，温州市在泰顺县召开勘界成果资料汇总工作会议。1999 年 6 月 14 日，在杭州玉皇山庄召开浙闽线第三次核界会议。泰顺县勘界工作办公室主任与会，会上核定的浙闽边界线包括泰顺福鼎段 2.8 千米。

1999 年 7 月 26 日至 30 日，在福建省福州市举行第四次浙闽线协商定界会议，内容包括商讨泰顺与寿宁段边界。

1999 年 10 月 18 日，浙闽两省在瑞安进行会谈，解决浙闽边界上争议地段，泰顺县勘界工作办公室领导与会，经过艰苦工作，解决边界争议 9 段。其中包括泰顺与寿宁段 31.7 千米，双方最终同意以寿泰溪中心线为两省泰寿段分界线。1999 年 10 月 23 日，泰顺、寿宁两县政府代表最后在泰顺寿宁段的核界协议书上签字，实现浙闽线全线贯通。

第二章 地名文献编纂

第一节 《浙江省泰顺县地名志》

泰顺县地名委员会编，16 开本，布面烫金精装。分全县综述、行政区划和居民点名称、专业部门、人工建筑、名胜古迹、地理实体、附编等部分，资料下限为 1984 年底，1984 年出版（内部刊行），印数 1000 册。

该志为泰顺县有史以来第一部标准化地名典籍。全书约 50 万字，收录各类地名 3876 条，其中行政区划名称 595 条、街巷名 36 条、自然村名 2460 条；独立存在具有方位意义的企事业单位名称 116 条、名胜古迹和其他人工建筑物名称 260 条、自然地理实体名称 285 条，废村、片村名称 124 条。附各类地图 69 幅（含当时 1 镇 59 乡各 1 幅）、照片 53 帧。

第二节 《中华人民共和国政区大典•温州泰顺篇》

泰顺县民政局编纂，编纂委员会主任郭素琴，副主任张周延、赵海峰。主编赵海峰，副主编吴碧华、陈方敏；泰顺县民政局、浙江煤炭测绘院参与编制。该书为泰顺县区划地名系列丛书组成部分，分泰顺县及全县 10 个镇乡共 11 篇章，以 2011 年底为时间下限简要包含政区概况、自然条件、经济概况、社会发展、基础设施、城（镇）区市政建设等诸多内容。“泰顺县”篇中还有“名胜旅游”“ 重大事件”“ 著名人物”等节。附件中收录民政部、省民政厅有关文件各 1 份，泰顺县人民政府办公室相关文件 2 份。全书共约 6 万字，配地图 1 幅、照片 18 帧。2013 年 12 月内部印行。

第三节 《泰顺县地名溯源》

泰顺县民政局编，泰顺县地名委员会办公室具体编写，编辑委员会主任赵海晓。资料至 2009 年年底，内容包括泰顺县概况、图例，当时的11个镇、25个乡名称由来、沿革简况，历史乡镇地名介绍，配以行政区划图36幅，照片36帧。2010年11月以内部资料印行。

第四节 《泰顺县地名图册》

泰顺县民政局、浙江煤炭测绘院联合编制，主编赵海晓。资料至2011年年底，内容包括泰顺概况、全县9镇1乡简况及行政村、自然村名称和部分街巷简介，配以全县政区、交通、旅游、城区、各乡镇地图以及页码速查图共15幅。2013年12月以内部资料印行。

第九编 历史地名

第一章 撤销的区、镇乡

第一节 撤销的县属区

泰顺县民国时期曾设立县辖区，解放初至1992年县内设县辖区(1958年11月至1961年7月一度撤销)，其间数目、名称及所辖范围有所变动。1992年5月县辖区撤销，迄今未再设置。

泰南区 Tàinán Qū　1949年9月增设，以处泰顺县南乡命名。1950年7月撤销，原地域分为大安、仕阳2区。

松东区 Sōngdōng Qū　1952年4月设，时称第七区，又取所属松垟、东安二乡首字称松东区。1956年3月撤销，所辖乡划入泗溪区。

大安区 Dàān Qū　1952年4月设，时称第四区，因区公所驻大安乡，又称大安区。1956年3月正式称大安区，1958年11月撤销，1961年7月恢复。1984年5月改为三魁区，大安区名称撤销。

罗阳区 Luóyáng Qū　民国35年（1946年）始设。解放后1949年9月设立，以区公所驻地罗阳命名。1951年6月撤销，所属乡设立司前区 。1952年4月复设， 称第一区，1956年3月撤销。1961年7月恢复罗阳区，1992年5月撤销。

司前区 Sīqián Qū　1951年6月设， 以区公所驻地司前命名。1952年4月撤销，所属乡复属第一区（罗阳区）。1984年7月增设司前区，1992年5月撤销。

百丈区 Bǎizhàng Qū　民国32年（1943年）始设。解放后 1949年9月设立，以区公所驻地百丈命名。1952年4月称第二区。1958年11月，建人民公社取消区建制而撤销。1961年7月恢复百丈区，1992年5月撤销。

筱村区 Xiǎocūn Qū　1952年4月设，时称第三区。1956年3月以区公所驻地筱村命名筱村区。1958年11月，建人民公社取消区建制而撤销。1961年7月恢复筱村区，1992年5月撤销。

泗溪区 Sìxī Qū　民国29年（1940年）始设，解放后1949年9月设立，1952年4月称第六区。1956年3月以区公所驻地泗溪命名泗溪区。1958年11月，建人民公社取消区建制而撤销。1984年7月恢复泗溪区，1992年5月撤销。

彭溪区 Péngxī Qū　1984年7月设立，以区公所驻地彭溪命名，1992年5月撤销。

雅阳区 Yǎyáng Qū　1961年7月设立，以区公所驻地雅阳命名，1992年5月撤销。

仕阳区 Shìyáng Qū　1950年7月设立，以区公所驻地仕阳命名。1952年4月称第五区。1958年11月，建人民公社取消区建制而撤销。1984年7月恢复仕阳区，1992年5月撤销。

三魁区 Sānkuí Qū　1984 年 5 月由大安区改名，以区公所驻地三魁命名，1992 年 5 月撤销。

第二节 撤销的镇乡

被撤销的镇乡绝大多数为行政区划调整，少数系建制改变或名称变更。

燕溪乡 Yànxī Xiāng　1952 年 4 月因析为竹垟、峰门、何宅 3 乡而撤销。

鹏山乡 Péngshān Xiāng　1956 年改为彭山乡而撤销。

彭山乡 Péngshān Xiāng　1958 年改为彭溪人民公社的彭溪、峰文生产大队，此后未再使用“彭山”之名。

黄沙乡 Huángshā Xiāng　1952 年 4 月从罗阳镇析置，1956 年复并入罗阳镇而撤销。

竹溪乡 Zhúxī Xiāng 1952 年 4 月从罗阳镇析置，1956 年复并入罗阳镇而撤销。

雅中乡 Yǎzhōng Xiāng　1952 年自雅阳乡析置，1956 年复并为雅阳乡而撤销。

雅南乡 Yǎnán xiāng　1952 年自雅阳乡析置，1956 年复并为雅阳乡而撤销。

雅北乡 Yǎběi Xiāng　1952 年自雅阳乡析置，1956 年复并为雅阳乡而撤销。

沐峰乡 Mùfēng Xiāng　1952 年自雅阳乡析置，1956 年复并为雅阳乡而撤销。

早阳乡 Zǎoyáng Xiāng　1952 年自仕阳乡析置，1956 年复并入仕阳乡而撤销。

东垟乡 Dōngyáng Xiāng　1952 年分设为东垟、葛垟 2 乡，1956 年东垟、里垟乡合并组建为筱村乡而撤销。

严山乡 Yánshān Xiāng　1956 年并入仕阳乡而撤销。

刘宅乡 Liúzhái Xiāng　1952 年自三魁乡析置，1956 年 2 月并入三魁乡而撤销。

新墙乡 Xīnqiáng Xiāng　1952 年自泗溪乡析置，1956 年并入泗溪乡而撤销。

何宅乡 Hézhái Xiāng　1952 年 4 月自燕溪乡析置，1956 年并入竹垟乡而撤销。

左溪乡 Zuǒxī Xiāng　1952 年司前乡析置，1956 年并入司前乡而撤销。

百丈乡 Bǎizhàng Xiāng　1985 年 7 月建百丈镇而撤销。

泗溪乡 Sìxī Xiāng　1985 年 7 月建泗溪镇而撤销。

竹垟乡 Zhúyáng Xiāng　1952 年 4 月自燕溪乡析置。1985 年 2 月建竹里畲族乡而撤销。

雅阳乡 Yǎyáng Xiāng　1985 年建雅阳镇而撤销。

三魁乡 Sānkuí Xiāng　1949 年建三魁乡。1985 年 5 月建三魁镇而撤销。

仕阳乡 Shìyáng Xiāng　1987 年 5 月建仕阳镇而撤销。

里光乡 Lǐguāng Xiāng　1992 年因与司前畲族乡合并组建司前畲族镇而撤销。

司前乡 Sīqián Xiāng　1935 年设，1958 年建立司前畲族乡；1992 年建司前畲族镇而撤销。

筱村乡 Xiǎocūn Xiāng　1992 年建筱村镇而撤销。

葛垟乡 Gěyáng Xiāng　1992 年与筱村乡、玉溪乡合并组建为筱村镇而撤销。

玉溪乡 Yùxī Xiāng　1992 年与筱村乡、葛垟乡合并组建为筱村镇而撤销。

章成乡 Zhāngchéng Xiāng　1992 年并入仕阳镇而撤销。

章坑乡 Zhāngkēng Xiāng　1992 年并入仕阳镇而撤销。

东安乡 Dōng'ān Xiāng　1992 年并入雅阳镇而撤销。

南山乡 Nánshān Xiāng　1992 年 5 月并入罗阳镇而撤销。

南溪乡 Nánxī Xiāng　1992 年并入泗溪镇，南溪乡撤销。

鹤巢乡 Hècháo Xiāng　1992 年 5 月并入罗阳镇而撤销。

戬洲乡 Jiǎnzhōu Xiāng　1992 年并入三魁镇，戬洲乡撤销。

夏卢乡 Xiàlú Xiāng　1992 年并入三魁镇而撤销。

彭溪乡 Péngxī Xiāng　1992 年与五里牌乡、富垟乡合并组建为彭溪镇而撤销。

富垟乡 Fùyáng Xiāng　1992 年彭溪乡、富垟乡合并组建彭溪镇而撤销。

五里牌乡 Wǔlǐpái Xiāng　1992 年彭溪乡、五里牌乡合并组建彭溪镇而撤销。

莒江乡 Jǔjiāng Xiāng　1998 年 12 月并入百丈镇而撤销。

洪口乡 Hóngkǒu Xiāng　1998 年 12 月并入百丈镇而撤销。

下洪乡 Xiàhóng Xiāng　2011 年 4 月并入罗阳镇而撤销。

洲岭乡 Zhōulǐng Xiāng　2011 年 4 月并入罗阳镇而撤销。

南院乡 Nányuàn Xiāng　2011 年 4 月并入罗阳镇而撤销。

岭北乡 Lǐngběi Xiāng　2011 年 4 月并入罗阳镇而撤销。

仙稔乡 Xiānrěn Xiāng　2011 年 4 月并入罗阳镇而撤销。

碑牌乡 Bēipái Xiāng　2011 年 4 月并入罗阳镇而撤销。

黄桥乡 Huángqiáo Xiāng　2011 年 4 月并入司前畲族镇而撤销。

峰门乡 Fēngmén Xiāng　2011 年 4 月并入司前畲族镇而撤销。

包垟乡 Bāoyáng Xiāng　2011 年 4 月并入百丈镇而撤销。2016 年复设。

新浦乡 Xīnpǔ Xiāng　2011 年 4 月并入筱村镇而撤销。

联云乡 Liányún Xiāng　2011 年 4 月并入筱村镇而撤销。

翁山乡 Wēngshān Xiāng　2011 年 4 月并入筱村镇而撤销。

九峰乡 Jiǔfēng Xiāng　2011 年 5 月并入泗溪镇而撤销。

横坑乡 Héngkēng Xiāng　2011 年 5 月并入泗溪镇而撤销。

月湖乡 Yuèhú Xiāng　2011 年 4 月并入彭溪镇而撤销。

峰文乡 Fēngwén Xiāng　2011 年 4 月并入彭溪镇而撤销。

松垟乡 Sōngyáng Xiāng　2011 年 5 月并入雅阳镇而撤销。

万排乡 Wànpái Xiāng　2011 年 4 月并入仕阳镇而撤销。

垟溪乡 Yáng xī xiāng　2011 年 4 月并入三魁镇而撤销。

第二章　撤销的基层自治单位

第一节　撤销的行政村

1984 年以来经历了几轮行政区划调整，行政村也进行了合并，由于合并不少名称撤销。

1984—2012 年撤销村级单位情况表

表 9-1

被撤销建制单位	时属镇（乡）	撤销年月	撤销原因
北坑村 Běikēng Cūn	岭北乡	1984 年 5 月	改为北峰村
袁家地村 Yuánjiādì Cūn	鹤巢乡	2004 年	组建溪坪村
寮下村 Liáoxià Cūn	鹤巢乡	2004 年	组建溪坪村
川山垟村 Chuānshānyáng Cūn	鹤巢乡	2004 年	组建鹤联村
月山下村 Yuèshānxià Cūn	鹤巢乡	2004 年	组建鹤联村
下察溪村 Xiàcháxī Cūn	鹤巢乡	2004 年	组建鹤联村
芝麻坦村 Zhīmátǎn Cūn	鹤巢乡	2004 年	组建鹤联村
林水垟村 Línshuǐyáng Cūn	鹤巢乡	2004 年	组建鹤联村
山岩村 Shānyán Cūn	鹤巢乡	2004 年	组建鹤联村

续表 9-1

被撤销建制单位	时属镇（乡）	撤销年月	撤销原因
江家山村 Jiāngjiāshān Cūn	罗阳镇	2004 年	组建联新村
黄湖村 Huánghú Cūn	罗阳镇	2004 年	组建联新村
马头岗村 Mǎtóugǎng Cūn	罗阳镇	2004 年	组建联新村
大岭村 Dàlǐng Cūn	南山乡	2004 年	组建横岗村
岭头村 Lǐngtóu Cūn	南山乡	2004 年	组建南山村
南平村 Nánpíng Cūn	南山乡	2004 年	组建南山村
七丘村 Qīqiū Cūn	南山乡	2004 年	组建南山村
章后村 Zhānghòu Cūn	南山乡	2004 年	组建南山村
山底村 Shāndǐ Cūn	南山乡	2004 年	组建南山村
三贯村 Sānguàn Cūn	南院乡	2004 年	组建三坪村
竹坪村 Zhúpíng Cūn	南院乡	2004 年	组建三坪村
岩坪村 Yánpíng Cūn	南院乡	2004 年	组建三坪村
山头仔村 Shāntóuzǐ Cūn	南院乡	2004 年	组建叶盛坑村
彭畲村 Péngshē Cūn	南院乡	2004 年	组建三联村
管禄底村 Guǎnlùdǐ Cūn	南院乡	2004 年	组建三联村
坑边村 Kēngbiān Cūn	南院乡	2004 年	组建育秀垟村
榅田村 Wēntián Cūn	南院乡	2004 年	组建育秀垟村
岭下村 Lǐngxià Cūn	仙居乡	2004 年	组建仙居村
书院村 Shūyuàn Cūn	仙居乡	2004 年	组建仙居村
竹家山村 Zhújiāshān Cūn	仙居乡	2004 年	组建仙居村
员台角村 Yuántáijiǎo Cūn	仙居乡	2004 年	组建三滩村

续表 9-1

被撤销建制单位	时属镇（乡）	撤销年月	撤销原因
百丈岭村 Bǎizhànglǐng Cūn	仙居乡	2004 年	组建三滩村
上稔村 Shàngrěn Cūn	仙居乡	2004 年	组建上稔垟村
垟畴村 Yángchóu Cūn	仙稔乡	2004 年	组建上稔垟村
陈家垟村 Chénjiāyáng Cūn	岭北乡	2004 年	组建村尾村
关漈后村 Guānjìhòu Cūn	岭北乡	2004 年	组建村尾村
半岭村 Bànlǐng Cūn	岭北乡	2004 年	组建新的板场村
西山村 Xīshān Cūn	岭北乡	2004 年	组建新的板场村
翁溪村 Wēngxī Cūn	岭北乡	2004 年	组建道均垟村
山头仔村 Shāntóuzǐ Cūn	岭北乡	2004 年	组建上垟村
粗山村 Cūshān Cūn	碑排乡	2004 年	组建新的苏北村
北山村 Běishān Cūn	碑排乡	2004 年	组建新的苏北村
桥头垟村 Qiáotóuyáng Cūn	碑排乡	2004 年	组建恩岱垟村
恩坑村Ēnkēng Cūn	碑排乡	2004 年	组建恩岱垟村
板岱头村 Bǎndàitóu Cūn	碑排乡	2004 年	组建恩岱垟村
联山村 Liánshān Cūn	碑排乡	2004 年	组建马联村
马子坑村 Mǎzǐkēng Cūn	碑排乡	2004 年	组建马联村
旺坑村 Wàngkēng Cūn	下洪乡	2004 年	组建新的门楼底村
下庄村 Xiàzhuāng Cūn	下洪乡	2004 年	组建新的门楼外村
溪边村 Xībiān Cūn	下洪乡	2004 年	组建新的门楼外村
下舟垟村 Xiàzhōuyáng Cūn	洲岭乡	2004 年	组建组华荣村
前埕村 Qiánchéng Cūn	洲岭乡	2004 年	组建华荣村

续表 9-1

被撤销建制单位	时属镇（乡）	撤销年月	撤销原因
长僻村 Chángpì Cūn	洲岭乡	2004 年	组建华庄村
宅里村 Zháilǐ Cūn	洲岭乡	2004 年	组建华庄村
横溪底村 Héngxīdǐ Cūn	洲岭乡	2004 年	组建龙华村
溪头村 Xītóu Cūn	洲岭乡	2004 年	组建龙华村
长坑村 Chángkēng Cūn	洲岭乡	2004 年	组建龙华村
华村 Sāntiáohuá Cūn	洲岭乡	2004 年	组建新的上庄村
葛藤坪村 Géténgpíng Cūn	洲岭乡	2004 年	组建洲滨村
周塆村 Zhōuwān Cūn	洲岭乡	2004 年	组建洲滨村
垟深村 Yángshēn Cūn	洲岭乡	2004 年	组建洲滨村
垟尾村 Yángwěi Cūn	洲岭乡	2004 年	组建洲滨村
梨坪村 Lípíng Cūn	洲岭乡	2004 年	组建洲滨村
顺安村 Shùn'ān Cūn	黄桥乡	2004 年	组建新的司前村
林山村 Línshān Cūn	司前畲族乡	2004 年	组建新的司前村
上升村 Shàngshēng Cūn	里光乡	2004 年	组建新的新北居民区
和庄村 Hézhuāng Cūn	里光乡	2004 年	组建新的新北居民区
新桥居民区 Xīnqiáo Jūmínqū	里光乡	2004 年	组建新的新北居民区
筱条村 Xiǎotiáo Cūn	司前畲族乡	2004 年	组建新的左溪村
叶垟村 Yèyáng Cūn	黄桥乡	2004 年	组建新的左溪村
峰门村 Fēngmén Cūn	峰门乡	2004 年	组建新的峰门村
朱湾村 Zhūwān Cūn	峰门乡	2004 年	组建新的峰门村
徐坑村 Xúkēng Cūn	峰门乡	2004 年	组建徐宅村

续表 9-1

被撤销建制单位	时属镇（乡）	撤销年月	撤销原因
何宅村 Hézhái Cūn	峰门乡	2004 年	组建徐宅村
园桥村 Yuánqiáo Cūn	黄桥乡	2005 年	组建黄桥村
新增村 Xīnzēng Cūn	黄桥乡	2005 年	组建黄桥村
苍展村 Cāngzhǎn Cūn	黄桥乡	2005 年	组建黄桥村
联盟村 Liánméng Cūn	黄桥乡	2005 年	组建黄桥村
百新居民区 Bǎixīn Jūmínqū	百丈乡	2004 年	组建飞云湖居民区
朱岭村 Zhūlǐng Cūn	百丈乡	2004 年	组建飞云湖居民区
叶岸山村 Yè'ànshān Cūn	百丈乡	2004 年	组建飞云湖居民区
上林村 Shànglín Cūn	洪口乡	2004 年 4 月	组建建民畲族村
沙坑村 Shākēng Cūn	黄坑乡	2004 年	组建建民畲族村
岭脚村 Lǐngjiǎo Cūn	洪口乡	2004 年	组建新的阳山村
洪口村 Hóngkǒu Cūn	洪口乡	2004 年	组建洪秀村
秀洪村 Xiùhóng Cūn	洪口乡	2004 年	组建洪秀村
横山村 Héngshān Cūn	莒江乡	2004 年	组建横辽村
叶辽村 Yèliáo Cūn	莒江乡	2004 年	组建横辽村
岭头垟村 Lǐngtóuyáng Cūn	莒江乡	2004 年	组建莒云村
东山村 Dōngshān Cūn	莒江乡	2004 年	组建莒云村
求具村 Qíujù Cūn	莒江乡	2004 年	组建莒云村
夏山村 Xiàshān Cūn	莒江乡	2004 年	组建莒云村
卓尾垟村 Zhuówěiyáng Cūn	包垟乡	2004 年	组建卓南坑村
包垟村 Bāoyáng Cūn	包垟乡	1984 年下半年	分为包垟底、包垟店、新塘垟 3 村

续表 9-1

被撤销建制单位	时属镇（乡）	撤销年月	撤销原因
南下村 Nánxià Cūn	包垟乡	2004 年	组建卓南坑村
银珠坑村 Yínzhūkēng Cūn	包垟乡	2004 年	组建卓南坑村
少年垟村 Shàoniányáng Cūn	包垟乡	2004 年	组建新的新塘垟村
石柱垟村 Shízhùyáng Cūn	包垟乡	2004 年	组建新的新塘垟村
马迹村 Mǎjì Cūn	包垟乡	2004 年	组建新的新塘垟村
白云村 Báiyún Cūn	包垟乡	2004 年	组建新的包垟店村
涂山头村 Túshāntóu Cūn	包垟乡	2004 年	组建新的包垟店村
七孔田村 Qīkǒngtián Cūn	包垟乡	2004 年	组建新的包垟店村
竹园村 Zhúyuán Cūn	筱村乡	2004 年	组建徐岙村
王家塘村 Wángjiātáng Cūn	玉溪乡	2004 年	组建徐岙村
南山后村 Nánshānhòu Cūn	筱村乡	2008 年 1 月	组建北坑村
岩头村 Yántóu Cūn	玉溪乡	1993 年	更名玉溪村
下园村 Xiàyuán Cūn	玉溪乡	2004 年	组建坡头村
大场村 Dàchǎng Cūn	筱村乡	2004 年	组建新的新楼村
葛垟下村村 Géyángxiàcūn Cūn	葛垟乡	2004 年	组建新的章前垟村
下垟村 Xiàyáng Cūn	葛垟乡	2004 年	组建新的葛垟村
小岭村 Xiǎolǐng Cūn	葛垟乡	2004 年	组建新的葛垟村
下垟坪村 Xiàyángpíng Cūn	葛垟乡	2004 年	组建新的葛垟村
包宅村 Baozhái Cūn	新山乡	2004 年	组建库村村
吴宅村 Wúzhái Cūn	新山乡	2004 年	组建库村村
陈山村 Chénshān Cūn	新山乡	2004 年	组建库村村

续表 9-1

被撤销建制单位	时属镇（乡）	撤销年月	撤销原因
蒲垟村 Púyáng Cūn	新山乡	2004 年	组建库村村
黄山村 Huángshān Cūn	新山乡	2004 年	组建库村村
潘垟新村 Pānyángxīn Cūn	新山乡	2004 年	组建新的新仓村
后坪村 Hòupíng Cūn	新山乡	2004 年	组建新兴村
乌石村 Wūshí Cūn	新山乡	2004 年	组建新兴村
周坑村 Zhōukēng Cūn	新浦乡	2004 年	组建周新村
新田村 Xīntián Cūn	新浦乡	2004 年	组建周新村
朱岙村 Zhū'ào Cūn	新浦乡	2004 年	组建孙坪村
茶园村 Cháyuán Cūn	新浦乡	2004 年	组建孙坪村
吴山村 Wúshān Cūn	新浦乡	2004 年	组建孙坪村
南峤底村 Nánqiáodǐ Cūn	新浦乡	2004 年	组建南峤村
南峤外村 Nánqiáowài Cūn	新浦乡	2004 年	组建南峤村
大岗村 Dàgǎng Cūn	新浦乡	2004 年	组建新的龙前村
周山村 Zhōushān Cūn	新浦乡	2004 年	组建新的龙前村
山后坑村 Shānhòukēng Cūn	联云乡	2004 年	组建新的箬垟村
银坑村 Yínkēng Cūn	联云乡	2004 年	组建新的箬垟村
黄山背村 Huángshānbēi Cūn	联云乡	2004 年	组建新的箬垟村
石柱村 Shízhù Cūn	联云乡	2004 年	组建新的箬垟村
新畲村 Xīnshē Cūn	联云乡	2004 年	组建新源村
吴源村 Wúyuán Cūn	联云乡	2004 年	组建新源村
岩培村 Yánpéi Cūn	联云乡	2004 年	组建培坑村
山碓坑村 Shānduìkēng Cūn	联云乡	2004 年	组建培坑村

续表 9-1

被撤销建制单位	时属镇（乡）	撤销年月	撤销原因
和平村 Hépíng Cūn	翁山乡	2004 年	组建兴东村
底畲村 Dǐshē Cūn	翁山乡	2004 年	组建兴东村
新源村 Xīnyuán Cūn	翁山乡	2004 年	组建永兴村
榅桥村 Wēnqiáo Cūn	翁山乡	2004 年	组建永兴村
华桐村 Huátóng Cūn	翁山乡	2004 年	组建永兴村
坑尾庵村 Kēngwěi'ān Cūn	泗溪乡	2004 年	组建新的上院村
南阳村 Nányáng Cūn	凤垟乡	2004 年	组建西溪村
上塆村 Shàngwān Cūn	凤垟乡	2004 年	组建西溪村
苏家坑村 Sūjiākēng Cūn	南溪乡	2004 年	组建新的前坪村
旁垟村 Pángyáng Cūn	凤垟乡	2004 年	组建三门垟村
垟头村 Yángtóu Cūn	凤垟乡	2004 年	组建三门垟村
下村垟 Xiàcūn yáng	凤垟乡	2004 年	组建三门垟村
沙洲村 Shāzhōu Cūn	凤垟乡	2004 年	组建洲路村
半路村 Bànlù Cūn	凤垟乡	2004 年	组建洲路村
梨槐垟村 Líqiùyáng Cūn	凤垟乡	2004 年	更名为新梨
乾头村 Qiántóu Cūn	凤垟乡	2004 年	组建三星村
坑下村 Kēngxià Cūn	凤垟乡	2004 年	组建三星村
后斜村 Hòuxié Cūn	凤垟乡	2004 年	组建三星村
上塘村 Shàngtáng Cūn	横坑乡	2004 年	组建建新村
夹边村 Jiābiān Cūn	横坑乡	2004 年	组建建新村
朝坳村 Cháo'ào Cūn	横坑乡	2004 年 5 月	组建建新村

续表 9-1

被撤销建制单位	时属镇（乡）	撤销年月	撤销原因
岭村 Fénlǐng Cūn	横坑乡	2004 年 5 月	组建建新村
横坑头村 Héngkēngtóu Cūn	横坑乡	2004 年 5 月	更名坑头村
舂臼坑村 Chōngjiùkēng Cūn	横坑乡	2004 年 5 月	更名为舂臼坑村
古院村 Gǔyuàn Cūn	九峰乡	2004 年 5 月	组建新的九峰村
山后村 Shānhòu Cūn	九峰乡	2004 年 5 月	组建新的九峰村
白柯塆村 Báikēwān Cūn	九峰乡	2004 年	组建新的半岗村
九里潭村 Jiǔlǐtán Cūn	九峰乡	2004 年	组建新的半岗村
新斋村 Xīnzhāi Cūn	九峰乡	2004 年	组建新和村
沙岭村 Shālǐng Cūn	九峰乡	2004 年	组建新和村
上寮村 Shàngliáo Cūn	九峰乡	2004 年	组建新和村
矴步村 Dìngbù Cūn	东溪乡	2004 年	组建琴桥村
后宅垟村 Hòuzháiyáng Cūn	东溪乡	2004 年	组建琴桥村
岭头坪村 Lǐngtóupíng Cūn	东溪乡	2004 年	组建琴桥村
长丘村 Chángqiū Cūn	东溪乡	2004 年	组建蔡宅村
蔡宅底村 Càizháidǐ Cūn	东溪乡	2004 年	组建蔡宅村
徐家庄村 Xújiāzhuāng Cūn	东溪乡	2004 年	组建蔡宅村
东村村 Dōngcūn Cūn	东溪乡	2004 年	组建上村村
前岭村 Qiánlǐng Cūn	东溪乡	2004 年	组建上村村
板山村 Bǎnshān Cūn	彭溪乡	2004 年	组建新的彭溪村
昌基村 Chāngjī Cūn	彭溪乡	2004 年	组建新的彭溪村
矴步脚村 Dìngbùjiǎo Cūn	彭溪乡	2004 年	组建新的彭溪村

续表 9-1

被撤销建制单位	时属镇（乡）	撤销年月	撤销原因
内垟村 Nèiyáng Cūn	富垟乡	2004 年	组建新的富垟村
东风村 Dōngfēng Cūn	富垟乡	2004 年	组建新的富垟村
大湖村 Dàhú Cūn	富垟乡	2004 年	组建新的富垟村
外富垟村 Wàifùyáng Cūn	富垟乡	2004 年	更名为外垟村
黄坭坪村 Huángnípíng Cūn	富垟乡	2004 年	组建新的车头村
隘门村 Àimén Cūn	月湖乡	2004 年	组建新的水尾村
牛塘塆村 Niútángwān Cūn	峰文乡	2004 年	组建新的峰文村
董家坪村 Dǒngjiāpíng Cūn	峰文乡	2004 年	组建新的峰文村
钓鱼坑村 Diàoyúkēng Cūn	峰文乡	2004 年	组建汇源村
伙爬岭村 Huǒpálǐng Cūn	峰文乡	2004 年	组建汇源村
双溪口村 Shuāngxīkǒu Cūn	峰文乡	2004 年	组建新的双溪口村
峰坳村 Fēng'ào Cūn	峰文乡	2004 年	组建新的双溪口村
青皮坳林场 Qīngpi'ào Línchǎng	峰文乡	2004 年	组建新的双溪口村
大厝底村 Dàcuòdǐ Cūn	雅阳乡	1992 年	更名为新联村
柘头村 Zhétóu Cūn	雅阳乡	2004 年	组建为新的新联村
垟上村 Yángshàng Cūn	雅阳乡	2004 年	组建为新的新联村
普上垟村 Pǔshàngyáng Cūn	雅阳乡	2004 年	组建为新的新联村
塔头底村 Tǎtóudǐ Cūn	雅阳乡	2011 年 4 月	复用“和平”村名。
百步岭村 Bǎibùlǐng Cūn	东安乡	2004 年	组建为岭垟村
坑底垟村 Kēngdǐyáng Cūn	东安乡	2004 年	组建为岭垟村
隘门村 Àimén Cūn	东安乡	2004 年	组建新的莲头村

续表 9-1

被撤销建制单位	时属镇（乡）	撤销年月	撤销原因
福船村 Fúchuán Cūn	东安乡	2004 年	组建福梅村
梅模坑村 Méiqiùkēng Cūn	东安乡	2004 年	组建福梅村
里垟坪村 Lǐyángpíng Cūn	雅阳乡	2004 年	组建为雅阳坪村
雅阳溪村 Yǎyángxī Cūn	雅阳乡	2004 年	组建为雅阳坪村
高场村 Gāochǎng Cūn	柳峰乡	2004 年	组建新的墩头村
青竹垟村 Qīngzhúyáng Cūn	雅阳乡	2004 年	组建新的墩头村
上柘头村 Shàngzhètóu Cūn	柳峰乡	2004 年	组建上岚村
山茶岚村 Shāncháлán Cūn	柳峰乡	2004 年	组建上岚村
外垟村 Wàiyáng Cūn	柳峰乡	2004 年	组建新的国岭村
底垟村 Dǐyáng Cūn	松垟乡	2004 年	组建为新的松垟村
半岭村 Bànlǐng Cūn	松垟乡	2004 年	组建为新的松垟村
岭后村 Lǐnghòu Cūn	松垟乡	2004 年	组建为新的松垟村
松岭村 Sōnglǐng Cūn	松垟乡	1992 年	析为底垟、半岭、岭后村
下仁村 Xiàrén Cūn	松垟乡	2004 年	组建新的上仁村
秀涧上村村 Xiùjiànshàngcūn Cūn	松垟乡	1992 年	简化为上村
秀涧下村村 Xiùjiànxiàcūn Cūn	松垟乡	1992 年	简化为下村
灵家山村 Língjiāshān Cūn	松垟乡	2004 年	组建灵乾村
乾头仔村 Qiántóuzǐ Cūn	松垟乡	2004 年	组建为灵乾村
苎坑村 Zhùkēng Cūn	仕阳乡	2004 年	组建新的溪东村
双垟村 Shuāngyáng Cūn	仕阳乡	2004 年	组建新的溪东村
石竹后村 Shízhúhòu Cūn	仕阳乡	2004 年	组建新的溪东村

续表 9-1

被撤销建制单位	时属镇（乡）	撤销年月	撤销原因
沙丘村 Shāqiū Cūn	仕阳乡	2004 年	组建新的溪东村
仕后村 Shìhòu Cūn	仕阳乡	2004 年	组建新的溪东村
岭坑村 Lǐngkēng Cūn	仕阳乡	2004 年	组建新的溪东村
早阳村 Zǎoyáng Cūn	仕阳乡	2004 年	组建朝阳村
垟西尾村 Yángxīwěi Cūn	仕阳乡	2004 年	组建朝阳村
大丘林村 Dàqiūlín Cūn	仕阳乡	2004 年	组建朝阳村
泉亭村 Quántíng Cūn	仕阳乡	2004 年	组建严山村
仓楼村 Cānglóu Cūn	仕阳乡	2004 年	组建严山村
山谷垟村 Shāngǔyáng Cūn	章成乡	2004 年	改为裕垟村
柘头村 Zhetóu Cūn	章坑乡	2004 年 9 月	组建荣西村
坑西村 Kēngxī Cū	章坑乡	2004 年 9 月	组建荣西村
董庄村 Dǒngzhuāng Cūn	龟湖镇	2004 年	组建董陈村
陈海垟村 Chénhǎiyáng Cūn	龟湖镇	2004 年	组建董陈村
龟林村 Guīlín Cūn	龟湖镇	2004 年	组建双临村
叶岭村 Yèlǐng Cūn	龟湖镇	2004 年	组建双临村
双临村 Shuānglín Cūn	仕阳镇	2009 年	更名新湖村
白岩村 Báiyán Cūn	龟湖镇	2004 年	组建白岩居民区
徐家山村 Xújiāshān Cūn	龟湖镇	2004 年	组建白岩居民区
外岗村 Wàigǎng Cūn	龟湖镇	2004 年	组建白岩居民区
岗尾村 Gǎngwěi Cūn	龟湖镇	2004 年	组建白岩居民区
坑斗岚村 Kēngdǒulán Cūn	雪溪乡	2004 年	组建保兴村

续表 9-1

被撤销建制单位	时属镇（乡）	撤销年月	撤销原因
下堡村 Xiàbǎo Cūn	雪溪乡	2004 年	组建保兴村
大路边村 Dàlùbiān Cūn	雪溪乡	2004 年	组建保兴村
驮地村 Tuódì Cūn	雪溪乡	2004 年	组建雪临村
北斗村 Běidǒu Cūn	雪溪乡	2004 年	组建雪临村
岩溪村 Yánxī Cūn	雪溪乡	2004 年	组建双溪村
柳溪村 Liǔxī Cūn	雪溪乡	2004 年	组建双溪村
垟面村 Yángmiàn Cūn	雪溪乡	2004 年	组建双桥村
富头村 Fùtóu Cūn	雪溪乡	2004 年	组建双桥村
墓前村 Mùqián Cūn	万排乡	2004 年	组建新的茂竹园村
王家垟村 Wángjiāyáng Cūn	万排乡	2004 年	组建新的下排村
陈垟村 Chényáng Cūn	原三魁镇	2004 年	组建新的刘宅村
金家坑村 Jīnjiākēng Cūn	三魁镇	2004 年	组建为新的张宅村
塔头村 Tǎtóu Cūn	三魁镇	2004 年	组建为新的张宅村
坑尾村 Kēngwěi Cūn	三魁镇	2004 年	组建新的秀溪边村
占垟村 Zhànyáng Cūn	三魁镇	2004 年	组建新的秀溪边村
下溪坪村 Xiàxīpíng Cūn	三魁镇	2004 年	组建戬洲村
上溪坪村 Shàngxīpíng Cūn	三魁镇	2004 年	组建戬洲村
彭家堡村 Péngjiābǎo Cūn	三魁镇	2004 年	组建戬洲村
官垟村 Guānyáng Cūn	三魁镇	2004 年	组建戬洲村
联坑村 Liánkēng Cūn	三魁镇	2004 年	组建戬洲村
金狮村 Jīnshī Cūn	三魁镇	2004 年	组建戬洲村

续表 9-1

被撤销建制单位	时属镇（乡）	撤销年月	撤销原因
柳厝村 Liǔcuò Cūn	大安乡	2004 年	组建新的柳埠村
南山下村 Nánshānxià Cūn	大安乡	2004 年	组建新的柳埠村
埠尾村 Bùwěi Cūn	大安乡	2004 年	组建新的柳埠村
大岗后村 Dàgǎnghòu Cūn	大安乡	2004 年	组建大垟村
下后垟村 Xiàhòuyáng Cūn	大安乡	2004 年	组建大垟村
外后垟村 Wàihòuyáng Cūn	大安乡	2004 年	组建大垟村
底后垟村 Dǐhòuyáng Cūn	大安乡	2004 年	组建大垟村
莨衣山村 Lángyīshān Cūn	西旸镇	2004 年	组建新的面前岭村
竹林头村 Zhúlíntóu Cūn	西旸镇	2004 年	组建新的面前岭村
竹宅村 Zhúzhái Cūn	西旸镇	2004 年	组建新的叶瑞旸村
横路村 Hénglù Cūn	西旸镇	2004 年	组建横川旸村
川山村 Chuānshān Cūn	西旸镇	2004 年	组建横川旸村
晓旸坑村 Xiǎoyángkēng Cūn	西旸镇	2004 年	组建横川旸村
官村村 Guāncūn Cūn	西旸镇	2004 年	组建新的老鹰岩村
竹底村 Zhúdǐ Cūn	西旸镇	2004 年	组建竹茂旸村
王家山垟村 Wángjiāshānyáng Cūn	西旸镇	2004 年	组建竹茂旸村
底西坑村 Dǐxīkēng Cūn	西旸镇	2004 年	组建双旸村
黄沙地村 Huángshādǐ Cūn	西旸镇	2004 年	组建双旸村
石塍村 Shíchéng Cūn	垟溪乡	2004 年	组建白海村
黄连山村 Huángliánshān Cūn	垟溪乡	2004 年	组建白海村
大山村 Dàshān Cūn	垟溪乡	2004 年	组建白海村

续表 9-1

被撤销建制单位	时属镇（乡）	撤销年月	撤销原因
溪斗村 Xīdǒu Cūn	垟溪乡	2004 年	组建新的垟边村
余坑村 Yúkēng Cūn	垟溪乡	2004 年	组建新的垟边村
前垟村 Qiányáng Cūn	垟溪乡	2004 年	组建新的富家垟村
叶家山村 Yèjiāshān Cūn	垟溪乡	2004 年	组建新的彭坑垟村
上岱村 Shàngdài Cūn	竹里畲族乡	2004 年	组建新的竹里村
茶坪村 Chápíng Cūn	竹里畲族乡	2004 年	组建茶石村
石角坑村 Shíjiǎokēng Cūn	竹里畲族乡	2004 年	组建茶石村
仁石村 Rénshí Cūn	莒江乡	1997 年	珊溪水库建设
交溪村 Jiāoxī Cūn	莒江乡	1997 年	珊溪水库建设
江口村 Jiāngkǒu Cūn	莒江乡	1997 年	珊溪水库建设
斜坑村 Xiékēng Cūn	莒江乡	1997 年	珊溪水库建设
上村村 Shàngcūn Cūn	莒江乡	1997 年	珊溪水库建设
下村村 Xiàcūn Cūn	莒江乡	1997 年	珊溪水库建设
洪口村 Hóngkǒu Cūn	洪口乡	1997 年	珊溪水库建设
岭脚村 Lǐngjiǎo Cūn	洪口乡	1997 年	珊溪水库建设
永华村 Yǒnghuá Cūn	新浦乡	1997 年	珊溪水库建设
南进村 Nánjìn Cūn	新浦乡	1997 年	珊溪水库建设
潘垟村 Pānyáng Cūn	新浦乡	1990 年	易地重建，并入新仓村
城东居民区 Chéngdōng Jūmínqū	罗阳镇	2006 年	改为东城社区
城西居民区 Chéngxī Jūmínqū	罗阳镇	2006 年	改为西城社区
城南居民区 Chéngnán Jūmínqū	罗阳镇	2006 年	改为南城社区
城北居民区 Chéngběi Jūmínqū	罗阳镇	2006 年	改为北城社区

第二节 消失的自然村

20 世纪 80 年代后社会经济开始快速发展，不少自然村居民因基础设施建设（水库建设是最大一块）之需，下山改善生活生产条件，规避地质灾害等原因迁离，部分自然村趋于消失。

1984 年止已废自然村简表

表 9-2

废村名	时属乡镇	时属行政村
坑底垄 Kēngdǐlǒng	罗阳镇	北外村
矛尖岗 Máojiāngǎng	岭北乡	村尾村
西垟坑 Xīyángkēng	岭北乡	翁溪村
外塆 Wàiwān	岭北乡	上垟村
库仔底 Kùzǐdǐ	岭北乡	板场村
可汇 Kéhuì	仙稔乡	三滩村
池垄 Chílǒng	仙稔乡	三滩村
马栏 Mǎlán	仙稔乡	上稔村
垟尾宫 Yángwěigōng	仙稔乡	下稔村
春阳岭头 Chūnyánglǐngtóu	仙稔乡	春阳村
赤砂塆 Chìshāwān	仙稔乡	岭下村
梨树丫 Líshùyā	鹤巢乡	赤坑村
上丫 Shàngyā	鹤巢乡	赤坑村
乌岩下 Wūyánxià	鹤巢乡	赤坑村
溪底 Xīdǐ	鹤巢乡	江渡村
焦塆 Jiāowān	南山乡	七丘村
青山 Qīngshān	南山乡	七丘村
垟垱 Yángdàng	南院乡	漈坪岗村

续表 9-2

废村名	时属乡镇	时属行政村
南垟头 Nányángtóu	南院乡	棠坪村
明石垟 Míngshíyáng	南院乡	毛垟村
上厝垟 Shàngcuòyáng	南院乡	叶盛坑村
池坪 Chípíng	南院乡	岩坪村
毛竹恩 Máozhú'ēn	司前乡	溪口村
旁山 Pángshān	司前乡	溪口村
红岩漈 Hóngyánjì	司前乡	左溪村
大岭脚 Dàlǐngjiǎo	黄桥乡	园桥村
深坑庵 Shēnkēng'ān	黄桥乡	联盟村
牛头坳 Niútóu 'àn	竹垟乡	石角坑村
光山 Guāngshān	竹垟乡	石角坑村
张老坪 Zhānglǎopíng	竹垟乡	茶坪村
上东山 Shàngdōngshān	竹垟乡	茶坪村
大垟 Dàyáng	竹垟乡	上岱村
金高 Jīngāo	里光乡	里光村
半岭 Bànlǐng	里光乡	里光村
大塆 Dàwān	里光乡	里光村
山根 Shāngēn	里光乡	上池村
山魈岱 Shānxiāodài	里光乡	榅垟村
南山 Nánshān	里光乡	榅垟村
矴步头 Dìngbùtóu	里光乡	榅垟村

续表 9-2

废村名	时属乡镇	时属行政村
黄石 Huángshí	里光乡	叶山村
单丘 Dānqiū	里光乡	叶山村
西坑岭脚 Xīkēnglǐngjiǎo	里光乡	叶山村
塆上 Wānshàng	里光乡	新桥村
金底畲 Jīndǐshē	碑排乡	碑排村
双坑口 Shuāngkēngkǒu	碑排乡	碑排村
管田坳 Guǎntián'ào	碑排乡	五斗村
犁头嘴 Lítóuzuǐ	百丈乡	朱垟村
坭山岗 Níshāngǎng	百丈乡	下革村
山丘 Shānqiū	百丈乡	下革村
朱节坳 Zhūjié'ào	峰门乡	峰门村
柿树坳 Shìshù'ào	峰门乡	峰门村
石角庵 Shíjiǎo'ān	峰门乡	峰门村
四格坪 Sìgépíng	峰门乡	朱塆村
仰坑 Yǎngkēng	峰门乡	朱塆村
孙宅塆 Sūnzháiwān	岩上乡	岩上村
彭寮 Péngliáo	岩上乡	岩上村
渡船头 Dùchuántóu	岩上乡	银珠坑村
犁头岗 Lítóugǎng	包垟乡	包垟村
黄公坑 Huánggōngkēng	莒江乡	夏山村
垟头 Yángtóu	黄坑乡	南坑垟村

续表 9-2

废村名	时属乡镇	时属行政村
出米岩 Chúmǐyán	黄坑乡	双岭村
林场 Línchǎng	黄坑乡	上林村
猫狸岗 Māolígǎng	黄坑乡	上林村
章山 Zhāngshān	洪口乡	大垟村
新楼岭 Xīnlóulǐng	筱村乡	新楼村
东岙堂 Dōng'àotáng	筱村乡	长垟村
摇动岩 Yáodòngyán	联云乡	新畲村
石佛坳 Shífó'ào	联云乡	山后坑村
石竹口 Shízhúkǒu	玉溪乡	新村村
官听基 Guāntīngjī	玉溪乡	坳头村
林山 Línshān	翁山乡	底畲村
白水漈 Báishuǐjì	泗溪乡	下桥村
白岩头 Báiyántóu	泗溪乡	下桥村
林平庵 Línpíng'ān	凤垟乡	梧桐垟村
后坑仔 Hòukēngzǐ	凤垟乡	沙洲村
吴山垟 Wúshānyáng	凤垟乡	乾头村
青楼岭 Qīnglóulǐng	凤垟乡	下村垟村
岗尾 Gǎngwěi	玉西乡	西地村
溪底岗 Xīdǐgǎng	南溪乡	洪坑村
窟垟仔 Kūyángzǐ	南溪乡	秀垟村
庵基Ānjī	富垟乡	均山村
大坝头 Dàbàtóu	富垟乡	大湖村

续表 9-2

废村名	时属乡镇	时属行政村
车路下 Chēlùxià	月湖乡	水尾村
后坑仔 Hòukēngzǐ	三魁乡	张宅村
底垄 Dǐlǒng	三魁乡	陈垟村
大田坪 Dàtiánpíng	下洪乡	门楼底村
陈家营 Chénjiāyíng	下洪乡	道观后村
旺坑 Wàngkēng	下洪乡	旺坑村
大坪 Dàpíng	下洪乡	洪溪美村
下脚湾 Xiàjiǎowān	夏卢乡	卢梨村
大垟田 Dàyángtián	夏卢乡	水车垟村
南田岗 Nántiángǎng	大安乡	花坪头村
柘头垟 Zhètóuyáng	大安乡	花坪头村
青草岙 Qīngcǎo'ào	西旸乡	官村村
黄坭乾 Huángníqián	洲岭乡	梨坪村
棋盘丘 Qípánqiū	洲岭乡	上庄村
六贯 Liùguàn	垟溪乡	垟边村
山岗坪 Shāngǎngpíng	垟溪乡	余坑村
温尖 Wēnjiān	垟溪乡	叶家山村
山头 Shāntóu	垟溪乡	可溪村
白岩山 Báiyánshān	垟溪乡	彭坑垟村
大厝基 Dàcuòjī	垟溪乡	石塍村
牛塘后 Niútánghòu	秀涧乡	灵家山村
铁长岭 Tiěchánglǐng	秀涧乡	秀涧下村

续表 9-2

废村名	时属乡镇	时属行政村
长坑 Chángkēng	秀涧乡	秀涧下村
牛童往 Niútóngwǎng	东安乡	红朱田村
大坝面 Dàbàmiàn	东安乡	东安村
南山头 Nánshāntóu	松垟乡	下仁村
外垟宫 Wàiyánggōng	积库乡	黄淡涤村
龙井 Lóngjǐng	积库乡	黄淡涤村
陆丘湾 Lùqīuwān	东溪乡	蔡宅底村
山后宫 Shānhòugōng	章成乡	双神村
金瓜头 Jīnguātóu	章成乡	山谷垟村
岭头 Lǐngtóu	后章乡	章荣村
岭头寮 Lǐngtóuliáo	后章乡	上宅垟村
杨家山 Yángjiāshān	万排乡	茂竹园村
清水坑 Qīngshuǐkēng	万排乡	墓前村
沈垟 Shěnyáng	章坑乡	黄碧龙村
黄垓 Huánggāi	章坑乡	坑西村
斜尖 Xiéjiān	章坑乡	董源村
井头垟 Jǐngtóuyáng	章坑乡	双路村
梨糗垟 Líqiǔyáng	章坑乡	双路村
岗后 Gǎnghòu	章坑乡	瑞昌村
青潭 Qīngtán	章坑乡	瑞昌村
铁炉前 Tiělúqián	龟湖乡	龟林村
下炉 Xiàlú	龟湖乡	岗尾村

1985—2012年不再使用的自然村名称

表 9-3

废村名	所在乡镇	所在行政村
金家坑 Jīnjiākēng	罗阳镇	北外村
半垟 Bànyáng	罗阳镇	北外村
上庄 Shàngzhuāng	罗阳镇	北外村
塘角 Tángjiǎo	罗阳镇	北外村
赤沙 Chìshā	罗阳镇	东内村
霞阳 Xiáyáng	罗阳镇	东内村
麻子见 Mázǐjiàn	罗阳镇	南内村
溪尾 Xīwěi	罗阳镇	南内村
后林 Hòulín	罗阳镇	南外村
白溪岭亭 Báixīlǐngtíng	罗阳镇	白溪村
马口 Mǎkǒu	罗阳镇	联新村
杨柳塆 Yángliǔwān	罗阳镇	三垟村
富头垟 Fùtóuyáng	罗阳镇	溪坪村
长垄 Zhánglǒng	罗阳镇	溪坪村
大丘尖 Dàqiūjiān	罗阳镇	溪坪村
排下 Páixià	罗阳镇	毛竹下村
苦岭下 Kǔlǐngxià	罗阳镇	毛竹下村
白箬湖 Báiruòhú	罗阳镇	毛竹下村
尖下 Jiānxià	罗阳镇	道均垟村
外岭 Wàilǐng	罗阳镇	道均垟村

续表 9-3

废村名	所在乡镇	所在行政村
半山 Bànshān	罗阳镇	道均垟村
白岩 Báiyán	罗阳镇	道均垟村
炉坪 Lúpíng	罗阳镇	道均垟村
底堂 Dǐtáng	罗阳镇	上垟村
张坑 Zhāngkēng	罗阳镇	上垟村
垟尾 Yángwěi	罗阳镇	上垟村
山头仔 Shāntóuzǐ	罗阳镇	板场村
宫下垟 Gōngxiàyáng	罗阳镇	板场村
长岭寮 Chánglǐngliáo	罗阳镇	板场村
坦坑底 Tǎnkēngdǐ	罗阳镇	板场村
大岗 Dàgǎng	罗阳镇	板场村
长家山 Chángjiāshān	罗阳镇	板场村
宫岭 Gōnglǐng	罗阳镇	上稔垟村
大垟 Dàyáng	罗阳镇	上稔垟村
岭水垟坳 Lǐngshuǐyáng'ào	罗阳镇	鹤联村
麻地 Mádì	罗阳镇	鹤联村
后山 Hòushān	罗阳镇	鹤联村
岭头 Lǐngtóu	罗阳镇	鹤联村
畚箕甩 Běnjīshuǎi	罗阳镇	春阳村
炉坑 Lúkēng	罗阳镇	春阳村
后章 Hòuzhāng	罗阳镇	赤坑村

续表 9-3

废村名	所在乡镇	所在行政村
高山 Gāoshān	罗阳镇	江渡村
横路垟 Hénglùyáng	罗阳镇	南山村
外厝 Wàicuò	罗阳镇	南山村
档坳垅 Dàng'àolǒng	罗阳镇	南山村
千定下 Qiāndìngxià	罗阳镇	南山村
岭根 Lǐnggēn	罗阳镇	南山村
架坪 Jiàpíng	罗阳镇	南山村
垟管丘 Yángguǎnqiū	罗阳镇	南山村
田龙仔 Tiánlóngzǐ	罗阳镇	南山村
榜畲 Bǎngshē	罗阳镇	南山村
坑尾 Kēngwěi	罗阳镇	南山村
田袋 Tiándài	罗阳镇	南山村
牛厝基 Niúcuòjī	罗阳镇	南山村
脑上 Nǎoshàng	罗阳镇	南山村
架坪 Jiàpíng	罗阳镇	南山村
下仔垟 Xiàzǐyáng	罗阳镇	南山村
杨关丘 Yángguānqiū	罗阳镇	南山村
洪溪 Hóngxī	罗阳镇	横岗村
桥头 Qiáotóu	罗阳镇	上察溪村
下井 Xiàjǐng	罗阳镇	叶盛坑村
南网 Nánwǎng	罗阳镇	叶盛坑村

续表 9-3

废村名	所在乡镇	所在行政村
山架仔 Shānjiàzǐ	罗阳镇	叶盛坑村
坑门底 Kēngméndǐ	罗阳镇	三联村
岭头 Lǐngtóu	罗阳镇	三联村
半岭 Bànlǐng	罗阳镇	三联村
底垟 Dǐyáng	罗阳镇	三联村
董家田 Dǒngjiātián	罗阳镇	三联村
庵基Ānjī	罗阳镇	棠坪村
五步溪 Wǔbùxī	罗阳镇	棠坪村
南垟 Nányáng	罗阳镇	棠坪村
张坑下 Zhāngkēngxià	罗阳镇	碑排村
朱岩 Zhūyán	罗阳镇	五斗村
岱头脑 Dàitóunǎo	罗阳镇	五斗村
黄坭坳 Huángní'ào	罗阳镇	马联村
岩塔皮 Yántǎpí	罗阳镇	马联村
罗坪 Luópíng	罗阳镇	恩岱垟村
松树岗 Sōngshùgǎng	罗阳镇	恩岱垟村
水碓坑 Shuǐduìkēng	罗阳镇	恩岱垟村
吴山 Wúshān	罗阳镇	恩岱垟村
田岗 Tiángǎng	罗阳镇	苏北村
林枫坑 Línfēngkēng	罗阳镇	苏北村
磨石坑 Móshíkēng	罗阳镇	苏北村

续表 9-3

废村名	所在乡镇	所在行政村
沙丘垟 Shāqiūyáng	罗阳镇	门楼底村
桃园 Táoyuán	罗阳镇	门楼外村
大岗 Dàgǎng	罗阳镇	门楼外村
牛栏坪 Niúlánpíng	罗阳镇	道观后村
凤垟头 Fèngyángtóu	罗阳镇	凤垟村
牛角垟 Niújiǎoyáng	罗阳镇	凤垟村
林棋 Línqí	罗阳镇	下彩村
大山 Dàshān	罗阳镇	下彩村
大坪 Dàpíng	罗阳镇	下彩村
半坑 Bànkēng	罗阳镇	下彩村
居庄 Jūzhuāng	罗阳镇	下彩村
下步坑 Xiàbùkēng	罗阳镇	下彩村
大厝基 Dàcuòjī	罗阳镇	南源村
横岭 Hénglǐng	罗阳镇	上洪村
东垟仔 Dōngyángzǐ	罗阳镇	大溪源村
上蛇 Shàngshé	罗阳镇	大溪源村
岭兜 Lǐngdōu	罗阳镇	半路村
苏家山 Sūjiāshān	罗阳镇	洲滨村
长垟 Chángyáng	罗阳镇	洲滨村
潘宅 Pānzhái	罗阳镇	洲滨村
黄泥埕 Huángníchéng	罗阳镇	洲滨村

续表 9-3

废村名	所在乡镇	所在行政村
垟头 Yángtóu	罗阳镇	洲滨村
马迹岭 Mǎjìlǐng	罗阳镇	洲滨村
南寮 Nánliáo	罗阳镇	洲滨村
漈头垟 Jìtóuyáng	罗阳镇	洲滨村
金交椅 Jīnjiāoyǐ	罗阳镇	洲滨村
苏垟 Sūyáng	罗阳镇	贝谷村
新坑岭 Xīnkēnglǐng	罗阳镇	上庄村
梨垟 Líyáng	罗阳镇	上庄村
半岭 Bànlǐng	罗阳镇	上庄村
漈下 Jìxià	罗阳镇	上庄村
上董坑 Shàngdǒngkēng	罗阳镇	上庄村
杨梅垄岗 Yángméilǒnggǎng	罗阳镇	上庄村
香菇寮 Xiānggūliáo	罗阳镇	上庄村
岭头 Lǐngtóu	罗阳镇	上庄村
不老垱 Bùlǎodàng	罗阳镇	上庄村
大甘林 Dàgānlín	罗阳镇	上庄村
岗仔头 Gǎngzǐtóu	罗阳镇	上庄村
棋坪丘 Qípíngqiū	罗阳镇	上庄村
烛台心 Zhútáixīn	罗阳镇	上庄村
楼塔尾 Lóutǎwěi	罗阳镇	上庄村
菇寮 Gūliáo	罗阳镇	上庄村

续表 9-3

废村名	所在乡镇	所在行政村
凤兰 Fènglán	罗阳镇	上庄村
岭头 Lǐngtóu	罗阳镇	龙华村
宫垟 Gōngyáng	罗阳镇	龙华村
坑底 Kēngdǐ	罗阳镇	龙华村
对面山 Duìmiànshān	罗阳镇	龙华村
旁山垟 Pángshānyáng	罗阳镇	龙华村
西山 Xīshān	罗阳镇	上舟垟村
牛塘岗 Niútánggǎng	罗阳镇	上舟垟村
石竹舟 Shízhúzhōu	罗阳镇	瑞岭村
坑头 Kēngtóu	罗阳镇	瑞岭村
四架 Sìjià	罗阳镇	瑞岭村
黄大坪翁 Huángdàpíngwēng	罗阳镇	瑞岭村
岭兜 Lǐngdōu	罗阳镇	半路村
溪坪 Xīpíng	罗阳镇	半路村
山底 Shāndǐ	罗阳镇	华庄村
垟头仔 Yángtóuzǐ	罗阳镇	华庄村
半岭尾 Bànlǐngwěi	罗阳镇	华庄村
长垄 Chánglǒng	罗阳镇	华庄村
长岗尾 Chánggǎngwěi	司前畲族镇	新北居民区
岱头 Dàitóu	司前畲族镇	新北居民区
葛藤岭 Géténglǐng	司前畲族镇	新北居民区

续表 9-3

废村名	所在乡镇	所在行政村
石镜 Shíjìng	司前畲族镇	新北居民区
辽基 Liáojī	司前畲族镇	新北居民区
单丘田 Shànqiūtián（原上升村）	司前畲族镇	新北居民区
横石 Héngshí	司前畲族镇	新北居民区
三支岗 Sānzhīgǎng	司前畲族镇	新北居民区
大厝基 Dàcuòjī	司前畲族镇	新北居民区
卓山 Zhuōshān	司前畲族镇	新北居民区
单丘田 Shànqiūtián（原新桥村）	司前畲族镇	新北居民区
黄山 Huángshān	司前畲族镇	新北居民区
第二岱 Dì'èrdài	司前畲族镇	新北居民区
瓦厂坪 Wǎchǎngpíng	司前畲族镇	新北居民区
朱坟山 Zhūfénshān	司前畲族镇	司前村
仙池 Xiānchí	司前畲族镇	司前村
平湖岗 Pínghúgǎng	司前畲族镇	司前村
金鸡赛 Jīnjīsài	司前畲族镇	司前村
馒头石 Mántóushí	司前畲族镇	司前村
洋头庵 Yángtóu'ān	司前畲族镇	司前村
大坪山 Dàpíngshān	司前畲族镇	司前村
外林山 Wàilínshān	司前畲族镇	司前村
金钟山 Jīnzhōngshān	司前畲族镇	司前村
杉树垄 Shānshùlǒng	司前畲族镇	大住村

续表 9-3

废村名	所在乡镇	所在行政村
白沙岙 Báishā'ào	司前畲族镇	大住村
黄坑源 Huángkēngyuán	司前畲族镇	大住村
百丈坑 Bǎizhàngkēng	司前畲族镇	大住村
斜塘 Xiétáng	司前畲族镇	溪口村
朱路垟 Zhūlùyáng	司前畲族镇	溪口村
岭头 Lǐngtóu	司前畲族镇	溪口村
垟头山 Yángtóushān	司前畲族镇	溪口村
樟潭 Zhāngtán	司前畲族镇	溪口村
宫头洋 Gōngtóuyáng	司前畲族镇	溪口村
墩头 Dūntóu	司前畲族镇	溪口村
坑石东 Kēngdòng	司前畲族镇	溪口村
溪口 Xīkǒu	司前畲族镇	溪口村
水圳头 Shuǐzhèntóu	司前畲族镇	左溪村
三亩 Sānmǔ	司前畲族镇	左溪村
朱家田 Zhūjiātián	司前畲族镇	左溪村
恩基岭Ēnjīlǐng	司前畲族镇	左溪村
底包坑 Dǐbāokēng	司前畲族镇	左溪村
黄坦寮 Huángtǎnliáo	司前畲族镇	黄桥村
陈吴坑 Chénwúkēng	司前畲族镇	黄桥村
石章坑 Shízhāngkēng	司前畲族镇	黄桥村
桥头坑 Qiáotóukēng	司前畲族镇	黄桥村

续表 9-3

废村名	所在乡镇	所在行政村
水碓坑 Shuǐduìkēng	司前畲族镇	黄桥村
双坑头 Shuāngkēngtóu	司前畲族镇	黄桥村
平滩 Píngtān	司前畲族镇	黄桥村
祠堂 Cítáng	司前畲族镇	黄桥村
朱埠垟庵 Zhūbùyáng'ān	司前畲族镇	黄桥村
公岙下 Gōng'àoxià	司前畲族镇	黄桥村
西沙派 Xīshāpài	司前畲族镇	黄桥村
周埠庵 Zhōubù'ān	司前畲族镇	黄桥村
上燕 Shàngyàn	司前畲族镇	黄桥村
占排 Zhànpái	司前畲族镇	黄桥村
筱驮源 Xiǎotuóyuán	司前畲族镇	黄桥村
松树脚 Sōngshùjiǎo	司前畲族镇	黄桥村
石佛岭 Shífólǐng	司前畲族镇	榅垟村
干漈 Gànjì	司前畲族镇	榅垟村
垟岭坑 Yánglǐngkēng	司前畲族镇	榅垟村
雨伞顶 Yǔsǎndǐng	司前畲族镇	台边村
流井斜 Liújǐngxié	司前畲族镇	徐宅村
上垟 Shàngyáng	司前畲族镇	徐宅村
徐山垟 Xúshānyáng	司前畲族镇	徐宅村
茶坪 Chápíng	司前畲族镇	徐宅村
园岗 Yuángǎng	司前畲族镇	徐宅村

续表 9-3

废村名	所在乡镇	所在行政村
赤岩 Chìyán	司前畲族镇	徐宅村
花田 Huātián	司前畲族镇	徐宅村
小湾口 Xiǎowānkǒu	司前畲族镇	徐宅村
何宅亭 Hézháitíng	司前畲族镇	徐宅村
陈坑 Chénkēng	司前畲族镇	里光村
陈梨坑 Chénlíkēng	司前畲族镇	里光村
西岗 Xīgǎng	司前畲族镇	里光村
吴坑垄 Wúkēnglǒng	司前畲族镇	上地村
樟树湾 ZhāngshùWān	司前畲族镇	峰门村
黄坦省 Huángtǎnshěng	司前畲族镇	峰门村
陈庄 Chénzhuāng	百丈镇	飞云湖居民区
下革 Xiàgé	百丈镇	飞云湖居民区
百丈口 Bǎizhàngkǒu	百丈镇	飞云湖居民区
东岸 Dōng'àn	百丈镇	飞云湖居民区
严公垟 Yángōngyáng	百丈镇	飞云湖居民区
山尖 Shānjiān	百丈镇	飞云湖居民区
坳头底Àotóudǐ	百丈镇	飞云湖居民区
窑背 Yáobèi	百丈镇	飞云湖居民区
朱垟头 Zhūyángtóu	百丈镇	朱垟村
下坑 Xiàkēng	百丈镇	朱垟村
小了 Xiǎoliǎo	百丈镇	莒云村

续表 9-3

废村名	所在乡镇	所在行政村
枨底 Chéngdǐ	百丈镇	莒云村
五显殿 Wǔxiǎndiàn	百丈镇	下村村
里西山 Lǐxīshān	百丈镇	上村村
求长岭 Qiúzhánglǐng	百丈镇	上村村
村头 Cūntóu	百丈镇	上村村
坡头坑 Pōtóukēng	百丈镇	上村村
溪底 Xīdǐ	百丈镇	上村村
木塆 Mùwān	百丈镇	交溪村
小金山 Xiǎojīnshān	百丈镇	交溪村
交溪垟 Jiāoxīyáng	百丈镇	交溪村
溪口山 Xīkǒushān	百丈镇	交溪村
江口 Jiāngkǒu	百丈镇	江口村
垟山 Yángshān	百丈镇	江口村
光坪 Guāngpíng	百丈镇	江口村
周九公 Zhōujiǔgōng	百丈镇	江口村
塘下 Tángxià	百丈镇	江口村
章岙 Zhāng'ào	百丈镇	江口村
锅灶石 Guōzàoshí	百丈镇	江口村
斜坑 Xiékēng	百丈镇	斜坑村
天丘尾 Tiānqiūwěi	百丈镇	斜坑村
源头 Yuántóu	百丈镇	斜坑村

续表 9-3

废村名	所在乡镇	所在行政村
坟头岗 Féntóugǎng	百丈镇	斜坑村
仁石 Rénshí	百丈镇	仁石村
火炉背 Huǒlúbèi	百丈镇	仁石村
仁石坑底 Rénshíkēngdǐ	百丈镇	仁石村
白沙岗 Báishāgǎng	百丈镇	岩上村
旱塘 Hàntáng	百丈镇	岩上村
定山 Dìngshān	百丈镇	岩上村
山坳 Shān'ào	百丈镇	岩上村
台石下 Táishíxià	百丈镇	卓南坑村
岩头背 Yántóubèi	百丈镇	卓南坑村
山腰 Shānyāo	百丈镇	卓南坑村
郑山坞 Zhèngshānwù	百丈镇	卓南坑村
高山岭头 Gāoshānlǐngtóu	百丈镇	卓南坑村
南坑 Nánkēng	百丈镇	卓南坑村
上演 Shàngyǎn	百丈镇	卓南坑村
银珠坑口 Yínzhūkēngkǒu	百丈镇	卓南坑村
下路坪 Xiàlùpíng	百丈镇	驮坪村
花地 Huādì	百丈镇	驮坪村
新亭 Xīntíng	百丈镇	涂坑村
旱丘 Hànqiū	百丈镇	涂坑村
麦斜 Màixié	百丈镇	涂坑村

续表 9-3

废村名	所在乡镇	所在行政村
黄坭岭 Huángnílǐng	百丈镇	包垟底村
吴坑底 Wúkēngdǐ	百丈镇	包垟底村
马迹 Mǎjì	百丈镇	新塘垟村
花地 Huādì	百丈镇	新塘垟村
张家山 Zhāngjiāshān	百丈镇	新塘垟村
新塘后 Xīntánghòu	百丈镇	包垟店村
坳门Àomén	百丈镇	林岙村
坑底岗 Kēngdǐgǎng	百丈镇	林岙村
油步山 Yóubùshān	百丈镇	横溪村
水笕湾 Shuǐjiǎnwān	百丈镇	横溪村
黄坛山 Huángtánshān	百丈镇	横溪村
彭山 Péngshān	百丈镇	横溪村
火烧昆 Huǒshāokūn	百丈镇	横辽村
坟头岗 Féntóugǎng	百丈镇	横辽村
求长 Qíucháng	百丈镇	横辽村
潘宅 Pānzhái	百丈镇	南坑垟村
出米岩 Chūmǐyán	百丈镇	南坑垟村
朝山 Cháoshān	百丈镇	南坑垟村
仓楼墩 Cānglóudūn	百丈镇	建民村
横岭 Hénglǐng	百丈镇	建民村
金坑 Jīnkēng	百丈镇	建民村

续表 9-3

废村名	所在乡镇	所在行政村
横路 Hénglù	百丈镇	台石村
项坑垟 Xiàngkēngyáng	百丈镇	台石村
柏树坳 Bǎishù'ào	百丈镇	台石村
瓦厂 Wǎchǎng	百丈镇	台石村
番茄厂 Fānqiéchǎng	百丈镇	洪秀村
南园 Nányuán	百丈镇	洪秀村
碗窑 Wǎnyáo	百丈镇	洪秀村
汤山岗 Tāngshāngǎng	百丈镇	洪秀村
山后 Shānhòu	百丈镇	山后村
山后坑 Shānhòukēng	百丈镇	山后村
外岗山 Wàigǎngshān	筱村镇	枫林村
大岗 Dàgǎng	筱村镇	枫林村
茶亭下 Chátíngxià	筱村镇	枫林村
胡厝底 Húcuòdǐ	筱村镇	枫林村
黄步岗 Huángbùgǎng	筱村镇	枫林村
横路下 Hénglùxià	筱村镇	徐岙村
王九丘 Wángjiǔqīu	筱村镇	徐岙村
鱼桐坑 Yútóngkēng	筱村镇	徐岙村
吴家山 Wújiāshān	筱村镇	徐岙村
九石垟 Jiǔshíyáng	筱村镇	北坑村
观音阁 Guānyīngé	筱村镇	北坑村

续表 9-3

废村名	所在乡镇	所在行政村
竹岗 Zhúgǎng	筱村镇	北坑村
外寮 Wàiliáo	筱村镇	北坑村
野猪垒 Yězhūlěi	筱村镇	新楼村
卢坑 Lúkēng	筱村镇	东垟村
西家山 Xījiāshān	筱村镇	东垟村
茶山塆 Cháshānwān	筱村镇	库村村
长岗背 Chánggǎngbèi	筱村镇	库村村
白岩根 Báiyángēn	筱村镇	库村村
门口洋 Ménkǒuyáng	筱村镇	库村村
吴仁厝 Wúréncuò	筱村镇	库村村
百门枝坛 Bǎiménzhītán	筱村镇	库村村
树根洋 Shùgēnyáng	筱村镇	新仓村
潘垟 Pānyáng	筱村镇	新仓村
北岸 Běi'àn	筱村镇	新仓村
周山 Zhōushān	筱村镇	新兴村
底庵 Dǐ'ān	筱村镇	双坑村
垟山墩 Yángshāndūn	筱村镇	双坑村
潘山塆 Pānshānwān	筱村镇	双坑村
宫底垟 Gōngdǐyáng	筱村镇	双坑村
库旱坑 Kùhànkēng	筱村镇	双坑村
过弄坑 Guòlòngkēng	筱村镇	双坑村

续表 9-3

废村名	所在乡镇	所在行政村
田垅 Tiánlǒng	筱村镇	箬垟村
陈司垟 Chénsīyáng	筱村镇	箬垟村
毛山树 Máoshānshù	筱村镇	箬垟村
朝头阳坳 Cháotóuyáng'ào	筱村镇	朝头垟村
下际垟坑 Xiàjìyángkēng	筱村镇	朝头垟村
岭头 Lǐngtóu	筱村镇	包坑村
岭脚 Lǐngjiǎo	筱村镇	包坑村
枫树坪 Fēngshùpíng	筱村镇	包坑村
下龙坑 Xiàlóngkēng	筱村镇	培坑村
塆头 Wantóu	筱村镇	培坑村
岭脚 Lǐngjiǎo	筱村镇	培坑村
天丘 Tiānqiū	筱村镇	里垟村
烂柴桥 Làncháiqiáo	筱村镇	里垟村
上水笼 Shàngshuǐlóng	筱村镇	里垟村
胡排头 Húpáitóu	筱村镇	里垟村
大坑岗 Dàkēnggǎng	筱村镇	坳头村
官听矶 Guāntīngjī	筱村镇	坳头村
东瓜宅 Dōngguāzhái	筱村镇	坳头村
上方山 Shàngfāngshān	筱村镇	坳头村
陈家山 Chénjiāshān	筱村镇	坳头村
风当头 Fēngdāngtóu	筱村镇	兴东村

续表 9-3

废村名	所在乡镇	所在行政村
上岩 Shàngyán	筱村镇	坑底村
罗堆 Luóduī	筱村镇	坑底村
菅坑 Jiānkēng	筱村镇	坑底村
赤水坪 Chìshuǐpíng	筱村镇	坑底村
三重漈 Sānchóngjì	筱村镇	坑底村
南坑 Nánkēng	筱村镇	山峡村
东岗 Dōnggǎng	筱村镇	永兴村
茶源坑源 Cháyuánkēngyuán	筱村镇	永兴村
南山坟 Nánshānfén	筱村镇	永兴村
落角塆 Luòjiǎowān	筱村镇	永兴村
大爿 dàpán	筱村镇	永兴村
漈头岭 Jìtóulǐng	筱村镇	永兴村
水源头 Shuǐyuántóu	筱村镇	永兴村
山佛庵 Shānfó'ān	筱村镇	梨垟村
金竹墩 Jīnzhúdūn	筱村镇	梨垟村
单田后 Shàntiánhòu	筱村镇	梨垟村
坟头岗 Féntóugǎng	筱村镇	梨垟村
大岭 Dàlǐng	筱村镇	章前垟村
岩头皮 Yántóupí	筱村镇	章前垟村
古罗门 Gǔluómén	筱村镇	葛垟村
山头顶 Shāntóudǐng	筱村镇	翁家山村

续表 9-3

废村名	所在乡镇	所在行政村
坟下 Fénxià	筱村镇	翁家山村
鱼塘丘 Yútángqīu	筱村镇	翁家山村
椅后 Yǐhòu	筱村镇	五蒲村
狮子岩 Shīzǐyán	筱村镇	五蒲村
北山岭头 Běishānlǐngtóu	筱村镇	五蒲村
龙山 Lóngshān	泗溪镇	上院村
下承天 Xiàchéntiān	泗溪镇	玉岩村
堂前岗 Tángqiángǎng	泗溪镇	下桥村
垟头 Yángtóu	泗溪镇	下桥村
坟底 Féndǐ	泗溪镇	建新村
单田 Shàntián	泗溪镇	建新村
企岗 Qǐgǎng	泗溪镇	建新村
田庄 Tiánzhuāng	泗溪镇	建新村
下厝湾 Xiàcuòwān	泗溪镇	建新村
山茶花 Shāncháhuā	泗溪镇	建新村
岩头山 Yántóushān	泗溪镇	建新村
小华桐 Xiǎohuátóng	泗溪镇	建新村
瓦窑 Wǎyáo	泗溪镇	建新村
岩漈下 Yánjìxià	泗溪镇	建新村
夹边岭脚 Jiābiānlǐngjiǎo	泗溪镇	建新村
水井面 Shuǐjǐngmiàn	泗溪镇	建新村

续表 9-3

废村名	所在乡镇	所在行政村
坑底 Kēngdǐ	泗溪镇	建新村
岩漈脚 Yánjìjiǎo	泗溪镇	坑头村
溪边 Xībiān	泗溪镇	大坪村
漈头仔 Jìtóuzǐ	泗溪镇	大坪村
西山下 Xīshānxià	泗溪镇	华垟村
马仙宫 Mǎxiāngōng	泗溪镇	华垟村
三担秧 Sāndānyāng	泗溪镇	池源村
第二份 Dì'èrfèn	泗溪镇	池源村
埠下 Bùxià	泗溪镇	春臼坑村
湾丘 Wānqiū	泗溪镇	春臼坑村
乌石门 Wūshímén	泗溪镇	三门垟村
底垟仔 Dǐyángzǐ	泗溪镇	梧桐垟村
大塆 Dàwān	泗溪镇	梧桐垟村
黄坭丘 Huángníqīu	泗溪镇	新和村
岗头 Gǎngtóu	泗溪镇	石门村
坑下 Kēngxià	泗溪镇	前坪仔村
水碓下 Shuǐduìxià	泗溪镇	前坪仔村
王家宅 Wángjiāzhái	泗溪镇	�竹坑村
上坑头 Shàngkēngtóu	泗溪镇	前坪村
中背岗 Zhōngbèigǎng	泗溪镇	前坪村
三担秧 Sāndānyāng（又名三老湾）	泗溪镇	洪坑村

续表 9-3

废村名	所在乡镇	所在行政村
李家坑 Lǐjiākēng	泗溪镇	洪坑村
岭头亭 Lǐngtóutíng	泗溪镇	吾坪村
赤沙岗 Chìshāgǎng	泗溪镇	蔡宅村
岭头 Lǐngtóu	泗溪镇	蔡宅村
崩勘 Bēngkān	泗溪镇	蔡宅村
白谷垄 Báigǔlǒng	泗溪镇	普城村
南回 Nánhuí	泗溪镇	上村村
炉仔 Lúzǐ	泗溪镇	上村村
寮仔 Liáozǐ	泗溪镇	上村村
岭后垄 Lǐnghòulǒng	泗溪镇	蔡宅村
赤坑尾 Chìkēngwěi	泗溪镇	琴桥村
大岗 Dàgǎng	泗溪镇	琴桥村
西山仔 Xīshānzǐ	泗溪镇	琴桥村
黄坭丘 Huángníqiū	泗溪镇	洲路村
半路庵 Bànlù'ān	泗溪镇	洲路村
麻风山 Máfēngshān	泗溪镇	三星村
老虎岗头 Lǎohǔgǎngtóu	泗溪镇	三星村
外岭底 Wàilǐngdǐ	泗溪镇	三星村
垄尾 Lǒngwěi	泗溪镇	三星村
岭后 Lǐnghòu	泗溪镇	三星村
田窟垄 Tiánkūlǒng	泗溪镇	三星村

续表 9-3

废村名	所在乡镇	所在行政村
牛头垄 Niútóulǒng	泗溪镇	三星村
旁山 Pángshān	泗溪镇	西溪村
打石湾 Dǎshíwān	泗溪镇	秀溪村
南山底 Nánshāndǐ	泗溪镇	秀溪村
田螺坑 Tiánluókēng	泗溪镇	秀溪村
中村 Zhōngcūn	彭溪镇	彭溪村
外村 Wàicūn	彭溪镇	彭溪村
新厝 Xīncuò （又名过溪）	彭溪镇	彭溪村
杨梅潭 Yángméitán	彭溪镇	彭溪村
横坂 Héngbǎn	彭溪镇	汇源村
岗头 Gǎngtóu	彭溪镇	富山村
老虎丘 Lǎohǔqiū	彭溪镇	外垟村
铁炉坑 Tiělúkēng	彭溪镇	车头村
大门隔 Dàméngé	彭溪镇	车头村
坑内 Kēngnèi	彭溪镇	水尾村
杨家山 Yángjiāshān	彭溪镇	水尾村
楠榠脚 Nánqiùjiǎo	彭溪镇	水尾村
对面山 Duìmiànshān	彭溪镇	月湖村
利下 Lìxià	彭溪镇	月湖村
王见垟 Wángjiànyáng （原名长田丘）	彭溪镇	月湖村
甘漈岭 Gānjìlǐng	彭溪镇	柘下村

续表 9-3

废村名	所在乡镇	所在行政村
四斗 Sìdǒu	彭溪镇	五里牌村
石壁脚 Shíbìjiǎo	彭溪镇	银洞村
占脚 Zhànjiǎo	彭溪镇	玉塔村
玉塔茶场 Yùtǎcháchǎng （原名柘头坑，又名隘门）	彭溪镇	玉塔村
仁芝山 Rénzhīshān	彭溪镇	官引村
半山 Bànshān	彭溪镇	官引村
前岭 Qiánlǐng	彭溪镇	官引村
三斗田 Sāndǒutián	彭溪镇	官坑村
神章 Shénzhāng	彭溪镇	官坑村
枫树隔 Fēngshùgé	彭溪镇	官坑村
官坑内 Guānkēngnèi	彭溪镇	官坑村
枫槵隔 Fēngqiùgé	彭溪镇	官坑村
石梅亭 Shíméitíng	雅阳镇	中村村
水尾下 Shuǐwěixià	雅阳镇	中村村
殿山 Diànshān	雅阳镇	福梅村
三箩 Sānluó	雅阳镇	福梅村
垟尾 Yángwěi	雅阳镇	福梅村
下厝 Xiàcuò	雅阳镇	新联村
漈头底 Jìtóudǐ	雅阳镇	新联村
长垄 Chánglǒng （又称夺头）	雅阳镇	沐峰村
松岗 Sōnggǎng	雅阳镇	沐峰村

续表 9-3

废村名	所在乡镇	所在行政村
溪心 Xīxīn	雅阳镇	沐峰村
钓丝坑 Diàosīkēng	雅阳镇	沐峰村
桥下 Qiáoxià	雅阳镇	沐峰村
炉西坪 Lúxīpíng	雅阳镇	沐峰村
上丘田 Shàngqiūtián	雅阳镇	沐峰村
浿下 Bèixià	雅阳镇	承天村
木鱼墩 Mùyúdūn	雅阳镇	承天村
溪头 Xītóu	雅阳镇	承天村
盘吉槕 Pánjíqiù	雅阳镇	雅阳坪村
大坪岗 Dàpínggǎng	雅阳镇	雅阳坪村
雕地 Diāodì	雅阳镇	雅阳坪村
山头秧 Shāntóuyāng	雅阳镇	吴家墩村
铁炉坪 Tiělúpíng	雅阳镇	吴家墩村
苏家山 Sūjiāshān	雅阳镇	上村村
花地 Huādì	雅阳镇	上村村
乌岩垄 Wūyánlǒng	雅阳镇	上村村
长垄 Chánglǒng	雅阳镇	下村村
南山 Nánshān	雅阳镇	下村村
叶婆坑 Yèpókēng	雅阳镇	下村村
十八鸠 Shíbājiū	雅阳镇	灵乾村
谷公楼 Gǔgōnglóu	雅阳镇	灵乾村

续表 9-3

废村名	所在乡镇	所在行政村
三斗天 Sāndǒutiān	雅阳镇	卓宅村
楼仔塆 Lóuzǐwān	雅阳镇	卓宅村
水尾 Shuǐwěi	雅阳镇	国岭村
长岗尾 Chánggǎngwěi	雅阳镇	国岭村
桃子塆 Táozǐwān	雅阳镇	国岭村
竹林头 Zhúlíntóu	雅阳镇	松垟村
吴楼下 Wúlóuxià	雅阳镇	东桥村
下厝垅 Xiàcuòlǒng	雅阳镇	东桥村
川山 Chuānshān	雅阳镇	上岚村
塆心 Wānxīn	雅阳镇	岭垟村
岭边 Lǐngbiān	雅阳镇	东安村
岩头岭 Yántóulǐng	雅阳镇	红朱田村
下湾 Xiàwān	雅阳镇	红朱田村
田寮 Tiánliáo	雅阳镇	红朱田村
大坪田 Dàpíngtián	雅阳镇	莲头村
底垟 Dǐyáng	雅阳镇	墩头村
乌岩 Wūyán	雅阳镇	新庄村
后丘下 Hòuqiūxià	雅阳镇	新庄村
枫柴岚 Fēngcháilán	雅阳镇	新庄村
金孔 Jīnkǒng	仕阳镇	溪东村
杨梅岭 Yángméilǐng	仕阳镇	溪东村

续表 9-3

废村名	所在乡镇	所在行政村
金鸡岩 Jīnjīyán	仕阳镇	溪东村
圆岩 Yuányán	仕阳镇	溪东村
龟垟岭 Guīyánglǐng	仕阳镇	溪东村
漈头仔 Jìtóuzǐ	仕阳镇	溪东村
三胆 Sāndǎn	仕阳镇	溪东村
田垄 Tiánlǒng	仕阳镇	溪东村
山槼岭 Shānqiùlǐng	仕阳镇	溪东村
石竹塆 Shízhúwān	仕阳镇	溪东村
赵垟 Zhàoyáng	仕阳镇	赵垟村
牛头岗 Niútóugǎng	仕阳镇	翁地村
八贯 Bāguàn	仕阳镇	朝阳村
后溪 Hòuxī	仕阳镇	朝阳村
水甲垄 Shuǐjiǎlǒng	仕阳镇	桥底村
马坪 Mǎpíng	仕阳镇	双溪村
岩丘 Yánqiū	仕阳镇	双溪村
后圳 Hòuzhèn	仕阳镇	双溪村
堂众山 Tángzhòngshān	仕阳镇	双溪村
坑底 Kēngdǐ	仕阳镇	双溪村
铁炉坑 Tiělúkēng	仕阳镇	双溪村
山前岭 Shānqiánlǐng	仕阳镇	双溪村
龙井坑 Lóngjǐngkēng	仕阳镇	大龙口村

续表 9-3

废村名	所在乡镇	所在行政村
陈家山 Chénjiāshān	仕阳镇	双桥村
田垟青 Tiányángqīng	仕阳镇	双桥村
半岭仔 Bànlǐngzǐ	仕阳镇	双桥村
溪尾 Xīwěi	仕阳镇	双桥村
内垟 Nèiyáng	仕阳镇	双桥村
外垟 Wàiyáng	仕阳镇	双桥村
长塆 Chángwān	仕阳镇	保兴村
四架 Sìjià	仕阳镇	上林垟村
桃坑 Táokēng	仕阳镇	上林垟村
大乾 Dàqián	仕阳镇	上林垟村
石竹山 Shízhúshān	仕阳镇	双神村
坟岗 Féngǎng	仕阳镇	双神村
杨罗坑 Yángluókēng	仕阳镇	双神村
田坎岭 Tiánkǎnlǐng	仕阳镇	双神村
管田岭 Guǎntiánlǐng	仕阳镇	双神村
南垟 Nányáng	仕阳镇	双神村
溪坪 Xīpíng	仕阳镇	双神村
寮仔 Liáozǐ	仕阳镇	龟垟村
莲花塆 Liánhuawan	仕阳镇	龟垟村
下垟仔 Xiàyángzǐ	仕阳镇	裕垟村
下山 Xiàshān	仕阳镇	裕垟村

续表 9-3

废村名	所在乡镇	所在行政村
大岭头 Dàlǐngtóu	仕阳镇	董陈村
双神岗 Shuāngshéngǎng	仕阳镇	董陈村
五斗 Wǔdǒu	仕阳镇	董陈村
大湖 Dàhú	仕阳镇	董陈村
寨岗下 Zhàigǎngxià	仕阳镇	董陈村
大山湾 Dàshānwān	仕阳镇	龙垟村
棺材岩 Guāncáiyán	仕阳镇	龙垟村
水垄坑 Shuǐlǒngkēng	仕阳镇	龙垟村
桃园 Táoyuán	仕阳镇	龙垟村
石竹底 Shízhúdǐ	仕阳镇	龙垟村
陡柘 Dǒuzhè	仕阳镇	龙垟村
石板坑 Shíbǎnkēng	仕阳镇	龙垟村
黄连坑 Huángliánkēng	仕阳镇	龙垟村
大水洋 Dàshuǐyáng	仕阳镇	龙垟村
水洋仔 Shuǐyángzǐ	仕阳镇	龙垟村
石竹岗 Shízhúgǎng	仕阳镇	龙垟村
东大坑 Dōngdàkēng	仕阳镇	龙垟村
杨家山 Yángjiāshān	仕阳镇	龙垟村
白岩下 Báiyánxià	仕阳镇	龙垟村
坑底 Kēngdǐ	仕阳镇	龙垟村
牛定下 Niúdìngxià	仕阳镇	龙垟村

续表 9-3

废村名	所在乡镇	所在行政村
外洋 Wàiyáng	仕阳镇	龙垟村
新田岗 Xīntiángǎng	仕阳镇	龙垟村
来龙头 Láilóngtóu	仕阳镇	龙垟村
碗窑坑 Wǎnyáokēng	仕阳镇	章荣村
岙底Àodǐ	仕阳镇	章荣村
造福地 Zàofúdì	仕阳镇	章荣村
大岗 Dàgǎng	仕阳镇	章荣村
水垟 Shuǐyáng	仕阳镇	章荣村
马栏基 Mǎlánjī	仕阳镇	上宅垟村
外楼 Wàilóu	仕阳镇	上宅垟村
泥墙厝 Níqiángcuò	仕阳镇	上宅垟村
白石坑 Báishíkēng	仕阳镇	上宅垟村
岙底Àodǐ	仕阳镇	上宅垟村
分水亭 Fēnshuǐtíng	仕阳镇	上排村
垟头 Yángtóu	仕阳镇	上排村
竹坪岭 Zhúpínglǐng	仕阳镇	下排村
钓鱼岗 Diàoyúgǎng	仕阳镇	下排村
青山 Qīngshān	仕阳镇	下排村
过路坪 Guòlùpíng	仕阳镇	下排村
排坑底 Páikēngdǐ	仕阳镇	下排村
半岭仔 Bànlǐngzǐ	仕阳镇	茂竹园村

续表 9-3

废村名	所在乡镇	所在行政村
山槭仔 Shāqiùzǐ	仕阳镇	茂竹园村
十二肩 Shí'èrjiān	仕阳镇	茂竹园村
庵基Ānjī	仕阳镇	茂竹园村
跳尾 Tiàowěi	仕阳镇	茂竹园村
下坪尾 Xiàpíngwěi	仕阳镇	茂竹园村
下更 Xiàgēng	仕阳镇	茂竹园村
横队 Héngduì	仕阳镇	龙头村
赤脚岭 Chìjiǎolǐng	仕阳镇	龙头村
棺田岩 Guāntiányán	仕阳镇	龙头村
平地垟 Píngdìyáng	仕阳镇	龙头村
梨槭坪 Líqiùpíng	仕阳镇	双路村
山墩 Shāndūn	仕阳镇	双路村
小垟仔 Xiǎoyángzǐ	仕阳镇	荣西村
斜尖 Xiéjiān	仕阳镇	瑞昌村
梧桐垮 Wútóngwān	仕阳镇	瑞昌村
底厝 Dǐcuò	仕阳镇	瑞昌村
坟亭 Féntíng	仕阳镇	瑞昌村
陈吊 Chéndiào	仕阳镇	瑞昌村
高山 Gāoshān	仕阳镇	瑞昌村
陈家边 Chénjiābiān	仕阳镇	瑞昌村
排头 Páitóu	仕阳镇	瑞昌村

续表 9-3

废村名	所在乡镇	所在行政村
三丘里 Sānqiùlǐ	仕阳镇	瑞昌村
北山头 Běishāntóu	仕阳镇	龟湖村
白石坑 Báishíkēng	仕阳镇	龟湖村
上乾山 Shàngqiánshān	仕阳镇	龟湖村
新田岗 Xīntiángǎng	仕阳镇	新湖村
来龙头 Láilóngtóu	仕阳镇	新湖村
大垟 Dàyáng	仕阳镇	新湖村
棕榠下 Zōngqiùxià	仕阳镇	白岩居民区
外垟 Wàiyáng	仕阳镇	白岩居民区
下岩后 Xiàyánhòu	仕阳镇	白岩居民区
后门坑 Hòuménkēng	仕阳镇	白岩居民区
田螺丘 Tiánluóqiū	仕阳镇	白岩居民区
落阳塆 Luòyángwān	仕阳镇	白岩居民区
黄沙坂 Huángshābǎn	仕阳镇	白岩居民区
新厝 Xīncuò	仕阳镇	白岩居民区
交溪 Jiāoxī	仕阳镇	白岩居民区
茶塆基 Cháwānjī	仕阳镇	白岩居民区
新田 Xīntián	仕阳镇	白岩居民区
对面山 Duìmiànshān	仕阳镇	白岩居民区
南山头 Nánshāntóu	三魁镇	秀溪边村
三魁车站 Sānkuíchēzhàn	三魁镇	秀溪边村

续表 9-3

废村名	所在乡镇	所在行政村
彭家边 Péngjiābiān	三魁镇	秀溪边村
上坑底 Shàngkēngdǐ	三魁镇	薛内村
半岭坑 Bànlǐngkēng	三魁镇	薛内村
三条垄 Sāntiáolǒng	三魁镇	薛内村
夏家山 Xiàjiāshān	三魁镇	夏家山村
寺院 Sìyuàn	三魁镇	西岙村
佳垟底 Jiāyángdǐ	三魁镇	刘宅村
湖边岭 Húbiānlǐng	三魁镇	刘宅村
沙坑底 Shākēngdǐ	三魁镇	刘宅村
白石丘 Báishíqiū	三魁镇	刘宅村
百丈漈 Bǎizhàngjì	三魁镇	刘宅村
七百垟 Qībǎiyáng	三魁镇	刘宅村
南田岗 Nántiángǎng	三魁镇	花坪头村
小洋山 Xiǎoyángshān	三魁镇	花坪头村
早头垟 Zǎotóuyáng	三魁镇	花坪头村
大岗后 Dàgǎnghòu	三魁镇	大垟村
大坑底 Dàkēngdǐ	三魁镇	大垟村
大丘田 Dàqiūtián	三魁镇	下塔村
地鸟坪 Dìniǎopíng	三魁镇	戬洲村
楼梯坑 Lóutikēng	三魁镇	戬洲村
坎下底 Kǎnxiàdǐ	三魁镇	戬洲村

续表 9-3

废村名	所在乡镇	所在行政村
牛山头 Niúshāntóu	三魁镇	曲尺潭村
深塆底 Shēnwāndǐ	三魁镇	曲尺潭村
北坑底 Běikēngdǐ	三魁镇	曲尺潭村
樟樛底 Zhāngqiùdǐ	三魁镇	曲尺潭村
矴步头 DìngbùTóu	三魁镇	东垟底村
洋北 Yángběi	三魁镇	东垟底村
道姑庵 Dàogū'ān	三魁镇	上武垟村
旧厝 Jiùcuò	三魁镇	上武垟村
林厝下 Líncuòxià	三魁镇	上武垟村
柴桥外 Cháiqiáowài	三魁镇	上武垟村
竹林头 Zhúlíntóu	三魁镇	面前岭村
倒岩 Dǎoyán	三魁镇	面前岭村
后章 Hòuzhāng	三魁镇	面前岭村
王猴坑 Wánghóukēng	三魁镇	面前岭村
横路下 Hénglùxià	三魁镇	老鹰岩村
坑尾 Kēngwěi	三魁镇	老鹰岩村
梧桐坑 wútóngkēng	三魁镇	老鹰岩村
白露岭 Báilòulǐng	三魁镇	竹茂旸村
双凤垟 Shuāngfèngyáng	三魁镇	外西坑村
腾家坪 Téngjiāpíng	三魁镇	瑞后村
山瑞垟 Shānruìyáng	三魁镇	瑞后村

续表 9-3

废村名	所在乡镇	所在行政村
桥头 Qiáotóu	三魁镇	双旸村
家老坪 Jiālǎopíng	三魁镇	双旸村
上宅 Shàngzhái	三魁镇	叶瑞旸村
俊头 Jùntóu	三魁镇	叶瑞旸村
长漈 Chángjì	三魁镇	叶瑞旸村
四架底 Sìjiàdǐ	三魁镇	叶瑞旸村
圆潭 Yuántán	三魁镇	叶瑞旸村
碗窑 Wǎnyáo	三魁镇	叶瑞旸村
坑仔尾 Kēngzǐwěi	三魁镇	叶瑞旸村
后坡 Hòupō	三魁镇	横川旸村
垟坑尾 Yángkēngwěi	三魁镇	横川旸村
白叶坳 Báiyè'ào	三魁镇	垟边村
麻地 Mádì	三魁镇	垟边村
陶军垟 Táojūnyáng	三魁镇	垟边村
上溪斗 Shàngxīdòu	三魁镇	垟边村
山后 Shānhòu	三魁镇	垟边村
陈坪 Chénpíng	三魁镇	垟边村
马头岗 Mǎtóugǎng	三魁镇	垟边村
前垟 Qiányáng	三魁镇	垟边村
水藤岗 Shuǐténggǎng	三魁镇	垟边村
下寮 Xiàliáo	三魁镇	垟边村

续表 9-3

废村名	所在乡镇	所在行政村
白浮潭岗 Báifútángǎng	三魁镇	垟边村
上岩后 Shàngyánhòu	三魁镇	垟边村
下溪斗 Xiàxīdǒu	三魁镇	垟边村
后坑底 Hòukēngdǐ	三魁镇	垟边村
五贯 Wǔguàn	三魁镇	彭坑垟村
岗头 Gǎngtóu	三魁镇	彭坑垟村
牛角垟 Niújiǎoyáng	三魁镇	可溪村
加坪 Jiāpíng	三魁镇	可溪村
苏家山 Sūjiāshān	三魁镇	可溪村
雷公山 Léigōngshān	三魁镇	白海村
大丘坪 Dàqiūpíng	三魁镇	大丘坪村
夏田岭 Xiàtiánlǐng	竹里畲族乡	竹里村
大山 Dàshān	竹里畲族乡	竹里村
背后 Bèihòu	竹里畲族乡	竹里村
杨梅坪 Yángméipíng	竹里畲族乡	何宅垟村
塔路 Tǎlù	竹里畲族乡	何宅垟村
何宅 Hézhái	竹里畲族乡	何宅垟村
锦山 Jǐnshān	竹里畲族乡	何宅垟村

注:所在镇乡及行政村均为 2012 年地域。

丛录

文件选编

浙江省地名委员会办公室关于规范 城镇建筑物（群）命名标准的通知

浙地办字〔1999〕 01号

各市、地、县地名委员会办公室：

为进一步加强城镇地名管理，促进社会主义精神文明建设，根据国务院《地名管理条例》、民政部《地名管理条例实施细则》和《关于加强城镇建筑物名称管理的通知》以及省民政厅、省建设厅、省地名委员会《关于加强建筑物名称管理的若干意见》（浙民区字〔1997〕26号）的精神，对规范城镇建筑物（群）命名标准，提出如下意见：

一、城镇建筑物（群）名称的专名，应遵守下列规定：

（一）不得使用有损国家、民族尊严、带有封建和殖民色彩、崇尚王公权贵、违背社会公德和格调低俗的词语；也不得使用易产生误解、歧义的词语。

（二）禁止用人名和外国地名及其谐音命名。

（三）所选名称应与建筑物的作用性质及规模相符，避免使用名不符实的名称。一般不得使用“中国”“中华”“国际”“世界”等词语。

（四）同一城市内的建筑物名称不得重名、同音。

二、理顺城镇建筑物（群）的通名，通过管理逐步达到规范化。

（一）选择使用以下通名，应分别符合相应的条件：

1.大厦、大楼、商厦：大厦是指高层或大型楼宇。较大城市（如杭、宁、温，下同）其高度应在15层以上或总建筑面积在1.5万平方米以上；中小城市（镇）其高度在10层以上或总建筑面积在8千平方米以上。

达不到上述量化指标、但在当地又属突出建筑物，并具有地名意义的，可称为大楼。以商贸为主或低层为商场、高层为办公用房的高层建筑物，也可称为商厦。使用大楼、商厦作为通名的量化指标下限由各地根据实际情况确定。

2.小区：指具有较完善的基础设施和公共服务设施的居住区。其总建筑面积，较大城市一般应在8万平方米以上，中等城市在5万平方米以上，小城市（镇）在3万平方米以上。

达不到上述量化指标的住宅区或在较大的小区内还要分块命名的，可选用“园”、“院”、“里”、“苑”、“坊”等作为较小区块的通名，其定性定量指标由各地界定。

3.公寓：指单一高层住宅楼或占地范围较小的住宅楼群。

4.别墅：指拥有花园的园林式低层高级住宅区。其花圃、绿化面积一般应不低于占地面积的50%。

5.山庄：指依山而建、环境优雅的低层高级住宅区。不是依山而建的，不能称山庄。

6.桥：指立交桥、高架桥、跨江（河）桥、人行过街天桥等，要求其名称必须与所在地的地理位置相符。

（二）对近年出现以“中心”、“广场”、“城”、“花园”等词语作为建筑物（群）名称通名的现象，要按照从实际出发，积极引导、适当界定、从严控制的原则掌握审定条件：

1.中心：指某种功能在一个区域或某一行业中居主导地位且最具规模的建筑物（群）。较大城市其占地面积应在1万平方米以上或建筑面积在8万平方米以上；中小城市（镇）其占地面积一般在6千平方米以上或建筑面积在4万平方米以上。

2.广场：一般指城中供市民休闲的具有一定规模的公共场地。当借用此词指具有配套公共场地的建筑物（群）时须兼具3个条件：（1）较大城市其占地面积应在1.5万平方米以上或总建筑面积在10万平方米以上；中等城市其占地面积应在1万平方米以上，或总建筑面积在6万平方米以上；（2）具有3千平方米以上的整块公共场地（不包括停车场）；（3）在通名前应冠以功能性词语，如××商务广场、××娱乐广场、××假日广场等。

3.城：指封闭式或半封闭式的大型商贸建筑物（群）。其占地面积，较大城市应在10万平方米以上；中小城市应在5万平方米以上。

4.花园：用此词指有较多人工景点和绿地的住宅区时，其绿地面积不得少于总占地面积的40%，其中集中的有景点的绿地面积不得少于2000平方米。

（三）通名不得重叠使用，如××广场花园、××花园大厦、××广场大厦等，均属通名重叠现象，应予避免。

三、各地应结合实际，对本地采用的其他通名的使用标准作出具体量化规定。针对当前普遍存在的建筑物（群）名称的混乱现象，制定加强管理的措施和办法，并对现有的具有地名意义的建筑物名称进行一次清理。对已依法向地名管理机构办理申报，经审批注册的建筑物（群）名称应适时向社会公布，予以保护；对不合规的名称应限期改正，使地名管理更好地为城市发展和经济建设服务。

浙江省地名委员会办公室

一九九九年六月二十一日

浙江省人民政府关于泰顺县行政区划调整的批复

浙政函〔2011〕163号

温州市人民政府：

你市《关于要求调整泰顺县乡镇行政区划的请示》（温政）〔2011〕48号悉，现批复如下：

一、同意撤销岭北乡、仙稔乡、南院乡、碑排乡、下洪乡、洲岭乡建制，其行政区域并入罗阳镇。调整后，罗阳镇辖10个社区、64个行政村，镇政府驻地（西大街）。

二、同意撤销黄桥乡、峰门乡建制，其行政区域并入司前畲族镇。调整后，司前畲族镇辖1个居民区、12个行政村，镇政府驻地不变（司前村）。

三、同意撤销包垟乡建制，其行政区域并入百丈镇。调整后，百丈镇辖1个居民区、19个行政村，政府驻地江园路92号。

四、同意撤销新浦乡、联云乡、翁山乡建制，其行政区域并入筱村镇。调整后，筱村镇辖34个行政村，镇政府驻万楼亭1号。

五、同意撤销凤垟乡、横坑乡、九峰乡、东溪乡建制，其行政区域并入泗溪镇。调整后，泗溪镇政府辖1个居民区、41个行政村。镇政府驻地不变（白粉墙村）。

六、同意撤销峰文乡、月湖乡建制，其行政区域并入彭溪镇。调整后，彭溪镇辖18个行政村，镇政府驻地不变（彭溪村）。

七、同意撤销柳峰乡、松垟乡建制，其行政区域并入雅阳镇。调整后，雅阳镇辖1个社区、27个行政村，镇政府驻地不变（中村）。

八、同意撤销雪溪乡、万排乡、龟湖乡建制，其行政区域并入仕阳镇。调整后，仕阳镇1个居民区、38个行政村，镇政府驻地不变（溪东村）。

九、同意撤销大安乡、西旸镇、垟溪乡建制，其行政区域并入三魁镇。调整后，三魁镇辖2个居民区、39个行政村，镇政府驻张宅村。

调整后，泰顺县辖罗阳、司前畲族、百丈筱村、泗溪、雅阳、仕阳、三魁9个镇和竹里畲族1个乡。

你市和泰顺县政府要切实加强领导，严格依照国家有关法律、法规规定和“精简、效能”的机制设置原则，周密组织实施，认真做好各项工作。要高度重视和妥善处理行政区域调整过程中出现的矛盾和问题，确保行政区域调整工作顺利进行和社会稳定，促进当地经济社会的发展。

浙江省人民政府

二〇一一年四月二十五日

关于泰顺县撤区扩镇并乡方案的通知

温政发〔1992〕107号

各县（市、区）人民政府，市政府各工作部门：

省民政厅浙民基字〔1992〕427号文件批复同意泰顺县撤区扩镇并乡方案。现通知如下：

一.撤销罗阳、司前、百丈、筱村、泗溪、彭溪、雅阳、仕阳、三魁等九个区公所。

二.鹤巢乡、南山乡并入罗阳镇；南溪乡并入泗溪镇；黄坑乡并入百丈镇；戬洲乡、夏卢乡并入三魁镇；东安乡并入雅阳镇；章成乡、章坑乡并入仕阳镇；富垟乡、五里牌乡、彭溪乡合并，建立彭溪镇；玉溪乡、葛烊乡，筱村乡合并，建立筱村镇；里光乡、司前畲族乡合并，建立司前畲族镇；九峰乡并入玉西乡，称九峰乡；岩上乡并入包垟乡；南浦乡并入新山乡，并更名新浦乡；东岭乡并入柳峰乡；秀涧乡并入松垟乡；积库乡并入东溪乡；雪临乡并入雪溪乡；后章乡并入龟湖乡。同时撤销被并或因改镇的二十五个乡建制。

三、泰顺县原辖六十个乡镇，其中六个镇，五十二个乡，二个畲族乡。扩镇并乡后调整为三十八个乡镇，其中八个镇、一个畲族镇、一个畲族乡，实行乡镇管村体制。

罗阳镇，辖三十四个村、四个居民区，镇政府驻罗阳镇西大街；

泗溪镇，辖十五个村，镇政府驻白粉墙村；

百丈镇，辖十一个村、三个居民区。镇政府驻百丈口村；

三魁镇，辖二十六个村、一个居民区，镇政府驻秀溪边村；

雅阳镇，辖二十四个村，镇政府驻中村；

仕阳镇，辖二十八个村，镇政府驻溪东村；

司前畲族镇，辖十四个村，镇政府驻司前村；

彭溪镇，辖十八个村，镇政府驻彭溪村；

筱村镇，辖二十四个村，镇政府驻竹园村；

仙稔乡，辖十一个村，乡政府驻仙居村；

岭北乡，辖十个村，乡政府驻村尾村；

南院乡，辖十七个村，乡政府驻南院村；

竹里畲族乡，辖五个村，乡政府驻竹里村；

碑排乡，辖十个村，乡政府驻碑排村；

黄桥乡，辖四个村，乡政府驻圆桥村；

峰门乡，辖四个村，乡政府驻峰门村；

洪口乡，辖九个村，乡政府驻洪口村；

莒江乡，辖十二个村，乡政府驻下村；

联云乡，辖十个村，乡政府驻箬垟村；

翁山乡，辖九个村，乡政府驻外垟村；

凤垟乡，辖十三个村，乡政府驻旁垟村；

横坑乡，辖九个村，乡政府驻夹边村；

峰文乡，辖八个村，乡政府驻钓鱼坑村；

月湖乡，辖七个村，乡政府驻水尾村；

下洪乡，辖十三个村，乡政府驻门楼底村；

大安乡，辖十二个村，乡政府驻埠尾村；

西砀乡，辖十八个村，乡政府驻门楼坳村；

垟溪乡，辖十三个村，乡政府驻烊边村；

洲岭乡，辖十六个村，乡政府驻洲边村；

万排乡，辖五个村，乡政府驻上排村；

包垟乡，辖十六个村，乡政府驻包垟村；

新浦乡，辖二十五个村，乡政府驻吴宅村；

九峰乡，辖十个村，乡政府驻西地村；

松垟乡，辖十一个村，乡政府驻松模垟村；

柳峰乡，辖十个村，乡政府驻墩头村；

龟湖乡，辖十四个村，乡政府驻龟湖村；

雪溪乡，辖十四个村，乡政府驻岩溪村；

东溪乡，辖十三个村，乡政府驻东村。

望抓紧组织实施。

温州市人民政府

一九九二年五月二十二日

泰顺县革命委员会文件

浙泰革〔1981〕92 号

关于全县开展地名普查工作的通知

各区公所、各公社（镇）管委会：

根据国务院〔1979〕305 号文件和省人民政府第一次地名普查工作会议的要求和部署。

我县即着手建立地名普查办事机构，做出了计划，训练了干部，组织了地名普查队伍。从 3 月 20 日在泗溪公社（时间六天）试点结束后，于 3 月 29 日在雅阳区委统一领导下，全区开展了地名普查工作（时间七天）。按照要求，较好地完成了任务。

现按照县委“为了集中力量，加强对春耕生产的领导，4 月 1 5 日以后的一段时间，不召开全县性会议”的指示，特对全县开展地名普查工作的安排意见作如下通知：

（1）县地名普查工作队，分成两个队进行，协助四个区：一个队在百丈、筱村区；一个队在大安、仕阳区。两个队完成四个区之后，再集中协助罗阳区和罗阳镇。

（2）各区（镇）公社，在县地籀普查工作队和工作组未到之前，要做好地名普查工作的一切准备，建立好普查工作领导小组。到了之后应在当地党委和政府的统一领导下进行工作，一个区和一个公社工作的开展，可仿照雅阳区和泗溪公社的几条经验（县地名普查工作简报第四、五、六期）来部署工作，结合中心，一气呵成。

（3）各区执行本通知的情况，要向县地名普查办公室作一次汇报（电话号码 540）。

泰顺县革命委员会

一九八一年四月八日

泰顺县人民政府文件

泰政〔1982〕100 号

关于泰顺县地名普查工作领导小组改为泰顺县地名委员会的通知

各区公所、公社管委会、县府委、办、局：

根据浙江省人民政府浙政〔1981〕83 号文件关于“各地，市、县也要相应改变地名机构名称，建立地名委员会”的通知精神。县人民政府同意将泰顺县地名普查工作领导小组改为泰顺县地名委员会。地名委员会的职责是：继续做好本县的地名普查工作，组织调查、搜集、整理、审定、编纂县内地名资料，做好县内经常性的地名管理工作。

县地名委员会由胡国梁、吴志达、马梦生、白洪法、叶发葆、周时疏、江友智、王锦文、高启华、王运焕、徐振权、陈萃顺等同志组成。并由胡国梁同志为主任，吴志达，马梦生两同志为副主任，下设办公室，归口县人民政府办公室，配备专职干部，负责办理县地名委员会日常工作。

泰顺县人民政府

一九八二年八月二日

注：一、中共泰顺县委发〔1982〕50号文件通知任陈萃顺同志为地名委员会办公室主任

二、县府（83）69号文件通知任谢和快、林绍濂、陶秀衡三位同志为县地名委员会委员。

泰顺县人民政府文件

泰政〔1982〕209号

关于使用标准地名的通知

为了加强对地名的统一管理，以利于社会主义现代化建设，现将县地名委员会办公室编制的《泰顺县标准地名录》印发给你们，今后各单位使用地名必须按照标准地名的名称和字形，不得任意更改、简化或以其他同音字代替，需要新命名、更名的，要遵照国务院《关于地名命名、更名的暂行规定》的审批程序和权限执行。特此通知。

泰顺县人民政府

一九八二年十二月三十一日

泰顺县人民政府文件

泰政〔1983〕54号

转发县地名办《关于编纂泰顺县地名志几个问题的报告》的通知

县府直属各草位、文化馆、各区公所、镇政府、社管委会：

现将县地名办《关于编纂泰顺县地名志几个问题的报告》转发给你们，望研究贯彻执行。

中央领导同志十分重视修史编志，省第三次地名工作会议和市地名志编纂工作会议对编纂地名志的指导思想、目的要求都已作了明确的规定和部署，编志是四化的需要，是政权建设和行政管理的组成部分，对整理、发掘和保存文化遗产，也是一个重大贡献。因此，各级政府和有关部门都要重视编志工作，都要承担按计划分配的任务，都要积极主动地配合、帮助、支持编志人员开展工作，以期按计划完成我县的编志任务。

泰顺县人民政府

一九八三年三月八日

泰顺县人民政府文件

泰政〔1983〕70 号

关于成立《泰顺县地名志》编辑小组的通知

县府直属各单位、文化馆、各区公所、镇人民政府、公社管委会：

为了搞好地名志的编辑工作，如期完成编志任务，经研究决定成立《泰顺县地名志》编辑小组。编辑小组由下列人员组成：

组长：胡国梁。

副组长：吴志达、陈萃顺。

成员：王运焕、吴明达、杨斯伍、夏立英、仇荷生、施明达、谢水斌、吕正水、赖家鸿、沈光达、夏碎香、朱昌棉、王益贤、陶九增、蔡祈法。

编辑小组在县地名委员会领导下进行工作.特此通知。

泰顺县人民政府

一九八三年三月三十日

泰顺县人民政府文件

泰政〔1996〕29 号

关于全面开展地名标志设置工作的通知

各乡镇人民政府，县府直属各单位：

地名管理是国家行政管理的重要组成部分，与经济建设和人民群众的日常生活密切相关。为了实现我县地名管理标准化、规范化，适应现代化城乡建设的需要，美化乡容村貌，促进经济建设和社会发展，根据《浙江省地名管理办法》，经研究，决定在全县范围内全面开展地名标志设置工作。现将有关事项通知如下：

一、各级领导要增强地名意识，重视地名标志设置工作，纳入议事日程，分工专人负责，利用标语，广播等形式，做好宣传发动工作，使地名标志设置工作落实到各村、各户。

二、城镇中的街道、路、巷、弄、住宅区地名标志，包括平面分布图和门牌，以及乡、镇、村中的牌、指路牌、示意图和门牌等乡村地名标志，均由县民政局负责组织实施。

三、城镇和乡村住户的门牌设置后，县地名委员会办公室须向产权单位和所有者发放门牌号码登记证，作为取得合法住址的凭证。凡申报办理户口登记、工商注册、土地使用证、规划用地许可证、房地产登记等手续者，应出具门牌号码登记证，否则，公安、工商、土地、城建等部门将不予办理手续。

四、新地名（包括街、路、巷、弄）的命名，由乡、镇人民政府申报，县地名委员会办公室审查，报人民政府审批后，方可使用。

特此通知

泰顺县人民政府办公室

一九九六年二月二十八日

泰顺县地名管理办法

泰政办〔2000〕100 号

第一章 总则

第一条 为加强对全县地名统一管理，方便公务往来和人民群众日常生活，适应经济建设和对外交往的需要，根据《国务院地名管理条例》、《浙江省地名管理办法》等有关法规规定，结合本县实际，特制定本办法。

第二条 地名管理的范围包括：行政区划名称；区域性名称；居民地名称；各专业部门使用的具有地名意义的台，站，港，场名称；建筑物和构筑物、名胜古迹、纪念地等名称。

第三条 县民政局地名办公室是县人民政府管理地名的职能部门，负责全县的地名管理工作。

第四条 县民政局地名办公室的主要职责是：

（一）贯彻实施国家地名工作方针、政策、法规；

（二）承办上级业务部门和县人民政府交办的有关地名工作；

（三）监督、检查标准地名的使用和各类地名标志的设置；

（四）管理地名档案、调查、收集、整理和提供地名资料、地图、地图册；

（五）编辑地名书刊、组织地名学术研究和开展地名咨询；

（六）承办地名命名和更名等有关业务工作。

第二章 地名的命名、更名

第五条 地名的命名、更名应符合城乡总体规划的要求，正确体现区域地理环境和历史、文化等特征，尊重当地群众的意见，含义健康、用字规范、简明确切。命名、更名前，应与有关各方协商一致。

一般不用人名、外国地名命名本县地名。禁止用国家领导人的名字命名。

第六条 地名的更名应坚持历史唯物主义观点，正确对待历史遗留下来的地名。凡可改可不改的地方尽量不改，以保持地名的稳定性；对有损于我国领土主权和民族尊严的、带有民族歧视性质和妨碍民族团结的、带有侮辱劳动人民性质和极端庸俗的以及其他违背国家方针、政策的地名必须更名。

第七条 凡不符合下列要求的地名，应于调整：

（一）全县范围内乡、镇、街道，主要河流、较大的山、峰，应不重名；一个城镇内的路、街、巷应不重名；乡、镇范围内的自然村应不重名。上述范围内避免出现同音异写的地名。

（二）在本境的上级各专业部门使用的具有地名意义的台、站、港、场等名称应与所在地的地名统一。

（三）现行地名不得存在一地多名、一名多写、用字不规范的现行。

第八条 对地名的命名，更名意见不一致时，由县民政局地名办公室组织有关部门协商处理。

第九条 根据《国务院地名管理条例》和《浙江省地名管理实施办法》规定，地名命名，更名凡属县人民政府审批的，按下列程序办理：

（一）申报部门须向县民政局地名办公室提出申请，填写统一格式的《地名命名、更名申报表》。报批新建区地名，需附规划平面图和地形图。上报专业主管部门的审批按有关规定处理。

（二）居民地名称和自然村、镇的街、路、巷名称由乡镇人民政府提出意见，县地名办公室审核，报县人民政府审批。

（三）城镇中旧区改造，一般不重新命名地名，因故需要调整和注销地名的，由建设单位提出申请，县地名办公室审核，报县人民政府审批。

（四）行政区划的命名、更名，按行政区划变更的有关规定办理。

第三章 标准地名的公布与使用

第十条 县人民政府审定或授权公布的地名均为标准地名。未经县人民政府批准，任何部门、团体、个人都无权更改，标准地名一经审定，地名办公室应将标准名称的文字书写和汉语拼音拼写形成，及时通知有关单位和部门，并予以公布。

第十一条　已公布的标准地名，各部门、单位应及时启用。

第十二条　下列范围必须准确使用标准地名：

（一）对外签订的协定，政府的涉外文件和对外发行的书刊；

（二）各级人民政府及所属部门发布的文告、文件；

（三）广播、电视、报刊、地图、教材和各类典、录、志等书记；

（四）其他标有现行地名的各类标、牌、印鉴和广告等。

第四章　地名标志

第十三条　地名标志的种类

（一）乡镇村中的街、路、巷、弄名牌；

（二）门牌、幢牌、自然村村名牌；

（三）新建住宅区的建筑分布平面图标志，城镇街、路、巷分布图标志；

（四）建筑物及构筑物、自然地理实体的名称标志。

第十四条　县民政局地名办公室负责各类地名标志的规划、制作和设置。

各乡镇村、街道的地名标志，由乡镇人民政府负责管理。

各类建筑物、构筑物等名称标准以及文物古迹、纪念地等名称标志由专业部门负责管理。

第十五条　地名标志一经设置，任何单位和个人不得擅自移动。确需移动的，必须征得管理机关的同意。

第十六条　乡镇村街道的路、巷、弄名牌以及城镇街路分布图标志等经费，列入年度城市维护建设资金使用计划，由县民政局地名办公室负责管理、使用。

第五章　附则

第十七条　县民政局地名办公室在规定的范围内，有权监督标准地名的使用。对自定或滥用地名，拒不使用标准地名的单位和个人，县民政局地名办公室有权予以批评、教育、责令其改正。对故意损坏或擅自移动路牌等地名标志的，由公安机关按《中华人民共和国治安管理处罚条例》有关规定予以处罚。

第十八条　县民政局地名办公室应建立地名档案室，按规定配备档案员或兼职档案员，并受同级档案行政管理部门的业务指导和监督检查。

第十九条　本办法由县民政局地名办公室负责解释。自发布之日起施行。

2000年10月18日

泰顺县人民政府办公室

泰政办〔2011〕67 号

关于开展第二次地名普查工作的通知

各乡镇人民政府，县府直属各单位：

根据《国务院办公厅关于开展第二次全国地名普查试点的通知》（国办发〔2009〕58 号）和《浙江省人民政府办公室厅关于开展第二次全省地名普查工作的通知》（浙政办发〔2010〕83 号）精神，经县政府同意，决定于 2011—2012 年开展第二次全县地名普查工作。现将有关事项通知如下：

一、充分认识开展地名普查工作的重要性和紧迫性

地名是十分重要的基础地理信息。近年来，经过全县上下的共同努力，我县的地名管理规范化水平得到了明显提高，为促进经济社会发展、服务人民群众生产生活发挥了重要作用。随着我县城镇化建设的深入推进，全社会对地名管理和公共服务提出更便捷、更规范、更高效的要求，为此，亟需强化地名基础工作，提高地名标准化水平和地名公共服务能力。地名普查是加强地名管理和公共服务的基础性工作。做好地名普查对于维护国家主权和领土完整，加强国防建设，提高政府管理水平和公共服务能力，促进经济社会全面协调可持续发展具有十分重要的意义。各乡镇、各有关部门要充分认识开展地名普查工作的重要性和紧迫性，高度重视，精心组织，周密部署，切实抓紧抓好这次地名普查工作。

二、明确地名普查工作的指导思想、目标任务和工作要求

（一）指导思想。以邓小平理论和“三个代表”重要思想为指导，深入贯彻落实科学发展观，坚持统筹安排、统一标准、规范作业、注重质量、促进应用的原则，着力解决地名管理服务工作中存在的突出问题，进一步提高地名管理服务水平，为全社会提供全面准确的地名信息。

（二）目标任务。地名普查范围为全县行政区域。2011 年完成全县 1：50000 和 1：10000 两种工作地图的地名普查，并完成城区及重点镇 1：500 工作地图的地名普查任务。2012 年，开发 1：500 工作图与国家地名数据库对接和转化利用的电脑软件及地名普查成果转化利用。主要任务是查清全县行政区域内地名的基本情况，掌握地名基础数据，对有地无名、有名无地、一地多名、多地重名和地名用字不规范等问题进行标准化处理，设立规范标准的地名标志，建立现势性强、符合标准化要求、处理系统先进的地名信息系统，推进我县地名信息化应用工作。

（三）工作要求。要确保地名普查工作质量。各乡镇、各有关部门要严格执行地名普查操作规程等技术规范，建立并落实逐级验收等工作制度和标准，切实加强普查质量的控制管理。县级和乡镇两级地名普查机构要精心组织外业调查和内业整理工作，加强监督检查，对发现的问题要及时纠正。普查工作人员要深入实地，认真开展地名调查、信息收集和资料考证等工作，如实填写普查数据，不得编造、伪造、篡改普查资料，确保普查数据真实可靠。在继承传统地名管理有效方法的同时，充分运用信息网络、遥感、地理信息系统等现代先进科技手段开展普查，着力提高普查工作的时效性、准确性和科学性。严守工作纪律，保守国家秘密，确保普查工作顺利进行。

要积极促进成果应用。各乡镇、各有关部门要按照普查实施方案的要求，认真整理、分析和考证普查数据，依法处理地名管理中存在的问题。充分利用普查成果，及时编制出版各类标准地名图集、地名志等资料。大力推进地名管理系统建设和地名公共服务产品开发，加强政府各部门间地理数据的共享和整合，促进普查成果的有效应用。

三、切实加强对普查工作的组织领导和工作保障

地名普查涉及面广、时间紧、任务重、技术要求高。为加强对这次全县地名普查的组织领导，县政府已成立泰顺县第二次地名普查工作领导小组，领导小组办公室设在县民政局，承担领导小组的日常工作，负责普查工作的业务指导和督促检查。各乡镇也要建立相应的组织领导和工作协调机制，科学制订工作方案，认真做好组织实施工作。要明确部门职责，完善工作机制，加强协调配合，及时研究解决普查工作中遇到的重大问题。要高度重视普查人员的配备，加强普查力量建设，认真开展业务培训。县民政部门牵头负责地名普查工作，县财政部门要确保地名普查工作经费的落实到位，其他各有关部门要密切配合。对普查工作中表现突出、成绩显著的单位和个人予以表彰。

附件：第二次全县地名普查工作实施方案

二〇一一年六月二日

第二次全县地名普查工作实施方案

为做好第二次全县地名普查工作，根据《浙江省人民政府办公厅关于开展第二次全省地名普查工作的通知》（浙政办发〔2010〕83 号）文件精神，结合我县实际，特制定本方案。

一、地名普查的任务、原则和具体范围

（一）地名普查的任务。查清全县行政区域内地名基本情况，掌握地名基础数据，促进地名标准化，推进数字地名建设，进一步提高地名管理水平和公共服务能力。

（二）地名普查的原则。按照第二次全省地名普查工作要求，结合全县实际需要，普查工作本着统筹安排、统一标准、规范作业，注重质量、促进应用的原则开展。

（三）地名普查的具体范围。

地名普查包括自然地理实体和人文地理实体两大门类涉及10大类的61个子类。

1.陆地水系类名称（河流、湖泊、峡谷、湖岛、瀑布、泉）。

2.陆地地形类名称［平原、盆地、丘陵山地（山口、关隘、山谷、山坡、山峰、山、山体）、森林、洞穴］。

3.行政区域及其他区域名称（县、乡、镇；矿区、农区、林区、工业区、开发区、军事区<对社会公开名称>、区片）。

4.居民点名称（城镇居民点、农村居民点）。

5.交通运输设施类名称（渡口、公路、长途车站、道路、公交车站、停车场、桥梁、隧道、加油站）。

6.群众性自治组织名称（村委会、居委会）。

7.水利、电力设施类名称（井、池塘、水库、水渠、排水沟、河堤、输变电站、发电站、通信基站）。

8.纪念地、旅游胜地类名称［纪念地（人物纪念地、事件纪念地、宗教纪念地）、公园、风景名胜区（点）、自然保护区］。

9.建筑物类名称（房屋、亭、台、碑、塔、广场、体育场、城墙）。

10.单位类名称（党政、机关、民间组织、事业单位、企业、军事单位）。

二、地名普查的时间与内容

普查工作从2011年1月开始，到2012年12月结束，具体安排如下：

（一）2011年工作计划。

1.成立第二次地名普查工作领导小组及其办公室；

2.制订第二次全县地名普查工作实施方案、工作规程等规范和标准；

3.布置办公室，抽调和招聘普查工作人员；

4.召开第二次全县地名普查工作会议；

5.开展地名普查内业调查，确定各乡镇普查地名条日；

6.开展对乡镇普查骨干的培训，部署各乡镇具体普查任务；

7.开展普查各项工作，对乡镇加强督察指导，检查录入地名普查成果，野外地名数据采集，地名信息地图标注；

8.对城区开展1：500地图的地名普查工作；

9.地名普查成果转化利用电脑软件的开发。

（二）2012年工作计划。

1.对县域内有条件的重点镇开展1：500地图的地名普查工作；

2.开展普查成果转化利用工作，推进我县地名管理和公共服务系统建设。

三、地名普查的方法与步骤

（一）制订方案。各乡镇地名普查工作领导小组要根据全县统一部署，结合本地实际，科学制订地名普查实施方案，报县地名普查工作领导小组办公室备案。

（二）培训人员。县民政局负责全县地名普查骨干培训工作。

采取从企事业单位抽调或社会招聘等形式招募普查员3至5名，组建精干的普查员队伍。

（三）收集整理资料。全面收集与地名相关的地名书写、地

名读音、历史沿革、名称由来以及相关属性信息资料，包括图、录、典、志，并对资料情况进行整理、甄别、论证和审定。

（四）实地踏勘。到实地调查采访地名现状，查清地名的位置、范围和相关信息等。

（五）地名标准化处理。根据国家、省地名管理的有关法规，按照地名命名、更名权限和程序，对普查的地名进行审定和标准化处理。

（六）设立地名标志。依据国家有关地名标志标准，对重要地理实体设置地名标志。

（七）建立地名数据库。将地名文字和图形信息及多媒体数据导入国家地名数据库。根据普查成果和工作图，修改矢量地图上的地名注记和变化的地物。

（八）整理资料，制作成果。

1.整理普查工作文件和资料，分类归档；

2.填写各类普查成果表；

3.标绘地名普查成果表；

4.对普查成果和文件资料进行数字化处理；

5.起草地名普查工作总结；

6.起草地名普查成果上报审批报告。

（九）检查验收工作。地名普查成果由县地名普查工作领导小组先行自查，经温州市初审合格后，报省地名普查工作领导小组办公室验收。

（十）上报归档。普查成果验收合格后，按照规程实施细则要求，逐级上报，并完成普查成果资料立卷归档工作。

（十一）成果利用开发工作。

1.编纂出版标准地名图集和地名志；

2.开展地名管理系统建设；

3.开发研制其他地名公共服务产品。

四、地名普查的组织领导

全县第二次地名普查工作由县第二次地名普查工作领导小组组织实施。领导小组办公室设在县民政局，承担领导小组日常工作。

（一）县第二次地名普查工作领导小组职责：

1.研究制定第二次全县地名普查工作的有关政策和技术规范；

2.组织部署第二次全县地名普查工作；

3.协调解决普查中的重大问题；

4.审议重要地名命名更名事项；

5.承办上级地名普查领导小组交办的有关工作。

（二）县第二次地名普查工作领导小组办公室职责：

1.起草第二次全县地名普查工作的有关政策和技术规范；

2.拟定第二次全县地名普查工作具体实施方案；

3.负责领导小组成员单位的联系与协调；

4.负责地名普查骨干的业务培训工作；

5.承担对乡镇地名普查工作的指导、检查验收和成果上报；

6.建立第二次全县标准地名数据库；

7.组织编纂（编制）全县标准地名的图集、地名志等；

8.承担上级地名普查领导小组交办的其他工作。

（三）县第二次地名普查工作领导小组成员单位职责：

县政府办公室：负责全县地名普查综合协调工作；

县人武部：协助做好军事附近等特殊区域地名普查工作和地名标志设置等工作；负责对社会公开军事区《地名普查表》（草表）的填报工作；

县民宗局：协助做好全县宗教场所的地名普查工作；负责县民宗局管理范围内的宗教场所《地名普查表》（草表）的填报工作。

县公安局：协助做好地名普查相关工作，负责居民身份证、户口簿等法定证件的变更工作。

县民政局：承担县第二次地名普查工作领导小组办公室工作，牵头负责全县地名普查工作。

县财政局：负责地名普查经费的保障工作。

县国土资源局：提供全县的地质资料；负责陆地地形区、重要矿山等《地名普查表》（草表）的填报工作；在地名标准化过程中，负责土地证等法定证件的变更工作。

县规划建设局：提供城镇1：500比例尺的地形图和全县范围内0.6米～2.5米分辨率的卫星影像图；协助做好1：10000比例尺地图以及其他有关地图资料的提供工作；协助并参与做好地名普查图的数据采集和地图的标注、修改工作；协助做好城镇地名标志的设置工作；协助做好公园、广场、桥梁等市政设施的地名普查工作；负责县属公园、广场、桥梁等《地名普查表》（草表）的填报工作。

县交通局：协助做好全县交通地名的普查工作；负责县属交通设施《地名普查表》（草表）的填报工作。

县农业局：协助做好农特产等属性信息的资料提供工作；负责县属农区《地名普查表》（草表）的填报工作。

县水利局：协助做好河流、渠道、水库、海堤、海闸等水利设施地名的普查工作，负责县管水利设施《地名普查表》（草表）的填报工作。

县林业局：协助做好山、山峰、山岭等陆地地形区的地名普查工作；协助做好林特产等属性信息的资料提供工作；负责县属林区《地名普查表》（草表）的填报工作。

县文广新局：协助做好各类文化设施地名、重点文物保护单位、文物点的地名普查工作；协助做好各行政区域内非物质文化遗产、民间文学等文化属性信息的采集与资料提供工作。

县统计局：协助做好普查方法、技术规范的指导工作；协助做好各类社会、经济发展数据的统计与填报工作。

县旅游局：协助做好风景名胜区、主要景点等地名资料提供工作；负责县级以上风景名胜区、县属旅游设施《地名普查表》（草表）的填报工作。

县工商局：协助做好具有地名意义的企业单位资料的提供工作；在地名标准化过程中，负责营业许可证、企业法人登记证等法定证件的变更工作。

县档案局：协助做好历史档案资料的提供工作。

县史志办：协助做好历史资料的提供及考证工作。

（四）各乡镇政府职责：

1.负责做好辖区内除有关部门调查以外的各类地名调查登记和资料核实确认等工作；

2.负责做好基本地名数据登记资料的审核汇总，并按时上报县第二次地名普查工作领导小组办公室。

主题词：民政 地名 普查 通知

抄送：县委各部门，县人大常委会、政协办公室，县人武部、法院、检察院，各群众团体。

泰顺县人民政府办公室

2011年6月2日印发

泰顺县地名委员会文件

泰地办〔2012〕2号

关于做好乡镇地名标志设置工作的通知

各乡镇人民政府：

为进一步提高我县农村地名标志设置水平，拓展乡镇良好的外部形象，使地名工作更好地为我县经济社会发展服务，根据省、市大力推进地名公共服务体系建设的有关要求，经研究决定，在全县乡镇政府驻地范围内设置标准地名标志。现将有关事项通知如下：

一、充分认识地名标志设置的重要意义

地名标志是用来标示地名的专有标志，是地名的有形代号，是专门用来指明方位、传递信息、友好往来的平台，与城乡管理、社会治安、交通运输、邮电通讯以及人们日常生活、交往等息息相关，具有不可替代的作用。做好乡镇地名标志设置工作，有利于改善乡镇发展环境，满足人民群众的生产生活需要，提高政府社会管理和公共服务水平，对于服务社会主义新农村建设具有重要的现实意义。因此，各乡镇要从大局高度和为民服务的宗旨出发，充分认识乡镇地名设标工作的意义，切实将这项工作列入重要议事日程。

二、明确要求，认真做好乡镇地名标志设置工作

2012年，乡镇地名标志设置的范围为各乡镇政府驻地道路。各乡镇要以科学发展观为指导，从建设社会主义新农村和构建和谐社会的高度来认识和把握地名标志设置工作，切实把地名标志设置工作的各项任务落到实处。

（一）加强地名命名更名管理。《浙江省地名管理办法》规定，村、居民区，街、路、巷、弄、住宅区等名称，由乡镇人民政府或者街道办事处申报，县（市、区）地名管理机构提出审核意见，报县（市、区）人民政府或者县级主管部门审批。因此，从第二次全县地名普查后，各乡镇新建道路命名、村名更名、新住宅区命名等，必须经县地名管理机构审核并上报县政府审批。未经审批的地名，将不予以核发相关地名证明或门牌证。

（二）积极开展街道信息调查。摸清街道基本信息，是开展地名标志设置的前提。各乡镇要抽调精干力量，对本区域内街道基本信息进行详实调查，调查重点是街道长宽、走向、起终点、有无标牌、拟立位置等。请各乡镇务必深入实地调查，确保数据准确，认真填写《泰顺县乡镇街路牌设置登记表》，于 3 月底前报县地名办（电话：67587517，邮箱：tsdmpc@126.com）。

（三）切实做好街路标牌设置。调查完成后，县地名管理机构将根据调查结果，统一制作街路标牌，请专业人士到实地进行设置。次此工作完成后，我县将陆续对各办事处驻地村街道进行设置。

三、加强领导，确保地名标志设置工作落到实处。地名标志设置工作是今年一项重点民生工作，涉及面广，工作量大，而且需要一定的资金投入。各乡镇要高度重视，切实加强领导，统一组织协调，全力推进乡镇地名标志设置工作，确保今年 10 月底以前完成地名标志设置任务。

泰顺县地名委办公室

二〇一二年三月九日

泰顺县人民政府办公室文件

泰政办〔2013〕38 号

泰顺县人民政府办公室
关于成立泰顺县地名志编纂委员会的
通知

各乡镇人民政府，县府直属各单位：

为进一步加强对泰顺县地名志编纂工作的组织领导，县政府决定，成立泰顺县地名志编纂委员会，现将编纂委员会组成人员通知如下：

主　任：郭素琴

副主任：张德宇（县府办）赵海晓（县民政局）

委　员：毛达健（县委组织部）

董桂花（县发改局）

赖小宜（县经信局）

陈可操（县教育局）

吴碧华（县民政局）

毛方酬（县财政局）

曾钦辉（县国土资源局）

叶细何（县住建局）

章朝阳（县交通运输局）

翁长江〔县委农办（县农业局）〕

洪武平（县林业局）

吴经民（县水利局）

翁怀勤（县文广新局）

龚增华（县卫生局）

王浇艳（县统计局）

夏海滨（县旅游局）

陈国兴（县工商局）

王光华（县档案局）

余序专（县史志办）

郭建鹰（县气象局）

陈奕为（县邮政局）

毛文联（电信泰顺分公司）

潘家敏（罗阳镇人民政府）

吴国真（司前畲族镇人民政府）

沈黎军（百大镇人民政府）

林余进（彼村镇人民政府）

陈道迈（泪溪镇人民政府）

林新谋（彭溪镇人民政府）

洪文明（雅阳镇人民政府）

曾家平（仕阳镇人民政府）

何爱武（三魁镇人民政府）

陈学勤（竹里畲族乡人民政府）

编委会下设办公室，办公室设在县民政局，吴碧华兼任办公室主任，吴立社（县民政局）、吴文艳（县民政局）任办公室副主任。

泰顺县人民政府办公室

2013年3月26日

泰顺县人民政府办公室发电

泰政办发明电〔2014〕118号

泰顺县人民政府办公室
关于做好第二次全国地名补查工作的通知

各乡镇人民政府，县府直属各单位：

根据国务院《关于开展第二次全国地名普查的通知》（国办发〔2014〕3号）、浙江省第二次全国地名普查领导小组《关于印发〈浙江省第二次全国地名普查实施方案〉的通知》（浙地名普查组〔2014〕1号）和温州市人民政府办公室《关于做好第二次全国地名补查工作的通知》（温政办发明电〔2014〕326号）要求，我县要在前期试点普查成果的基础上开展地名补查和资料更新整理工作。现将有关事项通知如下：

一、补查重点

（一）补充查清2011年1月至2014年12月的新生地名；调整、完善已经完成的地名普查内容。

（二）建立完善以2000国家大地坐标系1:50000地形图和地形图矢量数据为基础的市、县二级国家地名和区划数据库。

（三）开展地名清理整顿工作，纠正地名管理和使用中的不规范行为。

（四）充分利用普查成果，建立完善各级区划地名管理服务信息系统；编纂出版标准地名图、录、典、志等；大力开发地名服务、地名文化等公共产品，提升地名公共服务体系建设水平。

二、时间安排

此次地名补查从2014年7月1日开始至2017年4月30日结束，分三个阶段实施，标准时点为2014年12月31日。

第一阶段，2014年7月至12月。我县已在全国地名普查试点时完成组织动员等工作，补查工作结合实际进行调整和完善。

第二阶段，2015年1月至2016年6月。完成所有区域的补查和各级检查验收工作。具体为：2015年1月至12月，完成补查工作；2016年1月至6月，完成省、市级检查验收。

第三阶段，2016年7月至2017年4月。完成成果完善、上报、汇总工作，建立档案，开展普查成果开发应用。

各乡镇可结合本地实际统筹安排各个阶段的工作。

三、保障措施

（一）加强组织领导。补查工作由县第二次全国地名普查领导小组（简称县地名普查领导小组，具体名单见附件1）组织实施。领导小组办公室（简称县地名普查办）设在县民政局，负责全县地名补查工作的业务指导宣传和督促检查验收工作。

此次地名补查以乡镇政区为单位进行。各乡镇人民政府相应成立普查领导小组及办公室，标准名称为XX镇（乡）第二次全国地名普查领导小组〔简称XX镇（乡）地名普查领导小组〕及办公室〔简称XX镇（乡）地名普查办〕，按照县地名普查领导小组的统一部署，负责组织实施本行政区域内的地名普查（补查）工作。

（二）明确工作职责。县地名普查领导小组要指导和督促各乡镇人民政府及县有关部门做好地名补查所需的专题资料整理、提供等工作，并确保信息和数据的有效性和现势性。县地名普查领导小组成员单位要协助做好相关工作（具体职责见附件2）。

（三）精心组织实施。开展地名补查，对于完善第二次全国地名普查成果、更好发挥地名服务作用具有重要意义。各乡镇、县各有关部门要高度重视，周密部署，统筹协调，确保补查任务按时保质保量完成。补查工作人员要严守工作纪律，按照有关政策规定、工作规程和技术标准，认真做好补查工作，确保数据真实可靠。

附件：1.泰顺县第二次全国地名普查领导小组成员名单

2.泰顺县第二次全国地名普查领导小组成员单位职责

泰顺县人民政府办公室

2014年12月31日

附件 1

泰顺县第二次全国地名普查领导小组成员名单

组　　长：郭素琴

副组长：夏立彬〔县府办（县法制办）〕

　　　　赵海晓（县民政局）

成　　员：县人武部、县编委办、县档案局、县委党史研究室、县发改局、县经信局、县教育局、县民宗局、县公安局、县民政局、县财政局、县国土资源局、县住建局、县交通运输局、县农业局、县林业局、县水利局、县文广新局、县卫生局、县统计局、县市场监管局、县旅游局负责人。

领导小组下设办公室（设在县民政局），吴碧华兼办公室主任。

附件 2

泰顺县第二次全国地名普查领导小组成员单位职责

县府办：负责全县地名普查综合协调工作。

县人武部：负责军事管理区和军事禁区内地名普查的协调保障工作。

县编委办：负责地名普查所需党政机关、事业单位相关资料的协调保障工作。

县档案局：负责地名普查所需资料的协调保障工作。

县委党史研究室：负责地名普查所需地方志资料的提供，协助指导做好地名普查档案工作。

县发改局：负责提供与地名普查相关的各类区域规划、专项规划等资料的协调保障工作。

县经信局：负责地名普查所需企业单位相关资料的协调保障工作。

县教育局：负责地名普查所需各类学校相关资料的协调保障工作。

县民宗局：负责地名普查所需民族宗教方面相关资料的协调保障工作。

县公安局：负责地名普查所需人口信息等相关资料的协调保障工作。

县民政局：承担领导小组办公室日常工作，负责地名普查所需社会团体和民办非企业单位相关资料的协调保障工作。

县财政局：负责第二次地名普查工作经费保障，确保所需经费落实到位。

县国土资源局：负责配合民政部门做好地名普查相关工作。

县住建局：负责做好各类城市规划、地图等资料的提供；负责地名普查所需市政公用设施、园林绿化相关资料约协调保障工作。

县交通运输局：负责地名普查所需交通运输设施的协调保障工作。

县农业局：负责地名普查所需涉农企业等相关资料的协调保障工作。

县林业局：负责地名普查所需涉及林场等相关资料的协调保障工作。

县水利局：负责地名普查所需陆地水系、水利设施等相关资料的协调保障工作。

县文广新局：负责地名普查所需古迹、文体场馆等相关资料的协调保障工作。

县卫生局：负责地名普查所需各类医疗机构相关资料的协调保障工作。

县统计局：负责地名普查所需社会、经济、人口等相关综合统计资料的协调保障工作。

县市场监管局：负责地名普查所需各类企业、从事经营活动的单位等相关资料的协调保障工作。

县旅游局：负责地名普查所需旅游资源基础资料的协调保障工作。

地名艺文

新建城垣记　明·叶式

泰顺为瓯之西鄙，接壤闽括，重山回谷，实为深昧荒僻之地。景泰初，剧寇平，因创县治，制官署、邑里而已。

越八十载，丹徒丁公瓒来守温。既宣德绥闲，上孚下豫，兴学筑馆，役民以逸。顾瞻兹邑，询所疾苦，父老张琏辈进曰："山邑苦无捍蔽，虎狼时入攫人，昏晓无敢启扃，夜不得火作，窃金亡命之徒婴巢走旷，剽蹂出没，曾无一堑之限，用是户口滋耗。"公叹曰："鸟兽垒土，细民用藩，建邦设险而可无城乎?"以谋诸僚，储别驾曰："宗尝白此于上官矣，以邑小费巨难之。"公叹曰："必若斯言，则粤不变俗，而瓯无闳丽也。"乃建议曰："泰顺介于三疆，平居易于伏慝，多事最先被寇。曩闽寇入境，敛手受掠，公私之费奚啻巨万?使捐万金城之，域民丰财，扼险威远，所获已多，矧费又不及是乎?《传》有之曰'财散民聚'，又曰'均，无贫'，兹将按籍料科民，分作受方，食力于官，薄厚称事；俾工无勿鸠，役无勿平，城何难之有?进议于兵宪党公、分守黄公，咸曰善，交赞之。乃列上监察端公，报可。乃列上大中丞胡公报可；以白诸省部，皆亟可之，遂如议行焉。

度城凡九百丈，邑凡十有八里，里凡十长，俾长各率其十夫，咸建五丈，官日廪之，倍资募工。取石于隍，因山为墉。其高若厚咸为二丈。隅架八楼。方辟四门，东曰"通瑞"，南曰"通福"，西曰"永安"，北曰"拱恩"。水关三，粉堞八百。望之岩岩奕奕而将将焉。费白金仅五千余两。城之妨民庐者偿之，又三百两。城始于嘉靖庚寅春二月，凡十有五旬而毕，不愆素规。

是役也，高二守美受成统帅，而平阳丞熊炳、是邑尉邓镠先后相劳。于是士民踊跃观叹，谓"微丁公，兹终荆棘乎!吾侪优游朝夕，永保有家，可忘所自哉!"邑令汪瀚承公之功，申公之志，而乐在职司也，伐石请记。按春秋诸侯城缘陵、城楚丘，凡以辟寇难也，岂不重民力哉?以为筑凿之劳愈于寇攘之毒也。今城泰顺，制阻于冲，虞患于暇，所谓一劳久逸，暂费永宁者欤!虽然，当城久矣，而必待丁公，抑岂无由?区财者须夫才，立功者须夫公。博谋均力，协于上下，兹非其公乎?发帑以集之，纲纪以齐之，兹非其才乎?奋才秉公，树此嘉绩，守者弗替，居者弗谖，记之不亦宜乎!城成之岁，公进秩按察副使，仍兵备温、处。处代守者良乡赵公云。

说明：录自陶汉心点注校勘、泰顺档案局编印的《分疆录点注》卷十一

罗阳义路记　明·陶清臣

义路记者，董子天香舍田以济众，众义之，志勿忘也。景泰作邑，邑井瓮靡所施，市之民东西汲于

溪。而罗阳之田为董氏世业。嘉靖庚寅邑新城。天香乃夷田筑室。民日来同，自城南接于西街，聿成市聚。顾室虽西向，前犹田也。塍藩杂蔽，厄塞枉逖，莫可顺适也。天香慨然曰："居犹之身也，而血荣周流，经络无滞，乃罔疾疢，一手足间停忤壅窒，辄痿痹疸瘠。矧民日用饮食须于地利，吾专吾田，一人之利也，众则艰焉，是以一手足病一身也，而可乎?"属邻姻刘杰辈告之曰："室以西开，路抵溪为捷，田则吾有也，吾无吝。惟是计庸屡役，匪众勿克。通其塞则不厄径，其枉则不逖，须而成之，百世之利也，诸君其图之。"佥谢曰："子勿靳，我侪享厥利，敢不唯命？'岁己酉秋，众方量工命日，而天香往矣。厥似元书、元礼、元诗追维考志未就，抱戚集谋，北自官街，南滨溪流，坊其田长三百五十尺有奇，广六尺余。姻邻乃征工僦功，不浃旬而道成，人人称便矣。爰相与名其路曰："义"，而伐石请予记焉。

予惟民行多善，始而勿克终，是以没世无称，君子所疾。天香少业儒，人器之；壮而掾于邑，人疑之；退而立家教子，人羡之；垂没而有此举，人义之。其亦"考终命"者欤!而元书辈又克敬承先志，可谓孝矣!昔范文正公置负郭常稔田千亩以济群族，其子孙世守，民到于今称之，夫固后世之所无及也。乃今图利而不恤于病民，动以尺寸之贪仇其骨肉者，是又天香父子之罪人也。何莫由斯路耶?!予于是有感焉，志其事以植义风。

说明：录自陶汉心点注校勘、泰顺档案局编印的《分疆录点注》卷十一。文中"义路"址在今罗阳镇垟心街南段（横街路口至人民路），旧名担水弄。

陶清臣，葛阳人，明嘉靖选贡生。

封银坑序　明·王銮

圣天子临御之五年，诏天下郡县，凡有银场而矿脉尽绝者，核实封闭之。其悯念元元，惟恐政繁赋重，一夫不得其所之意欤!

泰顺银坑发于成化五年，上命大臣开办，每岁白银三千八百二十两。厥后矿脉日微，渐次减免，弘治改元，减至六百两。三年以来，矿脉已竭，有司设法或派里甲，或派坑夫，罄帑补输，疮痍日甚。

会诏书下临，黎元莫不稽首，曰："何幸复见尧舜之君!"东莞范侯揄扬上意，遂进管坑官张文潭、陶器、张礼，爰集耆老三覆勘视，坑果已竭，即申檄重任大臣会议，事闻，遂封闭之。一邑黎元又皆欢忻无已。

张文潭等诣予请文，以记其盛。予以自古圣帝明王，以仁治天下，藏金于山，抵璧于谷，赋税之贡岁有常数。禹之所谓贡，即后世之所谓赋，若扬之金、雍之琳琅、荆之大龟、梁之熊皮，皆偿田赋之轻，未尝于赋之外有过求也。天地生物，亦有限数，岂应无已之求哉!传曰："敛时五福，敷厥庶民"，诚哉是言也!

说明：录自陶汉心点注校勘、泰顺档案局编印的《分疆录点注》卷十一

王銮，明代福建莆田人，弘治间任泰顺教谕。

重建迴澜桥碑志 清·陶鸿年

从来前人有未完之志，必赖后人力为之继，此固分所当为，非可以言劳也。至于变故猝加，事艰责专，有惟恐不胜其任者，若余于重建迴澜桥。既成，窃不禁悲喜交集，不能无言以纪实焉!

池村百念渡，旧名君子潭，道通瓯括，要津病涉，先大父悦耘府君尝欲梁之而未果。咸丰乙卯，先君果堂府君上承先志，捐赀伐石，经营三载而桥成。竣工甫数月，而遽圮于水。识者谓桥非其所，且砌造亦未如法。先君于是仍拟重兴，特鉴前车，踌躇持重，亦复赍志捐馆。仲弟鹤年，读书知大体，谓事不可终已，遂引为己任。同治壬申春，冒雪亲赴缙云、金华相度成式，归即循溪扣沙砾于旧桥下，深十余丈，得纯石底可因为址，遂移建焉。讵知鸠工未半，而吾弟遽殁。

鸣呼!吾弟体素强壮，盖自兴工以来朝思夕虑，蒙犯风雨，遂不觉疾中膏肓，致遭此变。如余多疾，年未六十，精力已衰，又岂能当此重任哉?!惟念吾弟之志犹是先人之志，诚不能以中道止。于是勉起肩之，命儿骐、侄家树，分任其劳，余特严为监督，一如吾弟成法。桥之下，为柱者三，为洞者四；桥之上，长三十六丈有奇，广二丈一尺，两旁缭以石栏。凡石长、短、宽、厚皆有尺度，兼构亭于两涯以为施茶憩息。所碑仍泐先大父名，承先君志也。

经始于壬申仲春，落成于丙子孟冬。共费己资计緡钱一万四千五百贯零，而后乃今钜工告竣。

回忆吾祖若父于邑倡建试院，于乡首建社宫，于族独建家庙，美举彰彰。余小子无状，不能肖其万一，则是役之成，固吾祖吾父之灵默相于冥冥中，不啻亲鉴督之、阴指挥之也!独慨吾祖若父既不及见其事，吾弟复不获竟厥功，如余碌碌，庶几藉此以告慰九泉，此所为悲喜交集而不能已于言也，爰纪巅末，用泐诸石。

说明：录自陶汉心点注校勘、泰顺档案局编印的《分疆录点注》卷十一。

陶鸿年，池村（今司前）人，陶琳之子。

古今地名辨　清•林鹗　林用霖

古今地名，原无不变，然变必以渐，亦必有因，故虽俚而益见其质。吾邑古地名历久而渐改者固多可稽，然有嫌其太质而强文之者，正复不少。此多起于前明设县之后，旧志遂多混载。其实文字虽改，而俗呼仍未改，且有因改而混争山地者，诚不可不辨。

其久而渐改者，如:古池村以有巡司遂呼“司前”；古龟岩宋初即有是名，后人因前有三峰遂名“三魁”，今乃称为“张宅”，左近之锦溪曰“薛宅”；高阳在宋名“茭阳，设县后改为“高阳”，《平阳志》载“岁贡刘易奭，三魁人”，则统称“三魁”也，而今独称为“刘宅”。

梧村外洋则称为“卓宅”。东溪蔡氏居遂称为“蔡宅”。古石邦后称“周边”，此则因氏族而改，俗呼久而渐晦其旧。

古是阳，南宋又名“茌阳”，属章峰里，俗独称“仕”，而《平阳志•蔡起辛》注“居荏阳”，则因传写之误，遂讹“茌”为“荏”也。矼渡改“江渡”，大畈阳改“大范阳”，此皆谐音而渐改者。

如淡竹洲今仅呼“淡洲”，则省文也。莩阳，宋时旧名也，国初遭兵燹，惟市亭粉壁仅存，今遂并其地呼为“白粉墙”。又古册地多载总名，后只称其间村落名而失其旧者。如今一都木棉池村一带，唐宋总名百丈，又曰百丈林(见《徐氏族谱》及《宋濂文集》)，今仅水口外呼为“百丈口”。箬阳一带古总名毛家山(见《叶水心集》)，今仅毛山一庄仍呼旧名。洪口溪，唐宋统名渔溪，宋时溪旁有巩氏居，今仅存“渔巩潭”之名，而巩又讹为“充”。自渔溪上至龙潭口，下至江口，宋时总谓之“三十六革”，自周坑以上为上革，以下为下革，今仅存“下革”一小地名。自江口以下至滩脚古总名龙溪，今仅龙斗略存旧名。

又古名有分南北后竟离而独称者。如古大安南、大安北，今仅南仍旧，北则明时已改为“华峰”，今俗但称“后洋”。古南院、北院，以水南流入闽者为南院，北流入瑞安者为北院，今则水北流独称为“南院”，而旧南院日“南院底”。

又有奉官命改者，如古之方村，宋时改名“莒江”(见处士吴承膺墓碣)，设县时孙公原贞命改名“莒冈”，今其地惟方村塘、方村尾略存旧名。

至于木棉改睦源”，毛洋改“豪洋”，葛阳改“桂峰”，箬阳改“桂阳”，上庄改“象钟”，贝谷改“堆谷”，畲库改“积库”，雾岭、雾溪改“武岭”、“武溪”，牙阳改“雅阳”，里庄改“里光”，周边改“洲滨”，石岭改“瑞岭”，筱村、筱涧、晓阳、小溪改“秀村”、“秀涧”、“秀阳”、“秀溪”，陈阳改“仁阳”，葛岭改“国岭”，蕨坪改“桂坪”，彭畲改“平畲”，吴家山改“五蛟山”，豆腐岭改“交富岭”，彭家山改“鹏家山”，岭下改“岭夏”，洪溪尾改“洪溪美”，此皆因俗见而强改者，尤为鄙陋。而旧志所载有已改者，有仍旧者，有谐音而讹以别字者，且有新旧并列，如葛阳、桂峰者尤为蒙混。故兹录特加更正，悉仍旧名，以归质实，识者谅之。

说明：录自陶汉心点注校勘、泰顺档案局编印的《分疆录点注》卷十一。

泰顺水道订讹说　清·林鹗

泰顺为瑞安、平阳二县所分地，高踞上游，广百余里，袤二百余里。上接括之庆元、景宁，下达瑞安、平阳及闽之霞浦、福鼎，左界青田，右界寿宁、福安，盖浙东海角之源头也。山沓水匝，纷不胜纪，其经流有二：左行东流，由飞云江入海者，合数十源，皆瑞安所分义翔乡五都之水也。右行南流至交溪，合而过福安，出宁德入海者，合数十源，皆平阳所分归仁乡六里之水也。中隔干山，自县后天关山起祖，左右盘旋、分枝，下结平阳县及闽之福宁府福安、福鼎诸治。故水左右分行，截然不紊焉。

谨案《会典·浙江水道图说》："飞云江上源曰百丈溪，出温州府，合莒冈溪，东流入于海。"下云："龙溪、白溪，俱出温州府，合南流曰交溪，入福建境。"即指此二派，而左右有误合者。其所谓龙溪，乃瑞安所分义翔乡五十六都之旧名也。今谓之龙斗，自龙斗上溯池村司凡数源：一由温阳下里庄至池村；一由石柱源出左溪，合之。出溪口村，合木棉村水。过白鹤渡则景宁北溪、桃源、东坑诸水及员桥、三插溪水入之。出百丈口，会县左仙居、洪溪、渔溪诸水，始通舟。至江口，则翁山、筱村、库村水合莒冈水合之。至马迹之下，合青田南乡及排前、黄坛坑、稽坑、东湾坑诸水。出龙斗，至三溪步为瑞安界，入飞云江。今所谓百丈溪是矣。龙溪不入福建也。

其所谓白溪在县西，绕城南为平溪，出镇南桥合杨梅洲水，至双港下流寿宁，犀溪水入之，下葛家渡，至沸潭合毛洋、横溪、周边水，至交溪合泗溪、仕洋、洋坑诸水入闽。非合龙溪也。

县治本瑞安义翔乡五十九都，罗阳镇因偏居天关之右，故白溪独入福建。此溪出城南合港后，上流隔水即寿宁境，下流隔水即福安境，天堑深险，不通舟筏，为浙闽之边界。惟泗溪支在腹中，内合四源，西出洪坳，至下东溪合戬洲、峡屿、三魁之水，转南过仕阳，为龙漩溪，折而西过龟伏，复南旋至交溪，与白溪支合入福安，出宁德入海。然则《会典》所载龙溪，将无龙漩溪之讹欤？

又按《通志·浙江水利详考》载："安阳江有二派，一自福建政和县温洋南流至百丈口，泰顺之仙居溪东流出焦湾，至洪溪合葛溪水入之，又会罗阳大洪、莒冈水，为大溪。一自处州青田木凳岭，至陀溪合三坑水，转出陶山、南口，为小溪。二溪合流，至瑞安县南为安阳江。永丰湖水，出口仁乡东北，流入之东湖，北湖及城内水与城北口游诸乡之水入之。北湖一名锦湖。又东仙岩河水入之，东流入海。云云。"

今案下流自青田、出陶山之小溪，盖潮至港是也。其实由青田者，惟刘文成故里之南田水过大峃司入溪达江者为大；沿流两岸凡二十余都水入者皆小，不胜纪。所云永丰湖，则平阳河水也。东湖、北湖则附郭河荡也，无所谓湖。永、瑞、平土语"河""湖"同音，故误。至上流江源尤多舛讹，所云福建政和县温洋，实池村司源头之榅阳也，地与处州景宁接壤。若政和水，则今析为寿宁县，其水由南流，则直入南海矣，能北越山外数百里，出百丈口耶？

所云仙居溪，源自天关龙湫，出岭北，过三滩渡至仙居水口；而南院、上下察溪水出塔院、仙岩，与之合流；过焦湾，至岭根，洪溪水入之；至洪口，古曰渔溪，葛阳及梡窑坑水入之，又合周坑、金坑水；出百丈口，与池村司水会。所谓葛溪即葛阳，合于洪口，非合于洪溪也。莒江当即莒冈。别无罗阳大洪，大洪当即洪村，水出洪溪也。罗阳乃大罗山之阳，即飞云渡上下二百里潮港当之矣。若罗阳镇，以万罗山得名，其水不入飞云。

遽云“会为大溪”，溪实过峃口始大也。其篇末又云：“盖温之泰顺虽属山县，而白溪之水绕城南流，经镇南桥，过文笔峰，下抵福建寿宁界入海。又一支为四溪，南流至东溪渡，合焦溪水，入石龙潭，南下龙漩溪，抵福建福安界入海。”所考亦尚有未符。白溪、四溪殊途同归，不分入海。寿宁高于泰顺亦无海可入也。惟与泗溪合，故日交溪。入福安界，亦非福安入海。

惟泗溪之筱涧及八都牙阳水由福鼎入海。三都之都铺、三洋水由平阳之北港出钱仓入海，则以源短，宜志所弗及云。大抵泰顺僻在深山，巡方所不到，案图而索，鲜能无讹。且设县后，仅有明侯一元《志》，书亦简略失传。至雍正朱国源《志》，无知妄作，鄙陋不成书，自此益文献无征矣。县志且就湮，虽有讹误，孰从而正之哉?

说明：录自陶汉心点注校勘、泰顺档案局编印的《分疆录点注》卷十一。

自松源回库村 唐·吴畦

山阴和乐本吾家，谏苑曾蒙帝宠嘉。

荆棘长安生梗塞，衣冠江浙蛰荣华。

老峰卜筑千秋远，库水安居万世遐。

嘱咐子孙文笔继，禹门腾踏岂教赊。

注：吴畦（840—923年），字祯祥，唐咸通元年（860年）进士，文德元年（888年）拜谏议大夫。原籍山阴（今绍兴市），乾宁三年（896年）迁安固卓家庄（今属泰顺县筱村镇库村村吴宅），为泰顺吴氏始祖。

玉峰庐自赋 宋·徐元凤

为爱林泉景最佳，结庐峰顶卧烟霞。

芳樽时对陶公菊，古鼎聊烹陆羽茶。

谷邃自宜梅作坞，径深雅爱竹为家。

抱琴更向松冈去，曲罢清风日未斜。

注：玉峰庐在仙居村。徐元凤，仙居人。

三峰寺 宋·真山民

寂寞林烟噪暮鸦，清溪步入野僧家。

云深不碍钟声出，日转还移塔影斜。

廊下蜗粘沿砌藓，佛前蜂恋插瓶花。

竹床纸帐清如水，一枕松风听煮茶。

注：三峰寺，初建于后晋天福年间，解放后拆除，原址在今县府大院处。真山民，宋括苍人，宋末遁迹山水，所至好题咏。或自呼山民，著有《真山民集》。

百花岩 宋·吴驲

一岩千古异，百卉四时开。

不假栽培力，天然锦绣堆。

注：百花岩在库村漈头。吴驲，库村人，南宋嘉泰二年（1202 年）进士。

锦绣谷 宋·包 湉

恍然天地外，浑似画图间。

泉响岩为应，风柔云较闲。

小开三益径，高上一层山。

诗量雄于酒，赓题病已删。

注：锦绣谷在库村漈头。包湉，南宋时库村漈头人，南宋嘉定九年（1216 年）以漕试任永州判官。

三友洞感怀 宋·吴泰和

不是桃源路可通，霞蒸洞口满川红。

看山只有苍颜客，避世更无白发翁。

明月影移栖凤竹，白云阴锁卧龙松。

岁寒三径人何在？只有孤梅寄朔风。

注：三友洞在漈头村。吴泰和，字浩然，库村漈头人。南宋嘉定十六年（1223 年）进士，官汀州通判，著有《掬泉集》。

沓石庵 明·夏存

悬岩忽露石楼台，石下争看绀宇开。

别有一天闲岁月，更无寸地着尘埃。

金灯影漏云间电，玉磬声沉洞里雷。

僧不出门春自老，岩花随意点苍苔。

注：沓石庵，址在今百丈镇莒江。明初，志行高洁的日本僧人太初驻锡于此，庵为其创。夏存，又名夏文存，莒冈(即莒江，今属百丈镇。）布衣，工诗文，著有《灵芝集》。

洪口山行 明·鲍缙

拾磴崎岖上翠微，空濛雾气袭征衣。

芳村雨足春耕早，古碣苔封客到稀。

远近岚光浮树影，参差倦翮带斜晖。

官中了事无多暇，踏破残红马似飞。

注：鲍缙，罗阳沙底（今沙堤）人。

游仙山 明· 张庆旸

缥缈疑从天际寻，致身高在碧云岑。

留仙信接飞霞近，绝俗何须弱水深。

金阙晓寒琼笈秘，石坛秋静玉箫沉。

悠然坐啃岩前竹，似有空霄鸾鹤吟。

注：仙山，又称翁地巅，在今仕阳镇翁地。张庆旸（1505—1580 年），字孟暄，龟岩(今三魁) 张宅人。嘉靖年间拔贡，著《东游览胜》《孟暄文稿》《吟稿》，均失传。

宿芳坑庵 明·王介庆

林梢初日弄阴晴，露浥溪花笑欲迎。

涧暗只闻泉滴沥，山青剩见鹭分明。

远峰忽转还如绕，险径徐行亦是平。

莫谓诗成无与和，风皇也解作吟声。

注：芳坑庵，在今泗溪境内。王介庆，江西奉新人，明崇祯年间任泰顺知县。

游山交寺诗 明· 刘友德

长年作客惯悲秋，摆脱尘襟喜此游。
满室昙烟迷鹤影，双峰紫气映龙湫。
郊行岂效潘郎乐？蔬食空杯杞国忧。
抚景长吟清兴发，骖鸾直欲驾云浮。

注：刘友德，福建漳浦人。明嘉靖年间任泰顺知县，有美政惠民。

九日同兄弟登霞山作 明·董天乐

崇冈环翠净氛埃，兄弟同登亦快哉。
到眼河山鸿雁影，关心时序菊花杯。
白云长护柴桑里，秋色何须凤岭隈。
共道登高能作赋，尊前谁是出群才。

注：董天乐（1515—1580年），字汝智，号霞南，罗阳霞阳人。著有《溪东精舍集》，已佚。

山城登眺 清·曾 镛

山窗寂无侣，廓落展群书。
忽闻好鸟鸣，对之上苔除。
徘徊空山顶，侧身望里闾。
城郭数百载，连冈万叠余。
回环一以眺，山枫战拼榈。
四顾何苍茫，独立空欷歔。
人生百年内，浮云寄太虚。
蚩蚩忽共尽，问识谁此居。
丈夫一日卧，天地无荒墟。
形体谁不朽，慷慨怀草庐。

注：曾镛，字在东，一字鲸堂，晚号复斋，罗阳三垟人。清乾隆四十二年（1777年）选贡，官东安知县。著有《复斋文集》6巨卷，附诗1卷。

百丈谣 清·董正扬

百丈百滩，一滩一丈。

迢迢罗阳，如在天上。

注：董正扬（1768—1816 年），字眉伯，号昙柯，罗阳平溪人。清嘉庆七年（1802 年）进士，官江西大庾知县。著有《太玉山房诗钞》《未义根斋文稿》，刊本泰顺县文博馆有藏。

龙护寺 清·董正扬

峡束白云归坳谷，天回明月入空潭。

深山尽日无人到，僧与秋猿共一龛。

注：该寺在山交山麓，景最幽胜。明初日僧太初所建，俗称山交寺。

晚度金鸡岭至石角坑 清•董正扬

（一）

山行不觉晚，烟月淡将夕。

更舍笋舆前，忽与前村隔。

上岭效熊攀，逾涧等猿掷。

岩回势若催，峰危路逾窄。

锋铓怒相向，矛剑森露脊。

盘辟粟盈肌，蝶躞沘在额。

难逾蜀道难，迫类柏人迫。

蹴石落空潭，哀罄响晤日砉砉。

须臾至上层，始觉天宇辟。

四山云濛濛，不辨咫与尺。

山鬼从文狸，出入暗森索。

栖鹘惊人过，离巢飞拍拍。

俯视空嵌间，寒星沉水白。

（二）

上岭势如骞，下岭势如堕。

万笏森林立，怪石露硪砢。

何年黄初平，驱之此山左？

头角尽崭然，寒云互交锁。

飞絮擘丝丝，夫密青朵朵。

挺拔愈嵚崎，位置转贴妥。

足疲不敢登，小憩聊命坐。

忽顾菁林中，茅履露星火。

聊为不速客，一宿深感荷。

薄县鸡酒欢，为言途坎坷。

公等从何来？无乃困偏跛。

巉岩倾侧中，为患测诚叵。

感君意拳拳，顾余怀罗啰。

此际惊初定，此身始属我。

竹里 清• 董正扬

萼华仙人骑绿风，手把琅玕十万种。

绀云一色摇青空，匝地连天密无缝。

箨龙队队从风翱，千峰峰影随低高。

炎天赤日不知午，但见森森碧玉皋。

晴银镂管金花纸，岁岁山村来成市。

清供朝参玉版师，云米夜舂蓟门士。

此地真成鹦鹉林，居人疑是凤凰子。

江口 清• 董正扬

苍岩叠石高，溪色一何静。

飞瀑忽有声，幽梦蘧然醒。

遥响答滩音，孤光沉鹭影。

韵分蒲叶凉，香入苹花冷。

息呼缥蕘来，烹茶得味永。

注：桐潭、马迹岩、江口均在泰顺县境飞云江边，今已成飞云湖湖区。

莒冈道中诗 清• 何石云

客路纡回过莒冈，迢迢烟岭驻行装。

白云秋色千峰暗，古木悲风万壑长。

远岫征鸿低晚影，香台清磬落斜阳。

倦余何处堪沽酒？欲向垆头解鹔鹴。

注：何石云，钱塘人，贡士，清康熙年间任泰顺教谕。

同潘荆石游华峰 清•周廷昌

同怀客子好登临，携手峰头载酒吟。

秋色乍添三宿雨，日光初出万重林。

百年流水高山调，一片闲云野鹤心。

回忆旧图蓬岛句，夙因相契旧苔岑。

注：潘荆石，即潘宏璁，罗阳罗峰（今东外村）人，清乾隆年间岁贡生。周廷昌，泰顺人，生平不详。华峰，在今大安后垟。

龟岩村居 清•张启温

烟村四面傍春山，竹径通幽水一湾。

涧畔花光频掩映，枝头鸟语自绵蛮。

居贫得趣心殊逸，与物忘机草不删。

每到芳时容小酌，长年谁似野人闲。

注：张启温（1709—1782年），字玉如。龟岩（今三魁张宅）人，清乾隆三十三年（1768年）岁贡，著有《怡情诗集》，今佚。

九日登天关山示儿鹗 清•林逢春

桂花秋后菊花秋，又向西郊约胜俦。

九日风光浑似昨，十年景物忆重游。

青山有分贫非病，浊酒无多醉便休。

我但诗书贻子弟，含情终日望竿头。

注：林逢春（1772—1814年），字培之，里庄（今司前里光）人，林鹗之父。

董霞樵潘醒愚过山居 清•潘 鼎

梅花番过杏花初，胜友招寻到野庐。

久阔风标频入梦，常聆謦欬比观书。

披烟小劚猫头笋，带露新收鸭脚蔬。

草草杯盘浑不厌，胸襟浩落复谁如？

注：潘鼎，字彝长（1775—1835年），罗峰（今罗阳东外村）人。工诗善画，著有《小丽农山馆诗》，泰顺县图书馆藏有抄本。董霞樵（1775—1842年）即董斿，霞樵为其号，自署太霞山人，罗阳人。潘醒愚生平不详。

三峰寺 清• 潘 澜

梵宇依城曲，安禅若在山。

时闻清磬度，静爱白云还。

地旷尘难著，心澄境自闲。

老憎无个事，独坐掩松关。

注：潘澜（1757—1828年），字海生，号观台。邑庠生，罗阳人。三峰寺址在今县府大院。

寄潘彝长石林精舍 清•端木国瑚

天关山下石林清，为有沧浪早濯缨。

南国词名三妇艳，西京书味五侯鲭。

狂游犊鼻真佣保，文酒乌衣好弟兄。

我愿入山君不出，田畴何处祝苍生。

卅载旗亭感越吟，青骊如我日骎骎。

柳条塞上逢羌笛，枫叶江南杂楚砧。

忧国经书常满腹，思乡风雨重关心。

何时也毕粗婚嫁，结愿名山逐向禽。

注：端木国瑚（1773—1837年），字子彝、鹤田、井伯，晚号太鹤山人。浙江青田人，清道光十三年（1833年）进士。与泰顺文士董正扬、潘鼎、董斿等过从甚密，游泰顺时长住潘鼎的石林精舍。

春日游城南诸山 清•董斿

雨后山色明，蹑屐成孤往。

信步出城南，沙路平如掌。

群峰忽在前，向人何崛强。

苔磴滑难登，幽崖高乍仰。

新曦漏疏篁，冷翠浮宿莽。

云来山径阴，风到树枝响。

攀险忘微躯，冥搜寂众想。

蔽谷境屡蒙，穷巅瞩始爽。

深坐闻鸟声，倦卧爱草长。

持酹命谁同？览物惬心赏。

迢迢千载怀，愿言脱尘鞅。

注：董斿（1775—1842年），字仲长，号霞樵，自署太霞山人。罗阳霞阳人，贡生，《分疆录》有传。著有《太霞山馆诗文集》一卷、《湘南游草》一卷，辑《罗阳诗始》，泰顺县图书馆均有藏。

渔巩潭 清• 董旃

一曲清潭外，烟居自一村。

山光明板屋，松影暗柴门。

钓戈或风俗，桑麻长子孙。

牵排经过数，俯仰愧烦尘。

注：渔巩潭在洪口（今属百丈镇，已为飞云湖湖区）。

嶂后 清•董 旃

傍水依山隐结庐，儿孙相约事樵渔。

门前自有知时草，不向人间买宪书。

注：嶂后，即罗阳南山章后。

平滩铁炉厂即事 清• 董正揄

饥走荒山已可嗟，从无人处忽人家。

猿声断续联清昼，虎迹纵横印白沙。

垒破泥头浇箬酒，幕开火里种莲花。

铸成一语皆生铁，笔有炉锤惜用差。

注：董正揄，字引叔，号文华，晚号泯翁。罗阳平溪人，廪生，著《能不言斋诗文稿》，已佚。

箬阳秋日杂诗 清•董正揄

此地寒何早？他时若异秋。

木空山乍瘦，雨过月新修。

坐久思醇酿，家遥忆敝裘。

吾衰将末甚，太息稻粱谋。

又说新收歉，仍难米价廉。

丈人饥荷蓧，少妇困倾奁。

计拙同蓝缕，愁羁更白髯。

回光期日月，安得照穷檐？

亭古振衣传，登临望渺然。

地分安固僻，人立最高巅。

不断秋山势，遥穷夕照边。

含情询过雁，可有尺书还。

图史吾宗富，城居倚太霞。

皇天标北斗，沧海指南车。

品学能无重，声名亦已遐。

斯人犹困瘁，吾道竟非耶！

咄咄仰苍穹，清秋一望中。

参商星野别，鸾风羽群空。

薄俗无多怪，高人自不同。

嗣宗能旷达，何意感途穷？

注：箬阳，即今筱村镇箬阳村。

晓过双港 清• 董正揄

鸡声村外隔林闻，暑后厅程辨色勤。

瑟瑟微炯浮着水，弯弯片月薄如云。

天关南下双流合，海国西偏两地分。

怅望横波排石齿，长同秋雁断遥群。

注：双港，即双港溪，今称泰寿溪。

晓起步至龙护寺访虚上人 清·董 暲

晓起兴幽偏，孤吟出野烟。

偶怀尘外境，来访洞中天。

病叶惊秋早，高峰受日先。

何时消世虑，得与细参禅。

注：董暲（1802—1861 年），字又霞，罗阳霞阳人，董斿次子，清咸丰十一年(1861 年)死于太平军攻杭州。著有《味道庚斋诗稿》，未刊行，县图书馆存有抄本。

龙护寺即山交寺，在今罗阳山交村。

望天关山感赋 清·林 鹗

雄关孤耸一方宗，衡霍西来此附庸。

赤县分疆开下邑，青天虚左让高峰。

荒城谁守先民业，落日犹留太古容。

一代清风人不见，南山回望白云封。

注：天关山在县城西北，为邑之西北屏障。林鹗，号迂谷，司前里光人。

登白云最高峰 清·林 鹗

西风飘飒鬓毛秋，剑气轩腾决壮游。

瓯括雄关临绝顶，东南海国见源头。

云生足下群峰涌，日近天心万象收。

我把新诗扣琼阙，乖龙痴虎不胜愁。

注：白云山，高广二十余里，横亘莒江、新山一带。

山行至莒冈 清·林 鹗

乌唤山行早，肩舆破晓痕。

寒泉呼石罅，险径护松根。

云暗东西岭，花明上下村。

主人怜久别，沽酒话黄昏。

南院村居 清·林 鹗

丙舍无墙四望赊，田塍尽处好山遮。
分牌遍甲二二里，同社迎神八九家。
巷雨燕归冲麦浪，檐风蛛动促松花。
村居僻壤静如许，何处蜂房闹午衙。

画史诗人殊未来，消闲事事任心裁。
部分药品周官法，区画蔬畦禹贡才。
竹脚添泥培凤子，池头疏水醒鱼胎。
有时无事庭前立，指点楹书逗小孩。

玉版金针杂芥虀，蕨菹瓜脯列东西。
养贤小补烹难大，享客多仪物未齐。
顺子提壶每几谏，痴孙捧饭惯娇啼。
年年底事呼庚癸，愚直偏逢或乞醯。

四野春深绿正肥，轩窗恰似翠屏围。
秧苗缺处虾蟆坐，菜荚长时够雉飞。
劚笋呼儿肩锸去，采茶偕妇挈篓归。
清时岂有逃秦意？也常心情与世违。

逃愁避谤谢浮名，十亩闲闲亦化城。
读史愤教双鬓白，看山静觉两眸清。
参禅近悟诗无字，引睡今知酒有情。
一念关心如可了，便须啸傲足平生。

注：林鹗之父葬于南院，林鹗29岁时曾在此筑庐守墓。

九日登赤岩观瀑 清•林 鹗

村居意殊惬，山屏列嵣嵘。
初闻赤岩奇，游兴搔欲痒。
九秋豁翳障，群峰竞鲜爽。
主人挈榼来，童冠挟我往。
石径错颔谺，彳亍披筱簜。
渐入路欲迷，再进力已犟。
攀藤窥石罅，忽见石门敞。
方知奇境来，艰难得心赏。
抠衣各踊跃，猿臂争抢攘。
长绠木末垂，危磴踏云上。
度险怯无声，渐闻水声响。
鬼斧断山骨，割然劈而两。
石厂覆悬崖，山腹露平壤。
峰头斗駞驼，翻室呼魍魉。
蹲狮睨欲吼，飞鸟愁扼吭。
俯眴何瞑蒙，安坐亦惝恍。
玉龙挟雨飞，直下一千丈。
绝壁束青天，白光界圆盎。
特石当盘涡，湍洄珠在掌。
落叶和萧瑟，石笋触溏混。
天台胜恐难，雁山逊亦傥。
探此造化奇，豪气一时长。
青核陈莓苔，列毕杂榛莽。
管弦戛流泉，万籁动相盪。
就中狂生狂，醉后酒怀荡。
长啸天风来，云气隔尘泱。
猿鹤相招呼，乾坤一俯仰。
恍然悟前身，五百年来曩。

曩从安期班，谪入青莲党。
笑傲天机流，还我清虚象。
快哉汗漫游，落日照莽苍。
归来思渺然，犹费十日想。

注：赤岩，即秀涧赤岩，在今雅阳镇东北部秀涧上村。

登章峰最高顶　清• 张耿光

突兀章峰尖，卓立无与伍。
拔地插天高，四远目共睹。
维时届重阳，天风驱云雾。
群从请登高，兴致互相助。
腾踔几层岚，不觉危崖阻。
如猿试攀跻，如鱼逆流泝。
近瞻忽压眉，山势愈郁怒。
止堪昂首攀，不敢回头顾。
脚痒恐斜倾，目眩疑倒竖。
欲止势难留，欲前意终怖。
匍匐作鼠缘，手足失常度。
谁知上极巅，止此四五步？
快哉跻绝顶，头员如覆釜。
宽容百人坐，平堪作亭庑。
举手辰可扪，足下云生履。
周回眼界宽，四空绝依附。
视昔登临处，罗列儿孙数。
遥指隔州县，群峰似相辅。
俯瞰诸村落，恍如蜂蚁聚。
振衣一长啸，遐想欲升举。
不觉身凌虚，碧落垂檐宇。

日月户牖旁，长空一气吐。

意致极飞扬，逍遥足千古。

徘徊日渐低，苍茫天欲暮。

山风忽侵鬓，飒飒如飞雨。

牵衣循归途，举足恍遇貐。

相戒毋妄瞻，步步怯振股。

稍平辄少憩，渐看明月曙。

下山遇归鸟，倦飞集安处。

注：章峰，今仕阳镇雪溪一带。张耿光，泰顺三魁张宅人，著有《石厂梦吟》。

咏早阳八景 清•胡 封

章峰

林峦耸处望章峰，家庙南开对望中。

每到春时青入眼，更逢晴日碧连空。

岭头石磨生芳草，云际金鸡振晓风。

此地年年分秀气，愿凭孙子仰高崇。

石龙潭

石龙传说记当年，一望长潭思渺然。

山月印珠鱼欲化，水砂堆甲涧自穿。

腾凭尺木嫌身重，烧傍春雷忆尾坚。

此境前人多郑重，长从祖号记名川。

虎占山

占来鳌戴啸风多，何日山君踞此坡。

飞协偶熊须傅翼，隐着文豹待离窠。

眈眈不为猪岩近，逐逐还连熊跳过。

好向三层楼外望，宗公号处俱无讹。

锦坪岗

龙岗止处锦坪岗，逆拱村居护早阳。

雨夜铺林堂满玉，春花照日采疑桩。

佳城两世中停巩，仕水千年佐旋长。

到日宾从皆入座，绣茵列处接宗堂。

注：胡封（1761—1836年），仕阳人，清乾隆二十五年（1760年）进士。《咏早阳八景》共8首，此为其中4首。

雨后登万罗山亭为潘遂渔作 清•胡希尹

我家罗山下，日夕领佳趣。

坐对青山青，翛然捐俗虑。

奈为贫贱驱，觅食随野鹜。

闭置樊笼中，磊魄消何处？

我友潘黄门，著屐扛相顾。

眷言诣山亭，斗酒作良晤。

积雨适初收，泥泞湿芒履。

纡曲共跻攀，行行日已暮。

倚槛眺郊原，炊烟相回互。

曲迳长芳草，林梢锁薄雾。

岚气欲侵衣，归鸦噪古树。

峰影渐迷离，相看劳目注。

欲借龙眠笔，尺幅写缣素。

欲拟谢眺诗，苦无惊人句。

坐久且徘徊，俯仰生慨慕。

君负超轶才，驰驱向皇路。

而我困风尘，落拓犹未遇。

悠悠复悠悠，几被儒冠误。

安得乘长风？弱水三千渡。

蹑足蓬莱巅，一献凌云赋。

注：胡希尹，罗阳城关人，清同治年间廪贡生。后捐教职，试用训导。潘遂渔即潘自疆，罗阳东外

人，与弟其祝均为晚清进士。

游山交寺 清•胡希尹

为践溪山约，扪萝到古龛。
流泉喧谷口，老树倚窗南。
地僻云常锁，楼高雾半含。
一声钟送响，逸趣静中参。
初地何年辟？逍遥快此心。
山横残日瘦，寺抱白云深。
孤搭浮烟锁，层岩野翠侵。
红尘飞不到，时听老龙吟。

注：山交寺，在今罗阳镇山交村。明初，日本游方僧太初建寺于此。

宝林禅寺 清·林昕

才游洋望寺，又谒宝林禅。
溪涨知新雨，山深少旱田。
石桥岩侧渡，流碓水中悬。
行尽天炎热，幽凉此最偏。

注：林昕，仕阳人，著有《乐山诗草》，今存县图书馆。

地名索引

本索引的范围为行政区域（即社区、居民区、行政村、自然村、住宅区）。

按照首字笔画多少排序。笔画相同的，按字形起笔，分一（横）丨（直）丿（撇）丶（点）乛（折，包括亅𠃌乚く等笔形）五类排序；首字相同的，按第二字笔画及首笔顺序排列，余类推；名称相同的按照页码先后排列。

四　笔

（一）

（丨）

（丿）

六　画

（一）

（丨）

（丿）

（丶）

（乛）

七　画

（一）

（丨）

八　画

（一）

九　画

（丨）

（丿）

（乛）

十四画

（一）

（丿）

（丶）

（乛）

十五画

（一）

（丨）

十六画

十七画

后 记

泰顺自分疆立县以来，凭着地域资源丰富、百姓勤劳智慧，积累了深厚的历史文化。解放后，政通人和、百废俱兴，社会与经济飞速发展；改革开放后，“九山半水半分田”的泰顺，秉承“绿水青山就是金山银山”的理念，以自己的赶超发展，书写了一幅幅绚丽磅礴的美丽画卷。

泰顺的地名文化工作在县委、县政府的领导下和社会各方的努力下，研究不断深入，业绩不断突破，取得了丰硕的成果 。1981年开展全国第一次地名普查，1982年建立了县地名管理工作专门机构，以普查资料及成果为基础，1984年编就《泰顺县地名志》。这是泰顺历史上第一部标准化地名典籍，为泰顺的社会发展，经济、文化建设和政府行政决策参考起到了十分重要的作用。

2010年，全面开展第二次全县地名普查工作，2013年起，即以第二次地名普查成果资料为基础，着手启动编纂新版《泰顺地名志》。新志立足于从地名角度为中心，详细记述我县政治、经济、文化、交通、风情、民俗等社会信息，资料详实、内容丰富，比较全面地反映了泰顺县地域地名的特色、历史变迁和时代特征。

新版《泰顺县地名志》，叙史跨度下限止于2012年。编纂时，既考虑内容归类和形式表述，尽可能与首志无缝对接，同时又根据新时代要求，在继承首志的基础上，跳出首志以章和目设置的樊篱，科学调整编纂构架，形成更为合理的编写结构。全志共9编29章，总计95万余字，集中地记载了泰顺城乡发展的真实轨迹。

本志编纂由县地名志编纂委员会主持，全体编辑人员、全县各部门、各乡镇政府共同努力协作，终使志书编成。编纂过程中，时任县委副书记、县长黄阳栩百忙之中为志书作序；县委副书记、政法委书记周秀松，副县长赖立峰，时任副县长郭素琴、吴曙光，时任局长赵海晓、林允贯担任编辑指导，各有关单位和个人为编写工作提供了精彩详实的图文资料，谨在此一并致谢。

由于资料搜集难度较大，编纂工作历时较长，书中难免有缺点和错误，恳请广大读者提出宝贵意见。娟娟细流，汇成江河，泰顺地名文化作为乡土文化的一部分亟需传承和保护，本书仅为微小献礼，愿我乡土薪火相传，繁荣昌盛！

编　者

二〇一七年十二月